1001 BÜCHER
DIE SIE LESEN SOLLTEN,
BEVOR DAS LEBEN VORBEI IST

1001 BÜCHER
DIE SIE LESEN SOLLTEN, BEVOR DAS LEBEN VORBEI IST

VORWORT
PETER ACKROYD

HERAUSGEGEBEN VON
PETER BOXALL

EDITION OLMS ZÜRICH

Achte aktualisierte Auflage 2021
Erste Auflage 2007

EDITION OLMS AG
Willikonerstr. 10a
CH-8618 Oetwil am See / Zürich
Switzerland

Mail: info@edition-olms.com
Web: www.edition-olms.com

ISBN 978-3-283-01303-5

Deutsche Ausgabe
Copyright © 2021 EDITION OLMS AG, ZÜRICH
Übersetzung: Maja Ueberle-Pfaff, Thomas Marti
Lektorat: Beate Bücheleres-Rieppel
Covergestaltung und Satz:
Weiß-Freiburg GmbH – Grafik und Buchgestaltung

Alle Fotos auf dem Umschlag stammen aus dem Buch,
Umschlagvorderseite jeweils von links oben nach rechts unten:
Laurence Sterne (S. 61); Winifred Watson (S. 403); Christoph Isherwood & W.H. Auden (S. 376); Erica Jong (S. 659);
Virginia Woolf (S. 313); T.C. Boyle (S. 771); Muriel Spark (S. 557); Theodor Fontane (S. 231);
Siegfried Lenz (S. 614); Rebecca West (S. 283); E.E. Cummings (S. 297); Djuna Barnes (S. 379);
Umschlagrückseite: Heinrich Mann (S. 252); Isabelle Allende (S. 721); Paul Auster (S. 775); Nadine Gordimer (S. 701);
Arundhati Roy (S. 869); Gabriel Garcia Marquez (S. 606); Christa Wolf (S. 615); Martin Walser (S. 549);
Stephen King (S. 688); Charlotte Bronte (S. 122); Salman Rushdie (S. 713); Alice Walker (S. 726)
Umschlagrücken: Françoise Sagan (S. 497)

Bibliographische Information der Deutschen Bibliothek
Die Deutsche Bibliothek verzeichnet diese Publikation
in der Deutschen Nationalbibliografie; detaillierte bibliografische Daten
sind im Internet über http://dnb.ddb.de abrufbar

A Quintessence Book

Copyright © 2016 Quintet Publishing Limited.

All rights reserved. No part of this publication may be reproduced,
stored in a retrieval system or transmitted in any form or by any means,
electronic, mechanical, photocopying, recording or otherwise, without
the permission of the copyright holder.

Update Editor	Elspeth Beidas
Update Designer	Tea Aganovic
Project Editor	Jenny Doubt
Assistant Editors	Marianne Canty, Catherine Osborne, Ruth Patrick, Frank Ritter, Tobias Selin, Tara Woolnough
Editorial Director	Jane Laing

Printed in Singapore

Inhalt

Vorwort	006
Einleitung	008
Mitarbeiter	012
Index der Buchtitel	016
vor 1800	020
19. Jahrhundert	082
20. Jahrhundert	234
21. Jahrhundert	890
Autoren und Werke	950
Ausgezeichnete Autoren und Werke	957
Danksagung	959
Bildnachweise	960

Vorwort
von Peter Ackroyd

„Das Leben so kurz, das Handwerk so lang zu lernen" – dieser Gedanke Chaucers läßt sich ohne weiteres auf das Lesen und Schreiben von Büchern übertragen. Die Lektüre von Romanen und Erzählungen ist und bleibt für viele Menschen das höchste Vergnügen. Mancher erinnert sich noch an das erste selbstgelesene Buch als einen wichtigen Meilenstein der persönlichen Entwicklung, und viele zählen das Lesen rückblickend zu den größten Freuden ihrer Kindheit – eine Freude, die später durch die „Pflichtlektüren" in Schule und Universität vielleicht vorübergehend getrübt wurde, aber nie erloschen ist. Lesen ist ein stilles Vergnügen, ein Kind des Alleinseins und der Vertiefung, eine Amme der Tagträume und Grübeleien, die Geliebte aller Leidenschaften und ein Anstifter zu Abenteuer und Wandel. Lesen kann ein Leben verändern.

Lesen kann dem Leben auch eine Richtung geben: So gibt es bemerkenswerte Beispiele von jungen Leuten, die aufgrund ihrer Erfahrungen mit Dichtung Schriftsteller zu werden beschlossen – Charles Dickens etwa ließ sich bekanntlich von Märchen und Abenteuererzählungen zu seinen eigenen Romanen (die auch in diesem Buch vertreten sind) inspirieren. Im Mittelalter schöpften viele Ritter Inspiration aus den Ritterepen, und die Fabeln Äsops wurden zu einer unerschöpflichen Quelle für Tausende von Dichtungen aller Art. Bücher zeugen gewissermaßen weitere Bücher in einem endlosen Prozeß gegenseitiger Befruchtung, so daß häufig kaum noch zu erkennen ist, wo die Einflüsse eines Buches enden und die eines anderen beginnen.

Zum Schutzheiligen des Lesens sollte zweifellos Isidor von Sevilla erklärt werden, der die Ansicht vertrat, daß alles geistige Wachstum sich aus dem Lesen speise. Nicht zuletzt ist Lesen eine entscheidende Triebkraft für die Entwicklung der Phantasie. Im Zeitalter der DVD und des Computerbildschirms werden die Verdienste des gedruckten Wortes immer offensichtlicher. Galt es Ende des letzten Jahrhunderts noch als modern, den Tod des Buches zu verkünden und der Literatur jede Zukunft abzusprechen, haben sich solche Äußerungen des Bedauerns (falls es sich wirklich um Bedauern gehandelt haben sollte …) inzwischen als höchst voreilig erwiesen: Der Buchhandel floriert wie nie zuvor, und auch der weltweite Erfolg der Internetbuchhandlungen kündet auf seine eigene Weise von einer Renaissance des Lesens.

Aus diesem Grund enthält die vorliegende Sammlung (in der die Werke – mit Ausnahme sehr früher Titel, die nach ihrer Entstehungszeit geordnet wurden – nach dem Erscheinungsjahr sortiert sind) sowohl sehr bekannte als auch relativ unbekannte Titel, reicht also von Jane Austen und George Orwell und anderen Klassikern der Weltliteratur bis zu den etwas in Vergessenheit geratenen Romanen von Wyndham Lewis, Edith Wharton und anderen. Wie überall gibt es auch in der Literatur gewisse Trends, doch es gibt auch immer wieder Bücher, die jenseits aller Strömungen stehen und so etwas wie bleibende Werte der Menschheit repräsentieren. Zu diesen Werken zählen zweifellos Balzacs *Verlorene Illusionen*, Emily Brontës *Sturmhöhe* und Toni Morrisons *Menschenkind*.

Andere Romane können als Symbole für ein Zeitalter oder eine bestimmte geschichtliche Situation gelesen werden, etwa William Beckfords *Vathek* oder John Bergers *G.*, Zora Neale Hurstons *Und ihre Augen schauten Gott* und Alan Patons *Denn sie sollen getröstet werden*. Es gibt experimentelle Texte, wie die von William Burroughs, und Romane von Schriftstellern, die eher dem Mainstream zugerechnet werden können, z. B. Anthony Trollope, E. M. Forster, Isabel Allende oder J. D. Salinger. Und dann gibt es natürlich noch die singulären Meisterwerke der Literaturgeschichte, etwa Marcel Prousts *Auf der Suche nach der verlorenen Zeit*. Beachtung und Aufmerksamkeit verdienen jedoch sämtliche in diesem Buch enthaltenen Werke und Autoren, denn sie alle, von Chinua Achebe bis Stefan Zweig, versprechen großen Lesegenuß.

Für mich persönlich ist das Schreiben fiktionaler Texte mit einer nie abreißenden Kette von Überraschungen verbunden. Beim Schreiben geschichtswissenschaftlicher oder biographischer Bücher arbeite ich natürlich mit schon vorhandenem Material; bei fiktionalen Texten hingegen kommen mit den Wörtern auch Themen oder Bedeutungen zum Vorschein, über die ich vorher gar nicht nachgedacht hatte. Die Wörter sind dann weniger ein Ergebnis, sondern werden selbst zur Quelle. Vielleicht ist das der Grund, warum das Lesen von Romanen und Erzählungen auch eine Quelle der Kraft und Erneuerung ist.

Einleitung

von Peter Boxall, Herausgeber

Es gibt eine alte Verbindung zwischen dem Tod, dem Geschichtenerzählen und der Zahl 1001. Seitdem Schehrezade ihrem König Nacht für Nacht Geschichten erzählte, um ihr Leben zu retten, hat diese Zahl einen sagenumwobenen, an den Tod erinnernden Beiklang. Die Prosafragmente dieser Erzählerin sind so appetitanregend, daß der König sich jede Nacht gezwungen sieht, sie einen weiteren Tag am Leben zu lassen, um ihr den Schluß ihrer endlosen, unbekümmerten Geschichten zu entlocken. Deren Offenheit und Unauflösbarkeit verleihen der Zahl 1001 noch heute etwas Erhabenes, Endloses, Grenzenloses. Doch zugleich schwebt sie wie ein Damoklesschwert über Schehrezade. Sie suggeriert grenzenlose Ausdehnung ebenso wie Präzision und den Zwang zu eindringlicher Kürze. Über den langen Zeitraum von 1001 Nächten darf Schehrezade jeweils immer nur eine Nacht weiterleben; der Tod ist während der ruhig dahinplätschernden Abende ihr ständiger Begleiter und verleiht jeder Nacht, die vergeht, die seltsame Intensität eines letzten Moments und dem lebendigen, wachsenden Werk den unverkennbaren Reiz letzter Dinge.

Bei der Zusammenstellung der *1001 Bücher, die Sie lesen sollten, bevor das Leben vorbei ist*, war ich selbst stark in Schehrezades Paradoxon gefangen. Die Geschichte des Romans, so wie sie hier erzählt wird, ist ein langer und unzusammenhängender Prozeß voller Überraschungen und unwahrscheinlicher Subtexte. Sich mit dem Gedanken an 1001 Titel im Hinterkopf einen Weg durch dieses vielschichtige Konstrukt zu bahnen, schien von Anfang an eine gewaltige, endlose Aufgabe. Eine endgültige Auswahl aller Romane, die man unbedingt lesen muß und die folglich alle Bücher ausschließt, die man getrost beiseite lassen kann, ist selbstverständlich ein Ding der Unmöglichkeit, genauso wie Schehrezades Geschichten niemals abgeschlossen sein werden. Doch zugleich sind die Grenzen, die die Zahl 1001 mir auferlegt hat, grausam und eng. Verglichen mit dem ungeheuer umfangreichen Ausgangsmaterial, ist 1001 letztlich eine sehr kleine Zahl. Jeder Titel, der in dieses Buch aufgenommen wurde, mußte um sein bißchen Platz kämpfen, und jeder Eintrag speist sich aus einer konzentrierten Energie, aus einem verzweifelten Kampf um Raum – so verzweifelt, als hinge das Leben davon ab. Jedes der aufgeführten Bücher ist es wert, vor dem Tod gelesen zu werden, und obwohl der Tod immer in ferner Zukunft zu liegen scheint, ist er doch eine stetige Bedrohung und lauert im Schatten jedes Augenblicks. Eine Aufgabe, die Sie vor Ihrem Ableben zu bewältigen haben, können Sie durchaus müßig angehen – doch zugleich stehen Sie unter dem Druck, sie schnell oder sogar jetzt gleich zu erledigen.

Dieser Widerspruch zwischen Weite und Enge ist überall in diesem Buch spürbar. Der Roman wird darin in seiner ganzen Vielfältigkeit, Originalität und mit all seinem Esprit dargestellt, beginnend mit den ältesten fiktionalen Texten von Murasaki Shikibu oder Guanzhong Luo aus dem ersten Jahrtausend unserer Zeitrechnung, bis hin zur zeitgenössischen Literatur von DeLillo oder Houellebecq. Doch zugleich entzieht sich der Roman als in sich geschlossenes Ganzes sowohl unserem Zugriff als auch einer vollständigen Systematisierung und ist immer mehr als die Summe seiner Teile. Man könnte sogar behaupten, daß er als stabiles, erkennbares Objekt tatsächlich gar nicht existiert. Zwischen Lesern und Kritikern gibt es keinen Konsens darüber, wann der Roman als Genre entstanden ist; er läßt sich nicht zuverlässig von einer Kurzgeschichte, einer Novelle, einem Prosagedicht, einer Autobiographie, einem Augenzeugenbericht oder einem journalistischen Text, von einer Fabel, einem Mythos oder einer Legende abgrenzen. Und ganz sicher gibt es keinen Konsens darüber, wie man einen Schundroman von einem literarischen Meisterwerk unterscheidet. Vielmehr ist der Roman als Genre und als Werk eine großartige Idee, die wir nur flüchtig und fragmentarisch erfassen können; eine Idee, die fiktionale Prosa ermöglicht, aber selbst bereits Fiktion ist.

Die hier zusammengestellte Auswahl erhebt weder den Anspruch, einen neuen Literaturkanon zu formen, noch den Roman als Genre zu definieren oder erschöpfend darzustellen. Sie ist vielmehr inmitten der Widersprüche zwischen dem Umfassenden und dem Partiellen angesiedelt und wird durch den Geist des Romans, die Liebe zu dem, was er ist und tut, belebt. Fiktionale Prosa gibt es in so vielerlei Gestalten und Sprachen und in so vielen Ländern und Jahrhunderten, daß eine Auswahl wie diese immer durch das gekennzeichnet, geformt und deformiert wird, was fehlt. Dieses Buch möchte seine Grenzen mitnichten gegen all die ausgeschlossenen Werke verteidigen, es versteht sich vielmehr als Momentaufnahme, als eine Möglichkeit unter vielen, die Geschichte des Romans zu erzählen. Mehr als 150 Personen haben dazu beigetragen – Kritiker, Wissenschaftler, Romanciers, Dichter und Journalisten; ein Querschnitt durch die internationale Lesergemeinschaft.

Die Auswahl entstand zu einem großen Teil auf der Grundlage dessen, was diese unterschiedlichen Lesergruppen uns über das heutige Erscheinungsbild des Romans erzählten. Insofern spiegelt dieses Buch die Prioritäten heutiger Leser wider, eine bestimmte Auffassung über die Entstehungsgeschichte des Romans, eine besondere Leidenschaft für das Lesen. Dabei stand die Begeisterung für die unterschiedlichen und unendlichen fiktionalen Möglichkeiten im Vordergrund, nicht der Wunsch, Qualität von Schund, die Spreu vom Weizen zu trennen. Dieses Buch handelt von 1001 Dingen, doch es ist erfüllt von einem atemlosen Drängen, das teilweise aus der quälenden Erkenntnis rührt, daß so viele andere Dinge noch hätten gesagt und so viele andere Romane noch hätten gelesen werden müssen.

Dieses Miteinander von Lang und Kurz, erschöpfender und fragmentarischer Darstellung wird vielleicht nirgends deutlicher als auf der Ebene jedes einzelnen Beitrags. Es ist sicher wahnsinnig, einen Gegenstand, der so vielgestaltig und so vielschichtig strukturiert ist wie ein Roman, mit insgesamt 300 Worten beschreiben zu wollen – dies ist die ungefähre Länge jedes Beitrags. Sogar ein schmales Büchlein wie Willem Elsschots *Käse* läßt sich sicher nicht mit 300 Worten zusammenfassen – wie sollte dies dann bei Romanen möglich sein, die mehr als tausend Seiten haben, etwa Samuel Richardsons *Clarissa* oder Prousts *Auf der Suche nach der verlorenen Zeit*. Was läßt sich angesichts solcher Giganten mit 300 Wörtern überhaupt ausrichten? Diese Frage hat mich zu Beginn dieses Projekts beunruhigt. Doch als das Buch in Druck ging, fiel mir auf, daß die Kürze der Beiträge zugleich seine größte Stärke ist. Seine Beiträge sollen weder eine umfassende Besprechung zu jedem Werk liefern, noch wollen sie die Leser mit Appetithäppchen oder abgedroschenen Zusammenfassungen des Inhalts abspeisen. Vielmehr geht es darum, mit der Dringlichkeit einer letzten Beichte auf dem Totenbett die Frage zu beantworten, was jeden dieser Romane so fesselnd und absolut lesenswert macht. Meines Erachtens bietet der beschränkte Raum einen optimalen Rahmen, um diesem Anliegen so effektiv und spannend wie möglich gerecht zu werden. Bei einer Diskussion über die Frage, was mit den einzelnen Beiträgen im besten Falle zu erreichen sei, traf einer der Autoren mit seiner Antwort für meine Begriffe den Nagel auf den Kopf: Er sagte, jeder Beitrag könne als eine Art „Mikroereignis" gedacht werden, als eine komplette Leserfahrung in Miniaturformat, die zugleich etwas von der Grenzenlosigkeit des Romans vermittele.

Ich habe vielen Menschen für ihre Unterstützung in den letzten Monaten zu danken. Die Arbeit an diesem Projekt hat mir außerordentliches Vergnügen bereitet, vor allem wegen der unglaublichen Begeisterung und dem Engagement aller Beteiligten. Als erstes möchte ich mich bei allen Beiträgern bedanken. Es rührte mich, wie schnell und bereitwillig sie den Anforderungen dieses Buches nachkamen, und ich war überwältigt von der Qualität und dem Einfallsreichtum ihrer Texte. Sie haben ihre Arbeit wirklich mit Liebe erledigt – danke! Darüber hinaus haben viele, viele andere Menschen zur Entstehung dieses Buches beigetragen. Maria Lauret danke ich für ihre Hilfe, und an Paul Roth erinnere ich mich mit Liebe und Trauer. Ich habe an unzähligen Küchentischen unzählige Diskussionen darüber geführt, welche Titel aufgenommen werden sollten, und ich danke jedem, der mir Vorschläge unterbreitet hat, insbesondere Alistair Davies, Norman Vance, Rose Gaynor, den Mitgliedern meiner Familie in Cardiff und London, in den Vereinigten Staaten und der Türkei und der ganzen Familie Jordan. Außerdem bedanke ich mich ganz herzlich bei Liz Wyse, die immer den Durchblick wahrte und mit ihrer Ausgeglichenheit und Heiterkeit selbst in den schwierigsten Momenten für gute Laune sorgte. Jenny Doubt bereitete das Buch mit ihrer außergewöhnlichen, unbestechlichen Professionalität und mit großem Einfühlungsvermögen für den Druck vor. Ihre Fähigkeit, mit all den Belastungen, die ein Projekt wie dieses in den letzten Phasen mit sich bringt, fertigzuwerden, erfüllt mich mit grenzenloser Bewunderung. Der Grafiker Tristan de Lancey und die Bildredakteurin Maria Gibbs haben hervorragende Arbeit geleistet, und ich danke allen Mitarbeitern von Quintet, insbesondere Jane Laing und Judith More. Wie immer möchte ich die Boxall-Jordans meiner Liebe und meiner Dankbarkeit versichern, vor allem Hannah, die von Anfang an in dieses Projekt eingebunden war, sowie Ava und Laurie, für die Lesen Verwandlung bedeutet – und ein Vergnügen darstellt, das gerade erst beginnt.

Durch die Arbeit an diesem Buch habe ich eine ganze Menge über den Roman gelernt – unter anderem, wie ansteckend die Liebe zu Büchern ist, wieviel Aufregung und Vergnügen sie bereiten und wie sehr man Freundschaft mit ihnen schließt. Ich hoffe, daß sich ein Teil dieser Aufregung und Liebe, die in die Herstellung dieses Buches eingeflossen sind, auf die Leserinnen und Leser überträgt.

Die Mitarbeiter

Vance Adair (VA) ist Tutor an der Fakultät für Anglistik der University of Stirling. Er befaßt sich mit kritischer Theorie und dem Theater der Frühmoderne.

Rhallou Allerhand (RA) studierte Englisch an der University of the West of England, Bristol. Sie arbeitet als Journalistin, betätigt sich aber auch als Prosaautorin.

Jordan Anderson (JA) ist Doktorand am King's College, London, seinen Master machte er an der Harvard University. Er hat über das Werk von Thomas Hardy veröffentlicht.

Carlos G. Aragón (CA) ist Doktorand an der University of Birmingham. Er arbeitet an einer Dissertation über Pedro Juan Gutierrez' Schmutzige Havanna-Trilogie.

Susanna Araujo (SA)

Derek Attridge (DA) ist Autor mehrerer Bücher über die Werke von James Joyce. Er ist Professor an der Fakultät für Englische Literatur an der University of York.

Sally Bayley (SB)

Lorenzo Bellettini (LB) beendet derzeit seine Dissertation über Arthur Schnitzler an der Cambridge University. Er ist Präsident des Creative Writing Clubs der Cambridge University.

Alvin Birdi (Abi) schreibt an der University of Sussex eine Dissertation über Beckett und Coetzee. Er hat an den Universitäten von Manchester, Middlesex und Oxford unterrichtet.

Laura Birrell (Lbi)

Andrew Blades (ABl) schreibt eine Dissertation über männliche Identität in der Aids-Literatur. Er ist zudem als Theaterrezensent für die Zeitschrift Stage tätig.

Maria-Dolores Albiac Blanco (M-DAB) ist Professorin für Spanische Literatur an der Universität von Saragossa (Spanien) und hat vorwiegend Arbeiten zur Literatur des 18. Jahrhunderts veröffentlicht.

María del Pilar Blanco (MPB) beendet ihre Dissertation über amerikanische Literatur und Film am Department of Comparative Literature der New York University

Vicki Blud (VB) machte ihren Master für Englische Literatur an King's College, London. Sie wird sich zukünfig insbesondere mit der Literatur des Mittelalters und der Kritischen Theorie beschäftigen.

Anna Bogen (AB) ist Doktorandin an der University of Sussex. In ihrer Dissertation untersucht sie das Thema Bildung von Frauen in der Literatur des frühen 20. Jahrhunderts. Sie hat Texte zu Kinderliteratur, zum Bildungsroman und zum Werk Virgina Woolfs veröffentlicht.

Dr. Peter Boxall (PB) ist außerordentlicher Professor für englische Literatur an der University of Sussex. Er hat zahlreiche Untersuchungen zu Literatur und Theater des 20. Jahrhunderts publiziert.

Dr. Kate Briggs (KB) ist Forschungsstipendiatin für moderne Sprache und Literatur am Trinity College in Dublin.

Marko Cindric (Mci)

Monika Class (MC) ist Doktorandin am Balliol College in Oxford und arbeitet an einer Dissertation über britische Autoren des 19. Jahrhunderts.

Liam Connell (LC) ist Dozent für Literatur an der University of Hertfordshire. Seine Forschungsschwerpunkte sind die Literatur des Postkolonialismus, Modernismus und Popliteratur.

Clare Connors (CC) ist Dozentin für Englisch am Queen's College in Oxford. Der Schwerpunkt ihrer Lehr- und Veröffentlichungstätigkeit liegt auf viktorianischer und moderner Literatur und auf Literaturtheorie.

Philip Contos (PC) studierte Englische und Italienische Literaturwissenschaften an den Universitäten von Columbia und Oxford. Er arbeitet derzeit als Lektor in London.

Jennifer Cooke (JC) arbeitet an einer Dissertation über die Pest in der englischen Literatur und Kultur.

Ailsa Cox (ACo)

Vybarr Cregan-Reis (VC-R)

Abi Curtis (AC) promoviert an der University of Sussex im Fachbereich Creative and Critical Writing. Sie wurde 2004 mit dem Eric-Gregory-Preis für Lyrik ausgezeichnet.

Ulf Dantanus (UD) ist Studienleiter des Gothenburg Program an der University of Sussex. Er hat weiterführende Studiengänge am Trinity College in Dublin und an der Universität von Göteborg abgeschlossen.

Jean Demerliac (JD) ist Autor und freier Lektor und hat Texte von Herman Melville übersetzt. Er hat an zahlreichen Veröffentlichungen und Multimediaprojekten der Abteilung für elektronische Publikationen an der Bibliothèque nationale de France mitgewirkt.

Sarah Dillon (SD)

Lucy Dixon (LD) studierte Englische Literatur und Afrikaans an der Universität von Stellenbosch (Südafrika).

Margaret Anne Doody (MD) ist John-and-Barbara-Glynn-Family-Professorin für Literatur an der University of Notre Dame. Sie hat viele literaturkritische Texte veröffentlicht sowie sechs Romane.

Jenny Doubt (JSD) schloß ihren Master of Arts an der University of Sussex mit einer Arbeit über Literatur des Postkolonialismus ab. Sie ist eine der Gründerinnen und Herausgeberinnen von Transgressions, einer Zeitschrift zur Interdisziplinarität der Geisteswissenschaften im 20. Jahrhundert.

Karen D'Souza (KDS)

Lizzie Enfield (LE) arbeitete für das Hörfunkprogramm der BBC, derzeit ist sie freiberuflich tätig, schreibt für verschiedene englische Zeitungen und Magazine und hat zwei Romane veröffentlicht.

Martin Paul Eve (MPE) ist als Tutor und Forscher an der University of Sussex tätig. Er ist Spezialist für das Werk Thomas Pynchons.

Fabriano Fabbri (FF) ist Lektor an der Universität von Bologna.

Anna Foca (AF)

Seb Franklin (SF)

Daniel Mesa Gancedo (DMG) ist Dozent für Lateinamerikanische Literatur an der Universität von Saragossa (Spanien) Er hat zwei Bücher über das Werk von Julio Cortázar veröffentlicht.

Andrzej Gasoriek (AG) ist außerordentlicher Professor für englische Literatur des 20. Jahrhunderts an der University of Birmingham. Er ist Autor von Postwar British Fiction: Realism and After (1995), Wyndham Lewis and Modernism (2004) und J. G. Ballard (2005).

Dr. Diana Gobel (DG) studierte Philosophie und Literatur an der University of Sussex und Neuere Geschichte in Oxford. Seit ihrer Promotion arbeitet sie als freiberufliche Übersetzerin, Lektorin und Rechercheurin.

Richard Godden (RG) lehrt amerikanische Literatur an der Fakultät für Amerikanistik der University of Sussex. Er ist Autor von Fictions of Capital: The American Novel from James to Mailer (1990) und Fictions of Labor: William Faulkner and the South's Long Revolution (1997).

Jordi Gracia (JGG) ist Professor für Spanische Literatur an der Universität von Barcelona. Schwerpunkt seiner Arbeit ist die spanische Literatur des 20. Jahrhunderts.

Reg Grant (RegG) ist freier Autor und verfügt über umfassende Kenntnisse zur modernen europäischen Literatur, insbesondere zur französischen Literatur nach dem Zweiten Weltkrieg.

Frederik Green (FG) ist Doktorand am Institut für Ostasiatische Sprachen und Literaturen an der Yale University. Derzeit arbeitet er an einer Dissertation über das Werk von Xu Xu, ein chinesischer Dichter der Republikanischen Periode.

Christopher C. Gregory-Guider (EJG) unterrichtet Literatur und Kultur des 20. Jahrhunderts an der University of Sussex. Er hat Artikel zu W. G. Sebald, Iain Sinclair, Photographie, Trauma und Gedächtnis veröffentlicht. Weitere Interessensgebiete sind die narrative und filmische Repräsentation psychischer Krankheiten sowie die Kulturgeschichte des Gehirns.

Eleanor Gregory-Guider (EG-G) erwarb an der University of Texas in Austin einen Bachelor of Arts (Honours) in Englisch und Geschichte und an der University of York einen MA im Bereich Studien zum 18. Jahrhundert, mit Schwerpunkt auf Literatur und Kunstgeschichte.

Agnieszka Gutthy (Agu) ist außerordentliche Professorin für Spanisch am Institut für Fremdsprachliche Philologien der Southeastern Louisiana University. Themenschwerpunkte ihrer Arbeit sind die Komparatistik, baskische und kaschubische Literatur; außerdem schreibt sie über polnische und spanische Literatur.

Andrew Hadfield (AH) ist Professor für Englisch an der University of Sussex, wo er Literatur der Renaissance, zeitgenössische Literatur und Literaturtheorie unterrichtet. Sein jüngstes Buch ist *Shakespeare and Republicanism* (2005). Er hat Essays über Saul Bellow und T. H. White verfaßt und ist Rezensent der Literaturbeilage der *Times*.

Friederike Hahn (FH) hat einen MA in Shakespeare-Studien und beendet gerade ihre Dissertation am King's College London.

Esme Floyd Hall (EH) ist Autorin und lebt und arbeitet in Brighton. Sie hat drei Sachbücher veröffentlicht und schreibt für verschiedene Zeitungen und Zeitschriften, unter anderem für den *Observer, Sunday Times Style, She* und *Zest*.

Philip Hall (PH) stammt aus Neuseeland, wo er einen Abschluß in Englischer Literatur machte sowie einen Master in Jura. Er lebt und arbeitet derzeit in London und schreibt über verschiedene Themen.

James Harrison (Jha) ist Schriftsteller und Herausgeber. Er liest nur noch gebundene Großdruckausgaben – so hat er sich für dieses Buch (mit Vergnügen) Cervantes' Don Quijote gewidmet.

Doug Haynes (DH) ist Dozent für amerikanische Literatur an der University of Sussex. Sein Spezialgebiet ist die amerikanische Literatur des späten 20. Jahrhunderts. Er hat Veröffentlichungen zu Thomas Pynchon und William Burroughs und zum surrealistischen schwarzen Humor vorgelegt.

Thomas Healy (TH) ist Professor für Kultur der Renaissance am Birkbeck College der University of London. Er hat drei wissenschaftliche Studien verfaßt und ist Herausgeber von zwei Essaysammlungen sowie Mitherausgeber von *The Arnold Anthology of British and Irish Literature in English*.

Jon Hughes (JH) ist Dozent für deutsche Sprache und Kultur am Royal Holloway College der University of London. Er ist der Autor einer Monographie zum Werk von Joseph Roth und hat Veröffentlichungen zu verschiedenen Aspekten von Literatur und Film des 20. Jahrhunderts in Deutschland und Österreich vorgelegt.

Rowland Hughes (RH) ist Dozent für englische Literatur an der University of Hertfordshire. Seine Forschungsinteressen gelten der amerikanischen Literatur des 18. und 19. Jahrhunderts und dem angloamerikanischen Kino.

Jessica Hurley (JHu) promoviert an der University of Pennsylvania. Ihre Spezialgebiete sind zeitgenössische amerikanische und britische Romane sowie Literaturtheorie.

Haewon Hwang (HH) Als sie sich entschied, russische Literatur zu studieren, warnte man sie, daß sie als Klempner enden würde. Derzeit beschäftigt sie sich mit Freude mit Rohren: sie untersucht die Substrukturen städtischer Räume – u. a. die Londoner U-Bahn.

Bianca Jackson (BJ) ist Doktorandin an der University of Oxford. Das Thema ihrer Dissertation ist das sexuell dissidente Subjekt in der zeitgenössischen anglophonen Literatur Indiens.

David James (DJ) ist Tutor an der Fakultät für Englisch der University of Sussex. In seiner Dissertation behandelte er die Entwicklung einer Poetik von Ort und Wahrnehmung in der britischen Literatur von den 1970er Jahren bis in die Gegenwart.

Dr. Meg Jensen (MJ) ist Leiterin der Fakultät für kreatives Schreiben an der Kingston University, wo sie auch englische und amerikanische Literatur des 19. und 20. Jahrhunderts unterrichtet.

Iva Jevtic (IJ)

Carole Jones (CJ) lebt in Dublin und London und unterrichtet am Trinity College in der School of English. Sie hat Artikel zur zeitgenössischen schottischen Literatur und zur Repräsentation von Männern und Männlichkeit in der zeitgenössischen Literatur veröffentlicht.

Gwenyth Jones (GJ) lebt in London, wo sie kürzlich ihre Dissertation zur Literatur über Budapest beendet hat. Sie lehrt Ungarische Literatur.

Thomas Jones (TEJ) ist Redakteur bei der *London Review of Books*.

Michael Jones (MJo)

Hannah Jordan (HJ) ist freie Autorin und Kritikerin. Sie arbeitet an einem Roman für Kinder mit dem Titel *A Bohemian Christmas*.

Jinan Joudeh (JLSJ) hat an den Universitäten Duke, Sussex und Yale englische und amerikanische Literatur studiert. Sie untersucht derzeit amerikanische Literatur der Moderne unter den Aspekten von Freundschaft und Ehe.

Lara Kavanagh (LK) beendet derzeit ihren Master am King's College London im Bereich Literatur des 20. Jahrhunderts.

Christine Kerr (CK) wurde in London geboren und promovierte an der University of Sussex. Sie hat in Europa, Afrika und Asien englische Literatur unterrichtet und ist derzeit Fakultätsmitglied am Champlain College in Montréal.

Kumiko Kiuchi (KK) ist Doktorandin an der Fakultät für englische Literatur der University of Sussex. Sie hat ihren BA und einen Master in Japan erworben. Ihr Forschungsinteresse gilt u. a. dem Problem der Übersetzung, dem Modernismus, der Sprachphilosophie und dem Werk Samuel Becketts.

Joanna Kosty (JK)

Andrea Kowalski (AK) ist Journalistin und arbeitet für den BBC World Service. Im Jahr 2000 machte sie ihren Master am Institut für Lateinamerikanische Studien (ILAS) in London.

Katya Krylova (KKr) promoviert derzeit am Department of German der Cambridge University. Ihr Spezialgebiet ist die deutsche Nachkriegsliteratur. In ihrer Dissertation geht es um die Folgen des Zweiten Weltkriegs, Topographie und Identität in den Werken von Ingeborg Bachmann und Thomas Bernhard.

Karl Lampl (KL) wurde im österreichischen Lilienfeld geboren und studierte an der Universität Wien. Nach seiner Übersiedlung nach Kanada ließ er sich in Montréal nieder, wo er ein Studium an der Concordia University abschloß.

Laura Lankester (LL) erwarb den Master in Englischer Literatur am University College, London. Derzeit arbeitet sie in einem Londoner Verlag und schreibt Kritiken.

Anthony Leaker (AL) promoviert über amerikanische und europäische Literatur des 20. Jahrhunderts. Er hat an der Universität von Paris unterrichtet.

Vicky Lebeau (VL) ist außerordentliche Professorin für Englisch an der University of Sussex. Sie ist Autorin von *Lost Angels: Psychoanalysis and Cinema* (1995) und *Psychoanalysis and Cinema: The Play of Shadows* (2001).

Hoyul Lee (Hoy)

George Lewis (GL) ist ein britischer Autor und Kritiker. Er arbeitet im Verlagswesen und gibt Kurse für kreatives Schreiben und Redaktion.

Maria Lopes da Silva (ML) hat sich auf die Kritische Theorie sowie Portugiesische, Brasilianische und Lusophone afrikanische Literatur spezialisiert. Sie erwarb einen MA an der University of Cambridge und stellt derzeit ihre Dissertation über Florbela Espanca fertig.

Sophie Lucas (SL) studierte Philosophie an der Unversität von Bordeaux. Sie lebt in Paris und unterrichtet Französisch als Fremdsprache.

Graeme Macdonald (GM) ist Dozent für Literatur des 19. und 20. Jahrhunderts an der Fakultät für Englisch und vergleichende Literaturwissenschaft der University of Warwick.

Heidi Slettedahl Macpherson (HM) ist außerordentliche Professorin für nordamerikanische Literatur an der University of Central Lancashire. Sie ist Autorin von *Women's Movement* (2000) und Mitherausgeberin von *Transatlantic Studies* (2000) und *Britain and the Americas* (2005).

Martha Magor (MaM)

Muireann Maguire (MuM)

José-Carlos Mainer (JCM) ist Professor für Spanische Literatur an der Universität von Saragossa (Spanien). Eine Auswahl seiner Veröffentlichungen umfasst *La edad de plata (1902-1931): ensayo de interpretación de un proceso cultural* (1975, revidierte Ausgabe 1987); *La escritura desatada : el mundo de las novelas* (2000); *La filología en el purgatorio* (2003).

Peter Manson (PM)

Laura Marcus (LM) ist Professorin für Englisch an der University of Sussex. In ihren Veröffentlichungen befaßt sie sich mit der Literatur des 19. und 20. Jahrhunderts. Sie ist Mitherausgeberin von *The Cambridge History of Twentieth-Century English Literature*.

Victoria Margree (VM) promoviert an der University of Sussex über englische Literatur. Sie unterrichtet in Sussex und an der University of Brighton.

Nicky Marsh (NM) arbeitet an der University of Southampton, wo sie das Center for Cultural Poetics leitet. Ihre Artikel erschienen unter anderem in den Zeitschriften *New Formations*, *Postmodern Culture*, *Feminist Review* und *Wasafari*.

Louise Marshall (LMar) ist Dozentin für Literatur der Restaurationszeit und des 18. Jahrhunderts an der University of Wales. Ihr Forschungsschwerpunkt liegt auf dem Drama.

Rosalie Marshall (Rma) hat einen Bachelor in Französisch und Skandinavistik und arbeitet derzeit an einer Dissertation über Französischsprachige karibische Literatur.

Andrew Maunder (AM)

Maren Meinhardt (MM) ist Redakteurin für Wissenschaft und Psychologie bei der Literaturbeilage der *Times*. Sie schreibt derzeit eine Biographie Alexander von Humboldts.

Dr. Ronan McDonald (RM) leitet die internationale Samuel-Beckett-Stiftung und ist Dozent an der School of English der University of Reading. Er hat die Bücher *Tragedy and Irish Literature* (2002) und *The Cambridge Introduction to Samuel Beckett* (2005) sowie Artikel und Rezensionen zu zeitgenössischer britischer und irischer Literatur veröffentlicht.

Dr. Patricia McManus (PMcM) unterrichtet englische Literatur und Kulturgeschichte an der University of Sussex. Sie schreibt derzeit ein Buch über den englischen Roman der 1920er und 1930er Jahre.

Lisa McNally (LMcN)

Geoffrey Mills (GMi) studierte Englisch an den Universitäten von Reading und London und arbeitet derzeit als Englischlehrer in Worcestershire. Er schreibt Gedichte und Prosa, einige seiner Arbeiten sind veröffentlicht.

Drew Milne (DM) ist der Judith-E.-Wilson-Dozent für Drama und Lyrik an der anglistischen Fakultät der University of Cambridge. Er ist Herausgeber von *Marxist Literary Theory* und *Modern Critical Thought* und hat mehrere Gedichtbände veröffentlicht. Sein Roman trägt den Titel *The Prada Meinhof Gang*.

Jacob Moerman (JaM)

Pauline Morgan (PMB) hat an der University of Sussex über Elizabeth Bowen promoviert. In ihrer literaturwissenschaftlichen Forschungsarbeit verbindet sie die Themen Psychoanalyse, Geister und Musik.

Jonathan Morton (JM) ist Geschichtslehrer und lebt in Oxford. Er studierte Geschichte, englische Literatur und kreatives Schreiben an der University of East Anglia in Norwich und erwarb einen MA in neuerer europäischer Geschichte.

Domingo Ródenas de Moya (DRM) ist Professor für Spanische und Europäische Literatur an der Universität Pompeu Fabra, Barcelona. Zu seinen Veröffentlichungen zählt *Los espejos del novelista: modernismo y autorreferencia en la novela vanguardista espanola* (1998), außerdem hat er die Werke zahlreicher zeitgenössischer Autoren herausgegeben.

Alan Munton (AMu) ist Archivar an der University of Plymouth und Englischdozent. Seine an der University of Cambridge entstandene Doktorarbeit über Wyndham Lewis enthält die erste umfassende Analyse von Lewis' Werk *The Childermass*.

Robin Musumeci (RMu)

Salvatore Musumeci (SMu) erwarb den Master in Geschichte am Trinity College (Hartford, Connecticut). Derzeit vollendet er seine Dissertation an der University of London.

Paul Myerscough (PMy) ist Redakteur bei der *London Review of Books*.

Stratos C. Myrogiannis (SMy) erwarb einen Master an der Universität von Thessaloniki (Griechenland). 2005 begann er seine Dissertation über die Aufklärung in Griechenland an der University of Cambridge.

María Ángeles Naval (MAN) ist Professorin am Institut für Spanische Philologie der Universität von Saragossa (Spanien). Ihr Forschungsschwerpunkt ist die Spanische Literatur des 19. und 20. Jahrhunderts.

Stephanie Newell (SN) ist Dozentin für Literatur des Postkolonialismus an der University of Sussex. Ihre Spezialgebiete sind westafrikanische Literatur und afrikanische Populärkultur. Sie hat unter anderem folgende Bücher veröffentlicht, darunter *West African Literatures: Ways of Reading* (2006).

Caroline Nunneley (CN)

Julian Patrick (JP) ist Professor für Englisch und vergleichende Literaturwissenschaft an der University of Toronto, wo er an der Fakultät für Anglistik und im Literary Studies Program Literatur der Frühmoderne, Literaturtheorie und Psychoanalyse unterrichtet.

Andrew Pepper (AP) ist Dozent für englische und amerikanische Literatur an der Queen's University in Belfast. Er ist Autor von *The Contemporary American Crime Novel* (2000) und Koautor von *American History and Contemporary Hollywood Film* (2005). Sein erster Roman trägt den Titel *The Last Days of Newgate*.

Irma Perttula (IP) untersucht die grotesken und karnevalesken Tendenzen in der finnischen Literatur. Sie lehrt Finnische Literatur an der Universität von Helsinki und an der Fernuniversität des Landes.

Roberta Piazza (RPi) ist Dozentin für moderne Sprachen an der University of Sussex, wo sie auch Übersetzung und zeitgenössische italienische und europäische Literatur unterrichtet hat. Nach einer Promotion in den USA und dem Erwerb eines Master in Linguistik schreibt sie derzeit eine Dissertation zu den Dialogen im italienischen Kino.

Fiona Plowman (FP) studierte Englische Literatur an der University of London. Sie war verantwortliche Herausgeberin und Kritikerin der Zeitschrift *The Good Book Guide*. Derzeit arbeitet sie freiberuflich als Lektorin und Autorin.

David Punter (DP) ist Professor für Englisch an der University of Bristol und dort auch Forschungsleiter an der geisteswissenschaftlichen Fakultät. Von ihm sind zahlreiche Veröffentlichungen zum Schauerroman und zur Literatur der Romantik, zur zeitgenössischen Literatur, zu Literaturtheorie, Psychoanalyse und Postkolonialismus sowie vier kleine Gedichtbände erschienen.

Robin Purves (RP) ist Dozent für englische Literatur an der University of Central Lancashire. Er hat Artikel zur französischen Literatur des 19. Jahrhunderts und zu zeitgenössischer Lyrik und Philosophie veröffentlicht. Zusammen mit Peter Manson betreibt er einen Verlag namens Object Permanence.

Vincent Quinn (VQ)

Santiago del Rey (SR) ist Lektor, Kulturjournalist und Literaturkritiker.

Vera Rich (VR) ist Schriftstellerin und Übersetzerin. Ihre Spezialgebiete sind die Literatur der Ukraine und Weißrußlands.

Oscar Rickett (OR) lebt in London, er ist freiberuflicher Schriftsteller und hat über die Amerikanische Literatur des 20. Jahrhunderts, die englische Literatur des 19. Jahrhunderts und über das moderne Argentinien geschrieben.

Dr. Ben Roberts (BR) lehrt an der University of Bradford. Sein Interesse gilt insbesondere der Kulturtheorie der Technologie und dem literarischen Motiv des Falschgelds.

Dr. Anne Rowe (AR) ist außerordentliche Professorin an der Kingston University, London. Sie leitet das Center for Iris Murdoch Studies an der Kingston University. Sie ist auch Leiterin der Iris-Murdoch-Gesellschaft für Europa und Herausgeberin des *Iris Murdoch News Letter* für Europa.

Nicholas Royle (NWor) ist Professor für Englisch an der University of Sussex. Zu seinen Hauptwerken zählen die Bücher *E. M. Forster* (1999) und *The Uncanny* (2003). Er ist Mitherausgeber der *Oxford Literary Review*.

David Rush (DR)

Martin Ryle (MR) lehrt Englisch und Kulturwissenschaften an der University of Sussex. Sein Interesse gilt insbesondere der irischen und der zeitgenössischen Literatur. Er hat Studien unter anderem zu George Gissing und Michel Houellebecq veröffentlicht.

Darrow Schecter (DSch) promovierte an der University of Oxford über Antonio Gramsci. Er war danach Stipendiat der British Academy und erhielt einen Lehrauftrag für Italianistik an der University of Sussex. Er ist außerordentlicher Professor für Geistesgeschichte an der School of Humanities der University of Sussex. Er hat Arbeiten zu verschiedenen Themen der europäischen Geistesgeschichte und zur politischen Theorie verfaßt.

Lucy Scholes (LSc)

Christina Sevdali (CSe) beendet gerade ihre Dissertation im Fachbereich Linguistik an der University of Cambridge. Erste wissenschaftliche Arbeiten beschäftigten sich mit der Griechischen Literatur aus der Antike und der Moderne.

Elaine Shatenstein (ES) ist freiberufliche Rezensentin, Zeitungskolumnistin und Feuilletonistin sowie Gastrednerin für Literaturgruppen, Schreibtrainerin und Redakteurin. Sie hat als Autorin und Produzentin für Rundfunk und Film gearbeitet und war in einer Anthologie mit sozialsatirischen Texten vertreten.

John Shire (JS) ist Autor und Fotograf. Seine Kurzgeschichten sind in vielen britischen und amerikanischen Publikationen erschienen. Er ist an zwei literarischen Websites beteiligt, an www.libraryofthesphinx.co.uk und an www.invocationspress.co.uk.

Tom Smith (TS) ist Dozent an der Fakultät für Internationale Betriebswirtschaft der Hochschule Furtwangen. Er hat Kurzgeschichten in Zeitschriften und Anthologien veröffentlicht und wurde mit dem Ian St. James Award ausgezeichnet.

Daniel Soar (DSoa) ist Redakteur bei der *London Review of Books*.

Matthew Sperling (MS)

David Steuer (DS)

Simon Stevenson (SS) ist wissenschaftlicher Assistent für Englisch an der National Dong Hwa University in Taiwan, wo er Literatur und Literaturtheorie unterrichtet.

Esther MacCallum Stewart (EMcCS)

Luis Sundqvist (LS)

Céline Surprenant (CS) ist außerordentliche Professorin für Französisch an der anglistischen Fakultät der University of Sussex. Sie ist Autorin von *Freud's Mass Psychology: Questions of Scale* (2003) und hat Jean-Luc Nancys Buch *Remarque spéculative* ins Englische übersetzt (*The Speculative Remark*, 2001).

Theodora Sutcliffe (TSu) ist Journalistin und Werbetexterin, sie schreibt auch literarische Texte.

Julie Sutherland (JuS) ist in Kanada geboren und promovierte an der britischen University of Durham in Anglistik und Kulturgeschichte des 17. Jahrhunderts. Sie kehrte nach Kanada zurück, um eine Professur für das Drama der Frühmoderne an der Atlantic Baptist University anzutreten.

Keston Sutherland (KS) ist Dozent für Englisch an der University of Sussex. Er hat unter anderem die Gedichtbände *Antifreeze*, *The Rictus Flag* und *Neutrality* veröffentlicht. Er gibt die okkulte Zeitschrift *Quid* sowie CD-Rs mit Slam Poetry heraus und ist einer der Verleger von *Barque Press*.

Bharat Tandon (BT) ist Dozent am Jesus College in Cambridge, leitet den Bereich Studies in English und unterrichtet britische und amerikanische Literatur. Er schreibt für die Literaturbeilage der *Times* und den *Daily Telegraph* regelmäßig über aktuelle britische und amerikanische Bücher und Filme.

Jenny Bourne Taylor (JBT) ist außerordentliche Professorin für Englisch an der University of Sussex. Sie hat zahlreiche Untersuchungen zu Literatur und Kultur des 19. Jahrhunderts veröffentlicht. Neuere Publikationen sind das zusammen mit Martin Ryle herausgegebene Buch *George Gissing: Voices of the Unclassed* (2005) und der von ihr herausgegebene *Cambridge Companion to Wilkie Collins* (2006).

Philip Terry (PT)

Samuel Thomas (SamT) promovierte an der University of Sussex über englische Literatur. Zu seinen Forschungsschwerpunkten zählen Thomas Pynchon, die Kritische Theorie und osteuropäische Literatur.

Sophie Thomas (ST) ist Englischdozentin an der University of Sussex, wo sie Literatur des 18. und 19. Jahrhunderts lehrt. Ihre Lehrtätigkeit in Masters-Studiengängen umfaßt die Bereiche Kritische Theorie sowie Literatur und visuelle Kultur.

Dale Townshend (DaleT) ist Stipendiat der Thesia-Stiftung an der Fakultät für Anglistik der University of Stirling. Er hat Essays und Buchbeiträge zu Schauerroman, Romantik, Kritischer Theorie und der Literatur des späten 18. und frühen 19. Jahrhunderts veröffentlicht.

David Towsey (DT) ist Dozent für Englisch am Hertford College in Oxford und lehrt auch an der Fakultät für Weiterbildung der Oxford University. Er hat Veröffentlichungen zu Literaturtheorie und Literatur der Romantik vorgelegt.

David Tucker (DTu)

Garth Twa (GT) ist Autor der Kurzgeschichtensammlung *Durable Beauty* und preisgekrönter Filmemacher. Derzeit schreibt er an seinem zweiten Buch, *My Ice Age*. Er verarbeitet darin seine Kindheit in einer Inuitsiedlung am Polarkreis und die Jahre, in denen er sich an der Peripherie Hollywoods zu behaupten versuchte.

Miriam van der Valk (MvdV) erwarb den MA in Philosophie an der Universität von Amsterdam. Ihre Spezialthemen sind die Theorie der Psychoanalyse und Frauenrechte.

Cedric Watts (CW) hat eine Forschungsprofessur an der anglistischen Fakultät der University of Sussex inne. Er hat unter anderem Bücher zu Shakespeare, Keats, Graham Cunningham, Conrad und Graham Greene veröffentlicht.

Claire Watts (CIW) ist Schriftstellerin und Lektorin. Sie hat ihr Studium an der London University mit einem MA in Französisch beendet.

Manuela Wedgwood (MW)

Andreea Weisl (AW)

Gabriel Wernstedt (GW)

Juliet Wightman (JW) hat mehrere Jahre an der anglistischen Fakultät der University of Stirling unterrichtet. Ihr Forschungsinteresse gilt der Beziehung zwischen Sprache und Gewalt, insbesondere in Literatur und Drama der Renaissance.

Ilana Wistinetzki (IW) hat 2000 ihren Master an der Yale University mit einer Arbeit über klassische chinesische Literatur erworben. Sie lehrte in Yale und an der Universität von Peking modernes Hebräisch.

Tara Woolnough (TW) lebt und arbeitet in London; sie ist im Verlagswesen tätig.

Marcus Wood (MW)

Index der Buchtitel

Titel mit * sind bisher nicht in deutscher Übersetzung erschienen.

A
22:04 947
A Day Off * 361
Abbé C. 465
Abbitte 899
Die Abendröte im Westen 757
Die Abenteuer des braven Soldaten Schwejk 316
Die Abenteuer des Huckleberry Finn 197
Die Abenteuer des Sherlock Holmes 217
Die Abenteuer und Irrfahrten des Gaviero Maqroll 834
Der abenteuerliche Simplicissimus 37
Absalom, Absalom! 382
Abschied 488
Absolute Beginners 543
Ada oder Das Verlangen 623
Adam Bede 143
Addis Aläm * 305
Afrika, dunkel lockende Welt 388
Afrikanische Tragödie 459
Agent in eigener Sache 706
Alamut 398
Alberte und Jakob 318
Alexis Sorbas 438
Alias Grace 861
Alibi 315
Alice hinter den Spiegeln 170
Alice im Wunderland 156
All About H. Hatterr * 449
All die schönen Pferde 828
Alle Seelen 769
Allein mit Shirley 840
Allerseelen 879
Die allertraurigste Geschichte 277
Alles ist erleuchtet 907
Als gäbe es mich nicht 886
Der alte Mann und das Meer 477
Am Abgrund des Lebens 397
Americanah 942
Am grünen Rand der Welt 178
Am offenen Meer 208
Amadís von Gallien 29
American Psycho 811
Amerika 321
Der Amokläufer 299
An der Biegung des großen Flusses 702
An die Hölle verraten 686
Angst und Schrecken in Las Vegas 645
Angst vorm Fliegen 658
Anlaß zur Unruhe 398
Anna Karenina 185
Annie John 761
Anton Reiser 70
Anton Voyls Fortgang 622
The Apes of God * 346
Die Arbeit der Liebe 856
Arkanum 17 433
Asche und Diamant 447
Asphodel * 820
Astradeni 814
Auf dem schwarzen Berg 720
Auf den Gipfeln der Verzweiflung 371
Auf den Körper geschrieben 824

Auf der schiefen Ebene 329
Auf der Suche nach der verlorenen Zeit 325
Auf der Suche nach Indien 302
Auf Messers Schneide 427
Auf Schwimmen-Zwei-Vögel 411
Aufzeichnungen aus einem Kellerloch 154
Die Aufzeichnungen des Malte Laurids Brigge 262
Aus dem Leben eines Taugenichts 97
Auslöschung. Ein Zerfall 764
Austerlitz 901
Ausweitung der Kampfzone 854
Autobiographie von Alice B. Toklas 362

B
Babbitt 292
Back * 439
Barabbas 466
Barbarei und Zivilisation 119
Bartleby & Co. 890
Bei uns in Auschwitz 451
Bekenntnisse 69
Bel Ami 195
Bel'mo * 642
Ben Hur 186
Berge des Wahnsinns: eine Horrorgeschichte 381
Berlin Alexanderplatz 338
Bertie in wilder Erwartung 366
Bescheidener Vorschlag 46
Bessere Verhältnisse 718
Der Besucher 632
Das Bettlermädchen 692
Bevor es Nacht wird 831
Der Bienenkorb 475
Das Bildnis des Dorian Gray 211
Bildnis einer Dame 187
Billard um halb zehn 534
Billy, der Lügner 543
The Bitter Glass 529
Bitterer Reis 790
Bittersüße Schokolade 795
Black Box 776
Blaming * 676
Das Blau des Himmels 519
Blaue Lilien auf transparenter Haut 682
Bleakhaus 136
Die Blechtrommel 539
Die Blendung 374
Blind, mit einer Pistole 631
Die blinde Eule 391
Der Blindensturz 761
Blindsein 319
Die Blütezeit der Miss Jean Brodie 556
Bonheur d'occasion * 436
Bonjour Tristesse 494
Borstal Boy 524
Bouvard und Pécuchet 190
Die Brandung 496
Brennender Zaster 872
Die Brücke über die Drina 432
Buch Daniel 646
Das Buch der Unruhe 729

Das Buch vom Lachen und Vergessen 704
Das Buch von Blanche und Marie 916
Buddenbrooks 240
Der Buddha aus der Vorstadt 803
Buddhas kleiner Finger 862
Burgers Tochter 700
Busschaffner Hines 748

C
Caleb Williams 74
Camilla 79
Candide 54
Carmilla, der weibliche Vampir 175
Casino Royale 483
Catch 22 553
Celestina La 28
Chaka Zulu 314
The Charwoman's Daughter * 268
Das Chasarische Wörterbuch 749
Christus kam nur bis Eboli 433
Der Circle 940
Clarissa 48
Clockwork Orange 567
Der Club Dumas 824
Cold Comfort Farm 354
The Commandant * 664
Constance und Sophia 258
Contact 758
Corellis Mandoline 848
Cost * 929
Cranford 135
Crash 654

D
Damals in Nagasaki 725
Der Dämon und Fräulein Prym 895
Die Dämonen 175
David Copperfield 129
Dein Gesicht morgen 915
Das Delta der Venus 690
Demokratie 746
Denkwürdigkeiten eines Nervenkranken 248
Denn sie sollen getröstet werden 450
Der Derwisch und der Tod 594
Deutschstunde 614
Die Dinge 592
Dirk Gently's holistische Detektei 783
Disappearance * 846
Der Distelfink 939
The Diviners * 660
Doktor Faustus 445
Doktor Schiwago 515
Dom Casmurro 230
Der Dom von Satschipljanka 611
Don Quijote 35
Dr. Jekyll und Mr. Hyde 201
Dracula 222
Die drei Musketiere 119
Die drei Reiche 25
Drei traurige Tiger 586
Dreimal unter der Haube 574
Die dreizehn Uhren 463
Die dreizehnte Dame 908
Der dritte Polizist 602
Der Dschungel 256

Der dünne Mann 350
Dusklands * 662

E
E Archaia Skoura * 706
Effi Briest 220
Ein so langer Brief 700
Ein Tag im Leben des Iwan Denissowitsch 572
Eindrücke aus Afrika 265
Einer aus Kurussa 489
Einer flog über das Kuckucksnest 568
Einer, keiner, hunderttausend 315
Einladung zum Tanz 842
Der Ekel 400
El cuarto de atrás * 696
Die Eleganz des Igels 919
Elementarteilchen 880
Die Elenden 150
Eline Vere 206
Die Elite nach dem Fest 781
Emil oder Über die Erziehung 57
Emma 90
Eine empfindsame Reise durch Frankreich und Italien 62
Das Ende der Geschichte 856
Das Ende einer Affäre 466
Die Enden der Parabel 652
Enderby 575
Die enge Pforte 261
Der englische Patient 827
Die Entdeckung der Currywurst 845
Die Entdeckung des Himmels 830
Erbin des verlorenen Landes 923
Erewhon 174
Erinnerung an das Feuer 766
Erklärt Pereira 851
Erste Liebe – letzte Liebe 544
Das Erwachen 230
Eugen Onegin 105
Eugenie Grandet 106
Evelina 66

F
Fado Alexandrino 734
Fahles Feuer 564
Die Fahrt in den Norden 350
Die Fahrt zum Leuchtturm 323
Der Fall des Baumeisters 756
Die Falschmünzer 310
Die Fälschung der Welt 499
Die Familie Kegge 113
Das Familientreffen 924
Fan Man 662
Der Fänger im Roggen 470
Fanny Hill 52
Fantomas 266
Die Farbe der Macht 658
Die Farbe Lila 726
Die Farm der Tiere 430
Fegefeuer der Eitelkeiten 777
Ferdydurke 390
Das Fest des Ziegenbocks 896
Das Feuer 279
Fiesta 321
Finnegans Wake 411
Flammenwerfer 941

Flauberts Papagei 738
Fluchtstücke 865
Die Flügel der Taube 244
Der Fluß dazwischen 589
Die Forsyte Saga 255
Das Foucaultsche Pendel 791
Frankenstein oder Der moderne Prometheus 93
Franny und Zooey 559
Eine Frau am Punkt Null 667
Die Frau in Weiß 144
Fräulein Smillas Gespür für Schnee 823
Freiheit 934
Der Fremde 420
Der Fremdenführer 530
Fremder in einer fremden Welt 561
Die Früchte des Zorns 409
Ein Frühlingstag 490
Frühlingswogen 173
Frühstück bei Tiffany 532
Der Fünfte im Spiel 635
Die Fünfzehnjährigen 550

G
G. 649
Gabriela wie Zimt und Nelken 526
Gargantua und Pantagruel 31
Die Gärten der Finzi-Contini 571
Garten, Asche 590
Geblendet in Gaza 387
Gefährliche Liebschaften 69
Gegen den Strich 194
Gegen den Tag 921
Geh zur Hölle, Welt! 676
Gehe hin und verkünde es vom Berge 482
Der Geheimagent 256
Die geheime Geschichte 832
Die Geheimnisse des Mulatten Pedro 632
Die Geheimnisse von Udolpho 76
Die Geisha 872
Geisterberg 762
Das Geisterhaus 720
Die Geliebte des französischen Leutnants 628
Die Germanistin 864
Germinal 198
Die Gesandten 245
Die Gesänge des Maldoror 166
Gesang vom großen Feuer 843
Geschichte der Belagerung von Lissabon 796
Die Geschichte der Liebe 915
Geschichte der O 491
Die Geschichte des Auges 335
Die Geschichte des verlorenen Kindes 945
Die Geschichte vom Bambussammler 24
Die Geschichte vom Prinzen Genji 24
Eine Geschichte von Liebe und Finsternis 912
Das Geschlecht der Kirsche 801
Eine Gesellschaft auf dem Lande 288
Die Gesetze 812
Gesichter im Wasser 560

Gespräch in Sizilien 419
Gespräch mit einem Vampir 679
Geur der droefenis * 711
Gierig 737
Die Giftholzbibel 875
Giles Goat-Boy * 597
Gimmick! * 792
Giovannis Zimmer 510
Gläserne Bienen 513
Die Glasglocke 575
Das Glasperlenspiel 423
Das Gleichgewicht der Welt 857
Die Gleichgültigen 340
Die Glocken von Basel 372
Der Glöckner von Notre Dame 102
Glück für Jim 485
Die Glut 422
Der goldene Esel 27
Das goldene Notizbuch 562
Gösta Berling 213
Der Gott der kleinen Dinge 868
Gottes Holzstücke 551
Gottes Werk und Teufels Beitrag 760
Der Graf von Monte Cristo 121
Grande Sertão 503
Die große Ernüchterung 457
Große Erwartungen 148
Der große Gatsby 310
Der große Roman Indiens 797
Der große Schlaf 404
Der größere Teil der Welt 932
Grube und Pendel 117
Der grüne Heinrich 138
Der grüne Hut 305
Gruppenbild mit Dame 643
Gullivers Reisen 45
Das Gut von Ulloa 201
Eine gute Partie 475
Guten Morgen, Mitternacht 410

H
H wie Habicht 946
Hadrian VII. 249
Halbzeit 549
Die Hälfte der Sonne 924
Die Hälfte des Mannes ist Frau 753
H(a)ppy 948
Harmonia Caelestis 890
Harte Mädchen weinen nicht 740
Hasenherz 545
Die Hauptstraße 286
Das Haus der Freude 251
Das Haus der sieben Giebel 132
Das Haus des Professors 306
Ein Haus im Hügelland 439
Das Haus mit der blinden Glasveranda 715
Das Heim und die Welt 282
Heinrich von Ofterdingen 84
Ein Held unserer Zeit 113
Hellas Channel: Ein Fall für Kostas Charitos 855
Der Herbst des Patriarchen 674
Herr der Fliegen 492
Der Herr der Ringe 507
Die Herrin von Wildfell Hall 126
Herz der Finsternis 243
Herzog 583
Hin und weg 860

Die Hölle 260
Home * 927
Homo Faber 519
Der Honorarkonsul 653
Humboldts Vermächtnis 667
Humphry Clinkers Reise 63
Der Hund der Baskervilles 241
Hundejahre 574
Hundert Jahre Einsamkeit 607
Die hundertzwanzig Tage von Sodom 70
Hunger 207
Hyperion 81

I
Ich habe keine Angst 897
Ich weiß, warum der gefangene Vogel singt 639
Ich zähmte die Wölfin 475
Ich, der Robot 458
Identitätszeichen 598
Der Idiot 165
Ignaz oder die Verschwörung der Idioten 710
Im Dunkeln 219
Im ersten Kreis 622
Im Grenzland 899
Im hellen Licht des Tages 709
Im Herzen der Meere 450
Im Herzen des Landes 682
Im Labyrinth 562
Im Schloß 462
Im Westen nichts Neues 339
Der Immoralist 244
In Arkadien 817
In der Hitze des Tages 455
In einem andern Land 343
In einem freien Land 647
In Parenthesis 390
In Stahlgewittern 285
In Wassermelonen Zucker 613
Indigo 825
Inland * 793
Insel der Puppen 329
Die Insel des Doktor Moreau 220
Ist das ein Mensch? 443
I Thought of Daisy * 341
Ivanhoe 94

J
Jacques der Fatalist und sein Herr 79
Das Jahr der Hasen 664
Jahrestage 636
Jahrmarkt der Eitelkeit 125
Jakob der Lügner 443
Die Jalousie oder die Eifersucht 522
Jane Eyre. Eine Autobiographie 122
Jean Florette 579
Jene 623
Jenseits von Babylon 835
Jesusa: ein Leben allem zum Trotz 634
Jesus von Texas 909
Joseph Andrews 46
Joseph und seine Brüder 424
Julie oder Die neue Héloïse 57
July's Leute 719
Der junge Mann 751

Der junge Titus 438
Junger Mond 461
Die Jungfrau im Garten 696
Junkie 484
Justine 513

K
Kaltblütig 592
Die Kartause von Parma 110
Käse 360
Katz und Maus 555
Katzenwiege 580
Kein Grund zum Lachen 608
Der Ketzer 880
Kim 238
Kinder der Nacht 337
Kindheitsmuster 675
Kitchen 782
Die Klavierspielerin 730
Kleine Aussichten 647
Kleine Frauen 165
Der kleine Hobbit 391
Der kleine Johannes 199
Der kleine Prinz 424
Das Klingsor-Paradox 887
Kokoro 272
Kokotsu no hito * 650
Der König auf Camelot 523
Ein König Lear der Steppe 170
König Salomos Schatzkammer 199
Korrektur 671
Die Korrekturen 903
Die Kraft und die Herrlichkeit 414
Krebsstation 619
Die Kreutzersonate 210
Der Krieg am Ende der Welt 716
Der Krieg der Welten 29
Der Krieg mit den Molchen 382
Der Krieg und die Kröte 686
Krieg und Frieden 168
Kristin Lavranstochter 298
Die Kuckuckskinder 520
Der Kummer von Flandern 730
Kunde von Nirgendwo 214
Die Kunst des Feldspiels 938
Die Kunst des Verschwindens 806
Der kupferne Garten 457
Das kurze wundersame Leben des Oscar Wao 925
Kurosafaia * 874
Der Kuß der Spinnenfrau 680

L
LaBrava 732
Das Labyrinth der Einsamkeit 464
Das Lächeln der Engel 870
Lady Chatterley 333
Die Lahmen werden die Ersten sein 591
Lanark: ein Leben in vier Büchern 716
Land 854
Das Landgut 605
Der Landpfarrer von Wakefield 58
Der lange Traum 648
Larva: Babel de una noche de San Juan * 741
The Last Chronicle of Barset *161
Lästige Liebe 855

Leb' wohl, Berlin. Ein Roman in Episoden 407
Leben 341
Das Leben der Insekten 872
Das Leben des Herrn 289
Das Leben des Lazarillo von Tormes, seine Freuden und Leiden 31
Ein Leben 192
Das Leben ist eine Karawanserei 831
Leben und Zeit des Michael K. 731
Das Leben: Gebrauchsanweisung 694
Lebensabend: eine geriatrische Komödie 647
Lebensansichten des Katers Murr 95
Die Legende 751
Lehrjahre Herzens 167
Eine leichte Komödie 866
Die Leiden des jungen Werthers 64
Der Leopard 531
Die letzte Versuchung 503
Die letzte Welt 785
Die Leute auf Hemsö 202
Die Liebe in den Zeiten der Cholera 762
Liebe unter kaltem Himmel 456
Lieben 430
Liebende Frauen 285
Die Liebhandlung 936
Liebeszauber 752
Der Liebhaber 746
Lieutenant Gustl 237
Life and Death of Harriett Frean * 295
Die linkshändige Frau 680
Die Liste der Lügen 920
The Living and the Dead * 418
Der Llano in Flammen 500
Locus solus 272
Lolita 504
The Lonely Londoners * 509
Love in Excess 42
Der Löwe von Flandern 110
Luka * 663
Lulet e ftohta të marsit * 895
Die Lusiaden 32

M
Madame Bovary 141
Das Mädchen ein halbfertiges Ding 944
Mädchen mit begrenzten Möglichkeiten 576
Das Mädchen mit den grünen Augen 569
Die Madonna der Mörder 853
Der Magus 599
Maisie 224
The Making of Americans 314
Die Malavoglia 188
Der Maler der fließenden Welt 765
Malone stirbt 473
Der Malteser Falke 345
Manchmal ein großes Verlangen 586
Die Mandarins von Paris 494
Das Manilaseil 518
Der Mann in der Schwebe 426
Der Mann mit dem goldenen Arm 454
Der Mann ohne Eigenschaften 359
Der Mann von Gefühl 62
Ein Mann wird älter 229
Der Mann, der seine Kinder liebte 416
Mansfield Park 90
Mao II 815
Mara 550
Margarethe 138

Marius der Epikureer 195
Marrakesch 819
Martín Fierro 185
Martinus Scriblerus 47
Maskenspiel 559
Matigari * 767
Max Havelaar 147
Das Meer der Fruchtbarkeit 640
Das Meer, das Meer 694
Die Meere des Südens 707
Mein Elternhaus 292
Meine hochgeborene Herrschaft 84
Der Meister und Margarita 600
Melancholie des Widerstands 797
Melmoth der Wanderer 94
Memoirs of Rain * 820
Das Memorial 729
Der Mensch in der Revolte 468
Der Menschen Hörigkeit 276
Die Menschenfreunde in zerlumpten Hosen 269
Menschenkind 773
Der menschliche Makel 892
Merkwürdige Lebensgeschichte des Sklaven Olaudah Equiano 75
Michael Kohlhaas 86
Die Midaq-Gasse 446
Middlemarch 172
Miramar 603
Misericordia 224
Miss Pettigrew Lives for a Day * 403
Mister Aufziehvogel 853
Mit Staunen und Zittern 889
Mitternachtskinder 713
Mitternachtspost 805
Moby Dick 130
Der Mönch 78
Der Monddiamant 163
Der letzte Mohikaner 99
Moll Flanders 42
Molloy 468
Mond über Manhattan 801
Monica * 348
Monkeys Pilgerfahrt 32
Mord braucht Reklame 364
Mörder ohne Gesicht 813
Moskau – Petuski 633
Mr Norris steigt un 377
Mrs. Dalloway 313
Die Mühle am Floss 147
Murphy 394
Das Museum der bedingungslosen Kapitulation 888
Die Mutter 257
Myra Breckinridge 620

N
Nachdenken über Christa T. 615
Der Nachfolger 912
Nachmittag eines Schriftstellers 780
Der Nachsommer 142
Nächte im Zirkus 741
Nachtgewächs 378
Die nachträglichen Memoiren des Bras Cubas 189
Nada 436
Nadja 326
Nahanje arhants ergi * 335
Naked Lunch 540
Der Name der Rose 709
Der Namensvetter 906
Nana 187
Die Nase 107
Natterngezücht 358

Nemesis 933
Nenn es Schlaf 365
Die neue Justine 72
Die neun Schneider 374
Die neununddreißig Stufen 275
Neunzehnhundertvierundachtzig 452
1999 799
Neuromancer 742
Die New-York-Trilogie 774
Nichts als den Leib: der Tod des Artemio Cruz 570
Niemandsland 814
Night Boat to Tangier 949
Die Nonne 81
Nostromo 251
Nowhere Man 904
Nur Pferden gibt man den Gnadenschuß 375

O
Obabakoak 793
Der Oberst hat niemand, der ihm schreibt 560
Oblomow 144
Ohne mich 403
Okonkwo oder Das Alte stürzt 529
The Old Devils * 766
Oliver Twist 109
Onkel Petros und die Goldbach'sche Vermutung 829
Onkel Silas oder das verhängnisvolle Erbe 155
Onkel Toms Hütte 132
Orlando 334
Oroonoko 39
Oscar und Lucinda 786
Owen Meany 794

P
Paare, Passanten 718
Pallieter 281
Pamela 48
Parade's End 330
Das Parfum 757
Der Pate 624
Pawels Briefe 886
Pepita Jiménez 180
Pepsi-Hotel 802
Per Anhalter durch die Galaxis 699
Peregrine Pickle 53
Persilus und Sigismunda 36
Die Pest 444
Der Pfeil Gottes 585
Der Pharao 225
Phineas Finn 166
Pierre und Jean 204
Pilgrimage * 605
Pippi Langstrumpf 428
Planet der Habenichtse 660
Platero und ich 271
Plattform 902
Pnin 516
Portnoys Beschwerden 627
Ein Porträt des Künstlers als junger Mann 280
Porträt des Meisters in mittleren Jahren 913
Die Präsidentin 194
Der Preis der Freiheit 784
Le premier jardin * 785
Pretoria, Zweite Avenue 536
Die Prinzessin von Clèves 38
Die privaten Memoiren und Bekenntnisse eines gerechtfertigten Sünders 96
Professor Martens' Abreise 740
Professor Unrat 252
Der Prozeß 309

Q
Quartett im Herbst 683
Quell der Einsamkeit 330
Quicksand 328
Quo Vadis 221

R
Die Rabenschläfer 518
Radetzkymarsch 353
Ragazzi di vita 499
Ragtime 663
Rameaus Neffe 85
Rashomon 279
Rasselas 56
Das Rätsel der Ankunft 770
Das Rätsel der Sandbank 246
Die Räuber vom Liang-Schan-Moor 25
Reasons to Live * 753
Rebecca 399
Der Regenbogen 275
Das Reich der Sonne 748
Das Reich von dieser Welt 455
Die Reifeprüfung 580
Reise ans Ende der Nacht 352
Reise nach Sondervorschrift, Zuglauf überwacht 589
Reise um die Welt in achtzig Tagen 177
Die Reise zum Mittelpunkt der Erde 158
Reißt die Knospen ab ... 534
Der Report der Magd 755
Requiem für einen Traum 692
Return of the Soldier 283
Der Richter und sein Henker 480
Rikscha-Kuli 388
Rituale 710
Rob Roy 91
Robinson Crusoe 41
Roman eines Schicksallosen 670
Rost 930
Rot und Schwarz 100
Das rote Zimmer 186
Die Rotte 281
Die Rückkehr des Filip Latinovicz 353
Der Ruf der Wildnis 246

S
Samstagnacht und Sonntagmorgen 527
Sankt Pons 254
Santa Evita 859
Sargassomeer 602
Die satanischen Verse 788
Schachnovelle 422
Scham und Schande 736
Schande 884
Der scharlachrote Buchstabe 129
Schattenlinien 804
Die Schatzinsel 190
Schau heimwärts, Engel 344
Der Schaum der Tage 446
Schiffbruch mit Tiger 900
Schiffsmeldungen 844
Schindlers Liste 723
Der Schlächterbursche 822
Schlachthof 5 oder Der Kinderkreuzzug 630

Die Schlittenfahrt 266
Das Schloß 318
Schloß Otranto 58
Das Schloß, darin sich Schicksale kreuzen 657
Schmutzige Havanna-Trilogie 882
Schnappt Shorty! 808
Die Schnapsbude 183
Schnee 905
Die Schöne des Herrn 619
Die schöne Frau Seidenman 763
Schöne neue Welt 357
Die Schönheitslinie 911
Der schönste Tango der Welt 633
Schräge Töne 631
Schreiben Sie Miss Lonelyhearts 364
Schuld und Sühne 161
Die Schuldlosen 465
Der Schwarm 914
Die schwarze Dahlie 779
Der schwarze See 866
Schweigen 594
Schweigen über Madrid 564
Schwere Flügel 715
Schwester Carrie 237
Die Schwester 850
Die Schwimmbad-Bibliothek 787
Die schwimmende Oper 510
Schwindel. Gefühle 810
Die See 918
Der Seeleningenieur 683
Segen der Erde 282
Sehr blaue Augen 640
Seide 867
Seitenwechsel 343
Seine einzige Tochter 611
Selbstbildnis eines Jünglings 728
Die Selbstmord-Schwestern 836
Shining 689
Siddhartha 296
Sie hüten das Geheimnis des Glücks 828
The Siege of Krishnapur * 657
Silas Marner 149
Simon 760
The Singapore Grip * 693
So lebt der Mensch 360
Sohn dieses Landes 412
Söhne und Liebhaber 269
Solaris 554
Soldat Nr. 19022 345
Soldaten von Salamis 902
Solomons Lied 684
Solveigs Vermächtnis 733
Some Experiences of an Irish R. M. * 123
Sommer in Baden-Baden 714
Sommerbuch 649
Des Sommers ganze Fülle 536
Die Sonne Satans 316
Spät war es, so spät 849
Spiel dein Spiel 635
Der Spion, der aus der Kälte kam 577
Die Stadt und die Hunde 571
Eine Stadt wie Alice 461
Der Stechlin 231
Der Steppenwolf 326
Sterne von Eger 232
Die Sternstunde 684
Der stille Amerikaner 500
Stiller 497
Stilübungen Autobus S 444
Stolz und Vorurteil 88
Straße der Krähen 825

Der Streit um den Sergeanten Grischa 322
Die Stunden 878
Sturmhöhe 126
Suite Française 914
Summer Will Show 387

T
Taebek Gebirge 773
Das Tagebuch der Daisy Goodwill 837
Tagebuch einer Kindheit in Galicien 561
Tagebuch eines Niemands 218
Der talentierte Mr. Ripley 506
Ein Tanz zur Musik der Zeit 673
Tarka, der Otter 323
Tarr 284
Die Tartarenwüste 412
Tarzan bei den Affen 271
Die Taube 772
Tausend Kraniche 481
Der Tausendjahresplan 471
Tausendundeine Nacht 22
Tess von D'Urbervilles 212
Testament of Youth * 361
Den Teufel im Leib 301
Das Teufelsmoor 120
Thaïs 209
Thérèse Raquin 163
The Thinking Reed * 386
Thomas of Reading 34
Tief unten 212
Die tiefen Flüsse 531
Das Tier im Menschen 208
Die Tiger von Mompracem 236
Tirant lo Blanc 28
Die Tochter der Hündin 810
Die Tochter des Optimisten 651
Der Tod des Iwan Iljitsch 193
Der Tod des Vergil 437
Der Tod in Rom 496
Der Tod in Venedig 268
Das Todesjahr des Ricardo Reis 747
Das Todesurteil 451
Ein Tor zur Welt 931
Tom Jones 50
Tote auf Bestellung 595
Tote Seelen 114
Der tote Vater 671
Die Tränen des Großmoguls 835
Transit 428
Der Traum der Roten Kammer 74
Träumen Roboter von elektrischen Schafen? 616
Die Träumereien eines einsamen Spaziergängers 67
Das Treibhaus 486
Die Triffids 473
The Triple Mirror of Self * 829
Tristram Shandy 61
The Trusting and the Maimed * 501
Tyll 949
Typical 815

U
Die Überlebenskünstlerin 796
Das Ufer der Syrten 471
Ulysses 291
Unabhängige Menschen 378
Der unbekannte Soldat 497
Der Unberührbare 377
Und fing sich einen Falken 613
Und ihre Augen schauten Gott 392

Unendlicher Spaß 862
Unersättlichkeit 348
Die unerträgliche Leichtigkeit des Seins 750
Der ungeheure Raum 296
Der Ungehorsam 449
Die Ungetrösteten 860
Der unglückliche Reisende 34
Uns nährt die Erde 226
Der unsichtbare Mann 478
Die unsichtbaren Städte 651
Unter Bauern 419
Unter dem Astronautenmond 642
Unter dem Joch 205
Unter dem Netz 491
Unter dem Vulkan 441
Unter Frauen 808
Unter Strom 609
Der Untergang des Hauses Usher 111
Die Untergegangenen und die Geretteten 763
Unterwegs 516
Unterwelt 873
USA-Trilogie 395

V
V. 582
Ein Vagabund im Dienste Spaniens 447
Vater Goriot 107
Väter und Söhne 149
Vathek 71
Die Verachtung 490
Das verbotene Reich 354
Das Verbrechen des Paters Amaro 180
Die Verlobten 99
Die verlorene Ehre der Katharina Blum 661
Verlorene Illusionen 114
Die verlorene Sprache der Kräne 768
Die verlorenen Spuren 486
Die Vermessung der Welt 915
Vernimm mein Flehen 867
Vernunft und Gefühl 86
Ein vernunftbegabtes Tier 608
Veronika beschließt zu sterben 876
Die Verrückung der Benna Carpenter 767
Die Versteigerung von No. 49 596
Versuch über die Liebe 847
Die Verwirrungen des Zöglings Törleß 254
Die Verzückung der Lol V. Stein 584
Viola d'Amore 769
Die Vizekönige 219
Der Vize-Konsul 599
Die Vögel 522
Vom Ende einer Geschichte 937
Vom Winde verweht 384
Von Liebe und Schatten 772
Von Mäusen und Menschen 393
Der Vorfahre 735
Der Vorleser 858
Vortreffliche Frauen 481
Voss 521

W
W oder die Kindheitheitserinnerung 674
Die Wächter 764
Die Wahlverwandtschaften 85
Wahrhafte Geschichte der Entdeckung und Eroberung von Mexiko 37
Der Wald der Gehenkten 295

Walden oder Leben in den Wäldern 137
Wann, wenn nicht jetzt? 728
Warten auf die Barbaren 714
Warten auf Dunkelheit, warten auf Licht 845
Was ich liebte 908
Was sie trugen 805
Was vom Tage übrigblieb 798
Die Wasser der Sünde 524
Die Wasserkinder 152
Wasserland 732
Der Weg allen Fleisches 249
Der weibliche Quichote 54
Die Weisheit des Blutes 476
Der weiße Tiger 928
Weiße Zeit der Dürre 703
Weißes Rauschen 752
Die Wellen 349
Eine Welt für Julius 637
Die Welt ist groß und fremd 417
Die Weltenwanderin 892
Wem die Stunde schlägt 414
Wendekreis des Krebses 368
Wenn der Postmann zweimal klingelt 371
Wenn ein Reisender in einer Winternacht 699
Wer die Nachtigall stört ... 546
Die Werft 551
Das Werk der Artamonovs 307
Wesire und Konsuln 435
Die Wespenfabrik 194
Wiedergeburt am Ganges 840
Wiedersehen in Howards End 265
Wiedersehen mit Brideshead 434
Wilde Schwäne 816
Die wilden Detektive 883
Wilhelm Meisters Lehrjahre 76
Willard und seine Bowlingtrophäen 668
Winter 948
Wir 302
Wittgenstein's Mistress * 790
Wittgensteins Neffe 725
Wo Spinnen ihre Nester bauen 440
Der Wolkenatlas 910
Die Wonnen der Aspidistra 383
World's End 770
Die Wurzeln des Himmels 509

Z
Z 604
Zähne zeigen 893
Zärtlich ist die Nacht 367
Der Zauberberg 304
Der Zauberer von Lublin 548
Zeilengeld 214
Zeit der Nordwanderung 634
Zeit der Unschuld 286
Die Zeitmaschine 221
Der Zementgarten 697
Zeno Cosini 301
Der zerrissene April 711
Zigaretten 784
Zimmer mit Aussicht 261
Die Zimtläden 365
Der Zoll des Glücks 489
Die Zufällige 927
Zur Ruhe kam der Baum des Menschen nie 501
Zurück nach Oegstgeest 587
2001, Odyssee im Weltraum 616
2666 917
Die Zwillinge 841

Il faut vous fuir, Ma
, sens bien. J'aurois dû be
ttendre ; ou plustôt, il fa
oir jamais. Mais que f
r'y prendre aujourdui ?
romis de l'amitié : soye
t conseillez-moi.

Vous savez que je n
ans vôtre maison que
e Madame vôtre mère
'avois cultivé quelques t
lle a cru qu'ils ne ser

Jean-Jacques Rousseau, *Julie oder Die neue Heloïse*, 1760

1800

VOR

Tausendundeine Nacht
Anonym

Originaltitel | Alf Laila Wa-Laila
Originalsprache | Arabisch
Erstausgabe | um 850
Quelle | *Hazār afsāna*

- Der Einband dieser Ausgabe von 1908 fängt die für abendländische Leser so betörende Exotik der Erzählungen ein.

- Leon Bakst entwarf die Kostüme für Rimsky-Korsakows Ballett *Scheherazade*, das 1910 in Paris uraufgeführt wurde.

Die Sammlung von Märchen, Legenden, Fabeln, Parabeln und Liebesgeschichten, die wir unter dem Titel *Tausendundeine Nacht* kennen, gehört zu den einflußreichsten Werken in der Geschichte der Erzählkunst. Zu den Geschichten, die Schehrezāde König Schehriyār von Samarkand in tausendundeiner Nacht erzählt, gehören „Sindbad der Seefahrer", „Aladin und die Wunderlampe" und „Ali Baba und die vierzig Räuber" – Erzählungen, die bis heute nichts von ihrer Kraft eingebüßt haben. Das vielleicht wichtigste Vermächtnis von *Tausendundeine Nacht* ist jedoch das Erzählkonzept selbst: die unterschwellige Verbindung zwischen Erzählen, Sexualität und Tod, die seither zu den unerschöpflichen Quellen des Erzählens gehört.

Die Rahmenhandlung beginnt damit, daß König Schehriyār Nacht für Nacht eine junge Frau entjungfert und anschließend tötet. Schehrezāde, die Tochter des Wesirs, soll sein nächstes Opfer sein. Um diesem Schicksal zu entgehen, beschließt sie, dem König Geschichten zu erzählen, die so unwiderstehlich erotisch, sinnlich und erregend sind, daß er es nicht über sich bringt, sie zu töten. Also beendet sie jede Nacht mit einer Geschichte, deren Schluß fehlt, und jede Nacht gewährt der König ihr Schonung, um in der folgenden Nacht zu erfahren, wie die Geschichte ausgeht. Doch die Erzählform, die Schehrezāde erfindet, um ihr Leben zu retten, ist unendlich. Ihre Erzählungen haben keinen Schluss und erreichen nie den abschließenden Höhepunkt. Sie werden in der Schwebe gehalten von einem unstillbaren Begehren, einer grundsätzlichen Offenheit, die uns Leser dazu bringt, atemlos weiterzulesen, voll Verlangen nach mehr – wie der lauschende König. Die subtile Erotik dieser Erzählungen, ihre Exotik und atmosphärische Dichte entspringen diesem Begehren, diesem Verharren an der Schwelle zum Höhepunkt, die gleichzeitig die Schwelle des Todes ist. **PB**

Die Geschichte vom Bambussammler

Anonym

Originalsprache | Japanisch
Erstausgabe | 10. Jahrhundert
Alternativtitel | Die Jungfrau vom geschmeidigen Bambus
Originaltitel | *Taketori Monogatari*

Die Geschichte vom Bambussammler und dem Mädchen Kaguya wird erstmals in *Die Geschichte vom Prinzen Genji* erwähnt und dort als „Urbild aller Liebesromane" bezeichnet. Sie ist zugleich die älteste überlieferte japanische Erzählung überhaupt. Was ihr genaues Entstehungsdatum betrifft, gehen die Meinungen auseinander; man glaubt jedoch, daß sie Ende des 9. oder Anfang des 10. Jahrhunderts entstanden ist. Yasunari Kawabata, der zu den glänzendsten Romanciers des modernen Japan gehört, veröffentlichte 1998 eine moderne Nacherzählung.

Die Geschichte vom Bambussammler handelt von Kaguya Hime, einer außergewöhnlich schönen Prinzessin, die als winziger Säugling von einem alten Bambussammler im Wald gefunden und aufgezogen wurde. Die Kunde von ihrer Schönheit verbreitet sich unter den Männern Japans. Unter ihren Verehrern befinden sich auch fünf adelige Herren, die als Frauenhelden gelten. Weil Kaguya Hime gar nicht heiraten will, stellt sie diesen Freiern unlösbare Aufgaben. Die fünf Männer wenden manche List an und nutzen ihr Geld und ihre Stellung, um die Prinzessin zu täuschen: Statt sich selbst auf die Suche nach einem Baum mit Juwelenzweigen zu machen, läßt einer der Prinzen eine Gruppe von Goldschmieden Tag und Nacht an einer Nachahmung arbeiten, um der Prinzessin den vermeintlich echten Zweig zu bringen. Ein anderer schickt einen Boten nach China, um für ihn ein Gewand zu finden, das nicht brennt. Das Scheitern der Edelmänner wird von der Prinzessin jedesmal mit einem Gedicht kommentiert. Schon allein der wundervollen Holzschnitte wegen, die Naoko Matsubara für die deutsche Neuübersetzung von Hisako Matsubara schuf, sollte man dieses Buch unbedingt lesen. **OR**

Die Geschichte vom Prinzen Genji

Murasaki Shikibu

Lebensdaten | *um 973 (Japan), †um 1014
Erstmals veröffentlicht | 11. Jahrhundert
Originalsprache | Japanisch
Originaltitel | *Genji monogatari*

Die Geschichte vom Prinzen Genji ist wohl das älteste Prosawerk, das auch heute noch ein großes Publikum findet. Es wurde zumindest zum Teil von Murasaki Shikibu geschrieben, einer Hofdame am Kaiserhof von Kyoto. Die locker miteinander verknüpften Episoden der weitverzweigten Handlung kreisen um das Liebesleben des gutaussehenden, kultivierten Kaisersohns Genji. Der junge Prinz erlebt komplexe emotionale und sexuelle Verwicklungen, einschließlich einer Affäre mit seiner Stiefmutter Fujitsubo. Murasaki, die er adoptiert, als sie noch ein kleines Mädchen ist, wird später seine große Liebe. Nach einem politisch unklugen Liebesabenteuer muß er zunächst ins Exil, kehrt aber später an den Hof zurück, um nach Reichtum und Macht zu streben. Als Murasaki stirbt, zieht er sich trauernd in einen Tempel zurück. Im letzten Teil des Buchs wird Genji zur Nebenfigur, und der Roman entwickelt sich zu einem eher düsteren Porträt der nachfolgenden Generation, bevor er scheinbar willkürlich endet – ob das Werk unvollendet geblieben ist oder der offene Schluß beabsichtigt war, ist bis heute umstritten.

Die Geschichte vom Prinzen Genji eröffnet uns faszinierende Einblicke in eine ferne, exotische Welt: das ästhetisierte, verfeinerte höfische Leben im mittelalterlichen Japan. Auf wundersame Weise gelingt es dem Roman, die historische, kulturelle und sprachliche Kluft zwischen Murasakis Welt und unserer zu überbrücken. Zwar mag so manche Nuance durch die Übersetzung verlorengehen, aber auch heutige Leser stoßen verzaubert auf vertraute Gefühle in diesem so fern scheinenden Kontext und sind fasziniert, wenn sich die Reaktionen und Einstellungen der Figuren als unerwartet fremd erweisen. **RegG**

Die drei Reiche

Luó Guànzhong

Lebensdaten | *um 1330 (China), †1400
Erstmals veröffentlicht | 14. Jahrhundert
Originalsprache | Chinesisch
Originaltitel | *San-kuo chih yen-i*

Die drei Reiche. Roman aus dem alten China ist einer der vier klassischen Romane, die die chinesische Literatur begründen. Die epische Saga, die rund hundert Jahre chinesischer Geschichte umspannt (184–280), vereint Historie und Legende auf der Grundlage der alten Tradition des Geschichtenerzählens und wird Luó Guànzhong (manchmal auch Lo Kuan-Chung genannt) zugeschrieben, einem Gelehrten aus dem 14. Jahrhundert, der die vielen Quellen und Geschichten zu einem fortlaufenden, fesselnden Epos verarbeitete.

Die Geschichte beginnt mit dem von dem Sektenführer Zhang Jiao angeführten Aufstand gegen Kaiser Ling und endet mit dem Niedergang der Han-Dynastie (220) und der Gründung der Jin-Dynastie. Der größte Teil des Romans spielt in den rivalisierenden Königreichen Wei, Shu und Wu, die von Zauberern, Ungeheuern, mächtigen Kriegsfürsten und unsterblichen Helden bevölkert werden und um die Herrschaft über China kämpfen. Mit seiner spannenden Handlung, seinen klassischen Helden und Schurken, verwickelten Intrigen und spektakulären Kampfszenen ist *Die drei Reiche* ein literarisches Meisterwerk, das als chinesisches Äquivalent der *Ilias* gelten kann und in viele Sprachen übersetzt wurde, einschließlich Französisch, Englisch, Spanisch und Russisch. Bis heute gehört der Roman seiner überlieferten Weisheiten, phantastischen Märchen, historischen Details und Einblicke in die Kriegsstrategie wegen zu den populärsten Werken Ostasiens. Ein bekanntes koreanisches Sprichwort lautet: „Wer *Die drei Reiche* gelesen hat, kann über das Leben sprechen." **JK**

Die Räuber vom Liang-Schan-Moor

Shi Naian

Lebensdaten | *um 1296 (China), †um 1370
Erstmals veröffentlicht | 1370
Alternativtitel | Die Räuber vom Liangschan
Originaltitel | *Shui-hu chuan*

Dieser Roman basiert im Kern auf historischen Fakten: den Heldentaten des Räubers Sung Kiang und seiner Bande von Geächteten im frühen 12. Jahrhundert. Über Jahrhunderte wurde der Stoff über die Textbücher professioneller Geschichtenerzähler tradiert, erweitert und verändert, bevor er in unterschiedlichen Versionen gedruckt wurde. Die älteste erhaltene Version umfaßt 120 Kapitel und stammt aus dem frühen 16. Jahrhundert. Dies erklärt nicht nur die Inkonsistenz des Werks, sondern auch die Unmöglichkeit einer exakten Datierung und Feststellung der Autorschaft.

Der erste Teil des Romans schildert ausführlich, wie die 108 Helden auf ihrer Festung in den Liang-Schan-Sümpfen unter ihrem Führer Sung zusammenfinden. Einig in ihrem Respekt vor dem Kaiser, der von seinen korrupten Beamten getäuscht wird, halten sich die Geächteten an einen strengen Code der Ritterlichkeit: Sie rauben die Reichen aus, helfen den Armen und bezeigen ihren Waffenbrüdern unbedingte Treue. Im letzten Teil des Romans werden die Banditen vom Kaiser amnestiert und helfen einen Aufstand niederzuschlagen. Bei dieser Schlacht werden die meisten von ihnen getötet.

Obwohl der Roman aus heutiger Sicht stellenweise extrem gewalttätig und frauenfeindlich wirkt, regt er mit seinen vielschichtigen Charakteren und seiner lebendigen, farbigen Sprache doch noch immer die Phantasie seiner Leser an. Nach 1949 wurde er als Verherrlichung der Bauernaufstände gelesen. Mao Tse-tung zählte das Werk zu seinen Lieblingsbüchern. **FG**

Der goldene Esel
Lucius Apuleius

Der goldene Esel ist der einzige vollständig überlieferte lateinische Roman. Trotz seines frivolen, übermütigen und respektlosen Stils, ganz in der Manier der professionellen Erzähler dieser Zeit, handelt es sich letzten Endes um eine moralische Erzählung.

Lucius, ein junger römischer Adliger mit großem Interesse an Magie, wird versehentlich in einen Esel verwandelt und muß nun in dieser Gestalt eine Reihe von Abenteuern bestehen. Er wird Zeuge des Elends der Sklaven und der mittellosen Freien, die, wie er selbst, von ihren wohlhabenden Eigentümern kaum besser behandelt werden als Tiere. *Der goldene Esel* ist das einzige Werk der Antike, das die Lebensbedingungen der unteren Schichten aus erster Hand beschreibt. Neben dieser ernsten Thematik enthält der Roman zahlreiche drastische Schilderungen der sexuellen Ausschweifungen seines Helden. Auch religionsgeschichtlich ist das Werk von Bedeutung: In den letzten Kapiteln wird Lucius schließlich durch Isis wieder in einen Mann zurückverwandelt und später in den Isis-Kult eingeführt, dem er fortan sein Leben widmet. An diesem Punkt geht der burleske Stil in eine kraftvolle, elegante Prosa über. *Der goldene Esel* gilt als Vorläufer des Schelmenromans, und als unterhaltsame Mischung aus Magie, Farce und Mythologie hat er nichts von seiner Unterhaltsamkeit verloren. **LE**

Lebensdaten | *um 123, †170
Erstausgabe | 1469
Erschienen bei | C. Sweynheim & A. Pannartz
Originaltitel | *Metamorphoses*

▲ Apuleius' Roman ist geprägt von freizügiger Frivolität, unberührt von christlichen Sündenvorstellungen oder romantischer Sensibilität.

◀ Diese Illustration von Jean de Bosschere zu *Der goldene Esel* stammt aus einer Ausgabe von 1923 und zeigt eine Frau, die mit einer brennenden Fackel angegriffen wird.

Tirant lo Blanc
Joanot Martorell

Lebensdaten | *1413 (Spanien), †1468
Erstausgabe | 1490
Erschienen bei | Nicolou Spindeler (Valencia)
Originalsprache | Katalanisch

Für Cervantes war dieser Ritterroman „ein Schatz der Freude und ein Quell der Erholung". Dank seiner Kenntnis literarischer Quellen (Ramón Llull, Boccaccio, Dante) verstand es Martorell, die eigenen Erfahrungen als Ritter mit schöpferischen, aber lebensechten Einfällen zu kombinieren. So wurde *Tirant lo Blanc* zum Plädoyer für das Rittertum und zum literarischen Korrektiv des Genres, das zur Übertreibung und Glorifizierung neigte. Längere realistische Kriegs- und Liebesgeschichten lösen sich mit kürzeren, imaginären Episoden ab, wie etwa derjenigen von der Maid, die in einen Drachen verwandelt wurde.

Tirant selbst ist aus dem Eisen der alten legendären Ritter geschmiedet, aber er ist kein Übermensch – seine Siege sind seinen strategischen Fähigkeiten, seiner Weisheit und Tapferkeit zuzuschreiben. Er wird vom Pferd geworfen, aufgerieben und verletzt, er kommt in halb Europa herum und nimmt an historischen Auseinandersetzungen teil, wie etwa der Belagerung von Rhodos (1444) oder der versuchten Rückeroberung von Konstantinopel.

Dank Tirants Humor und der spitzbübischen Sinneslust vieler Episoden hat der Roman seine Frische bis heute bewahrt. In einer Szene zum Beispiel wird Tirant von der Kammerzofe Plaerdemavida ins Bett seiner geliebten Carmesina beordert, damit er sie nach Belieben liebkosen kann, und die Zofe legt ihren Kopf zwischen die beiden, um die Prinzessin im Glauben zu lassen, es läge bloß ihre Dienerin neben ihr. **DRM**

La Celestina
Fernando de Rojas

Lebensdaten | *1465 (Spanien), †1541
Erstausgabe | 1499
Erschienen bei | Fadrique de Basilea (Burgos)
Originalsprache | Spanisch

Die erste Ausgabe dieses Werkes erschien ohne Angabe eines Verfassers unter dem Titel *Comedia de Calixto y Melibea*. In der Ausgabe von 1502 lautet der Titel *Tragicomedia de Calixto y Melibea*. In die Literaturgeschichte eingegangen ist das Werk aber unter dem Titel *Celestina* – das ist der Name der alten Hexe, die Melibea das Elixier gab, das ihre Liebe für Calisto entfachte. Dies ist nicht die einzige Verwirrung, die um das Buch des jüdischstämmigen Gelehrten Rojas entstand: er behauptete, er habe nur einen unvollständigen, anonymen Text vervollständigt (dies dürfte der Wahrheit entsprechen). All die Geheimnisse trugen natürlich zum tiefen Eindruck bei, den das Werk hinterließ, es wurde leidenschaftlich gelesen und galt als Allgemeingut.

La Celestina ist ein Lesedrama und sollte – ob privat oder öffentlich – laut gelesen, aber nicht als Theaterstück inszeniert werden. Die Freiheiten und die Direktheit der Dialoge, die psychologische Tiefe der zahlreichen Figuren und die große Bandbreite des Tons (von gebildet und weltklug bis grobschlächtig) haben das Genre des Romans stärker beeinflußt als das Drama.

Celestina soll ein Sittengemälde über unerlaubte Liebe und deren Bestrafung, über die unheilbringende Hexerei und die Begierde sein; das Werk zeichnet ein bitteres Bild des Menschen, und es ist oft zutiefst nihilistisch. Cervantes, der das Buch eingehend studiert hatte, zog ein treffendes Fazit: „Ein Buch von göttlicher Wahrheit, würde man mehr vom Menschlichen weglassen." **JCM**

Amadís von Gallien
Garci Rodríguez de Montalvo

Lebensdaten | *1450 (Spanien), †1505
Erstausgabe | 1508
Erschienen bei | Jorge Coci (Saragossa)
Originaltitel | Spanisch

Dies ist ein urtümlicher Text, eine Romanze und ein Ritterroman, und es ist der wichtigste spanische Beitrag zur Artus-Thematik mit ihren Abenteuern von fahrenden Rittern. Die Geschichte selbst ist wahrscheinlich bereits seit Mitte des 14. Jahrhunderts bekannt. Sie zirkulierte zunächst als dreibändige Ausgabe, Rodríguez de Montalvo verkürzte sie zwischen 1470 und 1492 und gab sie neu heraus, und dies verschaffte ihm Raum für eine neue, 1510 geschriebene Rittersaga über den Sohn von Amadís und Oriana.

Wieviel das Buch der Artus-Legende verdankt, zeigt sich anhand von Ereignissen wie der Investitur des Ritters, aber auch anhand der Prophezeiungen und der Magie. Urganda der Unbekannte und Arcalaus der Magier sind die kastilischen Pendants zu Merlin und Morgan. Wie immer im Ritterroman wird die Geschichte von der Liebe und der Brautwerbung vorangetrieben, aber das Buch hält sich vom Thema der Troubadoure – der verbotenen Liebe zu einer verheirateten Frau – fern. Dieses bildet den Kern des ritterlichen Abenteuers, das *Amadís von Gallien* am meisten beeinflußte: Tristan von Leonis und Lancelot vom See. Oriana, in die sich Amadís verliebt, ist die Tochter, nicht die Frau des Königs von Britannien. Der Amadís-Zyklus, der in *Las sergas de esplandián* fortgesetzt wurde, beinhaltet moralisierende Elemente. Montalvo hat den ritterlichen Kodex christianisiert, was das abgenutzte folkloristische Artus-Modell im katholischen Spanien glaubhafter machte. **MAN**

„... den Schild vor sich haltend, das Schwert in der Hand, ging er auf den Löwen zu – daran hinderte ihn auch das laute Schreien von König Garinter nicht."

◆ Auf dem Frontispiz dieser Ausgabe aus dem Jahr 1588 macht sich der verliebte Held zu ritterlichen Abenteuern auf.

Das Leben des Lazarillo von Tormes

Anonym

Erstausgabe | 1554
Erschienen in | Alcalá de Henares (Spanien)
Originaltitel | *La vida de Lazarillo de Tormes y de sus fortunas y adversidades*

Wahrscheinlich wird man nie wissen, wer dieses Buch geschrieben hat. Lange tippte man auf den Edelmann Diego Hurtado de Mendoza, jüngst wurde auch Alfonso de Valdés genannt, ein hochgebildeter Reichsbeamter; daß die Geschichte vom Protagonisten selbst geschrieben worden sei, erscheint völlig unwahrscheinlich. Sie handelt vom Sohn einer Frau, die mit einem schwarzen Sklaven zusammenlebte. Das Kind wird Führer eines Blinden, dann Diener verschiedener Herrn, und schließlich, dank des Einflusses eines hohen Priesters (der bestimmt der Liebhaber seiner Mutter war), Stadtausrufer von Toledo. Das schmale Buch will uns ernsthaft glauben machen, es handle sich um einen Brief, in dem Lázaro die „Situation" erklärt, die beim anonymen Mann (oder der anonymen Frau), an den oder die der Text gerichtet ist, so viel Aufmerksamkeit erregte.

Den Stoff kannte man zuvor schon aus der Folklore oder aus dem Repertoire antiklerikaler Fabeln, radikal neu war die ungezügelte Sprache und die Fertigkeit, mit der der Autor das Material in einer einzigen Figur vereinigt hat. Das Buch stellt das erste Beispiel einer pikarischen Geschichte dar, aber es ist noch viel mehr: *Das Leben des Lazarillo von Tormes, seine Freuden und Leiden* ist ein moderner Roman, der eine persönliche Weltsicht vermittelt. **JCM**

◉ Auf Goyas Gemälde, das von diesem Schelmenroman inspiriert wurde, wird Lazarillo von einem grotesken Blinden befingert.

Gargantua und Pantagruel

François Rabelais

Lebensdaten | *um 1494 (Frankreich), †1553
Erstausgabe | 1532–1564 bei F. Juste (Lyon)
Vollständiger Titel | *Grands annales tresueritables des gestes merveilleux du grand Gargantua et Pantagruel*

Die Geschichte des modernen Romans beginnt mit Rabelais. Er schuf mit *Gargantua und Pantagruel*, veröffentlicht unter dem Pseudonym Alcofrybas Nasier – ein Anagramm von „François Rabelais" –, ein neues Genre, das sich durch eine wilde Mischung aus kraftvoller Rhetorik, unbändigem Sprachwitz und witziger Gelehrsamkeit auszeichnet. Diese Komödie sinnlicher Exzesse, in der es ums Essen, Trinken und weitere Freuden und Ausschweifungen aller Art geht, hat die Geschichte des Romans von *Don Quijote* bis *Ulysses* beeinflußt. Rabelais' vielleicht größte Leistung ist jedoch seine undogmatische Haltung, mit der er ausgelassenen, vulgären Materialismus mit einer witzigen und zugleich kritischen Form des Humanismus verbindet.

Der Roman erzählt die Geschichte des Riesen Gargantua und seines Sohnes Pantagruel. Das erste Buch beschreibt phantastische Ereignisse aus den Jugendjahren von Pantagruel und seinem schurkischen Kumpan Panurge. Das zweite Buch, *Gargantua*, ist nicht die Fortsetzung, sondern die Vorgeschichte des ersten. Es schildert die Herkunft von Pantagruels Vater und nimmt dabei die Scholastik und altmodische Erziehungsmethoden satirisch aufs Korn. Das dritte Buch, wo es um die Heldentaten und Sprüche Pantagruels geht, entwickelt sich zu einer Satire über intellektuelle Gelehrsamkeit.

Auch wenn der rote Faden in den nicht immer logisch miteinander verknüpften Handlungssequenzen oft verloren geht, vermag der Roman heute noch durch seine rhetorische Brillanz und die unbändige Fabulierlust zu begeistern. **DM**

Die Lusiaden
Luís Vaz de Camões

Lebensdaten | *um 1524 (Portugal), †1580
Erstausgabe | 1572
Erschienen bei | Antonio Gôçaluez (Lissabon)
Originaltitel | *Os Lusíadas*

Den zentralen Handlungsstrang dieses portugiesischen Nationalepos bildet der Bericht über die Entdeckung des Seewegs nach Indien durch Vasco da Gama im Jahr 1498. Als echter Renaissancemensch, der sich für die römischen und griechischen Klassiker begeisterte, schmückt Camões diese Geschichte mit einer Fülle historischer und mythologischer Details aus: Es gibt Riesen und Nymphen und streitende Götter auf dem Olymp. Dennoch wurzeln die *Lusiaden* vor allem in der unter Opfern errungenen Welterfahrung ihres Autors: Als junger Mann verlor Camões ein Auge im Kampf gegen die Araber in Marokko. Ganze 17 Jahre lang bereiste er die portugiesischen Stützpunkte in Indien und Ostasien.

Die Lusiaden sind nicht gerade das, was man unter leichter Lektüre versteht, und doch steht hinter ihren weit ausgreifenden Versen eine erzählerische Vorstellungskraft, die von der Überzeugung getragen scheint, daß historische Fakten dramatischer geschildert werden können als romantische Heldensagen. Da Gama ist ein überraschend unheroischer Held, listig und vernunftbetont, anfällig für Irrtümer und abhängig von glücklichen Zufällen.

Camões war ein Mann seiner Zeit. In seinen Augen bedeutete die Entdeckung des Seewegs nach Indien, den Barbaren die Zivilisation zu bringen, und er ermutigte seinen König zu einem Kreuzzug gegen den Islam. Doch er war kein Narr: Er sah die Verbrechen, die unter dem Deckmantel der Christianisierung begangen wurden, erkannte die um sich greifende Korruption und den illusionären Charakter heldenhafter Eroberungen. Der englische Kritiker Maurice Bowra beschrieb *Die Lusiaden* als „die erste epische Dichtung, die in ihrer Großartigkeit und Universalität für die moderne Welt spricht". **RegG**

Monkeys Pilgerfahrt
Wu Cheng'en

Lebensdaten | *um 1500 (China), †1582
Erstmals veröffentlicht | 1592, anonym
Alternativtitel | Der Affenkönig/Der rebellische Affe
Originaltitel | *Hsi-yu chi*

Monkeys Pilgerfahrt ist die gekürzte Übersetzung des volkstümlichen chinesischen Reiseromans *Die Reise in den Westen*, der einem Gelehrten und Dichter aus der Ming-Dynastie, Wu Cheng'en, zugeschrieben wird. Dieses sehr populäre Werk, in dem traditionelle Volkslegenden und Elemente der chinesischen Volksreligion, Mythologie und Philosophie – insbesondere Taoismus, Konfuzianismus und Buddhismus – verarbeitet sind, gilt als einer der vier großen klassischen Romane der chinesischen Literatur.

Monkeys Pilgerfahrt basiert auf der Geschichte des berühmten buddhistischen Mönchs Hsüan Tsang – im Buch heißt er Tripitaka –, der zur Zeit der Tang-Dynastie (618–907) wegen einiger Sanskrit-Texte, Sutras genannt, eine Pilgerreise nach Indien unternahm. Tripitaka wird von drei Schülern begleitet – dem Affen Monkey, dem Schwein Pigsy und dem zum Buddhismus bekehrten Dämon Sandy –, die ihm helfen, verschiedene Ungeheuer und Dämonen zu bekämpfen, bevor sie schließlich mit Abschriften der heiligen Sutras in die chinesische Hauptstadt zurückkehren. Monkey repräsentiert mit seinem Streben nach Unsterblichkeit, Erleuchtung, Buße und geistiger Wiedergeburt viele traditionelle Werte.

Das Buch ist eine einzigartige Mischung aus Abenteuerroman, Komödie, Poesie und spirituellen Einsichten. Aufgrund seiner Vielschichtigkeit gilt es zugleich als Allegorie des spirituellen Erleuchtungsweges und als Satire auf die wohl zu allen Zeiten ebenso ineffizienten wie absurden Mechanismen der Bürokratie. **JK**

> Der listige und verspielte Affe ist ein sehr hilfreicher und listiger Begleiter auf der Reise nach Indien.

Unfortunate Traveller
Thomas Nashe

Lebensdaten | *1567 (England), †1601
Erstausgabe | 1594 bei T Scarlet für C. Burby
Originaltitel | *The Unfortunate Traveller; or, The Life of Jack Wilton*

Der unglückliche Reisende oder die Abenteuer des Jack Wilton ist der vielleicht brillanteste elisabethanische Roman. Er erzählt die ebenso komplexe wie erschreckende Geschichte Jack Wiltons, eines amoralischen jungen Pagen, der im Feldlager Heinrichs VIII. in Frankreich Dienst tut. Wilton erlebt eine Reihe gefährlicher Abenteuer, die damit beginnen, daß er sich die Dienste eines Edelmannes erschleicht, der sich bereichert, indem er im Lager Cider und Käse verkauft. Wilton redet „Seiner Selbstherrlichkeit" ein, der König halte ihn für einen feindlichen Spion, und erhält größere Mengen freier Getränke. Als das Komplott schließlich auffliegt, wird Wilton ausgepeitscht (in der wirklichen Welt hätte ihn wohl eine härtere Bestrafung erwartet). Er beschließt, Europa zu bereisen. In Münster erlebt er die Niederschlagung des Wiedertäuferaufstands, in Italien muß er noch spektakulärere Untaten und Grausamkeiten mit ansehen, etwa die Hinrichtung der beiden Verbrecher Zadoch und Cutwolfe. Er lernt einen verbannten englischen Graf kennen, der ihn davon zu überzeugen versucht, daß auf dem Reisen ein Fluch liegt, man es also besser vermeiden sollte, schließlich könne einen das Reisen nichts lehren, was man sich nicht auch in einer „warmen Studierstube" hätte aneignen können. Voller Entsetzen über das Erlebte kehrt Wilton nach England zurück und schwört, in Zukunft zu Hause zu bleiben.

Der unglückliche Reisende ist eine abwechselnd verstörende und komische Lektüre. Jede Schilderung ist so deutlich von Ironie durchzogen, daß wir am Ende nicht sicher sind, ob das Reisen uns nun als Erkenntnisgewinn oder als eine völlig zwecklose Aktivität präsentiert werden soll. Nashes Beschreibungen sind insbesondere dann, wenn es um Gewalt geht, eine ebenso brillante wie beunruhigende Kombination aus Gewöhnlichem und Außergewöhnlichem. **AH**

Thomas of Reading
Thomas Deloney

Lebensdaten | *um 1543 (England), †um 1600
Erstmals veröffentlicht | um 1600
Originaltitel | *Pleasant Historic of Thomas of Reading; oder, The Six Worthie Yeomen of the West*

Mit seiner Vielfältigkeit gleicht *Thomas of Reading* Chaucers Canterbury-Erzählungen. Der Roman bringt für jeden Geschmack etwas: komische Anekdoten, Volksweisheiten, Ehebruch, Mord, eine Reise, eine unglückliche Liebe, einen Machtkampf zwischen Königsbrüdern und die schlau eingefädelte Flucht eines Diebs vor seiner Bestrafung. Deloney schildert im wesentlichen die Schicksale von sechs Tuchhändlern und verwebt ihre komischen Abenteuer mit der tragischen Geschichte des Edelfräuleins Margaret, die, nachdem ihr Vater verbannt wurde, für eine Tuchhändlersgattin arbeitet, bis sie sich in den Bruder des Königs verliebt.

Thomas of Reading, auf den ersten Blick eine harmlose Sammlung von Anekdoten, enthält jedoch auch scharfsinnige Gesellschaftskritik. Das Buch preist die Tuchhändler, aber diskreditiert die ihnen übergeordnete Adelsschicht. Während die rechtschaffenen und freigebigen Tuchhändler eine fest zusammengeschweißte Gemeinschaft bilden, vermag der Adel solchen Idealen nicht zu entsprechen. Als ihre aristokratischen Freunde sie zu meiden beginnen, erkennt Margaret, daß der mittlere Stand der beste ist. Sie lebt zufrieden in der Gemeinschaft der Tuchhändler, bis sie sich dazu verleiten läßt, mit dem Bruder des Königs zu fliehen – eine Rückkehr in die Welt des Adels, die das Glück beider zerstören wird.

Obwohl *Thomas of Reading* häufig als Roman bezeichnet wird, ist das Werk schwer zu kategorisieren, weil es nicht eindeutig einem Genre zuzuordnen ist und sich nicht auf ein Ereignis oder eine Figur konzentriert. Doch gerade diese Abweichungen von bekannten literarischen Mustern lassen das mehr als vier Jahrhunderte alte Werk heute erfrischend neu wirken. Modern wirkt auch Deloneys Preisung individueller Verdienste und Vorzüge. **FH**

Don Quijote
Miguel de Cervantes Saavedra

Lebensdaten | *1547 (Spanien), †1616
Erstausgabe | 1605–1615 bei Juan de la Cuesta
Originaltitel | *El ingenioso hidalgo Don Quijote de la Mancha*

Don Quijote steht am Anfang einer langen Reihe fiktionaler Werke, deren eigentliches Thema die Fiktion selbst ist. Der Titelheld des Romans hat zu viele Ritterromane gelesen und ist wahnhaft in diese erfundene Welt eingedrungen. Ausgestattet mit einer rostzerfressenen Rüstung und einem alten Klepper bricht er auf, um es den alten Rittern gleichzutun. In einer Dorfschenke, die er für eine Burg hält, stößt er auf einige Prostituierte – in seinen Augen vornehme Damen – und bittet den betrügerischen Wirt, ihn nach einer Nachtwache bei seiner Rüstung zum Ritter zu schlagen. Seine Sprache ist jedoch so hochgestochen, daß niemand ihn versteht. Die Übertragung ehemals heiliger, ritterlicher Rituale in einen ganz weltlichen Kontext ist nicht nur eine burleske Parodie auf den Ritterroman, sondern reflektiert auch die sich damals europaweit vollziehende Säkularisierung.

Bei alldem stehen weder Figuren noch die Handlung im Vordergrund, der implizite Adressat ist der wissende Leser des Ganzen. Tatsächlich erfindet Cervantes den modernen Roman, indem er den Leser erfindet.

Der Prolog beginnt mit einer direkten Ansprache an den „müßigen" Leser und er bleibt indirekt im gesamten ersten Buch der Adressat, wenn Don Quijotes Freunde seine Bücher verbrennen und ihn vom Lesen abzuhalten suchen, um seine Wahnvorstellungen zu kurieren. Im weiteren Verlauf des Romans begegnet man Lesern und Leseanlässen aller Art. 1615 publizierte Cervantes ein zweites Buch, in dem Don Quijote nicht mehr die lesende, sondern die gelesene Figur ist. Er trifft auf viele Menschen, die das erste Buch kennen und alles über ihn und seinen unbelesenen Kumpan Sancho Pansa wissen. Just diese Kombination aus dem immer schon Gelesenen und der Kraft fortwährender Neuerfindung zieht die Leser auch heute noch in ihren Bann. **JP**

„An einem Orte der Mancha, an dessen Namen ich mich nicht erinnern will, lebte vor langer Zeit ein Junker ..."

▲ Der erste Teil des *Don Quijote* wurde 1605 in Madrid veröffentlicht. Von dieser Erstausgabe existieren heute nicht einmal mehr 20 Exemplare.

Persilus und Sigismunda
Miguel de Cervantes

Lebensdaten | *1547 (Spanien), †1616
Erstausgabe | 1617
Originaltitel | *Los trabajos de Persiles y Sigismunda, historia septentrional*

Cervantes war dem Tode nahe und hatte die letzte Ölung bereits erhalten, als er die ergreifende Widmung zu diesem Roman schrieb. Es ist ein byzantinischer Roman, ein künstliches, moralisierendes Genre, das in der zweiten Hälfte des 16. Jahrhunderts beliebt war. Damit hoffte Cervantes die Lorbeeren zu gewinnen, die ihm bei seinem parodistischen *Don Quijote* versagt blieben.

Das Buch erzählt von der ereignisreichen Reise des Prinzen von Thule und seiner geliebten Sigismunda, der Prinzessin von Finnland, nach Rom, wo ihre Ehe vom Papst gesegnet wird. Danach geben sich die Helden als Geschwister aus und bereisen die nordischen Eiswüsten, wo sie mancherlei Unbill (Trennung, Entführung, Schiffbruch) trotzen müssen. Später reisen sie, immer unter vielen Schwierigkeiten, durch Portugal, Spanien, Frankreich und schließlich Italien, wo die Hauptstadt die Einigkeit und Vormacht der Kirche verkörpert. Dabei stellen die beiden perfekte Qualitäten unter Beweis: Tugend, Tapferkeit Ehre und Keuschheit.

Mit dieser „nordischen Geschichte" erfand Cervantes einen völlig neuen Roman, der Intrigen mit moralischen Exempeln, Abenteuer mit Belehrung kombinierte. Zudem verschlüsselte er im menschlichen Streben nach Erlösung eine Allegorie der menschlichen Existenz, eine Mischung aus Gut und Böse, aus Glück und Willensfreiheit. **DRM**

„Die zahllosen Begierden dieses Lebens sind zu einer endlosen Kette verflochten, die manchmal bis in den Himmel, manchmal bis in die Hölle reicht"

Cervantes selbst (hier auf einem Gemälde von Jauregui y Aguilar) blieben Versklavung und Verstümmelung nicht erspart.

Wahrhafte Geschichte der Entdeckung …
Bernal Díaz del Castillo

Lebensdaten | *1495 (Spanien), †1582 (Guatemala)
Erstausgabe | 1632
Originaltitel | *Verdadera historia de la conquista de Nueva España*

Viele historische Werke, die im 16. Jahrhundert entstanden, galten der Entdeckung und Eroberung Amerikas und wurden durch Adjektive wie „allgemein", „natürlich" oder „moralisch" klassifiziert. Dieser Geschichtsroman von Bernal Díaz hingegen trägt das Wort „wahrhaft" im Titel, d.h., die dargestellten Ereignisse wurden vom Autor selbst beobachtet und erfahren. Díaz, ein Soldat, der wußte, daß sein Beruf ihn angreifbar machte für die Kritik rhetorisch und schriftstellerisch geschulter Historiker, stellt dieses Kriterium der persönlichen Erfahrung, das hier an die Stelle des imperialistisch-ideologischen Ansatzes der offiziellen Geschichtsschreibung tritt, von Beginn an heraus – ein Kriterium, das sich steigender Wertschätzung erfreuen dürfte.

Die Wahrhafte Geschichte der Entdeckung und Eroberung von Mexiko, die manchen als der erste Roman der hispanoamerikanischen Literatur gilt, ist eine kraftvolle Gedächtnisübung, eine mehr als drei Jahrzehnte nach den Ereignissen niedergeschriebene Rekonstruktion der Entdeckung des Aztekenreichs und der Eroberung Mexikos. Der Autor zeichnet sich durch seine lebendige Sprache und ein bemerkenswertes Erzähltalent aus, das auf der Liebe zum Detail basiert und auch Ironie nicht ausschließt. Der Text ist aufgebaut wie ein anspruchsvolles polemisches Streitgespräch: Díaz prangert die Ungenauigkeiten an, mit denen andere Historiker die gleichen Ereignisse schildern, und statt wie sie salbungsvolle Preisreden zu Ehren des Helden Cortés zu verfassen, verteidigt er die aufopferungsvollen Soldaten, die ihn begleiteten. **DMG**

Der abenteuerliche Simplicissimus
Hans Jakob von Grimmelshausen

Lebensdaten | *1622 (Gelnhausen), †1676 (Renchen)
Erstausgabe | 1668
Erschienen bei | Felßecker (Nürnberg)
Originaltitel | *Der Abentheurliche Simplicissimus Teutsch*

Anders als Cervantes' *Don Quijote* (mit dem man diesen faszinierenden Roman vergleichen könnte), ist *Der abenteuerliche Simplicissimus* ein vergleichsweise unentdeckt gebliebenes Juwel von einem Schelmenroman. Es ist tatsächlich rätselhaft, weshalb noch niemand auf die Idee gekommen ist, aus diesem Porträt eines vom Krieg verwüsteten Europa einen großen Hollywood-Film oder ein Broadway-Musical zu machen.

In seinem Simplicissimus – dem vielleicht ersten wirklich „deutschen" Roman – erzählt Grimmelshausen die teilweise autobiographische Geschichte eines Bauernjungen, der in die Wirren des Dreißigjährigen Krieges (1618–1648) gerät. Gesetzlose Landsknechte verwüsten das Land, und die Bevölkerung wird durch Krieg, Mord, Hunger und Feuer dezimiert. Grimmelshausen war noch ein Kind, als er von hessischen und dann von kroatischen Truppen aufgegriffen und verschleppt wurde. Sein junger Erzähler nimmt kein Blatt vor den Mund, wenn er schildert, wie seine Familie und andere unglückliche Bauern von marodierenden Söldnern ergriffen und gefoltert werden. Der Junge ist zwar nicht in der Lage, das grauenhafte Tableau aus extremer Brutalität, Vergewaltigung und Plünderungen um ihn herum wirklich zu begreifen, aber er beschreibt dennoch alles, was er sieht, mit mitreißendem, frechem Witz.

Seine Abenteuer und Mißgeschicke, in kurzen Kapiteln erzählt, vermögen noch immer zu fesseln, und seine Schilderungen der Kriegsereignisse lesen sich so packend wie die Berichte eines Kriegsreporters. Von großem historischem Interesse sind auch die gelegentlichen Abstecher ins Phantastische und in die Philosophie – zu einer Zeit, als Hexerei und Wahrsagekunst noch das Denken beherrschten. **JHa**

Die Prinzessin von Clèves
Marie-Madeleine Pioche de la Vergne, Comtesse de La Fayette

Lebensdaten | *1634 (Frankreich), †1693
Erstausgabe | 1678
Erschienen | bei C. Barbin (Paris)
Originaltitel | *La Princesse de Clèves*

„*Der Herzog von Nemours war ein Meisterwerk der Natur.*"

Die Comtesse de La Fayette, eine Meisterin der Darstellung seelischer Konflikte, war maßgeblich an der Entstehung des psychologischen Romans in Frankreich beteiligt.

Diese tiefgründige Geschichte um eine verbotene Liebe, die hell entflammt, unterdrückt wird, um schließlich in einem heroischen Verzicht zu enden, spielt am französischen Königshof am Ende der Regierungszeit Heinrichs II. (um 1558). Die junge Titelheldin wird bei Hofe eingeführt und macht die Erfahrung, dass in der höfischen Gesellschaft die außerehelichen Affären der Schönen und Mächtigen das einzige sind, was zählt. Dem Rat ihrer Mutter folgend, heiratet sie den Prinzen von Clèves, einen Mann, den sie achtet, aber nicht zu lieben vermag. Bald darauf entbrennt sie in heftiger Liebe zu dem am Hof äußerst begehrten Herzog von Nemours, der ihre Gefühle erwidert. Diese Liebe wird nun weder vollzogen noch vom Zufall oder Schicksal gelenkt, vielmehr wird sie in einer Reihe skandalöser Szenen, in denen es um Intimität und Verrat geht, einerseits genährt, andererseits zu ersticken versucht. Die betreffenden Szenen sorgten für einen literarischen Skandal. Die zeitgenössischen Leser beklagten weniger die mangelnde Glaubwürdigkeit der Szenen, sondern vor allem die allzu stark durchscheinende gestalterische Absicht.

In einer Szene stiehlt Nemours, wissend, daß die Prinzessin ihn beobachtet, ein Porträt, das sie darstellt und das ihrem Mann gehört. Er beobachtet die Reaktionen der Prinzessin und weiß, daß sie nicht eingreifen wird. In einer zweiten Szene gesteht die Prinzessin ihrem Gatten, daß sie sich in einen anderen Mann verliebt hat, während Nemours, das Objekt ihres Begehrens, sie belauscht. Später folgt Nemours – seinerseits verfolgt von einem Diener des Prinzen – der Prinzessin auf ihren Landsitz und beobachtet sie beim Betrachten eines Bildes, das ihn darstellt. All diese Vorgänge lösen überwältigende, unlösbare Konflikte in der Prinzessin aus. Für heutige Leser ist die emotionale Vielschichtigkeit dieses fesselnden Romans eine echte Entdeckung. **JP**

Oroonoko
Aphra Behn

Die Wortfolge des Originaltitels deutet bereits an, welchen Verlauf die Handlung nimmt: Sie beginnt romantisch-unwirklich in dem westafrikanischen Land Coramantien, schildert die Versklavung des Titelhelden und endet in Surinam, das Behn vermutlich in den 60er Jahren des 17. Jahrhunderts selbst kennengelernt hatte. Diese Erzählbewegung läßt auch auf die Bedeutung des Werks für die Geschichte des Romans und auf seine Attraktivität für heutige Leser schließen.

Oroonoko ist ein edler Krieger und der Enkel des Königs. Dieser wiederum begehrt Oroonokos schöne Geliebte Imoinda, die er nach der heimlichen Heirat der beiden, rasend vor Eifersucht und Rachedurst, als Sklavin nach Surinam verkauft. Später gerät auch Oroonoko in die Fänge eines Sklavenhändlers. Die beiden Liebenden begegnen sich in Surinam wieder, wo sie die Namen Clemene und Caesar bekommen. Um seine Freiheit wiederzuerlangen, überredet Caesar die Sklaven zum Aufstand gegen ihre Peiniger. Die Revolte mißlingt, die Sklaven werden gefangen, und Caesar wird fast zu Tode gepeitscht. Clemene ist inzwischen schwanger. Aus Angst, ihr Kind könne als Sklave geboren werden, schließen die beiden einen Mord-Selbstmord-Pakt, der – allerdings anders als von Caesar geplant – in einer Tragödie endet.

Behns verlängerte Kurzgeschichte weist der Erzählerin eine einzigartige Rolle zu: Sie tritt nicht nur als „Augenzeugin" der Ereignisse auf, die sie als „wahre Geschichte" bezeichnet, sondern beschreibt sich auch als eine an den Ereignissen beteiligte Figur, die als Frau nicht in der Lage ist, Oroonoko aus jenem „unbekannten Teil der Welt" zu retten, in den es ihn verschlagen hat. Aus dieser Erzählhaltung erwächst eine merkwürdige Unbestimmtheit, die jedoch auch heute noch tief berührt: eine exotische Liebesgeschichte neben detaillierten Berichten über den Sklavenhandel und die Beziehungen zwischen karibischen Indianern, englischen Plantagenbesitzern, Sklaven und Holländern in Surinam. **JP**

Lebensdaten | *1640 (England), †1689
Erstausgabe | 1688 bei W. Canning (London)
Originaltitel | *Oroonoko, or The Royal Slave. A True History*

„*In seiner Natur war nichts Barbarisches …*"

◆ Aphra Behn gilt als die erste freie Schriftstellerin Englands. Sie war mit einem Kaufmann verheiratet, hatte häufig Geldsorgen und soll sogar einige Zeit im Schuldgefängnis verbracht haben.

Robinson Crusoe
Daniel Defoe

Viele halten *Robinson Crusoe* für den ersten modernen englischen Roman. Seit seiner Veröffentlichung beschäftigt er die Phantasie von Schriftstellern und Kritikern und kehrt in unzähligen Verkleidungen wieder: z. B. in *Der schweizerische Robinson* (1812), in Robert Zemeckis' Film *Verschollen* (2001) oder in J. M. Coetzees Roman *Mr. Cruso, Mrs. Barton und Mr. Foe* (1990).

Der Roman konfrontiert uns mit einem urbildhaften Szenario. Nach einem Schiffbruch rettet sich Robinson auf eine einsame Insel. In tiefer Abgeschiedenheit, aller zum Leben nötigen Werkzeuge beraubt, wird er mit den Grundproblemen seiner Existenz konfrontiert. In der endlosen Stille beginnen ihn sogar die Worte zu verlassen. Um die Verbindung zu seinem zivilisierten Ich nicht zu verlieren, führt er ein Tagebuch, aber die Tinte, die er aus dem Schiffswrack gerettet und immer stärker mit Wasser verdünnt hat, geht schließlich zur Neige. Die Schrift verschwindet, und die Seiten des Tagebuchs bleiben so leer wie der Horizont.

Die Begegnung mit der absoluten Einsamkeit treibt Robinson jedoch nicht in den Wahnsinn oder in die Verzweiflung, und sie bringt ihn auch nicht zum Verstummen; vielmehr findet er in der Einsamkeit die Grundlage für eine neue Art des Schreibens und ein neues Bewußtsein seiner selbst. So wie er aus den vorgefundenen Materialien neue Werkzeuge herstellt, erfindet er eine neue Form, sich die Geschichte seines Lebens und seiner Welt zu erzählen. Diese erzählerische Form ist sein Vermächtnis an eine Welt, die an der Schwelle des Zeitalters der Aufklärung steht, und es ist eine Form, in der wir uns noch heute die Geschichte unseres Lebens erzählen. **PB**

Lebensdaten | *1660 (England), †1731
Erstausgabe | 1719 bei W. Taylor (London)
Originaltitel | *The Live and Strange Surprising Adventures of Robinson Crusoe, of York, Mariner, Written by Himself*

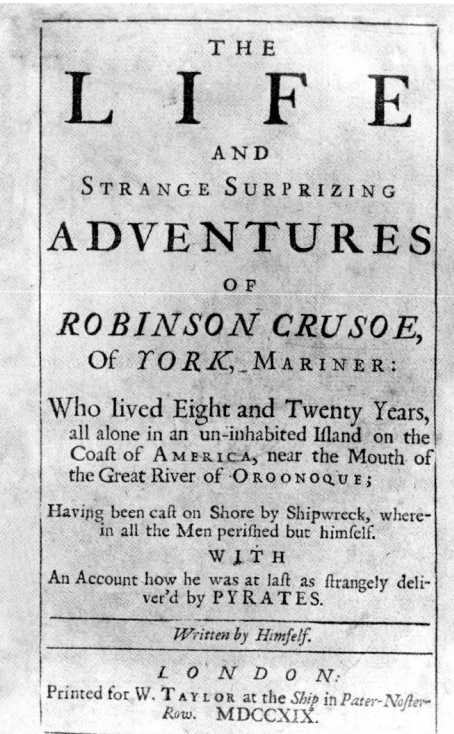

◆ Die Erstausgabe wurde als „Memoiren eines Seemanns" veröffentlicht, ohne Angaben zum Namen des Autors.

◆ John Hassall schuf dieses Titelbild für eine *Robinson-Crusoe*-Ausgabe von 1908, die vor allem für Kinder bestimmt war.

Love in Excess
Eliza Haywood

Lebensdaten | *1693 (England), †1756
Erstausgabe | 1719
Erschienen bei | W. Chetwood (London)
Vollständiger Titel | *Love in Excess; Or, The Fatal Enquiry*

Eliza Haywoods dreibändiger Roman schildert die Erfahrungen des Grafen von D'Elmont, der auf dem oft trügerischen Weg zu romantischer und sexueller Erfüllung die Richtung sucht, findet und wieder verliert. Teils schneidiger Held, teils lasterhafter Lebemann, verstrickt er sich durch die Fehler anderer wie durch seine eigenen in eine Reihe von kompromittierenden Beziehungen. D'Elmonts hingebungsvolle Verehrung für die reizende Milliora ist bis zum Schluß ständig bedroht: Wenn sie nicht gerade durch so ehrgeizige Frauen wie Alovisa gefährdet wird, setzt D'Elmont selbst sie aufs Spiel, indem er sich auf diverse komplizierte Dreiecksbeziehungen einläßt. Liebesbriefe werden abgefangen, Liebende auf groteske Weise und mit komischen und tragischen Folgen ausgetauscht. Am Ende sind die profitorientierten Heiratspläne des jungen Grafen der reifen Wertschätzung ehelicher Liebe gewichen, und der Held wählt seine Gefährtin auf der Grundlage von Maß, Treue und Zurückhaltung.

Love in Excess gehörte neben *Robinson Crusoe* zu den populärsten Romanen im England des frühen 18. Jahrhunderts. Haywoods freimütige Schilderung von Begehren und sexueller Leidenschaft macht sie zu einer Schlüsselfigur in der weiblichen Tradition des Liebesromans, die von Aphra Behn bis zu Delarivier Manley und darüber hinaus reicht. **DT**

Moll Flanders
Daniel Defoe

Lebensdaten | *1660 (England), †1731
Erstausgabe | 1722 bei W. Chetwood (London)
Originaltitel | *The Fortunes and Misfortunes of the Famous Moll Flanders, etc.*

Daniel Defoe, ein Meister der schlichten Prosa, kraftvoller Erzählungen und realistischer Details, gilt vielen als der erste echte Romancier. *Moll Flanders* erschien drei Jahre nach *Robinson Crusoe*, dem berühmtesten Werk Defoes, und gilt als Vorläufer des modernen Romans. Defoe schildert aus der Ich-Erzählperspektive die ereignisreiche Lebensgeschichte von Moll Flanders, die unter anderem Reisen mit Zigeunern, fünf Hochzeiten, Inzest und Prostitution beinhaltet. Außerdem arbeitet Moll zwölf Jahre lang als eine der berüchtigtsten und erfolgreichsten Diebinnen Londons, bis sie schließlich gefaßt wird. Sie entgeht der Hinrichtung mit Hilfe eines Geistlichen, der sie ermutigt, ihr sündiges Leben aufzugeben, und wird gemeinsam mit einem ihrer Ehemänner nach Virginia deportiert. Dort erkauft sie sich die Freiheit, beginnt ein Leben als Farmerin und mehrt ihr Vermögen mit den Einkünften aus einer Plantage. Als alte Frau kehrt sie schließlich nach England zurück, um dort ihre letzten Lebensjahre in stiller Buße für ihre Sünden zu verbringen.

Defoe zeichnet ein eindrucksvolles Bild der sozialen Zustände im England des beginnenden 18. Jahrhunderts. Als Überlebenskünstlerin weiß Moll, wie man wohlhabende Männer ausbeutet und List und Tücke einsetzt, und nutzt ihre Talente, um der Armut zu entkommen. Der Roman lebt von der Stärke und Anziehungskraft seiner Protagonistin, die die Phantasie der Leser anregt und Sympathie zu wecken vermag, und von seiner wunderbar subversiven Moral, die eben nicht darin zu bestehen scheint, daß Schlechtigkeit bestraft wird, sondern vielmehr nahelegt, daß man ein lasterhaftes Leben führen kann und dafür sogar belohnt wird. **SJD**

> Defoe schrieb nicht nur Romane, sondern war ein sehr produktiver Journalist, der über 500 Artikel und Flugblätter verfaßte.

Gullivers Reisen
Jonathan Swift

Wohl jeder kennt mindestens eine Episode aus *Gullivers Reisen*. Swifts unsterblicher Klassiker erschien in vielfältigen Bearbeitungen und Formen – als Kindergeschichte, politische Satire, Reisebericht, als Zeichentrickfilm und gar als Fernsehserie.

Die Erzählung schildert die Abenteuer des naiven Reisenden Lemuel Gulliver, die ihn zunächst durch die Zerrspiegel von Lilliput und Brobdingnag führen, dann auf die rätselhaften Inseln Laputa, Balnibarbi, Glubbdubdrib, Luggnagg und Japan und schließlich in den besonders bedeutungsvollen Staat der Houyhnhms und Yahoos. Meisterhaft fügt Swift diese Orte in die weißen Flecken auf den Landkarten des 18. Jahrhunderts ein (diese Karten waren in der Erstausgabe enthalten), und er folgt den Konventionen der zeitgenössischen Reiseliteratur mit solcher Präzision, daß Reales und Phantastisches zusammenfallen. Unser einziger Führer durch diese Länder ist Gulliver, dessen zunächst ungebrochenes Vertrauen in die Überlegenheit der Engländer und ihre Kultur mehr und mehr ins Wanken gerät, angesichts der unterschiedlichen Charaktere, denen er auf seinen Reisen begegnet: Manche sind winzig, andere riesig, manche töricht, andere wild und animalisch, wieder andere ausschließlich vernunftbestimmt. Zwischen diesen Charakteren agiert Gulliver – und in seinen Aktionen und Reaktionen eröffnen sich immer neue Perspektiven. Auf diese Weise sind die Leser gezwungen, ihre eigenen Annahmen in Frage zu stellen. Swifts Satire mag inzwischen einiges von ihrer politischen Schärfe verloren haben, aber sie hält auch heute noch genügend Stachel bereit. Die Vehemenz, mit der Gulliver schließlich die Gesellschaft seiner Pferde der Gesellschaft menschlicher Zeitgenossen vorzieht, bleibt in Erinnerung: An dieser Stelle wird deutlich, daß die eigentliche Zielscheibe der Satire nicht Gulliver ist. Wir sind es. **MD**

Lebensdaten | *1667 (Irland), †1745
Erstausgabe | 1726, bei B. Motte (London)
Originaltitel | *Travels into Several Remote Nations of the World, by Lemuel Gulliver*

Diese Seite aus Swifts Manuskript von *Gullivers Reisen* zeigt, mit welch klarer, disziplinierter Handschrift er seine Gedanken zu Papier brachte.

Mit einer Demonstration englischer Feuerkraft erschreckt der sich überlegen dünkende Gulliver die Lilliputaner.

Bescheidener Vorschlag
Jonathan Swift

Lebensdaten | *1667 (Irland), †1745
Pseudonym | Isaac Bickerstaff
Erstausgabe | 1729, bei S. Harding (Dublin)
Originaltitel | *A Modest Proposal*

Ein bescheidener Vorschlag, wie man verhindern könnte, daß die Kinder der Armen ihren Eltern oder ihrem Land zur Last fallen, und wie man sie dem Gemeinwohl nutzbar machen könnte – so lautet der vollständige Titel von Swifts knapper, vernichtender Satire. Das propagandistische Pamphlet, das gleichermaßen Verachtung für die englische Irlandpolitik wie für die Duldsamkeit der Iren zum Ausdruck bringt, entstand, nachdem sein Autor nach Dublin zurückgekehrt war, um Dekan von St. Patrick zu werden. Als produktiver Schriftsteller, politischer Journalist und heller Kopf hatte Swift beste Voraussetzungen, um eine Ungeheuerlichkeit in eisige Ironie zu verpacken.

Sein Vorschlag ist alles andere als „bescheiden": Irische Kinder würden ihren Eltern und dem Staat weniger zur Last fallen, wenn sie von den Reichen verspeist würden. Kinder könnten so zu hochwertigen Fleischlieferanten für arme Bauern werden. Kleine Kinder seien, so Swift, „eine äußerst wohlschmeckende, nahrhafte und bekömmliche Speise", ob „geschmort, gebraten, gebacken oder gekocht", während ältere, weniger schmackhafte, zu Zuchtzwecken verwendet werden könnten. Zu den zahlreichen Vorteilen gehöre auch, daß sich die Zahl der „Papisten" verringere und sich der Landbevölkerung eine dringend benötigte Einkommensquelle eröffne, das Volkseinkommen gesteigert werde und die Gastronomie profitiere.

Innerhalb von Swifts Werk, das für seine politische Kompliziertheit berüchtigt ist, kommt diesem wunderbar grimmigen, beißenden Pamphlet eine Ausnahmestellung zu. **DH**

Joseph Andrews
Henry Fielding

Lebensdaten | *1707 (England), †1754
Erstausgabe | 1742, bei A. Millar (London)
Originaltitel | *The History of the Adventures of Joseph Andrews, and of His Friend Mr. Abraham Adam*

Die Geschichte von den Abenteuern Joseph Andrews' beginnt wie eine Fortsetzung von *Shamela*, Fieldings kurzer Satire auf Richardsons ungeheuer populären Roman *Pamela*. Sehr schnell führt er aber darüber hinaus: Hier zeigt sich, daß Fielding eine ganz eigene Stimme und Erzähltechnik entwickelt hat, geprägt von seiner Beschäftigung mit der moralischen Frage nach dem „guten Wesen" als der Basis für wahre Tugend.

In einer komischen Verkehrung der Geschlechterrollen widersteht Pamelas Bruder Joseph, der im Hause der Boobys als Diener arbeitet, tugendhaft den lüsternen Avancen von Mrs. Booby, nicht etwa, weil es ihm an Männlichkeit fehlte (undenkbar für einen Fieldingschen Helden), sondern weil er der schönen Fanny Goodwill in treuer Liebe ergeben ist. Seine wütende Herrin entläßt ihn, und Joseph begibt sich gemeinsam mit dem Pastor Abraham Adams, dem heimlichen Helden des Romans, auf eine Reise voller pikaresker Abenteuer. Adams ist so tugendhaft wie naiv und bringt sich und seine Gefährten damit fortwährend in Schwierigkeiten, die seinen guten Charakter auf die Probe stellen.

Die Torheit und Exzentrik, die sowohl den Pastor als auch Joseph auszeichnen, werden aufgewogen durch ihren physischen und moralischen Mut, ihre Loyalität und Gutherzigkeit – offenbar hat die komische Moralität des *Don Quijote* hier Pate gestanden. Mit einem Augenzwinkern, das die Leser auffordert, die Kunstfertigkeit des Autors zu bewundern, spielt Fielding hier mit den Konventionen des romantischen Liebesromans, um schließlich ein glückliches Ende herbeizuführen. **RH**

Martinus Scriblerus

J. Arbuthnot, J. Gay, T. Parnell, A. Pope, J. Swift

Lebensdaten | *ab 1667, †ab 1745
Geboren | in Irland, Schottland, England
Originaltitel | *Memoirs of the Extraordinary Life, Works, and Discoveries of Martin Scriblerus*

Die 17 kurzen Kapitel von *Leben, Werke und Entdeckungen von Martinus Scriblerus*, die von Pope vollendet wurden, enthalten eine Reihe von Erzählungen, die in einem 1713 begonnenen Projekt ihren Anfang nahmen. Fortgesetzt wurden sie bei ungezwungenen Treffen des Scriblerus-Clubs, die in den Räumlichkeiten von Dr. Arbuthnot im St. James' Palace stattfanden. Der Club löste sich mit dem Weggang Swifts aus London allmählich auf und zerfiel 1714 nach dem Tod der Königin gänzlich. Das Projekt wurde jedoch brieflich – unter Nutzung des erst kurz zuvor gegründeten Postdienstes – weitergeführt.

Martinus Scriblerus schöpft aus der reichen Tradition des satirischen Schreibens in Europa: von Horaz und Lukian bis zu Rabelais, Erasmus und Cervantes. Das „gelehrte Phantom" Martinus Scriblerus hat sich mit „hinreichenden Fähigkeiten", aber ohne jede tiefere Überlegung, mit allen erdenklichen Künsten und Wissenschaften beschäftigt. Die Scriblerianer attackieren die Auswüchse der modernen Zeit: Prahlerei, schlechten Geschmack, Korruption und Böswilligkeit. Sie kritisieren das Schreiben im Zeitalter des expandierenden Druckwesens und stellen antike Erhabenheit, Leidenschaft, Würde, Vernunft und gesunden Menschenverstand den Exzessen und der Korruption ihrer Zeit gegenüber. Dabei bedienen sie sich verschiedenster narrativer Strategien wie der direkten Rede, der komischen Analyse und des Kommentars.

Einige Werke der Scriblerianer beziehen sich auf *Martinus Scriblerus*, z. B. Popes *Dunciade*, Swifts *Gullivers Reisen* und Gays *Bettler-Oper*. Außerdem hat das Werk moderne Nachfahren, z. B. J. K. Tooles *Ignaz oder die Verschwörung der Idioten* (1980). **AR**

„Ihr Götter! Vernichtet doch nur Zeit und Raum, und macht zwei Liebende glücklich."

Ein anonymer Druck von 1729 zeigt Pope als Affen mit Tiara; unten wird er mit seinen eigenen Versen verspottet.

Pamela
Samuel Richardson

Lebensdaten | *1689 (England), †1761
Erstausgabe | 1742
Erschienen bei | C. Rivington (London)
Originaltitel | *Pamela, Or Virtue Rewarded*

Pamela oder Die belohnte Tugend löste seinerzeit eine beispiellose öffentliche Debatte aus. Der Roman besteht aus den Briefen der schönen 15jährigen Pamela Andrews, die als Dienstmädchen bei dem reichen Mr. B. arbeitet. Pamela widersteht den zunehmend gewaltsamen Verführungsversuchen des verwitweten Hausherrn so lange, bis dieser sie, von ihrer Tugend bezwungen, heiratet. Der Roman endet jedoch nicht mit der Hochzeit der Heldin, sondern folgt auch ihren Anstrengungen, sich in ihrer neuen Rolle einzurichten und den Respekt von Mr. B.s Standesgenossen zu erlangen.

Pamela ist ein Roman über den Mißbrauch von Macht und den richtigen Weg des Widerstands. Ungeachtet aller Beteuerungen Pamelas, daß Tugend ihre einzige Waffe sei, liegt ihre wirkliche Macht in der Sprache, die ihren Widerstand einem Höhergestellten gegenüber nicht nur zu einem politischen, sondern auch zu einem moralischen Akt werden läßt. Obwohl Richardson ein Dienstmädchen aus der Provinz zu seiner Heldin macht, bleibt seine Kritik an den oberen Klassen begrenzt: Pamelas „Belohnung" ist letztlich ihr sozialer Aufstieg.

Pamela wurde von manchen als eine Art Handbuch für tugendhaftes Verhalten gepriesen, während andere es als kaum verhüllte Pornographie denunzierten. Bald erschien eine ganze Reihe von Parodien (hier ist insbesondere Fieldings *Shamela* zu nennen), deren Verfasser argumentierten, daß Pamela ihre Sexualität zu ihrer persönlichen Bereicherung einsetze und Richardsons moralische Absichten durch das pikante Thema korrumpiert würden. Eben diese Doppelbödigkeit wirkt auf moderne Leser ebenso faszinierend wie auf Richardsons Zeitgenossen. **RH**

Clarissa
Samuel Richardson

Lebensdaten | *1689 (England), †1761
Erstausgabe | 1749
Erschienen bei | Samuel Richardson (London)
Originaltitel | *Clarissa; or The History of a Young Lady*

In Richardsons ambitioniertem Briefroman geht es um eine tragisch endende Verführungsgeschichte. In über hundert Briefen zwischen Clarissa Harlowe, ihrer Vertrauten Anna Howe, dem ebenso bezaubernden wie grausamen und doppelzüngigen Verführer Lovelace und zahlreichen Familienmitgliedern und Bekannten entfaltet sich die Geschichte. Die unterschiedlichen Persönlichkeiten der Briefschreiber üben auf den Leser einen immer stärker werdenden Sog aus. Jeder einzelne Brief ist daher bedeutungsvoll, doch in der Folge dieser Briefe liegt eine dramatische Spannung, die über die ganze Länge des Romans trägt. Sie zwingt den Leser, sich nicht nur mit Lovelaces grausamen Machenschaften auseinanderzusetzen, sondern auch mit seinen kunstvollen Anspielungen, die aus derselben Quelle stammen. Ähnlich ambivalent erscheint Clarissa, tugendhaft bis über den Tod hinaus und stets ganz bei sich, dies aber nur um den Preis der Selbsttäuschung. Henry James zählte sich zu Clarissas späten Verehrern, vielleicht weil Richardsons Roman ihm ein Modell für sein eigenes Schreiben bot: eine Prosa des Verdachts, die ebenfalls beunruhigende Einsichten zwischen den Zeilen enthüllt.

Wie Marcel Prousts *Auf der Suche nach der verlorenen Zeit* (1913–1927) dürfte auch Richardsons Roman aufgrund seines Umfangs zu jenen Werken gehören, über die mehr gesprochen wird, als daß sie gelesen werden. Lesern mit langem Atem bietet *Clarissa* jedoch ein entsprechend hohes Maß an Befriedigung. **DT**

▸ Auf diesem romantischen Gemälde von Edouard Dubufe triumphiert das Laster: Selbstzufrieden zieht Lovelace die tugendhafte Clarissa mit sich fort.

Tom Jones
Henry Fielding

Lebensdaten | *1707 (England), †1754
Erstausgabe | 1749
Erschienen bei | A. Millar (London)
Originaltitel | *The History of Tom Jones, a Foundling*

Tom Jones, ein Schelmenroman, schildert die Abenteuer und das wechselvolle Schicksal des sympathischen Titelhelden. Wir erfahren von seiner (unehelichen) Geburt, beobachten wie er aufwächst, sich verliebt, von seinem Stiefvater zu Unrecht verstoßen wird und durch England streift. Weil Tom zwar warmherzig, aber von eher hitzigem Temperament ist, wird er immer wieder in Prügeleien, Streitigkeiten und amouröse Abenteuer verwickelt. Mit knapper Not entgeht er dem Galgen und wird schließlich sogar glücklich mit seiner großen Liebe Sophia vereint, während seine Feinde auf verschiedene Weise gedemütigt werden.

Tom Jones ist nicht nur ein dicker und komplizierter, sondern auch ein wirklich großartiger Roman. Wie später Dickens auf der Höhe seines Könnens, beschreibt Fielding begeistert und ausgelassen, mit komisch-heroischem Witz und zuweilen auch mit satirischer Schärfe die Vielfalt des sozialen Lebens im England des 18. Jahrhunderts, von der verarmten Landbevölkerung bis zum wohlhabenden Adel. Seine Schilderungen lassen – wie die Gemälde seines Freundes Hogarth – den unbestechlichen Blick des Moralisten erkennen, der sich des Widerspruchs zwischen den offiziell geltenden christlichen Werten und der tatsächlichen Herrschaft von Selbstsucht, Torheit und Laster bewußt ist. In der Gesellschaft, die er beschreibt, sind barmherzige Samariter dünn gesät, und hinter jeder Biegung warten Fallstricke auf den Unschuldigen. Dennoch geleitet Fielding die Liebenden wie eine ironische, aber wohlwollende Nemesis durch die korrupte Welt zu ihrem wohlverdienten Glück.

Dem Geiste Chaucers verpflichtet, freute sich Fielding an farcenhaften Verwicklungen und sexueller Komik: Sein Held ist nicht gerade jungfräulich. Fielding war auch ein brillanter Experimentator (der Sterne beeinflußte), und *Tom Jones* wirkt wunderbar postmodern: Wiederholt unterbricht der Erzähler augenzwinkernd die Handlung, um mit seinen Lesern über den Fortgang des Werks zu diskutieren, und Kritiker werden aufgefordert, sich gefälligst „um ihre eigenen Angelegenheiten zu kümmern". **CW**

- Das Titelblatt der Erstausgabe von *Tom Jones* trägt die lateinische Inschrift: „Er lernte vieler Menschen Sitten kennen".

- Michael Angelo Rookers Illustration von 1780 fängt den komischen Schwung von Fieldings Satire ein.

Fanny Hill
John Cleland

Lebensdaten | *1709 (England), †1789
Erstausgabe | 1749
Erschienen bei | G. Fenton (London)
Originaltitel | *Memoirs of a Woman of Pleasure*

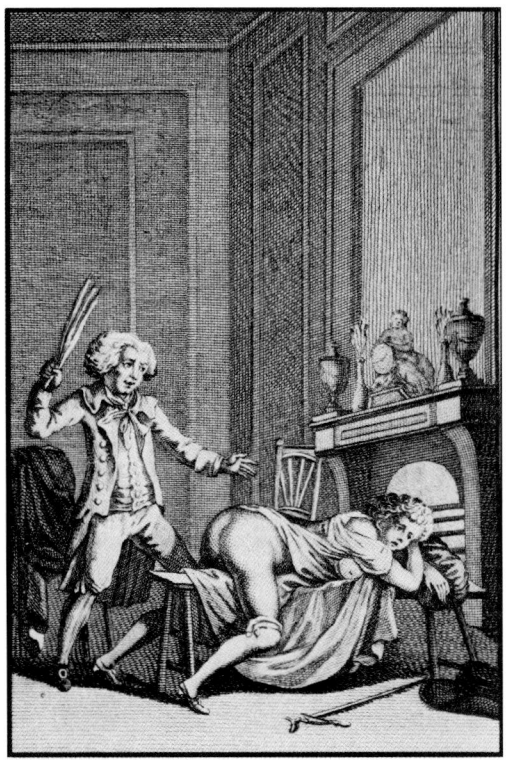

„*Wahrheit! Harte, nackte Wahrheit …*"

⊙ Wie Cleland präsentiert auch der Illustrator von *Fanny Hill* erotische Handlungen in einem Stil, der sowohl anregen als auch amüsieren soll.

Fanny Hill ist zweifellos der berühmteste erotische Roman in englischer Sprache. Er erschien 1749 (Teile sind allerdings vermutlich schon früher entstanden) und spielt im London des 18. Jahrhunderts, dessen realistische Schilderung Clelands Werk mit dem seiner Zeitgenossen Richardson, Fielding und Smollett verbindet.

Cleland knüpfte mit seinem umstrittenen und mehrfach verbotenen, aber sehr populären Roman nicht nur an das vor allem in Frankreich beliebte Genre des erotischen Romans an, sondern auch an die verbreiteten Memoiren „gefallener Mädchen", die das Leben einer Prostituierten als Warnung vor dem auf sexuelle Freuden folgenden Elend darzustellen pflegten.

Zu Beginn des Romans ist Fanny ein schönes 15jähriges Mädchen vom Land. Nach dem Verlust ihrer „Unschuld" lernt sie, ihre Sexualität einzusetzen, um zu überleben und im Leben voranzukommen. Erstaunlicherweise sieht Cleland keinerlei Veranlassung, Fanny für ihre Promiskuität zu bestrafen: Am Schluß des Romans ist sie glücklich verheiratet.

Weil er sich der Monotonie vieler pornographischer Werke bewußt ist, vermeidet Cleland vulgäre oder Slangausdrücke für den Geschlechtsakt oder die Geschlechtsorgane, statt dessen schöpft er funkelnde Metaphern und Bilder aus einem schier endlosen Repertoire. Obwohl er die Freuden der Sexualität für Männer wie für Frauen mit großer Offenheit beschreibt, wirken Fannys Gelüste überraschend konservativ: Während sie diverse heterosexuelle Geschlechtsakte genießt, scheint ein lesbisches Erlebnis ihr Probleme zu bereiten, und sie äußert sich mehrfach mit Abscheu über männliche Homosexualität.

Nachdem Clelands Meisterwerk mehr als zwei Jahrhunderte moralischer Schmähungen überlebt hat, gilt es heute als wichtiger Beitrag in der Geschichte des Romans. Allerdings spaltet das Buch seine Leserschaft noch immer: Die einen schätzen seine befreiend lebendigen Schilderungen der Sexualität, die anderen sehen in Fannys Bekenntnissen einen leicht durchschaubaren Vorwand zur Befriedigung männlicher Bedürfnisse. **RH**

Peregrine Pickle
Tobias George Smollett

Smolletts zweiter Roman schildert die Heldentaten des Egoisten Peregrine Pickle. Zwar erinnert das Buch mit seinem episodischen Aufbau und den eingeschobenen Erzählungen an seinen Vorgänger *Roderick Random*, ist aber dennoch deutlich mehr als eine bloße Variation. Peregrine ist – dies wird durch den häufig kritischen Ton des allwissenden Erzählers unterstrichen – ein fehlbarer Held, der aus einer Familie mäßig erfolgreicher Kaufleute stammt. Seine Mutter verachtet ihn, und so wird er von einem exzentrischen Onkel adoptiert, dessen Heldentaten für einen Großteil der Komik im ersten Teil des Romans sorgen. Peregrine kommt in den Genuß einer hervorragenden Ausbildung, die sein übersteigertes Selbstbewußtsein weiter nährt. Auf seiner Grand Tour durch Europa erlebt er Exzesse, sexuelle Intrigen und dreistes Benehmen aller Art. Nach seiner Rückkehr nach London versucht er, sich in den führenden gesellschaftlichen und politischen Kreisen einzuschmeicheln und über eine Heirat mit einer Erbin in den Adel aufzusteigen. Seine Pläne werden jedoch durch sein destruktives, unmoralisches und seiner tatsächlichen finanziellen Situation nicht angemessenes Verhalten vereitelt. Erst Peregrines Inhaftierung bewirkt, daß er sich ändert. Am Ende heiratet er Emilia und führt fernab der moralisch verdorbenen Gesellschaft das Leben eines Landadligen.

Ungeachtet seines recht derben Humors widmet sich Smolletts satirischer Roman ernsten Anliegen wie der Willkür der französischen Justiz oder der Kommerzialisierung, die eine Gefahr für die soziale Ordnung bedeutete. Peregrine muß zunächst die mit seiner gesellschaftlichen Stellung verbundenen Rechte und Pflichten kennenlernen, bevor er die am Ende winkende Belohnung – ein stilles Glück an der Seite seiner geliebten Emilia – wirklich zu schätzen weiß. **LMar**

Lebensdaten | *1721 (Schottland), †1771
Erstausgabe | 1751 (1758 revidiert)
Erschienen bei | T. Smollett (London)
Originaltitel | *The Adventures of Peregrine Pickle*

„… ein dreister Spitzbube."

Peregrine rettet die spärlich bekleidete Emilia aus einem brennenden Wirtshaus, eine typische pikareske Episode aus Smolletts Satire.

Der weibliche Quichotte
Charlotte Lennox

Lebensdaten | *1727 (U.S.), †1804
Erstausgabe | 1752
Erschienen bei | A. Millar (London)
Originaltitel | The Female Quixote

Charlotte Lennox' zweiter Roman *Der weibliche Quichotte* ist ein Vorläufer von Jane Austens *Die Abtei von Northanger*. Weil Lennox' Heldin Arabella keinerlei Ausbildung erhält, ist ihr Weltbild gänzlich von französischen Liebesromanen des 17. Jahrhunderts geprägt. Ihr Unvermögen, zwischen Fiktion und Realität zu unterscheiden, bringt sie immer wieder in – sehr komisch geschilderte – Schwierigkeiten. Arabella erwartet, daß Verehrer ihr zu Füßen fallen, vermutet hinter den alltäglichsten Situationen Gefahr und Täuschung und verhält sich nicht so, wie es die Konvention Frauen vorschreibt. Arabellas Irrglaube, daß die Welt so ist, wie in ihren Liebesromanen geschildert, gibt ihr ein Vertrauen in sich selbst und ihre Stellung, das erst durch ihre „Umerziehung" erschüttert wird. Durch Arabellas absurde Phantasien zeigt Lennox auf subtile Weise, wie wenig Macht Frauen in der Gesellschaft des 18. Jahrhunderts tatsächlich hatten. Im Roman triumphiert schließlich die Vernunft über die Phantasie, und Arabella lernt ihren wirklichen Platz in der Gesellschaft kennen.

Moderne Leser mögen Lennox' Komödie zuweilen redundant finden, die Liebenswürdigkeit der Heldin rettet jedoch den Roman. Man ist geradezu enttäuscht, wenn Arabella sich am Ende in die gesellschaftlichen Konventionen fügt, und berührt von der echten Komik all der Situationen, in die sie sich selbst bringt. Auch wenn man als Leser Arabellas Naivität vielleicht belächelt: Indem Lennox schildert, was geschehen kann, wenn die Phantasie Amok läuft, stellt sie auch die Praxis des 18. Jahrhunderts, Frauen von wirklicher Bildung auszuschließen, in Frage. **EG-G**

Candide
Voltaire

Lebensdaten | *1694 (Frankreich), †1778
Richtiger Name | François-Marie Arouet
Erstausgabe | 1759, bei G. & P. Cramer (Genf)
Originaltitel | Candide, ou l'Optimisme

Voltaires *Candide* wurde durch verschiedene schreckliche Ereignisse im 18. Jahrhundert beeinflußt, vor allem durch das Erbeben von Lissabon und den Ausbruch des Siebenjährigen Krieges. Der philosophische Roman wird häufig als paradigmatischer Text der Aufklärung gepriesen, ist aber gleichzeitig ein ironischer Angriff auf allzu optimistische Glaubenssätze der Aufklärung. Voltaires Kritik richtet sich gegen Leibniz' Prinzip des zureichenden Grundes, das besagt, daß es nichts gibt, was ohne Grund so ist, wie es ist. Die notwendige Konsequenz dieses Prinzips ist der Glaube, daß die reale Welt die beste aller möglichen Welten sein muß, da jede andere Annahme der Unfehlbarkeit des göttlichen Schöpfers widersprechen würde.

Zu Beginn des Romans wird der junge Candide, der von seinem Lehrer Pangloss im Geiste dieser optimistischen Philosophie erzogen wurde, aus dem märchenhaften Schloß, in dem er aufgewachsen ist, verjagt. In der Folge werden die Nöte, Entbehrungen und Katastrophen geschildert, mit denen Candide und seine wechselnden Begleiter auf ihren Reisen konfrontiert werden – unter anderem Krieg, Vergewaltigung, Raub, Erdbeben und Sklaverei. Während diese Erfahrungen Candides Optimismus nach und nach untergraben, werden Wissenschaft, Philosophie, Religion, die Regierung und die Literatur gnadenlos verspottet. Als eine ebenso komische wie ätzende Satire über die sozialen Mißstände jener Zeit sind Candides Reflexionen über menschliche Ungerechtigkeit, Katastrophen, Leid und Hoffnung auch heute noch relevant. **SD**

> Diese romantische Illustration einer *Candide*-Ausgabe von 1809 trägt die Unterschrift: „Mein Kapitän … machte alles nieder, was sich seiner Wut widersetzte."

Mon capitaine.... tuait tout ce qui s'opposait à sa rage.

Candide, Ch. XI.

J. Moreau le J.^e del.   Villerey Sculp.^t

Rasselas
Samuel Johnson

Lebensdaten | *1709 (England), †1784
Erstausgabe | 1759 bei R. & J. Dodsley (London)
Originaltitel | *The Full History of Rasselas, Prince of Abissinia*

Ohne Zweifel erwarb sich Samuel Johnson mit seinem bedeutenden *Dictionary of the English Language* höchsten Ruhm und den ihm gebührenden Platz in der Geschichte. Weniger bekannt ist sein vier Jahre später veröffentlichter erster und einziger Roman, *Die Geschichte von Rasselas, Prinzen von Abessinien*. Der Titelheld wächst zusammen mit den anderen königlichen Söhnen und Töchtern wohlbehütet im „glücklichen Tal" auf, fernab von den Wechselfällen des menschlichen Lebens. Alle Wünsche und Bedürfnisse der jungen Menschen werden erfüllt, bis diese die Thronfolge antreten. Rasselas, inzwischen 26 Jahre alt, ist dieses paradiesischen Lebens jedoch überdrüssig. In Begleitung seiner Schwester Nakayah und des Weisen Imlac flieht er aus dem Tal, um die Welt zu erforschen und die Quelle des wahren Glücks zu finden.

Die Abenteuer des Prinzen und die langen Dialoge in diesem Werk, einer Parabel in der literarischen Tradition von Bunyans *Pilgerreise*, dienen Johnson als Vehikel für moralische Betrachtungen erstaunlich vielfältiger Themen wie Poesie, Bildung, Einsamkeit, Vernunft und Leidenschaft, Jugend und Alter, Eltern und Kinder, Ehe, Macht, Kummer, Wahnsinn und Begehren.

Obwohl der Romancier Johnson in diesem Werk hinter dem Moralisten Johnson zurückbleibt, ist *Rasselas* auch für heutige Leser noch interessant, denn der Roman dokumentiert nicht nur die wichtigsten Anliegen der Aufklärung, sondern auch den Humor und die Universalität der Reflexionen seines Autors. **SD**

„Das menschliche Leben ist überall ein Zustand, in dem es viel auszuhalten und wenig zu genießen gibt."

Johnsons Held, der Prinz von Abessinien, hier mit Spitzhacke bei der Erkundung des „wahren" Lebens.

Julie
Jean-Jacques Rousseau

Lebensdaten | *1712 (Schweiz), †1778 (Frankreich)
Erstausgabe | 1760 bei Duchesne (Paris)
Untertitel | Die neue Héloïse
Originaltitel | *Julie, ou La nouvelle Héloïse*

Für *Julie*, Rousseaus einzigen Roman, hat die mittelalterliche Historie von der verbotenen Liebe zwischen Héloïse und ihrem Lehrer Abaelard Pate gestanden. In Rousseaus Briefroman *Julie* werden jedoch Heimlichkeit und Sündhaftigkeit zu Entsagung und Erlösung, und die Schülerin, nicht der Meister, rückt ins Zentrum unserer Aufmerksamkeit. Mit Julies Beziehung zu ihrem Lehrer Saint-Preux wird der Konflikt des 12. Jahrhunderts zwischen körperlichen Begierden und religiösen Zielen zu einer für das 18. Jahrhundert charakteristischen Studie über richtiges Verhalten umgeschrieben. Rousseau verbindet die klassische Tradition der bürgerlichen Tugend mit ihrem aufklärerischen Gegenstück der häuslichen Ordnung und der Neugeburt des individuellen Gefühls, die schließlich in der romantischen Bewegung kulminieren sollte.

Dieser paradoxen Übergangsstellung entsprechend, ist der Aufbau des Romans ebenso streng wie merkwürdig: In der ersten Hälfte weist Julie Saint-Preux' Leidenschaft, die seine Verbannung aus dem Haus ihres Vaters zur Folge hat, mal zurück, dann wieder läßt sie sich von ihr verzehren. Im zweiten Teil ist Saint-Preux zurückgekehrt und lebt in Harmonie mit Julie und ihrem Mann Wolmar auf dem Anwesen des Ehepaares. Alle drei widmen sich der Kultivierung des Geistes und der Landschaft. In diesem statischen Elysium werden die gefährlichen Begierden der ersten Romanhälfte gewissermaßen ethisch aufgearbeitet. Dem Leser wird die allegorische Spiegelung von Tugend und Begehren, aus der Julies Triumph erwächst, etwas suspekt vorkommen. Doch in dieser Problematik des Romans bleibt die Unauflöslichkeit des Konflikts virulent – und das läßt ihn auch heute noch zeitgemäß erscheinen. **DT**

Emil
Jean-Jacques Rousseau

Lebensdaten | *1712 (Schweiz), †1778 (Frankreich)
Erstausgabe | 1762 bei Duchesne (Paris)
Untertitel | Über die Erziehung
Originaltitel | *Émile, ou De l'éducation*

Rousseaus philosophischer Roman schildert die ideale Erziehung eines fiktiven Zöglings, Emil, von der Geburt bis zum Erwachsenenalter. Emil wird das Lesen erst dann beigebracht, als er selbst danach dürstet, und die Auswahl seines Lesestoffs wird absichtlich begrenzt. Rousseau zufolge stellt *Robinson Crusoe* die beste Abhandlung über die Prinzipien einer „Erziehung nach der Natur" dar, und dieser Roman ist denn auch Emils erste Lektüre.

Rousseaus Erziehungsphilosophie in religiösen Fragen ist gleichermaßen radikal. Er plädiert dafür, die religiöse Erziehung von Kindern möglichst lange aufzuschieben, um Indoktrination vorzubeugen und zu verhindern, daß Kinder falsche Begriffe des Göttlichen entwickeln. Daher wird Emil auch nicht in einer bestimmten Glaubensrichtung erzogen, sondern mit genügend Wissen und Vernunft ausgestattet, um selbst wählen zu können. Das frühe Jugendalter ist eine Zeit, die eher nach Lernen durch Erfahrung verlangt als nach Anhäufung von Bücherwissen. Emil soll lernen, selbst Fragen zu stellen und sie auf der Grundlage genauer Naturbeobachtung zu beantworten. In den Jahren zwischen Adoleszenz und Erwachsenenalter setzt Rousseau den Schwerpunkt auf Emils Eingliederung in die Gesellschaft und seine Sexualität.

Das letzte Buch des Romans, „Sophie oder Die Frau", ist der Erziehung von Mädchen und jungen Frauen gewidmet. Rousseau lehnt ein ernsthaftes Studium für Mädchen mit dem Hinweis auf die Verschiedenheit von Mann und Frau ab: Männer sollten die Wahrheit erforschen, Frauen sollten zu schmeicheln verstehen und Takt üben. Der Roman endet mit der Heirat von Emil und Sophie. Das Paar beschließt, ein zurückgezogenes, aber produktives Leben auf dem Land zu führen. **LMar**

Schloß Otranto
Horace Walpole

Lebensdaten | *1717 (England), †1797
Erstausgabe | 1765
Erschienen bei | W. Bathoe & T. Lowndes (London)
Originaltitel | *The Castle of Otranto*

Walpole hat mit seinem Roman *Schloß Otranto* den englischen Schauerroman begründet. Der Hauptstrang der Handlung dreht sich um den Prinzen von Otranto (den tyrannischen Manfred) und seine Familie und entspinnt sich aus einem mysteriösen Vorfall zu Beginn der Geschichte: Conrad, der Sohn und Erbe Manfreds, wird vom Gewicht eines gigantischen federgeschmückten Helms zu Tode gequetscht. Diese übernatürliche Begebenheit setzt eine Ereigniskette in Gang, die am Ende dazu führt, daß der Titel von Otranto wieder dem rechtmäßigen Erben zufällt. Die Handlung spielt vorwiegend im Familienschloß, das reichlich mit Gewölben und Geheimgängen ausgestattet ist und zum Schauplatz von rätselhaften Todesfällen und Spukerscheinungen wird.

Diese im Rittertum des Mittelalters angesiedelte Romanphantasie führt ungestüme und leidenschaftliche Gefühlsregungen vor und setzt seine Figuren psychischen Extremsituationen aus. Grausamkeit, Tyrannei, Erotik, widerrechtliche Aneignung einer gesellschaftlichen Position: All diese Aspekte sowie der düstere Charakter des Schauplatzes wurden zu gängigen Elementen des Schauerromans.

Walpole gab an, die Geschichte sei einem Traum entnommen. Beim Niederschreiben habe er sich „im Würgegriff von Visionen und heftigen Gemütserregungen" befunden. Aus Sorge darum, wie das Buch wohl aufgenommen würde, veröffentlichte er es zunächst unter dem Pseudonym Onuphrio Muralto. Außerdem behauptete er, es handele sich um die Übersetzung eines italienischen Manuskripts aus dem 16. Jahrhundert. Die Absonderlichkeit von Walpoles literarischem Experiment spiegelt sich in der neogotischen Architektur seines Landsitzes Strawberry Hill, den man heute noch besichtigen kann. **ST**

Der Landpfarrer
Oliver Goldsmith

Lebensdaten | *1730 (Irland), †1774 (England)
Erstausgabe | 1766 bei B. Collins für F. Newbery (London)
Originaltitel | *The Vicar of Wakefield. A Tale. Supposed to be Written by Himself*

Der Landpfarrer von Wakefield erzählt, wie der Titel sagt, die Geschichte eines Landpfarrers. Dr. Primrose und seine große Familie führen oberflächlich betrachtet ein idyllisches Leben in einer ländlichen Gemeinde. Die Beschaulichkeit findet ein jähes Ende, als Primrose sein Vermögen verliert. Die Romanhandlung kommt in Schwung, denn nun reiht sich eine Katastrophe an die andere: vereitelte Eheschließungen, skrupellose Machenschaften, verschwundene Kinder, ein Hausbrand, Gefängnishaft, Verkleidungen und Verwechslungen folgen aufeinander. Daß alle Figuren ihre schwachen Seiten haben, der Pfarrer nicht ausgenommen, grundsätzlich rechtschaffen sind, sich aber leicht zu törichtem und einfältigem Verhalten hinreißen lassen, kompliziert die Situationen. Der Ich-Erzähler des Romans ist der Pfarrer selbst, was bereits eine Reihe ironischer Brechungen mit sich bringt. Der Roman enthält rührselige Versatzstücke, doch die Tonlage ist insgesamt die einer facettenreichen Komödie. Sowohl die Katastrophen, die über die Figuren hereinbrechen, als auch die ebenso dramatischen Schicksalswendungen hin zum Guten sind auf höchst amüsante Weise geschildert.

Einer der auffallendsten Aspekte von Goldsmiths kleinem Meisterwerk ist zweifellos seine Heterogenität. Der Text ist durchsetzt mit nicht unmittelbar zur Romanfiktion gehörenden Elementen wie Gedichten, Predigten und Abhandlungen über Politik, Strafrecht und Poetik. All dies verweist darauf, daß der Autor Goldsmith in verschiedenen Gattungen tätig war: Er verfaßte Gedichte, Theaterstücke sowie diesen einen Roman, mußte seinen Lebensunterhalt aber vor allem durch Lohnschreiberei verdienen. **ST**

> Der zeitgenössische Künstler Thomas Rowlandson schuf zu Goldsmiths Meisterwerk 24 Illustrationen.

COOKE's EDITION OF SELECT NOVELS.

TRISTRAM SHANDY. VOL. II Ch. 6. P. 12
Corporal Trim reading the Sermon to
Shandy's Father, Dr. Slop & Uncle Toby.

W. Hogarth delin. Printed for C. Cooke, Paternoster Row. May 25. 1793. C. Grignion sculp.

Tristram Shandy
Laurence Sterne

Der vollständige Titel *Leben und Meinungen von Tristram Shandy, Gentleman* läßt eigentlich erwarten, bei diesem unvollendet gebliebenen Werk handele es sich um eine Autobiografie. Doch der im Titel genannte Ich-Erzähler kommt in seiner Lebensbeschreibung kaum über sein drittes Lebensjahr hinaus und von seinen Meinungen erfahren wir kaum etwas.

Es wird also nur wenig über Tristrams Leben enthüllt; aber es wird viel erzählt. Abschweifungen und Unterbrechungen demontieren konventionelle narrative Erwartungen – jeder Ansatz einer „ordentlichen" Romanhandlung wird im Keim erstickt. Die Dialoge changieren zwischen dem Idiom der Alltagssprache und der umständlichen Schriftlichkeit wissenschaftlicher Diskurse und eröffnen ein weites und witziges Feld, voller anzüglicher Vieldeutigkeiten – in der Literaturgeschichte gab es bis dato nichts vergleichbares. *Tristram Shandy* ist der Urtyp des experimentellen Romans, ein Vorläufer der modernen und postmodernen Literatur. Von Rabelais übernimmt Sterne das komisch Phantastische, die derbe Groteske und den gelehrten Witz; von Cervantes die pikareske Umschmelzung einer Erzählform, was in der donquichotesken, aber dennoch realitätsnahen Analyse menschlicher Torheit mündet. Unter der brillanten Komik der literarischen Oberfläche verborgen, dringt Sterne (durchaus realistisch) in tiefere psychologische Schichten vor. Besonders deutlich wird dies in der Beschreibung der wohlmeinenden, aber lächerlichen Gelehrsamkeit von Tristrams Vater. Brillant auch die süffisant und scharfsinnig geschilderte Modifikation von Tobys Interesse an der Kriegsführung hin zum Liebeswerben um die Witwe Wadman, die „Belagerung der Feste Wadman".

Trotz all seiner redseligen Vertraulichkeit überläßt das Buch vieles der Phantasie. Mit diplomatischer Ironie übt Sterne subtile Kritik am englischen Gentleman, am Klassensystem, an der Sexualmoral und Verhaltensweisen, die von Besitzverhältnissen und Anstandsformen diktiert werden. **DM**

Lebensdaten | *1713 (Irland), †1768 (England)
Erstausgabe | 1759–1767 (9 Bände) bei J. Dodsley (London)
Originaltitel | *The Life and Opinions of Tristram Shandy, Gentleman*

○ Laurence Sternes komplexe Vorstellungskraft fand ihren Ausdruck in Esprit, Feingefühl, Anzüglichkeiten und überbordender Eloquenz.

○ Die von William Hogarth in den 1760er Jahren geschaffenen Stiche zu *Tristram Shandy* haben die mit diesem Buch verknüpften bildlichen Vorstellungen nachhaltig geprägt.

Empfindsame Reise …
Laurence Sterne

Lebensdaten | *1713 (Irland), †1768 (England)
Erstausgabe | 1768 bei G. Faulkner (Dublin)
Originaltitel | *A Sentimental Journey Through France and Italy by Mr. Yorick*

Sternes kürzerer Roman *Eine empfindsame Reise durch Frankreich und Italien* steht im Schatten des *Tristram Shandy*, ist aber ein ergötzliches Juwel. In einer Mischung aus autobiographischen Anekdoten, eingestreuten fiktionalen Elementen und persifliertem Reisebericht verfolgt das Buch die Reise des Landpfarrers Yorick und seines Dieners La Fleur durch Frankreich. Die Grand Tour, also die in kontinentale Sitten und Kunst einführende Bildungsreise, die für den englischen Gentleman von so großer Bedeutung war, ist hier indirekt Objekt der Satire. Denn an Yoricks und La Fleurs Reise ist nicht allzuviel, das „groß" zu nennen wäre; wir haben es vielmehr mit einer bissigen Analyse der Empfindsamkeit zu tun.

Das Hauptvergnügen des Romans liegt nicht in der Schilderung äußerlicher Erlebnisse, sondern in den vertraulichen Einblicken in eine empfindsame Seele. Wichtig ist, wie erzählt wird: Häufig bleibt der Bericht des Ich-Erzählers Yorick in der Schwebe zwischen empfindsamer Deutung und einem aufgeklärteren Realismus. Bemerkenswert ist hier zum Beispiel eine Episode, in der beschrieben wird, wie ein Mann um seinen toten Esel trauert. Yorick deutet diese Szene als Allegorie menschlicher Mitleidsfähigkeit, als erbauliches Beispiel dafür, dass selbst ein Tier im Menschen „mitmenschliche" Regungen evozieren kann. Allerdings hat der Trauernde dem Esel zuvor zu schwere Lasten aufgebürdet und ihn hungern lassen. Da kurz darauf erwähnt wird, daß der Postillon die Zugtiere von Yoricks Kutsche mit Peitschenhieben antreibt, wird die Allegorie mindestens zweideutig. Und so tun sich häufiger Abgründe auf, je nach Erzählperspektive, zwischen empfindsamen Ansprüchen und konkreten materiellen Gegebenheiten. Sie lauern unter der Oberfläche, auch wenn Yorick vordergründig vornehme Distanz wahrt. **DM**

Der Mann von Gefühl
Henry Mackenzie

Lebensdaten | *1745 (Schottland), †1831
Erstausgabe | 1771
Erschienen bei | T. Cadell (London)
Originaltitel | *The Man of Feeling*

Die erste, anonym veröffentlichte, Ausgabe von *Der Mann von Gefühl* war nach wenig mehr als sechs Wochen ausverkauft. Das Buch erregte ähnlich viel Aufsehen wie zehn Jahre zuvor Rousseaus *Julie oder Die neue Héloïse*. Es ist insofern ein Markstein der Literaturgeschichte, als der „Herausgeber" von *Der Mann von Gefühl* vorgibt, seinen Lesern einen historisch genauen Bericht der Erfahrungen des im Titel gemeinten jungen Harley zu liefern. Jede der fiktiven Episoden, die er vorstellt, zielt auf Rührung, auf Gemütsbewegungen ab: ob es sich nun um die betont nicht-erotische Schilderung einer Londoner Prostituierten oder die Gemütsbewegungen zwischen einem Vater und seiner Tochter geht, die ihm einst weggenommen wurde. Das Spektrum der dargestellten Emotionen ist breit und umfaßt unter anderem Mitleid, Mitgefühl und Sympathie sowie Barmherzigkeit und Wohlwollen.

Der Handlungsverlauf ist der sorgfältigen Ausgestaltung von Gefühlsreaktionen völlig untergeordnet. Jede Episode steht mehr oder weniger mit der folgenden in Verbindung, ohne daß der Autor ein nennenswertes Interesse daran erkennen ließe, Spannung aufzubauen. Manche Abschnitte, so läßt der „Herausgeber" den Leser wissen, fehlen ganz oder sind unvollständig.

Mit dieser Akzentuierung der Rührung, sowohl seiner Figuren als auch seiner Leser, gab der Roman vielen Autoren des 18. Jahrhunderts entscheidende Impulse. Und er schuf ein ästhetisches Fundament, eine Art Alphabet der Rührung, auf dem spätere Romanautoren aufbauen konnten. Dickens wußte zum Beispiel sehr genau, daß der oberste Zweck eines Romans darin besteht, Gemütsbewegungen im Leser auszulösen. **DT**

Humphry Clinkers Reise
Tobias George Smollett

Lebensdaten | *1721 (Schottland), †1771
Erstausgabe | 1771
Erschienen bei | W. Johnston & B. Collins (London)
Originaltitel | *The Expedition of Humphry Clinker*

Smolletts letzter Roman, ein Briefroman, schildert ausführlich eine Reise, die der Landjunker Matt Bramble mit Angehörigen und dem verarmten Titelhelden Humphry Clinker als Diener durch England und Schottland unternimmt. Die Briefe enthüllen jeweils den Charakter des Schreibers oder der Schreiberin. Matt Bramble erscheint als hypochondrischer Menschenfeind, seine Schwester Tabitha als alte Jungfer, die auf eine gute Partie aus ist, der Neffe der beiden, Jery Melford, als übermütiger Oxford-Student, seine Schwester Lydia als naive, rührselige Romantikerin und Tabithas Dienstmädchen Wyn Jenkins, das sich mit dem Schreiben sehr schwertut, als soziale Aufsteigerin. Der Gruppe widerfährt ein Ungemach und Unglück nach dem anderen, wobei Clinker stets im Zentrum der Handlung steht. Die Ereignisse werden aus verschiedenen Perspektiven berichtet und gedeutet, wobei keine der Sichtweisen als die einzig richtige erscheint. Konstanten sind hierbei allerdings Clinkers moralische Integrität und sein religiöser Eifer, die aus jedem der verschiedenen Blickwinkel erkennbar werden.

Zu den Vorkommnissen, die den Reisenden widerfahren, zählen Duelle, Liebesintrigen, Eifersuchtsszenen, eine irrtümliche Einkerkerung sowie zahllose große und kleine Wortgefechte. Am Ende werden die verschiedenen Handlungsstränge zusammengeführt und die Liebespaare finden zueinander.

Clinker wird in diesem Roman, anders als andere Titelhelden Smolletts, durchweg positiv beschrieben. Die Naivität, mit der er den Lauf der Welt betrachtet, und sein Festhalten an moralischen Grundsätzen sind als bewundernswerte Wesenszüge gezeichnet, gegen die sich die Fehler und Schwächen seiner Mitmenschen und der Gesellschaft deutlich abheben. **LMar**

„Die Hauptstadt ist ein wucherndes Ungeheuer geworden, ein Wasserkopf, von dem Körper und Glieder nach und nach keine Nahrung und keine Unterstützung mehr erhalten."

◉ Eine treffende karikaturistische Darstellung des Hypochonders Matt Bramble beim Tête-à-tête mit einer jungen Witwe.

Die Leiden des jungen Werthers
Johann Wolfgang von Goethe

Lebensdaten | *1749 (Frankfurt/M.), †1832 (Weimar)
Erstausgabe | 1774
Erschienen bei | Weygandsche Buchhandlung
Zweite Fassung | 1787

„… *ich erliege unter der Gewalt der Herrlichkeit dieser Erscheinungen.*"

- Das berühmte Bild „Goethe in der römischen Campagna" malte sein Freund Johann Heinrich Wilhelm Tischbein im Jahr 1786.

- Ende des 19. Jahrhunderts verarbeitete der französische Komponist Jules Massenet den Stoff des *Werther* zu einer lyrisch-romantischen Oper.

Der Roman *Die Leiden des jungen Werthers*, mit dem Goethe internationalen Ruhm erlangte, erzählt die Geschichte eines jungen Mannes, der mit einem Übermaß der für das 18. Jahrhundert kennzeichnenden Empfindsamkeit geschlagen ist: Der *Werther* ist die Fallstudie eines Menschen, der allzu sehr auf Gefühl, Phantasie und eingehende Selbstbeobachtung setzt.

Unser Held wird in Familienangelegenheiten in das fiktive Dorf Wahlheim gesandt, wo er Lotte kennenlernt und sich sogleich in sie verliebt. Die attraktive junge Frau ist schon so gut wie mit einem anderen Mann verlobt, dem vernunftbetonten und recht faden Hofbeamten Albert. Als dritter im Bunde ist Werther eigentlich überflüssig, und da er keine Möglichkeit zu einer glücklichen Lösung sieht, nimmt er sich schließlich das Leben. Ein Teil des Reizes, den dieser Roman ausübt, liegt seit jeher in seinen lockeren Bezügen zu realen Ereignissen, nämlich zu Goethes Beziehung zu Charlotte Buff, die mit seinem guten Freund Kestner verlobt war, und zum Tod eines anderen Freundes, Carl Jerusalem, der sich aufgrund einer unglücklichen Liebe zu einer verheirateten Frau erschoß (die Pistolen hatte er sich von dem nichtsahnenden Kestner geliehen). Ein weiterer Grund für den Erfolg des Romans war die effektvolle Verwendung der Briefform. Zu Beginn verfolgen wir die Handlung anhand der Briefe Werthers an einen einzigen Adressaten. Als sich Werthers seelische Verfassung zusehends verschlechtert, greift ein fiktiver Herausgeber ein und stellt im Schlußteil des Romans Werthers letzte Notizen und Mitteilungen zusammen.

Der Roman traf den Nerv der Zeit und löste ein „Werther-Fieber" aus: Werther-Fans trugen wie er einen blauen Frack und eine gelbe Weste; es gab ein Parfum namens „Eau de Werther" und mit Szenen aus dem Roman bemaltes Porzellan. Auch Nachahmer-Selbstmorde soll es gegeben haben, die Goethe erschreckten, weil er Werther als eine problematische und nicht als vorbildhafte Figur angelegt hatte. Der Roman erschien 1787 in einer überarbeiteten zweiten Fassung, die Grundlage der meisten neueren Ausgaben ist. **ST**

Evelina
Fanny Burney

Lebensdaten | *1752 (England), †1840
Erstausgabe | 1778 (anonym)
Originaltitel | *Evelina; or The History of a Young Lady's Entrance Into the World*

Fanny Burney hielt in ihren Tagebüchern wie auch in ihren Romanen denkwürdige Erlebnisse am Hof von George III. fest.

Samuel Johnson bemerkte zu *Evelina*, dem Debütroman der 26jährigen Burney, daß er „eigentlich den Eindruck eines Werkes macht, das langer Erfahrung und einem tiefen und eingehenden Wissen um die Welt entsprungen ist". Burneys Sinn für psychologische Figurenzeichnung und Sittenkomödie kommen in *Evelina* zur vollen Entfaltung. Von Vorgängern wie Samuel Richardson übernimmt sie die Form des Briefromans und verfolgt das Schicksal ihrer jungen Heldin, die vom Land zum ersten Mal nach London reist und sich in dem dortigen sozialen Kosmos bewähren muß. Sie begegnet einem Strom von Verehrern und einigen verloren geglaubten Verwandten, deren grotesker Mangel an guter Erziehung sie an den Rand des körperlichen Zusammenbruchs treibt. Am Ende wird sie von ihrem Vater, der sie einst verließ und dem eine falsche Tochter untergeschoben wurde, als seine wahre Tochter anerkannt. Eine der großen Stärken des Romans liegt darin, wie Burney das rege Treiben der Londoner Gesellschaft gefiltert durch das Bewußtsein der scheuen Evelina zeigt. Außerdem schildert sie mit feiner Ironie das Erwachen von Evelinas Zuneigung zu dem rechtschaffenen Lord Orville. Verliebten Teenagern bereitet es oft große Freude, den Namen ihres Schwarms wieder und wieder niederzuschreiben, und so liegt ein reizender Naturalismus darin, wie Evelina den Namen Lord Orvilles ein wenig häufiger erwähnt als nötig wäre.

Burneys Sozialsatire mag zuweilen ein wenig manieriert und – ähnlich wie die Romane von Jane Austen, der Autorin, auf die sie den direktesten Einfluß ausgeübt hat – allzu sehr auf die „Sitten" ihrer Zeit fokussiert wirken. Es lassen sich dieselben Einwände gegen die Begrenztheit der gesellschaftlichen Szenerie vorbringen, die manchmal gegen Austen erhoben werden – städtisches Elend ist hier völlig ausgeblendet. Aufgrund der psychologisch treffenden Schilderung des zwischenmenschlichen Geschehens in einem stimmig dargestellten sozialen Kosmos markiert *Evelina* in der Literatur des späten 18. Jahrhunderts aber dennoch einen Höhepunkt, der zeigt, daß diese Art von Witz und geistreicher Beobachtung nicht erst mit Austens *Vernunft und Gefühl* ihren Anfang nahm. **BT**

Die Träumereien eines einsamen Spaziergängers
Jean-Jacques Rousseau

Rousseau war als Philosoph, sozialer und politischer Theoretiker, Romanautor und Proto-Romantiker einer der führenden Intellektuellen seines Jahrhunderts. *Die Träumereien eines einsamen Spaziergängers* sind das letzte Buch, das er geschrieben hat, der wunderbar poetische, tief empfundene und in gewisser Weise auch obsessive Bericht eines alternden Mannes, der mit seiner Vergangenheit abrechnet. Durch eine Reihe vielbeachteter, ungeheuer einflußreicher Werke war er schon zu Lebzeiten sehr bekannt geworden. Mit seinen Angriffen gegen die Staatsreligion und die zeitgenössische Gesellschaft, die er als moralisch verkommen brandmarkte, forderte er nicht nur die Mächtigen heraus, sondern kritisierte auch das Gedankengut der Aufklärung, das in den Pariser Salons bestimmend war. Rousseau war einer lange währenden Kampagne ausgesetzt, durch die man ihn bloßzustellen und lächerlich zu machen suchte, und ging schließlich ins Exil.

Die Träumereien eines einsamen Spaziergängers zeigen Rousseau „allein und mißachtet", hin- und hergerissen zwischen seiner Liebe zur Einsamkeit und seiner Sehnsucht nach menschlichem Miteinander und immer wieder ankämpfend gegen seine lähmenden Selbstzweifel und das unbezähmbare Bedürfnis, gegen seine Verfolger zu argumentieren. Dem packenden Spannungsverhältnis zwischen nüchternem, meditativem Philosophieren und leidenschaftlichem Wüten gegen gesellschaftliche Mißstände verdankt das Buch seinen anhaltenden Reiz. Rousseau will zeigen, daß er in Frieden mit sich selbst lebt, in paradiesischer Loslösung von der Gesellschaft, doch sein Gerechtigkeitssinn und sein Stolz verraten fortwährend, daß er weit davon entfernt ist, in sich selbst zu ruhen. Seine Lebensumstände und seine innere Zerrissenheit machen ihn zu einem der ersten – und faszinierendsten – modernen Beispiele für den Typus des schreibenden Außenseiters.

Die *Träumereien* sind daher ein bedeutender Vorläufer der großen Romane von Isolation und Verzweiflung, die wir Autoren wie Dostojewski, Beckett und Salinger verdanken und die auf die Entwicklung des Romans einen ungeheuren Einfluß hatten. **AL**

Lebensdaten | *1712 (Schweiz), †1778 (Frankreich)
Erstausgabe | 1782
Zuerst veröffentlicht in | Oeuvres Complètes (Poinçot)
Originaltitel | *Les Rêveries du promeneur solitaire*

Rousseau als „einsamer Spaziergänger", auf einer Karte aus einer Serie mit Abbildungen französischer Schriftsteller, die die Firma Poulain ihrer Schokolade beilegte.

Gefährliche Liebschaften

Pierre Choderlos de Laclos

Lebensdaten | *1741 (Frankreich), †1803 (Italien)
Erstausgabe | 1782 (anonym)
Erschienen bei | Durand (Paris)
Originaltitel | *Les Liaisons Dangereuses*

In jüngerer Zeit hat eine ganze Reihe von erfolgreichen Film-, Theater- und Ballett-Adaptionen gezeigt, daß diese packende Geschichte um Liebe, Betrug und die Kunst der Verführung unsere Phantasie nach wie vor in Bann zu schlagen vermag. Im Mittelpunkt der Handlung, die in den adligen Kreisen des vorrevolutionären Frankreich spielt, stehen ein skrupelloser, charmanter Lebemann, der Vicomte de Valmont, und seine Rivalin, Komplizin und einstige Geliebte, die Marquise de Merteuil. Valmont verfügt über Witz, Intelligenz und ein großes Vermögen. Er widmet sich dem Müßiggang und verfolgt dabei das selbstgesteckte Ziel, beim Verführen ahnungsloser Frauen seiner Kreise eine immer größere Meisterschaft an den Tag zu legen. Merteuil ist eine sexuell emanzipierte junge Witwe, die Valmont an Intelligenz und Bosheit in nichts nachsteht, im Gegensatz zu ihm aber eine Rolle spielen muß, die die Gesellschaft von ihr erwartet, und sich daher nach außen hin den Anschein großer Ernsthaftigkeit und Tugendhaftigkeit gibt. Gemeinsam knüpfen die beiden ein komplexes Netz von Beziehungen, das auf Verrat, Lüge und sexueller Regelverletzung beruht. In Wahrheit ist das Streben beider darauf gerichtet, die Bewunderung des anderen zu gewinnen, doch in ihrem fortwährenden Bemühen, sich gegenseitig zu übertrumpfen, beschwören sie verheerende Folgen herauf.

De Laclos setzt die beliebte Form des Briefromans in mustergültiger Weise ein. Denn die zwei Hauptfiguren ziehen ihre Lust aus dem genüßlichen Berichten über ihre Missetaten und deren Folgen – eine Lust, an der auch wir Anteil nehmen, wenn wir uns der Eloquenz und der erlesenen Grausamkeit dieses fesselnden Meisterwerks hingeben. **AL**

George Barbiers Illustration zeigt die Maske adliger Anständigkeit, hinter der sich gefährliche Liebschaften verbergen.

Bekenntnisse

Jean-Jacques Rousseau

Lebensdaten | *1712 (Schweiz), †1778 (Frankreich)
Erstausgabe | in Oeuvres Complètes, 1782, bei Poinçot (Paris), Teil 2 bei P. Du Peyrou, 1788
Originaltitel | *Les Confessions*

Rousseaus erst nach seinem Tod veröffentlichten *Bekenntnisse* sind ein Meilenstein der europäischen Literatur und die vielleicht einflußreichste Autobiographie, die je geschrieben wurde. Das Werk übte nicht nur bestimmenden Einfluß auf den Roman, sondern auch auf die Entwicklung der Autobiographie als literarische Gattung aus. Rousseau sagte voraus, etwas Derartiges werde ihm sicher keiner nachtun, doch das war ein gewaltiger Irrtum. Goethe, Tolstoi und Proust – sie alle berufen sich auf Rousseaus bahnbrechenden Versuch, sein Leben wahrheitsgemäß darzustellen, mit all seinen unschönen Seiten.

Laut Rousseaus berühmter These ist der Mensch von Natur aus gut, wird aber durch die Gesellschaft verdorben und böse. In den *Bekenntnissen* gibt Rousseau indes zu, daß er oft entsetzliche Dinge getan hat. Ein Vorfall, von dem er sein ganzes Leben überschattet sieht, sticht besonders aus den anderen heraus. Rousseau schildert, wie er als junger Diener im Haus eines wohlhabenden Genfer Adligen ein wertvolles altes Bändchen entwendete und den Diebstahl dann einem Dienstmädchen namens Marion anhängte. Er bemerkt dazu: „Hätte man mich zur Besinnung kommen lassen, so hätte ich unfehlbar alles aufgeklärt", und gibt damit die Verantwortung für sein Handeln zugleich zu und relativiert sie.

Rousseau gesteht zwar die Widersprüchlichkeit des eigenen Wesens offen ein, doch sie wurde ihm, wie er glaubt, von Umständen aufgezwungen, die nicht in seiner Macht lagen. In seinem Verlangen, rückhaltlos die Wahrheit über sich zu sagen und den Leser nicht zu täuschen, übertreibt er die eigenen Sünden und Verfehlungen zweifellos sogar, um seine Argumente zu untermauern – ein weiterer paradoxer Zug dieses bestechenden, quälenden und ungemein wichtigen Werkes. **AH**

Die 120 Tage von Sodom

Marquis de Sade

Lebensdaten | *1740 (Frankreich), †1814
Entstehungszeit | 1785
Originaltitel | Les cent-vingt journées de Sodome ou L'école du libertinage

De Sade schrieb *Die hundertzwanzig Tage von Sodom* während seiner Haft in der Bastille. Das Manuskript kam ihm in der Revolution abhanden, als die Menge am 14. Juli 1789 das Gefängnis stürmte. Er hielt es für verloren, doch es gelangte in den Besitz einer französischen Adelsfamilie und verblieb dort, bis im Jahr 1904 in Deutschland eine durch zahlreiche Fehler entstellte Ausgabe veröffentlicht wurde. Die erste verläßliche Ausgabe erschien in mehreren Bänden zwischen 1931 und 1935.

Es ist erklärte Absicht des Buches, gegen Anstand, Moral und Gesetz zu verstoßen. Die Handlung spielt am Ende der Regierungszeit von Ludwig XIV., in einer Epoche, in der Kriegsgewinnler rasch und im Verborgenen riesige Reichtümer anhäuften. Eine Gruppe von vier wohlhabenden Libertins beschließt, die weiblichen Mitglieder ihrer eigenen Familien zusammenzuführen, um über sie als ein gemeinsam zu nutzendes sexuelles Material nach Belieben verfügen zu können. Sie planen minuziös eine Folge unerhörter und sich über einen langen Zeitraum erstreckender Ausschweifungen. Sie halten Bankette ab, die jeweils einem bestimmten sexuellen Laster gewidmet sind, ehe sie ihre Perversionen dann mit absoluter verbrecherischer Zügellosigkeit und zugleich streng formalisiert in einem abgeschiedenen, uneinnehmbaren und luxuriösen Schloß in die Tat umsetzen. Sie stellen ein komplexes Regelwerk auf, das inmitten der vielfältigsten Akte von Vergewaltigung und Lustmord eine Ordnung behauptet. Der Aspekt von Arithmetik und Permutation, der die durchnumerierten 600 bizarren und gewalttätigen Sexualpraktiken durchzieht, ist wohl der Schlüssel zu diesem Romanfragment. Im Zentrum stehen Bilder der Entwürdigung und Grausamkeit, mit denen sich Psychopathologen ebenso befaßt haben wie Genießer erotischer Extreme. **RP**

Anton Reiser

Karl Philipp Moritz

Lebensdaten | *1756 (Deutschland), †1793
Erstausgabe | 1785–1790 bei Fr. Maurer (Berlin)
Vollständiger Titel | *Anton Reiser. Ein psychologischer Roman*

Der seine Autobiographie verfassende Protagonist des *Anton Reiser* läßt sich als ein weniger vom Schicksal begünstigter „Bruder" von Wilhelm Meister auffassen, dem Helden von Goethes berühmtem Roman *Wilhelm Meisters Lehrjahre* (1794). Beide jungen Männer begeistern sich für das Theater und hegen wirklichkeitsferne Erwartungen, was sie als Schauspieler auf der Bühne erreichen werden. Während aber für Wilhelm, Sohn eines wohlhabenden Bürgers, die Neugründung einer Theatertruppe ein Leichtes ist, hat Anton Reiser unter bitterer Armut zu leiden und kämpft gegen tatsächliche und eingebildete Demütigungen an, die sein Selbstvertrauen untergraben.

Die ersten zwei Teile des „psychologischen Romans", wie Moritz das Buch selbst nannte, handeln von Antons unglücklicher Kindheit: Er wird in die Lehre zu einem pietistischen, aber skrupellos ausbeuterischen Hutmacher gegeben; als man ihm ermöglicht, eine Lateinschule und ein Gymnasium in Hannover zu besuchen, und er dort gute Leistungen zeigt, macht ihm sehr zu schaffen, daß er von Almosen und öffentlicher Wohltätigkeit abhängig ist und die anderen Schüler sich über ihn lustig machen. Die beiden letzten Teile schildern, wie Anton Trost im einsamen Lesen sucht, aber sich auch danach sehnt, sich als Schauspieler einen Namen zu machen, und hierfür die weniger glanzvollen Zukunftsaussichten opfert, die ihm ein Universitätsstudium hätte erschließen können.

Anton Reiser eröffnet aufschlußreiche Einblicke in eine Welt, die in der Literatur bis dahin unbeachtet geblieben war – in die kleinstädtische Welt von Handwerkern und ihren Lehrlingen und in deren Arbeits- und Lebensbedingungen. Das Buch ist auch die bewegende Darstellung eines Menschen, der gegen äußere und innere Hemmnisse ankämpft. **LS**

Vathek
William Beckford

Lebensdaten | *1760 (England), †1844
Englische Erstausgabe | 1786 bei J. Johnson (London)
Originaltitel | Vathek, Conte Arabe
Englischer Titel | *Vathek. An Arabian Tale*

Beckford schrieb *Vathek* mit nur 21 Jahren auf Französisch, inspiriert von den pompösen Feierlichkeiten anläßlich seiner Volljährigkeit, die 1781 auf seinem prachtvollen Landsitz Fonthill stattfanden.

Vathek ist eine komödiantische Farce und zugleich eine tragische Parabel, die aus einem gewaltigen Wissensfundus schöpft, um in der Tradition der „orientalischen Erzählung", die in England seit dem Erscheinen der Übersetzung von *Tausendundeine Nacht* lebendig war, zu schwelgen und sie zugleich zu parodieren. Beckford berichtet von den Abenteuern, die der Kalif Vathek und seine diversen grotesken Gefährten auf ihrer unaufhaltsam in die Verdammnis führenden Reise erleben. Beckford entwirft ganz bewußt eine phantastische „orientalische" Szenerie, um vor diesem Hintergrund Spielarten von individueller Freiheit zu erkunden, die Entsprechungen zu seinen eigenen Anstoß erregenden Leidenschaften erkennen lassen. Bald nach Vollendung des Textes führten, nach einem Skandal mit einem jungen Adligen, seine sexuellen Neigungen dazu, daß er sich ins Exil auf den europäischen Kontinent begeben mußte.

Vathek übte auf zahlreiche Autoren, etwa auf Hawthorne, Poe, Swinburne und Byron, großen Einfluß aus, und erlaubt aufschlußreiche Einblicke in frühe Phantasmagorien, die man über den „Orient" entwickelte. Als die englische Fassung erschien, wurde das Werk als eine Verquickung des „Düster-Grotesken bei Dante" mit dem „Unheimlich-Erhabenen bei Milton" gelobt. Es dürften diese Qualitäten sein, die den anhaltenden Reiz des Buches ausmachen. In dem sinnlich-sexuellen Wissensdrang, der aus dem Text spricht und sich mit einem alles durchdringenden kindlichen Staunen verbindet, lassen sich interessante Parallelen zu Obsessionen unserer heutigen Zeit entdecken. **MD**

„*Er war den Frauen und den Genüssen des Tisches gleich stark ergeben. Seine Freigebigkeit kannte keine Grenzen und seine Ausschweifungen waren ohne alles Maß.*"

Beckford galt als mürrischer, eigenbrötlerischer Exzentriker – dies Porträt aus dem Jahr 1798 zeigt ihn jedoch kühn, entschlossen und leidenschaftlich.

Die neue Justine
Marquis de Sade

Lebensdaten | *1740 (Frankreich), †1814
Erstausgabe | 1791 bei Nicolas Massé (Paris)
Originaltitel | *La nouvelle Justine ou Les malheurs de la vertu*

Der vollständige Titel *Die neue Justine oder Das Unglück der Tugend* bringt vielleicht am prägnantesten auf den Punkt, warum dieser Roman auch heute noch schockiert und fesselt. De Sades Heldin ist gut, und weil sie gut ist, leidet sie, ohne daß ihr Erlösung zuteil wird. Wie John Wilmot, der zweite Earl of Rochester (1647–1680), in seiner Lyrik, so verwandelt de Sade in seinen Romanen menschliche Körper in Elemente einer Kopuliermaschine. Im Fall von *Justine* handelt es sich um einen Apparat, der mit mathematischer Strenge Tugend in Leiden verwandelt, wobei für den Leser ein gewisser Lustüberschuß abfällt. Justine tut ihre moralischen Bedenken kund, versucht zu fliehen, fleht um das Leben anderer und bekennt ihren Glauben. Im Gegenzug wird sie entkleidet, gebissen, geschlagen, ausgepeitscht und oral, anal und vaginal penetriert.

De Sade macht damit auf brutale Weise explizit, was in dem Roman *Clarissa* (1748), mit dem Samuel Richardson die sogenannte empfindsame Literatur begründete, implizit bleibt. Ihre Fähigkeit zu reiner Empfindung und Einfühlung macht die Frau zum Objekt äußerster Faszination und tiefster Erniedrigung. Ein derartig gewaltsam erotisches Verhältnis von Leser und Heldin wird mit gutem Recht „sadistisch" genannt. De Sade zieht uns in eine von Begehren durchsetzte Komplizenschaft mit Justines Peinigern und mit ihm selbst als Autor hinein. Er verbrachte zwar einige Zeit in einer Irrenanstalt, und seine Texte wurden verboten, doch die Radikalität, mit der seine *Justine* jede moralische Selbstzufriedenheit und Autorität in Frage stellt, läßt sich nicht so leicht aus der Welt schaffen. **DT**

▲ Auf dieser allegorischen Darstellung aus dem 19. Jh. thront das Porträt de Sades über dem Schreibtisch, an dem er im Gefängnis schrieb.

▶ De Sades tugendhafte und unglückselige Heldin unterwirft sich einem weiteren Akt der Mißhandlung und sexuellen Erniedrigung.

Der Traum der Roten Kammer
Ts'ao Chan

Lebensdaten | *ca. 1715 (China), †1764
Andere Namen | Cao Xueqin, Tsau Hsüe-kin
Erstausgabe | 1791
Originaltitel | *Hung-lou meng*

Dieser umfangreiche, großenteils autobiographische Roman gilt als das bedeutendste Meisterwerk der klassischen chinesischen Literatur und berichtet mit großem Detailreichtum vom Niedergang einer Adelsfamilie im Peking des 18. Jahrhunderts. *Der Traum der Roten Kammer* ist nicht nur ein Bildungsroman, sondern zugleich auch ein Roman der Empfindsamkeit, ein Inventar taoistischer, buddhistischer und konfuzianischer Traditionen und mit seinen mehr als 400 Figuren ein Mosaik der Gesellschaft auf dem Höhepunkt der Mandschu-Dynastie (1644–1911). Sein Autor Ts'ao Chan starb, nachdem er nur 80 der über 100 vorgesehenen Kapitel vollendet hatte. Obwohl daher die meisten Handlungsstränge nicht abgeschlossen sind, erfreute sich das unvollendete Werk bald großer Beliebtheit.

Der Prolog des Romans erzählt von einem mit bewußtem Empfinden begabten Stein, der mit der Hilfe eines buddhistischen Mönchs und eines taoistischen Priesters in das Reich der Sterblichen eintritt und als Chia Pao-yü reinkarniert wird, launischer Erbe der mächtigen Familie Chia und Protagonist des Romans. Die schicksalhafte Verstrickung des Steins mit einer purpurroten Blume spiegelt sich in Pao-yüs Beziehung zu seiner zerbrechlichen Kusine Hsüeh Pao-ch'ai wider. Diese stirbt, als Pao-yü gegen seinen Willen mit einer anderen Kusine verheiratet wird.

Der Roman und insbesondere seine zwölf weiblichen Hauptfiguren sind in Lyrik und Malerei vielfach aufgegriffen worden. Die ungebrochene Popularität und kulturelle Bedeutung des Romans für China machen in unseren Tagen ein thematisch gestalteter Freizeitpark, Spielfilme, Fernsehserien und Computerspiele deutlich. **FG**

Caleb Williams
William Godwin

Lebensdaten | *1756 (England), †1836
Erstausgabe | 1794 bei B. Crosby (London)
Originaltitel | *Things as They Are, or The Adventures of Caleb Williams*

Godwins *Caleb Williams*, einer der wichtigsten und meistgelesenen Romane der turbulenten neunziger Jahre des 18. Jahrhunderts, mischt in effektvoller Weise individuelle Lebensgeschichte mit politischem Kommentar. Der junge Waise und Autodidakt Caleb steht in Diensten des rätselhaften, nach außen hin aber ehrenwerten Landadligen Falkland. Durch seine Neugier kommt Caleb einem schlimmen Geheimnis auf die Spur: Falkland hat einen gewalttätigen Gutsbesitzer in der Nachbarschaft ermordet und zugelassen, daß zwei unschuldige Bauern vor Gericht gestellt und hingerichtet wurden. Mit diesen Verwicklungen übt der Roman Kritik an einem verknöcherten Klassensystem, das Unterdrückung sanktioniert und das Recht zur Farce macht. Als Caleb das Geheimnis Falklands entdeckt, läßt dieser ihn nicht mehr aus den Augen, setzt gefälschte Beweise gegen ihn ein und versucht sein Leben zu zerstören. Die Ereignisse im Roman spiegeln zeitgenössische Ereignisse, denn in England wurden die bürgerlichen Freiheitsrechte außer Kraft gesetzt, nachdem man dem revolutionären Frankreich den Krieg erklärt hatte. So wurde Godwins Buch als eine Parabel auf aktuelle Ereignisse aufgefaßt und dementsprechend kontrovers diskutiert.

In den Augen mancher Leser leidet der Roman darunter, daß er Godwin als literarisches Vehikel für die radikalen politischen Anschauungen dient, die er in seiner Abhandlung *Über die politische Gerechtigkeit* (1793) dargelegt hatte. Aufgrund des psychologischen Dramas, das im Zentrum der Handlung steht, wurde das Buch aber auch als Schauerroman rezipiert. Für uns moderne Leser tragen die extremen Nachstellungen, denen Caleb ausgesetzt ist, deutlich kafkaeske Züge. **ST**

Merkwürdige Lebensgeschichte des Sklaven Olaudah Equiano

Olaudah Equiano

Lebensdaten | *1745 (heutiges Nigeria), †1797 (England)
Erstausgabe | 1794 bei T. Wilkins (London)
Originaltitel | *The Interesting Narrative of the Life of Equiano, Or Gustavus Vassa, the African*

Olaudah Equianos *Merkwürdige Lebensgeschichte* ist ein Schlüsseltext für alle, die an den historischen Wurzeln der afrobritischen Literatur interessiert sind. Dies ist der erste Zeitzeugen-Bericht in englischer Sprache über den transatlantischen Sklavenhandel und schildert dessen ganzen Schrecken. Das Buch erfuhr große Beachtung (es wurde zu Equianos Lebzeiten neunmal aufgelegt) und trug in einem feindseligen politischen und literarischen Klima dazu bei, das Anliegen der Sklavenbefreiung voranzubringen.

Equianos zeichnet seinen Lebensweg nach, von der Gefangennahme in Afrika, dem Sklavendienst in der britischen Marine, der Arbeit auf Sklavenschiffen, dem Freikauf aus eigener Kraft und der Mithilfe bei der Einrichtung einer Plantage in Zentralamerika bis hin zur Rückkehr nach England. Es handelt sich bei diesem Werk einerseits um eine religiöse Betrachtung, andererseits um einen Selbstentwurf des Autors, der eine Identität sowohl als Brite wie auch als Afrikaner entwirft. Dies zeigt sich beispielsweise in seiner Namenswahl. Wenn er schrieb, in der Öffentlichkeit sprach und auf Reisen ging, um die Sache der Sklavenbefreiung zu propagieren, nannte er sich Gustavus Vassa. Im Buch dagegen tritt seine afrikanische Identität in den Vordergrund, wobei der Erzähler sich der Dualität der Migrantenerfahrung und seiner daraus erwachsenden Doppelexistenz aufs Genaueste bewußt ist. Kürzlich kam ans Licht, daß Vassa/Equiano möglicherweise in South Carolina geboren wurde und seine afrikanische Identität folglich eine reine Konstruktion sein könnte. Dies bekräftigt freilich nur den Eindruck der außerordentlichen Vielschichtigkeit, den dieser Text vermittelt, und schmälert keineswegs die große Bedeutung, die ihm auch heute noch zukommt. **MD**

„Ich stelle die Lebensgeschichte eines Mannes vor, der weder ein Heiliger noch ein Held noch ein Tyrann ist."

Dieses Porträt des Autors, ein ehemaliger Sklave, als mustergültiger Gentleman, zierte das Titelbild der Erstausgabe.

Die Geheimnisse von Udolpho

Ann Radcliffe

Lebensdaten | *1764 (England), †1823
Erstausgabe | 1794
Erschienen bei | P. Wogan (Dublin)
Originaltitel | The Mysteries of Udolpho

Der Schauerroman *Die Geheimnisse von Udolpho* ist noch heute ein lesenswerter Klassiker dieser Gattung. Erzählt wird die Geschichte von Emily St. Aubert, die von ihrem bösen Vormund Montoni in seinem düsteren Schloß Udolpho gefangengehalten wird. Emilys Leben auf Udolpho ist von Schrecken und quälender Anspannung bestimmt. Sie ringt darum, Montonis finsteren Plänen zu widerstehen und den eigenen psychischen Zusammenbruch abzuwenden. Die traumähnliche Erzählweise spiegelt Emilys Verwirrung und innere Erschütterung wider und veranschaulicht, wie sehr sie darum kämpfen muß, ihre alptraumhaften Erfahrungen seelisch unbeschadet zu überleben. Die spektakulären Landschaftsbeschreibungen setzt Radcliffe zum Teil dazu ein, Gemütsbewegungen abzubilden, und zwar insbesondere Melancholie und Grauen, aber auch Friedlichkeit und Wohlbehagen. Sie zeichnet ihre Figuren variationsreich und präzise, doch vor allem ist es ihr gelungen, eine liebenswerte und starke Heldin zu schaffen.

Radcliffe wird nur selten als eine feministische Autorin betrachtet, doch es ist ihr zweifellos ein Anliegen, die Bedeutung von Eigenständigkeit hervorzuheben. Obwohl Emily sich offenbar in einer unterlegenen Position befindet und entsetzliche Ängste auszustehen hat, triumphiert sie am Ende dank ihrer Willensstärke und ihrer moralischen Integrität über Montoni. *Die Geheimnisse von Udolpho* führt nicht nur vor, wie die Phantasie Schreckensbilder des Übernatürlichen gebiert. Denn der eigentliche Schrecken, dem Emily sich stellen muß, entspringt der dunklen Seite der menschlichen Natur, die grauenerregender sein kann als alles, was die Einbildungskraft je heraufzubeschwören vermag. **EJG**

Wilhelm Meisters Lehrjahre

Johann Wolfgang von Goethe

Lebensdaten | *1749 (Frankfurt/M.), †1832 (Weimar)
Erstausgabe | 1795–1796
Erschienen bei | Unger (Berlin)
Fortsetzung | *Wilhelm Meisters Wanderjahre* (1821)

Nicht alle Werke Goethes sind leicht zugänglich, doch dieser Roman ist eine höchst kurzweilige Lektüre. Der Autor Goethe ist in diesem Fall auf gewinnende Weise weltzugewandt und ironisch und erzählt mit Anteilnahme und Wärme die Geschichte einer geistigen Reifung und Entfaltung – all dies Kennzeichen des klassischen Bildungsromans.

Enttäuscht durch eine unerwiderte Liebe schließt Wilhelm Meister sich einer Gruppe von Wanderschauspielern an. Die Theaterwelt wird für ihn zu einer Schule des Lebens. Goethe schildert dieses Milieu anschaulich und nimmt dabei immer wieder Bezug auf Shakespeare, wobei er zunächst Wilhelms „Berufung" zum Schauspieler feiert, um sie sodann zu hinterfragen. Der freundliche und einfühlsame Realismus des ersten Romanteils vertieft und verwandelt sich, da Goethe unter die Oberfläche des Theatralischen und der sozialen Rollen vordringt. Geheimnisumwitterte Figuren deuten an, daß der Roman sich nun auf einer neuen Ebene der Reflexion und der literarischen Symbolik bewegt. Goethe entwirft die mit viel Ironie gewürzte Darstellung einer inneren Reifung, wobei er das Handlungsgerüst bewußt dünn hält und in gewisser Weise den schelmischen Humor von Fieldings *Tom Jones* mit einem tiefergehenden philosophischen Anliegen verschmilzt. Der Roman (nicht zu verwechseln mit *Wilhelm Meisters Wanderjahre*) sei insbesondere desillusionierten Schauspielern und ästhetisch sensiblen Zeitgenossen ans Herz gelegt. **DM**

> Mignon, Protagonistin von Goethes *Wilhelm Meister*, in einer Illustration des tschechischen Künstlers Franz Doubek aus dem frühen 20. Jahrhundert.

Der Mönch
M. G. Lewis

Lebensdaten | *1775 (England), †1818 (auf See)
Erstausgabe | 1796 (anonym)
Erschienen bei | J. Bell (London)
Originaltitel | The Monk: A Romance

Dieser ausschweifende und möglicherweise auch übertrieben düstere Schauerroman entfesselte in England am Ende des 18. Jahrhunderts eine heftige Kontroverse und übt auch heute noch eine schockierende und beklemmende Wirkung aus. Anders als Ann Radcliffe, bei der das Unheimliche stets eine rationale Erklärung findet, läßt Lewis das Übernatürliche in die Wirklichkeit einbrechen und schildert zudem extreme und infernalische Akte menschlicher Verderbtheit und Grausamkeit. Der titelgebende „Mönch" ist der für seine Frömmigkeit bewunderte Abt Ambrosio. Er erweist sich aber als der heuchlerischste und bösartigste Vertreter der katholischen Kirche, den man sich nur vorstellen kann. Seine Vergehen halten sich zunächst noch in gewissen Grenzen, steigern sich aber rasch zu den denkbar schlimmsten und blasphemischsten Taten. Er ist keineswegs die einzige heimtückische Figur in diesem Roman – auch die Äbtissin eines nahegelegenen Nonnenklosters beweist, dass sie zu exzessiven Grausamkeiten fähig ist. Der Roman zeigt an Extrembeispielen, wie Menschen, und insbesondere spirituelle Leitfiguren, durch Macht korrumpiert werden können.

Die Handlung ist verwickelt, wird aber temporeich und mitreißend erzählt. *Der Mönch* enthält keine ausschweifenden Landschaftsbeschreibungen, ist aber dennoch ein höchst visueller Roman, der lebhafte und daher im Gedächtnis haften bleibende Bilder von Schrecken und Zerstörung vor dem inneren Auge entstehen läßt. Die Geschichte läuft letztlich auf eine völlige Zermalmung der Unschuld hinaus, ohne daß eine erlösende Botschaft das Grauen mildern würde. *Der Mönch* kann uns auch heute noch fesseln und erschüttern, und nur wenige moderne Romanautoren können es mit dem visionär grotesken Einfallsreichtum von Lewis aufnehmen. **EJG**

„Wer außer mir hat die Zerreißprobe der Jugend durchschritten, ohne daß auf seinem Gewissen ein einziger Flecken zurückgeblieben wäre? ... Einen solchen Menschen suche ich vergeblich."

Das Titelbild einer Ausgabe von 1913 präsentiert Lewis' Schauerroman aus dem 18. Jahrhundert ganz nach dem Geschmack der Décadence-Epoche.

Camilla
Fanny Burney

Lebensdaten | *1752 (England), †1840
Erstausgabe | 1796
Erschienen bei | T. Payne und T. Cadell (London)
Originaltitel | *Camilla or A Picture of Youth*

Der vollständige Titel, *Camilla oder Ein Bildnis der Jugend*, bezeichnet präzise, was Burney uns in ihrem dritten Roman vorführen möchte. *Camilla* ist die Geschichte vom Eintritt eines lebhaften und aufgeweckten Mädchens in die Erwachsenenwelt, die bis hin zur Erreichung der Volljährigkeit erzählt wird. In den Figuren Camillas und ihrer Schwestern – der schönen Lavinia und der engelhaften, aber durch Narben entstellten Eugenia – sehen wir exemplarisch die Ideale, Versuchungen, Schwärmereien, Selbstzweifel und Eifersüchteleien, die den Übergang vom Jugend- zum Erwachsenenalter prägen und zu einem so schwierigen Lebensabschnitt machen. Vor allem Burneys weibliche Figuren sind mit einem Realismus gezeichnet, der es uns leicht macht, ihre Freuden, Sorgen und Nöte nachzuempfinden.

Das Buch ist auch eine plastische Darstellung der im England des späten 18. Jahrhunderts gängigen Umgangsformen, Moden und öffentlichen Lustbarkeiten und schildert insbesondere die gesellschaftlichen Einschränkungen und auch Bedrohungen, denen junge Frauen ausgesetzt waren. Burney nutzt Beschreibungen extremer Gefühlslagen, wie sie zum Repertoire des seinerzeit beliebten Schauerromans gehören, um zu zeigen, daß auch im Alltag große Gefahren lauern können.

In *Die Abtei von Northanger* (*Northanger Abbey*) von Jane Austen erwähnt die Erzählerin Burneys Romane *Camilla* und *Cecilia* und und lobt sie als „ein Werk, das die größten Geisteskräfte und beste Menschenkenntnis verrät, die treffendste Abwandlung menschlicher Eigenart, lebhaften Witz und gute Laune in der gewähltesten Sprache vermittelt".

Austens anerkennendes Urteil ist wohlverdient und noch immer das stärkste Argument dafür, diesen faszinierenden Roman zu lesen. **EJG**

Jacques der Fatalist
Denis Diderot

Lebensdaten | *1713 (Frankreich), †1784
Erstausgabe | 1796 (geschrieben 1773)
Erschienen bei | Buisson (Paris)
Originaltitel | *Jacques le fataliste et son maître*

Diderots *Jacques der Fatalist und sein Herr* gehört zu den wenigen Ausnahmeromanen, die die Zukunft der Gattung vorwegzunehmen scheinen. Er ist seiner Zeit anderthalb Jahrhunderte voraus; man könnte ihn problemlos im Kontext von Becketts antifiktionalen Überschreitungen der Romanform verorten. Die Handlung dieses außerordentlich interessanten Buches ist indes außerordentlich uninteressant. Wie die Metafiktion des 20. Jahrhunderts kommentiert der Roman ständig die Verfahrensweisen der eigenen Konstruktion, stellt fortwährend Überlegungen darüber an, warum sich die Geschichte, die er erzählt, denn nun gerade so entwickelt hat, und nimmt den Appetit des Lesers auf Liebesgeschichten oder den Kitzel eines unwahrscheinlichen Abenteuers satirisch aufs Korn. Zwar streut Diderot einige entsprechende Attraktionen in das ein, was Jacques seinem gesichtslos bleibenden Meister auf der Reise durch Frankreich erzählt, doch man kann darauf zählen, daß er diese Elemente vorher jedesmal eigens ankündigt.

Diderot brillierte auf vielen Gebieten, er war Philosoph, Kritiker und politischer Essayist. Dies mag sein Mißtrauen gegenüber der Romanform und seinen komödiantischen Umgang mit ihr erklären. Sein berühmtestes Unterfangen, das ihn fast 25 Jahre lang in Anspruch nahm, war (gemeinsam mit dem Mathematiker D'Alembert und anderen) seine Arbeit an der *Encyclopédie ou Dictionnaire raisonné des sciences, des arts et des métiers* – ein Lexikon, das im Geiste der Aufklärung eine umfassende und kritische Bestandsaufnahme des verfügbaren Wissens bieten sollte. *Jacques der Fatalist* wurde zu Lebzeiten Diderots nie veröffentlicht. Das Buch ist eine kuriose Abschweifung in eine Parallelwelt des philosophischen Denkens, in der die sogenannten „Existenzprobleme" sich als absurde Posse der Selbstdarstellung und des Geschichtenerzählens inszenieren lassen. **KS**

J'étais à terre et l'on me traînait

Die Nonne
Denis Diderot

Lebensdaten | *1713 (Frankreich), †1784
Erstausgabe | 1796 (geschrieben um 1760)
Erschienen bei | Buisson (Paris)
Originaltitel | *La religieuse*

Die spielerischen Ursprünge dieses posthum veröffentlichten Romans sind hochinteressant. Denis Diderot und seine Freunde schrieben an den Marquis de Croismare eine Reihe von fingierten Briefen, als deren Autorin sie eine reale Person ausgaben – Suzanne Simonin, eine Nonne, die 1758 vor Gericht um Aufhebung ihrer Gelübde kämpfte. Sie war als junges Mädchen gezwungen worden, in ein Kloster einzutreten, um als uneheliche Tochter die Schuld ihrer Mutter zu sühnen.

Nach ihrer angeblichen Flucht aus dem Kloster wendet sie sich nun in den Briefen an den Marquis, der ihr dabei helfen soll, den Widerruf ihrer Gelübde zu erreichen. Sie berichtet im Detail von der Zeit ihrer Klosterhaft und schildert, wie diese sich auf ihre Auffassung von Religion und auf ihren Glauben ausgewirkt hat. Der Skandalerfolg des Romans ist großenteils darauf zurückzuführen, daß die Erzählerin eingehend und explizit von der Grausamkeit berichtet, der sie in Ordensgemeinschaften ausgesetzt war, aber auch von der Schilderung, wie sie ihre eigene Spiritualität und auch die Erotik entdeckt.

Die Nonne wurde als Angriff auf den Katholizismus verstanden und brachte die Haltung der französischen Aufklärung zur Religion in exemplarischer Weise zum Ausdruck. Der Stoff zog 1966 erneut öffentliche Aufmerksamkeit auf sich, als der auf dem Roman basierende Film von Jacques Rivette verboten wurde. In den letzten Jahren ist *Die Nonne* vor allem wegen der ausdrücklichen Darstellung von lesbischer Liebe und Sexualität diskutiert worden. Das Schicksal der Erzählerin, die der Willkür verschiedener Oberinnen ausgeliefert ist, soll die repressive und widernatürliche Struktur des Lebens in kirchlichen Institutionen anprangern. **CS**

◐ Brutale Nonnen zeigt diese Illustrationen zu Diderots Roman, mit der Bildunterschrift: „Ich war am Boden und wurde weggezerrt".

Hyperion
Friedrich Hölderlin

Lebensdaten | *1770 (Deutschland), †1843
Erstausgabe | 1797/1799 bei J. F. Cotta (Tübingen)
Vollständiger Titel | *Hyperion oder der Eremit in Griechenland*

Von Friedrich Hölderlins Roman, einer Art Autobiographie des Griechen Hyperion, die aus seinen Briefen vor allem an seinen Freund Bellarmin, aber auch an Diotima besteht, erschien 1797 der erste und 1799 der zweite Band. Auch gut 200 Jahre nach der Entstehung des Textes haben uns Hölderlins Reflexionen über unsichtbare Mächte, innere Konflikte, Schönheit und Hoffnung noch viel zu sagen.

Es gibt erklärliche und unerklärliche Gründe dafür, wie der Text Nähe aus Distanz und umgekehrt Distanz aus Nähe zu erzeugen vermag. Die erklärlichen Gründe haben damit zu tun, daß Hölderlin sich hier mit der Aufklärung und der französischen Revolution auseinandersetzt. Auf der philosophischen Ebene ist sein Roman eine Untersuchung über das Getrenntsein von Subjekt und Objekt, Individuum und Gegenüber, Mensch und Natur als einer Vorbedingung des Einsseins „mit allem, was lebt". Auf der politischen Ebene artikuliert sich in ihm die Ungewißheit, ob Vernunft und revolutionäre Gewalt zu Werkzeugen des sozialen und geschichtlichen Fortschritts taugen. Diese Frage ist in verschiedenen Formen, die sie im 20. Jahrhundert angenommen hat, nach wie vor aktuell.

Hölderlins Kritik an der deutschen Gesellschaft seiner Zeit trifft auch auf die bürgerliche westeuropäische Existenz des beginnenden dritten Jahrtausends noch in weiten Teilen zu. Wer Hyperions utopische Sehnsucht nach einem Leben in Harmonie mit Natur und Gott und ohne jede Entfremdung noch niemals verspürt hat, sollte bei seinem Schöpfer Beschwerde einreichen.

Die unerklärlichen Gründe haben mit Liebe, Sprache und Diotima zu tun. Um ihnen auf die Spur zu kommen, muß man sich auf dieses Buch einfach einlassen. **DS**

1) Dядя —

2) Сынъ. "Отъ говорит. 1½
Высокій обѣдъ.

3) дядя видѣлъ,
Сынъ у отца провелъ двѣ
Дѣйств. Сцена —

4) Сынъ, что ръ. Ка-
къ было это и ко-
пріѣхалъ Э ч.
славъ оно съ чепраками; Через
.... васильки
.... ему

Странникъ. ....
Сестра — Анюшка,
её камергеръ.
двѣ дочки 300 т.

19. Jh

Fjodor M. Dostojewski, *Schuld und Sühne*, 1866

Meine hochgeborene Herrschaft
Maria Edgeworth

Lebensdaten | *1767 (England), †1849 (Irland)
Erstausgabe | 1800 (anonym)
Erschienen bei | J. Johnson (London)
Originaltitel | Castle Rackrent

Maria Edgeworths erster Roman ist zwar wenig bekannt, aber dennoch ein kleines Juwel – ja sogar ein vierfaches Juwel, denn er erzählt die Geschichten von vier aufeinanderfolgenden Generationen der Familie Rackrent, verknüpft in der Person des Erzählers Thady Quirk, der den letzten drei Generationen ein treuer Hausverwalter war. Im Untertitel deutet sich die Art des Humors an, die diesen Roman prägt: „Eine irische Geschichte, ausgehend von historischen Tatsachen und von der Lebensweise irischer Grundbesitzer vor dem Jahr 1782." Sir Patrick führt ein ausschweifendes Leben, der von Schulden geplagte Sir Murtaugh widmet sein Leben dem Führen von Prozessen, Sir Kit ist ein unverbesserlicher Spieler, und Sir Condy, der letzte Rackrent, ist ein verschwenderisch lebender Politiker und Schürzenjäger. Das Gut wird durch Pflichtvergessenheit und Mißwirtschaft zugrunde gerichtet und fällt schließlich dem schlauen jungen Rechtsanwalt Jason Quirk zu – dem Sohn des alten Thady. Sobald man sich als Leser einmal auf die verwendete Mundart eingestellt hat (der Roman wird als Transkription des Berichts von Thady Quirk ausgegeben, der des Lesens und Schreibens unkundig ist), erschließen sich einem die ironischen Brechungen, die durch die Erzählperspektive entstehen. Edgeworth hielt es allerdings für notwendig, für ihre englischen Leser ein Glossar anzufügen.

Castle Rackrent gilt nicht nur als der erste „Heimatroman" englischer Sprache, sondern auch als der erste historische Roman – Edgeworth vermag das Wissen aus erster Hand, das sie über die englisch-irischen Beziehungen im ausgehenden 18. Jahrhundert besitzt, geschickt zu nutzen. **ST**

Heinrich v. Ofterdingen
Novalis

Lebensdaten | *1772 (Deutschland), †1801
Richtiger Name | Georg Friedrich Philipp Freiherr von Hardenberg
Erstausgabe | 1802 bei G. Reimer (Berlin)

Das Romanfragment *Heinrich von Ofterdingen* repräsentiert die deutsche Frühromantik in Reinform und ist eine ebenso heitere wie tiefgründige Verschmelzung von Roman, Märchen und Gedicht. Im Hochmittelalter macht sich der junge Heinrich auf die Suche nach der geheimnisvollen „blauen Blume", die in seinen Träumen die wunderschönen Gesichtszüge der ihm noch unbekannten Mathilda annimmt. Auf der langen Reise durchläuft er seine dichterische und philosophische Erziehung. Der Roman, der zum Teil Ereignisse im Leben des Autors widerspiegelt, blieb unvollendet und wurde posthum veröffentlicht. Er übte auf die deutsche und im Laufe der Zeit auch auf die europäische Literaturgeschichte bedeutenden Einfluß aus.

Novalis verstand seinen Roman als eine Antwort auf Goethes Buch *Wilhelm Meisters Lehrjahre*, das er zunächst begeistert aufgenommen hatte, später aber als höchst undichterisch kritisierte. Ihm mißfiel der Sieg des Ökonomischen über die Poesie, den Goethe nach seiner Auffassung in so auffallender Weise feiert. Anhand einer einfachen Handlung, die von lyrischen Erzählungen und kunstvoll gestalteten Liedern durchsetzt ist, veranschaulicht Novalis in einer erfindungsreichen literarischen Form die Mystik Johann Gottlieb Fichtes, die auf das Denken der Romantik großen Einfluß ausübte und auf der Idee beruhte, daß sich mit Hilfe der Poesie eine universelle Harmonie erfassen lasse. Das für Heinrichs Suche zentrale Symbol der blauen Blume wurde später zu einem Emblem der gesamten deutschen Romantik und zum Symbol für die Sehnsucht und Suche nach dem Unerreichbaren. **LB**

Rameaus Neffe
Denis Diderot

Lebensdaten | *1713 (Frankreich), †1784
Erstausgabe | 1805 (Entstehungszeit 1761–1784)
Erschienen bei | Göschen (Leipzig)
Originaltitel | *Le Neveu de Rameau*

Diderot war einer der wichtigsten Vertreter der französischen Aufklärung und ein Zeitgenosse Rousseaus und Voltaires. Er gab nicht nur die erste Enzyklopädie heraus, sondern schuf auch Romane, philosophische Dialoge, wissenschaftliche Essays, Kunst- und Schauspielkritiken. Schwung und Originalität dieses Universalgelehrten kommen nirgends deutlicher zum Ausdruck als in *Rameaus Neffe*. Teils Roman, teils Essay, teils sokratischer Dialog, überschreitet dies Werk alle Gattungsgrenzen.

Die Handlung ist schlicht und geradlinig: Der Erzähler, ein Philosoph, durchstreift die Gärten des Palais Royal und begegnet dort dem Neffen des großen Komponisten Rameau. Es entwickelt sich ein Gespräch, das um die Frage der Moral und des Glücksstrebens kreist – eine Frage, der sich die beiden Männer von entgegengesetzten Seiten nähern. Der spröde Philosoph spricht sich für das griechische Ideal der Tugend aus, die dem Glück gleichzustellen sei. Der Neffe, geistreich, zynisch und ein liebenswerter Halunke, demonstriert, daß die konventionelle Moral leer und eitel und das leitende Prinzip der Gesellschaft das Streben nach Reichtum ist: nicht das Sein, sondern allein der Schein zählt. Das Werk ist jedoch keine simple moralische Abhandlung, sondern – wie sein tragikomischer Held – eine vielschichtige Kampfansage an jede Form von reaktionärem Denken und Verhalten. Zu umstritten, um noch zu Diderots Lebzeiten veröffentlicht zu werden, wurde das Werk erst in der deutschen Übersetzung Goethes (1805) bekannt. Es ist eine grimmige Anklageschrift, die sich gegen moralische Heuchelei, intellektuellen Dünkel und geistige Leere der Pariser Gesellschaft des 18. Jahrhunderts richtet – aber ihre Gültigkeit bis heute nicht verloren hat. **AL**

Wahlverwandtschaften
Johann Wolfgang von Goethe

Lebensdaten | *1749 (Frankfurt/M.), †1832 (Weimar)
Erstausgabe | 1809
Erschienen bei | J. F. Cotta (Tübingen)
Aufbau | Zwei Teile mit je 18 Kapiteln

Der Titel *Die Wahlverwandtschaften* ist präzise und vieldeutig zugleich. Er deutet eine innere Verfassung an, die voller emotionaler und romantischer Möglichkeiten steckt. Als Goethe ihn wählte, war der Ausdruck nur in der Chemie gebräuchlich. Die heutigen Konnotationen des Begriffs gehen zum Großteil auf seine Verwendung in diesem auf distinguierte Weise radikalen Roman zurück.

Goethe baut eine gleichsam naturwissenschaftliche Versuchsanordnung des Begehrens auf, koppelt sie mit Natursymbolik und entwickelt daraus eine komplexe, durchdachte und auf elegante Weise überpersönliche Untersuchung über die Liebe. Am Beispiel der Ehe von Charlotte und Eduard erforscht er die Vorstellungen von moralischem Verhalten, Treue und Selbstentfaltung, die tief in unserer Vorstellung von Liebe verankert sind. Als die Beziehung der beiden durch die Ankunft des Hauptmanns und Ottilies gestört und auf die Probe gestellt wird, rückt das Eheleben in ein pastorales, das heißt idyllisches und zugleich irreales Licht. Im zurückhaltenden Werben Charlottes und des Hauptmanns umeinander und in der verzehrenden Leidenschaft, die zwischen Eduard und Ottilie entflammt, durchmißt der Roman das dem Begehren entspringende unausweichliche Chaos.

Der Roman wurde anfangs heftig kritisiert, weil man ihm die immoralische These unterstellte, Liebe lasse sich auf chemische Gesetzmäßigkeiten zurückführen. Er ist aber vielmehr eine unbeirrte Reflexion über die Komplikationen, die aus Anziehung und Zuneigung entstehen, und führt vor, wie unbeständig und unzuverlässig unsere Liebe und unser Begehren sein können. So wie Liebe sich nicht einfangen und ruhigstellen läßt, so kann sich auch das Begehren nicht ausschließlich und dauerhaft auf ein und denselben Menschen richten. **PMcM**

Michael Kohlhaas
Heinrich von Kleist

Lebensdaten | *1777 (Deutschland), †1811
Teilweise veröffentlicht | 1808 in der Zeitschrift *Phöbus*
Erstausgabe | 1810 in *Erzählungen* (1. Band)

Diese kurze Erzählung, die auf tatsächlichen Ereignissen beruht, schildert den ehrlichen und hart arbeitenden Pferdehändler Kohlhaas, der von einem arroganten Adeligen hintergangen wurde. Kohlhaas will sich sein Recht vor den Gerichten erkämpfen, aber dies bleibt ihm aufgrund des allgegenwärtigen Einflusses des Adeligen verwehrt. Als seine Frau sich mit einer Bittschrift an den höchsten Landesvertreter wendet, wird sie abgewiesen, durch übereifrige Wachsoldaten schwer verletzt – und stirbt an den Folgen des gewaltsamen Übergriffs.

Damit wird ein eher trivialer Vorfall zum Gegenstand der Rache. Kohlhaas, vom Gesetz geprellt, fühlt sich legitimiert, der Gerechtigkeit mit anderen Mitteln Nachdruck zu verschaffen – er schleift das Schloß des Adeligen und tötet dessen Bedienstete, dann stellt er eine kleine Armee zusammen, zieht marodierend durchs Land und verfolgt den flüchtenden Missetäter. Martin Luther erreicht für Kohlhaas zwar eine Amnestie und Genugtuung, aber die Winkelzüge der Vetternwirtschaft sind hinterhältig, und in der Folge bereichert Kleist die Erzählung noch um manche Verwicklung und Wendung.

Michael Kohlhaas wirkt erstaunlich zeitgemäß, denn die Themen der Justiz, des Kampfes für Gerechtigkeit und der Korruption sind heute ebenso aktuell wie damals. Im Zentrum der Geschichte stehen Gerechtigkeit und Rache, sowohl von Seiten der Öffentlichkeit wie des machtlosen Einzelnen. Kohlhaas' Ende ist logisch und absurd zugleich, stimmig und doch höchst unbefriedigend. **JC**

Verstand und Gefühl
Jane Austen

Lebensdaten | *1775 (England), †1817
Erstausgabe | 1811 (unter Pseudonym)
Erschienen bei | T. Eggerton (London)
Originaltitel | *Sense and Sensibility*

Wie in den anderen Romanen von Jane Austen, so dreht sich auch hier die Handlung um das Heiraten: Die beiden Protagonistinnen werden am Ende mit den Partnern vereint, die zu ihnen passen. Doch das Hauptvergnügen bei der Lektüre entspringt nicht diesem doppelten Happyend. Außerdem mögen die zwei Schwestern Elinor und Marianne zwar die im Titel genannten Elemente Verstand und Gefühl verkörpern, doch es wäre unangemessen, ihre Rationalität und Emotionalität einfach als statische Eigenschaften zu betrachten.

Austen bewerkstelligt das Aufspannen von Erzählperspektiven und das Hin- und Herwechseln zwischen extremen Gefühlslagen in erster Linie mit sprachlichen Mitteln, nämlich durch das präzise Plazieren und Strukturieren von Satzgliedern, Wortverbindungen und Redewendungen zur Charakterisierung von Figuren. In ihrer Prosa registriert sie sehr genau das Oszillieren zwischen einer von Schwärmerei und Leidenschaft verzerrten Wahrnehmung und der Nüchternheit des gesunden Menschenverstands, die der Leidenschaft stets zu folgen scheint. *Verstand und Gefühl* basiert auf einer vor 1797 entstandenen Erstfassung, dem Briefroman *Elinor and Marianne*. Ihre analytische Schärfe vermochte Austen erst dadurch zu erreichen, daß sie sich von der im 18. Jahrhundert so beliebten Form des Briefromans löste. Der Wechsel des Romantitels ist hier sehr aufschlußreich: Wir wechseln nicht mehr aus dem Blickwinkel einer Person in den einer anderen, sondern bewegen uns in einer kontinuierlichen sprachlichen Sphäre, in der die Perspektivwechsel aus sich verschiebenden Konfigurationen von Gedanken und Ideen hervorgehen. Die Autorin schreibt nun mit einer Stimme und spricht in ihr für alle Stimmen, die sie geschaffen hat. **DT**

> Eine sentimentale Illustration von Charles Brock zu *Verstand und Gefühl*, die die Komplexität des Romans überzuckert.

"The enjoyment of Elinor's company"
Chapter XLIX

Stolz und Vorurteil
Jane Austen

Lebensdaten | *1775 (England), †1817
Erstausgabe | 1813 (unter Pseudonym)
Erschienen bei | T. Eggerton (London)
Originaltitel | *Pride and Prejudice*

- Diese wenig schmeichelhafte Skizze, angefertigt von Austens Schwester Cassandra, ist die einzige authentische Abbildung, die wir von der Schriftstellerin haben.

- In der Filmfassung von 1940 gibt Laurence Olivier den stolzen Mr. Darcy und Greer Garson die mit ihren Vorurteilen ringende Elizabeth Bennett.

Stolz und Vorurteil ist der zweite von vier Romanen Jane Austens, die noch zu ihren Lebzeiten veröffentlicht wurden. Diese auch heute noch vielgelesene Liebesgeschichte gehört unbestreitbar zu den Dauerbrennern der englischen klassischen Literatur. In *Stolz und Vorurteil* erzählt Austen mit Scharfsinn, Witz und meisterhafter Figurenzeichnung die Geschichte der Familie Bennett, mit ihrer einfältigen Mutter, dem Vater, der sich am liebsten aus allem heraushält, und fünf sehr unterschiedlichen Töchtern, die Mrs. Bennett unbedingt alle unter die Haube bringen will. Die Handlung spielt im ländlichen England des frühen 19. Jahrhunderts und konzentriert sich auf die zweitälteste Tochter Elizabeth und die komplizierte Entwicklung ihrer Beziehung zu dem gutaussehenden, reichen, aber gräßlich überheblich wirkenden Mr. Darcy. Da er sie bei der ersten Begegnung brüskiert, entwickelt sie sogleich eine Abneigung gegen ihn, während er sich, obgleich aus seiner Sicht Vernunftgründe gegen die Verbindung sprechen, in sie zu verlieben beginnt. Nach einem kläglichen Heiratsantrag, den Elizabeth ablehnt, gelingt es ihm schließlich, seinen Stolz abzulegen, und Elizabeth vermag ihre Voreingenommenheit zu überwinden.

Der Roman ist dafür kritisiert worden, daß die Handlung zu wenig in historische Zusammenhänge eingebettet sei. Doch Austen zeichnet mit dem geschlossenen sozialen Kosmos ihrer Figuren, in den kaum einmal Ereignisse von außerhalb einbrechen, ein durchaus zutreffendes Bild der abgegrenzten gesellschaftlichen Sphäre, in der sie selbst lebte. Sie schildert die dort herrschende Engstirnigkeit, Überheblichkeit und Voreingenommenheit mit scharfem Spott und unbeirrbarer Genauigkeit. Zugleich stellt sie in den Mittelpunkt dieser Welt, als deren scharfsichtigste Kritikerin, eine so meisterlich konzipierte und ausgestaltete Protagonistin, daß wir nicht anders können, als mit dieser Figur zu fühlen und zu hoffen, daß sich für sie alles zum Guten wendet. Die anhaltende Beliebtheit von Austens Roman verdankt sich letztlich der Figur Elizabeths und dem Reiz, den eine derart gut erzählte und auf ein Happyend zusteuernde Liebesgeschichte auf Männer wie Frauen ausübt. **SJD**

Mansfield Park
Jane Austen

Lebensdaten | *1775 (England),†1817
Erstausgabe | 1814 (unter Pseudonym)
Erschienen bei | T. Eggerton (London)
Originaltitel | *Mansfield Park*

Mansfield Park gehört zu den Büchern Austens, in denen sie einen ernsthafteren Ton anschlägt, doch auch hier stehen die für sie typischen Themen im Vordergrund: Heirat, Geld und Umgangsformen. Erzählt wird die Geschichte der jungen Fanny Price und der Verwicklungen, die sie überstehen muß, ehe sie den Richtigen heiraten kann. Fanny wird, als eine archetypische arme Verwandte, aus ihrer großen und verarmten Familie „gerettet" und wächst im Grunde wie ein Waisenkind bei einer Tante auf Mansfield Park auf, dem Anwesen von Sir Thomas Bertram. Fanny ist eine Außenseiterin, die eigentlich nur geduldet und verschiedentlich auch ausgenutzt wird. Sie muß schreckliche Demütigungen durch ihre andere Tante, die boshafte Mrs. Norris, über sich ergehen lassen. Ihre vier Cousins und Cousinen sind, mit Ausnahme des freundlichen und prinzipientreuen Edmund, oberflächliche Charaktere. Sie buhlen um die Aufmerksamkeit eines jeden Adligen, der Mansfield Park besucht, und beschwören damit verheerende Folgen herauf. Demgegenüber kommen Fannys Lauterkeit und Tüchtigkeit immer mehr ans Licht, wobei manche Leser von dieser Art konventioneller Weiblichkeit wenig angetan sind.

Austen macht sich, wie so oft, über die Großtuerei der Reichen und Müßigen lustig, über ihre anmaßende Vorstellung, daß ihre gesellschaftliche Stellung moralisch gerechtfertigt sei. Typisch ist außerdem, wie Austen durch einige strategisch plazierte Einzelheiten andeutet, daß die Idylle von Mansfield Park auch ihre dunkleren Seiten hat. Das Vermögen der Familie Bertram, so zeigt sich, stammt aus Plantagen auf der Insel Antigua, wo Sklaven für sie arbeiten. In der Literaturwissenschaft wurde jüngst heftig diskutiert, welche Bedeutung der Tatsache zuzumessen ist, daß Jane Austen diesen Zusammenhängen Beachtung schenkt. **ST**

Emma
Jane Austen

Lebensdaten | *1775 (England),†1817
Erstausgabe | 1816 (unter Pseudonym)
Erschienen bei | T. Eggerton (London)
Originaltitel | *Emma*

Niemandem außer ihr selbst werde diese Heldin gefallen, so äußerte sich Austen zum vierten der noch zu ihren Lebzeiten verlegten Romane. Austens Zweifel bewahrheiteten sich nicht, ganz im Gegenteil: Die Protagonistin Emma, eine junge Frau, die sich in der kleinen Welt des Dorfes Highbury gern in die Geschicke anderer einmischt, ist trotz oder gerade wegen all ihrer Schwächen Generationen von Leserinnen und Lesern ans Herz gewachsen. Der Roman bezieht seine Komik und seinen psychologischen Reiz aus den Komplikationen, die daraus entstehen, daß Menschen sich anders verhalten, als Emma das erhofft und ihnen vorschreibt. So versucht sie, ihren Schützling Harriet Smith nacheinander mit zwei ungeeigneten Heiratskandidaten zu verkuppeln, während ihr völlig entgeht, auf wen das Interesse der Männer sich in Wirklichkeit richtet. Sie verkennt auch, bis es beinahe zu spät ist, die eigenen Empfindungen für Mr. Knightley. In jüngerer Zeit wurde der Roman kritisiert, weil er eine moralisch belehrende, patriarchale Tendenz erkennen lasse. Dem ist entgegenzuhalten, daß Austen weniger belehren als vielmehr vorführen will, welche unliebsamen Folgen es unter Umständen haben kann, wenn jemand andere zu belehren versucht.

Die uns von Austen vertraute Verbindung einer allwissenden, ironischen Erzählerstimme mit einem eher indirekten Darstellungsverfahren, das individuelle Perspektiven einfängt, kommt hier zur vollen Entfaltung. Diese Technik eignet sich sowohl für das Erkunden von Wünschen und Bestrebungen der Figuren, die nur ihnen selbst zugänglich sind, aber auch zum Herausarbeiten des moralischen Wertes, den Aufrichtigkeit und das gegenseitige Offenlegen innerer Regungen für Austen stets besitzen. Damit weist dieser Roman voraus auf den Realismus, der im späteren 19. Jahrhundert bestimmend wurde. **CC**

Rob Roy
Sir Walter Scott

Lebensdaten | *1771 (Schottland), †1832
Erstausgabe | 1817
Erschienen bei | A. Constable & Co. (Edinburgh)
Originalsprache | Englisch

Obwohl der Titel anderes verheißt, geht es in diesem Roman in erster Linie um die Erlebnisse des Ich-Erzählers Frank Osbaldistone; die Lebensgeschichte des Titelhelden, des legendären schottischen Pendants zu Robin Hood, Rob Roy, tritt demgegenüber in den Hintergrund. Und doch trug diese sehr schottische Liebesgeschichte nicht nur zur Vereinigung der verschiedenen Legenden über das Leben des Geächteten Rob Roy McGregor bei, sondern auch zur Mythisierung des schottischen Hochlands als einem erhabenen, aber barbarischen Ort – eine Attraktion für viele englische Touristen.

Das Romangeschehen entfaltet sich vor dem Hintergrund des Jakobitischen Aufstands 1715. Scott begibt sich auf die Spur seines Helden Frank, der seine Familie in London verläßt, um zu seinem Onkel in Northumbria und weiter nach Glasgow und ins schottische Hochland zu reisen, wo er das gestohlene Vermögen seines Vaters wiederzuerlangen hofft. Auf dieser Reise gen Norden trifft er auf eine Reihe farbig geschilderter Figuren – darunter auch der sagenhafte Rob Roy, der ihn bei der Rettung des väterlichen Vermögens unterstützt. Die zeitgenössische Kritik zeigte sich besonders begeistert von der Gestalt der schönen Diana Vernon, die auf rätselhafte Weise mit Rob Roy verbunden ist.

Die Handlung lebt in erster Linie von den Konflikten, die Großbritannien seit der Vereinigung Schottlands und Englands 1707 plagten. Doch Scott läßt die Gegensätze zwischen Geschäftswelt und Poesie, den Jakobiten und dem Haus Hannover, Hochland und Tiefland, Katholiken und Protestanten am Ende in Versöhnung münden. **Dale T**

„Meine Lage ist nicht ganz so possierlich, wie die des großen Sully, und doch würde es von Francis Osbaldistone etwas seltsam sein, wenn er William Tresham von seiner Geburt, Erziehung und seinen Verbindungen in der Welt eine förmliche Nachricht erteilen wollte."

◈ In Sir Edwin Landseers Porträt von Scott scheint hinter dem Gentleman aus dem 19. Jahrhundert romantische Wildheit durch.

Frankenstein oder Der moderne Prometheus
Mary Wollstonecraft Shelley

Frankenstein hat mehr mit *Dracula* gemeinsam als mit irgendeinem anderen späten Schauerroman. Beide Werke werden gemeinhin als frühe Beispiele des Horrorgenres angeführt, und beide haben Figuren in die Massenkultur eingeführt, die vor allem in den Hammer- und Universal-Filmproduktionen bis zur Unkenntlichkeit entstellt wurden, so daß es scheint, als seien *Frankenstein* ebenso wie *Dracula* inzwischen eher der ultramodernen Sorte von Science-Fiction-Technohorror zuzurechnen. Im Mittelpunkt der Geschichte steht die Vision, daß die Wissenschaft sich entwickeln und kontrollieren läßt – bis zu einem Punkt, an dem Auflösungstendenzen der Natur zum Stillstand gebracht werden können; die Unmöglichkeit, diesen Wunsch zu erfüllen, bildet den Kern des Horrors.

Der Untertitel des Romans, *Der moderne Prometheus*, stellt eine Verbindung zur griechischen Mythologie her, doch es ist offensichtlich, daß *Frankenstein* sich ebenso der Zukunft wie der Vergangenheit zuwendet. Der Schweizer Wissenschaftler und Philosoph Frankenstein ist von dem okkulten Gedanken besessen, ein menschenähnliches Wesen zu schaffen und ihm Leben einzuhauchen. Die Idee der Reanimation steht vielfach auch im Zentrum des modernen Horrors – die versuchte rücksichtslose Manipulation einer chaotischen Naturordnung zugunsten linearer Sicherheit ist etwas, das die moderne Gesellschaft als gegeben hinnimmt, von der Errichtung künstlicher Welten bis zu den stetigen Bemühungen, Tod und Niedergang aufzuschieben. *Frankenstein* spricht diese Fragen zu einem Zeitpunkt an, als diese Entwicklungen noch Zukunftsmusik waren. Auch heute noch ist der Roman aus der Kultur, die er auf den Prüfstand stellt und vorhersieht, nicht wegzudenken, und allein schon deshalb sollte er weiterhin gelesen und neu bewertet werden. Dank seiner unangestrengten Prosa, der grotesken Metaphorik und surrealen Phantastik ist und bleibt er ein echtes Lesevergnügen. **SF**

Lebensdaten | *1797 (England), †1851
Erstausgabe | 1818
Erschienen bei | Lackington et. al. (London)
Originaltitel | *Frankenstein, or the Modern Prometheus*

„Aus dem gefallenen Engel wird ein bösartiger Teufel."

◐ Die Tochter der radikalen Feministin Mary Wollstonecraft, die Autorin von *Frankenstein*, heiratete 1816 den Dichter Percy Bysshe Shelley.

◐ James Whales Romanverfilmung aus dem Jahr 1931 prägte das Bild von Frankenstein in der Öffentlichkeit.

Ivanhoe
Sir Walter Scott

Lebensdaten | *1771 (Schottland), †1832
Erstausgabe | 1820
Erschienen bei | A. Constable & Co. (Edinburgh)
Originaltitel | *Ivanhoe or the Jew and his Daughter*

Ivanhoe schildert die politische und kulturelle Rivalität zwischen den unterjochten Angelsachsen und ihren normannischen Herrschern während der Regentschaft Richard Löwenherz' im 12. Jahrhundert. Wilfred von Ivanhoe, ein tapferer sächsischer Ritter, kehrt von einem Kreuzzug zurück, um König Richard bei der Rückeroberung des Thrones beizustehen, den sein Bruder, Prinz Johann, unrechtmäßig beansprucht. Die Unterstützung durch eine Reihe teils historischer, teils erfundener Personen ist für dieses Unternehmen von zentraler Bedeutung. Die Handlung wird durch drei Auseinandersetzungen von epischem Ausmaß vorangetrieben: das Turnier bei Ashby-de-la-Zouche, die Belagerung von Schloß Torquilstone und die Rettung der Heldin Rebecca aus Templestowe, dem Sitz der Tempelritter. Aus jedem Konflikt entwickelt sich eine blutige Fehde; zuweilen stehen auch Elemente des Schauerromans im Vordergrund. Doch bei aller Freude an der Vitalität des Rittertums übt Scott auch subtile Kritik am Krieg.

Mit der Wahl des mittelalterlichen Englands als Ort des Geschehens wendet sich Scott von den Schauplätzen seiner früheren *Waverly*-Romane ab. Mit seiner eindrücklichen Untersuchung der politischen und ritterlichen Gepflogenheiten und romantischen Bräuche früherer Zeiten prägte dieser Roman nicht nur für spätere Schriftsteller und Leser das Bild von der mittelalterlichen Vergangenheit, sondern er wurde auch zum Vorreiter des Genres „historischer Roman", jener literarischen Form, die für die Schilderung dieses Bildes am häufigsten benutzt wird. **Dale T**

Melmoth der Wanderer
Charles Robert Maturin

Lebensdaten | *1782 (Irland), †1824
Erstausgabe | 1820
Erschienen bei | A. Constable & Co. (London)
Originaltitel | *Melmouth the Wanderer*

Melmoth der Wanderer gilt innerhalb der Literaturgeschichte als Übergangswerk. Als letzter, verspäteter Repräsentant der Schauerliteratur vereint der Roman zahlreiche Schlüsselelemente des Genres: wilde, abgeschiedene oder sonstwie exotische Schauplätze, eine Abfolge seltsamer Geschichten, labyrinthisch verschlungene Verwicklungen und die für einen Protestanten gefährliche Verlockung des katholischen Europa.

Von Anfang an steht das Problem der Identität im Vordergrund. Die Leser lernen John Melmoth kennen, einen jungen Studenten, der von seinem Onkel unter anderem ein Manuskript erbt. Es erzählt die Geschichte eines namensgleichen Ahnen, der zur Leitfigur des Romans wird. Er, der dem Teufel seine Seele verkauft hatte, um Unsterblichkeit zu erlangen, ist nun auf der Suche nach Erlösung und setzt alles daran, jemand anderes zu überreden, den Teufelspakt auf sich zu nehmen.

Was *Melmoth* für die Moderne so reizvoll macht, ist nicht so sehr die überraschende, spannende, fesselnde Handlung, sondern die Reflexion über das Wesen von Versuchung und Qual. Der menschliche Geist wird als Sieger *und* Besiegter geschildert. Aus diesem Grund wurde Maturin, den seine Zeitgenossen schnell vergaßen, zu einem Vorbild unter anderem für Edgar Allen Poe, Oscar Wilde und Charles Baudelaire und ihre düsteren Erkundungen. Erst wenn wir das begreifen, haben wir Maturins fundamentalen Beitrag zur Literaturgeschichte ansatzweise anerkannt. **DT**

Lebensansichten des Katers Murr
E.T.A. Hoffmann

Lebensdaten | *1776 (Deutschland), †1822
Erstausgabe | 1820–22
Untertitel | *Nebst fragmentarischer Biographie des Kapellmeisters Johannes Kreisler in zufälligen Makulaturblättern*

Hoffmanns außergewöhnlicher Roman, bestehend aus den autodidaktischen „Lebensansichten" eines Katers und der zufällig damit verflochtenen fragmentarischen Biographie des Kapellmeisters Johannes Kreisler, führt den Leser auf eine phantastische Reise durch die Banalitäten des deutschen Alltagslebens im frühen 19. Jahrhundert. Der Kater Murr, ein geselliges Wesen, kontrastiert stark mit dem stets besorgten Komponisten Kreisler: der selbstsichere, vielseitig begabte Kater Murr, den Hoffmann nach der Vorlage seiner geliebten Tigerkatze schuf, ist eine echte Renaissance-Katze, während Kreisler – Hoffmanns tief in romantische Empfindsamkeit getauchtes Alter Ego – regelmäßig von extrem emotionalen Erfahrungen heimgesucht wird.

Die bizarre Erzählung bemüht das Übermenschliche, das Opernhafte, das Musikalische und das Psychiatrische, und sie ist von Figuren bevölkert, die die Grenzen zwischen Wahnsinn und Rationalität überschreiten. Damit entsteht eine Unsicherheit, die vom Stil reflektiert wird, und wohl deshalb wurde Hoffmann schon als Begründer des Magischen Realismus bezeichnet. Der Tradition von Rabelais, Cervantes und Sterne folgend, beeinflußte Hoffmann seinerseits Autoren wie Gogol, Dostojewski, Kafka, Kierkegaard und Jung, und er nahm Freuds Ansichten über das Unheimliche in mancherlei Hinsicht vorweg. Das Buch bietet eine enorm einfallsreiche, ungewöhnliche Lektüre, die abwechselnd stimuliert und irritiert. **JW**

„Schüchtern ... übergebe ich der Welt einige Blätter des Lebens, des Leidens, der Hoffnung, der Sehnsucht, die in süßen Stunden der Muße, der dichterischen Begeisterung meinem innersten Wesen entströmten."

Der Komponist und Autor E.T.A. Hoffmann schuf den romantisch empfindsamen Kapellmeister Kreisler, den menschlichen Helden in *Kater Murr*.

Die privaten Memoiren und Bekenntnisse eines gerechtfertigten Sünders
James Hogg

Lebensdaten | *1770 (Schottland), †1835
Erstausgabe | 1824 bei Longman et al. (London)
Originaltitel | *The Private Memoirs and Confessions of a Justified Sinner*

Wegen seines ausgeklügelten Aufbaus kann dieser metaphysische Thriller durchaus als wahre Geschichte mißverstanden werden. Mit einem Griff in die literarische Trickkiste führt Hogg sich selbst überdies als Nebenfigur ein. Die Lebensgeschichte der Brüder George und Robert, erzählt von einem fiktiven Herausgeber, und die schriftlichen Bekenntnisse Roberts konfrontieren den Leser mit zahlreichen Doppelgängern und Winkelzügen. Der Bericht des Herausgebers, ein paar hundert Jahre nach den „tatsächlichen" Ereignissen verfaßt, kontrastiert mit der Beichtstuhl-Religiosität des Sündenbekenntnisses. Diese unterschiedlichen Erzählperspektiven verleihen dem Buch zwei Brennpunkte und enthüllen das Äußere und Innerste eines psychopatischen Killers, der sich selbst zum gerechtfertigten Sünder stilisiert. In seiner Beichte bricht sich der geisteskranke Rausch eines verwirrten Fanatikers Bahn, der die calvinistische Prädestinationslehre mißbraucht – ein bereits vor seiner Geburt von Gott Erwählter kann nichts Falsches tun –, womit Hogg sich mit satirischer Schärfe gegen religiösen Fanatismus wendet. Dieser Extremismus wird im gesamten Buch mit einer gesünderen, ehrenhafteren, humaneren Vernunft verglichen, insbesondere in der Schilderung des Widerstandes, den die unteren Klassen den oberen leisten. Robert wird von einem die Gestalt wechselnden Fremden verfolgt, der als personifizierter Teufel oder als Symptom eines psychischen Traumas gelesen werden kann. Als Mischung aus Schauerkomödie, religiöser Horrorstory, Mysterythriller und psychologischer Studie ist das Buch ebenso grauenerregend wie großartig.
DM

James Hogg stammte aus einer verarmten Bauernfamilie und arbeitete sich vom Schafhirten zum angesehenen Dichter hoch.

Aus dem Leben eines Taugenichts
Joseph von Eichendorff

Ein junger Mann liegt im Gras und hängt seinen Gedanken nach. Sein Vater, der sich von seinem harten Tagwerk ausruht, nötigt den Taugenichts aufgebracht, sich zu erheben und etwas zu tun. Da nimmt der Sohn seine Geige und macht sich auf in die weite Welt, immer ein Lied auf den Lippen. So beginnt die vergnügliche pikareske Novelle *Aus dem Leben eines Taugenichts* von Joseph von Eichendorff, einer Schlüsselfigur der deutschen Spätromantik. Eichendorff ist vor allem als Lyriker bekannt, sichert sich aber mit dieser kurzen, lebendigen Geschichte über das Erwachsenwerden einen Platz im Olymp der deutschen Literaturgeschichte.

Der junge Protagonist wird auf der Straße von zwei adligen Damen aufgelesen, die ihn auf ihr Schloß mitnehmen. Dort arbeitet er zunächst als Gärtner und anschließend als Zolleinnehmer. Sein kapriziöses Wesen macht ihn allseits beliebt. Er verliebt sich in eine der Damen, doch als er sie mit einem anderen Mann sieht, nimmt er seine Geige und begibt sich – abermals gesellschaftliche Konventionen in den Wind schlagend – von neuem auf Wanderschaft. Seinen Weg bestimmt der Zufall und seine Sehnsucht nach Abenteuern. Das Schicksal führt ihn nach Italien und Prag, beschert ihm gute und schlechte Zeiten und ein Abenteuer nach dem anderen. Schließlich kehrt er zum Schloß zurück, in die Arme seiner Geliebten.

Eichendorff, dessen Gedichte von so berühmten Komponisten wie Robert Schumann und Felix Mendelssohn vertont wurden, schrieb seine Novelle in einer lyrischen Prosa, wie sie in dieser Qualität meist nur in hochkarätiger Dichtung zu finden ist. Sein Held ist als idealer Romantiker die sympathischste Figur des Textes, und seine Geschichte ist von Anfang bis Ende faszinierend und herzerfrischend. **OR**

Lebensdaten | *1788 (Oberschlesien), †1857
Erstes Kapitel | publiziert 1823
Erstausgabe | 1826
Erschienen bei | Vereinsbuchhandlung (Berlin)

⬤ Eichendorff war preußischer Staatsbeamter und einer der bedeutendsten Dichter der Romantik. Er schrieb Lyrik und Prosa.

19. Jahrhundert

Der letzte Mohikaner
James Fenimore Cooper

Lebensdaten | *1789 (USA), †1851
Erstausgabe | 1826
Erschienen bei | J. Miller (London)
Originaltitel | *The Last of the Moicans, a Narrative of 1757*

Die Verlobten
Alessandro Manzoni

Lebensdaten | *1785 (Italien), †1873
Erstausgabe | 1827
Erschienen bei | Pomba (Turin)
Originaltitel | *I promessi sposi*

Die Schlüsselszene des *Letzten Mohikaners* ist das Massaker bei Fort William Henry während des Französisch-Indianischen Krieges. Dies ist der wahre Kern, zu dem Cooper, der erste international anerkannte Romancier Amerikas, eine unwiderstehliche, in der Wildnis angesiedelte Abenteuergeschichte erfindet. Dabei greift er zurück auf Schilderungen über die Unterdrückung der Ureinwohner und schafft eine Folie für viele Genres der populären amerikanischen Erzählliteratur, insbesondere für den Western.

Der Trapper Natty Bumppo, genannt Falkenauge, tauchte als Greis bereits in *Die Ansiedler* (1824) auf; hier erscheint er als Mann in mittleren Jahren, der in Begleitung der Delawaren Chingachgook und dessen Sohn Uncas als Kundschafter für die Engländer arbeitet. Nach der Begegnung mit Cora und Alice Munro, den Töchtern eines britischen Oberst, verbringen die drei Männer den Rest des Romans damit, die beiden Frauen aus Gefangenschaft zu befreien, sie zu eskortieren oder ihnen durch die Wildnis zu folgen.

Cooper ist in Fragen der Rassenpolitik konservativ; obwohl der Roman zunächst die Möglichkeit einer Liebesgeschichte zwischen dem Indianer Uncas und der vornehmen Cora (die eine schwarze Mutter hat) andeutet, läßt er sie am Ende scheitern. Cooper beklagt zwar die Zerstörung der Wildnis und die Ausrottung der indianischen Ureinwohner –, doch dem unaufhaltsamen Fortschritt, so zeigt es der Roman, haben Natur und Menschen nichts entgegenzusetzen – ein für die amerikanische Ideologie des 19. Jahrhunderts charakteristischer Gedanke. **RH**

◄ Der amerikanische Landschaftsmaler Thomas Cole wurde durch eine Szene aus *Der letzte Mohikaner* zu diesem Gemälde inspiriert: Cora kniet zu Füßen von Tamenund

Mit den im florentinischen Dialekt verfaßten *Verlobten* versuchte Manzoni ein allgemeingültiges Modell für eine italienische Standardsprache auf den Weg zu bringen, die er als Bedingung für die kulturelle und politische Einigung des Landes ansah. Der Roman spielt im 17. Jahrhundert während der spanischen Fremdherrschaft über Italien und basiert auf einer angeblich authentischen Handschrift, die der Autor in perfektem Barockstil wiedergibt. Geschickt greift Manzoni auf Parallelen aus der Geschichte zurück, um die Verhältnisse des zu seiner eigenen Zeit von den Österreichern beherrschten Italien zu schildern.

Renzo und Lucia, ein einfaches Bauernpaar, bereitet in einem friedlichen kleinen Dorf in der Lombardei seine Hochzeit vor – für den Autor ein willkommener Anlaß, eine Truppe schillernder Figuren einzuführen, eine beeindruckende Bandbreite machtloser und mächtiger, einfacher und aristokratischer, religiöser und weltlicher Protagonisten, die die Eheschließung entweder zu verhindern oder zu beschleunigen trachten. Inspiriert von der gerade aufkommenden romantischen Lebensanschauung prüft Manzoni in *Die Verlobten* den Mißbrauch von Macht in all ihren Facetten. Priester mißbrauchen ihre Lateinkenntnisse, um den Gemeindemitgliedern Sand in die Augen zu streuen, Väter ihre Autorität, um ihre Töchter ins Nonnenkloster zu zwingen. Lucia, die Zuflucht in einem Kloster gesucht hat, wird entführt. Doch vor allem erweisen sich fremde Herrscher ohne jedes Mitgefühl für die örtliche Bevölkerung als gewissenlose Unterdrücker. Nichtsdestoweniger verkündet der Roman eine positive Botschaft: Wer auf seine Fähigkeit vertraut, Schwierigkeiten zu überwinden, und die eigenen Ziele fest entschlossen verfolgt, wird am Ende belohnt – in diesem Falle mit einer Trauung. **RP**

Rot und Schwarz
Stendhal

Lebensdaten | *1783 (Frankreich), †1842
Richtiger Name | Henri Beyle
Erstausgabe | 1831 bei Hilsum (Paris)
Originaltitel | *Le rouge et le noir. Cronique du XIXe siècle*

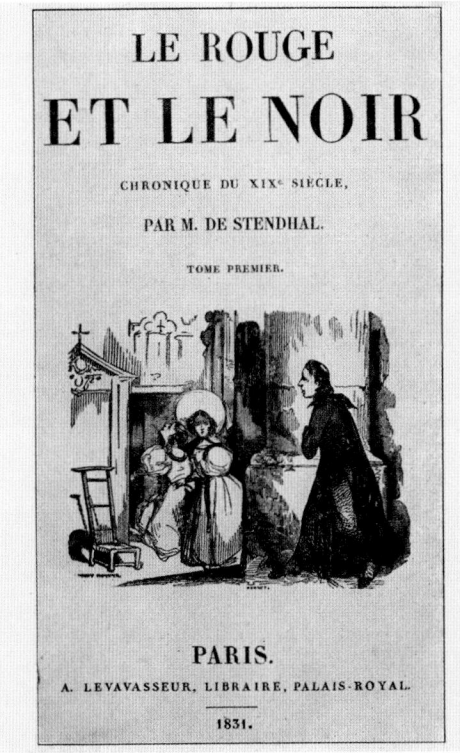

◉ Das Titelbild der Erstausgabe von Stendhals *Rot und Schwarz* mit dem Untertitel *Chronik des 19. Jahrhunderts*.

◉ Diese Zeichnung, die Stendhal bei einem Tänzchen zeigt, stammt von seinem Freund und Schriftstellerkollegen Alfred de Musset.

Rot und Schwarz schildert den rasanten Aufstieg und tiefen Fall des ehrgeizigen Zimmermannssohns Julien Sorel in der nachnapoleonischen Ära. Sorel versucht zunächst, eine Priesterlaufbahn einzuschlagen. Tatsächlich wird er trotz einiger glühender Liebschaften während seiner Ausbildung zum Priester geweiht. Als der Marquis de la Mole ihm eine Stelle als Privatsekretär anbietet, greift er begierig zu. Sogar die Affäre mit dessen Tochter Mathilde gereicht ihm zum Vorteil, denn ihr hat er seine Erhebung in den Adelsstand zu verdanken – um sie heiraten zu können, ohne einen Skandal zu provozieren. Doch bevor er in den Genuß aller erträumten Privilegien kommt, erhält der Marquis von Mme de Rênal (mit der Julien während seiner Ausbildung zum Priester ein Verhältnis hatte) einen Brief, der Julien als Betrüger entlarvt. Die Heirat platzt – und Julien übt Rache.

Rot und Schwarz wurde manchmal als zu melodramatisch für den modernen Literaturgeschmack eingestuft, ist für die Entwicklung des Romans als Kunstform aber von enormer Bedeutung. Einerseits ist das Werk sehr stark der romantischen Tradition verhaftet. Sorel mag in der Verfolgung seiner Ambitionen noch so skrupellos und schurkisch sein – vor dem Hintergrund einer kleinbürgerlichen, borniierten Gesellschaft verlockt er den Leser durch seine Energie und Intelligenz oft dazu, widerstrebend für ihn Partei zu ergreifen. Einflußreich wurde der Roman jedoch vor allem wegen seiner stilistischen Qualitäten. Über weite Strecken erzählt Stendhal aus der Perspektive der jeweiligen Figuren, und der überzeugende psychologische Realismus des Textes veranlaßte Emile Zola, ihn als ersten wirklich „modernen" Roman zu bezeichnen. Aus diesem Grund – ganz abgesehen davon, daß es sich um eine tolle Geschichte handelt – sollte Stendhals *Rot und Schwarz* im Regal jedes Literaturliebhabers stehen. **VA**

Der Glöckner von Notre Dame
Victor Hugo

Lebensdaten | *1802 (Frankreich), †1885
Erstausgabe | 1831
Erschienen bei | Flammarion (Paris)
Originaltitel | *Notre-Dame de Paris*

„*Die Eule geht nicht ins Nest der Lerche.*"

- Victor Hugo war der bei weitem produktivste und vielseitigste Autor der französischen romantischen Schule, sowohl auf dem Gebiet der Lyrik als auch der Prosa.
- Auf Nicolas Maurins zeitgenössischer Illustration gibt eine angeekelte Esmeralda dem grotesk entstellten Quasimodo zu trinken.

Victor Hugos *Der Glöckner von Notre Dame* ist ein historischer Roman in der Tradition von Sir Walter Scotts *Ivanhoe*. In buntesten Farben schildert Hugo das Leben im Paris des 15. Jahrhunderts – noble und weniger noble Feierlichkeiten, Volksaufstände und öffentliche Hinrichtungen. All dies spielt sich rund um die Kirche Notre-Dame de Paris ab. Hugo widmet der Beschreibung der gotischen Kathedrale zwei Kapitel und läßt die Leser in ihr Innerstes vordringen. Aus der schwindelerregenden Höhe ihres steinernen Aussichtsplateaus schildert er seine subjektive Ansicht von Paris. Das Wort *ananke* (unentrinnbares Schicksal), das in eine der Mauern geritzt ist, enthüllt, welche Kraft die schaurige Geschichte vorantreibt.

Quasimodos Schicksal wird besiegelt, als seine Mutter ihn nach der Geburt auf den Stufen von Notre Dame aussetzt. Er wird von dem Dompropst Claude Frollo aufgenommen und arbeitet als Glöckner im Turm, wo seine grotesk entstellte bucklige Figur den neugierigen Blicken der Pariser verborgen bleibt. Frollo verzehrt sich verbotenerweise nach der Zigeunerin Esmeralda, die auf den Treppen unterhalb der Kathedrale tanzt. Er überredet Quasimodo, sie zu entführen, doch Phoebus, der Hauptmann der königlichen Bogenschützen, vereitelt den Entführungsversuch – und entbrennt ebenfalls in Liebe für Esmeralda. Quasimodo wird ins Gefängnis geworfen und von seinen Häschern mißhandelt und erniedrigt. Nach einer besonders brutalen Auspeitschung gibt Esmeralda ihm Wasser zu trinken. Ab diesem Moment ist auch Quasimodo ihr hoffnungslos verfallen. Die drei Männer verstricken sich in einen dramatischen Kampf um Esmeralda. Der liebestolle Frollo bespitzelt Phoebus und Esmeralda und erdolcht Phoebus in einem Anfall eifersüchtiger Raserei. Esmeralda wird verhaftet, wegen des Mordes an Phoebus zum Tode verurteilt und nach einem vergeblichen Rettungsversuch Quasimodos gehängt. Als Quasimodo Esmeralda leblos am Galgen baumeln sieht, ruft er aus: „Ach, das ist alles, was ich geliebt habe." Mit der Frage nach der Erlösung durch Liebe sprach Hugo ein Thema an, das alle Menschen bewegte. **KL**

Eugene Onegin
Alexander Pushkin

Puschkins Versroman, von Gorki als „der Ursprung aller Ursprünge" bezeichnet und laut Gogol „geschrieben von der einmaligsten Manifestation des russischen Geistes", nimmt im literarischen Kanon Rußlands eine Schlüsselstellung ein. Eugen Onegin ist eine weltgewandte, aber innerlich leere Gestalt; er wird vom einfachen Landmädchen Tatjana geliebt, erwidert die Liebe aber nicht, bis es zu spät ist, und er tötet einen Freund in einem selbst heraufbeschworenen Duell.

Die Gründe für den Erfolg des Romans sind kontrovers. Laut Nabokov liegt er „in den Versmelodien, die man in dieser Art in Rußland zuvor noch nie gelesen hatte". Hat Nabokov recht, ist die Würdigung des bahnbrechenden Werkes für diejenigen schwierig, die es nicht im russischen Original lesen können. Die Art und Weise, wie Puschkin mit Ironie und Spielfreude einen seriösen Eindruck erzielt, ist aber auch in der Übersetzung bemerkenswert. Puschkin unterläuft erzählerische Konventionen, und das literarische Gerüst selbst bricht er in eine Reihe reizvoller Exkurse, Eingebungen und Scherze auf. Nicht trotz, sondern wegen dieses Reichtums erreicht die Erzählung eine Bedeutungstiefe, die man angesichts dieser einfachen Geschichte über eine verschmähte Liebe und eine vergeudete Freundschaft kaum erwartet.

Enorm lustig und todernst zugleich, kombiniert Puschkin innerhalb einer raffinierten, streng eingehaltenen Versform – der 14-zeiligen „Onegin-Strophe" – seinen unbeschwerten Stil mit einer erstaunlichen, seiltänzerischen Sprachfreiheit. Eigens für den Roman lohnte es sich, Russisch zu lernen, zumindest sollte man ihn in mehreren Übersetzungen lesen, dazu auch Nabokovs detaillierten Kommentar. **DG**

Lebensdaten | *1799 (Rußland), †1837
Erstausgabe | 1833
In Fortsetzungen veröffentlicht | 1823–31
Originaltitel | Evgenij Onegin

„Eine Illusion, die uns schmeichelt, ist uns lieber als zehntausend Wahrheiten."

▲ Puschkin auf einem Porträt von Tropinin (1827). Der geniale Schriftsteller starb im Alter von 37 Jahren bei einem Duell.

◀ Auf einer Illustration nach Tschaikowskis Opernadaption (1879) gesteht Tatjana in einem Brief Eugen Onegin ihre Liebe.

Eugénie Grandet
Honoré de Balzac

„Engstirnige Geister können sich ebenso durch Verfolgung wie durch Güte entwickeln; sie können sich ihrer Macht versichern, indem sie andere mit Grausamkeit oder Güte tyrannisieren."

 Diese Illustration von Jules Leroux, einer Ausgabe von 1911 entnommen, zeigt die Magd Nanon mit einem Diener.

Lebensdaten | *1799 (Frankreich), †1850
Erstausgabe | 1834
Erschienen bei | Charles-Béchet (Paris)
Originalsprache | Französisch

Wie Walter Scott schrieb auch Balzac nicht zuletzt, um seine Schulden zu tilgen und den Qualen der Schuld zu entrinnen. Um Geld – die Anhäufung von Reichtümern und die damit verbundene moralische Korrumpierung – geht es auch in dem Roman *Eugenie Grandet*, den Balzac später in seinen Romankomplex *Die menschliche Komödie* (*La Comédie humaine*) aufnahm. Er übt darin anhand überzeugend gezeichneter Figuren heftige moralische Kritik an Gier und provinzieller Engstirnigkeit und analysiert zugleich tiefgreifendere Veränderungen der französischen Gesellschaft. In der Figur des tyrannischen Geizkragens Grandet, Eugenies Vater, offenbart sich Geiz nicht nur als eine individuelle Sünde, sondern als Widerspiegelung des säkularen Nihilismus, der im 19. Jahrhundert das Kalkül des Kapitalismus kennzeichnete.

Die Handlung ist von klassischer Schlichtheit und mündet in einen Teufelskreis – eine bürgerliche Tragödie, die dem Erzähler zufolge grausamer ist als alles, was dem Geschlecht des Atreus je widerfahren sei. Durch seine totale Fixierung auf das Horten von Geld verhindert Eugenies Vater, daß seine Tochter zu leben lernt, und zerstört schließlich die Familie. Der Roman enthüllt das ganze Ausmaß des Schadens, der Eugenie zugefügt wird; obwohl ihre Großzügigkeit ihr hilft, eine gewisse moralische Integrität zu wahren. Mit einem Proustschen Verständnis für den zyklischen Charakter der Zeit dramatisiert Balzac sowohl das komplizierte Gefüge individueller Handlungen als auch das Räderwerk des Generationenwechsels. Komische Umschläge ins Triviale mildern den brutalen Realismus; es ist erstaunlich, wieviel Unterhaltsames Balzac seinem mehr oder weniger omnipräsenten Erzähler abringt. Eine ideale Einführung in das Werk eines großen realistischen Romanciers. **DM**

Vater Goriot
Honoré de Balzac

Lebensdaten | *1799 (Frankreich), †1850
Erstausgabe | 1834–1835
Erschienen bei | Werdet (Paris)
Originaltitel | Le père Goriot

Vater Goriot ist die Geschichte eines wohlhabenden Geschäftsmanns, der seinen beiden undankbaren Töchtern ein Vermögen hinterläßt. Um seinem habgierigen Nachwuchs auch noch den letzten Sou geben zu können, haust er allein in einer schäbigen Pension und freundet sich dort mit einem ehrgeizigen jungen Mann namens Rastignac an. Für Rastignac ist diese Freundschaft nicht mehr als ein Mittel, um seine gesellschaftlichen Ambitionen zu befriedigen. Der Aufstieg von Goriots Töchtern in die vornehme Gesellschaft geht mit Intrigen, Verrat und sogar Mord einher, außerdem beleben diverse Verbrecher die Handlung und geben ihr einige verblüffende Wendungen. Die zentrale Tragödie in einer vom Niedergang gekennzeichneten Gesellschaft ist und bleibt jedoch Goriots unerwiderte Liebe zu seinen Töchtern.

Vater Goriot gehört zu Balzacs Romankomplex *Die menschliche Komödie* (La Comédie humaine) und fußt im wesentlichen auf Shakespeares Drama *König Lear* (King Lear), das ins Paris der 1820er Jahre verlegt wird. Goriots selbstlose Hingabe an seine Familie als Folie benutzend, erforscht Balzac in unzähligen Varianten, wie es ist, wenn familiäre Bande oder Gemeinschaftsideale, die das Gesellschaftsgebäude aufrechterhalten, einer korrupten Pseudoaristokratie zum Opfer fallen, die auf aggressivem Individualismus und Gier basiert.

Auch wenn die verschlungene Handlung manchen Leser vielleicht ungeduldig werden läßt, rufen Balzacs Blick fürs Detail und seine Begabung für psychologisch genaue Schilderungen noch immer Bewunderung hervor. Mit seiner ins Weite gehenden Perspektive ist er noch ganz dem 19. Jahrhundert verhaftet, doch seine Erzähltechnik und die Aufmerksamkeit, die er seinen Figuren entgegenbringt, machen ihn zu einem noch heute bedeutenden Wegbereiter der modernen Prosa. **VA**

Die Nase
Nikolaj V. Gogol

Lebensdaten | *1809 (Ukraine), †1852
Erstausgabe | 1836 (Rußland)
Originaltitel | Nos
Originalsprache | Russisch

Die Nase gehört nicht nur zu Gogols bekanntesten Erzählungen – sie ist auch eine der absurdesten und insofern Vorläuferin einer Tradition, die fast ein Jahrhundert später nicht nur in Rußland, sondern in ganz Europa populär werden sollte. Außerdem diente die Erzählung als Vorlage für eine wunderbar originelle und groteske Oper von Schostakowitsch.

Kowalow, die Hauptfigur, ist ein junger Staatsdiener mit ausgeprägtem Selbstbewußtsein und einem ebenso ausgeprägten Sinn für seinen Platz in der bürokratischen Hierarchie. Eines Morgens wacht er ohne Nase auf. Auf dem Weg zu den zuständigen Behörden, denen er seinen Verlust anzeigen möchte, trifft er zu seinem Erstaunen seine Nase plötzlich in der Uniform eines Staatsrats. Sein Versuch, die verirrte Nase anzusprechen, scheitert – er wird wegen seines Ranges abgewiesen. Seine Bemühungen, eine Suchanzeige in der Zeitung aufzugeben, laufen ebenfalls ins Leere. Als ihm die Polizei die Nase später zurückbringt, gelingt es weder ihm noch einem Arzt, sie wieder anzubringen. Einige Zeit später und ohne ersichtlichen Grund findet Kowalow sie eines Morgens beim Aufwachen mysteriöserweise wieder an ihrem Platz.

Gogol spickt seine im wahrsten Sinne des Wortes unglaubliche Geschichte mit einer beträchtlichen Menge an Details – deren Plausibilität am Ende wieder infrage gestellt wird. Dabei verschont er nicht einmal die eigene Zunft, denn „was das Allerseltsamste, das Unbegreiflichste ist: wie können sich Schriftsteller solche Sujets aussuchen?" Die Leser mögen sich fragen, warum Gogol *Die Nase* schrieb – werden aber sicher nicht bedauern, daß er es tat. **DG**

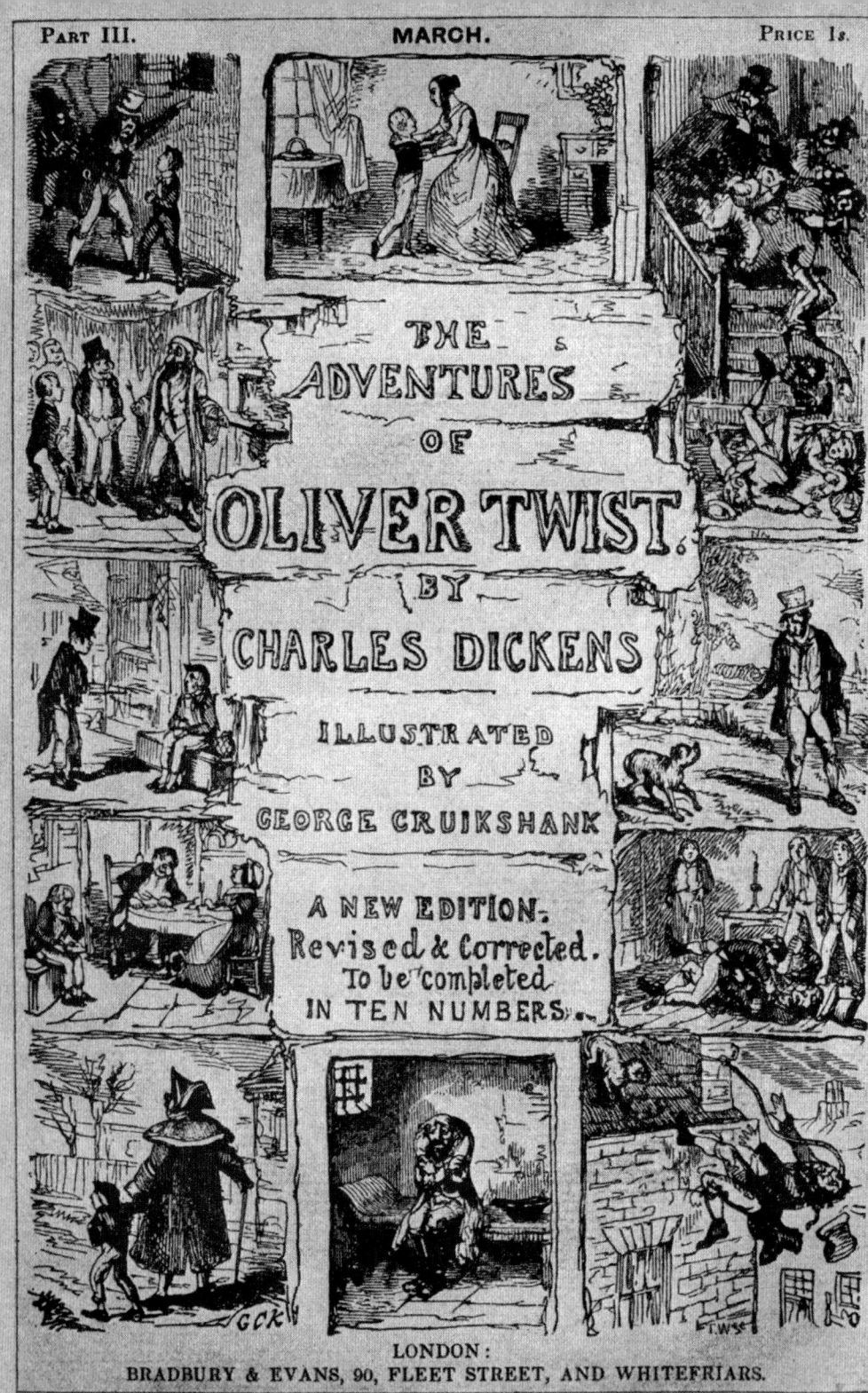

Oliver Twist
Charles Dickens

Oliver Twist erblickte das Licht der Welt zunächst als eine von Dickens' „Mudfog Sketches", als Fortsetzungsgeschichte, die er für die frühen Ausgaben des Monatsmagazin *Bentley's Miscellany* schrieb. Die ersten beiden Teile, in denen er Olivers Geburt und Überführung ins Armenhaus schildert, gehören zu einer Reihe von radikalen melodramatischen Attacken, mit denen Dickens gegen das 1834 verabschiedete Armengesetz protestierte. *Oliver Twist* ist Schelmengeschichte, Melodram und Märchenroman in einem – stellt sich am Ende doch heraus, daß der Findling adligen Ursprungs ist. Darüber hinaus ist *Oliver Twist* einer der ersten Romane mit einem Kind als Hauptfigur – im Gegensatz zu Dickens' späteren Kindergestalten bleibt Oliver jedoch frei von pubertären Verwirrungen und scheint von den Traumata, die er erlebt, seltsam unberührt. Als unbeschriebenes Blatt dient er Dickens' vielfältigen Absichten am besten: Im Armenhaus bleibt er das passive Opfer institutionalisierter Gewalt – sogar die berühmte Szene, in der er um eine zusätzliche Portion Hafergrütze bittet, ist kein Akt der Selbstbehauptung, sondern einem Los zu verdanken. Oliver wird (im Gegensatz zu Artful Dodger) nicht einmal durch Fagins Diebesbande korrumpiert – sein Erretter Mr. Brownlow hat folglich kein Problem, ihn zu einem bürgerlichen Mittelklassekind umzuerziehen. Das Komplott von Fagin, dem gottlosen Anführer minderjähriger Diebe, und Olivers Halbbruder Monks, die Oliver zum Mittäter ihrer Verbrechen machen wollen, sorgt für die nötige Spannung in der zwischen Gefangenschaft und Flucht changierenden Geschichte und hält sie zugleich zusammen. Oliver flieht aus dem Armenhaus und aus Fagins Unterwelthöhle, nur um wieder gefaßt zu werden, bis er schließlich mit seiner Tante Rose Maylie vereint wird und Brownlow ihn adoptiert. Daß das unheilvolle Muster überhaupt durchbrochen wird, ist ausnahmslos dem Eingreifen der Prostituierten Nancy zu verdanken, die beide Welten vereint – und dafür mit dem Leben bezahlt: In einer der blutrünstigsten Szenen in Dickens' Werk wird sie von ihrem Liebhaber Bill Sykes brutal ermordet. **JBT**

Lebensdaten | *1812 (England), †1870
Erstausgabe | 1838
Erschienen bei | R. Bentley (London)
Originaltitel | *Oliver Twist or The Parish Boy's Progress*

Der Illustrator George Cruikshank schuf unvergeßliche Bilder von Fagin und Artful Dodger.

Der Umschlag der Ausgabe von 1846: Zu diesem Zeitpunkt hatte *Oliver Twist* die viktorianische Gesellschaft bereits erobert.

Der Löwe von Flandern
Hendrik Conscience

Lebensdaten | *1812 (Belgien), †1883
Erstausgabe | 1838 bei L. J. de Cort (Antwerpen)
Originalsprache | Flämisch
Originaltitel | *De leeuw van Vlaanderen*

Hendrik Conscience war nicht nur ein sehr produktiver Autor, sondern er ist auch eine Schlüsselfigur der neueren flämischen Geschichte. Als er seine Schriftstellerkarriere in den 1830er Jahren begann, gab es keine flämische Literatur. Conscience machte die Sprache, die die Untertanen des einst von frankophonen Wallonen regierten Königreiches sprachen, literaturfähig.

Der Löwe von Flandern, ein historischer Liebesroman in der Tradition von Sir Walter Scott, ist wohl der beste von Consciences unzähligen Romanen und einer der wenigen, die heute noch gelesen werden. Er behandelt einen entscheidenden Moment in der Geschichte des flämischen Widerstandes gegen die französische Vorherrschaft zu Beginn des 14. Jahrhunderts. Die Kaufleute und Handwerker der flämischen Gilden erheben sich gegen den französischen König und seine Anhänger. Als das französische Heer in Flandern einmarschiert, um dem König wieder zur Macht zu verhelfen, erleiden sie in der „Goldsporenschlacht" von Kortrijk (Courtrai), die den Höhepunkt des Romans bildet, eine Niederlage.

Der Roman enthält alles, was ein romantisches, dem Mittelalter gewogenes Herz begehrt: aufbrausende oder galante Ritter in Rüstung, Volkshelden mit derben Sitten und gesunden Gefühlen und ein schönes Fräulein, das aus Gefahr gerettet werden muß. *Der Löwe von Flandern* ist kein sonderlich subtiles oder originelles Werk, doch Conscience erzählt seine Geschichte mit Verve, und das Buch wird jeden interessieren, der ein wenig Neugierde für die europäische Geschichte und das Phänomen des Nationalismus aufbringt. **RegG**

Die Kartause von Parma
Stendhal

Lebensdaten | *1783, †1842
Richtiger Name | Henri Beyle
Erstausgabe | 1839 bei Ambroise Dupont (Paris)
Originaltitel | *La chartreuse de Parme*

Bewegung ist die treibende Kraft dieser zwischen mehreren Ländern und Zeitebenen oszillierenden Geschichte. Viele Leser haben sich zum verwirrend hohen Tempo der Übergänge geäußert, das vordergründig Erzählfreude vermittelt, im Hinblick auf das große Ganze aber auch verwirrt.

Bewegung wird in diesem Roman nicht durch das Fortschreiten der Handlung erzeugt, sondern durch konsequentes Unterminieren von Figuren, Sujets und Urteilen. Am Anfang erfahren wir, daß es um die Geschichte der Herzogin Sanseverina geht, doch der eigentliche Held ist zumindest zunächst ihr idealistischer Neffe Fabrizio, dessen prinzipientreue Tapferkeit ebenfalls nicht auf Dauer trägt: In Waterloo stehlen seine Kameraden ihm das Pferd – und enttäuschen damit seine hohen Erwartungen an Kriegskameradschaft. In jenen Teilen des Romans, in denen der Bericht über Zeiträume, die Jahre umfassen, mit Passagen abwechselt, in denen das Geschehen weniger Stunden wiedergegeben wird, macht ein optisch erhöhter Erzählstandpunkt zeitliche Diskontinuitäten plausibel – vom Glockenturm der Kirche, die Fabrizio als Kind aufsuchte, bis zum Turm der Zitadelle von Parma, in die er eingekerkert wird. Gefangenschaft ist das zentrale Sujet des Romans – um so subversiver erscheinen die erzähltechnischen Freiheiten, die Stendhal sich erlaubt: Ein Thema folgt aufs andere, ein erzähltechnischer Kniff zeigt die Begrenzungen des nächsten und so folgt der Roman seiner eigenen berauschenden Logik. **DT**

Der Untergang des Hauses Usher

Edgar Allan Poe

Lebensdaten | *1809 (USA), †1849
Erstausgabe | 1839 bei W. Burton (Philadelphia) in *Burton's Gentleman's Magazine*
Originaltitel | *The Fall of the House of Usher*

Um *Der Untergang des Hauses Usher* als „Roman" zu bezeichnen, muß man diesen Begriff schon arg strapazieren. Doch trotz seiner Kürze hat der Text seine Aufnahme in diese Sammlung verdient, denn der moderne Roman ist ohne Poes Meisterwerke undenkbar – das gilt für diese zukunftsweisende Erzählung ganz besonders. Poe konfrontiert die Leser mit einer von drohendem Unheil und Schrecken getränkten Atmosphäre und untermauert seine Schilderung mit einer ebenso beeindruckenden Erforschung der menschlichen Psyche.

Als letzte Nachkommen der ehrwürdigen Familie Usher repräsentieren Roderick und Madeline das „Haus Usher" – und so heißt auch das finstere Herrenhaus, in dem sie leben. Der Erzähler in Poes Geschichte ist seit Kindertagen mit Roderick befreundet. Ein Brief mit der flehentlichen Bitte um Hilfe ruft ihn zu dem verfallenden Landsitz. Bei seiner Ankunft trifft er einen völlig veränderten Freund an, und vor seinen – und unseren – Augen geschehen seltsame und schreckliche Dinge. Da der Leser die Position des Erzählers einnimmt, identifiziert er sich durch und durch mit dem „Verrückten", der ungläubig zusieht, wie Realität und Phantasie sich um ihn herum bis zur Ununterscheidbarkeit vermischen. Die stilistische Einheitlichkeit und das unangestrengt Einnehmende von Poes Prosa wickeln die Leser regelrecht ein und bilden zugleich eine inhaltliche Klammer. Für einen so jung verstorbenen Autor hinterließ Poe ein unglaubliches Erbe, und sein eigener Untergang wirkt fast wie ein Nachhall dieser Geschichte. **DR**

„An einem dunklen stummen Herbsttag, an dem die Wolken tief und schwer fast bis zur Erde herabhingen, war ich lange Zeit durch eine eigentümliche Gegend geritten ..."

Der irische Illustrator Harry Clarke schuf im Jahr 1923 diese verstörende Illustration zu Poes berühmter Horrorgeschichte.

CAMERA OBSCURA
HILDEBRAND

Die Familie Kegge
Hildebrand

Lebensdaten | *1814 (Niederlande), †1903
Erstausgabe | 1839 bei Erven F. Bohn (Haarlem)
Originalsprache | Niederländisch
Originaltitel | *Camera obscura*

Der junge Nicolaas Beets studierte an der Universität von Leiden Theologie, als er unter dem Pseudonym Hildebrand und dem Originaltitel *Camera obscura* die erste Version seiner Sammlung lose verknüpfter Geschichten und Skizzen publizierte. Beets' Stil ist realistisch, seine Intention satirisch. Das von mildem Humor geprägte ironische Porträt der holländischen Bourgeoisie wurde bei einem Publikum, das bereit war, über eigene Schwächen zu lachen, augenblicklich zum Erfolg.

Wie die Werke seines englischen Zeitgenossen Charles Dickens sind auch Beets' Geschichten niemals frei von Sentimentalität. Obgleich er seine Figuren kritisch betrachtet, ist sein Blick nie ohne Sympathie; der protzige Parvenü Kegge und der gespreizte Student Peter Stastok werden lächerlich gemacht, aber nicht gehässig heruntergeputzt. Wahre Schurken – etwa van der Hoogen in den Geschichten über die Familie Stastok – erhalten immer die ihnen gebührende Strafe, denn Beets' behagliches moralisches Universum läßt keinen Raum für Tugend ohne Belohnung oder Laster ohne Strafe. *Die Familie Kegge* gehört inzwischen zu den Klassikern der niederländischen Literatur, denn Beets wird seinem erklärten Ziel, der niederländischen Sprache „das sonntägliche Schnürmieder auszuziehen und sie etwas natürlicher herumlaufen zu lassen", gerecht. Sein umfangreiches Figurenensemble ist vielleicht etwas angestaubt, läßt einen aber immer noch amüsiert mitfiebern und bietet Stoff zum Nachdenken. **RegG**

◉ Auf dem Umschlagbild dieser Ausgabe aus dem Jahr 1950 ist eine Camera obscura zu sehen, ein technisches Hilfsmittel für Maler, um identische Abbilder herzustellen.

Ein Held unserer Zeit
Michail Lermontow

Lebensdaten | *1814 (Rußland), †1841
Erstausgabe | 1840
Erstes Kapitel | 1839
Originaltitel | *Geroj nasego vremeni*

Das Buch vereinigt fünf miteinander verbundene Geschichten, die sich alle um denselben Protagonisten drehen. Dabei führt Lermontow gleichzeitig zwei in der russischen Literatur des 19. Jahrhunderts häufige Erscheinungen vor: die kaukasische Abenteuergeschichte und den „überflüssigen" Antihelden.

Petschorin ist ein junger, vom Leben und den Menschen enttäuschter Offizier, der seine Seele als „halb tot" bezeichnet und der das Glück mit der Fähigkeit gleichsetzt, über andere Macht auszuüben. Sein Verdruß beruht auf der Unfähigkeit der Welt, seinen hohen Erwartungen gerecht zu werden. Sein Egoismus äußert sich energisch und rachsüchtig – er entführt ein tscherkessisches Mädchen und wird ihrer überdrüssig, und er betört eine junge russische Adlige, um einen Bekannten zu ärgern, den er später in einem Duell umbringt.

Die Abenteuer spielen vor dem spektakulären, von Lermontow eindrücklich evozierten Hintergrund Kaukasiens im russischen „Grenzland", das von Schmugglern, wilden Bergstämmen, wunderbaren Pferden und betrunkenen Kosaken bevölkert wird. Diese Landschaft und ihre Wirkung auf die Protagonisten (und die Leser) widerspricht Pechorins von Überdruß geprägtem Blick auf die Welt und die Menschen in seiner Umgebung, womit eines der wesentlichen Spannungselemente des Romans gegeben ist. Spannung entsteht ebenfalls aus dem Kontrast zwischen Pechorins spirituellen Sehnsüchten und seinem gefühllosen und sogar boshaften Verhalten. **DG**

Tote Seelen
Nikolaj V. Gogol

Lebensdaten | *1809, †1852
Erstausgabe | 1842 (Rußland)
Originaltitel | *Mertvyja dusi*
Originalsprache | Russisch

Die Arbeit an diesem Roman brachte Gogol an den Rand des Wahnsinns. Alles begann mit einer Idee für eine humoristische Geschichte, in der ein intriganter Opportunist namens Tschitschikow durch Rußland reisen sollte, um die Rechte an toten Seelen zu erwerben, die noch nicht aus den staatlichen Steuerlisten getilgt wurden und daher – wie alle Leibeigenen – noch mit einer Hypothek belastet waren. Mit dem Umfang des Romans wuchs auch Gogols Ehrgeiz; sein Ziel war kein geringeres, als das edle, aber schlafende Herz des russischen Volkes wiederzubeleben, das gesellschaftlich und ökonomisch verwirrte Land in das glänzende, großartige Empire zu verwandeln, zu dem es bestimmt war. Gogol wollte nicht länger über Rußland schreiben – er wollte Rußland retten. Eine messianische Besessenheit ergriff ihn, und nachdem er den zweiten Teil des Romans nach zehn Jahren Arbeit – zweimal – verbrannt hatte, hungerte er sich zu Tode.

Tschitschikows Reise durch die Weite Rußlands in einer Troika lieferte Gogol die Gelegenheit, als satirischer Porträtist zu glänzen und das typisch Russische in allen Schattierungen zu karikieren. Er bringt die Komik in die russische Literatur – Tragikomik. Mit Tschitschikow schuf er einen zeitlosen Charakter, einen Reklamefritzen, den heutigen Börsenhaien nicht unähnlich, der es schafft, die Dumpfheit und Gier von Landsbesitzern auszunutzen, die immer nur reicher werden wollen.

Obwohl Gogol für die Rettung Rußlands keine Patentlösung liefern konnte, ist es ihm zweifellos gelungen, sein „großes episches Poem" zu schreiben, das auf unvergeßliche Weise „das Rätsel meiner Existenz" löste. **GT**

Verlorene Illusionen
Honoré de Balzac

Lebensdaten | *1799 (Frankreich), †1850
Erstausgabe | 1843
Erschienen bei | G. Charpentier (Paris)
Originaltitel | *Illusions perdues*

Die *Verlorenen Illusionen*, eine Art abendländische Version der *Geschichten aus Tausendundeiner Nacht*, gehört zu den Hauptwerken von Balzacs 17bändiger *Menschlicher Komödie* (*La Comédie humaine*) (1842–1846). Diese umfangreiche Studie über das zeitgenössische Leben, deren Geschichten zur Zeit der Restauration unter Ludwig XVIII. spielen, sollte zeigen, wie gesellschaftliche, wirtschaftliche und politische Faktoren das individuelle und kollektive Schicksal formen.

Als selbstgenannter Chronist seiner Epoche interessierte Balzac sich für jede „Art von Gesellschaft", am meisten aber für die durch Geld verursachten Umwälzungen. Seine Prosa lenkt unsere Aufmerksamkeit auf die vielen Gegensätze, die die Gesellschaft definieren: den Kontrast zwischen Royalisten und Liberalen in der Politik, den Gegensatz zwischen Aristokratie und Bourgeoisie, zwischen Geizhälsen und Verschwendern, Tugendbolden und Lasterhaften, Paris und der Provinz. Geprägt von der Bilderwelt des Theaters, erzählen die drei Teile der *Verlorenen Illusionen* die Geschichte des Dichters Lucien de Rubempré, der sich in dem südfranzösischen Provinzstädtchen Angoulême in Begleitung seines Alter Ego David Séchard der Langeweile hingibt und seinen Ehrgeiz nährt. Nach seiner Einführung in die literarische, journalistische und politische Welt von Paris erlebt er eine Desillusionierung nach der anderen. Marcel Proust pries die Art, auf die Balzac Dinge zu „erklären" versucht, und die schöne „Naivität und Gewöhnlichkeit" seines Stils.

Verlorene Illusionen bietet von der ersten bis zur letzten Seite reichlich Gelegenheit, Prousts Bewunderung für Balzac zu teilen. **CS**

> Die Kritzeleien auf der Titelseite des Manuskripts von *Verlorene Illusionen* stammen aus der Feder des Autors.

Illusions perdues

Grube und Pendel
Edgar Allan Poe

Mit dieser klaustrophobischen Horrorgeschichte sicherte sich Edgar Allan Poe einen Platz im Olymp der Romantiker. Als einer der ersten bedeutenden amerikanischen Literaturkritiker äußerte er sich geringschätzig über Kunst und Literatur, die vorwiegend weltliche Dinge thematisieren; er selbst zog es vor, sich mit dem Überraschenden und dem Verstörenden – insbesondere dem Übernatürlichen auseinanderzusetzen.

Poe genoß als Lyriker und Prosaautor hohes Ansehen, er hatte aber zeitlebens Geldprobleme, war häufig krank und litt unter depressiven Anfällen, die durch seinen Alkoholkonsum verschlimmert wurden. Zwei Jahre nach dem Tod seiner Frau starb er im Alter von 40 Jahren, nachdem er sich ins Koma getrunken hatte.

Es überrascht also wenig, daß so viele seiner Geschichten das Elend verzweifelter Protagonisten schildern, die das Entsetzen an den Rand des Wahnsinns gebracht hat. Doch in vielen Kritiken über Poe und sein Werk, darunter auch psychoanalytische Interpretationsversuche, wird die Qual des Schriftstellers mit der seiner Protagonisten verwechselt. In *Grube und Pendel* herrscht eine überwältigende Atmosphäre des Grauens – das dunkle, nach Tod und Verwesung stinkende Zimmer, die wilden Ratten, das zur Unbeweglichkeit verdammte Opfer, das buchstäblich starr vor Schrecken ein messerscharfes Pendel auf sich niedersinken sieht … all das hat viele Diskussionen über den Geisteszustand des Autors ausgelöst. Doch dieses Meisterwerk, das sich vieler Motive bedient, die das Horrorgenre hervorgebracht hat, sollte wie das unwiderstehliche literarische Kleinod eines phantasiebegabten Geistes behandelt werden. **TS**

Lebensdaten | *1809 (USA), †1849
Erstveröffentlichung | 1843
Erschienen in | *The Gift for 1843* (Philadelphia)
Originaltitel | *The Pit and the Pendulum*

„… als sie mir endlich die Fesseln abnahmen …, fühlte ich nur noch, wie mir die Sinne schwanden. Das Todesurteil war das letzte, was meine Ohren deutlich vernahmen."

Poes Porträt ziert eine Zigarrenschachtel (um 1890) – Beleg für die Popularität des Autors.

Diese Illustration zu Grube und Pendel zeigt das Opfer in seiner verzweifelten Lage – mitsamt seinen Halluzinationen.

LES TROIS MOUSQUETAIRES

La Cape et l'Épée — Par Alex. Dumas

LES TROIS MOUSQUETAIRES. — Un mousquetaire, placé sur le degré supérieur, l'épée nue à la main, empêchait, ou, du moins, s'efforçait d'empêcher les trois autres de monter. Ces trois autres s'escrimaient contre lui de leurs épées fort agiles. (Page 34.)

Die drei Musketiere
Alexandre Dumas

Lebensdaten | *1802 (Frankreich), †1870
Erstausgabe | 1844
Erschienen bei | Baudry (Paris)
Originaltitel | *Les trois mousquetaires*

Die drei Musketiere ist das berühmteste von etwa 250 Büchern aus der Feder dieses produktiven Autors und seiner 73 Gehilfen. Es entstand in Zusammenarbeit mit dem Geschichtsprofessor Auguste Maquet, dem häufig das Konzept, ja sogar der erste Entwurf zugeschrieben wird, obwohl der Text, wie alle Werke Dumas', mit historischen Erkenntnissen sehr freizügig umgeht.

Der Held des Romans, der Gascogner D'Artagnan, verkörpert in jeder Hinsicht das Klischee des hitzköpfigen Béarnaisers. Ausgestattet mit einem Empfehlungsschreiben an M. de Tréville, den Anführer der Musketiere von König Ludwig XIV., schlägt sich dieser verwegene junge Mann, ein ausgezeichneter Degenfechter, bis Paris durch, um dort sein sein Glück zu finden. Daß Dumas' Texte auch heute noch bestehen können, liegt an der Lebendigkeit, die er seinen Figuren einhaucht. Außerdem beherrscht er die Techniken des Feuilletonromans perfekt – die dramatische Spannung bleibt stets erhalten.

Die drei Musketiere ist der Abenteuerroman par excellence; er schickt den Leser auf eine verrückte, rasante Reise. Die kraftvoll gezeichneten Charaktere, von den drei Musketieren selbst bis zu Kardinal Richelieu und der gehässigen Milady, sind ins kulturelle Gedächtnis Westeuropas eingegangen. Das Charisma von Dumas' großspurigem jungen Gascogner strahlt ungebrochen weiter. **DR**

Barbarei und Zivilisation
Domingo Faustino Sarmiento

Lebensdaten | *1811 (Argentinien), †1888 (Paraguay)
Erstausgabe | 1845 als Fortsetzung in *El Progreso*
Originaltitel | *Civilización y barbarie: Vida de Juan Facundo Quiroga*

Barbarei und Zivilisation ist kein Roman, es ist eine Mischung aus Biographie, Geschichte, Geographie, Erinnerungen, utopischen Beschreibungen, Schmähreden und politischen Programmen, und diese Mischung ist von unglaublich großer erzählerischer Kraft.

Sarmiento beschreibt den argentinischen Staat anhand der Lebensgeschichte von Juan Facundo Quiroga (1793–1835). Dieser war zur Zeit des Bürgerkrieges, der Argentinien die Unabhängigkeit brachte, ein Anführer der Gauchos. Der Autor verdichtet ein romanhaftes Argentinien zum Titelhelden, zu einer orientalischen, mittelalterlichen und afrikanischen Vision (die aufgegeben werden muß), aber auch zu einer romanischen und französischen Vision (die anzustreben ist). Argentinien, die Heldin, bekommt es mit zwei Molochen zu tun: der Zivilisation (die Stadt, die Zukunft, Europa) und der Wildnis (die Pampa, die Gegenwart, Amerika). Letztere verkörpert Facundo, er ist eine maskierte Version des Diktatoren Rosas, der an der Macht war, als das Buch geschrieben wurde, und der Sarmiento ins chilenische Exil zwang. Auch der literarische Wert des Buches zeigt sich in Facundo, mit ihm gelang Sarmiento eine faszinierende, monströse Figur. Die modernen Qualitäten von *Barbarei und Zivilisation*, von denen argentinische Autoren bis heute zehren, zeigen sich in den beigefügten Titeln, Epigraphen und Notizen, in der allegorischen Tiefe vieler Passagen und im kräftigen, selbstbewußten Stil, der den Leser überzeugen will. **DMG**

Auf dieser Illustration aus dem frühen 20. Jahrhundert demonstrieren die Musketiere ihr Können im Umgang mit dem Degen.

Das Teufelsmoor
George Sand

Lebensdaten | *1804 (Frankreich), †1876
Richtiger Name | Amandine-Aurore-Lucile Dupin
Erstausgabe | 1845 bei Desessart (Paris)
Originaltitel | *La mare au diable*

„Dieser Gesang ist nichts weiter als eine Art Rezitativ, das beliebig unterbrochen und wieder aufgenommen werden kann."

▲ Aurore Dupin wurde unter dem männlichen Pseudonym Georges Sand weltberühmt.

George Sand gehörte zu den Stars des Kulturlebens, und zwar wegen ihres freizügigen Lebensstils *und* wegen ihrer Romane. Nach einer kurzen, gescheiterten Ehe hatte sie zahlreiche Affären, die sehr genau dokumentiert sind, unter anderem mit Chopin und De Musset. Ihr berühmtester Roman *Indiana* schildert auf lebendige Weise das Schicksal einer Frau, die sowohl von ihrem Ehemann als auch von ihrem Liebhaber unterdrückt wird.

In den 1840er Jahren wandte Sand sich dem Heimat- und Bauernroman zu und siedelte ihre Geschichten in der Region Berry an, wo sie selbst auf dem Landgut Nohant lebte. Der Held der Erzählung *Das Teufelsmoor* ist ein verwitweter Landmann namens Germain. Nach dem Tod seiner Frau trägt er die alleinige Verantwortung für drei kleine Kinder und folgt nur widerwillig dem Ratschlag seines Schwiegervaters, der reichen Witwe Cathérine Leonard den Hof zu machen, die in einem anderen Dorf lebt. Mit der jungen Schäferin Marie, die Arbeit auf einem Bauernhof in der Nachbarschaft der Witwe gefunden hat, macht Germain sich auf den Weg. Bei einer Rast am „Teufelsmoor" entsteht eine Atmosphäre, in der sich die beiden plötzlich magisch zueinander hingezogen fühlen. Als enttäuschend hingegen erweist sich das Ergebnis ihrer Reise: Die Witwe ist eitel und hochnäsig, und Maries Dienstherr stellt ihr nach. Nach vielen schicksalhaften Wendungen erkennen Schäferin und Landmann, daß sie einander lieben.

Das Teufelsmoor ist stilistisch wie inhaltlich eine Idylle. Mit ihren Landschaftsschilderungen bedient Sand bewußt die Bedürfnisse eines erlauchten Publikums, das dem komplizierten, verdorbenen Stadtleben zumindest in der Phantasie entfliehen möchte. Auch vor der Schilderung der härteren Seiten des Landlebens schreckt sie nicht zurück – die Menschen sind arm und haben eine geringe Lebenserwartung –, bejaht diese aber implizit als Teil der unveränderlichen natürlichen Ordnung. Sands Bauernromane waren seinerzeit ungeheuer populär und haben als authentischer Ausdruck des zeitgenössischen Romantizismus bis heute ihre Frische und ihren Charme bewahrt. **RegG**

Der Graf von Monte Cristo
Alexandre Dumas

Alexandre Dumas' bekannter Fortsetzungsroman beginnt mit der Einkerkerung des Helden Edmond Dantès im Château d'If, nachdem seine Rivalen ihn als Anhänger Napoleons denunziert haben – just bevor Napoleon 1815 von Elba zurückkehrt. Im Laufe seiner 14jährigen Kerkerhaft lernt Edmond zufällig den Abbé Faria kennen, der ihn unterrichtet und das Geheimnis eines großen, auf der Insel Monte Christo versteckten Schatzes enthüllt. Edmont gelingt unter dramatischen Umständen die Flucht: Anstelle des Leichnams des verstorbenen Abbé läßt er sich – in einen Sack gehüllt – ins Meer werfen. Die Verwandlung Edmonds in den Grafen von Monte Cristo kann beginnen.

Der zu Wohlstand gelangte Graf läßt die Denunzianten für ihre teuflische Verleumdung büßen. Jeder von ihnen wird auf einfallsreiche Weise bestraft, während sich das Geschehen von Rom und Südfrankreich nach Paris verlagert. Für die Verwirklichung seiner Rachepläne setzt der Graf das Mittel der Intrige, Gift und andere Hilfsmittel ein. Neben diesem spannungsreichen Erzählstrang geht es auch um die finanzielle, politische und rechtliche Korruption im Frankreich der Restaurationszeit und um die sozialen Außenseiter (z. B. Sträflinge), die diese Gesellschaft unterwandern.

Am Ende fragt sich der Graf, ob er sich mit seinem Vergeltungsfeldzug um der Gerechtigkeit willen nicht überheblich an Gottes Stelle gesetzt hat. Der *Graf von Monte Cristo* ist eine phantastische und leidenschaftliche Rachegeschichte in der Tradition Walter Scotts – ein historischer Roman, der historisch ungenau ist. In seinem Verlauf reflektiert der Autor auf ungewöhnliche Weise über Glück und Gerechtigkeit, die Frage der Allmacht und die manchmal fatale, quälende Wiederkehr des Vergangenen. **CS**

Lebensdaten | *1802 (Frankreich), †1870
Erstausgabe | 1845–1846
Erschienen bei | Pétion (Paris)
Originaltitel | *Le compte de Monte-Cristo*

„*Nur ein Mann, der abgrundtiefe Verzweiflung erlebt hat, kann höchste Glückseligkeit empfinden.*"

Alexandre Dumas verdiente mit seinen populären Romanen ein Vermögen, starb infolge seiner Verschwendungssucht aber als armer Mann.

Jane Eyre. Eine Autobiographie
Charlotte Brontë

Lebensdaten | *1816 (England), †1855
Pseudonym | Currer Bell
Erstausgabe | 1847 bei Smith, Elder & Co. (London)
Originaltitel | *Jane Eyre. An Autobiography*

„Leser, ich habe ihn geheiratet."

- George Richmond gelang es in diesem Pastell von 1850 Charlotte Brontës Intelligenz und unerschütterliche Integrität zum Ausdruck zu bringen.

- Die erste Seite des Originalmanuskripts von *Jane Eyre*. Brontë publizierte den Roman unter dem Pseudonym Currer Bell.

Charlotte Brontës erster publizierter Roman erzählt – wie ihr späteres Werk *Villette* – die Geschichte einer jungen, früh verwaisten Frau, die ohne finanzielle und familiäre Unterstützung ums Überleben kämpft und späte Erfüllung findet. Jane ist zwischen widersprüchlichen Triebkräften gefangen. Auf der einen Seite ist sie stoisch, zurückhaltend und neigt zur Selbstaufopferung. Auf der anderen Seite besitzt sie einen leidenschaftlichen, unabhängigen Geist und neigt zu aufrührerischem Nonkonformismus angesichts des Unrechts, das ihr, so scheint es, von überall entgegenschlägt. Als Kind steht sie unter der Fuchtel ihrer Tante, der wohlhabenden Mrs. Reed, und leidet zunächst unter den Schikanen ihrer Familie, dann unter dem strengen Regiment an der Lowood School, wo Mrs. Reed sie schließlich hinschickt. Später arbeitet sie als Hauslehrerin auf Thornfield Hall und betreut dort die uneheliche Tochter des jähzornigen Mr. Rochester, zu dem sie eine tiefe Zuneigung faßt. Standesschranken verhindern zunächst eine Bindung.

Im Laufe des Romans wird diese Lesart relativiert: Das eigentliche Hindernis für eine Liebesbeziehung liegt weniger in den Standesunterschieden – denen beide Figuren ohnehin kaum Bedeutung zumessen –, sondern vielmehr in der Tatsache, daß Rochester bereits eine Frau hat: die berüchtigte Verrückte, die im Dachgeschoß eingesperrt ist (Bertha Mason, deren Geschichte Jean Rhyss in *Sargassomeer* phantasievoll rekonstruiert). Berthas Misere wurde häufig als Kontrapunkt zu Janes Leiden interpretiert und warf darüber hinaus Fragen zur Darstellung von Frauen in der Literatur des 19. Jahrhunderts auf. Daß Jane ihren Rochester schließlich bekommt, verdankt sich nicht zuletzt dem Zufall und Elementen der Wunscherfüllung. Als beredte Reflexion über die bedauernswerte Lage intelligenter und ehrgeiziger Frauen in der erstickenden Atmosphäre des patriarchalen viktorianischen Englands ist *Jane Eyre* noch heute lesenswert. **ST**

Jane Eyre
by Currer Bell
Vol. 1st

Chap. 1st

[The]re was no possibility of taking a walk that day.
[We] had been wandering indeed in the leafless shrub[bery an]
[hour] in the morning, but since dinner (Mrs. [Reed,]
[wh]en there was no company, dined early) the cold w[inter]
[w]ind had brought with it clouds so sombre, a rain [so pene-]
[tr]ating that further out-door exercise was now out [of the]
[q]uestion.

I was glad of it; I never liked long walks — espe[cially on]
chilly afternoons; dreadful to me was the coming [home in]
the raw twilight with nipped fingers and toes and [a heart]
[sa]ddened by the chidings of Bessie, the nurse, and hu[mbled by]
the consciousness of my physical inferiority to Eliza, [John]
[an]d Georgiana Reed.

Jahrmarkt der Eitelkeit
William Makepeace Thackeray

Für viele Leser enthält bereits das erste Kapitel des Romans die Schlüsselszene: Becky Sharp, angehende Gouvernante, wirft beim Verlassen von Miß Pinkertons Schule ihr Abschiedsgeschenk, Dr. Johnsons Lexikon, durchs Tor zurück. Diese „heroische Tat" ist das erste Indiz für Beckys Fähigkeit, ihr Schicksal ohne Rücksicht auf Konventionen in die eigenen Hände zu nehmen. Darüber hinaus markiert auch der Autor Thackery mit der Zurückweisung des Lexikons, als Inbegriff des Wunsches nach Kontrolle und Klassifizierung, wie er für das 18. Jahrhundert charakteristisch war, symbolisch den Schritt ins 19. Jahrhundert und somit auch den Beginn der Viktorianischen Literatur.

Thackerays Roman lotet die Grenzen der frühviktorianischen Gesellschaft ebenso aus wie die Bedingungen seiner eigenen Entstehung. Die Figur Becky steht im Zentrum des Bemühens, denn ihr Aufbegehren gegen die Konvention erklärt sich unter anderem aus der Beschaffenheit der Gesellschaft, zu der sie gehören möchte. Sie ist eine berechnende, unsentimentale Abenteurerin und passt folglich perfekt in eine Welt, in der alles käuflich ist und nichts bleibenden Wert besitzt. Allerdings wird sie, anders als vergleichbare Frauengestalten dieser Zeit, nicht aus satirischer Distanz geschildert. Ihre Verführungskraft beruht auf ihrer Fähigkeit, stets zu überraschen, indem sie häufig widersprüchliche Gefühle wie Ehrgeiz, Gier und Egoismus durch Gelassenheit, Wärme und Bewunderung ausgleicht. Becky setzt sich durch in einer hohlen Welt, in der alles um die Schlacht von Waterloo kreist, und nimmt die Scheinheiligkeit der Gesellschaft unter die Lupe. Diese Scheinheiligkeit dient zugleich als Folie, vor der die wenigen Momente der Uneigennützigkeit, Beckys eigene Anwandlungen von Großzügigkeit eingeschlossen, um so heller erstrahlen. Letztlich ermöglicht sie nicht nur Tolstois Figur der Anna Karenina, die unter direktem Einfluß dieses Romans Gestalt annahm, sondern auch Eliots Gwendolen Harleth und Hardys Sue Bridehead. Als Protagonistin des *Jahrmarkts der Eitelkeit* verleiht Becky Sharp dem Buch einen unwiderstehlichen Glanz und erscheint zugleich beunruhigend vertraut. **DT**

Lebensdaten | *1811 (Indien), †1863 (England)
Erstausgabe | 1847
Erschienen bei | Bradbury & Evans
Originaltitel | *Vanity Fair, or, a Novel without a Hero*

„Ich wußte schon immer, daß das Los, auf das ich alles gesetzt hatte, den Gewinn gar nicht wert war."

◉ Becky Sharp, gezeichnet von Frederick Barnard, der die Originalausgabe von *Jahrmarkt der Eitelkeit* illustrierte.

◉ Thackery auf einer Fotografie von Ernest Edwards (um 1860).

Sturmhöhe

Emily Brontë

Lebensdaten | *1818 (England), †1848
Pseudonym | Ellis Bell
Erstausgabe | 1847 bei T. C. Newby (London)
Originaltitel | *Wuthering Heights*

Die moderne Literatur hegt eine große Leidenschaft für die Einsamkeit, und Emily Brontës *Sturmhöhe* schildert die Auswirkungen extremer Askese und Isolation mit einer bislang unerreichten Wucht. Diese völlig psychotische Liebesgeschichte hat mit den Romanen der beiden anderen Brontë-Schwestern und mit William Wylers Filmadaption aus dem Jahr 1939 denkbar wenig gemein.

Emily Brontë wuchs in sehr einfachen Verhältnissen auf; ihr Umgang beschränkte sich auf ihren Vater, einen irischen Pastor, und ihre Schwestern, mit denen sie Geschichten austauschte, um sich die Zeit in der Einöde von Yorkshire zu vertreiben. Angesichts dieser Gegebenheiten ist es unwahrscheinlich, daß sie je eine wirkliche Liebesbeziehung erlebte – wie also konnte sie einen Roman von solch ungekünstelter Schönheit und leidenschaftlicher Wildheit schaffen? Die Geschichte von Catherine und Heathcliff ist auf schreckliche Weise modern – sie zeigt ein auf Effizienz ausgerichtetes Gesellschaftsmodell, das die ursprüngliche und unschuldige Freiheit der Kindheit zugunsten berechnender Vernunft zerstört und die beiden Liebenden dadurch ins Verderben stürzt. Catherine ist bereit, für einen Platz in der Gesellschaft der Erwachsenen die Freiheit ihrer Jugend zu opfern, Heathcliff läßt sich zu wütender, rücksichtsloser Vergeltung hinreißen. Genau das macht *Sturmhöhe* so faszinierend: die Art, wie eine vollkommen unschuldige, aber mit der Fähigkeit, pure Verzweiflung auszudrücken begabte Frau ihre Protagonisten auf eine urbildhafte Katastrophe zusteuern läßt. Zweifellos ist dies auch der Grund dafür, daß Georges Bataille *Sturmhöhe* als „eines der großartigsten Bücher, die je geschrieben wurden", bezeichnete. **SF**

Die Herrin von Wildfell Hall

Anne Brontë

Lebensdaten | *1820 (England), †1849
Pseudonym | Acton Bell
Erstausgabe | 1848 bei T. C. Newby (London)
Originaltitel | *The Tenant of Wildfell Hall*

Als diese großartige Studie über Alkoholmißbrauch und häusliche Gewalt publiziert wurde, waren die Rezensenten entrüstet. Nichtsdestotrotz verkaufte sich *Die Herrin von Wildfell Hall* bemerkenswert gut, und im Vorwort zur zweiten Auflage verteidigte sich Anne Brontë gegen ihre Kritiker, indem sie sich auf die moralische Pflicht des Romanciers berief, „Laster und lasterhafte Figuren" so darzustellen, „wie sie wirklich sind". Sie kritisierte darüber hinaus Urteile, die sie und ihr Buch für um so verdammenswürdiger erklärten, falls es sich bei dem Autor (Brontë schrieb unter dem Pseudonym Acton Bell) um eine Frau handeln sollte.

Der feministisch angehauchte Roman ist das lebhafte Porträt der Ehe zwischen der jungen Helen Huntingdon und einem Lebemann der Regency-Ära. Er schildert die gutgemeinten Versuche der Protagonistin, ihren Mann zur Besserung zu bewegen, und schließlich ihre Flucht, um den gemeinsamen Sohn vor dem verderblichen Einfluß des Vaters zu retten. Lange Passagen bestehen aus Helens Briefen und Tagebucheinträgen und beschreiben die von Mißbrauch geprägte Beziehung aus ihrer Perspektive – und dies zu einer Zeit, als verheiratete Frauen in England nur wenige gesetzlich verbriefte Rechte hatten. So schrieb die Schriftstellerin May Sinclair 1913: „Als Helen ihrem Ehemann die Schlafzimmertür vor der Nase zuschlug, hallte das Echo durch das ganze viktorianische England" – ein Echo, das die Leser dieses umstrittenen und aufrührerischen Romans noch heute hören können. **VL**

> Ein Ausschnitt aus Branwells Porträt der Brontë-Schwestern. Zu sehen sind Anne und Emily.

David Copperfield
Charles Dickens

Lebensdaten | *1812 (England), †1870
Erstausgabe | 1850 bei Collins (London)
Originaltitel | The Personal History, Experience, and Observations of David Copperfield, the Younger

David Copperfield gilt als Dickens' autobiographischstes Werk, und in Davids Bericht über sein Martyrium in der Fabrik seines Stiefvaters und seine Ausbildung zum Journalisten und Parlamentsreporter spiegeln sich sicherlich Erfahrungen des Autors wider. Diese komplexe Studie über die psychische Entwicklung des Protagonisten – David Copperfield gehörte zu Sigmund Freuds Lieblingsbüchern – verknüpft märchenhafte Elemente mit der offenen Form des Bildungsromans. Die idyllische Kindheit des vaterlosen Helden findet ein abruptes Ende, als mit Mr. Murdstone ein rigoroser Patriarch als Stiefvater auf den Plan tritt. Dickens schildert die Quälereien, denen David als Kind ausgesetzt ist, Davids Heirat mit der Kindfrau Dora und seinen persönlichen Reifungsprozeß, in dessen Verlauf er lernt, sein „undiszipliniertes Herz" zu zähmen.

Der Roman beschwört den Akt des Erinnerns und untersucht zugleich das Wesen der Erinnerung. Davids Entwicklung wird mit der Entwicklung anderer vaterloser Söhne verglichen; der strenge Mr. Murdstone findet seinen Gegenpart im lustigen Mr. Micawber. Dickens geht außerdem den Ängsten auf den Grund, die das Verhältnis zwischen den Klassen und Geschlechtern prägen. Besonders eklatante Beispiele hierfür sind die Verführung der aus der Arbeiterklasse stammenden Emily durch Steerforth, die Zeichnungen, die Uriah Heep von der frommen Agnes anfertigt, und Davids Entscheidung für Agnes, deren domestizierte Rationalität seiner Sehnsucht nach einer Familie eher entgegenkommt als die infantile Sexualität Doras. **JBT**

◀ Dieses Foto von Herbert Watkins zeigt Dickens in selbstbewußter Haltung zur Entstehungszeit von David Copperfield.

Der scharlachrote Buchstabe
Nathaniel Hawthorne

Lebensdaten | *1804 (USA), †1864
Erstausgabe | 1850
Erschienen bei | Ticknor, Reed & Feelds (Boston)
Originaltitel | The Scarlett Letter

Der titelgebende scharlachrote Buchstabe ist ein mit Gold umrandetes und mit kunstvoller Stickerei verziertes „A", das die Bostoner Puritaner die Ehebrecherin (adulteress = engl. Ehebrecherin) Hester Prynne zu tragen zwingen. Es ist sowohl ein Zeichen der Schande als auch ein wunderbar gearbeitetes Kunstwerk.

Dieser im 17. Jahrhundert angesiedelte Roman, dessen ausschweifender Symbolismus das Sujet, die puritanische Geisteshaltung, geradezu konterkariert, führt das Scheitern einer Gesellschaft vor Augen, der es nicht gelingt, Zeichen und Bedeutungen dauerhaft zu fixieren. Die daraus resultierende Unberechenbarkeit steht im Zentrum zahlreicher Gegensätze: dem Kontrast zwischen Ordnung und Vergehen, Zivilisation und Wildnis, Stadt und Wald, Erwachsensein und Kindheit. Je mehr die Gesellschaft sich bemüht, die unberechenbare Leidenschaft auszusperren, um so breiter wird die Kluft zwischen Schein und Wirklichkeit. Die scheinbar respektabelsten Mitglieder der Gemeinschaft erweisen sich oft als die lasterhaftesten, vermeintliche Sünder sind oft die Tugend in Person. Der Roman zieht interessante Parallelen zwischen gesellschaftlicher Unterdrückung und psychischer Verdrängung. Dimmesdales Seelenpein, die Folge seines geheimen Fehltritts, und die physische und geistige Manifestation seines Unbehagens reflektieren die pathologischen Strukturen einer Gesellschaft, die aus ihren sogenannten Sündern Sündenböcke und Ausgestoßene machen muß. Hester gelingt es schließlich, sich durch ihre individuelle Tugend und persönliche Integrität aus dem Korsett der gesellschaftlichen Kontrolle zu befreien. Vielleicht fängt Der scharlachrote Buchstabe mehr als jeder andere Roman den Individualismus und das Selbstvertrauen ein, die aus den puritanischen und konformistischen Wurzeln Amerikas erwachsen sind. **RMcD**

Moby Dick
Hermann Melville

Lebensdaten | *1819 (USA), †1891
Erstausgabe | 1851
Erschienen bei | Harper (New York)
Originaltitel | *Moby-Dick; or, The Whale*

„Ein Walfänger war mein Yale und mein Harvard."

🔼 Dieses Gemälde von Asa W. Twitchell zeigt Hermann Melville im Alter von 31 Jahren.

▶ Auf Rockwell Kents Illustration für eine 1937 erschienene Ausgabe von Moby Dick bringt der große weiße Wal ein Boot mit Walfängern eindrucksvoll zum Kentern.

Moby Dick wird oft als größter amerikanischer Roman, als Höhepunkt der Literatur des 19. Jahrhunderts bezeichnet. Dieses umfangreiche, ja monströse und doch wunderbar raffinierte Werk erstaunt, packt (und überfordert häufig) noch immer Generationen von Lesern in aller Welt.

Ismael, ein Lehrer aus Massachusetts, hat sein altes Leben gegen das Abenteuer auf hoher See eingetauscht. Aus seiner Perspektive schildert der Roman die lange Fahrt des Walfängers Pequod unter der Leitung des dämonischen Kapitäns Ahab. Ahab ist auf der Suche nach dem weißen Wal, der ihm ein Bein geraubt hat. Seiner krankhaften Fixierung auf diese Suche wird alles andere untergeordnet (auch die Sicherheit der Besatzung). Doch keine Zusammenfassung kann der Komplexität von Melvilles Roman gerecht werden. Fast spürt man den Autor mit sich selbst kämpfen – als frage er sich beständig, ob er lieber dem Drang, die Erzählung voranzutreiben, oder dem Zwang, bei einem Thema zu verweilen, es zu erforschen und zu philosophieren, nachgeben soll. *Moby Dick* ist ein sturmgepeitschter Ozean von Ideen, eine großartige Meditation über die Gestalt und den Status Amerikas – über Demokratie, Führerschaft, Macht, Industrialisierung, Arbeit, Expansion und Natur. Die Pequod und ihre heterogene Besatzung werden zum Mikrokosmos der amerikanischen Gesellschaft. Melville verarbeitet in diesem revolutionären Roman unzählige literarische Stile und Vorbilder und handelt mit erstaunlicher Leichtigkeit die unterschiedlichsten Themenbereiche ab. Kein anderer amerikanischer Autor hatte je zuvor mit solcher Intensität und Leidenschaft geschrieben. *Moby Dick* konfrontiert die Leserschaft mit abstruser Metaphysik ebenso wie mit den technischen Einzelheiten beim Sezieren einer Walvorhaut und drastischen Schilderungen dramatischer Ereignisse. *Moby Dick* ist eine Elegie, eine politische Kritik, eine Enzyklopädie und prächtiges Seemannsgarn. Doch erst beim Lesen bekommt man eine Ahnung davon, daß jede Passage ebenso wunderbar und aufregend ist wie die Reise, von der das Buch erzählt. **SamT**

Das Haus der sieben Giebel
Nathaniel Hawthorne

Lebensdaten | *1804 (USA), †1864
Erstausgabe | 1851
Erschienen bei | Ticknor, Reed & Fields (Boston)
Originaltitel | *The House of the Seven Gables*

Hawthornes Roman spielt in Neuengland, der Heimat des Autors, und ist von einem extremen Determinismus geprägt sowie mit vernichtenden Bemerkungen über den zeitgenössischen Materialismus durchsetzt. Über mehrere Generationen hinweg werden die Auswirkungen eines Vergehens erörtert, das eine ganze Familie in Mitleidenschaft zieht. Fast zwei Jahrhunderte vor den eigentlichen Ereignissen hatte Colonel Pyncheon das Haus mit den sieben Giebeln auf einem Stück Land erbaut, das er der Familie Maule mit unlauteren Mitteln entrissen hatte. Dadurch lud er einen furchtbaren Fluch auf sich: Die Quelle, die das Land fruchtbar gemacht hatte, versiegt, und das Haus wird zum Hort des Unglücks. Mitte des 19. Jahrhunderts befindet es sich im Besitz des Richters Jaffrey Pyncheon, dessen Machstreben, Gier und Scheinheiligkeit ihn als echten Nachfahren des Colonels ausweisen. Sein Mieter, der Daguerrotypist Holgrave, ist die eigentliche Schlüsselfigur des Romans; die Enthüllung seiner wahren Identität läßt die Hoffnung auf eine Erlösung von den Sünden der Vergangenheit aufkeimen.

Angesichts des überraschend rührseligen Schlusses erscheint die dunkle Idee der Erbsünde in milderem Licht, verschwindet aber nicht gänzlich. Für Hawthorne mit seinem messerscharfen historischen Verstand war die Vergangenheit immer zum Greifen nah und formte das physische, moralische und spirituelle Gefüge der Gegenwart. In dieser Beziehung wich seine Auffassung deutlich vom amerikanischen Fortschrittsglauben des 19. Jahrhunderts ab, der Fortschritt in erster Linie ökonomisch definierte. *Das Haus der sieben Giebel* bekennt sich zu dieser Spannung und erkundet die Möglichkeit, einer belastenden Vergangenheit zu entfliehen. **RH**

Onkel Toms Hütte
Harriet Beecher Stowe

Lebensdaten | *1811 (USA), †1896
Erstausgabe | 1852
Erschienen bei | J. P. Jewett (Boston)
Originaltitel | *Uncle Tom's Cabin; or, Life Among the Lowly*

Onkel Toms Hütte oder Aus dem Leben der Negersklaven war der erste amerikanische Roman, der sich mehr als eine Million Mal verkaufte, und gilt mit Fug und Recht als einflußreichstes literarisches Werk, das je geschrieben wurde. Nachdem der amerikanische Kongreß 1850 den *Fugitive Slave Act* verabschiedet hatte, der besagte, daß Sklaven, die in Bundesstaaten geflohen waren, in denen die Leibeigenschaft abgeschafft worden war, an ihre Besitzer zurückgegeben werden mußten, begann Stowe mit der Arbeit an „Amerikas erstem Protestroman" (Langston Hughes). *Onkel Toms Hütte* ist schamlose Propaganda – die vorherrschenden Ziele dieses Romans sind politischer, nicht künstlerischer Art.

Der fromme Sklave Uncle Tom, der den größten Teil seines Lebens bei freundlichen Besitzern verbracht hat, wird zu Beginn des Romans aus finanziellen Gründen verkauft. Statt zu fliehen, begegnet er seinen Peinigern mit christlicher Toleranz, vergibt ihnen ein ums andre Mal und hält bis zu seinem brutalen Ende an seinem Glauben fest. Auch wenn „Onkel Tom" später zu einem Synonym für die schwarze Beteiligung an der weißen Unterdrückung wurde, ist er für Stowe der Inbegriff christlicher Tugenden, und sein christusähnlicher Tod macht ihn zur moralischen Instanz des Romans.

Trotz all seiner Mängel erreichte dieser sensationell erfolgreiche Roman sein politisches Ziel. Als Inspirationsquelle für die Anti-Sklaverei-Bewegung sollte er eine wichtige Rolle im amerikanischen Bürgerkrieg spielen. **RH**

> Wie jeder Bestseller profitierte Onkel Toms Hütte vom eigenen Erfolg und gewann dank hervorragender Verkaufszahlen immer neue Leser.

135,000 SETS, 270,000 VOLUMES SOLD.

UNCLE TOM'S CABIN

FOR SALE HERE.

AN EDITION FOR THE MILLION, COMPLETE IN 1 Vol., PRICE 37 1-2 CENTS.
" " IN GERMAN, IN 1 Vol., PRICE 50 CENTS.
" " IN 2 Vols., CLOTH, 6 PLATES, PRICE $1.50.
SUPERB ILLUSTRATED EDITION, IN 1 Vol., WITH 153 ENGRAVINGS,
PRICES FROM $2.50 TO $5.00.

The Greatest Book of the Age.

Cranford
Elizabeth Gaskell

In *Cranford. Roman aus einer englischen Kleinstadt* schildert Elizabeth Gaskell mit der Sensibilität einer Jane Austen ein ganzes Spektrum menschlicher Schicksale, die die Leser sogar dann mitreißen, wenn die Figuren ihren prosaischen Alltagsangelegenheiten nachgehen. Das Buch erlaubt aufschlußreiche Einblicke in den gesellschaftlichen Wandel Anfang des 19. Jahrhunderts.

Das Städtchen Cranford wird im Grunde von alleinlebenden oder verwitweten Frauen beherrscht. Die Erzählerin Mary, eine Abtrünnige, die die Perspektive der Außenstehenden einnehmen kann, beschreibt die gelegentlichen Besuche, Abreisen und Todesfälle in ihrer Wirkung auf die Frauen. Es ist kaum zu übersehen, daß das gesellschaftliche Leben in Cranford im Niedergang begriffen ist; die Männer, die eigentlich dort leben sollten, sind in die nahe Industriestadt Drumble übergesiedelt, die das Dasein in Cranford stark beeinflußt. Was das Buch so außergewöhnlich macht, ist die Tatsache, daß wir niemals die Sympathie für seine Figuren verlieren, selbst dann nicht, wenn sie sich in kleinkarierte Zänkereien verwickeln. Hinter ihrem verzweifelten Bemühen, sich nach der eigenen Decke zu strecken oder die Zerbrechlichkeit ihrer Lebensumstände zu vertuschen, verbirgt sich eine erstaunliche Tapferkeit. Hinter der Fassade existiert etwas Wertvolles, das im Verschwinden begriffen ist – so die Botschaft an die Leser. **DP**

Lebensdaten | *1810 (England), †1865
Erstausgabe | 1853
Erschienen bei | Chapman & Hall (London)
Originaltitel | *Cranford*

„Nur gelegentlich haben die Cranforder Damen einen kleinen Streit, der sich in einigen hitzigen Worten und Kopfbewegungen entlädt."

◉ Stilvoll verarmt geben sich die Damen von Cranford, hier auf einer Illustration von Hugh Thomson.

◉ Im Zentrum dieses kunstvoll gestalteten Umschlags einer Ausgabe von 1940 steht das Porträt der Autorin.

19. Jahrhundert

Bleakhaus
Charles Dickens

Lebensdaten | *1812 (England), †1870
Erstausgabe | 1853
Erschienen bei | Bradbury & Evans (London)
Originaltitel | *Bleak House*

„*Die Schmetterlinge sind frei. Die Menschheit wird sicherlich Harold Skimpole das nicht verwehren, was sie den Schmetterlingen zugesteht.*"

H. K. Browne („Phiz") illustrierte Dickens' düsteres Porträt des nebelverhangenen London mit finsteren Bildern.

Bleakhaus beginnt mit Nebel: „Nebel überall, Nebel stromauf, wo der Fluß zwischen Buschwerk und Wiesen dahinfließt; Nebel stromab, wo er sich schmutzig zwischen Reihen von Schiffen und dem Uferunrat der großen, unsauberen Stadt durchwälzt." Und inmitten des Nebels, hinter den dichtesten Schwaden verborgen, der High Court – das Kanzleigericht. Die Korruption des Rechtswesens infiziert diesen Roman wie eine Krankheit, die in erster Linie auf die hochkomplizierte Rechtssache Jarndyce gegen Jarndyce zurückzuführen ist, die wiederum alle Figuren des Romans betrifft. Der Fall, so berichtet der Erzähler, sei „im Verlauf der Zeit so verwickelt geworden, daß sich kein Mensch auf Erden mehr darin zurechtfinden kann".

Während des Prozesses werden Kinder geboren, Alte sterben darüber. In seiner thematischen Konzentration auf das Rechtswesen ist *Bleakhaus* weniger pikaresk als andere Werke Dickens'; die geistreiche Sezierung der viktorianischen Gesellschaft wiederum ist typisch für den Autor. Irgend jemand ist immer in den Jarndyce-Fall verwickelt – entstammt er nun dem heiteren aristokratischen Milieu der Dedlocks in Lincolnshire oder dem Londoner Slum Tom-All-Alone.

Bleakhaus nimmt die gesamte Öffentlichkeit satirisch aufs Korn. Alles gleicht dem Gericht: Das Parlament, die Provinzaristokratie und sogar christliche Nächstenliebe sind dem Untergang geweiht und eigennützig. Unterschwellig ist das gesamte öffentliche Leben von der Komplizenschaft zwischen Klasse, Macht, Geld und Gesetz vergiftet. Auch Privat- und Gefühlsleben sind infiziert. Der Roman, der teilweise in der dritten Person, teilweise aus der Perspektive der Heldin Esther Summerson erzählt wird, thematisiert die Frage nach sittlichen Veranlagungen und übt zugleich Gesellschaftskritik. Die Figuren – vom entnervenden Moralapostel bis zum brillanten Blender, vom verrückten Gecken bis zum gefährlichen Blutsauger – sind vor dem düsteren Hintergrund von Dickens' schockierendem urbanen Opus glänzend in Szene gesetzt. **DH**

Walden oder Leben in den Wäldern
Henry David Thoreau

Walden ist eigentlich kein Roman, aber zweifellos ein Meilenstein der amerikanischen Literatur, ein Werk, das Tolstoi und Ghandi beeinflußte und das bis in unsere Gegenwart wirkt. Von daher hat es seinen Platz in diesem Buch verdient. Zwischen Juli 1845 und September 1847 lebte Thoreau einsam, asketisch und selbstgenügsam in einer einfachen Hütte am Ufer des Waldensees bei Concord, Massachusetts, wo er seine persönliche und politische Philosophie entwickelte und praktizierte. Für *Walden* verarbeitete er umfangreiche Tagebuchaufzeichnungen zu 18 Essays, in denen er seine Gedanken und Erfahrungen festhielt.

Überzeugt davon, daß „die Masse der Menschen in stiller Verzweiflung" dahinvegetiere, versuchte Thoreau sein Leben auf jede erdenkliche Weise zu „vereinfachen". Er lebte von dem, was die Natur für ihn bereithielt, und von seinen Ernteerträgen. Die Zeit, die er nicht mit körperlicher Betätigung, etwa Laufen, Fischen und Schwimmen verbrachte, widmete er der Naturbeobachtung, schrieb, las und dachte nach. Sein größter Luxus bestand darin, genügend Zeit zu haben, um diese Ziele zu verfolgen. Seiner Ansicht nach „entspricht der Reichtum eines Menschen der Anzahl der Dinge, auf die zu verzichten er sich leisten kann". Thoreau, der stark beeinflußt war von der Transzendentalphilosophie Emersons, lehnte religiöse Orthodoxie ab und suchte statt dessen nach einer persönlichen, durch die Natur vermittelten Bindung an Gott. Die Natur hatte für ihn jedoch nicht nur eine spirituelle Dimension – von seiner gelegentlichen Neigung zu ursprünglicher Brutalität berichtet er ebenfalls mit Ehrfurcht. Von gesellschaftlichen Konventionen und Traditionen wollte er sich nicht einengen lassen – auch den aggressiven Kapitalismus seines Heimatlandes Amerika lehnte er ab. Gleichwohl war Thoreaus Experiment weder misanthropisch noch revolutionär. Es mündete vielmehr in die praktischen, ehrlichen und lesenswerten Aufzeichnungen eines Menschen, der sich anstrengte, „ein Leben in Schlichtheit, Unabhängigkeit, Großmut und Vertrauen zu führen". **RH**

Lebensdaten | *1817 (USA), †1862
Erstausgabe | 1854
Erschienen bei | Ticknor & Fields (Boston)
Originaltitel | *Walden; or, Life in the Woods*

„Ich zog in den Wald, weil ich den Wunsch hatte, mit Überlegung zu leben, dem eigentlichen, wirklichen Leben näher zu treten ..."

◉ Dieses Frontispiz aus der Erstausgabe von Thoreaus Walden beschwört die Rückkehr zum einfachen Leben herauf.

Der grüne Heinrich
Gottfried Keller

Lebensdaten | *1819 (Schweiz), †1890
Erstausgabe | 1854
Erschienen bei | Friedrich Vieweg & Sohn (Braunschweig)
Verfilmung | 1989–91

Mit diesem exemplarischen Bildungsroman, der in der Tradition von Goethes *Wilhelm Meisters Lehrjahre* steht, schrieb Keller ein einfühlsames, überlegtes Porträt über Kindheit, Jugend und Reife. Heinrich (wegen seiner grünen Kleidung der „grüne Heinrich") wächst bei seiner Mutter in einem kleinen Schweizer Dorf auf. Keller beschreibt die Freuden und Leiden dieser Kindheit in peinlich genauen Details, wobei er die Unverdorbenheit, mit der Heinrich das Dorfleben und die Natur erlebt, ebenso betont wie die starke Bindung an die Mutter.

Während Heinrich älter wird und in die Stadt zieht, um dort eine Schule zu besuchen, beschreibt Keller Heinrichs moralische und philosophische Entwicklung, die einerseits im Wunsch mündet, Künstler zu werden, andererseits in seinem Interesse an zwei Frauen: der reinen, unschuldigen Anna und der derben, sexuell erfahrenen Judith. Er erlebt die Liebe, den Verlust und den künstlerischen Mißerfolg, bis er schließlich zur Reife gelangt, indem er seine künstlerischen Ambitionen zugunsten einer bescheidenen, aber sicheren Anstellung auf dem Land fallen läßt. Die Lektionen, die Heinrich in seiner Jugend lernt, sind schmerzlich, aber lehrreich. Die Wechselfälle in Heinrichs Leben verwob Keller mit den größeren gesellschaftlichen Belangen jener Zeit. Sein Roman, der oft mit Hardys *Herzen in Aufruhr* verglichen wurde, ist mit glaubhaften Protagonisten besetzt, deren oft tragische Rolle dank Kellers Gefühl für die Lebensumstände gewürdigt wird. **AB**

Margarethe
Elizabeth Gaskell

Lebensdaten | *1810 (England), †1865
Erstausgabe | 1855 bei Harper (New York)
In Fortsetzungen | 1854–1855 in *Household Words*
Originaltitel | *North and South*

Margarethe ist eine Studie über Gegensätze. Die Titelheldin, Tochter eines Geistlichen, der sein Amt wegen religiöser Zweifel niederlegt, verschlägt es aus Helstone (einem pittoresken, ländlichen, verschlafenen Ort) in die geschäftige Industriestadt Milton Northern, ein fiktionalisiertes Manchester. Die Stadt strotzt vor Energie angesichts der beginnenden Industrialisierung, eine neue kapitalistische Gesellschaftsschicht wächst heran, aber es gibt auch Schattenseiten: Dreck, Entbehrung, Arbeiteraufstände, Krankheit, Atheismus und jede Menge anderer Übel. In dieser Umgebung ist die Familie Hale mit ihren vom Landadel geprägten Gewohnheiten und Werten ein echter Fremdkörper. Gaskell nutzt die Widersprüchlichkeit dieser Konstellation, um die Lebensbedingungen in England zu schildern, die Not der Fabrikarbeiter und die Beziehungen zwischen Arbeitern und „Herren" unerschrocken unter die Lupe zu nehmen.

So freundet sich unsere Heldin Margarethe Hale mit der ums Überleben kämpfenden Familie Higgins an und spricht sich für die Versöhnung zwischen Arbeitern und Fabrikbesitzern aus, verliebt sich andererseits jedoch in ihren ideologischen Widersacher Mr. Thornton, einen bekannten Fabrikbesitzer und Emporkömmling. Zwar verliert sie schließlich ihre Eltern und die scheinbare Sicherheit ihrer jugendlichen, dörflich geprägten Werte, gewinnt dafür aber ein differenzierteres Verständnis des politischen wie persönlichen Wandels und der damit einhergehenden Möglichkeiten. **ST**

> Gaskell beschäftigte sich intensiv mit sozialen Fragen der viktorianischen Gesellschaft, etwa der Ausbeutung von Kindern in Baumwollspinnereien.

Madame Bovary
Gustave Flaubert

Madame Bovary ist eine Offenbarung. Obwohl das Buch inzwischen fast 150 Jahre auf dem Buckel hat, liest es sich so frisch wie ein avantgardistischer Roman. Leser, die Romane aus dem 19. Jahrhundert normalerweise für weitschweifig und handlungsgesteuert halten, werden verblüfft feststellen, daß dieses Werk zwar auf weitschweifige Art eine fesselnde Geschichte erzählt, diese aber in einen so exquisiten Prosastil verpackt, daß das Buch filigran und robust zugleich wirkt.

Flaubert schildert den Ehebruch der Titelheldin als banales, unheroisches Ereignis in einer unheroischen kleinbürgerlichen Provinzwelt. Doch er verleiht dieser Welt auch Schönheit, schäbigen Charme, Melancholie und Fröhlichkeit, hat seinen Spaß an außer Rand und Band geratenden Gefühlen, die sich durch Phrasen weder verbergen noch bannen lassen. Emma Bovary, eine schöne Frau, die sich im Gefängnis ihrer Ehe zu Tode langweilt und einen Liebesroman nach dem anderen verschlingt, sehnt sich nach den überwältigenden, großartigen Gefühlen, die sie darin geschildert findet. Ihr Leben, ihr Mann, ihre Phantasie – sie sind nicht genug. Ein Liebhaber muß her und dann noch einer, doch keiner kann ihren Appetit stillen. Sie gibt sich dem Konsumrausch hin, um Erfüllung zu finden … als auch dieses Mittel versagt und die Schulden ihr über den Kopf gewachsen sind, bringt sie sich aus Verzweiflung um.

Flauberts Porträt von Emma Bovary ist weder spöttisch noch sentimental, er moralisiert nicht und heroisiert weder ihre Freude noch ihre Verzweiflung. Der unpersönliche, nüchterne Erzähler, ein Ungeheuer an Präzision und Distanziertheit und dennoch von gewinnender, fast charmanter Diktion, macht sich mit seiner Zurückhaltung über alles lustig und läßt zugleich allem und jedem eine unendliche, akribische Liebe zum Detail angedeihen. Das Ergebnis ist eine Fülle von Bezügen – die nicht nur Emma Bovary, sondern dem Roman, dem Schreiben selbst zugute kommen. Wenn einem Objekt skrupulöse Sorgfalt gewidmet wird, muß dieses Etwas wertvoll sein. Flaubert macht diesen Roman wertvoll. **PMcM**

Lebensdaten | *1821 (Frankreich), †1880
Erstausgabe | 1857
Erschienen bei | Charpentier (Paris)
Originaltitel | *Madame Bovary. Moeurs de province*

- *Madame Bovary* brachte Flaubert eine Anklage wegen Verstoßes gegen die öffentliche Moral ein – das machte den Roman berühmt.

- Flaubert führt dem Publikum die Torheiten seiner Titelheldin gnadenlos vor Augen, ohne sie bloßzustellen.

Der Nachsommer
Adalbert Stifter

Lebensdaten | *1805 (Böhmen), †1868 (Linz)
Erstausgabe | 1857
Erschienen bei | Gustav Heckenast (Budapest)

Die Titelseite der Erstausgabe von Stifters *Nachsommer* zierte eine dezente Radierung von Peter Johann Geiger.

Stifters *Nachsommer* ist ein Roman, der sich über viele Regeln dieses Genres hinwegsetzt. Für ein solch umfangreiches Werk scheint der Inhalt nicht besonders aufregend, und stilistisch ist das Buch absichtlich schlicht gehalten. *Der Nachsommer* hat nur wenige der majestätischen Szenen in böhmischen Wäldern und Bergen zu bieten, die sich in Stifters übrigen, vielen deutschen Schülern gut bekannten Werken finden.

Es ist charakteristisch für Stifters Vorgehen, daß er den Namen des jungen Ich-Erzählers – Heinrich – erst preisgibt, nachdem dessen wissenschaftliche Expeditionen diesen mehrfach zu Freiherr von Risachs abgelegenem Landhaus geführt haben. Heinrich seinerseits drängt es überhaupt nicht, den Namen seines liebenswürdigen Gastgebers herauszufinden. Sowohl Heinrich als auch die Leser erfahren erst kurz vor dem Ende des Romans etwas über Risachs Jugend – die einzige tragische Episode im durchweg heiteren Verlauf dieses Romans –, als Heinrich und Natalie mit dem Segen von Heinrichs Eltern, Natalies Mutter und Risach ihre Liebe mit einem Ehebündnis besiegeln.

Unerwartete Enthüllungen oder dramatische Konflikte sucht man in diesem Roman vergebens; Leser wie Protagonisten werden vielmehr mit den Früchten von Risachs fleißiger Arbeit als Rosenzüchter und Möbelrestaurator belohnt – etwa dem Erblühen eines zierlichen Kaktus in Risachs Gewächshaus. Durch den Einfluß Risachs gelangt Heinrichs künstlerisches Gemüt schrittweise zur Reife. In einer weiteren „gedeihlichen" Szene kurz vor Ende des Romans weiß Heinrich die Schönheit einer Statue, die er vorher übersehen hatte, endlich zu schätzen.

Der Nachsommer wird nicht jedem Leser gefallen. Nach der Erstpublikation wurde er vielfach kritisiert, doch bezeichnenderweise galt er Nietzsche als eine der wenigen Perlen deutscher Prosa – dank seiner dem hektischen Zeitgeist spottenden Heiterkeit. **LS**

Adam Bede
George Eliot

Der Roman *Adam Bede* spielt in den englischen Midlands im frühen 19. Jahrhundert. Der Titelheld, ein Tischler, liebt die kapriziöse, oberflächliche, eingebildete Hetty Sorel. Diese wiederum wird von dem liebenswerten, aber verantwortungslosen Gutsherrn Arthur Donnithorne verführt, der die Gemeinde verläßt, nachdem er Hetty geschwängert hat. Das Drama nimmt seinen Lauf: Fesselnd schildert Eliot Hettys einsame und erfolglose Suche nach ihrem Liebhaber, ihren Mord an ihrem Kind und ihr bewegendes Geständnis vor ihrer Kusine Dinah Morris. Dieses Geständnis – ein spannungsgeladener Moment zwischenmenschlicher Kommunikation und Sympathie – bildet den symbolischen und moralischen Höhepunkt des Buches. Dank ihres agnostischen Humanismus kann Eliot das christliche Ethos von Beichte, Vergebung und Erlösung bewahren – ohne irgendeiner Religion anzuhängen. In diesem Moment bewegt sich ihr Schreibstil weg vom Prinzip dokumentarischer Treue hin zu einer gehobenen Sprache, die vom Unbekannten und Erhabenen spricht. Tatsächlich ist dieser mit liebevoll skizzierten bäuerlichen Figuren bevölkerte Roman dort am fesselndsten, wo realistische Sprechweisen überwunden werden. Obwohl der Roman suggeriert, daß es etwas über das tägliche Leben Hinausgehendes gibt, insistiert er in seinen realistischen Passagen doch darauf, die eigenen Wünsche der Pflicht und dem Hier und Jetzt zu unterwerfen. Leser von heute mögen diese „Moral" schwer verdaulich finden, doch ein großer Teil dieses lebhaft erzählten und emotional überzeugenden Buches ist nach wie vor genießbar. **CC**

Lebensdaten | *1819 (England), †1880
Richtiger Name | Mary Ann Evans
Erstausgabe | 1859 bei W. Blackwood & Sons (London)
Originaltitel | *Adam Bede*

'There's Adam Bede a-carrying the little un.'

◉ Der ehrenwerte Dorftischler Adam Bede macht auf die Leser weniger Eindruck als Eliots komplexere Frauenfiguren.

Oblomow
Iwan Gontscharow

Lebensdaten | *1812 (Rußland), †1891
Erstausgabe | 1859
Originaltitel | *Oblomov*
Originalsprache | Russisch

Oblomow, einer der großartigsten Romane der Weltliteratur, gilt als ultimative Darstellung der lethargischen und borniertеn russischen Aristokratie des 19. Jahrhunderts, aber Gontscharow setzt sich auch mit dem Thema Leibeigenschaft auseinander. Wie viele russische Intellektuelle hatte er das Gefühl, Rußland könne sich nicht erneuern und mit dem Rest der Welt mithalten, ohne seine anachronistischen Institutionen und gesellschaftlichen Praktiken aufzugeben.

Doch *Oblomow* wäre kaum bemerkenswert, wenn es sich dabei lediglich um die Kritik an einem wichtigen, inzwischen aber längst gelösten Problem handelte. Nein – diese bittersüße Tragikomödie führt außerdem einen der liebenswertesten und dabei gänzlich tatenlosen Helden in die Literatur ein. Oblomow hat einen guten Charakter, aber nicht die Willenskraft, seine Ideen in die Tat umzusetzen. Ähnlich wie einst Don Quijote überläßt Oblomow die Organisation seines sinnentleerten Daseins seinem lebenstüchtigeren Diener, der hier Zachar heißt. Oblomow, der sich in die schöne Olga verliebt, ist nicht in der Lage, die nötigen Schritte zu unternehmen, um sich ihrer Zuneigung zu versichern, und verliert sie an seinen praktischen, aber weniger reizvollen Freund Stolz. Nach dieser vorhersehbaren Schlappe versinkt Oblomow wieder in Lethargie und verläßt kaum einmal das Schlafzimmer. Auch die wohlwollende Agafja, die er schließlich geehelicht hat, ist seiner Untätigkeit gegenüber machtlos. *Oblomow* ist ein brillanter und ungewöhnlicher Roman über verpaßte Gelegenheiten: Wieviele Werke der Weltliteratur schildern einen Helden, der zu passiv ist, um das Objekt seiner Begierde bei der Stange zu halten? Und welche davon schaffen es außerdem noch, die meisten Leser davon zu überzeugen, daß es sich bei diesem Helden um einen guten Menschen handelt? **AH**

Die Frau in Weiß
Wilkie Collins

Lebensdaten | *1824 (England), †1889
Erstausgabe | 1860
Erschienen bei | S. Low, Son & Co. (London)
Originaltitel | *The Woman in White*

Die Frau in Weiß beginnt mit einer aufregenden mitternächtlichen Begegnung: Der Held Walter Hartright trifft auf eine mysteriöse weißgewandete Frau, die behauptet, aus einem Irrenhaus geflohen zu sein.

Mehrere Erzähler schildern das Geschehen wie Zeugen in einem Gerichtsprozeß, und der Machtkampf innerhalb der Geschichte wird durch das Ringen um die Kontrolle über den Roman ausagiert. Mit Hilfe zahlreicher Verwicklungen und Kontrastmotive behandelt der Autor die Frage, wie eine „rechtmäßige" Identität aufgebaut und zerstört wird. Die reiche, aber fade Erbin Laura, Gattin des Schurken Sir Percival Glyde, wird auf Betreiben des durchtriebenen Count Fosco ins Irrenhaus abgeschoben und durch ihre unheimliche Doppelgängerin Anne Catherick, die Frau in Weiß, ersetzt. Als Anne an einem Herzleiden stirbt, wird sie an Lauras Stelle beerdigt. Diese Passage schildert Lauras lebhafte Halbschwester Marian, eine Figur, die, wie viele meinen, Meinung Collins' Freundin George Eliot nachempfunden ist. Ab dem bewegenden Moment, als Walter Hartright seine geliebte Laura an ihrem eigenen Grab stehen sieht, geht es nur noch um die Klärung ihrer wahren Identität. Im Verlauf seiner Nachforschungen enthüllt Hartright, daß Anne die Halbschwester Lauras und Sir Percival unehelich geboren ist.

Dieses Buch war *der* Sensationsroman der 1860er Jahre. Es überführt Elemente des Wilden, Unheimlichen aus der Schauerliteratur in die Alltagswelt einer Familie aus der oberen Mittelschicht, kitzelt die Nerven seiner Leser und schürt die moderne Angst vor der Fragilität von Identität. **JBT**

> Die Karikatur von Frederick Waddy zeigt, wie Wilkie Collins ein Plakat klebt, das für eine Aufführung der Theateradaption seines Romans wirbt.

Die Mühle am Floss
George Eliot

Lebensdaten | *1819 (England), †1880
Richtiger Name | Mary Ann Evans
Erstausgabe | 1860 bei W. Blackwood & Sons (London)
Originaltitel | *The Mill on the Floss*

In *Die Mühle am Floss* verarbeitete Eliot autobiographische Elemente zu einer kraftvollen Studie über Kindheit und die Bildung weiblicher Identität durch die Lebensumstände. Der Roman schildert die Entwicklung von Maggie und Tom Tulliver, den beiden Kindern des Müllers der Dovecote Mill, und macht deutlich, daß sich die Auswirkungen ererbter Anlagen nicht vorhersagen lassen. Der stumpfsinnige Tom schlägt seiner Mutter nach, während seine dunkle, impulsive und phantasievolle Schwester Maggie ihrem Vater ähnelt. Sie ist scharfsinnig und im Gegensatz zu ihrer Kusine Lucy Deane ein Wildfang. Die Geschichte spielt in den 1840er Jahren in der Mittelschicht der Kleinstadt St. Oggs. Der Müller Tulliver wird durch die Modernisierungspläne des Anwalts Wakem finanziell ruiniert. Während Tom sich darum bemüht, den Familienbesitz zurückzuerlangen, versucht Maggie, alte Fehden durch ihre Freundschaft mit Philip, Wakems verkrüppeltem Sohn, zu überwinden. Es ist der Konflikt zwischen den unterschiedlichen Ansprüchen der Familienmitglieder, der den Roman vorantreibt, verkörpert durch die erbarmungslose Gewalt des Flusses Floss. In einer plötzlichen Laune gibt Mary ihrem unterdrückten Begehren nach Lucys Verlobtem Stephen nach, als sie mit ihm in einem Boot den Fluß hinuntertreibt, und kehrt entehrt zu ihrer Familie zurück. Die Frage, die sie Stephen und sich selbst stellt, ist ein Leitmotiv des Romans: „Wenn die Vergangenheit uns nicht binden sollte, wo kann dann die Pflicht liegen?" Während einer Hochwasserkatastrophe söhnt sich Maggie schließlich mit Tom aus. „Die Natur macht wieder gut, was sie verwüstet – aber nicht alles", berichtet der Erzähler zum Schluß. **JBT**

◉ Tom und Maggie Tulliver vom Hochwasser bedroht – eine Illustration aus spätviktorianischer Zeit.

Max Havelaar
Multatuli

Lebensdaten | *1820 (Niederlande), †1887
Richtiger Name | Eduard Douwes Dekker
Erstausgabe | 1860 bei De Ruyter (Amsterdam)
Originaltitel | *Max Havelaar*

Eduard Douwes Dekker hatte als Kolonialbeamter auf Java gearbeitet und wurde entlassen, als er Mißstände anprangerte. Seine kritischen Romane veröffentlichte er stehts unter dem Pseudonym Multatuli, denn er befürchtete Repressalien. Nicht ohne Grund: Als die Erstausgabe von *Max Havelaar oder Die Kaffeeversteigerungen der Niederländischen Handelsgesellschaft*, wie der Roman mit vollständigem Titel heißt, erschien, kam es zu einem Aufruhr, denn die niederländische Regierung fühlte sich herausgefordert, die Kernaussage des Werkes zu widerlegen: daß die Kolonialpolitik in Java tatsächlich aus Erpressungen und grausamer Tyrannei bestehe, weil die Völker Niederländisch-Indiens unter anderem gezwungen würden, statt Reis Kaffee und Tee für die Überseeherren anzubauen. Das Buch fand damals keine Käufer, obwohl sich Multatulis These später als wahr herausstellte.

Trotz seines schlechten Rufs und seines missionarischen Eifers ist *Max Havelaar* mehr als ein ehrenwerter Traktat, der schließlich sein Ziel erreichte: die Lage der Einheimischen zu verbessern – ähnlich wie *Onkel Toms Hütte* in Amerika in bezug auf die Sklavenfrage einen Sinneswandel herbeiführte. *Max Havelaar* ist vor allem wegen seines satirischen Humors ein wahrer Lesegenuß. Der Roman schildert die Abenteuer eines Kolonialverwalters, der sich mit seiner Regierung überwirft, und macht sowohl diesen als auch den bürgerlichen Geschäftsmann lächerlich. Heutezutage ist *Multatuli*, was soviel bedeutet wie „Ich habe viel gelitten", der Name eines niederländischen Literaturpreises und eines Museums und die Max-Havelaar-Stiftung vergibt Gütesiegel für fair gehandelte Produkte. Verdiente Anerkennung für einen komplexen Roman, dessen Vielschichtigkeit hier nur angedeutet werden kann. **ES**

Große Erwartungen
Charles Dickens

Lebensdaten | *1812 (England), †1870
Erstausgabe | 1861
Erschienen bei | Chapmann & Hall (London)
Originaltitel | *Great Expectations*

Große Erwartungen hat mehrere Ebenen: Das Buch ist ein politisches Märchen über „schmutziges Geld", eine Reflexion über die Erinnerung und das Schreiben und zugleich eine verstörende Studie über die Brüchigkeit von Identität.

Von einem nicht näher bestimmten Zeitpunkt auf sein heutiges Leben zurückblickend, erinnert sich Pip, wie er als Kind mit seiner bösen Schwester und ihrem biederen Ehemann, einem Hufschmied, im Marschland an der Themse lebte und welch schicksalhafte Auswirkungen seine Begegnung mit dem entflohenen Sträfling Magwitch am Grab seiner Eltern hatte. Als Pip später auf mysteriöse Weise ein Vermögen erbt, hält er die alte, vertrocknete Miss Havisham für seine Gönnerin – eine Frau, die jeden Tag die Hochzeitstafel deckt, seit sie vor langer Zeit von ihrem Bräutigam verlassen wurde. Dickens großartiger stilistischer Coup besteht darin, die Perspektive auf den Kopf zu stellen – wie in einem Bild von Escher. *Große Erwartungen* ist kürzer als Dickens gigantische Sozialpanoramen aus den 1850er Jahren und entstand auch in kürzerer Zeit. Dieses Tempo kommt der Handlung, die sich wie ein Fiebertraum entwickelt, zugute. Viktorianische Schriftsteller liebten „fiktionale Autobiographien", doch Dickens treibt das Vexierspiel ironisch auf die Spitze, indem er eine Person einführt, die sich selbst als Fiktion konstruiert hat. Und als Pip voller Reue sein vergangenes Leben aufs Papier bannt, hat man oft den Eindruck, der Akt des Schreibens sei das einzige, was seine zersplitterte Persönlichkeit zusammenhält. Idealerweise sollte das Schreiben einer Autobiographie einen therapeutischen Nutzen haben – in *Große Erwartungen* jedoch zeigt Dickens anhand des Protagonisten Pip genau das Gegenteil: die Unmöglichkeit, dem eigenen Leben einen Zusammenhang zu verleihen oder für das Vergangene zu sühnen. **BT**

„In ihrer Gesellschaft war ich nicht eine Stunde lang glücklich, und doch malte sich mein Geist täglich vierundzwanzig Stunden lang aus, welches Glück es wäre, bis zum Tod mit ihr zusammen zu sein."

Auf Marcus Stones Illustration schüchtert Miss Havisham in ihrem Brautkleid den jungen Pip ein.

Silas Marner
George Eliot

Lebensdaten | *1819 (England), †1880
Richtiger Name | Mary Ann Evans
Erstausgabe | 1861 bei W. Blackwood & Sons (London)
Originaltitel | *Silas Marner: the Weaver of Raveloe*

In *Silas Marner* werden märchen- und balladenhafte Elemente zu einer Studie über die Bedeutung der Familie und das Wesen der Zugehörigkeit verknüpft. Der Roman spielt in einer „fernen Zeit", in der „jede ungewöhnliche Person oder jedes ungewohnte Ding leicht zum Gegenstand des Aberglaubens wurde", und beschreibt die moralische und psychische Veränderung des Webers Silas sowie seine sich wandelnde Stellung in der Gesellschaft. Silas wird von den Bewohnern einer einfachen nordenglischen Methodistengemeinde verstoßen und läßt sich in dem Bauerndorf Raveloe in den Midlands nieder. Einsam, aber von allen gefürchtet, frönt er seinem Geiz und geht seiner immer gleichen Arbeit nach. Erst als er Eppie – ein von einer Opiumsüchtigen ausgesetztes Kind – zu sich nimmt, erlangt er seine persönliche Integrität wieder. Wie Silas sich im weiteren Verlauf der Geschichte wieder in die Gesellschaft eingliedert und Eppie erzieht, schildert Eliot besonders eindrucksvoll. Verwoben mit dieser Erlösungsgeschichte ist die Aufdeckung von Eppies Herkunft: Sie entstammt der unglücklichen, heimlichen Ehe von Godfrey Cass, dem Sohn des örtlichen Gutsherrn, der Eppie schließlich als seine Tochter anerkennt. Diese jedoch zieht das Leben bei ihrem Adoptivvater und in der Gemeinschaft einfacher Leute vor. Wie so viele englische Romanciers schildert auch Eliot einen „Familienroman", in dem ein Kind adligen Ursprungs sein „wahres Ich" entdeckt. Sie sieht die Familie hier jedoch eher als emotional und gesellschaftlich denn als genetisch bedingtes Bündnis.

Trotz seines statischen, pastoralen Charakters ist *Silas Marner* eine bewegende Studie über die Frage, wie gesellschaftsfähige Individuuen entstehen. **JBT**

Väter und Söhne
Iwan Turgenjew

Lebensdaten | *1818 (Rußland), †1883 (Frankreich)
Erstausgabe | 1862
Originaltitel | *Otcy i deti*
Originalsprache | Russisch

Als *Väter und Söhne* erschien, war die Leibeigenschaft in Rußland erst ein Jahr aufgehoben, und die jungen Intellektuellen machten sich für die Revolution stark. Mit der Darstellung zweier Generationen, die sehr unterschiedliche politische und gesellschaftliche Werte vertreten, traf Turgenjew den Nerv der Zeit.

Die zentrale und einprägsamste Figur des Romans ist der selbsternannte Nihilist Bazarow, der für sich in Anspruch nimmt, keine Form der Autorität zu akzeptieren, und sich nur für Phänomene interessiert, die sich durch wissenschaftlichen Materialismus nachweisen lassen. Bazarow ist mit Arkadij befreundet, dem zu ihm aufschauenden Sohn des Gutsbesitzers Nikolai Pawlowitsch. Bei einem Besuch Arkadijs und Bazarows auf dem väterlichen Gut kommt es zu einer Konfrontation zwischen den traditionsverhafteten „Vätern" mit den idealistischen „Söhnen". In diesem Konflikt werden sowohl die Auswirkungen der seinerzeit virulenten politischen Probleme als auch der zeitlose Konflikt zwischen Jüngeren und Älteren anschaulich gemacht. Selbst die Beziehung zwischen dem charismatischen, dominanten Bazarow und seinem anfangs begeisterten Jünger Arkadij bleibt nicht spannungsfrei. Die Unterschiede zwischen ihnen werden manifest, als sie sich in dieselbe Frau verlieben.

Turgenjews Stärke ist seine Fähigkeit zur Charakterisierung von Personen: Das tiefe (Miß-)Verständnis zwischen den Hauptfiguren wirkt überzeugend und läßt sie sehr menschlich erscheinen, selbst wenn ihre Handlungen und ihre Rhetorik uns heute unangebracht vorkommen. *Väter und Söhne* ist eine klassische, wunderbare Studie über die Notwendigkeit und die Kraft von jugendlichem Idealismus und seinen Fallstricken. **JC**

Die Elenden
Victor Hugo

Lebensdaten | *1802 (Frankreich), †1885
Erstausgabe | 1862
Erschienen bei | A. Lacroix & Verboeckhoven
Originaltitel | *Les Misérables*

◐ Dieses Bild von Cosette fertigte Hugos Illustrator Emile Bayard an. Es diente als Logo für das Musical *Les Misérables* und wurde dadurch berühmt.

◐ Hier sind die Kostüme zu sehen, die für eine 1878 in Frankreich aufgeführte Theaterversion von *Die Elenden* entworfen wurden.

Die Elenden ist einer der wenigen Romane, die bis heute immer wieder aufgegriffen und bearbeitet werden. Es entstanden (gräßliche) Kurzfassungen, Neufassungen, Filme und – natürlich – das weltberühmte Musical, doch wer die wahre Größe dieses Werkes erfassen will, muß schon den Originaltext oder eine gute Übersetzung zur Hand nehmen.

Wie Tolstoi in *Krieg und Frieden* beschäftigt sich Hugo in *Die Elenden* mit der Frage, wie Individuen im Umfeld epochaler historischer Ereignisse ihr Leben leben. Was ist Geschichte? Wer schafft Geschichte? Wem widerfährt sie? Welche Rolle kommt dabei dem Individuum zu? Die Schlüsselfigur des Romans ist der entflohene Sträfling Jean Valjean. Sein verzweifelter Wunsch, durch seine Adoptivtochter Cosette Erlösung zu finden, steht im Mittelpunkt des Geschehens. Valjean wird von Inspektor Javert verfolgt, einem unbarmherzigen Vertreter des Gesetzes, der Valjean unbedingt verhaften möchte. Dieses Binnendrama von Jäger und Gejagtem setzt sich im Hexenkessel von Paris fort, wo die Julirevolution ausbricht und Cosette sich in den radikalen Idealisten Marius verliebt. Valjean droht alles zu verlieren, was er je geliebt hat. Die beispielhaft lebendige Schilderung der geographischen und politischen Gegebenheiten in Paris, die für Hugo so charakteristischen Reflexionen über das Universum und schließlich die erstaunliche Lösung – das alles zieht den Leser in Bann. Es gibt nicht viele Texte, die die Bezeichnung „nationaler Klassiker" verdienen, doch *Die Elenden* ist einer und darüber hinaus ein Meilenstein in der Entwicklungsgeschichte des historischen Romans, in einem Atemzug mit den Meisterwerken von Dickens und Tolstoi zu nennen. Ein unwiderstehliches Buch. **MD**

Die Wasserkinder
Charles Kingsley

Lebensdaten | *1819 (England), †1875
Erstausgabe | 1863
Erschienen bei | Macmillan & Co. (Cambridge)
Originaltitel | *The Water-Babies: A Fairy Tale for a Land-Baby*

Charles Kingsleys Meisterwerk *Die Wasserkinder* erschien nur vier Jahre nach Darwins *Vom Ursprung der Arten* zunächst im *Macmillan's Magazine* und gilt fälschlicherweise häufig als Kinderbuch. Der zehn Jahre alte Kaminfeger Tom, der von seinem Herrn Grimes grausam ausgebeutet wird, stürzt durch den Schornstein von Sir John Harthovers Landgut direkt ins Schlafzimmer der kleinen Ellie. Ein großes Geschrei hebt an, und Tom, den man für einen Einbrecher hält, fällt bei der Flucht über das Grundstück in einen Teich, ertrinkt aber nicht. Nur seine Erinnerung an das Leben an Land schwindet, und er wird zum Wasserbewohner. Auf der nun folgenden Entdeckungsreise durch diese neue Welt findet er durch den Kontakt mit den unterschiedlichen Seebewohnern seine Identität wieder. Durch die Lektionen, die ihm Mrs Doasyouwouldbedoneby erteilt, verwandelt er sich aus einem schmutzverkrusteten Kaminfeger in einen sauberen viktorianischen Gentleman.

In *Die Wasserkinder* streift Kingsley die meisten seiner Lieblingsthemen: die Auswirkungen von Armut, Erziehung, Hygiene, Verschmutzung, Evolution. In Toms geistiger Wiedergeburt zeigt sich Kingsleys Vision von der Natur als Werkzeug Gottes. Gerade jene Textpassagen, in denen er seine Fähigkeit, Darwins Evolutionstheorie in Parabeln zu verwandeln ausspielt, gehören zu Kingsleys Meisterleistungen. Interessanter ist jedoch, daß er darüber hinaus auch Gedanken über die Degeneration der Arten artikuliert, ein Thema, das eigentlich erst ein Vierteljahrhundert später in die Literatur Einzug hielt. **VC-R**

- Charles Kingsleys Interesse für das Schicksal der Armen – er war ein christlicher Sozialist – ist in vielen seiner literarischen Werke zu spüren.

- Auf J. W. Smiths Illustration aus dem Jahr 1920 ist Tom ein Exot, den seine neuen Kameraden neugierig anstarren.

Aufzeichnungen aus einem Kellerloch
Fjodor M. Dostojewski

Lebensdaten | *1821 (Rußland), †1881
Erstausgabe | 1864 in *Épocha* (Petersburg)
Originaltitel | *Zapiski iz podpol'ja*
Originalsprache | Russisch

„Je mehr ich mir des Göttlichen bewußt wurde, um so tiefer watete ich im Dreck."

◉ Dieses eindrucksvolle Foto von Dostojewski zeigt einen von tiefem Ernst geprägten Mensch, der von inneren Dämonen verfolgt wird.

Wie der Titel andeutet, läßt der namenlose Erzähler von Dostojewskis *Aufzeichnungen aus einem Kellerloch* seine Stimme aus der Unterwelt erklingen – ein verwirrter Geist, der sich durch ein Loch im Boden der russischen Gesellschaft ergießt. Die Erzählung ist Apologie und Beichte zugleich, das Porträt eines verbitterten, menschenverachtenden Beamten, der allein in Petersburg lebt. In zwei Teilen reflektiert der Autor über die beiden Schlüsselphasen des russischen Intellektualismus im 19. Jahrhundert: den rationalistischen Utilitarismus der 1860er Jahre und den sentimentalen literarischen Romantizismus der 1840er Jahre. In beiden Teilen attackiert der hochgebildete, aber zutiefst desillusionierte Erzähler auf blendende, provozierende Weise die vielen im Wandel begriffenen Ordnungsprinzipien seiner Zeit – in ästhetischer, religiöser, philosophischer und politischer Hinsicht. Mit aller Schärfe kritisiert er sowohl den „schönen und luftigen" Romantizismus seiner Jugend als auch die neuen sozialistischen Prinzipien. Alles wird zur Zielscheibe seines Spotts.

Auf der einen Seite ist dieses düstere, seltsame Werk eine Art „Fallstudie" – eine Analyse der Entfremdung und des Selbsthasses, eine Erzählung, die sich selbst auf der Schnittstelle zwischen Gesellschaft und Individuum ansiedelt. Auf der anderen Seite ist *Aufzeichnungen aus einem Kellerloch* tragikomisches Ideentheater, das sowohl den aufklärerischen Idealismus als auch die Versprechungen der sozialistischen Utopie eindrucksvoll entkräftet. Diese schwierige und fesselnde Erzählung ist mehr als ein kritisches Vorspiel zu Dostojewskis gefeierten Spätwerken und verdient entsprechende Anerkennung. **Sam**

Onkel Silas oder das verhängnisvolle Erbe
Joseph Sheridan Le Fanu

Onkel Silas ist im Grunde ein Produkt des viktorianischen Sensualismus und vereint wie Wilkie Collins' Werke das Geheimnisvolle mit dem Kriminalistischen. Darüber hinaus wurde diese Geschichte über die Erbin eines Landhauses in Derbyshire auch als politische Allegorie der Auflösung der anglo-irischen Gesellschaft und als metaphysische Version von Emanuel Swedenborgs Spekulationen über den Tod und das Leben nach dem Tod interpretiert.

Die überzeugend charakterisierte Heroine Maud Ruthyn ist Ermittlerin *und* Opfer – ihre Versuche, die Geheimnisse ihres Vaters aufzudecken, bleiben im Haus ihres Onkels nicht folgenlos. Sein Landsitz Bartram-Haugh repräsentiert einen Aspekt der vergifteten, gelähmten protestantischen Kultur, ist aber auch ein „romantischer", vom Phantastischen und Grotesken bevölkerter „Traum". In *Onkel Silas* kommt nichts Übernatürliches vor: Alles, was geschieht, kann durch rein menschliche Gemeinheit erklärt werden. Als Leser sollen wir den Figuren wegen ihrer exzessiven Begierden, ihrer „feisten" Gesichter und ihrer dumpfen, gerissenen Mienen mißtrauen. Ein Lexikon der Körperlichkeit führt uns von den bloß unkonventionellen oder gehässigen zu den „hageren" weißgesichtigen Figuren, die, wie Silas selbst, todbringende Besucher in der Welt der Lebenden sind. Diese Kreaturen liegen den beunruhigenden Geistergeschichten der edwardianischen Ära zugrunde. Le Fanus Auslegung der anglo-irischen Tradition hatte überdies großen Einfluß auf Yeats und Joyce, was *Onkel Silas* zu einem – allerdings weniger anerkannten – Vorläufer der modernen Literatur des 20. Jahrhunderts macht. **DT**

Lebensdaten | *1814 (Irland), †1873
Erstausgabe | 1864
Erschienen bei | R. Bentley (London)
Originaltitel | *Uncle Silas: a Tale of Bartram-Haugh*

„Später heiratete er, doch seine schöne junge Frau starb bald."

Der irische Autor Joseph Sheridan Le Fanu, hier auf einem Foto aus dem Jahr 1850, wird oft als Meister des Horrors bezeichnet.

Alice im Wunderland
Lewis Caroll

Lebensdaten | *1832 (England), †1898
Erstausgabe | 1865 bei Macmillan & Co. (London)
Richtiger Name | Charles Lutwidge Dodgson
Originaltitel | *Alice's Adventures in Wonderland*

- Sir John Tenniels Originalillustrationen für Alice im Wunderland sind ein wesentlicher Bestandteil des phantastischen Universums, das Caroll entwirft.

- Auf dieser Illustration von W. H. Walker, die einer Ausgabe von 1907 entstammt, folgt Alice dem weißen Kaninchen in die Unterwelt.

Alice im Wunderland, als Kinderbuch ein nicht mehr wegzudenkender Bestandteil unserer Kultur, begeistert mit bizarren Satiren, Wortspielereien und komischen Begebenheiten auch Erwachsene. Der Surrealist André Breton schrieb über *Alice*, daß die „Adaption des Absurden auch Erwachsenen wieder Zutritt zum geheimnisvollen Reich der Kinder ermöglicht". Das Buch behandelt Kinder keineswegs von oben herab und ist zugleich eine Pädagogiklektion für abgestumpfte Erwachsene. Es erschien 1865, im selben Jahr wie Lautréamonts infernalische *Gesänge des Maldoror* und Rimbauds *Eine Zeit in der Hölle*, und schildert eine sehr englische, vornehme Reise in eine Traumlandschaft, die allerdings auch dunkle Seiten hat.

Am Bachufer vor sich hin dösend, erspäht die siebenjährige Alice ein mit einer Herrenweste bekleidetes weißes Kaninchen, das ängstlich immer wieder auf die Uhr sieht, und entschließt sich, ohne nachzudenken, ihm in den Untergrund zu folgen. Dabei gerät sie in die seltsamsten Situationen. Ein kleiner Schluck von einem Zaubertrank, das Knabbern an einem Kuchen – und schon ist sie auf die Größe einer Maus zusammenschrumpft oder plötzlich groß wie ein Haus oder hat einen Schlangenhals. Sie trifft auf Figuren, die sich in unser aller Gedächtnis eingeschrieben haben: die Maus, die im Tränenteich planscht und deren Geschichte sich typografisch wie ein Schwanz über die Seite schlängelt, die Wasserpfeife rauchende Raupe, die schreckliche Herzogin, die ein Baby zum Ferkel mästet, die Edamer Katze, von der nur ein Grinsen zurückbleibt, den teetrinkenden verrückten Hutmacher und den Schnapphasen, die die Haselmaus in eine Teekanne stopfen, die grausame Herzkönigin, die mit einem Flamingo Krocket spielt, und die Falsche Suppenschildkröte, die schluchzend von der Hummer-Quadrille berichtet. Stets die mustergültige Naive mimend, versucht Alice, dem Wahnsinn mit Logik beizukommen. *Alice im Wunderland* ist ein Buch, das leise gegen die verständnislose viktorianische Kindererziehung stichelt. Man sollte eine Ausgabe mit Tenniels Originalillustrationen lesen. **DH**

Die Reise zum Mittelpunkt der Erde
Jules Verne

Lebensdaten | *1828 (Frankreich), †1905
Erstausgabe | 1866
Erschienen bei | P.-J. Hetzel (Paris)
Originaltitel | *Le Voyage au Centre de la Terre*

Die Reise zum Mittelpunkt der Erde steht in der literarischen Tradition der Höllenfahrt, verpackt sie aber auf völlig neue Weise in einen Science-Fiction-Roman. Mitte des 19. Jahrhunderts beschäftigte sich die Wissenschaft intensiv mit der Frage, welche Temperatur im Erdinnern herrsche und ob es unter der Erdkruste eher heiß oder kalt sei. Die gleiche Frage stellt dieser Roman. Axel, eine Art Alter Ego des Autors, vertritt die Auffassung, im Mittelpunkt der Erde brenne ein Feuer. Sein Onkel hingegen, der zerstreute Professor Lidenbrock, verteidigt Humphrey Davys Theorie von einem kalten Erdzentrum. Verne schlägt sich in seinem Roman auf Davys Seite und schickt seine Helden in eine kalte, wie ein Schweizer Käse durchlöcherte Erde hinab, in der Vulkane und Meere durch Kanäle miteinander verbunden sind.

Nachdem sie sich durch einen erloschenen isländischen Vulkan namens Sneffels Zugang zum Erdinneren verschafft haben, gelangen sie in eine riesige Höhle mit einem unterirdischen Meer, das sie mit dem Floß erforschen, bis sie bei einem Ausbruch des Stromboli wieder auf die Erde zurückgeschleudert werden. Ihre Reise läßt sich in zwei Etappen unterteilen. Die erste führt durch immer ältere geologische Schichten bis zum „primitiven Granit". Die zweite kulminiert in der Entdeckung des unterirdischen Meeres, eines mit „lebenden Fossilien" bevölkerten paläontologischen Raumes, in dem sich alle Perioden der biologischen Klassifikation mischen. Die Entdeckung eines menschlichen Kiefers in Abbeville im Jahr 1863 veranlaßte den Autor, einen „vorsintflutlichen Schäfer" in seinen Roman einzubauen – eine Reminiszenz an die großen Menschenaffen, die, gemäß den seinerzeit über die Evolution diskutierenden Darwinisten, als Vorfahren des modernen Menschen zu betrachten waren. **JD**

- E. Rious Illustration zu *Die Reise zum Mittelpunkt der Erde* trägt die Überschrift: „Wir stiegen eine Art Wendeltreppe hinab."

- Eine Auswahl von Jules Vernes Phantasiegeschichten wurde in dieser kunstvoll ausgestatteten Ausgabe publiziert.

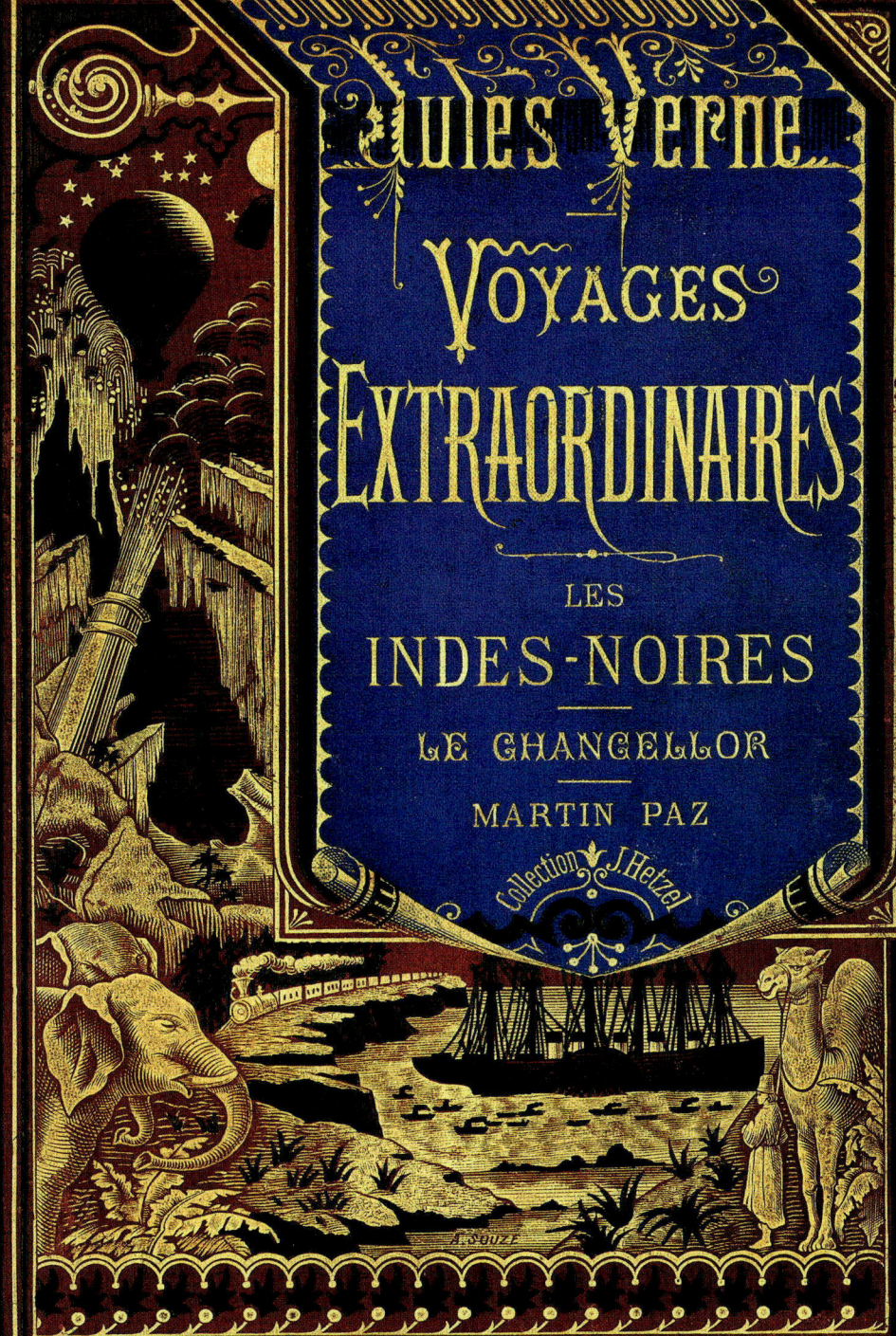

Schuld und Sühne

Fjodor Dostojewski

Lebensdaten | *1821 (Rußland), †1881
Erstausgabe | 1866 in *Russkij vestnik* (Petersburg)
Originaltitel | *Prestuplenie i nakazanie*
Titelvariante | *Verbrechen und Strafe*

Schuld und Sühne ist ein fesselndes, geheimnisvolles Meisterwerk der Weltliteratur. Aus Gründen, die sowohl ihm selbst als auch dem Leser verborgen bleiben, begeht der junge Student Raskolnikow am Anfang des Romans einen Doppelmord. Den Rest des Buches irrt er ziellos durch die Straßen Petersburgs, stets mit der Frage beschäftigt, ob sein Verbrechen – das er kaum als solches betrachtet – aufgedeckt werden wird. Die Welt um ihn herum löst sich in Traumgebilde auf.

Schuld und Sühne wurde häufig als Studie über das Thema Schuld bezeichnet, doch dieses Urteil trifft den Kern der Sache nicht ganz: Raskolnikow empfindet keine Schuld, sondern panische Angst und eine tiefe Kluft zwischen sich und dem Rest der Menschheit. Er ist nicht in der Lage, Hilfe von Freunden anzunehmen. Ja, er ist sogar unfähig, die ihm entgegengebrachte Sympathie und Liebe wahrzunehmen, weil er sich als Ausgestoßenen wahrnimmt – seine Fähigkeit zu töten ist eher Ausdruck dieses Ausgestoßenseins als dessen Ursache oder Folge.

Die restlichen Figuren des Romans sind – aus Raskolnikows völlig verzerrter Perspektive – größtenteils unbedeutend. Vieles wird nur halb gesagt: Nie können wir sicher sein, ob Raskolnikow die Worte seiner Mitmenschen wirklich begreift, und jene, die sein Geheimnis nicht kennen, verstehen natürlich kaum etwas von dem, was er zu ihnen sagt. *Schuld und Sühne* wurde 1866 publiziert und gilt als früher, großer Vorläufer einer literarischen Strömung des 20. Jahrhunderts, die sich – vertreten z. B. durch Camus und Beckett – mit dem Thema Entfremdung auseinandersetzte. **DP**

◐ Ein schwedisches Filmplakat für Josef von Sternbergs Adaption von *Schuld und Sühne* aus dem Jahr 1935. Peter Lorre spielte den Mörder Raskolnikow.

Last Chronicle of Barset *

Anthony Trollope

Lebensdaten | *1815 (England), †1882
Erstausgabe | 1867 bei Smith, Elder & Co. (London)
Vollständiger Titel | *The Last Chronicle of Barset*
Bestandteil der | *Barsetshire Chronicles*

Die sechs Romane der sogenannten *Barsetshire Chronicles* entstanden zwischen 1855 und 1867. In ihrer Gesamtheit bieten sie einen umfassenden Überblick über Kirche, Ehe, Politik und Landleben im viktorianischen England. *The Last Chronicle of Barset* nahm wegen seines gewaltigen Umfangs und der meisterlichen Schilderung der fiktiven, geheimnisvollen Grafschaft Barsetshire unter Trollopes Werken immer eine Sonderstellung ein und gilt als einer der anspruchsvollsten viktorianischen Romane überhaupt. In ihm scheint Trollopes Gesamtwerk wie in einem Brennglas eingefangen. Wieder begegnen wir einigen seiner Lieblingsfiguren, die bereits in früheren Romanen der *Barsetshire*-Serie auftauchen – z. B. dem verarmten Geistlichen Josiah Crawley, der des Scheckdiebstahls bezichtigt wird (zu Unrecht, wie sich herausstellt). Sein Problem steht im Mittelpunkt des Romangeschehens. Dieser stolze, zum Verzweifeln unsoziale Mann, der an Karriereneid leidet, schwelgt in seiner Märtyrerrolle – ein ganz und gar unsympathischer Held, der, wenn nicht wahnsinnig, doch zumindest masochistisch und selbstsüchtig ist.

Parallel dazu schildert Trollope das Schicksal Lily Dales, die die Erinnerung an den Mann, der sie ein paar Jahre zuvor hat sitzen lassen, nicht loslassen kann. Lily beschließt mit gerade einmal 24 Jahren, eine „alte Jungfer" zu bleiben. Lilys Halsstarrigkeit brachte die zeitgenössischen Leser in Rage, doch manche modernen Kritiker sehen in ihr eine Art Protofeministin, die stark genug ist, sich konventionellen Erwartungen zu widersetzen. Wie die beiden zentralen Handlungsstränge zeigen, geht es Trollope um die Frage, wie Menschen ihr Leben innerhalb der Gesellschaft leben können. Wahre Erfüllung finden seine Figuren nur, indem sie sich, soweit es ihnen möglich ist, mit dem gesellschaftlichen Leben auseinandersetzen. **AM**

19. Jahrhundert

Thérèse Raquin
Émile Zola

Lebensdaten | *1840 (Frankreich), †1902
Erstausgabe | 1867
Erschienen bei | A. Lacroix (Paris)
Originaltitel | *Thérèse Raquin*

Thérèse Raquin ist nicht Zolas bester Roman; er vermittelt längst nicht die Souveränität seines späteren Meisterwerks *Germinal* (1885), sondern eher das Zaudernde eines Erstlings und den Dogmatismus einer Verteidigungsschrift. Nichtsdestotrotz sind es genau diese Ungewißheit und Extravaganz, die *Thérèse Raquin* zu einem bedeutenden Werk machen. Einer der wichtigsten Romanciers des 19. Jahrhunderts kämpft hier – mitunter verzweifelt – um die richtige Form für die Vermittlung seines Anliegens: Literatur in ein soziales Skalpell zu verwandeln.

Im Zuge des gerade aufkommenden Naturalismus inszenierte Zola seine Theorien über sexuelles Begehren und Reue anhand zweier Figuren. Doch Thérèse Raquin und ihr Geliebter Laurent wirken als Verkörperungen des Zolaschen mechanischen Determinismus seltsam gequält; sie sind weniger Musterbeispiele für die Auswirkungen körperlicher und materieller Gegebenheiten als vielmehr vom Zufall gesteuerte und durch die Unklarheit und Intensität ihrer Gefühle verwirrte Individuen. Daraus resultiert ein Roman, der mit sich selbst nicht im Reinen ist, ein wundervolles Amalgam aus wildem Erotizismus und distanzierter Detailversessenheit. Thérèse Raquin selbst ist eine wunderbare Figur – ein Schauplatz stummer Wünsche und Ängste, den unerbittlichen Gesetzen ihres Körpers unterworfen. Ihre Geschichte entwickelt sich zunächst allmählich, dann explosionsartig und verleiht ihr eine eigene Stimme und Dynamik. Sie wird sich bewußt, was es bedeutet, eine Frau zu sein, und welche körperlichen Genüsse damit verbunden sind. **PMcM**

Der Monddiamant
Wilkie Collins

Lebensdaten | *1824 (England), †1889
Erstausgabe | 1868
Erschienen bei | Tinsley Brothers (London)
Originaltitel | *The Moonstone*

Der Monddiamant gilt häufig als erster – zuweilen auch als größter – englischer Detektivroman. Er handelt vom Diebstahl eines unschätzbar wertvollen Diamanten, der einst die Statue einer Hindugottheit schmückte. Das Diebesgut geht durch viele Hände – bis es schließlich im 19. Jahrhundert als Hochzeitsgeschenk wieder auftaucht, aber sofort entwendet wird. Zu diesem Zeitpunkt kommt Sergeant Cuff ins Spiel, der das Geheimnis schließlich lüftet.

Es ist bemerkenswert, daß das Geschehen von mehreren Ich-Erzählern geschildert wird. Dadurch wird es noch mysteriöser, denn es ist nicht immer klar, wem der Leser trauen darf. Dank Collins' stilistischer Finesse – ein großer Teil dieses langen Romans besteht aus Dialogen – finden die Leser sich erstaunlich schnell in der verworrenen Handlung zurecht. Darüber hinaus ist Collins' Fähigkeit hervorzuheben, die Arbeitsweise des menschlichen Verstandes regelrecht zu „sezieren" und sich in beide Geschlechter hineinzuversetzen, relativ ungewöhnlich für einen männlichen Schriftsteller des 19. Jahrhunderts. Der Hintergrund, vor dem sich die Geschichte abspielt, ist lebendig geschildert, und diese selbst hält den Leser von Anfang bis Ende in Atem.

Der Monddiamant ist ein Meilenstein der englischen Literatur – Detektivgeschichte und Gesellschaftsanalyse zugleich, mit leichter Hand geschrieben und in den Dialogen und der Charakterzeichnung der Figuren einem großen Realismus verpflichtet. **DP**

◀ Der Karikaturist Lebourgoeois parodiert in dieser Zeichnung eine Szene aus *Thérèse Raquin*. Zola spricht gerade einen französischen Offizier auf die Dreyfus-Affäre an.

Kleine Frauen

Louisa May Alcott

Lebensdaten | *1832 (USA), †1888
Erstausgabe | 1868
Erschienen bei | Roberts Bros. (Boston)
Originaltitel | *Little Women, or, Meg, Jo, Beth, and Amy*

Diese zeitlose Familiengeschichte wurde nach dem Erscheinen augenblicklich zu einem Erfolg und zu einem der beliebtesten Klassiker der amerikanischen Literatur. Ursprünglich war *Kleine Frauen* als Geschichte für junge Mädchen gedacht, erwies sich bald aber auch jenseits von Zeit- und Altersgrenzen als reizvoll und war bei bei erwachsenen und bei jungen Lesern beliebt. Diese Popularität ist bis heute ungebrochen.

Alcott schildert die Lebensgeschichte der vier March-Schwestern Meg, Jo, Amy und Beth, die zur Zeit des amerikanischen Bürgerkrieges in Neuengland aufwachsen. Ihr Kampf gegen Armut und Elend, ihre charakterlichen Schwächen und ihre persönlichen Enttäuschungen werden ausführlich beschrieben. Nachdem ihr Vater mit den Unionstruppen in den Krieg gezogen ist, müssen die Schwestern und ihre Mutter sich selbst durchbringen und werden von ihren wohlhabenden Nachbarn mit Argusaugen beobachtet. Briefe und Spiele, kleine Vergehen und gute Taten, Träume und Wünsche bringen Abwechslung in ihren Alltag. Irgendwann werden die Mädchen erwachsen: Meg heiratet, Jo ringt darum, Schriftstellerin zu werden, Beth stirbt, und Amy erlebt eine unerwartete Romanze. *Kleine Frauen* ist autobiographisch geprägt; Alcott stellt darin sich selbst und ihre eigenen Schwestern dar. Vielleicht ist es die daraus resultierende Unmittelbarkeit, die dieses eindrückliche Porträt familiären Lebens im 19. Jahrhundert so lebendig erhält und bei Generationen von Lesern so beliebt machte. Es inspirierte eine Reihe moderner Schriftstellerinnen – von Simone de Beauvoir bis zu Joyce Carol Oates und Cynthia Ozick. **LE**

Mit *Kleine Frauen* wurde Louisa Alcott berühmt – sie galt allerdings fortan als Kinderbuchautorin.

Der Idiot

Fjodor M. Dostojewski

Lebensdaten | *1821 (Rußland), †1881
Erstausgabe | 1868–1869
Erschienen in | Russkij vestnik (Zeitschrift)
Originaltitel | *Idiot*

In seinem zweiten umfangreichen Roman erörtert Dostojewski das Motiv des „heiligen Narren": des scheinbar naiven, im Grunde aber weisen Menschen. Der „Idiot" ist in diesem Falle der fromme Fürst Myschkin, ein Epileptiker (wie der Autor), der nach einem langen Aufenthalt in einem Schweizer Sanatorium nach Rußland zurückkehrt und sich bei der Gattin des wohlhabenden Generals Jepantschin, einer entfernten Verwandten, niederlassen möchte. Schauplatz ist das rasch wachsende Petersburg der 1860er Jahre. Dostojewski untersucht den Einfluß, den Myschkin auf die Jepantschin und das gesellschaftliche Milieu, in dem sie heimisch sind, ausübt. Der Fürst dient ihm als Katalysator für die Entwicklung gesellschaftlicher Konflikte. Dabei geht es um Heuchelei und die dahinter verborgenen Gefühle, um Geld, Status, Sex und die Ehe. Wie in jedem guten russischen Roman wimmelt es in *Der Idiot* von Figuren mit komplizierten Namen, es gibt eine Fülle von Intrigen und Leidenschaften in der bürgerlichen Gesellschaft an der Schwelle zur Moderne.

Zu Beginn freundet sich Myschkin mit dem reichen, eigenwilligen jungen Draufgänger Rogoschin an – das genaue Gegenteil seiner selbst. Doch die beiden Männer rivalisieren bald um die Zuneigung von Nastassja Filippowna, die in ihrer Jugend von ihrem Adoptivvater, einem General Tocki, vergewaltigt wurde. Als „gefallene Frau" hat sie einen zweifelhaften Ruf, doch Myschkin, der die unheimliche Fähigkeit besitzt, das innere Wesen eines Menschen intuitiv zu erkennen, sieht in ihr eine leidende Seele. Zwischen ihnen entsteht eine geistige Verbundenheit, die sich von Rogoschins wildem Verlangen stark unterscheidet. Wie, fragt Dostojewski, verhält sich die ätherische, oft unerträgliche Spiritualität eines Myschkin zu den primitiveren Trieben eines Rogoschin? **DH**

Gesänge des Maldoror
Comte de Lautréamont

Lebensdaten | *1846 (Uruguay), †1870 (Frankreich)
Erstausgabe | 1868–1869
Erschienen bei | Albert Lacroix (Paris)
Originaltitel | *Les Chants de Maldoror*

Zu seinen Lebzeiten war Lautréamont unbekannt, doch heute gilt sein Prosagedicht *Die Gesänge des Maldoror* als eines der frühesten und aufregendsten Beispiele surrealistischer Literatur. Der erste Gesang wurde zwei Jahre nach dem frühen Tod des Autors mit nur 24 Jahren anonym in Paris publiziert. Doch erst als eine belgische Literaturzeitschrift 1885 den Mut aufbrachte, den Text noch einmal herauszubringen, begann das Werk Lautréamonts bei der europäischen Avantgarde Aufmerksamkeit zu erregen.

In *Die Gesänge des Maldoror* rebelliert der Titelheld gegen Gott, mit außergewöhnlich schlechten, unmoralischen Taten. Es ist ein wildes, halluzinatorisches, poetisches und verstörendes Werk – radikal nicht nur wegen seiner stilistischen Modernität (die die Surrealisten so bewunderten), sondern auch wegen seines blasphemischen Inhalts. Es geht um Mord, Sadomasochismus, Zersetzung und Gewalt.

Die Gesänge des Maldoror zelebrieren das Böse: Christus wird zum Vergewaltiger, und der Titelheld gibt sich einer Phantasie über Sex mit Seeungeheuern hin. Doch keine seiner Untaten verschafft Maldoror Befriedigung oder auch nur eine Atempause; mit dem Fortschreiten des Textes steigert sich seine Wut. Noch heute können *Die Gesänge des Maldoror* Bestürzung auslösen, doch am interessantesten ist die lyrische Kraft von Lautréamonts Prosa. Es gelingt ihm, das Abstoßende schön und bezaubernd erscheinen zu lassen – ein verwirrender Effekt, der zum Nachdenken über gängige Moralbegriffe und sprachliche Konventionen herausfordert. **SamT**

Phineas Finn
Anthony Trollope

Lebensdaten | *1815 (England), †1882
Erstausgabe | 1869
Erschienen bei | Virtue & Co. (London)
Volltitel | *Phineas Finn, the Irish Member*

Wie der Titelheld dieses Romans hatte Anthony Trollope politische Ambitionen und kandidierte 1868 (erfolglos) für die Liberalen in Beverly. Seine ernüchternden Erfahrungen goß er in sechs Romane (die *Palliser Novels*), in denen er vor dem Hintergrund intriganter Machenschaften echter Politiker das Leben und die Liebschaften fingierter Minister und deren Familien schilderte. Phineas Finn, Vertreter des englischen Unterhauses, ist ein echter Trollopescher Held: gutaussehend, mit guten Manieren, beeindruckend, zugleich aber schwach und Schmeicheleien gegenüber empfänglich. Als er die politische Karriereleiter erklimmt und die Aufmerksamkeit mächtiger Regierungsvertreter auf sich zieht, wird sein Privatleben immer komplizierter. Obwohl er bereits gebunden ist, verstrickt er sich in Beziehungen mit drei verführerischen Frauen – der brillanten Lady Laura Standish, der Erbin Violett Effingham und der geheimnisvollen Madame Max Goesler. Jede von ihnen wäre eine hervorragende Partie für den ehrgeizigen Politiker. Phineas' Unentschlossenheit ist charakteristisch für Trollopes junge Helden, und ein großer Teil des Romans handelt davon, wie er sein Gewissen mit seinem Ehrgeiz und seinem Bedürfnis, im Rampenlicht zu stehen, in Einklang zu bringen versucht. Als Hauptstadt eines großen, selbstbewußten Reiches ist London auch ein Ort, an dem prinzipientreues Verhalten stets von politischer Zweckdienlichkeit bedroht ist und gute Beziehungen viel wichtiger sind als reines Können. Viel mehr als für politische Philosophie interessierte sich Trollope für psychologische Fragen und dafür, was die viktorianische Gesellschaft „antrieb". *Phineas Finn* enthält dazu eine ganze Reihe scharfsinniger Beobachtungen. **AM**

Lehrjahre Herzens
Gustave Flaubert

Lebensdaten | *1821 (Frankreich), †1880
Erstausgabe | 1869 bei M. Lévy Frères (Paris)
Originaltitel | *L'Éducation sentimentale. Histoire d'un jeune homme*

Lehrjahre des Herzens gehört zweifellos zu den großartigsten Romanen, die je geschrieben wurden, ja ist vielleicht sogar der größte Triumph realistischer Literatur überhaupt. Obwohl es die Pariser Rezensenten nach seinem Erscheinen 1869 zunächst als unmoralisch verdammten, erregte es bei jüngeren, ehrgeizigen Schriftstellern große Bewunderung. Im frühen 20. Jahrhundert war es das Maß aller Dinge. So etwas mußten James Joyce und Ezra Pound erst einmal nachmachen. Flaubert war ein Arbeitstier und ein Genauigkeitsfanatiker, ebenso versessen auf die exakte Schilderung seiner Einblicke in die Gesellschaft wie um den geeigneten literarischen Stil bemüht. Er war der sagenhafte Meisterautor, seiner Sache auf geradezu unbegreifliche Weise ergeben – das genaue Gegenteil eines modernen Schriftstellers also, der sich bei der Fertigstellung seiner Manuskripte nach ökonomisch begründeten Abgabeterminen richtet.

Lehrjahre des Herzens handelt von dem trägen, jungen Studenten Frédéric Moreau, der von einem unverhofften Erbe lebt und Mitte des 19. Jahrhunderts aus der Provinz nach Paris kommt – einer von Luxuswaren und Luxusgehabe geprägten Stadt. Auf wunderbar satirische Weise schildert Flaubert den Niedergang seines Helden, dessen Pläne und Prinzipien in der Pariser Wohlstandsgesellschaft scheitern. Doch Paris ist auch die Stadt der Julirevolution von 1848. Fasziniert von dem Gedanken an einen Tod auf den Barrikaden und wie gebannt durch die Beziehung zu einer Geliebten, auf die er Besitzansprüche erhebt und die ihm seine wahre Leidenschaft für die Frau eines anderen Mannes vergessen helfen soll, driftet Moreau durch die Barrikadenkämpfe. Dieser Roman ist ein gigantisches Historiengemälde und schildert zugleich auf minutiöse Weise, wie der emotionale und politische Idealismus eines einsamen Herzens langsam erstickt. **KS**

„Der Künstler muß in seinem Werk präsent sein wie Gott in der Schöpfung, unsichtbar und allmächtig; man muß ihn überall spüren, aber man darf ihn niemals sehen."
Flaubert, 1857

◉ Eugène Girauds Karikatur zeigt Flaubert mit der Miene des Misanthropen, der überlegen auf den Rest der Welt herabsieht.

Krieg und Frieden
Lew N. Tolstoi

Lebensdaten | *1828 (Rußland), †1910
Erstausgabe | 1869 bei M. N. Katkov (Moskau)
Originaltitel | *Vojna I Mir*
Originalsprache | Russisch

„Der Körper ist eine Lebensmaschine. Er ist dafür gemacht, es ist seine Natur. Laß das Leben ungehindert in ihn hineinfließen und sich selbst verteidigen – das bringt mehr, als ihn mit belastenden Arzneimitteln zu lähmen."

- Tolstoi genoß in Rußland ungeheures Ansehen. Er wurde als geistige Lichtgestalt und als Freund der Armen verehrt.

- Als älterer Mann verschenkte Tolstoi sein Vermögen, lebte wie ein Bauer und tat seine großen Romane als wertlos ab.

Tolstois *Krieg und Frieden* gehört – wie James Joyces *Ulysses* – zu den wenigen Büchern, die allzu oft nur gelesen werden, um die eigene Ausdauer unter Beweis zu stellen oder eine Art Initiationsritus zu vollziehen, um dann auf halber Strecke beiseite gelegt oder als Trophäe ins Regal gestellt und nie wieder angerührt zu werden. *Krieg und Frieden* ist tatsächlich ungeheuer lang, doch wer sich wirklich darauf einläßt und den Roman vielleicht sogar zweimal liest, wird seine Freude daran haben. Mit diesem Buch geht es einem wie mit den Filmen von Andrej Tarkowski, der stark von Tolstoi beeinflußt wurde: Ist man erst einmal in seinem Rußland angekommen, möchte man es nicht mehr verlassen. So gesehen ist die Länge des Textes eine Tugend – er bietet einfach reichlich Lesefutter.

In *Krieg und Frieden* schildert Tolstoi anhand der individuellen Schicksale der Familien Bolkonski und Rostow Rußland in der Epoche der Napoleonischen Kriege. Die Ereignisse dieses apokalyptischen Konflikts führen schnell zu einer unvermeidlichen Konfrontation der Hauptfiguren. Hinsichtlich seiner epischen Vision bleibt Tolstoi unübertroffen: Er zeichnet Stimmungsbilder ganzer Städte, läßt Armeen gegeneinander antreten und fängt die Vorahnungen ein, die eine ganze Gesellschaft befallen. Die Kampfhandlungen sind mit erstaunlicher Unmittelbarkeit aus jeweils individuellen, aber miteinander verzahnten Perspektiven geschildert. Wie Privates und Politisches, Intimsphäre und Heldentum zusammenhängen, ist meisterhaft herausgearbeitet. Wenn Tolstoi prüft, wie seine Figuren auf den Wandel der Lebensumstände reagieren, legt er ihnen die Antworten in den Mund, die die russische Gesellschaft auf Krieg und Frieden gefunden hat.

Eine Bemerkung zum Schluß: Greifen Sie auf keinen Fall zu einer gekürzten Version von *Krieg und Frieden*. Tolstoi mag – zu Unrecht – für seine Exkurse berüchtigt sein, doch wer sich dieses Buch nur in Ausschnitten zu Gemüte führt, bringt sich von vornherein um einen Teil des Vergnügens.
MD

Ein König Lear der Steppe
Iwan S. Turgenjew

Lebensdaten | *1818 (Rußland), †1883 (Frankreich)
Erstausgabe | 1870 (Rußland)
Originaltitel | *Stepnoj korol' Lir*
Originalsprache | Russisch

Die wenig bekannte Novelle *Ein König Lear der Steppe* ist Turgenjews Version des Shakespeare-Dramas. Ein paar alte Freunde unterhalten sich über die Menschentypen, mit denen sie in Berührung gekommen sind: Jeder von ihnen kennt einen Hamlet, einer gar einen potentiellen Macbeth. Erwartungsvoll hören sie zu, als einer von ihnen behauptet, er habe einst einen König Lear gekannt – als ob dies absolut unmöglich und zugleich die ultimative Herausforderung zum Erzählen sei. Soweit die Rahmenhandlung.

Turgenjews Lear, Martin Petrowitsch Charlow, ist ein adliger Gutsbesitzer, der von seinen Bauern gefürchtet und respektiert werden will. Er hat eine direkte Art, ist von hünenhafter Statur und so russisch, wie ein Russe nur sein kann. Zu den Besonderheiten seiner russischen Seele gehören gelegentliche Anfälle abergläubischer Schwermut; stundenlang gibt er sich Grübeleien über die eigene Sterblichkeit hin. Überzeugt davon, daß der Tod naht, teilt er sein Gut zwischen seinen beiden Töchtern auf – in der Erwartung, sie würden ihn aus Dankbarkeit bis zu seinem Ableben pflegen. Natürlich wird er von beiden Töchtern und ihren intriganten Ehemännern betrogen, eingeschüchtert und schließlich in die Nacht hinausgejagt.

Der Shakespeare-Stoff ist für Turgenjew ein geradezu ideales Mittel, um die eigene Vorstellungskraft auszuspielen und die Versatzstücke eines Bühnendramas elegant mit hintergründigen Schilderungen der russischen Geschichte zu verknüpfen. **DSoa**

Alice hinter den Spiegeln
Lewis Carroll

Lebensdaten | *1832 (England), †1898
Erstausgabe | 1871 bei Macmillan & Co. (London)
Originaltitel | *Through the Looking Glass, and What Alice Found There*

1871, sechs Jahre nach dem Erscheinen von *Alice im Wunderland*, erweckte Carroll seine Figur Alice mit einer neuen Idee wieder zum Leben: Er folgte ihr in die Welt hinter den Spiegeln. Der echten Alice (Liddell) hatte er gerade erst das Schachspielen beigebracht. Nun machte er eine Schachpartie zur Grundlage seiner Erzählung. Die Welt hinter den Spiegeln ist wie ein Schachbrett aufgebaut, und Alice nimmt zunächst die Rolle eines Bauern und zum Schluß die der Königin ein. Ganz nebenbei wird ein eingangs dargelegtes Schachproblem gelöst.

Diese Geschichte ist schematischer aufgebaut als *Alice im Wunderland*, aber genauso reich an unvergeßlichen Figuren und widersprüchlichen, verdrehten Ideen. Wenn Alice an diesem chaotischen Ort irgendwohin gelangen möchte, muß sie in die entgegengesetzte Richtung laufen. Die Rote Königin sagt zu ihr: „Hierzulande mußt du so schnell rennen, wie du kannst, wenn du am gleichen Flecken bleiben willst". Erinnerung hat nicht nur Vergangenheitsbezug, die weiße Königin erinnert sich an Dinge, „die übernächste Woche geschahen". Wir begegnen den Zwillingen Zwiddeldum und Zwiddeldei. Der Text ist sprachlich schwer faßbar und scheint dem Leser zu entgleiten. Am berühmtesten ist das Gedicht „Der Zipferlake", in dem Wortbedeutungen assoziativ zusammengezogen werden: „verdaustig", „Pluckerwank", „Wieben" usw. Austern sollten dieses Buch allerdings lieber nicht lesen. **DH**

> Charles Dodgson, besser bekannt unter seinem Pseudonym Lewis Carrol, fotografierte dies spielerische Spiegelbild – eines der Mädchen könnte Alice Liddel sein.

Middlemarch
George Eliot

Lebensdaten | *1819 (England), †1880
Richtiger Name | Mary Ann Evans
Erstausgabe | 1871–1872 bei Blackwood & Sons
Originaltitel | Middlemarch, a Study of Provincial Life

„Die Menschen glorifizieren jede Form von Tapferkeit, bloß nicht die Tapferkeit, die sie zugunsten ihrer nächsten Nachbarn zeigen müßten."

● Auf dieser frühen Fotografie blickt Eliot eher verlegen drein. Von ihrer großen Ernsthaftigkeit ist nicht viel zu spüren.

Middlemarch handelt vom Dasein gewöhnlicher Leute in der gleichnamigen fiktiven englischen Provinzstadt. Detailgenau schildert George Eliot das Innenleben vieler Figuren – wie eine Wissenschaftlerin durch die Linse eines Mikroskops die winzigen, netzförmig angeordneten Adern eines Blattes prüfen mag. Ihre präzisen Beobachtungen machen den ausgewogenen Realismus aus, für den *Middlemarch* so gerühmt wird. Das Buch galt bereits zum Zeitpunkt seines Erscheinens als einer der größten englischen Romane und wird noch heute in den höchsten Tönen gepriesen.

Seine Heldin Dorothea Brooke ist leidenschaftliche Idealistin, wie der junge Arzt Tertius Lydgate, und ihrer beider Geschichten sind eng miteinander verwoben. Überzeugt davon, daß noch der kleinsten Geste etwas Heldenhaftes innewohnen könne, interpretiert Dorothea die gelehrten Studien ihres ersten Gatten Causabon fälschlicherweise als heroische Tat. Denn Mr. Causabon geht es bei seinem sterbenslangweiligen Projekt im Grunde nur darum, die darwinistische Vielfalt, die den Roman so lebendig macht, auf ein einziges, vereinfachtes Prinzip zu reduzieren.

Zentral für *Middelmarch* ist die Frage, wie Frauen mit den Rollen umgehen, die ihnen durch die Gesellschaft zugeteilt werden. Die Leser nehmen Anteil am Schicksal Dorotheas, die sich im Bewußtsein ihrer mangelhaften Bildung und ihrer finanziellen Abhängigkeit tapfer um Haltung bemüht, während ihre Schwester zufrieden auf dem Piano herumklimpert. Wie Dorothea und Lydgate ihre Schwächen bekämpfen, mit falschen Entscheidungen fertigzuwerden versuchen und sich darum bemühen, gut zu leben und gut zu lieben, läßt niemanden kalt und wirkt durch und durch echt. Geschickt verknüpft Eliot die Erzählfäden zu einem spannenden Plot. Dabei schildert sie mit solchem Mitgefühl und Verständnis, was ihre Figuren bewegt, daß wir bald völlig in den Roman vertieft sind und das Leben in Middlemarch auch ein wenig zu unserem Leben wird. **KB**

Frühlingswogen
Iwan Turgenjew

Frühlingswogen beeindruckt durch ein perfekt austariertes Gleichgewicht: Auf der einen Seite äußert Turgenjew schmerzliches Bedauern über den Verlust der Jugend, auf der anderen Seite schildert er augenzwinkernd, wie illusorisch jugendliche Leidenschaften sind. Dimitri Sanin fürchtet das Herannahen des Alters und das Ende seines ziellos dahinplätschernden Lebens. Eines Tages findet er ein „winziges Granatkreuz" in der Schublade seines Schreibtischs. Die Entdeckung ruft in ihm die Erinnerung an die wunderbaren, aber beschämenden Affären mit zwei Frauen wach, die er dreißig Jahre zuvor auf der Rückreise von der Grand Tour in Frankfurt erlebte.

Turgenjew beschreibt diese Erinnerungen in einer Reihe lebhafter Tableaus. Zunächst verliebt Sanin sich in Gemma, die Tochter eines italienischen Konditors. Sie hat einen anhänglichen Bruder, eine fürsorgliche Mutter, einen opernhaft loyalen Hausangestellten namens Pantaleone und einen dümmlichen deutschen Verlobten. Sanin liefert sich ein lächerliches Duell mit einem Offizier, der Gemma beleidigt hat, schlägt den Verlobten aus dem Feld und überzeugt sogar die mißtrauische Mutter davon, der richtige Schwiegersohn zu sein. Alles scheint auf ein Happy End hinauszulaufen. Um die Hochzeit zu finanzieren, will Sanin sein Gut in Rußland verkaufen. Auf der Suche nach einem Käufer gerät er in die Gesellschaft seines dekadenten alten Schulfreundes Polosow und dessen magischer, dominierender Gattin Maria Nikolajewna. Maria führt Sanin bei einem Ausritt tief in den Wald: „Sie ritt entschlossen voraus, und er folgte gehorsam und unterwürfig, willenlos und das Herz auf der Zunge tragend."

Sanin ist ein gewöhnlicher Mann, und seine Liebesgeschichte mit der naiven Jungfrau und der erfahrenen Femme fatale entspricht einem vertrauten Muster. Durch seine theatralische Behandlung des Stoffes rückt Turgenjew den vorhersagbaren und fast absurden Aspekt der Affäre in den Vordergrund. Zugleich machen uns seine genauen, hellsichtigen und mitfühlenden Beobachtungen bewußt, daß Sanins „Jugendsünden" für diesen unerträglich real sind und im Vergleich dazu nichts, was ihm in seinem späteren Leben widerfährt, zählt. **MR**

Lebensdaten | *1818 (Rußland), †1883 (Frankreich)
Erstausgabe | 1872 (Rußland)
Originaltitel | *Veshnie vody*
Originalsprache | Russisch

„Für sich selbst nichts zu wünschen und zu erwarten … ist echte Tugendhaftigkeit."
Turgenjew, 1862

◉ Turgenjew, der mit Schriftstellern wie Flaubert und Zola befreundet war, wurde in Westeuropa mehr geschätzt als in seiner Heimat Rußland.

Erewhon
Samuel Butler

„Wenn ich sterbe, dann wenigstens in der ganzen und sicheren Hoffnung, daß es keine Auferstehung gibt, sondern daß mit dem Tod alles erledigt ist."

Butler, Tagebücher 1912

◉ Samuel Butler war nicht nur ein satirischer Schriftsteller, sondern auch ein fähiger Komponist, Maler und Übersetzer. Dieses Porträt wurde 1898 aufgenommen.

Lebensdaten | *1835 (England), †1902
Erstausgabe | 1872
Erschienen bei | Trübner & Co. (London)
Originaltitel | *Erewhon; or, Over the Range*

Wie viele gute – insbesondere utopische – Science-Fiction-Romane ist *Erewhon* eher ein zeitkritisches, prophetisches Werk als ein futuristischer Text. Und wie Thomas More in *Utopia* reflektiert Butler in *Erewhon* – ein Anagramm des Wortes „nowhere" = nirgends – über den Zustand der Gesellschaft und die politische Entwicklung. Seine Betrachtungen über extreme und oft widersprüchliche gesellschaftliche Praktiken in der viktorianischen Ära haben heute soviel Gültigkeit wie damals. Als Allegorie wirkt *Erewhon* nachdenklich und verstörend zugleich, vielleicht um so mehr, weil die darin zum Ausdruck gebrachten Befürchtungen die heutige Gesellschaft noch immer umtreiben.

Im Universum von Erewhon ist alles auf den Kopf gestellt. Maschinen sind verboten, weil sie die Herrschaft über die Welt zu übernehmen drohen – ein gängiges Thema der Science-Fiction-Literatur. Verbrecher werden ins Krankenhaus eingeliefert, um von ihren Missetaten zu genesen, für erzieherische Maßnahmen gibt es „Hochschulen der Unvernunft", und Kranke werden eingekerkert.

Erewhon bezieht sich direkt auf die Auswirkungen des Darwinismus und macht deutlich, welchen Schock die Publikation von *Über den Ursprung der Arten* (1859) auslöste. Butler überträgt die Thesen der Evolutionslehre auf den gesellschaftlichen Kontext und unterlegt sie einmal mehr mit Furcht und Mißtrauen. Er selbst war stark beeinflußt von Darwins Buch. Doch wie viele Science-Fiction-Autoren sah er darin vor allem das verstörende Potential, das sich für die Gestaltung eigener Themen nutzen ließ. **EMcCS**

Die Dämonen
Fjodor Dostojewski

Lebensdaten | *1821 (Rußland), †1881
Erstausgabe | 1872 (Rußland)
Originaltitel | *Besy*
Originalsprache | Russisch

Obwohl es in *Die Dämonen* wohl gewalttätiger zugeht als in jedem anderen von Dostojewskis Romanen, steckt dieses Werk voller Komik und ist zugleich eine beißende Satire auf die russische Gesellschaft. Es geht darin um das Schicksal einer Rebellengruppe, die in den 1860er Jahren die Anarchie entfesseln will. Verrat zerstört die Gruppe, und es zeigt sich, welch katastrophale Konsequenzen das abstrakte politische Theoretisieren haben kann.

Die auf den letzen Seiten vorgeführte Orgie der Zerstörung wurde oft als Beispiel für die Sensationsgier des Autors angeführt. Im Grunde – und das legt auch der Titel nahe – geht es in dem Roman aber um ein geistiges Fegefeuer, und im Universum Dostojewskis ist gesellschaftliche Läuterung nur zu einem hohen Preis zu haben. So läßt er den hochgefährlichen Pjotr Werchowenski (einen Psychopathen, der dem Anarchistenführer Netschajew nachempfunden ist) ungeschoren davonkommen. Daß manchmal Unschuldige geopfert werden müssen, damit die Gesellschaft gesunden kann, ist nur eine von vielen provokanten moralischen Thesen, die der Roman in den Raum stellt.

Die dionysische Ekstase, die die Handlung ergreift, macht es nicht nur schwer, das Verhältnis von Gut und Böse zu begreifen, sondern verweist auch auf die grundlegende Zerbrechlichkeit einer Gesellschaft, die sich der moralischen Autorität der Kirche zunehmend entfremdet. Innerhalb einer Generation sollte sich in Rußland ein radikaler sozialer Wandel vollziehen; in den *Dämonen* entwirft Dostojewski die erschreckende Zukunftsvision einer Gesellschaft, die ihre Seele verloren hat. **VA**

Carmilla
Sheridan Le Fanu

Lebensdaten | *1814 (Irland), †1873
Erstausgabe | 1872 bei R. Bentley (London)
Vollständiger Titel | Carmilla, der weibliche Vampir
Originaltitel | *In a Glass Darkly*

Diese fünf Erzählungen über die Bedrohung des Menschen durch unheilvolle, übernatürliche Kräfte wurden zunächst in Zeitschriften publiziert, später aber zusammen veröffentlicht. Die inhaltliche Klammer leistet der „deutsche Arzt" Martin Hesselius, dessen Patientenbuch die Geschichten entnommen sind. Man könnte ihm die Funktion eines Regulativs zusprechen, ähnlich wie die Textsammlung als solche – „das Werk der Analyse, Diagnose und Illustrierung" – den düsteren Geschehnissen, die er beobachtet, Zusammenhalt und Klarheit verleiht.

Wenn Le Fanu tatsächlich diese Absicht hatte, dann ist ihm sein Buch gründlich mißlungen. Niemand wird geheilt, keine Theorie wird legitimiert, keine Bedeutungsspur gelegt. Vielmehr sind es die gespenstischen, beharrlichen Ausgeburten der quälenden Vorstellungskraft, die die Geschichten zusammenhalten: Ein grausamer Richter wird vom Geist eines auf Rache sinnenden Opfers verfolgt, ein Geistlicher von einem kleinen schwarzen Affen von „unermeßlicher Gemeinheit". Wie immer diese Hirngespinste entstanden sind – sie verfolgen ihre Ziele mit unerklärlicher Entschiedenheit. Und sie sind mächtig. Als Beispiel soll hier nur die lesbische Vampirin und Verführerin Carmilla genannt werden, vielleicht die einprägsamste Besucherin aus dem Jenseits. Sie bannt den Erzähler der gleichnamigen Geschichte mit ihrem „hämischen Blick", in dem sich Freude und Haß, Lust und Ekel zugleich spiegeln. Unsere eigenen ungreifbaren Ängste und Begierden sind die wahren Gespenster – das zeigt uns Le Fanu, indem er uns mit ihnen konfrontiert. **DT**

Reise um die Welt in achtzig Tagen

Jules Verne

Lebensdaten | *1828 (Frankreich), †1905
Erstausgabe | 1873
Erschienen bei | P. J. Hetzel (Paris)
Originaltitel | Le Tour du monde en quatre-vingt jours

Mit seiner *Reise um die Welt in achtzig Tagen* erlangte Jules Verne weltweiten Ruhm. Das Buch, schon seinerzeit ein Riesenerfolg – es verkaufte sich 108.000 mal –, wurde sehr bald ins Englische, Russische, Italienische und Spanische übersetzt. Sein ungewöhnliches Thema sorgte für große Aufregung: Phileas Fogg, ein reicher britischer Exzentriker und Einsiedler, wettet mit den Mitgliedern des Reform Clubs um die Hälfte seines Vermögens, daß er es schafft, in 80 Tagen um die Welt zu reisen.

In Begleitung seines Dieners Passepartout bricht er zunächst nach Suez auf. Auf der Weiterreise lernt er eine Reihe von Menschen kennen – grausame Hindus, eine Truppe japanischer Akrobaten, Siouxindianer usw. Daß der Roman so gehaltvoll und poetisch wirkt, verdankt sich zum großen Teil den als Antagonisten konzipierten Figuren Fogg und Passepartout. Der pedantische, leidenschaftslose Phileas Fogg, ein Mann des „Nebels", nach dem man die Uhr stellen könnte und für den die Welt auf 24 Zeitzonen begrenzt ist, ist das genaue Gegenteil des impulsiven und lebhaften Passepartout, der Orte und Menschen immer gleich ins Herz schließt. Doch Zufälle und unvorhergesehene Ereignisse lassen sogar den stocksteifen Junggesellen Fogg seine Schrullen vergessen. **JD**

Der verzauberte Pilger

Nicolai S. Leskow

Lebensdaten | *1831 (Rußland), †1895
Erstausgabe | 1873 (Rußland)
Originaltitel | Ocharovannyj strannik
Originalsprache | Russisch

Von den großen russischen Romanautoren ist Leskow der am wenigsten bekannte. Im englischsprachigen Teil der Welt verblaßte sein Ruhm neben dem anderer Schriftsteller wie Tolstoi und Gogol, möglicherweise, weil seine Geschichten am „russischsten" sind und sich der Eingliederung in die realistische oder psychologische Romantradition des Westens widersetzen. Wer sein Werk verstehen will, sollte jede Erwartung an eine konventionelle Handlung und „echte" Identifikationsfiguren aufgeben. Doch genau das macht es so reizvoll. Wir müssen uns der Logik eines Erzählers unterwerfen, der nur im Herzen weiß, was er uns sagen möchte, den Text dazu aber offensichtlich nicht im Kopf hat.

An Bord eines Schiffes berichtet der Held der Novelle über die lange Reihe seiner seltsamen Mißgeschicke und Erlebnisse. Er ist insofern verzaubert, als er in exotische, magische, aber auch lächerlich prosaische Abenteuer verwickelt wird, ohne je Schaden zu nehmen. Der große deutsche Literaturkritiker Walter Benjamin schrieb einmal, daß die heute fast verlorengegangene Fähigkeit, Geschichten zu erzählen, immer auf Geschichten angewiesen war, in denen die Handlungen der Figuren nicht psychologisch erklärt wurden: Das Fehlen von Erklärungen setze die Einbildungskraft frei. Diese wunderbare und betörende Fähigkeit beherrscht Leskow in hohem Maß. **KS**

◐ Dieses dramatische Titelbild schuf Louis Dumont für die erste englische Ausgabe von *Reise um die Welt in achtzig Tagen*, die 1876 erschien.

Am grünen Rand der Welt
Thomas Hardy

Lebensdaten | *1840 (England), †1928
Erstveröffentlichung | 1874
Erschienen bei | Smith, Elder & Co. (London)
Originaltitel | *Far from the Madding Crowd*

Die drückende Atmosphäre des ausklingenden viktorianischen Zeitalters, die Hardys spätere Werke prägt, ist in *Am grünen Rand der Welt* noch kaum zu spüren. Dennoch leiden die Figuren, die einem früheren Zeitalter zu entstammen scheinen, unter Ungerechtigkeit und Unglück. Das Romangeschehen ereignet sich in „Wessex", einer fiktiven Grafschaft, in der Hardy fortan seine größten Romane spielen läßt.

Auf der Flucht vor ihrem gewalttätigen Ehemann verbringt Bathsheba Everdene eine Nacht an einem nebligen Sumpf und fährt bei Sonnenaufgang auf den See hinaus, in dem „Baumstümpfe verfaulen" und Pilze mit „schlammigen Lamellen" wachsen. Die Natur hat ihre Gifte, die Menschheit ihre Krankheiten. Von den fünf Hauptfiguren sind zwei auf pathologische Weise destruktiv: Sergeant Troy ist schneidig, aber selbstsüchtig und herzlos, Farmer Boldwood von Eifersucht besessen. Fanny Robin, ein unschuldiges Verführungsopfer, ist eine Vorläuferin der Tess in Hardys Roman *Tess von den D'Urbervilles: Eine reine Frau*, doch während Tess trotzig reagiert, bleibt Fanny passiv. Sogar die unabhängige, gutherzige und wankelmütige Bathsheba verursacht mehr Kummer als Freude. Nur Gabriel Oak verkörpert so etwas wie reine Güte, erhält die „Belohnung" für seine moralische Integrität aber erst im letzten Kapitel. Handlung und Figuren sind in diesem Roman eher grob gezeichnet; seine Stärke liegt in der lebendigen Schilderung der Natur und des bäuerlichen Lebens. **MR**

○ Frederick Hollyer machte dieses Foto von Thomas Hardy 1884, als der Schriftsteller den Zenit seines Könnens erreicht hatte.

○ Diese idyllische Illustration von Ditz, im Hintergrund das Anwesen von Bathsheba, trifft die bukolische Grundstimmung des Romans.

Pepita Jiménez
Juan Valera

Lebensdaten | *1824 (Spanien), †1905
Erstausgabe | 1874 bei J. Noguera für M. Martinez
In Fortsetzungen erschienen in | *Revista de España*
Originalsprache | Spanisch

Die spanische Revolte im September 1868 führte einerseits zu philosophischen Polemiken gegen die traditionelle religiöse Praxis und andererseits zur Entwicklung neuer vitalistischer und sogar materialistischer Prinzipien, für die sich der Diplomat und Romancier Juan Valera vehement einsetzte.

In seinem Roman *Pepita Jiménez* schildert er die religiöse Atmosphäre, die das Leben der spanische Mittel- und Oberschicht im letzten Drittel des 19. Jahrhunderts prägte. Bei einem Besuch auf dem Land lernt Don Luis de Vargas, ein selbsternannter Mystiker, der eine Priesterlaufbahn anstrebt, die Angebetete seines Vaters kennen, die junge, verwitwete Titelheldin Pepita Jiménez. Die beiden jungen Leute verlieben sich ineinander und „sündigen". Don Luis stürzt dies in einen moralischen, theologisch verzwickten Konflikt: Während die Kirche Reue, die Einhaltung einmal abgelegter Gelübde und den Verzicht auf leidenschaftliche menschliche Liebe verlangt, pocht Pepita auf die Wiederherstellung ihrer Ehre und heiratet Luis. Psychologisch verkomplizert wird die ganze Sache dadurch, daß Luis *auch* Priester werden möchte, um seinen Vater von dessen Sünde reinzuwaschen.

Die Erzählstruktur ist frei und assoziativ; der Roman enthält fiktive Dokumente aus dem Nachlaß von Don Luis, darunter die Briefe, die den ersten Teil des Buches bilden, und ergänzende Hinweise des Erzählers, die die Figur der Pepita abrunden. **M-DAB**

Das Verbrechen des Paters Amaro
José Maria Eça de Queirós

Lebensdaten | *1846 (Portugal), †1900 (Frankreich)
Erstausgabe | 1876 bei Tipografia Castro Irmão
Originalsprache | Portugiesisch
Originaltitel | *O crime do Padre Amaro*

Der erste und berühmteste Roman von Portugals führendem Schriftsteller des 19. Jahrhunderts ist eine ätzende Attacke gegen religiöse Scheinheiligkeit und die Enge des Provinzlebens.

Der Titelheld, ein labiler junger Priester wider Willen, erhält eine Pfarrstelle in der Provinzstadt Leiria, deren engstirnige Bevölkerung kleinen Lastern und gehässigem Tratsch frönt. Der gelangweilte und über das Zölibat erboste Amaro findet in Gestalt einer attraktiven jungen Frau aus der Gemeinde schnell ein Ventil für seine heftig brodelnde Leidenschaft. Obwohl die Leser sich sehr wahrscheinlich mit den Liebenden identifizieren, raubt ihnen de Queirós letztlich jede Illusion hinsichtlich dieser Affäre, die zwar prächtig lodert, eigentlich aber roh und ausbeuterisch ist. Amaro ist im Grunde seines Herzens ein von egoistischem Ehrgeiz getriebener Kleingeist und Besserwisser. Den Preis dafür, daß er sich korrumpieren läßt, zahlt letzen Endes seine Geliebte.

Kurz vor ihrem brutalen, unsentimentalen Ende bringt der Autor doch noch ein wenig Sympathie für seine beschränkten und hoffnungslosen Helden auf, doch mit der Gesellschaft und der Kirche, die sie zu dem gemacht haben, was sie sind, kennt er keine Gnade. Wie sehr de Queirós' Roman auch heute noch zu schockieren vermag – zumindest in katholischen Ländern –, zeigte sich im Jahr 2002, als eine spanischsprachige Verfilmung in Mexiko einen erstklassigen Skandal verursachte. **RegG**

> Eça de Queirós richtete sich nach der Pariser Mode – sowohl im Hinblick auf seine Erscheinung als auch hinsichtlich seines realistischen literarischen Stils.

Die Schnapsbude
Émile Zola

Lebensdaten | *1840 (Frankreich), †1902
Erstausgabe | 1877 bei A. Lacroix (Paris)
Alternativtitel | *Der Totschläger*
Originaltitel | *L'Assommoir*

Zola zufolge ist dieses Buch ein „Werk der Wahrheit, der erste Roman über das gewöhnliche Volk, der nicht lügt und nach gewöhnlichem Volk riecht". Es geht darin um das flüchtige Glück der Pariser Wäscherin Gervaise Macquart, die ihre ärmlichen Lebensumstände durch harte Arbeit verbessern möchte, aber letztlich an äußeren Schwierigkeiten scheitert: Ihr Ehemann erleidet einen Unfall, wird arbeitsunfähig und vertrinkt das Geld, das seine Frau verdient. Als Gervaises Vermögen aufgezehrt ist, verfällt auch sie – in der titelgebenden Schnapsbude – dem Alkohol und verwahrlost moralisch und körperlich. Ihr tragischer, mitleiderregender Abstieg ist durch nichts aufzuhalten. Sie endet als Prostituierte.

Zola wehrte sich gegen Vorwürfe, er habe das Leben der Arbeiterklasse mehr karikiert als beschrieben, indem er auf seine „ethnographischen Studien" verwies. Konservative Kritiker verdammten sein Buch als unmoralisch, widerwärtig und aufrührerisch, weil er darin authentischen Pariser Argot – ein Novum in der Literatur – und unanständige Ausdrücke verwendete. Außerdem warfen sie ihm Antiklerikalismus, schlechte Manieren und eine beamtenfeindliche Haltung vor. Doch *Die Schnapsbude* soll zeigen, daß die Erfahrungen der Arbeiterklasse und die Volkskultur darstellungswürdig sind und die formale Gestaltungskraft des Künstlers herausfordern. Dieses Buch, in dem künstlerische Konventionen einfach über den Haufen geworfen werden, hat eine Diskussion über die geeignete Form und den geeigneten Stoff für die moderne Kunst ausgelöst. Daher verdient es, in den Rang eines der ersten wirklich modernen Romane gehoben zu werden. **GM**

„*Gervaise konnte nicht weinen. Gegen ihre Waschbank gelehnt war es ihr, als müsse sie ersticken.*"

- Sie hätten einander respektiert – der Altmeister des Realismus Balzac und der neue Meister des Naturalismus Zola – das behauptet diese Karikatur von André Grill.
- Zola hielt die Bühnenfassung von *Die Schnapsbude*, die 1879 im Pariser Théâtre de l'Ambigu aufgeführt wurde, für sehr gelungen.

METRO-GOLDWYN-MAYER PRÆSENTERER:

NY KOPI

GRETA **GARBO** FREDRIC **MARCH**

ANNA KARENINA

ISCENESETT SE CLARENCE BROWN   PRODUCENT DAVID O. SELZNICK

Anna Karenina
Lew N. Tolstoi

Lebensdaten | *1828 (Rußland), †1910
Zuerst erschienen | 1873–1877 in *Russkij vestnik*
Erstausgabe | 1877 bei M. N. Katkov (Moskau)
Originalsprache | Russisch

Anna Karenina halten viele für den größten Roman aller Zeiten. Ob das nun wahr ist oder nicht – auf jeden Fall ist er ein herausragendes Beispiel für den psychologischen Roman des 19. Jahrhunderts. Ohne moralischen Zeigefinger analysiert Tolstoi, was seine Gestalten zu ihren Handlungen treibt. Der allwissende Erzähler wird immer wieder von einzelnen Figuren unterbrochen, die die intimsten Details ihrer Gedanken und Gefühle im inneren Monolog preisgeben. Dieses Stilmittel in einem Roman anzuwenden war seinerzeit etwas völlig neues.

Die rebellische Anna Karenina erliegt der Anziehungskraft des schneidigen Offiziers Graf Wronski und verläßt Ehemann und Sohn, um sich in eine leidenschaftliche, letztlich zum Scheitern verurteilte Liebesaffäre zu stürzen. Wegen ihres Fehltritts wird sie von der „guten Gesellschaft" ausgestoßen. Ganz anders verläuft die Liebesgeschichte und Ehe zwischen Konstantin Lewin und Kitty Schtscherbazkaja, die stark von den Erfahrungen des Autors geprägt ist. So vertritt der innerlich getriebene, erkenntnishungrige Lewin im Grunde Tolstois Ansichten über gesellschaftliche, politische und religiöse Fragen.

Anna Karenina ist ein trotz seiner Länge fesselnder Roman, der seine Leser in ein Universum von atemberaubender Lebendigkeit und grandiosem Realismus entführt.
SJD

Martín Fierro
José Hernández

Lebensdaten | *1834 (Argentinien), †1889
Erstausgabe | 1872–1879
Erschienen bei | Imprenta La Pampa (Buenos Aires)
Originaltitel | *Martín Fierro*

Hernández' erzählerisches Gedicht ist für die Literatur und die nationale Identität Argentiniens von großer Bedeutung. Die zwei Originalbände trugen die Titel *Der Gaucho Martín Fierro* und *Die Rückkehr von Martín Fierro*. Der erste Teil beschreibt Fierros Leben in der Pampa in mehr als 7000 Versezeilen. Fierro lebt glücklich und frei, bis er eingezogen wird, um gegen die Indios zu kämpfen. Er desertiert, und nachdem er sein Haus zerstört vorfindet, wird er zum Landstreicher und schließlich zum Verbrecher. Zusammen mit Cruz kann Fierro der Polizei entkommen, und die beiden beschließen, der Welt den Rücken zu kehren und unter den Indios zu leben.

Der zweite Teil beschreibt dieses Leben bei den Eingeborenen. Cruz stirbt, und Fierro, der im ersten Teil einen Indio umbrachte, muß erneut fliehen. Durch die zufällige Begegnung Fierros mit seinen Kindern und Cruz' Sohn wandelt sich das Gedicht zu einer Abfolge paralleler Geschichten, die dem Buch einen pikaresken und einen erbaulichen Einschlag geben. Das epische Gedicht endet mit einem Wechselgesang zwischen Fierro und dem dunkelhäutigen Bruder des von ihm Umgebrachten.

Die unerwarteten Wendungen, die Originalität des Versmaßes und die geschickte Erzählweise (deren Komplexität sich erst am Schluß erweist) formulieren eine in Verse gefaßte ideologische Kritik an der Behandlung der Gauchos in der Gründerzeit der argentinischen Nation. **DMG**

◀ Greta Garbo spielte 1935 die Hauptrolle in der Verfilmung von Tolstois Roman und prägte unser Bild von Anna Karenina maßgeblich.

Das rote Zimmer
August Strindberg

Lebensdaten | *1849 (Schweden), †1912
Erstausgabe | 1880 bei A. Bonniers Förlag
Originaltitel | *Röda rummet*
Originalsprache | Schwedisch

Das rote Zimmer wird oft als erster moderner Roman Schwedens bezeichnet. Mit einer Mischung aus Zolaschem Naturalismus und Dickensscher Gesellschaftskritik gelang Strindberg die Wiederbelebung eines schal gewordenen, konventionellen Genres. Seine für damalige Verhältnisse gewagte Gesellschaftssatire wurde zunächst kontrovers aufgenommen, gilt aber heute als Wendepunkt der schwedischen Literatur. Im ersten Kapitel schildert Strindberg Stockholm aus der Vogelperspektive; seine Prosa sprüht geradezu Funken. Held des Romans ist der junge, idealistische Assessor Arvid Falk, der wegen der allgegenwärtigen Korruption schon bald von seinem Beamtendasein angewidert ist. Er möchte Schriftsteller werden und schließt sich einer Gruppe von Künstlern an. Es fällt ihm jedoch nicht leicht, seine Neigung zu Pedanterie und Puritanismus abzulegen. Zudem ist dieser so radikal und reformerisch denkende Mensch schon bald zu Zugeständnissen bereit und gerät in Versuchung, dem Leben gegenüber die gleiche egoistische Haltung einzunehmen, wie sie der konservative Journalist Struve vertritt. Wie so oft bei Strindberg sorgt gerade die Spannung zwischen unvereinbaren Gegensätzen für erzählerisches Feuer.

Der Untertitel des Buches, *Schilderungen aus dem Leben der Schriftsteller und Künstler*, deutet bereits an, daß Strindberg seine Leser in die Welt der Bohème entführt. Doch auch religiösen, politischen und finanziellen Fragen wendet er sich zu. Zuweilen leidet die Figurenzeichnung unter der beißenden Gesellschaftskritik. Viele Hauptfiguren bleiben jedoch allein schon deshalb im Gedächtnis, weil sie auf Dickenssche Weise überspannt sind, so z.B. der Tischler, der zwei wohltätige Damen auf Hobelbänke verbannen möchte und „unsere Betten" von ihnen zurückfordert. **UD**

Ben Hur
Lew Wallace

Lebensdaten | *1827 (USA), †1905
Erstausgabe | 1880
Erschienen bei | Harper & Bros. (New York)
Originaltitel | *Ben-Hur*

Nach einem beiläufigen Gespräch über das Leben Jesu setzte Lew Wallace sich an den Schreibtisch, um einen religiösen Abenteuerroman zu konzipieren – das Ergebnis war ein Buch, das die Lebensgeschichte des Jerusalemer Juden Judah Ben Hur dem Leben Jesu Christi gegenüberstellt.

Als Ben Hur versehentlich ein Ziegel vom Dach fällt und einen römischen Beamten trifft, wird er des Mordes angeklagt und von seinem ehemaligen Freund, dem Patrizier Messala, auf die Galeere verbannt. Als ein Fremder Ben Hur ein Glas Wasser anbietet, beginnt sein heroischer Kampf um die Wiederherstellung seiner Ehre, der mit der Mission Christi aufs engste verwoben wird. Die spektakulären Szenen des populären Hollywood-Films von 1959, z. B. das Wagenrennen, haben die religiöse Folie des Buches, das sich per se gut für Bühne und Film eignete (1899 erschien eine Bühnenfassung, die lange populär blieb), in den Hintergrund gedrängt. Der Verfilmung gelang es jedoch, die Schlüsselmotive des Buches aufzugreifen, ohne die religiöse Thematik preiszugeben. Die Stellen, die einem von *Ben Hur* normalerweise im Gedächtnis bleiben, machen nur einen Bruchteil des Textes aus: Für die Leser ist das Buch mehr Ereignis als Roman, trotz seiner Länge vermittelt es eher den Eindruck szenischer Knappheit als epischer Breite. Seiner Botschaft kann man sich auch heute kaum entziehen. Nicht zuletzt ging es dem Autor darum, zentrale Grundsätze des christlichen Glaubens aus der Perspektive eines scheinbar gewöhnlichen Menschen zu prüfen. **EMcCS**

Nana
Émile Zola

Lebensdaten | *1840 (Frankreich), †1902
Erstausgabe | 1880
Erschienen bei | A. Lacroix (Paris)
Originaltitel | *Nana*

Nana ist ein Roman über die korrupte Pariser Gesellschaft des Zweiten Kaiserreichs. Prostitution und Promiskuität sind an der Tagesordnung. Die höheren Stände feiern Alkoholorgien, versuchen sich in homosexuellen oder sadomasochistischen Praktiken, frönen dem Voyeurismus und anderen Lastern. Wie erniedrigend dies für den einzelnen sein kann, zeigt sich an dem einflußreichen Aristokraten Graf Muffat: Für Nana, in die er ganz vernarrt ist, setzt er seinen sozialen, politischen und religiösen Status aufs Spiel. Nana ist eine Blenderin: äußerlich eine Lichtgestalt, im Grunde jedoch verdorben: Schulden, Gewalt, familiäre Probleme, ihre Klassenzugehörigkeit und eine Geschlechtskrankheit ruinieren ihr Leben. In ihrem schrecklichen körperlichen Verfall spiegelt sich die totale Korruption und Zersetzung von Staat und Gesellschaft. Es ist kein Zufall, daß Nana mit dem Tod ringt, während auf der Straße der Mob tobt – elektrisiert durch den Deutsch-Französischen Krieg, der zum Zusammenbruch des Kaiserreichs führt und diese Phase der französischen Geschichte abschließt.

Leser von heute werden feststellen, daß Zola mit seiner Schilderung der gesellschaftlichen Fixierung auf Sex, Ruhm und Macht außerordentlich vorausschauend war. Es ging ihm bei diesem Roman, der mit einer Strip-Show im Theater beginnt und sich anschließend über sexuellen und ökonomischen Exhibitionismus ausläßt, um die Analyse und Enthüllung von Mißständen. Dabei nahm er kein Blatt vor den Mund. *Nana* ist eine spektakuläre Anklage des öffentlichen Voyeurismus und der Sensationsgier und insofern auch heute noch relevant. **GM**

Bildnis einer Dame
Henry James

Lebensdaten | *1843 (USA), †1916 (England)
Erstausgabe | 1881
Erschienen bei | Macmillan & Co. (London)
Originaltitel | *The Portrait of a Lady*

In *Bildnis einer Dame* widmet Henry James sich seinem Lieblingsthema: dem Verhältnis des naiven Amerika zum kultivierten Europa und den Unterschieden ihrer jeweiligen moralischen und ästhetischen Werte.

Isabel Archer, eine schöne und geistreiche junge Amerikanerin, begibt sich auf eine Bildungsreise nach Europa. Sie ist nicht wohlhabend, lehnt aber trotzdem zwei lukrative Heiratsanträge ab, aus Angst, ihre geistige und intellektuelle Freiheit zu verlieren. Ironischerweise erbt sie bald darauf ein großes Vermögen, und plötzlich wird ihr klar, daß sie keinerlei Ziele für ihr weiteres Leben hat. Schlimmer noch – der zwielichtige, charismatische Ästhet Gilbert Osmond wird auf sie aufmerksam. Isabel heiratet ihn – und muß feststellen, daß es ihm eigentlich nur um ihr Geld geht. Ihre Versuche, der Ehehölle zu entrinnen, lösen verwirrende erotische Empfindungen und moralische Fragen in ihr aus, die nicht einmal sie selbst auf Anhieb versteht. Schließlich entscheidet sie sich, die Konsequenzen ihrer immerhin freiwillig getroffenen Entscheidung zu tragen, obwohl dies den Verzicht auf jene andere, größere Freiheit, die ihr einst so teuer war, bedeutet. Trotz ihrer Eitelkeit und Neigung zur Selbsttäuschung hält Isabel unerschütterlich an ihrem Ziel fest, ein ehrenhaftes Leben zu führen. James versteht es meisterhaft, hinter dieser melodramatischen Handlung eine subtilere Tragödie über verlorene Unschuld und geplatzte Träume aufblitzen zu lassen. „Die Welt liegt vor uns – und die Welt ist sehr groß", sagt Goodward am Ende des Romans zu Isabel. „Die Welt ist sehr klein", antwortet sie ihm nun. **DP**

Die Malavoglia
Giovanni Verga

Lebensdaten | *1840 (Sizilien), †1922
Erstausgabe | 1881 bei Treves (Mailand)
Originaltitel | *I Malavoglia*
Originalsprache | Italienisch

„Bleib beim Stand deines Vaters; wenn du nicht fortkommst, so wirst du doch kein Schelm!"

Dieser Roman bildet den ersten Teil eines unvollendet gebliebenen Zyklus, in dem Verga den Überlebenskampf aller Schichten, der Besitzlosen wie der Mächtigen, in allen Facetten schildern wollte. Er übertraf dabei sogar die Detailversessenheit des französischen Naturalismus und fand zu einer neuen Erzählhaltung, die den Figuren Raum ließ, ihre Gefühle und Gedanken direkt auszudrücken.

In einem kleinen sizilianischen Dorf lebt eine Fischerfamilie, die durch Traditionsbewußtsein und patriarchale Sitten zusammengehalten wird. Wie Muscheln klammern die Malavoglias sich in einem verzweifelten Versuch, den Wogen des Lebens standzuhalten, an die windgepeitschte Küste, nur um zum Schluß doch noch davongeschwemmt zu werden. Als Besitzer eines Fischerbootes sind Padron 'Ntoni und die Seinen nicht wirklich arm. Um so härter trifft sie das Schicksal: Der Versuch, sich durch ein lukratives Geschäft ein wenig mehr Spielraum zu verschaffen, führt zum finanziellen Ruin. Mitleidlos schildert Verga den Untergang der Malavoglias. Die Botschaft des Autors ist nicht mißzuverstehen: Wandel und Fortschritt in Sizilien sind einfach undenkbar.

Durch die Eingliederung des Königreichs beider Sizilien in den neu gegründeten italienischen Staat 1861 glaubte man einst, die Probleme Süditaliens lösen zu können. Doch während Norditalien wirtschaftlich prosperierte, verarmte der Süden stärker denn je. Der Traum vom Aufschwung war geplatzt. Die Auswirkungen dieser Desillusionierung schildert Verga in seiner kruden, leidenschaftslos aufklärerischen Familiensaga. **RPi**

🔺 Verga wurde in Catania auf Sizilien geboren und schrieb über seine Landsleute und ihr Schicksal. Er gilt als Begründer des Verismus.

Die nachträglichen Memoiren des Bras Cubas
Joaquim Maria Machado de Assis

Joaquim Maria Machado de Assis, von Susan Sontag als „der großartigste lateinamerikanische Autor aller Zeiten" bezeichnet, schrieb romantische Romane, bevor ihn dieses radikal eigenständige Buch in die erste Reihe der damaligen Romanciers katapultierte. Unter dem Eindruck von Laurence Sternes anarchisch-komischem *Tristram Shandy* zeichnet der Brasilianer ein brutal ehrliches Bild der damaligen Gesellschaft, wobei er das Genre des realistischen Romans des 19. Jahrhunderts unterläuft und gleichzeitig die Absicht der Realisten bravourös erfüllt.

Wie in Billy Wilders Film *Sunset Boulevard* ist auch Machados Erzählfigur schon tot, Bras Cubas blickt aus dem Jenseits hämisch auf ein Leben ohne Sinn und Zweck zurück. Er lebte vom ererbten Reichtum und gehörte zu den Privilegierten von Rio de Janeiro. Seine Existenz veranschaulicht sich an seiner überlangen Affäre mit der Frau eines Politikers, die langweiliger verlief als jede konventionelle Ehe. Aus diesem aussichtslosen Plot zauberte Machado mit Hilfe seines bitteren Galgenhumors einen urkomischen Roman. Seine fragmentierte, weit ausholende Erzählweise bot ihm Raum für allerlei Phantasien, Meditationen und komische Abgründe. Anhand von Quincas Borba, einem positivistischen Amateurphilosophen, dessen Optimismus zum Wahnsinn führt, wird der Fortschrittsfimmel der Menschheit gnadenlos ironisiert, und die eingestreuten Vignetten über die soziale Ungerechtigkeit in Brasilien wirken wie Fausthiebe.

Machado selbst wurde in der letzten Dekade seines Lebens zum intellektuellen Doyen der Gesellschaft von Rio und zum brasilianischen Nationalhelden. Zu seinen späteren Werken gehört der Nachfolgeroman *Quincas Borba*. Sein Humor, sein pessimistisches Menschenbild und seine Absage an konventionelle Erzählformen machen ihn heute zu einem der aktuellsten Autoren des 19. Jahrhunderts. **RegG**

Lebensdaten | *1839 (Brasilien), †1908
Zuerst erschienen | 1880 in Revista Brasileira
Erstausgabe (Buch) | 1881
Originaltitel | *Memórias póstumas de Brás Cubas*

„Ein Leben ohne Kampf ist wie ein totes Meer im Organismus des Universums."

◉ Als Sohn eines Anstreichers und einer Hausangestellten kannte Machado de Assis die brasilianische Gesellschaft von ganz unten.

Bouvard und Pécuchet
Gustave Flaubert

Lebensdaten | *1821 (Frankreich), †1880
Erstausgabe | 1881
Erschienen bei | A. Lemerre (Paris)
Originaltitel | *Bouvard et Pécuchet*

An einem heißen Sommertag treffen sich die beiden Schreiber Bouvard und Pécuchet auf dem Pariser Boulevard Bourdon und stellen fest, daß sie nicht nur ihre Hüte an exakt der gleichen Stelle mit ihrem Namen gezeichnet haben, sondern auch die gleichen liberalen politischen Meinungen vertreten und vor allem vom gleichen Wissensdrang beseelt sind. Eine Erbschaft ermöglicht ihnen den Rückzug aufs Land, wo sie sich der Überprüfung sämtlicher existierender wissenschaftlicher Theorien widmen wollen. Schon bald stoßen sie in ihren Handbüchern auf widersprüchliche Aussagen. Ihre Experimente verlaufen immer auf die gleiche Weise: Sie konsultieren zahlreiche Enzyklopädien und Monographien, erproben ihre neu erworbenen Kenntnisse in der Praxis – z. B. in der Landwirtschaft –, scheitern auf katastrophale Weise, wenden sich enttäuscht von dem jeweiligen Gebiet ab und einem neuen Experimentierfeld zu. Dabei kommen sie, salopp formuliert, vom Hölzchen aufs Stöckchen und nehmen alles unter die Lupe, von der Archäologie bis zur Theologie. Am Ende beschließen sie resigniert, wieder Kopisten zu werden.

Dieser groteske, unvollendete und postum veröffentlichte Roman ist innerhalb der Literaturgeschichte einmalig. In dem Enthusiasmus, mit dem seine beiden Helden sich den meisten praktischen und philosophischen Problemen zuwenden, zeigt sich ein ungeheurer Wissensdurst. Dank Flauberts ökonomischem Stil erweisen sich Bouvards und Pécuchets Ausflüge in die Niederungen der Wissenschaft als außerordentlich kurzweilige und komische Lektüre. **CS**

Die Schatzinsel
Robert Louis Stevenson

Lebensdaten | *1850 (Schottland), †1894 (Samoa)
Erstausgabe | 1883
Erschienen bei | Cassell & Co. (London)
Originaltitel | *Treasure Island*

„Wenn Kinder sich davon nicht packen lassen, dann sind sie in der Zwischenzeit verdorben", verkündete Stevenson anläßlich der Publikation seines Kinderbuchklassikers. Dank der dichten Atmosphäre, der phantastischen Figuren und Szenen hat *Die Schatzinsel* zahllose Nachahmer auf den Plan gerufen. Filme wie *Fluch der Karibik* bedienen noch immer das romantische Klischee vom Piratenleben. Doch Stevensons Klassiker bleibt trotz diverser literarischer Versuche, ihm seine Rolle im populären Kanon streitig zu machen, das Maß aller Dinge.

Die eigentliche Schatzsuche macht nur einen Teil des Buches aus. Vielleicht verdankt sich sein romantisches Flair zum Teil gar nicht dem rechts- und gesetzesgläubigen Helden und Ich-Erzähler Jack Hawkins, sondern dem abtrünnigen Schiffskoch Long John Silver. Silver ist ein wundervoller Schurke: unberechenbar, pathetisch und grausam, von durchtriebener Intelligenz und bizarrem Verhalten.

Die Schatzinsel enthält alle Elemente eines klassischen Abenteuerromans: einen vergrabenen Schatz, seltsame Begegnungen, Stürme, Meuterei, List und Tücke. Das relativ offene Ende ist psychologisch raffiniert gestaltet: Obwohl Long John Silver die Flucht gelingt und Hawkins als vermögender junger Mann nach Hause zurückkehrt, hat man das Gefühl, das Abenteuer habe gerade erst begonnen. **EMcCS**

> Diese von Robert Louis Stevenson gezeichnete Landkarte der fiktiven Schatzinsel wirkt ausgesprochen realistisch.

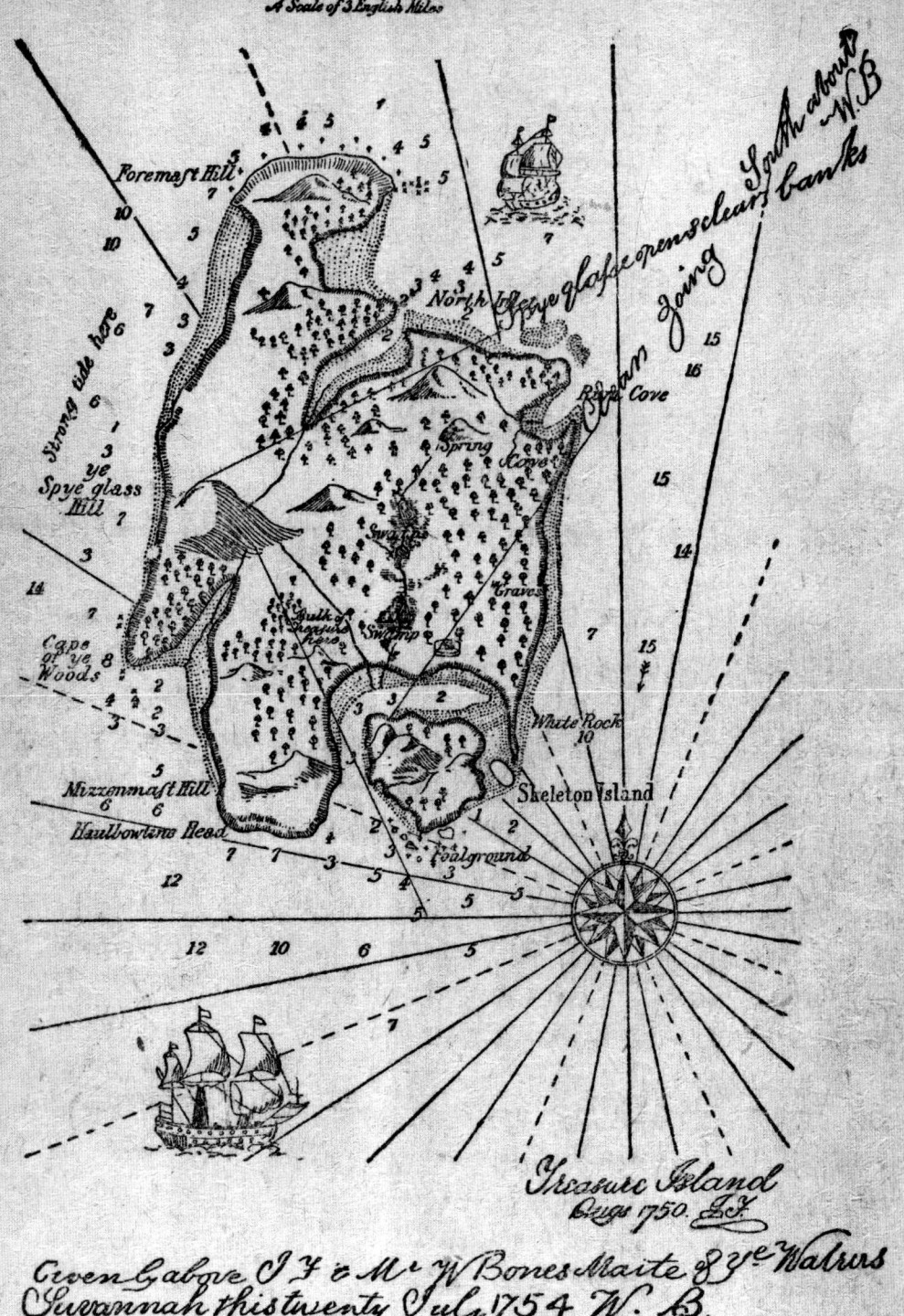

Ein Leben
Guy de Maupassant

Lebensdaten | *1850 (Frankreich), †1893
Erstausgabe | 1883
Erschienen bei | Corbeil (Paris)
Originaltitel | *Une vie*

Um dieses Buch zu schreiben, brauchte Guy de Maupassant mehr als sechs Jahre. Obwohl das Romangeschehen einen von der Restauration der französischen Monarchie bis zur Revolution von 1848 reichenden Zeitraum umfaßt, spielen die politischen Entwicklungen dieser Epoche so gut wie keine Rolle. Vielmehr widmet sich Maupassant ausschließlich der Lebensgeschichte der Landadligen Jeanne Le Perthuis des Vauds, von ihrem Ausscheiden aus dem Pensionat bis zu ihrem Tod in der Normandie. Maupassant erfuhr große Unterstützung durch Flaubert, der das Sujet „hervorragend" fand. Dabei ist *Ein Leben* geradezu das Gegenteil von *Madame Bovary*. Die gottesfürchtige Heldin erleidet einen Schicksalsschlag nach dem anderen: den Ehebruch ihres geizigen und krankhaft ehrgeizigen Ehemanns, eine Fehlgeburt, den Tod ihrer Eltern, den Verlust ihres Vermögens usw. Jeannes zunehmende Resignation, man könnte sogar sagen: ihr masochistisches Erdulden ihres Unglücks, erinnert an Flauberts *Ein schlichtes Herz*.

Ein Leben ist nicht nur ein einflußreiches Werk des Naturalismus, sondern auch eine grausame Geschichte über die Fallstricke und Erbärmlichkeiten des Lebens und die natürliche, tierische „Kraft", die einen weiterleben läßt. Kritische Äußerungen über gefühlsbetonte Frauen und über die Ehe, die natürliche sexuelle Instinkte unterdrücke, und die pessimistische Weltanschauung, die in diesem Roman zum Ausdruck kommt, lassen den Einfluß Schopenhauers erkennen. Obgleich Maupassants Verleger Hachette den Vertrieb von *Ein Leben* vorläufig einstellte, weil er den Inhalt für „pornographisch" hielt, wurde das Buch von der Kritik positiv aufgenommen. Auch Gegner des Naturalismus ließen sich von den gefühlvollen, lyrischen Beschreibungen beeinflussen.
JD

Trotz seines Pessimismus enthält Maupassants Roman auch lyrische Naturbeschwörungen.

Der Tod des Iwan Iljitsch
Lew N. Tolstoi

Der Tod des Iwan Iljitsch ist eine kurze, aber keineswegs anspruchslose Novelle. Was Tolstoi in *Anna Karenina* noch offen ließ – die Auflösung der spirituellen Krise seines Alter Ego Lewin –, führt er hier konsequent zu Ende.

Iwan Iljitsch hat den Ehrgeiz, innerhalb des korrupten zaristischen Beamtenapparats Karriere zu machen. Dankbar nimmt er jede sich bietende Aufstiegschance wahr, stimmt seine ethischen Grundsätze auf die Erfordernisse der jeweiligen Rolle ab und genießt all die Vergünstigungen und Tröstungen, die die vornehme Gesellschaft zu bieten hat. Ganz besonders gerne spielt er Karten, ein Zeitvertreib, den Tolstoi offenbar genauso verachtete wie der Philosoph Arthur Schopenhauer. Etwas Degenerierteres und Sinnloseres war seiner Ansicht gar nicht vorstellbar. Nach einem scheinbar unbedeutenden Unfall wird Iwan allmählich immer hinfälliger, bis er sich schließlich nicht einmal mehr von seinem Diwan erheben kann. Körperliche Schmerzen erschöpfen ihn dermaßen, daß er das Sprechen einstellt und statt dessen ununterbrochen schreit, was seine Angehörigen zutiefst verstört. Letzten Endes erweist sich der Tod nicht als Ziel seiner qualvollen und nichtssagenden „spirituellen Reise". Er ist nichts als eine wüste Einöde, angereichert mit den Hinterlassenschaften eines vergeudeten Lebens: Besitztümern und Vorlieben, sogar Vertraulichkeiten, die dazu dienten, dem eigenen Dasein zumindest den Anschein von Bedeutsamkeit zu verleihen. In *Der Tod des Iwan Iljitsch* formuliert Tolstoi seine Kritik an der korrumpierten vorrevolutionären russischen Gesellschaft so dicht wie in keinem anderen seiner Werke. **KS**

Lebensdaten | *1829 (Rußland), †1910
Erstausgabe | 1884 (Rußland)
Originaltitel | *Smert' Ivana Iljiäa*
Originalsprache | Russisch

Ein von Tolstoi unterzeichnetes Porträt zeigt den Schriftsteller als strengen Moralisten. Leichtfertiges Verhalten war ihm fremd.

Gegen den Strich
Joris-Karl Huysmans

Lebensdaten | *1848 (Frankreich), †1907
Erstausgabe | 1884
Erschienen bei | Charpentier (Paris)
Originaltitel | À rebours

Mit Gegen den Strich schuf Joris-Karl Huysmans einen Roman von spielerischer Sinnlichkeit. Er schlachtet darin die ästhetischen, spirituellen und physischen Begierden des zeitgenössischen Großbürgertums aus und tut sich an den Resten gütlich. Der in Selbstekel und Selbstliebe schwelgende Held des Buches, Jean des Esseintes, brachte Gegen den Strich den Ruf als „Brevier der Dekadenz" ein. Schriftsteller des Fin de siècle erkannten darin ihre eigenen Sehnsüchte nach einer Welt wieder, die anders war als die rauhe, materialistische Wirklichkeit.

Zur „Dekadenz" gehörte auch sexuell abweichendes Verhalten. Man betonte die Heiligkeit des Körpers als sinnliche Matrix, beschränkte sich im Grunde aber auf eine stetige Opposition zum bürgerlichen Materialismus. Huysmans, Wilde und Valéry brauchten die Bourgeoisie im selben Maße, wie sie sie verhöhnten. Ohne den utilitaristischen Materialismus und die Rührseligkeit der „respektablen Gesellschaft" wäre ihre Liebesaffäre mit dem Laster ohne einen Gegenpol geblieben, gegen den man sich abgrenzen konnte.

Gegen den Strich schildert diese politische Schlüpfrigkeit und macht sie sich zugleich zunutze. Graf Jean des Esseintes ist ein oberflächlicher Ästhet, ein Liebhaber zügelloser geistiger Ekstasen und lediger Nachkomme einer einst bedrohlich virilen, von mittelalterlichen Kriegern und Patriarchen begründeten Familie. Er selbst hingegen ist „degeneriert", seine einsamen Laster die Folge körperlicher Verfallserscheinungen der Aristokratie. Einfühlsam beschreibt Huysmans des Esseintes Experimente und Verzweiflungsanfälle. Sein Buch ist eine üppige, stilisierte Studie über den Versuch, das Leben bis zur Neige auszukosten, das faszinierende Zeitporträt eines Schriftstellers, der sich bereits einen anderen Blick auf die Dinge zu eigen gemacht hatte. **PMcM**

Die Präsidentin
Clarín

Lebensdaten | *1852 (Spanien), †1901
Richtiger Name | Leopoldo Alas
Erstausgabe | 1884–85 bei Daniel Cortezo (Barcelona)
Originaltitel | La Regenta

Die Präsidentin ist ein naturalistischer, aber auch romantischer Roman, der in einem levitischen Umfeld im spanischen Oviedo spielt. Wie in vielen Romanen des 19. Jahrhunderts geht es um Ehebruch. Aber wenn Flaubert mit Madame Bovary einen anti-romantischen Roman über eine degenerierte romantische Empfindsamkeit schuf, tat Clarín genau das Gegenteil.

Die von ihrer Mutter verlassene und vom ungläubigen Vater getrennte Ana Ozores wächst bei ihren strengen Tanten auf. Sie muß die Nacht in Gesellschaft eines Jungen verbringen, und als Folge ihrer Schuldgefühle leidet sie unter einer chronischen Hypersensibilität. Der positivistische Frígilis arrangiert eine Heirat mit dem viel älteren Quintanar, dem Präsidenten des Stadtrates, der der leichtgläubigen Ana Sicherheit bieten kann. Angesichts der unbefriedigten Bedürfnisse von Ana, die von ihrem väterlichen Ehemann abhängig ist, versagen die positivistischen Theorien.

Zwei Männer machen Ana den Hof: ihr Beichtvater Fermin de Pas, der sich in der Stadt eines großen Einflusses erfreut, und der seinerseits unter dem Einfluß seiner habsüchtigen Mutter steht, und der Verführer Alvaro Mesías. Schließlich erlebt das bigotte Vetusta den Fall Anas, indem sich diese nach Jahren der Treue und der spirituellen Zweifel Mesías hingibt. Mesías bringt den Regenten in einem Duell um und verläßt Ana, die von der Stadt gedemütigt und von allen zurückgewiesen wird – außer von Frígilis. **M-DAB**

Bel Ami

Guy de Maupassant

Lebensdaten | *1850 (Frankreich), †1893
Erstausgabe | 1885
Erschienen bei | V. Harvard (Paris)
Originalsprache | Französisch

Maupassant gilt gemeinhin eher als Novellist, und tatsächlich strukturierte er auch seine längeren Texte gemäß novellistischen Prinzipien. Der „Bel Ami" genannte Held des Romans, Georges Duroy, kommt aus der Provinz nach Paris und nimmt dort eine Stelle als Journalist an. Bald erkennt er, daß die Presse ein zunehmend wichtiger Machtfaktor ist, und beschließt, von der herrschenden Unmoral und Dekadenz zu profitieren. Skrupellos nimmt er jede sich bietende Karrierechance wahr. Maupassant schildert diese Entwicklung in impressionistisch hingetupften Bildern, die uns mit den Cafés, Boulevards und Redaktionen der französischen Hauptstadt bekannt machen. Doch alles hat einen Preis und eine Grenze – der Versuch, Dingen möglichst viel Authentizität oder Wert zu verleihen, zeigt letzten Endes nur ihre Wertlosigkeit und die Bedürftigkeit ihres Besitzers.

Bel Amis Leben besteht aus einer Reihe von Affären: Frauen sind Verführungsobjekte, deren Körper phänomenologisch exakt beschrieben wird. Ihre Verführung unterliegt einem Kalkül, bei dem sexuelles Begehren gegen praktischen Nutzen abgewogen wird. Der „helle Seidenkimono" von Clothilde de Marelle symbolisiert ein „brutales" und „direktes" Begehren; er gehört einer Frau, die ein Mann wie Bel Ami schnell wieder fallenläßt. Das „lose weiße Kleid" ihrer Nachfolgerin hingegen steht für ein dauerhaftes Streben nach gesellschaftlicher Anerkennung: Auch diese Frau wird ausgebeutet, allerdings in politischer *und* erotischer Hinsicht. Liebe oder echtes Gefühl verhalten sich umgekehrt proportional zu von Zynismus angestacheltem Ehrgeiz. Maupassant ermutigt uns durchaus, letzteren als das, was er ist, zu genießen, solange wir uns nicht in Versuchung bringen lassen, aus seinem Werk dauerhaftere Lehren zu ziehen. **DT**

Marius der Epikureer

Walter Pater

Lebensdaten | *1839 (England), †1894
Erstausgabe | 1885 bei Macmillan & Co. (London)
Originaltitel | *Marius the Epicurean: His Sensations and Ideas*

Walter Paters bekanntestes Werk ist vermutlich *Die Renaissance. Studien in Kunst und Poesie* (1902), vorgeblich eine Schilderung von Kunst und Kultur dieser Epoche, in Wirklichkeit aber ein Manifest des Ästhetizismus, das das künstlerische Klima des Fin de siècle stark beeinflußte. Paters Zeitgenosse Oscar Wilde erhob die l'Art pour l'Art, die Liebe zur Kunst um ihrer selbst willen, enthusiastisch zum Prinzip: Kunst sollte niemals etwas anderes als sich selbst ausdrücken. Pater hielt diese Schlußfolgerung für unangemessen und verfaßte mit *Marius der Epikureer* quasi eine Gegendarstellung. Zudem wollte er ein allgemeines Modell für das Erleben der Kunst formulieren.

In *Marius der Epikureer* ist die Handlung weniger wichtig als die Ideenwelt, in die der Titelheld, ein junger Römer, nach und nach eintaucht: Als Heranwachsender kommt er mit den Lehren der unterschiedlichsten klassischen Philosophen in Berührung – bis er schließlich das Christentum der Frühkirche und damit einhergehend auch das Märtyrertum kennenlernt. Er erfährt die Welt nicht als Handelnder, sondern als Lesender. Dieses Entwicklungsmuster reproduziert der Roman auch formal. Vergangenheit, Gegenwart und Zukunft erhalten durch die Lektüre einen sinnvollen Zusammenhang; das Lesen selbst wird zum Instrument moralischer Reifung. Das Publikum wiederum wird in diesen Prozess einbezogen; zugleich wird ihm jedoch durch Marius' Geschichte vor Augen geführt, wohin das Lesen führen kann. Wie wenig Beachtung Paters Roman heutzutage findet, zeigt sich daran, daß keine neuere Buchausgabe des Textes existiert. Doch wenn wir Literatur als Möglichkeit zur „Erziehung" unseres Geistes und unserer Sinne verstehen, also beide Seiten von Paters Gleichung beachten, ist und bleibt das Lesen von entscheidender Bedeutung. **DT**

Adventures of Huckleberry Finn.

(Tom Sawyer's Comrade.)

by

Mark Twain.

ILLUSTRATED.

Die Abenteuer des Huckleberry Finn
Mark Twain

Wie viele Titel, die man in der Kinderbuchklassiker-Abteilung findet, sind *Die Abenteuer des Huckleberry Finn* kein Kinderbuch im konventionellen Sinn, und es überrascht nicht, daß „kindgerechte" Adaptionen des Romans normalerweise kräftig redigiert sind. Mit den *Abenteuern Tom Sawyers* (1876) verbindet dieses Buch die lebhafte Schilderung des kleinstädtischen Lebens am Mississippi – eine Welt voll schillernder Figuren, Aberglauben und Flußsagen –, und dennoch ist es ganz anders. Der Unterschied wird ziemlich früh klar, als die Missetaten von Toms „Räuberbande" in Hucks Flucht vor seinem betrunkenen, gewalttätigen Vater ein Echo findet. Um seinen Verfolgern zu entkommen, fingiert Huck seine Ermordung. Schon bald begegnet er dem entflohenen Sklaven Jim, und zusammen schippern sie den Mississippi hinab. Unterwegs begegnen sie den unterschiedlichsten Charakteren: Einheimischen, Flußanrainern, guten und schlechten Menschen sowie zwei Sträflingen, mit denen sie aneinander geraten. Sie erleben eine Menge komischer Abenteuer, und Hucks naive Erzählweise dient der Steigerung des humoristischen Effekts. Durch die Direktheit seiner Schilderungen dringt er indessen oft genug auch in unerwartet dunkles Terrain vor, etwa wenn er einen Jungen seines Alters infolge einer anderen sinnlosen und lächerlichen Familienfehde sterben sieht.

Diese plötzlichen Umschwünge und die daraus resultierenden Kontraste heben das Buch über einen reinen Abenteuerroman hinaus. Huck ist nicht notwendigerweise unschuldig, doch als Erzähler orientiert er sich weitgehend an konventionellen Moralvorstellungen und gesellschaftlichen Beziehungen. Der unbestechliche Blick des Moralisten entlarvt die Scheinheiligkeit, Ungerechtigkeit, Falschheit und Grausamkeit auf subtilere und vernichtendere Weise, als eine Satire es könnte. **DG**

Lebensdaten | *1835 (USA), †1910
Richtiger Name | Samuel Langhorne Clemens
Erstausgabe | 1885 bei Dawson (Montreal)
Originaltitel | *The Adventures of Huckleberry Finn*

⌃ Scheinheiligkeit und Ungerechtigkeit waren Mark Twain ein Dorn im Auge. In *Die Abenteuer des Huckleberry Finn* kritisiert er sie aus der Perspektive eines unschuldigen Kindes.

◂ Die Erstausgabe der *Abenteuer des Huckleberry Finn* illustrierte Edward Kemble. Er schuf ein unvergeßliches Bild des jungen Helden.

Germinal
Émile Zola

Lebensdaten | *1840 (Frankreich), †1902
Erstausgabe | 1885
Erschienen bei | Charpentier (Paris)
Originaltitel | *Germinal*

Wer immer sich für die Überschneidungen von Literatur und Politik interessiert, sollte diesen ebenso berühmten wie brisanten Roman über Klassenkonflikte und Aufruhr in den Kohlenrevieren Nordfrankreichs lesen. Zolas kompromißlose Darstellung eines verarmten, in den Stollen schuftenden Proletariats und eines in Luxus und Sicherheit schwelgenden Bürgertums sorgte für kontroverse Diskussionen.

Der Titel des Buches spielt auf den siebten Monat des französischen Revolutionskalenders an, in dem die aus Not und Hunger geborene Massenrevolte ausbrach. Im Mittelpunkt der Handlung steht Étienne Lantier, ein junger Mechaniker, der in den 1860er Jahren durch seine Arbeit in den Kohlengruben von Montsou mit der entrechteten, zum Aufstand bereiten Bevölkerung in Kontakt kommt. Auf subtile Weise schildert Zola die Entwicklung seines zunächst anpassungs- und kompromißbereiten Helden vom neutralen Außenseiter zum Streikführer. An seiner Person entzündet sich schließlich die kollektive Revolte.

Der Roman ist ausgesprochen kontrastreich; treibende Kraft ist der alles und jeden unterjochende Kapitalismus, der in der mächtigen Zeche, die wie ein mythisches Opfertier erscheint, ein kraftvolles Symbol findet. Es ist bezeichnend, daß aus dem Kampf kein eindeutiger Sieger hervorgeht. Der Bergbau überlebt die Katastrophe, das System obsiegt, die Leute müssen noch mehr arbeiten.

Das umstrittene Ende von *Germinal* wirft die Frage auf, worin denn überhaupt das Potential für den gesellschaftlichen Wandel liegt. Die Bilder der Zerstörung und der Erneuerung lassen eine politische Entwicklung durch individuelle und kollektive Anstrengungen der Arbeiterklasse möglich erscheinen. Doch es ist bezeichnend, daß dies nicht überzeugt. **GM**

„Ein einziger Gedanke beschäftige seinen Kopf, den Kopf eines stellungs- und obdachlosen Arbeiters: die Hoffnung, daß die Kälte nach Tagesanbruch weniger heftig sein werde."

● Émile Levys Plakat für eine Bühnenversion von Germinal betont den melodramatischen Aspekt von Zolas apokalyptischer Vision des Klassenkampfes.

King Solomon's Mines
Henry Rider Haggard

Lebensdaten | *1856 (England), †1925
Erstausgabe | 1885
Erschienen bei | Cassell & Co. (London)
Dt. Titel | *König Salomos Schatzkammer*

Mit seinem phänomenalen Bestseller wollte Haggard Stevensons *Schatzinsel* den Rang ablaufen. Sein Held Allan Quartermain spielte in der Populärliteratur lange eine große Rolle und feierte vor wenigen Jahren in Alan Moores Komikserie *The League of Extraordinary Gentlemen* (2002) als von Opium gezeichnetes Wrack Wiederauferstehung.

König Salomos Schatzkammer ist auf klassische Weise phantastisch: Quartermain und seine Berater wagen sich in unerkundete Gebiete Zentralafrikas, um die berüchtigte Schatzkammer König Salomos zu suchen, in der ein unermeßlich großer Schatz lagern soll. Natürlich geraten sie immer wieder in Gefahr und müssen zahlreiche Abenteuer bestehen. Schließlich erreichen sie das von König Twala und der Hexe Gagool regierte Land der Kukanas, die ihnen alsbald nach dem Leben trachten.

Haggard erweist sich in diesem Buch als ausgezeichneter Kenner Afrikas. Insbesondere die von ihm bewunderte Kultur der Zulu kannte er aus eigener Anschauung. Quartermain ist ein Imperialist, aber toleranter und Veränderungen gegenüber offener als andere Romangestalten seiner Zeit, und es ist bemerkenswert, daß es ihm auch darum geht, Eingeborenenstämme vor der Ausrottung zu retten. Wahrscheinlich haben Haggards Texte deshalb überlebt – eine allgemeinere Bedrohung für die Menschheit erscheint darin als Zerstörung einer fremden Kultur. Seine Helden sind pathetische, aber phantasievolle Draufgänger – Quartermain hat letztlich mehr zu bieten als seine weniger scharfsichtigen Mitstreiter, die von eher durchschnittlichem Kampfesmut beseelt sind. **EMcCS**

Der kleine Johannes
Frederik van Eeden

Lebensdaten | *1860 (Niederlande), †1932
Erstausgabe | 1885 bei De Nieuwe Gids (Amsterdam)
Originalsprache | Niederländisch
Originaltitel | *De kleine Johannes*

Frederik Willem van Eeden war Mitbegründer einer psychotherapeutischen Klinik in Amsterdam. Sowohl als Schriftsteller wie auch als Arzt beschäftigte er sich mit den Fehlentwicklungen der Gesellschaft. *Der kleine Johannes* erschien zunächst in der epochalen, innovativen, von ihm mitbegründeten Literaturzeitschrift *De Nieuwe Gids*, die zum Sprachrohr der literarischen Bewegung der Tachtigers (Achtziger) werden sollte. Van Eedens Ideen jedoch ließen sich letztlich mit dem von den Tachtigers propagierten L'Art-pour-l'art-Prinzip nicht vereinen: Seine religiöse Orientierung und die Tatsache, daß er sich mehr auf den Inhalt seiner Werke als auf deren Form konzentrierte, führten schließlich zum Bruch.

Der Titelheld von van Eedens Roman hat vieles mit dem Autor gemeinsam. Seine unbeschwerte Kindheit verbringt Johannes hauptsächlich mit Spielen; dabei kann er seiner Phantasie freien Lauf lassen. Sein Interesse gilt vorwiegend der Natur und den Tieren, doch im Laufe der Zeit lernt er auch die weniger schönen Seiten des Lebens kennen, etwa Krankheit und Tod. Johannes macht eine spirituelle Entwicklung durch, in deren Verlauf er lernt, daß das Leben der meisten Menschen ganz anders verläuft, als seine idyllische Kindheit es erahnen ließ.

Vom Aufbau her ist *Der kleine Johannes* ein Märchen, in dem die Phantasie schließlich dem Rationalismus und Materialismus unterliegt. Die religiös-ethischen Untertöne verschwinden gegen Ende, als Johannes eine Aufgabe unter Menschen bekommt. Vor dem Hintergrund des zeitgenössischen Ästhetizismus gelesen, ist *Der kleine Johannes* eine außergewöhnliche, ergreifende Geschichte. **JAM**

Dr. Jekyll und Mr. Hyde
Robert Louis Stevenson

Lebensdaten | *1850 (Schottland), †1894 (Samoa)
Erstausgabe | 1886 bei Longmans, Green & Co. (London)
Originaltitel | *The Strange Case of Dr. Jekyll and Mr. Hyde*

Dr. Jekyll und Mr. Hyde beginnt ganz unauffällig mit einem Gespräch zwischen dem Anwalt Mr. Utterson und seinem Freund Mr. Enfield. Letzterer erzählt, wie er auf dem Heimweg in den frühen Morgenstunden Zeuge eines „schrecklichen" Vorfalls geworden sei: Ein kleines Mädchen sei über die Straße gerannt, von einem Mann mit Füßen getreten und schreiend auf dem Boden zurückgelassen worden. „Es war nichts zu hören", schließt Enfield seinen Bericht, „aber es war scheußlich anzusehen."

Diese Zurückhaltung prägt Stevensons Version der klassischen Schauergeschichte vom Doppelgänger: einer zweiten Persönlichkeit innerhalb des wahren Ich, die dazu führt, daß jemand von sich selbst verfolgt wird. Stevenson bettet diesen Stoff in die behagliche Männerwelt des Fin-de-siècle-London ein – laut Vladimir Nabokov verströmt das Buch ein „wunderbares Weinaroma" –, und enthüllt nach und nach die Identität des „verdammten Molochs" Mr. Hyde, der hinter der Tür des respektablen, wohlgelittenen Dr. Jekyll verschwindet.

Doch die Identifizierung von Mr. Hyde bedeutet noch lange nicht, daß man weiß, wie der Konflikt zu interpretieren ist. Die Boulevardpresse versuchte 1888, mit dem von Stevenson ergründeten psychologischen Phänomen die bis dato beispiellos barbarischen Sexualverbrechen Jack the Rippers zu erklären. Dies ist nicht nur ein frühes Beispiel für den öffentlichen Einfluß, den Stevensons Roman lange Zeit ausübte, sondern auch – und das ist entscheidend – exemplarisch für die Reflexion über das Unbehagen in der modernen Kultur. **VL**

◐ Diese Radierung zeigt den Moment, in dem sich Dr. Jekyll in Dr. Lanyons Schreibstube in das Monster Mr. Hyde verwandelt.

Das Gut von Ulloa
Emilia Pardo Bazán

Lebensdaten | *1852 (Spanien), †1921
Erstausgabe | 1886
Erschienen bei | Daniel Cortezo (Barcelona)
Originaltitel | *Los Pazos de Ulloa*

Mit diesem Roman, einem der besten Vertreter des spanischen Naturalismus, erreichte Pardo Bazán den Höhepunkt ihres Schaffens. Sie stellt die Roheit und Primitivität des ländlichen Galicien den Normen des zivilisierten Lebens gegenüber. Der junge Priester Julián Álvarez trifft auf dem angestammten Landsitz von Don Pedro Moscoso ein, dem illegitimen Marquis von Ulloa und unbestrittenen Feudalherrn. Das Anwesen steht aber unter der Fuchtel des brutalen Primitivo, dessen Tochter Sabel als Magd arbeitet. Der Marquis gibt sich seinen erotischen Gelüsten gegenüber Sabel hin, worauf der Sohn Perucho geboren wird.

Zwischen dem wohlerzogenen Julián, der das Anwesen auf Vordermann bringen will, und dem groben Primitivo kommt es schon bald zu Auseinandersetzungen. Julián versucht, den Marquis zu einer Heirat zu überreden und reist mit ihm nach Santiago, wo sich Don Pedro aus vier Kusinen eine Frau aussuchen kann. Er entscheidet sich für Nucha, die Favoritin des Priesters. Die ersten Monate der Ehe verlaufen glücklich, bis Nucha ein Mädchen zur Welt bringt. Der Marquis wünschte sich einen Sohn, er wendet sich deshalb umgehend wieder Sabel zu. Juliáns Plan für Nuchas Flucht wird entdeckt, worauf er aus dem Haus verwiesen wird. Als er zehn Jahre später zurückkehrt, findet er Nuchas Grab und zwei spielende Kinder: den elegant gekleideten Perucho und das verwahrloste Mädchen von Nucha. **DRM**

Die Leute auf Hemsö
August Strindberg

Lebensdaten | *1849 (Schweden), †1912
Erstausgabe | 1887
Erschienen bei | A. Bonniers Förlag (Stockholm)
Originaltitel | *Hemsöborna*

Dieses Meisterwerk des einfachen, volkstümlichen Geschichtenerzählens spielt auf einer Insel in dem von Strindberg geliebten Stockholmer Inselmeer, den Schären. Obwohl während einer schwierigen Phase im Exil in Lindau am Bodensee geschrieben, lebt die Erzählung von ihrer genauen Schilderung des Insellebens. Neben Strindbergs psychologisch tiefgründigeren Werken nehmen sich *Die Leute auf Hemsö* wie ein sonniger, sorgenfreier Sommerurlaubstag aus.

Die wohlhabende Witwe Flod stellt Carlsson ein, damit er ihren Inselhof bestellt. Die einheimischen Seeleute und Fischer begegnen der ortsfremden Landratte mit schweigendem Mißtrauen. Sein größter Widersacher ist Gusten, Sohn und Erbe der Witwe. Zwischen ihnen entwickelt sich ein Kampf um die Kontrolle über den Hof. Auch wenn in dieser Konfrontation ein nietzscheanischer Wille zur Macht anklingen mag, ist die Erzählung viel zu luftig und leicht für ernsthaften philosophischen Tiefgang. Trotzdem birgt der Streit ein raffiniertes Spannungselement: Ist Carlsson ein windiger Heiratsschwindler, der es auf das Vermögen der einsamen Witwe abgesehen hat, oder ein ehrlicher, hart arbeitender Mann, der den vernachlässigten Hof auf Vordermann bringen will? Eine Frage, die sich auch die übrigen Figuren stellen und die uns Leser bis heute bewegt. Diese Spannung, die großartigen Schilderungen von Meer und Inseln, die dramatischen Wendungen und die Schlußpointe dieser detailreichen Bauernkomödie machen *Die Leute von Hemsö* zu einer der beliebtesten schwedischen Erzählungen. **UD**

Strindberg in Ferienstimmung mit seinen beiden Töchtern. In *Die Leute auf Hemsö* zeigt sich die hellere Seite seines ansonsten eher düsteren Naturells.

Strindberg, hier auf einem Porträt von 1899.

Pierre und Jean

Guy de Maupassant

Lebensdaten | *1850 (Frankreich), †1893
Erstausgabe | 1888
Erschienen bei | V. Harvard (Paris)
Originaltitel | *Pierre et Jean*

Pierre und Jean ist die eindringliche, packende Geschichte des Zusammenbruchs einer Familie und spielt im Le Havre der 1880er Jahre. Die Titelfiguren sind zwei Brüder, Söhne eines ehrenwerten, mittelständischen Ex-Juweliers und seiner Frau, deren Zusammenleben durch eine unerwartete Erbschaft auf eine harte Probe gestellt wird. Jean, der jüngere Sohn und angehende Anwalt, erfährt, daß er einziger Erbe der beträchtlichen Hinterlassenschaft eines Freundes der Familie ist. Die ganze Familie außer Pierre freut sich über dieses unerwartete Geschenk des Himmels. Zunächst quält ihn lediglich der Neid, aber die Mißgunst wächst, als er beginnt, die Ehrbarkeit der Mutter in Frage zu stellen und in Jean den außerehelichen Sohn des Erblassers zu vermuten. Die Zweifel nagen an ihm, und der Neid paart sich mit Angst, Schuldgefühlen und Wut. Er verliert den Halt. Seine Befürchtungen zwingen ihn zu selbstquälerischen Nachforschungen, was seine Isolation von der Familie und der Gesellschaft überhaupt weiter vorantreibt. Der Hafen von Le Havre und die Küste der Normandie bilden den passenden Hintergrund für Pierres Ängste, Qualen und Fluchtphantasien.

Guy de Maupassant war nicht nur der allgemein anerkannte Meister der Kurzgeschichte, sondern auch ein extrem produktiver und erfolgreicher Autor. Sein vierter Roman, *Pierre und Jean*, markiert einen Wandel in Maupassants Schaffen wie auch in der gesamten französischen Literatur: eine Bewegung weg vom sozialen Realismus im Stile von Balzac und Zola hin zu einer genaueren Beschäftigung mit den inneren Vorgängen der menschlichen Psyche. **AL**

„Jean war ebenso blond wie sein Bruder dunkel, ebenso ruhig wie sein Bruder leidenschaftlich, ebenso sanft wie sein Bruder nachtragend."

Wie sein väterlicher Freund Flaubert betrachtete Maupassant das Leben mit ironischer Distanz, allerdings mit mehr Wärme als sein Vorbild.

Unter dem Joch
Ivan Vazov

Lebensdaten | *1850 (Bulgarien), †1921
Erstausgabe | 1889 in Odessa
Originalsprache | Bulgarisch
Originaltitel | *Pod igoto*

Unter dem Joch: Ein Roman aus der Zeit der bulgarischen Befreiungskämpfe ist ein von tiefster patriotischer Inbrunst durchdrungenes Buch, das mit Werken von Longfellow und sogar Tolstoi verglichen worden ist. Die Handlung spielt 1875/76 in und bei dem fiktiven Städtchen Bjalačerkva (hinter dem sich Vazovs Geburtsstadt Sopot verbirgt). Die Gegend wird zu einem Zentrum des Kampfes, durch den Bulgarien das türkische „Joch" abzuschütteln versucht. Doch die Morgenröte ist trügerisch. (Die Befreiung gelang erst 1886.) Der Aufstand schlägt fehl, da die erwartete Hilfe aus Rußland ausbleibt; die Anführer der Patrioten werden zu Märtyrern.

Das Buch spricht aber nicht nur von Düsternis und Trübsal. Seine Helden, unter ihnen Dr. Sokolov sowie die Lehrerin Rada und der Rebell Bojčo Ognjanov, die ein Paar werden, sind alle von der Erregung des Aufstands erfaßt. Ihre Geschichten sind eingebettet in den farbig beschriebenen Hintergrund der Balkantäler mit ihren Wiesen, Wasserläufen und Mühlen, Walnuß- und Birnbaumhainen, mit den Klöstern und Gehöften und den Cafés des Städtchens. Viele Passagen bleiben im Gedächtnis haften, etwa die Szene am Ende, als die Hauptfiguren in der Mühle im Kugelhagel der Türken sterben.

Vazov wurde vor der Befreiung Bulgariens geboren und starb nach dem Ersten Weltkrieg, so daß sein Leben einen großen Teil der neueren Geschichte seines Landes umspannt. Als bulgarischer Nationaldichter war er ein glühender Patriot und huldigte in seinen Gedichten und seiner Prosa den Helden, die die Befreiung ermöglicht hatten. Das mag so klingen, als sei sein Roman für eine internationale Leserschaft zu stark regional verankert, doch er vermag in vielen Aspekten zu fesseln. Er zeigte dem übrigen Europa das künstlerische Potential, das Bulgarien zu bieten hat. **Jha**

Lust
Gabriele D'Annunzio

Lebensdaten | *1863 (Italien), †1938
Erstausgabe | 1889
Erschienen bei | Treves (Mailand)
Originaltitel | *Il piacere*

Dieser erste Roman des italienischen Schriftstellers D'Annunzio, dessen politische Ideen oft als mögliche Vorläufer von Mussolinis Faschismus angesehen werden, ist aus Sicht eines dekadenten Dichters erzählt. In der üppigen Sprache verbindet sich, vermittelt über die Hauptfigur, die hinreißende, dichte Prosa D'Annunzios mit den Qualitäten seiner Lyrik. Die Lektüre lohnt allein schon wegen der Beschreibungen Roms.

Lust ist sowohl eine eingehende Darstellung als auch eine Kritik der wohlhabenden italienischen Oberschicht und der Brüchigkeit ihrer abgeschotteten Welt. Der Protagonist, ein junger Literat aus einer illustren Adelsfamilie, hat sich in zwei Frauen verliebt. Nach einem Duell gesundheitlich angeschlagen, verzehrt er sich nicht nur im Verlangen nach beiden, sondern erlebt auch durch die Erfahrung, dem Tod knapp entronnen zu sein, eine spirituelle Wiedergeburt. Als der Ehemann von einer der beiden Frauen in den Sog eines großen Skandals gerät, sieht sie sich plötzlich in der Gefahr, alles zu verlieren, auch die leidenschaftliche Beziehung mit Andrea, für die sie ihren guten Ruf aufs Spiel gesetzt hat.

Die Geschichte bezieht ihre Kraft aus der Vorstellung, daß der gute Ruf der Lebensnerv seiner Figuren ist. Wenn er zuschanden wird, sind ihnen die Annehmlichkeiten des römischen Gesellschaftslebens verschlossen. Sie gehen nicht zuletzt an ihrem Bemühen, den guten Ruf zu wahren und Skandalen aus dem Weg zu gehen, körperlich und psychisch zugrunde. Die Figuren sind völlig in den Regeln gefangen, die in ihren Kreisen bestimmend sind, und werden von Wünschen und Sehnsüchten gequält, deren Erfüllung unablässig vereitelt wird. **JA**

Eline Vere
Louis Couperus

Lebensdaten | *1863 (Niederlande), †1923
Erstausgabe | 1889 bei Van Kampen & Zoon
Vollständiger Titel | *Eline Vere. Een Haagse roman*
Verfilmung | 1991

„Eline, das bin natürlich ich."

Couperus' erster Roman wurde nach seinem Erscheinen 1889 sofort ein Erfolg. Dies ist der Umschlag einer Ausgabe von 1990.

Der zuerst in der Zeitschrift *Het Vaderland* in Fortsetzungen erschienene Roman erzählt die Geschichte der jungen, talentierten Eline Vere, die feststellen muß, daß die Wirklichkeit ganz anders ist als die Welt, die sie aus ihren Büchern kennt. Sie verliebt sich in einen Opernsänger, ist jedoch desillusioniert, als ihre Liebe so rasch wieder erlöscht, wie sie entbrannt ist. Kurz darauf nimmt sie jedoch den Heiratsantrag eines Mannes an und erlebt mit ihm eine Weile lang eine aufrichtige gegenseitige Zuneigung. Elines Cousin Vincent ist aber skeptisch. Für ihn als Determinisen kommt eine solche Liebe kindischem Idealismus gleich und ist nichts als eine poetische Flucht vor der unumstößlichen Wahrheit, daß es keinen freien Willen gibt und daß jeder Mensch nur das Produkt seiner jeweiligen Zeit und Lebensumwelt ist. Schließlich löst Eline ihre Verlobung.

Couperus untersucht im Geiste des psychologischen Realismus von Flaubert, Tolstoi und Wilde das fortwährende Sehnen, welches das Subjekt zu verzehren droht. Was ist das nur, wonach wir in immerwährender Unzufriedenheit suchen – und was sollen wir tun, wenn das Gesuchte gar nicht existiert? Wem ist mehr zu mißtrauen, dem Zyniker oder dem Romantiker? Und was bleibt uns zu tun, wenn wir im Kampf mit der Realität unterliegen? Als Eline sich diese Fragen zu stellen beginnt, wird sie kränklich und depressiv; sie denkt an Selbstmord, findet aber nicht den Mut dazu. Als sie schließlich durch ein Versehen an einer Überdosis Morphium stirbt, hat sie keine Antworten gefunden. Wir aber fragen uns, ob Elines leidvolle Verlusterfahrungen nicht auch in ein anderes Ende hätten münden können und ob die Wahrhaftigkeit tatsächlich keine Chance hat.

Couperus blieb, nachdem er schon früh internationalen Ruhm erlangt hatte, zeitlebens ein Dandy, der in der Gesellschaft auf Vorbehalte stieß. Im 20. Jahrhundert lebte das öffentliche und akademische Interesse an seinem Werk wieder auf. *Eline Vere* wurde 1991 verfilmt. **MvdV**

Hunger
Knut Hamsun

Hamsuns Ruf hat unter seiner Sympathie für die Nazis gelitten, trotzdem bleibt sein frühes, halb-autobiographisches Porträt eines Schriftstellers als hungriger, junger Mann ein richtungweisender Klassiker der Moderne. Beeinflußt von Dostojewski entwirft Hamsun hier eine Art nietzscheanischen Individualismus, der sich sowohl gegen den Naturalismus als auch gegen die mit Ibsen verbundenen progressiven Tendenzen der Literatur wendet. Die urbane Angst in *Hunger* nimmt die entfremdeten Stadtlandschaften Kafkas vorweg, insistiert dabei jedoch auf dem Spannungsverhältnis zwischen alltäglichem Überleben und umgangssprachlichen Tagträumen, die eines James Kelman würdig sind.

Erzählt in einem rastlosen, vom Hunger vorangetriebenen Präsens, begleitet der Roman den Protagonisten bei dem Versuch, sich vom Schreiben zu ernähren, die verschiedenen Stufen des sozialen Abstiegs hinunter. Mal fiebrig vor Hunger, mal verächtlich Hilfe ausschlagend, verbeißt sich der Erzähler in ein übersteigertes Selbstwertgefühl. Die daraus resultierenden Begegnungen und Mißverständnisse haben etwas zutiefst Existentielles und zugleich Lächerliches an sich. Der Hunger verschiebt nach und nach die Relation zwischen Bedürfnis und Würde und führt zu halluzinatorischen Anfällen von Wahnsinn. In der Gegenüberstellung von Phantasien und belanglosen Bagatelldelikten mit nicht weniger belanglosen Racheplänen und erträumter Anerkennung, hält der Roman gekonnt die Waage zwischen der Bestätigung der Außergewöhnlichkeit des hungernden Schriftstellers und seiner Entlarvung als irregeleitete Seele, die sich mit ihrer Boshaftigkeit und Engstirnigkeit der Lächerlichkeit preisgibt. In seiner Vorwegnahme der Beckettschen Außenseiter ist *Hunger* ein gutes Gegenmittel für jeden, der eine Karriere als Hungerkünstler in Erwägung zieht. **DM**

Lebensdaten | *1859 (Norwegen), †1952
Erstausgabe | 1890 bei Philipsen (Kopenhagen)
Originaltitel | *Sult*
Nobelpreis für Literatur | 1920

„*Es war in jener Zeit, als ich in Kristiania umherging und hungerte …*"

Der Umschlag von *Hunger* – auf Norwegisch *Sult* –, erschienen als erster Band von Knut Hamsuns Gesammelten Werken.

Am offenen Meer
August Strindberg

Lebensdaten | *1849 (Schweden), †1912
Erstausgabe | 1890
Erschienen bei | A. Bonniers Förlag (Stockholm)
Originaltitel | *I hafsbandet*

Strindberg schrieb *Am offenen Meer* unter dem Einfluß von Nietzsches Theorie vom „Übermenschen". Er beschäftigte sich mit Biologie, Geologie und Geographie, um die Brauchbarkeit wissenschaftlicher Methoden bei der präzisen Beschreibung eines starken, gebildeten Mannes der Wissenschaft unter Beweis zu stellen.

Der Roman hat zwei Hauptpersonen. Zum einen den Fischereiinspektor Axel Borg, der geschickt wurde, um zu untersuchen, warum die Heringslieferungen abnehmen, zum anderen die Meer- und Insellandschaft, die für den Autor eine beständige Quelle der Faszination ist. Mit Arroganz und Überheblichkeit verprellt Borg die einfachen, bodenständigen Fischer und nimmt für sich das Recht des Stärkeren in Anspruch, die Schwachen zu unterdrücken. Vom Vater erzogen, jeden Anschein von „weiblicher" Schwäche zu meiden, gängelt und bevormundet er die junge Frau Maria, die jedoch in seinem Unbewußten als Personifizierung des Verdrängten zurückkehrt und die dunklen Winkel seiner Psyche bloßlegt. Unter dem Druck der Einheimischen und der Landschaft bekommt sein Selbstbewußtsein Risse. Sein forsches Auftreten wirkt mehr und mehr wie ein Zeichen der Verunsicherung. Seine Vorhaben werden immer maßloser. Schließlich macht er sich selbst zum Versuchskaninchen bei dem Experiment, die Natur zu kontrollieren und zu beherrschen.

Borg ist offensichtlich Strindbergs Alter Ego, ein waches, einsames Genie, das von der Mittelmäßigkeit des Pöbels heruntergezogen wird. Dieser psychologische Roman, der die erschreckende Degeneration eines stolzen und gebildeten Mannes zu einem gehetzten Wrack kartographiert, gewährt einen interessanten Einblick in Strindbergs damalige Geistesverfassung und läßt bereits Anfänge seiner „Inferno"-Krise in den 1890er Jahren erahnen. **UD**

Das Tier im Menschen
Émile Zola

Lebensdaten | *1840 (Frankreich), †1902
Erstausgabe | 1890
Erschienen bei | Charpentier (Paris)
Originaltitel | *La Bête Humaine*

Das Tier im Menschen ist der siebzehnte Roman aus Zolas zwanzigbändigem Zyklus *Les Rougons-Macquart*, in dem er den Einfluß von Vererbung und Umwelt am Beispiel einer einzigen Familie untersucht, und zwar anhand der zentralen „wissenschaftlichen" Begriffe, mit denen Naturalismus und zeitgenössische Theorien Degeneration und „erblichen Makel" beschrieben. Zusätzlich nutzte Zola *Das Tier im Menschen*, um Macht und Einfluß der Eisenbahn auszuloten, und brachte außerdem seine Faszination für Verbrechen ins Spiel. Die unpersönliche Gewalt der Lokomotive wird im Roman zum Spiegelbild menschlicher Aggression und Zerstörungswut. (Nebenbei schuf Zola mit Jacques Lantier, einem von seinem pathologischen Verlangen, Frauen zu töten, gequälter Lokomotivführer, eine Figur, die von späteren Generationen als Serienkiller definiert werden sollte.) Mord wird untrennbar mit Maschinenkultur verbunden, Unfall mit Psychopathie. Lantiers Gewaltgelüste werden durch das Beobachten eines Eifersuchtsmordes an Grandmorin, einem der Direktoren der Eisenbahngesellschaft, ausgelöst. Seine „Mordgelüste steigerten sich beim Anblick der mitleiderregenden Leiche zum körperlichen Verlangen". Die Folgen dieses mörderischen Verlangens werden dann auf den verbleibenden Seiten des Romans ausgeführt.

Zolas genaue Beobachtung der technischen Welt zeigt sich in seinen Eisenbahnbeschreibungen, in denen er das Spiel von Licht und Schatten, Feuer und Rauch, das auch die impressionistischen Maler seiner Zeit so faszinierte, in Worten nachzuzeichnen wußte. **LM**

Thaïs
Anatole France

Lebensdaten | *1844 (Frankreich), †1924
Erstausgabe | 1890
Erschienen bei | Calmann-Lévy (Paris)
Nobelpreis | 1921

Diese historische Romanze schildert zwei sehr unterschiedliche Christen im Ägypten des 14. Jahrhunderts und stellt damit die frühe christliche Kirche und deren Konventionen in ein neues, provokantes Licht. Hauptpersonen sind Paphnuce, der fromme Abt von Aninoë, und die wunderschöne Schauspielerin und Kurtisane Thaïs. Getrieben von einer – wie Paphnuce meint – göttlichen Vision reist dieser nach Alexandrien, um Thaïs zum christlichen Glauben zu bekehren, dem sie durch ihre Taufe zwar angehört, dem sie aber nicht nachlebte. In der berauschenden Atmosphäre Alexandriens verführt Paphnuce Thaïs im Namen des Christentums und bringt sie dazu, zum Glauben zurückzukehren. Thaïs zieht sich in einen Konvent zurück und Paphnuce glaubt, seine Aufgabe erfüllt zu haben, sieht sich aber einer Flut neuer Versuchungen gegenüber. Sein Wunsch, ein Heiliger zu werden, läßt ihn zu immer zweifelhafteren Methoden greifen, bis er im dramatischen Finale wieder mit Thaïs vereinigt ist und sich gezwungen sieht, seinen Glauben zu prüfen.

In einer nuancenreichen Auslotung der Moral und des menschlichen Willens deckt France die unvermeidlichen Widersprüche der Idee von der Reinheit auf, und er hinterfragt die Vorstellungen des Lesers über die Heiligen wie auch über die Sünder. Der in einer entrückten, bewegenden Sprache gehaltene Roman verbindet die exotische Atmosphäre der historischen Romanze mit einer philosophischen Betrachtung über die Entsagung von der Welt zugunsten einer spirituellen Erlösung. **AB**

„So makellos waren die heiligen Männer, daß sogar die wilden Bestien ihre Kraft verspürten. Wenn ein Eremit starb, grub ihm ein Löwe ein Grab mit seinen Klauen."

◉ Die Sopranistin Lina Cavalieri als Thaïs in Massenets Opernadaption des Romans von Anatole France, die 1894 uraufgeführt wurde.

Die Kreutzersonate
Lew N. Tolstoi

Lebensdaten | *1828 (Rußland), †1910
Erstausgabe | 1890 (Rußland)
Originaltitel | *Krejcerova Sonata*
Originalsprache | Russisch

„Die Ehe besteht heutzutage nur aus Betrug oder Gewalt."

⊙ Inspiriert von Tolstois Erzählung malte René Prinet dieses Bild, das ein Paar zeigt, das durch das Spielen von Beethovens Kreutzersonate in Ekstase versetzt wurde.

Die Kreutzersonate ist ein flammendes Plädoyer gegen die „falsche Überbewertung der sinnlichen Liebe", gegen Empfängnisverhütung und gegen sentimentale Vorstellungen von Liebesbeziehungen und argumentiert statt dessen für die sexuelle Enthaltsamkeit (selbst in der Ehe). Solche Moralvorstellungen sind der heutigen westlichen Welt in vielerlei Hinsicht fremd, doch läßt sich die Erzählung nicht einfach als reaktionäre Schimpftirade abtun. Der Gedanke, daß Frauen nie in den Genuß von Gleichberechtigung kommen, solange sie als Sexualobjekte behandelt werden, findet durchaus auch im laufenden feministischen Diskurs Anklang. Der späte Tolstoi zeigt sich hier nach seiner „Konversion" zum Christentum von einer ausgesprochen puritanischen Seite. Um jeglichen Zweifel zu zerstreuen, daß er die Ansichten seines gequälten Helden Pozdnyšev teilt, schrieb Tolstoi nachträglich den berüchtigten „Epilog", eine ausführliche Rechtfertigung von Keuschheit und Enthaltsamkeit als Grundlage menschlicher Würde. Die Erzählung führte beim Erscheinen zum Skandal, und in Rußland wurde versucht, sie zu unterdrücken, doch die Exemplare machten schnell die Runde.

Während einer Zugreise schildert Pozdnyšev dem Erzähler, warum er seine Frau umgebracht hat und schiebt die Verantwortung für seine Tat auf die herrschende Sexualmoral. Leser von *Anna Karenina* wissen, daß der Zug in Tolstois Kosmos oft als Symbol für die Würdelosigkeit der Moderne steht. Der zwingendste Aspekt der Erzählung ist die psychologische Schärfe, mit der die krankhafte männliche Eifersucht beschrieben wird. Wie Shakespeares Othello findet Pozdnyšev in Lappalien Beweise dafür, daß seine Frau eine Affäre mit einem Musiker hat. Die Mauer zwischen seiner inneren Qual und seinem glatten, überaus höflichen äußeren Erscheinungsbild, seiner heimlichen Leidenschaft und seiner öffentlichen Moral wird schließlich durch seine fürchterliche Mordtat niedergerissen. **RMcD**

Das Bildnis des Dorian Gray
Oscar Wilde

„Es gibt weder ein moralisches noch ein unmoralisches Buch. Bücher sind gut oder schlecht geschrieben. Damit ist alles gesagt." Die Aphorismen im „Vorwort" seines einzigen Romans waren Wildes Antwort auf die Kritiker, die sich nach der aufsehenerregenden Erstveröffentlichung in *Lippincott's Monthly Magazine* über das Unmoralische und Ungesunde der Geschichte mokierten. Doch trotz aller sündigen Vergnügen hat *Das Bildnis des Dorian Gray* durchaus eine Moral und kann sogar als Mahnung vor den Gefahren des Lasters gelesen werden. Dorians Abstieg in den Sündenpfuhl ist weder bewundernswert, wie seine kategorische Zurückweisung der Schauspielerin Sybil Vain, seiner Verlobten, zeigt, noch beneidenswert. Im Grunde ist der schöne Jüngling die uninteressanteste Figur in dem Roman, der seinen Namen trägt.

Nachdem der Künstler Basil Hallward ein Porträt von Dorian gemalt hat, wird der anmaßende Wunsch des Porträtierten nach Unsterblichkeit erfüllt. Sein Bildnis altert und verwittert, aber Dorian bleibt jung und makellos, trotz seines triebhaften, verderbten Lebenswandels. Zwar sind es die zynischen Lebensweisheiten Lord Henry Wottons, die Dorian zum Ausleben seiner Sinnlichkeit anstiften, aber seine Wertvorstellungen werden zur Perversion der Wildeschen Ethik, an die sie oberflächlich erinnern. Während Oscar Wilde in seinen Essays Individualismus und Selbstverwirklichung als Weg zu einem erfüllteren Leben und einer gerechteren Gesellschaft propagiert, folgt Dorian dem Pfad des Hedonismus, der Maßlosigkeit und der Menschenverachtung. Die Geschichte ist aber auch eine schmerzliche Reflexion über Wildes eigenes Doppelleben und nimmt sein eigenes Versinken in Schimpf und Schande vorweg. Die Eitelkeit, die ihr Zentrum bildet und in dem Bild im Dachzimmer materielle Gestalt annimmt, scheint aus der Fiktion unmittelbar ins Reich des Mythos überzublenden. **RMcD**

Lebensdaten | *1854 (Irland), †1900
Richtiger Name | Fingal O'Flahertie Wills
Erstausgabe | 1891 bei Ward, Lock & Co. (London)
Originaltitel | *The Picture of Dorian Gray*

„Wie traurig ist das! Ich werde alt und gräßlich und widerwärtig werden."

Dorian Gray betrachtet im Sessel zurückgelehnt genüßlich sein Porträt, das altern muß, während er selbst ewige Jugend genießt.

Tief unten
Joris-Karl Huysmans

Lebensdaten | *1848 (Frankreich), †1907
Erstausgabe | 1891
Erschienen bei | Tresse & Stock (Paris)
Originaltitel | *Là-bas*

Huysmans, ein zynischer Ästhet des „dekadenten" späten 19. Jahrhunderts, wurde durch seine Abscheu vor dem bourgeoisen Materialismus in die Sphären des Spirituellen und Okkulten getrieben. Sein erfolgreichster Roman *Tief unten* behandelt den Satanismus in einem leichten, ironisierenden Ton, ohne daß dem Leser die Widerwärtigkeit der Materie vorenthalten würde. Das mehrschichtige Werk ist reich an Einfällen, Humor und blutrünstigen Details. Durtal, Huysmans' Alter Ego, forscht über Gilles de Rais, einen satanischen Verbrecher und Gefährten der Jeanne d'Arc im 15. Jahrhundert, wobei er sich zunächst für den Satanskult im Paris seiner Zeit interessiert. So wird Rais' verbissenes Streben nach spiritueller Macht der Vulgarität einer Schwarzen Messe in Paris gegenübergestellt, bei der sich die Damen von Paris dem finsteren Canon Docre unterwerfen.

Trotz des düsteren Themas fehlt es dem Roman nicht an Humor, besonders in den Beschreibungen der Demütigungen und der täglichen Unbill, die der Junggeselle Durtal erleben muß. Dominiert wird die Geschichte aber von Rais, der in seinem bretonischen Schloß vom nackten Horror heimgesucht wird. Eine erschreckende Passage, in der die bretonische Landschaft durch Rais' sexbesessenen Blick geradezu obszön erscheint, nimmt Dalí und den Surrealismus voraus. Am Ende von *Tief unten* schafft es Durtal nicht, den katholischen Glauben anzunehmen, Huysmans selbst zog sich vor seinem Tod jedoch in ein Kloster zurück. **RegG**

Tess von D'Urbervilles
Thomas Hardy

Lebensdaten | *1840 (England), †1928
Erstausgabe | 1891 bei Osgood, McIlvaine & Co.
Originaltitel | *Tess of the D'Urbervilles: A Pure Woman Faithfully Presented by Thomas Hardy*

Hardys Roman ist sowohl wegen seiner Heldin als auch wegen der überaus tragischen Handlung berühmt. Auch heute noch ist *Tess* eine fesselnde Lektüre. Die Erstausgabe von 1891 wurde von der Kritik zunächst wegen ihrer „Unmoral" geschmäht. Der Roman erzählt das schwere Leben von Tess Durbeyfield, die durch die von Männern an ihr verübten Untaten auf schreckliche Weise immer tiefer hinabsinkt. *Tess* erspart dem Leser keine Bitterkeit des englischen Landlebens, und die unbarmherzig realistische Beschreibung sozialen Unrechts bildet ein Gegengewicht zu Hardys häufig romantisch verklärtem Blick auf die Landschaft von Wessex.

Als Tess' Vater entdeckt, daß seine Familie, die Durbeyfields, mit einem örtlichen Adelsgeschlecht verwandt ist, stimmt er einer Anstellung seiner Tochter beim vermeintlichen Verwandten Alec D'Urbervilles zu – mit fatalen Folgen. Alec vergewaltigt sie und läßt sie mit dem gemeinsamen Kind sitzen. Jahre später findet sie für kurze Zeit ihr Glück mit dem scheinbar anständigen Angel Clare, aber auch er läßt sie allein, als er von ihrer Vorgeschichte erfährt. So wird Tess in die Arme von Alec zurückgetrieben und muß ihr Glück dem finanziellen Überleben opfern. Doch als sie sich in einem Moment der Leidenschaft vom Gefühl der Ungerechtigkeit überwältigen läßt, hat das tragische Folgen. Als Tess schließlich stirbt, eine der berühmtesten Sterbeszenen der Weltliteratur, ist das die direkte Folge menschlicher Grausamkeit und steht somit für eine der bewegendsten Anklagen gegen die Lebensumstände von Frauen im England des 19. Jahrhunderts. **AB**

Gösta Berling
Selma Lagerlöf

Lebensdaten | *1858 (Schweden), †1940
Erstausgabe | 1891 bei Hellberg (Stockholm)
Originaltitel | Ur Gösta Berlings Saga: Berättelse från det gamla Värmland

1909 bekam Selma Lagerlöf als erste Frau den Nobelpreis für Literatur. Ihr größter Romanerfolg, *Gösta Berling*, wurde jedoch erst nach der Übersetzung ins Dänische von der Kritik beachtet. Heute gilt er als Meisterwerk der schwedischen Literatur. Der zu Beginn der Moderne geschriebene Roman wurzelt in den Volkssagen und Legenden der hügeligen, spärlich besiedelten mittelschwedischen Provinz Värmland und steht für die Rückkehr zum traditionellen Erzählen von Geschichten über prunkvolle Herrenhäuser, schöne Frauen, galante Männer und außergewöhnliche, romantische Abenteuer.

Die gastfreundliche Majorin gewährt zwölf heimatlosen „Kavalieren" großzügig Unterschlupf im Kavaliersflügel des Herrenhofes Ekeby. Angeführt werden die Männer von Gösta Berling, einem aus dem Amt gejagten Priester und liebenswert romantischen Don Juan. Sie sind die Repräsentanten der altmodischen, traditionellen Werte schwärmerischer Ritterlichkeit, gleichzeitig aber auch schwache, dem Lotterleben und Leichtsinn gefährlich zugeneigte Charaktere. In einem Pakt mit Sintram, dem örtlichen Stellvertreter des Teufels, verpflichten sich die Männer, die Majorin zu vertreiben und ein Jahr lang die Herrschaft über Ekeby zu übernehmen, wodurch sie den Hof fast in den Ruin treiben.

Dem Wunsch, die Goldene Zeit wiederzubeleben, in der die boomende Eisenverarbeitung für Wohlstand und Grandesse gesorgt hatte, stellt Lagerlöf das Interesse am Wesen von Erinnerung und Wirklichkeit zur Seite. Der Roman ist in einem archaisierenden, allegorischen, leicht manierierten Stil verfaßt, wobei jedoch die anfängliche Schilderung von Berlings Geistesverfassung und seiner Abhängigkeit von der Flasche bereits die stärkere Ausrichtung des modernen Romans auf psychologische Motivation vorwegnimmt. **UD**

„Schwer und düster hatten sich die Tage des Jahres dahingeschleppt. Den Tag über waren Bauer und Edelmann mit all ihren Gedanken an das irdische Tagwerk gebunden, aber am Abend, da hatten die Geister die Fesseln abgeworfen, der Branntwein hatte sie befreit."

◉ Die schwedische Autorin verknüpfte Märchen und Legenden mit einer wirklichkeitsnahen Schilderung des patriarchal geprägten Landlebens.

Zeilengeld

George Gissing

Lebensdaten | *1857 (England), †1903 (Frankreich)
Erstausgabe | 1891
Erschienen bei | Smith, Elder & Co. (London)
Originaltitel | New Grub Street

Als einer der frühesten und besten Romane über den Literaturbetrieb gibt *Zeilengeld* einen Einblick in die spätviktorianische Verlagsindustrie. Gissing legt Wert auf die Trennung zwischen literarischem Schreiben und gefälligem Journalismus, für den das damals gerade neu erschienene Unterhaltungsmagazin *Tit-Bits* stand, und nimmt damit die seitdem ständig aktuelle Debatte über Kunst und Massenkultur vorweg. Trotz seiner nüchternen Bestandsaufnahme der Marktmechanismen hält er jedoch daran fest, daß Literatur ihre eigene Wahrheit ausdrückt. Die einzelnen Charaktere sind psychologisch überzeugend geschildert, besonders Edwin Reardon und dessen ausführlichst beschriebener Kampf um die Fertigstellung seines Romans *Margaret Home*. In einer verzweifelten Anstrengung bringt er ihn schließlich zu Ende, doch das Ergebnis ist enttäuschend und voll überflüssigem Beiwerk. Das drohende Scheitern vor Augen, bangt Reardon den Kritiken entgegen. Jasper Milvain dagegen, ein gewitzter, forschfröhlicher Schreiberling ohne künstlerische Skrupel, hat sich glänzend mit dem Literaturbetrieb arrangiert. Harold Biffen ist ein Perfektionist, der in seiner Mansardenwohnung von Schmalzbroten lebt. Seine dem absoluten Realismus verpflichtete Romanstudie des „unanständig anständigen" Alltags mit dem Titel *Mr. Bailey Grocer* ist ein faszinierender Ausblick darauf, wie sich Gissing die literarische Avantgarde des 20. Jahrhunderts vorstellte.

Als Autor war Gissing klüger als Reardon oder Biffen und ernsthafter als Milvain. Künstlerisch und kommerziell war *Zeilengeld* sein größter Erfolg und der Beweis, daß man bisweilen auch mit guter Literatur Geld verdienen kann. **MR**

Kunde von Nirgendwo

William Morris

Lebensdaten | *1834 (England), †1896
Erstausgabe | 1891 bei Reeves & Turner (London)
Vollst. Titel | *Kunde von Nirgendwo oder ein Zeitalter der Ruhe: einige Kapitel aus einer utopischen Romanze*

Die reale Entwicklung hat William Morris mit seinem Entwurf einer Zukunft ohne Eigentum, Herrschaft, Gesetz, Strafverfolgung und Bildungssystem auf geradezu komische Weise verfehlt. Sein London der Zukunft ist wieder aufgeforstet, und er hat von der Kleidung übers Geschirr bis hin zu Gebäuden und Brücken alles selbst entworfen. Das von Morris beschworene Ideal hat weniger mit Zukunft zu tun als mit der speziellen Phantasie eines von der agrarischen Vergangenheit besessenen 19. Jahrhunderts. Der Wert dieses Traums zeigt sich nicht in der Ausgestaltung einer möglichen Zukunft, sondern im Aufzeigen der Grenzen des damaligen politischen Vorstellungsvermögens. Morris' Vision eines Lebens frei von jeder Beschränkung durch einen repressiven Staatsapparat, ermöglicht einen scharfen, satirischen Blick auf die Irrationalität und die Widersprüche der damaligen Zeit und sogar die heutigen politischen Umstände. Morris führt uns in aller Deutlichkeit das schreiende Unrecht vor Augen, das die ungleiche Verteilung von Reichtum mit sich bringt.

Die klare, geistreiche Prosa macht den Roman zu einem sozialistischen Manifest, das eine unterhaltsame und gleichzeitig überraschend sinnliche Lektüre ist. Hier wird ein Bild der sozialen Gerechtigkeit mit geradezu erotischem Vergnügen an den Möglichkeiten menschlicher Schönheit gezeichnet. **PB**

> Der Jugendstilumschlag einer William Morris gewidmeten Ausgabe des *Art Journal* zeigt seine breitgefächerten Interessen.

Die Abenteuer des Sherlock Holmes
Sir Arthur Conan Doyle

Zwischen 1891 und 1893 veröffentlichte Arthur Conan Doyle 24 Holmes-Geschichten in der Zeitschrift *The Strand*; zwölf davon wurden dann in Buchform als *Die Abenteuer des Sherlock Holmes* gedruckt.

„Für Sherlock Holmes ist sie immer nur DIE Frau gewesen." So beginnt „Ein Skandal in Böhmen", die erste Geschichte des Sammelbandes. Irene Adler ist „DIE" Frau, weil sie der einzige Mensch ist, der Holmes je überlistet hat. Der König von Böhmen befürchtet, von Adler, seiner früheren Geliebten, erpreßt zu werden, da sie kompromittierende Briefe und ein Photo aufgehoben hat. Jedenfalls gelingt es ihr, den Spieß gegen den Detektiv umzudrehen und das Photo als Lebensversicherung zurückzubehalten. Ein weiteres Glanzlicht der Sammlung ist die unheimliche „Liga der Rothaarigen", die einem rothaarigen Mann Arbeit gibt, um ihn mit diesem Trick fernzuhalten, während die Verbrecher vom Keller seines Ladens einen Tunnel zur benachbarten Bank graben. In „Der Mann mit der entstellten Lippe" soll Holmes das seltsame Verschwinden von Mr. Neville St. Clair aufklären. Seine Frau hatte ihn in einem schäbigen Stadtviertel am Fenster gesehen, aber die Polizei fand dort nur einen Bettler vor. Eine Reihe von Rätseln müssen gelöst werden, bis Holmes das Geheimnis gelüftet hat.

Das erste Auftreten von Sherlock Holmes im Jahre 1887 ist vor allem historisch interessant. Zum ersten Mal hatten europäische Städte eine Größe erreicht, daß man nur noch einen kleinen Prozentsatz der Einwohner persönlich kennen konnte. Doch das London der Holmes-Geschichten will nicht wahrhaben, daß die Stadt zu unübersichtlich und groß geworden ist, als daß eine einzelne Person den Überblick behalten könnte. Holmes und Watson sind Conan Doyles Gegenmittel zu dem furchteinflößenden und scheinbar grenzenlosen Wachstum der städtischen und industriellen Zivilisation im späten 19. Jahrhundert. **VC-R**

Lebensdaten | *1859 (Schottland), †1930(England)
Erstausgabe | 1892
Erscheinen bei | G. Newnes (London)
Originaltitel | *The Adventures of Sherlock Holmes*

"HOLMES GAVE ME A SKETCH OF THE EVENTS."

Der erste Illustrator der Holmes-Geschichten, Sydney Paget, prägte unsere Vorstellungen davon, wie Sherlock Holmes und Dr. Watson wohl ausgesehen haben mögen.

Frederick Door Steele schuf 1903 dieses Bild von Conan Doyles berühmtem Detektiv für das Cover der Zeitschrift *Collier's Weekly*.

Tagebuch eines Niemands
George & Weedon Grossmith

„Er verließ das Haus und schlug die Tür so heftig hinter sich zu, daß die Flurlampe beinahe von der Decke fiel; dann hörte ich, wie er über die Fußmatte stolperte – was mich insgeheim sehr erfreute."

⬆ Eine der Original-Illustrationen von Weedon Grossmith: Das Hausmädchen überrascht Pooter beim Polkatanzen.

Lebensdaten (George) | *1847 (England), †1912
Lebensdaten (Weedon) | *1852 (England), †1919
Erstausgabe | 1892 bei J. W. Arrowsmith (Bristol)
Originaltitel | Diary of a Nobody

Unter den großen komischen Romanen gehört *Tagebuch eines Niemands* in eine Reihe mit Dickens, Waugh und Woodhouse. Der prüde Angestellte Charles Pooter führt Buch über sein Leben im Büro und daheim in Holloway am Stadtrand Londons – ein Leben mit vorlauten jüngeren Kollegen, seiner ständig kranken Frau Carrie und den wechselnden Liebschaften seines Sohnes Lupin. Der besondere Kniff des Romans ist die ironische Kluft zwischen Pooters Weltsicht und seinem unbestimmten Gefühl, daß es da draußen vielleicht ganz anders zugeht. Als Leser verfolgt man mit Vergnügen, wie sich alles gegen Pooters krampfhaften Versuch zu verschwören scheint, ein gewisses Maß an englischer Schicklichkeit aufrechtzuerhalten.

Beide Grossmith-Brüder fühlten sich dem Theater sehr verbunden, und die besten Passagen des *Tagebuchs* verdanken sich ihrem Sinn für Bühnenkomik. Je neurotischer Pooter auf kleinste Störungen der häuslichen Ordnung reagiert, desto mehr Bananenschalen scheint ihm das Leben in den Weg zu legen. Kaum kauft er sich zum Tanzen neue Schuhe, schlittert er auf ihnen schon quer übers Parkett. Wie Dickens' Micawber ist Pooter eine komische Figur, die das unmittelbare Geschehen durch den surrealen, drolligen Stil des *Tagebuchs* überhöht. Man muß nicht viel über die 1890er Jahre wissen, um in Pooters absurder Besessenheit von roter Emaillefarbe schwelgen zu können, die ihn soweit treibt, sogar die Buchrücken seiner Shakespeareausgabe zu überpinseln. Gleichzeitig ist er die mustergültige Verkörperung aller Klischees über Engländer. Ohne sein Vorbild sind Helen Fieldings Bridget Jones und John Cleeses Basil Fawlty kaum denkbar. **BT**

Die Vizekönige
Federico De Roberto

Lebensdaten | *1861 (Italien), †1927
Erstausgabe | 1894
Erschienen bei | Galli (Mailand)
Originaltitel | *I viceré*

„Die Vizekönige" ist der Spitzname, unter dem das Adelsgeschlecht Uzeda in Catania bekannt ist, weil ihre Ahnen während der spanischen Herrschaft über Sizilien dort Vizekönige waren. In ihrer Familiengeschichte, die geprägt ist von grimmigen Interessenkonflikten und unbeugsamem Familienstolz, spiegeln sich etwa 30 Jahre der sizilianischen Geschichte, von der Vorherrschaft der spanischen Bourbonen über Neapel-Sizilien bis hin zur Einigung Italiens.

Als der Roman herauskam, war er alles andere als ein Erfolg. Einer der Gründe dafür ist der Niedergang des *verismo*, dessen Prinzipien De Roberto rigoros umsetzte; er trieb Strategien wie die des anonymen Erzählers und des unerbittlich genauen Registrierens von Fakten ins Extrem, was in der Konsequenz zu einer Verlangsamung des Erzählrhythmus führte. Außerdem entsprachen der Pessimismus und die bewußt unelegante Sprache im Zeitalter des Ästhetizismus nicht mehr der Mode.

Nichtsdestotrotz ist *Die Vizekönige* aufgrund der psychologischen Finesse der Figurenzeichnung, der Weite des Gesichtskreises und der Lebendigkeit der Schilderungen ein Roman von hohem Rang. Der Autor übt klarsichtige, scharfe Kritik an der sizilianischen Gesellschaft, was sein Werk von anderen Romanen der Zeit abhebt. Bei De Roberto ist kein Platz für Gefühlsseligkeit oder elegische Lobpreisungen des Lebens im Patriarchat. Kern seiner Botschaft ist, in Vorwegnahme von Tomasi di Lampedusas gefeiertem Roman *Der Leopard*, daß den Verhältnissen und Menschen Siziliens ein tragischer Fatalismus anhaftet, aufgrund dessen jede Veränderung ausgeschlossen ist. **LB**

Im Dunkeln
Thomas Hardy

Lebensdaten | *1840 (England), †1928
Erstausgabe | 1895
Erschienen bei | Osgood, McIlvaine & Co. (London)
Originaltitel | *Jude the Obscure*

Im Dunkeln ist Hardys düsterster und experimentellster Roman, voll Sehnsucht und Verlorenheit. Als Jude Fawley das ländliche Marygreen hinter sich läßt und in die Universitätsstadt Christminster City aufbricht, beschließt er in Sichtweite der Kirchtürme, die restlichen vier Meilen zu Fuß zurückzulegen. Er will diese Distanz auf eigenen Füßen überwinden, eine Entfernung, die sich nur in Ambition und Hoffnung messen läßt oder in der noch ungetrübten Begeisterung desjenigen, der nichts von den vor ihm liegenden Widrigkeiten weiß.

Als der Steinmetz Jude die Stadt betritt, hat er nicht viel mehr als seine Klassenzugehörigkeit und seine Geschichte im Gepäck. Zunächst profitiert er davon. Die monumentale Architektur der Universitätsgebäude weiß er mit den Augen des Fachmanns zu lesen. Nach und nach zeigt ihm die Klassenzugehörigkeit jedoch die Grenzen für seinen Ehrgeiz auf. Der Brief vom Rektor des „Biblioll College" mit dem Rat, in seiner „eigenen Sphäre" zu bleiben, wird für Jude zu einem bösen Erwachen. Als seine reguläre Ehe scheitert und die wilde Ehe mit seiner freigeistigen Kusine in einer grausamen Tragödie endet, verliert Jude den letzten Halt.

Zu Verzweiflung, Groll, Verärgerung und Stolz gesellt sich noch das Gefühl der Verlorenheit, das um so mehr an ihm nagt, als es nicht ausgesprochen wird. Ausgeschlossen zu sein von der Welt der Bildung und sie gleichzeitig ständig vor Augen zu haben, ist für Jude wie ein zweifaches Exil: Erst hat ihn sein sehnlichster Wunsch seine sozialen Wurzeln kappen lassen, dann bringen sie ihn zum Straucheln. **PMcM**

Effi Briest
Theodor Fontane

Lebensdaten | *1819 (Deutschland), †1898
Erstausgabe | 1895
Erschienen bei | F. Fontane & Co. (Berlin)
Originalsprache | Deutsch

Thomas Mann erklärte *Effi Briest* zu einem der sechs wichtigsten Romane aller Zeiten. Noch deutlicheres Lob zollte ihm Krapp in Becketts Stück *Das letzte Band*: „Sah mir die Augen aus dem Kopf, indem ich wieder einmal Effi las, eine Seite pro Tag, wieder unter Tränen." *Effi Briest* rührt tatsächlich zu Tränen. Wer sich vor roten Augen fürchtet, sollte entsprechende Vorkehrungen treffen.

Der sich an eine wahre Begebenheit anlehnende Roman schildert einfühlsam und ohne ein moralisches Urteil zu fällen die Geschichte der zu jung an einen viel älteren Mann verheirateten Titelheldin Effi. Ins Gewand einer konventionellen Erzählung über Liebe und Ehebruch webt Fontane eine hinreißende und anspielungsreiche individuelle und soziale Tragikomödie. Im Spannungsfeld von Natur und Kultur ist Effis Naivität der Lichtblick in einer sorgenreichen Welt. Vergleichbar mit Eugénie Grandet, Emma Bovary oder Anna Karenina dient auch die Figur der Effi einer Erkundung der historischen und sozialen Strukturen der Gesellschaft. Das Zerschellen des zarten Wesens Effi an den damaligen Geschlechterrollen und gesellschaftlichen Verhältnissen gibt dem Roman einen leisen sozialkritischen Unterton. Sich der Risiken eines Abgleitens ins Melodramatische bewußt, verlegt sich der Roman auf versteckte Andeutungen, bissige Anspielungen und distanzierte Ironie, ohne dabei den unaufgeregten Plauderton voll symbolischem Doppelsinn aufzugeben. **DM**

Die Zeitmaschine
H. G. Wells

Lebensdaten | *1866 (England), †1946
Erstausgabe | 1895
Erschienen bei | W. Heinemann (London)
Originaltitel | *The Time Machine: An Invention*

Wells erster Roman, *Die Zeitmaschine*, ist eine „wissenschaftliche Phantasieerzählung", die den Glauben des 19. Jahrhunderts an evolutionären Fortschritt ins Gegenteil verkehrt. Ein viktorianischer Wissenschaftler erfindet eine Maschine, die Zeitreisen ermöglicht. Damit reist er in die ferne Zukunft des Jahres 802 701, an den Ort, an dem einmal London gestanden hatte. Dort trifft er auf die Menschen der Zukunft beziehungsweise die zwei unterschiedlichen Rassen, zu der sich die Spezies Mensch „entwickelt" hat. Oberhalb der Erdoberfläche leben die Eloi, freundliche, elfengleiche, kindliche Wesen, die ein sorgenfreies Leben zu führen scheinen. Doch da ist noch eine andere Rasse, die der unterirdisch lebenden Morlocks. Einst unterlegen, machen sie jetzt Jagd auf die schwachen, wehrlosen Eloi. Wells versetzte die Handlung in eine fast eine Million Jahre entfernte Zukunft, um das Darwinsche Prinzip der Evolution durch natürliche Auslese zu veranschaulichen – ein „Schnelldurchlauf" durch die langsame Weiterentwicklung der Arten, der Erde und des Sonnensystems.

Der Roman ist sowohl ein Klassenroman als auch eine wissenschaftliche Parabel, in der die zwei Welten aus Wells' eigener Zeit (die Oberklasse und die „niederen Ränge") als gleiche, jedoch unterschiedlich „degenerierte" Wesen wiederkehren. „Degeneration" ist die Umkehrung der Evolution, Wells bewußter Gegenentwurf zu den utopischen Schriften des 19. Jahrhunderts, besonders von Morris' *Kunde von Nirgendwo*. An die Stelle von Morris' bäuerlich-sozialistischer Utopie setzt Wells eine Welt, in der der menschliche Überlebenskampf zum Scheitern verurteilt ist. **LM**

Die Insel des Dr. Moreau
H. G. Wells

Lebensdaten | *1866 (England), †1946
Erstausgabe | 1896
Erschienen bei | W. Heinemann (London)
Originaltitel | The Island of Doctor Moreau

Vor dem Hintergrund der heutigen Diskussion um das Klonen, genetische Experimente und die nach wie vor umstrittene Methode des Doktor Moreau, die Vivisektion, rückt Wells prophetische Schreckensvision Die Insel des Doktor Moreau in ein noch unheimlicheres Licht.

Wie schon Die Zeitmaschine und Krieg der Welten spinnt Moreau Darwins Theorie und die Bedenken, die seit der Veröffentlichung von Vom Ursprung der Arten (1859) kursieren, in geradezu beängstigender Weise weiter und stellt das Zusammenspiel von Wissenschaft und menschlicher Verantwortung grundsätzlich in Frage. Wells' Version des verrückten Wissenschaftlers, der ohne Rücksicht auf die unübersehbaren Folgen seines Tuns zu Werke geht, ist genauso monströs wie die Bestien, die er erschafft. Die hemmungslose Gemeinschaft von Tiermenschen mit ihrem rudimentären Sittenkodex – „Niemals Blut trinken; das ist das Gesetz. Sind wir nicht Menschen?" – hält der heutigen Gesellschaft schon zur Genüge den Spiegel vor, selbst ohne bis zum Äußersten zu gehen. Moreaus barbarische Methoden sind so abschreckend wie das zugehörige Weltbild. Die Weiterentwicklung der Wissenschaften hat dafür gesorgt, daß die Beschreibung, wie Moreau an seinen Tieren bei lebendigem Leib herumschneidet und ihnen menschliche Züge verleiht, noch heute so aufrüttelnd ist wie bei Ersterscheinen des Romans. Dies mag im delikaten Bereich der genetischen Manipulation nur ein Aufschrei aus weiter Ferne sein, aber er genügt noch immer, um die allgemein verbreiteten Ängste vor „unbekannten" wissenschaftlichen Methoden zu wecken. **EMcCS**

Quo Vadis
Henry Sienkiewicz

Lebensdaten | *1846 (Polen), †1916 (Schweiz)
Erstausgabe | 1896 bei Gebethner & Wolff (Warschau)
Originaltitel | Quo vadis: Powieść czasów Nerona
Nobelpreis für Literatur | 1905

Mit seiner eindrucksvollen Beschreibung der Grausamkeit und Korruption im alten Rom wurde Quo Vadis im Jahrzehnt nach seinem Erscheinen zum Bestseller. Seine bildstarke Gestaltung der dekadenten Zechgelage am Hofe Neros und der frühen Christenverfolgung machte ihn wunderbar geeignet für eine Verfilmung.

Im Zentrum der Handlung steht die unter einem ungünstigen Stern stehende Liebe zwischen Lygia, einer Christin aus dem heutigen Gebiet Polens, und dem römischen Offizier Marcus Vinicius, der nach einer Begegnung mit den Aposteln Petrus und Paulus schließlich zum neuen Glauben übertritt. Diese etwas abgedroschene Geschichte rettet der Onkel von Vinicius, der römische Autor Petronius, der als zynischer Satiriker eine geistreiche Innensicht des Lebens am Hofe Kaiser Neros liefert. Nero selbst erscheint als wahnwitziger Verbrecher, der Rom absichtlich in Brand steckt, um Platz für seine architektonischen Pläne zu schaffen. Dann schiebt er die Schuld am Feuer den Christen in die Schuhe und löst so eine Welle der Verfolgung aus. Sienkiewicz' streng katholischer Glaube schimmert durch in der Art und Weise, wie er die Liebe und Spiritualität der frühen Christen gegen die Machtlüsternheit und den Materialismus Roms ausspielt. Man kann das auch als Anspielung auf die Lage Polens verstehen, das damals unter der Knute seiner drei Nachbarreiche stand.

Ein anderer polnischer Nobelpreisträger, Czesłav Miłosz, attestierte Sienkiewicz eine „seltene erzählerische Begabung", und obwohl diese Art historischer Roman längst außer Mode ist, macht das hervorragende handwerkliche Können des Autors ihn weiterhin zu einer ausgezeichneten Lektüre. **RG**

Dracula
Bram Stoker

Lebensdaten | *1847 (Irland), †1912 (England)
Erstausgabe | 1897
Erschienen bei | A. Constable & Co. (London)
Erste Verfilmung | *Dracula* (USA, 1931)

Als Schauerroman lebt *Dracula* zum einen von der Authentizität seiner realen Schauplätze, zum anderen von den übernatürlichen Mächten, die in diese Realität eindringen. Das Verwischen der Grenzen zwischen diesen beiden Bereichen findet seine Entsprechung auch in der Handlung, in deren Verlauf die seinerzeit modernsten Kommunikationsmittel unterwandert werden, so daß sie etwas Böses aus uralten Zeiten transportieren. Der Engländer Jonathan Harker reist zu einem Schloß im fernen Transsylvanien, um dort einen Grundstückskauf für den Grafen Dracula abzuwickeln, dessen tödlicher Blutdurst geweckt worden ist. Als der Graf sich auf der Suche nach frischer Beute nach England einschifft, arbeitet Dr. Van Helsing ein Netz von Abwehrmaßnahmen aus, um den Vampir zu stoppen. Erzählt werden die Ereignisse in Augenzeugenberichten, Tagebucheinträgen und Aufzeichnungen von Ärzten und Wissenschaftlern, Erzähltechniken, die explizit den Anspruch auf „Wahrheit" des Berichteten erhöhen sollen. Doch zwischen den Zeilen ist die ständige Anwesenheit Draculas zu spüren, der aus seinem Versteck heraus die Naturgesetze aushebelt. Die Faszination und der Schauder von Dracula entzünden sich besonders an der Aussicht darauf, daß selbst modernste Technologie, die im Namen höchster Vernunft und Wahrheit entwickelt wurde, die Mächte des Irrationalen nicht ausmerzen kann, gleich in welcher Epoche oder auf welchem Stand des Fortschritts.

Der blutdürstige Graf ist zu einer weltbekannten Ikone und im 20. Jahrhundert auch zum Star zahlreicher Verfilmungen geworden. Kritiker haben ihn von der psychoanalytischen bis zur postkolonialen Lektüre allen möglichen Deutungen unterzogen – mit dem Ergebnis, daß die einst revolutionäre Wirkung des Textes als Gruselroman abgeschwächt und in dem Jahrhundert seit seiner Veröffentlichung fast bis zur Bedeutungslosigkeit reduziert worden ist. Doch ganz läßt sich Dracula, trotz seiner unzähligen Nachahmer, nie unterkriegen. **SF**

„*Ich hoffe, … daß Sie sich Ihres Aufenthaltes in meiner herrlichen Heimat erfreuen mögen.*"

- Bram Stokers Dracula war keineswegs der erste Vampirroman, wie diese Illustration eines „Blutschmauses" aus dem Jahre 1847 zeigt.

- Ein französisches Werbeplakat für den Film *Horror of Dracula* von 1958, der zu den gelungeneren filmischen Umsetzungen von Draculas Gruselpotential zählt.

Maisie
Henry James

Lebensdaten | *1843 (USA), †1916 (England)
Erstausgabe | 1897
Erschienen bei | W. Heinemann (London)
Originaltitel | *What Maisie Knew*

Nach der Scheidung von Beale und Ida Farange wird die Tochter zur Manövriermasse im Kleinkrieg ihrer Eltern und kommt schließlich jeweils ein halbes Jahr zum Vater und dann zur Mutter. Das Arrangement wird jedoch immer wirrer, je mehr Maisie zwischen ihren Eltern, neuen Ehepartnern und Liebhabern hin und her geschoben wird. Da alles aus der Perspektive Maisies geschildert wird, scheint sie das ruhende Zentrum der Geschichte zu sein, während die gräßlichen Erwachsenen um sie herum auftauchen und verschwinden.

„Kleine Kinder nehmen mehr wahr, als sie verarbeiten können", schreibt James im „Vorwort" der New Yorker Ausgabe des Romans (1909). Maisie sieht mehr, als sie versteht, aber sie weiß auch mehr, als sie denkt. Das verwickelte und wenig erbauliche Beziehungskarussell der Eltern wird von zwei Dingen angetrieben: Geld und Sex. Zwei Dinge, von denen Maisie im Grunde genommen keine Ahnung hat. Doch sie sieht, wie diese Dinge das Verhalten der Erwachsenen beeinflussen, und weiß so gesehen eine ganze Menge darüber, was Sex und Geld bedeuten.

Maisies klare, von den Voreingenommenheiten der Erwachsenen um sie herum unbeeinflußte Wahrnehmung und James' flexible Umsetzung ihrer Sichtweise geben eine umfassende Auflistung der Nebenwirkungen einer unglücklichen Ehe. Maisies würdevolle Haltung rückt die Handlungen der Erwachsenen zusätzlich ins rechte Licht. Trotzdem bleibt sie von ihren Erfahrungen nicht unberührt: Niemand, der so viel gesehen hat wie Maisie, kann noch ein unschuldiges Kind sein. **TEJ**

Misericordia
Benito Peréz Galdós

Lebensdaten | *1843 (Spanien), †1920
Erstausgabe | 1897
Erschienen bei | Viuda e Hijos de Tello (Madrid)
Originaltitel | *Misericordia*

Seinen meistgelesenen Roman *Misericordia* schrieb Galdós in einer Zeit, in der er sich intensiv mit gesellschaftlichen Fragen und den Möglichkeiten einer Rückkehr zu einer Ethik des Mitgefühls und der Großzügigkeit beschäftigte. Zum Personal seines Romans, der in Madrid spielt, gehört die mittelständische, verarmende Familie Zapatas sowie ein ganzes Heer heruntergekommener Gestalten. Sie alle sind Opfer der Macht des unbeständigen Geldes, sie betteln an den Kirchenportalen und sind ständig unterwegs, um Geld und Essen zu beschaffen.

Aus diesen Unglücklichen ragen zwei unvergeßliche Charaktere hervor: Almudena, ein blinder Marokkaner, und Benigna de Casia, eine alte Magd; Benigna bettelt für ihre verarmte Meisterin, was aber niemand wissen darf. Alle klammern sich an ihre Tagträume, die ihnen eine angenehmere Welt vorgaukeln. Almudena gibt sich seiner Liebe zu Benigna hin (eine Leidenschaft, die ähnlich der von Don Quichotte zu Dulcinea gelagert ist), Benigna lebt von den Lügen, die sich die Leute erzählen, und die abgetakelte Bourgeoisie lebt von den Erinnerungen an bessere Zeiten. Als Benigna und ihr Geliebter von den Zapatas im Stich gelassen werden, weil diese unerwartet eine Erbschaft erhielten, erreicht das würdevolle Verhalten der beiden beinahe übernatürliche Dimensionen – ein typische Erscheinung in der europäischen Vorstellungswelt am Ende des 19. Jahrhunderts. **JCM**

Der Pharao
Boleslaw Prus

Lebensdaten | *1847 (Rußland), †1912 (Polen)
Richtiger Name | Aleksander Glowacki
Erstausgabe | 1897 bei Gebethner i Wolff (Warschau)
Originaltitel | *Faraon*

Die Geschichte von *Der Pharao* spielt vor 3000 Jahren, gegen Ende des Neuen Reiches im Alten Ägypten. Das im Niedergang begriffene Reich wird im Westen bedrängt von der vordringenden Wüste und im Osten von der wachsenden Bedrohung durch die assyrische Armee. Der junge Prinz Ramses ist Anwärter auf den Thron seines Vaters. Als er nach dessen Tod das Amt übernimmt, ist er entschlossen, die Machtposition des Pharaos zu stärken, die Armee neu aufzubauen und das ägyptische Volk wieder zu Wohlstand zu führen. Doch die Staatskasse ist leer, und gierige Priester und Steuereintreiber haben das Volk geschwächt. Die Priesterkaste, die bislang das Land hinter dem Rücken des Pharao unter ihrer Kontrolle hielt, will keineswegs zulassen, daß ihnen ein beherzter junger Herrscher ihre Vorrangstellung streitig macht. Ramses sichert sich die Unterstützung der Armee und loyaler Adeliger, um Reformen durchzusetzen. Doch die Priester erweisen sich als gefährliche Gegner, besonders als Ramses sich den Schatz des heiligen Labyrinths in Theben anzueignen droht.

Der Pharao, ein im elften Jahrhundert vor Christus angesiedelter Bildungsroman, ist als der großartigste je in polnischer Sprache verfaßte Roman gepriesen worden. Auf seiner selbstauferlegten Suche nach dem richtigen Weg, wie das Land zu regieren ist, reift Ramses von einem ehrgeizigen jungen Mann zu einem weisen und großmütigen Staatsmann heran. Seine sehr menschlichen Schwächen – etwa seine zu Unzeiten aufflammende Leidenschaft für Frauen, die für ihn als Thronfolger wenig geeignet sind – stehen im Wechselspiel mit seinem echten Bemühen um gesellschaftliche und landwirtschaftliche Reformen. In seinem Reichtum an symbolträchtigen Details ist *Der Pharao* auch als Allegorie auf Polen und auf jedes Land zu lesen, das durch mächtige Nachbarn in seinem Bestand bedroht ist, sowie als eine Reflexion über die Unausweichlichkeit historischer Prozesse. **MuM**

„Denke nicht über das Glück nach. Wenn es nicht kommt, bist du nicht enttäuscht; wenn es aber doch kommt, ist es eine schöne Überraschung."

◈ Prus' Roman spielt im alten Ägypten, stellt aber Mechanismen der Machtpolitik dar, die sich durchaus auch in unserer Zeit beobachten lassen.

Uns nährt die Erde
André Gide

Lebensdaten | *1869 (Frankreich), †1951
Erstausgabe | 1897 bei Mercure de France (Paris)
Originaltitel | *Les Nourriture Terrestres*
Nobelpreis für Literatur | 1947

André Gide schrieb *Uns nährt die Erde* während einer schweren Tuberkuloseerkrankung. Die Prosa hat die Form eines langen Briefes an einen imaginären Adressaten – Nathaniel, ein Schüler und idealisierter Begleiter – und ist eine Hymne an die unbesonnenen Vergnügungen, die nur ein todkranker Mensch richtig genießen kann, für den jeder Atemzug ein Wunder ist.

Die Mischung des Buchs aus Didaktik und Euphorie, Versen und Liedern wirkt beim Lesen wie die Lektüre eines alternativen Evangeliums, und es war lange Zeit Gides beliebtestes Buch, nicht zuletzt wegen seiner darin ausgedrückten radikalen Bejahung von Homosexualität. Die neuen Götter sind Empfindung, Begehren und Instinkt, die Ziele Abenteuer und Exzeß. Aber der Kern des Buchs ist die Lehre von der Notwendigkeit des Verzichts. Besitz verschafft nur wenig Freude, und Sehnsucht wird durch die Erfüllung getrübt. Konventionen sind schädlich, weil sie einschränken und falsches Bewußtsein streuen.

Diese Ansichten wurden von Sartre und Camus aufgegriffen und von Gide in *Der Immoralist* (1902) genauer ausgearbeitet. Es gibt gute Argumente dafür, daß *Uns nährt die Erde* eigentlich kein Roman ist, aber Gide entfaltet darin die fundamentalsten Prinzipien des Romanschreibens. Und in der Beziehung zwischen dem Erzähler und seinem idealen Leser – „Ich werde intimer mit dir sprechen, als je jemand mit dir gesprochen hat" – fand er eine Möglichkeit, ein fiktionales Werk so eindringlich aufzuladen, wie es kaum einem Autor je gelungen ist. **DSoa**

- André Gides Lob des Heidentums in *Uns nährt die Erde* hing mit seiner Sehnsucht nach dem freien Ausleben seiner Homosexualität zusammen.

- Das Frontispiz dieser Werkausgabe aus dem Jahr 1920 ist mit einem Holzschnitt-Porträt Gides von Louis Jou illustriert.

Gravures sur bois de LOUIS JOU.
(Claude Aveline, éditeur.)

Der Krieg der Welten
H. G. Wells

Lebensdaten | *1866 (England), †1946
Erstausgabe | 1898
Erschienen bei | W. Heinemann (London)
Originaltitel | *The War of the Worlds*

Wie so viele von H. G. Wells richtungweisenden Science-Fiction-Texten entwickelt *Der Krieg der Welten* ein Thema, das zahllose Nachahmer fand. Seine Ideen fanden schnell Eingang in Filme, Comics und sogar die Rockmusik. Die bekannteste Adaption ist wohl Orson Wells' berüchtigte Radiosendung von 1938, die vorgebliche, mit Musik von „Ramón Raquello and his Orchestra" untermalte Live-Reportage einer Invasion vom Mars. Daß die Erstsendung in Amerika eine, wenn auch von den Medien aufgebauschte, Panik auslöste, zeugt von der großen Überzeugungskraft der Wellsschen Fiktion.

Die Handlung ist einfach: Eine seltsame Scheibe landet in der Gegend von Horsell im englischen Surrey und öffnet sich. Heraus steigt ein bösartiges Wesen, das alles mit seinem „Hitzestrahl" vernichtet und jeden mit seinem schaurigen Kampfschrei vor Schreck erstarren läßt. Die Menschheit scheint den Marsianern hilflos ausgeliefert zu sein und wird problemlos von ihnen unterworfen.

Die Großartigkeit von Wells Vision liegt sowohl in ihrer Einfachheit wie in ihrer Vielschichtigkeit: Er unterstellt der Menschheit Fehlbarkeit und einen Hang zum Kontrollverlust. Gleichzeitig führt Wells eine Reihe von grundlegenden Motiven ein, die alle sozialen und moralischen Überzeugungen in Frage stellen. Schließlich ist das Marsianerspektakel sowohl ehrfurchtgebietend wie furchterregend und erfreut sich seit Erscheinen des Romans ständiger Neuinterpretationen. **EMcCS**

◐ Orson Welles im Rundfunkstudio der CBS kurz nach der Ausstrahlung von Krieg der Welten, die in den USA eine Panik auslöste.

Ein Mann wird älter
Italo Svevo

Lebensdaten | *1861 (Triest), †1928
Richtiger Name | Aron Ettore Schmitz
Erstausgabe | 1898 bei Libreria Ettore Vram
Originaltitel | *Senilitá*

In Svevos geliebter Heimatstadt Triest lebt ein Mann namens Emilio Brentani, ein Mann mit literarischen Ambitionen. Er verliebt sich in eine bescheidene, aber schöne junge Frau namens Angiolina, „kleiner Engel". Emilio will das Verhältnis zu ihr zunächst vom Ballast starker Empfindungen freihalten, doch rasch kommt Leidenschaft ins Spiel. Die Beziehung entwickelt sich bald zu einer Komödie der emotionalen Irrungen. Emilio sieht sich aufgrund seines Ungeschicks zu immer weitergehenden Kompromissen gezwungen und gerät in Konflikt mit seinem selbstbeherrschten Freund Balli, einem Bildhauer, nach dem seine Schwester Amalia sich in Liebe verzehrt. Am Ende gipfeln die Nöte des Protagonisten im tragischen Tod Amalias. Zu spät erkennt er, daß seine Schwester der einzige Mensch war, den er wirklich liebte.

Heute betrachten manche Kritiker diesen Roman als Svevos Meisterwerk, da sie ihn für vollendeter und ausgewogener als *Zeno Cosini* (1923) halten. Als er veröffentlicht wurde, war ihm jedoch keinerlei Erfolg beschieden. Er ist in einer einfachen, manchmal unbeholfen wirkenden Sprache gehalten, einer Mischung aus altertümlichen Wendungen und Dialektausdrücken, und blieb völlig unbeachtet, bis er Jahrzehnte später wiederentdeckt wurde. *Ein Mann wird älter* ist eine bestechende Studie über hoffnungslose Liebe und das Unglück der Unentschlossenheit, voll tiefer Menschlichkeit, Humor und mit außerordentlichem psychologischem Scharfblick. **LB**

Dom Casmurro
Joaquim Maria Machado de Assis

Lebensdaten | *1839 (Brasilien), †1908
Erstausgabe | 1899
Erschienen bei | H. Garnier (Rio de Janeiro)
Mitbegründer der Akademie der Künste Brasiliens

Als Machado de Assis Dom Casmurro schrieb, war er der anerkannte Meister der brasilianischen Literatur, der seit mehr als drei Jahrzehnten mit feinsinniger Feindseligkeit der ehrenwerten Gesellschaft ihre Laster und ihre Heuchelei vorhielt. In diesem amüsanten, innovativen, verstörenden Roman erreicht seine eigenwillige Kunst ihren Höhepunkt.

Der titelgebende Ich-Erzähler des Romans, Dom Casmurro („Herr Brummbär", ein Spitzname), ist ein alter Mann, der seine Lebensgeschichte berichtet. Er ist dabei, ein Haus zu bauen wie das, in dem er aufwuchs, und seiner Erzählung kommt eine ähnliche Funktion zu: den Beginn seines Lebens auf befriedigende Weise mit dem Ende zu verbinden. Dem Leser wird indes bewußt, daß die Zeit dazwischen einige ernstliche Probleme aufwirft. Im Zentrum der Geschichte steht die Liebe des Erzählers zu Capitu, der angebeteten Freundin aus Kindertagen, die seine Ehefrau wurde. Nach und nach begann Capitu sich als ein wahres Ungeheuer der Untreue zu erweisen, auf das sich die wachsende Eifersucht des betrogenen Ehemanns richtete.

Dom Casmurro ist ein durch und durch unzuverlässiger Erzähler. Ständig wendet er sich mit vertraulichen Andeutungen an seine Leser und fleht sie im einen Moment an, ihm jedes Wort zu glauben, um im nächsten riesige Erinnerungslücken einzuräumen. Gelegentlich stellt Dom Casmurro sich vor, wie der Leser das Buch gelangweilt oder angewidert wegwirft. Machado de Assis jedoch weiß um die hypnotische Macht seiner Schöpfung. Vielleicht wirft der Leser das Buch ja tatsächlich einmal auf den Boden, aber er wird es auf jeden Fall wieder in die Hand nehmen und weiterlesen, weil ihn diese Plauderstimme in all ihrer Gewitztheit in ihren Bann geschlagen hat. **RegG**

Das Erwachen
Kate Chopin

Lebensdaten | *1851 (USA), †1904
Richtiger Name | Katherine O'Flaherty
Erstausgabe | 1899 bei H. S. Stone & Co. (Chicago)
Originaltitel | *The Awakening*

Das Erwachen wurde zunächst mit Verachtung und Entrüstung aufgenommen und stürzte die Autorin in eine finanzielle Krise und ins literarische Nichts. Auferstanden vom Tod nach Erscheinen entfaltet der Roman jedoch hartnäckig und unerbittlich seine nachhaltige Wirkung. Inzwischen hat Das Erwachen seine Leser gefunden und wird von der Kritik als amerikanische *Madame Bovary* gepriesen. Edna Pontellier empfindet ihre Lage als junge Ehefrau und Mutter in New Orleans als unerträglich einengend und verweigert sich der Anpassung an die geschriebenen und ungeschriebenen Gesetze der Gesellschaft. Sie lehnt sich mit provozierender und nicht selten fortschrittlicher Kritik an den Konzepten von Ehe und Mutterschaft gegen die kreolische Gesellschaft auf, die ihren Kampf sowohl mißbilligt als auch in unheimlicher Weise vorherbestimmt.

Chopin führt aufrüttelnd vor Augen, was es bedeuten kann, zu einem besseren Verständnis der eigenen Lage zu „erwachen". Der Roman regt zum Nachdenken darüber an, ob es nicht besser wäre, sein Leben zu „verschlafen", aber ebenso handelt er von dem komplizierten Geflecht, in dem verschiedene Arten von „Aufbauen" und „Zerstören" ineinander verwoben sind. Chopins Thematik und Beobachtungen sind sehr anspruchsvoll und in vielerlei Hinsicht ihrer Zeit voraus. Aber das Bemerkenswerteste an *Das Erwachen* ist die Art, in der der Roman uns zwingt, über das Wesen der Zeit nachzudenken – ob man ihr voraus ist oder außerhalb steht. Und in welcher Zeit befindet man sich beim Lesen? Das Lesen versetzt einen ähnlich wie das Erwachen in eine seltsame Gegenwart. Der Leser bleibt mit der Unsicherheit zurück, ob das Erwachen schon beendet ist oder noch gar nicht angefangen hat. **JLSJ**

Der Stechlin
Theodore Fontane

Lebensdaten | *1819 (Deutschland), †1898
Erstveröffentlichung | 1897 in der Zeitschrift *Über Land und Meer*
Erstausgabe (Buch) | 1899 bei F. Fontane & Co. (Berlin)

„Zum Schluß stirbt ein Alter, und zwei Junge heiraten sich; – das ist so ziemlich alles, was auf 500 Seiten geschieht." So lautet Fontanes lakonischer Kommentar zu seinem Altersroman. Im Unterschied zur verwickelten Psychologie von *Effi Briest* setzt *Der Stechlin* auf eine neue Art von Realismus, bei der die Technik endloser Dialoge benutzt wird, um eine Gesellschaft am Vorabend gewaltiger Umbrüche zu charakterisieren.

Der Alte ist der Major Dubslav, genannt „der Stechlin", Eigentümer eines Schlosses und Sees gleichen Namens. Der See soll der Sage nach auf größere Katastrophen irgendwo in der Welt mit einem Aufsteigen des Wasserstrahls reagieren. Die Jungen sind Woldemar, Stechlins Sohn, und Armgard, die etwas blasse Schwester der gescheiten, lebenslustigen Melusine. Der Stechlin, der jeder Art von Radikalität Wärme, Menschlichkeit und Skepsis entgegensetzt, läßt sich überreden, als Kandidat seiner Standesgenossen für den Reichstag zu kandidieren, obwohl ihn sein phlegmatisches Verhältnis zur Politik zur leichten Beute für seinen sozialdemokratischen Gegenspieler macht. Während der Zerfall der alten Eliten eine Neudefinition des Verhältnisses von Individuum und Gesellschaft erfordert, begrüßt der Stechlin den Wandel, obwohl eine kommende Demokratie auch seine eigenen Privilegien abschaffen wird. Melusine, die den Namen der sagenhaften, verführerischen Wasserfee trägt, ist es vorbehalten, auf den Zusammenhang hinzuweisen, der zwischen dem so mysteriös mit dem Rest der Welt verbundenen See und der Unumgänglichkeit, mit einer sich ändernden Welt Schritt zu halten, besteht. **MM**

„Alles Alte, soweit es Anspruch darauf hat, sollen wir lieben, aber für das Neue sollen wir recht eigentlich leben."

Theodor Fontane war fast sechzig, als sein erster Roman (*Vor dem Sturm*) erschien. Er starb kurz vor der Auslieferung seines letzten Romans *Der Stechlin*.

Sterne von Eger

Géza Gárdonyi

Lebensdaten | *1863 (Ungarn), †1922
Erstausgabe | 1899
Erschienen bei | Légrády (Budapest)
Originaltitel | *Az Egri csillagok*

Sterne von Eger ist an ungarischen Gymnasien bis heute Pflichtlektüre, und viele Schüler lesen das Buch, das bei einer Umfrage im Jahr 2005 zum beliebtesten des Landes gewählt wurde, dann im Erwachsenenalter wieder. Der Roman spielt in den Jahren nach der Niederlage Ungarns gegen die Türken in der Schlacht von Mohács (1526) und verwebt akribisch recherchierte historische Fakten mit Elementen des Liebes-, Abenteuer- und Räuberromans sowie mit literarisch verarbeiteten Ereignissen aus dem Leben des Autors zu einem Meisterwerk der patriotischen Prosa.

Die Geschichte beginnt im Jahr 1533 damit, daß der Waisenjunge Gergely Bornemissza mit Éva Cecey, der Tochter eines Gutsherrn, in einem Fluß herumtollt. Die beiden werden von dem einäugigen Türken Jumurdzsák verschleppt, können aber entkommen und kehren ins Dorf zurück, bei dessen Verteidigung sie mithelfen. Gergely wächst von da an bei dem Adligen Bálint Török auf und legt strategische Begabung und Geschick im Umgang mit Sprengkörpern an den Tag, was ihn aber auch zeitweise ins Gefängnis bringt. Er trifft Éva wieder, und sie geloben einander ewige Treue. Beide reisen inkognito nach Konstantinopel, um dort den vom Sultan gefangengehaltenen Török zu befreien. Nach der Belagerung der Burg Eger im Jahr 1552, bei der die Bewohner der Stadt einem zahlenmäßig weit überlegenen türkischen Heer standhalten, werden Gergely, Éva und der von den Türken geraubte Sohn des Paares wieder vereint.

Gárdonyi recherchierte für sein Buch in Wien und Konstantinopel, dem heutigen Istanbul. Er ist auf der Burg Eger begraben; damit wurde er für sein unvergeßliches Buch über den Kampf der Ungarn um ihre Freiheit geehrt. **GJ**

Some Experiences of an Irish R. M. *

Somerville und Ross

Lebensdaten (Somerville) | *1858 (Griechenland), †1949
Lebensdaten (Ross) | *1862 (Irland), †1915
Erstausgabe | 1899
Erschienen bei | Longmans & Co. (London)

Diese Sammlung unterhaltsamer Geschichten über das englisch-irische Leben im späten 19. Jahrhundert handelt hauptsächlich vom Jagen, Schießen und Reiten und mag auf den ersten Blick wenig attraktiv für den heutigen Leser sein. Die Armen (Diener, Kneipenwirte, Bauernsöhne) spielen kaum eine Rolle, im Vordergrund stehen die Elite und ihre Trabanten. Nur ganz entfernt schwingen leise Anklänge an die Kämpfe gegen die Klasse der Landadeligen und um die Souveränität Irlands mit, von denen das Land erschüttert wurde. Die Autorinnen waren Mitglieder der landbesitzenden „Herrscherklasse", und die dadurch geprägte und begrenzte Sichtweise schlägt sich auch in Erzählhaltung und -konventionen nieder. Der fiktive Erzähler, Major Sinclair Yeats, ist Friedensrichter in Skebawn. Mit seiner „irischen Abstammung" ist Yeats nicht gerade ein typischer Engländer – aber noch weniger ein richtiger Ire. Eine der besten dieser pfiffigen, gut beobachteten Geschichten, „Lisheen Races, Second-hand" (Die Rennen von Lisheen, aus zweiter Hand), handelt davon, daß Yeates in Skebawn Besuch von seinem College-Freund Leigh Kelway bekommt, einem Engländer und gutmütigen Langweiler. Als Yeats ihn zu einigen „typischen Landrennen" mitnimmt, durchleidet Kelway (zum großen Vergnügen der Leser) zahllose Demütigungen und Katastrophen, die im Zusammenprall mit einer Postkutsche gipfeln. Yeats wird immer ein Außenseiter in Cork bleiben, aber er hat sich damit abgefunden und als Fremder in einer Weise seinen Frieden mit dem Land geschlossen, wie es Kelway immer versagt bleiben wird. **MR**

❯ Edith Somerville schrieb die Geschichten gemeinsam mit ihrer das Pseudonym Martin Ross wählenden Freundin und Kusine Violet Martin.

//It was a cold, ~~blowy~~ day in early April
were striking thirteen. Winston Smith pushed
Victory Mansions, turned to the right down t
ed the button of the lift. Nothing happened.
second time when a door at the end of the pa
a smell of boiled greens and old rag mats,
acted as porter and caretaker thrust out a
for a moment sucking his teeth and watching
   "Lift ain't working," he announced at
   "Why isn't it working?"
   "No lifts ain't working. The currents
The 'eat ain't working neither. All currents
daylight hours. Orders!" he barked in milita
door again, leaving it uncertain whether the
elt was against Winston, or against the au
the current.
   Winston remembered now. It was part o
preparation for Hate Week. The of at was seve

George Orwell, *Neunzehnhundertvierundachtzig*, 1949

20. JH

Die Tiger von Mompracem
Emilio Salgari

Lebensdaten | *1862 (Italien), †1911
Erstausgabe | 1900
Erschienen bei | A. Donath (Genua)
Originaltitel | *Le Tigri di Mompracem*

Die Tiger von Mompracem, Emilio Salgaris berühmtester Roman und das meistverkaufte italienische Buch aller Zeiten, erzählt das erste Abenteuer mit dem Piraten Sandokan, dem eine wahre Flut von Fortsetzungen folgte. Die „Tiger" sind eine Schar von Piratenrebellen, die gegen die holländischen und britischen Kolonialmächte kämpfen. Angeführt werden sie von Sandokan, dem unbezwingbaren „Tiger von Malaysia", und seinem treuen Freund Yanez de Gomera, einem portugiesischen Weltenwanderer und Abenteurer (dem der Autor aus Versehen einen spanischen Namen gab). Nachdem Sandokan zwölf Jahre lang überall in Malaysia Schrecken verbreitet und Blut vergossen hat, ist er nun auf der Höhe seiner Macht, doch als er von der Existenz der schönen Marianne, der „Perle von Labuan", erfährt, beginnt sein Schicksal sich zu wenden.

Die Sandokan-Reihe besteht aus einem Dutzend Romanen. Salgari ließ den blutrünstigen Piraten eine Verwandlung zum edlen Krieger, einer Art malayischem Robin Hood, durchlaufen und stattete die Figur mit großem Idealismus, Leidenschaftlichkeit und einem starken Sinn für Treue aus. Salgari war bei seinem Publikum sehr beliebt, doch die Literaturkritik schenkte ihm zu seinen Lebzeiten und fast das gesamte 20. Jahrhundert über kaum Beachtung. Erst in den späten 1990er Jahren begann man seine Werke unter einem neuen Blickwinkel zu betrachten, und es erschienen einige Neuübersetzungen. Die Bücher erfreuen sich vor allem in Italien, Spanien und Lateinamerika großer Beliebtheit. Die Abenteuer Sandokans waren Inspiration für zahlreiche Schriftsteller; Umberto Eco sah in ihnen ein Tor zur Welt, und auch Gabriel García Márquez hat diese Bücher in jungen Jahren verschlungen. **LB**

„Am Abend des 20. Dezember 1849 wütete ein gewaltiger Orkan über Mompracem, ... der Heimstatt der furchteinflößendsten Piraten im südchinesischen Meer."

Der indische Schauspieler Kabir Bedi als Sandokan in einem der mehrteiligen italienischen Fernsehfilme, die in den 1970er Jahren nach Salgaris Romanen entstanden.

Schwester Carrie
Theodore Dreiser

Lebensdaten | *1871 (USA), †1945
Erstausgabe | 1900
Erschienen bei | Doubleday, Page & Co.
Originaltitel | *Sister Carrie*

Schwester Carrie ist der ergreifende und düstere Roman über die Schicksale von drei Hauptfiguren, die um die Jahrhundertwende ihren Weg suchen. Carrie Meeber reist aus dem mittleren Westen zu Verwandten nach Chicago, die sie aus Pflichtgefühl aufnehmen. Sie findet eine Arbeit in der Schuhfabrik und zieht mit dem flatterhaften Handlungsreisenden Charles Drouet zusammen. Doch schnell wird sie seiner überdrüssig und läßt sich mit dem Emporkömmling George Hurstwood ein. Der verläßt für sie Frau und Kind, stiehlt eine große Summe aus dem Safe seiner Bar, und sie fliehen gemeinsam nach New York. Dort steigt Carrie auf und George immer weiter ab. Sie wird zur gefeierten Schauspielerin und Tänzerin, er siecht, von ihr verlassen, in Armut dahin.

Dreisers Roman ist ein Meilenstein der amerikanischen Literatur auf dem Weg zu einer eigenständigen literarischen Identität. *Schwester Carrie* verdient dabei aus mehreren Gründen Beachtung. Dreisers knapper, journalistischer Stil übersetzt das alltägliche Großstadtleben in eine Sprache, die nichts zu verbergen scheint und den Charakteren eine geradezu unmittelbare Authentizität verleiht. Erwähnenswert ist auch, daß der Roman keine Fabel sein will und das Verhalten der Protagonisten keinem moralischen Urteil unterwirft. Carrie ist eine Frau mit schlechten Karten, die entschlossen ist, das Beste draus zu machen und jede sich bietende Gelegenheit beim Schopf zu packen. Charles sucht mit einer Art vulgärem Charme das schnelle Vergnügen. Und George ist ein gequälter, unglücklicher Mensch, der auf der Suche nach einem bescheidenen, aber doch unerreichbaren Glück alles verliert. **AH**

Lieutenant Gustl
Arthur Schnitzler

Lebensdaten | *1862 (Österreich), †1931
Erstabdruck | 1900 in Neue Freie Presse (Wien)
Erste Buchausgabe | 1901
Erschienen bei | S. Fischer (Berlin)

Der egozentrische junge Leutnant Gustl langweilt sich bei einem Konzert schrecklich und zieht es vor, sich nach hübschen Frauen und möglichen Liebschaften umzuschauen. Ganz auf der Linie des zu jener Zeit zunehmenden Antisemitismus denkt er, daß es in der Armee zu viele Juden gebe; später sinnt er über ein am nächsten Tag bevorstehendes Duell mit einem Arzt nach, der abfällig über das Militär gesprochen hat.

An der Garderobe kommt es nach der Vorstellung, als Gustl sich in der Warteschlange vordrängeln will, zu einem Streit mit einem Bäckermeister, der das Schwert des Offiziers packt und damit droht, es zu zerbrechen. Gustl ist überzeugt, daß er vollkommen entehrt worden ist, kann den Bäckermeister aber nicht zu einem Duell fordern, weil dieser von weit niedrigerem Stand und somit „satisfaktionsunfähig" ist. Er faßt den Vorsatz, sich zu erschießen, und verbringt die Nacht damit, durch die Straßen Wiens zu wandern und den Tod des Bäckers herbeizuwünschen. Am Morgen will er sein letztes Frühstück zu sich nehmen. Während er im Café sitzt, erfährt er, daß der Bäcker in der Nacht einen Schlaganfall hatte und gestorben ist. Damit haben sich die Suizidgedanken für Gustl erübrigt.

Trotz der Schlichtheit der Handlung wurde die Novelle rasch berühmt, denn sie löste einen Skandal aus, weil sie ein sarkastisches Porträt eines österreichischen Offiziers zeichnete und die zu jener Zeit noch immer bestehende Verpflichtung seines Standes, einer Duellforderung unbedingt nachzugehen, als widersinnig hinstellte. Ihre eigentliche Bedeutung aber liegt in der innovativen Struktur und Sprache. Der Text ist durchweg in Form eines inneren Monologs gehalten und stützt sich bei dieser Erzähltechnik unter anderem auf Freuds frühe psychoanalytische Studien zu Gedankenassoziationen. Schnitzlers Einfluß auf Werke wie *Ulysses* von James Joyce ist unverkennbar. **LB**

Kim
Rudyard Kipling

Lebensdaten | *1865 (Indien), †1936 (England)
Erstausgabe | 1901
Erschienen bei | Macmillan (London)
Nobelpreis für Literatur | 1907

▲ Rudyard Kipling, hier auf einem Foto von 1890, wurde in Bombay geboren und lernte das Journalistenhandwerk in Lahore.

▶ Auf dem Porträt des Grafikers William Nicholson ist Kipling Mitte dreißig und anerkannter „Dichter des Empire".

In diesem von imperialistischen Denkweisen geprägten Bildungsroman reift der junge Held und verwaiste Sohn eines Iren vom Straßenjungen in den Slums von Lahore zu einem Mitglied des britischen Geheimdienstes heran. Kipling verbindet Kims Heranwachsen mit einem kulturellen Reifungsprozeß, indem er den Weg vom Jungen zum Mann mit dem vom kindlichen Eingeborenendasein zur europäischen Zivilisation gleichsetzt. Die beiden Stränge sind im Roman so miteinander verwoben, daß Kim seine Erziehung durch die Straße gegen die Militärschule und das Indische gegen seine „Muttersprache" eintauschen muß. Kiplings Sprache stützt diese Hierarchie, indem er die unterstellte Unreife der asiatischen Kultur durch ein absichtlich archaisches Idiom ausdrückt.

Kipling ist zu Recht als Apologet des britischen Imperiums eingestuft worden. *Kim* läßt wenig Zweifel daran, daß das britische Gesetz für Indien das Beste ist. Darüber hinaus verkörpert Kim als Sahib und Meister der Verkleidung, der sich sowohl in einen Hindu, einen Moslem oder einen buddhistischen Mönch verwandeln kann, die westliche Überlegenheit gegenüber asiatischen Kulturen.

Trotzdem wird diese Sicht auf Kiplings Werk der Komplexität seines Indienbildes nicht gerecht. Häufig zeigt er auch kulturelle Übereinstimmungen zwischen den Indern und den in Indien lebenden Europäern. Die irischen Soldaten, die Kim entdecken, sind genauso abergläubisch und naiv wie die indischen Reisenden auf der Grand Trunk Road. Und der buddhistische Mönch, der sich die Verantwortung für Kims Erziehung mit dem englischen Chefspion Creighton teilt, hat verblüffend ähnliche Ansichten über Indien wie der Geheimdienstler. Obwohl im Roman wiederholt alle „Orientalen" undifferenziert in einen Topf gerührt werden, liegt sein besonderer Zauber doch gerade im Panorama, das er von diesem Subkontinent entwirft, und wie in den Porträts von Einzelpersonen die ganze Farbenpracht und Vielfalt des indischen Lebens zur Geltung kommt. **LC**

Buddenbrooks
Thomas Mann

Lebensdaten | *1875 (Deutschland), †1955 (Schweiz)
Erstausgabe | 1901
Erschienen bei | S. Fischer Verlag (Berlin)
Nobelpreis für Literatur | 1929

Der Umschlag einer *Buddenbrooks*-Ausgabe aus dem frühen 20. Jahrhundert erweckt einen heimeligen Eindruck, den die Familiensaga jedoch nicht einlöst.

Der Roman *Die Buddenbrooks: Verfall einer Familie* gehört zu den letzten und bedeutendsten Werken des europäischen Realismus. Die Handlung erstreckt sich über rund 40 Jahre in der Mitte des 19. Jahrhunderts.

Das Buch erzählt das Schicksal einer Kaufmannsfamilie in der Hansestadt Lübeck. Im Zentrum stehen drei Geschwister der jüngsten Generation. Ihr Lebensweg von der Kindheit zum Erwachsenenalter wird beschrieben. Christian Buddenbrook, dem es an der nötigen Selbstdisziplin (beziehungsweise Selbstverleugnung) mangelt, um ein geachteter Bürger und Geschäftsmann zu werden, spielt statt dessen die Rolle des exzentrischen Clowns. Sein älterer Bruder Thomas erfüllt die an ihn gestellten Erwartungen als Firmenchef und Senator, ruiniert dafür allerdings seine körperliche und geistige Gesundheit. Der Schwester Tony bedeutet das Ansehen der Familie alles, aber ihr Scheitern in Liebe und Ehe offenbart ihr Unvermögen, die Rolle als pflichtbewußte Tochter und Ehefrau auszufüllen. Die letzten Kapitel widmen sich Thomas' Sohn Hanno, der von seiner holländischen Mutter das außergewöhnliche musikalische Talent geerbt hat und dem das patriarchalisch-repräsentative Auftreten der Hansestädter fremd bleibt. Mit Hanno, soviel ist klar, wird die Tradition der Buddenbrooks entweder eine neue Richtung nehmen oder enden.

Der Roman ist mit seinen Familienfesten, Streitgesprächen, Sterbeszenen und Geburten, Hochzeiten, Ferien am Meer, Schulerlebnissen und Schiffsstapelläufen ein schier unerschöpflich üppig gemaltes Sittenbild. Manns detaillierte Analyse des Wechselspiels zwischen öffentlichem und privatem Leben, zwischen dem doppelten Niedergang von bürgerlicher Moralvorstellung und kaufmännischem Anstand und dem neuen Geist gesteigerter ästhetischer Empfindsamkeit ist nicht nur aufgrund ihrer Feinsinnigkeit und Objektivität bemerkenswert, sondern auch in bezug auf die historische Weitsicht, die sich in den Schicksalen der handelnden Personen offenbart. **MR**

Der Hund der Baskervilles
Sir Arthur Conan Doyle

Im *Hund der Baskervilles*, einer der wohl besten Sherlock-Holmes- und klassischen Kriminalgeschichten überhaupt, herrscht eine makabre, gruselige Spannung, die dem Detektiv einiges abverlangt. Als Sir Charles Baskerville unerwartet an Herzversagen stirbt, geht das Gerücht um, daß ein riesiger Geisterhund für seinen Tod verantwortlich war, der die Familie schon seit Generationen heimsucht. Der Erbe des Anwesens, Sir Henry Baskerville, trifft aus Kanada in London ein, bittet den argwöhnischen Holmes um Hilfe und reist in Begleitung von Watson nach Baskerville Hall voraus. Am Rande des Dartmoor gelegen, grenzt das Baskerville-Anwesen an ein riesiges, brodelndes, nebliges Feuchtgebiet, zu dem auch der lebensgefährliche Treibsandsumpf von Grimpen gehört. Der bedrohliche Sumpf und die beklemmenden Gemäuer von Baskerville Hall sorgen für die anhaltend unheimliche Atmosphäre des Romans. Diese Grundstimmung würzt Sir Conan Doyle zusätzlich mit dem Jammern einer klagenden Frau, einem undurchschaubaren Butler, einem entflohenen Mörder und dem Schreckgespenst des feuerspeienden, todbringenden Geisterhundes.

Der Hund der Baskervilles zieht den Leser nicht nur in den Bann nebliger Sümpfe und unerklärlicher Vorgänge, sondern verrät auch einiges über die Interessen des Autors. In diesem Roman zeigt Doyle mit dem hingebungsvollen Erzeugen atmosphärischer Spannungen und unerwarteter Wendungen, daß er neben der Vorliebe für Sherlock Holmes' penible, wissenschaftliche Untersuchungen auch eine für das Okkulte hegt. Bis zur letzten Seite läßt er den Leser in banger Unwissenheit zappeln. Als wahrscheinlich bekannteste Holmes-Geschichte ist der *Hund der Baskervilles* seit seiner Erstveröffentlichung nicht weniger als 18mal verfilmt worden, zum ersten Mal 1914 als deutscher Stummfilm. **LE**

Lebensdaten | *1859 (Schottland), †1930(England)
Erstausgabe | 1902 bei G. Newnes (London)
Originaltitel | *The Hound of the Baskervilles: Another Adventure of Sherlock Holmes*

Sydney Paget schuf diese Illustration des Geisterhundes für den Erstabdruck als Fortsetzungsroman (1901–1902) in der Zeitschrift *The Strand*.

Herz der Finsternis
Joseph Conrad

Die auf seiner eigenen Kongofahrt basierende Novelle *Herz der Finsternis* ist nicht nur Joseph Conrads bestes kürzeres Prosastück, sondern auch sein brillantestes Werk überhaupt. Wortgewaltig, gewagt, experimentell, unaufdringlich, satirisch und dabei von tiefer Humanität lohnt die Novelle bis heute Auseinandersetzung und Interpretation. Charles Marlow, eine von Conrads „textübergreifenden" Figuren (er tritt auch in *Jugend*, *Lord Jim* und *Spiel des Zufalls* auf), erzählt einer Gruppe britischer Freunde von seiner Reise nach Zentralafrika, in ein Land, das sich als Kongo identifizieren läßt und damals Privatbesitz König Leopolds II. von Belgien war. Marlow erinnert sich an all die Absurditäten und Greueltaten, die er mitangesehen hat: ein französisches Kriegsschiff, das den Kontinent mit Kanonenfeuer belegt, die grausame Behandlung der versklavten schwarzen Arbeiter und die erbarmungslose Raubgier der weißen Kolonisten nach profitbringendem Elfenbein. Marlow sieht erwartungsvoll seinem Treffen mit dem hochbegabten Händler und idealistischen Europäer Kurtz entgegen, aber als er den Abenteurer schließlich findet, liegt der Idealist verwahrlost und geistig umnachtet auf dem Sterbebett. Zum Gott der Wilden aufgestiegen, faßt Kurtz seine Meinung über die Afrikaner in einem Satz zusammen: „Rottet all diese Bestien aus!" Das „Herz der Finsternis" ist nicht nur der Dschungel in der Mitte des „dunklen Kontinents", es ist auch das korrupte Herz von Kurtz und wohl auch der europäische Imperialismus insgesamt. „Ganz Europa war am Zustandekommen des Herrn Kurtz beteiligt gewesen", und London ist das Zentrum, in dem die Finsternis ausgebrütet wird.

Entstanden zu einer Zeit, in der Imperialismus „politisch korrekt" war, zeigt dieser brillante antiimperialistische und überwiegend antirassistische Text Conrad auf dem Höhepunkt seiner Schaffenskraft als anspruchsvoller literarischer und intellektueller Erneuerer. *Das Herz der Finsternis* war enorm einflußreich und hat zu vielen Adaptionen geführt, zu denen auch der Film *Apocalypse Now* gehört. **CW**

Lebensdaten	*1857 (Ukraine), †1924 (England)
Erstausgabe	1902
Erschienen bei	W. Blackwood & Sons (London)
Originaltitel	*Heart of Darkness*

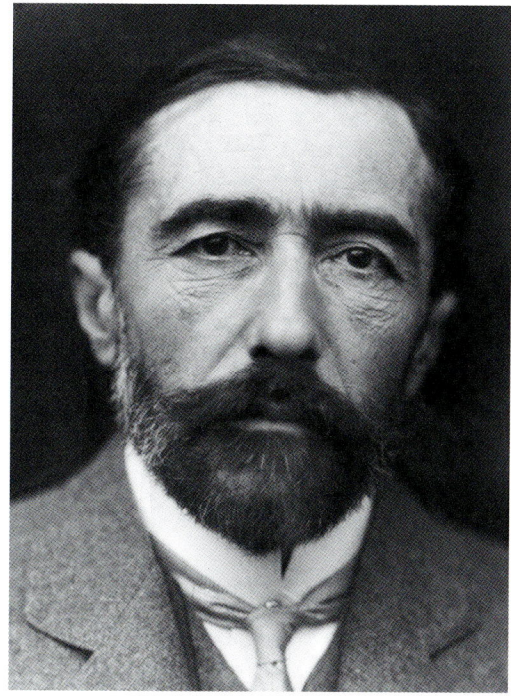

◉ Conrad hatte eine pessimistische Weltsicht und zeigte keine ermutigende Alternative zum gewissenlosen Imperialismus auf.

◉ Marlon Brando verkörperte 1979 im Film *Apocalypse Now* als Colonel Kurtz „die Finsternis" im Herzen des Vietnamkriegs.

Die Flügel der Taube
Henry James

Lebensdaten | *1843 (USA), †1916 (England
Erstausgabe | 1902
Erschienen bei | A. Constable & Co. (London)
Originaltitel | The Wings of the Dove

Die Flügel der Taube ist vielleicht James' düsterstes Moraldrama, die Geschichte einer leidenschaftlichen Dreiecksbeziehung zwischen der mysteriösen Kate Croy, ihrem heimlichen Verlobten Merton Densher und Milly Theale, der jungen und todkranken amerikanischen Erbin. Die Handlung vollzieht sich vor dem symbolischen Hintergrund des Materialismus von London und der Schönheit und des Verfalls von Venedig. Millys verzweifelter Wunsch, „das Gefühl, gelebt zu haben", zu erfahren, läßt Kate sowohl mitfühlende wie selbstsüchtige Pläne schmieden. Sie überredet Densher, Milly auf ihre letzten Tage glücklich zu machen und sie zu verführen, wohl wissend, daß das Vermögen, das sie Densher daraufhin wahrscheinlich vermachen wird, Kate eine Heirat mit ihm ermöglichen würde. James ist ein Meister komplexer moralischer Verwicklungen und verwebt die melodramatische Handlung mit nuancierten Wertvorstellungen. So ausgefeilt und artifiziell der Erzählstil, so realistisch und intensiv ist seine Wirkung. Die sexuelle Anziehungskraft zwischen Kate und Densher, seine aufkeimenden Gefühle für Milly, ihre entschlossene Auflehnung gegen ihr Schicksal und Kates Eifersucht sind lebendig und kraftvoll geschildert.

Milly erfährt schließlich die Wahrheit über den Betrug ihrer Freunde, hinterläßt ihnen aber trotzdem ihr Vermögen und beweist so ihre eigene Fähigkeit, andere durch einen moralischen Sieg zu manipulieren: Densher weigert sich, die Früchte des Betrugs zu ernten, und weist Kate zugunsten der Erinnerung an eine idealisierte Milly zurück, mit der die Verschmähte nicht konkurrieren kann. Auf dem Höhepunkt des Erfolges erkennt Kate, daß er der Grund für ihren Untergang ist. „Wir werden nie mehr so sein, wie wir waren", verkündet sie. **DP**

Der Immoralist
André Gide

Lebensdaten | *1869 (Frankreich), †1951
Erstausgabe | 1902
Erschienen bei | Mercure de France (Paris)
Originaltitel | L'Immoraliste

Der streitbare Roman *Der Immoralist*, der noch immer die Kraft hat, selbstgefällige Zufriedenheit und unbegründete gesellschaftliche Vorurteile aufzuscheuchen, schildert den Versuch eines jungen Parisers, sich von sexuellen und sozialen Konventionen zu lösen.

Michel ist ein junger, puritanischer Gelehrter, der vor kurzem geheiratet hat, weil es der Wunsch seines sterbenden Vaters war. Auf der Hochzeitsreise in Nordafrika erkrankt er und stirbt beinahe. Seine Begegnung mit dem Tod weckt in ihm ein leidenschaftliches Bedürfnis zu leben, und die Zeit der Genesung erlebt er mit der Intensität einer religiösen Erweckung. Mit seinen geschärften Sinnen fühlt er sich zu den Araberjungen hingezogen, mit denen er sich umgibt. Mit erwachter Leidenschaft erkennt er, daß die moralischen Konventionen und die Zwänge der bürgerlichen Gesellschaft – Bildung, Kirche, Kultur – ihn von seinen wahren Bedürfnissen entfremdet haben. Aber die selbstsüchtige Jagd nach Authentizität und Befriedigung führt dazu, daß er sowohl seine Frau als auch wichtige Alltagsgeschäfte vernachlässigt. Als sie erkrankt, überredet er sie eigennützig zu einer Reise in den Süden, um sich seinen eigenen, unwiderstehlichen Sehnsüchten hinzugeben. Seine einst radikale Freiheit hat sich in völlige Abhängigkeit verkehrt. Michels Versuch, in der Ablehnung von Kultur, Anstand und Moral zu einer tieferen Wahrheit zu gelangen, endet in Verwirrung und Verlust. Indem er ehrlich zu sich selbst war, hat Michel andere verletzt. Trotzdem bleibt der Roman eine scharfe Anklage gegen die willkürlichen Zwänge einer scheinheiligen Gesellschaft, aber auch gegen Michels fehlgeleitetes Verhalten. **AL**

Die Gesandten
Henry James

Lebensdaten | *1843 (USA), †1916 (England)
Erstausgabe | 1903
Erschienen bei | Methuen & Co. (London)
Originaltitel | *The Ambassadors*

Henry James hielt *Die Gesandten* für seinen besten Roman, und in bezug auf seine Kunstfertigkeit hat er sicher recht damit. Die Art, in der er die Figur des Lambert Strether, eines Mittfünfzigers aus Neuengland, der Verführung der kulturellen und ästhetischen Anziehungskraft von Paris erliegen läßt, zeugt von höchster Perfektion der literarischen Technik des Ich-Erzählers.

Strether wird von seiner Verlobten, der respektablen Witwe Mrs. Newsome, mit dem Auftrag nach Europa geschickt, ihren Sohn Chad aus den Fängen einer Liaison zu lösen, die ihn mit der laxen europäischen Moralauffassung anzustecken droht. Aber bei seiner Ankunft findet Strether eine viel komplexere Sachlage vor, die ihn die unterschiedlichen Wertmaßstäbe Amerikas und Europas neu beurteilen läßt. Zwar versagt er als Gesandter, doch dafür erlangt er ein besseres Verständnis für die jeweiligen Stärken und Schwächen der beiden Kontinente und kommt schnell zum Urteil, daß Chads Beziehung zur schönen Marie de Vionnet tatsächlich eine „wertvolle Verbindung" ist.

Trotzdem hat *Die Gesandten* eine tragische Dimension: Die empfindsamsten Figuren sind überwiegend Opfer einer scheinbar unentrinnbaren sozialen Kontrolle. In den Gesandten brilliert James mit der Zeichnung von Charakteren, die sich des Verlusts ihrer Jugend bewußt sind und mit den Entwicklungen in der Welt nicht mehr Schritt halten können. In Strether entwickelt er einen Typus, der sich fähig zeigt, die Wahl seines Schicksals selbst zu treffen, auch wenn diese Wahl nicht gerade ein Triumph ist. **DP, TH**

„Leben Sie mit jeder Faser; es ist ein Fehler, es nicht zu tun. Es kommt gar nicht so sehr darauf an, wie Sie es anfangen, wenn Sie nur Ihr eigenes Leben führen. Haben Sie das nicht getan, was bleibt Ihnen dann noch?"

Henry James' Romane basieren auf der subtilen psychologischen Beobachtung von Charakteren in extremen emotionalen Situationen.

Rätsel der Sandbank
Erskine Childers

Lebensdaten | *1870 (Irland), †1922
Erstausgabe | 1903 bei Smith, Elder & Co. (London)
Originaltitel | *The Riddle of the Sands: a record of secret service …*

Erskine Childers schrieb *Das Rätsel der Sandbank* nach der Rückkehr aus dem Burenkrieg, in dem er auf Seite der Briten gekämpft hatte. Der Erzähler Carruthers, Mitarbeiter des Auswärtigen Amtes, wird von einem alten Freund, Davies, zu einem Segeltörn in der Nordsee eingeladen. Die Yacht Dulcibella ist anders, als Carruthers erwartet hatte – es gibt keine Crew, beziehungsweise Carruthers ist die Crew. Davies ist nicht zum Vergnügen auf Kreuzfahrt. Er kartographiert minutiös die Sandbänke vor der deutschen Nordseeküste, weil er erkannt hat, daß Deutschland die scheinbar nicht befahrbaren Wasserwege nutzen könnte, um mit Hilfe von sandbanktauglichen Truppentransportern eine überraschende Großinvasion Großbritanniens durchzuführen.

Carruthers' und Davies' Aktivitäten ziehen die Aufmerksamkeit der deutschen Behörden auf sich, und die beiden sehen sich bald größeren Schwierigkeiten als denen der trügerischen See gegenüber. Daß Davies sich in eine Deutsche verliebt hat, macht ihre Lage auch nicht einfacher. Vielleicht konnte Childers Davies' Loyalitätskonflikt deshalb so lebendig beschreiben, weil sich darin sein eigenes Hin- und Hergerissensein zwischen Irland und England widerspiegelte (das am Ende zu seiner Hinrichtung führte). Der Roman hatte die Absicht, ernsthaft auf eine reale Bedrohung der britischen Sicherheit aufmerksam zu machen. Aber genau wie Davies und Carruthers sich nicht nur aus Pflichtgefühl auf Abenteuerfahrt begeben, ist auch *Das Rätsel der Sandbank* mehr als reine Propagandaliteratur. **TEJ**

Der Ruf der Wildnis
Jack London

Lebensdaten | *1876 (USA), †1916
In Fortsetzungen erschienen | 1903, *Saturday Evening Post*
Erst Buchausgabe bei | Macmillan (New York)
Originaltitel | *Call of the Wild*

Der Ruf der Wildnis spielt vor dem Hintergrund des Goldrausches im nordwestkanadischen Klondike in den 1890er Jahren und erzählt die Geschichte der Verwandlung eines Haushundes in den Anführer eines Wolfsrudels.

Der Hund Buck wird seinem Herrn in Kalifornien gestohlen und als Schlittenhund zu einem bloßen Diener der Menschen gemacht. Dies ist eine Welt, in der darwinsche Gesetze herrschen und nur die am besten Angepaßten überleben. Die Kämpfe zwischen den Hunden, die Prügelstrafen sowie Bucks zunehmende Blutgier schildert London mit lyrischen Anklängen, die den romantischen Zauber der Wildnis und der Wildheit unterstreichen. Als John Thornton Buck aus Todesgefahr und zugleich vor seinen menschlichen Peinigern rettet, wird Buck seinem Befreier ebenbürtig, bleibt aber aus liebevoller Dankbarkeit an seiner Seite. Erst als Thornton von Yeehat-Indianern getötet wird und Buck ihn gerächt hat, wird dem Hund klar, daß Menschen keine Macht über ihn haben, und so kehrt er ihrer Welt den Rücken und macht sich auf in die Wildnis.

Bucks Anpassungsprozeß besteht nicht nur darin, daß er lernt, mit neuartigen Situationen zurechtzukommen, sondern speist sich auch aus dem Wiedererwachen atavistischer Instinkte. In den am stärksten anthropomorphen Passagen des Buches hat Buck Visionen von Menschen in Tierhäuten, die sich in der Nacht um ein Feuer kauern. Dies legt nahe, daß Bucks Entwicklung nicht allein von Instinkten gesteuert ist. Der „Ruf der Wildnis" wird zu einer mystischen, überwirklichen Macht. **CW**

> London wurde mit seinen Romanen reich, hielt aber an Mentalität und Sinnesart seiner einfachen Herkunft fest.

Denkwürdigkeiten eines Nervenkranken

Daniel Paul Schreber

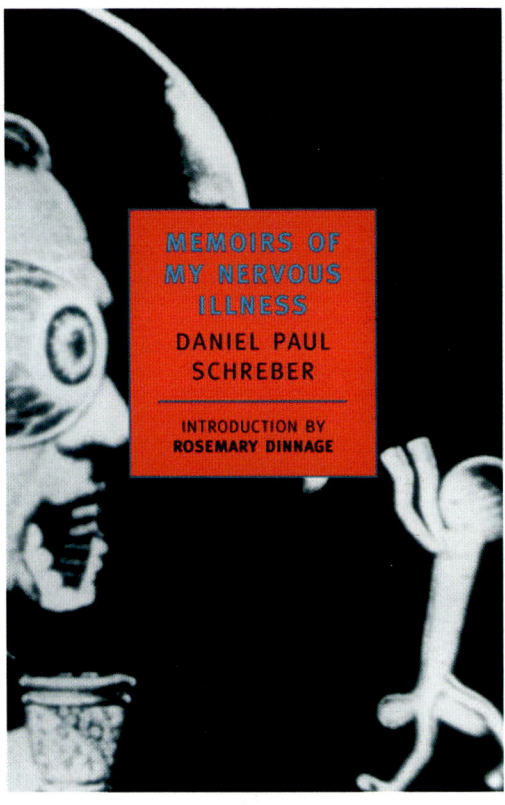

„... daß die Sonne seit Jahren ... mit mir spricht und sich damit als belebtes Wesen oder als Organ eines noch hinter ihr stehenden höheren Wesens zu erkennen giebt."

🔵 Sigmund Freud beschäftigte sich in einer 1911 erschienenen Abhandlung mit Schrebers Schilderung seiner psychotischen Welterfahrung.

Lebensdaten | *1842 (Deutschland), †1911 (Italien)
Erstausgabe | 1903
Erschienen bei | Oswald Mutze (Leipzig)
Wiederauflage | 2003

Im Jahr 1884 erlitt der angesehene Jurist Daniel Paul Schreber, der im Vorjahr Senatspräsident am Oberlandesgericht Dresden geworden war, den ersten einer Reihe von psychotischen Zusammenbrüchen, die schließlich dazu führten, daß er auf Dauer in einer psychiatrischen Heilanstalt untergebracht wurde. Schreber führte die ganze Zeit über Tagebuch und verarbeitete seine Aufzeichnungen zu den *Denkwürdigkeiten*, um zu erreichen, daß seine Entmündigung aufgehoben wurde. Er veröffentlichte den Text kurz nach seiner Entlassung aus der Anstalt. Das Gericht hatte anerkannt, daß sein Wahn, obwohl er unvermindert weiterbestand, ihn nicht „zur Besorgung der eigenen Angelegenheiten unfähig" mache, wie Schreber das ausdrückte.

Laut Schreber ist er selbst aufgrund eines Risses, der durch die Ordnung der Dinge geht, der einzige Mensch, der noch am Leben ist. Einzig und allein auf ihn richtet sich die Aufmerksamkeit eines verblendeten und fehlgeleiteten Gottes. Dieser Gott ist keineswegs allmächtig, sondern verblendet und fehlgeleitet durch Schrebers Feinde und hat daher zugelassen, daß die Welt ihrem Untergang entgegengeht. Die Rettung der Weltordnung besteht in einer „Entmannung" Schrebers mit dem Ziel der „Erschaffung neuer Menschen", die aus seinem verweiblichten Leib hervorgehen und die Erde neu bevölkern sollen. Schrebers Bericht ist zum einen ein Bericht aus den menschlichen Grenzbezirken des Wahnsinns, gibt zum anderen aber auch Einblick in die Arbeitsweise eines kreativen Geistes, der das der gewöhnlichen Welt zugrundeliegende Gerüst Schicht um Schicht offenzulegen versucht. Dies geschieht mittels eines visionär-poetischen Systems, das Entsprechungen zwischen Welt und Mensch aufdeckt und darauf besteht, daß der Mensch zugleich Opfer ist als auch Wunder ins Werk setzt. **IJ**

Der Weg allen Fleisches

Samuel Butler

Lebensdaten | *1851 (Griechenland), †1911
Erstausgabe | 1903
Originaltitel | The Way of All Flesh
Originalsprache | Englisch

Die meisten Kritiker des Romans zeigten sich überrascht, wie bissig Butlers satirischer Roman *Der Weg allen Fleisches* ausfiel. Immerhin handelt es sich um die autobiographische Verarbeitung der Beziehung zu seinem dominanten Vater. Zudem wurde das Buch zwischen 1873 und 1883 geschrieben, einer Zeit, in der viktorianische Werte wie Sittenstrenge und Klassenbewußtsein ihre Blütezeit hatten. Insgesamt hätte man also mehr Zurückhaltung erwartet.

Doch Butler genoß es offenkundig, die selbstgerechte Heuchelei der Verfechter traditioneller Normen bloßzustellen. Kein Wunder, daß er verfügte, das Manuskript dürfe erst nach seinem Tod veröffentlicht werden; bis 1903 lag *Der Weg allen Fleisches* wohlverwahrt in seiner Schublade, wo diese „Zeitbombe", wie V. S. Pritchett schrieb, „darauf wartete, die Ideale der viktorianischen Familie in die Luft zu sprengen und mit ihnen das große Gebäude des viktorianischen Romans mit all seinen Säulen und Balustraden."

Die Handlung folgt dem Geschick dreier Generationen der Familie Pontifex. Von Ernest Pontifex, dessen Vater und Großvater prominente Geistliche sind, erwartet man, daß er ihnen nacheifert. Doch eine Glaubenskrise stürzt ihn in eine ungewisse Zukunft; sein Vater, der schwülstige Moralpredigten halten kann und sonst nicht viel, ist darüber besonders unglücklich. Ernests Versuche, ein neues Leben aufzubauen, scheitern mehrfach – die Ehefrau trinkt, die Ehe zerbricht, geschäftlich gerät er nahe an den Ruin. Doch er hält durch, entkommt endlich dem schädlichen Einfluß seiner Vergangenheit und wird ein neuer, moderner Mann. **PH**

Hadrian VII.

Frederick Rolfe

Lebensdaten | *1860 (England), †1913 (Italien)
Erstausgabe | 1904
Erschienen bei | Chatto & Windus (London)
Originaltitel | *Hadrian the Seventh*

Frederick Rolfe kürzte seinen Vornamen „Fr" ab, weil er hoffte, so für einen Priester gehalten zu werden. In seinem Roman phantasiert er sich sogar als Papst. Hadrian VII. ist der erste englische Papst seit Adrian IV., und er ist wie Rolfe ein exzentrischer, verarmter katholischer Konvertit. Als Pontifex sorgt er mit einer Mischung aus geistlicher Autorität und politischem Geschick in Europa auf eine verdrehte, aber bisweilen erschreckend vorausschauende Weise für Ordnung. Deutschfreundlich in einer antideutschen Zeit imaginiert der Roman ein Europa unter deutscher Vorherrschaft. Hadrian wird verfolgt von Jerry Sant, einem Mitglied der liberalen Arbeiterpartei Liblab (Liberal and Labour). In der Hoffnung getäuscht, daß der Papst den Sozialismus stützen würde, erschießt Sant Hadrian: „Die Welt schluchzte, seufzte und putzte sich außerordentlich erleichtert den Mund ab. ... Er wäre der ideale Herrscher gewesen, wenn er nicht geherrscht hätte."

Dieses ironische Resümee zeigt, daß *Hadrian VII.* eine seltsame Lektüre ist, aber keine, die etwas vortäuschen möchte. Eine erfreulich unschuldige, aber eindeutig männliche Sinnlichkeit umflort die puritanische Triebfeder des Romans, einmal richtig mit der katholischen Kirche aufzuräumen. In einer unerwartet charmanten Episode erklärt der Papst einem seiner schlanken jungen Gardisten die Grundlagen der (damals noch in den Anfängen steckenden) Farbphotographie – ein Indiz für das Interesse des Romans an neuen Technologien wie zum Beispiel auch dem Marconigraphen. Besonders angetan hat es Hadrian allerdings der neue Journalismus. Er konsultiert regelmäßig 37 Zeitungen und organisiert seine politischen Schachzüge in enger Abstimmung mit ihnen. So ist Hadrian trotz seiner Archaisierungen ein deutlich moderner Roman. **AM**

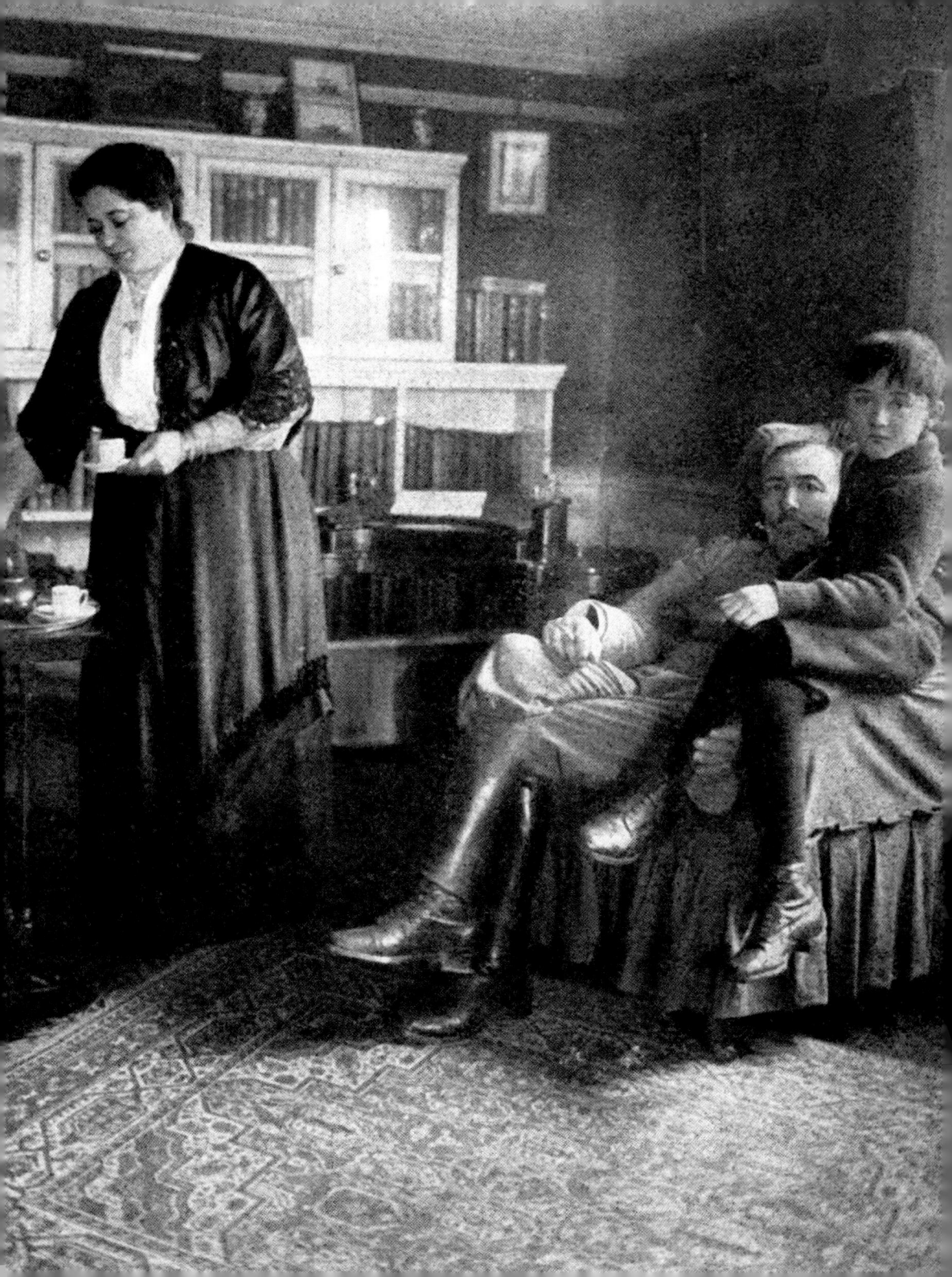

Nostromo
Joseph Conrad

Lebensdaten | *1857 (Ukraine), †1924 (England)
Erstveröffentlichung | 1904 in T.P.'s Weekly
Erstausgabe (Buch) | 1904 bei Harper & Bros.
Originaltitel | Nostromo: a Tale of the Seaboard

Aus ständig wechselnder Perspektive beschreibt Nostromo die turbulente Geschichte einer südamerikanischen Region, die sich von der Instabilität räuberischer Diktaturen hin zur modernen Epoche der Demokratie und des florierenden Kapitalismus entwickelt. Die fiktive Provinz Sulaco kämpft um die Ablösung von Costaguana und wird zu einer scheinbar unabhängigen Provinz. Dieser geniale, prophetische Roman zeigt, welch zweifelhafte Segnungen ein von den USA ausgehender Wirtschaftsimperialismus für eine Region wie Sulaco bereithält: Neue Stabilität und gewisse Annehmlichkeiten der Zivilisation treten an die Stelle der alten Unsicherheit, indigene Elemente werden zurückgedrängt, und die neue Staatsform verheißt wenig Gutes.

Dank seiner Freundschaft zu R. B. Cunninghame Graham, der in dieser Weltregion viel herumgekommen war, und seiner intensiven Lektüre von Memoiren und Geschichtsbüchern war Conrad in der Lage, das fiktive Sulaco lebendig zu schildern, obwohl er selbst nur einmal kurz, und das 20 Jahre zuvor, in Südamerika gewesen war. Conrad vermengt bedeutende mit kleinen Angelegenheiten, politische Kämpfe mit Spannungen in der Familie, Globales mit Privatem. Die Erlebnisse des Vormanns der Schauerleute, Nostromo, und der vielen in seine betrügerischen Machenschaften verstrickten Personen beleuchten umfassend, welchen Preis die historische Evolution der Menschenwürde abverlangt. Wie der das Provinzpanorama beherrschende, schneebedeckte Berg Higuerota bietet auch der Roman „die zartesten Abstufungen des Ausdrucks und eine überwältigende Wirkung". **CW**

◾ Joseph Conrad wurde als Sohn polnischer Eltern in der Ukraine geboren. Hier ein Foto, das ihn mit seiner Frau Jessie und seinem Sohn Jack zeigt (um 1900).

Das Haus der Freude
Edith Wharton

Lebensdaten | *1862 (USA), †1937 (Frankreich)
Erstausgabe | 1905
Erschienen bei | Macmillan & Co. (London)
Originaltitel | The House of Mirth

Das Haus der Freude, teils Liebesgeschichte, teils Sozialkritik, beginnt hoffnungsvoll mit einem Flirt. Lily Bart, die für ernsthafte Heiratspläne lukrativere Objekte im Visier hat, erlaubt sich das Vergnügen einer Schwärmerei für den wenig vornehmen Rechtsanwalt Lawrence Selden. Mit Leichtigkeit und hintergründigem Witz, die an Austen erinnern, erschafft Wharton eine Heldin mit enormer erotischer Ausstrahlung: schön, auf der Höhe der Mode und mit guten Beziehungen ausgestattet.

Während sie oberflächlich gesehen alle Elemente einer traditionellen Liebesgeschichte bedient, ist Whartons Weltsicht wesentlich ungemütlicher. Lilys Weiblichkeit verstellt ihr den Weg zu geistiger Unabhängigkeit: da sie sich perfekt als Objekt der Begierde eignet, wird sie zum Emblem der Frau als Ware. In der sich entwickelnden Beziehung zu Selden spürt sie das, ist auch einsichtig, kann aber nicht handeln.

Die Stärke des Romans liegt in Whartons doppelter Perspektive auf Lily als Architektin ihres eigenen Schicksals und als glückloses Bauernopfer einer von Kapital, Macht und sexueller Ausbeutung beherrschten Gesellschaft. Lilys einziges Druckmittel, das sie in der Gesellschaft hat, dient gleichzeitig zu ihrer Unterdrückung. Ihre Liebe zur Oberfläche und zum Luxus findet ihre Entsprechung in der Struktur des Romans. Er delektiert sich an der Schaffung einer der bezauberndsten Heldinnen der Literatur, die in ihrer wirkungsvollen Mischung aus Macht und Machtlosigkeit, Selbstsicherheit und Verletzbarkeit genau die Mythen zum Leben erweckt, die sie zu untergraben sucht. **HJ**

Professor Unrat
Heinrich Mann

Lebensdaten | *1871 (Deutschland), †1950 (USA)
Erstausgabe | 1905 bei A. Langen (München)
Vollständiger Titel | *Professor Unrat, oder das Ende eines Tyrannen*

- Als Sozialist, der an die Macht politisch engagierter Literatur glaubte, war Heinrich Mann zeitweilig berühmter als sein Bruder.

- *Der blaue Engel*, Sternbergs Professor-Unrat-Verfilmung von 1930, machte Marlene Dietrich als gefährliche Verführerin zum Weltstar.

Heinrich Mann war als Romancier und Essayist ebenso profiliert wie sein jüngerer Bruder Thomas, unterschied sich von ihm jedoch dadurch, daß er sich stärker mit politischen als mit künstlerischen Themen befaßte. Von den Nazis wegen seiner Angriffe gegen ihre militaristisch-nationalistische Ideologie ins Exil getrieben, verstand er sich auch als Kritiker des imperialistischen bürgerlichen Kapitalismus und war ein zuverlässiger Unterstützer von Demokratie und verschiedener Formen des Sozialismus. *Professor Unrat*, sein bekanntester Roman, wurde von Joseph von Sternberg unter dem Titel *Der blaue Engel* verfilmt und verhalf Marlene Dietrich in der Hauptrolle zu Weltruhm.

Der Roman handelt von einem autoritären, verknöcherten, lebensfeindlichen Gymnasialprofessor, der sich in eine junge Tänzerin namens Rosa Fröhlich verliebt. Bei einer zufälligen Begegnung wird Professor Unrat von Rosas berückendem Charme magisch angezogen und entscheidet, daß sie zukünftig niemand anderem mehr gehören soll. Unrats Heirat mit einer solchen Frau wird zum Skandal in der Kleinstadt. Er verliert seine Arbeit als Lehrer, läßt sich aber nicht entmutigen und fängt mit Rosas Hilfe ein neues Leben als Salonlöwe an. Sie eröffnen einen Nachtclub, und Unrat ergötzt sich am Niedergang seiner früheren Schüler und Gegenspieler, die ihr Geld beim Glücksspiel oder ihre Ehre in unziemlichen Liebschaften verlieren. Am tiefsten fällt er jedoch selbst, je mehr er das volle Ausmaß von Rosas verdächtigem Verhalten zu durchschauen beginnt und die Kontrolle über seinen ungestümen Jähzorn verliert.

Professor Unrat ist eine faszinierende Sozialstudie über das imperialistische Deutschland und die Macht des Verlangens, den Willen selbst eines noch so verstockten Menschen brechen zu können. Unrats langsames Zerbrechen an einer der größten Femmes fatales der Literaturgeschichte ist ein fesselndes Lehrstück. **AL**

Sankt Pons
Víctor Català

Lebensdaten | *1869 (Spanien), †1966
Richtiger Name | Caterina Albert i Paradís
Erstausgabe | 1905 bei Publicació Joventut
Originaltitel | *Solitud*

Für Caterina Albert war das Schreiben unter einem Pseudonym ein gewagtes Unterfangen. In ihrer Zeit galt die moderne literarische Behandlung ländlicher Themen als bukolisch und idyllisch und deshalb als grundlegend falsch. Mit ihrem kleinen Meisterwerk *Sankt Pons*, das dem verzuckerten Geschmack des Mittelstandes gar nicht entsprach, strebte Caterina Albert das genaue Gegenteil an. Der Natur fehlt das Mitgefühl, sie stellt unbarmherzige Ansprüche an die Menschen: sie etabliert menschliche Schicksale an der Grenze der Begierde, als ob jede Person der Herrschaft einer übergeordneten, gefühllosen Macht unterläge.

Caterina Albert war selbst Landbesitzerin, aber sie genoß eine Erziehung, die ihr den literarischen Naturalismus von Zola näherbrachte. Sie lernte die Direktheit der Erzählstimme schätzen, wie sie überhaupt eine Idealisierung des rauhen bäuerischen Lebens ablehnte. Sowohl die Einsamkeit ihrer Figuren wie das Gefühl des Ausgeliefertseins an das Schicksal drücken sich ungeschminkt in Romanfiguren aus, die fast immer urtümlich und elementar sind und die sich der übermächtigen Natur wie Tiere anpassen. Die ländliche Umgebung und die damit verbundene Mühsal, mit der Caterina Albert bestens vertraut war, zeigt sie aus einer kruden Perspektive. Ihr Werk ist der Ursprung des außergewöhnlichen Reichtums eines Idioms, das in der Beschreibung abgelegener Regionen verwendet wird, die den unerbittlichen Gesetzen der Natur ausgeliefert sind. **JGG**

Törleß
Robert Musil

Lebensdaten | *1880 (Österreich), †1942 (Schweiz)
Erstausgabe | 1906
Erschienen bei | Wiener Verlag (Wien)
Vollständiger Titel | *Die Verwirrungen des Zöglings Törleß*

Gefangen in einer unheilvollen Spirale der Selbstbeschau und des Experimentierens gehen Törleß und drei Mitschüler an der Militärakademie von der Entwicklung abstrakter Gedankenspiele dazu über, Situationen zu erzeugen, in denen sie ihren Phantasien fiebriges Leben einhauchen können. Das Gefühl der Macht ist, wenn auch unausgesprochen, bereits in der Struktur der Akademie und der als selbstverständlich angesehenen zukünftigen Führungsrolle der Schüler angelegt. Der wohlüberlegte Sadismus der drei Jungen macht diese Gewalt in all ihrer Wildheit, Ungebärdigkeit und Rauschhaftigkeit sichtbar. Ihre Machtspiele bei der Folterung eines Mitschülers dienen auch der Entwicklung von Empfindungen wie Mitleid, Ehre, Überlegenheit, Gerechtigkeit, Wille und Verlangen, indem sie sich gegenseitig aneinander ausprobieren und ihrer noch ungeformten Persönlichkeit Gestalt geben. Die kalte und überlegte Grausamkeit wird zum Rohmaterial und Medium ihrer Persönlichkeitsentwicklung.

Die Schönheit von Musils Stil liegt in seiner Fähigkeit, die Erzählung mit einer Zweischneidigkeit zu versehen, die den Ereignissen nichts von ihrer ungeheuren Brutalität nimmt, während sie sie gleichzeitig als Ängste, Möglichkeiten, Wünsche und eben auch als Verwirrungen in Törleß' Phantasie bestehen läßt. Hierin liegt die Faszination der *Verwirrungen des Zöglings Törleß* und seiner so denkwürdig geschilderten inneren und äußeren Welt. Musil läßt den Leser nicht mit der banalen Einsicht davonkommen, daß wir alle zu furchtbaren Dingen fähig sind, sondern mit der bereichernden Erkenntnis, wie schwer es ist, herauszufinden, wie man sich menschlich verhält. **PMcM**

Die Forsyte Saga
John Galsworthy

Lebensdaten | *1867 (England), †1933
Erster Roman der Saga | The Man of Property 1906
Erstausgabe der gesamten Saga | 1922-29, unter dem Titel *A Modern Comedy*

Mit scharfer Ironie und engagiertem Blick auf die „englischen Verhältnisse" zwischen 1886 und 1920 (wenn auch mit deutlicher Zurückhaltung, was die Zeit des Ersten Weltkriegs angeht) untersucht Galsworthy in der *Forsyte Saga* „die Verwirrung, die Schönheit im Leben der Menschen stiftet". Schönheit bildet den Kern der Familiensaga der Forsytes und ist Gegenpart zur Jagd nach Besitz und Reichtum. Diese Spannung verkörpert Soames Forsyte, in dessen Innerem die Suche nach Schönheit mit der Leidenschaft für Besitztümer konkurriert (eine Leidenschaft, die in der Vergewaltigung seiner Ehefrau ihren Höhepunkt findet).

Die sich über drei Generationen erstreckende Familienchronik ist ein Monument der Edwardianischen Epoche und wurde von den Lesern mit Begeisterung als ein durch und durch englisches Werk aufgenommen. Galsworthys Vision von „Stammesinstinkt" und „streunenden wilden Horden", die im Gewand des alltäglichen Lebens einer ehrwürdigen Familie aus dem gehobenen Mittelstand auftreten, sorgt für die Spannung und den dramatischen Konflikt der Trilogie: Der Forsyte-Clan ist das Spektakel „nahezu widerwärtigen Reichtums" und „Abbild der Gesellschaft im Kleinen". Die Forsytes dienen Galsworthy dazu, die schöpferische Brutalität des Familienlebens in feiner, geduldiger Prosa auszubreiten: das „Rauben und Abtöten von Wirklichkeit" im Schoß der Familie, den Zwang zur gemeinsamen Geschichte und den Geist skrupelloser gemeinsamer Geschäfte. **VL**

„... aber bis jetzt war kein Forsyte gestorben; ... der Tod widersprach ihren Grundsätzen, sie trafen Vorsichtsmaßregeln dagegen."

John Galsworthy, hier auf einem Foto von 1912, schilderte die Klasse der Reichen, der er selbst angehörte, mit kritischer Ironie.

Der Dschungel
Upton Sinclair

Lebensdaten | *1878 (USA), †1968
Erstausgabe | 1906
Erschienen bei | W. Heinemann (London)
Originaltitel | *The Jungle*

Der Dschungel ist nicht der erste Roman im Stil des Enthüllungsjournalismus, aber einer der einflußreichsten des 20. Jahrhunderts. Roosevelt berief sich auf ihn, um ein Lebensmittel- und Medikamentengesetz und ein Fleischbeschaugesetz durchzudrücken. Die brutale, bisweilen ekelerregende Story beruht auf den tatsächlichen Ereignissen rund um den Streik der Chicagoer Schlachthofarbeiter von 1904. Als Manifest für soziale Veränderungen enthüllt sie schonungslos, wie der amerikanische Traum verraten wird. Sinclair reißt dem Mythos Amerika als Heilsversprechen für die erschöpften, armen, sich verzweifelt nach Freiheit sehnenden Massen die Maske vom Gesicht. Das Land der unbegrenzten Möglichkeiten entpuppt sich als Dickensscher Alptraum, in dem Lohnsklaven zu wenig zum Leben haben und machtlose Immigranten in der mit Korruption und blanker Gier geschmierten kapitalistischen Maschinerie verheizt werden.

Aber der Roman ist keine reine Polemik, sondern auch eine ergreifende und erschütternde Geschichte. Der aus Litauen kommende Einwanderer Jurgis Rudkus will im neuen, vielversprechenden Land Fuß fassen und eine Familie gründen. Im Kampf um sein tägliches Brot landet er in einer primitiven Fleischindustrie und ihrem unentrinnbaren Gestank nach Kot und Innereien. Systematisch werden die Träume von Jurgis und seiner Familie vernichtet. Verbittert durch die brutalen Verbrechen an seiner Familie, rutscht Jurgis nach und nach selbst ins kriminelle Milieu. Aber er fängt sich wieder. Der Roman endet mit einem Hoffnungsschimmer in Gestalt des Sozialismus; der letzte Satz steht in Großbuchstaben: „CHICAGO WIRD UNS GEHÖREN!" Brisanter kann ein Roman seine Botschaft nicht verkünden. **GT**

Der Geheimagent
Joseph Conrad

Lebensdaten | *1857 (Ukraine), †1924 (England)
Erstausgabe | 1907
Erschienen bei | Methuen & Co. (London)
Originaltitel | *The Secret Agent*

Der Geheimagent handelt von Verschwörung, Verbrechen und Aufklärung und spielt im als düster und naßkalt gezeichneten spätviktorianischen Großstadtmoloch London. Im Salon von Adolf Verlocs schäbigem Geschäft in Soho trifft sich eine abstruse Bande von Möchtegernrevolutionären, um sich folgenlos über Politik die Köpfe heiß zu reden: der schwergewichtige Michaelis, der zittrige Greis Karl Yundt und Ossipon, dessen Schädelform (krauses Haar, mongolische Augen) seinem Mentor Cesare Lombroso zufolge den degenerierten Kriminellen kennzeichnet. All diese Volksfeinde hält der träge Verloc für faul, und alle sind, einschließlich Verloc, abhängig von der Hilfe ihrer Frauen.

In einer Botschaft, die sich leicht als russische identifizieren läßt, drängt der elegante Diplomat Mr. Vladimir Verloc dazu, das Observatorium von Greenwich zu sprengen. Vladimir rechnet damit, daß so ein Anschlag den in England lebenden Fremden angerechnet wird, so daß die britische Regierung künftig weniger gastfreundlich zu Flüchtlingen wäre, besonders zu den Feinden des zaristischen Regimes. Verloc erhält von einem zierlichen „Professor" (einem nihilistischen Anarchisten) eine Bombe und benutzt seinen geistig zurückgebliebenen Schwager Stevie, um sie zu plazieren. Das schlecht geplante Vorgehen löst im Verlaufe des Romans eine Reihe tragischer Ereignisse aus.

Dieses Meisterwerk der gnadenlos ironischen Erzählung zeigt atmosphärische Anklänge an die Romane von Dickens wie *Bleakhaus* und weist voraus auf Werke wie Graham Greenes anrüchiges *Das Schlachtfeld des Lebens*. Für die heutige Zeit besonders interessant ist die Vorwegnahme des Selbstmordanschlags. **CW**

Die Mutter
Maxim Gorki

Lebensdaten | *1868 (Rußland), †1936 (England)
Erstausgabe | 1906/07 (in englischer Übersetzung)
Erste russische Ausgabe | 1907 (Berlin)
Originaltitel | *Mat*

Auf den Spuren einer Arbeiterfrau in der russischen Provinz des ausgehenden 19. Jahrhunderts beschwört *Die Mutter* die Grausamkeit, Absurdität und Bitterkeit eines Lebens unter der wachsenden Unterdrückung durch das zaristische Regime. In einer anonymen Industriestadt steht die Mutter Pelageja Wlassowa nach dem Tod ihres gewalttätigen Mannes vor einem Leben voll erbarmungsloser Plackerei. Trost findet sie in ihrem heranreifenden Sohn Pavel, der nicht trinkt, ein ruhiges Leben führt und seine Abende über Wirtschafts- und Philosophiebüchern verbringt. Je näher sich die beiden kommen, desto mehr läßt Pavel sie an seiner verborgenen Welt teilhaben – einer Welt, in der diese scheinbar harmlosen Texte sich als radikale, neue Ideen entpuppen, durch deren Verbreitung Pavel ständig in Lebensgefahr schwebt. Pelagejas Sympathie für die sozialistischen Revolutionäre wächst. Während sie sich von Pavel und seinen Freunden immer stärker radikalisieren läßt, bringt sie ihnen gleichzeitig menschliche Werte wie Freundlichkeit, Barmherzigkeit und Liebe näher.

Oft wird das Werk dem Sozialistischen Realismus zugerechnet, doch dieser Begriff wird der Bandbreite von Gorkis Roman nicht gerecht, in dem er trotz seiner ideologischen Einstellung kunstvoll die Einengung auf reine Propaganda vermeidet. Politische Aussagen werden eingebettet in Passagen von lyrischer Schönheit und aufblitzenden Humor und die Schilderung lebendiger, einprägsamer Charaktere. Die bewegende und oft empörende Lektüre gibt einen wichtigen Einblick in die im damaligen Rußland gleichzeitig nebeneinander existierenden kulturellen und politischen Extreme. **AB**

„Die durch Jahre aufgespeicherte Müdigkeit hatte den Menschen die Eßlust geraubt, und um essen zu können, tranken sie viel und reizten den Magen mit scharf beizendem Branntwein."

Der wegen seiner Opposition zum zaristischen Regime ins Exil getriebene Gorki wird 1907 von russischen Revolutionären in London begrüßt.

Das Haus an der Grenze
William Hope Hodgson

Lebensdaten | *1877 (England), †1918
Erstausgabe | 1908
Erschienen bei | Chapman & Hall (London)
Originaltitel | *The House on the Borderland*

In diesem schwer zu fassenden Roman erzählt ein zufällig entdecktes Manuskript die fragmentarisch bleibende Geschichte eines Einsiedlers und seiner Schwester, die in Einsamkeit und offenbar in ständiger Bedrohung durch seltsame Schweinewesen leben. Der Einsiedler durchlebt Visionen von unverständlichen, kosmischen Landschaften, die von bewegungslosen, bedrohlichen und nebelhaften vorzeitlichen Göttern bevölkert werden. Er versucht sein Haus und seine Schwester zu verteidigen, aber die Schwester scheint die Wesen nicht zu sehen und fürchtet sich statt dessen vor ihm. Er verbarrikadiert das Haus gegen die Angriffe. An dieser Stelle ist das Manuskript verwittert, und etliche Seiten sind nicht zu entziffern. Es folgen Fragmente über Liebe und Verlust und eine phantastische Reise in die Zukunft, eine früh-psychedelische Vision von schwebenden Seelen und dem Ende des Universums. Während eines erneuten Angriffs bricht das Manuskript ab.

„Die innere Handlung muß jeder Leser für sich selbst entdecken", schreibt Hodgson. Dieses Werk zeugt von einer immensen Vorstellungskraft, die sich von Logik, stringenter Handlung und traditionellen literarischen Lösungen freimacht. Die Lage des Hauses, die Persönlichkeit des Einsiedlers und selbst die Umstände der Entdeckung des Manuskripts wirken intuitiv bedeutungsvoll, aber nichts davon wird erklärt. Die Zukunftsvision des Einsiedlers regt unbestimmte Deutungsreflexe an der Grenze zur bewußten Wahrnehmung an, die schwer zu fassen sind. Man spürt, daß der Mann mehr weiß, als er uns und auch sich selbst zugestehen will. Was wirklich geschieht, läßt sich nur erahnen. **JS**

Constance und Sophia
Arnold Bennett

Lebensdaten | *1867 (England), †1931
Erstausgabe | 1908
Erschienen bei | Chapman & Hall (London)
Originaltitel | *The Old Wives' Tale*

Constance und Sophia spielt, wie viele von Bennetts Büchern, im verschlafenen, kleinindustriellen „Fünf Städte"-Bezirk Staffordshire. Gleichzeitig gibt der Roman eine detailgetreue Schilderung des Lebens und der außerordentlichen politischen Umbrüche im fernen Paris in der Mitte des 19. Jahrhunderts. Diese beiden Schauplätze bestimmen die Gliederung des Textes, der die Geschichte zweier „alter Damen", Constance und Sophia Baines, Töchter eines bescheidenen Tuchhändlers, erzählt. Das Schicksal, beeinflußt durch die Wahl des jeweiligen Ehegatten, führt sie in entgegengesetzte Richtungen. Die gesittete Constance heiratet den Gehilfen ihres Vaters und führt geradezu vorbildlich das konventionelle Leben einer viktorianischen Ehefrau und Mutter. Sophia macht genau das Gegenteil und brennt mit einem Handelsvertreter durch, der sie schließlich völlig mittellos in Paris sitzen läßt. Keines der beiden Schicksale wird schlicht als nachahmens- oder verdammenswert dargestellt. Dem aufregenden Leben in Paris steht Sophias ständiger Kampf ums Überleben in einer fremden Kultur gegenüber, der häuslichen Harmonie von Constances Familienleben die erstickende Langeweile.

Insgesamt gesehen ist *Constance und Sophia* ein höchst einfühlsamer Roman, in dem die bewegende Wiedervereinigung der beiden Schwestern zeigt, wie wichtig Liebe und Loyalität der eigenen Familie sind, wenn das Leben in jeder anderen Hinsicht gescheitert ist. **AB**

> E. O. Hoppe hat den englischen Autor Arnold Bennett 1900 mit diesem Holzschnitt verewigt.

Die Hölle
Henri Barbusse

„Ich war dreißig Jahre alt. Meine Eltern hatte ich schon vor zwanzig Jahren verloren – das Ereignis lag so weit zurück, daß es mir inzwischen bedeutungslos schien."

◉ Mit seinem ersten Roman *Die Hölle* erregte Barbusse nur wenig Aufmerksamkeit. Der Durchbruch gelang ihm erst mit seinem Antikriegsroman *Das Feuer* (1916).

Lebensdaten | *1873 (Frankreich), †1935 (Rußland)
Erstausgabe | 1908
Erschienen bei | Mondiale (Paris)
Originaltitel | *L'Enfer*

Mit *Die Hölle* begann Henri Barbusses Karriere als Schriftsteller. Dieser fesselnde, beunruhigende Roman bietet ein frühes literarisches Porträt des entfremdeten, unzufriedenen Menschen. Colin Wilson griff 1956 in seiner Einführung zu Camus' *Der Fremde* darauf zurück, was den unmittelbaren Einfluß der *Hölle* auf die Literatur des Existenzialismus belegt.

Ein namenloser Mann nimmt ein Zimmer in einem Pariser Hotel. Er ist dreißig Jahre alt und völlig ungebunden. Abgesehen davon erfahren wir nur, daß er abgestumpft, desillusioniert, gleichgültig und lebensmüde ist. Er schreibt: „Ich weiß nicht, wer ich bin, wohin ich gehe, was ich tue … ich habe nichts und verdiene nichts", und doch leidet er an einer obsessiven, nahezu religiösen Sehnsucht nach dem Unerreichbaren. Während seiner ersten Nacht im Hotel erregen Geräusche aus dem Nebenzimmer seine Aufmerksamkeit. Durch ein Loch, vor dem er tagelang verharrt, kann er in den Nebenraum blicken und die wechselnden Bewohner beobachten. Sein Voyeurismus wird zwanghaft, und er entwickelt ein merkwürdiges Gefühl der Allmacht und psychosexuellen Leidenschaft, während er die unterschiedlichen Aspekte des Privatlebens anderer mitverfolgt: Paare beim Ehebruch, alleinstehende Frauen, die sich entkleiden, Homosexualität, Geburt und Tod. Dennoch verschafft ihm diese Betätigung keine Befriedigung, und der Zwang zerstört ihn letztendlich.

Das Buch, das bei seinem Erscheinen für einen Skandal sorgte, kann auch heute noch schockieren. Freimütig, unverblümt und reich an philosophischen Gedanken gewährt *Die Hölle* faszinierenden Einblick in die inneren Kämpfe eines Menschen. **AL**

Zimmer mit Aussicht
E. M. Forster

Lebensdaten | *1879 (England), †1970
Erstausgabe | 1908
Erschienen bei | E. Arnold (London)
Originaltitel | *A Room with a View*

Zimmer mit Aussicht ist ein klassischer Roman über das Erwachsenwerden. Forster macht uns mit Lucy Honeychurch bekannt, die mit ihrer ängstlichen, überfürsorglichen Cousine Charlotte Bartlett eine Italienreise unternimmt. Auf dieser Reise entdeckt sie zum ersten Mal eine Welt, die einen weiteren Horizont eröffnet als das Landleben ihrer Kindheit in England. Lucy spielt hervorragend Klavier, und ihre Beethoven-Darbietungen geben dem Leser einen ersten Hinweis auf ihre Gefühlstiefe. Der Roman wirft die Frage auf, wofür Lucy sich entscheiden wird: ein Zimmer mit Aussicht oder die geschlossenen Wände der konventionellen Gesellschaft? Diese Frage wird durch die beiden Rivalen um Lucys Gunst verkörpert: Da ist zum einen der nachdenkliche und leidenschaftliche George Emerson, der das, was er sieht, versteht und zu schätzen weiß – seien es die Menschen in Italien oder Lucy; zum anderen der weltkluge, arrogante Cecil Vyse, der Lucy mehr wie ein Kunstwerk oder ein Projekt behandelt und weniger wie ein lebendes, denkendes Wesen. Der Roman handelt von den Schmerzen und den Scheidewegen auf dem Weg ins Erwachsenendasein – von der Versuchung der Selbsttäuschung, dem Zerrissensein zwischen der Familie und den eigenen Wünschen.

Forsters Roman liefert eine brillante Satire auf die starren Konventionen, denen das gesellschaftliche Leben im England des beginnenden 20. Jahrhunderts folgte, ist dabei aber bemerkenswert sinnlich erzählt. Die Landschaft, sei es in Italien oder in England, ist mit köstlichen visuellen Details perfekt skizziert, und ob Lucy nun Klavier spielt oder ob ein Gewitter aufzieht – der Leser kann das Crescendo der Klänge oder den Donner geradezu hören. **EGG**

Die enge Pforte
André Gide

Lebensdaten | *1869 (Frankreich), †1951
Erstausgabe | 1909 bei Mercure de France (Paris)
Originaltitel | *La Porte ètroite*
Nobelpreis für Literatur | 1947

André Gides Roman *Die enge Pforte* hat etwas Unwiderstehliches, ja Verführerisches an sich. Rein äußerlich handelt es sich um eine Liebesgeschichte: Cousin und Cousine, die in der eigenen Familie wenig Wärme finden, entdecken einander als Inbegriff von Tugend und Schönheit. Jérôme verliert seinen Vater vor seinem zwölften Lebensjahr und sieht mit an, wie seine Mutter in ihrem Kummer aufgeht, während er, frühreif, große Empfindsamkeit entwickelt. Seine Cousine Alissa wird von ihrer untreuen Mutter gehaßt, weil sie loyal zum Vater steht und dessen Vertraute wird. Eine solche Zusammenfassung legt das Gewicht jedoch zu stark auf die Lebensumstände von Jérôme und Alissa, die als ein schier endloser Reigen blumenreicher Sommer im französischen Großbürgertum beschrieben sind, aber nur schemenhaft deutlich werden.

Im Mittelpunkt der Erzählung steht nämlich die aussichtslose, zarte, heftige und schwierige Liebe, die sich als einzige Realität darstellt und durch die Jérôme und Alissa zu verstehen sind. Die nicht vollzogene Liebe, die jede körperliche Nähe scheut, bleibt reine Sehnsucht, ein gemeinsames, erklärtes und doch einsames Streben nach dem anderen. Die fortgesetzte, scheinbar sinnlose Entwicklung, die von jugendlicher Unsicherheit und Vorsicht zu wohlerwogenem Hinausschieben und schließlich zur Entsagung führt, zieht den Leser in den Bann. Gide versteht es meisterhaft, in seiner Erforschung der Liebe die absolute und doch offene Natur der Sehnsucht einzufangen. **PMcM**

Die Aufzeichnungen des Malte Laurids Brigge
Rainer Maria Rilke

Lebensdaten | *1875 (Österreich-Ungarn), †1926 (Schweiz)
Erstausgabe | 1919 bei Insel (Leipzig)
Vollständiger Name | René Karl Wilhelm Johann Josef Maria Rilke

„Die Hauptsache war, daß man lebte. Das war die Hauptsache."

Der einzige Roman des Lyrikers Rainer Maria Rilke besteht aus lose miteinander verwobenen erzählenden Passagen, Tagebucheinträgen und Betrachtungen, die den Leser vor allem durch ihre sprachliche Intensität und die Unmittelbarkeit der Wahrnehmung in den Bann ziehen. Die fingierten Aufzeichnungen eines jungen dänischen Adligen, der mittellos in Paris strandet, schildern Begegnungen auf der Straße und zeichnen Bilder von Armut, Krankheit und Tod, die Entsetzen wecken, aber auch zurück in die Kindheit führen. Erinnerungen an das Sterben des Großvaters werden wach, des alten Kammerherrn Brigge, dem man es ansah, „daß er einen Tod in sich trug. Und was war das für einer: zwei Monate lang und so laut, daß man ihn hörte bis aufs Vorwerk hinaus." Reflexionen über Glauben, Kunst, Liebe, über das Seelenleben historischer Gestalten, die Brigge beschäftigen, schließen sich an.

Die eindringliche, bildhafte Prosa des Romans scheint sich aus denselben Quellen zu speisen wie Rilkes Gedichte; immer wieder sind Fragen eingestreut, solche, die der Verfasser an sich selbst richtet, und solche, die nicht zu beantworten sind. Durch die Eindringlichkeit des Sehens, die den Erzähler hinter die Fassade von Dingen und Menschen blicken läßt, und seine moderne Erzähltechnik gelingt es Rilke, sich völlig vom Realismus des 19. Jahrhunderts zu befreien. Diese veränderte Wahrnehmung und die große Schönheit der Sprache geben den *Aufzeichnungen des Malte Laurids Brigge* trotz ihrer düsteren Thematik eine unvergleichliche Leichtigkeit. „Ich erkenne das alles hier, und darum geht es so ohne weiteres in mich ein: es ist zu Hause in mir." **RP**

- Rilke wurde im Jahr 1901 von Helmut Westhoff als geheimnisvoller junger Dichter gemalt.

- *Die Aufzeichnungen* waren das Ergebnis von Rilkes Blick auf die moderne Welt, die er voller Entsetzen und Befremden betrachtete.

Howards End
E. M. Forster

Lebensdaten | *1879 (England), †1970
Erstausgabe | 1910 erschienen bei E. Arnorld (London)
Vollständiger dt. Titel | *Wiedersehen in Howards End*
Originaltitel | *Howards End*

Vor dem Hintergrund der gesellschaftlichen Umwälzungen zu Beginn des 20. Jahrhunderts stehen sich in *Wiedersehen in Howards End* zwei höchst unterschiedliche Familien gegenüber, die idealistischen, intellektuellen Schlegels und die materiell und praktisch denkenden Wilcoxes. Der Roman schildert die Verbindungen zwischen beiden Familien und das Aufeinanderprallen ihrer gegensätzlichen Weltsichten.

Die beiden Schlegel-Schwestern Margaret und Helen reagieren unterschiedlich auf die Wilcoxes. Während Helen idealistisch bleibt und sich leidenschaftlich gegen den Pragmatismus der Wilcoxes wendet, hofft Margaret, die beiden Lebenshaltungen versöhnen und eine gegenseitige Wertschätzung fördern zu können. Schreibend möchte sie „nur verbinden" und solchermaßen ihre Prosa und ihre Leidenschaft überhöhen. Der Roman zeigt, wie Margaret bei diesem Versuch Erfolge und Fehlschläge erlebt, schildert ihre Ehe mit Henry Wilcox, und deren Auf und Ab und den wachsenden Konflikt zwischen ihrer Schwester und ihrem Mann.

Der meisterhafte Roman läßt immer wieder echte Schönheit und Optimismus aufleuchten. Wie bei allen Werken Forsters sind die Figuren brillant charakterisiert, und die hervorragenden Dialoge sind zugleich realistisch und bewegend. Obwohl der Roman extreme Gefühle und Handlungen schildert, wird er nie melodramatisch oder absurd. Vielmehr liefert er ein höchst realistisches Bild der menschlichen Emotionen und der verheerenden Folgen von Mißverständnissen, Stolz, Zorn und Heuchelei. **EGG**

◉ Ein Porträt von Forster aus dem Jahr 1940, angefertigt von Virginia Woolfs' Schwester Vanessa Bell, wie Forster Mitglied der *Bloomsbury Group*.

Eindrücke aus Afrika
Raymond Roussel

Lebensdaten | *1877 (Frankreich), †1933 (Sizilien)
Erstausgabe | 1910
Erschienen bei | Librairie Alphonse Lemerre
Originaltitel | *Impressions d'Afrique*

Die ersten neun Kapitel der *Eindrücke aus Afrika* schildern eine Reihe scheinbar unmöglicher Kunststücke vor der Kulisse einer imaginären afrikanischen Stadt. Ein Scharfschütze trennt mit einem Schuß das Gelbe vom Weißen eines weichgekochten Eis; eine aus Korsettstäben gefertigte Statue wippt, angetrieben von einer zahmen Elster, vor und zurück. In der zweiten Hälfte des Romans lernen wir einige schiffbrüchige Passagiere kennen, die von einem afrikanischen König gefangen genommen wurden und ihn amüsieren müssen, um ihre Freiheit zu erlangen; sie müssen die komplizierten Aufgaben inszenieren und die phantastischen Maschinen bauen, die uns im ersten Teil vorgeführt wurden.

In einem 1935 nach Roussels Selbstmord erschienenen Essay erklärt der Autor, der Ausgangspunkt für seinen Roman seien gar keine Eindrücke aus Afrika gewesen, sondern die linguistische Besonderheit, daß ein Wort zwei oder mehr Bedeutungen haben kann. Daraus entwickelt Roussel eine Schreibtechnik: Er nimmt sich vor, ausgehend von einem Homonym eine Geschichte zu verfassen oder ein Szenario zu erfinden, durch das wir zum Beispiel von *baleines* (Korsettstangen) zu *baleines* (Wale) gelangen. Dieser „Reisebericht" führt aber nirgendwohin, denn so weit wir uns vom ursprünglichen Begriff auch wegbewegen, kehrt die Erzählung unweigerlich doch zum Ausgangspunkt zurück – von *baleines* zu *baleines*. Die Sprache steht nicht länger im Dienst der Literatur, vielmehr ist die Literatur der Sprache ausgeliefert; Romane entstehen im dunklen Raum zwischen einem Wort und seiner Wiederholung. **KB**

Fantomas
Marcel Allain und Pierre Souvestre

Lebensdaten (Allain) | *1885 (Frankreich), †1970
Lebensdaten (Souvestre) | *1874 (Frankreich), †1914
Erstausgabe | 1911 bei A. Fayard (Paris)
Originaltitel | *Fantômas*

Im Erscheinungsjahr 1911 sorgte *Fantomas* in Frankreich für eine Sensation, und der Stoff erfreut sich noch heute in unterschiedlichen Versionen in ganz Europa und weltweit großer Beliebtheit. In mehreren Verfilmungen lebt der durch den einunddreißigbändigen Serienroman geschaffene Mythos weiter; überdies wurde *Fantomas* in Mexiko zu einer erfolgreichen Comicreihe umgestaltet.

Der gleichnamige „Held" des Romans ist ein Erzschurke und amoralisches Genie, das der bürgerlichen Gesellschaft den Krieg erklärt hat. Der maskierte Fantomas ist ohne Geschichte und ohne Motiv, ein fleischgewordener Alptraum, ein Rätsel, dessen physische Existenz nur durch die Leichen bewiesen wird, die seinen Weg pflastern, oder durch das Wehen eines Umhangs am offenen Fenster. Auf seiner Spur ist der brillante, aber stets erfolglose Inspektor Juve. Während Fantomas vergewaltigend, mordend und betrügend durch das nächtliche Paris streift, weckt allein schon sein Name Angst in den Herzen der gottesfürchtigen Bürger.

Es scheint merkwürdig, daß dieses gewaltstrotzende, kunstlos verfaßte Werk eine so ungebrochene Faszination ausübt und überdies sowohl die Dadaisten als auch die Surrealisten anregte. Die unheimlichen Erzählungen spiegeln die Paranoia, Verwirrung und Erregung des modernen Großstadtlebens; die Bedrohung der alten moralischen Werte löst heute wie damals Beunruhigung aus. *Fantomas* wirft einen langen Schatten, weckt Urängste und spornt die intellektuelle Phantasie an. **SamT**

Die Schlittenfahrt
Edith Wharton

Lebensdaten | * 1862 (USA), †1937 (Frankreich)
Erstausgabe | 1911 bei Macmillan & Co. (London)
Alternativtitel | *Der Unfall; Winter*
Originaltitel | *Ethan Frome*

Die Schlittenfahrt liefert eine präzise Darstellung geistiger Isolation, sexueller Frustration und moralischer Verzweiflung im ländlichen Neuengland der Jahrhundertwende. Der Roman schildert die aufkeimende Liebe des Farmers Ethan Frome zu der lebhaften Mattie Silver, einer verarmten Verwandten seiner Frau Zeena, und versucht zu ergründen, wie es kommt, daß sich zwei Liebende auf den Weg der Selbstzerstörung begeben, der im Grauen mündet.

Im Mittelpunkt des Geschehens steht Ethan Frome, dessen verkümmerte Persönlichkeit durch eine rauhe Umwelt und fehlenden mitmenschlichen Kontakt geprägt wurde. Dank seiner verborgenen Seelentiefe ahnt er etwas von der Fülle des Lebens unter der Oberfläche des prosaischen Alltags, kann aber in der ländlichen Isolation seine Geselligkeit nicht ausleben. Hier wird die Wechselwirkung von Umwelt und Innenleben dramatisch in Szene gesetzt. Die Sprachlosigkeit der Personen ist zentrales Element des Romans, dessen Erzähler nur unzuverlässige Kenntnisse der berichteten Geschichte besitzt. Der Leser bleibt zurück mit beunruhigenden Fragen über moralische Entscheidungsfreiheit, den Einfluß der Umwelt auf das Verhalten und den Konflikt zwischen gesellschaftlichen Sitten und individuellen Leidenschaften. *Die Schlittenfahrt* konzentriert sich auf das Leiden der Hauptfigur, stellt aber auch die sozialen Bedingungen dar, unter denen ein streitsüchtiger Charakter wie Zeena entsteht. **AG**

> Auf diesem Foto, das Edith Wharton zeigt, bevor sie Schriftstellerin wurde, ist ihre resolute Persönlichkeit bereits zu erkennen.

The Charwoman's Daughter *
James Stephens

Lebensdaten | *1880 (Irland), †1950 (England)
Erstausgabe | 1912
Erschienen bei | Macmillan (London)
Originalsprache | Englisch

Der Dichter und Romanautor James Stephens wuchs in einem Dubliner Slum auf und arbeitete als junger Mann zunächst als Anwaltsgehilfe. In all seinen Werken ist ein Hauch von Klaustrophobie, das Gefühl bedrückender Einsamkeit inmitten der Menschenmenge spürbar. Aber Stephens war auch in die Phantasie verliebt, und das Dublin seiner Romane ist zugleich ein Ort der Schranken und der Befreiung, der kleinen Zimmer und der offenen Straßen, der bedrückenden Not und der träumerischen Schönheit.

The Charwoman's Daughter ist die eigentümliche, wehmütige Geschichte der sechzehnjährigen Mary, des einzigen Kindes einer überfürsorglichen Witwe. Das Buch erzählt überdies von Dublin und beschäftigt sich mit unserem Bild von dieser Stadt. In der irischen Literatur wird Dublin meist als Stadt der Männer dargestellt, die gefangen ist in ihrer Geschichte, als ein Ort der gewichtigen, eifrigen Gespräche und der zufälligen Begegnungen. Bei Stephens dagegen erscheint sie zugleich anheimelnd und urban.

Mary lebt mit ihrer Mutter in einer Kellerwohnung mit nur einem Zimmer, in der sich die Rituale ihrer bitteren Liebe abspielen. Tagsüber putzt die Mutter die Häuser der Reichen, während Mary auf ihren Streifzügen durch die Stadt ihre Beobachtungen macht. Die phantasievolle Kraft ihrer Einsichten läßt Dublin als seltsamen und wunderbaren, entrückten und doch freundlichen Ort lebendig werden. Dieses Gefühl des Entdeckens und der bittersüßen Fülle machen das Buch zu einem ungewöhnlichen und fesselnden Irlandroman. **PMcM**

Der Tod in Venedig
Thomas Mann

Lebensdaten | *1875 (Deutschland), †1955 (Schweiz)
Erstausgabe | 1912
Erschienen bei | Hyperion (München)
Nobelpreis für Literatur | 1929

Als der erfolgreiche Schriftsteller Gustav von Aschenbach spontan eine Venedigreise unternimmt, wird er auf einen Jungen aufmerksam, dessen blonde Locken und perfekte Proportionen das griechische Schönheitsideal zu verkörpern scheinen. Tadzio zu beobachten steht schon bald im Mittelpunkt von Aschenbachs Tagesablauf und schließlich seines Lebens. Bei der Überfahrt von Kroatien nach Venedig sieht Aschenbach voller Entsetzen, wie ein geschminkter alter Mann geckenhaft die Gesellschaft junger Männer sucht. Am Ende der Geschichte ähnelt Aschenbach immer mehr diesem Mann. Wie berauscht verfolgt er Tadzio durch die Gassen und Kanäle der von einer Seuche heimgesuchten Stadt. Wie Thomas Mann selbst erklärte, handelt Der Tod in Venedig vom Verlust der Würde, aber der Autor untersucht auch die Beziehung zwischen Kunst und Leben. Aschenbach glaubt, mit Fleiß und Disziplin das Leben meistern und sogar zu Kunst umformen zu können. Aber Tadzios Dionysos, der unstrukturierte Emotionen und ungebärdige Leidenschaft weckt, zwingt ihn, seinen Irrtum einzusehen. Die mystischen Elemente der Erzählung liefern den Kontext für die Darstellung der Homosexualität. Letztlich zeigt das Werk durch eine ausgefeilte, um psychologische Einsichten bereicherte Erzählkunst, was es bedeutet, sich zu verlieben.

Für Thomas Mann war die Novelle vielleicht die ideale Form künstlerischen Ausdrucks (Der Tod in Venedig umfaßt nur 70 Seiten): Von den ersten bangen Ahnungen bis hin zum ergreifenden Höhepunkt ist dies ein Meisterwerk des Genres. **KB**

Söhne und Liebhaber
D.H. Lawrence

Lebensdaten | *1885 (England), †1930 (Frankreich)
Erstausgabe | 1913
Erschienen bei | Duckworth & Co. (London)
Originaltitel | Sons and Lovers

In *Söhne und Liebhaber* schildert Lawrence das ländliche Nottinghamshire und das Leben der Bergarbeiter, denen er sich tief verbunden fühlte. Mit Mut und Ehrlichkeit werden hier die Themen Familienleben, häuslicher Zwist, Klassenkampf, Konflikte zwischen Mann und Frau, Sexualität, Industrialisierung und Armut angepackt, aber auch die Natur wird mit einer an Mystizismus grenzenden Intensität beschworen.

Im Zentrum des Romans steht die Beziehung des Jungen Paul Morel zu seiner Mutter, einer beherrschenden Gestalt, die große Ambitionen für ihren begabten Sohn hegt. Außen vor bleibt der Vater, ein ungebildeter Bergmann, dem die Mutter nur noch Verachtung entgegenbringt, eine Haltung, die der Heranwachsende übernimmt. Das Problem der Klassenzugehörigkeit wird überlagert von explosiven psychosexuellen Fragen. Paul führt in der Beschäftigung mit Bildung und Kunst die unerfüllt gebliebenen Ambitionen seiner Mutter fort, aber die geradezu inzestuöse Beziehung zwischen Mutter und Sohn droht seine Entwicklung zum selbständigen Menschen mit eigener Identität und den Aufbau einer reifen Beziehung zu anderen Frauen zu behindern.

Einfühlsam wird die gesellschaftliche Stellung einer intelligenten Frau wie Gertrude Morel dargestellt, die ebenso wie ihr verbitterter Mann in der Bergarbeitersiedlung gefangen ist; aber auch die Enttäuschungen junger Liebe, der verwirrende Reiz verschiedenartiger sexueller Beziehungen und die Härte männlicher Rivalität werden eindringlich geschildert. **AG**

Die Menschenfreunde in zerlumpten Hosen
Robert Tressell

Lebensdaten | *1870 (Irland), †1911
Erstausgabe | 1914
Erschienen bei | G. Richards (London)
Originaltitel | The Ragged Trousered Philanthropists

Dieser Klassiker der englischen Arbeiterliteratur mag in seinem Ton manchen Leser verblüffen. Zwar steht im Mittelpunkt des Romans ein intelligenter, leidenschaftlicher und unnachgiebiger Angriff auf den Kapitalismus, aber er richtet auch erbitterte Attacken gegen jene Arbeiter, die die Notwendigkeit des Sozialismus nicht einsehen und damit ihre Kinder der Ausbeutung preisgeben.

Die Aufmerksamkeit des Lesers wird in diesem Buch nicht etwa durch geschickt aufgebaute Spannung gefesselt, sondern durch die minutiöse Schilderung eines Lebens unter der Knute des Profits. Die Geschichte ist getragen von einem leidenschaftlichen Zorn, der sich vor allem gegen jene richtet, die sich von ihren Bossen hinters Licht führen lassen. Indirekt wird gesagt, daß sich die Arbeitgeber eigentlich gar nicht anders verhalten können. Aber der Roman handelt nicht nur von der Arbeiterklasse im herkömmlichen Sinn, sondern auch von der Natur der Arbeit selbst und davon, wie der Stolz auf die eigene Arbeit von vornherein unmöglich gemacht und verhöhnt wird durch die Forderung nach größerer „Effizienz". Unweigerlich ist der Arbeiter gezwungen, seine Arbeit schludrig zu machen, so daß sie jede echte Befriedigung ausschließt; das erlebt auch der Protagonist, der seinem gewählten „Handwerk" viel zu geben hätte, aber unablässig durch „das System" eingeschränkt wird. *Die Menschenfreunde in zerlumpten Hosen* spiegelt Ideen der sozialistischen Bewegung zu Beginn des 20. Jahrhunderts wider, die wir heute mit Figuren wie Ruskin und Morris in Verbindung bringen. **DP**

Platero und ich
Juan Ramón Jiménez

Lebensdaten | *1881 (Spanien), †1958 (Puerto Rico)
Erstausgabe | 1914 bei La Lectura (Madrid)
Originaltitel | Platero y yo
Nobelpreis für Literatur | 1956

Mit dem Untertitel des Romans (*Andalusische Elegie*) und der Widmung an den großen Pädagogen Francisco Giner de los Ríos liefert uns der Autor zwei wichtige Schlüssel zur Interpretation seines Romans. Erstens ist *Platero und ich* eine persönliche Erinnerung an die Gegend von Moguer in Andalusien. Zweitens stellt das Buch die Absicht unter Beweis, das Empfindungsvermögen von Kindern und Erwachsenen zu fördern.

Platero und ich erzählt die (scheinbar simple) Geschichte eines Dichters auf Urlaub („gekleidet in Trauer mit meinem Nazarener-Bart") und eines „kleinen, pelzigen, sanften Esels" namens Platero. Der Text ist in kurzen Abschnitten strukturiert, die man als Prosa-Gedichte bezeichnen könnte, die Geschichte selbst wird von einer vergnügten Kinderwelt bevölkert, vom ungestümen Treiben der Tiere auf den Feldern, von einer ganzen Schar mal gut-, mal böswilliger Bauern, und von unvergeßlichen Landschaften, die in fast fauvistischen Farben beschrieben werden. Aber nicht immer herrscht eitel Freude, Platero und sein Besitzer werden Zeugen von Gewalt, Unverständnis und Leid, und am Ende stirbt der kleine Esel gar. Es gibt nur wenige spanische Texte, in denen der literarische Genuß so eng mit moralischen Geboten verknüpft ist – Schönheit und Sittlichkeit. **JCM**

◐ Joaquin Vaquero Turcios Gemälde zeigt einen alternden Jiménez, fern der kindlichen Unbeschwertheit seines Romans.

Tarzan bei den Affen
Edgar Rice Burroughs

Lebensdaten | *1875 (USA), †1950
Erstausgabe | 1914 bei L. Burt Co. (New York)
Originaltitel | *Tarzan of the Apes*
Alternativtitel | *Tarzan, der Affenmensch*

Ideologisch ist die *Tarzan*-Reihe so anfechtbar, daß man sich wundert, warum das Buch nicht einer schärferen Kritik unterzogen wurde. Es entbehrt nicht einer gewissen Ironie, daß neuere Autoren aus politischen Gründen häufig Prügel beziehen, während sich *Tarzan* einer ungebrochenen Beliebtheit erfreut, sogar von Disney verfilmt und zu einer Zeichentrickserie verarbeitet wurde. Erzählerisch hat das Buch einiges zu bieten, es ist spannend, dynamisch, oft erstaunlich gut geschrieben und enthält alle klassischen Versatzstücke, die von einem guten Groschenroman zu erwarten sind – Überleben in aussichtsloser Lage, ein unbekanntes Land, gefährliche Feinde, dramatische Kämpfe und schöne Frauen. Die zugrundeliegenden Subtexte des Buches sind jedoch rassistisch, sexistisch, klischeebefrachtet und imperialistisch und verfechten die Vorherrschaft des weißen Mannes. In *Tarzan bei den Affen* besiegt der Held (in dieser Reihenfolge) Menschenaffen, Löwen, Elefanten, schwarze Ureinwohner, heruntergekommene Seeleute, Theologieprofessoren, Frauen und die Briten, bis er schließlich seinen Zorn wieder gegen die Ureinwohner richtet.

Heute wird *Tarzan* als Buch kaum noch gelesen, und seine Stärken – das frühe Aufgreifen ökologischer Fragen, der Einfluß von Burroughs' Werken auf die Abenteuerliteratur und die häufig ätzenden gesellschaftlichen Kommentare – sind weitgehend in Vergessenheit geraten. Letztlich hat die Mythologie von Tarzan, der mit Jane Porter zunächst schriftlich, dann auf Französisch und schließlich mit der sexuell urtümlichen Floskel „Ich Tarzan, du Jane" kommuniziert, den Buchtext überlagert. **EMcCS**

Locus Solus
Raymond Roussel

Lebensdaten | *1877 (Frankreich), †1933 (Sizilien)
Erstausgabe | 1914
Erschienen bei | Librairie Alphonse Lemerre (Paris)
Originalsprache | Französisch

Die seltsam anmutenden, kompromißlos schwierigen Romane und Gedichte Roussels, die er im Selbstverlag herausbrachte, ernteten zu seinen Lebzeiten nur Hohn und Spott. Heute wird Roussel für seine einsamen Sprachabenteuer gerühmt, die entscheidenden Einfluß auf wichtige Denker und Schriftsteller des 20. Jahrhunderts hatten, von Michel Foucault bis hin zu dem New Yorker Dichter John Ashbery.

Locus solus, ein makaber theatralischer Roman, reiht allerhand phantastische Szenen aneinander: Katzen, Zähne, Diamanten und tanzende Mädchen werden inmitten unzähliger komplizierter Maschinen ausgestellt. Der brillante Wissenschaftler und Erfinder Martial Canterel führt einige Kollegen durch seinen Park, den im Titel bezeichneten „einsamen Ort". Das beeindruckende zentrale Ausstellungsstück ist ein riesiger Glaskäfig, in dem kunstvolle Tableaux vivants gezeigt werden – nur daß die Darsteller, die sich scheinbar tot stellen, tatsächlich tot sind. Canterel hat die Leichen in Automaten umgewandelt, die, mit Hilfe von Elektroschocks zu neuem Leben erweckt, dazu verdammt sind, die wesentlichen Augenblicke ihres Lebens nachzuspielen. Augenblicke, die natürlich gerade deshalb bedeutungsvoll waren, weil man sie für einzigartig und unwiederholbar hielt. Die Sprachmaschine, die Roussel erfand, um diesen und andere Romane zu schreiben, setzt an der Schaltstelle an, an der sich ein Wort teilt, um zwei verschiedene Dinge zu bezeichnen. Damit gerät der Autor in gefährliche Nähe zur Darstellung des Bedeutungslosen, das im Zentrum dieses eigentümlichen Romans steht. **KB**

Kokoro
Natsume Soseki

Lebensdaten | *1867 (Japan), †1916
Erstausgabe | 1914
Erschienen bei | Iwanami Shoten (Tokio)
Originaltitel | *Kokoro*

Der Roman *Kokoro* beschäftigt sich mit dem Wandel der Mentalität, der sich in Japan während der Ära rasanter Modernisierung am Ende des 19. Jahrhunderts vollzog.

Kokoro, ein dreiteiliger Roman, spielt in Tokio um das Jahr 1910 und erforscht die Beziehung zwischen einem jungen Mann, der als Ich-Erzähler fungiert, und seinem väterlichen Freund, den er *Sensei* (Lehrer oder Meister) nennt. Der Sensei wird von einer dunklen Episode in seiner Vergangenheit gequält, die den gesamten Roman überschattet. Teil eins und zwei sind von der Trauer um den Vater des Erzählers und um den Freund des Sensei bestimmt sowie von den häufigen Besuchen des Sensei auf dem Friedhof. Das Geheimnis des Sensei läßt den Erzähler, der von wachsender Sorge beherrscht wird, nicht los. Eines Tages trifft ein Brief ein, in dem der Sensei seine Schuld an einer tragischen Dreiecksbeziehung bekennt. Er ist hin- und hergerissen zwischen Moral und Besitzanspruch, Intellekt und Emotion, Tod und Leben. Daß es unmöglich ist, das eigene und fremde *kokoro* (die Seele oder die innerpsychischen Vorgänge) zu verstehen, quält ihn. Mit seiner feinfühligen Darstellung der Leiden des Sensei zeigt *Koroko* nicht nur Japan im Umbruch, sondern setzt sich auch mit der selbstquälerischen Frage nach Schuld und Verantwortung auseinander. Natsume, der die Ich-Erzählung in die Literatur seiner Heimat einführte, ist einer der bedeutendsten Autoren des modernen Japan. **KK**

> Der Bau der Eisenbahn von Tokio nach Yokohama war ein typisches Projekt der Modernisierung Japans während der Meiji-Zeit.

Neununddreißig Stufen

John Buchan

Lebensdaten | *1875 (Schottland), †1940 (Kanada)
Erstausgabe | 1915
Erschienen bei | W. Blackwood & Sons (London)
Originaltitel | *The Thirty-Nine Steps*

Die neununddreißig Stufen, ein Vorläufer des modernen Spionageromans, dreht sich um den Plan der Deutschen, das unvorbereitete Großbritannien durch eine Geheiminvasion in einen Krieg zu verwickeln. Die Handlung bezog sich zwar offensichtlich auf den mörderischen Konflikt des Ersten Weltkriegs, verriet aber auch Buchans tiefe Abneigung gegen die deutsche Kultur.

Im Mittelpunkt des Geschehens steht Richard Hannay, ein beinahe übermenschlicher südafrikanischer Ingenieur, dem das Glück stets treu bleibt. Er rettet einen britischen Spion, nur um selbst zum Objekt einer Menschenjagd zu werden, die von Agenten der Deutschen inszeniert wird. Weil er glaubt, er sei in London leicht aufzuspüren, flieht er ins schottische Hochland. Doch die vermeintlich menschenleere Wildnis erweist sich als Tummelplatz von allerhand Fahrzeugen und deutschen Agenten, die sich als Stützen der britischen Gesellschaft ausgeben.

Der Roman gab das Grundrezept für den Spionagethriller vor: Verfolgungsjagden, ausgeklügelte Verkleidungen und eine drohende Katastrophe, die es abzuwenden gilt. Es kommt zu dramatischen Wendungen, weil jeder potentielle Verbündete sich als Gegner erweisen kann, was ein Grundgefühl der Paranoia auslöst. Buchan leitete während des Krieges das neu geschaffene Informationsministerium, das für Kriegspropaganda zuständig war. Seine Romane stellten offensichtlich eine Ergänzung zu dieser Tätigkeit dar. **LC**

◉ Alfred Hitchcocks Verfilmung von Buchans Thriller, die im Jahr 1935 in die Kinos kam, ist heute weit besser bekannt als die Romanvorlage.

Der Regenbogen

D. H. Lawrence

Lebensdaten | *1885 (England), †1930 (Frankreich)
Erstausgabe | 1915
Erschienen bei | Methuen & Co. (London)
Originaltitel | *The Rainbow*

Lawrence brach mit den gängigen Konventionen des Erzählens, weil er überzeugt war, daß die subjektive menschliche Erfahrung sich nicht mehr unter dem Aspekt des, wie er sagte, „alten stabilen Ich" beschreiben läßt und ein anderer Weg zur Darstellung eines Charakters beschritten werden muß. Den „Realismus", mit dem fiktionale Gestalten bisher präsentiert worden waren, hielt er für im wesentlichen wirklichkeitsfremd und rückte in *Der Regenbogen* deshalb bei seiner Schilderung von Menschen und ihren Verstrickungen unbewußte Impulse in den Vordergrund.

Der im Schatten des Ersten Weltkriegs geschriebene Roman schildert den Kontrast zwischen der urwüchsigen Bodenständigkeit der Familie Brangwen und den weitreichenden Umwälzungen der Gegenwart. Dabei werden Themen wie jugendliche Sexualität, Ehe, Generationskonflikte, Exil, Kolonialismus, nationale Identität, Bildung, sozialer Aufstieg, die Neue Frau, lesbische Liebe und psychischer Zusammenbruch (als Voraussetzung einer notwendigen Wiedergeburt und Regeneration) miteinander verwoben. Sexualität und menschliche Beziehungen sind mit brutaler Offenheit geschildert. Anhand der verschobenen Machtverhältnisse zwischen Eltern und Kind, Mann und Frau zeigt Lawrence den Zusammenbruch einer etablierten Gesellschaftsordnung. Gleichzeitig ordnet *Der Regenbogen* durch den Rückgriff auf einen biblischen Tonfall und auf pantheistische Traditionen epochale Umwälzungen in einen mythischen Bezugsrahmen ein. **AG**

Der Menschen Hörigkeit
William Somerset Maugham

Lebensdaten | *1874 (Frankreich), †1965
Erstausgabe | 1915
Erschienen bei | W. Heinemann (London)
Originaltitel | *Of Human Bondage*

Maughams bekanntester Roman basiert auf eigenen Erfahrungen. Er ist in der dritten Person erzählt, filtert aber sämtliche Ereignisse durch das Bewußtsein der Hauptfigur Philip Carey. In gemächlichem Tempo berichtet der Roman Episoden aus Careys Kindheit und Jugend, eine qualvolle Internatszeit (wo er wegen seines Klumpfußes verspottet wird), den allmählichen Verlust seines Glaubens und seine Erfahrungen als junger Mann, der danach strebt, der Welt als unabhängiger Mensch zu begegnen.

Vor allem aber beschäftigt sich der Roman mit der Sinnsuche in einer scheinbar sinnentleerten Existenz. Durch den Einblick, den Carey ins Dasein anderer Menschen gewinnt, gelangt er zu der Überzeugung, das Leben sei meist leidvoll, elend und sinnlos. Seine eigenen Erfahrungen scheinen diese zynische Diagnose zu bestätigen. Dennoch läßt ihn der Wunsch nicht los, sich den Wechselfällen des Lebens zu stellen und nach einer eigenen Philosophie zu suchen. Der Standpunkt, zu dem er findet, setzt eine Darwinsche Lebenssicht an die Stelle der beengenden Kategorien von Tugend und Laster. Die Begriffe „gut" und „böse" erscheinen als Bezeichnungen, durch die die Gesellschaft den einzelnen zur Anpassung zwingt – die Existenz an sich ist bedeutungslos und nichtig. Careys stoische Haltung, die in den lose verknüpften Episoden des Romans deutlich wird, läuft darauf hinaus, daß der denkende Mensch nur in der Ästhetik zufälliger Ereignisse eine gewisse Freiheit finden kann. **AG**

„*Die Welt war wie ein Krankensaal, es war weder Sinn noch Verstand darin.*"

Maugham (hier ein Foto von Claude Harris aus dem Jahr 1927) wurde als Kind wegen seines Stotterns gehänselt, eine qualvolle Erfahrung, die er zeitlebens nicht vergaß.

Die allertraurigste Geschichte
Ford Madox Ford

Die Meinungen zu *Die allertraurigste Geschichte* gehen auseinander. Manche Kritiker wenden ein, die Geschichte sei absolut unwahrscheinlich, und der Inhalt werde dem Stil geopfert. Andere sehen darin einen überaus kunstvoll ausgearbeiteten Roman, in dem Ford der Frage nachgeht, ob man durch ästhetisches Experimentieren eine Erzählung über die moderne Welt schaffen kann. Das Buch ist das beste Beispiel für die Stilrichtung des Impressionismus, zu dessen Hauptvertretern Ford zählte.

In *Die allertraurigste Geschichte* möchte Ford demonstrieren, wie tiefgreifend unsere Erfahrung der Wirklichkeit durch die Grenzen unseres Wissens geprägt ist. Aus der Perspektive des reichen amerikanischen Müßiggängers John Dowell erzählt, illustriert der Roman, wie sich Dowells Sicht auf die Realität ändert, nachdem er zu neuem Wissen und einer anderen Einschätzung vergangener Ereignisse gelangt ist. Im Lauf der Handlung erkennen wir, daß Dowells Frau Florence seit langem eine Affäre mit Edward Ashburnham hat, dem „guten Soldaten" des englischen Titels. Dowell ist ein völlig unzuverlässiger Erzähler, der den wahren Charakter seiner Frau ebenso wenig wahrnimmt wie die leidenschaftliche Begegnung, die stattgefunden hat. Er schildert das Idyll seiner Freundschaft mit den Ashburnhams, aber nachdem er hinter die Affäre gekommen ist, muß er mit dem Versuch, die Geschichte seiner Freundschaft zu erzählen, noch einmal von vorne anfangen. Der gesamte Roman ist geprägt von Dowells zum Scheitern verurteiltem Versuch, diese widersprüchlichen Perspektiven getreu wiederzugeben: die der unschuldigen Selbsttäuschung und die der qualvollen Einsicht. **LC**

Lebensdaten | *1873 (England), †1939 (Frankreich)
Richtiger Name | Ford Hermann Hueffer
Erstausgabe | 1915 bei The Bodley Head (London)
Originaltitel | *The Good Soldier*

„Ich hatte nie die Abgründe eines englischen Herzens ausgelotet. Ich kannte nur die Untiefen."

Madox Ford diente im Ersten Weltkrieg. Dieses Foto zeigt ihn in Uniform um die Zeit, als *Die allertraurigste Geschichte* erschien.

Rashomon
Akutagawa Ryunosuke

Lebensdaten | *1892 (Japan), †1927
Erstausgabe | 1915 in der Zeitschrift *Teikoku Bungaku*
Deutsche Übersetzung | in *Japanische Meister der Erzählung* und *Die fünfstöckige Pagode*

Zwischen 1915 und 1921 verfaßte Akutagawa sechs Kurzgeschichten, die in einem Sammelband unter dem Titel *Rashomon* erschienen. Die „Neugestaltung" oder Imitation ist ein wichtiges Element seiner schriftstellerischen Arbeit; in dieser Sammlung bearbeitet er verschiedene historische Volkserzählungen. Akutagawa verteidigt die Imitation gegen die Ideologie des Originals. Sie ist für ihn keine bloße Reproduktion, sondern ein subtiler Prozeß der Verdauung und Umwandlung.

Akutagawa erzählt seine Geschichten in einem parabelhaften Stil und Ton, der im Gegensatz zum unerwarteten Ende steht und erstaunliche emotionale Effekte erzeugt. Einige der Geschichten sind einfach entzückend, während andere unsere moralische Urteilskraft in Frage stellen und uns anregen, über die impulsive Natur des Menschen nachzudenken. Akutagawa ist überdies ein Meister des Aufbaus. In den Geschichten „Drachen" und „Yamsbrei" bedient er sich der Form des Berichts und schafft durch den Kontrast zwischen der beschränkten Perspektive der Personen und der breiteren Perspektive der Welt eine heitere Atmosphäre. „Kesa und Morito" und „In einem Hain" stellen ohne weitere Erklärung mehrere quasi-dostojewskische Monologe nebeneinander, so daß ein schwankendes Realitätsgefühl entsteht. Akutagawa ist ein in Japan vielgelesener Schriftsteller der Moderne. Seine zeitlosen, witzigen Geschichten geben Einblick in das Wesen der Literatur an sich. **KK**

◐ Der Dämon aus Rashomon, verkleidet als alte Frau, trägt den Arm davon, der ihm vom Helden Watanabe no Tsuna abgeschlagen wurde.

Das Feuer
Henri Barbusse

Lebensdaten | *1873 (Frankreich), †1935 (Rußland)
Erstausgabe | 1916
Erschienen bei | Flammarion (Paris)
Originaltitel | *Le Feu*

Die Mitglieder einer Korporalschaft, die in Barbusses Geschichte über den Frontkampf zu Beginn des Ersten Weltkriegs gefeiert werden, sind die *poilus*, die „Haarigen" der französischen Armee. Unter ihnen ist kein einziger Liberaler oder Intellektueller. Barbusse war ein Journalist mit politischem Anliegen. Seine zwei Jahre als Freiwilliger im Schützengraben ließen ihn zum Pazifisten und Kommunisten werden, und *Das Feuer* ist ein erster Schritt auf diesem Weg.

Die Kriegserfahrung ist vor allem eine Erfahrung des Zusammenbruchs. Eine pazifistische Polemik in Gestalt eines Romans ist schwierig zu konstruieren, und Barbusse versucht es erst gar nicht. Die Kapitel schildern das Leben an der Front oder im Urlaub, sie artikulieren den Zorn der *poilus* auf die Verantwortlichen, die das Blutbad an der Front verhindern könnten. Immer wieder sind Anekdoten eingestreut, die zum Beispiel erzählen, wie einer versehentlich auf die falsche Seite der Front gerät und mit einer Schachtel Zündhölzer wiederkommt, die er einem abgeschlachteten Deutschen abgenommen hat. Im Mittelpunkt aber steht der Kampf, in dem die Männer auf grauenhafte Weise sterben: zermalmt, erschossen, aufgeschlitzt, verwesend, verschüttet, unbeerdigt. Berichtet werden die Geschichten von einem am Geschehen beteiligten Erzähler. Im letzten Kapitel führt die Korporalschaft – inzwischen stark dezimiert – eine Diskussion, die den Nationalismus geißelt, die latente politische Macht der Soldaten verherrlicht und die Forderung nach Gleichheit und Gerechtigkeit betont. Die Einsicht, daß der Krieg „allein aus dem Leib und der Seele der einfachen Soldaten" besteht, ist der Anfang eines Lernprozesses dieser Arbeiter, der sich aus den beispiellosen Ereignissen an der Front ergibt. **AMu**

Ein Porträt des Künstlers als junger Mann
James Joyce

Lebensdaten | *1882 (Irland), †1941
Erstausgabe | 1916
Erschienen bei | B. W. Huebsch (New York)
Originaltitel | A Portrait of the Artist as a Young Man

Zunächst in *The Egoist* von 1914 bis 1915 in Serienform erschienen, wurde *Ein Porträt des Künstlers als junger Mann* zu dem Roman, durch den sich Joyce als eines der innovativsten literarischen Talente des 20. Jahrhunderts profilierte.

Im *Porträt* wird Stephen Dedalus als Kind, Jugendlicher und junger Mann vorgestellt. Im Lauf der Zeit rebelliert er gegen seine gutkatholische Erziehung und stellt die Werte seiner Familie, Kirche, Geschichte und Heimat in Frage. Gleichzeitig intensiviert sich Stephens Interesse an Kunst und Literatur, und er kämpft mit den Problemen eines Jugendlichen an der Schwelle zum Erwachsenenalter. Dennoch handelt es sich nicht um eine klassische Geschichte über das Erwachsenwerden. Die Sprache, die jedem Abschnitt der Erzählung zugeordnet ist, spiegelt jeweils Stephens Alter und intellektuelle Reife. Das *Porträt* beginnt mit „Muhkühen" und endet mit den Worten Stephens: „Als Millionster zieh ich aus, um die Wirklichkeit der Erfahrung zu finden und in der Schmiede meiner Seele das ungeschaffene Gewissen meines Volkes zu schmieden."

Das *Porträt* strotzt vor verblüffendem Einfallsreichtum und Phantasie. Hier begann Joyce seine revolutionäre Technik des Bewußtseinsstroms zu entwickeln, und es zeigt sich bereits die Handschrift des Autors: sein derber sexueller Humor, die blasphemischen Phantasien, das gelehrte Wortspiel, die Auslöschung und Bloßstellung des auktorialen Erzählers, Joyces unendlich komplizierte Beziehung zu Irland und allem Irischen. In diesem Roman definiert Joyce sich selbst und die Parameter modernen Schreibens neu. **SamT**

„Der Künstler, wie der Gott der Schöpfung, bleibt in oder hinter oder jenseits oder über dem Werk seiner Hände, unsichtbar, aus der Existenz hinaussublimiert, gleichgültig, und maniküt sich die Fingernägel."

 Auf dem Umschlag der Erstausgabe von *Porträt des Künstlers als junger Mann* wird Joyce als herausragende Stimme unter den jungen Schriftstellern Irlands bezeichnet.

Die Rotte
Mariano Azuela

Lebensdaten | *1873 (Mexiko), †1952
Erstveröffentlichung | in Fortsetzungen 1915 in *El Paso del Norte* (Texas)
Originaltitel | *Los de abajo*

Diese Chronik historischer Ereignisse, deren Titel wörtlich übersetzt „Die da unten" lautet, wurde zum Vorbild für ein nach wie vor beliebtes Romangenre. Das Werk, das dem Leser ein auch heute noch gültiges Bild der mexikanischen Revolution vermittelt, wurde kurz nach dieser verfaßt. Die fiktive Hauptperson, ein idealisierter Held namens Demetrio Macias, wird zum Opfer von Machtmißbrauch und gibt Heim und Familie auf, um sich in eine verzweifelte Revolte zu stürzen. Zwei Jahre lang ist er Anführer einer Gruppe von Abtrünnigen, die sich gegen die Armee stellt. Angestachelt durch die Ansprachen des Arztes und Journalisten Luis Cervantes entwickelt sich die anfangs chaotische Horde zu einer motivierten, verschworenen Gruppe. Doch die Schlagkraft der Truppe zerbricht an der Habgier und Eifersucht, die den legendären Anführer der Revolte und seinen Mentor Luis Cervantes entzweien. Verraten und verlassen, nur noch von wenigen Getreuen umgeben, fällt Demetrio schließlich kämpfend auf eigenem Grund und Boden, nachdem er endlich zu seiner Familie zurückgekehrt ist.

In eindrucksvoller, realistischer Erzählweise greift der Roman Probleme des 19. Jahrhunderts auf. Die Leichtigkeit, mit der Azuela die Tonlage der Dialoge der jeweiligen Situation anpaßt, der Wechsel des sprachlichen Tempos, der jeder Szene einen eigenen Rhythmus gibt, und nicht zuletzt die impressionistische Beschreibung der Natur und der Charaktere verleihen dem Roman eine Modernität, welche die mexikanische Literatur nachhaltig beeinflußte. **DMG**

Pallieter
Felix Timmermans

Lebensdaten | *1886 (Belgien), †1947
Erstausgabe | 1916
Erschienen bei | Van Kampen (Amsterdam)
Originalsprache | Flämisch

In der Zeit zwischen den beiden Weltkriegen zählte Timmermans zu den erfolgreichsten Autoren Flanderns. Der Durchbruch gelang ihm mit *Dämmerungen des Todes (Schemeringen van de dood)*, einer Sammlung von mysteriösen und melancholischen Novellen. Nach einer ernsthaften Erkrankung veränderte er in *Pallieter*, einem Roman, der als Ode an das Leben interpretiert werden kann, seinen Stil nachhaltig. Seine Beschäftigung mit der gesellschaftlichen und geistlichen Oberschicht seiner Zeit zog direkte Konsequenzen nach sich. Die römisch-katholische Kirche zwang ihn, die sexuell angehauchten Passagen umzuschreiben. Erst 1966 wurde die unzensierte Version des Buches veröffentlicht.

Bei dem Werk handelt es sich um einen Entwicklungsroman, dessen Protagonist Pallieter in unglücklicher Liebe einer jungen Frau verfällt. Die Begegnung erschüttert sein Weltbild und bereitet ihm herbe Enttäuschungen. Er beschließt, der Stadt und den Menschen den Rücken zu kehren, und zieht sich in die Natur zurück. Nach und nach beginnt er das Leben auszukosten und empfindet jeden Tag als Geschenk Gottes. Diese geistige Wandlung des jungen Mannes macht den Roman schlußendlich zu einer Liebeserklärung an die schönen Seiten des Lebens.

Timmermans warnte allerdings davor, die Handlung des Romans mit der Realität gleichzusetzen. Das Buch solle eher als ein Ausdruck der Sehnsucht verstanden werden. *Pallieter* lebt von phantasievollen Metaphern, und in der verzerrten Darstellung der Realität und der lyrisch anmutenden Weltsicht scheinen die Anfänge des Expressionismus auf. Auf den ersten Blick ist der Roman ein Wunder an Schlichtheit, aber hinter den einfachen Bildern liegt eine zweite reichhaltige Ebene, eine immer noch faszinierende, archetypische Welt. **JaM**

Das Heim und die Welt
Rabindranath Tagore

Lebensdaten | *1861 (Indien), †1941
In Fortsetzungen erschienen | 1915
Erste Buchausgabe | 1916
Originaltitel | *Ghare baire*

Vor dem Hintergrund der *Swadeshi*-Bewegung in Indien, die dazu aufrief, einen wirtschaftlich unabhängigen Staat zu bilden und britische Produkte zu boykottieren, untersucht Tagore in seinem Roman *Das Heim und die Welt* den Zusammenhang zwischen Liebe, Volk und Revolution. Nikhil, ein aufgeklärter Grundherr mit fortschrittlichen Ideen zur Stellung der Frau und zum Nationalismus, heiratet ein einheimisches Mädchen namens Bimala. Das Paar verbringt eine glückliche Zeit, bis plötzlich Sandeep auftaucht, ein Jugendfreund Nikhils und leidenschaftlicher Anhänger der *Swadeshi*. Bimala läßt sich von Sandeep in Bann ziehen und denkt darüber nach, ihren Ehemann zu verlassen, um gemeinsam mit dem Sandeep die *Swadeshi* zu unterstützen. Nikhil bemerkt, daß sich zwischen den beiden etwas entspinnt, läßt aber als liberaler Mann Bimala die Freiheit, selbst über ihr Leben zu entscheiden.

Der in bengalischer Sprache verfaßte Roman wird aus der Sicht der drei Hauptpersonen erzählt und beschreibt in objektivem Stil völlig unterschiedliche politische Idealvorstellungen sowie die Gefährdung einer Ehe. *Das Heim und die Welt* ist, wie der Titel andeutet, auch ein nachdenkliches Buch über den Einbruch von Staat und Medienwelt in die Privatsphäre des Familienlebens. Überdies diskutiert es die Beziehung der Frauen zu ihrem Land. Als Tagore 1919 den Nobelpreis erhielt, kritisierte er die Willkür, mit der die Welt in einzelne Nationen unterteilt wird. Auch diese Auffassung findet in *Das Heim und die Welt* Ausdruck. Tagore kritisiert den Größenwahn von *Swadeshi* und die Engstirnigkeit indischer Nationalisten. Dies wird durch die gelassene Haltung Nikhils unterstrichen, die einen klügeren Weg zu politischer Freiheit und Einigkeit verspricht. **LL**

Segen der Erde
Knut Hamsun

Lebensdaten | *1859 (Norwegen), †1952
Erstausgabe | 1917 bei Gyldendal (Oslo)
Originaltitel | *Markens Grøde*
Nobelpreis für Literatur | 1920

Segen der Erde bemüht sich um eine schlichte, unkomplizierte Prosa, die dem einfachen Leben der bäuerlichen Hauptpersonen entspricht. Zunächst wird von der Ankunft eines Mannes in der norwegischen Wildnis berichtet, der Land rodet und bebaut, heiratet und eine Familie gründet. Der Roman zeigt einen einsamen Helden, der sich eine Existenz aufbaut, und schildert die Nöte der Menschen, die in ländlicher Isolation von ihrer Hände Arbeit leben. Ohne eine bäuerliche Idylle zu zeichnen, würdigt Hamsun die Eigenschaften hart arbeitender, schlicht denkender Menschen, deren Existenz dem Rhythmus der Natur folgt. Wiederholung ist ein Leitmotiv des Romans, der auch dunkle Seiten wie Egoismus und sogar Kindsmord nicht ausspart. Allmählich verändert sich jedoch das ländliche Leben aufgrund der technologischen Neuerungen, die schließlich auch auf die landwirtschaftlichen Methoden übergreifen. Über zwei Generationen hinweg stellt diese Familiensaga die Schwierigkeiten, die Spannungen und die Zuneigung zwischen den heranwachsenden Kindern und den alternden Eltern dar. *Segen der Erde* schildert mit romantisch anmutender Nostalgie das sich langsam wandelnde erdverbundene Leben in abgeschiedener Wildnis. In diesem einnehmenden, wenn auch seltsam traurig anmutenden Roman ist eine Lebensweise dargestellt, die bereits zur Zeit seines Erscheinens archaisch wirkte. **JC**

Return of the Soldier
Rebecca West

Lebensdaten | *1892 (Irland), †1983
Richtiger Name | Cicily Isabel Fairfield
Erstausgabe | 1918
Erschienen bei | Nisbet & Co. (London)

Der Kurzroman, den die Autorin mit vierundzwanzig Jahren veröffentlichte, liefert ein zutiefst ergreifendes literarisches Zeugnis der Schrecken des Ersten Weltkriegs, erzählt aus der Perspektive der Daheimgebliebenen. Zu Beginn lebt Jenny, die Erzählerin, mit Kitty, der hübschen, aber geistlosen Frau ihres Cousins Chris, in Baldry Court, einem schönen englischen Landhaus, während Chris an der Front im Einsatz ist. Als er heimkehrt, hat er aufgrund eines Kriegstraumas das Gedächtnis verloren. Alle Ereignisse der letzten fünfzehn Jahre sind aus seiner Erinnerung getilgt, darunter seine Ehe und der Tod seines kleinen Sohnes; Baldry Court und dessen Bewohner bedeuten ihm nichts mehr. Er ist in Margaret vernarrt, eine Frau aus der Arbeiterschicht, die seine Jugendliebe war. Halb Mutterfigur, halb Geliebte, ist sie die einzige, die ihm Trost spenden kann. Am Ende des Romans wird er durch die erzwungene Erinnerung an sein totes Kind auf grausame Weise „geheilt" und damit erneut für die Front tauglich gemacht. Dort dürfte er aber dem fast sicheren Tod in den Schützengräben entgegengehen – im „Niemandsland, wo die Geschosse wie Regen auf die verwesenden Gesichter der Toten fallen".

Die Autorin erzählt ihre Geschichte voll bitterer Ironie, erreicht aber vor allem in der Schilderung der versunkenen Welt, in die Chris aufgrund seiner Amnesie Zuflucht nimmt, lyrische Qualitäten. In dieser außergewöhnlichen Liebesgeschichte erforscht West hochkomplexe und schwierige Aspekte der Erfahrung des Krieges. **LM**

„Sie war weniger eine Person als eine Verkörperung trauriger Armut, wie eine offene Tür in einem schäbigen Haus, durch die Kohlgeruch und Kindergeschrei herausdringt."

Rebecca West machte sich als Publizistin und Frauenrechtlerin einen Namen, ehe sie Romane zu schreiben begann.

Tarr
Wyndham Lewis

„Er mußte seinen Mund auf den ihren pressen; er mußte in diesem Lachen schwelgen, dort, wo es entstand. Sie war verhängnisvoll. Sie war sogar offensichtlich ‚der Teufel'."

🔵 Wyndham Lewis begründete als Maler und Schriftsteller die Kunstrichtung des Vortizismus, eine englische Spielart des italienischen Futurismus.

Lebensdaten | *1882 (Kanada), †1957 (England)
Erstveröffentlichung | 1918 in *The Egoist*
Erstausgabe (Buch) | 1919
Erschienen bei | Duckworth (London)

Wie Joyces *Porträt des Künstlers als junger Mann* erschien *Tarr* zunächst als Serie in *The Egoist*. Ebenso wie das Werk von Joyce kündigte *Tarr* eine neue Epoche der englischen Literatur an, wobei Lewis vom Modernismus seiner bekannteren Kollegen weit entfernt ist. Dennoch muß *Tarr* in seiner stilistischen Radikalität und seinem Phantasiereichtum den Vergleich mit anderen Werken der Zeit nicht scheuen. Zwar wurde der Roman 1928 umgeschrieben, die Version von 1918 bleibt jedoch maßgebend, denn sie weist noch die experimentellen Elemente auf, die dem Werk seinen besonderen Charakter geben. Auf Lewis persönlichen Erfahrungen auf dem Montparnasse zwischen 1903 und 1908 beruhend, schildert *Tarr* das Leben einer multinationalen Bohèmegemeinde in Paris. Der Roman demontiert die Ideale der europäischen Kunst, indem er den moralischen Verfall der Hauptperson Otto Kreisler nachzeichnet, deren Anmaßung, Verbitterung und schäbige sexuelle Abenteuer die Grundlage für eine ikonoklastische Kritik des modernen Intellektuellen liefern.

Tarr beeindruckt vor allem wegen des Gewichts, das Lewis der Außenwelt zumißt (während Woolf und Joyce sich weit mehr auf das Innenleben ihrer Figuren konzentrierten), der Verschiedenheit der eingenommenen Perspektiven und der Bildhaftigkeit der Sprache. Der Roman ist eine Übung im „visuellen Schreiben", ein Versuch, die Grundsätze der „vortizistischen" Malerei auf die Literatur zu übertragen. Lewis stellt seine Personen als merkwürdige, abstrakte Gestalten dar, gleichsam als aus Menschenmaterial gemeißelte Wasserspeierfiguren. *Tarr* ist ein schwieriges, provokatives und außerordentlich kunstvolles Werk, das außerhalb des vertrauten modernistischen Kanons steht. **SamT**

In Stahlgewittern
Ernst Jünger

Lebensdaten | *1895 (Deutschland), †1998
Erstausgabe | 1920 Selbstv. (Hannover); Meier (Leisnig)
Vollständiger Titel | *In Stahlgewittern: Aus dem Tagebuch eines Stoßtruppführers*

„Da war jede Hilfe umsonst. Ich sprang über ihn hinweg und hastete nach rechts … Im engen Umkreis setzten die schweren Geschosse ihr Wüten fort. Man sah plötzlich schwarze Erdklumpen aus einer weißen Wolke wirbeln; der Einschlag wurde vom allgemeinen Tosen verschluckt. Im Grabenstückchen links neben uns wurden drei Leute meiner Kompanie zerrissen." Man könnte durchaus meinen, dieser Grabenkrieg-Verismus sei einem in den letzten Jahren erschienenen Schmöker von Pat Barker, Sebastian Faulks oder Niall Ferguson entnommen. Er stammt aber von Ernst Jünger, der als Freiwilliger vom ersten Tag an im Ersten Weltkrieg kämpfte und die ganzen vier Jahre lang ein Tagebuch führte, das schließlich 16 Notizbücher umfaßte. Zwei Jahre später gab er das Buch im Selbstverlag heraus; seitdem ist es, mit zahlreichen Revisionen, in Dutzenden von Auflagen erschienen.

Jünger nennt zwar nie den Namen des Ich-Erzählers, doch es handelt sich um einen im wesentlichen autobiographischen Bericht über den Krieg an der Westfront. Es ist alles da: Kameradschaft, vaterländische Begeisterung im Kampf gegen die Briten und grausig blutige Mutproben und Tollkühnheiten, die ebensosehr der persönlichen Bewährung dienen wie sie Ausdruck nationalistischer Aggressivität sind. Jünger zeigt mit brutaler Aufrichtigkeit, großer Faszination und in packendem Sprachrhythmus das Leben in den Unterständen und den Tod in den Bombenkratern. Er läßt die Hoffnung durchklingen, daß das Leid und Elend Deutschlands letztlich Vorstufe zu Wiedergeburt und Triumph sein werden. Er ist in diesem Krieg zweifellos zum Mann geworden, dem Mann, der *In Stahlgewittern* verfaßte. Dieses Buch hat unzählige Rivalen in der Gattung des Kriegsromans in den Schatten gestellt und überlebt, weil es die „Normalität" der mechanistischen Gewalt moderner Kriegsführung auf fesselnde Weise verarbeitet. **JHa**

Liebende Frauen
D. H. Lawrence

Lebensdaten | *1885 (England), †1930 (Frankreich)
Erstausgabe | 1920 (nur Privatsubskription)
Erschienen | 1921 bei M. Secker (London)
Originaltitel | *Women in Love*

Liebende Frauen, einer der herausragenden englischen Romane des 20. Jahrhunderts, entstand aus einer Stimmung der Wut und Verzweiflung, die sich gegen die dekadente technische Zivilisation richtet. Der Roman bietet eine apokalyptische Sicht der englischen Gesellschaft, die nur auf eine reinigende Katastrophe zu warten scheint. Der pessimistische Text – ein Kriegsroman, obwohl der Krieg kein Thema zu sein scheint – ist von einem Traum der Vernichtung beseelt.

Das zutiefst beunruhigende Werk war nach seiner Fertigstellung vier Jahre lang verboten. Die Gründe dafür waren die offenherzige Darstellung von Sexualität und von mit Gewalt durchsetzten Beziehungen sowie die Schilderung einer instabilen Identität (die von unbewußten Trieben und Motiven gesteuert erscheint) und des Zynismus, den mehrere der Figuren an den Tag zu legen scheinen. In dem Roman entwickelte Lawrence seinen modernistischen Stil weiter, entwickelte eine Bildsprache, um die unsagbare Natur der menschlichen Subjektivität einzufangen, und wählte eine fragmentierte Form, um das Chaos der modernen gesellschaftlichen Existenz darzustellen. Der Text ist eine leidenschaftliche Untersuchung des Kampfes um eine neue Existenzform, die die Erblast verbrauchter Traditionen ebenso hinter sich läßt wie den Käfig der modernen Rationalität und eine Offenheit für das anstrebt, was Lawrence „die kreative Seele, das Gottesmysterium in uns" nannte.

Liebende Frauen ist ein Text, der vieles offen läßt und doch die Überzeugung des Autors bekräftigt, daß „nichts, was aus der tiefen leidenschaftlichen Seele kommt, schlecht ist oder sein kann". **AG**

Die Hauptstraße
Sinclair Lewis

Lebensdaten | *1885 (USA), †1951 (Italien)
Erstausgabe | 1920
Erschienen bei | Harcourt, Brace & Howe (New York)
Originaltitel | *Main Street: the Story of Carol Kennicott*

Die Hauptstraße ist eine sarkastische Darstellung des Lebens in der amerikanischen Kleinstadt. Lewis, ein herausragender Satiriker, wirft nicht nur einen kritischen Blick auf die Gesellschaft, sondern zeigt anhand der Geschichte seiner Heldin Carol Kennicott auch die Unmenschlichkeit des American way of life auf.

Carol, die sich gerade verlobt hat, stellt bald fest, daß sie in der provinziellen Welt von Gopher Prairie, Minnesota, in der Falle sitzt. Konfrontiert mit Mißtrauen und Feindseligkeit, versucht Carol zunächst durch die für die Zeit typischen Erwachsenenbildungsprogramme frischen Wind in die Stadt zu bringen. Unterdessen zeigen auch die moderne Vorstadtkultur und der Ausbruch des Ersten Weltkrieges ihre Auswirkungen auf das Leben der Kleinstadt. Obwohl der Autor Heuchelei und Grausamkeit satirisch geißelt, wirkt seine Darstellung menschlicher Beziehungen zutiefst anrührend. Carols Scheitern angesichts kleingeistiger Konventionen regt einerseits zur Kritik an isolationistischem Denken an, andererseits wird gezeigt, welche Kraft die menschlichen Bindungen haben, die Carol letztlich in Gopher Prairie festhalten.

Lewis' Prosa, teils ätzend, teils gefühlsgeladen, läßt den Roman zugleich urkomisch und tiefernst wirken. Mit *Die Hauptstraße* profilierte sich Lewis als Chronist der amerikanischen Gesellschaft zu Beginn des 20. Jahrhunderts. **AB**

Zeit der Unschuld
Edith Wharton

Lebensdaten | *1862 (USA), †1937 (Frankreich)
Erstausgabe | 1920 bei D. Appleton & Co. (New York)
Originaltitel | *The Age of Innocence*
Pulitzer Preis | 1921

Zeit der Unschuld entstand nach dem Ersten Weltkrieg, den Edith Wharton in Paris miterlebte, spielt aber im New York der 1870er Jahre. Der junge Anwalt Newland Archer ist mit May Welland verlobt, eine Verbindung, die zwei der ältesten und einflußreichsten Familien der Stadt zusammenbringt. Seine leidenschaftliche Liebe gehört jedoch Mays exzentrischer Cousine Ellen Olenska, die nach der gescheiterten Ehe mit einem polnischen Adligen in ihre Heimat zurückgekehrt ist. Als Ellens Rechtsbeistand bleibt Archer den Konventionen treu und verhindert ihre Scheidung, die zwar für beide Möglichkeiten eröffnen, aber auch einen Skandal bedeuten würde. Ellen, für die sich die Hoffnung zerschlägt, mit ihrer Vergangenheit abschließen zu können, geht nach Paris. Der aus der Perspektive Archers geschriebene Roman schildert seine inneren Konflikte und seine Auseinandersetzung mit sinnentleerten Konventionen, von denen er sich nicht lösen kann, während die nächste Generation bereits neue Wege beschreitet.

Die Anthropologie, eine damals neue Wissenschaft, regte die Autorin an, einen sich strikt auf Beobachtung beschränkenden Stil zu entwickeln. Der kritische Blick Edith Whartons zeigt das Leiden, das durch die gefühllose Durchsetzung eines willkürlichen Moralkodex entsteht; andererseits bleibt offen, ob größere Freiheit stets mit uneingeschränktem Glück einhergeht. **AF**

> Die Schauspielerin Katharine Cornell trat 1929 in einer Bühnenfassung von *Zeit der Unschuld* auf. 1993 wurde der Roman von Martin Scorsese verfilmt.

Eine Gesellschaft auf dem Lande
Aldous Huxley

Lebensdaten | *1894 (England), †1963 (USA)
Erstausgabe | 1921
Erschienen bei | Chatto & Windus (London)
Originaltitel | *Crome Yellow*

„Bücher! Man liest so viele und sieht so wenig von der Welt und den Menschen."

Vater und Bruder von Aldous Huxley waren Biologen, doch er selbst konnte wegen seiner schlechten Augen keine wissenschaftliche Laufbahn einschlagen.

Eine Gesellschaft auf dem Lande, Huxleys erster, überaus erfolgreicher Roman, würde wahrscheinlich höher geschätzt und häufiger gelesen, wenn die Dystopie *Schöne neue Welt* nicht wäre. Huxleys Erstling, insgesamt unbeschwerter, witziger und amüsanter als seine späteren Werke, steht in der Tradition des satirischen Ideenromans *Nachtmahr-Abtei* von Thomas Love Peacock. Huxleys nur leicht verschleierte Porträts seiner Zeitgenossen sind in der Mitte zwischen D. H. Lawrences forschender Aufrichtigkeit und Wyndham Lewis' bitterer Schroffheit angesiedelt.

Die Handlung dreht sich um das Liebeswerben des schüchternen, übersensiblen Poeten Denis Stone, der sich vergeblich um Anne Wimbush bemüht. Deren Onkel bewirtet junge Gäste auf seinem Landsitz Crome. Die bunte Gesellschaft besteht aus allerhand mehr oder weniger lächerliche Gestalten, wie der Gastgeberin Priscilla Wimbush, die sich mit Okkultismus befasst, den Malern Gombauld und Tschuplitski, deren Bilder nahezu leere Leinwände sind, und dem Selbsthilfeguru Mr. Barbecue-Smith. Die frühen Werke Huxleys zeichnen sich durch entspannten, aber scharfsichtigen Spott über seine überspannten Altersgenossen aus, deren Liebeswirrungen und „modernen" Empfindlichkeiten er ironisch darstellt. Huxleys stilisierte Satire ist von geistreichen Wendungen, Fragen nach der menschlichen Existenz und Wortspielen geprägt. Die gute Laune, die der Roman verbreitet, wirkt aber nicht ganz ungebrochen. Im Vergleich mit seinem nächsten Roman *Narrenreigen* (1923) wirkt *Eine Gesellschaft auf dem Lande* etwas derber und absurder, aber beide sind eine vergnügliche Lektüre. **DM**

Das Leben des Herrn
Giovanni Papini

Giovanni Papini war ein Journalist, Kritiker, Dichter und Schriftsteller, dessen avantgardistische Polemik ihn zu einer der kontroversesten Figuren im italienischen Literaturbetrieb des frühen 20. Jahrhunderts machten. Henri Bergson pries ihn als einen großen Meister, und William James verehrte ihn als Freund und Anhänger. Nach Jahren der religiösen Verunsicherung und des Atheismus kehrte dieses Enfant terrible der florentinischen Avantgarde schließlich zum christlichen Glauben zurück. 1921 verkündete er, daß er zum römisch-katholischen Glauben (re-)konvertiert war, und veröffentlichte das Buch *Das Leben des Herrn*, das in mehr als dreißig Sprachen übersetzt und in Italien und auch international ein Bestseller wurde.

Das Leben des Herrn ist gleichzeitig ein religiöser Roman, ein historischer Essay und ein vorzügliches Beispiel für dramatisch wirksame Literatur. Papini erlangte mit diesem Appell an die Menschheit, zu einer Religion der Liebe zurückzukehren, weltweiten Ruhm. Er befreite die bekannten Geschichten um das Leben Jesu weitgehend von den Schnörkeln und dem feierlichen Duktus, mit denen viele andere Autoren, Theologen und Kritiker das Bild vom Leben und der Zeit Jesu verschleiert hatten. Papini erzählt mit einer Schlichtheit, die den Kern der Geschichten für jeden Leser offenlegt, und einer brennenden Leidenschaft, die jedes Herz anzusprechen weiß. Ebenfalls zum Erfolg des Romans beigetragen hat die außerordentlich facettenreiche Sprache. Durch den kraftvollen, lebendigen, mannigfaltigen Stil, die starken Bilder und die Vorliebe für Provokationen und Paradoxe hebt sich Papinis Prosa von der anderer akademischer Schriftsteller seiner Zeit deutlich ab. **LB**

Lebensdaten | *1881 (Italien), †1956
Erstausgabe | 1921
Erschienen bei | Vallecchi Editore (Florenz)
Originaltitel | *Storia di Cristo*

„Es gibt Menschen, die den Wunsch zu lieben verspüren, denen aber die Fähigkeit zu lieben fehlt."

Papini war in den Debatten über die kulturellen Fragen seiner Zeit eine führende Stimme; seine Rückkehr zum Christentum wurde allerdings kontrovers diskutiert.

Ulysses
James Joyce

Ulysses gehört zu den außergewöhnlichsten Werken der englischen Literatur. Im Mittelpunkt stehen die Abenteuer der beiden Hauptfiguren Stephen Dedalus und Leopold Bloom während eines einzigen Tages in Dublin. Aber das ist nur der Aufhänger für die Darstellung des Bewußtseinsstroms zu allen möglichen Themen, angefangen bei Leben, Tod und Sexualität bis hin zum gegenwärtigen Zustand Irlands und des irischen Nationalismus. Das Werk ist durchzogen von Anspielungen auf die *Odyssee*, Homers Epos über die Irrfahrten des Odysseus. Gelegentlich sind diese Verweise aufschlußreich, dienen aber nicht selten dazu, einen ironischen Kontrast zu den oft belanglosen und schäbigen Alltäglichkeiten zu bilden, die einen Großteil der Zeit von Stephen und Bloom beanspruchen und sie ständig von ihren Ambitionen und Zielen ablenken.

Das Buch beschwört ein eindringliches und facettenreiches Bild der Stadt Dublin herauf, angefüllt mit Details, die häufig – und vermutlich absichtlich – falsch oder wenigstens fragwürdig sind. Doch all dies dient nur als Hintergrund für eine Erforschung des menschlichen Innenlebens, die sich nicht mit den Gewißheiten der klassischen Philosophie zufriedengeben will. Vielmehr versucht Joyce das oft scheinbar Zufällige des Denkens nachzubilden und zu zeigen, daß es völlig unmöglich ist, einen geradlinigen Weg durchs Leben zu gehen.

Mit dem völlig neuen Romanstil, den Joyce in *Ulysses* entwickelte, wollte er deutlich machen, daß die moralischen Regeln, mit denen wir unser Leben zu lenken versuchen, in Wirklichkeit von Pannen, zufälligen Begegnungen und den Seitenstraßen des Denkens bestimmt sind. Ob dies nun eine Aussage über einen spezifisch irischen Zustand oder über eine allgemeinmenschliche mißliche Lage ist bleibt aber letztlich offen, unter anderem weil Bloom Jude ist und daher in der Stadt und dem Land, die er für seine Heimat hält, Außenseiter bleibt. **DP**

Lebensdaten | *1882 (Irland), †1941 (Schweiz)
Erstausgabe | 1922
Erschienen bei | Shakespeare & Co. (Paris)
Originaltitel | *Ulysses*

„Liebe liebts Liebe zu lieben."

- Die Erstausgabe, die in Paris von Sylvia Beachs „Shakespeare & Co." herausgegeben wurde, brachte der Verlegerin enorme Verluste ein.
- Das Originalmanuskript des Circe-Abschnitts von Ulysses zeigt, wie gründlich der Autor seinen ersten Entwurf überarbeitete.

Babbitt
Sinclair Lewis

Lebensdaten | *1885 (USA), †1951 (Italien)
Erstausgabe | 1922
Erschienen bei | Harcourt, Brace & Co. (New York)
Originaltitel | *Babbitt*

Nach dem überwältigenden Erfolg seines Romans *Die Hauptstraße* wandte sich Lewis einer weiteren Symbolfigur des amerikanischen Lebensstils zu, dem typischen Geschäftsmann der Mittelklasse, den er in der Figur des George F. Babbitt verewigte. Babbitt lebt und arbeitet als Immobilienmakler in der fiktiven Stadt Zenith im Mittleren Westen, in der es „weder Zitadellen noch Kirchen gibt, sondern, gleichermaßen ehrlich und schön, Bürogebäude". Satirisch und zugleich liebevoll schildert Lewis Babbitts Alltag, seinen Weg zur Arbeit, seinen gesellschaftlichen Umgang, das Golfspielen, den Besuch im Club und das Engagement in der Kommunalpolitik. Doch dieses erfolgreiche Leben wird durch einen Vorfall völlig auf den Kopf gestellt, und Babbitt muß sein bequemes Dasein überdenken. Nachdem Babbitt ins Schlingern gerät, kann der Leser einen Blick in eine Welt jenseits der glänzenden Bürotürme von Zenith werfen, in der ein mutigeres, ernüchterndes, aber letztlich humaneres Dasein möglich ist.

Auf geniale Weise gelingt es Lewis hier, mit Hilfe einer Romanfigur, die niemand mögen kann – den selbstgefälligen, angepaßten und aggressiv bigotten amerikanischen Geschäftsmann –, nicht nur bissigen Humor zu entfalten, sondern lebhafte menschliche Anteilnahme zu wecken. *Babbitt* ist eine politische Kritik, die hinter die blasierte Maske des amerikanischen Kapitalismus zwischen den Weltkriegen blickt. Der Roman bleibt aber nicht bloß amüsante Satire, sondern zeigt auf, wie wichtig es ist, jenseits der Ideologie die menschlichen Beziehungen im Blick zu behalten. **AB**

Mein Elternhaus
Colette

Lebensdaten | *1873 (Frankreich), †1954
Vollständiger Name | Sidonie-Gabrielle Claudine Colette
Erstausgabe | 1922 bei Ferenczi (Paris)
Originaltitel | *La maison de Claudine*

In dieser halb autobiographischen Erzählung erinnert sich Frankreichs beliebteste Autorin ihrer Kindheit, die sie auf dem Land bei ihrer klugen, außergewöhnlichen Mutter verbrachte. *Mein Elternhaus* ist die wunderbare Geschichte eines unschuldigen Mädchens inmitten einer magischen Waldlandschaft, und Colettes Evokation der märchenhaften Natur ist allgegenwärtig: die Katze schnurrt „wie das Rattern einer weit entfernten Fabrik", zahme Schwalben landen auf ihrem Kopf, und eine Spinne läßt sich an ihrem Faden herab, um aus der Tasse der Mutter Schokolade zu trinken. Aber die Erwachsenenwelt ist immer nah, und Colette beschreibt beide Welten mit der Sinnlichkeit, die zu ihrem Markenzeichen wurde.

Als sie dieses Buch schrieb, war die idyllische Kindheitswelt längst einer ganzen anderen Welt gewichen. Aus dem unschuldigen Mädchen wurde ein Freigeist der Pariser Halbwelt und ein Star auf den Bühnen der Variétés – Colette war in der Welt der fleischlichen Genüsse und der Skandale zu Hause. Ihre Karriere als Schriftstellerin begann bizarr: ihr erster Mann zwang sie, für ihn (und unter seinem Pseudonym „Willy") Romane zu schreiben. Die ersten vier so entstandenen Claudine-Romane (1900–04) waren unglaublich erfolgreich, *Mein Elternhaus* gehört jedoch nicht zu diesen vier. **JH**

> Nachdem Colette 1905 ihren Mann verlassen hatte, verdiente sie sich ihr Geld als erotische Varietékünstlerin.

Life and Death of Harriett Frean *

May Sinclair

Lebensdaten | *1862 (England), †1946
Richtiger Name | Mary Amelia St. Clair
Erstausgabe | 1922
Erschienen bei | W. Collins & Sons (London)

Dieser knappe, schmucklose und grausam ironische Roman markierte einen Wendepunkt in Sinclairs Karriere. Er spiegelt ihre Auseinandersetzung mit der Psychoanalyse, der damals neuen Theorie des Unbewußten, und mit dem Konflikt zwischen Sexualität und gesellschaftlicher Identität. Der Roman ist eine Art Fallstudie, die den Leser buchstäblich von der Wiege bis zur Bahre an Harriett Freans Bewußtsein teilhaben läßt. Zu Beginn der Geschichte liegt Harriett in ihrem Bettchen, die Eltern heitern sie mit Kinderreimen auf und staunen über ihr Lachen. „Beide nacheinander küßten sie, und die kleine Harriett hörte plötzlich auf zu lachen." Schon jetzt ahnt man nichts Gutes, und tatsächlich beschäftigt sich der Roman immer wieder wie unter einem Zwang stehend mit der Zerstörung, die der Elternliebe eingeschrieben ist, und mit der Forderung nach Selbstaufopferung, die sich hinter dem Wunsch verbirgt, die Tochter möge sich „schön benehmen".

Entzückt vom Bild des eigenen Ich, das die Eltern ihr zurückspiegeln, wählt Harriett ein Leben der Entsagung. Dessen Destruktivität ist Sinclairs Schlüsselthema. Sie übt Kritik an der Vorstellung der Tugend und legt offen, wie das konventionell schöne Benehmen der viktorianischen Mittelklasse einen elementaren Angriff gegen das Begehren und das Leben selbst darstellt. Sinclairs komplizierte Beziehung zur historischen und literarischen Moderne bildet das Zentrum dieses Romans, der das „Leben" einer Frau untersucht, die es nicht über sich bringt, das Kind ihrer Eltern zu zerstören. **VL**

* Im Ersten Weltkrieg arbeitete Sinclair als Ambulanzfahrerin. Nach dieser prägenden Erfahrung beschloß sie, Schriftstellerin zu werden.

Der Wald der Gehenkten

Liviu Rebreanu

Lebensdaten | *1885 (Rumänien), †1944
Erstausgabe | 1922
Erschienen bei | Cartea românească (Bukarest)
Originaltitel | Padurea spânzuratilor

Der Wald der Gehenkten ist die erste psychologische Erzählung der rumänischen Literaturgeschichte. Liviu Rebreanu behandelt darin die qualvolle Lage der rumänisch-siebenbürgischen Soldaten im Ersten Weltkrieg. Da sie politisch noch immer zu Österreich-Ungarn gehörten, sahen sie sich gezwungen, gegen die eigenen Landsleute zu kämpfen. Der Autor verarbeitete in dem Buch die Lebensgeschichte seines Bruders Emil Rebreanu, der 1917 gehängt wurde, weil er versucht hatte, zu den Rumänen überzulaufen. Den Romanhelden Apostol Bologa, Leutnant im österreichisch-ungarischen Heer, trifft ein ähnliches Schicksal. Anhand von Bologas Erfahrungen beschreibt Rebreanu den Konflikt zwischen Staatstreue und echter Loyalität.

Deserteure wurden im Krieg gehängt, was als die abscheulichste und erniedrigendste Art zu sterben galt. Deshalb sind es Bilder von Galgen und zu diesem Zweck mißbrauchten Bäumen, welche den Leser durch das ganze Buch begleiten. Leutnant Bologa durchlebt eine radikale innere Wandlung. Er ist zunächst völlig von seinen militärischen Pflichten überzeugt und gehört dem Schwurgericht an, das einen Deserteur zum Tode verurteilt. Doch beim Anblick des Erhängten regen sich in ihm plötzlich tiefe Schuldgefühle, und sein rumänisches Nationalgefühl erwacht. Seine militärischen Ideale erscheinen ihm plötzlich hohl und leer. Unfähig, weiterhin die Waffe gegen seine Landsleute zu erheben, wird er zu einem der Deserteure, die er zu Anfang verachtete, und wählt damit den Galgen.

Der Wald der Gehenkten ist ein Kriegszeugnis von universaler Bedeutung, das auch auf heutige Leser noch eine eindringliche Wirkung auszuüben vermag. **AW**

Siddhartha
Hermann Hesse

Lebensdaten | *1877(Deutschland), †1962 (Schweiz)
Erstausgabe | 1922
Erschienen bei | S. Fischer (Berlin)
Vollständiger Titel | *Siddhartha: Eine indische Dichtung*

Siddhartha, der als Sohn eines Brahmanen Wohlstand und Privilegien genießt, lebt abgeschieden in seinem Heimatdorf. Den Heranwachsenden läßt jedoch das brennende Verlangen nach Weisheit und neuen Erfahrungen nicht los. Er erzählt seinem Vater von seinem Vorhaben und schließt sich mit seinem Jugendfreund Govinda den durchs Land ziehenden Samanas an, die ihr Leben der Askese geweiht haben. So beginnt Siddharthas Sinnsuche in einer Welt der Trauer und des Leids.

Angeregt durch hinduistische und buddhistische Lehren, stellt Hesse die Spannungen zwischen der Glaubenslehre einer etablierten Religion und den seelischen Antrieben des Menschen dar. Gemeinsam mit Siddhartha erkennen wir im Lauf seiner Geschichte eine fundamentale Wahrheit: Es gibt keinen vorgezeichneten Weg zur seelischen Entwicklung, kein Rezept für das Leben. Hesse wirft die Frage auf, was es heißt, ein spirituelles Leben zu führen und ob man sich durch blindes Festhalten an einer Religion, Philosophie oder an irgendeiner sonstigen Überzeugung überhaupt weiterentwickeln kann. Wir sollten, so zeigt er uns, vielmehr die Wirklichkeit jedes Augenblicks wahrnehmen, die stets neu, lebendig und in Wandlung begriffen ist. Dieses dynamische Dahinströmen des Lebens faßt Hesse in das kraftvolle Symbol eines Flusses.

Seine Botschaft übermittelt der Roman in einer Prosa, die ebenso schimmernd und natürlich wirkend dahinfließt wie der Fluß, an dessen Ufer Siddhartha seine letzten Lebensjahre verbringt. **CG-G**

Der ungeheure Raum
E. E. Cummings

Lebensdaten | *1894 (USA), †1962
Erstausgabe | 1922 bei Boni & Liveright (New York)
Originaltitel | The Enormous Room
Alternativtitel | *Der endlose Raum*

Diese Autobiographie verdankt sich der Tatsache, daß Cummings und sein Freund B. (William Slater Brown) 1917 in Frankreich lieber mit französischen Soldaten zusammen waren als mit ihren Landsleuten. Sie arbeiteten als freiwillige Fahrer für die Norton-Harjes-Sektion des amerikanischen Roten Kreuzes, als sie festgenommen und – in Cummings' Fall für fast vier Monate – in ein Konzentrationslager in Südfrankreich verschleppt wurden. B. hatte in Briefen an seine Angehörigen in Massachusetts angedeutet, er habe von Aufständen in Frankreich gehört, deren Bekanntwerden die Regierung verhindere; sein Freund Cummings wurde gleich mitverhaftet. In dem „ungeheuren Raum" des Titels spielt sich das erbärmliche Leben der Gefangenen ab, die unmittelbar neben den Matratzen Urinkübel stehen haben.

Cummings feiert geradezu die Eigentümlichkeiten und Besonderheiten seiner Mitgefangenen, denen er ausgefallene Namen gibt. Er schätzt den Wanderer, den Zulu, Mexique und vor allem Jean le Nègre, andere Gestalten wie Bill, der Holländer, kommen schlecht weg. Gegen diese Individuen, ob er sie nun mag oder nicht, setzt er ironisch die „große und gute französische Regierung". In dieser klassischen anarchistischen Struktur steht der Einzelne gegen jedwede Autorität. Cummings vertritt die Werte einer neuen, modernen Kunst, die „einen enormen, schmerzlichen Prozeß der Gedankenlosigkeit verlangt, der zu einem winzigen Bißchen des rein individuellen Empfindens führen kann. Und dieses winzige Bißchen ist Kunst." Für den Rest seines Lebens blieb Cummings in seiner Kunst der instinktiven Anarchie treu. **AM**

> Trotz seines modernen Schreibstils gehört Cummings zu der populären US-amerikanischen Tradition, die der Liebe, dem Individualismus und dem Underdog huldigt.

Kristin Lavranstochter
Sigrid Undset

Lebensdaten | *1882 (Dänemark), †1949 (Norwegen)
Erstausgabe | 1920-1922 bei H. Aschehoug & Co. (Oslo)
Originaltitel | *Kristin Lavransdatter*
Nobelpreis für Literatur | 1928

„Lavran und Ragnhild waren mehr als nur gewöhnlich fromme und gottesfürchtige Leute."

Sigrid Undset wurde 1928 für ihre historischen Romane mit dem Literaturnobelpreis geehrt.

Die selbstbewußte und unabhängige Kristin Lavranstochter ist die Heldin dieser in altertümlich-höfischem Sprachstil gehaltenen Saga, in die alte Volksmärchen und Legenden um königliche Machtkämpfe einfließen. Ihr Vater Lavran, ein reicher Bauer und frommer Christ, liebt seine Tochter über alles. Sie soll Simon Darre heiraten, den Erben des Nachbargutes, doch statt dessen verliebt sie sich in den gutaussehenden, aber verantwortungslosen Erlend Nikulaussøn, dem das große Anwesen Husaby gehört. Er hat allerdings Eline Ormstochter die Ehe versprochen, und mit ihr kämpft Kristin nun um Erlends Aufmerksamkeit; in einer Szene schlägt Kristin vor: „Sollen wir um unseren Mann würfeln, wir beiden Mätressen?" Die liebesfähige und treue Kristin ist von Mord, Heirat und Verschwörungen gegen das Königshaus umgeben und reift durch all die Schwierigkeiten zu einer starken und opferbereiten Frau heran.

Der Roman erschien ursprünglich in drei Bänden, *Der Kranz*, *Die Frau* und *Das Kreuz*. Die Schilderungen des Lebens im Norwegen des 13. und 14. Jahrhunderts zeugen nicht nur von detaillierter Kenntnis des Mittelalters in seinen politischen, sozialen und religiösen Gegebenheiten (Undsets Vater war Archäologe, und in der Familie spielten Folklore und Legenden eine große Rolle), sondern auch von der Fähigkeit der Autorin, sich in die Gedanken- und Gefühlswelt mittelalterlicher Menschen hineinzuversetzen. Auch die subarktische skandinavische Landschaft ist eindrucksvoll eingefangen.

Undset trat 1924 zum römisch-katholischen Glauben über, und das Thema der Religion zieht sich durch alle ihre Romane. Die Figur der Gutsbesitzertochter Kristin zeichnet Sigrid Undset als modern anmutende, tatkräftige und entsagungsvolle Heldin, die mit Anna Karenina, Tess und Emma Bovary verglichen wurde und eine Gestalt von universellem, zeitlosem Reiz ist. Die Trilogie um diese Heldin ist eines der Meisterwerke Undsets. **JHa**

Amok
Stefan Zweig

Stefan Zweig war ein überaus erfolgreicher und produktiver Schriftsteller, Biograph, Übersetzer und Weltreisender. Der prominente Pazifist mußte 1934 nach London und dann nach Brasilien emigrieren, wo er, entsetzt über den Aufstieg des Faschismus, gemeinsam mit seiner Frau Selbstmord beging. Die Novelle *Der Amokläufer* ist die Geschichte eines Arztes, der in den Tropen den Verstand verliert. Der Ich-Erzähler ist ein welterfahrener Mitreisender, der den geheimnisvollen Arzt auf der Überfahrt von Kalkutta nach Europa kennenlernt und ein schreckliches Geheimnis von ihm erfährt. Die in Stil und kolonialer Szenerie an Joseph Conrad erinnernde, packende Geschichte handelt von Leidenschaft, moralischer Pflicht und unkontrollierbaren unbewußten Kräften.

Der Arzt, der nach einer an einem deutschen Krankenhaus begangenen Unterschlagung in den Tropen untertauchen mußte, ist zunächst von romantischen Idealen erfüllt, den Eingeborenen die Zivilisation bringen zu wollen, fühlt sich in Indien aber bald isoliert und einsam und entfremdet sich zusehends von seiner europäischen Identität. Völlig mutlos geworden, verliert er durch die Begegnung mit einer arroganten und gebieterischen Engländerin, die in seine Praxis kommt und eine Abtreibung verlangt, die Kontrolle über seine bewußte Willenskraft. Zunächst kämpft er darum, in einem verschleiert sadomasochistischen Szenario die Oberhand zu behalten, doch nachdem die Frau ihn verhöhnt hat, bedrängt er sie weiterhin zwanghaft mit seiner Gegenwart, weil er sich nicht mehr aus ihrem Bann lösen kann.

Diese beeindruckende Novelle, reich an psychologischen Einsichten in die Macht des Unbewußten und der latenten Dynamik der Sexualität, ist ein idealer Einstieg in Stefan Zweigs Werk. **AL**

Lebensdaten | *1881 (Österreich), †1942 (Brasilien)
Erste Buchausgabe | 1922
Erschienen bei | Insel (Leipzig)
Titel der Sammlung | *Amok. Novellen einer Leidenschaft*

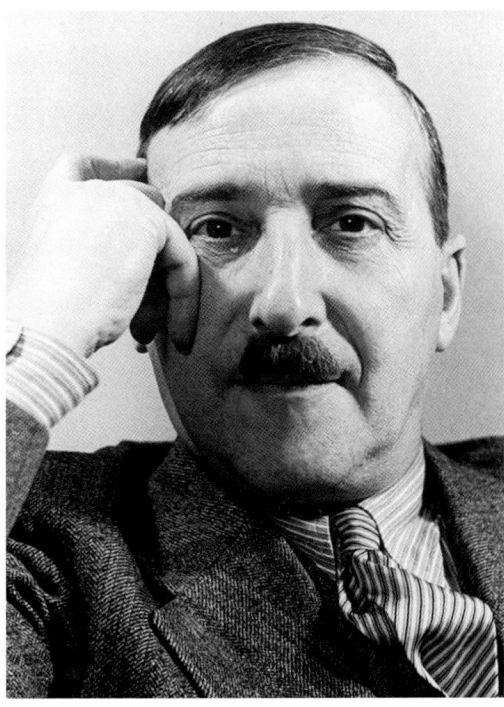

„Eine Stunde …, nachdem diese Frau in mein Zimmer getreten, hatte ich meine Existenz hinter mich geworfen und rannte Amok ins Leere hinein …"

Zweigs psychologisches Gespür kommt auch in seinen Biographien der Autoren Stendhal und Tolstoi zum Ausdruck.

Den Teufel im Leib
Raymond Radiguet

Lebensdaten | *1903 (Frankreich), †1923
Erstausgabe | 1923
Erschienen bei | Grasset (Paris)
Originaltitel | Le diable au corps

Nur fünf Jahre nach dem Zweiten Weltkrieg erschienen, erhitzte die Liebesgeschichte zwischen einem sechzehnjährigen Jungen und der jungen Frau eines Frontsoldaten die Gemüter. Radiguet spitzte den Skandal noch zu, als er wenige Tage nach dem Erscheinen des Romans einen Artikel veröffentlichte, in dem er seine „falsche Autobiographie" als um so wahrer bezeichnete, weil sie nicht wahr sei. Die Jugend des Verfassers, seine große Begabung und der skandalöse Inhalt trugen zum schnellen Erfolg des Romans bei. Heute gilt er als Klassiker, der Generationen von Lesern und Künstlern fasziniert hat.

Wegen seines stürmischen Lebens und frühen Todes wird Radiguet häufig mit Rimbaud verglichen. Er selbst wies die Bezeichnung „Wunderkind" zurück, räumte allerdings die künstlerische Affinität zu Rimbaud und Baudelaire ein. So finden denn auch der anonyme Held der Geschichte und seine Geliebte über die gemeinsame Begeisterung für *Die Blumen des Bösen* zueinander. Radiguets literarische Wurzeln lassen sich, auch wenn seine Verbindung zu den Surrealisten und seine Liebesbeziehung zu Jean Cocteau für ihn prägend waren, bis zur französischen Klassik zurückverfolgen. *Den Teufel im Leib* ist elegant und dicht geschrieben und formuliert in Form prägnanter Maximen viele psychologische Einsichten in die Mechanismen aussichtsloser Liebe. Wichtiger aber ist, wie der Roman mit der kleinbürgerlichen Moral abrechnet, die Generationen von jungen Männern und Frauen in der Konfrontation mit der Logik von Liebe und Krieg tragisch scheitern ließ. **IJ**

◉ Im Jahr 1919 schuf Modigliani dies Porträt von Radiguet, der vier Jahre später mit nur 20 Jahren starb.

Zeno Cosini
Italo Svevo

Lebensdaten | *1861 (Italien), †1928
Richtiger Name | Ettore Schmitz
Erstausgabe | 1923 bei Cappelli (Bologna)
Originaltitel | La coscienza di Zeno

Für Italo Svevo, der im bürgerlichen Leben Ettore Schmitz hieß, blieb das Schreiben eine geheime Leidenschaft, der er frönte, wenn er nicht seinem Beruf als Kaufmann nachging oder Geige spielte. Zwei Elemente gewannen entscheidende Bedeutung in seinem Leben: die Freundschaft mit James Joyce und die Auseinandersetzung mit der Psychoanalyse Freuds, dessen *Traumdeutung* er übersetzte.

Der Roman ist eine fiktive Autobiographie, welche die Hauptfigur Zeno auf Anregung von Doktor S. im Rahmen einer Psychoanalyse schreibt. Die Schilderung dieses Lebens ist jedoch keineswegs als Huldigung an Freuds Erkenntnisse zu verstehen, sondern bietet vielmehr Gelegenheit, den vergänglichen, flüchtigen Charakter menschlicher Begierden darzustellen. Zeno, ein typischer Antiheld, besitzt keinerlei Willenskraft und lacht über seine Unfähigkeit, das eigene Dasein in geordnete Bahnen zu lenken. Er meint, durch eine Heirat sein Unbehagen kurieren zu können, und macht der schönen Ada einen Antrag, heiratet aber dann versehentlich deren unattraktive Schwester Augusta. Zenos neurotischer Charakter zeigt sich in seinen vergeblichen Versuchen, mit dem Rauchen aufzuhören. Er ist ein hilfloses Opfer seiner Sucht und faßt tausendmal am Tag den Entschluß, dem Nikotin abzuschwören. Bedeutsame Zeitpunkte in seinem Leben dienen als magische Mahnungen, daß ein zigarettenfreies Leben möglich wäre: „der neunte Tag des neunten Monats im Jahr 1899", „der dritte Tag des sechsten Monats im Jahr 1912 um 12 Uhr". Zeno muß sich selbst Verbote setzen, die er dann in ritueller Weise übertritt. Dank seiner Flatterhaftigkeit und Willensschwäche ist die Zigarette, die er gerade raucht, stets die letzte, während er zugleich Lust aus dem bevorstehenden eigenen Scheitern zieht. **RP**

Auf der Suche nach Indien

E. M. Forster

Lebensdaten | *1879 (England), †1970
Erstausgabe | 1924
Erschienen bei | E. Arnold & Co. (London)
Originaltitel | A Passage to India

In seinem letzten Roman erreicht Forster eine gewisse Ernsthaftigkeit, die in seinen früheren Werken nicht spürbar ist. Zwar karikiert er die Briten in Indien als vorurteilsbeladene Spießer, hält aber an einer parodistischen Darstellung nicht so konsequent fest wie in *Wiedersehen in Howards End* und *Zimmer mit Aussicht*. Eine zentrale Rolle spielen die berühmten Höhlen von Marabar, die Forster als Ort der Zwiespältigkeit und Ungewißheit schildert. Die Besucher der Höhlen wissen nie so recht, was und ob sie etwas erlebt haben. Adele Quested, eine neu in Indien eingetroffene Britin, wird bei dem Ausflug in die Höhlen von dem Inder Dr. Aziz begleitet; was zwischen beiden dort geschieht, läßt sich nie ganz aufklären. Zwar vermuten die Briten, Aziz habe sich Adele unsittlich genähert, was sie selbst jedoch nie bestätigt. Vielmehr entkräftet sie im Laufe eines Gerichtsverfahrens entsprechende Vorwürfe und fällt damit bei ihren Landsleuten in Ungnade. Doch auch diese Aussage kann kein Licht ins Dunkel bringen. Dies ist ein typisches Beispiel für die Uneindeutigkeit, die Forsters moderne Ästhetik kennzeichnet.

Der Vergewaltigungsprozeß steht zwar im Mittelpunkt des Geschehens, aber die Freundschaft zwischen Aziz und den sympathischen britischen Humanisten Mrs. Moore und Cyril Fielding verweist auf die Möglichkeit einer Verbindung über die nationalen Grenzen hinweg (eine zentrale Idee in Forsters Schaffen). Aus Sicht mancher Kritiker zeichnet sich der Roman durch seine wohlwollende Haltung gegenüber frühen Unabhängigkeitsbestrebungen in Indien aus, während andere anmerken, daß Forster es nicht vermochte, bei der Darstellung der Inder auf die Klischees exotischer Phantasien zu verzichten. **LC**

Wir

Jewgeni Samjatin

Lebensdaten | *1884 (Rußland), †1937 (Frankreich)
Erstausgabe | 1924
Erschienen bei | E. P. Dutton (New York)
Originaltitel | *My*

Wir, eine prototypische Dystopie, war 1921 der erste Roman, der durch die sowjetische Zensurbehörde verboten wurde, und lieferte das Vorbild für spätere ähnliche Werke. Der Roman besteht aus den Tagebucheinträgen von D-503, einem Mathematiker und braven Bürger eines autoritären künftigen Staates. Das Tagebuch beginnt mit einer Huldigung an die Staatsdoktrin, die vorschreibt, daß Glück, Ordnung und Schönheit nur in der Unfreiheit, den eisernen Lehren der mathematischen Logik und der absoluten Macht zu finden seien. Im Laufe des Romans gerät D-503 jedoch unter den subversiven Einfluß einer schönen Dissidentin namens I-330. Von wildem Verlangen nach I gepackt, verliert D seinen Glauben an die Reinheit der mathematischen Logik und an die Behauptung, ein perfekt geordnetes Kollektiv könne alle menschlichen Bedürfnisse erfüllen. Er fühlt sich immer mehr von der poetischen Irrationalität von $\sqrt{-1}$ und der anarchistischen Privatheit der Liebe angezogen. Er identifiziert sich nicht mehr mit „wir" und sieht sich allmählich als „ich".

Wir zeichnet sich vor allem durch die intellektuelle Raffinesse aus, mit der Samjatin den autoritären Staat durchleuchtet. Der Roman prangert den Kommunismus nicht offen an, sondern liefert eine ergreifende, schwarzhumorige Analyse der Widersprüche zwischen der Freiheit und dem Glück, das der Staatssozialimus produziert. **PB**

> Ein Plakat aus der Frühzeit des bolschewistischen Regimes in Rußland. Samjatins Roman wurde später als Kritik am sowjetischen Totalitarismus verstanden.

Der Zauberberg
Thomas Mann

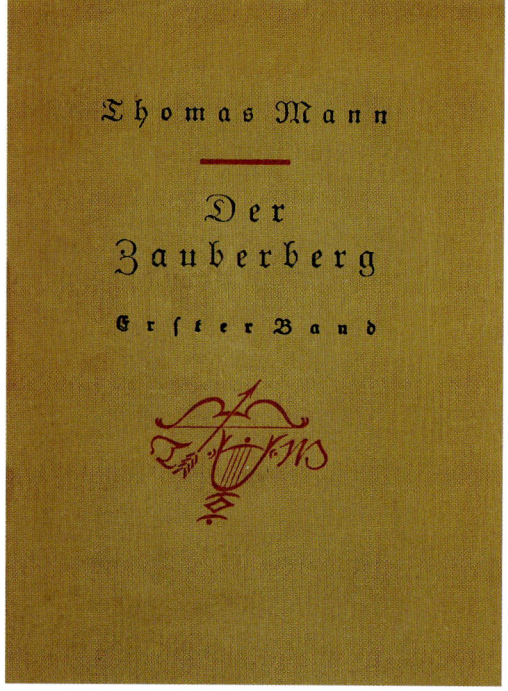

„Warten heißt: Voraneilen, heißt: Zeit und Gegenwart nicht als Geschenk, sondern nur als Hindernis empfinden, ihren Eigenwert verneinen und vernichten und sie im Geist überspringen."

Lebensdaten | *1875 (Deutschland), †1955 (Schweiz)
Erstausgabe | 1924
Erschienen bei | S. Fischer Verlag (Berlin)
Nobelpreis für Literatur | 1929

Der Zauberberg beginnt mit Hans Castorps Reise von Hamburg in ein Sanatorium in Davos. Die ersten drei Wochen des nur für einen recht kurzen Zeitraum geplanten Aufenthalts verstreichen quälend langsam. Aber bald erliegt Castorp dem merkwürdigen Zauber der monotonen Existenz der Tuberkulosepatienten. Eine Reihe anschaulich charakterisierter Personen, die zur Genesung oder zum Sterben in die Schweizer Berge kommen, fesselt sein Interesse.

Der Zauberberg steht in der Tradition des Bildungsromans, obwohl Castorp nicht in die Welt des Handelns und der Ereignisse, sondern in den Kosmos der Ideen eingeführt wird, während der herannahende Weltkrieg die Ruhe im Sanatorium nicht zu stören scheint. In den Debatten zwischen den Patienten erkundet Mann die philosophischen und politischen Fragen seiner Zeit: Humanismus gegen die greifbare Bedrohung des Fanatismus. Castorp erfährt auch, was es heißt, sich an einem Ort, gezeichnet von Krankheit und Tod, zu verlieben – das verstörend intime Andenken, das Claudia Chauchat ihrem Geliebten überläßt, ist eine Röntgenaufnahme ihrer kranken Lunge.

Während sich die Rückkehr ins norddeutsche Tiefland verzögert, aus Wochen Monate und aus Monaten Jahre werden, scheint die Zeit nicht voranzurücken. Wir durchleben mit Hans Castorp die Intensität der prägenden Augenblicke seiner sieben Jahre im Sanatorium, die mal tragisch und mal erotisch, mal prosaisch und mal absurd sind und sich in einer „ausdehnungslosen Gegenwart" erstrecken. **KB**

Ein Sanatoriumsaufenthalt mit seiner Frau Katja im Jahr 1913 lieferte Thomas Mann Anregungen für *Der Zauberberg*.

Der grüne Hut
Michael Arlen

Lebensdaten | *1895 (Bulgarien), †1956 (USA)
Geburtsname | Dikran Kouyoumdjian
Erstausgabe | 1924 bei W. Collins & Sons (London)
Originaltitel | *The Green Hat*

Der grüne Hut erzählt die Geschichte der verführerischen Iris Storm – die Figur soll dem Vorbild Nancy Cunards nachempfunden sein –, deren verbotene Liebe zu ihrem Jugendfreund Napier Harpenden dazu führt, daß sie eine Reihe tragischer Ehen und verheerender Liebesaffären eingeht und schließlich Selbstmord verübt. Der Roman machte Arlen berühmt. Der extravagante Publikumsliebling pflegte enge Kontakte zu wichtigen Gestalten der britischen Moderne wie D. H. Lawrence und Osbert Sitwell. Die Modernität des Romans zeigt sich zum Beispiel darin, daß er eine liebevolle Parodie von Sitwells Zeitschrift *The New Age* enthält. *Der grüne Hut* läßt sich auch als populäre Neufassung von Fords *Die allertraurigste Geschichte* lesen, die Iris als „erstaunlichen Liebesroman" bezeichnet. Arlens Stil, mit seinen mehrdeutigen, elliptischen Schilderungen, ist offensichtlich von der Moderne beeinflußt, greift aber gelegentlich auf intensive, merkwürdig fragmentierte Bilder zurück, die dem Imagismus verpflichtet sind.

Diese modernen Elemente verbinden sich mit den konventionellen Zügen des Liebesromans, vor allem wenn der Wechsel der Mode und das Tempo der neuen Zeit kommentiert werden. Am Ende fährt die lebensmüde Iris ihren Wagen gegen den Baum, unter dem sie und Napier sich ihre Liebe gestanden haben. Diese grandiose romantische Geste gehört zu den Klischees des Genres, doch wird dabei das Automobil, ein Symbol der schnellebigen Zeit, als Rieseninsekt dargestellt, in einer beinahe futuristischen Abweichung vom Konventionellen. **LC**

Addis Aläm *
Heruy Wäldä-Sellassé

Lebensdaten | *1878 (Äthiopien), †1939
Erstausgabe | 1925
Erschienen bei | Goha Säbah (Addis Abeba)
Originalsprache | Amharisch

Äthiopien gehört zu den wenigen afrikanischen Ländern, die der Kolonialisierung entgingen. 1923 wurde es in den Völkerbund aufgenommen. Als Leiter der Regierungspresse hatte Heruy Wäldä-Sellassé die Aufgabe, die Entwicklung einer äthiopischen Nationalkultur und des Amharischen als Schriftsprache zu fördern, und als Diplomat lag ihm viel an Ideen und Unterstützung aus den Industriestaaten.

Addis Aläm (dt. etwa „Neue Welt"), sein zweiter Roman, vertritt vorbehaltlos die Perspektive, daß eine Modernisierung nach westlichen Maßstäben erstrebenswert ist. Hauptfigur ist ein Äthiopier, der die Gelegenheit bekommt, in Europa zu studieren, und dann zurückkehrt, inspiriert von der Mission, sein Heimatland zu verändern. Doch seine Ambitionen scheitern an der Gleichgültigkeit und den Vorurteilen der Äthiopier, die seinen Überzeugungsversuchen widerstehen und nicht bereit sind, ihre traditionellen Praktiken und ihren Glauben aufzugeben. Sie stehen den Wundern der modernen europäischen Technologie feindlich gegenüber und bleiben einer Priesterschaft ergeben, die als korrupt und reaktionär geschildert wird.

Heute muß Wäldä-Sellassés Modernisierer wohl unerträglich gönnerhaft und in seinem Glauben an die fraglose Überlegenheit der westlichen Zivilisation auch auf bestürzende Weise politisch unkorrekt erscheinen. Dennoch beschreibt das Buch einen bedeutsamen Moment in der sich entwickelnden Beziehung zwischen afrikanischen Ambitionen und europäischer Macht; außerdem trug es wesentlich zur Herausbildung der modernen amharischen Literatur bei. **RegG**

Das Haus des Professors
Willa Cather

Lebensdaten | *1873 (USA), †1947
Erstausgabe | 1925
Erschienen bei | A. Knopf (New York)
Originaltitel | The Professor's House

„Er hatte es nie gelernt, ohne Freude zu leben."

Willa Cather, die vor allem für ihre Schilderungen des Pionierlebens im amerikanischen Westen berühmt wurde, schaffte es 1931 auf die Titelseite des *Time*-Magazins.

Den Eingangs- und den Schlußteil von *Das Haus des Professors* bilden zwei chronologisch aufeinander folgende Berichte aus dem Privat- und Berufsleben des Geschichtsprofessors Godfrey St. Peter. Sie liefern den Rahmen für eine Geschichte, die der Student Tom Outland seinem Professor Jahre zuvor anvertraut hatte. Wenn Outland mit fast religiöser Intensität die von ihm entdeckten Überreste einer untergegangenen Zivilisation in der Blue Mesa von New Mexico beschreibt, glaubt man die trockene, leuchtende Klarheit des Südwestens zu spüren. Tom Outlands offenbar grenzenloses wissenschaftliches und geistiges Potential, die väterliche Zuneigung, die St. Peter ihm entgegenbringt, und nicht zuletzt sein früher Tod im Ersten Weltkrieg machen ihn zu einer Gestalt von lyrischer Vollkommenheit.

Das Haus des Professors besteht in Wirklichkeit aus zwei Gebäuden: einem gemütlichen, reparaturanfälligen Bau – mittlerweile ausgeräumt und weitgehend unbewohnt –, in dem St. Peter mit seiner Familie lebte und seine Karriere vorantrieb, und einem zweiten Haus, das für seinen Ruhestand genau nach seinen Wünschen gebaut und mit einem prestigeträchtigen akademischen Preis finanziert wurde und für eine komfortable Zukunft steht, deren Versuchungen der Professor lange widerstanden hat. Bei seiner ersten Begegnung mit Outland war St. Peter noch ein unorthodoxer junger Akademiker mit finanziellen und beruflichen Sorgen gewesen. Zu der Zeit, in der der Roman spielt, hat ihm dasselbe Werk, das lange als unpublizierbar galt, Ruhm und sogar Wohlstand eingetragen. Seine Tochter, die damals mit Outland verlobt war, schlägt jetzt gemeinsam mit ihrem Mann erbarmungslos Kapital aus Outlands tragischer Geschichte und seinen lukrativen Erfindungen. Obwohl Outland leiden mußte, blieben ihm doch die vielen kleinen Demütigungen erspart, die St. Peter erdulden muß, während institutionelle Zwänge, die sich seinem Einfluß entziehen, ihn immer stärker von seinem wirklichen Ich entfremden. **AF**

Das Werk der Artamonovs
Maxim Gorki

Das Werk der Artamonovs, einer von Gorkis längsten und anspruchsvollsten Romanen, erzählt die Geschichte der Kaufmannsfamilie Artamonov über drei Generationen. Der freigelassene Leibeigene Ilja Artamonov gründet eine eigene Textilfabrik und versucht das, was er für bürgerliche Werte hält, nämlich harte Arbeit und Bescheidenheit, an seinen Sohn Pjotr und seinen Neffen Alexej weiterzugeben. Doch der soziale Aufstieg bringt den Artamonovs nur Unglück, weil dem schwachen Pjotr und dem berechnenden Alexej jene Wärme und Menschlichkeit fehlen, die für Iljas Generation noch typisch waren. In der dritten Generation bricht etwas über die Artamonovs herein, das ihnen als Katastrophe erscheint: Ihre Fabrik wird im Zuge der Oktoberrevolution von den Arbeitern übernommen. Doch Gorki läßt keinen Zweifel daran, daß der Prozeß der Degeneration, der mit dem Aufstieg der Familie ins Bürgertum begann, auch ihren Niedergang begründet und eine neue, bessere Welt erst möglich macht.

Mit diesem Roman legte Gorki eine umfassende Familiensaga im Stile von *Krieg und Frieden* vor, jedoch mit einem sehr viel eindringlicher geschilderten und zeitgemäßeren Setting. Ihre Charaktere, sowohl die heruntergekommenen Artamonovs als auch die wechselnde Belegschaft ihrer Fabrik, sind lebendig und realistisch geschildert. Wie in allen seinen Romanen meidet Gorki die Falle der politischen Propaganda, indem er seine Figuren – Arbeiter wie Kapitalisten – mit sardonischem und zugleich mitfühlendem Blick betrachtet. Uns Lesern vermittelt der Roman einen Eindruck von der revolutionären Begeisterung in Rußland, die dazu führte, daß Gorki und viele andere von einer Welle neuer Hoffnung auf gesellschaftliche Veränderung erfaßt wurden. *Das Werk der Artamonovs* bleibt ein wertvoller Roman, nicht nur wegen seiner literarischen Qualitäten, sondern auch als das Dokument eines erschütternden Augenblicks der russischen Geschichte. **AB**

Lebensdaten | *1868 (Rußland), †1936
Richtiger Name | Alexej Maximowitsch Peschkow
Erstausgabe | 1925 in *Russkaja Kniga* (Berlin)
Originaltitel | *Delo Artamonovych*

„Wenn alles einfach ist, wird man schnell dumm."
Gorki, 1926

Gorkis Verhältnis zu den russischen Bolschewiken war häufig schwierig. *Das Werk der Artamonovs* entstand im selbstgewählten Exil in Italien.

Der Prozeß
Franz Kafka

„Jemand mußte Josef K. verleumdet haben, denn ohne daß er etwas Böses getan hätte, wurde er eines Morgens verhaftet."

Wie bei Kafkas Erzählung *Die Verwandlung* — deren erster Satz lautet: „Als Gregor Samsa eines Morgens aus unruhigen Träumen erwachte, fand er sich in seinem Bett zu einem ungeheueren Ungeziefer verwandelt" – entwickelt sich der gesamte Roman aus dieser in den ersten Zeilen verkündeten Bedingung. Der Protagonist Josef K. erfährt nie, was ihm vorgeworfen wird und nach welchen Prinzipien der Justizapparat, in dem er sich verfängt, arbeitet. Geschildert werden statt dessen K.s mühsame Versuche, das Vorgefallene zu begreifen und seine Unschuld zu beteuern. Dabei gibt es keinerlei Instanz, die ihm erklären könnte, was es bedeutet, schuldig zu sein, und wessen er überhaupt angeklagt ist. In Josef K.s Kampf um seinen Freispruch zeigt sich auf außerordentlich bewegende Weise, was es bedeutet, nackt und schutzlos in ein gänzlich unverständliches System hineingeboren zu werden, bewaffnet mit nichts als der festen Überzeugung, unschuldig zu sein.

Die Beschäftigung mit diesem Roman hat einen merkwürdigen Effekt: Löst K.s Ringen mit den Behörden zunächst das Gefühl aus, auf etwas Bekanntes, Vertrautes gestoßen zu sein, findet bald eine merkwürdige Umkehrung statt, in der unsere Welt der Welt Kafkas lediglich zu ähneln scheint und unsere Kämpfe zu einem schwachen Abglanz des existentiellen Kampfes werden, der uns in K.s nicht enden wollenden Nöten entgegentritt. Aus diesem Grund ist *Der Prozeß* trotz seiner Unabgeschlossenheit, seiner Unmöglichkeiten und Schwierigkeiten auch ein Buch voll wilder Heiterkeit: Es nimmt uns mit in das absolut leere Herz einer Existenz in einer Welt alltäglicher, ins Extreme geführter Prozesse. **PB**

Lebensdaten | *1883 (Prag), †1924
Erstausgabe | 1925
Erschienen bei | Die Schmiede (Berlin)

„Mann am Tisch" ist Teil einer Serie von Zeichnungen, die Kafka 1905 im Sanatorium in Kierling bei Wien anfertigte.

In Orson Welles' düster expressionistischer Verfilmung von 1962 spielte Anthony Perkins den verwirrten Josef K.

Die Falschmünzer
André Gide

Lebensdaten | *1869 (Frankreich), †1951
Erstausgabe | 1925
Erschienen bei | Gallimard (Paris)
Originaltitel | *Les Faux-Monnayeurs*

Bezeichnenderweise ist Gides einziges Werk, das die Bezeichnung „Roman" verdient, eine Studie über die Möglichkeiten des Romans. Édouard, eine der vielen Erzählstimmen in den Falschmünzern, ist ebenfalls Romanschriftsteller. Er führt, wie Gide, ein Tagebuch, das den Schreibprozeß dokumentiert, und auch er versucht einen Roman zu schreiben, der Die Falschmünzer heißt. Mit wachsendem Schwindel lesen wir also einen Roman über einen Romancier, der einen Roman über einen Romancier schreibt, der einen Roman schreibt …

Dies ist nur einer von vielen Kunstgriffen, die Gide anwendet, um seine Leser zu verwirren. Ein anderer ist der irreführende Titel: So wie Gide mit anerkannten Genres wie dem Liebes- und dem Bildungsroman flirtet, wird auch die Möglichkeit eines Detektivromans um ein paar Gymnasiasten, die falsche Goldmünzen in Umlauf bringen, angedeutet, aber nicht ausgeführt. „Falsche Münzen" werden vielmehr zu einer Metapher für falsche und unechte Werte allgemein, die durch den Staat, die Familie, die Kirche und das literarische Establishment in Umlauf gebracht werden.

Die Falschmünzer machen es uns nicht einfach: Sie enthalten uns eine versichernde, überpersönliche Erzählinstanz vor, konfrontieren uns mit Figuren, die dann gar keine Rolle spielen, und lassen uns mit vielen losen Fäden aus vielen unterschiedlichen Handlungssträngen zurück. Doch genau darum ist dieser Roman so wichtig: Seine Lektüre stellt alle Gewohn- und Gewißheiten, die man als Leser von Romanen des 19. Jahrhunderts erwirbt, in Frage, einschließlich unseres Urteils über Gide – denn was garantiert den Wert der *Falschmünzer*, wenn es keine Authentizität gibt? **KB**

Der große Gatsby
F. Scott Fitzgerald

Lebensdaten | *1896 (USA), †1940
Erstausgabe | 1925
Erschienen bei | C. Scribner's Sons (New York)
Originaltitel | *The Great Gatsby*

Der große Gatsby ist ein amerikanischer Klassiker. Nick Carraways begeisterter Bericht über seinen charismatischen Nachbarn, dessen Aufstieg und Untergang nur einen Sommer währt, beschwört die amüsanten Exzesse und falschen Versprechungen eines ganzen Jahrzehnts herauf. Die außergewöhnlichen visuellen Motive des Romans – die riesigen, brütenden Augen eines Aushängeschilds, das „Tal ganz aus Asche" zwischen der Metropole New York und dem vergnügungssüchtigen Long Island, die Blau- und Goldtöne von Gatsbys nächtlichen Cocktailpartys – verbinden die Ikonographie des „Jazz Age" mit den gleichzeitig aufkommenden Ängsten vor dem gesellschaftlichen Wandel, die für den amerikanischen Modernismus so charakteristisch sind. Gatsby, den der Erzähler verdächtigt, „eine Ausgeburt der platonischen Idee seiner selbst" zu sein, wurde zum Synonym des amerikanischen Traums schlechthin.

Gatsbys verschwenderischer, hedonistischer Lebensstil dient, wie wir bald erfahren, einzig und allein dazu, seine verlorene Jugendliebe Daisy, die inzwischen mit dem Millionär Tom Buchanan verheiratet ist, zurückzugewinnen. Die schwebende Leichtigkeit, mit der Fitzgerald Gatsbys funkelnde Phantasiewelt beschreibt, findet ihr Gegenstück in der Schilderung der dunkleren, aggressiveren Seiten der Wirklichkeit. An zahlreichen Stellen wird auf die höchst zweifelhaften Geschäfte hingewiesen, denen Gatsby seinen Reichtum verdankt, und Tom Buchanan wird als brutaler, untreuer Ehemann charakterisiert. Der Gewaltausbruch – zugleich der Höhepunkt des Romans – ist eine vernichtende Kritik an den verantwortungslosen Exzessen der privilegiertesten Gesellschaftsschicht. Dennoch endet der Roman ambivalent. **NM**

> Scott Fitzgerald und seine Frau Zelda Weihnachten 1925.

Lay by my side a bunch of purple heather.

(Jan 3rd 1924)

There was an age when the pavement was grass; another when it was swamp; an age of tusk & mammoth; an age of silent sunrise; & through them all the battered woman — for she wore a skirt — with her right hand exposed, her left clutching at her knees stood singing of love; which love unconquerable in ~~battle~~ fight; which ~~she sang after lasting for millions of years~~ after a ~~time~~ ~~had lasted a million years~~. yes, a million years so she sang, her love, & which she sang was immortal ~~through her lover~~, & millions of years ago her lover, in May, her lover, who had been dead three centuries, had walked, the crooned, with her in May; but in the course of ages, ~~when~~ long as summer days, & ~~being flaming~~, so she remembered with nothing but red flowers, he had gone; death's enormous sickle had swept over those tremendous hills; & ~~now~~ when, ~~she laid her hoary~~ immensely she laid her hoary & immensely aged head on the Earth now become a mere cinder of ice, it would have outlived everything — her memory of happiness even — the she implored ~~that~~ "Lay by my side a bunch of purple heather"; there where in that high burial place wh~~ich~~ the last rays of the last sun caressed a ~~bunch~~ of purple heather; for then the pag~~eant~~ of the universe would be over.

100
80
180

at last

Mrs. Dalloway
Virginia Woolf

Mrs. Dalloway gehört zu den wichtigsten Texten der Londoner Moderne. Der Roman, dessen äußere Handlung sich über einen einzigen Tag erstreckt, zeichnet die sich überschneidenden Wege seiner beiden Hauptfiguren, Clarissa Dalloway und Septimus Warren Smith, rund um den Regent's Park nach. Clarissa Dalloway gehört der oberen Gesellschaftsschicht an, ihr Mann Richard ist Abgeordneter der Konservativen. Septimus Warren Smith hingegen ist ein traumatisierter Veteran des Ersten Weltkriegs. Die Zeit vergeht, begleitet von den Stundenschlägen des phallisch emporragenden Big Ben, und führt schließlich zu einem doppelten Höhepunkt: Mrs. Dalloways glanzvoller Abendgesellschaft und dem Selbstmord von Septimus Warren Smith, dem das London der Nachkriegszeit keine Lebensperspektive mehr bietet.

Die Wirkung dieses Romans verdankt sich zu großen Teilen der Unversöhnlichkeit seiner beiden Hälften, eine Unvereinbarkeit, die in den Räumen der Stadt gespiegelt erscheint. Jeder Mensch lebt sein je eigenes Leben, bereitet sich auf seinen Selbstmord oder auf eine Abendgesellschaft vor, und zwischen den Individuen gibt es, so suggeriert der Roman, keine Brücke. Septimus und Clarissa sind durch gesellschaftliche Unterschiede, durch ihr Geschlecht und durch den Raum voneinander getrennt, und dennoch legt die von einem Bewußtsein zum anderen hin- und herwandernde Erzählbewegung zugleich eine intime, unterschwellige Verbindung zwischen den beiden nahe, die in Clarissas Reaktion auf die Nachricht von Septimus' Tod zum Ausdruck kommt. Die Stadt ist in einen poetischen Raum eingebettet, den die vergehende Zeit nicht berührt, ein Raum, der es erlaubt, die Beziehung zwischen Mann und Frau, zwischen zwei Menschen neu zu denken. *Mrs. Dalloway* ist ein Roman voller Widersprüche – zwischen Mann und Frau, arm und reich, dem Ich und dem Anderen, zwischen Leben und Tod. Trotz dieser Widersprüche weist er durch die angedeutete Möglichkeit der poetischen Vereinigung von Septimus und Clarissa voraus auf eine Versöhnung, auf die wir bis heute warten. **PB**

Lebensdaten | *1882 (England), †1941
Erstausgabe | 1925
Erschienen bei | Hogarth Press (London)
Originalsprache | Englisch

Woolf litt ihr Leben lang unter Depressionen und plante schon mit Anfang 30, sich umzubringen. 1941 ertränkte sie sich.

Woolfs Notizen zu Mrs. Dalloway loten die Erfahrung einer Wirklichkeit aus, die ihr „etwas sehr Erratisches, etwas sehr Unzuverlässiges" zu sein schien.

Chaka Zulu
Thomas Mofolo

Lebensdaten | *1875 (Lesotho), †1948
Erstausgabe | 1925 bei Morija Sesuto Book Depot
Originalsprache | Sesotho
Originaltitel | Chaka

Thomas Mofolo, der in Basutoland (heute Lesotho) in Südafrika geboren wurde, schrieb Chaka Zulu, ein anerkanntes Meisterwerk der Sesotho-Literatur, im Jahr 1910. Der Roman erzählt die Geschichte von Chaka, dem unehelichen Sohn eines unbedeutenden südafrikanischen Stammesfürsten, der Anfang des 19. Jahrhunderts durch einen zehn Jahre währenden Krieg die Zulu-Nation schuf.

Mit seiner Mutter muß Chaka schon als Kind den väterlichen Palast verlassen. Nach dieser Zurückweisung und den Demütigungen durch Gleichaltrige wird die Ausübung von Macht zum zentralen Motiv in Chakas Leben. Von seinem Stamm verstoßen, begegnet er in der Wüste dem Medizinmann Isanusi, der ihm hilft, Stammeshäuptling zu werden und die Liebe einer schönen Frau zu erlangen. Doch sein Ehrgeiz und seine Gier nach Ruhm sind übermächtig. Er schließt einen teuflischen Pakt mit Isanusi und tötet die Frau, die er liebt, um der größte Stammesfürst aller Zeiten zu werden.

Mofolo, ein christlich geprägter Schriftsteller mit einem scharfen Blick für alles Sündhafte, zeichnet den seelischen Niedergang seines Protagonisten systematisch nach. Am Schluß ist Chaka unfähig, Krieg von Mord zu unterscheiden; er hat sein Gewissen geopfert, um Diktator zu werden. Berücksichtigt man jedoch, daß Chakas Geschichte in seiner harten Kindheit wurzelt, kann man hinter dem wilden Tyrannen einen begabten, aber fehlgeleiteten Teenager erkennen. Mofolo, der hier historische Fakten mit romantischen Elementen mischt, hat mit Chaka Zulu einen faszinierenden Roman geschaffen, der uns einen Einblick in das vorkoloniale Afrika ermöglicht. **OR**

The Making of Americans
Gertrude Stein

Lebensdaten | *1874 (USA), †1946 (Frankreich)
Erstausgabe | 1925
Erschienen bei | Contact Editions (Paris)
Originalsprache | Englisch

Steins innovative Prosa besitzt eine maßvolle Schönheit, die sich am besten über den Rhythmus und das Tempo der gesprochenen Sprache erschließen läßt. Der Familienroman des 19. Jahrhunderts wird mit diesem mehrere Generationen überspannenden Epos über das Leben von vier Familien gewissermaßen neu erfunden und gleichzeitig in Frage gestellt – doch eine solche Zusammenfassung wird diesem Werk nicht gerecht. Mit fließenden Vorwärts- und Rückwärtsbewegungen innerhalb des Zeitstroms erforscht Stein die innere, emotionale Entwicklung der Menschen, während diese altern, mit ihren Ehepartnern zusammenleben, in eine Gemeinschaft eingebunden sind und schließlich zu Amerikanern werden. All dies geschieht mit einem beinah kubistisch zu nennenden Bestreben, Geschehnisse in all ihren Facetten und aus möglichst vielen Perspektiven zu zeigen. The Making of Americans – Geschichte vom Werdegang einer Familie reflektiert außerdem über seine eigene Komposition und enthält einige der ausführlichsten Kommentare der Autorin über ihre Auffassung vom Schreiben und ihren einzigartigen Stil.

Als Klassiker der Moderne häufig unterschätzt, kreiert der Roman einen neuen, idiomatischen Gebrauch der Sprache, während er das alte viktorianische Konzept des Realismus in Frage stellt. Er interpretiert außerdem auf epische Weise die psychologische Entwicklung der Amerikaner, deren Ausgangspunkt bis zu den Gründerfamilien zurückreicht. Dieser Roman ist wunderbar geschrieben, eine echte Herausforderung und ein literarisches Meisterwerk. Er verdient es, zu den größten Errungenschaften der Literatur der Moderne gerechnet zu werden. **JC**

Alibi
Agatha Christie

Lebensdaten | *1890 (England), †1976
Erstausgabe | 1926
Erschienen bei | W. Collins & Sons (London)
Originaltitel | *The Murder of Roger Ackroyd*

Alle Detektivromane haben überraschende Wendungen, aber dieses Meisterstück aus Christies umfangreichem Werk übertrumpft sie alle und bricht in der verblüffenden Auflösung auch noch einige Grundregeln des Genres. *Alibi* enthält viele der Ingredienzien, für die Christie berühmt wurde: diverse Leichen, englische Landhäuser, eine überschaubare Gruppe von Verdächtigen und den schnurrbartzwirbelnden belgischen Detektiv Hercule Poirot. Die Ereignisse um den Mord an dem Landadligen Roger Ackroyd werden aus der Perspektive des Dorfarztes Dr. Sheppard berichtet, und natürlich gibt es potentielle Täter in Hülle und Fülle: War es das Zimmermädchen, der pensionierte Major, Ackroyds Stiefsohn oder ein mysteriöser Fremder, der auf dem Grundstück gesehen wurde? Diese kleine Auswahl zeigt, daß Christies Roman nebenbei auch vermittelt, welche Gesellschafts- und Klassenstrukturen das ländliche England in den 1920er Jahren regierten. Jeder Mensch hat ein Geheimnis, wie Poirot zu sagen pflegt, und so fördert der Roman augenzwinkernd einen unehelichen Sohn, eine heimliche Hochzeit, Erpressung und Drogensucht als mögliche Mordmotive zutage. Es gibt außerdem jede Menge falsche Fährten und zweifelhafte Alibis, denn die wirkliche Tatzeit wurde kunstvoll vertuscht, indem der Mörder Ackroyds Stimme gewissermaßen aus dem Jenseits, sprich: vom Band, erklingen ließ. Das Verschwinden des Diktaphons liefert Poirot schließlich den entscheidenden Hinweis. Der Leser hat kaum eine Chance, dem Täter selbst auf die Schliche zu kommen. *Alibi* ist daher einer der wenigen Kriminalromane, die man ein zweites Mal lesen sollte, um nachvollziehen zu können, wie meisterhaft die Spuren des Mörders hier verwischt werden. **CC**

Einer, keiner, hunderttausend
Luigi Pirandello

Lebensdaten | * 1867(Italien), †1936
Erstausgabe | 1926 bei R. Bemporad (Florenz)
Originaltitel | *Uno, nessuno e centomila*
Nobelpreis für Literatur | 1934

Die Entdeckung, daß man von einem Freund oder Verwandten genau beobachtet wird, kann eine unangenehme Überraschung sein, vor allem dann, wenn der Beobachter unsere kleinen körperlichen Unvollkommenheiten bemerkt und hervorhebt. Bei Moscarda, dem Protagonisten von Pirandellos Roman, bewirkt die unerwartete Bemerkung seiner Frau über seine leicht nach rechts gebogene Nase jedoch eine fundamentale Erschütterung. Weil das Bild, das seine Frau von ihm hat, nicht mit seinem Selbstbild übereinstimmt, wird Moscarda plötzlich klar, daß er in den Augen seiner Umwelt – seiner Frau, seiner Freunde und Bekannten – ein anderer ist als der, der er zu sein glaubt. Er ist gezwungen, mit tausend Fremden zu leben, den tausend Moscardas, die für die anderen sichtbar und untrennbar mit ihm verbunden sind und die er doch niemals erkennen kann.

Der philosophische Kern des Romans ist Pirandellos Lieblingsthema: die Relativität unserer Wahrnehmung und die Zersplitterung der Realität in Fragmente, die keinen Sinn ergeben. Eng damit verbunden ist seine Reflexion über die Sprache und die Unmöglichkeit einer objektiven und befriedigenden Kommunikation, die darin begründet ist, daß wir die Wörter mit subjektiven Bedeutungen aufladen.

Als Moscarda über der bitteren Erkenntnis, daß er nur das Bild ist, das andere sich von ihm machen, wahnsinnig zu werden droht, versucht er die Realität der anderen zu unterlaufen, indem er einen neuen, anderen Moscarda erfindet. Doch sein Versuch, sich seines eigenen Ichs zu bemächtigen, scheitert. Als Ausweg bleibt nur die Selbstverleugnung, die mit der Weigerung beginnt, in den Spiegel zu schauen. **RP**

Die Sonne Satans
Georges Bernanos

Lebensdaten | *1888 (Frankreich), †1948
Erstausgabe | 1926
Erschienen bei | Plon (Paris)
Originaltitel | *Sous le soleil de Satan*

Der erste Roman des französischen Schriftstellers und Katholiken Bernanos ist ein leidenschaftliches Glaubensbekenntnis, dessen Intensität den fiktionalen Rahmen zu sprengen droht.

Der Roman beginnt mit einem Vorspiel, der Geschichte von Mouchette, einem jungen Mädchen, das in der französischen Provinz aufwächst und die Heuchelei und Dummheit seiner dörflichen Umgebung haßt. Neben anderen gräßlichen Sünden begeht sie auch einen Mord: Sie tötet ihren skrupellosen Liebhaber. Nun führt Bernanos seinen eigentlichen Helden ein, einen unbeholfenen und unkultivierten jungen Priester namens Donissan, der sich selbst geißelt und eine seltsam inspirierende Wirkung auf die Dorfbewohner ausübt. Naturgemäß lehnt die katholische Kirche Donissans Extremismus ab. Eines Nachts erscheint ihm auf der Straße der Teufel in Gestalt eines Pferdehändlers. Als Donissan Mouchette begegnet, erkennt er, daß sie in der Gewalt des Satans ist. Das spätere Schicksal des Mädchens treibt ihn zu einer extremen Reaktion, nach der ihn sowohl kirchliche als auch weltliche Autoritäten für geisteskrank erklären. Am Schluß des Romans ist Donissan zu einem christlichen Märtyrer geworden.

Bernanos gelingt es, diese übernatürlichen Geschehnisse mit einer konkreten, phantasievoll geschilderten Realität zu verbinden. Weil er die selbstzufriedene „Bourgeoisie" mit großer Heftigkeit ablehnte, betrachteten ihn auch viele Nichtgläubige als Geistesverwandten. Obwohl die politischen Sympathien des Autors zeitweise stark zum rechten Flügel des Spektrums tendierten, bestreiten seine Werke ausdrücklich jeden Zusammenhang zwischen der Selbstbehauptung des katholischen Glaubens – selbst in einer nahezu mittelalterlichen Form – und der Unterstützung der existierenden Gesellschaftsordnung. **RegG**

Der brave Soldat Schwejk
Jaroslav Hašek

LLebensdaten | *1883 (Prag), †1923
Erstausgabe | 1926 bei A. Synek (Prag)
Erste vierbändige Ausgabe | 1921–1923
Originaltitel | *Osudy dobrého vojáka švejka*

Die Abenteuer des braven Soldaten Schwejk sind eigentlich eine monumentale, unvollendete Sammlung (Hašek starb, bevor er die letzten beiden Bände vollenden konnte) der komischen Erlebnisse eines mehr oder weniger zufällig in die österreichisch-ungarische Armee geratenen Soldaten während des Ersten Weltkriegs. Seine Brillanz verdankt der Roman seiner glücklosen, aber gutmütigen Hauptfigur Schwejk, einem Zaungast der Weltgeschichte, der doch immer wieder in ihren Lauf eingreift. Dies gelingt ihm, indem er hartnäckig genau das tut, was von ihm verlangt wird, und damit gleichzeitig die Erwartungen des Systems enttäuscht, weil er immer und ausschließlich er selbst ist.

Mit Schwejk erfand und perfektionierte Hašek – der selbst Soldat, aber auch Hundedieb, Trunkenbold und Kabarettist war – einen fiktionalen Typus. In der Tschechoslowakei wurde Schwejk, eine Art Prototyp von Forrest Gump, für die (scheinbare) Einfältigkeit, mit der er die anmaßenden Lügen der Mächtigen aufdeckte, wie ein Volksheld gefeiert. Weil er im Wirtshaus eine unvorsichtige Bemerkung über die Ermordung des Erzherzogs Ferdinand fallen läßt, wird Schwejk eingezogen und tritt als Offiziersbursche in den Dienst eines tschechischen Leutnants. Bei all seinen vielfältigen Abenteuern wird niemals wirklich klar, wieviel Berechnung in seiner Natur steckt und wieviel kindliche Naivität. Nebenbei gelingen ihm Angriffe auf die Kriegspropaganda, die Selbstbedienungsmentalität der Bürokraten und das in alle Lebensbereiche eindringende Regime. **DSoa**

> Mit seinen Zeichnungen für *Der brave Soldat Schwejk* vermittelte der Illustrator Josef Lada Generationen von Lesern seinen Blick auf die Romanfiguren.

Alberte und Jakob
Cora Sandel

Lebensdaten | *1880 (Norwegen), †1974 (Schweden)
Richtiger Name | Sara Fabricius
Erstausgabe | 1926 bei Gyldendal (Oslo)
Originaltitel | *Alberte og Jakob*

Alberte und Jakob, der erste Teil von Cora Sandels „Alberte"-Trilogie, wurde von der Frauenbewegung als Meisterwerk gepriesen. Der Roman spielt in einer kleinen Provinzstadt in Nordnorwegen, seine junge Heldin Alberte stammt aus einer in finanzielle Schwierigkeiten geratenen Mittelklassefamilie. Weil sie aus diesem Grund weder weiter zur Schule gehen noch in den Süden, in den fröhlichen Trubel der Stadt Christiania, ziehen kann, hat Alberte nichts zu tun als abzustauben, zu stopfen und an tristen gesellschaftlichen Ereignissen teilzunehmen.

Der Roman erkundet die erdrückende Leere von Albertes Leben, ihre Hoffnungen und Ängste, ihre geheimen Sehnsüchte und ihre innere Rebellion. Plastische Schilderungen der intensiven Kontraste von Norwegens Jahreszeiten begleiten die Handlung. Der Roman beginnt im ewigen Dämmer des Frühwinters, in dem Albertes Welt auf ihr Zuhause zusammenschrumpft. Als die Tage länger werden, tauchen reiche junge Leute in ihrer Stadt auf, und Albertes Welt weitet sich wieder und wird Schauplatz von Festen und Ausflügen. Doch weil Alberte überzeugt davon ist, unattraktiv zu sein und nicht in die Gesellschaft zu passen, bleibt sie überall eine Außenseiterin, die nur zusehen, aber nicht handeln kann. Als die Tage wieder kürzer werden, bleibt sie zurück wie eine Gefangene. Albertes kontaktfreudiger und rebellischer Bruder Jakob hingegen kämpft offen darum, zur See gehen zu dürfen. Ihm gelingt es schließlich auch, die Familie zu verlassen. Als sich dann sogar Albertes mutige Freundin Beda in eine Ehe zwingen läßt, beschließt Alberte, sich umzubringen. Im letzten Augenblick spürt sie jedoch, wie ihr Lebenswille zurückkehrt, und sie schleppt sich nach Hause, entschlossen, trotz allem zu „leben, weiterleben, so gut man es vermag". **CIW**

Das Schloß
Franz Kafka

Lebensdaten | * 1883(Prag), †1924
Erstausgabe | 1926
Erschienen bei | K. Wolff (München)

Es spricht für Franz Kafkas herausragende Fähigkeiten, daß das fehlende Ende der Wirkung dieses Romans keinen Abbruch tut. Anders als in *Der Prozeß* und *Die Verwandlung* ist die gesamte Geschichte nicht schon in den ersten Zeilen enthalten; ob dies so ist, weil *Das Schloß* nicht vollendet wurde, muß eine offene Frage bleiben. In jedem Fall ist *Das Schloß* wohl ein noch undurchsichtigeres, noch schwerer faßbares Werk als die genannten Vorgänger. Vor diesem Hintergrund scheint es nur folgerichtig, daß der Roman keinen Schluß hat und daß die Ereignisse, über die berichtet wird, zu einer unendlichen Folge zu gehören scheinen, aus der nur ein kleines Segment auf die Buchseiten gelangt ist.

Die Ankunft des Landvermessers K. in dem zum Schloß gehörenden Dorf und die Erkenntnis, daß seine Anwesenheit nicht erwünscht ist und er daher nicht bleiben kann, bilden die ganze Erzählung, die jedoch bei aller Geradlinigkeit auf eine für Kafka typische Weise alptraumhaft verläuft. Seine Kombination des Absurden mit dem Realistischen ist hier am subtilsten: Obwohl die Ereignisse durchaus wörtlich zu verstehen sind, wirkt das Geschehen vollkommen fremd; obwohl die Charaktere festgeschrieben sind, ist der Eindruck der Distanz, das Gefühl, daß sie alle auf gehemmte Weise eine Rolle spielen, unausweichlich. In diesem Roman wird keine Geschichte erzählt, aber eine Atmosphäre erzeugt, und zwar die eines konstanten Unbehagens. Hinter dem, was wir sehen können, lauert die Angst, alles andere wird von endlosen bürokratischen Hindernissen verstellt.

Der gesamte Roman gleicht dem letzten Augenblick eines Traums, in dem man zu sprechen versucht und doch keinen Laut herausbringt, während die Sekunden quälend langsam verstreichen. **SF**

Blindsein

Henry Green

Lebensdaten | *1905 (England), †1973
Richtiger Name | Henry Vincent Yorke
Erstausgabe | 1926 bei J. M. Dent & Sons (London)
Originaltitel | *Blindness*

Green gelangte vor allem in Schriftstellerkreisen zu hohem Ansehen. Jeder seiner Romane ist in gewisser Hinsicht „experimentell". In seinem einzigartigen Prosastil dreht Green die gewöhnliche Wortstellung um und bedient sich merkwürdiger parenthetischer Konstruktionen und unnötiger Demonstrativpronomen. Dafür verzichtet er auf Konjunktionen, die normalerweise dazu dienen, Sätze miteinander zu verbinden. Schon sein erster Roman, *Blindsein*, zeugt von seinem starken Interesse an der Sprache als Kommunikationsmittel und von seinem Wunsch, ihr eine neue Form zu geben.

Der Roman erzählt die Geschichte von John Haye, einem jungen Mann, der durch einen Unfall erblindet und nun lernen muß, mit dem Verlust seines Sehvermögens zu leben. Haye erkennt nach und nach, daß es andere Möglichkeiten gibt, Wahrnehmungen zu verarbeiten, Erfahrungen zu machen und Wirklichkeit zu deuten. Er beschäftigt sich intensiv mit dem Wesen der Sprache und mit Schriftstellern, die als außergewöhnliche Stilisten gelten. Sein Interesse am Problem des Ausdrucks weist ihn als jemanden aus, der sich nicht mit der Oberfläche des gesellschaftlichen Lebens zufrieden gibt. Phänomene, die wir nur von außen betrachten und als „Wirklichkeit" ansehen, werden als Produkte einer tieferen Form der Blindheit entlarvt. Green bedient sich der Technik des Bewußtseinsstroms, um das Geschehen aus unterschiedlichen Perspektiven zu erzählen und die Innenwelt des Geistes zu erforschen. Vielleicht, so suggeriert der Roman, kündigt sich im Erlöschen des Augenlichts die Geburt einer tieferen Erfahrung und eines fundierteren Wissens an. **AG**

„Erst jetzt komme ich darauf, daß eine Art formloses Tagebuch eigentlich Spaß machen müßte."

● Für manche zählen Henry Greens Romane zu den wichtigsten Werken der modernen englischen Literatur.

Fiesta
Ernest Hemingway

Lebensdaten | *1899 (USA), †1961
Erstausgabe | 1926 bei C. Scribner's Sons (New York)
Originaltitel | The Sun Also Rises
Nobelpreis für Literatur | 1954

Eine Gruppe zynischer, abgebrühter Exilanten unternimmt eine Reise, die sie aus dem Paris der Zwischenkriegszeit zur Fiesta nach Pamplona führt. Mit der Beschreibung dieser Reise fängt Hemingway eine durch den Krieg in ihren Grundfesten erschütterte Kultur ein, deren Protagonisten sich in Alkohol und Tragödien verlieren und alles aufgegeben haben, mit Ausnahme der gelegentlich tröstlichen Illusion einer bedeutsamen Erfahrung. In Robert Cohn, Gegenspieler des Erzählers Jake, wird der endgültige Sturz des romantischen Helden ins Absurde augenfällig. Cohn entwickelt eine zerstörerische Neigung zu Jakes früherer Geliebten Brett, die zwar sein Bett, aber weder seine heftigen Gefühle noch seine mit Bedeutung aufgeladene Weltsicht teilt. Jake hingegen wird aufgrund seiner stoischen Freundlichkeit und der Fähigkeit, auch bei starker emotionaler Erregung Haltung zu bewahren, zum geistigen Mittelpunkt der Gruppe; seine distanzierte Beobachterhaltung verurteilt ihn jedoch dazu, immer ein Außenseiter zu bleiben. Die kulturellen Werte und die Ästhetik Spaniens nötigen Jake eine gequälte Bewunderung ab.

Hemingways erster echter Roman war ein stilistischer Durchbruch. Die knappe, journalistische Prosa, kreiert eine Sprache, der scheinbar alles Theatralische fehlt und die sowohl die Charaktere als auch die Dynamik der Handlung in einer vielleicht bis heute unerreichten Klarheit hervortreten läßt. **AF**

◉ Hemingway mit Sylvia Beach vor Beachs Pariser Buchhandlung Shakespeare & Co., einem Treffpunkt für exilierte Schriftsteller.

Amerika
Franz Kafka

Lebensdaten | *1883 (Prag), †1924
Erstausgabe | 1927
Erschienen bei | K. Wolff (München)
Entstehungszeit | 1912–1914

Im zarten Alter von 16 Jahren findet sich Karl Roßmann auf einem Schiff wieder, das ihn in die Neue Welt bringt. Weil er ein Dienstmädchen geschwängert hat, hat seine Familie ihn verstoßen. Karl ist zwar allein und schutzlos in einem fremden Land, verliert aber nie seinen jugendlichen Optimismus und seine unerschütterliche gute Laune. Er versucht sein Glück und findet eine Anstellung als Liftboy in einem Hotel. Als er entlassen wird, zieht er weiter, lernt unterwegs verschiedene bizarre Zeitgenossen kennen und wird im letzten Kapitel von einem Wandertheater aufgenommen.

Der Roman zeichnet ein beunruhigendes und verwirrendes Bild von Amerika. Bei seiner Ankunft betrachtet Karl die Freiheitsstatue, die ein großes Schwert in die Höhe hält. Dieses und weitere rätselhafte Details – praktischerweise verbindet eine Brücke über den Hudson New York mit Boston – sind einerseits schlicht der Beweis dafür, daß Kafka nie in Amerika gewesen ist, aber sie lassen andererseits auch eine paradoxe Welt entstehen, die ebenso faszinierend wie düster wirkt, grenzenlos offen und auf unheimliche Weise klaustrophobisch – ein Ort, wo Erfolg unermeßlichen Reichtum und schöne Villen zeitigen und Scheitern zu Elend und Entwurzelung führen kann.

Vertraute Kafkasche Themen werden entfaltet: die indirekte Bedrohung durch eine namenlose Instanz, die Angst, ausgesondert zu werden, das Gefühl, daß einem die eigene Identität langsam entgleitet. *Amerika* wurde nie vollendet, aber weit genug ausgeführt, um uns auf die Folter zu spannen und über sein Ende spekulieren zu lassen. Die Schlußszene, in der Karl mit dem Zug durch eine spektakuläre Landschaft gen Westen fährt, ist ein Lobgesang auf den amerikanischen Traum. Sollte dies etwa ein Kafka-Roman mit glücklichem Ausgang werden? **TS**

Der Streit um den Sergeanten Grischa
Arnold Zweig

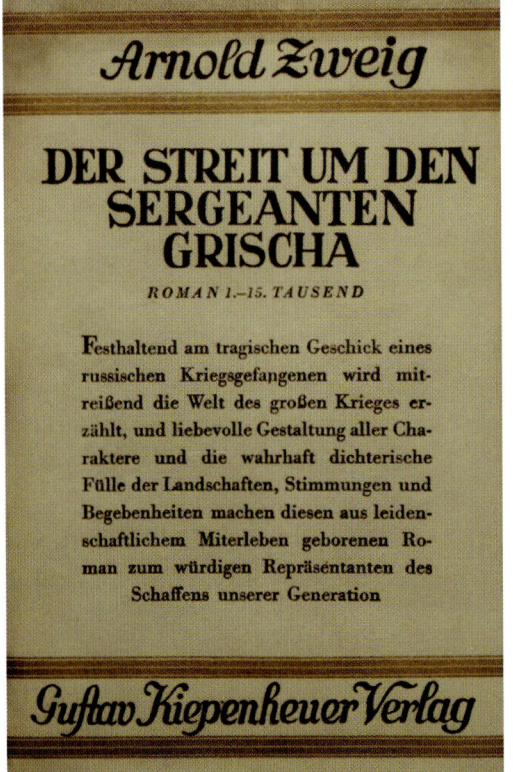

Lebensdaten | *1887 (Polen), †1968 (Berlin)
Erstausgabe | 1927
Erschienen bei | Kiepenheuer (Potsdam)

Der Streit um den Sergeanten Grischa ist eine multiperspektivische Studie über jene gesellschaftlichen Kräfte, die dafür sorgen, daß der Krieg immer weitergeht. Zweigs Protagonist Grischa ist ein russischer Soldat, der in der Spätphase des Ersten Weltkriegs in deutsche Gefangenschaft gerät. Aus Heimweh und Sehnsucht nach seiner Frau und seiner kleinen Tochter, die er noch nie gesehen hat, flieht er aus dem Gefängnis. Im Wald trifft er auf eine Gruppe von Partisanen. Deren Führerin Babka rät ihm, seine wahre Identität zu verbergen, und gibt ihm die Uniform des inzwischen verstorbenen Überläufers Bjuschew. Wenig später wird Grischa wieder festgenommen und gibt sich als Bjuschew aus – bis er begreift, daß der Überläufer, dessen Identität er angenommen hat, der Spionage verdächtigt wird und zum Tode verurteilt werden soll.

Obwohl es Grischa schließlich gelingt, seine Identität und damit seine Unschuld zu beweisen, und das Urteil revidiert wird, sehen sich die verantwortlichen Militärs außerstande, einem einmal gegebenen Befehl nicht Folge zu leisten. Die Hinrichtung wird vollstreckt.

Die sinnlose Verurteilung Grischas steht stellvertretend für die vielen unschuldigen Männer und Frauen, die zu Opfern des Krieges wurden und im Kampf oder auf andere Weise getötet wurden – von Soldaten, die nur Befehlen gehorchten, Männern, die in Grischas Augen nicht „gut" oder „böse" sind, sondern am unteren Ende einer Befehlskette stehen, unter der Knute von Vorgesetzten, die jeweils eigenen Motiven folgen. Zweig ist es gelungen, dieses komplexe System mit nahezu wissenschaftlicher Präzision zu untersuchen. Am Ende gelangt er zu einem zutiefst pessimistischen Urteil über die Moral und die Natur des Menschen. **JA**

„In der ganzen Gefangenenkompanie (…) gibt es nicht zwei Leute, die dem ehemaligen Sergeanten Grischa Iljitsch Paprotkin irgendeine Bitte abschlagen würden."

● Der Umschlagtext der Erstausgabe weist auf die Tatsache hin, daß die „mitreißende" Erzählung auf persönlichen Erlebnissen beruht.

Tarka, der Otter

Henry Williamson

Lebensdaten | *1895 (England), †1977
Erstausgabe | 1927
Erschienen bei | G. P. Putnam's Sons (London)
Originaltitel | *Tarka the Otter*

Ein Otter wird geboren, wächst in den Gewässern von Devon heran, wird von Menschen und Hunden gejagt und mit einigen von Menschen verursachten Gefahren konfrontiert, um schließlich vermutlich durch Menschenhand umzukommen. Dies ist die Essenz von *Tarka, der Otter*, aber sie macht den Roman und seine Bedeutung nicht aus. Er verdient vor allem deshalb Erwähnung, weil er auf jegliche Anthropomorphisierung verzichtet und das Leben auf dem Land kunstvoll und sehr genau, manchmal pedantisch aus der Perspektive eines wilden Tieres schildert.

Tarka, der Otter ist also keine nette Geschichte über menschenähnliche Geschöpfe in einer bäuerlichen Idylle. Diese Verfremdung ist Williamsons große Leistung und zugleich Ausdruck der von ihm wahrgenommenen Introversion nach dem Ersten Weltkrieg. An vielen Stellen des Romans kommt Verachtung gegenüber menschlichen und technisch bedingten Eingriffen zum Ausdruck. Fallen und Gewehre sind Feinde, die den steten Rhythmus des Lebens in den Gewässern von Devon jäh unterbrechen. Dieses Leben ist weder einfach noch leicht. Williamson stellt es in einen großen, neutralen ländlichen Raum, in den jedoch immer wieder der Mensch eingreift – mit Fallen, Schlingen und dem großen Jagdhund Deadlock, der Tarka durch den ganzen Roman verfolgt. Williamsons kriegsbedingte Abscheu vor seinen Mitmenschen ist hier deutlich zu spüren, eine tiefe Enttäuschung, die auch spätere Werke, vor allem den Kriegsroman *The Patriot's Progress* sowie *A Chronicle of Ancient Sunlight* prägt, mit denen der Autor wieder zu menschlichen Protagonisten zurückkehrte. **EMcCS**

Fahrt zum Leuchtturm

Virginia Woolf

Lebensdaten | *1882 (England), †1941
Erstausgabe | 1927
Erschienen bei | Hogarth Press (London)
Originaltitel | *To the Lighthouse*

Die Fahrt zum Leuchtturm ist Virginia Woolfs autobiographischster Roman, in dem sie ihre Eltern, Julia und Leslie Stephen, in den fiktionalen Charakteren Mr. und Mrs. Ramsay porträtiert. Das Buch ist in zwei Teile und ein kurzes Mittelstück gegliedert und schildert zwei Tage, zwischen denen zehn Jahre liegen. Im ersten Teil („Der Ausblick") verbringt die Familie Ramsay mit verschiedenen Gästen einen Tag in ihrem Sommerhaus an der schottischen Westküste. In das lyrisch-experimentelle Mittelstück des Romans („Die Zeit vergeht"), sind von der neuen Kunstform des Kinos beeinflußte Darstellungsformen eingeflossen. Mrs. Ramsay stirbt, und mit dem Einbruch des Weltkriegs zerbrechen Geschichte und Erfahrung. In „Der Leuchtturm", dem letzten Teil des Romans, findet die Künstlerin Lily Briscoe ihre „Vision" wieder und kann ihr im ersten Teil begonnenes Gemälde von Mrs. Ramsay vollenden, und Mr. Ramsay und seine beiden jüngsten Kinder, James und Cam, unternehmen die in den ersten Sätzen des Romans angekündigte Bootsfahrt zum Leuchtturm.

Der Roman ist eine Art Geistergeschichte, mit der Woolf den Einschlag des Todes erkundet, indem sie ihn vermittelt über seine Auswirkungen schildert. Woolf setzt auch die Schwerpunkte neu: Sie klammert Ehe und Tod im Mittelstück des Romans gewissermaßen ein und konzentriert sich statt dessen auf die Wirkungen der verstreichenden Zeit.

Die Fahrt zum Leuchtturm ist eine profunde Studie über Zeit und Erinnerung, viktorianische Konventionen von Männlichkeit und Weiblichkeit und über die Beziehung zwischen der Kunst und dem, was sie festzuhalten sucht. **LM**

Auf der Suche nach der verlorenen Zeit
Marcel Proust

Es ist oft behauptet worden, die Bedeutung von Marcel Prousts monumentalem Roman liege in seinem enormen Einfluß auf die Literatur des 20. Jahrhunderts, der Schriftsteller zu dem Versuch veranlaßt habe, ihm nachzueifern oder ihn zu parodieren, um einige seiner Grundzüge zu diskreditieren. Ebenso wichtig ist jedoch, daß die Leser den intensiven Dialog des Werkes mit seinen literarischen Vorgängern zu schätzen wußten.

Auf der Suche nach der verlorenen Zeit ist die ebenso einschüchternde wie elegante, 3000 Seiten umfassende Geschichte einer literarischen Berufung, an der Proust 14 Jahre lang arbeitete. Der Roman erforscht die Themen Zeit, Raum und Erinnerung, ist jedoch vor allem ein Kondensat zahlloser literarischer, struktureller, stilistischer und thematischer Möglichkeiten. Besonders bemerkenswert ist der Kunstgriff, das wechselhafte Schicksal von Bourgeoisie und Aristokratie von den 1870er bis zu den 1920er Jahren durch die unzuverlässige und vielen Ablenkungen ausgesetzte Erinnerung des aufstrebenden Schriftstellers Marcel zu schildern. Diese Unzulänglichkeit der Erinnerung führt zu Fehleindrücken und Unschärfen aller Art, die teilweise korrigiert werden, und zu seltenen Momenten der Freude angesichts einer spontan aufblitzenden „intuitiven" Erinnerung. Solche Augenblicke des Zusammenfallens von Gegenwärtigem und Vergangenem werden durch zufällige Begegnungen in der Gegenwart ausgelöst, die längst vergessene Gefühle, Wahrnehmungen und Erinnerungen wieder zum Leben erwecken. Diese Momente verleihen dem Romanzyklus – der sicherlich wie kaum ein anderer Roman nach sorgfältigem Lesen verlangt – seine einzigartige Struktur. Da erscheint es stimmig, daß die französische Edition des Romans sich unter Einbeziehung von Entwürfen und Skizzen Prousts stetig weiterentwickelt. Prousts ausuferndes Epos wächst weiter. **CS**

Lebensdaten | *1871 (Frankreich), †1922
Erstausgabe | 1913–1927 in sieben Bänden
Erschienen bei | Nouvelle Revue Française (Paris)
Originaltitel | *À la recherche du temps perdu*

Proust, ein hochsensibler, neurotischer Asthmatiker, hatte einiges mit seinem fiktiven Erzähler gemeinsam.

Proust schrieb sein monumentales Meisterwerk mit der Hand und in Schulheften nieder. Immer wieder änderte und korrigierte er seinen Text.

Der Steppenwolf
Hermann Hesse

Lebensdaten | *1877 (Calw), †1962 (Schweiz)
Erstausgabe | 1927
Erschienen bei | S. Fischer Verlag (Berlin)
Nobelpreis für Literatur | 1946

Harry Haller, der Protagonist des Romans, leidet unter seiner Doppelnatur: Eine Seite seiner Persönlichkeit fühlt sich dem Intellekt verbunden und strebt nach noblen Idealen, die andere, absolut gegensätzliche, wird von niederen Instinkten und den Begierden des Fleisches beherrscht. *Der Steppenwolf* erkundet diese Spannung aus drei unterschiedlichen Perspektiven: aus der Sicht des Neffen von Hallers bürgerlicher Vermieterin, in Form einer psychoanalytischen Abhandlung und durch Hallers eigenen Bericht. Mit der Hilfe einiger anderer Romanfiguren lernt Haller allmählich, daß „kein Ich, auch nicht das naivste, eine Einheit [ist], sondern eine höchst vielfältige Welt, ein kleiner Sternhimmel, ein Chaos von Formen …" Er beschließt, die vielfältigen Aspekte seines Seins zu erforschen: Spielerisch erkundet er seine Sexualität, besucht Jazzclubs, wo er lernt, Foxtrott zu tanzen, und sucht die Gesellschaft von Menschen, die er früher mit Herablassung und Spott betrachtet hat. Er erkennt, daß all diese Aktivitäten ebenso hoch zu schätzen sind wie der Reiz intellektueller Entdeckungen. Der hochexperimentelle, verblüffende Schluß des Romans ist sicherlich ein Grund dafür, daß der *Steppenwolf* das am häufigsten mißverstandene Werk Hesses ist.

Der Steppenwolf ist nicht nur eine brillante und nachdenklich stimmende Betrachtung der tumultuarischen Prozesse der Selbsterfahrung, sondern auch eine ebenso scharfe wie prophetische Kritik an der Selbstzufriedenheit der Mittelschicht in einer Phase des erstarkenden Militarismus, die dem Aufstieg Hitlers voranging. **CG-G**

Nadja
André Breton

Lebensdaten | *1896 (Frankreich), †1966
Erstausgabe | 1928
Erschienen bei | Gallimard (Paris)
Originalsprache | Französisch

Bretons *Nadja* ist das wohl bekannteste und am stärksten nachwirkende Beispiel des „surrealistischen Romans".
In diesem halbautobiographischen Werk berichtet Breton über seine Beziehung zu einer eigenartigen und unkonventionellen jungen Frau in Paris. Nadja ist eine rätselhafte, geisterhafte Erscheinung: zugleich körperlich und unkörperlich, modern und altmodisch, artifiziell und sinnlich, vernünftig und verrückt. Sie ist ein Geisteszustand, eine Projektion, die das Gerüst der Alltagswirklichkeit zertrümmert, eine Metapher für die „umherirrende Seele". In dieser Figur führt Breton – vielleicht auf recht fragwürdige Weise – die Grundelemente des Surrealismus zusammen: Zufall, Schock, Begehren, Erotizismus, Magie und radikale Freiheit. Die mit einer eigenen unbewußten Logik von Punkt zu Punkt springende Handlung besteht aus einer Reihe zufälliger Begegnungen in den Straßen von Paris. *Nadja* ist weniger ein Liebesroman als vielmehr eine Meditation über den Surrealismus als Lebensform, die die Unterschiede zwischen Kunst und Welt, Traum und Wirklichkeit niederreißt.

Als literarische Collage wird der Text durch einige Skizzen von Nadja selbst, Reproduktionen surrealistischer Gemälde und zahlreiche Photos ergänzt. Nadja ist eine reichhaltige, strukturierte Ideenoberfläche, ein Gefäß für etwas, das der Kritiker Walter Benjamin „profane Erleuchtung" nannte. Vom Mainstream bis zur Avantgarde, von der Literatur bis zur Werbung: Der Einfluß von *Nadja* ist noch immer spürbar. **SamT**

> Breton mit einer Dornenkrone. Das über dem Bild befindliche Zitat aus Bretons Surrealistischem Manifest ist hier nicht mit abgebildet.

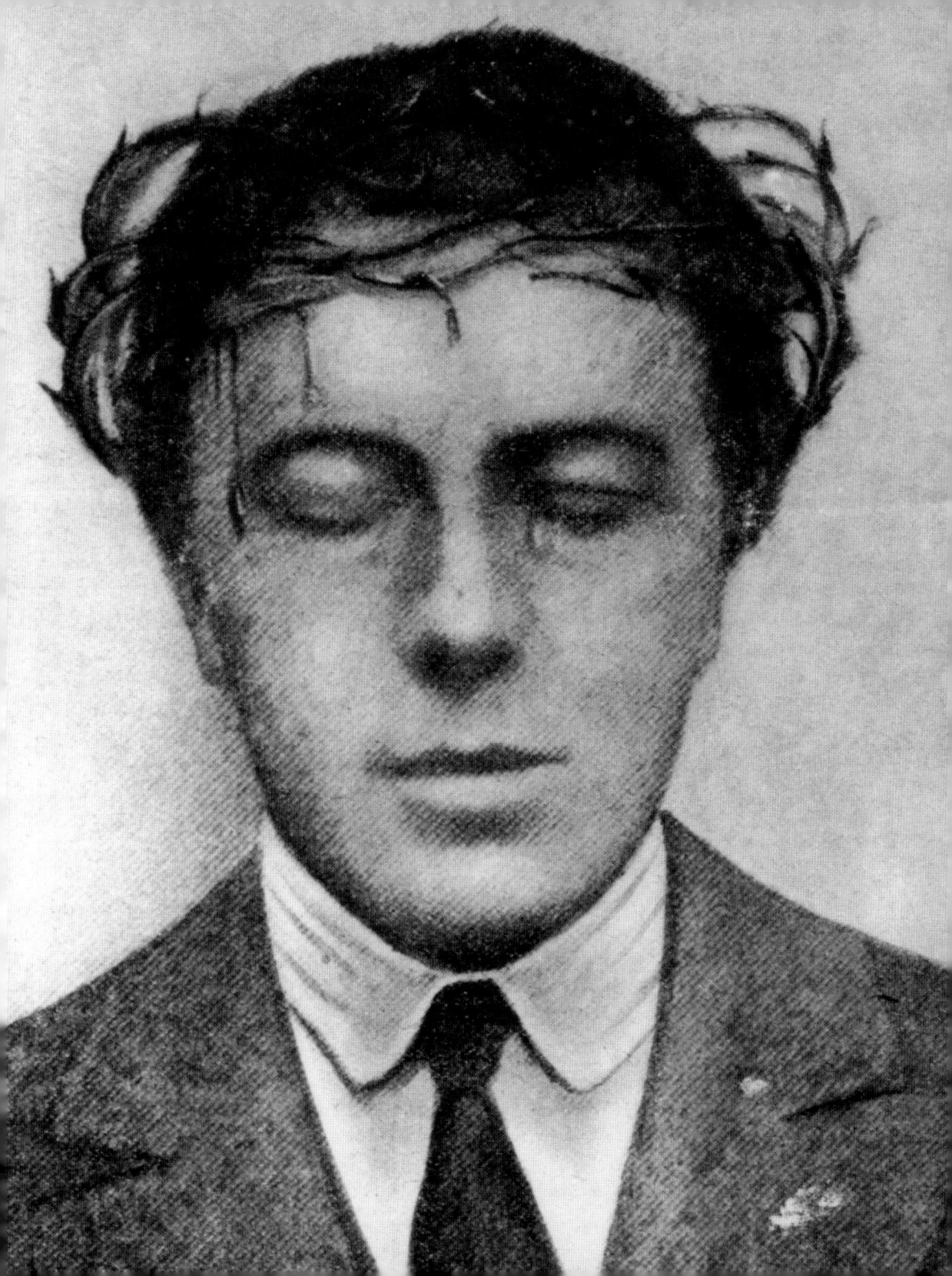

Quicksand *
Nella Larsen

Lebensdaten | *1891 (USA), †1964
Erstausgabe | 1928
Erschienen bei | A. Knopf (New York)
Originalsprache | Englisch

Helga Crane, die Protagonistin in Nella Larsens fesselndem und teilweise autobiographischem Roman *Quicksand*, ist die Tochter einer dänischen Mutter und eines westindischen Vaters, eine rastlose, entwurzelte junge Frau auf der Suche nach sexueller und gesellschaftlicher Akzeptanz. Der Roman beginnt in der klaustrophobischen Atmosphäre von Naxos, einem schwarzen College im Süden der USA, und verlagert dann seinen Schauplatz nach Chicago und später nach Harlem, wo Helga in der sich herausbildenden Intellektuellenschicht Fuß faßt. Sie zieht weiter nach Dänemark, wo sie wegen ihrer Hautfarbe auf problematische Weise als exotisch und erotisch gefeiert wird. Überall ist Helga gezwungen, sowohl die Annäherungen ungeeigneter Liebhaber zurückzuweisen als auch ihr eigenes wachsendes Verlangen zu unterdrücken. Schließlich heiratet sie einen Prediger und kehrt in den amerikanischen Süden zurück, wo sie in einem „Sumpf" aus Geburten und Hausarbeit versinkt.

Quicksand ist eine ehrliche Untersuchung der widersprüchlichen Versprechungen, die Amerika im 20. Jahrhundert für Frauen bereithielt. Helga Crane ist aufgrund ihrer sozialen Position verwundbar, dennoch ist sie – wenn auch zögernd – fähig, ihr Verlangen nach Lust und Selbstverwirklichung zu artikulieren. Der Roman beschreibt die besonderen Schwierigkeiten, denen „Mulattinnen" ausgesetzt waren, die sich keiner Seite wirklich zugehörig fühlen können. Zwar deutet sich in der positiven Schilderung urbaner Anonymität und der Beziehungen zwischen Geschlecht und Begehren eine hoffnungsvolle Zukunft an, doch gerade die Tatsache, daß diese Verheißungen sich nicht erfüllen und Helga sich opfert, macht den Schluß des Romans so bitter. **NM**

„Schriftsteller sind keine Ideenlieferanten. Sie erwarten von ihren Lesern, daß diese eigene Phantasien haben und sie auch nutzen."

Nella Larsen, 1926

Larsen (rechts) erhält 1929 den Preis der Harmon Foundation.

Auf der schiefen Ebene
Evelyn Waugh

Lebensdaten | *1903 (England), †1966
Vollständiger Name | Evelyn Arthur St. John Waugh
Erstausgabe | 1928 bei Chapman & Hall (London)
Originaltitel | Decline and Fall

Waughs Erstlingsroman *Auf der schiefen Ebene* machte die Welt erstmals mit dem bissigen, höchst amüsanten Stil bekannt, für den Waugh berühmt werden sollte. Sein junger Held Paul Pennyfeather, ein durchschnittlicher Vertreter der Mittelklasse, verschwindet auf mysteriöse Weise und wird in ebenso absurde wie faszinierende Abenteuer verwickelt. Die Attraktivität des Buches verdankt sich jedoch weniger seiner Handlung als seinem gnadenlosen, ätzenden Witz, mit dem bestimmte Teile der britischen Gesellschaft satirisch aufs Korn genommen werden.

Zu den Katastrophen, die Pauls „Hingang" würzen, gehört ein absurder Rausschmiß aus seinem College in Oxford, eine Anstellung als Lehrer an einem äußerst seltsamen Internat in Nordwales, die Verlobung mit einer reichen Dame der besseren Gesellschaft sowie ein Gefängnisaufenthalt. Während das Schicksal mit ihm Achterbahn fährt, begegnet unser unseliger Held immer wieder hinreißend farbig geschilderten, unvergeßlichen Gestalten. Zu diesem absurden Panoptikum gehören unter anderem ein pädophiler Säufer mit Holzbein und ein „fortschrittlicher Seelsorger", dem später ein von religiösen Visionen heimgesuchter Irrer den Kopf abhackt.

Bei all diesem überbordenden Einfallsreichtum attackiert der Roman aber kaum verhohlen und mit unbarmherziger Genauigkeit eine ganze Reihe von Angriffszielen – von den Launen der modernen Architektur bis zur moralischen Verworfenheit der Upperclass. Obwohl man hinter diesen Angriffen auch eine gewisse Resignation zu spüren meint, ist der moralische Kompaß dieses Romans, dessen komische Intensität bis heute unerreicht ist, über jede Kritik erhaben. **DR**

Insel der Puppen
Junichiro Tanizaki

Lebensdaten | *1886 (Japan), †1965
Erstausgabe | 1928
Originaltitel | *Tade kuu mushi*
Kaiserlicher Preis für Dichtung | 1949

Häufig werden zwischen diesem Roman, der das Scheitern einer Ehe schildert, und der Biographie seines Autors Parallelen gezogen: Auch Tanizakis Ehe zerbrach, und nach dem großen Erdbeben von 1923 siedelte der Autor aus Tokio in das mit der japanischen Vergangenheit enger verbundene Gebiet von Kyoto-Osaka über.

Insel der Puppen erzählt die Geschichte des Mannes Kaname, dessen häusliche Zerwürfnisse aus seinem sinnlichen Verlangen nach dem westlichen „Anderen", verkörpert in einer eurasischen Prostituierten, resultieren. Seine Frau Misako hat mittlerweile ihre traditionelle Rolle abgelegt und sieht sich nach anderen Möglichkeiten emotionaler Erfüllung um: Sie nimmt sich einen Liebhaber, unterwirft sich westlichen Schönheitsidealen und hört Jazz. Um diese scheinbar unüberbrückbare Kluft, die zugleich die Krise der Moderne bezeichnet, zu überwinden und die Probleme des Paares zu lösen, versucht Misakos Vater, ein Traditionalist, die beiden zu den klassischen Kunstformen und ästhetischen Werten Japans zurückzuführen und sie so an eine universelle innere und historische Bedeutungsschicht anzubinden.

Mit dem Puppenspiel des traditionellen Bunraku-Theaters und den präzisen Gesten O-hisas, der Geisha des Vaters, entwirft Tanizaki eine andere Landschaft mitten im modernen Japan und offeriert die Rückkehr in die Vergangenheit als eine Chance, die Gegenwart neu zu erfinden. *Insel der Puppen* gilt als Musterbeispiel für Tanizakis sparsamen Prosastil, als Abhandlung über die Schönheit und als eine Neubewertung der japanischen Kultur. Vor allem aber ist der Roman eine Betrachtung über die Zerbrechlichkeit von Beziehungen, über die Schwierigkeit, loszulassen, und die lähmende Wirkung der Unentschiedenheit. **HH**

Parade's End
Ford Madox Ford

Lebensdaten | *1873 (England), †1939 (Frankreich)
Letzter Band der Tetralogie | 1928
Erschienen bei | Duckworth & Co. (London)
Einbändige Ausgabe der Tetralogie | 1950

Ford Maddox Fords gewaltige Tetralogie *Parade's End*, einer von vielen Klassikern über den Ersten Weltkrieg, wird häufig als „der beste Kriegsroman überhaupt" gepriesen – vielleicht, weil *Parade's End* einer der umfassendsten und zugleich einer der subtilsten fiktionalen Texte über den Krieg ist. Mit dem für ihn charakteristischen Modernismus porträtiert Ford eine Welt, die der Falschheit anheimfällt. Während er den Kriegseinsatz seines Protagonisten Christopher Tietjen und das Scheitern von Tietjens Ehe mit der niederträchtigen Sylvia dokumentiert, werden zugleich die Belange und das Verhalten der bürgerlichen Gesellschaft auf subtile Weise untersucht.

Kriegsromane machen es dem Leser häufig besonders schwer, zwischen dem Autor und seinem fiktionalen Gegenpart zu unterscheiden. Ford, der beim Rasieren im Schützengraben von einer Granate getroffen wurde und einen Hörschaden erlitt, bildet da keine Ausnahme. Der letzte Teil der Tetralogie erschien kurz bevor die lauteren, aggressiveren Antikriegswerke begannen, den Ton vorzugeben. So gesehen ist der Krieg bei Ford ein „manierlicherer" Krieg. Tietjens Schock und seine Unfähigkeit, die Situation wirklich zu begreifen, sind symptomatisch für die verwirrten Reaktionen von Veteranen. Die impressionistische Atmosphäre der Tetralogie (die ersten drei Bände, *Manche tun es nicht*, *Keine Paraden mehr* und *Der Mann, der aufrecht blieb*, liegen inzwischen auf Deutsch vor) unterstützt diesen Eindruck noch. Und doch gilt Fords Werk heute als eine eher schwierige Studie, und seine indirekte Antikriegsbotschaft wird von der heutigen Generation, die sich an das stereotype Bild aus Schlamm, Eingeweiden und Mohnblumen gewöhnt hat, nicht mehr klar wahrgenommen.

„Keine Hoffnung mehr, keine Ehre … Auch nicht für das Land oder die Welt, glaube ich … Nichts … Vorbei." **EMcCS**

Quell der Einsamkeit
Radclyffe Hall

Lebensdaten | *1880 (England), †1943
Richtiger Name | Marguerite Radclyffe-Hall
Erstausgabe | 1928 bei Jonathan Cape (London)
Originaltitel | *The Well of Loneliness*

Nach dem Erscheinen von *Quell der Einsamkeit* im Jahre 1928 kam es zu einem der berühmtesten Gerichtsprozesse in der Geschichte der britischen Justiz, der mit einem 20 Jahre währenden Verbot des Romans wegen Obszönität endete. Gleichzeitig rückte die Existenz lesbischer Frauen auf eine noch nie dagewesene Weise ins Bewußtsein der Öffentlichkeit.

Quell der Einsamkeit erzählt die Geschichte der „Invertierten" Stephen (den Namen verdankt sie ihrem Vater, der sich verzweifelt einen Sohn gewünscht hatte), die sich seit frühester Kindheit ihres Andersseins schmerzhaft bewußt ist. Nach ihrer ersten Liebesaffäre muß Stephen ihr geliebtes Zuhause, einen Landsitz in den reichen, sicheren Midlands, verlassen. Sie geht zunächst nach London, später nach Paris und wird eine erfolgreiche Schriftstellerin. Im Ersten Weltkrieg verliebt sie sich bei einem Sanitätseinsatz an der Front in ein junges Mädchen namens Mary. Der letzte Teil des Romans erzählt die Geschichte dieser Beziehung.

Heute wirkt der Roman mit seiner melodramatischen Handlung, den aus dem 19. Jahrhundert stammenden Theorien über sexuelle Orientierung und seinem tiefen Pessimismus, was das Schicksal Homosexueller betrifft, auf manche Leser überholt. Bei anderen ruft *Quell der Einsamkeit* immer noch schmerzliche Betroffenheit hervor. Die Stärke des Romans ist sein unfehlbarer, manchmal zermürbend genauer Blick auf die heterosexuelle Gesellschaft und die verheerenden Auswirkungen ihrer Vorurteile und Normen. **SJD**

> Radclyffe Hall hatte bereits Gedichte und zwei Romane veröffentlicht, bevor *Quell der Einsamkeit* ihr eine zweifelhafte Berühmtheit einbrachte.

Lady Chatterley
D. H. Lawrence

Die Publikationsgeschichte von *Lady Chatterley* bietet selbst Stoff für einen Roman: Das Buch erschien 1928 zunächst als Privatdruck und war lange nur in ausländischen Ausgaben erhältlich, bis der Penguin-Verlag 1960 das Wagnis auf sich nahm, die erste unzensierte englische Ausgabe zu drucken. Der Verlag mußte sich wegen Verstoßes gegen den „Obscene Publications Act" von 1959 vor Gericht verantworten und erhielt nach einer aufsehenerregenden Gerichtsverhandlung, bei der viele bedeutende zeitgenössische Schriftsteller als Zeugen der Verteidigung auftraten, die Publikationserlaubnis.

Dank dieser Begleitumstände ist der Roman vor allem wegen seiner freizügigen Schilderungen sexueller Handlungen bekannt. Diese sind Teil einer Geschichte, in deren Zentrum Lady Constance Chatterley und ihre unerfüllt gebliebene Ehe steht. Constances Mann, Sir Clifford, ist ein wohlhabender Grundbesitzer, Schriftsteller und Intellektueller, der nach einer Kriegsverletzung an den Rollstuhl gefesselt ist. Constance beginnt eine leidenschaftliche Affäre mit Oliver Mellors, dem Wildhüter ihres Mannes. Als sie ein Kind von ihm erwartet, verläßt sie ihren Ehemann. Der Roman endet damit, daß Mellors und Constance sich für einige Zeit trennen, um die Scheidung durchzusetzen und gemeinsam ein neues Leben zu beginnen.

Dieser Roman ist und bleibt nicht nur deshalb so kraftvoll und ungewöhnlich, weil er die Macht sexueller Anziehung zwischen Mann und Frau mit großer Ehrlichkeit schildert, sondern auch deshalb, weil es in der englischen Literaturgeschichte noch zu Anfang des 21. Jahrhunderts kaum Werke gab, die sich mit der weiblichen Sexualität beschäftigten. Lawrence schildert die Lust, die eine Frau bei gutem Sex erlebt, ihre tiefe Enttäuschung über schlechten Sex und die sexuelle Erfüllung, die sie mit dem Mann findet, den sie liebt. Als wenn all dies nicht schon genügte, um *Lady Chatterley* zu einem der wirklich großen englischen Romane zu machen, liefert das Buch außerdem eine nach wie vor gültige Analyse der modernen Gesellschaft und der Bedrohung, die Industrialisierung und Kapitalismus für Kultur und Menschlichkeit bedeuten. **SJD**

Lebensdaten | *1885 (England), †1930 (Frankreich)
Erstausgabe | 1928 (Privatdruck, Florenz)
Originaltitel | *Lady Chatterley's Lover*

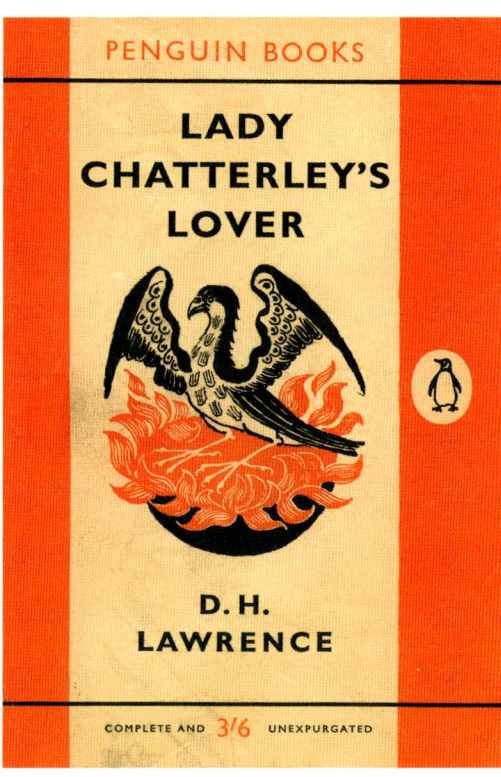

◉ Der Umschlag der ersten Ausgabe von 1960 mit dem Emblem des Phönix, das auf Lawrences Phoenix-Essays verweist.

◉ Nach der Publikation von *Lady Chatterley* in Großbritannien suchen erwartungsvolle Käuferinnen nach den gewissen Stellen.

Orlando
Virginia Woolf

„Besser war's, unbekannt zu bleiben, (...) und eine Mauer zu hinterlassen, an der Pfirsiche reifen, als staublos zu verglühen wie ein Meteor."

🌑 Die bisexuelle Aristokratin und Schriftstellerin Vita Sackville-West stand Pate für die Figur des androgynen Orlando in Woolfs Roman.

Lebensdaten | *1882 (England), †1941
Erstausgabe | 1928
Erschienen bei | Hogarth Press (London)
Originaltitel | *Orlando. A Biography*

Orlando demonstriert wie kaum ein anderes Werk die Vitalität von Virginia Woolfs Schreiben. Auf provokative Weise erkundet der Roman Geschlecht und Geschichte und das Wesen der Biographie – insofern mag die große Popularität, die er nach seinem Erscheinen erreichte, vielleicht überraschen.

Orlando schildert das 400 Jahre während Leben des Titelhelden, das wilde Abenteuer, einige Liebesaffären und einen Geschlechtertausch umfaßt. Die Ähnlichkeit der Figur mit Vita Sackville-West, der Freundin und Geliebten Woolfs, ist offenkundig. Am Hof von Elisabeth I. ist Orlando ein strahlend gutaussehender 16jähriger Adliger. Bei einem Fest auf der zugefrorenen Themse verliebt er sich in eine russische Prinzessin. Die Romanze endet unglücklich. Später wird er als Gesandter Jakobs II. an den Hof von Konstantinopel geschickt, wo er sich in eine Frau verwandelt. Orlando kehrt nach England zurück und läßt sich in einem Kreis von Literaten wie Pope und Dryden nieder. Im 19. Jahrhundert schließlich heiratet sie, bringt einen Sohn zur Welt und beginnt eine Karriere als Schriftstellerin. Ihre Geschichte endet 1928, im Erscheinungsjahr des Romans.

Diese ungewöhnliche Handlung ist mit zahlreichen spielerisch-beschwingten Ausführungen angereichert, die unsere Auffassung von Geschichte, Geschlecht und biographischer „Wahrheit" in Frage stellen. Wenn dies Konstrukte sind, wer konstruiert sie? Was bedeuten sie für das Leben des Einzelnen? Woolf fördert solche Spekulationen durch den Einsatz bestimmter Mittel. Der Kleidung etwa kommt eine besondere Rolle zu. Wie formt sie unsere Wahrnehmung von Geschlecht? Auch die Erzählstimme zeichnet sich durch ein brillantes Bewußtsein ihrer selbst wie ihrer Leser aus. Ein bemerkenswerter Text.   **MD**

Geschichte des Auges
Georges Bataille

Lebensdaten | *1897 (Frankreich), †1962
Pseudonym | Lord Auch
Erstausgabe | 1928
Originaltitel | *Histoire de l'œil*

Dieser Klassiker der literarischen Pornographie ist zugleich eine bedeutende surrealistische Erzählung. Bataille, der Bibliothekar, (zeitweise) marxistischer Philosoph und Literaturkritiker war, schrieb auch eine klassische nichtfiktionale Studie zum Thema Erotik. *Die Geschichte des Auges* führt Traditionen der französischen pornographischen Literatur zusammen, wobei Bataille die Komplikationen einer libertinären Handlung und die notorische Enzyklopädie der Körperteile und -öffnungen, die man mit de Sade assoziiert, hinter sich läßt und statt dessen eine schnellere, assoziativere Form pornographischer Träume bietet. Es gibt zwar sexuelle Handlungen und diverse Schändungen in Batailles erotischer Erzählung, doch Tod, Sprache und literarische Analyse spielen darin eine ebenso große Rolle. Das ist Pornographie, aber Pornographie für Intellektuelle.

Die Handlung, in der ersten Person erzählt, bewegt sich zwischen Phantasien und dem nachfolgenden Ausleben erotischer Obsessionen, in die zahlreiche Gegenstände vom Katzenfutternapf bis zum antiken Kleiderschrank involviert sind. Objekten wird eine größere Bedeutung zugemessen als Personen; Erzählsituationen entstehen als rhetorische Einfälle, die die Objekte in einer Kette metaphorischer Verschiebungen – typisch für den literarischen Surrealismus – mit Kontexten verbinden. Batailles Prosa weist jedoch eine Stringenz und Klarheit auf, die sie von den für andere Surrealisten so typischen willkürlichen Träumereien unterscheidet. Seine bemerkenswerte Analyse des geständnishaften Berichts über die Übereinstimmung zwischen Erinnerungen und obszönen Bildern rundet das Werk ab. **DM**

Nahanje arhants ergi *
Shahan Shahnour

Lebensdaten | *1903 (Türkei), †1974 (Frankreich)
Erstausgabe | 1929
Erschienen bei | Tparan Masis (Paris)
Originalsprache | Armenisch

Shanours Geschichte erschien zunächst als Fortsetzungsroman in der armenischen Tageszeitung *Haratch* in Paris – unter massiven Protesten der armenischen Leserschaft. Diese kritisierte den in ihren Augen pornographischen Romanhelden, die Entstellung armenischer Werte und den herablassenden Ton in der Darstellung der armenischen Diaspora. In der Folge verlor der damals kaum 26jährige Autor bei einer Schlägerei mit Landsleuten beinahe ein Auge.

Aus heutiger Sicht ist der Tumult um den Roman kaum mehr zu verstehen. Bedros ist ein junger armenischer Fotograf in Paris; wie in Künstlerkreisen üblich, wechseln sich seine Freundinnen häufig ab – Schauspielerinnen, Models und Sängerinnen. Zwei neue Frauen unterbrechen den Reigen: Madame Jeanne, die er liebt, und die kleine Lise, die in ihn verliebt ist. Gefangen zwischen den typisch pariserischen Verlockungen der einen und seiner Bemühung, die Unschuld der anderen zu bewahren, findet Bedros zu einer unverfälschten Persönlichkeit zurück, die eher seinem orientalischen Wesen entspricht.

Bedros' Liebesgeschichte erstreckt sich zwar beinahe über die ganze Erzählung, sie bildet jedoch nur den Hintergrund für die Schilderung der Schicksale der Exilierten, die von ihrer früheren Existenz und ihren Familien getrennt wurden. Ihr Selbstverständnis und ihre nationale Identität unterliegen nach und nach dem europäischen Assimilierungsdruck, und bald beschränkt sich ihr Patriotismus auf die Treffen in den armenischen Cafés in Paris. **MW**

GAUMONT DISTRIBUTION présente un Film de MELVILLE-PRODUCTIONS
Une Réalisation de JEAN-PIERRE MELVILLE

Les Enfants Terribles

d'après le Roman célèbre de
JEAN COCTEAU
avec **NICOLE STÉPHANE, EDOUARD DERMITHE**
RENÉE COSIMA, JACQUES BERNARD
MEL MARTIN, MARIA CYLIAKUS, JEAN-MARIE ROBAIN, MAURICE REVEL. ADELINE AUCOC, RACHEL DEVYRIS
et
ROGER GAILLARD

Kinder der Nacht
Jean Cocteau

Lebensdaten | *1889 (Frankreich), †1963
Erstausgabe | 1929
Erschienen bei | Grasset (Paris)
Originaltitel | *Les enfants terribles*

Kinder der Nacht ist eine klaustrophobische Geschichte über Liebe und Zuneigung, die sich in Eifersucht und Bösartigkeit verwandelt, ein Kommentar über die zerstörerische und unstete Natur menschlicher Beziehungen, geschrieben im Gefolge der von Freud und anderen eingeleiteten Erforschung des Unbewußten. Das Buch kann auch als Alptraum eines Kindes gelesen werden. Nach der berühmten Eingangsszene, in der der sensible Paul von seinem rüpelhaften, charismatischen Mitschüler Dargelos, den er verzweifelt liebt, mit einem Schneeball beworfen und verletzt wird, spielt praktisch die gesamte Geschichte in einem Zimmer, einem vollgestopften, beklemmend wirkenden Raum, den Paul sich mit seiner Schwester Elisabeth teilt. Hier spielen sie „das Spiel", hier streiten sie und vertragen sich wieder. Nur zwei Freunde, Gérard und später Agathe, die von Elisabeth eingeführt wird, haben Zutritt zu diesem Reich. Paul verliebt sich in Agathe, die Dargelos ähnelt, was wiederum Elisabeths Eifersucht entflammt.

Diese Schilderung einer beschädigten, neurotischen Adoleszenz wurde im Hinblick auf die Rollen junger Europäer und Amerikaner nach dem Zweiten Weltkrieg häufig als prophetisch betrachtet. Paul und Elisabeth verbindet wenig mit der Außenwelt. Sie flüchten sich in eine Phantasiewelt, in der sie sich mit ihren überhitzten Emotionen und durch das ungehemmte Ausleben ihrer Bedürfnisse gegenseitig zerstören. Sie sind gleichzeitig tragische Gestalten, die das Schicksal der Menschlichkeit repräsentieren, und unreife Jugendliche, deren irritierendes Verhalten so komisch wie lächerlich ist. Cocteau schrieb auch die Drehbuchfassung für Jean-Pierre Melvilles berühmten Film von 1950. **AH**

„Reichtum ist eine Fähigkeit, die Armut ebenso. Ein Armer, der reich wird, stellt eine protzige Armut zur Schau. Sie aber waren so reich, daß kein Reichtum ihr Leben verändern konnte."

○ Dieses Porträt von Cocteau stammt von Picasso, einem von vielen „Superstars" der Kulturszene, mit denen Cocteau im Laufe seines Lebens befreundet war.

○ In Melvilles Verfilmung des Romans spielten Nicole Stéphane und Edouard Dermithe die symbiotischen Geschwister.

Berlin Alexanderplatz
Alfred Döblin

Lebensdaten | *1878 (Stettin), †1957
Erstausgabe | 1929
Erschienen bei | S. Fischer Verlag (Berlin)
Untertitel | *Die Geschichte von Franz Biberkopf*

Als einer der bedeutendsten Großstadtromane und als ein Versuch, die Gattung Roman zu erneuern, steht *Berlin Alexanderplatz* auf einer Höhe mit den Werken von Joyce und Dos Passos. In diesem Buch, dessen Montagestil Einflüsse des Kinos zeigt, geht es ebenso sehr um einen Ort wie um eine „Geschichte".

Auf einer Ebene kann der Roman als ein moralisches Lehrstück gelesen werden, in dessen Mittelpunkt der gerade entlassene Gefangene Franz Biberkopf steht, der vergeblich versucht, „anständig" zu werden – der Archetyp des naiven „kleinen Mannes", um den herum ein verspielter Erzähler eine komplexe Handlung aus Versuchung, Verbrechen und Verrat konstruiert. Franz versucht sich in einer Reihe von Jobs, verliert bei einem mißlingenden Raubüberfall einen Arm, wird Zuhälter, verliebt sich und wird schließlich von Reinhold, seiner Nemesis, verraten und zu Unrecht des Mordes beschuldigt. Döblin bevölkert das Arbeitermilieu Berlins mit einem denkwürdigen Ensemble obskurer Unterweltgestalten, deren Sprachduktus und Lebensweise er sehr genau porträtiert.

„Das furchtbare Ding, das sein Leben war, bekommt einen Sinn."

Phil Jutzi führte 1932 Regie bei der erfolgreichen Verfilmung des Romans. 1980 entstand Rainer Werner Fassbinders Fernsehserie *Berlin Alexanderplatz*.

Der Roman wurde jedoch vor allem wegen seines Stils unvergeßlich. Er verkörpert und beschreibt auf plastische Weise die Großstadtatmosphäre Berlins und vermittelt einen Eindruck von der Schnellebigkeit dieser Stadt, ihren Gegensätzen und ihrer verwirrenden Simultaneität. In bewußter Abwendung von traditionellen Romankonzepten läßt der vielschichtige Text den konkurrierenden Diskursen der Metropole freien Lauf. Der Leser wird mit Zeitungsberichten, Sprachfetzen aus Unterhaltungen, Werbeslogans, Straßenschildern (in Form von Illustrationen) und Schlagerzeilen konfrontiert. Die spielerische Verwendung biblischer und klassischer Motive zeugt von Döblins Bestreben, ein modernes Epos zu schaffen. Die Wirkung ist geradezu berauschend: Was man anfänglich schlicht für den Hintergrund der Geschichte hielt, die Stadt Berlin, wird zum Star der Show. **JH**

Im Westen nichts Neues
Erich Maria Remarque

In einer Vorbemerkung betont Remarque, *Im Westen nichts Neues* solle „weder eine Anklage noch ein Bekenntnis sein", sondern über eine Generation berichten, die „vom Kriege zerstört wurde – auch wenn sie seinen Granaten entkam". Dieses einfache, klare Epigraph ist jedoch weniger eine Warnung oder Selbstrechtfertigung, sondern erklärt in einem Satz, wie unscheinbar auch immer, daß es sich bei dem, was folgt, um eine Geschichte der Zerstörung handeln wird.

In den politischen Flügelkämpfen der Weimarer Republik war der Erste Weltkrieg nicht nur ein Thema, sondern der Prüfstein schlechthin: Welche Auffassung man vom Krieg hatte, von seinen Ursachen, der Kriegsführung, Kapitulation und Niederlage, war ein Indikator dafür, welchen Begriff man von der Vergangenheit hatte und für wie lebbar oder beschädigt man die Zukunft hielt. In diesem Kontext konnte der Pazifismus, der in *Im Westen nichts Neues* zum Ausdruck kommt, weder linke noch rechte Kritiker der Zwischenkriegszeit zufriedenstellen. Doch in Remarques Text ist der Pazifismus weder Ausgangspunkt noch Forderung, sondern schlicht die entsetzte Antwort auf das tägliche organisierte Töten. Es ist diese leise, sichere und doch auch tastende Demonstration der äußersten Unmenschlichkeit des Krieges, die dieses Buch zum großen Antikriegsroman macht.

Von zentraler Bedeutung in Remarques Werk ist die Stimme seines 19jährigen Erzählers: Paul Bäumer ist einer jener Frontsoldaten, deren Kriegserlebnisse den Mythos des Heldentums gänzlich demontieren. Übrig bleiben die Langeweile, die abgrundtiefe Angst, die Einsamkeit und die Wut von Männern, für deren Körper die Uniform weder Schutz noch Ehre bedeutet. Der Roman endet mit Bäumers Verstummen. Eine andere Stimme teilt uns höflich und knapp seinen Tod mit. Er fällt an einem Tag, an dem der Heeresbericht „im Westen nichts Neues" zu vermelden hat. **PMcM**

Lebensdaten | *1898 (Osnabrück), †1970 (Locarno)
Richtiger Name | Erich Paul Remark
Erstausgabe | 1929
Erschienen bei | Propyläen (Berlin)

„Das Leben hier an der Grenze des Todes hat eine ungeheuer einfache Linie …"

Lew Ayres als Paul Bäumer in einer Verfilmung des Romans von 1930, die zu den besten Antikriegsfilmen gezählt wird.

Die Gleichgültigen
Alberto Moravia

„Außerdem schien ihr aufgrund einer fatalistischen Vorliebe für moralischen Ausgleich diese sozusagen innerfamiliäre Affäre der einzig angemessene Epilog zu sein, den ihr bisheriges Leben verdiente."

◉ Nach seinem frühen Debüt 1929 wurde Alberto Moravia für mehr als ein halbes Jahrhundert zu einem herausragenden Vertreter der italienischen Literatur.

Lebensdaten | *1907 (Italien), †1990
Richtiger Name | Alberto Pincherle
Erstausgabe | 1929 bei Alpes (Mailand)
Originaltitel | *Gli indifferenti*

Dieses frühe Meisterwerk schrieb Moravia mit 18 Jahren nach dem Mord an Matteotti, der sich, als das faschistische Regime sich bereits allgemeiner Zustimmung erfreute, im Parlament offen Mussolini entgegengestellt hatte. Obwohl der Roman nicht ausdrücklich auf die politische Situation in Italien anspielt, enthält die Geschichte einer Familie aus dem Mittelstand, die hilflos ihrer korrumpierten Umgebung zum Opfer fällt, doch eine klare politische Botschaft. Das zentrale Motiv des Romans betont das Unvermögen der Protagonisten, sich angemessen mit der Realität auseinanderzusetzen, eine Unfähigkeit, die in ihrer unüberwindbaren, angeborenen Schwäche zum Ausdruck kommt. Obwohl sie vor dem finanziellen Ruin stehen, halten Mariagrazia, ihr Sohn Michele und ihre Tochter Carla die Fassade aufrecht und führen ein Leben ostentativer bürgerlicher Wohlhabenheit. Langsam, aber unerbittlich steuern sie auf ein schreckliches Ende zu. Michele, die Hauptfigur des Romans, bleibt angesichts der Dramen, die sich um ihn herum abspielen, ungerührt, gleichgültig gegenüber einer Realität, die vor seinen Augen zerfällt. Er ist auf quälende Weise unfähig, sich an die gesellschaftlichen Spielregeln seines Standes zu halten oder aber die moralische Energie aufzubringen, sich gegen sie aufzulehnen. Als er versucht, Leo, den verhaßten Liebhaber seiner Mutter – und später seiner Schwester – zu töten, ist sein Gewehr (absurderweise) nicht geladen.

Mit diesem Roman begann Moravias Langzeitstudie über existentielle Fragen. Dem Konformismus, der Verachtung und der Langeweile galten seine folgenden Bücher, in denen er die Beschränkungen einer sozialen Klasse schildert, die am tiefsten Punkt ihrer historischen Entwicklung angekommen und absolut unfähig ist, sich zu erneuern und zu verwandeln. **RP**

Leben
Henry Green

Lebensdaten | *1905 (England), †1973
Richtiger Name | Henry Vincent Yorke
Erstausgabe | 1929 bei J. M. Dent & Sons (London)
Originaltitel | *Living*

Green war ein frühreifer Schriftsteller. Noch als Schüler begann er sein erstes Buch, *Blindsein*, das er während seines Studiums vollendete. Als 1929 sein nächster Roman, *Leben*, erschien, stand Green kurz vor seinem 25. Geburtstag. *Leben* erzählt die Geschichte einer Gemeinschaft von Arbeitern in Birmingham – oder vielmehr die Geschichte ihres Selbstausdrucks im weitesten Sinne. „Ausdruck" meint hier sowohl den Einfallsreichtum ihrer Umgangssprache und ihres Jargons am Arbeitsplatz als auch das soziale oder antisoziale Verhalten arbeitender Menschen.

Unter anderem weil es sich um eine Geschichte über den Ausdruck und nicht nur über das Leben der Menschen handelt, stellte sich Green der Herausforderung, einen Stil zu entwickeln, der es erlaubt, auch die Schwierigkeiten des Ausdrucks zum Ausdruck zu bringen. So entstand ein Roman, der mehr als alle anderen Werke Greens ein linguistisches Abenteuer genannt werden kann. Möglicherweise reagieren seine Leser zunächst mit Verwirrung auf das Fehlen bestimmter Artikel und das seltsame Verschwinden von Nomina. Der Text hat etwas Sprunghaftes, als sei er unter dem Zwang einer künstlichen Einschränkung des Wortschatzes zustande gekommen und Green genötigt gewesen, grammatische Gepflogenheiten außer acht zu lassen. Green ging es jedoch nicht darum, das Leben von Arbeitern sprachlich zu imitieren; vielmehr wollte er über die atmosphärische Wirkung grammatischer Verdichtung die Ökonomie der für die Arbeitergemeinschaft charakteristischen Erwartungen und Wünsche und die Abhängigkeit von der Einfachheit des Selbstausdrucks schildern. Dies vermittelt der Roman wirkungsvoll und ergreifend. **KS**

I Thought of Daisy *
Edmund Wilson

Lebensdaten | *1895 (USA), †1972
Erstausgabe | 1929
Erschienen bei | Scribner (New York)
Originalsprache | Englisch

Edmund Wilson gilt in erster Linie als einflußreicher Literaturkritiker und Redakteur (er arbeitete bei *Vanity Fair* und *The New Yorker*), der als einer der ersten das Talent von Schriftstellern wie Vladimir Nabokov und Ernest Hemingway erkannte.

I Thought of Daisy ist unter seiner dünnen fiktionalen Patina im Grunde ein Schlüsselroman. Zu Beginn kehrt der anonyme Erzähler in den 1920er Jahren von einem langen Aufenthalt in Paris nach New York zurück. Der junge Mann ist begeistert von der literarischen Szene des Greenwich Village und verliebt sich in eine ihrer talentiertesten Vertreterinnen, die Dichterin Rita. Realistisches Vorbild dieser Figur ist Edna St. Vincent Millay, die 1923 als erste Frau den Pulitzerpreis für lyrische Dichtung bekam und mit der Wilson eine kurze Affäre hatte. Das Buch beschreibt das Ende dieser Beziehung, das unvermeidlich wird, als der Erzähler seinen Glauben an die Ideologie der Linken und die Werte der Moderne verliert. Da er in seinem Leben ein moralisches Zentrum vermißt, kehrt er zu seinem alten College-Mentor Professor Grosbeake zurück. Der Professor verhilft ihm zu einem weniger rationalen Zugang zum Leben, und der Erzähler verliebt sich in der Folge in die Revuetänzerin Daisy, die Verkörperung des amerikanischen Ideals schlechthin.

Die Bedeutung des Buches liegt nach Ansicht der Kritiker in dem Versuch, die Proust'sche Wahrnehmungsschärfe in das amerikanische Literaturschaffen einzubringen. Wilsons Einfluß als Kritiker förderte dieses Bestreben nachhaltig und man kann es als erfolgreich bezeichnen. **PH**

In einem andern Land
Ernest Hemingway

Lebensdaten | *1899 (USA), †1961
Erstausgabe | 1929 bei C. Scribner's Sons (New York)
Originaltitel | *A Farewell to Arms*
Nobelpreis für Literatur | 1954

In einem andern Land spielt in Italien und der Schweiz während des Ersten Weltkriegs. Hemingways Erzähler Frederic Henry liefert in knapper, schnörkelloser Sprache einen realistischen und nüchternen Bericht über die Kriegsereignisse an der italienischen Front – dieser Stil sollte für Hemingways spätere Werke typisch werden. Henrys Kriegsschilderungen stehen in scharfem Kontrast zu der gefühlvollen Sprache, in der er seine Liebesbeziehung zu der englischen Krankenschwester Catherine beschreibt, die er bei einem Lazarettaufenthalt in Turin kennengelernt hat.

Der Realismus der Kriegsschilderungen, für die der Roman besonders gelobt wurde, ist oft auf persönliche Erfahrungen Hemingways zurückgeführt worden. Zwar gibt es deutliche autobiographische Parallelen, doch die Kriegserfahrungen des Autors waren beschränkter als die seines Protagonisten. Hemingway hatte 1918 ein paar Wochen lang an der italienischen Front als Krankenwagenfahrer für das Rote Kreuz gearbeitet. Wie sein Protagonist verliebte er sich in eine Krankenschwester, Agnes von Kurowsky, die jedoch seine Annäherungsversuche zurückwies.

In einem andern Land wurde ein großer Erfolg, mit dem Hemingway sich nicht nur als Schriftsteller etablieren konnte, sondern auch als Sprachrohr der „Lost Generation", einer Gruppe amerikanischer Intellektueller, die in den 1920er und 1930er Jahren in Paris lebten und deren Lebenseinstellung, geprägt durch die Erfahrung des Ersten Weltkriegs, zynisch und pessimistisch war. **BR**

Gary Cooper, der Star der Verfilmung von *In einem andern Land* von 1932, frischt in einer Drehpause seine Textkenntnisse auf.

Seitenwechsel
Nella Larsen

Lebensdaten | *1891 (USA), †1964
Erstausgabe | 1929
Erschienen bei | A. Knopf (London & New York)
Originaltitel | *Passing*

Nella Larsens Roman erforscht die Komplexität afroamerikanischer Identität im New York des frühen 20. Jahrhunderts. Seine Protagonistin, Irene Redfield, gehört dem afroamerikanischen Bürgertum an, das sich während der sogenannten Harlem Renaissance in den 1920er Jahren erfolgreich etablierte. Sie ist mit einem Arzt verheiratet und engagiert sich in der karitativ tätigen „Negro Welfare League". Durch die zufällige Wiederbegegnung mit ihrer Jugendfreundin Claire Kendry, die ihre „Mischlings"-herkunft verleugnet und eine weiße Identität angenommen hat, werden die Unsicherheiten und Ängste aufgedeckt, die unter der Oberfläche ihrer scheinbaren Selbstzufriedenheit und ihres komfortablen Lebens liegen.

Mit satirischer Schärfe schildert der Roman den Verhaltenskodex und die Ansprüche und Ambitionen der „Harlem Renaissance". Vor allem erforscht er die Folgen, die Claire Kentrys bewußtes Unterlaufen des immer dringlicher werdenden Bedürfnisses nach „rassischer" Reinheit im Amerika des frühen 20. Jahrhunderts hat – eine Subversion, die die Macht solcher Bestrebungen gleichzeitig widerlegt und beweist. Claire hat einen wohlhabenden, rassistischen weißen Amerikaner geheiratet, und viele ihrer Handlungen – vom Austragen seines Kindes bis zu der Idee, ihm Irene vorzustellen – bergen das Risiko, daß ihre wahre Identität aufgedeckt wird. Larsen erkundet dieses schwierige Terrain, das mit unzähligen Vorannahmen über Authentizität, Reinheit und Wissen befrachtet ist, indem sie ihren Lesern sehr kunstvoll die Umrisse des Nichtsagbaren zeigt. Am Ende scheint Irenes eigene tiefe Ambivalenz gegenüber Claire die gefährlichste und unberechenbarste Kraft zu sein. **NM**

Schau heimwärts, Engel
Thomas Wolfe

„Jeder von uns stellt alle Summen dar, die er nicht zusammengezählt hat. Versetze uns in Nacht und Nacktheit zurück, und du wirst erkennen, daß die Liebe, die gestern in Texas endete, vor viertausend Jahren in Kreta begann."

◉ In den USA wird Wolfe wegen seiner lyrischen Beschreibung des Lebensgefühls der 20ger Jahre verehrt.

Lebensdaten | *1900 (USA), †1938
Erstausgabe | 1929 bei Grosset & Dunlap (New York)
Originaltitel | *Look Homeward, Angel. A Story of the Buried Life*

Auf einer Ebene ist *Schau heimwärts, Engel* ein „Porträt des Künstlers als junger Mann" in Reinkultur, lediglich der Schauplatz ist ein anderer: Der Roman spielt in einer kleinen, aber wohlhabenden Stadt in den Hügeln von North Carolina. Wolfe ist jedoch kein Modernist. Ihm fehlen sowohl Joyces subtile Ironie als auch die Flaubertsche Kontrolle über den Stoff. Und doch liegen in diesen Unzulänglichkeiten auch entschiedene Qualitäten, denn statt dessen verfügt Wolfe über eine überwältigende Fülle an Ausdrucksmöglichkeiten. Er ist ein altmodischer Schriftsteller in der Tradition Whitmans und Melvilles; Faulkner hielt ihn für den größten Schriftsteller und zugleich für den „besten Versager" seiner Generation.

Der Erzähler, Eugene Gant, ist ein idealistischer junger Mann und angehender Künstler, der von seiner lebhaften Phantasie und der Sehnsucht nach Transzendenz beherrscht wird. Er vermag jedoch weder auf konventionelle Weise an Gott zu glauben noch seinen starren, deterministischen Blick auf das Menschliche aufzugeben. Seine Entwicklung von der Kindheit bis zum frühen Mannesalter ist eine Reise, die durch die Suche nach Selbsterkenntnis und die daraus resultierende Einsamkeit und Frustration bestimmt wird. Die eigentliche Qualität des Romans liegt jedoch nicht in der Beschreibung von Eugenes Kampf um einen Ort in der Welt, sondern in den farbigen, lebhaften Schilderungen des Lebens um ihn herum. Den Kern dieser Familiensaga bildet die spannungsgeladene Beziehung zwischen Eugenes Eltern: Der Vater ist ein liebenswerter, aber alkoholabhängiger Schürzenjäger, die Mutter eine praktisch veranlagte, hart arbeitende Frau, die ihre zehnköpfige Familie zusammenhält, auch wenn ihr Mann noch so entschlossen scheint, sie zu zerstören. **AL**

Der Malteser Falke
Dashiell Hammett

Lebensdaten | *1894 (USA), †1961
Erstveröffentlichung | 1929 in *Black Mask*
Erstausgabe (Buch) | 1930 bei A. Knopf
Originaltitel | *The Maltese Falcon*

Zusammen mit Raymond Chandler ist Hammett mehr oder weniger zu einem Synonym für den Wandel der Detektivgeschichte geworden, die sich von dem Modell „Meisterdetektiv kämpft gegen das unergründliche Verbrechen" verabschiedete, um einem realistischeren, alltagsorientierteren Ansatz zu folgen. Beeinflußt wurde diese Entwicklung offensichtlich von dem rasanten Wachstum der Städte, des Big Business und der Korruption, die für die amerikanische Nachkriegsära so charakteristisch zu sein scheinen.

Hammett bevorzugt einen weiten Rahmen, der viele unterschiedliche Protagonisten, reale wie fiktionale Orte und sehr „offene" Beschreibungen aufnimmt. Im Unterschied zu Chandlers Geschichten, die von einem alles durchdringenden Miasma der Korruption getränkt sind, wirken Hammetts Plots sehr verschachtelt und überraschen mit immer neuen Wendungen.

Seine Figur Sam Spade ist nur einer von vielen Detektiven. Er bewegt sich in einem von Gewalt geprägten, fragwürdigen Milieu, in dem jeder ein selbstsüchtiger, skrupelloser Lügner und Betrüger zu sein scheint. Spade neigt zu blitzartigen Erkenntnissen und zur Despotie wie Sherlock Holmes und Dupin, scheut aber wie ein archetypischer Schundromanheld vor Schlägereien, Flüchen und miesen Tricks nicht zurück. Auch der Text selbst spiegelt diesen Mischcharakter: *Der Malteser Falke* ist eine Fusion aus Detektivgeschichten, die Elemente aus der ehrfurchtgebietenden Vergangenheit des Genres mit Action- und Abenteuerszenen kombiniert – in einer Welt, in der Ehrfurcht einem nichts weiter einbringt als das Risiko, zum Raub- oder Mordopfer zu werden. **SF**

Soldat Nr. 19022
Frederic Manning

Lebensdaten | *1882 (England), †1935
Pseudonym | Private 19022
Erstausgabe | 1930 bei P. Davies (London)
Originaltitel | *Her Privates We/The Middle Parts of Fortune*

Die unzensierte Originalversion dieses Romans mit dem Titel *The Middle Parts of Fortune* soll angeblich entstanden sein, nachdem der Verleger Peter Davies seinen halsstarrigen, betrunkenen Autor in seinem Arbeitszimmer einschloß und verkündete, er dürfe erst wieder heraus, wenn er einen Kriegsroman verfaßt habe. Zu jener Zeit erschien eine Reihe von Werken, die die literarische Verarbeitung des Krieges unwiderruflich veränderten. Unter diesen wirklichkeitsnahen, kompromißlosen und schockierenden Texten ist Mannings Buch eines der luzidesten.

Das zweibändige Werk wurde zunächst unter Mannings Soldatennummer „Private 19022" publiziert; erst 1943 erschien sein Name auf dem Buchrücken. Anders als die populären Bücher von Graves, Sassoon und Blunden, die den Krieg aus der Warte der Offiziere schilderten, erzählt Mannings halbautobiographischer Text das Leben des einfachen Soldaten Bourne, eines Trunkenbolds, Schnorrers und Geschichtenerzählers. Vielleicht ist es diese Perspektive – neben der Konzentration auf die Banalitäten und Unbequemlichkeiten des Schützengrabenalltags –, die den anhaltenden Erfolg des Buches begründet hat. Verglichen mit der Handlungsdynamik anderer Kriegsbücher geschieht in diesem Roman scheinbar sehr wenig. Geschildert werden hauptsächlich die Nachwirkungen eines Gefechts und die Vorbereitungen zu einem weiteren Angriff, bei dem die meisten Kameraden Bournes getötet werden. Damit liefert *Soldat Nr. 19022* eine weit realitätsgetreuere Beschreibung des Kriegsalltags als viele andere Werke – und hat immer noch das Potential, die überlieferten Kriegserfahrungen zu untergraben. **EMcS**

The Apes of God *
Wyndham Lewis

Lebensdaten | *1882 (Kanada), †1957 (England)
Erstausgabe | 1930
Erschienen bei | Arthur Press (London)
Originalsprache | Englisch

🔺 Auf dem Umschlag der Erstausgabe findet sich die markante Abbildung eines der „Künstler-Affen", die Lewis in seinem Roman aufs Korn nimmt.

▶ Dieses Selbstporträt von Wyndham Lewis (1920/21) strahlt satirische Angriffslust aus, was auch seine Texte auszeichnet.

The Apes of God ist ein monströses, seine Themen und manchmal auch seine Leser erschöpfendes Werk der englischen Moderne, das über eine gewaltige, überschäumende Energie zu verfügen scheint. Dieses nachdrückliche satirische Porträt der künstlerischen Ambitionen der Londoner Upper-Class-Gesellschaft zielt auf die Scheinhaftigkeit der sogenannten „Kunstwelt" und auf jene, die glauben, in ihr zu leben. Mit gelegentlichen Anspielungen auf Pope und Swift unterzieht Lewis die Satire des 18. Jahrhunderts einer Überarbeitung, die sich durch die karikierende Schilderung von Gesten und Bewegungen, ihren komischen Ernst und die Reduktion auf das Absurde auszeichnet. Lewis entwickelt einen ungewöhnlichen Prosastil, eine Art kubistische Neuerfindung des Fiktionalen, die gleichzeitig als Beleg für seine Auffassung dient, daß Kunst mehr ist als das bloße Nachäffen von Moden.

Er schickt seinen Protagonisten Dan, einen naiven, leicht zu beeinflussenden jungen Mann, auf eine Reise durch London, die ihn durch eine Galerie des Grotesken führt. Kaum hat man sich an Lewis' Stil gewöhnt, gewinnt die Handlung an Fahrt, und sämtliche Charaktere versammeln sich auf einer Party des Kunstmäzens Lord Osmund. Für seine Satire nimmt Lewis körperliche Mängel und ideologische Vorurteile – nicht zuletzt rassistische, antisemitische und sexistische Stereotype – mit einer Begeisterung in den Dienst, die oft schwer zu ertragen ist. Auch wenn es nicht immer leicht fällt, Lewis' erbarmungslose Strenge und den begrenzten Raum zu mögen, den sie den Menschen läßt, um sich von den Affen der Ideologie zu unterscheiden: Sein Stil und seine satirischen Provokationen bieten noch immer viel Schätzenswertes. **DM**

Monica *
Saunders Lewis

Lebensdaten | *1893 (Wales), †1985
Vollständiger Name | John Saunders Lewis
Erstausgabe | 1930 bei Gwasg Aberystwyth
Originalsprache | Walisisch

Saunders Lewis' Roman *Monica* schildert ebenso offen wie eindringlich eine sexuelle Obsession und die Mängel einer Beziehung, die auf körperliche Leidenschaft gründet. Monica ist eine sexuell frustrierte junge Frau, die im Haus ihrer Eltern wie in einem Käfig lebt und ihre kranke Mutter pflegt. Als Monicas lebenslustige Schwester Hannah ihren Verlobten Bob mit nach Hause bringt, wird Monica von Eifersucht und Begehren geradezu überwältigt. Sie ermutigt Bob in seiner heimlichen Leidenschaft für sie, bis Hannah die beiden bei einem Kuß erwischt. Monica und Bob müssen die Stadt verlassen und heiraten.

Monicas Unredlichkeit ist dabei für die Leser von Anfang an offensichtlich, von ihrer Behauptung, ihre nächtlichen Spaziergänge in den Straßen der Stadt dienten keineswegs dem Männerfang, bis zu ihrer Aussage, nicht sie habe die Beziehung zwischen Hannah und Bob zerstört. Erst als sie schwanger ist und Bob sie nicht mehr begehrenswert findet, beginnt sie ihr eigenes Verhalten in einem anderen Licht zu sehen.

Monica ist als einer der ersten, wenn nicht gar als der erste existentialistische Roman überhaupt bezeichnet worden, weil Monicas Gewissensprüfung in die Erkenntnis mündet, daß ihre leeren Phantasien sich wie ein Schleier vor die Nichtigkeit der Existenz gelegt haben. Wegen seiner Offenheit im Hinblick auf Sex, Prostitution und Geschlechtskrankheiten und der vorurteilslosen Sachlichkeit seines Autors galt der Roman lange Zeit als unmoralisch. In den Augen heutiger Leser jedoch ist *Monica* ein explizit moralisches Buch: Monica verzweifelt und stirbt schließlich, und Bob infiziert sich bei einem Seitensprung mit einer Geschlechtskrankheit. **CIW**

Unersättlichkeit
Stanislaw Ignacy Witkiewicz

Lebensdaten | *1885 (Polen), †1939 (Ukraine)
Pseudonym | Witkacy
Erstausgabe | 1930 bei Dom Ksiazki Polskiej
Originaltitel | *Nienasycenie*

Unersättlichkeit, von Czeslaw Milosz als „Studie über den Verfall, über verrückte, dissonante Musik und erotische Perversion" beschrieben, ist Stanislaw Witkiewicz' zweiter Roman und zugleich seine Diagnose der Zustände in Polen vor dem Zweiten Weltkrieg. Polen ist zu einer Militärdiktatur geworden, in der eine zynische, vergnügungssüchtige Aristokratie – moralisch leer, intellektuell dekadent und dem Untergang geweiht – den Ton angibt. Doch Polen ist auch Europas letzte Bastion im Kampf gegen einen wahrhaft unersättlichen Feind, eine Horde chinesischer Kommunisten, die Rußland bereits überrannt haben. Die Chinesen verdanken ihre Unbesiegbarkeit dem mystischen Kult Murti Bings, dessen Anhänger ein Narkotikum nehmen, das Zufriedenheit, Passivität und Gehorsam bewirkt.

Der Held des Romans ist Baron Genezyp Kapen, ein attraktiver, vitaler junger Offizier, der nach Erfahrungen und Abenteuern giert, sich jedoch nicht mit den irdischen Realitäten abfinden kann. Nach seiner erotischen Initiation durch die alternde, aber unwiderstehliche Fürstin Ticonderoga ist er ebenso fasziniert wie abgestoßen von allem Sexuellen. Seiner romantischen und politischen Illusionen beraubt, verliert sich Genezyp in Affären und Tätlichkeiten, die in der Ermordung seiner Braut – einer jungfräulichen Aristokratin und erklärten Murti-Bing-Anhängerin – in der Hochzeitsnacht gipfeln. Genezyps Reise in den Wahnsinn vollzieht sich parallel zu Polens Unterwerfung unter die Chinesen und die chemische Patentlösung des Murti-Bing-Kults.

In der für Genezyp charakteristischen Mischung aus naiver Lust und Ekel vor der Realität wirft die Krise des Existentialismus ihre Schatten voraus. Wie viele andere Werke Witkiewicz' hatte auch *Unersättlichkeit* einen starken Einfluß auf das absurde Theater. **MuM**

Die Wellen
Virginia Woolf

Lebensdaten | *1882 (England), †1941
Erstausgabe | 1931
Erschienen bei | Hogarth Press (London)
Originaltitel | *The Waves*

Die Wellen ist zwar Woolfs experimentellstes Werk, doch die Lektüre ist unendlich lohnend. Wie ihre anderen Romane experimentiert auch dieser mit Zeitstrukturen und Erzählformen und kreist um Fragen wie die nach der Repräsentation von Leben im biographischen Schreiben und der nicht fixierbaren Identität. Die Erzähltechnik des Bewußtseinsstroms entwickelt sich hier in eine neue Richtung: Sie wird zu einer Erforschung der Beziehung zwischen dem Innenleben der Personen und den „unpersönlichen" Elementen Wellen und Wasser.

Woolf benutzt die Zeitspanne eines Tages, um die Zeitlichkeit des Lebens bzw. mehrerer Leben zu erkunden – die Wellenbewegung des Meeres markiert den Verlauf dieses Tages von der Morgen- bis zur Abenddämmerung und bildet das Gerüst des Romans. *Die Wellen* ist eine Art Prosagedicht: Die sechs Protagonisten des Romans werden durch innere Monologe repräsentiert, unterbrochen von poetischen Zwischenspielen, die den Lauf der Sonne und den Rhythmus von Ebbe und Flut beschreiben.

Der Roman widmet sich dem Leben dieser sechs Personen von der Kindheit bis zum mittleren Alter, wobei der Schwerpunkt eher auf Kontinuitäten als auf Entwicklungen liegt. „Wir sind nicht einfach", stellt Bernard, der Hauptchronist des Romans, einmal fest. Die Charaktere äußern sich in Einzelmonologen, selten im Gespräch, und doch bringt der Roman sie zusammen, indem er synchrone Momente ihres Lebens beleuchtet und indem er sie in unterschiedlichen Phasen neu formiert.

Die Wellen erforscht die Erfahrung und Artikulation von Identität durch einen faszinierenden Diskurs, der weder Rede noch Gedanke genannt werden kann. **LM**

„Gewisse Begehren haben sich überlebt; ich habe Freunde verloren, die einen durch den Tod – Percival –, andere durch mein schieres Unvermögen, die Straße zu überqueren."

◉ Dieses Titelbild der Erstausgabe von Woolfs Roman wurde von der Schwester der Autorin, der Malerin Vanessa Bell, entworfen.

Fahrt in den Norden
Elizabeth Bowen

Lebensdaten | *1899 (Irland), †1973 (England)
Erstausgabe | 1932 bei Constable & Co. (London)
Originaltitel | *To the North*
Alternativtitel | *Gen Norden*

Mit seinen manisch getriebenen Figuren, die von einem neuen Zeitalter der Fortbewegung erfüllt sind, und einer Handlung, die in Auto, Bus und Flugzeug voranjagt, bietet Elizabeth Bowens Roman verblüffende Einsichten in die Wirkungen der technischen Beschleunigung auf das Gewebe des Alltagslebens. Von Beginn an bis zum apokalyptischen Höhepunkt des Romans scheint sich Emmeline Summers bewußt auf die riskantesten Formen des Reisens verlegt zu haben und den Reiz des Unbekannten jeder Beständigkeit vorzuziehen. Ihr Hang zum Risiko führt dazu, daß sie dem sadistischen Mark Linkwater verfällt und damit aus der beklemmenden häuslichen Enge in eine im besten Fall eisige, im schlimmsten Fall unerträglich grausame Beziehung flieht. Ihre Schwägerin Cecilia schlittert in eine ähnlich unausweichlich scheinende Beziehung hinein, die ihr vor allem deutlich macht, „wie kostbar ihre Einsamkeit gewesen war".

Bowen schildert, wie sich die Mechanisierung auf die intimsten Lebensbereiche ihrer Protagonisten auswirkt, die sich nach und nach voneinander entfremden. Der Roman antizipiert die Konsequenzen der Liebesaffäre der Moderne mit der Maschine, indem er die unheilvolle Konkretisierung des Verkehrs als eine an sich positive Kraft beschwört. Das harte Timbre des Stils unterstützt dieses Muster und die unpersönliche Erzählperspektive wirkt wie eine Verkörperung des schädlichen Drucks mechanischer Netzwerke auf die Grundlage des menschlichen Willens. **DJ**

Der dünne Mann
Dashiell Hammett

Lebensdaten | *1894 (USA), †1961
Erstausgabe | 1932
Erschienen bei | A. Barker (London)
Filmfassung | 1934

Es ist vor allem die Figur des Detektivs – bzw. in diesem Fall der Detektive –, durch die sich *Der dünne Mann* aus der Masse der Kriminalliteratur Marke „hard-boiled" heraushebt. Der Ermittler alten Schlags, ein Sam Spade oder Marlowe, gewinnt seine Konturen ausschließlich im Kontrast zu den Verbrechen, mit denen er es zu tun hat. Gibt es kein Verbrechen, schrumpft er gewissermaßen bis zur Unkenntlichkeit, kehrt in sein Büro zurück und wartet darauf, daß das Telefon läutet und den nächsten Fall ankündigt. Nick und Nora Charles hingegen, die Detektive aus *Der dünne Mann*, sind nicht nur verheiratet, sondern sogar miteinander verheiratet, erscheinen stets mit ihrem geliebten Schnauzer im Schlepptau und verfügen über ein reges Sozialleben, das detailliert geschildert wird. Ihre Fälle lösen sie nicht in mythischer Einsamkeit, sondern in dem angenehmen Ambiente eines luxuriösen Hotelzimmers, das sie ab und zu für eine glitzernde Party verlassen. Hammett ist sich bewußt, daß die Korruption, die er als ein Kennzeichen Amerikas betrachtet, überall am Werke ist, in jedem Bereich und jeder Schicht der Gesellschaft, und auch so dargestellt werden muß. Dies ist ein Roman, in dem Betrug, Identitätsverwechslungen und die extremen erzählerischen Windungen des Genres nicht die ganze Welt ausmachen, sondern über dessen Parameter hinausgeschoben und mit sozialen und persönlichen Beziehungen kontrastiert werden. Dieser Roman, in dem die düstere Welt des Hard-boiled-Krimis auf die lebenssprühende amerikanische Phantasiestadt eines F. Scott Fitzgerald trifft, muß als Höhepunkt von Hammetts Schreiben gewertet werden. **SF**

> Dashiell Hammett, der hier aussieht wie einer seiner Romanhelden, arbeitete selbst als Detektiv für die Agentur Pinkerton, bevor er zu schreiben begann.

Reise ans Ende der Nacht
Louis-Ferdinand Céline

„Ich wollte fortgehen. Aber es war zu spät! Sie hatten sachte hinter uns Zivilisten die Tore gesperrt. Wir saßen in der Falle wie die Ratten."

🔺 Célines dunkles Meisterwerk ist eine wilde Attacke auf Patriotismus, Kolonialismus und das Leben überhaupt.

Lebensdaten | *1894 (England), †1961 (USA)
Richtiger Name | Louis-Ferdinand Destouches
Erstausgabe | 1932 bei Denoël & Steele (Paris)
Originaltitel | *Voyage au bout de la nuit*

Reise ans Ende der Nacht ist ein bahnbrechendes Meisterwerk, das nichts von seiner überraschenden und schockierenden Kraft verloren hat. Der vage autobiografische Roman schildert die Lebensgeschichte des Ich-Erzählers Bardamu, der mit 20 Jahren als Freiwilliger in den Ersten Weltkrieg zieht und Anfang der 1930er Jahre schließlich Arzt wird. In der Zeit dazwischen erleidet er einen Nervenzusammenbruch, reist nach Zentralafrika und in die Vereinigten Staaten und kehrt nach Frankreich zurück, um sein Medizinstudium abzuschließen. Der Roman zeichnet sich durch eine drastische, vitale, schonungslose Sprache, sardonischen Witz und vernichtenden Zynismus aus. Bei allem Slang, allen Obszönitäten und umgangssprachlichen Ausdrücken, die Céline verwendet, bleibt er doch immer lyrisch und eloquent. Bardamus Blick auf die Menschen ist kompromißlos düster. Für ihn besteht die Menschheit aus zwei „Rassen", Reichen und Armen, und obwohl er sich vor allem um die letzteren kümmert, hat er für beide Gruppen kaum mehr als Verachtung übrig. Schmerz, Alter und Tod – das ist alles, dessen wir sicher sein können. Aus dieser wenig verlockenden Perspektive extrahiert Céline jedoch einen unglaublichen und stets unterhaltsamen Humor.

Der literarische Einfluß dieses originellen, anarchischen Romans war immens; William Burroughs gehörte zu seinen prominentesten Bewunderern. Célines Protagonisten, die dem Bodensatz der Gesellschaft entstammen und mit beißendem Spott geschildert werden, können als offensichtliche Vorläufer von Becketts pessimistischen Antihelden betrachtet werden. Ohne Kenntnis dieses Buches ist es kaum möglich, die weitere Entwicklung der Gattung Roman zu verstehen. **AL**

Die Rückkehr des Filip Latinovicz
Miroslav Krleža

Lebensdaten | *1893 (Kroatien), †1981
Erstausgabe | 1932
Erschienen bei | Minerva (Zagreb)
Originaltitel | *Povratak Filipa Latinovicza*

Nach 23 im Ausland verbrachten Jahren kehrt Filip Latinovicz nach Hause zurück. Sein Traum von der Rückkehr unterbricht immer wieder den Fortgang der Handlung und läßt den Roman in verschiedene Richtungen gleichzeitig streben. Krleža verstärkt die zeitliche Komplexität seines Romans noch durch eine stark visuelle Erzählweise, die sich auch darin widerspiegelt, daß sein Protagonist Maler ist und unaufhörlich über seine Kunst nachdenkt. Zu Beginn des Romans ist Filips Lebenssicht jedoch so selbstbezogen, fragmentiert und von Entfremdung gezeichnet wie seine Vergangenheit. Seinen Vater lernte Filip nie kennen, seine Mutter erlebte er als eine kalte, distanzierte Frau, die ihn aus dem Haus warf, nachdem er ihr Geld gestohlen und eine fiebrige Nacht in einem Bordell verbracht hatte.

Sexualität und Körperlichkeit schildert der Roman auf schockierend offene Weise. Am Ende wird Filip jedoch nicht durch die Sinnlichkeit, sondern durch seine Kunst erlöst. Nach und nach findet er seine künstlerische Vision wieder, auch dank seiner Beziehung zu Bobočka, einer Femme fatale und Exgattin eines Ministers, die mit einem ehemaligen Liebhaber in der Provinz gestrandet ist. Die Macht der Kunst ist jedoch begrenzt: Obwohl Krleža seine Hauptfigur am Ende neu aufbaut, wird Filips Rückkehr ins Leben durch fast rituell zu nennende Tötungen (einen Selbstmord, einen Mord) zweier Charaktere gefährdet, die sich weder anzupassen noch der moralischen Enge der Provinz zu entfliehen vermögen. **IJ**

Radetzkymarsch
Joseph Roth

Lebensdaten | *1894 (Ukraine), †1939 (Frankreich)
Erstausgabe | 1932
Erschienen bei | G. Kiepenheuer Verlag (Berlin)
Verfilmung | 1965

Radetzkymarsch gilt als einer der besten historischen Romane, die das 20. Jahrhundert in Europa hervorgebracht hat, und ist das vorzügliche Werk des äußerst produktiven Journalisten und Romanciers Joseph Roth. Indem er ein bestimmtes Milieu schildert – die österreichisch-ungarische Provinz in der von zeremoniellem Pomp und politischer Instabilität gekennzeichneten Endphase des Habsburgerreichs –, verarbeitet Roth sowohl seine eigene Kindheit an der Peripherie des Kaiserreichs als auch Erinnerungen an einen übernationalen Stolz auf ein nahezu abstraktes Konzept von "Österreich". Strauß' prototypischer österreichischer Marsch fungiert als ein wiederkehrendes Leitmotiv, das Tradition, Ordnung und Zugehörigkeit symbolisiert – Qualitäten, die nach und nach verlorengehen.

Als Leutnant Trotta dem Kaiser in der Schlacht von Solferino das Leben rettet, wird er als "Held von Solferino" ausgezeichnet. Doch weder er noch die folgenden Generationen können die Erwartungen erfüllen, die an diese Legende geknüpft sind. Sein Enkel Carl Joseph ist ebenfalls Soldat und fühlt sich im Grenzgebiet von Galizien, wo engstirnige Definitionen von Nationalität und Identität unwichtig scheinen, am ehesten zu Hause. Als er im Ersten Weltkrieg an der Ostfront kämpft und stirbt, markiert dieser Tod weniger eine persönliche Tragödie als vielmehr das Ende einer Ära. Auf ergreifende Weise erkundet Roths Roman die Komplexität von Familien- und Freundschaftsbeziehungen und übersetzt die wehmütige Erinnerung an ein versunkenes Zeitalter in eine historische Erzählung, die in keiner Weise sentimental ist. Wohl selten ist die alte Donaumonarchie atmosphärisch so überzeugend und liebenswert geschildert worden. **JH**

Das verbotene Reich
Jan Jacob Slauerhoff

Lebensdaten | *1898 (Niederlande), †1936
Erstausgabe | 1932
Erschienen bei | Nijgh & Van Ditmar (Amsterdam)
Originaltitel | *Het verboden rijk*

Das Werk des niederländischen Dichters und Romanciers Jan Jacob Slauerhoff ist eine späte Blüte der romantischen Tradition der Dekadenz: Der Künstler erscheint als ein Fremder, ein Außenseiter, der über diese Erde wandelt, ohne einen Sinn darin erkennen zu können – eine Rolle, die Slauerhoff durch seine Laufbahn als Schiffsarzt buchstäblich selbst verkörperte. Erzähltechnisch innovativ und originell in seiner phantasievollen Konzeption, verarbeitet *Das verbotene Reich* die unbequeme Beziehung des Autors zu sich selbst und der spätimperialistischen Welt.

Der Roman erzählt die Geschichten zweier Männer, zwischen deren Leben Jahrhunderte liegen: Der eine ist der portugiesische Dichter Camões, seefahrender Barde des Imperiums. Der andere ist ein namenloser Funker auf einem modernen Handelsschiff und ganz offensichtlich ein Alter Ego des Autors. Zwischen den Lebensgeschichten dieser beiden Männer entwickeln sich seltsame Spiegelungen: Der Funker wird schiffbrüchig – wie Camões Jahrhunderte zuvor – und reist in die portugiesische Kolonie Macao, wo Camões Jahre im Exil verbrachte. Am Schluß bleibt der Funker allein in Macao zurück und erlebt einen totalen Identitätsverlust, den er als Befreiung von seinem verhaßten Selbst erlebt.

Als ein Roman, der die Agonie des Kolonialismus, die Zersetzung des Selbstvertrauens und der moralischen Grundsätze der Europäer in einer fremden Umgebung beschreibt, ist *Das verbotene Reich* in einem Atemzug mit Joseph Conrads *Herz der Finsternis* zu nennen. Doch Slauerhoff beklagt diesen Zerfall nicht, er begrüßt ihn vielmehr. Zwar enthält der Roman wenig Charakterschilderungen, und zuweilen gibt es Handlungssprünge, doch Slauerhoffs starke Identifikation mit seinem Thema verleiht dem Buch eine unvergleichliche, halluzinatorische Qualität. **RegG**

Cold Comfort Farm
Stella Gibbons

Lebensdaten | *1902 (England), †1990
Erstausgabe | 1932 bei Longmans & Co. (London)
Originalsprache | Englisch
Prix Fémina/Vie Heureuse | 1933

Cold Comfort Farm, bei weitem das bekannteste von Stella Gibbons' zahlreichen Werken, ist eine wahrhaft furchtbar komische Parodie des englischen Heimatromans – im besonderen der Werke von Mary Webb, aber auch einiger weiterer Schriftsteller, die mittlerweile zum Kanon der englischen Literatur gehören.

Cold Comfort Farm erzählt die Geschichte von Flora Poste, einer jungen Dame aus der besseren Gesellschaft Londons, die sich nach dem Tod ihrer Eltern mit den Starkadders konfrontiert sieht, einem Zweig der Familie, zu dem der Kontakt schon lange abgerissen ist. Der Roman ist – von der Büstenhalter sammelnden Mrs. Smiling über den langweiligen Mr. Mybug bis zu der wunderbaren Menagerie der Cold Comfort Farm selbst – mit unzähligen phantastischen Figuren bevölkert. Die Starkadders sind tatsächlich bemerkenswert: Judiths Vernarrtheit in ihren Sohn, den glutvollen Seth, Elfines Wildheit, Reubens Predigten – und natürlich dieses scheußliche Etwas im Holzschuppen … Weit davon entfernt, sich von der abweisenden Rustikalität ihrer neuen Umgebung und ihrer neuen Familie einschüchtern zu lassen, macht sich Flora daran, einen nach dem anderen zu ändern, und die Szenen, die diese „Transformationsprozesse" schildern, sind ohne Ausnahme einfach köstlich.

Der satirische Ton von *Cold Comfort Farm* zielt ebenso auf die Gesellschaftsintrige à la Jane Austen wie auf das Melodramatisch-Schicksalhafte eines Hardy und den schwülstigen Romantizismus von Lawrence. Diese Respektlosigkeit und der schiere Witz des Buches machen die Lektüre von der ersten bis zur letzten Seite zu einem Vergnügen. **DR**

> Diese Aufnahme von Stella Gibbons entstand rund 50 Jahre nach dem Erscheinen von *Cold Comfort Farm*.

Schöne neue Welt
Aldous Huxley

Huxleys Dystopie schildert eine Welt, in der die Staatsmacht sich so tief und nachhaltig in die Psyche ihrer Bürger eingegraben hat, daß die Grenzen zwischen Ausbeutung und Erfüllung unwiderruflich verwischt sind. Soziale Stabilität, das erklärte Ideal dieses Weltstaates, ist durch entfesselten Konsum und Myriaden von ausgefeilten technischen Erfindungen erreicht worden. Dazu gehört auch die Erzeugung von Menschen, die jetzt unter das Monopol des Staates fällt. Dementsprechend ist Verhütung zur Pflicht und Promiskuität zur Tugend erklärt worden. Die Embryonen werden fünf hierarchisch gegliederten Kasten zugeordnet und einer entsprechenden prä- und postnatalen Konditionierung unterzogen. Auf diese Weise konnte der Wunsch nach sozialem Aufstieg in den unteren Kasten ausgerottet werden, so daß die Macht der alles kontrollierenden Oberschicht gesichert bleibt.

Diese hybridisierte Philosophie des Weltstaates lehnt sich in manchen Aspekten an Platons *Politeia* (Der Staat) sowie an das für den Utilitarismus zentrale Konzept des „Glücks" an. Daß ein solcher Staat ausgerechnet die schrankenlose Lust fördert, mag auf den ersten Blick wenig einleuchtend erscheinen, angesichts der Vehemenz, mit der die Sexualität heute als ultimativer Ausdruck der Individualität vermarktet wird. Doch indem man die Sexualität enttabuisiert und von der Fortpflanzung abkoppelt, entkleidet man sie ihrer emotionalen Bedeutung. Das wiederum hilft dem Weltstaat, alle privaten Loyalitäten zu eliminieren, die seinen Würgegriff lockern könnten. Letztlich macht die unbedachte Kultivierung „erwachsener" Interessen wie Drogen oder Sex diese zu etwas absolut Harmlosem. Für die infantilen Bewohner der Schönen neuen Welt ist Ordnung ein Wert an sich, kodifiziert durch den organisierten Konsum von Waren und Dienstleistungen. Uns heutigen Lesern wird jedoch vor allem ihre Überzeugung, die höchste Form menschlichen Strebens erreicht zu haben, überall auf der Welt einen Schauer des Wiedererkennens über den Rücken jagen. **AF**

Lebensdaten | *1894 (England) †1963 (USA)
Erstausgabe | Chatto & Windus (London)
Idee nach | Men Like Gods von H.G. Wells (1921)
Originaltitel | *Brave New World*

▲ Der Umschlag der Erstausgabe von *Schöne neue Welt*.

◀ Huxley im Jahr 1935: Seine Aversion gegen den technologischen Materialismus ließ ihn später zu einem Anhänger mystischer Denkweisen und bewußtseinserweiternder Drogen werden.

Natterngezücht

François Mauriac

Lebensdaten | *1885 (Frankreich), 1970
Erstausgabe | 1932 bei Bernard Grasset (Paris)
Originaltitel | *Le nœud de vipères*
Nobelpreis für Literatur | 1952

„*Frag' die, die mich kennen, warum die Bosheit mein Hauptmerkmal ist!*"

Die Nattern des Romantitels beziehen sich sowohl auf die verworrene und boshafte Gefühlswelt des Erzählers Louis, wie auch auf die Grabenkämpfe innerhalb seiner habgierigen Familie, mit der er dauernd im Streit liegt. In diesem Buch, das als „Paradebeispiel" des katholischen Romans bezeichnet wurde, ist niemand frei von Schuld.

Die Geschichte, die in Paris und im schönen Weinbaugebiet von Bordeaux spielt, ist als zweiteiliges Geständnis konstruiert. Der schwer herzkranke Louis beschreibt den fortschreitenden Zerfall des Familienlebens, der schließlich tragische Dimensionen annimmt. Mauriacs Roman ist eine meisterhafte Analyse der Auswirkungen einer gesellschaftlichen Mißbilligung und der daraus folgenden Unsicherheit, die diese bei sensiblen Menschen auslöst. Nachdem Louis schon bald nach der Heirat das Gefühl hat, von seiner Frau und deren Familie mißachtet zu werden, beginnt er einen grausamen Verteidigungskampf, der sich von seiner Frau über die Kinder und Enkelkinder über mehrere Generationen erstreckt, und der das Familienleben vergiftet.

Dieses Leid, wie schrecklich es auch sein mag, ist für Mauriac jedoch nur die Voraussetzung, die Louis' Erlösung erst als wahrscheinlich erscheinen läßt. Indem er dem Leser seine Sünden gesteht, ist Louis gezwungen, die Gefühle und Beweggründe der anderen zur Kenntnis zu nehmen. Damit setzt bei ihm eine Sinneswandlung ein, die in Anbetracht ihrer Ursache um so bewegender ist. So veranschaulicht der in einer sparsamen, eleganten Prosa gehaltene Roman die schier unbegrenzten Auswirkungen eines bösen Tuns, gleichzeitig verweist er auf die Möglichkeit einer Erlösung. Damit bietet *Natterngezücht* ein bewegendes Beispiel menschlicher Fehlbarkeit und göttlicher Gnade. **AB**

Mauriacs religiöse Überzeugungen zeigen sich in den menschlichen Leidenschaften – die Erlösung liegt in ihrer Überwindung.

Der Mann ohne Eigenschaften
Robert Musil

Der Mann ohne Eigenschaften ist ein unvollendet gebliebener Roman von mehr als 2000 Seiten (die einzelnen Kapitel sind jedoch kurz und gut zu bewältigen), der oft in einem Atemzug mit den Meisterwerken von Proust und Joyce genannt wird und als das ultimative Porträt des Fin de siècle und der Endphase der österreichisch-ungarischen Monarchie gelten kann.

Angesichts des Umfangs ist die eigentliche Handlung erstaunlich karg: Musils Protagonist Ulrich, ein Mathematiker, leidet an seiner Unentschlossenheit. Sein Vater drängt ihn – selbst ein Mann ohne Eigenschaften hat einen Vater mit Eigenschaften –, ein nützliches Mitglied der Gesellschaft zu werden. Dies gelingt Ulrich jedoch nicht, statt dessen legt er sich eine Geliebte nach der anderen zu, so wie man sich Erkältungen zulegt. Auf Betreiben seines Vaters wird Ulrich Sekretär der „Parallelaktion", einer Organisation, die die Feiern zum 70jährigen Thronjubiläum Franz Josefs I. vorbereiten soll. Die Beratungen des Planungskomitees spiegeln mit ihrer absoluten Geistlosigkeit die allgemeine geistige Leere. Ulrich geht schließlich eine inzestuöse Beziehung zu seiner Schwester Agathe ein und betritt eine andere Existenzebene, den „anderen Zustand", was verschiedentlich als Öffnung gegenüber dem Totalitarismus oder als nichtmoralistische Kritik des totalitären Rationalismus verstanden wurde.

Wie auch immer das Urteil ausfällt, Musils Stil ist einzigartig und faszinierend, und sein „Essayismus" ist nichts anderes als die Verkörperung einer Philosophie. **DS**

Lebensdaten | *1880 (Klagenfurt), †1942 (Genf)
Erstausgaben | 1931 (1. Buch), 1933 (2. Buch), 1943 (unvollendeter Nachlaß zum 2. Buch, hg. von M. Musil)
Erschienen bei | Rowohlt (Berlin), Lausanne (Selbstverlag)

„Es ist eine Welt von Eigenschaften ohne Mann entstanden, von Erlebnissen ohne den, der sie erlebt."

◉ Musil erlebte den Zusammenbruch des Kaiserreichs und den Aufstieg des Nationalsozialismus, der ihn nach 1938 ins Exil zwang.

Käse
Willem Elsschot

Lebensdaten | *1882 (Belgien), †1960
Richtiger Name | Alfons-Jozef de Ridder
Erstausgabe | 1933 bei P. N. Van Kampen & Zoon
Originaltitel | *Kaas*

Willem Elsschot ist das Pseudonym von Alfons de Ridder, dem Leiter einer florierenden Werbefirma, der in seiner Freizeit heimlich sehr erfolgreiche Romane und Kurzgeschichten verfaßte. Der Autor selbst hielt *Käse*, ein Buch, das er in weniger als 14 Tagen schrieb, für sein Meisterwerk. In diesem kurzen Roman geht es um die tragikomische Geschichte des 50jährigen Angestellten Frans Laarmans, der beschließt, seinen langjährigen Job zu kündigen und ins Käsegeschäft einzusteigen. Laarmans' ständiges Nachdenken über das, was andere wohl von ihm denken, beeinflußt jede seiner Handlungen, angefangen von der Entscheidung, ob er am Totenbett seiner Mutter sitzen oder lieber stehen soll, bis zu seinem glücklosen Abstecher in die Handelsbranche.

Weil ihn die Freunde seines neuen Bekannten van Schoonbeke – ein Jurist, den er beim Begräbnis seiner Mutter kennenlernt –, eher dulden als akzeptieren, kommt Laarmans auf die Idee, seinen sozialen Status zu verbessern, indem er van Schoonbekes Angebot, ihn im Käsehandel unterzubringen, annimmt. Mit Feuereifer widmet er sich der Einrichtung seines Büros, kümmert sich um die Bestellung des richtigen Briefpapiers und denkt sich einen Namen für sein Unternehmen aus. Als dann jedoch die ersten Tonnen Edamer eintreffen, scheint er völlig überrascht und hat nicht die geringste Ahnung, was er mit dem Käse anstellen soll. Laarmans' hoffnungslos ungeeignete Versuche, mit einem Geschäft Erfolg zu haben, von dem er nichts versteht, und mit einem Produkt, das ihn anwidert, schildert Elsschot mit einer meisterhaft komischen Dynamik, unterkühltem Pathos und einer in ihrer Lakonie absichtsvoll kunstlos erscheinenden Prosa. *Käse* ist nicht nur eine prägnante Satire über die Risiken des sozialen Aufstiegs, sondern auch ein überzeugendes Porträt der 1930er Jahre. **CIW**

So lebt der Mensch
André Malraux

Lebensdaten | *1901 (Frankreich), †1976
Erstausgabe | 1933
Erschienen bei | Gallimard (Paris)
Originaltitel | *La condition humaine*

In den 1930er Jahren war Malraux der Inbegriff des politisch engagierten Intellektuellen. Für *So lebt der Mensch* erhielt er 1933 den Prix Goncourt. Der Roman ist untrennbar mit dieser Periode revolutionärer politischer Ideen verbunden, als das Engagement der Linken noch nicht durch die Kenntnis der stalinistischen Greuel beeinträchtigt wurde.

Das Buch schildert die politischen Wirren und Unruhen, die Schanghai 1927 erschütterten, vom Aufstand der chinesischen Kommunisten bis zu ihrer brutalen Dezimierung durch die angeblich mit ihnen verbündete chinesische Nationalpartei Kuomintang. Geschickt verarbeitete Malraux hier seine Kenntnisse über China und die Arbeit der internationalen kommunistischen Bewegung. Seine Charaktere sind mit einem komplexen Innenleben ausgestattet, insbesondere der politische Attentäter Tschen, der mit dem Gefühl der Entfremdung, das die Morde, die er begeht, in ihm auslösen, nicht fertig wird. Dennoch steht jede der Figuren auch – vielleicht etwas zu offensichtlich – für eine bestimmte Haltung dem Leben und der Revolution gegenüber.

Der Höhepunkt des Buches ist eine Episode, in der der kommunistische Agent Katow, der in die Hände der Kuomintang-Folterer gefallen ist, seine Zyankalikapseln zwei völlig verängstigten chinesischen Gefangenen schenkt und mit unerschütterlichem Mut seinem schrecklichen Tod im Heizkessel eines Dampfzugs ins Auge sieht. Derartige Heroismen zeigen, daß es sich bei diesem Roman im Kern um die intellektuelle Version einer klassischen Abenteuergeschichte für Jugendliche handelt. Entstanden ist weniger eine tiefgründige Studie über das Menschliche an sich, wie Malraux sie im Sinn hatte, sondern ein außerordentlich lesenswertes, informatives Zeitdokument voller dramatischer Ereignisse und kraftvoll geschilderter Einzelheiten. **RegG**

A Day Off *
Storm Jameson

Lebensdaten | *1891 (England), †1986
Vollständiger Name | Margaret Storm Jameson
Erstausgabe | 1933
Erschienen bei | Nicholson & Watson (London)

Sich in der urbanen Welt von Jamesons Zwischenkriegsroman einen Tag frei zu nehmen, verspricht keine dauerhafte Entlastung, ja kaum eine Gnadenfrist im Alltagskampf. Die bemitleidenswerte Heldin des Romans sucht in den Straßen der bunten, staubigen Großstadt Ablenkung von den Bildern des kargen Tals in Yorkshire, die sie verfolgen. Ziellos treibt sie durch die Londoner Straßen, klammert sich an zufällige Wiederbegegnungen, die den Funken längst vergangener Beziehungen wieder zur Flamme entfachen. Alle Geschehnisse dieses Nachmittags, den sie in den Einkaufsstraßen des West End verbringt, führen klar vor Augen, was diese sich stets am Rande der psychischen Erschöpfung bewegende Frau in der Einsamkeit ihrer schäbigen, beengten Behausung niemals besitzen wird. Jameson stattet ihre Figur mit einem Hauch von kristalliner Unmittelbarkeit aus. Sie redet von ihr stets in der dritten Person, was den Eindruck der Entfremdung noch verstärkt, der diese Frau mitten im pulsierenden Zentrum der Großstadt umgibt.

Nach Jamesons Ansicht hatten die Autoren moderner Gesellschaftsromane stumme Zeugen zu sein, und statt Ausschmückungen sollte stilistische Ökonomie den Text prägen. In *A Day Off* sind es ihre unpersönlichen Kommentare, die den Leser hartnäckig fordern und unsere Fähigkeit zu empathischer Einfühlung auf die Probe stellen. Immer wieder macht Jameson uns bewußt, daß wir implizite Beobachter sind, die an der vergeblichen Suche der Protagonistin nach Zugehörigkeit teilnehmen. **DJ**

Testament of Youth *
Vera Brittain

Lebensdaten | *1893 (England), †1990
Erstausgabe | 1933 bei V. Gollancz (London)
Vollständiger Titel | *Testament of Youth: An Autobiographical Study of the Years 1900–1925*

Mit diesem bewegenden Bericht über ihre Kriegserlebnisse wurde Vera Brittain, die im Ersten Weltkrieg ihren Bruder, ihren Verlobten und ihren besten Freund verlor, schnell zu einem Sprachrohr ihrer Generation.

Auf den ersten Blick könnte es fast ironisch anmuten, daß die ultimative literarische Studie über den Ersten Weltkrieg ausgerechnet aus der Feder einer Pazifistin stammt. Bei sorgfältiger Lektüre zeigt sich jedoch Brittains zukunftsweisende Perspektive. Als der Erste Weltkrieg in den 1960er Jahren neu erforscht wurde, schien Brittains Werk die sich wandelnde Einstellung zum Krieg perfekt zu spiegeln: Inzwischen stand man der Friedensbewegung näher als den Idealen von 1914/18. *Testament of Youth* versammelt alle Mythologeme des Krieges und schildert das Kriegselend, die „verlorene Generation" und die Erkenntnis, daß nach 1918 nichts mehr so sein würde wie vorher, auf sehr eindrückliche Weise. Ihre emotional aufgeladenen Beobachtungen kombiniert sie mit historischen Details. Brittain wollte eine Generation informieren, der noch immer die Möglichkeiten fehlten, den Krieg zu beschreiben.

Testament of Youth hat auch dazu beigetragen, daß in der Wahrnehmung des Krieges zunehmend dessen unerbittliche Grausamkeit dominierte, insbesondere gegen Ende des 20. Jahrhunderts, als das Interesse an der Rolle der Frauen im Krieg wuchs. Als aktive Kriegsteilnehmerin und als Frau vermittelt Vera Brittain eine schlüssige alternative Perspektive auf den Horror der Schützengräben. Es ist höchst spannend zu verfolgen, wie sich naiver Patriotismus in Desillusionierung verwandelt. **EMcS**

Autobiographie von Alice B. Toklas
Gertrude Stein

Lebensdaten | * 1874 (USA) †1946 (Frankreich)
Erstausgabe | 1933
Erschienen bei | J. Lane (London)
Originaltitel | *The Autobiography of Alice B. Toklas*

„Ich genieße eine Aussicht, aber ich wende ihr gerne den Rücken zu."

- Ein in den 1940er Jahren entstandenes Foto von Gertrude Stein (links), ihrer Freundin Alice B. Toklas und Pudel Basket, aufgenommen vor dem Haus der Autorin in Frankreich.

- Andy Warhol schuf dies Porträt von Gertrude Stein nach ihrem Tod für die 1980 entstandene Serie *Ten Portraits of Jews of the 20th Century*.

Dies ist Gertrude Steins erfolgreichstes und zugänglichstes Werk. Die fiktive Autobiographie ihrer langjährigen Freundin spielt mit Ausdruck und Perspektive, lotet das Wesen der Objektivität aus und ist in ihrer programmatischen Unzuverlässigkeit einzigartig.

Alice – oder Gertrude – behauptet, im Laufe ihres Lebens nur drei geniale Menschen kennengelernt zu haben; als bedeutendster unter ihnen gilt natürlich Gertrude selbst. Eine erstaunliche Feststellung angesichts der Tatsache, daß beide Frauen praktisch mit jeder großen und einflußreichen Persönlichkeit des frühen 20. Jahrhunderts verkehrten. Stein war das Zugpferd des Modernismus, ja wohl sogar seine Hebamme. Ihr Atelier in der Rue de Fleurus in Paris war Kunst- und Ideenschmiede; zentraler Anziehungspunkt in einer Zeit, in der man sich morgens fragte, ob man lieber einen neuen Gauguin oder ein Glas Marmelade erstehen wollte. Picasso und seine Gespielinnen war allgegenwärtig, ebenso der junge Hemingway. Auch Juan Gris, der auf den Spuren Picassos wandelte, schneite ab und zu herein. Guillaume Apollinaire (der den Begriff „Surrealismus" prägte) gehörte zum engsten Kreis der Auserwählten. Jean Cocteau, Lytton Strachey, Erik Satie, Ezra Pound und Man Ray – um nur einige wenige zu nennen – waren ebenfalls gern gesehene Gäste. Es war eine verrückte Zeit, und dieser mit Widersprüchen und Wiederholungen gespickte „Augenzeugenbericht" einer unzuverlässigen Zeugin ist faszinierend zu lesen. Gertrude Stein sorgte für den Rahmen, in dem Kubismus und Fauvismus entstehen konnten. Sie unterstützte die Renaissance der Literatur, war dabei, als der Dadaismus „geboren" wurde und die Futuristen in die Stadt kamen. Und sie war zugegen, als Nijinski zum ersten Mal *Le Sacre du Printemps* tanzte und damit einen Skandal heraufbeschwor.

Dieses Buch ist die schelmische Rede einer Bauchrednerin, die das atemlose, etwas unsichere Umherschweifen ihrer Protagonistin Alice einfängt – der Gefährtin von Frauen genialer Männer. Doch ganz wie im wirklichen Leben findet sich darin nur wenig Alice und sehr viel mehr Gertrude. **GT**

Mord braucht Reklame
Dorothy L. Sayers

Lebensdaten | *1893 (England), †1957
Erstausgabe | 1933 bei V. Gollancz (London)
Adaptiert fürs Fernsehen | 1973
Originaltitel | *Murder Must Advertice*

In *Mord braucht Reklame* schickt Dorothy L. Sayers ihren Helden, den Privatdetektiv Lord Peter Wimsey, in eine Werbeagentur, wo er den Tod eines Angestellten aufklären soll. Unter dem Pseudonym Death Bredon beginnt Wimsey als Werbetexter zu arbeiten, findet Spaß an seiner neuen Tätigkeit und läßt ganz nebenbei einen Ring von Kokaindealern auffliegen.

Am meisten Vergnügen bei der Lektüre bereitet die lebendige Schilderung der Werbebranche, für die Sayers auf eigene Erfahrungen als Werbetexterin zurückgreifen konnte. Wie James Joyce war sie fasziniert von der Werbesprache, die ihr Gelegenheit bot, ihre Begeisterung für Wortspiele auszuschöpfen. Doch die Reduktion komplizierterer Sachverhalte auf einfache Slogans bereitete ihr auch Unbehagen. „Macht Reklame – oder macht Bankrott!" – mit diesen Worten endet der Roman.

Auch die Drogendealer bedienen sich der Werbung, um miteinander zu kommunizieren; ein Erzählkniff, der ausführliche Beschreibungen der Werbebranche rechtfertigt. Wimsey (dessen Name mit voller Absicht an „whimsy" - Schrulle – erinnert) ist hier wie in Sayers' anderen Romanen eine chamäleonhafte Figur: ein monokeltragender, ziemlich erschöpfter Aristokrat, der eine leichte Ähnlichkeit mit P. G. Wodehouses Figur Bertie Whooster, dem Kricketmeister und Detektiv, aufweist und der durch seine Verstrickung in tödliche Verbrechen Teil eines moralischen Universums wird. Bei allem Humor läßt Sayers ihr Publikum nur selten vergessen, daß einem Mörder seinerzeit die Schlinge des Henkers drohte. **LM**

Schreiben Sie Miss Lonelyhearts
Nathanael West

Lebensdaten | *1903 (USA), †1940
Richtiger Name | Nathan Wallenstein Weinstein
Erstausgabe | 1933 bei Liveright (New York)
Originaltitel | *Miss Lonelyhearts*

„Miss Lonelyhearts" nennt sich der männliche Protagonist dieses Romans, Briefkastenonkel einer Tageszeitung, der auf mehr oder weniger amüsante, manchmal groteske Weise die Zuschriften verzweifelter, lebensuntüchtiger Leser beantwortet. Doch die „liebe Abby", als die ihn die ganze Stadt kennt, fühlt sich kastriert. Der unermeßlich tiefe Abgrund zwischen seinen widersprüchlichen christlichen Ambitionen und dem Hedonismus im New York der 1930er Jahre hindert ihn daran, den Lesern mehr als lahme Klischees aufzutischen. Zwar würde er ihnen gerne die Vision eines bedeutungsvollen, von der erlösenden Kraft Christi geprägten Lebens nahebringen, doch sein Redakteur Shrike, der sich über den religiösen Glauben lustig macht, stellt ihn kalt und empfiehlt Kunst, Sex und Drogen als „alternative Heilmittel". Miss Lonelyhearts selbst schwankt zwischen den Extremen. Ihre bzw. seine Versuche, einem Leben eine gewisse Stabilität zu verleihen, bleiben halbherzig: Er macht seiner treuen Freundin Betty einen Heiratsantrag, geht ihr anschließend aber wochenlang aus dem Weg. Auch läßt er sich zu unbesonnenen Eskapaden hinreißen, unter anderem, indem er sich persönlich in die Angelegenheiten seiner Leser verstrickt.

Lonelyhearts' mangelndes Mitgefühl für seine Leser läßt ahnen, daß auch seine Versuche Christus nachzueifern zum Scheitern verurteilt sind. Die flehentlichen Briefe, in denen seine leidgeplagten Fans ihm ihre dunkelsten Geheimnisse und glühendsten Wünsche enthüllen, werden eine Funktion im journalistischen Geschäft. *Schreiben Sie Miss Lonelyhearts* ist eine interessante Studie über die problematische Rolle des Christentums in der modernen Welt. **AF**

Nenn es Schlaf
Henry Roth

Lebensdaten | *1906 (Ukraine), †1995 (USA)
Erstausgabe | 1934
Erschienen bei | R. O. Ballou (New York)
Originaltitel | *Call it Sleep*

Der Roman *Nenn es Schlaf* wurde zunächst vom Publikum ignoriert, bis er in den 1960er Jahren, als in Amerika Fragen der kulturellen Identität intensiv diskutiert wurden, neu herausgegeben wurde. Inzwischen gilt er als Meisterwerk der amerikanischen Literatur des 20. Jahrhunderts. Es handelt sich um ein überschwengliches, emotionales Porträt des aus Österreich-Ungarn stammenden jüdischen Jungen David Schearl, der Anfang des 20. Jahrhunderts zusammen mit seiner Mutter dem Vater nach New York folgt und in den Elendsvierteln der Lower East Side aufwächst. Aus der Perspektive des Ich-Erzählers schildert Roth, wie sein junger Protagonist in der ihm fremden Kultur zu leben und mit seinen Ängsten, verwirrenden Familienbeziehungen und gesellschaftlichen Herausforderungen umzugehen lernt. Schlüsselelemente dieses Romans sind der drastische Wechsel zwischen dem Jiddischen und dem Englischen, die damit einhergehenden Probleme der Assimilation und das Gefangensein zwischen zwei Kulturen. Dies spiegelt sich auch stilistisch wider: Roth verknüpft einen entschlossenen Realismus mit einer sehr modernen Konzentration auf reine Bewußtseinsvorgänge. Virtuos fängt der Schriftsteller den verwirrten, aber magischen Blick eines verängstigten Kindes auf seine seltsame Umwelt ein.

Nenn es Schlaf ist einer der authentischsten, bewegendsten literarischen Berichte über den Schrecken der Kindheit, eine intensive, lyrische und unwiderstehliche Erzählung über das unsanfte Erwachen eines Kindes in einer völlig anderen Welt und ein 0wichtiger Beitrag für unser Verständnis der amerikanischen Sozialgeschichte. **AL**

Die Zimtläden
Bruno Schulz

Lebensdaten | *1892 (Österr.-Ungarn), †1942
Erstausgabe | 1934
Erschienen bei | Rój (Warschau)
Originaltitel | *Sklepy cynamonowe*

In diesem Erzählband verarbeitete Schulz die Erinnerungen an seine Kindheit im galizischen Drohobycz (Polen) in einer Reihe labyrinthischer Geschichten, in denen sich eine fesselnd geschilderte, prosaische Welt mit dem Phantastisch-Absurden vereinigt. Schulz wächst in einem baufälligen Haus am Marktplatz auf, in dem unzählige Zimmer von Untermietern bewohnt werden, und noch mehr Zimmer stehen leer und wurden längst vergessen. Dieses Gebäude ist die Bühne für Schulz' Erinnerungen an ein unkonventionelles Elternhaus, an eine träge Mutter und einen geistesabwesenden Vater.

Die langatmigen „Lektionen", die der Vater den irritierten, aber durchaus interessierten Mitbewohnern erteilt, werden zunehmend zusammenhangloser, aber sie bilden den roten Erzählfaden, den Schulz immer wieder aufnimmt. Im ganzen Buch weist Schulz auf die schwindenden geistigen und körperlichen Kräfte des Vaters und die Auswirkungen hin, die dies auf die Familie hat. Die leicht komödiantische Art, wie er dies tut, ermöglicht es einem unsentimentalen Realismus, in kongenialer Weise neben einer eher surrealen Empfindungswelt zu bestehen.

Schulz wurde vom Surrealismus und vom Expressionismus beeinflußt, und er darf ruhig an die Seite eines Gogol oder Kafka gestellt werden. Als polnischer Jude wurde er 1942 von der SS umgebracht. Er hinterließ nur zwei publizierte Geschichtensammlungen, die erst vor kurzem die Aufmerksamkeit und die kritische Würdigung erfuhren, die sie längst verdienten. **JW**

Bertie in wilder Erwartung
P. G. Wodehouse

Lebensdaten | *1881 (England), †1975 (USA)
Erstausgabe | 1934
Erschienen bei | H. Jenkins (London)
Originaltitel | *Thank you, Jeeves*

„Ich sitze bloß vor der Schreibmaschine und fluche ein bißchen."
Wodehouse, 1956

◉ Der komische Butler, ein literarisches Urgestein, hat in Wodehouses berühmtester Kreation Jeeves einen überragenden Vertreter.

Mit Büchern von Wodehouse kommt das Publikum offenbar nicht zurecht. Viele Leser halten ihn für einen Komiker und erwarten Witze – doch seine Romane haben weder Witze noch eine spannende Handlung oder interessante Charakterzeichnungen zu bieten. P. G. Wodehouse zu lesen ist inzwischen etwas aus der Mode. Das mag daran liegen, daß die Welt, die er schuf, ein idyllisches England mit ewigem Sonnenschein, unberührt vom Krieg, bevölkert mit Charakteren, die bestenfalls den geistigen Tiefgang pubertierender Jugendlicher aufweisen, selbst als Fiktion ewig gestrig erscheint. Und auch die reaktionäre politische Haltung, die in seinen Romanen zum Ausdruck kommt, hat sich überlebt. Aber die Qualitäten, das Wunderbare seiner Prosa, ist auf einer anderen Ebene zu entdecken: Seine Fähigkeit, aus dem Nichts höchst komische Metaphern oder Vergleiche zu ersinnen, ist – zumindest, was die Gattung Roman betrifft – bislang unübertroffen.

Am bekanntesten ist Wodehouse für seine Romane über Bertie Wooster und dessen Diener Jeeves (*Bertie in wilder Erwartung* ist der erste umfangreiche Roman dieser Serie). Der herablassende Butler Jeeves geisterte bereits seit 1917 durch Wodehouses Kurzgeschichten. Seine Reaktivierung als Romanfigur brachte Wodehouse großen Erfolg ein, doch die Inhalte der einzelnen Werke sind praktisch nicht voneinander zu unterscheiden. Stets mokiert Jeeves sich über Bertie Woosters Kleidung oder Musikgeschmack. Dieser wiederum muß sich immer wieder irrtümlicherweise mit einer erschreckend ernsthaften und intelligenten Frau verloben – nur um anschließend zum Opfer des jeweiligen gewalttätigen Freiers zu werden, dessen Platz er beansprucht hat. Auslösendes Moment für all diese Ereignisse ist z. B. die unerfreuliche Kombination aus purpurroten Socken und einem roten Kummerbund oder der Besitz eines gestohlenen Milchkännchens. Auf der Oberfläche all dieses Blödsinns plätschert Wodehouses unnachahmliche Prosa heiter dahin. **VC-R**

Zärtlich ist die Nacht
F. Scott Fitzgerald

F. Scott Fitzgerald gilt als *der* Chronist des amerikanischen Nachkriegsbooms und der Jazz-Ära. Für die Beschreibung der endlosen extravaganten Partys in den Jahren vor der Weltwirtschaftskrise – Ereignisse, bei denen der Alkohol in Strömen floß –, schöpfte er aus eigenen Erfahrungen. *Zärtlich ist die Nacht* verkaufte sich gut, wurde im allgemeinen positiv rezensiert und im Kollegenkreis, unter anderem von Ernest Hemingway, gelobt.

Fitzgerald erzählt darin die Geschichte der schönen 18jährigen Filmschauspielerin Rosemary Hoyt, die in den 1920er Jahren mit ihrer Mutter an der französischen Riviera Urlaub macht, wo sie den amerikanischen Nervenarzt Dick Diver und seine wohlhabende Frau Nicole kennenlernt. Nicole war von ihrem Vater mißbraucht, in die Psychiatrie eingewiesen und von ihrem Arzt – ihrem jetzigen Ehemann – gerettet worden. Als Rosemary in die High-Society-Welt der Divers eingeführt wird, verliebt sie sich in Dick. Er erwidert ihre Gefühle. Eine Zeitlang schweben sie im siebten Himmel, doch schon bald schlägt das Schicksal zu: Ein Freund der Divers überfährt in betrunkenem Zustand einen Mann, und Nicole erleidet einen Nervenzusammenbruch. Dies ist der Wendepunkt der Geschichte – das Unglück nimmt seinen Lauf.

Dieser Roman ist autobiographisch geprägt wie kein anderes Werk Fitzgeralds. Er verarbeitet darin eigene Erlebnisse, die er seiner Zugehörigkeit zur schnellebigen Jet-Set-Welt der in Südfrankreich gelandeten Exilanten verdankte. Die Divers sind dem amerikanischen Glamourpaar Gerald und Sara Murphy nachempfunden, mit dem Fitzgerald und seine Frau Zelda bekannt waren. Die psychologischen Methoden, mit denen Nicole behandelt wird, sind exakt die gleichen, denen die schizophrene Zelda sich in der Schweiz unterzog. Um die enormen Behandlungskosten zu finanzieren, gab Fitzgerald das Romanschreiben auf und hielt sich mit Hollywood-Drehbüchern über Wasser. Bald verfiel er dem Alkohol, was zu seinem frühen Tod führte. Anders als der Roman kannte das wirkliche Leben der Fitzgeralds kein Happy End – im Gegensatz zu Nicole erholte sich Zelda nie von ihrem Leiden. **EF**

Lebensdaten | *1896 (USA), †1940
Erstausgabe | 1934
Erschienen bei | C. Scribner's Sons (New York)
Originaltitel | *Tender is the Night*

„Wenn du verliebt bist, sollte dich das glücklich machen."

◉ Das Umschlagbild der Erstausgabe spiegelt das luxuriöse Ambiente der französischen Riviera und läßt nicht erahnen, daß in Fitzgeralds Roman auch düstere Themen angesprochen werden.

Wendekreis des Krebses
Henry Miller

Lebensdaten | *1891 (USA), †1980
Erstausgabe | 1934
Erschienen bei | Obelisk Press (Paris)
Originaltitel | *Tropic of Cancer*

- Wie viele andere amerikanische Künstler genoß Miller die freizügige Atmosphäre im Paris der Zwischenkriegszeit.

- Maria de Meedeiros spielte die Hauptrolle im Film Henry & June, der auf der Beziehung zwischen Henry Miller und Anais Nin basiert.

Henry Millers berüchtigter autobiographischer Roman erschien zunächst in englischer Sprache im Verlag Obelisk Press in Paris. Wegen seiner sexuellen Thematik und seiner tabulosen Sprache war das Buch in Amerika und England in den folgenden 30 Jahren verboten. In den USA erlangte es nach seiner Publikation 1961 alsbald Kultstatus. Die erste deutsche Übersetzung war bereits 1953 auf den Markt gekommen.

Miller schildert in *Wendekreis des Krebses* auf einzigartig sinnliche und freizügige Weise das „Milieu" von Paris, wo er in den 1930er Jahren als verarmter Exilant lebte. Ohne Rücksicht auf moralische und gesellschaftliche Konventionen würzt er seinen Roman mit philosophischen Betrachtungen, Phantasien und zahlreichen en detail beschriebenen Anekdoten aus seinem Sexualleben.

Samuel Beckett bezeichnete den Roman als „denkwürdiges Ereignis in der Geschichte der modernen Literatur". Zweifellos leistete dieses Werk einen großen Beitrag zur Zerstörung gesellschaftlicher Tabus im Umgang mit und im Sprechen über Sexualität. Es inspirierte die Beat-Generation, die die Werte der amerikanischen Mittelschicht ablehnte und durch extreme Erfahrungen der Wahrheit näher zu kommen suchte. Feministische Kritikerinnen, allen voran Kate Millet, machten hingegen auf den unübersehbar frauenfeindlichen Charakter des Werks aufmerksam. Tatsächlich schildert Miller Frauen häufig als passive, anonyme „Matratzen", deren einzige Aufgabe darin besteht, die körperlichen Begierden des Mannes zu befriedigen. Es trifft sicher zu, daß die Gewalt, die Millers Prosa innewohnt, den vermeintlichen Erotizismus oder erotischen Kitzel überschattet, den die Leser aufgrund des zweifelhaften Rufs, den der Roman genießt, womöglich erwarten.

Millers Werke erlangten allesamt große Popularität, obwohl sich der Erfolg möglicherweise seinem Image als Autor „schmutziger Bücher" verdankte. In der Tat gehen die Meinungen über die „literarische" Qualität seines Werks weit auseinander. **JW**

Wenn der Postmann zweimal klingelt
James M. Cain

Lebensdaten | *1892 (USA), †1977
Erstausgabe | 1934
Erschienen bei | bei A. Knopf (New York)
Originaltitel | The Postman Always Rings Twice

Dieses Meisterwerk der „Schundliteratur" ist eine schaurige, zum Scheitern verurteilte Liebesgeschichte und zugleich eine Schilderung der harten Lebensbedingungen, die während der Weltwirtschaftskrise in Kalifornien herrschten. Im Mittelpunkt steht die Frage, inwieweit Frank und Cora, die Protagonisten des Romans, es schaffen, unabhängig von den sexuellen, politischen und wirtschaftlichen Einflüssen zu handeln, die ihr Leben zu bestimmen scheinen. Frank verfügt über ein sehr geringes Maß an Selbsterkenntnis; obwohl er sich gern als ungebunden und frei sieht, läßt er sich schnell auf eine leidenschaftliche und zerstörerische Beziehung ein. Cora, eine Frau mit kleinbürgerlichen Ambitionen, scheut nicht vor dem Mord an ihrem „schmutzigen" griechischen Ehemann zurück, dessen Straßencafé ihr als „Erbe" zufällt. Bar jeder Moralität, ja jeglichen Gefühls für das eigene Ich, willigt Frank bereitwillig ein, Cora bei der Ausführung ihrer Pläne zu unterstützen. Nachdem die beiden Coras Ehemann mit Alkohol abgefüllt haben, verfrachten sie ihn in sein Auto, kutschieren ihn auf eine Küstenstraße und stürzen ihn die Klippen hinunter in den Tod.

Als Liebespaar sind Frank und Cora auf Gedeih und Verderb dem Gesetz ausgeliefert, das sich als noch unmoralischer und verdrehter erweist als die Wertvorstellungen der beiden Protagonisten.

Wenn der Postmann zweimal klingelt wurde dreimal verfilmt, doch Cains Einfluß auf das Kino reicht weit über diese Adaptionen hinaus. Ohne ihn wären die Filme der Coen-Brüder beispielsweise gar nicht denkbar. **AP**

John Garfield trägt die in einen Bikini gewandete Lana Turner in der Romanverfilmung von 1946 vom Laguna Beach weg.

Auf den Gipfeln der Verzweiflung
Émile M. Cioran

Lebensdaten | *1911 (Rumänien), †1995 (Frankreich)
Erstausgabe | 1934 bei Editura „Fundatia pentru Literatura si Arta" (Bukarest)
Originaltitel | *Peculmile disperarii*

Dieses Werk, das Cioran im Alter von 22 Jahren nach Monaten entkräftender, von Schlaflosigkeit begleiteter Depressionen schrieb, könnte man eher als Aufschrei denn als Frucht philosophischer Reflexionen bezeichnen. In 66 zuweilen nur wenige Absätze langen Essays mit suggestiven Titeln wie „Nicht mehr leben können", „Suprematie des Unlösbaren", und „Die individuelle und die kosmische Einsamkeit" reflektiert Cioran über Sinnlosigkeit, Irrationalität und das Martyrium des Daseins.

Diese quälenden Grübeleien lassen den Erzähler, der ganz offensichtlich auf den Selbstmord zudriftet, innehalten. Paradoxerweise resultiert sein Todeswunsch aus übergroßer Fülle: „Ich könnte am Leben sterben." Die Lösung liegt im Bekenntnis – eine innere Notwendigkeit drängt einen dazu, sich auszudrücken. Das Schreiben ist wie das Leben das genaue Gegenteil systematischen Denkens. Ein Philosoph, der zum Dichter wird, schreibt folglich nicht, um Verständnis herzustellen, sondern um irrezuführen, den schmutzigen Unterleib des Denkens vorzuführen, die unbarmherzige, langweilige tägliche Existenz. Während seines Übergangs von philosophischem (Des-)Interesse zum poetischen Ausdruck entwickelt dieses „Drama" Paradoxien, die wiederum eine freundliche Region eröffnen, in der man sowohl ernsthaft als auch ironisch leben kann. Obwohl *Auf den Gipfeln der Verzweiflung* herausfordernd düster über die Vorzüge des Lebens und des Selbstmords berichtet, besitzt das Buch Anflüge eines höchst verblüffenden Humors, der über die ganze Unbegreiflichkeit des Lebens hinwegträgt. **IJ**

Die Glocken von Basel
Louis Aragon

Lebensdaten | *1897 (Frankreich), †1982
Erstausgabe | 1934
Erschienen bei | Denoël et Steele (Paris)
Originaltitel | *Les cloches de Bâle*

Anders als der Titel vermuten ließe, spielt der Roman hauptsächlich in Paris, er ist aber mehr als gerechtfertigt durch das leidenschaftliche letzte Kapitel. Dieses handelt vom Sozialistischen Friedenskongreß von 1912 in Basel, es verleiht dem Roman eine emotionale und politische Energie, die die Interpretation des vorher geschilderten Lebens im bürgerlichen Paris ermöglicht.

Im Zentrum des Buches stehen zwei starke Frauenfiguren: Diane de Nettencourt, die „unmoralische" Frau des Financiers Brunel und Geliebte des kapitalistischen Automobilmagnaten Wisner, und Catherine, eine sehr hübsche emigrierte Georgierin, die hin- und hergerissen wird zwischen ihrer bürgerlichen Herkunft und einem zunehmenden Bewußtsein für die sozialen Ungerechtigkeiten. Anhand dieser Frauen schildert Aragon das Paris vor dem Krieg als eine korrupte, heruntergekommene und zynische Stadt, in der die menschlichen Beziehungen nur als Fassade für das weit wichtigere An- und Abschwellen der kapitalistischen Gewinne und Verluste dienen. Diese Szenerie zeichnet Aragon vor dem Hintergrund einer humanistischen Arbeiterbewegung, die zunehmend bewußter und militanter wird und die schließlich zum Basler Kongreß führt – und zum Auftritt der Kommunistin Clara. Mit der revolutionären Einstellung und dem entschlossenen Kampfgeist dieser Heldin, die sich so stark von der manipulativen Schönheit von Diane und Catherine unterscheidet, führt Aragon triumphierend die moderne Frau vor.

Der über weite Strecken bittere, unterkühlte Roman endet mit einem ergreifenden Bekenntnis zum Glauben an den menschlichen Fortschritt. Die Verwesung im Herzen der französischen Gesellschaft wird zwar schonungslos aufgezeigt, aber die Mittel für eine Veränderung werden nicht vorenthalten. **AB**

„Liebe besteht aus zwei verschieden einsamen Menschen."

- Aragon in den 20er Jahren, als er zu den Surrealisten gehörte. Später wandte er sich dem Sozialen Realismus zu.

- Auf Max Ernsts Porträt der Surrealisten (1912) ist Aragon die Nr. 12; André Breton ist die Nr. 13, De Chirico die Nr. 15.

Die neun Schneider
Dorothy L. Sayers

Lebensdaten | *1893 (England), †1957
Erstausgabe | 1934
Erschienen bei | V. Gollancz (London)
Originaltitel | The Nine Tailors

Mit ihrem großen Figurenensemble und den lebhaft geschilderten Schauplätzen übertreffen *Die neun Schneider* Sayers' frühere Werke an Umfang und Ehrgeiz. Das Romangeschehen ereignet sich in einem Dorf im Distrikt Fenland und konzentriert sich auf die Pfarrkirche Fenchurch St Paul. Mit ihrer Entscheidung, die Handlung in eine geschlossene Gemeinschaft zu verlegen, folgt Sayers ganz den Gepflogenheiten, die das „goldene Zeitalter" des Detektivromans in den 1920er und 1930er Jahren prägten. Doch sie schildert keine behagliche Idylle, sondern eine von Heimlichtuerei und Schuld überschattete dörfliche Welt und eine trostlose Landschaft, deren Überflutung bewußt auf biblische Ereignisse anspielt. Außerdem verknüpft das Läuten der „neun Schneider" – der Glocken von Fenchurch St Paul – auf höchst raffinierte Weise Inhalt und Struktur: Es steht sowohl mit dem Fall selbst als auch mit seiner sukzessiven Aufklärung in Zusammenhang.

Unglücklicherweise stellte Dorothy Sayers ihre Biographie über Wilkie Collins, den Autor des *Monddiamanten*, der häufig als erster englischer Detektivroman gilt, nie fertig. Doch weil sie Collins' Fähigkeit, Romantisches und Realistisches zu verknüpfen, bewunderte, ließ sie sich von ihm inspirieren. So erinnern *Die neun Schneider* stark an den *Monddiamanten*, nicht nur was die Details des Verbrechens angeht – auch hier geht es um einen Juwelendiebstahl –, sondern auch in der meisterlichen Orchestrierung der untergeordneten Handlungsstränge. *Die neun Schneider* festigten Sayers' Ruf als eine der besten Detektivroman-Autorinnen des 20. Jahrhunderts und als Schriftstellerin, die das „Clue-puzzle" in die Tradition des englischen Romans einführte. **LM**

Die Blendung
Elias Canetti

Lebensdaten | *1905 (Bulgarien), †1994 (Schweiz)
Erstausgabe | 1935
Erschienen bei | Herbert Reichner Verlag (Wien)
Nobelpreis für Literatur | 1981

Dieses Meisterwerk der Moderne analysiert auf geheimnisvolle, indirekte Weise die Gefahren, die mit trockener Gelehrsamkeit einhergehen, und zeigt, welcher Dunkelheit ein „kurierter" Bücherwurm anheimfällt. Canetti gelingt es auf prophetische Weise, den Wahnsinn, der die deutschsprachige Welt schon bald verschlingen sollte, zu sezieren. Sein „K" heißt Peter Kien – eine Reminiszenz an Kafkas düstere Komödiengestalt –, ist ein besessener Sinologe und eine reine Geisteskreatur, die sich um der Gelehrtenexistenz willen jedem Versuch der Sozialisation verweigert, in der „normalen" Welt aber nicht bestehen kann. Im Verlauf des Romans begegnet er Figuren, deren Habgier zu ausgesprochen komisch wirkenden konkurrierenden Verblendungen führt.

Peter Kien besitzt eine riesige Privatbibliothek. Gequält von dem Alptraum, daß diese Bibliothek eines Tages in Rauch aufgehen könne, heiratet er seine intrigante Haushälterin Therese, die sich um seine Bücher kümmern soll. Sie vertreibt ihn aus seiner Bibliothek – und Kien beginnt zu halluzinieren, entwickelt die verschiedensten fixen Ideen und gerät in eine alptraumhafte Unterwelt. Nach allerlei Mißgeschicken, die er dem krummen, buckligen Zwerg Fischerle zu verdanken hat, dem angeblich besten Schachspieler der Welt, bekommt er es erneut mit Therese sowie mit Benedikt Pfaff zu tun, einem mit den Nazis sympathisierenden Hausmeister und pensionierten Polizisten. Kiens Bruder, der als Psychiater in Paris arbeitet, sorgt für weitere Verwirrung in dem dunklen Textgebräu, bevor die grausame Logik des Zufalls am Ende das Inferno herbeiführt. Düster, erschreckend, verstörend und komisch. **DM**

Nur Pferden gibt man den Gnadenschuß
Horace McCoy

Lebensdaten | *1897 (USA), †1955
Erstausgabe | 1935 bei A. Barker (London)
Filmpremiere | 1969
Originaltitel | They Shoot Horses, Don't They?

Nur Pferden gibt man den Gnadenschuß blieb zunächst ein Ladenhüter, wurde aber in den 1940er Jahren durch Marcel Duhamel, der bei Gallimard die „Schwarze Serie" herausgab und McCoy mit Hemingway verglich, rehabilitiert.

Robert und Gloria, die Protagonisten des Romans, träumen davon, in Hollywood Karriere zu machen, doch in dem von der Weltwirtschaftskrise geschüttelten Los Angeles mit seinem trostlosen Flitter erfahren sie nichts als Monotonie und Leere und finden schließlich den Tod. Im Bild des Tanzmarathons, bei dem die Kandidaten ohne Unterbrechung tagelang bis zur Erschöpfung tanzen – es gewinnt das Paar, das sich am längsten auf den Beinen halten kann –, fand McCoy die perfekte Metapher für die Zufälligkeit, Absurdität und Bedeutungslosigkeit des Lebens. Robert und Gloria verlieren den Kampf um das Preisgeld, als die Veranstaltung mit einer bizarren, zufälligen Schießerei endet. Völlig erschöpft und durcheinander bittet Gloria Robert um den „Gnadenschuß", weil das Leben keinen Sinn mehr für sie hat.

Am Beispiel des Tanzmarathons kritisiert McCoy die ausbeuterische Grundstruktur populärer Unterhaltung und die Art und Weise, auf der der Kapitalismus das Leben überformt und entwürdigt. Anders als viele banale, mit Zuckerguß überzogene Hollywood-Filme ist die Filmfassung von *Pferden gibt man den Gnadenschuß* überraschend, schmerzhaft, brutal und nihilistisch. Die Teilnehmer des Tanzmarathons sind austauschbar – wie Pferde, die man erschießt, wenn ihr Wert sich erschöpft hat. Dies ist die Basis von McCoys Sozialkritik, doch wie der Tanzmarathon selbst führt diese Kritik nicht zum Ziel. **AP**

„*Dieser Junge gibt zu, das Mädchen getötet zu haben, aber er hat ihr damit bloß einen persönlichen Gefallen getan.*"

● McCoys Romane, die zur Zeit der Weltwirtschaftskrise spielen, wurden in Europa enthusiastisch gefeiert, fanden in den USA aber nur wenig Beifall.

Mr Norris steigt um
Christopher Isherwood

Lebensdaten | *1904 (England), †1986 (USA)
Erstausgabe | 1935
Erschienen bei | Hogarth Press (London)
Originaltitel | *Mr. Norris Changes Trains*

Dieser interessante Roman schildert die Begegnungen des Erzählers William Bradshaw mit dem geheimnisvollen, düsteren Mr. Norris im Berlin der 1930er Jahre. Als William Norris bei ihrem ersten Zusammentreffen auf einer Zugreise nach Deutschland ins Gesicht sieht, blickt er in „die Augen eines Schuljungen, der gerade bei einem Regelverstoß ertappt wird". Doch irgendwie gelingt es dem umtriebigen und stets in zwielichtige Händel verwickelten Mr. Norris immer wieder, den misstrauischen Blicken der Behörden zu entgehen. Am Ende richtet ihn der Sekretär Schmidt durch Erpressung zugrunde.

Mr Norris steigt um ist ein komisches Buch, das stellenweise wie eine Farce wirkt. Da die Geschichte sich jedoch in der Endphase der Weimarer Republik abspielt, bildet der erstarkende Nationalsozialismus einen bedrohlichen Kontrapunkt zu der sorgenfreien Kaffeehausgesellschaft, die Isherwood beschreibt. Seine atmosphärisch dichte Schilderung einer Welt am Rande der Zerstörung konfrontiert das Publikum mit einer Reihe verlorener Gestalten, die in ihrer eigenen Stadt gefangen und von einer unbarmherzigen neuen Gesellschaftsordnung quasi zum Abschuß freigegeben sind. Flucht ist die einzige Hoffnung, doch auch der Flüchtende läuft Gefahr, verhaftet zu werden. Plakate fordern die Berliner dazu auf, Hitler zu wählen. Als die Kommunisten in den Untergrund abgedrängt werden, kommt es zu Prügeleien und Schießereien. Berlin ist auf dem Weg in den Bürgerkrieg – doch Bradshaw bleibt seiner unbeteiligten Haltung treu; er spielt die Rolle des gedankenverlorenen Beobachters, der den Zusammenbruch der Zivilisation aus der düsteren Seitenkulisse eines absurden Theaters mitverfolgt. **TS**

◄ Isherwood (links) und sein Freund und Kollege W. H. Auden 1938 bei der Abfahrt zu einer Reise nach China.

Der Unberührbare
Mulk Raj Anand

Lebensdaten | *1905 (Pakistan), †2004 (Indien)
Erstausgabe | 1935
Erschienen bei | Wishart Books (London)
Originaltitel | *Untouchable*

„*Der Unberührbare* konnte nur von einem Inder geschrieben werden … kein Europäer, und wäre er noch so verständnisvoll, könnte eine Figur wie Bakha schaffen …" Dies schreibt Anands Freund E. M. Forster im Vorwort der englischen Originalausgabe zu dieser einfach erzählten Geschichte über einen Tag im Leben eines indischen Straßenkehrers.

Bakha sammelt menschliche Exkremente ein, er gehört der niedrigsten Kaste an und ist somit ein „Unberührbarer". „Sie behandeln uns wie Dreck, weil wir ihren Dreck wegputzen", sagt Bakha. Stieße er mit jemandem aus einer höheren Kaste zusammen, hätte dies für sein Leben katastrophale Konsequenzen.

Bakha sucht nach einer Erklärung für seine niedrige Geburt, und er hört die Botschaft des Sektenpredigers Hutchinson, verwirft diese aber wieder. Als er einen Anhänger Gandhis trifft, der ihm erklärt, alle Inder seien gleich, macht sich Bakha große Hoffnungen, aber erst die dritte, eher technische Lösung scheint sein Problem zu lösen: das Wasserklosett mit einem festen Anschluß ans Abwassersystem würde ihn ein für allemal von erniedrigenden Bezeichnungen wie dem „Abschaum aus der niedrigsten Kaste" befreien.

Der Unberührbare ist Anands erstes aus einer ganzen Reihe von Büchern, in denen er die Armut der Menschen aus den niedrigen Kasten beschreibt und anprangert. Seine Prosa übersetzt das auf der Straße gesprochene Panjabi und Hindi in ein mitfühlendes Englisch, weshalb er oft als „der indische Charles Dickens" bezeichnet wird. **JHa**

Unabhängige Menschen
Halldór Laxness

Lebensdaten | *1902 (Island), †1998
Erstausgabe | 1935 (Reykjavik)
Originaltitel | *Sjálfstætt fólk*
Nobelpreis für Literatur | 1955

Dem Tode nah in einem Schneesturm herumirrend, beginnt Bjatur, der stolze, halsstarrige, brutale und oftmals lächerliche Held dieses außergewöhnlichen Romans, zu halluzinieren. Seine Hände verwandeln sich in die Klauen Grimurs, des mythischen Dämons isländischer Sagas. Schritt für Schritt kämpft Bjatur sich durch den Sturm und rezitiert dabei in dem verzweifelten Versuch, wach zu bleiben, alle Gedichte und Balladen, an die er sich erinnern kann. Kurz vor dem Zusammenbruch erreicht er erschöpft die Hütte eines Kleinbauern.

Im Grunde geht es in diesem Roman um eine Wiederaneignung der mythischen Vergangenheit Islands, einen Versuch, den Sinn der Begriffe „Nation" und „Geschichte" von denen neu definieren zu lassen, die am häufigsten ignoriert wurden. Laxness leiht den alten Bauerngemeinschaften eine Stimme, bringt ihren Witz, ihr Leid und ihre Konflikte zum Ausdruck. Den außerordentlich realistischen Schilderungen scheint geradezu ein Geruch nach Schafsdung, Rauch, Steinen und tiefen, endlosen Schneeverwehungen anzuhaften. Inhaltlich konzentriert sich Laxness auf Bjatur und seinen Kampf um die Erhaltung seiner Freiheit und finanziellen Unabhängigkeit vor, während und nach dem Krieg, eine Periode, in der die zuvor florierende Wirtschaft in die Krise schlittert, was zum Erstarken des Sozialismus führt. In harter, poetischer, oft schöner Prosa schildert der Autor die Kämpfe, die Bjaturs wachsende Familie auszufechten hat, den Tod seiner ersten und zweiten Frau und die Sehnsüchte und unerfüllt bleibenden Träume seiner drei Kinder.

Laxness selbst verbrachte einen großen Teil seiner Kindheit auf Bauernhöfen, die dem hier beschriebenen glichen. Mit seinem über 60 Werke umfassenden literarischen Œuvre ist er der unbestrittene Meister der isländischen Literatur. **JM**

Nachtgewächs
Djuna Barnes

Lebensdaten | *1892 (USA), †1982
Erstausgabe | 1936
Erschienen bei | Faber & Faber (London)
Originaltitel | *Nightwood*

Nachtgewächs gilt als großer Roman einer Poetin, ein Ruf, der sich teilweise T. S. Eliots Hinweis verdankt, das Buch spreche vor allem Lyrikfans an. In stilistischer Hinsicht ist es in der Tat außergewöhnlich: der Text sprüht nur so vor geistreichem Witz und wirkt auf moderne Art barock. Offenbar war Djuna Barnes mit der dramatischen Dichtung aus dem 17. Jahrhundert vertraut. Obwohl der Roman im Hinblick auf die Darstellung lesbischer Liebe eine Pionierleistung darstellt, wird er jeden verstören, der darin nach positiven Schilderungen lesbischer Identität sucht. Nichtsdestotrotz handelt es sich um ein urkomisches Buch mit viel Flair.

Indem Barnes Paris und New York als Handlungsschauplätze wählt, evoziert sie eine kosmopolitische Strömung der in Europa lebenden Bohemiens und Exilanten. Im Zentrum des Geschehens steht die gefährliche Robin Vote, die ihren Ehemann Felix Volkbein, ihren Sohn Guido sowie ihre Verehrerinnen Nora Flood und Jenny Petherbridge mehr oder weniger ruiniert. Um ihrem destruktiven Charme etwas entgegenzusetzen, läßt Doktor Matthew O'Connor seltsame Monologe auf sie niederprasseln, auf deren zerstreuende und heilende Kraft er vertraut. Was zunächst wie eine hohle Rhetorikübung erscheint, entpuppt sich nach und nach als heilsames Ablenkungsmanöver, dem Robin zu verdanken hat, daß ihr Leiden nicht zum Ausbruch kommt. Die unorthodoxen Bemühungen des Doktors werden unter den mahlenden Rädern dieses düsteren Märchens schließlich zu trunkenen Bruchstücken zerrieben. Ein Buch, das man immer wieder gerne liest. **DM**

> Barnes hielt lesbische Beziehungen für einen Ausdruck von Narzißmus: „Ein Mann ist eine andere Person – eine Frau, das ist man selbst."

Berge des Wahnsinns: eine Horrorgeschichte
H. P. Lovecraft

Lovecrafts erfolgreichster Roman beginnt als Forschungsbericht an der Schnittstelle zwischen Literatur und Wissenschaft. 1930, als die Vermessung der Antarktis richtig in Gang kommt, werden Flugzeuge und Bohrgeräte ins ewige Eis verschifft. Doch dieser „scheußliche Ort", der älteste Kontinent der Welt, läßt sich nicht so einfach ausbeuten. Schon bald stellt sich heraus, daß alle bis dato für wahr gehaltenen Theorien über die Urgeschichte der Erde und die Natur obsolet sind. In Lovecrafts Vision existieren unter dem Eis unermeßlich große Städte, bevölkert von den furchteinflößenden und schrecklichen Nachkommen Außerirdischer, die einst eine blühende Kultur besaßen.

In seinem rationalen „Tatsachenbericht" erklärt der Geologe Dyer geduldig die Wunder der neuen Technologie. Erst als die erste Inspektionsgruppe per Funk von höchst ungewöhnlichen Funden in einer Höhle unter der Erdoberfläche berichtet, beginnen die Ereignisse ihren Lauf zu nehmen. Ab sofort befinden sich Dyer und sein Begleiter, der Student Danforth, auf einer spiralförmig abwärts führenden Entdeckungsreise, die jeden Begriff von Zeit, Raum und Leben in Frage stellt. Ihre Konfusion führt sogar dazu, daß Danforths Sprache sich auf unzusammenhängendes Gestammel reduziert, an das er sich nur im Traum erinnern kann.

Lovecrafts Horror – und dies läßt den starken Einfluß Poes erkennen – entfaltet sich eher implizit, hinter den Kulissen, doch genau dadurch erreicht er eine Intensivierung des philosophischen Schreckens, von dem seine Protagonisten heimgesucht werden. Diese faszinierende Mischung aus Schauergeschichte und Beschreibung einer untergegangenen Welt in relativ modernem Gewand findet sich in vielen zeitgenössischen Werken wieder, vor allem im Film. Lovecraft hatte zu Lebzeiten kaum Erfolg, griff jedoch Themen auf, die spätere Autoren des Science-Fiction- und des Horrorgenres nachhaltig inspirierten. Seine *Cthulhu*-Geschichten, vor allem das weltberühmte *Necronomicon*, machten ihn zum Kultautor. **JS**

Lebensdaten | *1890 (USA), †1937
Erstausgabe | 1936 in Fortsetzungen erschienen in der Zeitschrift *Astounding Stories*
Originaltitel | *At the Mountains of Madness*

◉ Lovecraft, der als Kind häufig krank war, behauptete, nächtliche Alpträume hätten sein Werk inspiriert.

◉ Noch heute beeinflußt Lovecraft Autoren, die sich dem Horror, dem Okkulten und dem Makabren verschrieben haben.

Absalom, Absalom!
William Faulkner

Lebensdaten | *1897 (USA), †1962
Erstausgabe | 1936
Erschienen bei | Random House (New York)
Nobelpreis für Literatur | 1949

1833 trifft Thomas Sutpen in Begleitung eines französischen Architekten mit einer Gruppe schwarzer Sklaven in Jefferson ein, erwirbt Land und baut mit seiner Familie eine Plantage auf. Aus erster Ehe hat er einen Sohn namens Bon, dessen Mutter aus Westindien stammt. Dieser Sohn wird zum Auslöser einer Jahrzehnte währenden Familienfehde, die erst 1910 ein unrühmliches Ende findet.

Die Fallen und Widersprüche, mit denen die verschlungene Handlung die Leser konfrontiert, drängen zu erkenntnistheoretischen Erörterungen über die Frage, wie unser historisches Wissen entsteht. Doch vorausgesetzt, die Fragen in *Absalom, Absalom!* entstehen aus einer regionalspezifischen Problematik der Arbeit – der Verleugnung alles Schwarzen innerhalb der weißen Gesellschaft, deren besitzende Klasse in jeder Hinsicht von der „Sklavenarbeit" der Schwarzen profitiert –, stellen sich diese Fragen neu. Aus „Wer weiß was, und wie wissen sie es?" wird „Wie können sie, die wissen, daß ihr Gesicht, ihre Haut, ihr Geschlecht und ihr Land sich der Arbeit von Afro-Amerikanern verdanken, verleugnen, was sie wissen?"

Faulkners Antwort lautet offenbar, daß die Anerkennung dieses Wissens (oder, in Sutpens Fall, die Anerkennung seines Sohnes Bon), dazu führt, daß die Weißen aufhören, sie selbst zu sein. Daß William Faulkner in *Absalom, Absalom!* begann, solche Denkverbote in Bezug auf seine eigenen Vorfahren zu überschreiten, obwohl das Land weiterhin von der Arbeit Schwarzer abhängig war (die eher durch Schuldverpflichtungen als durch echte Leibeigenschaft an ihre Arbeitgeber gekettet waren), erklärt vielleicht die Struktur dieses Buchs, das zu den größten modernen Romanen gehört. **RG**

Krieg mit den Molchen
Karel Čapek

Lebensdaten | *1890 (Tschechien), †1938
Erstausgabe | 1936 bei Fr. Borovy (Prag)
Originalsprache | Tschechisch
Originaltitel | *Válka s mloky*

Diese Science-Fiction-Dystopie beginnt damit, daß ein stattlicher Kapitän ein paar seltsame Salamander oder Molche entdeckt und dressiert. Die Amphibien sind außerordentlich intelligent, in der Lage, sich aufzurichten, und erlernen das Sprechen. Mit Förderkapital ausgestattet, klappert der Kapitän mit seinen Molchen den Pazifik ab, um Perlen zu fischen.

Die Molche vermehren sich schnell, und bald ist aus dem kleinen Unternehmen ein großer internationaler Konzern geworden. Nach ein paar Jahren übersteigt die Zahl der Molche die der Menschen schon um ein Vielfaches. Manche Molche erwerben sogar Universitätsabschlüsse. Nun beginnen die Tiere ihren Lebensraum, die seichten Gewässer, zu verlassen. Bisher sind sie Sklaven, ausgebeutete Bürger zweiter Klasse – doch eines Tages konfrontieren sie die Welt mit ihren Forderungen.

Čapek war in seiner Heimat, der damaligen Tschechoslowakischen Republik, als Journalist, Bühnen- und Romanautor sehr bekannt. *Der Krieg mit den Molchen* gilt als sein bestes erzählerisches Werk. In den 1930er Jahren, als das europäische Ausland die Entwicklungen in Deutschland mit Entsetzen verfolgte, war Čapek engagierter Nazigegner, hegte aber auch eine Antipathie gegen die kommunistische Partei. In *Krieg mit den Molchen* parodiert er beide politische Bewegungen und äußert sich kritisch über die den Nationalstaaten eigentümliche Selbstsucht und die Geschäfte, die sie miteinander machen. Das menschliche Miteinander und die politischen Machenschaften behandelt er mit einer Mischung aus warmem Interesse und ausgesprochen komischer Ironie. Sein bissiger, verrückter, raffinierter Roman war seinerzeit eine moralische Warnung, deren Echo noch heute nachhallt. **JC**

Die Wonnen der Aspidistra
George Orwell

Lebensdaten | *1930 (Indien), †1950 (England)
Richtiger Name | Eric Arthur Blair
Erstausgabe | 1936 bei V. Gollancz (London)
Originaltitel | *Keep the Aspidistra Flying*

Orwell war mit diesem Roman nicht zufrieden – zum einen wegen der Änderungen, die sein Verleger ihm aufgezwungen hatte, zum anderen, weil der Text seiner Ansicht nach ohnehin Schwächen aufwies. Doch trotz alledem ist *Die Wonnen der Aspidistra* ein kraftvolles, hemmungslos satirisches Porträt des glücklosen Werbetexters und Möchtegern-Literaten Gordon Comstock, der im London der 1930er Jahre Anklage gegen den Kapitalismus erhebt. Zugang zur Kultur haben seiner Ansicht nach nämlich nur die Wohlhabenden und Privilegierten. Auf der anderen Seite beherrscht die Werbung das Leben in einem solchen Ausmaß, daß im Alltag alles zur Ware und das Dasein oberflächlich und nutzlos wird. Für Comstock sind dies die Zeichen einer sterbenden Gesellschaft; die drohende Katastrophe – ein Thema, das Orwell in *Das verschüttete Leben* weiterentwickelte – ist allgegenwärtig.

Comstock jedoch scheint den eigenen Charakterschwächen ebenso ausgeliefert wie dem System, das er ausbeutet. Auf keinen Fall ist er bereit, die Lebensführung der Mittelklasse als ehrbar und solide anzuerkennen. Diese wird von der im Titel erwähnten Topfpflanze Aspidistra – zu Deutsch Schusterpalme – repräsentiert, die in Comstocks Augen den „von Geiz geprägten Anstand der Unterschicht" symbolisiert. Doch revolutionäre politische Ansichten als Mittel zur Herbeiführung des Wandels lehnt er ebenfalls ab, und sein Versuch, in selbstgewählter Armut wie ein Einsiedler unter den Mittellosen zu leben, kann seine Schuldgefühle bloß lindern. Überdies stellt Orwell Comstocks Integrität in Frage: Ist seine Wut und Verzweiflung als Zurschaustellung von Selbstmitleid oder als aufrichtige Zurückweisung kapitalistischer Ausbeutung zu interpretieren? **AG**

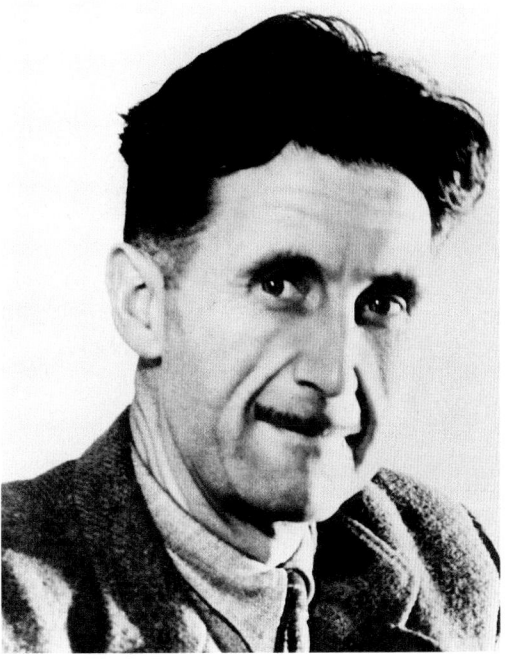

„Gordon betrachtete sie reglos und voller Abscheu. In diesem Augenblick haßte er alle Bücher, und am meisten haßte er Romane."

◐ Die beschriebene Zeit, das London der 30ger Jahre, lag bei Erscheinen des Romans noch nicht weit zurück; heute gilt *Die Wonnen der Aspidistra* als historischer Roman.

Vom Winde verweht
Margaret Mitchell

Lebensdaten | *1900 (USA), †1949
Erstausgabe | 1936 bei Macmillan & Co. (London)
Originaltitel | Gone With the Wind
Pulitzer-Preis | 1937

Dieses romantische Epos über die Südstaatenschönheit Scarlett O'Hara und ihren schneidigen Ehemann Rhett Butler, die während des amerikanischen Bürgerkrieges und der folgenden „Reconstruction"-Ära zahlreiche Abenteuer zu bestehen haben, ist der Stoff, aus dem amerikanische Legenden gestrickt werden. Obwohl David O. Selznicks Filmadaption aus dem Jahr 1939 mit dazu beitrug, Mitchells Roman unsterblich zu machen, hatte das Buch bis dahin bereits phänomenale Verkaufszahlen erzielt. 1937 erhielt Mitchell für *Vom Winde verweht* den Pulitzer-Preis.

Mit viel Schwung schildert Mitchell in ihrer Saga, wie die bäuerlich geprägte Gesellschaft der frühen 1860er Jahre – repräsentiert durch das Familiengut Tara – sich in den 1880er Jahren allmählich in eine Industriegesellschaft verwandelt und wie Scarlett, ihre Freunde und Angehörigen in dieser Zeit des Aufruhrs ihr Leben meistern. Berühmt ist *Vom Winde verweht* vor allem wegen der Dreiecksbeziehung zwischen Scarlett, Rhett und Ashley, doch das Buch ist auch eine Liebeserklärung an die Stadt Atlanta in Georgia. Mitchell wurde in Atlanta geboren und wuchs mit Erzählungen über das städtische Leben vor dem Krieg und die Kämpfe der Konföderierten auf. Mit Liebe zum Detail schildert sie, wie Atlanta wächst und sich verändert – in diesen Passagen offenbart sich ihre gründliche historische Recherche. Doch *Vom Winde verweht* ist nicht unumstritten, und Margaret Mitchells Sympathien für die Sklavenhalter der Südstaaten sowie ihre idyllische Schilderung der Vorkriegs-Plantagenwirtschaft haben zu einer ausgedehnten Debatte geführt, die sich bis heute in kritischen Analysen, Protesten und sogar Parodien äußert. Nichtsdestotrotz ist und bleibt *Vom Winde verweht* ein ehrgeiziges, fesselndes Buch, vor allen Dingen aber ein Kulturphänomen, das zweifellos nicht nur die Entwicklungsrichtung des amerikanischen Romans mitbestimmte, sondern auch bedeutenden Einfluß darauf hatte, wie das amerikanische Volk die eigene Geschichte wahrnahm. **AB**

Margaret Mitchell war scheu und lebte zurückgezogen. Sie kam nur schlecht mit dem Ruhm zurecht, den ihr Buch ihr einbrachte.

Dieses Werbeplakat für den Roman aus dem Jahr 1936 wirkt seltsam fremd, denn bis heute ist unsere Vorstellung von *Vom Winde verweht* durch Selznicks Filmbilder geprägt.

The Thinking Reed *
Rebecca West

Lebensdaten | *1892 (England), †1983
Richtiger Name | Cicily Isabel Fairfield
Erstausgabe | 1936
Erschienen bei | Hutchinson & Co. (London)

Rebecca West war und ist als politisch progressive, feministische Schriftstellerin bekannt. In ihrem fünften Roman, *The Thinking Reed*, lotet sie auf sensible Weise die Grenzen aus, die dem Leben vieler Mittelschichtfrauen in den 1920er Jahren auferlegt waren. Das Buch handelt vom Schicksal der Protagonistin Isabelle Torrey, einer intelligenten, jungen amerikanischen Witwe, die in Europa – zu früh für sie – in die Welt der Reichen und Schönen hineingerät. Nach einer enttäuschenden Liebesaffäre heiratet sie Hals über Kopf den steinreichen Marc Sallafranque, mit dem sie im Laufe ihrer gewalttätigen und leidenschaftlichen Ehe alle emotionalen Höhen und Tiefen durchlebt. Mit der Entwicklung dieser Beziehungsgeschichte vor der Kulisse dekadenter Superreicher unterstreicht West wie Fitzgerald in *Zärtlich ist die Nacht* den Zerfall nicht nur einer Klasse, sondern einer ganzen Lebensart. In Marcs Autofabrik außerhalb von Paris kommt es zu Streiks und Unruhen, die jeden Tag gewalttätiger werden; zugleich droht der finanzielle Ruin nach dem Börsencrash in den USA. Marcs und Isabels sorgenfreier Lebensstil ist dem Untergang geweiht, doch durch den Verlust ihres Vermögens, so Wests implizite These, gewinnen sie zugleich eine menschliche Dimension, die ihnen bei ihren immer verzweifelteren hohlen Bemühungen um gesellschaftliche Anerkennung abhanden gekommen ist. Schließlich empfindet Isabel nur noch Abscheu gegen die seichten und rohen Vertreter jener Kreise, auf die sie sich einst so enthusiastisch einließ.

Auch für heutige Leser ist *The Thinking Reed* ein wichtiges, nachdenkliches Buch über Beziehungen, Klasse und Ehe. **AB**

> „Schreiben hat nichts zu tun mit zwischenmenschlicher Kommunikation …, sondern nur mit der Kommunikation verschiedener Teile des Geistes."
>
> West, „The Art of Skepticism", 1952

🔺 1947 schmückte Wests Porträt das Titelbild des *Time Magazine* – in Amerika basierte ihr Ruhm vor allem auf ihrer Arbeit als Journalistin.

Geblendet in Gaza
Aldous Huxley

Lebensdaten | *1894 (England), †1963 (USA)
Erstausgabe | 1936
Erschienen bei | Chatto & Windus (London)
Originaltitel | *Eyeless in Gaza*

Der Originaltitel dieses Werkes ist einer Verszeile aus Miltons *Samson Agonistes* („Eyeless in Gaza at the mill with slaves") entnommen. Wie ein Motto leitet er diesen teilweise autobiographischen Roman ein, in dem Huxley seinen Protagonisten Anthony Beavis nach Erleuchtung streben läßt. Die Handlung erstreckt sich im Zeitraum von 1902 bis 1935, von Beavis' Kindheit in England bis zu seinem riskanten Engagement für den Pazifismus. Wir lernen seine dem begüterten Mittelstand entstammenden, höchst redegewandten Freunde, Angehörige und Partnerinnen kennen. Huxley löst die Chronologie der Ereignisse auf, springt in der Zeit hin und her und inszeniert ironische Verknüpfungen zwischen Vergangenheit und Gegenwart. Auch die Kühnheit, mit der er einen herkömmlichen Handlungsablauf zugunsten intellektueller Betrachtungen durchbricht und so geistreich wie provokant über Soziologie, Demokratie und Totalitarismus – um nur einige Themen zu nennen – reflektiert, ist experimentell. Besonders am Herzen liegt ihm die Frage, wie Freiheit sich mit gesellschaftlicher Harmonie in Einklang bringen läßt. In der berüchtigtsten Passage wird ein Hund lebend aus einem Flugzeug geworfen und landet auf dem Flachdach, auf dem Anthony und seine Freundin Helen nackt in der Sonne liegen. Beim Aufprall des Hundes werden die beiden mit Blut besudelt. Der belesene Anthony sagt daraufhin zu Helen: „Du siehst aus wie Lady Macbeth." Doch damit nicht genug der Ironie: Während Anthony Zärtlichkeit für Helen empfindet, entschließt sie sich, ihn zu verlassen. In dieser Szene spielt Huxley seinen Sinn für das Tragikomische auf brillante Weise aus.

Dieser Roman kommt einem stellenweise vielleicht weitschweifig und didaktisch vor. Nichtsdestotrotz hatte Huxley zu Lebzeiten, ähnlich wie Lawrence und H. G. Wells, auf viele Leser einen emanzipatorischen Einfluß. **CW**

Summer Will Show
Sylvia Townsend Warner

Lebensdaten | *1893 (England), †1978
Erstausgabe | 1936
Erschienen bei | Chatto & Windus (London)
Originalsprache | Englisch

Wie schreibt man Anfang der 1930er Jahre die Geschichte der Revolution? Die russische Revolution ist zu diesem Zeitpunkt noch zu nah und läßt sich nicht erfassen; andererseits hat es in Westeuropa seit dem 19. Jahrhundert keine andere Revolution mehr gegeben. Sylvia Townsend Warner – seinerzeit war sie noch nicht Kommunistin – verlegt die Handlung ihres Buches zurück in das Revolutionsjahr 1848, und zwar nach Paris, wo der französische König Louis Philippe vom Volk entmachtet wurde.

Ihre Heldin, die Engländerin Sophia Willoughby, bereitet sie durch das Erlebnis einer persönlichen Tragödie auf die Revolution vor: Sophia verliert ihr Kind durch die Pocken, ihr Zuhause durch Gesetzesbetrug und ihren Mann Frederick durch Ehebruch. Dennoch folgt sie ihm nach Paris, wo sie sich in seine Geliebte Minna Lemuel verliebt. Doch im barbarischen Sommer 1848 tötet Caspar, den Sophia in England großgezogen hatte, Minna auf den Barrikaden. Sophia wiederum bringt Caspar um, will aber nicht wahrhaben, daß Minna tot ist. Diese melodramatischen Ereignisse schildert Warner distanziert und doch mitreißend.

Sophia wird von dem Engels nachempfundenen Revolutionär Ingelbrecht angeheuert, ein geheimnisvolles Pamphlet zu verteilen – das *Kommunistische Manifest*. Durch das Scheitern der 1848er-Revolution ist ihr klar geworden, daß sie fortan als Revolutionärin leben will.

Summer Will Show schildert Sophia aus drei Perspektiven: als Flanierende in den Straßen des radikalisierten Paris, als Liebende, die mit Minna eine subtile, unfaßbar feinfühlige lesbische Romanze erlebt, und als Erkennende, die nach und nach begreift, was es heißt, Revolutionärin zu sein. Die letzten beiden „Rollen" hat Warner ihrer eigenen Lebensgeschichte entnommen. **AM**

Rikscha-Kuli
Lao She

Lebensdaten | *1899 (China), †1966
Richtiger Name | Shu Qingchun
Erstausgabe | 1936 bei Renjian Shuwu (Peking)
Originaltitel | *Luotuo xiangzi*

Dieser sozialkritische Roman beschreibt den körperlichen und moralischen Verfall des jungen Rikschaziehers Xiangzi. Lao She wurde sowohl für die Darstellung von Xiangzis Kampf gegen soziale Ungerechtigkeit als auch für den lebendigen Stil des Buches gerühmt.

Den aus Nordchina stammenden Bauernburschen Xiangzi verschlägt es nach Peking, wo er sich schnell zu einem der ehrgeizigsten Rikschazieher mausert. Sein größter Wunsch ist es, eine eigene Rikscha zu besitzen. Kaum ist dieser Wunsch in Erfüllung gegangen, wird ihm die Rikscha auch schon von marodierenden Truppen entwendet, die ihn als Kuli mißbrauchen. Xiangzi versucht zu fliehen. Es gelingt ihm, drei Kamele zu stehlen und zu verkaufen, eine Heldentat, die ihm den Spitznamen „Kamel" einbringt. Doch dieser Diebstahl ist zugleich der Beginn seines körperlichen und moralischen Niedergangs: Ein geschickter Detektiv haut ihn übers Ohr, er läßt sich zur Heirat mit Tiger Liu, der tyrannischen Tochter eines Rikschavermieters, verleiten, treibt Schindluder mit seiner Gesundheit, verfällt nach Tigers Tod dem Alkohol und dem Glückspiel und verrät schließlich den Führer der Rikschagewerkschaft an die Geheimpolizei. Sein Schicksal nimmt eine weitere tragische Wendung, als Fuzi, eine junge Zwangsprostituierte, die er heiraten wollte, Selbstmord begeht.

In manchen chinesischen Ausgaben, die nach 1949 erschienen, wurde der Schluß des Romans zensiert. In der ersten Fassung – auf der auch die europäischen Übersetzungen basieren – endet er mit einem Happy End. Doch gerade weil Lao She das teilweise selbstverschuldete, teilweise gesellschaftlich bedingte Elend der arbeitenden Bevölkerung so kompromißlos realistisch schildert, ist *Rikscha-Kuli* als Parabel über das Schicksal des chinesischen Volkes im 20. Jahrhundert noch heute lesenswert. **FG**

Afrika, dunkel lockende Welt
Tania Blixen (Karen Blixen)

Lebensdaten | *1885 (Dänemark), †1962
Richtiger Name | Karen von Blixen-Finecke, geb. Dinesen
Erstausgabe | 1937 bei Putnam (London)
Originaltitel | *Den afrikanske Farm*

Fast hätte Karen Blixen den Nobelpreis für Literatur bekommen. Ihr berühmtestes Buch ist *Afrika, dunkel lockende Welt* – ihre Erinnerungen an die Zeit, die sie als Besitzerin einer Kaffeefarm in Kenia verbrachte, und zugleich ein lebendiges Porträt über den Anfang vom Ende des europäischen Imperialismus.

Blixen erzählt, wie sie sich in den Jahren vor und nach dem Ersten Weltkrieg bemühte, aus ihrer Kaffeeplantage ein erfolgreiches Unternehmen zu machen, wie sie gegen Armut und Katastrophen ankämpfte und immer wieder zu scheitern drohte. Es geht um Gott, um Löwen (die symbolischen „Könige" der Tierwelt), um Gewalt und Rassismus und um Anstand. Blixen liebte die afrikanische Landschaft und fand bei ihren Beschreibungen zuweilen wunderbare Worte dafür, auch wenn ihre Äußerungen über den Kontinent modernen Lesern vielleicht nicht immer behagen. Außerdem schilderte sie, wie sie in ihrer Rolle als Frau versuchte, die Kluft zwischen der europäischen und afrikanischen Kultur überbrücken. Sie hielt die Afrikaner für die ursprünglicheren Menschen. Am Ende verlor sie ihre Farm und fuhr wieder zurück nach Europa. Doch sie hörte niemals auf, das Land, das sie 20 Jahre lang ihr Zuhause nannte, zu lieben. *Afrika, dunkel lockende Welt* ist ein Roman über den Untergang des Imperialismus, über Ablösungsprozesse, Barbarei, Schönheit und das Ringen des Menschen mit dem Schicksal. Als vielleicht größte pastorale Elegie der Moderne bejubelt, ist und bleibt dieses Buch aber vor allem ein Werk über Afrika. **EF**

▶ Carl van Vechtem nahm dieses Foto von Tania Blixen vor einem Hintergrund auf, der erahnen läßt, wie sehr sie Afrika liebte.

In Parenthesis
David Jones

Lebensdaten | *1895 (England), †1974
Erstausgabe | 1937 bei Faber & Faber (London)
Volltitel | *In Parenthesis: Impressions, in a Fictitious Form, or Life on the Western Front*

Dieses Buch wird oftmals als totgeschwiegener Klassiker über den Ersten Weltkrieg gepriesen und schildert die Reise eines ganz gewöhnlichen Walisers in eine verwirrende, gefährliche, aber vielfach erschreckend schöne Welt aus dessen Perspektive. Jones bemühte sich um die Verallgemeinerung der Kriegserfahrung; er wollte seiner „Wahrheit" eine neue Stimme geben, dem Krieg jenseits modernistischer Ansprüche und pathetischer Rhetorik eine eigene Sprache verleihen – in einer Form, die sich nachhaltig auf das Verständnis der Dichtung über den Ersten Weltkrieg auswirkte. Der Roman beinhaltet lange Passagen lyrischer Prosa. In dieser Hinsicht unterscheidet er sich kaum von vergleichbaren Texten anderer Schriftsteller wie Brooke, Sassoon, Brittain und Graves, die alle nach neuen, individuellen Möglichkeiten suchten, den Krieg ihren Erfahrungen gemäß zu beschreiben.

Kritiker allerdings – unter ihnen Stephen Spender, der *In Parenthesis* fälschlicherweise für das „Denkmal des Ersten Weltkriegs" hielt, „das am ehesten überdauern wird", und Julian Mitchell, der das Buch 2003 als einen seiner Wiederentdeckung harrenden Klassiker rühmte – vergessen häufig die Unzugänglichkeit des Textes. Diese Tendenz ist nicht neu; Jones' Werk wurde schon immer marginalisiert, weil nur wenige Menschen mit seiner Unergründlichkeit zurechtkommen. Doch es hatte auch immer seine Fürsprecher. Ob es durch sie zu einem guten Buch wird, das sich so lange hält, wie vorausgesagt, bleibt abzuwarten; populär jedoch wird der Roman aller Voraussicht nach nie werden. **EMcCS**

Ferdydurke
Witold Gombrowicz

Lebensdaten | *1904 (Polen), †1969 (Frankreich)
Erstausgabe | 1937 bei Rój (Warschau)
Originaltitel | *Ferdydurke*
Verfilmung | 1991

Dieser ungemein lustige, ungehobelte und subversive Roman war unter den Nazis und den Kommunisten verboten, inzwischen ist er an den polnischen Oberschulen Allgemeingut. Es ist ein Roman über Identität, die Macht von Raum und Zeit, das Erwachsenwerden und die Brutalität der Kindheit.

Der Erzähler Jozio schildert seine Verwandlung vom 30jährigen Mann zum Teenager – zumindest wird er von allen als Teenager wahrgenommen. Dies deshalb, weil er von einem seltsamen Professor in eine Schule gebracht wird und Teil dieser Welt wird, ohne seine Erinnerungen und Einstellungen als Erwachsener zu verlieren. Dies wiederum verschafft ihm einen einmaligen Blick auf die sozialen, politischen und kulturellen Aspekte der aufeinanderprallenden Meinungen von Lehrern und Schülern. Jozio ist frustriert, er wird bevormundet und muß an den Kinderspielen auf dem Pausenplatz teilnehmen.

Gombrowicz schreibt in dieser starken und gewitzten Erzählung voller philosophischer Raffinesse über die unterdrückten Bereiche der menschlichen Psyche an der Grenze zwischen „Unreife" und „Reife". Mit seinem Gebrauch (und Mißbrauch) der Sprache und der Nachempfindung des rosaroten, nostalgischen Genres des Kindheitsromans wirkt *Ferdydurke* beinahe feierlich.

Der Roman reflektiert die Ungewißheiten und Frustrationen der Zeit, in der er geschrieben wurde, und Gombrowicz gilt heute als einer der größten polnischen Autoren des 20. Jahrhunderts. **JM**

Die blinde Eule
Sadeq Hedayat

Lebensdaten | *1903 (Iran), †1951 (Frankreich)
Erstausgabe | 1937
Als Fortsetzungsroman | 1941 in der Zeitung *Iran*
Originaltitel | *Buf-i-kur*

Erzähler dieses beklemmenden Romans ist ein junger Künstler, der sich in einem hypnotischen Fegefeuer zwischen Schlaf und Wachheit, zwischen Vernunft und Wahnsinn gefangen sieht. Er beschreibt beunruhigende, von Wein und Opium hervorgerufene Halluzinationen, in denen die klassischen persischen Miniaturen lebendig werden, die er zum Lebensunterhalt malt. Eine sinnliche, furchterregende Frau, für den Maler Muse und Quelle der Verzweiflung zugleich, erscheint ihm als dunkle Zypresse, als ein gewundener Bach und als ein Yogi. Von diesen immer wiederkehrenden Motiven seltsam fasziniert und unfähig, seinen Begierden und Schrecken zu entkommen, redet er nur noch mit dem eulenartigen Schatten, den er selbst an die Wand wirft.

Die blinde Eule ist Sadeq Hedayats bekanntester Roman; er konnte erst erscheinen, nachdem der repressive iranische Reza Schah Pahlavi 1941 abgedankt hatte. Hedayat studierte die persische Geschichte und Volkskunst, seine Werke waren aber auch von Maupassant, Tschechow, Poe und Kafka beeinflußt. Die letzten zehn Jahre seines Lebens verbrachte er im Exil in Paris, wo er bei Sartre Philosophie studierte.

Dieser Roman ist Hedayats literarisches Vermächtnis, es ist eine meisterhafte Betrachtung über die dunkelsten inneren Landschaften, über denen die Wolken der Schrecknis und der Gewißheit des Todes schweben, die aber auch erhellt werden von blendenden Schilderungen und tief bewegenden Erkenntnissen. **TS**

Der kleine Hobbit
J. R. R. Tolkien

Lebensdaten | *1892 (Südafrika), †1973 (England)
Erstausgabe | 1937
Erschienen bei | G. Allen & Unwin (London)
Originaltitel | *The Hobbit: or, There and back again*

Die Erzählung *Der kleine Hobbit* kam als erstes von Tolkiens Werken auf den Markt, obwohl sie auf Geschichten basiert, in denen die Sagenwelt „Mittelerde" bereits Form angenommen hatte. Mehr als ein Jahrzehnt später erschien dann *Der Herr der Ringe*, die Fortsetzung des *Kleinen Hobbit*. Handlung und Figuren entstammen den alten angelsächsischen und skandinavischen Heldensagen, die Tolkien in Oxford studierte; allerdings verlegte er sie in seinen eigenen Lebensraum, das bäuerlich geprägte England.

Bilbo Beutlin, der Held der Geschichte, gehört der kleinwüchsigen Rasse der Hobbits an. Diese Wesen sind nur halb so groß wie Menschen, haben behaarte Füße und pflegen eine ausgeprägte Leidenschaft für das Essen und Trinken. Vom Zauberer Gandalf überredet, verläßt Bilbo zum ersten Mal im Leben seine Heimat Hobbingen und bricht mit einer Gruppe Zwerge zu einer abenteuerlichen Reise zum Einsamen Berg auf, wo der Drache Smaug über den gestohlenen Zwergenschatz wacht, den es zurückzufordern gilt. In der Höhle von Gollum findet Bilbo einen Zauberring, der seinen Träger unsichtbar macht. Nach vielen Abenteuern kehren Bilbo und Gandalf wieder in ihre Heimat zurück, doch Bilbo wird von seinen Kumpanen nicht länger akzeptiert; sich auf Abenteuer einzulassen erachten die Hobbits als ein ihnen unwürdiges Verhalten. Manche Kritiker wollten im *Kleinen Hobbit* Metaphern für das heldenmütige Verhalten der Engländer während des Krieges oder das manchen Völkern angeblich innewohnende Böse entdecken. Doch Tolkien war bekannt dafür, daß er Allegorien ablehnte, und wahrscheinlich handelt es sich einfach um die Heldengeschichte eines kleinen, charmanten Wesens, das keine Ahnung hat, über welche Ressourcen es verfügt – bis seine Fähigkeiten auf die Probe gestellt werden. **EF**

Und ihre Augen schauen Gott
Zora Neale Hurston

Lebensdaten | *1903 (USA), †1960
Erstausgabe | 1937
Erschienen bei | J. B. Lippincott Co. (Philadelphia)
Originaltitel | *Their Eyes Were Watching God*

„Gemeinsam mit den anderen in anderen Baracken saßen sie da … Sie schienen in die Dunkelheit zu starren, aber ihre Augen schauten Gott."

Hurston studierte Anthropologie, sie sammelte Lieder, Gedichte und Gebete des schwarzen Amerika.

Die Großmutter der 16 Jahre alten Janie beschließt, ihre Enkelin mit einem angesehenen Mann zu verheiraten, um ihr die Peinigungen zu ersparen, die sie selbst und andere schwarze Frauen in der Sklaverei erdulden mußten. Doch die unerschrocken an ihrem Idealismus festhaltende Janie findet in ihrer Ehe keine Erfüllung. Sie verläßt ihren mit Gefühlen geizenden Mann und wendet sich Joe zu, einem extravaganten Träumer. Mit ihm macht sie sich nach Süden auf, um mit viel Ehrgeiz und wenig Land eine blühende Stadt nur für Schwarze aufzubauen. Dank Joe steigt Janie in der sozioökonomischen Hierarchie auf, wird aber eher zum Aushängeschild seines Erfolges statt zu einer respektierten Partnerin. Als Joe stirbt, ist Janie eine reife Frau – selbstbewußt genug, das Gerede der Stadtbewohner über ihre Beziehung zu dem jüngeren Tea Cake zu ignorieren – und traut ihren Gefühlen. Obwohl sie am Ende des Romans alles verloren hat, ist es ihr gelungen, in ihrer intensiven, unbeständigen Verbindung mit Tea Cake ihre Vision von der Liebe zu leben.

Hurston war die Tochter des Bürgermeisters von Amerikas erster schwarzer Stadtgemeinde. Ihre politischen und gesellschaftlichen Erfahrungen mit der Autonomie der Afroamerikaner ermöglichten ihr eine einzigartige Perspektive auf Rassefragen. Sie studierte Anthropologie und erforschte in ihrer Heimat Florida afroamerikanisches Brauchtum und mündliche Traditionen. In Anlehnung an das Original sind die Dialoge in der deutschen Übersetzung von *Und ihre Augen schauten Gott* umgangssprachlich eingefärbt. Diese Zelebrierung der Umgangssprache wurde von Zeitgenossen wie Richard Wright scharf kritisiert. Heute gilt Hurston jedoch als eine der bedeutendsten Vertreterinnen der afroamerikanischen Literatur. **AF**

Von Mäusen und Menschen
John Steinbeck

Der Originaltitel dieses Romans ist dem Gedicht *To a Mouse* von Robert Burns entlehnt. Steinbeck beschreibt in seinem Buch die Geschichte der beiden Wanderarbeiter George und Lennie, die meilenweit entfernt von ihrem Arbeitsplatz, einer Farm in Kalifornien, von einem Bus abgesetzt werden. George ist ein kleiner Mann mit hitzigem Temperament, Lenny ein geistig zurückgebliebener, aus der Form geratener Hüne, der George tief ergeben ist und seines Schutzes und seiner Leitung bedarf. In seinem primitiven Nachtlager träumt dieses ungleiche Paar davon, eine eigene Farm zu gründen. Auf dem Gut ihres Dienstherrn treffen die beiden Männer auf den Maultiertreiber Jim, der voller Bewunderung für ihre Freundschaft ist. Er schenkt Lennie einen seiner jungen Hunde und überredet die Freunde, ihn in ihre Pläne mit einzubeziehen. Doch der Traum von der eigenen Farm platzt, als Lennie den Hund aus Versehen tötet und der Frau des Farmers aus Angst ungewollt das Genick bricht. Lennie flieht, um der grausamen Rache der Farmarbeiter zu entgehen. Unterwegs trifft er George, der ihm wieder und wieder erzählt, wie idyllisch ihr zukünftiges Leben verlaufen wird, und ihn dann mit einem Schuß in den Hinterkopf tötet. Als die Verfolger eintreffen, begreift der Farmaufseher Slim, daß George seinen Freund aus Barmherzigkeit umgebracht hat, und läßt ihn ziehen.

Von Mäusen und Menschen ist eine Geschichte über Brüderlichkeit in einer Welt, die einer idealtypischen Männerfreundschaft aufgrund von Mißverständnissen mit Ablehnung begegnet und Schwäche, wo immer sie sich zeigt, gnadenlos ausnutzt. Doch vielleicht besteht die wahre Tragödie dieses Romans darin, daß er den großen amerikanischen Traum beerdigt und als das erscheinen läßt, was er ist: eben nur ein Traum. **EF**

Lebensdaten | *1902 (USA), †1968
Erstausgabe | 1937 bei Covici-Friede (New York)
Originaltitel | *Of Mice and Men*
Nobelpreis für Literatur | 1962

„Könnte meine ganze Zeit damit zubringen, dir was zu sagen, und du vergißt es, und ich sag dir's wieder."

Steinbeck beobachtete die Lebensumstände armer Wanderarbeiter in seiner Heimat Kalifornien sehr genau – diese Beobachtungen fließen immer wieder in seine Romane ein.

Murphy
Samuel Beckett

Lebensdaten | *1906 (Irland), †1989 (Frankreich)
Erstausgabe | 1938
Erschienen bei | G. Routledge & Sons (London)
Nobelpreis für Literatur | 1969

„*Die Sonne schien, da sie keine andere Wahl hatte, auf nichts Neues.*"

Ein breiteres Publikum fand *Murphy* erst nach dem Erfolg von Becketts Theaterstück *Warten auf Godot* in den 50er Jahren.

Im Verlauf von Becketts Schriftstellerkarriere entstanden zahlreiche Meisterwerke. *Murphy* ist vielleicht das unangestrengteste und vergnüglichste unter ihnen. Dieser fast als konventionell zu bezeichnende Roman besitzt noch nicht die rigorose Nüchternheit und Reflexivität von Becketts späteren Werken; viel eher scheint er dem Verspielten und Pseudointellektuellen eines *Tristam Shandy* verwandt und leistet sich mehr als gelegentliche Anflüge von Joyceschem Witz und Rabelaischem Materialismus. Aus dem Off werden lapidare Angriffe auf den faulen Pomp des allwissenden Erzählers gestartet. Mit amüsierter Geringschätzung stellt Beckett tote Sätze auf den Kopf: „Und in seinem Geiste leben machte ihm Spaß, solchen Spaß, daß Spaß nicht das richtige Wort ist." Zwischen geheimnisvoller Referenzialität und lexikalischer Wendigkeit folgen die Witze schnell aufeinander.

Der Roman handelt von Murphys Abenteuern in London, die Beckett mit einer für ihn ungewöhnlichen geographischen Genauigkeit schildert. An einen Schaukelstuhl gefesselt, hängt Murphy dem Gefühl der Freiheit und der Stille nach und tut sein möglichstes, sich allem, was auch nur im Entferntesten einem Plot gleichen könnte, zu entziehen. Trotzdem wird er in Mißgeschicke mit allerlei unwahrscheinlichen Kreaturen verwickelt. Er verläßt seine Verlobte, lebt mit einer Prostituierten zusammen und findet eine relativ einträgliche Anstellung in einer Irrenanstalt, wo er mit einem Patienten jedesmal Remis endende Schachpartien spielt. Schließlich stirbt er durch einen Unfall, dessen Umstände nicht aufgeklärt werden – um einem das bißchen Spannung und Erhebung, die der Roman zu bieten hat, nicht zu verderben. Hervorzuheben unter der Vielzahl erzählerischer Kabinettstückchen ist die schwungvolle Beschreibung von Murphys „Geist", doch das anhaltende Glühen dieser komischen Liebesgeschichte speist sich aus dem Feuer, mit dem Beckett die Versuchungen und die sprichwörtliche Weitschweifigkeit seiner düstereren Neigungen bekämpft. Ein großartiger Einstieg in Becketts Werke – und ein ebenso großartiger Ausstieg. **DM**

USA-Trilogie
John Dos Passos

Die drei Romane der USA-Trilogie – *Der 42. Breitengrad, Neunzehnhundertneunzehn. Roman zweier Kontinente* und *Hochfinanz* – gehören zu den erfolgreichsten Versuchen des 20. Jahrhunderts, die amerikanische Lebensweise so umfassend wie möglich zu schildern. Einen Zeitraum von 1900 bis 1930 abdeckend, beschreibt DosPassos das Erstarken der Arbeiterbewegung, die Funktionsmechanismen des Kapitalismus, das Leben auf See, die Erfahrungen der Amerikaner im Ersten Weltkrieg, den Aufstieg Hollywoods und das Abgleiten in die Weltwirtschaftskrise. Diese Ereignisse werden kunstvoll mit den Lebensgeschichten der zwölf Protagonisten, sechs Männern und sechs Frauen, verwoben. Fundiert begründet DosPassos die zentrale Bedeutung der Gewalt für die amerikanische Gesellschaft, insbesondere in den Passagen über Angriffe auf die Wobblies (Industrial Workers of the World), die sich Anfang des Jahrhunderts als Gewerkschaft zu organisieren versuchten.

„Doch in erster Linie verleiht U.S.A. der Sprache der Menschen Ausdruck", schreibt DosPassos und diese widerstreitenden Stimmen komponiert er zu einem Panorama, das zugleich gesellschaftskritische Funktion hat. DosPassos ist kein verspäteter Naturalist aus dem 19. Jahrhundert, sondern ein Modernist, und die Äußerungen seiner Protagonisten sind in einen Text eingebettet, der sich von Joyce, Gertrude Stein und Hemingway herleitet. Die autobiographischen Kommentare des Autors sind im Stil von Joyces *Jugendbildnis* verfaßt, und die eingeblendeten „Newsreels" (Wochenschauen, in denen er aktuelle Schlagzeilen aus Tageszeitungen aufgreift), lassen sich als „realsatirischer" Kniff interpretieren. Gertrude Steins Erzähltempus des ‚continuous present' dient dem gesamten Text als Grundmuster. Es ermöglicht DosPassos, die politischen Hoffnungen der arbeitenden Bevölkerung, die gesellschaftliche Unschuld junger Frauen und Männer und die Zwangsläufigkeit, mit der sich Ereignisse infolge von Gewalteinwirkung entwickeln, zu vermitteln. Es erlaubt außerdem Sprünge im Bewußtseinsstrom, die die Handlung vorantreiben – eine komplexe, aber zweifellos unterhaltsame Mischung. **AM**

Lebensdaten | *1896 (USA), †1970
Erstausgabe | 1938 bei Constable & Co (London)
Originaltitel der Trilogie | *U.S.A.* (*The 42nd Parallel* (1930); *1919* (1932); *The Big Money* (1936))

„*non nein nicht englander amerikanisch americain*"

○ *Hochfinanz* war der letzte Roman der USA-Trilogie; er behandelt die Nachkriegszeit und das Abgleiten in die Weltwirtschaftskrise.

Am Abgrund des Lebens
Graham Greene

Die beiden Hauptfiguren in Greenes packender Reflexion über das Wesen des Bösen sind die Amateurdetektivin Ida und der mordlüsterne Pinkie, ein Katholik, dem die Hölle lieber ist als der Himmel. Da er sich für zwei Morde zu verantworten hat, muß er die unglückselige, streng katholische Rose heiraten, um sie von einer Aussage gegen ihn abzuhalten. Sie scheint Pinkies verlorene Unschuld zu verkörpern.

Idas Heldentum speist sich aus der leeren Moralität des Detektivromans, in dem sich das Maß für gutes Verhalten anhand der Fähigkeit bestimmt, des Rätsels Lösung zu finden. Im Gegensatz dazu erreicht Pinkies Niedertracht durch sein Nachsinnen über die eigene Verdammungswürdigkeit eine Dimension moralischer Ernsthaftigkeit, zu der die agnostische Ida niemals in der Lage sein wird. Sein eigentlicher Widerpart ist nicht Ida, sondern Rose, die seinen Glauben teilt und bereit ist, sich für einen Mann zu korrumpieren, von dem sie glaubt, daß er sie liebt. Pinkies unrühmliche Rolle in diesem Zusammenhang ist letztlich viel wesentlicher für seine Verurteilung als seine Verstrickung in diverse Morde.

Am Abgrund des Lebens beginnt als Detektivroman, und die Verfolgung Pinkies durch Ida ist charakteristisch für dieses Genre. Doch die Struktur des Detektivromans fungiert hier nur als eine Art moralisches Gerüst. Der Kontrast zwischen Pinkies religiös begründeter Moralität und ihren wenig überzeugenden Gegenspielern wird durch die unterschiedlichsten Erzähltechniken verstärkt. Für Pinkies Nachsinnen über die Hölle findet Greene eine ganz andere Sprache als für die vergleichsweise belanglosen moralischen Betrachtungen Idas und der anderen Figuren. Was Pinkies Tragik letzten Endes von den gattungsspezifischen Mustern der Detektivgeschichte unterscheidet, ist eine Kritik an der Kommerzialisierung der Kultur, in der fast jede Figur – außer Pinkie – mit dem begrenzten imaginativen Potential der Massenkultur assoziiert wird. **LC**

Lebensdaten | *1903 (England), †1991 (Schweiz)
Erstausgabe | 1938 bei W. Heinemann (London)
Verfilmung | 1947
Originaltitel | *Brighton Rock*

Ende der 1920er Jahren konvertierte Greene zum Katholizismus, der seine späteren Werke stark beeinflußte.

In dem Film *Brighton Rock* (1947), der Greenes Drama in einen Thriller verwandelte, spielte Richard Attenborough Pinkie.

Anlaß zur Unruhe
Eric Ambler

Lebensdaten | *1909 (England), †1998
Erstausgabe | 1938
Erschienen bei | Hodder & Stoughton (London)
Originaltitel | *Cause for Alarm*

In den späten 1930er Jahren erfand Eric Ambler den britischen Thriller neu, ein Genre, in dem es vor unglaubwürdigen Verbrechern nur so wimmelte, die – um mit Ambler selbst zu sprechen – gegen Helden von „entsetzlicher Dummheit" ins Rennen geschickt wurden. Sein erster Roman *Der dunkle Grenzbezirk* (1936) begann als Parodie: Als ein Atomphysiker nach einem Unfall das Bewußtsein wiedererlangt, hält er sich für einen abgebrühten Helden und hindert eine heimtückische, charismatische Gräfin daran, sich die Welt mit Hilfe einer Atombombe untertan zu machen. In den nächsten fünf Jahren folgten fünf weitere Romane, *Anlaß zur Unruhe* ist der beste davon.

Nicholas Marlow – ein Ingenieur wie Ambler selbst – verliert seine Arbeit just an dem Tag, an dem er seiner Freundin einen Heiratsantrag macht. Zehn Wochen später nimmt er eine Stelle in der Mailänder Dependance eines britischen Unternehmens an, das Maschinen für die Herstellung von Granaten produziert. In Italien heften sich mehrere nicht eindeutig zuzuordnende Spione an seine Fersen, die mehr über die Bewaffnung des faschistischen Staates erfahren wollen. Marlow verstrickt sich in einem Gewirr aus Spionage und Gegenspionage und gerät schließlich in Konflikt mit den Herrschenden. Als ein Kopfgeld auf ihn ausgesetzt wird, muß er fliehen. Dieses letzte Drittel des Romans besteht aus einer beeindruckend aufregenden Jagd durch Norditalien.

Anlaß zur Unruhe ist eine höchst unterhaltsame Geschichte über einen Unschuldigen, der feststellen muß, daß gerade seine Unschuld ihn zum Schuldigen macht – eine Geschichte über einen Mann, der gezwungen wird, seine Loyalität gegenüber seinen Arbeitgebern, seinem Land, der Wissenschaft und der Welt im großen und ganzen neu auszutarieren. **TEJ**

Alamut
Vladimir Bartol

Lebensdaten | *1903 (Italien), †1967 (Slowenien)
Erstausgabe | 1938
Erschienen bei | Modra ptica (Ljubljana)
Originalsprache | Slowenisch

Die Werke des slowenischen Schriftstellers Wladimir Bartol, ihrer Zeit weit voraus, blieben viele Jahre lang ungedruckt und wurden in der sowjetischen Ära brutal zensiert. Bartols Meisterwerk *Alamut* gehört zu jenen gehaltvollen Büchern, die durch zukünftige Entwicklungen neue Aktualität gewinnen: Dieser teilweise satirische Roman über den aufkommenden Faschismus, der Europa schon ein Jahr nach der Publikation in seinen Fängen haben sollte, erlangte durch das Erstarken eines militanten Islam eine neue und tiefere Bedeutung.

Alamut schildert die Geschichte des Ismaelitenführers Hassan Ibn Saba, des sogenannten „Alten vom Berg", der im 11. Jahrhundert die Sekte der Assassinen gründete – eine Gruppe von religiöser Leidenschaft und sorgfältig genährten Paradiesvorstellungen getriebener Selbstmordattentäter. In Sabas Bergfestung Alamut bereiten sie sich auf die Anschläge vor. Doch der Roman, aus der Perspektive der jungen Sklavin Halima und des naiven Elitekriegers Ibn Tahir erzählt, wirft zwingende Fragen über Vertrauen, Glaube, Sprache sowie das Wesen und das Ziel der Macht auf.

Alamut erschöpft sich jedoch nicht in politischen und religiösen Erörterungen. Bartol schildert das Leben der Mädchen und alternden Frauen im anfänglich idyllischen Harem, zeigt, welch vielschichtige moralische Fragen Sabas Aufstieg zur Macht begleiten, und beschreibt den mittelalterlichen Iran und die wilde Schönheit des abgelegenen Alamut in intensiven Farben. Das Buch hat – trotz gelegentlicher Längen – noch immer das Potential zu schockieren, zu bewegen und zu provozieren. **Tsu**

Rebecca
Daphne du Maurier

Lebensdaten | *1907 (England), †1989
Erstausgabe | 1938
Erschienen bei | V. Gollancz (London)
Filmpremiere | 1940

Noch heute, fast 70 Jahre nach dem Erscheinen der Erstausgabe, zieht der Roman *Rebecca* viele Leser in Bann. Seinerzeit wurde er sofort zum Bestseller und veranlaßte zahlreiche Adepten zu Bearbeitungen und Nachahmungen. Daß das Buch sich so lange halten konnte, liegt an seiner gelungenen Mixtur aus Elementen des Märchens, des Schauerromans und des Thrillers.

Die scheue Erzählerin wird von dem wohlhabenden, geheimnisvollen Witwer Maxim de Winter zur Frau erwählt und dadurch von ihrem Dasein als bezahlte Begleiterin einer ungehobelten Amerikanerin erlöst. Auf Manderley, dem alten englischen Familiensitz ihres Mannes, gibt es lauter verbotene Zimmer, geheimnisumwobene Möbelstücke und labyrinthische Flure, und sie muß feststellen, daß Haus und Besitzer von der Erinnerung an Rebecca, die erste Mrs. de Winter, heimgesucht werden. Maxim hat eine gewisse Ähnlichkeit mit Mr. Rochester aus *Jane Eyre* und wie dieser ein dunkles Geheimnis. Statt mit einer Geisteskranken auf dem Dachboden bekommen wir es hier mit der Leiche einer Frau zu tun, die ermordet wurde und auf dem Meer hin- und herschaukelt, aber partout nicht fortgeschwemmt wird. Mit ihren neurotischen Phantasien sprengt die Ich-Erzählerin in *Rebecca* den viktorianischen Rahmen des Romans, außerdem wirft sie mehr Fragen auf, als sie beantwortet. Es ist eines der Verdienste du Mauriers, dafür zu sorgen, daß die Leser dieser eifersüchtigen, unsicheren Erzählerin die Treue halten. **SN**

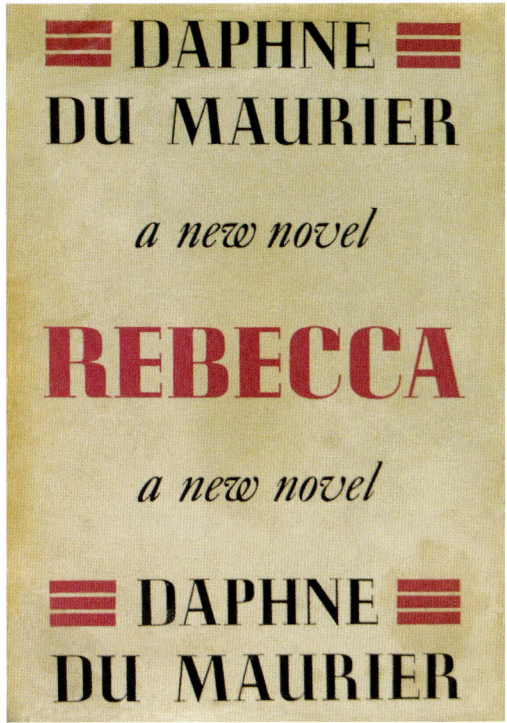

„Das Haus war ein Grabmal unserer Hoffnungen, und unsere Leiden lagen in den Ruinen begraben. Es gab keine Wiederauferstehung."

◉ „Menabilly", ein Landsitz, den du Maurier vorm Verfall bewahrte, wurde zum Vorbild für den Familiensitz Manderley in *Rebecca*.

20. Jahrhundert 399

Der Ekel
Jean-Paul Sartre

Lebensdaten | * 1905 (Frankreich), †1980
Erstausgabe | 1938 bei Gallimard (Paris)
Originaltitel | *La nausée*
Nobelpreis für Literatur | 1964 (abgelehnt)

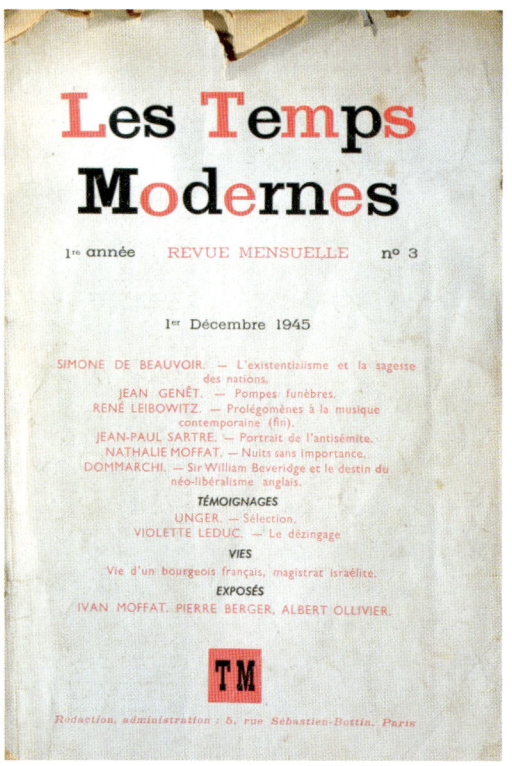

🔺 Sartre war Mitherausgeber und Mitautor der Zeitschrift *Les Temps Modernes*, die 1945 zum ersten Mal erschien.

▶ Um 1946, als dieses Foto aufgenommen wurde, kam Sartres Existentialismus bei den jungen Linken richtig in Mode.

Mit seinem philosophischen Roman *Der Ekel* ist Sartre das in der Literaturgeschichte seltene Kunststück gelungen, zwei Fliegen mit einer Klappe zu schlagen: ein Bekenntnis zur existentialistischen Philosophie abzuliefern und zugleich ein überzeugendes Kunstwerk zu schaffen. Tatsächlich ist er diesem selbstgesetzten Anspruch in einem solchen Ausmaß gerecht geworden, daß die Grenzen zwischen Literatur und Philosophie verschwimmen.

Der 30jährige Forscher Antoine Roquentin hat sich nach jahrelangen Reisen in der französischen Hafenstadt Bouville (hinter der sich ein kaum verfremdetes Le Havre verbirgt) niedergelassen. Das Seßhaftwerden geht jedoch mit einer Reihe immer seltsamerer Begleiterscheinungen einher. Einfache Alltagshandlungen bringen sein Verständnis von der Welt und von seinem Platz darin von Grund auf durcheinander. Die rationale Zuverlässigkeit des Seins wird in seinen Augen immer mehr zur brüchigen Fassade. Er empfindet „Ekel" vor der Realität, eine süßliche Übelkeit, einen fundamentalen Schwindel. Die ausdruckslose Gleichgültigkeit lebloser Gegenstände entsetzt ihn, und doch ist er sich völlig im klaren darüber, daß seine bloße Existenz jeder Situation, in der er sich wiederfindet, unwiderruflich ihren Stempel aufdrückt. Der eigenen überwältigenden Präsenz zu entfliehen ist nicht möglich.

Der Ekel ist eine wunderbar ausbalancierte Studie über Freiheit, Verantwortung, Bewußtsein und Zeit. Unter dem Einfluß der Philosophie Edmund Husserls und des literarischen Stils Dostojewskis und Kafkas schuf Sartre mit diesem Roman ein frühes Werk des Existentialismus, der sich in der Philosophie und Kultur des 20. Jahrhunderts zu einer der bedeutendsten Weltanschauungen entwickeln sollte. Der Gedanke, daß „die Existenz der Essenz vorausgeht", taucht hier zum ersten Mal auf, einige Jahre bevor Sartre seine Thesen in *Das Sein und das Nichts* (1934) „formalisierte" und die Schrecken des Zweiten Weltkriegs ihre Bedeutung nur zu deutlich machten. **SamT**

Miss Pettigrew Lives for a Day *
Winifred Watson

Lebensdaten | *1907 (England), †2002
Erstausgabe | 1938
Erschienen bei | Methuen & Co. (London)
Hörspielfassung | gesendet 2000 (BBC Radio 4)

„Miss Pettigrew stieß die Tür der Stellenvermittlung auf und trat punkt viertel nach neun ein. Sie hatte, wie gewöhnlich, sehr wenig Hoffnung …" So beginnt Winifred Watsons kürzlich wiederentdeckte bezaubernde Erzählung über die verwahrloste alte Jungfer Guinevere Pettigrew, die von der Autorin 24 Stunden lang auf ihrem Schicksalsweg begleitet wird. Von der Stellenvermittlung an die falsche Adresse geschickt, landet Miss Pettigrew – von Beruf Gouvernante – bei der glamourösen, anrüchigen Nachtclubsängerin Miss La Fosse, die sie fälschlicherweise für die neue Haushälterin hält. Das Schockierendste an dieser Welt, in der schon vormittags Cocktails serviert werden, in der man Kokain verschwinden lassen muß und Faustkämpfe zwischen gefährlich gutaussehenden Freiern an der Tagesordnung sind, ist für Miss Pettigrew vielleicht der verruchte Kitzel der gesamten Aufmachung. Wer das Buch zum ersten Mal liest, bangt um die ängstliche und behütete Guinevere, doch sie ist von anderem Kaliber, als ihr Äußeres vermuten läßt. Im Laufe des Tages zeigt sie ihr wahres Gesicht: Mit geschickten Interventionen, brillanten, schlagfertigen Antworten und soviel Gin in den Adern, daß eine Schwächere längst umgekippt wäre, entpuppt sie sich nicht nur vor ihren neuen Freunden, sondern auch vor sich selbst in mehr als einer Hinsicht als rettender Engel. Ein vergnüglicher, intelligenter und frecher Roman, der uns daran erinnert, daß es für eine zweite Chance nie zu spät ist: Es ist nie zu spät, zu leben. **MJ**

> Dieses Foto von Winifred Watson wurde bei ihrer Hochzeit am 26. Oktober 1934 aufgenommen, vier Jahre bevor sie *Miss Pettigrew Lives for a Day* schrieb.

Ohne mich
Miroslav Krleža

Lebensdaten | *1893 (Kroatien), †1981
Erstausgabe | 1938
Originaltitel | *Na rubu pameti*
NIN-Literaturpreis | 1962

Miroslav Krležas Roman ist eine brillante Kritik an der österreichisch-ungarischen Bourgeoisie, wie sie sich zwischen dem Ersten und Zweiten Weltkrieg (1919–1939) im südlichen Landesteil der Donaumonarchie entfaltete. Schauplatz ist eine namenlose kroatische Stadt, die von Korruption, Konformismus und Konsumdenken beherrscht wird. Vor diesem Hintergrund schildert Krleža die ganze Bandbreite des Bürgertums, vom kleinen Ladenbesitzer über Staatsbeamte, ambitionierte „Intellektuelle" und „Fackelträger" bis zu Industriemagnaten an der Spitze der österreichisch-ungarischen Wirtschaftselite.

Die eigentliche Handlung dreht sich um den gesellschaftlichen Abstieg eines unbedeutenden Rechtsberaters mittleren Alters aus der Mittelschicht, der mit seiner Ehe und seinem Beruf hadert, aber unfähig ist, der allgegenwärtigen Apathie und Engstirnigkeit seiner Umgebung zu entkommen. Doch eines Tages wirft er einen Stein in diese stillen Gewässer: Er beleidigt zufällig einen örtlichen Potentaten und löst damit einen Gesellschaftsskandal aus.

Krležas gelehrter, bildhafter Stil, den ein scharfer Blick für Details kennzeichnet, wurde als barock beschrieben; der Autor schildert seine Figuren mit großer Meisterschaft, Sensibilität und Imaginationskraft. Diesem Roman gebührt ein herausragender Platz im Kanon der sozialkritischen und innovativen Literatur; *Ohne mich* ist vergleichbar mit den Werken von Joyce, Zola und Svevo. Krleža zeigt die Welt mit kompromißlosem Realismus, obwohl seine romantische Schwärmerei für den marxistischen Idealismus, die seine früheren literarischen Werke kennzeichnet, auch an diesem Roman nicht spurlos vorübergegangen ist. **JK**

Der große Schlaf
Raymond Chandler

Lebensdaten | *1888 (USA), †1959
Erstausgabe | 1939
Erschienen bei | Hamish Hamilton (London)
Originaltitel | *The Big Sleep*

- *Der große Schlaf* war Chandlers erster Roman; auch seine folgenden Romane kreisen um die Figur des Privatdetektivs Philip Marlowe.

- Der Schriftsteller William Faulkner schrieb an dem Drehbuch für die Filmversion von Chandlers Roman mit, die 1946 in die Kinos kam.

Der große Schlaf markiert den Beginn einiger grundlegender Veränderungen im Genre des Detektivromans, Veränderungen, die die Welt, in der das Buch geschrieben wurde, widerspiegeln. In der Phase nach der Prohibition, in der Chandler gerne dem Whiskey zusprach, beschäftigte er sich mit – explizit kriminellen oder nominell offiziellen – korrupten Netzwerken, und die Grauzone zwischen beiden machte die Existenz des Detektivs Philip Marlowe erst möglich. Der Schauplatz der Handlung, eine graue, klaustrophobisch eng wirkende südkalifornische Stadt, ist ein integraler Bestandteil des Geschehens. Doch angesichts der Tatsache, daß sich so gut wie keine Szene draußen ereignet, könnte der Roman in jeder beliebigen Großstadt spielen. Die Handlung entfaltet sich in Räumen, Autos und sogar Telefonzellen – abgeschlossenen Einheiten, zwischen denen keine Verbindung besteht.

Obwohl *Der große Schlaf* Chandlers erster Marlowe-Roman ist, wird der Held in keiner Weise eingeführt. Als Leser sind wir sofort mitten im Geschehen. Diese Unmittelbarkeit ist für Chandlers Welt und seine Figur von grundlegender Bedeutung. Wir erfahren nichts über sein Leben, sehen ihn lediglich immer wieder in sein Büro zurückkehren, und auch das nur, wenn eine Spur sich erschöpft hat. Wie Sergio Leones namenloser Mann aus *Mein Name ist Nobody* vereint Marlowe eine gewisse Schäbigkeit und Unzulänglichkeit – er ist ein harter Trinker, der von Männern und Frauen gleichermaßen ständig krankenhausreif geschlagen wird – mit einer fast übernatürlichen Autorität, die es ihm offenbar ermöglicht, sich heiter und mühelos durch allerlei Verwicklungen zu manövrieren, willkürlichen Spuren zu folgen und Fügungen nachzugehen, bis schließlich eine Lösung gefunden ist. Dies steht in einem gewaltigen Widerspruch zu klassischen Detektivromanen in der Tradition von Conan Doyle, in denen ein intellektuell hochbegabter Detektiv einfach – und erfolgreich – entlang der Fakten ermittelt, ist aber vielleicht der für die literarische Bedeutung des Romans wichtigste Faktor. **SF**

Leb' wohl, Berlin. Ein Roman in Episoden
Christopher Isherwood

„Ich bin eine Kamera", schreibt Isherwood in der Rolle des gleichnamigen Ich-Erzählers, „die registriert, nicht denkt". Seine Schnappschüsse und Wochenschausequenzen zeigen Berlin in den letzten Tagen der Weimarer Republik. Die Stadt befindet sich im unheimlichen, stillen Auge eines apokalyptischen Hurricans, wie eingequetscht zwischen dem Ersten Weltkrieg und dem Dritten Reich, das von fern bereits sein Donnergrollen ertönen läßt.

Isherwood ist ein distanzierter Erzähler. Er schreibt so unbeteiligt, als stünde er unter Schock – die Dinge, deren er ansichtig wird, hat vor ihm noch niemand gesehen. Sein Tummelplatz ist die von fatalistischer Anarchie geprägte Halbwelt, in der eine solch abgrundtiefe Verzweiflung herrscht, daß ein hemmungsloser Tanz, das letzte und einprägsamste Stück, das die Band der Titanic beim Auftauchen des Eisbergs spielte, als der einzige Ausweg erscheint. Es ist eine Welt der verlorenen Seelen: Die Großen sind gefallen, die Guten tun ihr Möglichstes, um über die Runden zu kommen, alles ist käuflich und Tugend ein unerschwinglicher Luxus. Personen, die einst im öffentlichen Leben standen, müssen Untermieter aufnehmen, Prostituierte mischen sich unter Opernsänger, und Isherwood selbst stolpert mit seiner Pensionsnachbarin, der ehrgeizigen Barsängerin Sally Bowles, die sich wie er im Exil befindet, von Gelegenheit zu Gelegenheit. Sally ist ein perfektes Symbol dieser Zeit: kapriziös und rücksichtslos, abgestumpft durch Alkohol und Sex, kurz: eine tragische, für die Konsequenzen ihres Handelns blinde Figur. Isherwoods Buch ist ein melancholischer, aber unsentimentaler Roman über eine dem Untergang geweihte Welt. Der Hedonismus der Weimarer Republik welkt dahin und wird schließlich ausgerottet. Sally wird immer verwirrter und unangenehmer. Um die Sicherheit der jüdischen Familie Landauer ist es schlecht bestellt. Rudi, dem jugendlichen Kommunisten, wird sein Idealismus zum Verhängnis. Unschuld geht verloren.

Isherwoods beiläufige und leidenschaftslose Prosa läßt die gewaltigen, erschreckenden Ereignisse im Berlin der 1930er Jahre besonders deutlich hervortreten – ein Buch von eisiger Genialität. **GT**

Lebensdaten | *1904 (England), †1986 (USA)
Erstausgabe | 1939
Erschienen bei | Hogarth Press (London)
Originaltitel | *Goodbye to Berlin*

◉ Das auf Isherwoods Roman basierende Musical *Cabaret* wurde 1972 mit Liza Minelli in der Rolle der Barsängerin Sally Bowles verfilmt.

◉ Die sexuell freizügige Atmosphäre Berlins beeinflußte Isherwoods Leben und Schreiben.

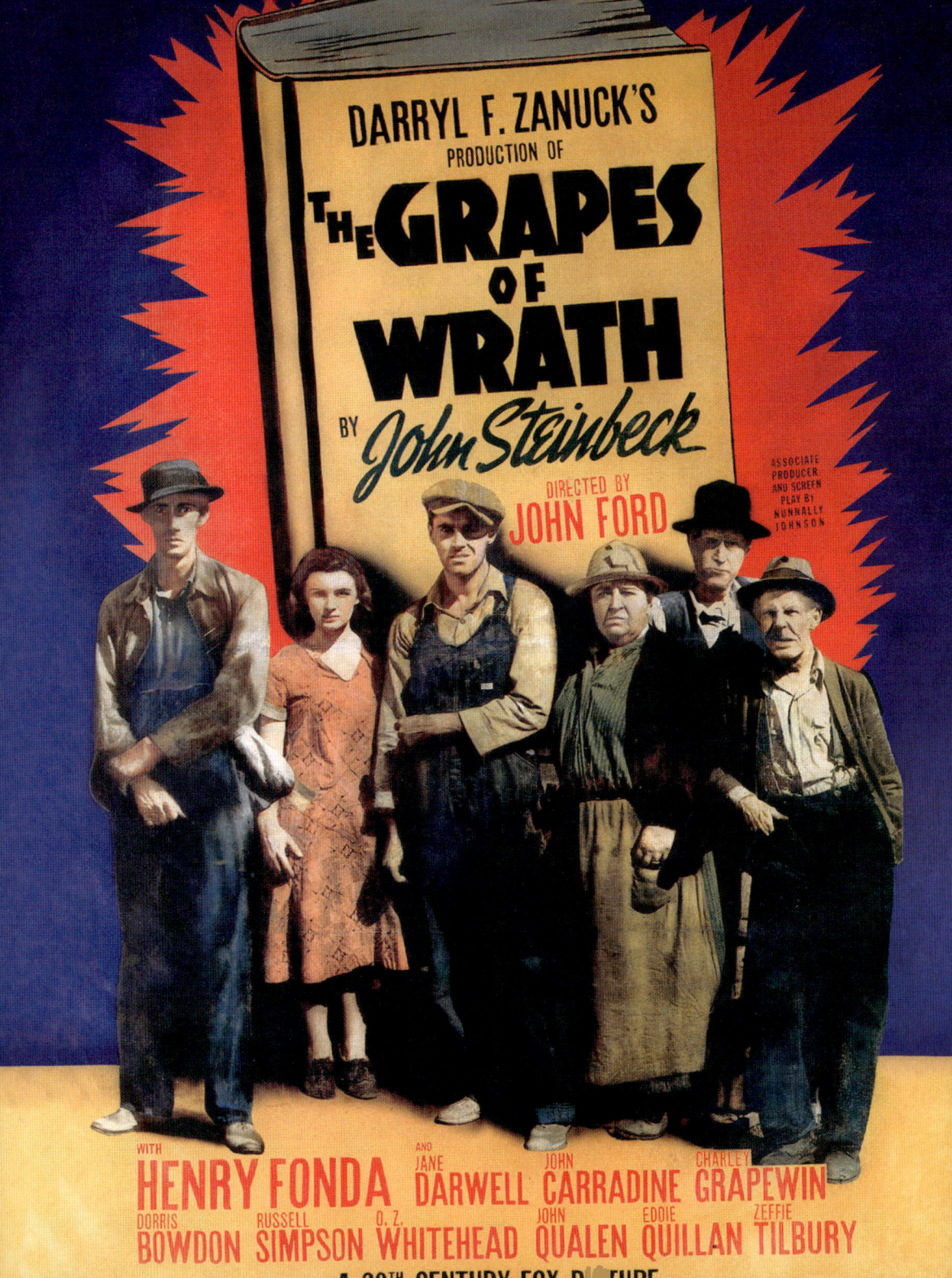

Die Früchte des Zorns
John Steinbeck

Es ist inzwischen fast müßig, darauf hinzuweisen, welch tiefen Eindruck *Die Früchte des Zorns* im Bewußtsein der Amerikaner hinterlassen hat. Bislang jedenfalls hat kein anderer Schriftsteller die katastrophale Periode der Weltwirtschaftskrise in den 1930er Jahren mit derselben Leidenschaft und politischen Anteilnahme wie Steinbeck geschildert. Daß sein Meisterwerk in der amerikanischen Literatur einen ganz besonderen Rang einnimmt, wurde durch die Verleihung des Pulitzer-Preises 1940 (im selben Jahr, in dem die Filmfassung entstand) und des Nobelpreises 1962 bestätigt.

Das Buch handelt vom Schicksal der Familie Joad, die von ihrer Farm in Oklahoma vertrieben wird und sich, von einer besseren Zukunft träumend, in Richtung Kalifornien aufmacht. Auf dem Highway 66 treffen sie Tausende weiterer „Okies", die sich wie sie an die Hoffnung auf ein angenehmeres Leben klammern. Tatsächlich erwarten sie in Kalifornien Ausbeutung, Dumpinglöhne, Hunger und Tod. Auch die Loads ereilt dieses Schicksal. Ihre Verzweiflung nutzt Steinbeck zu einer vehementen Anklage der Besitzenden, die einen Keil zwischen die Arbeiter zu treiben versuchen. Allein durch Zorn, einen trotzigen Zusammenhalt und stetige Opfer – so seine These – ist es möglich, die eigene Würde zu bewahren.

Steinbeck wurde in der Vergangenheit für seine sentimentale Schilderung der Joads kritisiert, doch während der Leser sich unwillkürlich mit ihnen identifiziert, bleiben sie selbst immer nur Akteure einer universelleren Tragödie. Die Darstellung ihrer Niederlagen, die Beschreibung von Schmutz, Hunger und Mißhandlungen erfolgt in politischer Absicht: als Brandmarkung der Ungerechtigkeit (und der Machthaber, die dafür verantwortlich sind). Der stillen Wut und dem würdevollen Stoizismus gewöhnlicher Menschen setzt Steinbeck dagegen ein Denkmal. **MD**

Lebensdaten | *1902 (USA), †1968
Erstausgabe | 1939 bei Viking (New York)
Originaltitel | *The Grapes of Wrath*
Nobelpreis für Literatur | 1962

◈ Dem kalifornischen Fotograf Peter Stackpole gelang dieser Schnappschuß von Steinbeck, der 1937 im *Life Magazin* erschien.

◈ Steinbeck bezeichnete John Fords Romanverfilmung, die 1940 in die Kinos kam, als „hart" und „unmittelbar", obwohl sie optimistisch endet.

Guten Morgen, Mitternacht
Jean Rhys

*„Ein wenig bin ich wie ein Automat, aber durchaus bei Verstand – trocken, kalt und bei Verstand.
Die dunklen Straßen … und das Ertrinken habe ich vergessen."*

◉ Rhys wurde als Tochter eines walisischen Vaters und einer kreolischen Mutter auf der karibischen Insel Dominica geboren. In ihren Werken geht es häufig um die Frage, was es für Frauen bedeutet, entwurzelt zu werden.

Lebensdaten | *1890 (Dominica), †1979 (England)
Richtiger Name | Ella Gwendolen Rees William
Erstausgabe | 1939 bei Constable & Co. (London)
Originaltitel | *Good Morning, Midnight*

Der Titel dieses düsteren Romans ist einem Gedicht von Emily Dickinson entnommen. *Guten Morgen, Mitternacht* spielt zwischen den beiden Weltkriegen. Im Mittelpunkt des Geschehens steht Sasha, eine Frau mittleren Alters, die ins Paris ihrer Jugend zurückkehrt. Anhand dieser Figur erörtert Rhys, welch paradoxen Begrenzungen eine Frau ausgesetzt ist, die sich von Konventionen zu befreien versucht.

Zu Beginn des Romans – Sasha versucht sich gerade in Paris niederzulassen –, überflutet Rhys uns mit den bittersüßen Jugenderinnerungen ihrer Heldin. Wir erfahren von ihrer Eheschließung mit dem Künstler Enno, mit dem sie auf den Kontinent zog, um der Enge der Londoner Arbeiterklasse zu entfliehen. Ihre angenehmen Erinnerungen an ihre Ehe werden jedoch häufig von weniger angenehmen an die Armut des Paares und seine Furcht vor Entwurzelung unterbrochen. Gerade diese Rückbesinnung auf frühere Erinnerungen bringt deutlich zum Ausdruck, wie sehr Sasha sich über ihre eigene Verletzlichkeit klar ist. Ennos Weigerung, seine Frau vor erniedrigenden gesellschaftlichen und ökonomischen Transaktionen zu bewahren, macht ihr zutiefst bewußt, wie wertlos sie für die Gesellschaft ist. Zu einem späteren Zeitpunkt konfrontiert uns Rhys mit Sashas Trauma: Nach dem Tod ihres Kindes wurde sie von ihrem Ehemann verlassen – was dazu führte, daß selbst unkonventionell eingestellte Menschen sie ablehnten. Sashas schneller und ergreifender gesellschaftlicher Abstieg, ihr Alkoholkonsum und ihr Hin-und-Herschwanken zwischen Jobs, in denen nur Jugend und Schönheit zählt, stellen eine Kontinuität zwischen Vergangenheit und Gegenwart her. Am Ende des Romans akzeptiert Sasha zähneknirschend, daß das unvermeidliche, brutale Zusammentreffen von Armut und Alter sie nur noch verletzlicher gemacht hat. **NM**

Auf Schwimmen-Zwei-Vögel

Flann O'Brien

Lebensdaten | *1911 (Irland), †1966
Richtiger Name | Brian O'Nuallain
Erstausgabe | 1939 bei Longmans & Co. (London)
Originaltitel | At-Swim-Two-Birds

In den 1930er Jahren herrschten in Irland die Zensur und die Kirche – das Land kam also kaum als Brutstätte für den avantgardistischen oder experimentellen Roman in Betracht. Und doch entstand zu dieser Zeit ein vergnügliches, „regelwidriges", antiautoritäres, satirisches experimentelles Werk, und zwar gerade weil Irland so fromm und die Atmosphäre so erstickend war. Das Aufeinanderprallen von literarischem Überschwang und gesellschaftlichem Alltag ist eine der Besonderheiten, die dem Buch seine ungeheure Komik verleihen.

Auf Schwimmen-Zwei-Vögel ist ein Roman über einen Romancier, der einen Roman über das Romanschreiben schreibt. Die Rahmenhandlung erzählt ein unzufriedener Student, der dabei ist, im Haus seines herumnörgelnden Onkels ein Buch über einen Autor namens Dermot Trellis zu schreiben. Dieser Student hat streng demokratische und revolutionäre Ansichten über die literarische Form: „*Ein Anfang und ein Ende pro Buch*" behagen ihm überhaupt nicht, und die Figuren dürfen nicht dazu gezwungen werden, „eindeutig gut und böse" zu sein. „Jeder von ihnen sollte ein Privatleben, Selbstbestimmung und ein anständiger Lebensstandard gewährt werden." Außerdem sei „der gesamte Bestand der vorhandenen Literatur als Limbus anzusehen", dem der Autor Charaktere und Geschichten nach Belieben entnehmen könne: Cowboygeschichten, populäre Liebesgeschichten, folkloristische Geschichten und (gnadenlos verspottete) Figuren aus der irischen Mythologie. Um Rache an ihrem despotischen Schöpfer zu üben, beginnt eine Figur ihren eigenen Roman zu verfassen, in dem sie Trellis fiktionalisiert. Wenn je ein Roman vor seiner Zeit geschrieben wurde, dann dieser. **RMcD**

Finnegans Wake

James Joyce

Lebensdaten | *1882 (Irland), †1941 (Schweiz)
Erstausgabe | 1939
Erschienen bei | Faber & Faber (London)
Ausschnitte erschienen | 1928-1939

James Joyce's letztes Buch ist vielleicht das einschüchterndste fiktionale Werk, das je verfaßt wurde. Und gleichzeitig ist es auch ein ungeheuer witziges Buch, das Generationen von Lesern Vergnügen schenkte, wenn sie denn bereit waren, sich auf den Abschied von gängigen Romankonventionen einzulassen. *Finnegans Wake* hat keinen durchgängigen Erzählstrang, sondern besteht aus mehreren zentralen Geschichten, die zum Teil in hunderten von Versionen wiederkehren, deren Umfang aus einem Wort, aber auch aus mehreren Seiten bestehen kann. Das Motiv des ‚Fallens' ist, durchaus nicht immer negativ konnotiert, allgegenwärtig; es reicht vom Aufstieg und Fall der Menschheit über einen vieldeutigen Vorfall im Dubliner Phoenix Park bis zum Fall des irischen Baumeisters Tim Finnegan von einer Leiter.

Im Roman gibt es keine durchgängigen Charaktere, sondern die Figuren treten dem Leser unter vielen verschiedenen Namen, wenn auch mit wiedererkennbaren Eigenschaften, entgegen. Statt konsistente Schauplätze zu schaffen, vermischt Joyce Ortsnamen aus der ganzen Welt. Darüber hinaus erreicht er eine Verdichtung des Texts durch die Technik des „portmanteau", bei der er englische Wörter neu zusammenfügt oder trennt oder auch mit Wörtern aus anderen Sprachen verschmilzt. Liest man *Finnegans Wake* – was man am besten laut und in einer Gruppe tun sollte – können die sprachlichen Experimente ihre Wirkung entfalten, wobei man akzeptieren sollte, daß vieles rätselhaft bleibt. Die siebzehn Abschnitte des Buches sind stilistisch und thematisch eigenständig. Sie führen über Abend- und Morgendämmerung zum letzten, unfertigen Satz des Buches, der in einer zyklischen Bewegung wieder an den Romananfang zurückführt. **DA**

Sohn dieses Landes
Richard Wright

Lebensdaten | *1908 (USA), †1960 (Frankreich)
Erstausgabe | 1940 bei Harper & Row (New York)
Filmfassungen | 1951, 1986
Originaltitel | Native Son

Als Richard Wrights Roman in die amerikanische Literaturszene hineinplatzte, war dies wie eine Warnung an die Weißen, die Gewalt, die im Untergrund brodelte, nicht zu unterschätzen. Am Anfang des Romans erschlägt die Hauptfigur Bigger Thomas vor seiner verängstigten Schwester, seiner eingeschüchterten Mutter und seinem ihn bewundernden Bruder eine Ratte. Wright identifiziert Bigger mit dieser Ratte, so daß wir in ihm sowohl einen Täter als auch ein Opfer sehen und aus dieser unbequemen Position heraus die darauf folgenden verstörenden Ereignisse interpretieren.

Dieser naturalistische Roman hat drei Teile. Im ersten Teil beschreibt Wright, wie Bigger in die Welt der Mittelschichtfamilie Dalton Eingang findet und durch einen unglücklichen Zufall deren Tochter Mary tötet. Im zweiten Teil begleiten wir den verzweifelten Bigger auf seiner Flucht über die Dächer Chicagos und erfahren, welch schlimme Konsequenzen sein Verbrechen für die afroamerikanische Gemeinschaft hat. Der letzte Teil handelt von Biggers Gerichtsprozeß. Hier versucht Wright, das unmenschliche Verhalten seines Protagonisten zu verteidigen.

Die explizite, sexuell aufgeladene Gewalt in diesem Roman, insbesondere die Verstümmelung und Verbrennung der toten Mary Dalton, brachte dem Buch zunächst einen schlechten Ruf ein. Man feierte Wright für seine furchtlose Rechtschaffenheit und kritisierte ihn zugleich heftig, weil er dem weißen Amerika jenes Stereotyp geliefert habe, vor dem es sich am liebsten fürchte. Um bei der Darstellung des schwarzen Amerika jede Sentimentalität zu vermeiden, erforschte Wright die Bedeutung der Freiheit. Letzten Endes relativieren sich sein Engagement für den schwarzen Nationalismus und Kommunismus durch das Bekenntnis zu dem existentiellen Wunsch, wahre Selbsterkenntnis zu erlangen. **NM**

Die Tartarenwüste
Dino Buzzati

Lebensdaten | *1906 (Italien), †1972
Erstveröffentlichung | 1940
Erschienen bei | Rizzoli (Mailand)
Originaltitel | Il deserto dei Tartari

In diesem geheimnisvollen und irritierenden Roman warten die Soldaten einer Garnison in einer nicht näher definierten Vergangenheit auf den Angriff der feindlichen Tartaren aus dem Norden. Schauplatz des Geschehens ist eine Festung am Rande einer steinigen Wüste, die von schroffen und unbezwingbaren Bergen überragt wird. In der Festung herrscht eine Atmosphäre zwischen Traum und Wirklichkeit. Die Soldaten bereiten sich unablässig auf den Angriff vor, obwohl keiner von ihnen weiß, wie und wann er erfolgen wird. Es ist nicht einmal klar, wer eigentlich der Feind ist. Das Leben der Männer wird zum Spielball des Schicksals. Leutnant Drogo zum Beispiel ist nach einer erschöpfenden Reise gegen seinen Willen in der Festung gelandet. Trotz der surrealen Atmosphäre folgt der Alltag in der Garnison strengen militärischen Regeln. Wachposten patrouillieren, doch niemand weiß, vor was und vor wem sie die Festung schützen sollen. Militärische Manöver scheinen offensichtlich keine Bedeutung zu haben, das irreale Leben der Soldaten besteht im Grunde aus absurdem Warten.

Dieser existentialistische Themen aufgreifende Roman ist bis heute schwer faßbar, doch es mutete wie eine Ironie der Geschichte an, daß Italien nicht lange nach der Veröffentlichung in einen Krieg eintrat, der gewaltiger war, als Buzzatis Soldaten es je zu hoffen gewagt hätten. **RP**

> *Die Tartarenwüste* schildert die Sinnlosigkeit militärischer Parolen, wie sie auf diesem italienischen Plakat aus dem Jahr 1917 erscheinen: „Jeder von euch erfülle seine Pflicht!"

Die Kraft und die Herrlichkeit

Graham Greene

Lebensdaten | *1904 (England), †1991 (Schweiz)
Erstausgabe | 1940 bei W. Heinemann (London)
Filmfassung | erschienen 1962
Originaltitel | *The Power and the Glory*

Die Kraft und die Herrlichkeit spielt in den 1920er Jahren in Mexiko, vor dem Hintergrund der Verfolgung der katholischen Kirche, und schildert die verzweifelte Flucht eines namenlosen „Whiskey"-Priesters, auf dessen Kopf ein Preis ausgesetzt ist. Das physische, gesellschaftliche und psychologische Terrain, das Greene darstellt, ist von angemessener Trostlosigkeit. Auf seiner Flucht hat der Priester eine kurze, aber unglücklich verlaufende Begegnung mit seiner unehelichen Tochter. Die psychischen und geistigen Möglichkeiten, die ihm zur Verfügung stehen, um seinem Schicksal zu entfliehen, scheinen genauso bescheiden wie die Chance, den Behörden zu entkommen. Allen, die ihm helfen, droht die Exekution. Doch durch seine Verzweiflung hindurch schimmert eine verschwommene Vorstellung von der Güte Gottes – obwohl Greene bedeutungslose Bußrituale ablehnte (hochmütige Frömmelei war ihm ein Graus). Der Priester erkennt, daß Leid und Sünde vielleicht die einzigen Zustände sind, an denen sich Gottes Präsenz in dieser Welt festmachen läßt.

Dieser Roman enthält viele Höhepunkte: die Einkerkerung des Priesters in einem überfüllten Gefängnis, seinen Versuch, Wein für das Abendmahl zu kaufen, das auf ideologischer und persönlicher Ebene stattfindende Katz-und-Maus-Spiel zwischen dem Priester und dem fanatischen Leutnant. Greene gelingt es, eine Welt im Niedergang zu gestalten, die sich sowohl durch äußerste Klaustrophobie als auch durch unendliche Leere auszeichnet. **RMcD**

Wem die Stunde schlägt

Ernest Hemingway

Lebensdaten | *1899 (USA), †1961
Erstausgabe | 1940 bei C. Scribner's Sons (New York)
Originaltitel | *For Whom the Bell Tolls*
Nobelpreis für Literatur | 1954

Vor dem Hintergrund des spanischen Bürgerkrieges, der 1937 seinen Höhepunkt erreichte, schildert Hemingway in *Wem die Stunde schlägt* das Schicksal des amerikanischen College-Dozenten Robert Jordan, der seine Stelle aufgibt, um in Spanien an der Seite der Republikaner zu kämpfen. Jordan erhält aus Madrid den Auftrag, eine Partisanengruppe zu leiten, die sich in ständigen Führungskämpfen aufreibt. Pablo, ihr großmäuliger Anführer, hat, vom Krieg zermürbt, seinen Glauben an den Sinn des politischen Kampfes verloren und träumt von einem friedlichen Leben mit seinen Pferden. Es ist seine abergläubische Frau, die Halbzigeunerin Pilar, die die Gruppe mit ihren düsteren, aufwiegelnden Reden und mütterlicher Sorge zusammenhält. Jordan fühlt sich augenblicklich zu Maria hingezogen, einer jungen Frau, die von faschistischen Soldaten vergewaltigt und dann ins Lager aufgenommen worden war. Maria folgt Pilars Rat und verführt Jordan, nicht zuletzt in der Hoffnung, ihre traumatische Erinnerung dadurch auslöschen zu können.

In Jordan wächst schleichend der Zweifel am Sinn seines Auftrags. Er schafft es nicht, sein Glaubenssystem in das des Krieges zu integrieren. Dies wird in seiner Beziehung zu Maria, für die er eine schmerzlich intensive Liebe empfindet, auf dramatische Weise deutlich. Doch bei der Vorbereitung einer riskanten Brückensprengung hält er sich von ihr fern. Letztlich ist Jordan gezwungen, seine persönlichen und politischen Werte und seine Einstellung zur Liebe neu zu definieren, denn die klare Hierarchie von Glaubenssätzen und Erfahrungen, die er so hartnäckig verfochten hat, wird in ihren Grundfesten erschüttert. **AF**

> Der Regisseur Frank Capra (rechts) diskutiert 1941 mit Hemingway über dessen Roman; die Filmregie übernahm schließlich Sam Wood.

Der Mann, der seine Kinder liebte
Christina Stead

Lebensdaten | *1902 (Australien), †1983
Erstausgabe | 1940
Erschienen bei | Simon & Schuster (New York)
Originaltitel | *The Man who loved Children*

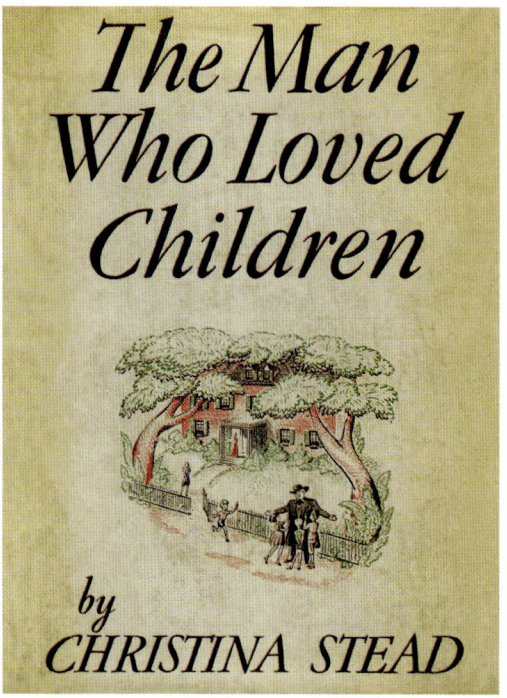

„*Ein ‚Selfmademan' glaubt an den Zufall und schickt seinen Sohn nach Oxford.*"

◉ *Der Mann, der seine Kinder liebte* basiert in großen Teilen auf autobiographischen Erfahrungen von Christina Stead.

Dieser meisterhafte Roman schildert die Pollits, eine große Familie, die aus der verhängnisvollen Heirat von Sam Pollit, einem Naturforscher aus der Arbeiterklasse, mit der nörglerischen Erbin Henny Collyer hervorging. Das Buch, das in den 1930er Jahren in und um Washington spielt, betrachtet das Leben der Familie durch die Linse von Christina Steads exaktem Mikroskop und reflektiert dabei den Naturalismus eines Émile Zola, den die Autorin bewunderte.

Stead gelang ein wahrer Bildteppich mit Szenen, die sehr rasch vom Komischen ins Grauenhafte wechseln können, und ihre gründliche Schreibtechnik sorgt dafür, daß die Figuren sowohl lebensecht wie auch faszinierend erscheinen. Sam, der selbsternannte Kindernarr, erweist sich als die dominante Figur. Er ist eine charismatische, aber garstige Mischung aus egoistischem Schneid und Kreativität. Fasziniert beobachtet man seine Versuche, die Kinder, die Schwestern, die Frau und die Kollegen im Dienste des seiner Ansicht nach politisch und moralisch Guten zu manipulieren und zu kontrollieren. Seine Frau Henny, in Sachen Liebe enttäuscht und gezwungen, in zunehmend schlechteren finanziellen Verhältnissen zu leben, stellt für die Kinder den bitteren Gegenpart zum optimistischen Vater dar.

Im Laufe der Geschichte entfacht ein Kampf zwischen Sam und seiner pubertierenden Tochter Louie, deren Freiheitstrieb und das aufkeimende Erwachsenenbewußtsein schließlich geradewegs zum schockierenden Finale führen. Der klarsichtige, ungeschminkte Roman bietet die Innenansicht einer Familie und verschont weder Protagonisten noch Leser mit den unbequemen Wahrheiten hinter den harmlosen Maskeraden der Familienmitglieder. **AB**

Die Welt ist groß und fremd
Ciro Alegría

Der Titel dieses Romans läßt nur dunkel erahnen, daß er von einer endlosen Odyssee Enteigneter handelt. Die Bewohner der Gemeinde Rumi, ungebildete, verarmte Indios und Mestizen, geraten mit habgierigen, auf Expansion drängenden Grundbesitzern aneinander. In einer Art Prolog im ersten Kapitel rekapituliert Alegría anhand der Erinnerungen des betagten Rosendo Maqui die Entstehungsgeschichte von Rumi; hauptsächlich geht es jedoch um den Gerichtsprozeß, mit dessen Hilfe der Großgrundbesitzer Álvaro Amenábar den Indios ihr Land entreißen will. Diese werden zu Opfern der korrupten Gesetzgebung und müssen in ein viel kleineres Territorium umsiedeln, wo sie weiter ausgebeutet werden. Ihre Anführer werden umgebracht, der friedliche Rosendo stirbt im Gefängnis; Fiero Vásquez, der Gangster, der einen bewaffneten Widerstand hätte anführen können, wird enthauptet.

Gegen Ende des Romans steigert sich der Horror noch einmal durch die Beschreibung der Unterdrückung, die auch andernorts in Peru herrscht (insbesondere in den Minen und auf den Kautschukplantagen). Gleichzeitig verleiht Alegría dem Kampf der Eingeborenen für die eigene Sache noch mehr Nachdruck: Er führt den messianischen Rebellen Benito Castro ein, der einen bewaffneten Aufstand organisiert. Doch auch dieser endet mit einer Niederlage.

Obwohl Alegrías Buch in formaler Hinsicht bereits seinerzeit etwas archaisch anmutete – ein allwissender Erzähler ergeht sich allzu ausführlich in der Darstellung von Ereignissen und historischen Parallelen –, gelang es dem Autor, eine ganze Reihe lebendiger, naturverbundener Figuren zu schaffen. Doch vor allen Dingen schuf er einen wahrhaft überzeugenden Roman über den Kampf gegen die Ungerechtigkeit. **DMG**

Lebensdaten | *1909 (Peru), †1967
Erstausgabe | 1941 bei Ediciones Ercilla (Santiago)
Originalsprache | Spanisch
Originaltitel | *El mundo es ancho y ajeno*

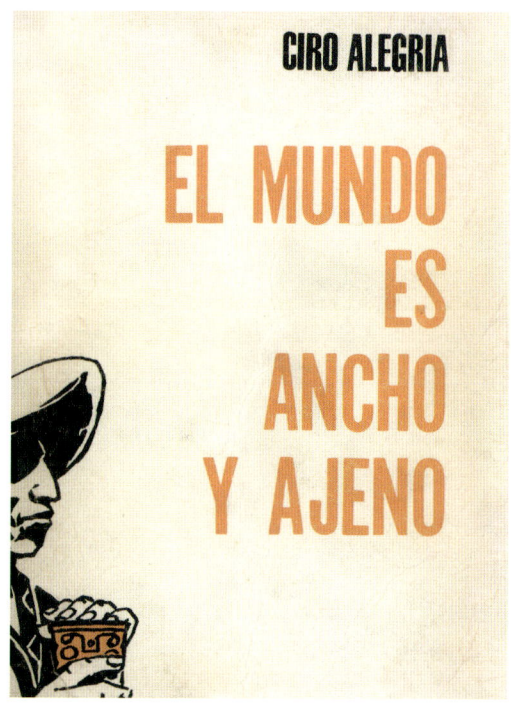

„*Näher, immer näher kam das Krachen.*"

Auf dem Umschlag der in Lima erschienenen Taschenbuchausgabe von 1970 kündigt sich bereits das ungewisse Schicksal der Indios im peruanischen Hochland an.

The Living and the Dead *
Patrick White

„In den ersten ... Monaten schwankte ich zwischen London und New York und schrieb zu schnell einen zweiten Roman, The Living and The Dead."

Patrick White, 1973

In diesem Roman über die Londoner Familie Standish spielt der spanische Bürgerkrieg eine zentrale Rolle.

Lebensdaten | *1912 (England), †1990 (Australien)
Erstausgabe | 1941
Erschienen bei | Routledge & Kegan Paul
Nobelpreis für Literatur | 1973

Dieser Roman spielt im London der 1930er Jahre und handelt von der schwierigen Beziehung zwischen Catherine Standish und ihren beiden Kindern Elyot und Eden. Catherine wurde von ihrem Ehemann verlassen und bleibt als Mutter emotional distanziert. Elyot, Schriftsteller und Kritiker, grübelt über seine Entfremdung von der Außenwelt nach, schottet sich aber absichtlich von ihr ab, indem er sich in seinen Büchern vergräbt. Seine Schwester Eden, die zunächst aufgeschlossener erscheint, sucht Erfüllung in politischem Aktivismus und Affären, wird aber auf ganzer Linie enttäuscht.

Diese Zusammenfassung läßt den Eindruck entstehen, die Lektüre dieses Romans sei eine ziemlich deprimierende Angelegenheit, doch gerade in den Passagen, in denen White auf höchst eindringliche Weise das Innenleben seiner Protagonisten zeichnet, zeigt sich seine außerordentliche schriftstellerische Qualität. Seine wahrhaftige, leidenschaftliche Beschäftigung mit Selbstzweifeln und Enttäuschungen, die jede seiner Figuren anspornen, verweist auf Themen, die seine späteren Romane dominieren sollten: Welchen Wert hat die Selbstaufopferung in einer Welt, die dem menschlichen Leiden gegenüber immer gleichgültiger wird? Welchen Zweck hat die Phantasie in einem von Gott verlassenen Universum?

Einige Leser stören sich vielleicht an den manchmal etwas langatmigen Schilderungen. Doch Whites erhabener Stil wirkt in diesem bewegenden Buch über gehemmte Sonderlinge, die mit der Unfähigkeit ringen, ihre Visionen auszuleben, und von ihr beherrscht werden, niemals gekünstelt. **VA**

Unter Bauern
Cesare Pavese

Lebensdaten | *1908 (Italien), †1950
Erstausgabe | 1941
Erschienen bei | Einaudi (Turin)
Originaltitel | *Paesi tuoi*

Die Handlung dieses Romans wird von den Erscheinungen der Natur begleitet – die drückende Hitze weicht großen Gewittern, die stechende Sonne dem unheimlichen Leuchten des Mondes. In den glühend heißen Hügel Norditaliens hat man den Eindruck, das Land selbst sei eine dauerhafte, ewige Naturgewalt inmitten einer unsteten Welt voller Gefahren, Leidenschaften und Tod.

Paveses Geschichte setzt ein, als Talino und Berto aus einem Gefängnis der Faschisten entlassen werden. Talino überredet Berto, mit ihm auf seinen Bauernhof zu kommen, um bei der Ernte mitzuhelfen. Damit gerät der Turiner Berto in eine ihm völlig fremde Welt, in der nichts so ist, wie es scheint. Der Plot entfaltet sich in Halbwahrheiten und Lügen, mit unfertigen oder nie begonnenen Geschichten, die Berto als Außenseiter kaum versteht. Die Großfamilie auf dem Bauernhof ist verarmt und verroht, aber Berto fühlt sich sofort von Gisella, einer der vier Schwestern Talinos, angezogen. Sie haben eine kurze Affäre, und bevor Berto hinter die Wahrheit des Verhältnisses von Gisella und Talino kommen kann, schlägt das Schicksal unvermittelt und unbarmherzig zu.

Cesare Pavese wollte sich den Partisanen anschließen, sah sich dazu aber nicht imstande. Seine Erzählungen reflektieren diesen inneren Konflikt, der vielleicht auch der Konflikt des ganzen Landes war. *Unter Bauern* wurde nach dem Krieg als ein Musterbeispiel antifaschistischen Denkens und als eine brillante Schilderung der Menschlichkeit in harten Zeiten gefeiert. **RMu**

Gespräch in Sizilien
Elio Vittorini

Lebensdaten | *1908 (Italien), †1966
Erstausgabe | 1941
Erschienen bei | Bompiani (Mailand)
Originaltitel | *Conversazione in Sicilia*

Auf den ersten Seiten dieses Romans stellt der Autor symbolische Bezüge zu den Anfängen des spanischen Bügerkrieges 1936 her. Konfrontiert damit, daß Menschlichkeit nichts mehr zählt, bricht der desillusionierte Protagonist und Erzähler Silvestro zu einer Reise in seine Heimat Sizilien auf. Seine Gespräche mit einer Reihe von Menschen helfen ihm, seine Wurzeln wiederzuentdecken und sich zu verändern. Da gibt es den Orangenpflücker, der seine Ernte nicht loswird und von der Armut in Süditalien berichtet. Da ist der mutige Idealist, der sich zur Menschlichkeit verpflichtet fühlt und bereit ist, auf alle Besitztümer zu verzichten. Ein Messerschleifer beklagt die Gleichgültigkeit der Menschen, die weder Schwerter noch Dolche von ihm schleifen lassen. In symbolischer Hinsicht sind diese Unterhaltungen als Anstiftung zum Kampf gegen die Unterdrückung von Freiheit und Demokratie zu verstehen. Bei seinem Gespräch mit seiner Mutter Concezione in der Mitte des Romans erinnert sich Silvestro an seine Jugend. Concezione, die von ihrem Ehemann verlassen wurde, aber daran keinen Schaden genommen und keine Angst vor der Einsamkeit hat, ist ein Symbol weiblicher und mütterlicher Stärke. Silvestros dreitägiger Besuch zu Hause läßt sich als christliche Metapher für seine innere Katharsis interpretieren. Am Ende ist er als Geläuterter „wiederauferstanden" und besitzt nun ein höheres Bewußtsein von Menschlichkeit. Die antifaschistische Haltung des Autors erreicht folglich eine eher moralisch als politisch und historisch zu verstehende Dimension. **RP**

Der Fremde
Albert Camus

Lebensdaten | *1913 (Algerien), †1960 (Frankreich)
Erstausgabe | 1942
Erschienen bei | Gallimard (Paris)
Originaltitel | L'Étranger

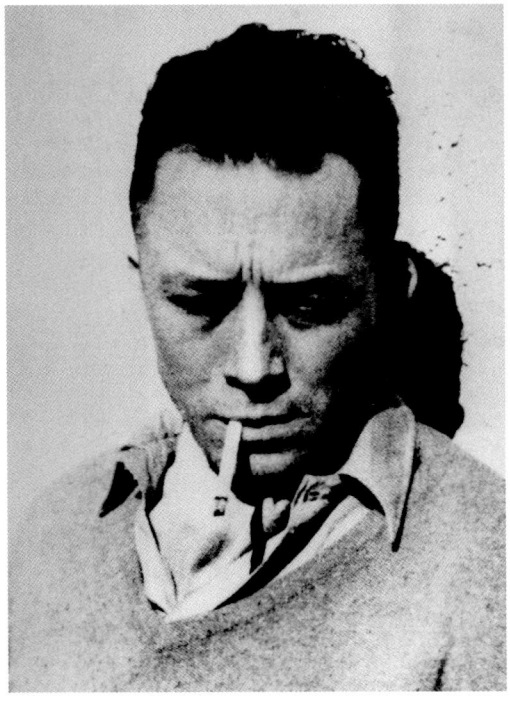

🔺 Wie sein Antiheld Meursault in *Der Fremde* wurde Albert Camus als Sohn europäischer Siedler in Algerien geboren, das seinerzeit unter französischer Herrschaft stand.

▶ Diese Zeichnung Camus' mit dem Titel „Alberic" hat Züge eines Selbstporträts.

Der Fremde ist eine Erzählung von absoluter Eintönigkeit. Obwohl ein Mord geschieht und ein Gerichtsprozeß folgt, scheinen die Ereignisse in diesem Buch keinerlei Bedeutung zu haben. Es ist, als trieben sie einfach über die Seiten hinweg. Genau dies ist jedoch von fundamentaler Bedeutung für die Intention des Textes, seine vieldiskutierte Beziehung zur Philosophie des Existenzialismus. Camus' akribisches Bemühen um Einfachheit führt dazu, daß die Erzählung sowohl dem Alltäglichen als auch dem Märchenhaften verhaftet scheint, und es bleibt dem Leser überlassen, diese Mehrdeutigkeit zu entschlüsseln.

Bei der Beschreibung seines Protagonisten, der bar jeder konventionellen Selbstkontrolle handelt, legt Camus eine unerschütterliche Disziplin an den Tag. Er kommt ohne technischen „Schnickschnack" aus; die Leser werden einfach mit dem Ich-Erzähler, einem weißen Außenseiter namens Meursault, konfrontiert, der ein unbehelligtes, zurückgezogenes Leben führen möchte. Bedeutende Ereignisse vereiteln seinen Plan: Seine Mutter stirbt, er erschießt einen Mann, und das Gericht verurteilt ihn zum Tode. Allerdings führt keines dieser Ereignisse zu der erwarteten emotionalen Reaktion.

Auf den ersten Blick scheint *Der Fremde* gewisse Parallelen zu Kafkas Werken aufzuweisen. So könnte man hinter der Sprödigkeit des Textes und seiner träumerischen Aura etwas ungeheuer Komplexes vermuten. Doch in Meursaults Universum, über das er wenig Kontrolle hat, gibt es nichts Surreales – alles ist prosaisch. Anderen und sich selbst entfremdet, verkörpert Meursault die Bedeutungslosigkeit des Lebens jenseits der Bedeutung, die man ihm zuschreiben möchte. In der Erkenntnis dieser grundlegenden Sinnlosigkeit und der Gleichgültigkeit darüber besteht für Camus das Absurde – ein Begriff, den er in seinen späteren Werken weiterentwickelte und ausführlicher darstellte. **SF**

Die Glut
Sándor Márai

Lebensdaten | *1900 (Ungarn), †1989 (USA)
Erstausgabe | 1942
Erschienen in | Budapest
Originaltitel | *A gyertyák, csonkig égnek*

Die Glut ist ein wiederentdecktes Juwel der europäischen Literatur – das Buch erschien bereits 1942 in Budapest, blieb aber in Deutschland bis zur Publikation der Neuübersetzung 1999 einem breiteren Publikum praktisch unbekannt. Entgegen allen Erwartungen wurde der Roman ein internationaler Bestseller. Dies mitzuerleben blieb seinem Autor versagt; er beging 1989 im US-amerikanischen Exil Selbstmord.

Henrik, ein 75 Jahre alter pensionierter General, speist kurz nach dem Ausbruch des Zweiten Weltkrieges in einem abgelegenen Schloß am Fuße der Karpaten mit seinem alten Freund Konrad zu Abend, den er seit über 40 Jahren nicht mehr gesehen hat. In ihrer Beziehung gibt es jede Menge ungeklärte Fragen, durch deren Erörterung – in Anekdoten, Erinnerungen, durch Schweigen, Widerlegungen, Verleugnungen und Verwirrungen – Márai auf wundervoll kontrollierte Weise einen immer tieferen Keil zwischen die Freunde treibt. Márai spielt sein Spiel mit meisterhafter Präzision: kaum hat man das Gefühl, die beiden könnten sich aussöhnen, folgt eine weitere Enthüllung. Jahre schwelenden Grolls werden auf eine einzige Nacht verdichtet.

Die Glut ist ein kurzer Roman von außergewöhnlicher Intensität, tief verwurzelt in der Sagenwelt und Atmosphäre des österreichisch-ungarischen Kaiserreichs – ein Roman mit langen Schatten und edlem Wein, Kerzenlicht, alten Wäldern und knarzendem Mahagoni. Márai schildert diese Atmosphäre, ohne je zu billiger Theatralik Zuflucht zu nehmen. Trotz seines etwas angestaubten Charmes ist *Die Glut* eine ausgeklügelt komponierte Studie über Klasse, Freundschaft, Verrat und männlichen Stolz. **SamT**

Schachnovelle
Stefan Zweig

Lebensdaten | *1881 (Österreich), †1942 (Brasilien)
Erstausgabe | 1943
Erschienen bei | Bermann-Fischer (Stockholm)
Liebhaberdruck | 1942 bei Pigmalion (Buenos Aires)

Die *Schachnovelle* spielt auf einem Ozeandampfer, wo ein junger, ungebildeter – aber außerordentlich talentierter – Schachweltmeister gegen einen unbekannten Gegner um Geld spielt. Der Fremde hat große theoretische Kenntnisse des Schachspiels, die er in der Praxis aber bisher kaum unter Beweis gestellt hat. Der Grund dieses Umstandes bildet die treibende Kraft der Novelle und den Hintergrund eines spannenden, überraschenden Turniers.

Die *Schachnovelle* zählt zu Zweigs bekanntesten Prosawerken, er war als Romancier ebenso beliebt wie für seine Biographien, Essays, Theaterstücke und Gedichte, und er verkehrte mit Sigmund Freud, Thomas Mann und Romain Rolland. Als Jude verließ er Österreich 1934 unter dem wachsenden Druck der Nazis, er erhielt später einen britischen Paß, starb jedoch in Brasilien – verzweifelt und desillusioniert über die Zustände in Europa.

Trotz ihres geringen Umfangs behandelt diese Novelle große Themen, darunter die Grausamkeiten der Gestapo, die Obsession, die Überheblichkeit, die Gier und die Demagogie. In der Erzählung erscheint das Schachspiel als ein Gift und eine gefährliche Sucht, aber auch als Heilmittel gegen die geistige Leere in der Einsamkeit, sowie als eine Möglichkeit, sich Berühmtheit zu verschaffen. Die Schachpartie auf dem Dampfer wird aus der Perspektive des nie benannten Erzählers geschildert, und nur ihm allein verrät der Fremde sein sonderbares Geheimnis. Fazit: die *Schachnovelle* ist ein rasantes und faszinierendes erzählerisches Juwel. **JC**

Das Glasperlenspiel
Hermann Hesse

Lebensdaten | *1877 (Calw), †1962 (Schweiz)
Pseudonym | Emil Sinclair
Erstausgabe | 1943 bei Fretz & Wasmuth (Zürich)
Nobelpreis für Literatur | 1946

Das Glasperlenspiel ist die fiktive Biographie von Josef Knecht, dem Mitglied eines erlauchten Kreises von Intellektuellen, die im 23. Jahrhundert in Kastalien fernab vom Rest der Welt leben und ihrer Arbeit nachgehen. Die Aufzeichnungen über Knechts Lebensweg beginnen mit dessen Erfahrungen als Eliteschüler und enden mit seiner Tätigkeit als Magister Ludi – Meister des (Glasperlen-)Spiels, das die raison d'être der Gelehrtengemeinschaft darstellt. Zwar deckt Hesse die Grundlagen dieses Spiels niemals vollständig auf, doch erfahren die Leser, daß es eine Synthese aus unterschiedlichen Wissenszweigen darstellt, von der Philosophie über Geschichte und Mathematik bis zu Musik, Literatur und Logik. Obwohl es so etwas wie Vollkommenheit verkörpert, beginnt Knecht immer stärker mit der vollständigen Abschottung der Spieler von der Außenwelt zu hadern.

Das Glasperlenspiel entstand zwischen 1931 und 1942, zum Teil also während des Krieges, und ist eine eloquente, gehaltvolle Erörterung über den Zusammenhang zwischen der Sphäre des Politischen und des Kontemplativen. Hesse plädiert leidenschaftlich für eine Symbiose von Gedanken und Taten. Folgerichtig verläßt Knecht am Ende die geschlossene Gemeinschaft, um die Aspekte des Lebens kennenzulernen, die in seiner Gelehrtenexistenz zu kurz kamen. Damit knüpft Das Glasperlenspiel an eines der Hesseschen Dauerthemen an: die Selbstreflexion als wichtiges Erkenntnismittel auf dem Weg zur Selbstfindung und Selbsterneuerung. **CC-G**

„... und weil von allen den Ängsten, in welchen die Menschen leben, die Angst vor dem Sterbenmüssen die tiefste ist, darum gewann der Mondverehrer und Mondkenner Knecht aus seinem nahen und lebendigen Verhältnis zum Monde auch ein geweihtes und geläutertes Verhältnis zum Tode."

⬥ Mehr als zehn Jahre (1931–42) arbeitete Hesse am Glasperlenspiel, das viele als Summe seines literarischen Schaffens deuten.

Joseph und seine Brüder

Thomas Mann

Lebensdaten | *1875 (Lübeck), †1944 (Zürich)
Erstausgabe in vier Teilen | 1933–1943
Erschienen bei | S. Fischer Verlag (Berlin)

Mit dieser Nachdichtung der biblischen Josephslegende wollte Thomas Mann seine bemerkenswerte literarische Karriere krönen. Doch als im Oktober 1933 der erste Band publiziert wurde, hatten die Nazis bereits die Macht ergriffen, und Thomas Mann befand sich im Exil. Außerhalb seines Heimatlandes fanden sich nur wenige Leser für ein biblisches Epos, das für die politischen und intellektuellen Fragen jener Zeit ganz offensichtlich nicht von Bedeutung war.

Die vier Bände des Romanzyklus – *Die Geschichten Jakobs*, *Der junge Joseph*, *Joseph in Ägypten* und *Joseph, der Ernährer* – folgen treu der in der Genesis vorgegebenen Struktur. Joseph, der elfte Sohn Jakobs, wird von seiner Familie verstoßen, wird zum Vertrauten des ägyptischen Pharaos und kehrt schließlich zu seinem Volk zurück, um es zu führen. Mann weitete in seiner epischen Version dieser Familiengeschichte die in der Bibel geschilderten Episoden zu umfangreichen, überaus detailreichen Geschichten aus, die Einblicke in das Gefühlsleben und den Charakter der Protagonisten erlauben und an vielen Stellen Humor aufblitzen lassen. Geradezu einschüchternd wirken die dichten Meditationen des Autors über Mythos und Geschichte, doch schon ein paar Seiten weiter kommt man in den Genuß erfreulich erfrischender Textpassagen.

Das Werk bietet eine unermeßliche Fülle an Informationen über alte Kulturen; dennoch gelingt es dem Autor, seiner komplexen „Menschheitsdichtung" ein eher überzeitliches als historisches Gepräge zu verleihen. Joseph wird letztlich zum Inbegriff des vollständig aufgeklärten Menschen, der erhabene Intelligenz mit dem Respekt vor der Tradition und die visionäre Inspiration einer träumerischen Phantasie mit kritischem wissenschaftlichem Realismus vereint. **RegG**

Der kleine Prinz

Antoine de Saint-Exupéry

Lebensdaten | *1900 (Frankreich), †1944 (bei einem Flugzeugabsturz)
Erstausgabe | 1943 bei Reynal & Hitchcock (New York)
Originaltitel | *Le petit prince*

Diese liebenswerte Geschichte handelt von einem erwachsenen Erzähler und seinem inneren Kind. Eine Flugzeugpanne zwingt den Erzähler zur Notlandung mitten in der Sahara, und die Reparatur des Motors wird zu einer „Frage auf Leben und Tod". Am nächsten Morgen weckt ihn die „seltsame Stimme" eines kleinen Männchens – des kleinen Prinzen. Er hat die größte aller Fragen auf dem Herzen: Wie soll ein Mensch sein Leben leben? Um dies zu erfahren, möchte er von seinem erwachsenen Mentor eine ganze Menge wissen. Im Grunde handelt es sich bei diesem Dialog um eine Selbstbefragung: Der Erwachsene setzt sich über kindliche Vorstellungen und Fragen mit seinem inneren Kind auseinander. Zunächst aber verlangt der kleine Prinz vom Erzähler eine Zeichnung: „Bitte … zeichne mir ein Schaf!"

Saint-Exupérys Erzählung ist surreal, sie sprengt die Grenzen des Realen und tritt in das Reich des Traums ein, wo die Imagination sich austoben kann. Behutsam wird dem Erzähler beigebracht, wie er seine Phantasie wiederentdecken kann. Und so beginnt der Rollentausch: Das Kind unterrichtet den Erwachsenen in der heiligen Kunst des Staunens.

Der kleine Prinz entstand kurz vor Saint-Exupérys Tod. Das Büchlein liest sich wie ein Manifest zu der Frage, wie ein Erwachsener leben kann und sollte. **SB**

▸ Saint-Exupéry schrieb *Der kleine Prinz* an diesem Schreibtisch im Haus des französischen Malers Bernard Lamotte in Connecticut in den USA.

Der Mann in der Schwebe
Saul Bellow

Lebensdaten | *1915 (Kanada), †2005 (USA)
Erstausgabe | 1944 bei Vanguard Press (New York)
Originaltitel | *Dangling Man*
Nobelpreis für Literatur | 1976

Die Originalausgabe von *Der Mann in der Schwebe* erschien 1944. Der Roman reflektiert die zeitgenössische intellektuelle Diskussion darüber, was Freiheit ist.

Mit diesem Roman – seinem ersten – erwarb sich Bellow den Ruf eines wichtigen amerikanischen Schriftstellers. *Der Mann in der Schwebe* ist in Form eines Tagebuches geschrieben. Nachdem der Protagonist Joseph seine Stellung in einem Reisebüro aufgegeben hat, ist er ein „Mann in der Schwebe" und wartet in einer Chicagoer Pension auf seine Einberufung. Nur selten wagt er sich über die Grenzen seines Zimmers hinaus; lieber widmet er sich den Schriften der Aufklärung. Durch seine zunehmend solipsistische Lebensweise entfremdet er sich von seiner Frau Iva und von seinen intellektuellen Freunden.

Josephs Frage nach der Bedeutung seines Lebens „in der Schwebe" verweist auf den Einfluß, den der französische Existentialismus in den 1940er Jahren auf die amerikanischen Intellektuellen ausübte. Bestimmte Abschnitte von Josephs Tagebuch bestehen aus Dialogen mit einem imaginären Interviewer, den er den *Spirit of Alternatives* (Geist der Alternativen) oder *Tu As Raison Aussi* (Auch du hast recht) nennt. Die existentiellen Themen des *Mannes in der Schwebe* stehen vermutlich im Zusammenhang mit Sartes *Der Ekel* und Camus' *Der Fremde*. In der Nebeneinanderstellung von Alltagsleben und hoher Kultur präfiguriert Bellows Roman außerdem seine späteren Werke. In Josephs Tagebuch mischt sich die Banalität des Alltagslebens mit Hinweisen auf Goethe und Diderot. Bei der Schilderung von Josephs einsamen Wanderungen durch die Straßen der Stadt beginnt Bellow, die Topoi der europäischen Literatur mit authentischen Erfahrungen des amerikanischen Großstadtlebens zu kombinieren. So bezeugt *Der Mann in der Schwebe*, wie einer der wichtigsten und einflußreichsten Autoren des modernen amerikanischen Romans zum ersten Mal seine Stimme erhebt. **BR**

Auf Messers Schneide
William Somerset Maugham

Gesellschaftssatire, philosophischer Roman und Heiligenbiographie – *Auf Messers Schneide* handelt von der spirituellen Suche des außergewöhnlichen jungen Amerikaners Larry Darrell nach dem Sinn des Lebens. Nachdem er als Pilot im Ersten Weltkrieg mit ansehen mußte, wie sein bester Freund starb, um ihm das Leben zu retten, möchte er mehr über das Wesen des Guten und des Bösen herausfinden. Er kehrt nach Amerika zurück, verläßt sein Zuhause, seine Verlobte, seine Freunde und Bekannten. In den Bergen Indiens lernt er einen hochangesehenen Maharishi kennen und hat eine Erleuchtung. Maughams Ich-Erzähler, der als objektiver Beobachter fungieren soll, berichtet über Larrys Streben, als beobachte er das Geschehen „in langen Intervallen" aus großer Distanz und manchmal aus zweiter Hand.

Auf Messers Schneide sollte man am besten vor seinem 20. Geburtstag lesen, wenn man noch in der Lage ist, sich wirklich in eine Romanfigur zu verlieben. In fortgeschrittenerem Alter wird man eher Maughams literarische Kunstfertigkeit zu schätzen wissen: die subtile, scharfe, aber freundliche Ironie, mit der er oder vielmehr sein Erzähler seine Figuren und ihr gesellschaftliches Umfeld schildert – ausgenommen Larry, der einfach nur beschrieben wird. Auch den kulturellen und philosophischen Hintergrund der Diskussionen über das Wesen Gottes, die Existenz von Gut und Böse und die Bedeutung des Lebens wird man besser verstehen. Allerdings wird man sich wohl weniger sehnsüchtig mit dem Protagonisten und seiner Güte identifizieren. Um diesen Roman ganz auszukosten, muß man einen Glauben haben oder zumindest die Sehnsucht danach verspüren. Über einen Roman ließe sich sicherlich Schlimmeres sagen. **DG**

Lebensdaten | *1874 (Frankreich), †1965
Erstausgabe | 1944
Erschienen bei | W. Heinemann (London)
Originaltitel | *The Razor's Edge*

Als Maugham *Auf Messers Schneide* schrieb, lebte er in den USA; dort verfaßte er auch Drehbücher für Hollywood.

Transit
Anna Seghers

Lebensdaten | *1900 (Mainz), †1983 (Berlin)
Richtiger Name | Netty Radvanyi, geb. Reiling
Erstausgabe | 1944
Erschienen bei | Nuevo Mundo (Mexiko)

Transit, eines der großartigsten Werke über Flucht und Exil, das die moderne deutsche Literatur vorzuweisen hat, ist eine überzeugende Mischung aus Dokumentation und Fiktion. Seghers schrieb den Roman auf ihrer eigenen Flucht vor den Nazis (sie war nicht nur Jüdin, sondern auch Kommunistin) – den Anfang in Frankreich, den Schluß in Mexiko, wo Transit zunächst auch auf Spanisch publiziert wurde (die deutsche Ausgabe kam erst 1948 heraus). Sie vermischt darin eigene Erlebnisse mit dem anschaulich geschilderten Schicksal des österreichischen Schriftstellers und Arztes Ernst Weiß. Weiß, der nicht wußte, daß man ihm nach Thomas Manns Fürsprache bei Präsident Roosevelt ein Visum für die USA ausgestellt hatte, brachte sich in seinem Hotelzimmer um, kurz bevor Anna Seghers ihn besuchen wollte. Die Spuren dieses Ereignisses haben sich verloren, und niemand hat je herausgefunden, wieviel „echter" Weiß in seinem fiktionalen Ebenbild steckt.

Der Ich-Erzähler aus Transit, ein Mann namens Seidler, wird nach seiner Flucht aus einem Konzentrationslager in Frankreich interniert; wieder flieht er, diesmal nach Marseille, das noch nicht von den deutschen Truppen besetzt ist, und mischt sich in das Getümmel am Hafen, wo die Menschen sich um eine Schiffspassage nach Amerika prügeln. Er hat den Auftrag, einem Schriftsteller namens Weidel eine Nachricht zukommen zu lassen. Bei der Ankunft in Weidels Hotel muß er feststellen, daß dieser in der vorangegangenen Nacht Selbstmord begangen hat. Unter den Hinterlassenschaften des Toten befindet sich ein Transitvisum für Amerika. Seidler nimmt die Identität des Toten an, um an seiner statt nach Übersee zu fahren. Als seine Frau auf der Bildfläche erscheint, gibt es Komplikationen. Schließlich wird Seidler klar, daß er seine Identität zu verlieren beginnt; er verzichtet auf seine Chance zu fliehen und schließt sich dem französischen Widerstand an. **MM**

Pippi Langstrumpf
Astrid Lindgren

Lebensdaten | *1907 (Schweden), †2002
Erstausgabe | 1945
Erschienen bei | Rabén och Sjögren
Originaltitel | *Pippi Långstrump*

Pippi, die neunjährige Kinderbuchheldin mit „speziellen Ansichten", hat abstehende rote Zöpfe und ist so stark, daß es „kein Polizist in der Welt mit ihr aufnehmen kann". Ohne elterliche Aufsicht (die Mutter ist im Himmel, der Vater geriet unter Kannibalen) haust sie in der Villa Kunterbunt in einem wunderbaren Garten. Sie besitzt einen ganzen Koffer voller Goldstücke und lebt in Gesellschaft ihres Äffchens Herr Nilsson, ihres Pferdes und der Nachbarkinder Tommy und Annika. Diese sind wohlerzogen, brav und kauen nie an den Nägeln, womit sie sich von der anarchischen, selbstsicheren und abenteuerlustigen Pippi einigermaßen unterscheiden. Kein Wunder, daß sie ob Pippis Eskapaden wie hypnotisiert sind, die ihnen zeigt, wie man sich schlecht benimmt und den Erwachsenen Streiche spielt.

Astrid Lindgren erfand die Abenteuer der Pippi ursprünglich für ihre an einer Lungenentzündung erkrankte Tochter und schrieb sie erst einige Zeit später auf. *Pippi Langstrumpf*, deren Ansichten ebenso unkonventionell sind wie ihre Aufmachung, eroberte ab 1945 den Kinderbuchmarkt, als man in Schweden die prüde, autoritäre Erziehung zu hinterfragen begann. Lindgren erzählt mit den Augen eines Kindes, vor allem aber erfand sie mit Pippi eine wilde, schrullige Figur, die alle Kinder lieben. **JHa**

❯ Auf diesem Umschlag von Lindgrens rebellischem Klassiker demonstriert Pippi ihre übermenschlichen Kräfte.

Lieben
Henry Green

Lebensdaten | *1905 (England), †1973
Richtiger Name | Henry Vincent Yorke
Erstausgabe | 1945 bei Hogarth Press (London)
Originaltitel | *Loving*

In seinem fünften Roman schildert Henry Green den ereignislosen Alltag auf einem irischen Landsitz während des Zweiten Weltkrieges – den der Bediensteten wie den ihrer Herren. In der Herrenetage spielt sich zwischen der Hausherrin Mrs. Tennant und ihrer Schwiegertochter Mrs. Jack eine Komödie ab, die von wohlerzogener, aber reichlich scheinheiliger Gefühlsduselei geprägt ist. Im Dienstbotentrakt agieren die Protagonisten des Romans, der Butler Charley Raunce und seine Mannschaft, auf ähnlich komödiantische Weise ihre begrenzten Hoffnungen und Ängste aus. Raunce verliebt sich in das Stubenmädchen Edith, und nach langwierigen Flirts und Liebesbekenntnissen finden die beiden zum Schluß wie im Märchen zueinander – „und wenn sie nicht gestorben sind, dann leben sie heute noch".

Was dieses Buch von anderen Sittenkomödien unterscheidet, ist die ungeheure Sensibilität, mit der Green darauf hinweist, daß die Liebe auf der Grundlage von Klassenbeziehungen erlebt wird, denen Liebende nicht entfliehen können. Dieser Sohn eines reichen Industriellen aus Birmingham enthüllt die Widersprüchlichkeit der Klassengesellschaft, indem er zeigt, daß selbst dem leidenschaftlichsten Begehren durch den Zufall der Geburt, den gesellschaftlichen Status und durch emotionale Gewohnheiten, die durch körperliche Arbeit oder deren Fehlen geprägt wurden, Grenzen auferlegt sind. Jede Gesellschaftsschicht macht ihre eigenen Erfahrungen mit der Liebe und ist auf je eigene Art überzeugt davon, daß Liebe Klassenschranken überwinden könne. Doch Green ist weit davon entfernt, seine Liebesgeschichte auf eine soziologische oder historische Analyse zu reduzieren – im Gegenteil: Sein Roman trieft geradezu von wunderbarem Pathos. **KS**

Die Farm der Tiere
George Orwell

Lebensdaten | *1903 (Indien), †1950 (England)
Richtiger Name | Eric Arthur Blair
Erstausgabe | 1945 bei Secker & Warburg (London)
Originaltitel | *Animal Farm*

Orwells Roman über die Tiere der Manor-Farm, die die Menschen verjagen, um den Hof zu übernehmen, aber von ihren eigenen Anführern verraten werden, wurde für die Nachkriegsgeneration zu einem mächtigen Freiheitsmythos. Ziel des Buches war jedoch die Zerstörung eines anderen, politischen Mythos: der Behauptung, daß die Sowjetunion ein sozialistischer Staat sei. Die Schwierigkeiten, die Orwell mit der Publikation seines Buches hatte, bestätigten seine These, daß die britische Intelligenz vom sowjetischen System regelrecht in Bann geschlagen war. In *Die Farm der Tiere* verarbeitete Orwell eigene Erfahrungen aus dem spanischen Bürgerkrieg (1936–1939), denn die dem linken Flügel angehörende Miliz, für die er kämpfte, wurde auf grausame Weise ausgelöscht, weil sie nicht kommunistisch war.

Die Farm der Tiere ist ein Meisterwerk kontrollierter Ironie, die sich auf die grundlegenden Entwicklungen beim Aufstieg des Sowjetstaats konzentriert, aber mit Bildern aus dem Landleben arbeitet, das Orwell vertraut war. Major, ein älterer weißer Eber, der Karl Marx repräsentiert, proklamiert, daß es die Pflicht der Tiere sei, sich den Menschen und allem Menschlichen gegenüber feindselig zu verhalten. Im Falle der Revolution sollten alle Tiere gleich sein. Unglücklicherweise reißen jedoch das Schwein Napoleon (Stalin) und seine grimmigen Hunde (Geheimpolizei) die Macht an sich, schinden das Kutschpferd Clover (das sowjetische Volk) zu Tode und verbannen Snowball (Trotzki). Es liegt ein gewisses Pathos in Clovers Erkenntnis, daß die sieben Gründungsgebote sich auf eines reduziert haben: „Alle Tiere sind gleich, aber einige Tiere sind gleicher als andere." Diese Ironie macht deutlich, wie sehr sich das Buch für eine *echte* Revolution verwendet. **AM**

> Der Umschlag einer lettischen Übersetzung (1954) von *Die Farm der Tiere*. Offiziell war das Buch in den Ländern des Sowjetblocks verboten.

DŽ. ORVELS

DZĪVNIEKU FARMA

Die Brücke über die Drina
Ivo Andrić

Lebensdaten | *1892 (Bosnien), †1975 (Jugoslawien)
Erstausgabe | 1945 bei Prosveta (Belgrad)
Originaltitel | Na Drini ćuprija Svejka
Nobelpreis für Literatur | 1961

Zuerst gab es keine Brücke. Dann gab es eine Brücke. Dann gab es wieder keine Brücke. Und dann gab es erneut eine Brücke. Ivo Andrić erzählt in *Die Brücke über die Drina* zumindest einen Teil der turbulenten Geschichten von Višegrads Alter Brücke, die auch Mehmed-Paša-Sokolović-Brücke heißt. Der Roman umspannt die Zeit vom ersten Bau der Brücke im 16. Jahrhundert bis zum Beginn des Ersten Weltkriegs 1914 und dem Zerfall des österreichisch-ungarischen Vielvölkerstaates.

Strenggenommen ist *Die Brücke über die Drina* eher eine Chronik als ein Roman und gliedert sich in eine Folge von Skizzen, die anschaulich zeigen, wie sich das Leben der Einwohner Bosniens und der Herzegowina im Laufe der Jahrhunderte wandelt. Das Buch eröffnet faszinierende und angesichts des jüngsten Blutvergießens höchst aktuelle Einsichten in die Dynamik und Geschichte der Spannungen zwischen ortsansässigen Christen, Moslems und Juden. Der in einem farbigen Dialekt der Gegend verfaßte Text ist auch eine Sprachgeschichte. Die sozialen und kulturellen Veränderungen, die sich in der Region zunächst unter dem Einfluß des Osmanischen Reiches und dann Österreich-Ungarns vollziehen, spiegeln sich in Wortschatz, Denken, Physis und Haltung der Figuren wider. Die Brücke wird zum Symbol der Kontinuität und zur Metapher für die Verbindung zwischen Menschen und Kulturen.

Die alten Feindschaften im Umkreis der Brücke setzen sich bis heute fort. Im Jahr 1993 zerstörten kroatische Streitkräfte die Brücke. 2004, mehr als zehn Jahre später, wurde sie wiedereröffnet und wirkt älter und entschlossener denn je. Vielleicht konnte das Buch *Die Brücke über die Drina* nicht existieren, ohne daß die reale Brücke da war; vielleicht rief es die Brücke zurück ins Leben, deren weitere Zukunft allerdings keineswegs gesichert ist. **IJ**

„Aber mit Theorien wie den eurigen befriedigt man nur das ewige Spielbedürfnis des Menschen, schmeichelt man seiner Eitelkeit, täuscht man nur sich selbst und andere. Das ist die Wahrheit, so wenigstens scheint es mir."

Ivo Andrić bekam als erster Bosnier 1961 den Nobelpreis für Literatur zugesprochen.

Christus kam nur bis Eboli
Carlo Levi

Lebensdaten | *1902 (Italien), †1975
Erstausgabe | 1945 bei G. Einaudi (Turin)
Originaltitel | *Cristo si è fermato a Eboli*
Originalsprache | Italienisch

Christus kam nur bis Eboli wurde mal als Tagebuch, mal als dokumentarischer Roman, als soziologische Studie oder politischer Essay bezeichnet. Auch der Autor des Buches ist schwer einzuordnen. Carlo Levi war ausgebildeter Arzt, widmete sich später jedoch der Politik, der Literatur und der Malerei. 1935, zur Zeit des Abessinischen Krieges, wurde er nach Gagliano verbannt, ein abgelegenes Dorf in den Bergen Lukaniens (der heutigen Basilicata), weil er sich gegen Mussolini und das faschistische Regime gewandt hatte. Dort praktizierte er bis Mai 1936 als Arzt.

Der Titel des Werkes *Christus kam nur bis Eboli* spielt auf ein Sprichwort der Bewohner dieses Landstriches an, für deren Isolation, Armut und Entbehrungen, so Levi in der Einleitung, sich niemand, auch nicht die faschistische Partei, interessierte.

In seinem Buch schildert Levi sein Leben in dem von Malaria heimgesuchten Dorf, wo er unsentimentale Porträts von den Dorfbewohnern anfertigt, vom faschistischen Bürgermeister ebenso wie von Giulia, einer Frau, die von mehr als zwölf Männern mehr als zwölfmal schwanger war. Für die stoische, bäuerliche Gemeinschaft ist Levi eine Respektsperson, an die die Menschen sich in ihrem täglichen Kampf gegen Krankheit und Armut wenden. Doch seine Versuche, ihnen mit beschränkten medizinischen Mitteln zu helfen, sind meist vergeblich; in einer Gegend, in der noch nie jemand ein Stethoskop gesehen hat, sind medizinische Kenntnisse von marginaler Bedeutung.

Levis Roman verkörpert die Hinwendung der italienischen Nachkriegsliteratur zum sozialen Realismus. Er wurde zur internationalen literarischen Sensation und machte das italienische Publikum auf eine lange vernachlässigte Region des Landes aufmerksam. **LE**

Arkanum 17
André Breton

Lebensdaten | *1896 (Frankreich), †1966
Erstausgabe | 1945
Erschienen bei | Brentano (New York)
Originaltitel | *Arcane 17*

1944 hatte der Surrealismus, der in Frankreich mit Breton an der Spitze Furore gemacht hatte, seinen Höhepunkt überschritten, und Europa befand sich mitten in einem aufreibenden Krieg. *Arkanum 17* entstand in den Monaten nach dem D-Day (6. Juni 1944) in Québec und reflektiert die Rolle des Künstlers während des Krieges und die Rolle des Krieges in den – noch zu verfassenden – Nachkriegswerken. Doch Bretons Text ist weder pessimistisch noch nostalgisch, er verströmt vielmehr einen ruhigen, wenn auch verhaltenen Optimismus hinsichtlich der Zukunft Europas und seiner Künstler. Dies spiegelt sich schon im Titel wider, der sich auf die 17. Trumpfkarte des großen Arkanums aus dem Tarot bezieht: den Stern, der eine schöne junge Frau zeigt, die wiederum den Inhalt zweier mit „Liebe" und „Geist" beschrifteten Urnen auf die Erde gießt.

Arkanum 17 ist weder Essay noch Erzählung, obwohl Breton in seinem Text Betrachtungen und Stellungnahmen zum Thema Kunst und Krieg mit einer Vielzahl literarischer Sujets verknüpft. Dazu gehören die persönlichen Berichte über sein Leben und seine Geliebte sowie sinnträchtige poetische Schilderungen der dramatischen kanadischen Landschaft. Als literarisches Leitmotiv fungiert die Sage von der schönen Melusine, die Antonia S. Byatt später in ihrem Roman *Besessen* (1999) aufgriff. Melusine bleibt dem Mann treu, dessen Neugier zu ihrer Verbannung aus dem Menschenreich führt. Bretons Appell an die Frauen, die Zügel der Macht den zerstörerischen Händen der Männer zu entreißen, hat hier ihre Grundlage. *Arkanum 17* ist eine ergreifende Studie über persönliche und allgemeine Verlusterfahrungen, darüber hinaus ein Zeugnis für den faszinierenden Reifeprozess eines Denkers, dessen Jugendwerke den künstlerischen Wandel in Frankreich entscheidend beeinflußten. **JC**

Wiedersehen mit Brideshead
Evelyn Waugh

Lebensdaten | *1903 (England), †1966
Erstausgabe | 1945
Erschienen bei | Chapman & Hall (London)
Originaltitel | *Brideshead Rivisited*

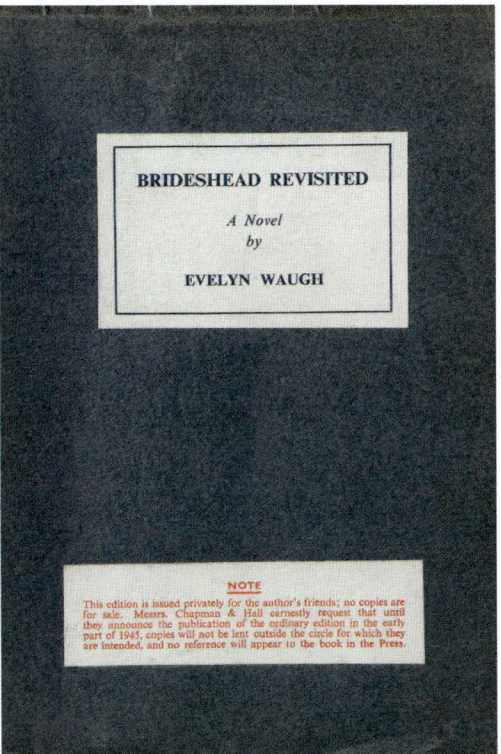

*„Vergib ihm seine Sünden –
falls es so etwas wie Sünde gibt."*

Wiedersehen mit Brideshead ist zum Teil eine nostalgische Hommage an eine untergehende Oberschichtswelt.

Der Roman *Wiedersehen mit Brideshead* gilt vielen als Evelyn Waughs bester und ist sicherlich sein berühmtester. Er folgt dem Schicksal der Adelsfamilie Flyte von den 1920er Jahren bis zum Zweiten Weltkrieg. Der Untertitel lautet „Die heiligen und profanen Erinnerungen des Hauptmanns Charles Ryder". Der Icherzähler lernt an der Universität Oxford den vor allem an der Ästhetik interessierten Sebastian kennen, der aus der katholischen Familie Flyte stammt. Die beiden werden enge Freunde. Charles ist ein eifriger, ernsthafter Student, lebt aber in einer Spannung zwischen der scholastischen Strenge dessen, womit er sich als junger Student zu beschäftigen hat, und seinen künstlerischen Ambitionen. Seine Freundschaft mit Sebastian versetzt ihn in die Lage, sich von den konventionellen Wertvorstellungen zu lösen, die bis dahin sein Leben geprägt haben; der dekadente Lebensstil des Freundespaares beflügelt Charles in seiner künstlerischen Entwicklung. Während der Ferien verbringen sie Zeit miteinander auf Brideshead Castle, dem Sitz der Familie Flyte. Nach und nach erkennt Charles, daß Sebastians Weltanschauung für ihn nicht immer nachvollziehbar ist, sie erscheint ihm naiv und widersprüchlich.

Sebastians beständige Trinkerei reißt zwischen ihm und Charles eine immer tiefere Kluft auf, doch die Verbindung von Charles zur Familie Flyte bleibt dennoch bestehen. Jahre später, als beide unglücklich verheiratet sind, verliebt Charles sich in Sebastians Schwester Julia. Julias feste katholische Überzeugungen erweisen sich jedoch als unüberwindbares Hindernis, das einer Beziehung von Dauer im Wege steht.

Waugh war 1930 zum Katholizismus übergetreten. *Wiedersehen mit Brideshead* läßt sich in vielerlei Hinsicht als eine Darstellung seiner eigenen Überzeugungen und eine Reflexion über die Wirkungen göttlicher Gnade auffassen. In dem Roman erkundet er die komplexe wechselseitige Verflechtung zwischenmenschlicher Beziehungen und insbesondere die allumfassende Bedeutung einer religiösen Weltsicht, die letztlich, auch wenn sie nicht immer im Vordergrund steht, die Oberhand behält. **JW**

Wesire und Konsuln
Ivo Andrić

Wesire und Konsuln ist einer von drei Romanen, die der Nobelpreisträger Ivo Andrić im Jahr 1945 publizierte. Doch das einzige, was diese Werke miteinander verbindet, ist der Schauplatz der Handlung. *Wesire und Konsuln* handelt wie Andrićs anderes Meisterwerk *Die Brücke über die Drina* von Bosnien und seiner Geschichte.

In einer altmodischen bosnischen Stadt namens Travnik kämpfen der französische und der österreichische Konsul – beide einst begabte Männer –, zu Beginn des 19. Jahrhunderts um die Gunst des türkischen Wesirs. Obwohl sie sehr viel gemeinsam haben, sind sie gezwungen, den Krieg, den ihre beiden Heimatländer in Europa führen, im Kleinen auszuagieren. Ähnlich wie Jahrzehnte zuvor Tolstoi bewegt sich Andrić durch die schier grenzenlosen Sphären des Politischen und Emotionalen, die den Hintergrund des Romangeschehens bilden. In den Basaren von Travnik gärt die Unzufriedenheit, was zu einem Aufstand der serbischen Bauern führt. Muslime, Christen und Juden erheben die Waffen gegeneinander. Spannung baut sich auf und explodiert. Unterdessen ruinieren die harten Daseinsbedingungen im Osten das Leben der beiden Konsuln.

In Andrićs meisterhafter Schilderung erscheinen sie wie Fische auf dem Trockenen. Er zeigt, was Ost und West miteinander verbindet, macht aber auch deutlich, daß Bosnien den Konsuln immer fremd bleiben wird. Treffend äußert er sich über ihre Ähnlichkeiten und ihre Tragödie, die in ihrer Unfähigkeit besteht, sich gegenseitig beizustehen. Auf einer grundlegenderen Ebene ist der Roman eine weitsichtige, dichte, epische und lyrische Meditation über die Geschichte und die Lebensbedingungen in Andrićs Heimatland. Darüber hinaus ist Andrić mit *Wesire und Konsuln* eine bewegende Studie über kulturelle Mißverständnisse und vergeudete Energie gelungen. **OR**

Lebensdaten | *1892 (Bosnien), †1975 (Jugoslawien)
Erstausgabe | 1945 bei Drzavni zavod Jugoslavije
Originalsprache | Serbokroatisch
Originaltitel | *Travnička hronika*

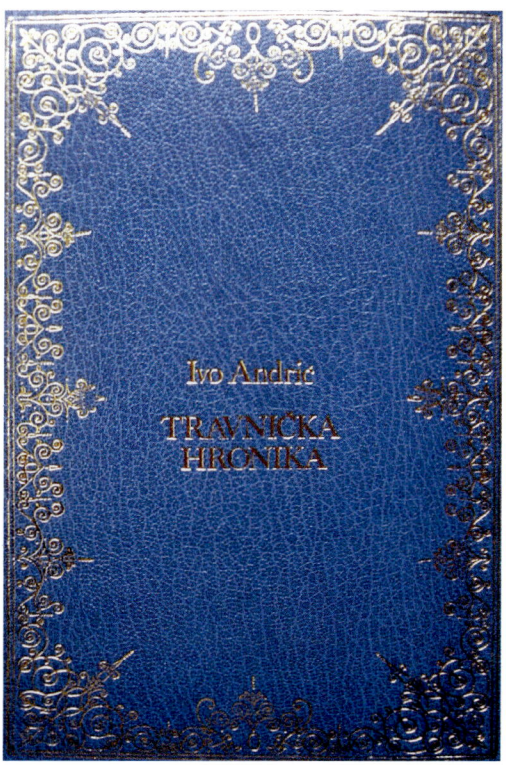

„... *wir wollen keine Besucher.*"

In *Wesire und Konsuln* erörtert Andric´ die komplexen ethnischen Verhältnisse seiner Heimat. Er wurde in Bosnien geboren, doch seine Eltern waren Kroaten.

Bonheur d'occasion *
Gabrielle Roy

Lebensdaten | *1909 (Kanada), †1966
Erstausgabe | 1945
Erschienen bei | Société des Éditions Pascal
Originalsprache | Französisch

In ihrem ersten Roman schildert die frankokanadische Autorin Gabrielle Roy die Lebensbedingungen in den Elendsvierteln Montreals während der letzen Jahre der Weltwirtschaftskrise. Ungeschönt realistisch, aber mitfühlend berichtet sie detailliert über das Drama des Überlebenskampfes der Armen und ihre glühenden Träume von einer besseren Zukunft. Die Familie ihrer Protagonistinnen bekommt nichts geschenkt: Essen, Kleidung, ein Platz zum Leben und die Achtung vor sich selbst müssen immer wieder neu erkämpft werden.

Im Mittelpunkt des Geschehens stehen Florentine Lacasse und ihrer Mutter Rose-Anna. Florentine, die als einziges Familienmitglied eine feste Arbeitsstelle hat, betrachtet ihre Mutter als Verkörperung eines Lebensentwurfs, den es um jeden Preis zu vermeiden gilt. Als sie feststellt, daß sie schwanger ist und ihr Geliebter sie verlassen hat, wirft Florentine in ihrer Verzweiflung alle romantischen Träume über Bord und heiratet einen Mann, den sie nicht liebt. Auf den letzten Seiten des Romans läßt Roy sie ihren einstigen Geliebten wiedersehen. Erst in diesem Augenblick wird Florence klar, daß sie ihrer Armut entkommen ist, geliebt und umsorgt wird und sich in Sicherheit befindet.

Bei ihren Unterhaltungen und im Umgang miteinander scheinen alle Figuren in ihre jeweils eigenen inneren Kämpfe verstrickt. Roy durchleuchtet diesen inneren Aufruhr und bringt seine Widersprüchlichkeiten zur Sprache. Sein sachlicher Realismus und die Thematisierung des urbanen Lebens unterscheidet ihren Roman von der zeitgenössischen Literatur der Provinz Quebec – Roy leitete die Abkehr von der sentimentalen, romantischen Darstellung dieser Region ein, die die frankokanadische Literatur drei Jahrhunderte lang dominiert hatte. **CIW**

Nada
Carmen Laforet

Lebensdaten | *1921 (Spanien), †2004
Erstausgabe | 1945
Erschienen bei | Ediciones Destino (Barcelona)
Originalsprache | Spanisch

Als dieser Roman erschien, war sein Sujet neu und herausfordernd, denn er schilderte die schmuddelige, feindliche Atmosphäre einer Großstadt und von Mißtrauen und Egoismus geprägte Familienbeziehungen. *Nada* wurde sogar als furchterregend bezeichnet. Mögen Inhalt und Standpunkt auch simpel, ja sogar dünn erscheinen, so bewies die damals 23jährige Autorin doch eine bemerkenswerte Fähigkeit, ein von erbärmlichen Leidenschaften, Grausamkeit und Abscheu geprägtes Klima zu erzeugen und ihre Heldin Andrea damit zu konfrontieren.

Diese reist voller Hoffnungen und Illusionen nach Barcelona, um dort Philosophie und Literatur zu studieren. Sie wohnt zusammen mit der Familie ihrer Mutter bei der Großmutter. All diese Menschen sind nicht nur unfähig, Zuneigung zu empfinden, sondern auch geistig und moralisch ins Schlingern geraten: Der düstere, verrückte Musikliebhaber Román ist in Schmuggelgeschäfte verwickelt, die ihn in den Selbstmord treiben, ein erfolgloser Maler mißhandelt seine Frau, und die unausgeglichene Angustia versucht ihre Enttäuschungen im Kloster zu verdrängen. Andrea ist ihnen alles andere als willkommen und wird immer wieder darauf hingewiesen, daß sie ihnen für die Aufnahme in ihrem Haus Dank schulde.

Der expressive Stil des Romans und die Beschreibung des Schauplatzes führten dazu, daß Exilspanier sich durch *Nada* als gesellschaftlich gebrandmarkt empfanden, was die Autorin gar nicht beabsichtigt hatte. Was das Buch noch heute so herausragend erscheinen läßt, sind seine naive erzählerische Kraft (die ihm den ersten „Premio Nadal" einbrachte) und die Tatsache, daß es grundlegend zur Erneuerung des spanischen Romans in der Nachkriegszeit beitrug. **M-DAB**

Der Tod des Vergil
Hermann Broch

Lebensdaten | *1886 (Österreich), †1951 (USA)
Erstausgabe | 1945
Erschienen bei | Pantheon Books (New York)
Erste Fassung | 1937 als Rundfunksendung

Mit diesem Roman, den Broch in seiner Zeit im Konzentrationslager begann und im Exil vollendete, schrieb der Wiener Autor ein Meisterwerk der europäischen Moderne. Die Betrachtung über das Leben und den Tod bewegt sich wie ein großartiges Prosagedicht durch die vier Teile des Romans (*Wasser, Feuer, Erde, Luft*).

Das Buch, das hauptsächlich in Brundisium (Brindisi) spielt, handelt vom letzten Lebenstag des Dichters Vergil, der mit seinem soeben vollendeten Werk *Äneis* nach Italien zurückgekehrt ist, um dort zu sterben. Mit sich selbst, dem Kaiser und seinen Freunden führt er Gespräche über die Dichtkunst, das Verhältnis von Religion und Staat und den Totalitarismus. Sein Entschluß, das *Äneis*-Manuskript zu verbrennen, spiegelt Brochs eigene Gedanken, die er hegte, als er diesen halbfertigen Roman in die USA mitnahm.

Broch schreibt in beinahe endlos fließenden, meisterhaft komponierten Sätzen. Sein Stil, der einmal charakterisiert wurde als „ein Gedanke, ein Augenblick, ein Satz", erlaubt dem Autor wunderbare Formulierungen mit komplexen, mehrschichtigen Sätzen, die nie essayistisch wirken. *Der Tod des Vergil* umfaßt eine ganze Welt und einen ganzen Diskurs in einer profunden und sinnlichen Direktheit, die es dem Leser ermöglicht, an intellektuell anspruchsvollen Diskussionen teilzuhaben. Broch reizte die Sprache bis an ihre Grenzen aus und bietet dem Leser damit eine in der gesamten Literatur einmalige Leseerfahrung. **JM**

„Übermächtig war das Gebot, auch den kleinsten Zeitpartikel, den kleinsten Umstandspartikel festzuhalten und jeden von ihnen dem Gedächtnis einzuverleiben."

Hermann Broch im Jahr 1937 in Wien – ein Jahr, bevor der Einmarsch der Nazis ihn ins amerikanische Exil zwang.

Der junge Titus
Mervyn Peake

Lebensdaten | *1911 (China), †1968 (England)
Erstausgabe | 1946 bei Eyre & Spottiswoode (London)
Folgebände | *Im Schloß (Gormenghast, 1950), Der letzte Lord Groan (Titus Alone, 1959)*

Im Zentrum des von köstlich grotesken Figuren und fiebernder Prosa förmlich überquellenden Romans *Der junge Titus* (Originaltitel: *Titus Groan*) steht das dunkle Ungetüm Gormenghast, das von hohen Mauern umschlossene Familienschloß der Groans. Es ist ein im Verfall begriffenes, bösartiges Universum voller Gewusel und Gewimmel, mit Korridoren, Türmen und vergessenen Flügeln, in denen Wesen hausen, die dort eigentlich nicht hingehören. Die Insassen sind gefangen in abstumpfenden Routineabläufen, deren ursprüngliche Bedeutung längst in Vergessenheit geraten ist, und hasten und huschen umher, um dem unaufhörlichen Vollzug des „Rituals" zu dienen.

Die Figuren bilden eine ergötzliche Menagerie von Archetypen und Karikaturen. Lord Sepulchrave, der 76. Graf Groan, geht mißmutig und erschöpft seinen nicht enden wollenden Pflichten nach; seine auf gesellschaftlichen Aufstieg bedachte Frau Gertrude zieht sich zunehmend von allem zurück und findet Trost nur bei den Vögeln, die in ihrem Haar nisten. Die Bibliothekare Sourdust und Barquentine sind die Hüter des Rituals, während Swelter, der dämonische Koch, wie ein Despot über die dampfende Hölle der Großen Küchen herrscht. Motor der Handlung ist Steerpike, ein Opportunist von niedriger Geburt, der in seinem machiavellischen Drang nach Macht scharwenzelt, schmeichelt und manipuliert.

Dieser kunstvoll gewebte phantastische Roman entwirft in seinem Intrigenspiel und seiner Komik eine schonungslos bissige Allegorie der britischen Gesellschaft, die das blinde Sicheinfügen in Traditionen und das gnadenlose Klassensystem aufs Korn nimmt. Auf Gormenghast gibt es keine Zaubertränke und Ungeheuer, die Monstren sind uns vielmehr wohlvertraut: die Langeweile des täglichen Einerlei, rücksichtslose Selbstsucht und törichte Eitelkeit. **GT**

Alexis Sorbas
Nikos Kazantzakis

Lebensdaten | *1883 (Griechenland), †1957 (Deutschland)
Erstausgabe | 1946
Erschienen bei | D. Dimitrakou (Athen)
Originaltitel | *Bios kai politeia tu Alex e Zormpa*

Als Sancho Panza des 20. Jahrhunderts und Falstaff in Personalunion ist Alexis Sorbas einer der überschwenglichsten „Jedermanns" des modernen Romans. Der Grieche nimmt den Erzähler (wahrscheinlich den Autor selbst, als er ein junger Intellektueller war) in einem Kaffeehaus in Piräus völlig gefangen: „Ein lebendiges Herz, ein großer, gieriger Mund, eine großartige, brachiale Seele, noch völlig eins mit Mutter Erde."

Sorbas' Lebenshunger (und seine Erfahrung als Minen-Vorarbeiter) verschafft ihm das Angebot, die Stelle als Vorgesetzter in einer Braunkohlemine zu übernehmen. Im Laufe ihrer Freundschaft und der gemeinsamen Abenteuer auf der schimmernden Insel Kreta wirkt sich der robuste Grieche auf den Erzähler ebenso verheerend wie erbauend aus, und er veranlaßt ihn dazu, seine orthodoxe und „studierte" Lebenseinstellung zu hinterfragen.

Das Buch ist im Grunde ein philosophischer Ringkampf zwischen Sorbas' unverwüstlicher Spontaneität und der „antiken", rationalen und beherrschten Weltsicht des Erzählers, der ständig über richtig und falsch, gut und böse nachdenkt. Dieser Gegensatz, angereichert mit dem warmen Licht, der Luft, den Farben und den Gerüchen der Ägäis, ergibt ein herrlich erfrischendes Lesevergnügen.

Kazantzakis wurde 1957 bei der Vergabe des Nobelpreises nur um eine Stimme von Albert Camus geschlagen. Er war ein enorm produktiver Autor, der auch Reisebücher schrieb und übersetzte; mit *Alexis Sorbas* und *Die letzte Versuchung* (1960) trug er viel zum internationalen Ansehen der modernen griechischen Literatur bei. **JHa**

Back *
Henry Green

Lebensdaten | *1905 (England), †1973
Richtiger Name | Henry Vincent Yorke
Erstausgabe | 1946
Erschienen bei | Hogarth Press (London)

Back ist ein bewegender Roman, der die Nachwirkungen von Kriegserlebnissen bei einem heimgekehrten Soldaten beschreibt. Charley Summers ist aufgrund seiner Erfahrungen im Zweiten Weltkrieg orientierungslos und wie betäubt und schottet sich von seinen Mitmenschen ab. Henry Green stellt mit großem Feingefühl die Verwirrung und die inneren Qualen seines Protagonisten dar, der seine Vergangenheit nicht zu verarbeiten vermag. Der sprunghafte, locker gefügte Erzählstil spiegelt Charleys ungeordnete Gedankengänge wider. Das Trauma wirft Charley auf eine kindliche Stufe zurück, so daß er die Realität weder begreifen noch sich ihr stellen kann.

Dennoch ist *Back* ein optimistischer Roman von fast magischer Kraft. Charley verliebt sich nämlich in Nancy, die Halbschwester seiner früheren Freundin Rose; mit Nancys Hilfe gelingt es ihm, sich mit seiner Vergangenheit und seinen traumatischen Erinnerungen auseinanderzusetzen und sie teilweise zu verarbeiten. Trotzdem bleibt er für sich und andere weiterhin ein Rätsel, wie Nancy gegen Ende des Romans offen eingesteht: „Sie wußte nicht, ob er überhaupt von sich hätte erzählen und auch nur ein Stückchen von dem hätte preisgeben können, was hinter diesen wunderbaren braunen Augen vor sich ging." Der Roman endet mit einer tränenreichen Szene, in der sich in einer wunderbar lyrischen Epiphanie Poesie Liebe, Schmerz und Selbstaufopferung vermischen. **AG**

Ein Haus im Hügelland
Erskine Caldwell

Lebensdaten | *1903 (USA), †1987
Erstausgabe | 1946 bei Duell, Sloane & Pearce (N. York)
Originaltitel | *A House in the Uplands*
Originalsprache | Englisch

Von Erskine Caldwell kennt man vor allem die Romane *Die Tabakstraße* (1932) und *Gottes kleiner Acker* (1933). Beide wurden bei ihrer Veröffentlichung gleichermaßen gelobt wie zerrissen, da Caldwells sozialkritische Darstellung des ländlichen Lebens für manche Leser pornographische Züge hatte. Die Publikation von *Gottes kleiner Acker* brachte Caldwell eine Anklage wegen Obszönität ein, und der Prozeß, der mit einem Freispruch endete, trug zur Bekanntheit des Autors und zum Verkaufserfolg des Buches bei. Caldwell war einer der ersten, der vom neuen Phänomen des Taschenbuchs profitierte, denn Tausende skandalhungriger Leser konnten nun rasch und billig seine Werke erstehen.

Nachdem er sich in den ersten beiden Romanen mit der arbeitenden Bevölkerung befaßt hatte, wendet er sich in *Das Haus im Hügelland* den Großgrundbesitzern in den Südstaaten zu und zeichnet den unvermeidlichen Niedergang der Landaristokratie nach.

Der Protagonist Grady Dunbar, letzter Vertreter einer ehemals reichen Familie, hat sein Vermögen vertrunken und verspielt und zuletzt das Haus verpfändet, um weiter seinen dekadenten Vergnügungen nachgehen zu können. Seine junge, naive Frau steht zu ihm, obwohl er sie quält und betrügt; sie ist gefangen in ihrer Rolle als Sklavin seiner zügellosen Leidenschaften. Auch Gradys Feldarbeiter sitzen in der Falle: Sie werden nicht bezahlt, haben aber Angst, weiterzuziehen und bleiben deshalb. Gradys Verfall und Sturz, das wird dem Leser bald mehr als deutlich, ist nicht mehr aufzuhalten. **PH**

Wo Spinnen ihre Nester bauen
Italo Calvino

Lebensdaten | *1919 (Kuba), †1987 (Italien)
Erstausgabe | 1947
Erschienen bei | Einaudi (Turin)
Originaltitel | *Il sentiero dei nidi di ragno*

„Dein erstes Buch definiert dich bereits ... "

Der italienische Schriftsteller und Journalist Italo Calvino 1981 in einem Café. In diesem Jahr wurde ihm der französische Orden der Ehrenlegion verliehen.

Allein schon die Tatsache, daß dies Calvinos erster Roman ist, den er mit nur 23 Jahren schrieb und mit dem eine außerordentliche Schriftstellerkarriere begann, ist Grund genug, dieses Buch zu empfehlen. Man sieht hier seinen einzigartigen und unnachahmlich raffinierten Stil heranreifen. Die Handlung spiegelt das Ringen des jungen Autors darum, im Rückblick Klarheit über die italienische Partisanenbewegung während des Zweiten Weltkriegs zu gewinnen. Wir folgen dem frühreifen Waisenjungen Pin durch die Erwachsenenwelt eines ländlichen, von Gewalt und Chaos zerrissenen Italien.

Pin ist faul, hat ein loses Mundwerk und verfügt über genügend Lebensklugheit, um Klatsch und Tratsch für den eigenen Vorteil nutzen zu können; außerdem sehnt er sich danach, daß die Erwachsenen ihn beachten, begreift aber nur in groben Ansätzen, was er tun muß, um sich ihre Aufmerksamkeit zu sichern. Die Ironie dabei ist, daß die zwei Dinge, die dem Jungen die größten Rätsel sind – die Politik und die Frauen –, den meisten anderen Figuren ebenso schleierhaft bleiben. Als die Deutschen Pins Heimatdorf besetzen, schließen sich die Einwohner den Partisanen an, wobei Calvino deutlich macht, daß sie sich dabei weniger einer politischen Ideologie verpflichtet fühlen, sondern sich vor allem gegen Veränderung sträuben.

Calvino erhielt für *Wo Spinnen ihre Nester bauen* einen Literaturpreis, weigerte sich aber interessanterweise fast zehn Jahre lang, eine Neuauflage zu autorisieren. Im Jahr 1964 schließlich erschien eine dritte und definitive Ausgabe mit einem höchst aufschlußreichen Vorwort Calvinos. Er bekennt, sein Zögern habe damit zu tun gehabt, wie die Kameraden, an deren Seite er einst kämpfte, in den Romanfiguren dargestellt und karikiert seien. *Wo Spinnen ihre Nester bauen* weist noch nicht die obsessive Ordnung und Symmetrie seiner späteren Werke auf, ist aber stilistisch brillant. Wir werden Zeuge, wie einer der berühmtesten italienischen Schriftsteller des 20. Jahrhunderts eine einzigartige Phase in der Geschichte seines Landes verarbeitet. **JC**

Unter dem Vulkan
Malcolm Lowry

Lowrys Meisterwerk machte den Romanschriftsteller nach vielen erfolglosen Jahren über Nacht international bekannt. Er gab später an, *Unter dem Vulkan* sei als erster Band einer auf Dantes *Göttlicher Komödie* basierenden Trilogie geplant und entwerfe eine Vision der Hölle.

Erzählt wird der letzte Tag im Leben von Geoffrey Firmin, dem alkoholsüchtigen ehemaligen britischen Konsul in der fiktiven mexikanischen Stadt Quauhnahuac (hinter der sich die reale Stadt Cuernavaca verbirgt). Passenderweise ist dies der Tag der Toten, an dem ein makabres Fest stattfindet. Der Erzähler ist ein früherer Nachbar Firmins, Jacques Laruelle, der einst eine Affäre mit Firmins Frau Yvonne hatte. Sie besucht Firmin an diesem Tag und will noch einmal alles daransetzen, ihn vor der Selbstvernichtung zu retten. Mit seinem Halbbruder Hugh geht sie zu dem Fest, über dem zunehmend die Drohung eines Gewaltausbruchs liegt. Ein mächtiger Sturm trennt Firmin von Yvonne und Hugh; Yvonne wird von einem entlaufenen Pferd getötet und Firmin wird von faschistischen Schlägern ermordet, die seine Leiche in einen Graben am Fuße des Vulkans werfen.

Die Stärken des Buches liegen weniger in der Figurenzeichnung als in der eindringlichen Symbolik und der kunstvollen Prosa. Die Szenerie der Feier zu Ehren der Toten unter dem Vulkan kündigt den unabwendbaren Tod des Protagonisten an, deutet aber auch auf die krisenhaften Eruptionen eines ganzen Kulturkreises hin: Der Roman spielt 1938 und wurde während des Zweiten Weltkrieges verfaßt. Firmins Tod durch die Hand der Faschisten weist auf eine brutale Weltordnung voraus, die nicht leicht zurückzudrängen sein wird.

Unter dem Vulkan ist, wie alle Werke Lowrys, autobiographisch gefärbt. Er verarbeitet hier das Ende seiner Ehe mit Jan Gabrial, das weitgehend auf seine Exzesse und Obsessionen zurückzuführen war, insbesondere auf seine Alkoholsucht, die letztlich in seinen Suizid mündete. **AH**

Lebensdaten | *1909 (England), †1957
Erstausgabe | 1947
Erschienen bei | Jonathan Cape (London)
Originaltitel | *Under the Volcano*

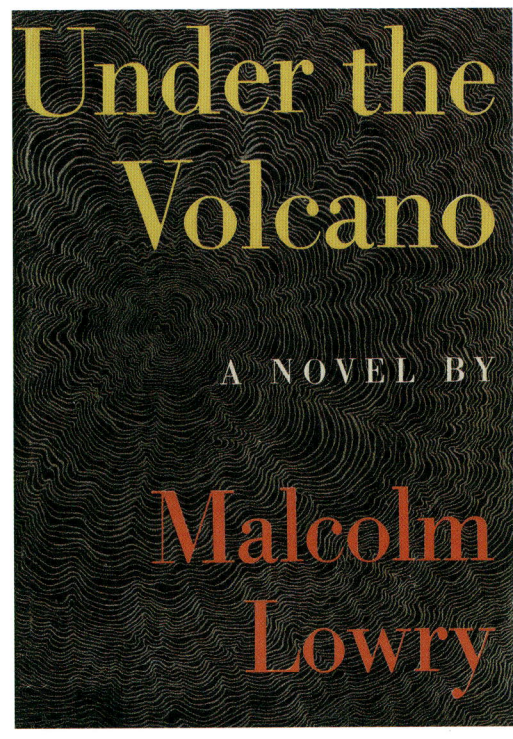

„Ich habe kein Haus, nur einen Schatten."

Der nüchterne Einband der ersten US-amerikanischen, bei Reynal & Hitchcock verlegten Ausgabe läßt von der makabren Üppigkeit des Romans nur wenig ahnen.

Ist das ein Mensch?
Primo Levi

„Es war mein Glück", schrieb Primo Levi einmal, „daß ich erst 1944 nach Auschwitz deportiert wurde." In diesem schlichten Satz klingt das Unverwechselbare von Primo Levis Schreiben über den Holocaust und über seine zehn Monate in dem deutschen Todeslager an. *Ist das ein Mensch?* beginnt mit seiner Festnahme durch die faschistische Miliz im Dezember 1943. Nach Italien zurückgekehrt, schrieb er das Buch „im Verlauf weniger Monate: so sehr brannten diese Erinnerungen in mir". Er begreift das Buch als einen Versuch, zum einen den Lesern zu erklären, wie das Leben in Auschwitz war, und zum anderen die Erfahrung des Lebens im Tode zu verarbeiten, die er als die Realität des Lagers beschreibt („Leben im KB [Krankenbau] ist ein Leben im Limbus").

Was ist ein Mensch in Auschwitz? Was bedeuten Greuel wie die von Auschwitz für unsere Vorstellung vom Menschsein? Der Text Levis ist als ein Prosagedicht über diesen „menschlichen Ausnahmezustand" bezeichnet worden, in dem Tausende von Individuen in Stacheldraht eingepfercht und doch „auf grauenvolle Weise allein" waren. In *Ist das ein Mensch?* führt Levi eine Reihe von Themen und Kategorien ein, die von da an in seinem Schreiben immer wiederkehrten, insbesondere in *Die Untergegangenen und die Geretteten*. Er legt die gnadenlosen Unterscheidungen offen, die in der Welt des Lagers herrschen, zwischen „Organisator", „Kombinator", „Prominentem" und dem Schwächsten, dem „Muselmann".

Es gibt keinen dritten Weg – das heißt kein normales Leben – im Lager. Levi faßt dies in folgendem Bild zusammen: „Ein verhärmter Mann ..., von dessen Gesicht und Augen man nicht die Spur eines Gedankens zu lesen vermag." Kein Gedanke, keine individuelle Geschichte, die übrigbleibt: Levi schreibt mit seinem Buch an gegen den Angriff auf das Leben des Geistes, den Auschwitz darstellte – einen Angriff, der in ihm schon im Lager das elementare Bedürfnis weckte, Bleistift und Heft zu nehmen und festzuhalten, „was ich niemandem zu sagen vermöchte". **VL**

Lebensdaten | *1919 (Italien), †1987
Erstausgabe | 1947
Erschienen bei | De Silva (Turin)
Originaltitel | *Se questo è un uomo*

Als junger Mann schloß sich Levi dem antifaschistischen Widerstand in Italien an, wurde aber bald festgenommen.

Eisenbahnschienen, die zum Konzentrationslager Auschwitz führen. Levi überlebte 10 Monate in diesem Lager.

Stilübungen Autobus S

Raymond Queneau

Lebensdaten | *1903 (Frankreich), †1976
Erstausgabe | 1947 bei Gallimard (Paris)
Revidierte Ausgabe | 1963
Originaltitel | *Exercices de style*

Das Erscheinen von Queneaus *Stilübungen Autobus S* im Jahr 1947 führte sogleich zu seiner Aufnahme in die renommierte Académie Goncourt. Ein derartiges Buch war bis dahin weder auf Französisch noch in einer anderen Sprache erschienen, und Queneaus Kunststück ist seitdem auch nicht wieder mit Erfolg wiederholt worden. Er beginnt mit einer scheinbar belanglosen Anekdote: „Im Autobus der Linie S, zur Hauptverkehrszeit. Ein Kerl … ist über seinen Nachbarn erbost. Er wirft ihm vor, ihn jedesmal, wenn jemand vorbeikommt, anzurempeln. … Als er einen leeren Platz sieht, stürzt er sich drauf. Zwei Stunden später sehe ich ihn …, vor der Gare Saint-Lazare, wieder. Er ist mit einem Kameraden zusammen, der zu ihm sagt: ‚Du solltest dir noch einen Knopf an deinen Überzieher nähen lassen.'" Diese Geschichte erzählt Queneau nun in 98 weiteren Varianten: als Traum, als Ode, als Sonett, im Präsens, als offiziellen Brief, als Telegramm, in indirekter Rede, als Klappentext eines Buches, in Anagrammen, in verschiedenen Jargons und so weiter.

Als Leser einer Geschichte neigen wir dazu, es als selbstverständlich vorauszusetzen, daß der Stil der Geschichte untergeordnet ist und als ein Fenster dient, durch das wir eine vorgegebene und als unstrittig vorausgesetzte Realität betrachten. Queneau demonstriert, daß Stil niemals transparent sein kann und wie die Sprache die Wahrnehmung der Wirklichkeit formt und definiert. Sein Buch zwingt uns auf vielerlei amüsante und verblüffende Weisen, dieser Tatsache ins Auge zu blicken. Es steht in der Tradition des Anti-Romans, zu der sich unter anderem Werke von Laurence Sterne, James Joyce und Alain Robbe-Grillet zählen lassen, und die darauf beharrt, daß das eigentlich Wichtige nicht die erzählte Geschichte ist, sondern die Art, wie sie erzählt wird. **PT**

Die Pest

Albert Camus

Lebensdaten | *1913 (Algerien), †1960 (Frankreich)
Erstausgabe | 1947 bei Gallimard (Paris)
Originaltitel | *La peste*
Nobelpreis für Literatur | 1957

Dieses Buch ist oft wegen seines „trostlosen Existentialismus" kritisiert worden, was aber am Kern von Camus' Meisterwerk vorbeigeht. Der Text ist, trotz des unerbittlichen Blickes, den er auf Leid und Verzweiflung wirft, von einem tiefen Sinn für Menschlichkeit durchdrungen. Zu Beginn ist das allerdings alles andere als offenkundig. Auf den Straßen der algerischen Stadt liegen Tausende toter und verendender Ratten. Als Menschen erkranken und sterben, reagiert die militärische Stadtverwaltung chaotisch und leugnet die Seuche zunächst. Schließlich ist klar, daß die Stadt von der Beulenpest heimgesucht wird. Man verhängt eine strenge Quarantäne. In der erstickend klaustrophobischen Atmosphäre dieser erzwungenen Isolation, von Camus in bestechender Weise eingefangen, bleibt den einzelnen Menschen keine Wahl, als sich der Unausweichlichkeit des Todes zu stellen. Die Bindungen, die in der Stadt bislang für Zusammenhalt gesorgt haben, beginnen sich aufzulösen. Doch auch in der dunkelsten Stunde ist nicht alle Hoffnung verloren. Verschiedene zentrale Figuren des Romans ziehen sich zunächst in die Abgeschiedenheit des eigenen Denkens zurück, was nahezulegen scheint, daß Verzweiflung den Menschen einsam macht; doch ihre Anstrengungen führen dazu, daß das Kollektiv nach und nach zu einer gemeinsamen Sichtweise der Notlage zusammenfindet.

Camus schildert fesselnd und mit Einfühlungsvermögen und Scharfblick ein die Stadt überspannendes Ensemble von Individuen. In diesem Aspekt unterscheidet sich *Die Pest* von seinem anderen großen Werk, *Der Fremde*, und ist deshalb ein Buch, das uns noch immer viel zu sagen hat. **MD**

Doktor Faustus
Thomas Mann

Lebensdaten | *1875(Deutschland), †1955 (Schweiz)
Erstausgabe | 1947
Erschienen bei | Bermann Fischer (Stockholm)
Gekürzte endgültige Fassung | 1948

In *Doktor Faustus* erzählt Serenus Zeitblom von Aufstieg und Fall seines Freundes, des Musikers Adrian Leverkühn, der seine musikalische Größe einem Pakt mit dem Teufel verdankte. Anhand der Darstellung dieses Handels und seiner Folgen geht Thomas Mann der Frage nach, wie und warum Deutschland sich mit dunklen Mächten einließ und dem Faschismus in Gestalt Hitlers verfiel.

In *Doktor Faustus* greift Mann auf die Ideen vieler europäischer Philosophen und Denker zurück und entfaltet davon ausgehend eine eigene visionäre Sichtweise. Von besonderer Brillanz sind seine Reflexionen über die Entwicklung der musikalischen Theorie im 19. und 20. Jahrhundert, unter anderem über die Einführung des Zwölftonsystems durch den Komponisten Arnold Schönberg, von dem die Figur des Adrian Leverkühn zum Teil inspiriert ist. Ein weiteres Thema ist der gnadenlose Tribut, den ein schöpferisches Leben fordern kann. Leverkühn durchleidet entsetzliche Phasen der Qual, die von kurzen Eruptionen atemberaubender Genialität durchbrochen werden. Viele der schönsten Passagen handeln vom Zusammenhang zwischen Krankheit und Kreativität.

Die hervorstechenden Leistungen des Romans sind seine sprachgewaltige Synthese von komplexen Ideen zu Kunst, Geschichte und Politik sowie seine klugen Reflexionen über das Verhältnis von Künstler und Gesellschaft. Gegen Ende ist die Schilderung von Leverkühns Schicksal durchsetzt von der Verzweiflung und Isolation, die Thomas Mann selbst erduldete, als er in seinem kalifornischen Exil über die Zukunft Deutschlands nachsann. **CC-G**

„… des teuren, vom Schicksal so furchtbar heimgesuchten, erhobenen und gestürzten Mannes und genialen Musikers …"

◉ Auf dem Einband der ersten englischen Ausgabe findet sich das Motto des Romans aus der Göttlichen Komödie, in der Dante die Musen anruft: „Der Tag verging, das Dunkel brach herein …"

Die Midaq-Gasse
Nagib Mahfuz

Lebensdaten | *1911 (Ägypten) †2006
Erstausgabe | 1947 bei Maktabat Misr (Kairo)
Originaltitel | *Zuqaq al-Midaqq*
Nobelpreis für Literatur | 1988

Ägyptens berühmtester Romanschriftsteller und Literaturnobelpreisträger von 1988 hat in seiner bewegten Karriere vierzig Romane geschrieben. Westlichen Lesern ist Nagib Mahfuz vor allem ein Begriff wegen seiner realistischen Porträts der Stadt Kairo im 20. Jahrhundert, deren Erzählstil und Personencharakterisierung an europäische Meister des 19. Jahrhunderts wie Dickens, Balzac und Zola erinnern.

Die Midaq-Gasse spielt während des Zweiten Weltkriegs im Stadtteil Alt-Kairo. Es liegt ein unleugbarer Charme in der literarischen Beschwörung des alltäglichen Zusammenlebens in einer Kairoer Hintergasse, doch geht der Autor mit ihren Bewohnern hart ins Gericht. Man begegnet unbehaglichen Gestalten wie dem homosexuellen Drogenhändler und Cafébesitzer Kirsha, der seine Frau nachts allein läßt, um die Stadt auf der Suche nach jungen Männern zu durchstreifen, oder dem finstren Zaita, dessen Beschäftigung darin besteht, die Ärmsten der Armen zu verstümmeln, damit sie als Krüppel betteln gehen können.

Mahfouz schildert eine Gesellschaft in der Krise. Die einzige Möglichkeit, aus Verbitterung, Armut und Stillstand zu entkommen, liegt in den gefahrvollen Möglichkeiten, die sich in der Welt der Moderne bieten und durch die britischen und amerikanischen Truppen in Ägypten konkrete Gestalt annehmen. Den tragischen Höhepunkt erreicht das Geschehen, als die herzlose Schöne Hamida sich alliierten Soldaten als Prostituierte anbietet, um dem Luxus ein Stück näher zu kommen. Abendländer haben die Chance, sich durch einen Blick in *Die Midaq-Gasse* ein Bild davon zu machen, wie unsere westliche Welt arabischen Augen erscheint. **RegG**

Der Schaum der Tage
Boris Vian

Lebensdaten | *1920 (Frankreich), †1959
Erstausgabe | 1947
Erschienen bei | Gallimard (Paris)
Originaltitel | *L'Écume des jours*

Im Mittelpunkt des Romans, einer surrealistischen Tour de force, die als Film- und Opernvorlage diente, steht Colin, ein junger wohlhabender Mann, der mit einem Bediensteten und seiner „Lieblingshausmaus" zusammenlebt. Er wünscht sich nichts sehnlicher, als sich zu verlieben. Da betritt Chloé die Bühne, und die Liebe erblüht im wörtlichen Sinne. Aber Chloé erkrankt an einer „Seerose in der Brust", die nur mit Blumenarrangements zu heilen ist. Die Folge ist, daß sich Colin, der für die Heirat seiner besten Freunde Chick und Alise bereits ein Vermögen ausgegeben hat, finanziell ruiniert. Auch die Ehe der Freunde geht nicht gut, weil Chick das ganze Geld für die Werke von Jean-Sol Partre ausgibt. Alise inszeniert daraufhin einen dramatischen Selbstmord, während Colin unter zunehmend unangenehmen Bedingungen arbeiten gehen muß. Gegen Ende der Erzählung erinnert Vians Stil an Chandler, den er auch ins Französische übersetzte.

Der surreale, an Science-Fiction erinnernde Roman erzählt mit poetischen Bildern und einfallsreichen Wortspielen eine heitere Liebesgeschichte, schildert aber auch eindringlich, wie sich jugendliche, optimistische Tagträume durch das Leben abnutzen und verdüstern.

Vian schrieb unter anderem billige Horrorgeschichten wie *Ich werde auf eure Gräber spucken*. Angeblich starb er an einem Herzanfall, nachdem er die Filmversion dieses Romans gesehen hatte, die er verabscheute. **JHa**

Ein Vagabund im Dienste Spaniens

Camilo José Cela

Lebensdaten | *1916 (Spanien), †2002
Erstausgabe | 1948 bei Emecé (Buenos Aires)
Originaltitel | *Viaje à la Alcarria*
Nobelpreis für Literatur | 1989

Dieses Buch brachte neues Leben in ein Genre, das Schriftsteller, die jünger als Cela waren, wieder aufgriffen, um die Rückständigkeit und Einsamkeit des spanischen Landlebens zu schildern. Dem späteren Nobelpreisträger ging es aber vor allem darum, die ungewöhnlichen und ins Auge springenden Aspekte von Orten in literarisch gewichtigen Erzählungen und Stilformen festzuhalten. *Ein Vagabund im Dienste Spaniens* enthält eine Fülle von Beschreibungen einheimischer Bräuche, Traditionen und Legenden und schildert ungewöhnliche Menschen, die extravagante Namen tragen.

Kritiker bemängelten häufig, Cela lege mehr Wert darauf, seinen Stil auszuschmücken, als auf die Lebensbedingungen der Menschen einzugehen, und vernachlässige in seinen Büchern häufig den menschlichen Aspekt. Doch Cela wollte keinen gesellschaftskritischen Roman schreiben oder sich auf das Feld der Soziologie begeben, sondern einzig und allein einen Text gestalten, in dem er seinen unverwechselbaren Stil ausleben konnte: „Das Wachstuch auf dem Tisch ist gelb, stellenweise ist die Farbe abgenutzt, und an den Rändern franst es aus. An der Wand hängt ein Kalender mit Bildern von leichtbekleideten Mädchen, der für Anislikör wirbt."

Ein Vagabund im Dienste Spaniens hat keinen Ich-Erzähler; alles wird aus der Perspektive des „Reisenden" berichtet, der ein- und ausgeht, liest und Fragen stellt. Wegen Celas phänomenologisch anmutender Schilderungen und seiner häufigen Wiederholung von Floskeln wirkt der Roman für den heutigen Leser ein wenig ermüdend. Trotz allem ist *Ein Vagabund im Dienste Spaniens* wahrscheinlich Celas bestes Buch. **M-DAB**

Asche und Diamant

Jerzy Andrzejewski

Lebensdaten | *1909 (Polen), †1983
Erstausgabe | 1948
Erschienen bei | Czytelnik (Warschau)
Originaltitel | *Popiół i diament*

Jerzy Andrzejewskis Erzählung beginnt kurz vor dem Ende des Zweiten Weltkriegs und erstreckt sich nur über wenige Tage. Sie genügen dem Autor, um eine historische Zwischenzeit darzustellen. Drei Männer stehen im Mittelpunkt des Buches, das in einer kleinen polnischen Stadt spielt: Szczuka, der kommunistische Parteisekretär des Bezirks, Michael, ein Killer, der für den Widerstand arbeitet, und Kossecki, ein Nazikollaborateur. Kossecki hofft seine Vergangenheit als verhaßter Aufseher im Konzentrationslager hinter sich lassen zu können und würde gern sein altes Leben als Familienvater und fleißiger Verwaltungsbeamter wieder aufnehmen. Sein älterer Sohn hat sich der Untergrundbewegung angeschlossen, die jetzt polnische Kommunisten bekämpft, während der jüngere einer anarchistischen Gruppe angehört und sich bei einem Mord mitschuldig macht. Szczuka sieht unterdessen der Aufgabe ins Gesicht, den geldgierigen Stadträten Gerechtigkeitssinn und Selbstachtung nahezubringen, während er um seine Frau trauert, die mit größter Wahrscheinlichkeit in einem KZ umgekommen ist. Währenddessen bekommt Michael Anweisungen, Szczuka zu ermorden. Aber kann er seinen Auftrag noch ausführen, nachdem er sich Hals über Kopf in eine Kellnerin im Stadthotel verliebt hat?

Jerzy Andrzejewski kreiert ein lebendiges Porträt Polens, das nach seiner Befreiung ins Chaos stürzt und mit moralischer Lähmung und einer am Boden liegenden Wirtschaft zu kämpfen hat. Jeder ist kompromittiert: junge Menschen, die durch den Krieg desillusioniert und brutalisiert sind, wie auch die ältere Generation, die sich nun den Folgen der Entscheidungen stellen muß, die sie traf, um überleben zu können. Und die ganze Zeit wirft ein unsichtbarer Elefant seinen Schatten auf Polens Vergangenheit, Gegenwart und Zukunft: die Besatzungsmacht der Roten Armee. **MuM**

Der Ungehorsam
Alberto Moravia

Lebensdaten | *1907 (Italien), †1990
Erstausgabe | 1948
Erschienen bei | Bompiani (Mailand)
Originaltitel | *La disubbidienza*

Alberto Moravia ist einer der prominentesten italienischen Literaten des vergangenen Jahrhunderts. Ein großer Teil seines Werkes handelt von den Obsessionen und Komplexen der römischen Bourgeoisie, insbesondere von den ineinander verwobenen Themen Geld und Sexualität, die er weniger als Mittel der Lust, sondern als Werkzeuge der Macht betrachtet. Kennzeichnend für Moravia sind eine beinahe klinische Klarheit des Ausdrucks, ein freimütiger Umgang mit dem Thema Sexualität und ein genaues Achten auf die Psychologie der Figuren.

Der Ungehorsam verarbeitet auf höchst originelle Weise das Thema des Erwachsenwerdens. In dem jungen Luca, dem unzufriedenen Einzelkind einer Mittelschichtsfamilie, macht sich angesichts all dessen, was ihm bislang lieb und teuer war, eine zunehmende Verbitterung breit. Er entwickelt eine in seinen Augen logische und wohlkalkulierte Strategie des Ungehorsams, um allen weltlichen Gütern und der Liebe zu entsagen. Schließlich wird er krank, ist monatelang bettlägerig und wird von beunruhigenden Halluzinationen heimgesucht. Der Genesungsprozeß geht einher mit der sexuellen Initiation durch seine Krankenschwester. Die Schilderung dieser Erfahrung ist symbolisch stark aufgeladen. Lucan sieht darin eine Wiedergeburt, durch die er seine zerstörerische Selbstverleugnung überwindet und zu einem fast mystischen Empfinden des Einsseins mit der Wirklichkeit gelangt. Dieses emotional dichte und komplexe Buch, das vom Aufbegehren der Jugendjahre, Sexualität und Entfremdung handelt, ist ein faszinierendes psychologisches Porträt eines ödipalen Erwachens. **AL**

> Alberto Moravia, ganz links, im entspannten Gespräch mit anderen italienischen Autoren, darunter seiner damaligen Frau Elsa Morante und, links von ihr, Carlo Levi.

All About H. Hatterr *
G. V. Desani

Lebensdaten | *1909 (Kenia), †2001 (USA)
Vollständiger Name | Govindas Vishnoodas Desani
Erstausgabe | 1948 bei F. Aldor (London)
Revidierte Fassung | 1972 bei Penguin UK

All About H. Hatterr ist ein Ausnahmebuch, dessen formale und sprachliche Komik ihresgleichen sucht. Vorbilder lassen sich in der stilistischen Eigenart und dem Experimentieren mit literarischen Formen bei Laurence Sterne, James Joyce oder Flann O'Brien finden, doch das erfindungsreiche Spiel, das Desani mit Rhetorik, naiver Erzählhaltung und geistreichem Witz treibt, steckt voller unabsehbarer Überraschungen. Ein Teil der Komik liegt darin, daß H. Hatterr, Hauptfigur und Ich-Erzähler, im Umgang mit der englischen Sprache, dem Leben und literarischen Kunstgriffen zwar fortwährend größte Intelligenz an den Tag legt, aber dabei dennoch als einfältiger Tölpel erscheint. Sprachliche Finesse verschmilzt mit donquichotischer Unschuld, so als hätte Joyces Leopold Bloom sich das Englische als Zweitsprache angeeignet und gelernt, darin zu schreiben wie ein Rabelais oder Laurence Sterne. Ein Indiz ist bereits der vollständigere Titel des Buches: *Die Autobiographie von H. Hatterr, die auch ein Mosaik-Organon des Lebens ist: das heißt eine medizinisch-philosophische Grammatik, die sich mit ebendiesem Kontrast befaßt, mit dieser Alberei über das menschliche Leben, mit diesem Motiv von List gegen List ... H. Hatterr sensu H. Hatterr.*

Der Roman berichtet, wie Hatterr, ein englisch-malaiisches Waisenkind, in „das christliche Kauderwelsch (Englisch)" eingeführt wird, das sein „zweites Idiom" wird. Er wird „in einem so umfassenden Maße zum Inder, wie das nur wenige Sahib-Burschen von rein nichtindischem Blut geworden sind". Hatterrs Abenteuer drehen sich größtenteils um diverse merkwürdige spirituelle Begegnungen mit kulturellen Phänomenen, mit einer Reihe weiser Männer und mit grotesken Aspekten des anglo-indischen Verhältnisses. Es heißt, dieser indisch-englische Klassiker habe großen Einfluß auf Salman Rushdie ausgeübt, doch Desani ist Rushdie weit voraus. **DM**

Denn sie sollen getröstet werden
Alan Paton

Lebensdaten | *1903 (Südafrika), †1988
Erstausgabe | 1948
Erschienen bei | Scribner (New York)
Originaltitel | Cry, the Beloved Country

Denn sie sollen getröstet werden, einer der bedeutendsten südafrikanischen Romane, wurde zuerst in den USA veröffentlicht und lenkte die Aufmerksamkeit von Menschen in der ganzen Welt auf Südafrikas tragische Geschichte. Erzählt wird die Reise eines Vaters, der vom ländlichen Südafrika nach und durch Johannesburg reist, um seinen Sohn zu suchen. Der Leser kann nicht anders, als mit dieser Hauptfigur, dem schwarzen Landgeistlichen Stephen Kumalo, mitzufühlen. Auf verschlungenen Wegen gelangt Kumalo schließlich zu seinem Sohn, der in einem Gefängnis auf seine Verurteilung wartet. Absalom ist des Mordes an einem Weißen angeklagt. Die bittere Ironie ist, daß diesem liberal gesinnten Weißen die Not der Schwarzen keineswegs gleichgültig gewesen war und er sich bis zu seinem Tod für gesellschaftliche Reformen eingesetzt hatte. Wir lernen nun einen weiteren Vater kennen, nämlich den des Opfers. Er hat sich ebenfalls auf die Reise gemacht, um seinen verstorbenen Sohn besser zu verstehen, und schließlich verweben sich sein Leben und das Kumalos auf seltsame Weise ineinander. Die ganz verschiedenen Arten, auf die die beiden Männer um ihre Söhne trauern, prägen die zweite Hälfte des Romans und wecken Hoffnung auf erlösende Veränderung.

Paton schildert extreme Gefühlszustände, denen er aber einen ergreifenden und erhebenden Glauben an die Würde des Menschen selbst unter schlimmsten Umständen entgegensetzt. Der Roman führt die Brutalität des Apartheidsystems vor, vermag aber trotz der unbeirrbaren Darstellung dunkler Trostlosigkeit Mut zu wecken. Das Buch ist eine Klage um Südafrika und bringt die behutsame Zuversicht zum Ausdruck, daß seine Menschen einst frei von Haß, Armut und Angst sein werden. **EG-G**

Im Herzen der Meere
Samuel Josef Agnon

Lebensdaten | *1888 (Österreich-Ungarn), †1970 (Israel)
Erstausgabe | 1948 bei Schocken (New York)
Originaltitel | *Bi-levav yamim*
Nobelpreis für Literatur | 1966

Mit *Im Herzen der Meere* machte Agnon sich einen Namen als einer der wichtigsten Autoren der modernen hebräischen Literatur. Für diese Novelle in vierzehn Kapiteln, die im späten 19. Jahrhundert spielt, erhielt er den Bialik-Preis. Das Buch begleitet eine Gruppe frommer chassidischer Juden von der Stadt Buczacz im östlichen Galizien (heute Ukraine) durch Polen und Moldawien nach Konstantinopel und über „das Herz der Meere" nach Jaffa und Jerusalem. Die Gefährten überstehen die Gefahren und Nöte, die auf Straßen lauern, ebenso wie die Versuchungen durch den Teufel. Durch die Kraft des Glaubens und ihre tiefe Liebe zu Jerusalem und Israel gelingt es ihnen, allen Bedrängnissen furchtlos entgegenzutreten.

Diese Schelmengeschichte könnte man auch als Agnons symbolische Autobiographie bezeichnen. Sie ist in seinem höchst individuellen, originellen Stil verfaßt und verwebt traditionelles Judentum und die Sprache der Heiligen Schrift und rabbinischer Texte mit Einflüssen aus der deutschen Literatur zu einem modernen, komplexen und einzigartigen Text. In seiner Rede zur Verleihung des Literaturnobelpreises, den er 1966 zusammen mit Nelly Sachs erhielt, faßte Agnon prägnant zusammen, wie er selbst sein Werk sah: „Jerusalem ist es zu verdanken, daß ich all das geschrieben habe, was mir Gott ins Herz und in die Schreibfeder gelegt hat."

Bis zum heutigen Tag ist Agnon der meistgelesene Autor der modernen israelischen Literatur. *Im Herzen der Meere* wurde in zahlreiche Sprachen übersetzt. **IW**

Bei uns in Auschwitz
Tadeusz Borowski

Lebensdaten | *1922 (Ukraine, †1951 (Polen)
Erstausgabe | 1948
Originaltitel | *Pozegnanie z Maria*
Nationaler Literaturpreis | 1950

Der Titel der deutschen Übersetzung dieser Geschichtensammlung, die früher den Titel *Die steinerne Welt* trug, gibt eine Ahnung von der Art und Weise, wie Borowski über das Dasein der Insassen eines Konzentrationslagers schreibt.

In der Titelgeschichte wartet eine Gruppe von Häftlingen ungeduldig auf die Ankunft des nächsten Transportes mit Juden; ihre Aufgabe ist das Entladen der für die Gaskammern bestimmten Menschen, wodurch sie an Eßwaren kamen, die sie aufgrund ihrer Unterernährung dringend benötigten. Sie werden nicht nur vom Hunger gequält, sondern auch von wiederholten körperlichen und seelischen Erniedrigungen. Mit seiner nüchternen Schilderung der Menschen in unzähligen unerträglichen Situationen veranschaulicht Borowski die Methoden, mit denen alle entmenschlicht wurden, die mit den Lagern zu tun hatten.

Die Wirkung seiner Texte erzielt der Autor vor allem durch die Sparsamkeit seines Stils. Die Geschichten sind autobiographisch gefärbt, Borowski selbst war in den Konzentrationslagern von Auschwitz und Dachau. Nach seiner Befreiung wandte er sich dem Kommunismus zu, denn dieser bot für ihn die beste Garantie gegen eine Wiederholung eines Horrors, wie ihn das Naziregime verbreitete. Als er später erfuhr, daß auch im Namen des Kommunismus Greueltaten begangen wurden, war er restlos desillusioniert und beging Selbstmord – mit Gas. **JW**

Das Todesurteil
Maurice Blanchot

Lebensdaten | *1907 (Frankreich), †2003
Erstausgabe | 1948
Erschienen bei | Gallimard (Paris)
Originaltitel | *L'Arrêt de mort*

Der zurückgezogen lebende Maurice Blanchot übte auf das französische Denken des 20. Jahrhunderts einen tiefgreifenden Einfluß aus, wobei er in seinem Leben wie in seinem Schreiben um vorsichtige Distanz bemüht war. Der französische Originaltitel läßt sich sowohl mit „Todesurteil" als auch mit „Hinrichtungsaufschub" übersetzen, kann also einen endgültigen Schuldspruch oder eine unbestimmte Gnadenfrist meinen. Diese im Titel in der Schwebe gehaltenen Bedeutungsnuancen durchziehen den gesamten kurzen Roman.

Der erste von zwei Erzählabschnitten schildert eingehend das Leiden und die Behandlung einer todkranken Frau, die nur „J" genannt wird. Sie stirbt und wird auf geheimnisvolle Weise wieder lebendig, nur um erneut an einer Medikamentenüberdosis zu sterben, die ihr der Erzähler verabreicht. Der zweite Erzählabschnitt berichtet von seinen Interaktionen mit drei anderen Frauen während der Bombardierung und Besetzung von Paris im Jahr 1940. Zwischen den beiden Teilen treten zahlreiche Parallelen und Wiederholungsmuster auf, die Raum für vielfältige und verwickelte Deutungen eröffnen.

Der Erzähler spürt, während er darum ringt, die Ereignisse wiederzugeben, daß die Worte fortwährend umschlagen und ihn und die Wahrheit, die er zu vermitteln versucht, aufzehren. In diesem Kampf sieht er die Grundbedingung allen Schreibens; ihm ist schmerzlich bewußt, wie wenig die Worte in der Lage sind, ein Geschehen in all seiner Vielschichtigkeit angemessen zu erfassen, doch ihn überkommt dennoch das unersättliche Verlangen, zu erzählen; er sieht sich dazu verdammt, die Grenzen des Sagbaren auszuloten, indem er immer wieder von vorne beginnt. Dies ist ein staunenswerter Text, der unsere Vorstellung, was Romane vollbringen, verändert hat. **SS**

Neunzehnhundertvierundachtzig
George Orwell

Lebensdaten | *1903 (Indien), †1950 (England)
Erstausgabe | 1949
Erschienen bei | Secker & Warburg (London)
Originaltitel | Nineteen Eighty-Four

- Der 1949 in London veröffentlichte Roman spiegelt die Nachkriegstristesse des von Entbehrungen geplagten Großbritannien.

- Der Einband einer deutschen Übersetzung zeigt die allessehenden Augen des unheimlichen Großen Bruders.

Neunzehnhundertvierundachtzig ist unter den Romanen Orwells mit politischer Zielrichtung einer der stärksten, eine meisterlich gestaltete Warnung vor den Gefahren einer totalitären Gesellschaft und eines der berühmtesten Beispiele für die Gattung der Dystopie.

Winston Smith ist ein niederes Mitglied der herrschenden Partei in London und wird auf Schritt und Tritt von „Teleschirmen" überwacht. Der allwissende Führer der Partei, der Große Bruder, scheint Winston, wohin er auch geht, immer im Blick zu haben. Die Partei versucht, die Möglichkeit einer politischen Rebellion auszumerzen, indem sie sämtliche mit Opposition verknüpften Wörter aus der Sprache eliminiert und ein bereinigtes „Neusprech" schafft. Aufbegehrende Gedanken zu haben ist strafbar, ein „Gedankenverbrechen". Winston arbeitet im Wahrheitsministerium, wo er historische Aufzeichnungen im Sinne der Partei umschreibt. Die Verbote, mit denen freies Denken, Sexualität und Individualität belegt sind, drücken ihn nieder und zermürben ihn. Er kauft sich, was bereits ein Gesetzesverstoß ist, ein Tagebuch, um darin seine Gedanken festzuhalten. Er beginnt, was ebenfalls gesetzeswidrig ist, eine Affäre mit Julia, einer Kollegin in Diensten der Partei, doch ein Spion der Partei stellt das Paar und liefert es aus. In Zimmer 101 wird Winston mit seinen tiefsten Ängsten konfrontiert. Unter dem Druck des Terrors verrät er seine Liebe zu Julia und wird daraufhin freigelassen. Sein Wille ist gebrochen, seine Hingabe an die Partei nun vollkommen.

1949, noch ehe das Fernsehen zum weitverbreiteten Medium wurde, wirkte Orwells Vision einer von Bildschirmen überwachten Welt höchst erschreckend. Die Bedeutung des Romans liegt nicht nur darin, daß er eindringlich vor dem Mißbrauch staatlicher Macht warnt. Er eröffnet auch Einsichten in die Mechanismen der Manipulation von Sprache und Geschichte und in die Psychologie von Angst und Machtausübung. Diese Themen sind heute womöglich noch bedrängender als zu der Zeit, als Orwell den Roman verfaßte. **EF**

Der Mann mit dem goldenen Arm

Nelson Algren

„Gewohnheit? Mensch. Das war eine starke Gewohnheit bei mir. Ich hab mir mal selbst einen Zahn ausgeschlagen, um das Gold für eine Spritze herzunehmen. Würdest du das abhängig nennen oder etwa nicht?"

◉ Das Plakat zur Filmfassung von 1955 (Regie Otto Preminger). Der Film wurde zunächst verboten, weil darin Drogenabhängigkeit gezeigt wurde.

Lebensdaten | *1909 (USA), †1981
Erstausgabe | 1949 bei Doubleday & Co. (New York)
Originaltitel | *The Man with the Golden Arm*
Filmfassung | 1955

An Algrens besten Roman erinnert man sich vor allem, weil er mit Frank Sinatra in der Rolle des morphiumsüchtigen Antihelden, des kleinen Ganoven Frankie Machine, verfilmt wurde. Das ist aber im Grunde ebenso ungerecht wie der Umstand, daß Algren selbst, durch eine Biographie über seine Geliebte Simone de Beauvoir, in erster Linie als der Mann bekannt wurde, der der Autorin von *Das andere Geschlecht* zu ihrem ersten Orgasmus verhalf.

Der Roman vermischt die schillernde Beschreibung der Welt des Verbrechens in Kolportageliteratur und Sensationsjournalismus mit dem aufklärerischen Eifer einer soziologischen Untersuchung. Heraus kommt eine publikumswirksame Synthese aus Zwielichtigkeit und hehrer Gesinnung, die sich dank Algrens eindrücklicher Prosa von der starken Konkurrenz in diesem Genre abhebt. Sein Stil, in dem die verschiedenen Sprachregister immer wieder in drastischer Weise aufeinanderprallen und der dichterische Formwille fortwährend zu spüren ist, läßt die unverkennbaren Einflüsse von T. S. Eliot und James Joyce erkennen.

Chicago war das große Thema Algrens. Mit einer respektvollen, aufmerksamen Sprache, die er mit seinen Protagonisten zu teilen weiß, streicht er gleichsam den Staub von all jenen Orten herzzerreißender Würdelosigkeit, von den heruntergekommenen Bars, den billigen Absteigen, den schmutzigen Wassertanks auf den Dächern, den klammen Gehsteigen. Zwar gleitet Algrens Stil an einigen wenigen Stellen ins Bombastische ab, doch das tut der expressiven Intensität von Frankie Machine, Spatz Saltskin, Sophie, Molly und dem Chor der müden Chicagoer Polizisten keinen Abbruch. Immer weiter wird die Clique der Kleinkriminellen, die aus dem Strudel von Sucht, Gewalt und unentrinnbarer Armut keinen Ausweg findet, in die Tiefe gerissen. **RP**

Reich von dieser Welt
Alejo Carpentier

Lebensdaten | *1904 (Kuba), †1980 (Frankreich)
Erstausgabe | 1949 bei Publicaciones Iberoamericana (Mexiko)
Originaltitel | *El reino de este mundo*

Mit *Das Reich von dieser Welt* erklärte Carpentier dem kraftlos gewordenen Erbe des europäischen Surrealismus den Krieg und schuf einen Gründungstext für die im Entstehen begriffene Bewegung des magischen Realismus.

Die Grundschicht des Romans ist eine relativ geradlinige historische Erzählung, die den Hauptereignissen der einzigen erfolgreichen Revolution in der atlantischen Sklaven-Diaspora folgt. Die Handlung spielt größtenteils auf Santo Domingo, der Insel, die 1803 zu Haiti wurde, der ersten Republik einstiger schwarzer Sklaven. Die Hauptfigur Ti Noël ist vor der Revolution Sklave einer der *Grand-blanc*-Familien. Ti Noël wird ein enger Freund des charismatischen Zauberers und Mandingo-Sklavenanführers Makandal und erlebt dessen Hinrichtung und Voodoo-Apotheose mit. Nach dem Sieg der Aufständischen wird Ti Noël erneut versklavt und ist Teil der riesigen Arbeiterschar, die der schwarze Diktator Henri Christophe heranzieht, um eine gespenstische Festung auf dem Gipfel eines Berges errichten zu lassen. Der Roman endet mit der phantasmagorischen Schilderung des Sturzes von Henri Christophe, der Plünderung seines Palastes Sans Souci und Ti Noëls Tod.

Carpentier schrieb den Roman in einem Zustand schierer Verzweiflung angesichts dessen, was er als unerbittliche Formelhaftigkeit der phantastischen Literatur empfand. In diesem kurzen, feingesponnenen Meisterwerk verschmilzt Carpentier ein präzise recherchiertes Geschichtsdrama mit einem Reigen anthropomorpher Verwandlungen und bildhafter Montagen. Ihm gelingt es hier, sein Konzept des „wunderbar Wirklichen" konsequent umzusetzen. **MW**

In der Hitze des Tages
Elizabeth Bowen

Lebensdaten | *1899 (Irland), †1973 (England)
Vollständiger Name | Elizabeth Dorothy Cole Bowen
Erstausgabe | 1949
Erschienen bei | A. Knopf (New York)

Elizabeth Bowens *In der Hitze des Tages* ist ein wundervolles Stück Literatur: Wenn man einmal darin eingetaucht ist, will man es nicht mehr verlassen, sondern lieber in der Symmetrie und Klarheit seiner Welt eingeschlossen bleiben. Die Liebesgeschichte spielt in London während des Zweiten Weltkrieges. Die Witwe Stella entdeckt, daß ihr Geliebter Robert verdächtigt wird, ein Spion der Nazis zu sein. Er bekennt sich auch tatsächlich dazu, mit den deutschen Vorstellungen von Zucht und Disziplin zu sympathisieren. Stellas wohlgeordnetes Universum beginnt sich nach und nach aufzulösen.

Diese Geschichte und die merkwürdigen Stimmungen einer sommerlichen Stadt im Krieg verleihen dem Roman seine Dynamik und sein charakteristisches Gepräge. Doch daneben gibt es noch eine andere Ebene und eine weitere Liebesgeschichte, die eine tiefe und schmerzliche Melancholie weckt. Diese zweite Liebesgeschichte wird nicht direkt artikuliert und teilt sich nur als Gefühl eines Verlustes mit, als eine Trauer um etwas Geliebtes, das nicht mehr da ist. Diesen Verlust, den *In der Hitze des Tages* beklagt, dürften freilich nicht viele Zeitgenossen als solchen empfunden haben, und auch heute wird ihn kaum jemand betrauern. Denn der Roman verweilt darauf, daß die Gesellschaftsschicht der englischen Grundbesitzer im Begriff ist, ihre kulturelle und soziale Vormachtstellung zu verlieren.

Bowen begann *In der Hitze des Tages* im Jahr 1944 zu schreiben, ein Jahr vor dem Erdrutschsieg der Labour Party bei den Parlamentswahlen. Die individuellen Verlustgeschichten, die sie erzählt, werden umrahmt und überhöht durch ihren elegischen Abgesang auf eine Ära, die bereits der Vergangenheit angehört. **PMcM**

Liebe unter kaltem Himmel
Nancy Mitford

Lebensdaten | *1904 (England), †1973 (Frankreich)
Erstausgabe | 1949
Erschienen bei | Hamish Hamilton (London)
Originaltitel | *Love in a Cold Climate*

Liebe unter kaltem Himmel porträtiert auf erfrischende Weise die britische Adelsgesellschaft zwischen den Weltkriegen, mit ihren Privilegien, ihrem Reichtum und ihrer Fixierung auf Geschmacksfragen.

Die Erbin Polly Montdore schockiert mit ihrer unkonventionellen Wahl eines Ehemanns nicht nur die Familie, sondern sorgt mit diesem Skandal auch in den vornehmen Kreisen, in denen sie verkehrt, für reichlich Gesprächsstoff. Die Ich-Erzählerin ist, wie in vielen anderen Romanen Mitfords, die vernünftige Fanny, eine Freundin Pollys. Pollys Geschichte weitet sich zu einem umfassenderen Kommentar, der komische und tragische Erscheinungen des gesellschaftlichen Lebens erfaßt und untersucht. Leichtfüßig und geistreich schildert der Roman zwischenmenschliche Verwicklungen und Geschehnisse, die in einem anderen Kontext ganz gewöhnlich wirken würden, sich aber in einer Welt abspielen, in der das Gewöhnliche ein erstaunlich seltenes Phänomen ist. Mitfords Figuren haben oft etwas Bizarres. Onkel Matthew, der Mitfords Vater nachempfunden ist, ist der typische exzentrische Aristokrat. Die unerträgliche Lady Montdore, die sich auf eine höchst amüsant geschilderte Affäre mit dem kanadischen Neffen und Erzästheten Cedric einläßt, ist das bissige Porträt einer herrschsüchtigen, aber leichtgläubigen Matriarchin.

Ebenso wie Jane Austen konzentriert sich Mitford in ihren Romanen auf die kleinräumige Welt einer Familie und ihres exklusiven Milieus, und wie Austen nimmt sie ihre Figuren mit zärtlichem, aber präzisem Spott aufs Korn, während sie den Leser zugleich dazu anhält, an ihrem Schicksal Anteil zu nehmen. **AB**

„Polly war ein zurückhaltendes, ordentliches kleines Mächen mit viel Sinn für alles Rituelle und einer Bereitschaft zur absoluten Unterwerfung unter die Gebote der Etikette …"

Der englische Titel des Romans, *Love in a Cold Climate*, ist ein Zitat aus George Orwells *Die Wonnen der Aspidistra*.

Große Ernüchterung.
Victor Serge

Lebensdaten | *1890 (Belgien), †1947 (Mexiko)
Richtiger Name | Victor Lvovich Kibalchich
Erstausgabe | 1949 bei Éditions du Seuil (Paris)
Originaltitel | *L'Affaire Toulaév*

Die große Ernüchterung. Der Fall Tulajew ist ein Buch über den Totalitarismus und somit über Niederlage, Eingekesseltsein und die Systematisierung des Verfolgungswahns. Es unterscheidet sich allerdings von Orwells *Neunzehnhundertvierundachtzig* oder Arthur Koestlers *Sonnenfinsternis* durch die Beharrlichkeit, mit der es der Mannigfaltigkeit und Üppigkeit des Alltagslebens Achtung zollt. Hauptthema des Romans sind die Schauprozesse und Säuberungswellen im stalinistischen Rußland. Serge hatte die von Optimismus erfüllte Revolution von 1917 und die Errichtung eines totalitär-bürokratischen Machtsystems unter Stalin selbst miterlebt. Er schloß sich der Linken Opposition um Trotzki an und wurde 1933 zu drei Jahren Verbannung an den Ural verurteilt. Damals setzte der stalinistische Terror mit den sogenannten „großen Säuberungen" ein.

In dem Roman gibt es eine starke Unterströmung, die in die Zeit vor der stalinistischen Epoche zurückreicht und in Erinnerungen, Anekdoten und assoziativen Verknüpfungen vielfältige Facetten der russischen Geschichte aufgreift. So wird das Schicksal von Soldaten im Ersten Weltkrieg, von landlosen Bauern, von politischen Aktivisten kleiner Untergrund- oder Exilparteien, von Gelehrten etc. lebendig.

Während in dem Text eine Vielzahl verschiedener Stimmen erklingt, schreitet die Handlung mit erschreckender Kühle und Klarheit voran. Serge gelingt es aber, die Erzählung so auszubalancieren, daß Rußland als ein von Leben pulsierendes Terrain erscheint. Zwar ist alles durchdrungen von Terror, Tod, Verrat und einem qualvollen Wirrwarr, doch ebenso präsent sind die kleinen Rhythmen der Arbeit, der Kameradschaft, des Gesprächs und der Hoffnung. **PMcM**

Der kupferne Garten
Simon Vestdijk

Lebensdaten | *1898 (Niederlande), †1971
Erstausgabe | 1950
Erschienen bei | Gravenhage (Rotterdam)
Originaltitel | *De koperen tuin*

Vestdijk ist einer der Giganten unter den niederländischen Autoren. Er war Arzt, veröffentlichte Romane, Lyrik und Essays und war in seinem Schreiben ebenso produktiv wie vielseitig. Sein Werk übte starken Einfluß auf die niederländischen Existentialisten aus, und wenn er außerhalb seines Heimatlandes bekannter wäre, würde man ihn vielleicht auf eine Stufe mit Joyce, Kafka und Proust stellen.

Diese stimmungsvolle Studie über den Konflikt zwischen bürgerlicher Gesellschaft und romantischen Idealvorstellungen spielt in einer fiktiven Kleinstadt, wo der Richtersohn Nol seinen ersten Moment der Verzauberung erlebt. Als Junge besucht er mit seiner Mutter ein Freiluftkonzert und wird von der Musik und dem Tanz mit Trix, der Tochter des Dirigenten Cuperus, betört. Daraufhin nimmt er Klavierstunden bei Cuperus, der ihm Herz und Verstand für die Geheimnisse der Kunst öffnet. Nol ist fasziniert und magisch angezogen von dieser Art der Welterkenntnis, doch sie stürzt ihn in einen inneren Konflikt mit dem Milieu, in dem er aufgewachsen ist, und der Gesellschaftsschicht, die ihn zu den Ihren zählt. Seine Zuneigung zu Cuperus und insbesondere zu dessen Tochter Trix, die beide aus der achtbaren Gesellschaft praktisch ausgestoßen sind, ist ein Beispiel für die starke Beschäftigung des Autors mit dem Thema der Unerreichbarkeit dessen, was man am meisten liebt. Nols Geschichte ist im Grunde die einer romantischen Suche, die der gesellschaftlichen Konvention ein Idealbild entgegenhält, und schildert den Verlust der Unschuld, der mit dieser Auflehnung einhergeht. Vestdijk gelingt es, Komik und Schilderungen von Verzückung und Leid auf eine Weise miteinander zu verbinden, die einen eindringlich realistischen Effekt erzeugt und höchst fesselnd wirkt. **ES**

Ich, der Robot

Isaac Asimov

Lebensdaten | *1920 (Rußland), †1992 (USA)
Erstausgabe | 1950
Erschienen bei | Gnome Press (New York)
Originaltitel | *I, Robot*

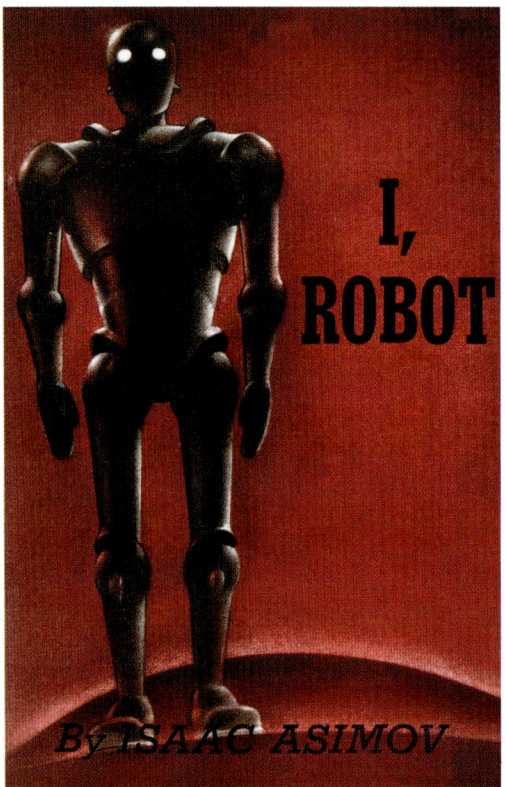

„Achtundneunzig – neunundneunzig"

Das klassische Bild des Roboters, wie auf diesem Buchumschlag, geht auf Filme der 20ger Jahre zurück, etwa Langs *Metropolis*.

Ich, der Robot ist einer der großen Klassiker der Science-Fiction-Literatur. Der Form nach handelt es sich um eine Kurzgeschichtensammlung, aber weil alle Geschichten dadurch miteinander verbunden sind, daß sie die Themen Robotik und Philosophie erkunden, ist es gerechtfertigt, dieses Buch in eine Liste wichtiger Romane aufzunehmen. In *Ich, der Robot* prägte Asimov den Begriff Robotik und formulierte die Prinzipien des Roboterverhaltens, die als die *Drei Gesetze der Robotik* bekannt sind und an denen sich Science-Fiction-Autoren seitdem orientiert haben. Die drei Regeln sind: 1. Ein Roboter darf kein menschliches Wesen verletzen oder durch Untätigkeit zu Schaden kommen lassen. 2. Ein Roboter muß den Befehlen eines Menschen gehorchen, es sei denn, solche Befehle stehen im Widerspruch zum ersten Gesetz. 3. Ein Roboter muß seine eigene Existenz schützen, solange dieser Schutz nicht dem ersten oder zweiten Gesetz widerspricht.

Die Geschichten sind miteinander verknüpft über die Figur der Robotpsychologin Dr. Susan Calvin, angestellt bei einer Firma, die intelligente Roboter herstellt, und über ihre Gespräche mit einem Reporter, der ein Dossier über Calvins Karriere zusammenstellt. Sie reflektiert über die Entwicklungsgeschichte der Roboter und weist darauf hin, daß die Menschen eigentlich nur sehr wenig über die künstliche Intelligenz wissen, die sie geschaffen haben. Jede der Geschichten beleuchtet ein Problem, das auftritt, wenn ein Roboter die drei Gesetze interpretiert und etwas schiefgeht. *Ich, der Robot* wurde 1950 veröffentlicht und enthält Kurzgeschichten aus den 40er Jahren, als die Computertechnik noch ganz in den Anfängen steckte, doch Asimovs Vorstellungen davon, wie die Software der Zukunft aussehen könnte, sind verblüffend zielgenau und weitblickend. Auch wenn das Buch sich stilistisch gesehen sicherlich nicht auf höchstem Niveau bewegt und die Charakterzeichnung oft schwach ausfällt, machen die Mischung von gesicherten wissenschaftlichen Fakten und Fiktion sowie die erstaunlichen Einsichten in die Welt der Robotik, die Grundlage für so viele andere Entwicklungen war, dieses Buch zu einem der bedeutendsten Werke im Genre der Science-Fiction. **EF**

Afrikanische Tragödie
Doris Lessing

Lessings erster Roman setzt nach der Ermordung der Ehefrau eines weißen rhodesischen Farmers durch ihren afrikanischen Hausdiener ein. Das Interesse des Romans richtet sich nun auf die Ereignisse, die zu der Tragödie hingeführt haben und von den weißen Farmern gemeinsam vertuscht werden. Die im Rückblick aufgerollte Handlung bewegt sich also unwiderruflich auf den Tod eines Menschen zu. Schon auf den ersten Seiten wird klar, daß wir Zeuge einer Geschichte zwischenmenschlicher Verstrickungen werden sollen, die innerhalb des kolonialen Rechtssystems kein Gehör finden darf. Als sich Dick und Mary Turner kennenlernen, sind beide durch eigene Wünsche und Bedürfnisse verblendet und verkennen das wahre Wesen des Gegenübers. Nach der Heirat zieht Mary aus der Stadt auf die abgeschiedene, von Finanznöten geplagte Farm Turners. Nach und nach muß Mary die Illusionen aufgeben, die sie sich über Dick und eine gemeinsame Zukunft gemacht hat, und verfällt in der Gluthitze der Steppe in Trägheit und Hysterie. Nur Moses, Nachfolger einer Reihe von eingeborenen Hausdienern, die Mary stets schlecht behandelt hat, scheint in der Lage zu sein, ihre Not wahrzunehmen. Seine Gutmütigkeit ihr gegenüber verletzt aber das hochheilige Tabu des Kolonialismus, daß Angehörige unterschiedlicher Rassen im anderen keinen Menschen sehen dürfen. Begehren und Angst verschmelzen unauflöslich, als Mary spürt, wie sie sich der Autorität eines Mannes auszuliefern beginnt, der für sie den umgebenden Busch repräsentiert – die Wildnis, die fortwährend droht, das von den weißen Farmern in Besitz genommene Land zurückzuerobern. Abgemildert wird die schmerzlich intensive Schilderung des Verderbens nur durch die Beschreibungen der Schönheit der afrikanischen Steppe.

Afrikanische Tragödie ist die erste Veröffentlichung einer wichtigen literarischen Stimme, eine wütende Anklage gegen die Heuchelei der Kolonialmacht, die Lessing während ihrer Jugend im südlichen Afrika kennengelernt hatte, und eine Analyse kolonialer Mentalität und der Deformationen, die sie sowohl im Kolonisatoren als auch im Kolonisierten in Gang setzt. **VM**

Lebensdaten | *1919 (Iran)
Erstausgabe | 1950
Erschienen bei | Michael Joseph (London)
Originaltitel | *The Grass is Singing*

„Ich bin nicht einsam."

Diese Taschenbuchausgabe von Lessings Roman erschien 1973 bei Heinemann (London) in einer Reihe mit afrikanischen Autoren und Autorinnen.

Eine Stadt wie Alice
Nevil Shute

Lebensdaten | *1899 (England), †1960 (Australien)
Richtiger Name | Nevil Shute Norway
Erstausgabe | 1950 Heinemann (London)
Originaltitel | A Town Like Alice

A Town Like Alice erhielt weltweite Beachtung, in Australien wurde der Roman zum Klassiker. Den Hintergrund der Liebesgeschichte bildet der Zweite Weltkrieg im Fernen Osten und die Zeit nach dem Krieg im australischen Outback; sie erzählt von den kriegsbedingten gesellschaftlichen Veränderungen und dem Wechsel der Zeiten. Dem Roman liegen wahre Ereignisse zugrunde: die Japaner hatten Sumatra besetzt und nahmen achtzig holländische Frauen und Kinder fest, die daraufhin während zweieinhalb Jahren in einem Treck über die Insel getrieben wurden. Hauptfigur der Geschichte ist Jean Pagett, eine englische Sekretärin in Malaysia, die zusammen mit anderen englischen Frauen und Kindern gefangen genommen wird und drei Jahre auf einem aufreibenden Todesmarsch durch die malaiische Halbinsel verbringt. Dabei beginnt sie eine enge Beziehung zum australischen Kriegsgefangen Joe Harman, von dem sie später annimmt, er sei umgebracht worden. Nach dem Krieg besucht sie Malaysia erneut und entdeckt, daß Joe lebt. Sie begibt sich nach Australien zu Joe, wo die Romanze wieder auflebt. Zusammen verwandeln sie ein Provinznest in eine blühende Stadt, für die Alice Springs als Vorlage dient.

Die Erzählung bietet alles, was man von einer Liebesgeschichte erwartet; der britische Autor schrieb sie auf, als er selbst gerade frisch verliebt war – in das Land Australien. **LE**

Nevil Shute, Aeronautikingenieur und Schriftsteller, befriedigte das populäre Verlangen nach Sittenromanen und Happy-Ends.

Junger Mond
Cesare Pavese

Lebensdaten | *1908 (Italien), †1950
Erstausgabe | 1950
Erschienen bei | Einaudi (Turin)
Originaltitel | La luna e il falò

Paveses letzter Roman, ein lyrischer Spaziergang durch das Hügelland der Langhe im Piemont, gilt weithin als sein bester. Die erzählte Geschichte beschränkt sich auf ein Minimum, weil dem Autor nicht daran lag, ein komplexes Handlungsgerüst zu entwerfen oder die Psychologie der Figuren zu ergründen.

Nach der Befreiung Italiens vom Faschismus kehrt Anguilla, der 20 Jahre in den USA gelebt hat, in sein Heimatdorf zurück. Er ist weit genug herumgekommen, um zu wissen, daß alle Länder der Welt einander letztlich ähneln und man sich schließlich irgendwo niederlassen muß. So kehrt er in die Langhe zurück, denn „diese Dörfer warteten auf ihn". Begleitet von seinem Freund Nuto entdeckt Anguilla seine Heimat wieder, wobei die Erzählung zwischen Vergangenheit und Gegenwart hin- und herwechselt. Anguilla sehnt sich danach, durch die körperliche Aneignung von Gaminella, wo er seine Kindheit verbrachte, und Mora, wo er in seiner Jugend arbeitete, zu sich selbst zu finden. In seiner Idealvorstellung hat er die Orte zu einem irdischen Paradies verklärt, doch er muß bald feststellen, wie viele Bäume, an die er sich erinnert, man gefällt hat oder daß Santa, die bei seinem Weggang ein junges Mädchen war, getötet wurde. Nuto teilt mit Anguilla den Glauben an den Sinn der Resistenza und an die Notwendigkeit einer gesellschaftlichen Revolution und hilft ihm, sich bewußt zu werden, daß er unerreichbaren Wunschbildern nachjagt. Er führt Anguilla an den mythischen Kern gesellschaftlicher Revolution heran, indem er sein Vertrauen in die Kraft von Tradition und Aberglauben der Bauern und in die erneuernde Macht des Johannisfeuers stärkt. **RP**

Im Schloß
Mervyn Peake

Lebensdaten | *1911 (China), †1968 (England)
Erstausgabe | 1950
Erschienen bei | Eyre & Spottiswoode (London)
Originaltitel | *Gormenghast*

„*Na prima. Er ist ganz er selbst, also eine Katastrophe.*"

Mervyn Peake, Illustrator und Autor, prüft auf einem 1946 in der Zeitschrift *Picture Post* erschienenen Foto einige Zeichnungen.

Dies ist der zweite Band und zweifellos der Höhepunkt von Peakes außerordentlicher Gormenghast-Trilogie – und außerdem ein großer literarischer Wurf. *Im Schloß* setzt ein, wo *Der junge Titus* endete. Lord Sepulchrave ist gestorben, Swelter wurde von Mr. Flay bezwungen, und Steerpike, kahlköpfig durch einen Brand, den er selbst legte, setzt seinen unheilvollen Aufstieg in der Hierarchie des Schlosses fort. Er ist zu einer Gewalt geworden, mit der zu rechnen ist. Titus steht zu Beginn an der Schwelle zur Pubertät. Als er sich dem Mannesalter nähert, reift er zu einem würdigen Gegner des immer mächtigeren Steerpike heran. Und Gormenghast selbst, gigantisch und bösartig, schleppt sich röchelnd weiter voran.

Das monströse Panoptikum von Figuren, das wir aus *Der junge Titus* kennen, entfaltet sich von neuem in all seiner berauschenden Dynamik und hetzt durch das Labyrinth der Korridore, Hallen und Schlafkammern, der verstaubten Keller und Bibliotheken. Da sind die liebeskranke Fuchsia, die schwatzhaften Zwillingstanten, die in den Zweigen vor ihrem Fenster Teegesellschaften geben, der kriecherische Doktor Prunesquallor und seine Schwester Irma mit ihrer Gefallsucht und gänzlich unbegründeten Eitelkeit. Peake erweitert seine beißende Allegorie britischer Lebensart um neue Zielscheiben sublimen Spotts und unternimmt eine vernichtende und zugleich urkomische Analyse des Erziehungssystems, dem Titus ausgeliefert ist und das einem auf unheimliche Weise vertraut erscheint. Der Roman gipfelt in einer apokalyptischen Flut, während der zwischen Steerpike und Titus eine wilde Schlacht um das Herz von Gormenghast tobt. Titus wird sich der Außenwelt bewußt und beschließt, getrieben vom Elan der Jugend, die schroffen Zinnen seiner Heimat endlich hinter sich zu lassen. Er macht sich auf, die Welt jenseits der bröckelnden Mauern zu erkunden.

Peakes Prosa ist meisterhaft, und seine Figuren sind derart absonderlich, daß sie etwas Hyperreales bekommen. *Im Schloß* ist dunkel und vielschichtig wie ein Triptychon von Hieronymus Bosch, ein Märchen ohne Zuckerguß, bei dem nur das Skelett des Alptraums übriggeblieben ist. **GT**

Die dreizehn Uhren
James Thurber

Die dreizehn Uhren enthält alle wesentlichen Zutaten, die ein fesselndes Märchen braucht. Es gibt einen als zerlumpter Spielmann verkleideten Prinzen, eine Prinzessin, die ein böser Herzog in einem Schloß gefangenhält, und eine gefahrenreiche Aufgabe, die innerhalb einer viel zu kurz bemessenen Zeitspanne bewältigt werden soll. Diese zeitliche Beschränkung ist ein Kernelement der Handlung: Der Herzog behauptet, er habe die Zeit ermordet; die 13 Uhren im Schloß sind um zehn vor fünf stehengeblieben. Der Prinz muß einen kostbaren Schatz finden und ihn übergeben, wenn die Uhren die volle Stunde schlagen. Seine einzige Hoffnung ist Golux, ein winziger Zauberer mit unbeschreiblichem Hut, besessen von einem merkwürdigen Sinn für Logik.

Das Schloß ist ein gefährlicher Ort, in dem riesige metallene Wächter lärmend ihre Runden drehen und die stillen Spione des Herzogs in ihren Samtkapuzen alles unter Kontrolle halten. In den dunklen Ecken tiefer Verliese lauern alptraumhafte Wesen. Für die spielerischen Kontrapunkte zu all dem Grauen sorgen verschiedene absurde Einfälle. Wie aus heiterem Himmel kommen hellbunte Bälle die Treppe herabgehüpft – spielen droben die Geister ermordeter Kinder? Von fern herbeiwehendes Lachen scheint darauf hinzudeuten. Es gibt auch gleichnishafte Elemente: Die Liebe trägt den Sieg davon, der Stillstand der Zeit wird aufgehoben, und dem Bösen wird seine gerechte Strafe zuteil. Auf den letzten Seiten wird der Herzog verfolgt von „einem Pulp-Plopp, der nach ungelüfteten Zimmern riecht" und „Pfiffe wie Kaninchenschreie" von sich gibt.

Die Sprache Thurbers ist hinreißend erfinderisch, der Ton frech und ironisch – Markenzeichen des geschätztesten und umstrittensten Humoristen der ersten Hälfte des 20. Jahrhunderts. Zu der Zeit, als Thurber *Die dreizehn Uhren* verfaßte, ließ sein Augenlicht rasch nach. Er schreibt von kaum wahrnehmbaren schattenhaften Schemen, von Sonnenstrahlen, die in seit langem abgedunkelte Räume dringen und beschwört halluzinatorische Landschaften herauf. **TS**

Lebensdaten | *1894 (USA), †1961
Erstausgabe | 1950
Erschienen bei | Simon & Schuster (New York)
Originaltitel | *The 13 Clocks*

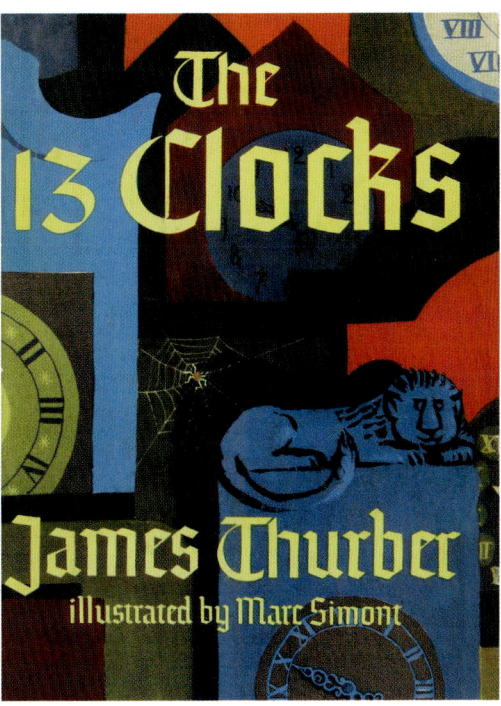

„*Der Prinz hieß Xingu, aber das war nicht sein richtiger Name.*"

● Wegen seiner fortschreitenden Erblindung konnte Thurber *Die dreizehn Uhren* nicht mehr illustrieren, deshalb stammen die Zeichnungen von seinem Freund Marc Simont.

Das Labyrinth der Einsamkeit
Octavio Paz

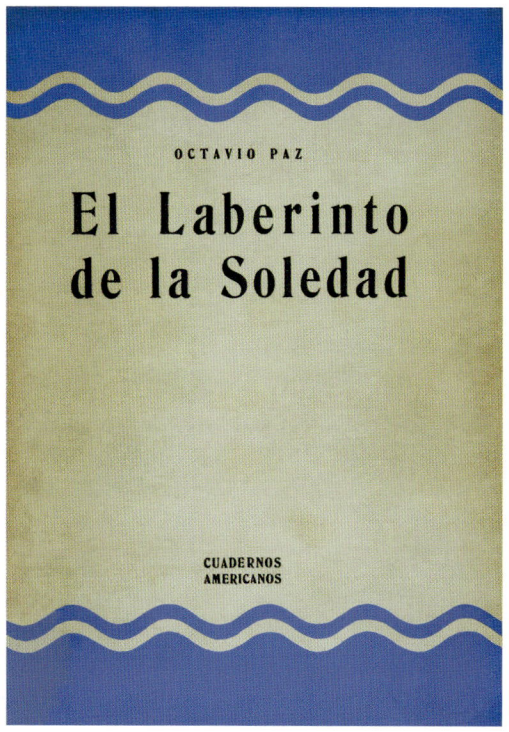

„Zur Geschichte erwachen bedeutet für ein Volk, daß ihm seine Eigenart bewußt wird ..."

● Paz' Großvater war ebenfalls Schriftsteller; durch seine umfangreiche Bibliothek kam Paz früh in Kontakt mit der Literatur.

Lebensdaten | *1914 (Mexiko), †1998
Erstausgabe | 1950 bei Cuadernos Americanos
Originaltitel | *El laberinto de la soledad*
Nobelpreis für Literatur | 1990

Ein Buch mit neun voneinander unabhängigen Essays zu verschiedenen Aspekten des mexikanischen Nationalcharakters mag in einer Liste unverzichtbarer Romane etwas befremdlich wirken, doch *Das Labyrinth der Einsamkeit* ist ein Meilenstein der erzählenden Prosa. Das Buch ist, so könnte man sagen, ein analytischer und hochpoetischer Bildungsroman, der nicht die Entwicklung eines Individuums, sondern der Identität einer Nation schildert.

Als Paz *Das Labyrinth der Einsamkeit* schrieb, zählte man ihn bereits zu den größten mexikanischen Dichtern des Jahrhunderts. Er war auch eine wichtige Figur des öffentlichen Lebens: In den 1930er Jahren kämpfte er im Spanischen Bürgerkrieg auf seiten der Republikaner, war später ein hochgeschätzter Diplomat und erhielt 1990 den Nobelpreis für Literatur. *Das Labyrinth der Einsamkeit* löste beim mexikanischen Establishment zwiespältige Reaktionen aus, weil Paz der Nation einen Spiegel vorhielt und ihr nicht unbedingt gefiel, was darin zu sehen war. Er beschrieb Mexiko in einem entscheidenden Moment der Selbstverwirklichung, warf aber auf viele Aspekte der mexikanischen Identität auch einen kritischen Blick: auf Machismo, Heuchelei, Strenge und unverrückbare Geschlechterrollen.

Paz ist hier teils Anthropologe, teils Semiologe und entziffert die Zeichen, aus denen sich die mexikanische Kultur aufbaut, von den Kleidungsregeln, die sich mexikanisch-amerikanische Jugendgangs geben, bis hin zu den öffentlichen Ritualen am Tag der Toten. Er bringt aber auch seine große dichterische Eloquenz zum Einsatz; jede Seite des Buches hallt wider von intuitiven Einsichten, weitgreifenden Querverbindungen und sprachlichem Raffinement. **MS**

Abbé C.
Georges Bataille

Lebensdaten | *1897 (Frankreich), †1962
Erstausgabe | 1950
Erschienen bei | Les Éditions de Minuit (Paris)
Originaltitel | L'Abbé C

George Batailles kurzer Roman *Abbé C.* untersucht eine gefährlich verwickelte Beziehung zwischen den Zwillingsbrüdern Robert, einem ausgesprochen tugendhaft wirkenden Priester, und Charles, der ein ganz dem Vergnügen gewidmetes zügelloses Leben führt. Die Geschichte ist aus den Perspektiven mehrerer Personen erzählt und beginnt mit dem Bericht eines gemeinsamen Freundes der Brüder, der Robert in einem Zustand großen Kummers antrifft, als sein Bruder Charles schwer erkrankt ist. Im Laufe der Zeit wird klar, wie sehr die Gefühlswelten der beiden Brüder ineinander verschränkt sind. Charles Verhältnis zu Éponine, die so ausschweifend und dekadent lebt wie er selbst, wird dadurch kompliziert, daß sie den enthaltsamen Robert begehrt und daß Robert seinerseits ein unbehagliches körperliches Verlangen nach ihr verspürt, das sich in höchst anstößiger Weise äußert. Diese quälende Dreiecksbeziehung setzt das Verhältnis zwischen den Brüdern unerträglichen Belastungen aus, führt zum stetigen psychischen Niedergang Roberts und untergräbt zugleich die körperliche Gesundheit von Charles.

Bataille ist wie immer gefesselt von der Beziehung zwischen Erotik, Lust und Tod und erkundet in diesem Roman den schmalen Grat zwischen sexuellem Begehren und Morbidität. Er konzentriert sich auf die Kluft zwischen dem moralischen Verhaltenskodex, den die religiöse Praxis fordert, und der Wahrheit des individuellen Gewissens und ergründet eine faszinierende Dimension des menschlichen Erlebens. Zwar wird mancher Leser finden, daß Bataille dieses Thema mit übertriebenen Mitteln darstellt und mit recht konstruierten und plumpen Schockmomenten arbeitet. Dennoch steht außer Zweifel, daß dies ein hochinteressantes und außergewöhnliches Stück Literatur ist. **JW**

Die Schuldlosen
Hermann Broch

Lebensdaten | *1886 (Österreich-Ungarn), †1951 (USA)
Erstausgabe | 1950
Erschienen bei | Willi Weismann (München)
Entstanden | 1913, 1918, 1933, 1948/49

Locker verbundene Kurzgeschichten, die an Christopher Isherwoods *Leb wohl, Berlin* erinnern, geben Einblick in das Europa zwischen den Weltkriegen. Die Erzählungen zeichnen ein trostloses und unheilschwangeres Bild der Zeit zwischen 1913 und 1933. Die geschilderten Personen, von den Schrecken des Ersten Weltkriegs traumatisiert, erwecken den Anschein, als wollten sie auch noch die letzten verbliebenen Ruinen von moralischer Gewißheit niederreißen.

Die Geschichten drehen sich hauptsächlich um das Schicksal des jungen, entwurzelten A., der als Logiergast im heruntergekommenen Schloß einer alternden Baronin wohnt. Immer wieder wird er Zeuge menschlicher Niederlagen und Fehlschläge, die er teilweise auch mit verursacht. Sexuelle Beziehungen münden unweigerlich in Untreue und Gewalt, während die Liebe zur Natur in unmenschliche Gleichgültigkeit mutiert. Das Leben in der Familie wird zu einer grotesken Parodie von Konventionen, die vor dem Krieg in Wahrheit gar nicht existiert haben. Vor jeder Geschichtengruppe hat Broch eine Erklärung eingefügt, die dem Leser vor Augen führt, daß die verdrehten Werte dieser dekadenten Gesellschaft bereits einen Vorgeschmack auf die drohende Nazizeit geben. Keine der Personen des Buches denkt offenkundig politisch, aber ihre unmenschlichen Taten legen längst den Grundstein für die spätere passive Akzeptanz des Faschismus.

In seiner subtilen Prosa und den eingeschobenen satirischen Versen wirft Broch in diesem fesselnden und kraftvollen Roman viele Fragen auf, von denen die wichtigste, „Was sollen wir tun?" unbeantwortet bleibt. **AB**

Barabbas
Pär Lagerkvist

Lebensdaten | *1891 (Schweden), †1974
Erstausgabe | 1950
Erschienen bei | Bonniers (Stockholm)
Nobelpreis für Literatur | 1951

Als Verbrecher zum Tod am Kreuz verurteilt, aber anstelle von Jesus freigelassen, wird Barabbas, den das Neue Testament nur kurz erwähnt, bei Lagerkvist zu einer rätselhaften, ruhelosen Gestalt, getrieben von einer unstillbaren Sehnsucht nach Gott, den er weder ganz annehmen noch zurückweisen kann. Nachdem er Jesus hat sterben sehen, kann er in seine alte Existenz nicht zurückkehren; er wandert ziellos umher, wird zum Sklaven und sucht die Nähe zu den Christen, doch sie finden über das gegenseitige Unverständnis nicht hinaus. Der Roman ist um drei Kreuzigungen herum strukturiert und arbeitet mit wechselnden Parallelen und Kontrasten – zwischen Barabbas und Jesus, Zweifel und Glaube, Dunkelheit und Licht.

Lagerkvist, der als junger Mann seinen Glauben verloren hatte, vermochte sich in die Qualen von Menschen, die ohne jeden Rückhalt in einer scheinbar sinnlosen Welt einen Lebenssinn suchen, sehr gut einzufühlen. In *Barabbas* hat der Autor die perfekte Szenerie für seine Themen gefunden und stellt den bedingungslosen, friedvollen Glauben des Frühchristentums neben die angstvolle Einsamkeit des von nagenden Zweifeln geplagten Barrabas.

Es erstaunt kaum, daß das Nobelpreiskomitee 1951 gerade von *Barabbas* tief bewegt war; nach den Schrecknissen des Zweiten Weltkriegs war nichts zeitgemäßer als die Frage nach dem Sinn. *Barabbas* ist ein zutiefst moderner Roman, der die wachsende existenzielle Angst des Menschen in den Vordergrund stellt. **RMa**

Das Ende einer Affäre
Graham Greene

Lebensdaten | *1904 (England), †1991 (Schweiz)
Erstausgabe | 1951
Erschienen bei | Heinemann (London)
Originaltitel | *The End of the Affair*

Die quälende Geschichte einer Liebesaffäre zwischen dem Romanschriftsteller Maurice Bendrix und der verheirateten Sarah Miles spielt in London während und nach dem Zweiten Weltkrieg. Sarah ist von ihrem Ehemann gelangweilt. Bei einem Fest, das dieser gibt, lernt sie Maurice kennen. Die Liebenden ermutigen einander, die Fesseln von Pflicht und Unzufriedenheit abzuschütteln. Die Beziehung dauert mehrere Jahre an, bis in die Zeit der deutschen Luftangriffe. In dem Gebäude, in dem die beiden sich zum nachmittäglichen Rendezvous treffen, schlägt eine Bombe ein, und Bendrix verliert das Bewußtsein. In ihrer Angst, der Geliebte könne tot sein, gelobt sie, sich von ihm zu trennen, wenn Gott ihn am Leben läßt. Als Bendrix überlebt, beendet Sarah – getreu ihrem Schwur – die Affäre, ohne ihm eine Erklärung zu geben, und stürzt ihn in Schmerz und Verwirrung. Er nimmt an, sie verlasse ihn wegen eines anderen Mannes. Erst Jahre später, als er einen Privatdetektiv beauftragt, erfährt er von Sarahs Versprechen, das sie Gott gegeben hat.

Dies ist der am stärksten autobiographisch geprägte Roman Greenes und geht vermutlich auf eine Liaison während des Krieges zurück. Es ist eine Geschichte von Liebe, Leidenschaft und Religiosität, von den Konflikten zwischen der Liebe zu sich selbst, zu einem anderen Menschen und zu Gott. Die angespannte Atmosphäre, von der *Das Ende einer Affäre* bestimmt ist, entspringt dem Wechselspiel von Zweifel und Glaube und der zugrundeliegenden Überzeugung Greenes, daß Liebe und Leidenschaft menschliches Leid nicht zu lindern vermögen – dies kann nach seiner Auffassung nur die Liebe zu Gott bewirken. **EF**

> Graham Greene war dem Alkohol sehr zugetan – eine Vorliebe, die ihn mit vielen seiner Romanfiguren verbindet.

Molloy
Samuel Beckett

Lebensdaten | *1906 (Irland), †1989 (Frankreich)
Erstausgabe | 1951
Erschienen bei | Les Éditions de Minuit (Paris)
Nobelpreis für Literatur | 1969

Die Theaterstücke Becketts sind bekannter als seine Romane, doch letztere sind seine größere Leistung. Eine komischere Prosa gibt es nicht. *Molloy* wurde auf Französisch geschrieben und dann von Beckett selbst gemeinsam mit Patrick Bowles ins Englische übersetzt. Es ist der erste Teil einer Trilogie, gefolgt von *Malone stirbt* und *Der Namenlose*. Diese späteren Teile vermögen die in *Molloy* beginnende Bewegung des Niedergangs, die sich in allem fortsetzen wird, was Beckett von da an schreibt, nicht aufzuhalten.

Beckett ist der große Meister und unübertroffene Humorist jeder möglichen Schattierung des Niedergangs und *Molloy* das wohl komischste seiner Werke. Das Buch besteht aus zwei Geschichten, von denen jede Doppelgängerin der anderen ist. In der ersten schleppt sich der armselige Krüppel Molloy durch eine heillose Folge von Episoden, in denen unter anderem auftreten: seine gefühllose Mutter, ein Reigen merkwürdiger Städter, ein Polizist und eine groteske Hundebesitzerin namens Lousse, die ihn eine Weile bei sich festhält, ehe Beckett ihn am Ende in einem Straßengraben abläd. Seinen Platz nimmt sodann Moran ein, den Beckett auf eine Suche schickt. Er soll, begleitet von seinem Sohn, seinen Vorgänger finden, eine Aufgabe, der er sich mit wütender Trägheit widmet, nur um schließlich feststellen zu müssen, daß Beckett es abgelehnt hat, eine Begegnung zwischen ihnen zu arrangieren.

Beckett nagelt alles, was das Schreiben an Kunststücken zu bieten hat (Plotkonstruktionen, Werkzeuge zur Erzeugung von Mitgefühl und all das magische Geglitzer, das für „Realismuseffekte" sorgt), aufs literarische Büffet, um es dann im Boden zu versenken. Alle seine Geschichten sind Bekenntnisse eines Syntaxsüchtigen, dessen Phantomdroge die völlige Nichtübereinstimmung mit sich selbst ist. **KS**

Mensch in der Revolte
Albert Camus

Lebensdaten | *1913 (Algerien), †1960 (Frankreich)
Erstausgabe | 1951
Erschienen bei | Gallimard (Paris)
Originaltitel | *L'Homme révolté*

Der Mensch in der Revolte erinnert an das Zerwürfnis zwischen Camus und Sartre im Jahr 1952 und ihre Kontroverse um metaphysische Freiheit und historisch konkrete Revolution. Nach dem Zweiten Weltkrieg sehnte man sich in Frankreich nach Aktivismus und gesellschaftlicher Veränderung. Sartres Anschauung trug damals den Sieg davon. Man warf Camus vor, die Sache der Reaktionäre zu unterstützen. Aber stimmt das denn? Aus heutiger Sicht scheint das Wesentliche zu sein, daß *Der Mensch in der Revolte* die Grundlagen kollektivistischer Ideologien in Frage stellt und kluge Einblicke in die Voraussetzungen eröffnet, die gegeben sein müssen, damit wir „politische Wesen" sein können. Die These des Buches läßt sich in der Aussage zusammenfassen: „Ich empöre mich, also sind wir." Laut Camus kann aber das „Wir" niemals zum Ziel einer individuellen Revolte werden, weil die Einsamkeit oder Freiheit des Individuums absolut ist. Metaphysisch gesprochen sind wir immer schon politisch involviert, noch ehe die Revolution konkret angestrebt wird. Aus Sicht von Camus hebt der linke Existentialismus Sartres die Freiheit des Individuums auf. Für Sartre bedeutet Revolte reales politisches Engagement mit dem Ziel, Veränderungen herbeizuführen, während Camus die Revolte als eine metaphysische Gegebenheit des individuellen Innenlebens betrachtet. Camus distanziert sich vom Sartreschen Aktivismus, der für Solidarität eintritt. Wie sollen wir *Der Mensch in der Revolte* heute lesen? In unserer Lesart werden sich die politischen Bedingungen zu erkennen geben, unter denen wir leben. **KK**

▶ Camus 1957 auf einer Straße in Paris, in dem Jahr, in dem ihm der Nobelpreis für Literatur zuerkannt wurde.

Der Fänger im Roggen

J. D. Salinger

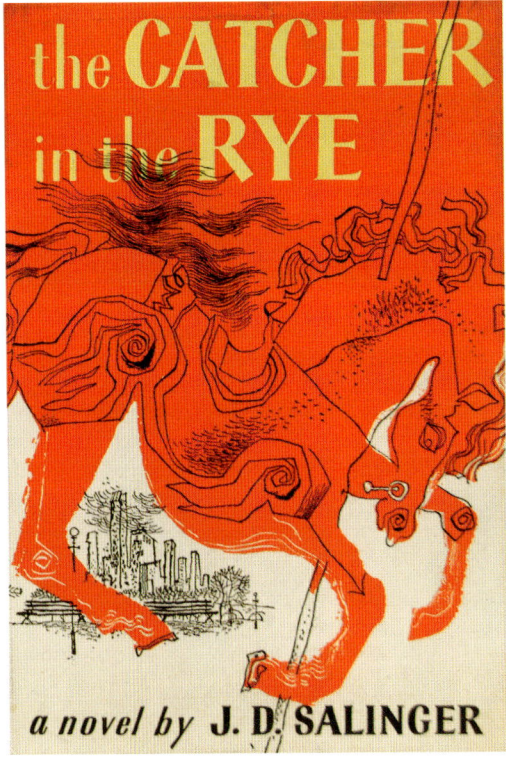

„Und ich stehe am Rand eines verrückten Abgrunds. Und da muß ich alle fangen, bevor sie in den Abgrund fallen …"

🌀 Um sich dem unerwünschten Ruhm zu entziehen, den *Der Fänger im Roggen* ihm eintrug, wurde Salinger zum Einsiedler und verteidigte energisch seine Privatsphäre.

Lebensdaten | *1919 (USA), †2010
Erstausgabe | 1951
Erschienen bei | Little Brown & Co. (Boston)
Originaltitel | *The Catcher in the Rye*

Der Fänger im Roggen ist die fesselnde pseudoautobiographische Geschichte des US-amerikanischen Jugendlichen Holden Caulfield, der seine rebellischen Zusammenstöße mit der „verlogenen" Welt um ihn herum aufzeichnet. Das Buch, durchsetzt mit apokalyptischen Ängsten („Jedenfalls bin ich irgendwie froh, daß sie die Atombombe erfunden haben. Wenn je wieder Krieg ist, dann setz ich mich ganz oben drauf"), ist auch eine außergewöhnliche Studie der verweigerten oder unmöglichen Trauer, die insbesondere Holdens totem jüngerem Bruder Allie gelten müßte. Als Allie einmal gefragt wurde, „wer der beste Kriegsdichter ist, Rupert Brooke oder Emily Dickinson", entschied er sich für Dickinson. Salingers Roman ist selbst eine Art Kriegsdichtung, nämlich über den Krieg gegen die „verlogene" Erwachsenenwelt (das heißt gegen die Wohlstandsgesellschaft, die Mittelschicht, die Weißen, das Patriarchat, die USA), aber auch gegen die eigene Person: Holden spottet bravourös über die Menschen um ihn herum, gibt sich dabei aber unweigerlich auch selbst der Lächerlichkeit preis.

Der Fänger im Roggen ist in einem trügerisch einfachen, umgangssprachlichen Stil gehalten: „Was mich richtig umhaut, sind Bücher, bei denen man sich wünscht, wenn man es ausgelesen hat, der Autor, der es geschrieben hat, wäre irrsinnig mit einem befreundet und man könnte ihn jederzeit, wenn man Lust hat, anrufen." So sollten Romane wohl sein, die man unbedingt lesen muß, bevor das Leben vorbei ist. Die Unbefangenheit und Intimität, mit der uns hier jemand direkt anzusprechen scheint, schlägt uns in ihren Bann. Zugleich aber beschleicht uns das Gefühl, daß das gesamte Werk sich vielleicht in Wirklichkeit nur an den toten Bruder richtet. **NWor**

Das Ufer der Syrten
Julien Gracq

Lebensdaten | *1910, †2007
Richtiger Name | Louis Poirier
Erstausgabe | 1951 bei J. Corti (Paris)
Originaltitel | *Le rivage des Syrtes*

Das Ufer der Syrten, ein stimmungsvoller und dichter Text, spielt im dekadenten Orsenna, einem fiktiven Land, das seit 300 Jahren im Kriegszustand mit dem barbarischen Nachbarstaat Farghestan liegt. Nachdem die Kämpfe seit langem eingestellt sind, herrscht eine permanente Pattsituation. Keine Seite ist bereit, Zugeständnisse zu machen, die Kämpfe wieder aufzunehmen oder über Friedensbedingungen zu verhandeln. Legenden des Krieges haben aber die Dichter zu einer Produktivität beflügelt, die weit über das hinausgeht, was die Situation erwarten ließe.

Der junge, leichtlebige Aldo, Sprößling einer Adelsfamilie, ist von der Liebe enttäuscht und der Vergnügungen der Hauptstadt müde. Er sehnt sich nach Exil und Askese und läßt sich als „Beobachter" auf einen Militärposten an der Grenze schicken, wo die Admiralität in einer zerfallenden Burg am Syrtenmeer eine rein symbolische Präsenz aufrechterhält. Dort versucht der Dichter und Einzelgänger Aldo seine Trägheit abzuschütteln und seinem Vaterland neues Leben einzuhauchen. Er vollführt auf dem Syrtenmeer ein Manöver, das die Feindseligkeiten wieder aufflammen läßt und katastrophale Folgen heraufbeschwört.

Der Roman bedient sich einer üppigen Bildsprache, die den Fluß der Handlung verlangsamt und eine gleichsam mythische Zeitlosigkeit erzeugt. Gracqs Werk weist eine enge Affinität zum Surrealismus André Bretons auf, auch wenn er niemals dieser Bewegung angehörte.

Wie sein Protagonist Aldo verachtete Gracq das in seinen Augen sterile Kulturmilieu großer Städte, insbesondere das von Paris. Wenn er die Ehrung nicht kategorisch abgelehnt hätte, wäre ihm für *Das Ufer der Syrten* 1951 der Prix Goncourt zuerkannt worden. **ES**

Tausendjahresplan
Isaac Asimov

Lebensdaten | *1920 (Rußland), †1992 (USA)
Erstausgabe | 1951
Erschienen bei | Gnome Press (New York)
Originaltitel | *Foundation*

Isaac Asimovs Foundation-Trilogie – die weiteren Bände heißen *Der galaktische General* (*Foundation and Empire*, 1952) und *Alle Wege führen nach Trantor* (*Second Foundation*, 1953) – zählt zu seinen frühesten und bekanntesten Werken. Er begann die Arbeit daran bereits mit 21 Jahren. Die nahtlose Verschmelzung von wissenschaftlichen Fakten und Erfundenem trug zu einer Neudefinition der Science-Fiction-Gattung bei.

Der Tausendjahresplan spielt in einer fernen Zukunft, in der man sich an die Erde kaum noch erinnert und die Menschen unsere gesamte Galaxie kolonisiert haben. Die Arbeit des genialen Visionärs und Psychohistorikers Hari Seldon besteht darin, mit Hilfe von Mathematik und Wahrscheinlichkeitstheorie die Zukunft vorherzusagen. Er verfügt allerdings nicht über die Fähigkeit, den von ihm prognostizierten Niedergang der Menschheit zu verhindern. Er versammelt aber die führenden Wissenschaftler und Gelehrten der Galaxie, mit dem Ziel, das gesammelte Wissen der Menschheit zu bewahren und eine auf Kunst, Wissenschaft und Technologie aufbauende neue Zivilisation zu begründen. So soll die Menschheit in der Lage sein, ein dunkles, nach Seldons Prognose 30 000 Jahre währendes Zeitalter von Ignoranz, Barbarei und Krieg zu überstehen. Doch nicht einmal er hat vorausgesehen, welch äußerste Barbarei im Weltraum lauert …

In den Strategien, mit denen die Foundation auf die von Hari vorausgesagten Probleme reagiert, kommt die Vorstellung Asimovs zum Ausdruck, daß die traditionelle Religion von der Wissenschaft als einem neuen Glaubenssystem für die Menschheit abgelöst wird. **EF**

Malone stirbt
Samuel Beckett

Lebensdaten | *1906 (Irland), †1989 (Paris)
Erstausgabe | 1951
Erschienen bei | Les Éditions de Minuit (Paris)
Originaltitel | *Malone meurt*

Leser, denen bei unterhaltender Literatur rasch langweilig wird, werden *Malone stirbt* als ein ungeheuer belebendes Sprachereignis empfinden. *Malone stirbt* ist Becketts Versuch, nach dem Abdanken der Figur des Molloy den Radius seines Schreibens noch radikaler zu begrenzen. Die Geschichten bestehen aus Sprache, die sich von sich selbst zu entfernen versucht, und führen alle ins Nirgendwo. Zu Beginn von *Malone stirbt* bekommen wir die Geschichte der Leiden des jungen Sapo Saposcat verabreicht, einen mißlungenen Bildungsroman, der aus einer Abfolge von derart grotesk faden und langweiligen Episoden besteht, daß nicht einmal Beckett es über sich bringt, weiterhin den Bauchredner dafür abzugeben. Später versucht er sich an einer Liebesgeschichte, in der die Protagonisten angestrengt und mit großem Unbehagen die abstoßendsten Sexszenen vollziehen, die es in einer Komödie wohl je gegeben hat.

Wenn die Sprache von *Malone stirbt* der eines Romans zu ähneln beginnt, ist das immer nur eine Pose. Sämtliche Vorwände, eine Geschichte zu erzählen, scheitern einer nach dem anderen und werden fallen gelassen, und so landen wir wieder auf dem Feld, wo Syntaxsucht und die Parodie des Rätselns über Leben und Tod herrschen, und bekommen in einem fort beiläufige Bemerkungen wie „Ideen sind sich dermaßen ähnlich, wenn man sie mal näher kennenlernt" um die Ohren gehauen. So geht es weiter bis zum brutalen Ende des Buches, wenn Beckett der Panik vielleicht so nahe kommt wie nirgends sonst in seiner Erzählprosa, weil er sich in eine Ecke manövriert hat und selbst in dieser Ecke nicht imstande ist, die Kontrolle über die Sprache zu verlieren. **KS**

◉ Dies Porträt von Beckett schuf sein Schriftstellerkollege J. P. Donleavy.

Die Triffids
John Wyndham

Lebensdaten | *1903 (England), †1969
Erstausgabe | 1951
Erschienen bei | Michael Joseph (London)
Originaltitel | *Day of the Triffids*

Dieser Roman fand bei seiner Veröffentlichung im Jahr 1951 zunächst nur wenig Beachtung, wurde aber bald als ein Klassiker der Science-fiction und ein Meilenstein des postapokalyptischen Subgenres gewürdigt. Zu Beginn liegt der Biologe Bill Masen nach einem Arbeitsunfall mit einem Augenverband im Krankenhaus. Die Krankenschwestern berichten ihm von dem spektakulärsten Meteoritenregen, der je über England niedergegangen ist. Am nächsten Morgen wartet er vergeblich darauf, daß der gewohnte Krankenhausbetrieb einsetzt. Er kämpft die Angst nieder, seine Augen zu schädigen, und nimmt den Verband ab. Draußen irren Tausende von erblindeten Menschen durch die Straßen und sind den Triffids, einer fleischfressenden Pflanzenart, hilflos ausgeliefert. Die Triffids können über zwei Meter hoch werden und auf ihren Wurzeln laufen. Sie sind in der Lage, Menschen mit einem Gifttentakel zu töten, und beginnen sie als Beute zu jagen. Masen trifft auf Josella, die wie er noch sehen kann, und zusammen verlassen sie die Stadt und suchen nach Wegen, die Katastrophe zu überstehen. Masen überzeugt schließlich andere Überlebende davon, daß sie sich zusammentun müssen, um die intelligenten Pflanzen zu besiegen.

Diese geradlinige Abenteuergeschichte, in der es ums reine Überleben geht, ist einer der ersten Romane jener Zeit, der eine Katastrophe globalen Ausmaßes ausmalt. Wyndham prognostiziert Techniken der biologischen Kriegführung und liefert eine hellsichtige Analyse der Paranoia des Kalten Krieges, die den psychischen Reaktionen von Individuen angesichts gesellschaftlicher Veränderung nachspürt und ihrer Zeit weit voraus ist. **EF**

Ich zähmte die Wölfin
Marguerite Yourcenar

Lebensdaten | *1903 (Belgien), †1987 (USA)
Erstausgabe | 1951
Erschienen bei | Librairie Plon (Paris)
Originaltitel | *Mémoires d'Hadrien*

Marguerite Yourcenar war 1980 die erste Frau, die in die Académie Française aufgenommen wurde. Ihre literarische Geltung gründet weitgehend auf eindrucksvollen Werken wie *Ich zähmte die Wölfin*. Das Buch besteht aus einem langen Brief des im Sterben liegenden römischen Kaisers Hadrian an den 17jährigen Mark Aurel (der später seinem Adoptivvater Antoninus Pius als Herrscher des römischen Reichs nachfolgte). Hadrian versucht aus der Lebenserfahrung seiner zwei Jahrzehnte als Kaiser die Erkenntnisse und Einsichten herauszudestillieren, die er dem Jüngeren weitergeben kann. Seine Überlegungen zu den grundlegenden Dingen des Lebens, die uns allen gemeinsam sind – zum Mysterium der Liebe, den Forderungen des Körpers oder der Frage des menschlichen Schicksals –, sind weit zugänglicher, als man es von den Gedanken eines Titans des zweiten Jahrhunderts vielleicht erwarten würde.

Yourcenars wesentliche Leistung liegt in ihrer gründlichen Recherche. Man vergißt leicht, daß es sich um erzählende Literatur handelt, die in der Form einer philosophischen Abhandlung verfaßt ist. Sie stellt uns einen Mann der Tat vor, der sein Leben überprüft und wertet. *Ich zähmte die Wölfin* fand Anklang sowohl bei Kennern des klassischen Altertums als auch bei Literaturkritikern und festigte den internationalen Ruf der Autorin. **ES**

◀ Marguerite Yourcenar auf einem in Bordeaux aufgenommenen Porträtfoto, etwa zehn Jahre nach Erscheinen von *Ich zähmte die Wölfin*.

Der Bienenkorb
Camilo José Cela

Lebensdaten | *1916 (Spanien), †2002
Erstausgabe | 1951 bei Emecé (Buenos Aires)
Originaltitel | *La colmena*
Nobelpreis für Literatur | 1989

Der Titel bezieht sich auf die emsigen Bemühungen der Bewohner von Madrid, in der Großstadt zu überleben. Der Roman hat kein Sujet und keinen Titelhelden, aber etwa 300 Figuren, die größtenteils dem in der Nachkriegszeit ruinierten Mittelstand angehören. Es sind Durchschnittsmenschen, die unter der Tuberkulose oder ihren Schulden leiden oder zur Prostitution gezwungen werden. Sie sind sexbesessen, und ihre Gespräche drehen sich um den Krieg – um Exekutionskommandos, Gefängnisse – oder um konservative Themen wie das Blut-und-Boden-Ideal oder die Verherrlichung des Katholizismus in einem Land, das von Denunziation und Mißtrauen regiert wird. Den roten Faden der Episoden, die der vorgeblich objektive „Erzähler" vermittelt, bilden die wiederkehrenden Handlungsorte und Figuren, vornehmlich die Cafetería der Doña Rosa und der entflohene „Intellektuelle" Martín Marco.

Mit *Der Bienenkorb* beeinflußte Cela Autoren der 1950er Jahre, die die Kritik an den sozialen Mißständen formulierten, die er hier nicht direkt ausspricht. Cela schildert nicht das Elend der Bewohner des Bienenkorbs, er zeigt auch nicht auf Ursachen oder auf Schuldige, eher betrachtet er die Dinge mit einem fatalistischen Blick und sieht die Frömmigkeit, die mit dem Verrat oder der Grausamkeit einhergeht. In seiner überragend beherrschten Sprache beschränkt er sich auf die Schilderung einer entarteten Realität und macht damit eine verheerende Aussage, die trotz der fehlenden direkten Kritik eifrig gelesen wurde. **M-DAB**

Die Weisheit des Blutes
Flannery O'Connor

Lebensdaten | *1925 (USA), †1964
Erstausgabe | 1952
Erschienen bei | Harcourt, Brace & Co. (New York)
Originaltitel | *Wise Blood*

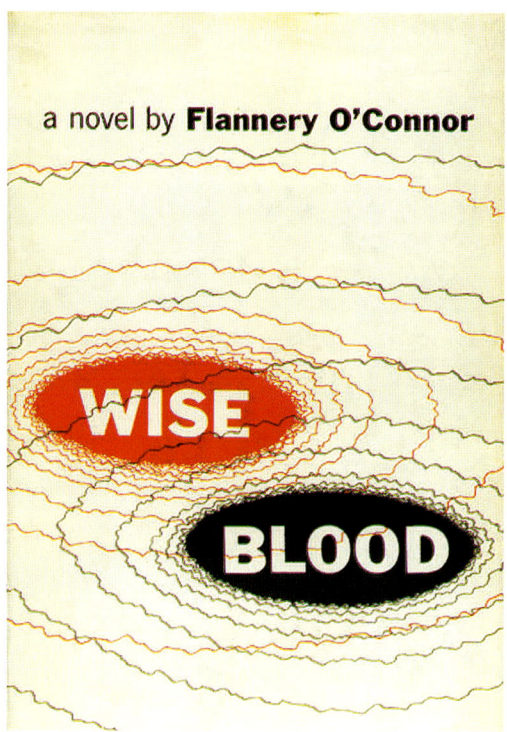

„Wichtig ist nur, daß Jesus ein Lügner war."

Die Weisheit des Blutes war O'Connors erster Roman; auf dem Umschlag der Erstausgabe ist ihr Name noch wenig hervorgehoben.

Flannery O'Connors *Die Weisheit des Blutes* gilt mittlerweile als einer der US-amerikanischen Romane, die das mit Edgar Allan Poe beginnende Genre der sogenannten „Southern Gothic" entscheidend geprägt haben. Die Geschichte dreht sich um einen jungen Mann namens Hazel Motes. Er ist in einer unerbittlich konservativen Familie aufgewachsen, zu der er nach seiner Zeit beim Militär zurückkehrt. Durch die Erfahrung des Krieges hat er seinen Glauben verloren. Um mit seiner Verlusterfahrung zurechtzukommen, schafft sich Hazel seine eigene Kirche: eine Kirche ohne Christus, in der „die Tauben nichts hören, die Blinden nichts sehen, die Lahmen nicht gehen, die Stummen nicht sprechen und die Toten tot bleiben". Hazel wird zu einer Art ketzerischem Antipriester und Straßenprediger, der von dem Drang beseelt ist, seine Mitmenschen vor der christlichen Erlösung zu retten. Je weiter er sich aber vom Glauben zu entfernen versucht, desto tiefer wird seine Sehnsucht, gerettet zu werden.

Die Weisheit des Blutes ist bevölkert mit einem exzentrischen Ensemble von Unangepaßten, Dieben, Schwindlern, Geächteten und falschen Propheten. Das Buch ist zum einen eine theologische Parabel und Reflexion über den Stellenwert Gottes in der Moderne, zum anderen eine groteske, versponnene Komödie und handelt von Mord und Wundern, Fleischeslust und Reinheit des Herzens, Blindheit und Visionen, Gewalttätigkeit und Trost. O'Connor entwirft ein weitverzweigtes Bild des ländlichen Südens, in dem sie aufwuchs. Der Roman entlarvt viele der Mythen und Vorurteile des Südens, erweist aber zugleich seinen Traditionen, seiner Geschichte und seiner Unbeugsamkeit Reverenz. Die karge, ökonomische Prosa entlockt noch den kleinsten Einzelheiten Erkenntnis und Staunen und spürt mit großer Wachheit der verwandelnden Macht sowohl des Glaubens als auch des Zweifels nach. Die Welt von *Die Weisheit des Blutes* ist hart, ungestüm und voller Makel, strahlt aber auch Würde und Anmut aus. **ST**

Der alte Mann und das Meer
Ernest Hemingway

Die Literaturkritik ist sich über den Roman *Der alte Mann und das Meer*, in dem sich Hemingway teilweise vom Stil seiner früheren Werke löst, nicht einig. In dieser perfekt aufgebauten Miniatur sind viele der Themen zu finden, die Hemingway als Schriftsteller und Mann beschäftigten. Auf den ersten Seiten schildert er mit seiner charakteristischen Sprachökonomie den Alltag in einem kubanischen Fischerdorf. Der karge, auf Elementares reduzierte Stil, in dem Hemingway die ärmliche Existenz des alten Santiago darstellt, ist eine ähnlich beredte wegwerfende Geste wie ein Zucken der kräftigen Schultern des Fischers. Santiago weiß, daß die Chancen schlecht für ihn stehen, weil sein Alter einen Nachteil für ihn bedeutet, und er weiter hinausrudern muß als die anderen Männer, zu den tiefen Wassern des Golfstroms. Ein letztes Drama wartet auf ihn, auf der leeren Bühne zwischen Meer und Himmel.

Hemingway war berühmt für seine Geschichten, in denen Männer sich beweisen müssen, indem sie sich den Herausforderungen der Natur stellen und sie bestehen. Als ein Schwertfisch anbeißt, der länger als Santiagos Boot ist, beginnt eine extreme Bewährungsprobe für den alten Mann. Mit blutenden Händen müht er sich zwei Tage und zwei Nächte ab, den Fisch an der Leine nahe genug an sich heranzuholen, um ihn harpunieren zu können. Mit seinem Kampf stellt er unter Beweis, wieviel Entbehrung und Leid ein Mensch auf sich zu nehmen vermag, um ein Ziel zu erreichen. Er vermag auch deshalb bis zum Ende durchzuhalten, weil er das Meer und seine gleichmütige Grausamkeit und Güte kennt und liebt.

Die Körperlichkeit der Geschichte – die Gerüche von Teer, Salz und Fischblut, Krämpfe, Übelkeit und blinde Erschöpfung des alten Mannes, der fürchterliche Todeskampf des großen Fisches – kontrastiert mit den ätherischen Momenten von funkelnden Lichtreflexen auf dem Wasser, mit der Isoliertheit der Situation und dem wogenden Rhythmus des Seegangs. Immer wieder zerrt die Erzählung an der Leine, gibt ein wenig Spiel und zieht dann erneut an. Dies ist ein Buch, das in einem Zug gelesen werden will. **TS**

Lebensdaten | *1899 (USA), †1961
Erstausgabe | 1952 bei C. Scribner's Sons (New York)
Originaltitel | *The Old Man and the Sea*
Pulitzerpreis | 1953

„*Man kann vernichtet werden, aber man darf nicht aufgeben.*"

⬥ Das Titelbild der ersten britischen Ausgabe, erschienen bei Jonathan Cape, zeigt das kubanische Fischerdorf des Romans.

Der unsichtbare Mann
Ralph Ellison

Lebensdaten | *1914 (USA), †1994
Erstausgabe | 1952 bei Random House (New York)
Originaltitel | *Invisible Man*
National Book Award | 1952

„Ich bin ein Unsichtbarer."

- Dies ist ein Foto aus einer Serie, die Gordon Parks, ein Freund Ellisons, der visuellen Umsetzung von *Der unsichtbare Mann* widmete.
- Dies Foto von Parks zeigt Ellisons Unsichtbaren, wie er aus dem Untergrund aufsteigt: „… muss ich wieder hervorkommen …"

Der unsichtbare Mann ist Ralph Ellisons einziger Roman und gilt als eines der großen Werke der afroamerikanischen Literatur. Mit der Unsichtbarkeit des Protagonisten sind die Unsichtbarkeit seiner wahren Identität – insbesondere was es bedeutet, ein Schwarzer zu sein – und die verschiedenen Masken gemeint, hinter denen sich diese Identität verbirgt. Es geht um individuelle Erfahrung und die Macht gesellschaftlicher Illusionen.

Die Besonderheit des Romans liegt darin, wie geschickt hier Überlegungen zur existentiellen Frage der Identität – was heißt es, gesellschaftlich oder rassisch unsichtbar zu sein? – mit einer soziopolitischen Allegorie auf die Geschichte der Afroamerikaner verbunden ist. Der Ich-Erzähler bleibt namenlos und berichtet im Rückblick von surreal realen Orten und Menschen, zu denen ihn sein Weg vom rassistischen Süden bis in die nicht weniger unwirtliche Welt von New York City geführt hat. *Der unsichtbare Mann* weist einige Parallelen zu den existentialistischen Romanen von Sartre und Camus auf und behandelt die Geschichte eines Mannes, der seine Identität gegen kollektive Definitionen des Selbst behauptet. Der Ich-Erzähler durchmißt die verschiedenen eng umgrenzten gesellschaftlichen Möglichkeiten, die Afroamerikanern zugestanden werden, angefangen bei den als Sklaven lebenden Großeltern über das Schulsystem des Südens mit seinen auf Booker T. Washington zurückgehenden Bildungsmodellen bis hin zum gesamten Spektrum des politischen Lebens in Harlem. Ellisons beinahe soziologische Präzision, mit der er seinen Protagonisten beim Erforschen dieser Möglichkeiten zeigt, verknüpft sich auf kunstvolle Weise mit den im Roman geschilderten Figuren, Ereignissen und Konstellationen, von der Alptraumwelt der Farbenfabrik bis hin zur marxistisch-leninistischen Agitation der Harlemer „Bruderschaft".

In Ellisons grimmiger, unnachgiebiger und oft sehr komischer Erzählhaltung mischen sich vielfältige Sprachebenen und Tonlagen zu einer leidenschaftlichen Erörterung der Politik des Seins. **DM**

Der Richter und sein Henker
Friedrich Dürrenmatt

„Ich schreibe um das Absurde
dieser Welt wissend,
aber nicht verzweifelnd,
denn wenn wir auch wenig
Chancen haben, sie zu retten ...
bestehen können wir sie immer noch."

Friedrich Dürrenmatt

● Friedrich Dürrenmatt knüpfte mit seinen literarischen Kriminalromanen an die Tradition E. T. A. Hoffmanns und Poes an.

Lebensdaten | *1921 (Schweiz), †1990
Erstausgabe | 1952
Erschienen bei | Benziger (Einsiedeln)
Fortsetzung | *Der Verdacht*

Friedrich Dürrenmatt schrieb *Der Richter und sein Henker*, noch ehe er große Erfolge als Theaterautor, Romanautor, Essayist, Theaterregisseur und Maler feiern konnte. Der spannende, atmosphärisch dichte Roman spielt in einem entlegenen Teil der Schweiz und bildet stilistisch einen starken Kontrapunkt zum kargen, von Bertolt Brecht inspirierten Minimalismus der Theaterarbeit Dürrenmatts. Der alte Berner Kriminalkommissar Hans Bärlach untersucht den Mord an seinem Mitarbeiter Schmied. Bärlach ist vom Tod gezeichnet, doch trotz seiner Gebrechlichkeit sind seine Fähigkeiten als Ermittler noch keineswegs erlahmt. Den Hauptteil der Ermittlungsarbeit überträgt er seinem Assistenten Tschanz. Bärlach setzt sein Gehirn, Tschanz eher seine Muskeln ein. Anhaltspunkte gibt es nur wenige: eine Kugel am Straßenrand neben dem Auto, in dem Schmied im Abendanzug ermordet wurde, und ein Eintrag im Tagebuch des Opfers vom Abend, an dem er starb – ein einzelnes „G". Der letztere Hinweis bringt Bärlach und Tschanz auf die Spur des ebenso begabten wie kaltblütigen Gastmann, der in dubiose internationale Geschäfte verstrickt ist.

Obwohl Dürrenmatt sich in seiner erzählenden Prosa vom stilistischen Einfluß Brechts entfernte, ist die Kunst für ihn auch hier ein Sprungbrett für politische Kritik. *Der Richter und sein Henker* ist das erste Buch Dürrenmatts, das auch in den USA erschien, und stellt die Ermittlungsarbeit der modernen Polizei auf eine Weise dar, die dem verschlungenen Plot keineswegs untergeordnet ist. Vielmehr sind die mit kritischem Blick betrachteten Ermittlungsmethoden wesentlicher Bestandteil nicht nur der Handlung, sondern auch einer hintergründigen Studie der menschlichen Unvollkommenheit. Vor allem dieser letztere Aspekt hebt *Der Richter und sein Henker* aus den unzähligen Romanen des Genres heraus. **JuS**

Vortreffliche Frauen
Barbara Pym

Lebensdaten | *1913 (England), †1980
Erstausgabe | 1952 bei Jonathan Cape (London)
Originaltitel | Excellent Women
Originalsprache | Englisch

Vortreffliche Frauen führt ins London der Nachkriegszeit. Die Wohnungsnot verschlägt die Napiers, den gutaussehenden Marineoffizier Rockingham Napier und seine Frau, die Anthropologin Helena, in eine Wohnung im Stadtteil Pimlico. Hier teilen sie sich das Bad mit Mildred Lathbury, der Ich-Erzählerin des Romans. Mildred ist von ihrer eigenen Bedeutungslosigkeit überzeugt und führt ein ruhiges und selbstloses Leben, in dem Ehrenämter und Wohltätigkeit die wichtigste Rolle spielen. Als sie in das turbulente (Liebes-) Leben der Napiers in der Wohnung unter ihr hineingezogen wird und sie dann auch noch ihrem Gemeindepfarrer in Liebesdingen beistehen soll, brechen verborgene Frustrationen auf. Unterdessen entsteht zwischen Mildred und Helenas Anthopologenkollegen Everard Bone eine seltsame Beziehung …

Alle frühen Romane von Barbara Pym – sechs wurden zwischen 1950 und 1961 publiziert – sprühen nur so vor Witz und Phantasie. Die Autorin hat ein scharfes Ohr für die Absurditäten der Alltagssprache und zeichnet ihre Charaktere mit scharfer Beobachtungsgabe. Vortreffliche Frauen ist ihr charmantester Roman. Das ist der Ich-Erzählerin zu verdanken, die zwar von den selbstsüchtigen, unsensiblen Personen in ihrer Umgebung ausgenutzt und ignoriert wird, ihr bescheidenes Los aber mit Würde und Humor trägt und sich an den kleinen Dingen des Lebens erfreut. Kein Wunder, daß Barbara Pym in den 1960er Jahren in Vergessenheit geriet, denn in ihrer Welt ist kein Platz für auffällige Befreiungsgesten (auch wenn sich Mildred einmal einen Lippenstift der Farbe „Hawaiianisches Feuer" kauft). Der exzellente Roman lebt von seiner sanften Ironie und dem Einfühlungsvermögen der Autorin. **RegG**

Tausend Kraniche
Yasunari Kawabata

Lebensdaten | *1899 (Japan), †1972
Erstausgabe | 1952 bei Kodansha (Tokio)
Originaltitel | Sembazuru
Nobelpreis für Literatur | 1968

Yasunari Kawabata, der erste Japaner, der den Literaturnobelpreis erhielt, setzt sich in seinem Roman Tausend Kraniche mit der traditionellen Teezeremonie auseinander und breitet ein Geflecht erotischer Beziehungen aus, das sich in der Geschichte des Protagonisten Kikuji mit der Zeremonie verknüpft. Nach dem Tod seines Vaters wird Kikuji in dessen Welt verstrickt. Er läßt sich mit dessen früherer Geliebter Ota ein und gerät außerdem unter die Kontrolle der alternden Geisha Chikako, die ebenfalls eine Geliebte des Vaters war, bis dieser sie verließ. Durch diese Frauen hält Kikuji die Erinnerung an den Vater wach und weigert sich zugleich, sich eine junge Frau zu suchen, obwohl Frau Otas Tochter und ein anderes Mädchen als Partnerinnen denkbar wären.

Ebenso wie Besitz von einer Generation an die nächste übergeht, werden hier auch Zuneigung und Leidenschaften weitergegeben, allerdings durch illegitime Verbindungen und irregeleiteten Ehrgeiz. Kawabata erklärt, er habe nicht die Schönheit der Teezeremonie beschwören, sondern die „Vulgarität, zu der sie herabgesunken ist", anprangern wollen. Auf der vergeblichen Suche nach Reinheit, die in dieser Welt vergeblich ist, wird die Grenze zwischen rein und unrein, Lust und Ekel beständig gezogen und wieder verwischt. Die tausend Kraniche, das Symbol für ein langes, erfülltes Leben, bleiben eine unerreichbare Illusion.

Die Motive für den Selbstmord des Autors im Jahr 1972 sind bis heute ungeklärt, doch mit seinem literarischen Erbe brachte er die japanische Ästhetik einem breiten westlichen Publikum nahe und konnte die moderne Identität der japanischen Literatur mitgestalten. **HH**

Gehe hin und verkünde es vom Berge
James Baldwin

Lebensdaten | *1924 (USA), †1987 (Frankreich)
Erstausgabe | 1953
Erschienen bei | Knopf (New York)
Originaltitel | *Go Tell It on the Mountain*

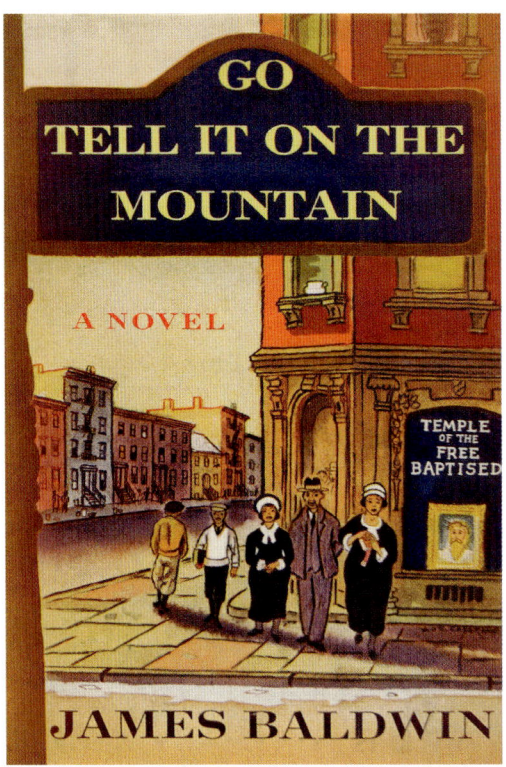

„… Ich will nicht das Blut dieses Jungen an meinen Händen haben."

In seiner Jugend war Baldwin drei Jahre lang Prediger, und der Einfluß der Kirche ist in seinen Werken deutlich auszumachen.

Dieser halbautobiographische Bildungsroman konzentriert sich auf die komplexen und oft brüchigen sozialen Bindungen in der Welt des Protagonisten John. Am Abend der Feier seines 14. Geburtstages fällt er in einer dramatischen Initiationsszene in der Kirche seines Stiefvaters Gabriel in Harlem zu Boden und durchlebt eine Reihe von religiösen Visionen. Gabriel, den John für seinen leiblichen Vater hält, ist ein launischer, herrschsüchtiger Mann, der als Jugendlicher ein wildes Leben führte, bis er ein religiöses Erweckungserlebnis hatte und daraufhin zum Laienprediger wurde, der vom Zorn Gottes kündet. Gabriel hat Johns Mutter geheiratet, um sie aus ihrer mißlichen Lage als ledige Mutter zu retten, verurteilt sie aber wegen ihrer Liebe zu John. Gabriel deutet diese als Gewissenlosigkeit und Schamlosigkeit angesichts von Johns unehelicher Geburt und ihrer Beziehung zu dessen Vater, ihrer ersten Liebe. Gabriel selbst hat während seiner ersten Ehe ein uneheliches Kind gezeugt – ein Geheimnis, das er stets gehütet hat. Er verschweigt alles, was mit seinem verwaisten Sohn zu tun hat, der unter schwierigen Bedingungen aufwuchs und früh eines gewaltsamen Todes starb.

Das meiste hiervon ist John unbekannt. Er ist aber ein mit Intuition begabter Junge, der die Gefahren genau spürt, denen schwarze Jugendliche in Harlem ausgesetzt sind, vor allem, wenn sie nicht von einer Institution wie der Kirche geschützt sind. In der liebevollen Unterstützung, die John von Elisha, einem der jungen Leiter der Kirche, erfährt, schwingt eine starke homoerotische Begeisterung mit, und John kann sich vorstellen, daß für ihn hier eine Grundlage für eine erfüllende Zukunft innerhalb der Kirche gegeben ist. Weil aber sein Stiefvater die Gläubigen durch seine dogmatische Bibelauslegung und das Bestehen auf Unterwerfung verängstigt, beschämt und in einen blinden Gehorsam zwingt, herrscht unter ihnen nur grausame Unversöhnlichkeit. Die Visionen, die der körperlich und psychisch erschöpfte John auf dem „Dreschboden" der Kirche erlebt, münden für den Jungen in eine triumphierende, wenn auch kurze frühmorgendliche Ruhepause. **AF**

Casino Royale
Ian Fleming

Albert R. Broccoli, genannt Cubby, hat uns mit den von ihm produzierten James-Bond-Filmen bitter enttäuscht. Zwar mag Sean Connery seiner Rolle hin und wieder etwas von der dünnlippigen Kälte von Ian Flemings Geschöpf mitgegeben haben, aber schon vom ersten Film an hat man sich geweigert, die Sache wirklich ernst zu nehmen. Connerys lapidare Scherze fanden ihre manierierte Fortsetzung in Roger Moores hochgezogener Augenbraue. *Casino Royale*, Ian Flemings erste Bond-Geschichte, wurde zunächst als Ulkversion mit David Niven verfilmt, bis 2006 eine ernsthafte Version mit Daniel Craig als Bond in die Kinos kam. Alles in dem Roman erinnert an die frühen 1950er Jahre, in denen er entstand: vom heute antiquiert wirkenden Schwarzweiß-Denken des Kalten Krieges bis hin zu Bonds damals unglaublich exotischer Wahl der Vorspeise Avocado mit Vinaigrette in den verblaßten Casinostädten Nordfrankreichs.

Die Romanhandlung ist einfach, ja rudimentär. Der Schurke heißt Le Chiffre und ist ein in Frankreich operierender Spion, der KGB-Gelder veruntreut und sich dem Glücksspiel zugewandt hat, um den Schaden wieder ausgleichen zu können. Weil Bond der versierteste Spieler des Secret Service ist, schickt man ihn nach Royale-les-Eaux, damit er Le Chiffre am Spieltisch schlägt und auf diese Weise ihn und sein französisches Netzwerk ruiniert. Es gibt einen Mordanschlag auf Bond, eine Autoverfolgungsjagd, eine mit viel Liebe beschriebene groteske Folterszene und eine Rettung in letzter Minute. Die letzten Kapitel sind ein sonderbar langatmiger Bericht über Bonds Genesung in Gesellschaft von Vesper Lynd, dem ersten „Bond-Girl". Der Roman endet mit einem deplazierten Paroxysmus von Verrat und Frauenhaß. Der Stil ist hart und schonungslos, die Einzelheiten sind mit fetischistischer Präzision ausgemalt. Nur wenn es um Glücksspiel und Geißelung geht – zwei von Flemings Lieblingsbeschäftigungen –, gerät die Sprache aus ihren festgefügten Bahnen. Ansonsten wirkt das Buch wie das Gesicht des Helden: „wortkarg, brutal, ironisch und kalt." **PM**

Lebensdaten | *1908 (England), †1964
Erstausgabe | 1953
Erschienen bei | Jonathan Cape (London)
Originaltitel | *Casino Royale*

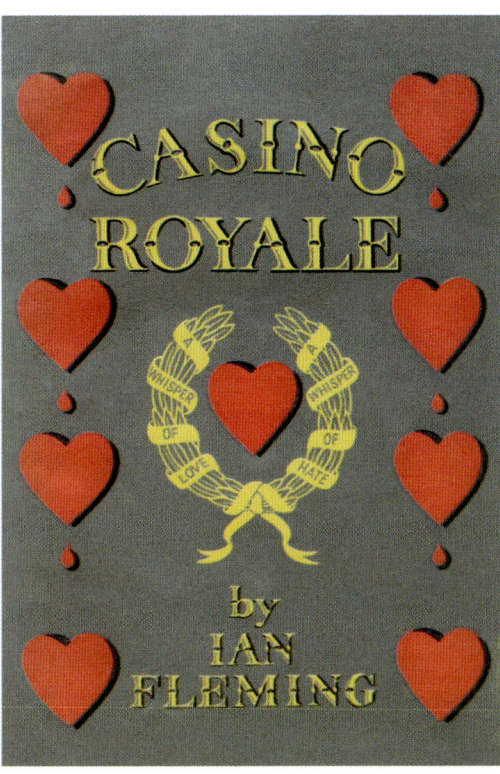

"Vodka dry Martini..."

Die Herzen in Ian Flemings Design für den Umschlag seines ersten Bond-Romans sollen Baccara und Liebe symbolisieren.

Junkie
William Burroughs

Lebensdaten | *1914 (USA), †1997
Erstausgabe | 1953 bei Ace Books, New York
Originaltitel | *Junkie: Confessions of an Unredeemed Drug Addict*

William S. Burroughs ist aus vielerlei Gründen unvergeßlich: er war ein literarischer Bilderstürmer und wurde für seine schriftstellerischen Experimente verehrt; seine „Coolness" beeinflußte eine ganze Generation von Schriftstellern, Cineasten und Musikern; sein Drogenkonsum ist legendär. All dies hat jedoch dazu geführt, daß sein Vermächtnis auf eine zügellose Psychedelik und experimentelles Herumwerkeln reduziert wurde, wogegen die wahre Breite seines Schaffens beinahe verblaßt ist. Dabei ist und bleibt Burroughs ein Autor ohne billige Tricks, er beschrieb einfach sein Leben und bediente sich dabei der Techniken, die ihm als die geeignetsten erschienen. In *The Naked Lunch* schilderte er sowohl die polyglotte, paranoide Atmosphäre im Tanger der Fünfzigerjahre als auch seinen Opium-Entzug und bediente sich dabei eines hohen Abstraktionsgrades. In anderen Werken, vor allem in *Junkie* und dem späteren *Queer*, benutzte er weit einfachere Erzählmethoden.

In *Junkie* schildert Burroughs die Innenwelt von *The Naked Lunch* als eine gegenwärtige, äußere Realität. Das halb autobiographische Werk beschreibt seine Beziehung zu den Opiaten, von den ersten Experimenten bis zur ausgewachsenen, langjährigen Sucht. Um die Arbeit an diesem Buch zu bewältigen, war der Autor auf seine tägliche Morphiumspritze angewiesen. Das Bild von Burroughs in *Junkie* geht weit über die aus der Beatnik-Folklore bekannte Outlaw-Karikatur hinaus. Unverblümt beschreibt er den Teufelskreis der Abhängigkeit, und dabei entlarvt er auch die Methoden der Gesellschaft, mit denen sie sich der Süchtigen als Sündenböcke für ihr chronisches Versagen und die eigenen Süchte bedient. Die wahre Bedeutung von *Junkie* liegt in dieser Offenheit, in der wahrhaftigen Einfachheit der Methode, mit der Burroughs jeden Versuch, ihn als die Mickey Mouse einer „Gegenkultur" zu denunzieren, auf geradezu stupende Weise hintertreibt. **SF**

„*... er behielt es für sich.*"

● Der fast bürokratische Habitus Burroughs' auf diesem Foto aus dem Jahr 1959 läßt nicht erahnen, welch schillerndes literarisches Universum er schuf.

Glück für Jim
Kingsley Amis

Amis hatte schon mehrere Gedichtbände herausgegeben, bevor er mit diesem ersten Roman einen Publikumserfolg landete. *Lucky Jim* prägte den englischen Nachkriegsroman, es ist ein ikonoklastisches, satirisches, aber auch lustiges Werk, das der konservativen Gesellschaft gegenüber kein Blatt vor den Mund nimmt. Amis erzählt die Geschichte von Jim Dixon, einem mittelmäßigen, aber scharfsinnigen Assistenzprofessor an einer langweiligen Universität in der Provinz, der sich bewußt wird, daß er sich bei seiner Karriereplanung furchtbar vertan hat. Er empfindet sein Fach – die mittelalterliche Geschichte – als trist und langweilig, sein Umfeld am Institut und in der Stadt, in der er leben muß, erscheint ihm gräßlich. Jim fordert das Schicksal immer dreister heraus und zeigt eine kaum verhüllte Verachtung für seine Kollegen, besonders für den absurden Professor Welch. Schließlich bringt er es fertig, seinen Job zu verlieren, indem er eine Vorlesung zum Thema „Vergnügtes England" hält. Er erscheint stockbetrunken und belegt die Vorgesetzten der Uni mit beißendem Spott. Er verläßt die Universität und findet nicht nur eine bessere Arbeit, sondern auch eine Frau.

Lucky Jim gilt gemeinhin als ein typisch englischer Roman. Jim Dixon hat Verstand, ist aber nicht gewillt, diesen zu gebrauchen, um den Erwartungen der höheren Gesellschaft zu entsprechen. Es ist eine Geschichte über frustrierten Ehrgeiz und Talent, die England als düstere, von bleichen Scharlatanen beherrschte Wildnis zeigt. Das Buch wurde mit großem Elan und aus einem kühn-satirischen Blickwinkel geschrieben, zahlreiche Schilderungen und Sequenzen sind von herrlicher Komik. Dies gilt besonders für den Beginn des Romans, wo Jim über den Wert seiner schlichtweg unsinnigen Forschungsarbeit reflektiert. Die berühmteste Passage ist die Schilderung eines Kulturseminars in Professor Welchs Haus, die mit der wohl besten Beschreibung einer Katerstimmung endet, die die englische Belletristik zu bieten hat. **AH**

Lebensdaten | *1922 (England), †1995
Erstausgabe | 1953
Erschienen bei | V. Gollancz (London)
Originaltitel | *Lucky Jim*

„*Mach, was du schon immer wolltest …*"

◉ Ein begeisterter Kommentar von C. P. Snow, der zwei Jahre zuvor seinen eigenen Campus-Roman *The Masters* veröffentlicht hatte.

Die verlorenen Spuren
Alejo Carpentier

Lebensdaten | *1904 (Schweiz), †1980 (Frankreich)
Erstausgabe | 1953 bei Edición y Distribución Iberoamericana de Publicaciones (Mexico City)
Originaltitel | *Los pasos perdidos*

In seinem dritten Roman geht der in Lausanne geborene kubanische Autor neue Wege. Dies ist eines der wenigen Werke, in denen er sich keines historischen Stoffes annimmt und das nicht in der Karibik spielt. Carpentier erzählt die Geschichte einer Pilgerfahrt, einer Suche nach den Ursprüngen der Zivilisation und nach der eigenen Identität. Es handelt sich um das autobiographischste seiner Bücher, und es ist keinesfalls abwegig, den Autor in der Figur eines südamerikanischen Musikwissenschaftlers und Komponisten widergespiegelt zu sehen, der aus einer nordamerikanischen Großstadt aufbricht, um in den Tiefen des venezolanischen Urwalds nach primitiven Musikinstrumenten zu forschen.

Die in Form eines Tagebuchs berichtete Reise des Ich-Erzählers ist eine Flucht aus der Sterilität sowohl seiner kreativen Bemühungen als auch der Beziehungen zu seiner Ehefrau und seiner Geliebten. Im Urwald findet er nicht nur die gesuchten Instrumente, sondern trifft auch auf das erdverbundene Mischlingsmädchen Rosario, das eine vollkommene Ergänzung zu ihm bildet. Er läßt sich inspirieren, an einer Kantate weiterzuschreiben, die er in der Großstadt nie zu Ende bringen würde. Da ihm Leidenschaft und Kunst nun offenstehen, fehlt ihm nur noch eines: ein Grund, im Dschungel zu bleiben. Er kehrt in die USA zurück, nur um erneut von dort zu fliehen. Als er aber in den Urwald zurückkehrt, ist die Stätte seines Glücks nicht mehr auffindbar. Im Schlußbild läßt Carpentier den Forscher auf einen Fluß blicken, der ihm nichts zu sagen vermag, und symbolisiert so das Dilemma des modernen Künstlers, der verloren zwischen zwei unvereinbaren Welten steht. **DMG**

Das Treibhaus
Wolfgang Koeppen

Lebensdaten | *1906 (Deutschland), †1996
Erstausgabe | 1953
Erschienen bei | Scherz & Goverts (Stuttgart)
Verfilmung | 1987 (Regie: Peter Goedel)

Das Treibhaus spielt in Bonn, der provisorischen Hauptstadt der noch jungen Bundesrepublik, und schildert die letzten Tage des sozialdemokratischen Bundestagsabgeordneten Keetenheuve, der sich am Ende mit einem Sprung von einer Rheinbrücke das Leben nimmt. Der Roman löste in Deutschland einen Skandal aus, vor allem weil er einen schonungslosen Blick auf die noch ganz jungen Machtstrukturen warf.

Koeppen selbst betrachtete das Buch vor allem als einen Roman „des Scheiterns" eines einzelnen. Doch Keetenheuves Zerbrechen rührt den Leser an, weil in ihm auch Idealismus und Gerechtigkeit eine Niederlage erleiden. Der Roman beginnt mit dem Tod von Keetenhueves junger Frau Elke, die dem Alkohol verfallen war und völlig den Halt verloren hatte, weil sie das Erlebnis des Krieges und die Vernachlässigung durch Keetenheuve nicht zu verarbeiten vermochte. So wie Elke mühen sich auch alle anderen Figuren ab, mit der Vergangenheit zurechtzukommen; das Erbe des Dritten Reiches wirkt hemmend auf sämtliche Anstrengungen, die deutsche Gesellschaft zu verändern. Kettenheuve offenbart trotz seines Scheiterns aber auch eine heroische Seite, denn er kämpft gegen die Wiederbewaffnung des Landes. Sein Einsatz bleibt am Ende zwar fruchtlos, doch Koeppen verleiht seinen Anschauungen beredten und leidenschaftlichen Ausdruck. Dies ist ein höchst bedeutsames Buch über das Deutschland der frühen Nachkriegszeit und den Zugriff politischer Macht auf das Individuum. **AB**

> *Das Treibhaus* ist der zweite Teil der „Trilogie des Scheiterns" (1. Teil *Tauben im Gras* [1951], 3. Teil *Tod in Rom* [1954]) – Koeppens kritischer Bestandsaufnahme der jungen Bundesrepublik.

Der lange Abschied
Raymond Chandler

„Bis heute weiß man nicht, wie man sie verabschieden soll."

⬆ Der Umschlag der britischen Erstausgabe bediente eher voyeuristische Erwartungen, als mit anspruchsvollen literarischen Absichten zu werben.

Lebensdaten | *1888 (USA), †1959
Erstausgabe | 1953
Erschienen bei | Hamish Hamilton, London
Originaltitel | *The Long Good-Bye*

Chandler schrieb *Der lange Abschied* in seinen besten Jahren, ein gutes Jahrzehnt, nachdem er den Namen Philip Marlowe zum Markenzeichen gemacht hatte, und der Roman hat zweifellos Anspruch auf einen Spitzenplatz im Werk des Schriftstellers. Dieses Buch zählt genauso zu den Meisterleistungen amerikanischer Belletristik wie *Der große Schlaf* (1939), in dem er das Strickmuster des Detektiv-Groschenromans mit den Raffinessen des literarischen Mainstream zu veredeln begann.

Nachdem er Terry Lennox zur Flucht nach Mexiko verholfen hatte, keimt in Marlowe der Verdacht auf, daß er damit unbewußt einen Mörder entkommen ließ. Damit nicht genug: Terry begeht offensichtlich Selbstmord und hinterläßt Marlowe einen verwirrenden Haufen von Problemen und postumen Verpflichtungen. Chandler benutzt das Rätselhafte in seinen Roman oft als Ausgangspunkt für größere Betrachtungen der Gesellschaft aus der Sicht eines Weltmüden. Dies gilt ganz besonders für *Der lange Abschied*: Als Marlowe auf der Suche nach Lösungen in die korrupte, gelangweilte Welt von Idle Valley gerät, treten die satirischen Absichten des Romans in den Vordergrund. Fernab der garstigen „Downtown" zeigt Chandler die kultivierteren Seiten seines Protagonisten (eine Referenz an Flaubert war in den Kriminalromanen der 1950er Jahre eher unüblich!). Und natürlich hat es seine Berechtigung, wenn der detektivische Ansatz etwas in den Hintergrund rückt, denn in Chandlers Welt bringt uns auch die Auflösung eines Verbrechens die Unschuld nicht zurück. Wenn der Kriminalroman unserer Tage oft eine ernsthaftere, reflektierende Wendung nehmen kann, dann verdankt er dies dem lakonisch-trockenen *Der lange Abschied*.   **BT**

Der Zoll des Glücks
L. P. Hartley

Lebensdaten | *1895 (England), †1972
Erstausgabe | 1953 bei Hamish Hamilton (London)
Originaltitel | The Go-Between
Verfilmung | 1971

Hartley baute seinen – teilweise autobiographischen – Roman um die Erzählungen von Leo Colston auf. Dieser erinnert sich als älterer Mann an einen Sommer, den er als Kind im Haus der Maudsleys verbrachte, der wohlhabenden Familie seines Schulfreundes. Dort wird er in die aus Standesgründen inakzeptable Beziehung zwischen Marian, der älteren Schwester seines Freundes, und dem Bauern Ted verwickelt.

Leo wird zum „Go-between", zum Mittler einer verbotenen Liebe, die die restriktiven Klassengesetze des Edwardianischen England herausfordert. Er wird sich bewußt, daß es ein sexuelles Begehren gibt und beobachtet halb fasziniert, halb schockiert, die Vorgänge. Seine Rolle als Vermittler der Beziehung ist der Auslöser für sein frühes Erwachsenwerden. Im Rückblick mißbilligt Colton das Tun von Marian und Ted, aber seine Nostalgie beschränkt sich nicht auf den Verlust seiner kindlichen Unschuld. In den Betrachtungen von Colton offenbart sich auch seine Sehnsucht nach einem „Way of Life", in dem sich die Klassenunterschiede zu seinen Gunsten auswirkten. In diesem durch und durch englischen Roman erlebt Leo seine Offenbarung während eines Cricket-Spiels, das er als „Kampf zwischen Recht und Unrecht, zwischen dem Gehorsam gegenüber der Tradition und deren Mißachtung, zwischen sozialer Sicherheit und Revolution" erlebt.

Der Roman wird dadurch interessant, daß er sich einem bekannten Thema – der durch gesellschaftliche Schranken behinderten Liebe – auf ungewohnte Weise nähert, aber auch durch die Offenheit, mit der Leo erzählt. **JW**

Einer aus Kurussa
Camara Laye

Lebensdaten | *1928 (Guinea), †1980 (Senegal)
Erstausgabe | 1953
Erschienen bei | Plon (Paris)
Originaltitel | L'Enfant noir

Der große afrikanische Romanautor Chinua Achebe warf diesem Roman einmal vor, er sei zu „süßlich". Damit spielte er zweifellos auf die unpolitischen Grübeleien des Ich-Erzählers Fatoman an. Dieser schildert in *Einer aus Kurussa* seine Kindheit in einem muslimischen Dörfchen und die Zeit als junger Mann, der sich in der Stadt eine neue Existenz erkämpft. Die westlichen Leser sahen im Roman allerdings einen frühen Vertreter der frankophonen afrikanischen Literatur, der erstmals den Alltag des Stammeslebens beschrieb, wozu auch Beschneidungszeremonien und die Arbeit der Goldschmiede gehören.

Camara Laye schrieb diesen Roman in Paris während seines Maschinenbau-Studiums; es ist ein autobiographisches Werk, in dem er seine Kindheit in Guinea in einem fast wehmütigen Ton beschreibt. Laye wurde in den Stamm des angesehenen Malinké-Stammes geboren, wo er in einer Muslim-Gemeinde fern von französischen Einflüssen aufwuchs. Erst als er nach Kurussa und später nach Conakry und Paris kam, wurde er mit den Gegensätzen zwischen Dorf und Stadt, zwischen Afrika und Europa konfrontiert.

1956 kehrte Laye nach Afrika zurück, wo er eine Stelle in der Regierung einnahm; seine Opposition zu Sekou Touré, dem ersten Präsidenten Guineas nach der Unabhängigkeit, brachte ihm mehrere Gefängnisaufenthalte ein, später ging er ins Exil. Die Unmöglichkeit, sich wieder in Afrika einzuleben, beschrieb Laye 1966 in seinem ausgesprochen politischen Roman *Dramouss*, der die Geschichte von *Einer aus Kurussa* fortschreibt. **JSD**

Ein Frühlingstag
Ciril Kosmač

Lebensdaten | *1910 (Slowenien), †1980
Erstausgabe | 1954
Erschienen bei | Prešernova družba (Ljubljana)
Originaltitel | *Pomladni dan*

Wenige Tage nach Ende des Zweiten Weltkrieges wacht Kosmačs Protagonist zu Hause auf – zum ersten Mal nach fünfzehn Jahren, die er im Exil und im Krieg verbrachte. Die Wiederbegegnung mit der aus Kindheit und Jugend vertrauten Umgebung wühlt ihn auf. Er geht durch ein Wechselbad der Gefühle, und die Gegenwart vermischt sich mit nostalgisch verklärten Erinnerungen an die Reinheit erster Erfahrungen, als würde er vom verkehrten Ende durch ein Fernglas schauen. In einem gegenseitig sich bereichernden Prosafluß läßt Kosmač ein Porträt von feinfühligem Schmerz entstehen, das mit einer Vitalität durchwoben ist, die zwischen Verlust und Reue alterniert.

Der Zurückgekehrte bewegt sich zwischen zwei Welten – der Welt der Verbannung, die für ihn stumm und fremd geworden ist, obwohl er viele Jahre in ihr lebte, und der Welt seines Dorfes an der schattigen Hügelflanke, durch die der Fluß Idritsa fließt. Diesen Schwebezustand erlebt er vor dem Hintergrund äußerer Ungewißheiten und der Umwälzungen in Slowenien. Diese gehen auf die Teilunabhängigkeit des Landes von Österreich-Ungarn nach dem Ersten und die Zeit nach dem Zweiten Weltkrieg zurück, als Slowenien von Italien freikam und sich Jugoslawien anschloß. In *Ein Frühlingstag* gelang Kosmač ein sanfter Symbolismus, der nie ins Allegorische abdriftet: die Politik ist mit dem Individuellen so intim verwoben, daß beide nicht mehr zu unterscheiden sind, und das Einzelschicksal ist nahtlos mit dem Schicksal der Dorfgemeinschaft verbunden. **MW**

Die Verachtung
Alberto Moravia

Lebensdaten | *1907 (Italien), †1990
Erstausgabe | 1954
Erschienen bei | Bompiani (Mailand)
Originaltitel | *Il Disprezzo*

Wie die meisten Werke Moravias ist auch dieser Roman eine politische Anklage: die kapitalistische Kultur reduziert den Intellektuellen auf einen bloßen Produzenten einer Handelsware. Der Protagonist Riccardo Molteni ist ein gescheiterter Intellektueller, der Dramatiker werden möchte, diese Ambition aber fallenläßt. Er verkauft seine Seele dem Kommerz und verdient sein Geld mit mit dem Schreiben von Drehbüchern. Molteni redet sich ein, er tue dies, um seine Eigentumswohnung zu bezahlen und seine Frau Emilia glücklich zu machen. Zusehends verliert er den Sinn für die Wirklichkeit, er nimmt nicht wahr, was um ihn herum geschieht, zum Beispiel, daß ihn seine Frau nicht mehr liebt.

Molteni nimmt Zuflucht zu den griechischen Mythen, in denen die Protagonisten ein einfaches, unmittelbares Verhältnis zur Realität leben. Vor die Aufgabe gestellt, für die Verfilmung der *Odyssee* ein Drehbuch zu schreiben, entdeckt er im Text Homers den Schlüssel zu seiner Existenz. Odysseus und Molteni teilen ein ähnliches Schicksal. Ihre Frauen, Penelope und Emilia, verachten ihre Passivität und Selbstsicherheit. Molteni ist von Emilias Treue äußerst überzeugt und übersieht, daß ihr der Filmproduzent den Hof macht. Dies wiederum verletzt Emilia, die den Eindruck hat, sie werde als billiges Pfand zur Sicherung des Auftrags ihres Mannes verkauft. Ihre Verachtung gegenüber Molteni wächst, schließlich schreit sie ihm diese ins Gesicht, bevor sie ihn auf der Insel Capri verläßt. **RP**

Geschichte der O
Pauline Réage

Lebensdaten | *1907 (Frankreich), †1998
Erstausgabe | 1954
Erschienen bei | Pauvert (Sceaux)
Originaltitel | *Histoire d'O*

Die Maskierung der Pauline Réage ist komplex: der Name ist ein Pseudonym von Dominique Aury, und dies wiederum ein Pseudonym von Anne Desclos, einer französischen Schriftstellerin und Übersetzerin. Als *Geschichte der O* 1954 erschien, wurde sie zu einer der berüchtigtsten Pornographinnen; den Namen Réage legte sie sich speziell für dieses Buch zu. Jean Paulhan, ihr Liebhaber, soll ihr gegenüber behauptet haben, eine Frau werde nie einen erotischen Roman schreiben können. Als Antwort darauf verfaßte sie die *Geschichte der O*. Der Roman ist eines der überzeugendsten und provozierendsten Argumente, die in einem Disput unter Liebenden je vorgebracht wurden.

Der Roman wird weniger wegen seiner Handlung, sondern wegen seines kunstvollen Stils geschätzt. Dies betrifft besonders die Beherrschtheit, mit der Réage die intimen Phantasien der O während und nach deren Folterungen und Erniedrigungen wiedergibt. Die starke erotische Wirkung wird durch eine Art Ungleichgewicht zwischen Sprache und Psychologie erreicht. Würde die Sprache das mentale und physische Leiden der O in seiner ganzen Gewalt wiedergeben, reduzierte sie sich oft auf einen inkohärenten Schrei. Statt dessen zügelt Réage ihren Stil, der Roman bewegt sich in ruhigem Rhythmus und gleichmäßigem Tempo durch eine Reihe von Episoden perverser Sexualpraktiken, bis die O schließlich hinter einer weiteren Maske verschwindet – der Maske einer Eule. Die beste Maskierung ist jedoch der Stil der Prosa selbst. *Geschichte der O* ist ein schockierender, gleichzeitig aber auch langweiliger Roman. Er lehrt uns, daß die höchste erotische Lust am Schmerz im Schrecken wurzelt, der von der Langeweile ausgeht. **KS**

Unter dem Netz
Iris Murdoch

Lebensdaten | *1919 (Irland), †1999 (England)
Vollständiger Name | Dame Jean Iris Murdoch
Erstausgabe | 1954 bei Chatto & Windus (London)
Orginaltitel | *Under the Net*

Mit ihrem Erstling *Unter dem Netz* gelang es Murdoch, den überschwenglichen Geist der Freiheit im Europa der Nachkriegsjahre einzufangen. Jake Donaghue, der draufgängerische Ich-Erzähler des Romans, ist ein verarmter, junger Schriftsteller ohne Wurzeln, der diese Freiheit genießt. Er hat keine Wohnung, keine Verpflichtungen und keine feste Anstellung, und in seinen Beziehungen kommt es ihm nur darauf an, ob ihm eine Frau Sex und Unterkunft bieten kann. Aufgeschreckt durch Erfolge, Mißerfolge und eine Reihe urkomischer Mißverständnisse wird sich Jake allerdings bewußt, daß andere Menschen ein Leben führen, das sich seiner Kenntnis entzieht, und daß die Welt Geheimnisse birgt, von denen er keine Ahnung hat. Er gerät in eine lähmende Depression und beginnt, sein Liebesleben vorbehaltlos zu hinterfragen. Schließlich wird aus Jake ein aufstrebender Romancier, der sich in seiner Arbeit mit der Welt auseinandersetzt, die er endlich wahrzunehmen beginnt.

Unter der Oberfläche der in raschem Rhythmus erzählten Geschichte präsentiert sich eine Fülle philosophischer Überlegungen: Iris Murdoch stellt existentielle Freiheitsideale in Frage, sie fragt nach der Bedeutung des Verliebtseins, und sie untersucht unbarmherzig, was einen guten Schriftsteller und gute Kunst ausmachen. Ihren Überlegungen liegt die Frage zugrunde, wie genau sich Ideen in Sprache umsetzen lassen (mit dem „Netz" im Buchtitel ist die Sprache gemeint), und wie weit uns Kunst von der Realität entfernt, statt uns ihr näher zu bringen. Aber Jakes Betrachtung des Gemäldes *Holländischer Kavalier* von Frans Hals in der Wallace Collection in London und der Anblick des Medici-Brunnens in Paris veranschaulichen Murdochs Überzeugung, daß die Kunst nicht von der Realität getrennt ist, und insbesondere, daß „Kunst und Moral eins sind". **AR**

Herr der Fliegen
William Golding

Lebensdaten | *1911 (England), †1993
Erstausgabe | 1954 bei Faber & Faber (London)
Erste Verfilmung | 1963
Originaltitel | *Lord of the Flies*

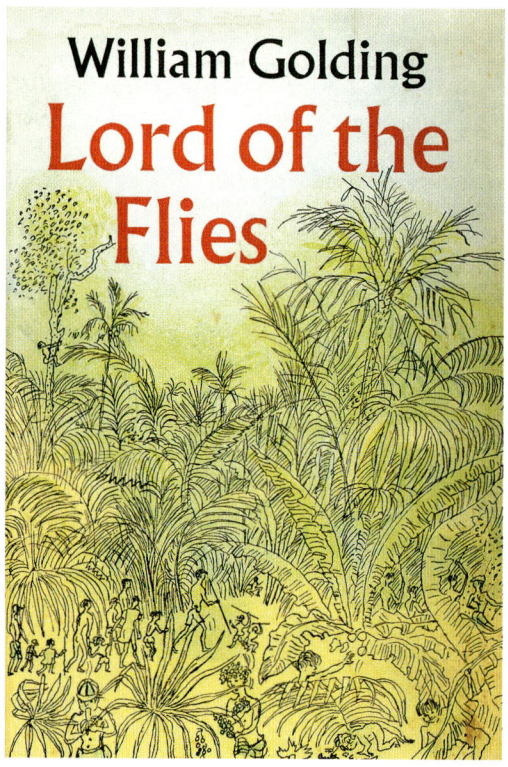

- Goldings Roman erschien zu einer Zeit, da sich die Öffentlichkeit mit der Frage nach der Destruktivität des Menschen beschäftigte.

- Peter Brooks verfilmte den Roman in einem schonungslos dokumentarischen Stil, der dem apokalyptischen Thema gerecht wird.

Der Roman bietet eine fesselnde Auseinandersetzung mit den zwei rivalisierenden Trieben, die allen Menschen innewohnen. Einerseits ist da der instinktive Wunsch nach einem friedlichen Zusammenleben, nach der Vorherrschaft des moralisch Guten über das Triebhafte. Andererseits gibt es den Impuls des Beherrschens, wobei das Individuum zugunsten der Gruppe geopfert wird.

Herr der Fliegen erzählt die Geschichte einer Gruppe von Schuljungen, die während des Krieges auf einer Tropeninsel ausgesetzt sind, nachdem ihr Flugzeug abgeschossen wurde. Allein, ohne Aufsicht durch Erwachsene, wählen die Jungen zunächst einen Anführer. Ralph gewinnt die Wahl vor Jack, der zum Jagdführer erkoren wird. Den Kern des Romans bilden die Gegensätze zwischen Gut und Böse, zwischen Ordnung und Chaos, Zivilisation und Wildnis, Gesetz und Anarchie. Diese werden einerseits vom sensiblen, besonnenen Ralph, andererseits vom wilden, charismatischen Jack repräsentiert. Die Aufteilung der Gestrandeten in zwei Gruppen stürzt die Inselgesellschaft ins Chaos. Die eine Gruppe ist friedlich und kooperiert zur Aufrechterhaltung der Ordnung und zum Erreichen gemeinsamer Ziele, die andere begehrt auf und verbreitet Gewalt und Schrecken. Ein Machtkampf scheint unausweichlich, wird aber verzögert, als einer der Jüngeren ein „Untier" auf der Insel entdeckt. Die gespenstische Gestalt, so deutet Simon die Erscheinung, sei nichts Äußerliches, sondern das „Untier", das in jedem einzelnen von ihnen lebe.

Diese nachdenklich stimmende Erkundung des Bösen im Menschen ist ein Spiegel der Gesellschaft jener Zeit. Sie wird von Goldings eigenen Erfahrungen im Zweiten Weltkrieg genährt, wo er Zeuge der Wildheit verzweifelter, isolierter Männer wurde, bei denen die Gesetze der Zivilisation nicht galten. Obwohl sich die packende Erzählung auf eine kleine Gruppe von Jungen auf einer kleinen Insel beschränkt, vermag sie doch zentrale Fragen der menschlichen Existenz zu thematisieren. **EF**

Mandarins von Paris
Simone de Beauvoir

Lebensdaten | *1908 (Paris), †1986
Erstausgabe | 1954 bei Gallimard, Paris
Originaltitel | *Les mandarins*
Originalsprache | Französisch

Der Schriftsteller Henri ringt mit seinem neuen Roman und beginnt ihn mit der Frage „Welche Wahrheit will ich wiedergeben? Meine. Aber was heißt das?" Damit stellt er die Fragen, die im Zentrum dieses Romans stehen, in dem Beauvoir die veränderten Auffassungen von Identität und Kunst im befreiten Frankreich untersucht.

Anhand einer Gruppe von Intellektuellen in den Jahren nach 1944 ergründet *Die Mandarins von Paris* in fast epischem Ausmaß, wie sich die Besetzung durch die Nazis und die schlimmen Folgen des Krieges einerseits und die neuen, mit dem Wiederaufbau von Europa und dem beginnenden Kalten Krieg verbundenen Ungewißheiten andererseits niederschlagen. Im Zentrum stehen Henri als Redakteur des linken Magazins L'Espoir und seine Exgeliebte Paula, der das Ende der Beziehung zu schaffen macht. Die andere zentrale Figur ist Anne, Psychoanalytikerin und Mutter von Henris neuer Liebe Nadine, die durch die kurze außereheliche Affäre und eine persönliche und politische Leere an den Rand des Selbstmords gebracht wird. Der Roman beleuchtet die Beziehungen zwischen Henri, Paula, Anne, Nadine und einer ganzen Anzahl von Nebendarstellern, die sich mit L'Espoir und den Nachwirkungen des Krieges beschäftigen.

Fest entschlossen, die oft unangenehme Wahrheit über die Nachkriegsgesellschaft offenzulegen, gelang Beauvoir ein außerordentlich erhellendes, episches Porträt, das Persönliches und Politisches auf allen Ebenen unbeirrt verbindet. **AB**

Bonjour Tristesse
Françoise Sagan

Lebensdaten | *1935 (Frankreich), †2004
Richtiger Name | Françoise Quoirez
Erstausgabe | 1954
Erschienen bei | Julliard (Paris)

Die frühreife fünfzehnjährige Cécile verläßt ihr Internat, um bei ihrem verwitweten Vater Raymond, einem Freigeist, zu leben. Dort gerät sie in eine dekadente Welt, die sich um Lichtjahre vom strengen Leben an der Schule unterscheidet. Das sonnengebräunte Duo pendelt zwischen Paris und der Riviera hin und her und erfreut sich eines hedonistischen Lebenswandels mit kurzlebigen Affären und jedem erdenklichen Luxus. Das heiter-frivole Leben gerät nach zwei Jahren in Gefahr, als Raymond sich in Anne Larsen verliebt. Sie war eine Freundin von Céciles Mutter und bewegt sich in eher farblosen Intellektuellenkreisen. Cécile, das Urbild eines *Enfant terrible*, fürchtet um ihre Freiheit und bittet ihren Liebhaber Cyril und Elsa, die ehemalige Gespielin ihres Vaters, um Hilfe. Ihr listiger Plan hat tragische Folgen und Céciles Glück wird für immer von *Tristesse* überschattet.

Françoise Sagan war erst achtzehn, als sie diesen Erstling schrieb, der sofort zum internationalen Bestseller wurde. Die offen geschilderte Sexualität, die Huldigungen an Reichtum und Opulenz und die angedeuteten gleichgeschlechtlichen Sehnsüchte schockierten und erregten die ersten Leser; das Buch ebnete einer toleranteren französischen Gesellschaft den Weg. Hinter der Fassade der übersättigten, naiven Cécile lauert das Bild eines Kindes, das zu allem bereit ist, um das ihr vom einzigen Elternteil vorgezeichnete Leben aufrechtzuerhalten. **BJ**

> Der Teenager Sagan schockierte die damaligen Leser mit der freizügigen Schilderung von Sexualität.

Der Tod in Rom
Wolfgang Koeppen

Lebensdaten | *1906 (Deutschland), †1996
Erstausgabe | 1954
Erschienen bei | Scherz & Goverts (Stuttgart)
Büchner-Preis | 1962

Mit seinen ironischen Anspielungen auf Thomas Manns *Tod in Venedig* bietet Koeppens Roman eine erfrischende Fortschreibung dieses Meisterwerks. Schauplatz der Handlung ist Rom, dennoch geht es Koeppen um die Beantwortung der Frage, was aus Deutschland nach dem Krieg werden soll.

Deutschland wird im Roman von vier Angehörigen einer Familie repräsentiert, die, durch den Nationalsozialismus getrennt, in Rom wieder zusammentreffen. Der Patriarch Gottlieb Judejahn, ehemaliger SS-Offizier, flüchtete vor seinem Prozeß aus Deutschland und hält sich in Rom auf, um Waffengeschäfte abzuwickeln; sein Sohn Adolf will katholischer Priester werden. Friedrich Pfaffrath, Gottliebs Schwager, einst hoher Parteigenosse, konnte als konservativer Demokrat in der jungen Bundesrepublik zum Oberbürgermeister aufsteigen. Sein Sohn Siegfried ist Komponist – und während der Uraufführung eines seiner Werke kommt es zum unverhofften Zusammentreffen der Familienmitglieder. Der Erzähler des Romans ist Siegfried, für den seine Familie den ganzen Horror des Krieges verkörpert, den er vergessen will, doch die Schrecken seiner Kindheit und Jugend im Nazideutschland lassen sich, selbst durch sein musikalisches Schaffen, nicht ausblenden. Auch Adolf ist belastet von der Schuld, die sein Vater auf sich geladen hat. Als Priester findet er nicht die Absolution, die er sucht, stellvertretend für seinen Vater, aber auch im Hinblick auf sein eigenes Verhalten in dieser Zeit.

Diese vier Charaktere treffen im chaotischen Rom der Nachkriegsjahre zusammen – und die Ereignisse eskalieren. Koeppen zeichnet ein düsteres, pessimistisches Bild der Nachwirkungen des Dritten Reichs. Dennoch wird in diesem Roman die Gerechtigkeit, wenn nicht sogar die Gnade, hochgehalten und gefeiert – und das bleibt dem Leser unvergeßlich. **AB**

Die Brandung
Yukio Mishima

Lebensdaten | *1925 (Japan), †1970
Richtiger Name | Hiraoka Kimitake
Erstausgabe | 1954 bei Shinchosha (Tokio)
Originaltitel | *Shio-sai*

Diese einfache, aber intensive Liebesgeschichte spielt auf einer entlegenen japanischen Halbinsel und schildert die Liebe des armen, jungen Fischers Shinji zur bildhübschen Perlentaucherin Hatsue. Die argwöhnischen Dorfbewohner beginnen über die zwei Liebenden zu tratschen, man wirft Shinji vor, er habe Hatsue die Unschuld geraubt. Hatsues Vater stellt sie unter Hausarrest und verbietet Shinji, seine Tochter zu sehen, denn diese ist bereits Yasuo versprochen, einem rüpelhaften Sohn aus reichem Haus. Später wird der Vater nachgiebig, und er läßt die beiden Verehrer in der stürmischen See gegeneinander antreten. Der edle, hart arbeitende Shinji gewinnt die Prüfung; er wird im Dorf wieder respektiert und erhält seine geliebte Hatsue zurück.

Die Brandung spielt auf der Halbinsel Shima, die für ihre Perlentaucherinnen berühmt ist. Mishima schrieb den Roman jedoch nach einem Aufenthalt am Mittelmeer und nachdem er die alte römische und griechische Literatur studiert hatte, deshalb bietet sein Roman eine interessante Stilmischung – die Konstruktion weist die Knappheit und Feinheit einer japanischen Miniatur auf, gleichzeitig haben die lyrischen Beschreibungen des Insellebens und der erlösenden Kräfte der See die Suggestivkraft der romantischen Tradition. Gewalt und Sexualität sind weniger ausgeprägt als in späteren Romanen des Autors, er beschreibt die Gefühle einer ersten Liebe mit bewegender Zärtlichkeit. Hier zeigt sich einer der wichtigsten japanischen Autoren des 20. Jahrhunderts von seiner sanfteren Seite. **TS**

Der unbekannte Soldat
Väinö Linna

Lebensdaten | *1920 (Finnland), †1992
Erstausgabe | 1954
Erschienen bei | WSOY (Porvoo)
Originaltitel | *Tuntematon Sotilas*

Der unbekannte Soldat ist ein ungeschminkter und mutiger Kriegsroman über eine finnische Maschinengewehr-Kompanie. Diese versucht 1941 vergeblich, Stalins Armee aufzuhalten, die gegen ihr Land anstürmt. Mit zerfetzten Leichen, von Kugeln durchbohrten Gliedmaßen, mörderischen Nahkämpfen, Massenerschießungen, schikanösen Offizieren aus der Oberschicht und schnellen Vergnügungen mit Schnaps und Frauen läßt Linna die Mär vom gerechten Krieg förmlich explodieren. Die ungehobelte Sprache und das oft feige, von schrecklicher Angst geprägte Verhalten der Soldaten aus der Arbeiterklasse schreckte Politiker, Literaturkritiker und Patrioten ab, denn eine solche Hinterfragung des Krieges waren sie nicht gewohnt, zudem erfrechte sich Linna auch noch zur Frage, warum die Finnen an der Seite der Nazis standen.

Linnas Erzählung beruht auf den eigenen Erfahrungen, die er als Truppenführer einer Maschinengewehr-Kompanie an der Ostfront machte. Dies und seine Erfahrungen als Fabrikarbeiter ermöglichten es ihm, seine bunte Truppe mit sehr menschlichen Ängsten und Marotten auszustatten. Die derben Dialoge („Ein Finne frißt Metall und scheißt Ketten") klingen lebensecht, und der Name des Protagonisten Rokka wurde im Finnischen zum Synonym für einen aufmüpfigen, aber brillanten Soldaten. All dies bewahrt jedoch keinen vor dem Gesetz des Krieges und einem sinnlosen und schrecklichen Tod. Linnas Geschichte wurde zum erfolgreichsten finnischen Buch, das 1955 sowie 1985 verfilmt wurde. **JHa**

Stiller
Max Frisch

Lebensdaten | *1911 (Schweiz), †1991
Erstausgabe | 1954
Erschienen bei | Suhrkamp Verlag (Frankfurt)
Originalsprache | Deutsch

Max Frisch war Romanschriftsteller, Dramatiker, Tagebuchschreiber und Journalist, und er ist einer der größten Autoren der Schweizer Literatur des 20. Jahrhunderts. Der populäre, von der Kritik hochgelobte Roman *Stiller* ist eine starke Erzählung. Frisch kombinierte darin beklemmende und humorvolle Elemente um Themen wie Identität, Selbsthaß und den starken menschlichen Drang nach Freiheit.

Die Geschichte beginnt mit der Festnahme eines Mannes mit falschen Papieren an der Schweizer Grenze. Er gibt sich als „Mr. White" aus den USA aus, die Schweizer Behörden glauben aber, er sei der berühmte, seit sechs Jahren vermißte Bildhauer Anatol Stiller aus Zürich. Um mehr über seine Identität zu erfahren, muß der Mann im Gefängnis seine Lebensgeschichte niederschreiben. Dabei erzählt er nicht nur Geschichten aus den vergangenen paar Jahren, er schildert auch seine jüngsten Begegnungen mit Stillers Frau Julika und anderen Leuten, die er früher kannte. Anhand dieser Aufzeichnungen lernt man sein Leben aus der Zeit vor seinem Verschwinden kennen, so daß sich allmählich ein Bild des problembelasteten Mannes ergibt. Stiller schreibt über sich, als wäre er ein anderer, ein Selbst, vor dem er zu fliehen versuchte und mit dem er sich nun erneut auseinandersetzen muß, während er sich zusehends genötigt sieht, sowohl seine Vergangenheit als auch sein wahres Selbst zu akzeptieren.

Stiller ist die ironische Schilderung einer großen Identitätskrise, aber auch die ergreifende Darstellung einer gescheiterten Ehe und eine gesellschaftskritische Auseinandersetzung mit dem schweizerischen Konformismus. Der Roman ist komplex, psychologisch tiefgründig und anspruchsvoll, trotzdem ist er unterhaltend, amüsant und ergreifend. **AL**

Ragazzi di vita
Pier Paolo Pasolini

Lebensdaten | *1922 (Italien), †1975
Erstausgabe | 1955
Erschienen bei | Garzanti (Mailand)
Originaltitel | *Ragazzi di Vita*

Ragazzi di Vita erzählt die Geschichte einer Gruppe Jugendlicher in den römischen Slums unmittelbar nach dem Zweiten Weltkrieg. Die italienische Ausgabe zeichnet sich dadurch aus, daß sie ein Glossar mit den römischen Dialektausdrücken (dem „Romano") enthält, was die Lektüre für italienische Leser erleichtert. Wer das neorealistische italienische Kino jener Tage kennt, der weiß, daß Regisseure wie Rossellini, De Sica und Fellini gerne die italienischen Dialektsprachen verwendeten und mit Laiendarstellern arbeiteten. Der unorthodoxe Marxist Pasolini war der Meinung, die Thematisierung von Ausbeutung, Entfremdung und Marginalisierung müsse durch eine Analyse der Integration in die moderne, liberale Demokratie ergänzt werden. Daher rührt die Ambiguität der sozial-politischen Befindlichkeit des Sub-Proletariats in den Romanen, die Pasolini in den späten 1950er Jahren schrieb. Diese Klasse lebt in der Schwebe zwischen zwei Szenarien: Komplette Integration oder absolute Randständigkeit. Der Roman bietet ein ungeschminktes Porträt von Menschen, die die Wahl haben zwischen einem banalen, geregelten Leben im „Mainstream" und einer hoffnungslosen Existenz an der tristen Peripherie. Pasolini, der heute eher als Regisseur bekannt ist, sicherte sich mit *Ragazzi di Vita* einen Platz in der italienischen Literatur; der Roman gehört ganz sicher zu den besten Werken der neorealistischen Bewegung. **DSch**

Pasolinis Homosexualität führte in den 1940er Jahren zu seinem Ausschluß aus der Kommunistischen Partei Italiens.

Fälschung der Welt
William Gaddis

Lebensdaten | *1922 (USA), †1998
Erstausgabe | 1955
Erschienen bei | Harcourt Brace (New York)
Originaltitel | *The Recognitions*

Auf der Suche nach dem Echten und Wahren erforscht *Die Fälschung der Welt* jede nur denkbare Methode, mit der Kulturgüter gefälscht oder imitiert werden können. Gemälde werden gefälscht, Romanideen werden gestohlen, es gibt Plagiate von Theaterstücken, Kritiker schreiben bezahlte Buchkritiken, und in einem Pariser Café trägt jemand „eine unechte tätowierte Nummer aus einem Konzentrationslager auf dem linken Arm". Der Künstler Wyatt Gwyon, die Hauptfigur des Romans, wird von einem skrupellosen Kunsthändler und einem Galeristen dazu mißbraucht, Gemälde des nichtexistenten flämischen Malers Van der Goes herzustellen. Wyatt, der sich selbst als unecht empfindet, behauptet seiner Frau Esther gegenüber, daß die Moral „die einzige Methode ist, mit der wir sicher sein können, echt zu sein". Darauf fragt sie ihn spitz, ob es sich Frauen leisten könnten, moralisch zu sein. In diesem Roman hat kein Gedanke Gültigkeit, keine Diskussion kommt zu einem Schluß, und keiner der Erzähler engagiert sich für die Wahrheit.

Fast das gesamte Personal des Romans besteht aus Amerikanern, die Handlung spielt aber in der gehobenen europäischen Kulturszene. Man sollte Latein, Französisch, Spanisch und Italienisch verstehen, um die vielen Scherze zu begreifen. Da die Eingangsszenen am Schluß wiederkehren, gleicht das Buch einer Schlange, die sich in den Schwanz beißt. Wegen der vielen konfusen Gespräche – auf Partys oder in Cafés – dominiert das Wort, dennoch gibt es einen greifbaren Hinweis auf den Verfall, da die Protagonisten unablässig stolpern und hinfallen. Schließlich erstreckt sich die körperliche Unzulänglichkeit auch auf Gebäude: ein Hotel stürzt ein, und ein Organist bringt über sich eine ganze Kirche zum Einsturz. *Die Fälschung der Welt* war ein einflußreicher „Sleeper"-Roman und Gaddis ist der amerikanisierte Thomas Pynchon. **AM**

Der Llano in Flammen
Juan Rulfo

Lebensdaten | *1918 (Mexiko), †1986
Erstausgabe | 1955
Erschienen bei | Fondo de Cultura Económica
Originaltitel | *El llano en llamas*

Mit dieser Sammlung von sechzehn Geschichten schaffte es Rulfo, als Meistererzähler anerkannt zu werden. Die Reichweite der Erzählungen aus der Llano Grande im Bundesstaat Jalisco in der Zeit nach der mexikanischen Revolution geht weit über diese Landschaft hinaus. Rulfo bedient sich einer volkstümlichen, aber kunstvoll ausgeformten Sprache, und die Landschaft wird – hart an der Grenze zur Folklore – zum Sinnbild eines verwahrlosten Landes.

Rulfo schreibt über das, was geschah und was nicht mehr geändert werden kann (zum Beispiel in *Der Mann* oder in *Sie sollen mich nicht töten!*). Er sinniert über die Mechanismen der Macht und die Gesichter der Gewalt – oft im Kontext auseinandergerissener Familien (*Keine Hunde bellen*, *Die Erbschaft der Matilde Arcángel*). Rulfos Charaktere sind meistens einsam und schuldbeladen (*Macario* und *Hügel der Kameraden*), deshalb fahren oder wandern sie ohne wirkliche Bestimmung umher (*Talpa*, *Sie gaben uns das Land*), wobei sie sich unaufhörlich mit schweigenden oder nicht existenten Gesprächspartnern unterhalten (*Luvina*, *Denk daran*). Der gekonnte Umgang mit der Zeit und den Erzählstimmen, aber auch die ausgeklügelte Balance von Realität und Phantasie, die sich vom Magischen Realismus fernhält, zeigen Rulfos große Originalität. Allein aufgrund dieser Erzählungen und seines Romans *Pedro Páramo* ist Juan Rulfo zu den größten Autoren seiner Zeit zu zählen. **DMG**

Der stille Amerikaner
Graham Greene

Lebensdaten | *1904 (England), †1991 (Schweiz)
Erstausgabe | 1955
Erschienen bei | Heinemann (London)
Originaltitel | *The Quiet American*

Der Roman ist in einem gewissen Sinn eine allegorische Darstellung des Endes des europäischen Kolonialismus in Indochina und den Beginn des amerikanischen Imperialismus. Die Geschichte spielt im Vietnam der frühen 50er Jahre und schildert den Wettstreit zwischen Thomas Fowler, einem abgestumpften englischen Journalisten, und Alden Pyle, einem idealistischen amerikanischen Spion, um die Gunst der jungen Vietnamesin Phuong. Diese sehnt sich nach einem Mann aus dem Westen, der sie vor Armut und Prostitution bewahrt. Phuong wird unablässig mit der Landschaft und der Vegetation ihres Landes in Zusammenhang gebracht, aber auch mit dem Opiumrausch und einer Aura der Undurchdringlichkeit. Pyle ist jung und wohlhabend, er verspricht finanzielle Sicherheit; Fowler ist alt und abgekämpft und bietet bloß die Aussicht auf eine unbefriedigende, lockere Beziehung. Das Buch wurde meist als eine (prophetische) Kritik an der Rolle der USA im Vietnamkrieg gelesen.

Wie man es bei Greene gewohnt ist, beschränkt er sich nicht auf dieses Thema, er geht über die zentrale Allegorie hinaus und bietet eine Studie über Männlichkeit und Verantwortung. Der Roman wimmelt von Beispielen dafür, was männlich ist. Er trachtet danach, das heroische Gehabe der Soldaten – in einem weiteren Sinn auch der Journalisten – bloßzustellen, indem er die Verherrlichung der Gewalt, wie sie bei Thrillern üblich ist, unterminiert. Greene hinterfragt schließlich auch Fowler, der sich angesichts des Konflikts eine Ablösung wünscht, und er läßt durchblicken, daß Fowler eine moralische Verantwortung für die Ereignisse übernehmen muß, wenn er ein Mann sein will. **LC**

The Trusting and the Maimed *
James Plunkett

Lebensdaten | *1920 (Irland), †2003
Richtiger Name | James Plunkett Kelly
Erstausgabe | 1955
Erschienen bei | The Devin-Adair Co. (New York)

Die in diesem Buch vereinigten Erzählungen wurden erstmals in den Dubliner Zeitschriften *The Bell* und *Irish Writing* veröffentlicht. Die Charaktere und Schauplätze zeichnen ein wehmütiges, aber auch sarkastisches Porträt vom Irland nach der Unabhängigkeit. Die Stadt Dublin spielt die Hauptrolle, mit verwahrlosten Vorstädten, in denen man sich nach Ausflügen aufs Land sehnt, aber auch eine Stadt der Straßen, Büros und Pubs. Aus der Vermischung von nostalgisch-lyrischen Momenten und präzis gezeichneten Vignetten aus dem Alltagsleben, ensteht ein einprägsames Gesamtbild eines stagnierenden, angeschlagenen Landes. Die bemerkenswerte Leistung des Autors besteht in der Härte der Aussage und in der Sanftheit der Methode, der er sich dabei bedient.

Plunkett gelingt es hervorragend, die Melancholie des depressiven, in sich selbst gekehrten und verletzten Irland der 1940er und 1950er Jahre einzufangen. Die episodenhafte Struktur des Romans kommt ohne Mittelpunkt aus, aber es gibt einen roten Faden in Gestalt der städtischen Beamten, über die immer wieder berichtet wird. Jung, frustriert und ruhelos schmoren sie von neun bis fünf in ihren sicheren Anstellungen – wie Bürohengste in irgendeiner anderen Stadt. Sie leben für die „Sünde", für die Wochenenden mit Alkohol, Sex und derben Witzen, die ihnen die Arbeitswoche erträglich machen. Das Buch ist von einer Atmosphäre des greifbaren Zerfalls durchdrungen, von einer Religiosität, die nur noch in einigen karikaturhaften Gestalten weiterlebt und von einem Patriotismus, der sich auf Disziplin und das Gröhlen im Pub reduziert. Die eloquent geschriebenen Erzählungen schildern die Erbärmlichkeit und die Verbitterung, die dem postkolonialistischen Irland ihren Stempel aufdrückten. **PMcM**

Zur Ruhe kam der Baum des Menschen nie
Patrick White

Lebensdaten | *1912 (England), †1990 (Australien)
Erstausgabe | 1955 bei Viking Adult (New York)
Originaltitel | *The Tree of Man*
Literaturnobelpreis | 1973

Zur Ruhe kam der Baum des Menschen nie war der Roman, mit dem sich Patrick White als bedeutendster australischer Romancier der Nachkriegszeit etablierte. In seiner Chronik der Pionierzeit sah er einen bewußten Versuch, Australien ein Werk zu schenken, das neben Thomas Mann, Leo Tolstoi und Thomas Hardy bestehen würde.

Der Roman erzählt die Geschichte der Familie Parker. Der junge, mittellose Stan Parker siedelt sich mit seiner Frau Amy im australischen Busch an, um sich eine Zukunft aufzubauen. Aus der einfachen Hütte entwickelt sich mit der Zeit eine blühende Farm; Stan und Amy sehen ihre Kinder und Enkel aufwachsen. Beim Tod des Paares ist die einst isolierte Ansiedlung zu einem Teil der Zivilisation geworden und von den Backsteinhäusern der Nachbarn umgeben. Am Ende des Romans geht Stans Enkelsohn durch die Bäume, die noch auf der Farm stehen, gleichsam als Symbol für die Natur, aus der heraus diese kleine Gemeinschaft geschaffen wurde: „So stehen am Ende nur noch die Bäume da (...). Gedanken entsprossen ihm wie grüne Schößlinge. So war das Ende doch kein Ende, es war ein neuer Anfang."

Das Leben geht weiter, die Menschen passen sich an die Gegebenheiten an. *Zur Ruhe kam der Baum des Menschen nie* (der Baum im Titel ist eine Anspielung auf den Baum im Garten Eden und die Genealogien der Bibel) will zeigen, wie wichtig und bewegend das Leben der gewöhnlichen, oft vergessenen Menschen sein kann, wie heroisch sie gegen die Elemente kämpfen und wie man auch an unerwarteten Orten Poesie entdecken kann. **AH**

Die letzte Versuchung
Nikos Kazantzakis

Lebensdaten | *1883 (Griechenland), †1957 (Deutschland)
Erstausgabe | 1955 bei Diphros (Athen)
Verfilmung | 1988
Originaltitel | *Ho teleutaíos peirasmósa*

Der Roman ist eine Nacherzählung des Lebens von Jesus Christus. Kazantzakis selbst war Christ, aber er war auch ein Jünger Nietzsches, und er verehrte die Natur. Er schildert Jesus als äußerst lebendige Figur, als einen Menschen aus Fleisch und Blut, der in Palästina lebt. Jesus ist von der göttlichen Berufung zum Messias ebenso aufgewühlt wie von seinem Verlangen nach Maria Magdalena, und er ist von einer Gruppe äußerst fehlbarer Jünger umgeben. Eine der Stärken des Romans besteht in der Darstellung dieser Figuren in Überlebensgröße.

Die Schilderung des Lebens Jesu basiert weitgehend auf dem Neuen Testament. Die elaborierte Erzählung geht allerdings zuweilen in eine Art magischen Realismus über, etwa wenn zu Füßen des Messias Blumen aus dem Boden sprießen. Auf dem Höhepunkt der Kreuzigung wird Jesus – so glaubt er – von einem Engel gerettet, der ihm ein irdisches Dasein beschert, in dem er sowohl Martha als auch Maria heiratet, Kinder hat und eine zufriedene menschliche Existenz führt. Jahre später findet er heraus, daß es sich beim Engel um den Satan handelte und daß er das irdische Paradies nur geträumt hat. Er erwacht am Kreuz und stirbt. Darin scheint der Autor Jesu Wert zu finden: in einer spirituellen, nicht in einer weltlichen Dimension. Der Vatikan setzte das Buch auf den Index, weil Kazantzakis' Jesus zu „fleischlich" und zu selbstzweiflerisch sei. Die griechisch-orthodoxe Kirche reichte eine Strafklage ein, wodurch sich das Erscheinen des Buches verzögerte. **PBM**

◁ Willem Defoe spielte den Jesu in Martin Scorseses Filmversion von 1988.

Grande Sertão
João Guimarães Rosa

Lebensdaten | *1908 (Brasilien), †1967
Erstausgabe | 1955 bei José Olympio (Rio de Janeiro)
Originaltitel | *Grande Sertão: Veredas*
Originalsprache | Portugiesisch

João Guimarães Rosa arbeitete als Arzt im brasilianischen Bundesstaat Minas Gerais (später war er Diplomat und Politiker) – er kannte die harten Lebensbedingungen der Bewohner der Grande Sertão, der weiten Hochsteppe im Nordosten Brasiliens, aus eigener Erfahrung. Kein Wunder, daß jeder Leser des Romans förmlich mitgerissen wird vom Rhythmus der Erzählung des Protagonisten Riobaldo, einem ehrbaren Grundbesitzer, der seinem Gast sein Leben erzählt. Riobaldo beginnt seinen Bericht tastend, unsicher, doch allmählich formt sich ein Bild des Sertão und seiner Menschen, ein Geflecht menschlicher Beziehungen. Die Männer lieben mit derselben Leidenschaft, mit der sie töten. In dieser Welt, die nicht nach Gut oder Böse fragt, sucht Riobaldo seinen Weg. Er leidet unter dem Zwiespalt zwischen körperlicher und platonischer Liebe, aber auch an der unmöglichen Zuneigung zu seinem Kampfgefährten.

Die Sprache des Romans fesselt den Leser augenblicklich, und selbst in der Beschreibung schockierender Episoden geht die Poesie dank Rosas lebhafter Originalität nicht unter. Mit einer Fülle von Wortneuschöpfungen, Aphorismen, Lautmalereien und Stabreimen gelingt es ihm, eine musikalische, wellenartige Stimmung zu schaffen, die seiner Prosa einen cineastischen Charakter verleiht.

Mit diesem Roman stellt Rosa Landschaft und Menschen der Grande Sertão vor, erweitert aber den Rahmen und läßt universelle Probleme der menschlichen Existenz schlechthin anklingen. Der Roman legt Zeugnis ab von Menschen, die sich angesichts ihrer Mühsal in Frage gestellt sehen, er nimmt uns mit auf eine metaphysische Reise, der wir uns nicht entziehen können. **ML**

Lolita
Vladimir Nabokov

Lebensdaten | *1899 (Rußland), †1977 (Schweiz)
Erstausgabe | 1955
Erschienen bei | Olympia Press (Paris)
Originalsprache | Englisch

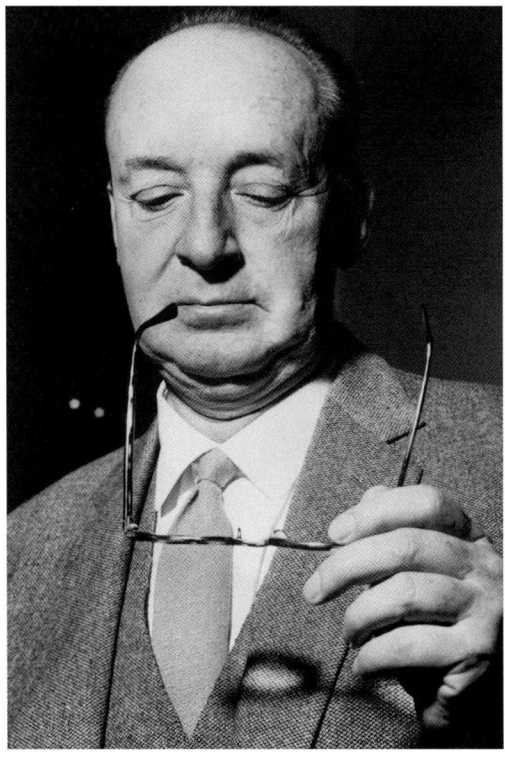

🔺 Nabokov hatte bereits zahlreiche Werke auf Russisch verfaßt, bevor er sich in den 40er Jahren in einen amerikanischen Romancier verwandelte.

🔻 Dominique Swain spielte in der Filmversion von 1998 die Lolita.

Das erste Erscheinen von *Lolita* im „schlüpfrigen" Pariser Verlag Olympia löste einen Sturm der Entrüstung aus, und die erotische Leidenschaft des Ich-Erzählers Humbert Humbert für die zwölfjährige Lolita schockiert heute genauso wie damals.

Die leidenschaftlich-brutale Geschichte, im typisch makellosen Stil Nabokovs geschrieben, wirft grundsätzliche Fragen der Belletristik auf. Ist es zulässig, in einem moralisch abstoßenden Roman Schönheit, Vergnügen und Unterhaltung zu suchen? Dürfen wir das moralische Urteil zugunsten des ästhetischen Genusses, eines fein abgestimmten Ausdrucks oder eines wohlausgewogenen Satzes aufgeben? Die Antwort auf diese Fragen bleibt verschwommen. Immerhin hat Nabokov, indem er die Substanz gegen den Stil antreten läßt und indem er die Moral feinfühlig mit der Ästhetik ausbalanciert, einen neuen Stil des literarischen Romans erfunden. Humberts Entführung von Lolita und seine verrückte Flucht vor der Obrigkeit quer durch die USA machen Nabokovs Werk zum Ur-Roman der postmodernen Literatur und zum Prototypen des Road-Movies. Humbert ist ein altmodischer Europäer, ein Bewunderer Rimbauds und Balzacs, den es in die moderne Glitzerwelt der USA verschlägt und der sich vom unheimlichen Charme der kaugummikauenden, limonadetrinkenden Lolita bezaubern läßt. Dieses Aufeinandertreffen von ehrwürdigem Alter und schriller Jugend, von Europa und den USA, von hochstehender Kunst und Populärkultur ist eine Geschichte, auf der in der Folge viele Romane und Filme basierten. Ohne *Lolita* kann man sich Pynchons *Die Versteigerung von Nr. 49* ebenso schwer vorstellen wie Tarantinos *Pulp Fiction*. Es spricht für die Originalität des Romans, wenn er nach so vielen Nachahmungen auch heute immer noch als beunruhigend, frisch und bewegend empfunden wird. **PB**

Der talentierte Mr. Ripley
Patricia Highsmith

Lebensdaten | *1921 (USA), †1995 (Schweiz)
Erstausgabe | 1955
Erschienen bei | Coward-MacCann (New York)
Originaltitel | *The Talented Mr. Ripley*

„Kein Zweifel:
der Mann war hinter ihm her."

⬆ Der Umschlag der Erstausgabe von 1955. Highsmith bezeichnete ihr Genre als „Spannungsroman".

Tom Ripley ist *die* Schöpfung des Detektivromans im 20. Jahrhundert. Er ist eine facettenreiche Figur, er ist gleichzeitig charmant, ehrgeizig, unergründlich und höchst unmoralisch, dazu neigt er zu heftigen Gewaltausbrüchen. Highsmith bewegt sich mit ihrem Protagonisten auf der Linie zwischen Psychose, Klassenneid und sexuellem Verlangen, so daß man Ripleys auffälliges Verhalten sowohl als handfestes Symptom einer Geisteskrankheit als auch als komplexe Manifestation spießiger Ambitionen und unterdrückter Homosexualität lesen kann.

Im Mittelpunkt des Romans steht die Beziehung von Tom Ripley zu Dickie Greenleaf, einem wohlhabenden Salonlöwen, der mit seiner Freundin Marge im ruhigen italienischen Küstenort Mongibello lebt. Tom findet Dickies plumpe Versuche als Kunstmaler ebenso abstoßend wie dessen „unerklärliche" Verbindung mit Marge, die er offensichtlich nicht liebt. Gleichzeitig fühlt er sich von Dickies Lebensstil, seinem Reichtum und seinem vorteilhaften Aussehen angezogen. Diese unbehagliche Verwirrung der Gefühle entlädt sich explosionsartig, als Tom Dickie ermordet, um sich dessen Identität und auch den finanziellen Reichtum anzueignen.

Tom wird von der Polizei, von Marge und von Dickies Vater verfolgt – es entwickelt sich eine Jagd durch diverse attraktive italienische Schauplätze. Bei einem weniger begabten Autor wäre diese Geschichte wohl zu einem unterhaltsamen Katz-und-Maus-Spiel verkommen. Highsmith aber bereichert den Roman mit allerlei moralischen und psychologischen Fallstricken: Wie kann man zwischen sexueller und materieller Begierde unterscheiden? Wie können wir Identität als etwas Gesichertes oder Wesentliches betrachten, wenn sich Tom so leicht und so erfolgreich in Dickie „verwandeln" kann? Welchen Zusammenhang gibt es zwischen sexueller Begierde und sexueller Abscheu? Ist es verwerflich, wenn der Leser einem kaltblütigen Mörder klammheimlich applaudiert? **AP**

Der Herr der Ringe

J. R. R. Tolkien

Der Herr der Ringe ist eine Trilogie, die dort einsetzt, wo der gut zehn Jahre zuvor erschienene Roman *Der Hobbit* endete. Mit der Trilogie wird die Geschichte von Mittelerde fortgesetzt. Wie in *Der Hobbit* geht es um Frodo, den unfreiwilligen Helden – ein kindhafter, bescheidener Hobbit –, den das Schicksal für Größeres ausersehen hat. Zu Beginn kommen Elfen, Zwerge, Hobbits und Menschen unter dem wachsamen Auge des Zauberers Gandalf zusammen, um sich zu einer Reise aufzumachen. Dabei wollen sie den magischen Ring zerstören, den Bilbo Baggins in *Der Hobbit* gefunden hatte. Der Ring trägt den Keim des Bösen in sich, er muß zerstört werden, bevor Lord Sauron ihn finden kann, um Mittelerde zu zerstören. Durch eine Reihe von Mißgeschicken kommen die Gefährten entweder ums Leben oder werden voneinander getrennt. Nur Frodo, sein treuer Freund Sam und der schusselige Gollum (ein Sklave der Bösen Macht) können den Ring noch zum Feuer des Schicksalsbergs bringen – der einzige Weg, ihn zu vernichten.

Das Buch dreht sich um Macht und Gier, Unschuld und Erleuchtung. Letztendlich beschreibt es den altbekannten Kampf zwischen Gut und Böse, zwischen Vertrauen und Argwohn sowie zwischen Kameradschaft und egoistischem Machtstreben. Bei Tolkien zeigt sich das Böse als eine innere Macht – am deutlichsten in den „guten" und „bösen" Seiten von Gollum, der das Streben nach dem Guten verkörpert. *Der Herr der Ringe* ist aber auch eine Geschichte über den Krieg, die zweifellos auf Tolkiens eigenen Erfahrungen beruht, und darüber, wie Feinde im Tod – dem großen Ausgleicher – vereinigt werden. Falls das Buch eine Botschaft hat, dann ist es die, daß Krieg keinen Sinn macht und daß das Streben nach der höchsten Macht aussichtslos ist in einer Welt, in der die Einheit hochgehalten wird. **EF**

Lebensdaten | *1892 (Südafrika), †1973 (England)
Erstausgabe | 1954–56 bei G. Allen & Unwin (London)
Die Trilogie | *Die Gefährten (1954), Die zwei Türme (1955), Die Rückkehr des Königs (1955)*

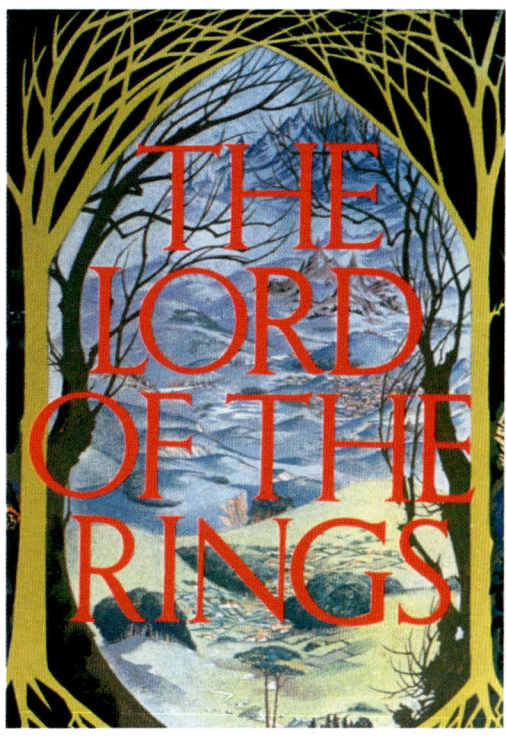

„*Selbst die Weisen können nicht alle Absichten erkennen.*"

▲ Tolkiens wissenschaftliche Erkenntnisse über die Angelsachsen, Kelten und Nordländer inspirierten ihn zur Kreation seiner eigenen phantastischen Welt.

Lonely Londoners *
Sam Selvon

Lebensdaten | *1923 (Trinidad), †1994 (Kanada)
Erstausgabe | 1956
Erschienen bei | Allan Wingate (London)
Originalsprache | Englisch

Das Buch war eine der ersten Erzählungen über die Schwarzen aus der Karibik, die während der Auswanderungswelle der 50er Jahre nach London kamen. *The Lonely Londoners* wurde im Stil eines modernen Abenteuerromans geschrieben, die Erzählung ist episodenhaft strukturiert, und das Schwarz-Sein ist die Norm, womit die wenigen weißen Randfiguren als exotisch oder fremdartig erscheinen. Dies erreicht Selvon vor allem durch einen innovativen Sprachgebrauch – er schrieb den Roman fast ausschließlich in Trinidad-Kreolisch und verzichtet auf Übersetzungen ins Englische. In dieser Beziehung kann der Roman als Vorläufer von Büchern wie Irvings *Trainspotting* betrachtet werden. Auch die Darstellung der Londoner Monumente als Artefakte des britischen Imperialismus stellt die Sicht der Schwarzen ins Zentrum. Der Roman zeigt den starken Kontrast zwischen den von ihnen tatsächlich bewohnten Gegenden, von Bayswater und Marble Arch, und den Phantasien, die sich die Protagonisten über Sehenswürdigkeiten wie Charing Cross machen.

Mit der Tatsache, daß die Romanfiguren in ihrer überwältigenden Mehrheit schwarz sind und der Unterschicht angehören, thematisiert das Buch herausfordernde Fragen wie etwa die der Gleichberechtigung der Geschlechter. Die Probleme der häuslichen Gewalt und die Rolle der karibischen Frau in der Familie sind für Selvon ein wichtiges Mittel, die verwirrenden Konsequenzen der Emigration darzustellen. Die Tatsache, daß nur wenige schwarze Frauen im Buch vorkommen, ist ein Synonym für das allgegenwärtige Gefühl des Verlusts und der Sehnsucht nach der Heimat. **LC**

Wurzeln des Himmels
Romain Gary

Lebensdaten | *1914 (Litauen), †1980 (Frankreich)
Richtiger Name | Roman Kacev
Erstausgabe | 1956 bei Gallimard (Paris)
Originaltitel | *Les Racines du ciel*

Die Wurzeln des Himmels, Garys fünfter Roman, wurde 1956 mit dem *Prix Goncourt* ausgezeichnet. Er übermittelt die Leidenschaft des Autors für Menschenwürde und Mitgefühl mit sarkastischem Humor und brillanten Einsichten.

Die erstaunlich aktuelle, fast prophetische Geschichte spielt im früheren Französisch-Äquatorialafrika. Der mysteriöse Morel, der eine Kampagne zur Rettung der bedrohten Elefanten initiiert – der einzigen wirklich freien Kreaturen auf dem Planeten –, ist umgeben von moralisch zweifelhaften, korrumpierbaren Charakteren, von zweifelnden Priestern, aufstrebenden Revolutionären, Großwildjägern, Kolonialbeamten und Waffenschiebern. Die Elefanten stehen für die Gemeinschaft, nach der sich Morel in Abwesenheit Gottes sehnt; ein Hund könnte seine Sehnsucht nach Freundschaft und Trost längst nicht mehr stillen. Er kämpft gegen die verzweifelten Lebensbedingungen der Menschen an und für den Glauben an die Vormachtstellung des Spirituellen. Die edlen Absichten Morels ziehen Pragmatiker, Exzentriker und Menschen mit hehren Absichten ebenso an wie Intriganten aller Schattierungen. Sie alle trachten danach, Morels Einsatz für die Natur für ihre eigenen Zwecke zu mißbrauchen und projizieren dabei ihre innersten Sehnsüchte auf ihn.

Das Buch hat seine Auszeichnung mehr als nur verdient, es ist ein Tribut an den uralten, unvergänglichen und verzweifelten Optimismus, der in sich selbst eine Form der Subversion und eine Überlebenshilfe darstellt. Die Geschichte wurde 1958 verfilmt. **ES**

◀ Immigranten aus der Karibik bei ihrer Ankunft in London 1956 – das Schicksal der Einwanderer steht im Zentrum von Selvons Roman.

Die schwimmende Oper
John Barth

Lebensdaten | *1930 (USA)
Erstausgabe | 1956
Erschienen bei | Appleton Century Crofts (New York)
Originaltitel | *The Floating Opera*

Der Ich-Erzähler Todd Andrews ist ein erfolgreicher Anwalt in einer Kleinstadt, er hat Probleme mit seinem Herzen und seiner Prostata und eine zunehmenden Vorliebe für „Roggenwhisky mit Ginger Ale". Er denkt über die siebzehn Jahre zurückliegenden Ereignisse nach, die in ihm den Wunsch reifen ließen, Selbstmord zu begehen, und warum er ihn in der Folge nicht begangen hat. Er denkt auch an die langjährige Liebesaffäre mit der Frau seines besten Freundes und an die ergebnislose Suche nach den Gründen, warum sich sein Vater erhängt hat.

Natürlich wird dieser einfache Umriß dem Plot des Buchs nicht gerecht, denn alles andere, was in John Barths außerordentlichem Erstling geschieht, ist unberechenbar, durchtrieben und zügellos. Die sich andauernd umschichtende, auflösende und neu konfigurierende Erzählung erzeugt eine nicht zu bändigende Energie, sie bietet Spektakel, Katastrophen und Melodramen, und sie führt illustre Charaktere vor. Wenn die Unterhaltung für die Stadtmenschen an Bord des bunten Vergnügungsschiffs *Floating Opera* unvermittelt in einem Chaos endet, erhalten wir eine treffende Metapher für diese postmoderne „nihilistische Komödie".

Hinter der Kulisse der perfekt abgestimmten Absurditäten und Zweideutigkeiten, hinter einem Humor, der sich von der Zote über den Slapstick bis zum rabenschwarzem Zynismus bewegt, bietet das Buch eine Erforschung der Unberechenbarkeit der Existenz und Barths „tragische Erkenntnis", daß die letzten Grenzen des Daseins in der Auflösung und im Tod liegen. **TS**

Giovannis Zimmer
James Baldwin

Lebensdaten | *1924 (USA), †1987 (Frankreich)
Erstausgabe | 1956
Erschienen bei | Dial Press (New York)
Originaltitel | *Giovanni's Room*

Baldwin beschreibt den Kampf um gesellschaftliche Anerkennung, wofür die Hauptfigur die gewohnten Erfolgs- und Wertnormen aufgeben muß. David, der weiße Ich-Erzähler, schleicht sich leise aus seiner mittelständischen Umgebung fort, um ein planloses Leben in Paris zu führen, fernab vom Druck seines Vaters, der von ihm unausgesprochen die Gründung einer soliden Existenz erwartet. Aus finanzieller Not macht David der ebenfalls herumziehenden Amerikanerin Hella einen Heiratsantrag, worauf diese Paris verläßt, um sich die Sache zu überlegen. Unterdessen begleitet David einen Freund in eine Schwulenbar, wo er eine spontane, ekstatische Affäre mit dem geheimnisvollen italienischen Barkeeper Giovanni beginnt. Er zieht sofort zu Giovanni, der ein winziges Zimmer bewohnt. Insgeheim sehnt sich David aber nach Hella, von der er hofft, sie würde ihn von der verzweifelten Liebe zu Giovanni befreien. Als David aus Giovannis Zimmer auszieht, um seine heterosexuelle Scharade fortzusetzen, hat dies für alle Beteiligten der heimlichen Dreiecksbeziehung tragische Folgen.

Baldwins sparsame, unsentimentale Prosa deckt die Grausamkeit und den Zynismus auf, die von dem der Begierde verfallenen David ausgeht. Giovanni ortet Davids Selbsthaß im amerikanischen Reinlichkeitswahn und in der Abscheu vor dem Körperlichen. Schließlich isoliert ihn seine Bemühung, sich hinter der allmächtigen Autorität der weißen amerikanischen Männlichkeit zu verstecken – ungeachtet wie unecht und selbstzerstörerisch sein Versuch ist – ebensosehr wie das leere Zimmer, in dem er schreibt. **AF**

> ◉ Eine Aufnahme Baldwins von Carl Mydans für das *Time*-Magazin (1962). Der ironische Gesichtsausdruck signalisiert, daß der Autor offenbar nicht auf den Beifall der Betrachter aus ist.

Justine
Lawrence Durrell

Lebensdaten | *1912 (Indien), †1980 (Frankreich)
Erstausgabe | 1957
Erschienen bei | Faber & Faber (London)
Originalsprache | Englisch

Justine ist der Eröffnungsroman von Durrells Romantetralogie *Alexandria-Quartett*. In diesem impressionistischen Text beschreibt der Autor die verschiedenen Teile einer Stadt, die der Protagonist vergeblich zu einem Ganzen zu vereinigen versucht. Seine Erzählung basiert auf einer suspekten – aber romantischen – Theorie über physikalische Zusammenhänge, wonach zwischen der Landschaft, dem Wetter und den Frauen der Stadt eine Symbiose besteht: sie sind temperamentvoll, rätselhaft und am Ende vielleicht auch enttäuschend. Der in der Ich-Form gehaltene Roman erzählt von der Unzufriedenheit eines trägen, deklassierten Intellektuellen aus England. Dieser versucht, aus den Bewohnern einer Stadt am Mittelmeer klug zu werden, wobei er zwischen ihren Geschichten und Persönlichkeiten einen Zusammenhang mit der Landschaft sieht, die sie bewohnen. Die Einheimischen der ägyptischen Stadt betrachtet er als ein Gemenge, das sich aus den jedem einzelnen innewohnenden, je nach Rasse ererbten Veranlagungen zusammensetzt. Sein eigenes Handeln und sein Gefühlsleben werden von der eher düsteren finanziellen Lage und einer beschämenden Unlust bestimmt. Die Erzählung unterscheidet sich durch ihre sexuelle Freizügigkeit, das Haschischrauchen, die ständigen Referenzen an Cafavy und die Anlehnungen an die französischen Romane des „Fin de siècle" stark von anderen englischen Romanen jener Zeit. Im wesentlichen ist es ein gehobener, in einer oft außergewöhnlich lebhaften und malerischen Sprache geschriebener Reiseroman, der ab und zu über seine altmodischen sexuellen und rassistischen Polemiken stolpert. **RP**

◉ Durrell malte gern, weshalb viele seiner besten Texte mit dem Auge eines Kunstmalers geschrieben sind.

Gläserne Bienen
Ernst Jünger

Lebensdaten | *1895 (Deutschland), †1998
Erstausgabe | 1957
Erschienen bei | Klett (Stuttgart)
Schiller-Gedächtnispreis | 1974

Der Roman wurde oft als wichtiger Beitrag zur Science-Fiction-Literatur und als Vorreiter des Magischen Realismus bezeichnet, aber eigentlich läßt sich Jüngers dichte, reflexive Prosa kaum kategorisieren. Hauptmann Richard, der Titelheld, ist – genauso wie der Autor – ein Kriegsveteran, der an beiden Weltkriegen teilgenommen hat. Jünger widmet sich ausführlich und verbittert der Entfremdung, unter der die Veteranen in der Nachkriegszeit zu leiden hatten.

Interessant wird das Buch, sobald sich Jünger dem Unternehmen zuwendet, bei dem Richard um Arbeit nachsucht. Die vom verschlagen-freundlichen Zapparoni geleitete Firma ist ein multinationaler Kommunikations- und Kybernetik-Konzern, der Miniatur-Roboter herstellt. Diese erledigen Arbeiten im Haushalt, können aber auch für zwielichtige militärische Zwecke eingesetzt werden. Der Höhepunkt des Romans spielt im Garten von Zapparonis Unternehmung, einer Art idyllisches Silicon Valley. In einer Episode, die stark von Jüngers Experimenten mit Halluzinogenen in den 1950er Jahren geprägt ist, unterzieht Richard die glänzenden, transparenten Roboterbienen einer genauen Betrachtung, wobei er schockiert einen Teich voller abgeschnittener Ohren entdeckt. Die an sich fast lächerliche Geschichte fasziniert durch ihre visionären Ideen – das Internet, die Nanotechnologie und der Treibhauseffekt werden genauso vorweggenommen wie eine von technikbegeisterten, moralisch fragwürdigen Plutokraten heimlich beherrschte Welt. **RegG**

Doktor Schiwago
Boris Pasternak

Pasternaks Epos über die Liebesgeschichte von Lara und Juri, beschrieben vor dem Hintergrund der Weiten Rußlands zur Zeit der Revolution, war in der UdSSR bis 1988 verboten und die Erstausgabe erschien 1957 auf Italienisch; eine vollständige russische Ausgabe konnte erst 1989 veröffentlicht werden. Der Roman erregte gleich nach Erscheinen der Erstausgabe weltweit Aufsehen – 1958 wurde Pasternak der Literaturnobelpreis verliehen, den er jedoch aus politischen Gründen nicht annehmen konnte.

Es ist eine bittere Ironie, daß die in der Sowjetunion und im Westen so unterschiedliche Aufnahme des Romans einen so großen Einfluß auf die Art und Weise genommen hat, wie er gelesen wurde. Im Westen wie im Osten wurde Pasternak vorgeworfen, er ziehe das romantische Freiheitskonzept des Westens der eisernen Härte des sozialistischen Staates vor, dabei ist *Doktor Schiwago* alles andere als konterrevolutionär. Vielmehr ist der Roman eine subtile Darstellung, wie revolutionäre Ideale von politischen Machthabern verraten werden. Die Beziehung zwischen Lara und Juri – eine der fesselndsten der Nachkriegsliteratur – erwächst aus der gemeinsamen Begeisterung für die Möglichkeiten einer revolutionären Gerechtigkeit. Die Romanhandlung bewegt sich im Spannungsfeld von Recht und Gerechtigkeit, angetrieben von der Suche nach individueller und politischer Wahrhaftigkeit. Das Drama und das Pathos des Romans liegen aber im Scheitern des Strebens nach diesem Ideal und in der Darstellung der großen Schwierigkeit, einem persönlichen oder politischen Prinzip treu zu bleiben.

Besonders eindrucksvoll ist in diesem Roman die epische Schilderung der Weite und Schönheit der russischen Landschaft. Auf dieser Ebene vermittelt *Doktor Schiwago* ein außerordentliches Glücksgefühl und ein Gefühl für die Grenzenlosigkeit der historischen und menschlichen Möglichkeiten. **PB**

Lebensdaten | *1890 (Rußland), †1960
Erstausgabe | 1957 bei Feltrinelli (Mailand)
Originalsprache | Russisch
Nobelpreis für Literatur | 1958 (abgelehnt)

◉ Nach dem Erscheinen der englischen Taschenbuchausgabe im Jahr 1960 wurde Pasternaks Roman im Westen als ein Angriff auf die Sowjetunion bejubelt.

◉ David Lean verfilmte den Roman 1965 äußerst erfolgreich als farbenprächtiges Epos einer untergehenden Liebe.

Pnin
Vladimir Nabokov

Lebensdaten | *1899 (Rußland), †1977 (Schweiz)
Erstausgabe | 1957
Erschienen bei | Doubleday (New York)
Originalsprache | Englisch

Dieser kurze, komische Roman brachte dem Autor die erste Nominierung für den National Book Award, einen großen Bekanntheitsgrad und damit auch den ersten kommerziellen Erfolg. In diesem frühen Beispiel eines Campus-Romans aus den 50er Jahren beschreibt Nabokov die Erlebnisse des glücklosen Timofey Pnin, eines emigrierten russischen Professors. Pnin lehrt am Waindell College Russisch und lebt in einer abgehobenen akademischen Welt, wo er versucht, sich an das amerikanische Universitätsleben anzupassen. Er ist unbeholfen und ein unerbittlicher Pedant, sein größtes Pech aber ist seine Unfähigkeit, sich des englischen Idioms zu bemächtigen. Ein Großteil der Komik im Buch entsteht denn auch durch Pnins eigenwilligen Gebrauch der Sprache. Sein im Grunde genommen ehrenvolles Verhalten verhindert jedoch, daß Pnin auf das vom etwas unbarmherzigen Erzähler suggerierte Stereotyp des Campus-Originals zu reduzieren ist.

Der Roman entstand aus einer zwischen 1953 und 1955 im *New Yorker* publizierten Serie von Kurzgeschichten und ihm wurde vorgeworfen, es sei eher eine Aufeinanderfolge eigenständiger Bilder und kein Roman. Diese Kritik ist unfair, denn in Nabokovs Bemühen, den thematischen Zusammenhang über den erzählerischen Verlauf zu stellen, kehrt der Roman zu Pnins Unfähigkeit zurück, sich körperlich oder sprachlich in der nordamerikanischen Kultur „heimisch" zu fühlen. Vor allem ist *Pnin* dank Nabokovs unverkennbar geschicktem Schreibstil mit seinen ausgeprägten linguistischen Exkursen ein Meisterwerk der Komik und eine wahre Lesefreude. **JW**

Unterwegs
Jack Kerouac

Lebensdaten | *1922 (USA), †1969
Erstausgabe | 1957
Erschienen bei | Viking Press (New York)
Originaltitel | *On the Road*

Jack Kerouacs Roman wurde zum Klassiker der amerikanischen Gegenkultur. Sal Paradise, der Protagonist des Romans, unternimmt nach dem Zweiten Weltkrieg eine Reise quer durch die USA. Sein Bericht wurde zum Sinnbild des Kampfes für die Aufrechterhaltung des amerikanischen Traums in einer eher düsteren Zeit. Paradise ist in Begleitung des ungebundenen, draufgängerischen Dean Moriarty (für den Kerouac-Freund und Beat-Abenteurer Neal Cassady als Vorlage diente) zwischen Ost- und Westküste unterwegs. Das Buch ist eine Hymne an den überschwenglichen, vitalen Geist der amerikanischen Jugend. Die Absage des Duos an häusliche Behaglichkeit und ökonomische Zwänge zugunsten einer Suche nach unabhängigen und solidarischen Gemeinschaften und intensiver Selbsterfahrung bildeten die Grundsteine der aufkommenden Beat-Kultur; Kerouac galt bald zusammen mit Alan Ginsberg und William Burroughs als deren charismatischer Vertreter.

Die Entstehung des autobiographisch gefärbten Romans – Kerouac schrieb *Unterwegs* in einem dreiwöchigen von Benzedrin und Koffein angetriebenen Kreativitätsschub auf eine einzige Papierrolle – wurde ebenso zur Legende wie sein Inhalt. Die Grenzen der Vision werden nicht verschwiegen: Angesichts des Zerfalls von Dean realisiert Sal nach und nach, daß sich sein Begleiter wohl kaum als Vorbild auf dem Weg zur Reife eignet. **NM**

> Kerouac (links) mit seinem Freund Neal Cassady, einem Heroen der „Beats", der in *Unterwegs* als Dean Moriarty verewigt ist.

Das Manilaseil
Veijo Meri

Lebensdaten | *1928 (Finnland)
Erstausgabe | 1957
Erschienen bei | Otava (Helsinki)
Originaltitel | *Manillaköysi*

In *Das Manilaseil* lernen wir Joose Keppilä kennen, einen einfachen, naiven Soldaten im Zweiten Weltkrieg, der Urlaub von der Front bekommt, um seine Familie zu besuchen. Vor seiner Abfahrt findet er im Militärlager ein Seil, das er mitnimmt, um es zu Hause als Wäscheleine zu gebrauchen. Er schlingt sich das Seil um den Körper, wo es sich auf der langen Reise zusammenzieht und ihn fast umbringt.

Veijo Meri zeichnet ein gänzlich originäres Bild vom Krieg, obwohl konkrete Kriegshandlungen im Roman konturenlos und unfaßbar bleiben. Dafür sprechen verschiedene Reisegefährten Jooses über die emotionalen und physischen Folgen ihrer Kriegserfahrungen. Die Erzählhaltung ist humorvoll-vergnügt, aber geschildert werden auch erschreckende und makabre Vorkommnisse. Der Roman zeichnet ein destruktives, sinnloses Bild vom Krieg, und schildert passive, unheroische Soldaten, die sich bloß als Kanonenfutter sehen. Fast alle versuchen, in irgendeiner Art vom Krieg zu profitieren, scheitern aber ausnahmslos. Auch der leidende Joose versucht es im Kleinen, doch mit dummen Folgeerscheinungen – ihm wird übel und er hat Angst, zu ersticken.

Mit seinem schwarzen Humor und einem Hang zum Absurden erinnert *Das Manilaseil* an Gogol, Kafka und Hašek. Der Roman stellt Fragen nicht nur über den Krieg und das Schicksal des Menschen, sondern auch über das Erzählen und die Geschichtsschreibung und über die Grenzen zwischen Fakten und Fiktion. **IP**

Die Rabenschläfer
Ward Ruyslinck

Lebensdaten | *1929 (Belgien)
Erstausgabe | 1957 bei A. Manteau (Brüssel)
Originaltitel | De ontwaarde slapers
Originalsprache | Niederländisch

In einem kleinen Haus am Rand einer belgischen Stadt versucht ein Ehepaar, mit dem Arbeitslosengeld über die Runden zu kommen. Sie liegen den ganzen Tag im Bett und stehen nur auf, um zum Arbeitsamt zu gehen. Silvester, der Ehemann, war einst ein geachteter Soldat, jetzt ist er lebensmüde, verängstigt und am Ende, und seine Frau hat panische Angst davor, es könnte wieder Krieg geben.

Ruyslincks Erzählung erinnert aufgrund der Schilderung der sinnentleerten Existenz seiner Protagonisten an Camus. Silvester weiß zwar, daß man es mit Fleiß zu etwas bringen kann, glaubt aber, der Preis, den man dafür bezahlen müsse, sei die Sache nicht wert. Im Unterschied zu Camus' Außenseiter (*Der Fremde*, 1942) basiert Silvesters Nihilismus auf Angst; er ist alles andere als entschlußfreudig. Beide Ehepartner fragen sich am zweiundzwanzigsten Hochzeitstag, warum der Mensch, mit dem sie zusammenleben, nunmehr ein Schatten dessen sei, von dem sie sich einst angezogen fühlten. Erst die Ankunft einer Infanterieeinheit hilft ihnen, nach den Gefühlen zu suchen, die sie immer noch füreinander haben könnten.

Ruyslinck protokolliert die innere Leere seiner beiden Figuren und benutzt sie, um generellere Aussagen über die Arbeitslosigkeit, den Krieg und die Rastlosigkeit der Menschheit zu machen. Für ihn haben die Menschen „Krieg im Körper", seine erschütternde Erzählung liefert ein sehr beunruhigendes Bild zweier vergammelnder Individuen und ihres brachliegenden Potentials. **OR**

Homo Faber
Max Frisch

Lebensdaten | *1911 (Schweiz), †1991
Erstausgabe | 1957
Erschienen bei | Suhrkamp (Frankfurt)
Verfilmung | 1991 (Regie: Volker Schlöndorff)

Homo Faber ist eine Erzählung über die Entfremdung des modernen Menschen und die Gefahren des Rationalismus. Walter Faber, ein 50jähriger Schweizer Ingenieur, der im Ausland für die UNESCO arbeitet, ist ein pedantischer Gewohnheitsmensch, der fest daran glaubt, mit Hilfe der Wissenschaft und der Vernunft lasse sich alles erklären. Der Roman beginnt damit, daß sein Flugzeug auf dem Weg nach Venezuela in der mexikanischen Wüste notlandet. Dieser Bruch in Fabers geordnetem Leben bildet den Ausgangspunkt einer ganzen Reihe von Ereignissen, die ihn zur Auseinandersetzung mit der Vergangenheit zwingen.

Vor dem Krieg war Faber mit der deutschen Jüdin Hanna Landsberg liiert, die schwanger wurde. Er wollte Hanna heiraten, was diese aber ablehnte. Er verließ sie im Glauben, sie würde das Kind abtreiben. In Mexiko erfährt er nun, dass Hanna als Archivarin in Athen lebt. Sein rationaler Panzer bekommt erste Risse. Auf einer Schiffsreise nach Europa verliebt sich Faber in ein junges Mädchen. Er lässt sich auf eine Beziehung mit ihr ein, obwohl er ahnt, was Hanna ihm beim Zusammentreffen in Athen bestätigt: Sabeth ist seine Tochter. Walter Fabers Unfähigkeit, mit seinen Gefühlen umzugehen, und sein dogmatischer Glaube, er könne seine Umgebung mit dem Verstand kontrollieren, führt zu einer Fülle unheilvoller Verkettungen und schließlich in die Tragödie. Frisch schuf mit *Homo Faber* ein ambivalentes, beunruhigendes Werk, das die Leser hin- und herreißt zwischen Gefühlen der Sympathie und der Verachtung für die perfekt gezeichnete, aber höchst unvollkommene Romanfigur. **AL**

Das Blau des Himmels
Georges Bataille

Lebensdaten | *1897 (Frankreich), †1962
Erstausgabe | 1957
Erschienen bei | Pauvert (Paris)
Originaltitel | *Le Bleu du Ciel*

Bereits 1935 geschriebenen, wurde *Das Blau des Himmels* erst 1957 veröffentlicht. Der Ich-Erzähler Troppmann hat in der reichen, schönen und zügellosen „Dirty" (Dorothea) die ideale Frau gefunden. Leider ist er impotent und muß seinen unersättlichen Appetit anderweitig befriedigen. Seine Impotenz spiegelt auf einer anderen Ebene das Gefühl der Ohnmacht, das den gesamten Roman durchzieht. Auf einer Reise durch Europa beobachtet Troppmann den Aufstieg der Nazis, vor deren Triumph er resigniert. Er ist vom Scheitern der Politik in allen Belangen überzeugt und weigert sich standhaft, an irgend einem politischen Widerstand teilzunehmen. Statt dessen verfolgt er mit Dirty einen Plan zur willentlichen Selbstzerstörung. An anderer Stelle hat Georges Bataille den Zustand der „Souveränität" beschrieben, der im Augenblick des Selbstverlusts eintritt, wenn jede Zweckmäßigkeit und jede Form der „Erfahrung" überschritten wird. Troppmann versucht diesen Zustand wiederholt durch unterschiedliche Akte der Überschreitung zu erreichen, durch die Mißachtung von Wertvorstellungen und die Verletzung von Tabus. Indem Bataille den Abstieg Europas in den Faschismus anhand der alkoholisierten, kranken und zerfallenden Körper seiner Protagonisten veranschaulicht, weist er auf die Faszination einer verkommenen, tödlichen Sexualität hin, von der sich der Nazismus nährt. Der Roman ist auf die dem Faschismus eigene Verlockung der ekstatischen Gewalt abgestimmt, weist aber letztendlich darauf hin, daß es möglich wäre, diese Kräfte gegen sich selbst zu wenden. Nur wenige können es mit Bataille aufnehmen, wenn es um die Suche nach dem absoluten Nullpunkt geht, um die kompromißlose Verfolgung der absoluten Nichtigkeit, gepaart mit der bohrenden Gewißheit, daß sie eigentlich unerreichbar bleibt. **SS**

Die Kuckuckskinder
John Wyndham

Lebensdaten | *1903 (England), †1969
Erstausgabe | 1957
Erschienen bei | Michael Joseph (London)
Originaltitel | *The Midwich Cuckoos*

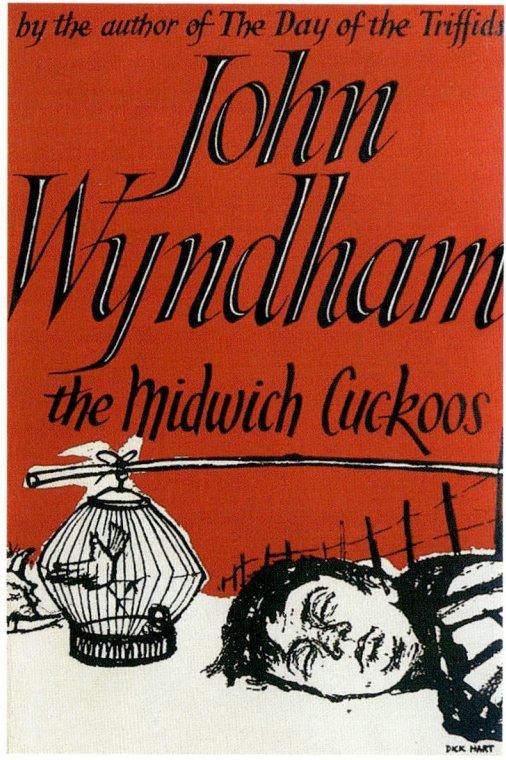

„Kuckucke legen Eier ..."

In der Science-Fiction-Geschichte *Die Kuckuckskinder* dringen feindliche Außerirdische in ein beschauliches englisches Dorf ein

Midwich ist ein kleines, gewöhnliches Dorf auf dem Land, wo sich nichts Außergewöhnliches ereignet, bis es eines Tages von einer geheimnisvollen Energie umhüllt wird und alle Bewohner ohnmächtig werden. Bald darauf wachen alle wieder auf – alles ist beim Alten geblieben und kaum jemand hat Schaden genommen. Bald stellt sich allerdings heraus, daß alle gebärfähigen Frauen geschwängert wurden. Sie bringen außergewöhnliche Kinder zur Welt, die sich in unheimlicher Weise gleichen. Sie sind erstaunlich gut entwickelt und haben die Fähigkeit, alles einmal Gelernte behalten zu können. Dies löst im Dorf natürlich großes Unbehagen aus, weshalb man – in klassischer Science-Fiction-Manier – einen Professor mit einer Untersuchung des Phänomens beauftragt. Zwischen den Kindern, dem Dorf und den Behörden bricht daraufhin ein Kampf aus, der rasch globale Dimensionen annimmt.

Einigen Lesern mag diese Zusammenfassung vertraut vorkommen, denn die bereits populäre Erzählung von John Wyndham wurde noch bekannter durch zwei Verfilmungen (1960, Regie Wolf Rilla; 1995, Regie John Carpenter – die erste ist um einiges besser), die beide unter dem unpassenden Titel *Village of the Damned* laufen. Der Roman hatte einen großen Einfluß auf Generationen erfolgreicher Science-Fiction-Autoren. Auch wenn *Die Kuckuckskinder* wie viele von Wyndhams Romanen (der bekannteste ist *Die Triffids*) etwas Patina angesetzt hat, so vermittelt er doch einen Begriff von den Ängsten und Fragen, die die Schriftsteller nach dem Zweiten Weltkrieg und während des Kalten Krieges beschäftigten. Die Angst, die in Midwich angesichts möglicher Invasionen, Infiltrationen und Seuchen aufkeimt, wird von Wyndham in der Beschreibung des häuslichen Lebens der Protagonisten meisterhaft vermittelt. Auch das Vordringen der Propaganda und der Politik ins abgelegene „Little England" während des Kalten Krieges fängt Wyndham brillant ein. **MD**

Voss

Patrick White

Der Roman, mit dem Patrick White erstmals internationalen Ruhm erlangte, ist sowohl eine Liebes- wie auch eine Abenteuergeschichte – eigentlich aber keines von beidem. Die Handlung spielt sich in der Mitte des 19. Jahrhunderts in Australien ab, es geht um eine Expedition ins Zentrum des riesigen Kontinents. Parallel dazu beschreibt der Roman die aufkeimende Liebe des Expeditionsleiters Johann Ulrich Voss zu Laura Trevelyan, der reichen Tochter eines Financiers der Expedition. Ebenso wie die anderen Mitglieder der kolonialen Gesellschaft hat auch Laura die Küstenregion des Kontinents noch nie verlassen. Trotzdem begleitet sie Voss, als dieser immer tiefer ins dunkle Zentrum des Landes vordringt – allerdings nur telepathisch, in Gedanken. Die Liebe, die in den Salons der Kolonie etwas unterkühlt beginnt, erreicht in der rauhen, jenseitigen Welt mitten in Australien eine leidenschaftliche, fieberhafte Intensität.

Diese Liebes- und Expeditionsgeschichte hat viele Vorgänger. Voss' hartnäckiger Versuch, ins Zentrum vorzudringen, gleicht Marlows Reise in Conrads *Herz der Finsternis*. Die präzise Beschreibung der Gefühlswelt des 19. Jahrhunderts verleiht den Salon-Szenen die Qualität einer Jane Austen, und wenn es um die Intensität der Beziehungen geht, lesen sich einige Passagen des Romans als sei Lawrence ins „Outback" verpflanzt worden. Trotz all dieser Reminiszenzen ist die Beschreibung von Voss' Reise und seiner schwierigen Beziehung zu Laura originell. Denn das hervorstechendste Merkmal des Romans ist seine Dissonanz, seine unauslotbare Fremdheit. Die Landschaft selbst gewinnt hier eine unglaubliche Präsenz und es wird deutlich, welchen Einfluß sie auf die von den Europäern importierte Kultur ausübt. Diese Kultur wird vom stillen Land, in das Voss einzudringen sucht, erneuert, ähnlich wie die konventionelle Erzählkunst in der Konfrontation mit der verborgenen Tiefe der Wüste verändert wird. **PB**

Lebensdaten | *1912 (England), †1990 (Australien)
Erstausgabe | 1957
Erschienen bei | Eyre & Spottiswoode (London)
Nobelpreis für Literatur | 1973

„Jemand wird seine Legende aufzeichnen …"

◉ Den Umschlag von Whites erstem Erfolgsroman ziert ein Bild des hartnäckigen Romanhelden.

Die Jalousie
Alain Robbe-Grillet

Lebensdaten | *1922 (Frankreich), †2008
Erstausgabe | 1957
Erschienen bei | Les Éditions de Minuit (Paris)
Originaltitel | *La Jalousie*

Die Jalousie oder *die Eifersucht* ist eines der berühmtesten Beispiele des Nouveau roman, eines Genres, das die Grenzen der realistischen Erzählform, der Komposition und der Gestaltung der Charaktere erweiterte. Der Stil ist strikt objektiv. Er beschränkt sich auf die Beschreibung der äußeren Erscheinung der sichtbaren Welt und der Haltungen und Gebärden der Figuren. Dem Leser bleibt der Zugang zu den Gedanken des Erzählers oder der von ihm beobachteten Personen verwehrt. Der Erzähler des Romans blickt durch die Lamellen einer Markise (französisch: jalousie) und beobachtet seine Frau, die offensichtlich dabei ist, mit seinem Nachbarn Franck fremd zu gehen. Er unternimmt keinen Versuch, das Gesehene zu kommentieren oder darüber nachzudenken – tatsächlich benutzt er das Wort „Ich" nie.

Die große Originalität des Romans liegt in der Fähigkeit, die Macht der Eifersucht (im Französischen ebenfalls: jalousie) trotz der selbstauferlegten Beschränkungen des objektiven Stils zu vermitteln. Der Leser beginnt schrittweise die Wiederholungen und winzigen Variationen im Text wahrzunehmen, bis er schließlich selbst den Eindruck eines von Eifersucht beherrschten und verzehrten Bewußtseins erhält. Das Verhalten des eifersüchtigen Liebhabers, dessen obsessive Aufmerksamkeit in jedem flüchtigen Blick, in jeder unbewußten Gebärde den Beweis für einen heimlichen Verrat vermutet, wird ausgezeichnet eingefangen. Der in *Die Jalousie* oder *die Eifersucht* perfektionierte glatte, filmische Erzählstil hatte enormen Einfluß auf spätere postmoderne Schriftsteller, die versuchten, die merkwürdige Zweidimensionalität der durch ein Kameraobjektiv betrachteten Welt nachzuahmen. **SS**

Die Vögel
Tarjei Vesaas

Lebensdaten | *1897 (Norwegen), †1970
Erstausgabe | 1957
Erschienen bei | Gyldendal (Oslo)
Originaltitel | *Fuglane*

Dieser Roman darf nicht mit Daphne du Mauriers, von Hitchcocks verfilmtem Vogel-Schocker verwechselt werden, hier geht es um eine weitaus verhaltenere und ergreifendere Geschichte, geschrieben von einem der überragendsten skandinavischen Autoren des 20. Jahrhunderts.

Die Vögel handelt von einem Geschwisterpaar, dem einfältigen Jungen Mattis und seiner älteren Schwester Hege, die für Mattis sorgt. Die beiden leben an einem einsamen See in Norwegen, und Hege hat es satt, sich in dieser Abgeschiedenheit aufzuopfern. Eine Veränderung naht erst, als Mattis, der gerne den Fährmann spielt, einen echten Passagier nachhause bringt. Jørgen ist ein fahrender Holzfäller, der für eine Nacht ein Dach über dem Kopf braucht. Hege ist über den Besucher aufgebracht, fühlt sich aber auch von ihm angezogen, was Mattis wiederum zutiefst beunruhigt. Die Dynamik zwischen den dreien wird von Vesaas genau beschrieben, und den Ausgang der Geschichte, der viel mit dem Buchtitel zu tun hat, schildert er besonders eindringlich.

Vesaas ist der ausgeprägteste Exponent des Landsmål-Stils, den man später als Nymorsk oder Neu-Norwegisch bezeichnete. Eingebettet in einen durch und durch glaubhaften Dialog beschreibt *Die Vögel* schwierige Beziehungen und Erfahrungen in einer atemberaubend schönen, unberührten Landschaft. Auf einer allegorischen Ebene ist der Roman ein inniges Plädoyer für die Toleranz gegenüber Außenseitern. **JHa**

Der König auf Camelot
T. H. White

Lebensdaten | *1915 (Indien), †1964 (Griechenland)
Erstausgabe | 1958
Erschienen bei | Collins (London)
Originaltitel | *The Once and Future King*

White schrieb seine komplexe und brillante Neuerzählung der Artus-Legenden über einen Zeitraum von zwanzig Jahren hinweg, aufgeteilt auf vier Romane, die 1958 erstmals in einem einzigen Band erschienen. Besonders populär wurde die zuckersüße Walt Disney-Zeichentrick-Version *Die Hexe und der Zauberer* (1963), die auf dem ersten Band (*Das Schwert im Stein*, 1939) basiert. *Der König auf Camelot* geht auf Thomas Malorys anspruchsvollen Liebesroman *Le Mort d'Arthur* aus dem 15. Jahrhundert zurück. Obwohl White die Geschichte nicht modernisiert hat, war er sich der Parallelen zwischen der Unmenschlichkeit des ausgehenden Mittelalters und der des aufkommenden Faschismus, den er selbst erlebt hatte, stets bewußt. Die vier Romane beschreiben Artus' Heranwachsen vom ruhelosen, wissbegierigen Jugendlichen, genannt Wart (Warze), zum energischen Kriegsherrn. Bei seinem Versuch, die Unschuld Englands zu retten, sieht er sich schließlich gezwungen, sich der von seiner Nemesis Mordred verkörperten, nazihaften keltischen Methoden zu bedienen. Das Resultat ist verheerend, und als Artus wegreitet, um seinen Tod zu treffen, ist er überzeugt, die Menschheit könne nur ohne Nationen glücklich werden. Whites Werk bietet einige großartige Episoden, zum Beispiel als Wart – von Merlin in einen Flußbarsch verwandelt – beinahe von einem Hecht namens Mr. P. gefressen wird, der ihm beibringt, daß die einzige Realität die der Macht sei. *Der König von Camelot* ist eine chaotische Romanreihe, die, wie der Autor selbst zugab, nicht immer in sich schlüssig ist. Dennoch ist es ein gewaltiges, aufwühlendes Werk über das Böse, zu dem die Menschen fähig sind, und den verzweifelten Kampf für die eigenen Werte in einer feindseligen Welt.

AH

EXCALIBVR RETURNS TO THE MERE

„Wer dieses Schwert aus diesem Stein und Amboß zieht, der ist geboren zum König von ganz England."

◉ Die Rückgabe des magischen Schwerts an die Frau im See, 1962 gemalt vom Briten Henry Justice Ford.

Die Wasser der Sünde
Iris Murdoch

Lebensdaten | *1919 (Irland), †1999 (England)
Erstausgabe | 1958
Erschienen bei | Chatto & Windus (London)
Originaltitel | *The Bell*

Unter den frühen Romanen Murdochs gilt *Die Wasser der Sünde* als der beste. Die Handlung, die eindeutig dem anglo-irischen Genre des „Big house"-Romans zuzuordnen ist, beschreibt die gespannten, unglücklichen Beziehungen innerhalb einer religiösen Laiengemeinschaft, die sich in einem Benediktinerkloster in Klausur befindet. Die Leute hoffen, hier ihre Probleme zu lösen, die sie in der Welt außerhalb quälen. Die Mitglieder der Gemeinschaft können sich aufgrund ihrer spirituellen Bedürfnisse nicht in die Gesellschaft einordnen, andererseits ist ihre Lebenslust zu groß, als daß sie ein kontemplatives Leben im Kloster führen könnten. Hauptfigur ist der homosexuelle Michael Meade, der sich einst als Priester berufen fühlte, dann aber Lehrer wurde, seine Stellung verlor und nun mit Schuldgefühlen und Frustration zu kämpfen hat. Die Handlung des Romans dreht sich um die Reparatur der Klosterglocke, ein Vorhaben, das sich als aussichtslos erweist. Nach der Ankunft zweier Neulinge beginnt sich die Gruppe aufzulösen: Dora Greenfield ist die unglückliche Ehefrau von Paul, einem Wissenschaftler, der die Dokumente der Abtei studiert; Toby Gashe ist ein junger Mann, der sich sowohl von Dora wie von Michael angezogen fühlt.

Mit *Die Wasser der Sünde* konnte sich Iris Murdoch unter den bedeutendsten britischen Romanciers etablieren. Der Roman liefert ein klar umrissenes Bild der tragischen Interaktionen von Menschen, die ihre eigenen Bedürfnisse und Wünsche mit denjenigen anderer abstimmen müssen, und die vor der Frage stehen, wie stark das Leben von spirituellen Idealen bestimmt werden soll und kann. **AH**

Borstal-Boy
Brendan Behan

Lebensdaten | *1923 (Irland), †1964
Vollständiger Name | Brendan Francis Behan
Erstausgabe | 1958
Erschienen bei | Hutchinson (London)

Borstal-Boy ist die zornige, autobiographische Schilderung des Lebens eines „Paddy" (Spitzname der Iren) in einer englischen Besserungsanstalt. Der aus einer republikanischen Arbeiterfamilie in Dublin stammende Behan war 1939 in Liverpool verhaftet worden, weil er Sprengstoff der IRA besaß. Er bekam drei Jahre Erziehungsanstalt (engl. Borstal) aufgebrummt, saß zwei davon ab und wurde dann im Alter von achtzehn Jahren aus England ausgewiesen.

Siebzehn Jahre später schrieb Behan diesen Roman nieder, der sich unter anderem durch die geschickte Wiedergabe der Widersprüchlichkeiten eines „jungen Übeltäters" auszeichnet. Behan selbst erscheint im Text als ein lebendes Puzzle aus Stolz, Angst, Einsamkeit und Aggression. Er ist ein zynischer Kritiker sowohl des irischen Nationalismus als auch des englischen Imperialismus, gleichzeitig ist er ein heimwehkranker Bursche. In der Macho-Kultur der Institution weiß er seine Fäuste zu gebrauchen, andererseits entstehen auch Freundschaften zu Mithäftlingen, es gibt Sanftheit und Begehren.

Polizisten, Gefängniswärter, Freunde, Feinde und Priester – alle werden mit Respekt für ihre Eigenheiten gezeichnet. Daraus entsteht eine ausgezeichnete Sozialgeschichte aus dem England der Zwischenkriegszeit, zudem ist der Roman ein Klassiker der Gefängnisliteratur. Was *Borstal Boy* von anderen Klassikern unterscheidet, ist die Freizügigkeit von Behans Zorn und seine Kunstfertigkeit in der Darstellung der vielen Arten, mit denen das Gefängnis alle entmenschlicht, die mit ihm in Berührung kommen. **PMcM**

> Internationalen Ruhm erlangte Behan als Dramatiker. Hier posiert er vor dem Plakat für eine französische Aufführung von *Der Mann von morgen früh* (1956).

Gabriela wie Zimt und Nelken
Jorge Amado

Lebensdaten | *1912 (Brasilien), †2001
Erstausgabe | 1958
Erschienen bei | Livraria Martins Editora (São Paulo)
Originaltitel | *Gabriela, Cravo e Canela*

1930 ließ der neugewählte brasilianische Präsident Getulio Vargas die ersten sechs Romane von Jorge Amado verbrennen, um die oppositionellen Literaten des Landes einzuschüchtern. Amado wurde schließlich für die Kommunisten in den brasilianischen Kongreß gewählt, sagte aber später, daß „ich den Menschen als Schriftsteller von größerem Nutzen bin, als wenn ich meine Zeit mit Parteikram verbringe".

Amado wuchs auf der Kakaoplantage seines Großvaters im Bundesstaat Bahia auf. Zu jener Zeit stellten reiche Plantagenbesitzer ihre Männlichkeit gerne unter Beweis, indem sie fremd gingen. Amado lernte die Misere der Arbeiterinnen hautnah kennen, seine Eindrücke verarbeitete er in diesem Roman über die hinreißende, sinnliche und lebensfrohe Gabriela mit der zimtfarbenen Haut, die nach Nelken riecht.

Gabriela ist ein moderner Roman, der eine doppelzüngige Tradition in Frage stellt, die von den Männern den Beweis ihres Machismo und von den Frauen die Treue zu ebendiesen Männern verlangt. Diese Doppelmoral beschreibt Amado anhand der Geschichte von Gabriela und Nacib. Nacib stellt seine Geliebte Gabriela als Köchin für seine Bar ein. Er ist so eifersüchtig, daß er sie zur Heirat zwingt. Gabriela gerät dadurch in eine Falle, in der die Unschuld und die Freiheit, die sie so stark machen, zu ersticken drohen.

Gabrielas Situation wurde zum Sinnbild für die untergeordnete Stellung der Frauen in Brasilien, deren Gleichstellung erst 1988 in der Verfassung verankert wurde. Der Roman mag das Klischee von Brasilien als einem Drittweltland zementieren, aber Gabriela repräsentiert eine Frau, die außerhalb der Gesellschaft steht, deren Essenz sie dennoch verkörpert, womit sie von (und zu) den am meisten mißachteten Menschen Brasiliens sprach. **JSD**

„Ich glaube fest daran, daß sich die Welt verändern läßt."

Jorge Amado

Amados leicht lesbare Romane behandeln brennende soziale Probleme; aus *Gabriela* wurde eine erfolgreiche TV-Serie.

Samstagnacht und Sonntagmorgen
Alan Sillitoe

Dieser Erstlingsroman des Engländers Allan Sillitoe spielt im Nottingham der 50ger Jahre. Die Stadt und das Arbeitermilieu dort waren dem Autor von Geburt an sehr vertraut. Allerdings bietet der Roman mehr als eine realistische Milieustudie. Sillitoes Erzählung begleitet die Hauptfigur Arthur Seaton ein Jahr lang auf Schritt und Tritt, von der Fabrikhalle bis zum verdrießlichen Liebesleben. So entsteht eine unsentimentale, fiktive Autobiographie. Arthurs zügelloser Genuß der „besten und abgefahrensten Freudenzeit der Woche", in der er in den Pubs trinkt und hinter den Mädchen her ist, ist ein „gigantisches Vorspiel zum Prostata-Sabbat". In Arthurs alltäglicher, detaillierter Wahrnehmung der einst unverwüstlichen, jetzt im Wandel begriffenen Stadt Nottingham, zeichnet Sillitoe ein genaues Bild der Einheimischen und der Örtlichkeiten, und er kartographiert eine Stadtlandschaft, die den vordringenden parasitischen „Imperien" vom Stadtrand kaum Widerstand leistet. Der Autor kehrte 2001 mit *Birthday* zu dieser „Seaton-Saga" zurück, womit er die – wie er sie selber kürzlich nannte – „Nottingham'sche *Comédie humaine*" über Jahrzehnte hinweg weiterführte (wie Balzac vor ihm).

Sillitoes imaginative Geographie, die in seinem fortdauernden Projekt im Zentrum steht, erweiterte den stilistischen und thematischen Handlungsspielraum des Regionalromans nach dem Zweiten Weltkrieg. Indem er seine Kenntnis der Kartographie Nottinghams einsetzt, entwirft er mit enormer Präzision einen prospektiven Plan dessen, was aus dem County einmal werden könnte. Seine Fiktion ist nie direkt realistisch, sie vermischt potentiell mögliche Urbanität mit visionärer Spekulation, um zu zeigen, wie ein Autor authentische Erfahrungen vertrauter Orte für eine Fabel über soziale Möglichkeiten, die in ihnen spielen, benutzen kann. **DJ**

Lebensdaten | *1928 (England), †2010
Erstausgabe | 1958 bei W. H. Allen (London)
Verfilmung | 1960
Originaltitel | *Saturday Night and Sunday Morning*

„*Es war Samstagnacht, die beste und abgefahrenste Freudenzeit der Woche...*"

◉ Dieses Foto von Sillitoe entstand 1960, als seine humorvolle Milieustudie vom Publikum begierig aufgenommen wurde.

Okonkwo
Chinua Achebe

Lebensdaten | *1930 (Nigeria)
Erstausgabe | 1958
Erschienen bei | Heinemann (London)
Originaltitel | *Things Fall Apart*

Achebes erster und berühmtester Roman *Okonkwo oder Das Alte stürzt* ist seine Antwort auf die negative Art und Weise, wie Afrikaner in „kanonischen" Texten wie Joseph Conrads *Herz der Finsternis* oder Joyce Carys *Mister Johnson* dargestellt werden. Das Buch, das sich über acht Millionen Mal verkauft hat und in über dreißig Sprachen übersetzt wurde, beschreibt die historische Tragödie, die durch die Ankunft der Briten in Ost-Nigeria (Iboland) ausgelöst wurde. Der erste Teil des Romans schildert eine komplexe, dynamische und ursprüngliche Kultur, die noch nicht von den Europäern beeinflußt wurde. Der zweite Teil deckt die gesellschaftlichen Veränderungen durch die frühen Kolonisatoren und insbesondere die christlichen Missionare auf, und der dritte Teil befaßt sich mit den Auswirkungen der Kolonialherrschaft auf die Stammessitten. Die Geschichte des Protagonisten Okonkwo spielt in diesem breiteren historischen Rahmen.

Zweifellos ist *Okonkwo* ein antikolonialistischer Roman. Kritisch setzt er sich mit dem Eindringen westlicher Kultur in einem kleinen, ländlichen Rahmen auseinander und beschreibt, wie die ursprünglichen afrikanischen Stimmen zum Schweigen gebracht werden. Allerdings macht Achebe diese Akte des Mundtot-Machens deutlich, indem er das Stimmengewirr der unkolonisierten Ibo-Welt zur Sprache bringt. Diese ist voller oraler Traditionen, Zeremonien, Sprichwörter, Märchen, Debatten, Klatsch und Diskussionen, die von der allgegenwärtigen „sprechenden Trommel" Westafrikas begleitet werden. **SN**

◉ Achebes Roman erschien, als Nigeria und andere afrikanische Staaten die Unabhängigkeit erlangten.

The Bitter Glass
Eilís Dillon

Lebensdaten | *1920 (Irland), †1994
Erstausgabe | 1958
Erschienen bei | Faber & Faber (London)
Originalsprache | Englisch

Im irischen Bürgerkrieg von 1922 bis 1923 standen die „Freistaatler", die den Vertrag von 1921 mit der vorgesehenen Teilung des Landes akzeptierten, den Republikanern gegenüber, die für ein vereinigtes Irland kämpften. Der Krieg war hart, so hart wie nur ein Bürgerkrieg sein kann, zum Beispiel erlaubte die erste freie irische Regierung die Exekution von Republikanern, die eine Sache verteidigten, die man nur zwei Jahre zuvor selbst vertreten hatte.

Eilís Dillons Roman spielt im heißen Sommer 1921 im Westen Irlands und beschreibt minutiös die Auswirkungen des Krieges auf diejenigen, in deren Namen er geführt wird. Eine Gruppe reicher, junger Dubliner reist zu einem abgelegenen Sommerhaus in Connemara, das voller Erinnerungen an Freundschaften, Hoffnungen und Enttäuschungen aus der Kindheit steckt. Einleitend vermittelt Dillon einen lebhaften Eindruck der vielgestaltigen Konflikte, die unter der Oberfläche der Beziehungen schwelen. Als das Haus samt seiner Bewohner von IRA-Anhängern besetzt wird, die auf der Flucht sind vor Freistaatlern, verwandelt sich die Urlaubsidylle in eine Arena des Zorns, der sich in einem befreienden Schock entlädt.

Dillon gestaltete eine poetische, aber auch bittere Erzählung, in der die Frauen als diejenigen identifiziert werden, denen das Ausbleiben der leidenschaftlich herbeigesehnten Freiheit am meisten zu schaffen macht. Aber die von ihnen erhoffte Freiheit ist mehr als die Unabhängigkeit, für die um sie herum gekämpft wird, denn sie umfaßt sowohl die Befreiung von materiellen Bedürfnissen wie auch vom Gefühl der Schande. **PMcM**

Der Fremdenführer
R. K. Narayan

„Es lag in seiner Natur, in die Interessen und Handlungen anderer verstrickt zu werden.
‚Wäre es anders', dachte Raju oft, ‚wäre ich wie Tausende von anderen normalen Menschen geworden'."

○ Die Cover-Gestaltung der Erstausgabe spiegelt Narayans Fähigkeit, ernsthafte Themen spielerisch und humorvoll zu gestalten.

Lebensdaten | *1906 (Indien), †2001
Voller Name | Rasipuram Krishnaswami Narayan
Erstausgabe | 1958 bei Methuen (London)
Originaltitel | *The Guide*

Dank seiner Redekünste mogelt sich der Fremdenführer Raju durch eine Reihe verwerflicher Situationen. Er ist der Star seines Gewerbes, weil er für die gelangweilten Touristen aus dem Stegreif Geschichten über einen beliebigen Ort erfinden kann. Durch seine Arbeit lernt er die vernachlässigte Tänzerin Nalini kennen, die Frau des Akademikers Marco. Dieser verachtet Nalinis Tanzkünste, aber Nalini wird von Raju unterstützt, und sobald Marco sie ziehen läßt, werden sie ein Paar.

Nalinis Erfolg als Tänzerin und Rajus Schlitzohrigkeit bringen den beiden Wohlstand, bis Raju in eine von Marco gestellte Falle gerät und ins Gefängnis wandert. Nach seiner Entlassung verwechselt man ihn mit einem Guru – eine Rolle, die er gern annimmt. Einmal mehr kommt er durch eine Täuschung zu Wohlstand. Als er unvorsichtig wird und behauptet, er könne es durch Fasten in einem dürregeplagten Dorf regnen lassen, wird er jedoch Opfer seines eigenen Erfolgs. Sein selbstauferlegtes Fasten schwächt ihn, er ärgert sich über sich selbst, aber er will aufrichtig bleiben und macht weiter. Am elften Tag gerät er ins Wanken und bricht zusammen. Immerhin läßt die Geschichte offen, ob es nicht doch regnen wird.

Der Fremdenführer ist einer der beliebtesten Romane Narayans, die in Malgudi spielen, einer fiktiven Stadt. Seinen Erfolg verdankt das Buch zweifellos dem Humor, den der Autor mit unwiderstehlichem Erzähldrang an den Tag legt, der den Faden immer weiter spinnen läßt. **ABi**

Der Leopard
Giuseppe Tomasi di Lampedusa

Lebensdaten | *1896 (Italien), †1957
Erstausgabe | 1958
Erschienen bei | Feltrinelli (Mailand)
Originaltitel | *Il Gattopardo*

Der Roman erschien ein Jahr nach dem Tod des Autors und erlebte einen überraschenden internationalen Erfolg; er wurde in viele Sprachen übersetzt und 1963 von Visconti zu einem Filmepos verarbeitet. *Der Leopard* schlug eine neue Saite in der Geschichte der Erzählkunst an, da er die neorealistische Erzähltradition stilistisch und thematisch strikt ignorierte. Während sich der Neorealismus auf Romanfiguren aus der Unterschicht und die harte Realität des italienischen Faschismus konzentrierte, wandte sich Tomasi di Lampedusa in seiner Saga der sizilianischen Aristokratenfamilie der Salinas zu (auf deren Wappen ein Ozelot prangt, in der Übersetzung wurde daraus ein Leopard). Zwischen 1860 und 1910 wird der Mikrokosmos des Fürsten Salina, Don Fabrizio, aber auch der Makrokosmos der ganzen Nation von mehreren Ereignissen beeinflußt. Im Süden gerät der Thron der Bourbonen nach Garibaldis Ansturm ins Wackeln, und das Königreich beider Sizilien wird mit dem übrigen Land vereinigt. Das Ende der spanischen Kolonisation fällt zudem mit dem Niedergang der Aristokratie zusammen, die lange vom feudalen System getragen wurde, und die nun von der Bourgeoisie verdrängt wird. *Der Leopard* beschreibt den Schmerz dieses Verlustes. Die eindringlichsten Passagen sind die, in denen Don Fabrizio die rauhe sizilianische Landschaft beschreibt und die gleichgültige und eitle Haltung der Sizilianer betrauert, die sie sich angeeignet haben, um die unzähligen Kolonisationen zu überleben. Don Fabrizio sagt voraus, daß der Lauf der Geschichte Sizilien nicht berühren werde, denn die nationale Einigung sei für die Sizilianer nur eine neue Form der Fremdherrschaft. **RP**

Die tiefen Flüsse
José María Arguedas

Lebensdaten | *1911 (Peru), †1969
Erstausgabe | 1958
Erschienen bei | Losada (Buenos Aires)
Originaltitel | *Los ríos profundos*

Ernesto ist die autobiographische Romanfigur, durch deren Erlebnisse Arguedas in *Die tiefen Flüsse* in die Realität einer peruanischen Existenz eintaucht. Thema ist der Verlust von Unschuld und Identität, verursacht durch die Misere der Eingeborenenvölker. Nachdem Ernesto jahrelang mit seinem Vater, einem undurchsichtigen Anwalt, in den Bergen unterwegs war, tritt er in Abancay in ein theologisches Seminar ein. Dieses vereinigt Ernestos ganzen Konfliktstoff in sich: den persönlichen Konflikt (die Ausbildung in einem rassistischen Umfeld), den universellen (die Pest, von der die Stadt bedroht wird), und den sozialen (die Rebellion der eingeborenen Frauen).

Ernesto lernt das Gesetz der Macht und der Unterwerfung, und er lernt einiges über das aufrührerische Potential, das die Assimilation der indianischen Kultur in sich birgt, und die Notwendigkeit, dieser im Kampf gegen die Pest beizustehen. Als er die Berge später verläßt, schließt er sich Menschen an, die er als die seinigen betrachtet und deren Bestimmung er teilt. Die Ansichten des Jugendlichen, des Erwachsenen und des Sprachkundigen und Ethnologen vereinigen sich in einer Bewußtheit, die ihre Bedeutung in seiner Tätigkeit findet. Arguedas' Aufmerksamkeit gegenüber der Natur, dem Quecha-Gesang, der Rolle der Magie und des Rituals und einigen sehr bekannten Symbolen macht ihn zum künstlerisch hochstehenden Fürsprecher des indigenen Peru. Dies ist sein bestes Buch und eines der besten der indigenen Bewegung. **DMG**

Frühstück bei Tiffany
Truman Capote

Lebensdaten | *1924 (USA), †1984
Erstausgabe | 1958
Erschienen bei | Random House (New York)
Originaltitel | *Breakfast at Tiffany's*

Frühstück bei Tiffany ist eine bezaubernd freche Fabel, die einen glorreichen Moment New Yorks in einem Kristall einfängt, zu einer Zeit, als Amerikas Unschuld in den letzten Zügen lag. Es handelt sich um die Erinnerungen eines New Yorker Schriftstellers während des Zweiten Weltkriegs. Mit Holly Golightly (auf dt. etwa: Nimm's leicht) hat uns Capote eine nahezu unverwüstliche Romanheldin geschaffen. Sie kennt keine Grenzen und ebnet den Weg für die kommende Revolution – sie ist ein Straßenmädchen, sexuell befreit und hedonistisch, eine Prostituierte. Sie lebt für den Moment, verflucht die Konsequenzen und legt sich ihre Moral von Fall zu Fall zurecht. Sie ist genauso frei und unbezähmbar wie ihre namenlose Katze. Der ebenfalls namenlose Ich-Erzähler lernt Holly kennen, als diese durch sein Fenster klettert, um einem aufdringlichen, vorlauten Freier zu entkommen. Die beiden freunden sich rasch an, und der Erzähler wird mitgespült in Hollys turbulentes Dasein. Im Grunde sehnen sie sich nach „Glück" und einer Beziehung – Träume, die fast schicksalhaft sind, wenn man jung genug für die Hoffnung ist. Bald schon stehen aber dunkle Wolken am Himmel.

Capote verabschiedet sich mit diesem Werk von der Tradition der „Southern gothic tale", der seine frühen Werken verpflichtet sind – und betritt mit diesem Roman die New Yorker Glitzerwelt. Der seinerzeit gewagte Roman – Promiskuität und Homosexualität werden offen geschildert – mag heute niemanden mehr schockieren, sein Charme ist aber geblieben. **GT**

„Nur wenn man reich ist, kann man so in Afrika rumbummeln."

- Auf diesem Foto aus dem Jahr 1955 posiert Capote als selbstbewußter, hedonistischer Beobachter des Alltagslebens.

- Die Filmversion von Blake Edwards (1961) wurde hollywoodgerecht abgeschwächt und aufgezuckert.

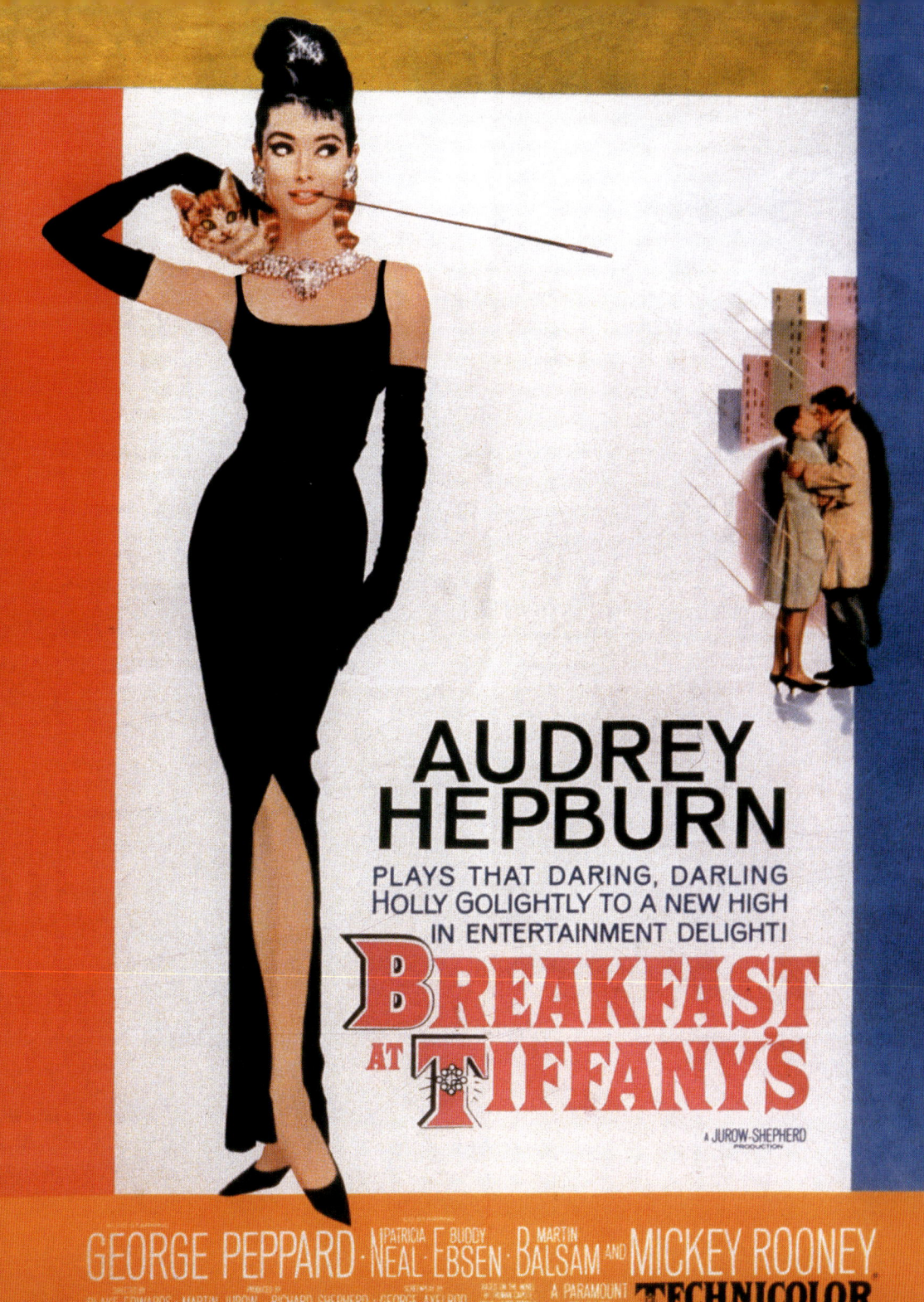

Reißt die Knospen ab …
Kenzaburo Oe

Lebensdaten | *1935 (Japan)
Erstausgabe | 1958 bei Kodansha (Tokio)
Originaltitel | *Memushiri kouchi*
Nobelpreis für Literatur | 1994

In diesem Roman fängt Kenzaburo Oe anschaulich die verheerenden Auswirkungen ein, die der Krieg selbst auf die Unschuldigsten haben kann. Die Geschichte wird aus der Perspektive eines verletzlichen Jungen erzählt, der zum Überleben entschlossen ist. Die Handlung spielt sich in Japan während des Zweiten Weltkriegs ab. Eine Gruppe von heranwachsenden Jungen wird aus einer Erziehungsanstalt wegen drohender Bombenangriffe in ein entlegenes Bergdorf evakuiert. Die Außenseiter werden von den Dorfbewohnern mißhandelt, trotzdem halten sie zusammen. Die erzählende „Ich"-Stimme macht deutlich, daß die Jungen zum „Wir" werden und überleben wollen. Als eine tödliche Seuche ausbricht, fliehen die Dörfler und versperren den einzigen Fluchtweg – die Gruppe ist nun zwar gefangen, aber die Jungen genießen die vorübergehende Unabhängigkeit. Unter katastrophalsten Bedingungen richten sie sich so etwas wie ein Paradies ein, nehmen die Häuser in Beschlag und schaffen es, sich ein eigenes Leben einzurichten. Ihr Glück währt nicht lange, denn ihre Angst vor der Seuche führt zu Streit, und die Rückkehr der Dorfbewohner gibt ihnen den Rest: „Lumpen wie dich sollte man erwürgen, solange sie noch klein sind. Man wartet bei Mißgeburten nicht, bis sie groß sind, um sie zu zerquetschen. Wir sind Bauern, und wir reißen schädliche Keime immer gleich am Anfang aus." Das Paradies geht verloren. **KK**

Billard um halb zehn
Heinrich Böll

Lebensdaten | *1917 (Köln), †1985 (Bornheim-Merten)
Erstausgabe | 1959
Erschienen bei | Kiepenheuer & Witsch
Nobelpreis für Literatur | 1972

Diese Familiensaga über drei Generationen von Architekten in einer Stadt im katholischen Rheinland entfaltet sich in Konversationen und inneren Monologen, die alle an einem einzigen Tag stattfinden, am 6. September 1958. Die Familienmitglieder umspannen über sechzig Jahre Deutscher Geschichte, von der Kaiserzeit über das Dritte Reich bis zum deutschen Wirtschaftswunder der 50er Jahre.

Billard um halb zehn handelt von der Weigerung, zu vergeben, dem Versagen der Zivilisation, der Komplizenschaft der Katholischen Kirche im Krieg, der Verfolgung und der Folter. Als ein 1907 gebautes Kloster – es war das erste große Projekt des erfolgreichen Architekten Heinrich Fähmel – am Ende des Krieges von dessen Sohn, einem Sprengstoffexperten der Wehrmacht, gesprengt wird, geschieht dies in einem Akt des Protests gegen die Kultur, die es repräsentiert. Der Enkel Joseph ist am Wiederaufbau des Klosters beteiligt, und als er den Sachverhalt erfährt, ist er äußerst verwirrt. Spannungen in der Familie, aber auch das widersprüchliche Leben in einer Gesellschaft, mit der man sich nicht versöhnen kann, finden in einem symbolischen Gewaltakt gegen einen neuen Anhänger des „Büffels" ein seltsam erlösendes Ende. Der Roman ist von bemerkenswerter Tiefe und Menschlichkeit; er ruft den Leser dazu auf, die moralische Reaktion der Charaktere und deren Weigerung zu vergessen, zu teilen. **DG**

> Heinrich Böll setzte sich in seinen Romanen immer wieder sehr kritisch mit der Entwicklung der westdeutschen Gesellschaft nach dem Krieg auseinander.

Pretoria
Ezekiel Mphahlele

Lebensdaten | *1919 (Südafrika), †1997
Erstausgabe | 1959
Erschienen bei | Faber & Faber (London)
Originaltitel | *Down Second Avenue*

Mphahlele ist eine der eindringlichsten Stimmen der südafrikanischen Literatur, und *Pretoria. Zweite Avenue* ist sein erster autobiographischer Roman. Darin mischt er eigene Reminiszenzen mit eindringlicher Sozialkritik, und er zeichnet ein lebendiges Bild seines Kampfes gegen die Rassentrennung im Schulsystem des Apartheidregimes.

Erzählt wird die Geschichte des jungen Schwarzen Eseki, der in einem Dorf in der Nähe Pretorias aufwuchs, und der nun an einer städtischen Sekundarschule Afrikaans und Englisch unterrichtet. Wie viele junge Idealisten, die in den nur von farbigen Afrikanern bewohnten Townships leben müssen, wendet sich Eseki bald der Politik und der Opposition gegen die herrschende Partei zu. Er wird eingeschüchtert und verliert schließlich seine Stelle, worauf er nach Nigeria ins Exil geht. Dort kann er endlich „die neue Luft der Freiheit" atmen, und er darf das Apartheidregime kompromißlos kritisieren: „Der weiße Mann, der uns belehrt und der unsere menschlichen und materiellen Ressourcen ausbeutet, hat in Afrika nichts mehr zu suchen."

Der in einer einfachen, aber prägnanten Sprache erzählte Roman kreist um die Entfremdung und das Exil, er schildert die Verwandlung des Autors vom provinziellen Schuljungen in einen sozial und politisch bewußten Schriftsteller, Journalisten und Aktivisten, der sich für ein neues, modernes, nationalistisches und schwarzes südafrikanisches Bewußtsein einsetzt. **JK**

Des Sommers ganze Fülle
Laurie Lee

Lebensdaten | *1914 (England), †1997
Erstausgabe | 1959
Erschienen bei | Hogarth Press (London)
Originaltitel | *Cider with Rosie*

Der halb autobiographische Roman *Des Sommers ganze Fülle* schildert das Leben in einer kleinen Ortschaft im englischen Gloucestershire zu Beginn des 20. Jahrhunderts. Es ist eine Welt, die bald verschwinden wird: Waren werden noch mit Pferd und Wagen transportiert, und kaum jemand hat einen Grund, seine Umgebung zu verlassen. Der Roman, der seit seinem ersten Erscheinen immer eine treue Lesergemeinde hatte, zeichnet sich vor allem durch die üppigen Schilderungen aus. Der mit den Augen eines kleinen Kindes betrachtete Garten eines Landhauses wird zu einer Welt für sich, und die Erwachsenen sind so erhaben und unerklärlich, wie nur ein Kind sie sehen kann. Viele Episoden sind reichlich komisch, aber es gibt auch tragische Momente, die klar machen, daß die einstigen Gewißheiten und Routinen des Dorflebens mit dem Aufkommen neuer Transportmittel und der Mechanisierung im Verschwinden begriffen sind. Die von ihrem Mann verlassene Mutter der Hauptfigur, die sich um zwei Familien gleichzeitig kümmern muß, rackert sich täglich ab, trotzdem läßt ihre Sehnsucht nach den „großen" Dingen des Lebens nur selten nach.

Der Autor beschönigt das Landleben nicht: neben den wunderbaren Dingen auf den Feldern und in den Hecken beschreibt er auch die alltäglichen, rohen Seiten des ländlichen Daseins: Inzest, sexuelle Gewalt und sogar Mord. Das Gegengewicht dazu bildet Laurie Lees Sinn für Tradition und Zugehörigkeit, der aus den entlegenen Gegenden Englands verschwand, sobald die Errungenschaften der Moderne sie erreichten. **DB**

> Laurie Lee bei der Verleihung des WH Smith Literary Awards im Jahr 1960; den Scheck mit dem Preisgeld überreicht die Schauspielerin Peggy Ashcroft.

Laurie Lee

W. H. SMIT(H)

Die Blechtrommel
Günter Grass

Oskar wurde in eine Irrenanstalt eingesperrt für einen Mord, den er nicht begangen hat. Ein Wärter beobachtet ihn, er bringt ihm auch das Papier, auf dem Oskar seine Lebensgeschichte niederschreibt. Oskar betrachtet den Wärter Bruno als Freund – dies aus dem einfachen Grund, weil seine Augen den richtigen Braunton haben. Oskar ist ein Zwerg, er behauptet, er habe an seinem dritten Geburtstag willentlich mit Wachsen aufgehört. Er hat eine Stimme, mit der er Gläser auf fünfzig Schritt Entfernung zersingen kann. Im Zweiten Weltkrieg war er bei einer fahrenden Gauklertruppe, die die Soldaten unterhielt. Er benutzt eine Blechtrommel, um seine Lebensgeschichte in die Welt hinauszutrommeln. Diese Geschichte ist auch die Geschichte Polens und Deutschlands vor dem Krieg, von Hitlers Aufstieg, der polnischen Niederlage, dem Angriff der Nazis auf Europa und der Niederlage und Teilung Deutschlands.

Die Blechtrommel ist nicht nur wichtig zum Verständnis der deutschen Identität nach dem Krieg, es ist auch ein herzzerreißend schöner Roman – Oskars Stimme verfolgt den Leser weit über das Ende hinaus. Es ist die Stimme eines jener „Asozialen", die bei den Nazis – zusammen mit Kriminellen, Homosexuellen und Landstreichern – als „unwertes Leben" galten. Grass bedient sich der Tradition des Schelmenromans, um die Reise des trommelnden Zwergs durch eine brutale und brutalisierende Epoche Europas zu erzählen, gleichzeitig erweckt er eine Volkskultur zu neuem Leben, die von den Nazis als „entartete Kunst" verachtet wurde. Märchen, abstruse Groteske, rabulistischer Witz, Karikaturen und Sprichwortweisheiten – dies alles kommt im Roman zusammen, um die Unmenschlichkeit der Rassenhygiene zu denunzieren. Dabei geht es nicht um eine Idealisierung des Irrationalen, vielmehr um die Ausweitung und Transformierung des Normalen, bis Oskars Leben schließlich zu grotesken, gleichzeitig um so schmerzlicheren menschlichen Dimensionen anschwillt. **PMcM**

Lebensdaten | *1927 (Polen)
Erstausgabe | 1959
Erschienen bei | Luchterhand (Neuwied)
Nobelpreis für Literatur | 1999

„*Wie blind, nervös, wie unerzogen sie sind.*"

● Das Bild von Oskar mit Trommel auf dem Umschlag der deutschen Erstausgabe schuf Günter Grass.

● Schlöndorffs Verfilmung mit David Bennent als Oskar gewann 1979 den Oscar als bester ausländischer Film.

Naked Lunch
William S. Burroughs

Lebensdaten | *1914 (USA), 1997
Erstausgabe | 1959
Erschienen bei | Olympia Press (Paris)
Originaltitel | The Naked Lunch

Burroughs wurde oft als Verherrlicher von Drogen und (homo)sexuellen Exzessen bejubelt, aber seine besten Werke, allen voran Naked Lunch, liefern eine viel tiefgründigere und komplexere Beschreibung der westlichen Kultur. Zentrale Aussage des Romans ist, daß das Drogenproblem keine Randerscheinung ist: In einer Gesellschaft, die Konsumgüter und Konsum zu Fetischen erhebt, ist das Konzept der Sucht tief eingeprägt. Hinzu kommt, daß die Grenze zwischen den sogenannten legalen und den illegalen Drogen schmal ist; wer genug Macht hat, kann diese Grenze zur Befriedigung einer stets wachsenden Profitgier manipulieren.

Diese Feststellung allein macht Naked Lunch natürlich nicht zum großartigen Roman. Viel wichtiger ist die enorme Energie und Genauigkeit, mit der Burroughs Gewalt und Verwundungen beschreibt. Er führt uns Personen vor, die dauernd gegen die Mauern des Gefängnisses anrennen, zu dem ihr Leben verkommen ist. Sie können das „System" zwar partiell durchschauen, sind durch ihre Abhängigkeit aber so gelähmt, daß sie nicht entkommen können. Mit seiner Technik des „Cut-up", die er auch in anderen Romanen einsetzte, gelingt es Burroughs, die Verwirrung der Protagonisten auf den Leser zu übertragen – Erzählstränge verflechten sich, gehen verloren und tauchen wieder auf, Szenen werden flüchtig erfasst und verschwinden wieder.

Es gibt viele postmoderne Autoren, die unzuverlässige Erzählfiguren einsetzen, aber Burroughs geht weiter: er beschreibt eine Welt, in der es überhaupt keine erkennbaren Fixpunkte mehr gibt. Damit verlieren wir uns in die Welt der Junkies, und manchmal wird uns schmerzlich bewußt, daß deren paranoide Einsichten die Machtsysteme der Konzerne und Regierungen besser beschreiben als die beruhigenden Geschichten, die wir uns ausdenken, um uns der Freiheit unseres eigenen Willens zu versichern. **DP**

- Dieser und andere Romane Burroughs erschienen zuerst in Frankreich, weil sie in englischsprachigen Ländern als zu obszön galten.

- Burroughs bezeichnete harte Drogen als „… die ultimative Ware. Der Käufer kriecht durch jede Kloake und bettelt um den Stoff".

Billy, der Lügner
Keith Waterhouse

Lebensdaten | *1929 (England), †2009
Erstausgabe | 1959
Erschienen bei | Michael Joseph (London)
Originaltitel | *Billy Liar*

Von der Kritik wurden sie als „Angry young men" bezeichnet: Die Autoren des britischen Romans und Theaters der 50er Jahre wie Kingsley Amis oder John Braines, die ihren Protest an bürgerlichen Wertmaßstäben zum Ausdruck brachten, indem sie Anti-Helden schufen – unkonventionell handelnde Hauptfiguren, stets bereit, Tabus zu brechen. Billy Fisher ist ein solcher Antiheld, unbeholfen, aufsässig und zornig. Waterhouses Roman legt Zeugnis ab von den Klassenkämpfen und Krisen der Männer in der Nachkriegszeit, ähnlich zornig wie *Lucky Jim* oder *Der Weg nach oben*. Der etwa zwanzigjährige Billy lebt immer noch bei seinen Eltern in einer langweiligen Stadt in Yorkshire, wo er als Bürogehilfe eines Leichenbestatters arbeitet und von der Flucht träumt. Als zwanghafter Phantast hat er sich Ambrosia erdacht, eine Welt, in der er gleichzeitig Premierminister, Liebhaber, Revolutionär und Schriftsteller sein kann. Er verstrickt sich in ein Gewirr immer raffinierterer Lügen, und dieser Roman schildert den Tag, an dem das Lügengebäude in die Brüche geht. Die hysterische, amüsante Entwirrung zeigt die Unzulänglichkeiten britischer Männer, die zu jung sind, als daß der Krieg sie geprägt hätte, und die andererseits zu früh leben, als daß sie von der liberaleren Nachkriegsgesellschaft profitieren könnten. Billys Beklemmung durchdringt jede Zeile des Buchs, und am Ende bleibt dem Leser das mulmige Gefühl, daß es für Billy kein Entrinnen gibt. **PMB**

In John Schlesingers Filmadaption von 1963 spielt Tom Courtney den phantasiebesessenen Billy.

Absolute Beginners
Colin MacInnes

Lebensdaten | *1914 (England), †1976
Erstausgabe | 1959
Erschienen bei | MacGibbon & Kee (London)
Britische Musical-Adaption | 1986

Absolute Beginners ist das bekannteste Buch aus MacInnes' London-Trilogie, zu der auch *City of Spades* (1957) und *Mr. Love and Justice* (1960) gehören. Der Roman erlebte in den 1980er Jahren eine Wiedergeburt – dank eines Filmmusicals mit David Bowie in der Hauptrolle, das allerdings auf einer stark verkürzten Version des Textes basiert. Bis heute taucht der Roman auf den Bestenlisten der „angesagtesten" Bücher auf, zusammen mit *Unterwegs* von Jack Kerouac. Die Hauptfigur Colin Young, leichtlebiger Fotograf, ständig auf der Suche nach einem „Kick und einem Traum", ist nicht der Star des Romans – der Star ist die pulisierende Stadt London. Der Text ist gespickt mit Slang-Ausdrücken der Jugendlichen – es handelt sich um eine Geschichte über das Erwachsenwerden –, doch die Geschichte wird erzählt auf der Folie radikaler gesellschftlicher Veränderungen.

London nach dem Krieg, die Suez-Krise ist gerade vorbei, wir befinden uns im Jahr der Krawalle von Notting Hill: ehemals in Stein gemeißelte Vorstellungen wie die vom gottgegebenen Schicksal des britischen Empire und der rassischen Homogenität seiner Metropole zerbröckeln und verkommen zu archaischen Belanglosigkeiten. Das neu entstehende London ist für die Vorkriegs-"Oldies", die die Autorität repräsentieren, nicht mehr faßbar. Die Stadt pulisert vor Aufregung und Spannungen entstehen – zwischen den Rassen, den Generationen und den Geschlechtern. Als schließlich Krawalle ausbrechen, geraten Recht und Ordnung und das soziale Gefüge ins Wanken. Das frische, lebendige und wichtige Buch bietet außergewöhnliche und spannende Einblicke in diese Phase gesellschaftlicher Umbrüche. **MD**

20. Jahrhundert 543

Erste Liebe – letzte Liebe
Romain Gary

Lebensdaten | *1914 (Litauen), †1980 (Frankreich)
Erstausgabe | 1960
Erschienen bei | Gallimard (Paris)
Originaltitel | *La promesse de l'aube*

Der in Vilnius und Nizza aufgewachsene Romain Gary verarbeitet in diesem Roman einen Teil seiner Lebensgeschichte, insbesondere die außergewöhnliche Beziehung zu seiner alleinerziehenden Mutter, die aus ihm zielbewußt das machte, was sie selbst gerne geworden wäre: ein großartiger Künstler. *Erste Liebe – letzte Liebe* beschreibt die Jugend Garys, seine prägenden Jahre in der osteuropäischen und der französischen Kultur, und liest sich daher wie ein verdoppeltes Selbstporträt.

Der mit ansteckendem Humor und in tiefer Zuneigung geschriebene Roman schildert die Erlebnisse mit einer Mutter, die man, hätte sie nicht wirklich gelebt, erfinden müßte – was in einem gewissen Maß vermutlich auch geschah. Garys Mutter, eine russisch-jüdische Schauspielerin, zeigte bei der Erziehung ihres Sohnes so viel Ehrgeiz, daß in der verknappten, teilweise auch spöttelnd zynischen Schilderung ihres jahrelangen, arbeitsreichen Kampfes Tragik und Komik eng beieinander liegen. Daß ihr Sohn als Franzose und nicht als Russe aufwachsen sollte, war nur eines der vielen Ziele, das sie sich gesetzt hatte – und die er erfüllte.

Jeden Aspekt ihres Lebens, jede Anstrengung widmete die Mutter der Zukunft ihres Sohnes. Sie plante und leitete Garys Laufbahn zum Schriftsteller, Offizier und Diplomaten, und er ging bis zum Äußersten, um ihren Glauben in ihn zu erfüllen und zu honorieren. Mit unerschütterlicher Hingabe unterstützte sie ihn beim Studium, in der Militärschule und während des Kriegsdienstes, aber auch bei der Publikation seines ersten Romans. Ihre Liebe sorgte dafür, daß sein Hunger und seine Sehnsucht nach der Vollendung dieser Liebe nie mehr nachließ, und sie inspirierte ihn zu seinem Einsatz für die Gerechtigkeit.

Garys Mutter starb 1941. Doch sie half ihm mit 250 Briefen, die sie im voraus schrieb und nach ihrem Tod abschicken ließ, über die Kriegszeit hinweg. Die Erzählung schließt am Ende des Zweiten Weltkriegs, es ist die Geschichte einer leidenschaftlichen Mutterliebe, die Geschichte einer ungewöhnlichen Frau, die noch über den Tod hinaus ihre Liebe unter Beweis stellt. **ES**

„Dann begann sie zu weinen …"

Gary mit seiner Frau Jean Seberg: sie beging 1979 Selbstmord, er erschoß sich im folgenden Jahr.

Hasenherz
John Updike

Mit *Hasenherz*, seinem zweiten Roman, schuf Updike eine der hervorragendsten Gestalten des amerikanischen Nachkriegsromans. Harry „Rabbit" Angstrom war an der Schule seiner Heimatstadt Brewer einst ein stadtbekannter Basketball-Star. Jetzt ist er Ende zwanzig und lebt mit seiner schwangeren Frau Janice und seinem kleinen Sohn Nelson in einer Wohnung in einem eher ärmlichen Viertel der Stadt. Er hat einen aussichtslosen Job als Verkäufer von Zauberküchenschälern. Unzufrieden mit seiner Existenz, macht er sich eines Nachts klammheimlich davon, aber schon bald verläßt ihn der Mut, und er kehrt nach Brewer zurück. Sein ehemaliger Basketball-Coach – einer der wenigen, die Harrys glorreiche Tage nicht vergessen haben – macht ihn mit Ruth bekannt, mit der er eine Affäre beginnt.

Hasenherz erzählt die Geschichte im Präsens; dieses Stilmittel mag heute ein Gemeinplatz sein, damals war es bahnbrechend, und Updikes Umgang damit ist kaum je übertroffen worden. Er verwendet als Erzählerstimme die dritte Person, denn obschon sich die Erzählung meist in Harrys Kopf abspielt, ist es nicht seine Stimme, die wir hören – zumindest nicht genau. Updikes sinnlich-elegante, deutlich artikulierte Prosa vermittelt Harrys Bewußtheit in einer Sprache, die auch er verwenden würde, wenn sich denn sein Geist bloß ebenso anmutig bewegen könnte wie sein Körper einst beim Basketball.

Harry ist kein Jedermann, sondern vielmehr ein Niemand, der keinerlei Bewunderung erregt. Sein impulsives, gedankenloses Verhalten hat erschreckende Konsequenzen. Dank der Umsicht, mit der Updike die Komplexität von Harrys Charakter beschreibt, ist ihm unsere Sympathie dennoch sicher. Zusammen mit den Folgeromanen *Unter dem Astronautenmond* (1971), *Bessere Verhältnisse* (1981) und *Rabbit in Ruhe* (1990) stellt *Hasenherz* ein detailreiches, außergewöhnliches Porträt eines gewöhnlichen Amerikaners in der zweiten Hälfte des 20. Jahrhunderts dar. **TEJ**

Lebensdaten | *1932 (USA), †2009
Erstausgabe | 1960
Erschienen bei | A. Knopf (New York)
Originaltitel | *Rabbit, Run*

„‚Kann ich mich nicht entscheiden? Ich weiß nicht.'"

Der junge Updike (1960), der Gedichte und Kurzgeschichten schrieb, bevor er sich den Romanen zuwandte.

Wer die Nachtigall stört …
Harper Lee

Lebensdaten | *1926 (USA)
Erstausgabe | 1960
Erschienen bei | Lippincott (Philadelphia)
Originaltitel | To Kill a Mockingbird

- Der Umschlag der Erstausgabe; der Roman war sofort ein Publikumserfolg und wurde bereits 1962 verfilmt.

- Harper Lee war 43, als das Buch herauskam; sie hat keine weiteren Romane geschrieben.

Der Roman spielt in Alabama zur Zeit der Depression. Er verwebt die Adoleszenzgeschichte eines Mädchens mit einem düsteren Drama über die Wurzeln und Konsequenzen des Rassismus, und wirft die Frage auf, wie Gut und Böse in der Gemeinschaft oder im einzelnen Menschen koexistieren können. Scout, die Hauptfigur, wächst zusammen mit ihrem Bruder Jem bei ihrem verwitweten Vater Atticus Finch auf, einem angesehenen Anwalt. Er nimmt die Kinder ernst und weist sie dazu an, mitfühlend und philosophisch zu handeln und sich nicht von abergläubischem Unwissen leiten zu lassen. Atticus wird seiner Überzeugung gerecht, als gegen den farbigen Mitbürger Tom Robinson eine haltlose Anklage wegen Vergewaltigung erhoben wird. Atticus übernimmt Robinsons Verteidigung und sucht nach dem wahren Sachverhalt des Verbrechens. Es folgen Einschüchterungsversuche des städtischen Mobs, der Atticus' Klienten der Lynchjustiz übergeben will. Als der Aufruhr eskaliert, wird Tom verurteilt und der Anwalt der Kläger versucht, sich in einem unvorstellbar brutalen Akt an Atticus zu rächen.

Während dieser Ereignisse sind seine Kinder mit einem eigenen Mini-Drama über Vorurteile und Irrglauben beschäftigt. Dabei steht die lokale Legende Boo Radley im Mittelpunkt, der im Haus seines Bruders lebt und niemals herauskommt. An ihm entzündet sich die kindliche Phantasie von Scout und Jem, die es sich nicht verkneifen können, auf das Grundstück der Radleys einzudringen. Atticus weist die Kinder zurecht und versucht, ihnen eine einfühlsamere Haltung näherzubringen. Dann macht sich Boo indirekt durch eine Reihe wohlwollender Gesten bemerkbar, schließlich interveniert er in einer gefährlichen Situation, um Jem und Scout zu retten. Scout erhält eine zweifache moralische Lektion: man darf anderen durch eine unbegründete negative Einstellung keinen Schaden zufügen, und wenn die eigenen Werte gewaltsam untergraben werden, muß man standfest sein. **AF**

Der Zauberer von Lublin
Isaac Bashevis Singer

Lebensdaten | *1904 (Polen), †1991 (USA)
Erstausgabe | 1960 bei Noonday (New York)
Originaltitel | *Der Kunzenmacher fun Lublin*
Nobelpreis für Literatur | 1978

Unter dem Titel *Der Kunzenmacher fun Lublin* erschien der auf jiddisch verfaßte Roman von Isaac Bashevis Singer zuerst 1959 in der Tageszeitung *Jewish Daily Forward* (New York) – 1960 wurde die ins Amerikanische übersetzte Neufassung veröffentlicht.

Hauptfigur dieses Romans, der im späten 19. Jahrhundert in Polen spielt, ist Jascha Masur, ein Zauberkünstler, Akrobat, Spintisierer und Weiberheld. Stets ruhelos umherreisend, versucht er auch, seinem jüdischen Glauben, seiner langweiligen, frommen Frau und seinen Geliebten zu entrinnen. Sein Leben wird auf den Kopf gestellt, als er einen Raubüberfall verbockt, mit dem er sich und seiner Freundin Emilia eine neue Existenz finanzieren wollte. Außerdem entdeckt er, daß seine Geliebte und Assistentin Magda aus Verzweiflung über seine Untreue Selbstmord begangen hat. „Die letzten vierundzwanzig Stunde waren mit keinem anderen Tag seines Lebens zu vergleichen, denn sie faßten sein ganzes bisheriges Dasein zusammen."

Jascha wird ob seiner Taten vom schlechten Gewissen gequält, kehrt zu seiner Frau zurück – allerdings mit einem für Singer typischen Dreh: Jascha läßt sich wie ein Büßer in eine türlose Zelle einmauern, nur mit dem Nötigsten eingerichtet: Kerzenhalter, Wasserkrug, Strohsack und eine Schaufel, um seine Exkremente zu beseitigen. Anfänglich glauben die Leute, er wolle sie einmal mehr zum Narren halten, aber nach drei Jahren ist Jascha zu einem prominenten Eremiten geworden, dessen Rat bei den Leuten begehrt ist. Singer versucht hier wie in seinen anderen Texten, die Rolle des Glaubens im Leben seiner polnischen Charaktere (meistens in der Zeit vor dem Holocaust) zu ergründen, einem Leben, das von Leidenschaft, Magie und religiöser Hingabe erfüllt war.

In der Filmadaption des Romans von 1979 spielte Alan Arkin den munteren Jascha, zu seinen Verehrerinnen gehören unter anderem Louise Fletcher, Valerie Perrine und Shelley Winters. **JHa**

„Er hatte Gottes Finger gesehen. Das Ende des Weges war erreicht."

Singer 1962, als sich das anglophone Amerika gerade für den jiddischen Schriftsteller zu interessieren begann.

Halbzeit
Martin Walser

Halbzeit ist der erste Teil der *Anselm-Kristlein-Trilogie* (weitere Bände: *Das Einhorn*, 1966; *Der Sturz*, 1973), in der Walser den sozialen Abstieg und das Scheitern seines Protagonisten in der Bundesrepublik der 50er- und 60er Jahre beschreibt. Dieser Roman, der während des deutschen Wirtschaftswunders der 50er Jahre spielt, wirft einen kritischen Blick auf die Konsumgesellschaft.

Anselm Kristlein, ein 35jähriger verheirateter Vater von drei Kindern, muß sein Beratungsbüro für Ölfeuerung schließen, da es nicht floriert, findet aber eine Stelle in der Werbeabteilung eines Lebensmittelkonzerns. Innerhalb eines Jahres wird er zum bewunderten, gutbezahlten Experten seines Fachs. Für den talentierten Aufsteiger ist seine Familie nur noch ein Karrierehindernis, lieber verbringt er die Zeit mit seinen Freunden, Berufskollegen und Geliebten. Dank seines Berufs findet er Zugang zur High Society, wo er sich anpassungsfähig zeigt, und bald schon wird sein Leben von den Grundregeln der Konsumgesellschaft – besonders vom erbarmungslosen Wettbewerb – bestimmt. Dementsprechend versucht Anselm, die Verlobte eines Freundes mit den Tricks und Techniken des ausgefuchsten Werbemenschen zu erobern, der er nun geworden ist.

Walser beschreibt Anselm in einer Reihe von Erinnerungssequenzen. Die retrospektive Ich-Erzählung ist verwoben mit Assoziationen, in denen äußere Ereignisse, Überlegungen des Protagonisten und Flashbacks zu einem pulsierenden verbalen Fluß verschmelzen, der ohne linearen Handlungsstrang auskommt (aber nicht ohne kritische Distanz, die auf der Ironie des Erzählers gründet). Trotz hier und da eingestreuter kritischer Hinweise erfährt man nicht, ob Anselm nicht doch seine Familie den gesellschaftlichen Ambitionen vorzieht, die ihn letztendlich körperlich, aber auch im übertragenen Sinn, zum kranken Mann machen. **LB**

Lebensdaten | *1927 (Deutschland)
Erstausgabe | 1960
Erschienen bei | Suhrkamp (Frankfurt)
Friedenspreis des Deutschen Buchhandels | 1998

„Schreiben ist organisierte Spontaneität."
Martin Walser

Martin Walser unterstützte in den 60er Jahren die SPD und engagierte sich gegen den Vietnamkrieg.

Die Fünfzehnjährigen
Edna O'Brien

Lebensdaten | *1932 (Irland)
Erstausgabe | 1960 bei Hutchinson (London)
Originaltitel | *The Country Girls*
Trilogie | *Country Girls Trilogy and Epilogue* (1986)

Caithleen, die Erzählerin des Romans, und ihre beste Freundin Baba schmachten auf einer Klosterschule. Sie haben die Entbehrungen und die Unterdrückung satt und verfassen einen obszönen Brief, mit dem sie eine der Nonnen kompromittieren. Der Brief wird gefunden und die Mädchen werden wie erwartet von der Schule verwiesen. Edna O'Briens erster Roman beschreibt Mädchen, die unter dem Joch patriarchaler Familien- und Kirchenordnungen stehen, den zwei Mächten, von denen die vom Klatsch durchdrungene Kleinstadt Clare (in der die Geschichte vorwiegend spielt) dominiert wird. Das respektlose Temperament der vergnügungshungrigen Romanheldinnen steht in krassem Widerspruch zu der von O'Brien anschaulich geschilderten klaustrophobisch engen Welt. Schließlich wandern die Mädchen nach Dublin aus.

Die Autorin stellt ihre eigene, komplexere Sicht der Dinge subtil in den Hintergrund und läßt die ungezwungene Impulsivität ihrer Protagonistin sprechen. In ihrer impressionistischen, unreflektierten Art schildert Caithleen die Freuden und Leiden des Alltags: die eklige Suppe im Konvent, ihr Vergnügen an *Tender is the Night*, ihr Kleid für den Ausgang in die Stadt. Im Unterschied zu Baba gibt sie sich romantischen Gefühlen hin, nicht zuletzt gegenüber dem schmeichlerischen „Mr. Gentleman", der ihr in Clare nachstellt und sie nach der Flucht in die Hauptstadt verführen will. Noch hat Caithleen nicht erkannt, daß man das Glück nicht automatisch findet, wenn man es in der Liebe, im Sex und bei den Männern sucht – die zwei Folgeromane O'Briens haben es bewiesen. **MR**

Mara
Carlo Cassola

Lebensdaten | *1917 (Italien), †1987 (Monaco)
Erstausgabe | 1960
Erschienen bei | Einaudi (Turin)
Originaltitel | *La ragazza di Bube*

Wie die meisten Werke Cassolas, befaßt sich auch sein erfolgreichster Roman *Mara* mit den Nachwehen der faschistischen Ära im Italien nach dem Zweiten Weltkrieg. Die Protagonistin Mara verliebt sich in den drei Jahre älteren Partisanen Bube, einen Helden des antifaschistischen Widerstands, der an den Kämpfen in den Dörfern der Toskana teilnimmt. Obwohl die Kommunistische Partei Italiens, der Bube angehört, der Bourgeoisie gegenüber schon bald einen versöhnlichen Kurs einschlägt, gibt Bube den Kampf nicht auf, und er wird sogar zum Mörder, als er den Tod eines Genossen rächt. Nun muß Mara sich entscheiden, ob sie vergessen und am Wiederaufbau teilnehmen will, oder ob sie Bube die Treue halten will, der zu vierzehn Jahren Gefängnis verurteilt wurde. Sie wählt den Weg der Würde, der Hingabe an die Tragödie ihrer Generation, der die soziale Gerechtigkeit verwehrt wurde, für die sie gekämpft hat.

Cassola stellt in diesem Roman dar, wie Maras Generation von der aufstrebenden neuen italienischen Republik betrogen wurde. Er verurteilt Bubes Handeln politisch nicht, vielmehr wirft er die Frage auf, warum die Kommunistische Partei Italiens potentielle Führungspersönlichkeiten wie Bube über das Potential der Mächte, die sich gegen sie verschworen hatten, im Unklaren gelassen habe. Mit seinem gerafften Schreibstil und der gleichzeitigen Detailfülle ist Carlo Cassola ein Vorläufer des französischen „Nouveau roman". **LB**

Gottes Holzstücke
Ousmane Sembène

Lebensdaten | *1923 (Senegal), †2007
Erstausgabe | 1960
Erschienen bei | Presses Pocket (Paris)
Originaltitel | *Les bouts de bois de Dieu*

Dieser Roman behandelt den Streik der senegalesischen Eisenbahner von 1947–48, der das gesamte Wirtschaftsleben im westlichen Afrika fünf Monate lang lahmlegte. Es ist eine fesselnde und abenteuerliche Erzählung über eine Gemeinschaft im Wandel, die von den Ungerechtigkeiten wachgerüttelt wird und gegen sie ankämpft. Eine Hauptfigur gibt es in diesem Roman nicht, sondern ein ganzes Tableau von Darstellern – vom unerschütterlichen ideologischen Anführer des Streiks über die loyalen Mitstreiter und Wendehälse bis zur weißen Managerkaste, die ihre Welt auf den Kopf gestellt sieht. Den größten Eindruck im Roman machen die Frauen, unter denen ein soziales Bewußtsein aufkeimt und deren traditionell unterwürfige Haltung durch die neuen Gefahren in Frage gestellt wird. Das wachsende Engagement der Frauen ist ein wichtiges Strukturelement des Romans und ihr wachsendes Selbstvertrauen treibt den Roman zu seinem Höhepunkt.

Ousmane Sembène liefert ein konsistentes Porträt des sozialen Wandels im Senegal kurz vor der Unabhängigkeit und darüber hinaus. Der Roman ist ein Schlüsseltext für die nachkolonialistische Ära, der auch in Westafrika eine große Leserschaft gefunden hat. Dies liegt daran, daß *Gottes Holzstücke* einer der ersten Romane war, der die Afrikaner in ihrem Recht auf Selbstbestimmung bestätigte, und der den Glauben an eine Vorherrschaft der Europäer ebenso in Frage stellt wie die korrupten Individuen aus den eigenen Reihen. Der Roman wurde für afrikanische Autoren exemplarisch, weil er den Status quo der Kolonialherren herausfordert und sich vehement für die Armen in den Städten einsetzt. **RM**

Die Werft
Juan Carlos Onetti

Lebensdaten | *1909 (Uruguay), †1994 (Spanien)
Erstausgabe | 1961
Erschienen bei | Comp. General Fabril Editora
Originaltitel | *El astillero*

Dies ist der erste Teil eines Diptychons, das Onetti 1964 mit *Der Leichensammler* abschloß. Hauptdarsteller ist der in die Jahre gekommene Larsen, der nach Santa María zurückgekehrt ist, einer von vertrauten Schatten bewohnten Stadt, aus der er einst vertrieben wurde. Er wird in einer verlotterten Werft angestellt, die Jeremías Petrus gehört, einem ehemaligen Tycoon, der mit seiner vergötterten Tochter Angélica Inés und dem Dienstmädchen Josefina zusammenlebt. Die Werft, ein phantastisches, absurdes Unternehmen, wird von Gálvez und Kunz geführt, die sich nicht im klaren darüber sind, ob sie ihren Schwindel aufrechterhalten oder den unwiderruflichen Bankrott vorantreiben sollen, und ob Larsen dabei ein Feind oder ein Verbündeter ist.

Der Roman bewegt sich zwischen der Stadt, der maroden Werft, Gálvez' kleinem Haus mit dessen schwangerer Frau (die Larsen so gern verführen würde, wenn er denn könnte), der Gartenlaube, wo Larsen und Angélica Inés sich treffen, und dem Haus, in dem Larsen vor seinem Verschwinden einmal mit Josefina ins Bett steigt. Erzähler ist ein Augenzeuge, der die Fakten und Mutmaßungen, manchmal mit versteckter Ironie, preisgibt, in mäandernden Sätzen, die die Figuren haargenau charakterisieren. Die Freiheiten des Erzählers gehen so weit, daß er zwei Romanenden präsentieren kann. Onettis traditionelle Geschichte über enttäuschende Begegnungen verfügt über eine erzählerische Kraft, die von spanischen Romanautoren erst viel später nachgeahmt wurde. **DMG**

Catch 22
Joseph Heller

Hellers 1961 erschienene begeisternde Satire auf den Irrsinn des Krieges und die Exzesse der Bürokratie ist längst ein Kultbuch. Hauptfigur ist Captain Joseph Yossarian, Angehöriger einer US-amerikanischen Bomber-Crew, die im Zweiten Weltkrieg auf der Mittelmeerinsel Pianosa stationiert ist. Yossarian hält nichts von patriotischen Gefühlen und blindem Gehorsam, er sieht den Krieg ausschließlich als einen Angriff auf seine Person, und er ist überzeugt, daß es die Militärs nur darauf abgesehen haben, ihm einen vorzeitigen Tod zu bescheren. Weite Strecken des Romans beschreiben, wie er immer raffiniertere Pläne zur Beendigung seiner Mission aushekt. Er täuscht zahlreiche Krankheiten vor – und gerät doch immer wieder in eine „Catch 22-Situation", eine Zwickmühle, aus der es kein Entkommen gibt. Der Autor bevölkerte die Treibhausatmosphäre der Insel mit durchgeknallten Karikaturen – vom verrückten Zuchtmeister Colonel Scheißkopf bis zum gewissenlosen Profiteur Milo Minderbinder.

Der Krieg ist als eine Art institutionalisierter Schwachsinn dargestellt, als eine Psychose, von der das private und öffentliche Leben befallen wird. *Catch 22* schert sich nicht um herkömmliche Begriffe wie „Heldentum" und „gerechter Krieg", der Roman stellt den Krieg in einen viel weiteren psychologischen, soziologischen und ökonomischen Kontext. Obwohl urkomisch, liefert das Buch todernste Einsichten, die weit über die Schlagworte von Friedensaktivisten hinausgehen. Es ist eine radikale Abkehr vom nüchtern-realistischen Stil, der amerikanische Anti-Kriegsromane bis in die turbulenten 60er Jahre hinein beherrscht hatte. *Catch 22* öffnete die Schleusen für eine Flut von Romanen, in denen der Krieg mit einer neuen, kulturkritischen Sensibilität und in einer Sprache beschrieben wurde, die genauso wild, grotesk und bizarr ist wie der Krieg selbst. **SamT**

Lebensdaten | *1923 (USA), †1999
Erstausgabe | 1961
Erschienen bei | Simon & Schuster (New York)
Folgeroman | *Closing Time (1994)*

Heller brauchte lange, um *Catch 22* zu schreiben, der erste Teil entstand bereits 1953, als er als Werbetexter arbeitete.

Heller im Jahr 1974, als mit *Endzeit* nach 13 Jahren die Fortsetzung von *Catch 22* erschien.

Solaris
Stanislaw Lem

Lebensdaten | *1921 (Polen), †2006
Erstausgabe | 1961 bei Wydawnictwo (Warschau)
Originalsprache | Polnisch
Verfilmungen | 1972, 2002

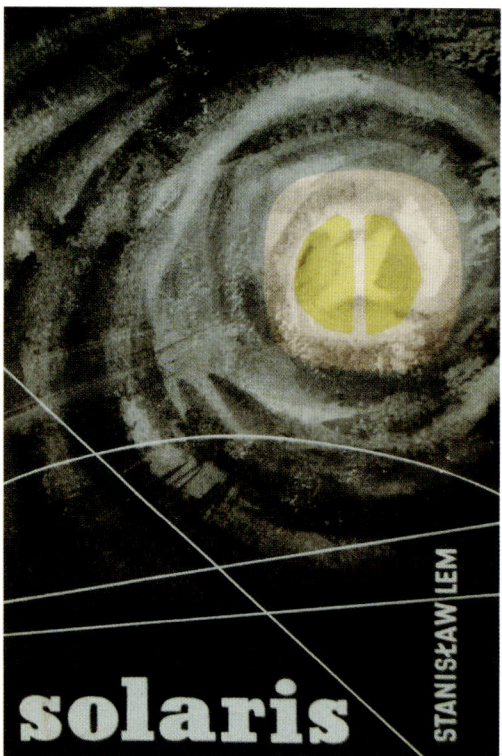

„Station Solaris, Station Solaris! Tut irgendwas."

In *Solaris* konfrontiert Lem Menschen mit einem Anderen, das sie weder verstehen noch bezwingen können.

Über Stellenwert und Bedeutung von Science-Fiction-Literatur wurde schon immer kontrovers diskutiert. So bezeichnete Stanislaw Lem die anglo-amerikanische Science-Fiction-Literatur aus der Anfangszeit des Genres als kitschiges, kommerzielles Lesefutter, dessen Mängel allzu offensichtlich seien. Es entbehrt deshalb nicht einer gewissen Ironie, daß sein Roman *Solaris* zum unumstrittenen Klassiker des Genres wurde und zwei Filmadaptionen nach sich zog: 1972 von Tarkovski und 2002 von Soderbergh. Klar, daß Lem nur Hohn und Spott für sie übrig hatte.

Der äußere Rahmen von *Solaris* liest sich fast wie ein Leitfaden für Science-Fiction-Autoren: irdische Wissenschaftler versuchen mit Außerirdischen vom Planeten Solaris Kontakt aufzunehmen – vergeblich. Der Planet ist von einem zähflüssigen Ozean bedeckt, dessen Intelligenz sie ständig austrickst. Ihre Versuche, ihn zu verstehen, werden auf sie selbst zurückgeworfen, die Experimente offenbaren nur ihre eigenen psychologischen Schwächen. Die Hauptfigur, Kris Kelvin, wird nach und nach von der Erinnerung an seine verstorbene Freundin zerstört, weil ihn ihr Bild verfolgt, das von Solaris regeneriert wird. Die anderen Protagonisten werden einer nach dem andern von Traumata heimgesucht. Was die Filme nie wiedergeben konnten, ist der charakteristische Ton des Romans: seine leidenschaftslose, akademische Sprache beschreibt unerklärliche Phänomene auf dem Planeten, die unser Protagonist nie im Leben verstehen wird.

Mit *Solaris* schuf Lem einen neuen literarischen Hybriden, indem er die absolute Fremdartigkeit einer immer wieder imaginierten Phantasiewelt jenseits unseres blauen Planeten enthüllt. Er schuf eine nicht kartographierte, teils an Kafka, teils an Huxley erinnernde Mutante von Science-Fiction, die uns gerade deshalb fesselt, weil sie sich jeder Erklärung entzieht. **ABi**

Katz und Maus
Günter Grass

Katz und Maus ist das mittlere Werk der *Danziger Trilogie*, zu der außerdem *Die Blechtrommel* und *Hundejahre* gehören. In dieser Novelle widmet sich der Autor der Vergangenheit seiner Geburtsstadt Danzig und dem Einfluß, den der Nationalsozialismus auf diese hatte. Große historische Ereignisse werden durch die Augen einiger Jugendlicher betrachtet, was Grass die Möglichkeit gibt, seine eigenen Erinnerungen an die Stadt und ihre Bewohner einzubringen.

Die schwer faßbare Hauptfigur Joachim Mahlke träumt davon, Clown zu werden, und wird statt dessen ein Kriegsheld. Seine geheimnisvolle Existenz parodiert die von Heldentum und Heldendienst besessenen Nazis. Mahlke ist ein Außenseiter, der dem Regime gegenüber fast nur Verachtung übrig hat. Er möchte Clown werden, weil er vor anderen auftreten, von anderen beobachtet und bewundert werden möchte. Damit wirft Grass ein Licht auf die innersten Widersprüche der vielen Deutschen, die von den Nazis zu Helden erkoren wurden.

Die von Mahlkes Freund Pilenz erzählte Geschichte wurde in Form eines Geständnisses geschrieben. Mit diesem Format setzt sich Grass ganz bewußt mit dem Nachkriegsphänomen der „Beichte" auseinander, mit der man sich die Vergebung für seine frühere Nazi-Vergangenheit erhoffte. Die Novelle bewegt sich zwischen komischer Phantasie, Brutalität, Realismus und Mythos, zwischen Augenblicken fast lyrischer Schönheit und entsetzlicher Gewalt. Sie ist in einem ständigen Dialog mit ihrer eigenen Erzählweise, mit der entstellenden Kraft der Erinnerung und der Unmöglichkeit der Versöhnung. **JM**

Lebensdaten | *1927 (Polen)
Erstausgabe | 1961
Erschienen bei | Luchterhand (Neuwied)
Nobelpreis für Literatur | 1999

„*Mahlkes Adamsapfel fiel auf, weil er groß war, immer in Bewegung…*"

Grass verstand die *Danziger Trilogie* auch als Kritik an der Amnesie über die Nazi-Vergangenheit.

Die Blütezeit der Miss Jean Brodie
Muriel Spark

Lebensdaten | *1918 (Schottland), †2006 (Italien)
Erstausgabe | 1961
Erschienen bei | Macmillan & Co. (London)
Originaltitel | *The Prime of Miss Jean Brodie*

„,Ich setze alte Köpfe auf eure jungen Schultern', hatte Miss Brodie damals zu ihnen gesagt, ,und alle meine Schülerinnen sind die crème de la crème.'"

Die Theater- und Filmadaptionen dieses bekanntesten Werks von Muriel Spark wurden so populär, daß man die Qualitäten der Romanvorlage beinahe aus den Augen verlor. Doch Sparks sechster Roman ist auch ihr überzeugendster. Ob in den jesuitisch-kühlen Äußerungen der Hauptfigur Miss Brodie oder in den düsteren Schlußfolgerungen des Romans, immer stellt uns die Autorin vor schwierige Fragen bezüglich Erziehung, Weiblichkeit und Macht. Die Egozentrik und die Kälte der Miss Brodie spiegeln sich in der eleganten Strenge von Muriel Sparks Stil. So stellt das autoritäre, von tügerischer Romantik geleitete Auftreten Miss Brodies implizit die Autorität der allwissenden Ich-Erzählerin des Romans in Frage. Obwohl Sparks Erzählstil enorm gut lesbar ist, ist der Roman seiner eigenen Konstruktion gegenüber so selbstkritisch wie es sich ein Formalist nur wünschen kann.

Die Geschichte wird in mehreren sich überlagernden Zeitebenen aus unterschiedlichen Perspektiven erzählt. Besonders die Rückblenden auf verschiedene Figuren aus dem Umfeld Brodies verleihen dem Roman eine besondere Würze, denn damit erhält man von Anfang an klärende Hinweise auf den bescheidenen Aufstieg und den üblen Fall der beeindruckenden, aber gefährlichen Lehrerin Jean Brodie. Diese vermittelt ihren Schülerinnen ihre Weltsicht, indem sie faschistische Lehren verbreitet. Der Roman erkundet die seltsamen sadomasochistischen Phantasien und die sexuelle Spannung, die in der pädagogischen Situation entstehen. Auch wenn Miss Brodie glaubt, die Geschicke ihrer Schülerinnen gottähnlich lenken zu können, wird sie doch von einer ihrer Schülerinnen durchschaut. Sandy Stranger, aus deren Perspektive teilweise erzählt wird, „verrät" ihre Lehrerin, Miss Brodie wird suspendiert. Das Buch ist eine politische Analyse in Gestalt einer satirischen Komödie, die die Moral des Unterrichtens und des Erzählens in einen starken Kontrast bringt – ein Lesevergnügen! **DM**

- Für ihre Darstellung der grotesk-faschistoiden Lehrerin Jean Brodie erhielt Maggie Smith 1969 den Oscar als beste Schauspielerin.

- Muriel Spark (1960) absolvierte in Edinburgh eine Mädchenschule, die der in ihrem Buch beschriebenen nicht unähnlich ist.

Maskenspiel
Iris Murdoch

Lebensdaten | *1919 (Irland), †1999
Erstausgabe | 1961
Erschienen bei | Chatto & Windhus, London
Originaltitel | A Severed Head

Martin Lynch-Gibbon erfreut sich im Appartement seiner Mätresse eines freien Nachmittags und denkt über sein Leben nach. Er hat nicht vor, seine etwas ältere Frau Antonia zu verlassen, trotzdem genießt er seine Liaison mit Georgie. Martin kümmert sich nur oberflächlich um Georgies Gefühle; trotz seiner Höflichkeit und Korrektheit ist er gefühllos und selbstgefällig – und er ist reif für eine Lektion. Diese nähert sich in Gestalt der unwiderstehlichen, teuflischen Honor Klein, einer Anthropologin, die etwas Primitives an sich hat, dafür aber auch wahrhaftig und direkt ist. Martin ist schockiert, als ihn seine Frau wegen Kleins Halbbruder verlassen will, paßt sich der Situation aber an, indem er die beiden als eine Art Ersatzeltern akzeptiert. Honor zerzaust die geheuchelte Höflichkeit dieses Arrangements. Als Martin auch noch erfährt, daß Antonia eine Affäre mit seinem Bruder hatte, und als Honor Martins Beziehung zu Georgie auffliegen läßt, bricht seine Welt zusammen.

Maskenspiel ist eine possenhafte Liebeskomödie im Stil der Restaurationszeit, flirtet aber eifrig mit den Sitten und Gebräuchen der revolutionären 60er Jahre. Der Roman bietet Überraschendes und Spannendes, Farcen und Melodramen, balanciert zwischen verschiedenen Erzählebenen, integriert Symbolisches und Metaphorisches, und bietet kluge Erkenntnisse über die Dummheit in menschlichen Beziehungen. **RMcD**

◐ Murdoch ergänzte ihr Gespür für Handlungen und Personen mit Erkenntnissen aus der Psychoanalyse und dem Existentialismus.:

Franny und Zooey
J. D. Salinger

Lebensdaten | *1919 (USA), †2010
Erstausgabe | 1961
Erschienen bei | Little, Brown & Co. (Boston)
Originaltitel | Franny and Zooey

Die Popularität von *Der Fänger im Roggen* hat die Aufmerksamkeit von J. D. Salingers anderen Werken abgelenkt. Dabei sind all seine Texte von außerordentlicher Qualität, vor allem glänzen sie mit Detailschilderungen im Kontext allgemeiner Themen wie Unzufriedenheit und Entfremdung. *Franny und Zooey* wurde fast ausschließlich aus Details komponiert. Die „Novelle" besteht aus zwei ungleichen Geschichten über zwei Kinder der Familie Glass. Die dialogische Struktur des Textes und die surrealistisch anmutende, unscharfe Erzählweise verleihen ihr einen beiläufigen, skizzenhaften Charakter. Aber es geht durchaus um tiefschürfende Inhalte und Ideen, wie man sie auch in anderen Werken Salingers findet. Thematisiert werden Egoismus und Falschheit von Leuten, die – meist aufgrund ihrer Intellektualität oder ihrer Religion – glauben, sie könnten sich nur dem „Großen" widmen, ohne sich um den täglichen Kleinkram kümmern zu müssen.

Salinger interessiert sich für östliche Religionen, speziell für die Ablehnung des Absoluten und die Weigerung, irgend etwas als gesichert anzunehmen. Dieses Interesse zeigt sich nirgends klarer als in der zentralen Aussage beider Geschichten. Die jüngsten Kinder der Familie Glass werden von einer Vorstellung gepeinigt, die ihnen im Lauf der Erzählung immer bewußter wird: das Lernen, die Religion und sogar das Glück sind auf käufliche Waren reduziert worden. Die Parallelen von Salingers „unwichtigem" Werk zu unserer modernen Welt (in der sich die Menschen nichts mehr wünschen als einen „Lifestyle", der sie davon befreit, über ihr eigenes Leben nachdenken zu müssen), sind nicht zu übersehen. **SF**

Der Oberst hat niemand, der ihm schreibt
Gabriel García Márquez

Lebensdaten | *1928 (Kolumbien)
Erstausgabe | 1961
Erschienen bei | Aguirre Editores (Medellín)
Originaltitel | *El coronel no tiene quien le escriba*

In seinem zweiten Buch erzählt García Márquez eine Fabel über Gewalt und Ungerechtigkeit, über Einsamkeit und Stagnation. Um die vorletzte Jahrhundertwende lebt ein namenloser Oberst und Bürgerkriegsveteran mit seiner asthmatischen Frau völlig verarmt und von allen vergessen in einem kleinen Dorf Kolumbiens. Der Oberst wird nur noch von der Hoffnung getragen, er würde die ihm seit fünfzehn Jahren zustehende Rente vom Staat doch noch eines Tages erhalten, womit sein Elend ein Ende hätte. Aber die Hoffnung zerschlägt sich jeden Freitag, wenn der Postbote seinen Refrain wiederholt: „Der Oberst hat niemand, der ihm schreibt."

Dem äußeren Elend des Oberst, der sich an einer Revolution beteiligte, die ihn und seine Landsleute nur noch ärmer gemacht hat, steht sein großer inneren Konflikt gegenüber: soll oder soll er nicht die einzige Hinterlassenschaft seines verstorbenen Sohnes verkaufen, einen Kampfhahn, der ihm eines Tages ein Vermögen erkämpfen könnte? Der Sohn verlor sein Leben, weil er verbotene Bücher verkaufte, und der Hahn wird im Laufe der Zeit zum Sinnbild für die Möglichkeit eines Triumphs im Gefolge eines Verlusts. Er weckt aber auch Hoffnungen auf ein anderes Schlachtfeld, auf dem die Menschen von der Mühsal und dem ewigen Hoffen befreit und aus ihrer Stagnation wachgerüttelt werden, in die sie ihre Einsamkeit geführt hat – jene Einsamkeit, die bald in einem anderen Roman zu García Márquez' Markenzeichen wurde. **JSD**

Gesichter im Wasser
Janet Frame

Lebensdaten | *1924 (Neuseeland), †2004
Erstausgabe | 1961
Erschienen bei | Pegasus Press (Christchurch)
Originaltitel | *Faces in the Water*

Dieser Roman ist eine der aussagekräftigsten Beschreibungen einer Geisteskrankheit, die je geschrieben wurde. Die Handlung ist fiktiv, wurde jedoch geprägt von Frames eigenen Erfahrungen als Patientin mit einer (falsch diagnostizierten) Schizophrenie in einer neuseeländischen Nervenheilanstalt.

Die Protagonistin Istina Mavet erzählt den Angestellten einer Irrenanstalt in einer sehr gefühlvollen, aber unzusammenhängenden Sprache von ihren Erfahrungen. Aus ihrer Perspektive erfahren wir von den betrüblichen Zuständen in der Anstalt, den fürchterlichen Auswirkungen der Elektroschocktherapie, den mit Insulin herbeigeführten Komazuständen und den Lobotomien, den seltenen Liebenswürdigkeiten und den häufigen Grausamkeiten des Pflegepersonals.

Das Buch ist eine gekonnte, beißende Kritik an der Mißhandlung von Geisteskranken. Es verdeutlicht das unglaublich einseitige Kräfteverhältnis zwischen medizinischen „Experten" und Patienten. Aber nicht allein der Inhalt macht das Buch unvergeßlich, auch der Stil ist eindrucksvoll. Bei der Wiedergabe von Istinas Gedanken und Schilderungen kombiniert die Autorin eine fast lyrische Sprechweise mit bruchstückhaften Digressionen und Assoziationen, wie sie bei Patienten mit psychologischen Traumata typisch sind. Daß Istina Mavet an einer psychischen Störung leidet, ist zuweilen unverkennbar, aber anders als ihre meist unartikulierten Mitpatienten ist sie in der Lage, ihre Erlebnisse zu schildern. Der Autorin selbst gelang es, nach acht Jahren aus der Nervenheilanstalt entlassen zu werden, was sie der Veröffentlichung ihrer Erzählungen *The Lagoon and Other Stories* (dt. *Die Lagune: Kleine Geschichten*) im Jahr 1951 zuschreibt. **CG-G**

Tagebuch einer Kindheit in Galicien
Xosé Neira Vilas

Lebensdaten | *1928 (Spanien)
Erstausgabe | 1961 bei Follas Novas (Buenos Aires)
Originaltitel | Memorias dun neno labrego
Originalsprache | Galicisch

Dies ist ein Klassiker der galicischen Kinderliteratur, Titelheld ist der arme Balbino, „ein Junge vom Land, ein Niemand". Von ihm selbst erfahren wir von der Welt und den Erlebnissen, die ihn in seiner Kindheit geprägt haben. Dem Tod begegnet er zweimal: als sein Patenonkel überfahren wird und als sein Hund irrtümlich in eine Fuchsfalle gerät. Trotz dieser Verluste verliert Balbino den Glauben an die Zukunft nicht. Er unterstreicht dies, indem er dort, wo sein Hund starb, einen Kirschbaum pflanzt. Eine andere harte Erfahrung ist die Ungerechtigkeit, die er durch seinen Vater erlebt; dieser schlägt ihn, weil er das Gesicht eines reichen Jungen mit Dreck beschmiert hat. Nicht weniger bitter ist seine erste Begegnung mit der Liebe: er verliebt sich in seine Lehrerin, was ihn zunächst zum Lernen motiviert. Als sie heiratet, ist Balbino aber so enttäuscht, daß er nicht mehr zur Schule geht, und als Strafe dafür läßt ihn der Vater für sich arbeiten.

Als Jugendlicher prägen ihn sowohl Weisheit wie auch Freundschaft. Erstere erscheint in Gestalt eines Juden, der Balbino die Illusionen über die Menschen nimmt und ihm beibringt, daß sich das Gemüt nur mit Würde und Solidarität besänftigen läßt. Die Freundschaft verkörpert Lelo, der nach Amerika emigrieren muß, worauf sich die beiden Briefe schreiben. Diese Brieffreundschaft ist der Grund, warum Balbino nicht mehr in sein Tagebuch schreibt, womit auch diese Geschichte endet. **DRM**

Fremder in einer fremden Welt
Robert A. Heinlein

Lebensdaten | *1907 (USA), †1998
Erstausgabe | 1961
Erschienen bei | Putnam (New York)
Originaltitel | *Stranger in a Strange Land*

Heinleins *Fremder in einer fremden Welt* ist ein seltsames und aufwühlendes Buch, und es brachte die Science-Fiction Literatur nicht nur in die Mainstream-Regale der Buchhandlungen, es wurde auch zum Kultbuch für die nach freier Liebe und einem lockeren Lebensstil strebende Gegenkultur der 60er Jahre. Es erzählt die Geschichte des Waisen Valentine Michael Smith, ein Sohn der ersten menschlichen Marsforscher. Er wurde von Marsianern erzogen, bis er mit der zweiten Marsmission auf die Erde zurückkehrte. Obwohl Smith schon um die Zwanzig ist, sieht er die Welt mit Kinderaugen, und er hat die schwierige Aufgabe vor sich, das Leben als Mensch zu erlernen. Er hat noch nie eine Frau gesehen und weiß nichts über menschliche Kultur und Religion. Doch Smith predigt seine eigene Botschaft über Spiritualität und freie Liebe, und er propagiert die psychischen Kräfte, die er auf dem Mars gelernt hat. Im Lauf der Zeit überzeugt er viele von seinem Denken, er wird zu einer messiasähnlichen Gestalt – mit explosiven Ergebnissen.

Der Roman hinterfragt die Dünkel der Zeit, es ist eine umfassende Satire auf die menschliche Existenz, insbesondere die Liebe, die Politik, den Sex und vor allem die organisierte Religion, die als Schwindel dargestellt wird. Die Tatsache, daß das Buch selbst zur Gründung mehrerer religiöser Bewegungen Anlaß gab, muß für Heinlein erschreckend gewesen sein, denn seine Abneigung gegen Menschen, die einem Propheten und seiner Botschaft folgen, dürfte eigentlich kaum zu übersehen sein. **EF**

Im Labyrinth
Jorge Luis Borges

Lebensdaten | *1899 (Argentinien), †1986 (Schweiz)
Erstausgabe | 1962 bei New Directions (New York)
Originaltitel | Labyrinths
Originalsprache | Englisch

Borges schrieb nie einen Roman, Romane seien entweder unnötig, oder sie blieben unvollendet. Dafür gibt es die in diesem Band *Im Labyrinth* gesammelten „Episoden", eine Auswahl von Borges' besten Arbeiten, darunter auch wichtige Kurzgeschichten und einige seiner anspruchsvollsten Essays. Sie zeigen dem Leser, wie sich große Ideen auf winzige Momente in der Geschichte und auf Individuen auswirken können; Borges zeigt die Perspektive einer Person, die das Unendliche zum ersten und einzigen Mal sieht. Seine leuchtend klare Prosa, melancholisch und nüchtern zugleich, ist das ideale Vehikel für Fabeln über unendliche Bibliotheken, über sich gegenseitig träumende Träumer und über Menschen, die gelähmt werden von ihrer Unfähigkeit zu vergessen.

Die Spannweite seiner Kenntnisse und seiner Inspiration ist unübersehbar, und von Pascal über Kafka und Judas bis Bernhard Shaw machen alle ihre Aufwartung. André Maurois sagte: „Borges hat alles gelesen, besonders Dinge, die sonst keiner mehr liest." Ob in den alten nordischen Sagen oder in der arabischen Philosophie – Borges versteht es, überall zwischen den Zeilen zu lesen, er deckt die unsichtbaren Fäden auf und weist uns auf die manchmal erschreckenden Zusammenhänge hin, in seinen Erzählungen, Essays und Parabeln, die alle auf einer ähnlichen Ebene „funktionieren": Immer ist da ein Staunen über das Potential der Menschheit und des Universums, eine gewisse Ironie über das Handeln einzelner und eine schwer faßliche Traurigkeit über die Endlichkeit der Dinge. Hier sind magischer Realismus, intertextuelle Spielereien und postmoderne Täuschungen in schöner Eintracht versammelt – alles Geschriebene und Gelesene der Welt wurde von Borges schon irgendwo festgehalten. **JS**

Das goldene Notizbuch
Doris Lessing

Lebensdaten | *1919 (Iran)
Erstausgabe | 1962 bei Michael Joseph (London)
Nobelpreis für Literatur | 2007
Originaltitel | The Golden Notebook

Die britische Autorin Margaret Drabble bezeichnete Doris Lessing 1972 als „eine Kassandra in einer belagerten Welt" – und sie fokussierte damit einen Punkt, der in der Rezeption von Lessings Schreiben zum Gemeinplatz wurde: Wir lesen sie, weil wir wissen wollen, „was vor sich geht", weil wir eine unabhängige „Diagnose" für unsere individuellen und kollektiven Krisen suchen. *Das goldene Notizbuch* wurde bei seinem Erscheinen zunächst als ein Beitrag im sogenannten Geschlechterkampf aufgenommen, als Aufruf zur psychischen und politischen Veränderung im Sinne der Women's Liberation, da „unabhängige Frauen" im Zentrum des Buches stehen. Diese Lesart verharmlose jedoch das Werk, stellte Doris Lessing im Vorwort zur Neuauflage im Jahr 1972 fest und verwies auf die komplizierte Form ihres Romans. In den Rahmen mit dem Titel „Unabhängige Frauen" sind vier Notizbücher eingebunden, in denen die Hauptfigur Anna Wulf sich mit ihrem Leben auseinandersetzt. Als engagierte Autorin und alleinerziehende Mutter, die in den 1950er Jahren der Kommunistischen Partei nahesteht, ist sie die Figur, durch die Lessing über sexuelle Konflikte und Unterschiede, Politik und Kreativität, und insbesondere über das Thema des Versagens schreibt. Die politische Glaubenskrise, von der die Kommunistische Partei damals überschattet wurde, aber auch die Paranoia des Kalten Krieges spiegeln sich in Anna Wulfs Krise als Schriftstellerin und im gestörten Verhältnis der Geschlechter, das sie als „moderne" Frau sehr belastet. **VL**

> Lessing wuchs in Simbabwe (dem ehemaligen Süd-Rhodesien) auf, wo sie den politischen Aktivismus kennenlernte, der ihr Werk durchzieht.

Schweigen über Madrid

Luis Martín-Santos

Lebensdaten | *1924 (Spanien), †1964
Erstausgabe | 1962
Erschienen bei | Seix-Barral (Barcelona)
Originaltitel | *Tiempo de silencio*

Martín-Santos, Sohn eines Militärarztes, war ein erfolgreicher junger Psychiater, ein Freund der besten Schriftsteller seiner Generation und ein heimlicher Mitstreiter der spanischen Sozialisten. Mit diesem Buch revolutionierte er den realistischen, politischen Roman: er verwendete die inneren Monologe seiner Romanfiguren als erzählerisches Element, er brach die Handlungsstruktur vorsichtig auf, und vor allem schrieb er in einem sarkastischen Stil voller Wortspiele – James Joyce läßt grüßen.

Seine Themen allerdings sind dieselben, die auch seine realistischen Freunde beschäftigten und die der spanischen Literatur seit dem hochgeachteten Pío Baroja vertraut waren: die Bigotterie der traditionalistischen Mittelschicht, der matriarchale Aspekt der spanischen Gesellschaft, die Aussichtslosigkeit einer intellektuellen Emanzipation und einer Verbindung des ungebildeten Proletariats mit den Schriftstellern, die sich für eine Befreiung einsetzen.

In gewaltigen, packenden Schilderungen beschreibt Martín-Santos die Orte seiner kurzen Romanhandlung: das Fremdenhospiz der Familie, das Bordell, die protzige Villa, die nächtlichen Treffen der jungen Intellektuellen und die Baracken, in denen die Immigranten dichtgedrängt wohnen. Titelheld in *Schweigen über Madrid* ist der junge Arzt Pedro. Er ist eher Opfer als Agitator, er ist eher überrascht, als daß ihm etwas bewußt würde. Ihm kommt die unangenehme Rolle eines Repräsentanten einer Generation zu, die versagt hat. **JCM**

Fahles Feuer

Vladimir Nabokov

Lebensdaten | *1899 (Rußland), †1977 (Schweiz)
Erstausgabe | 1962 bei Putnam (New York)
Originaltitel | Pale Fire
Originalsprache | Englisch

In diesem Roman gerät man in ein Spinnennetz aus Reflexionen und Verrücktheiten, mit verbannten Ex-Königen, Mördern und einer großen Portion literarischer Kritik – eine Welt, die nur für sich existiert und keine Wirklichkeit außer sich kennt. Nabokov widmet sich mit erstaunlicher Fingerfertigkeit und in beträchtlicher Länge der Idee, daß das Thema des Schreibens das Schreiben selbst sein sollte. Der Roman besteht aus den vier Cantos des vom fiktiven John Shade geschriebenen Gedichts „Fahles Feuer", einem Anmerkungsapparat, den sein Freund, Nachbar und Kollege Charles Kinbote nach dem Tod des Autors verfaßt hat, einem Vorwort und einem Namensregister. Shades Gedicht ist eine unkomplizierte Betrachtung über sein Leben, den Selbstmord seiner Tochter und über seine christliche Einstellung gegenüber der göttlichen Ordnung. Kinbotes Kommentare beziehen sich weniger auf das Gedicht, sondern er nutzt den Raum, um seine eigene Geschichte zu erzählen: Er sei „Karl der Beliebte", König von Zembla. Vor einer Revolution sei er in die USA geflohen, wo er an der Universität von „New Wye" unter einem Pseudonym an der Seite seines Lieblingspoeten John Shade gearbeitet habe. Er habe sich mit Shade angefreundet und dessen Werk völlig verstanden: Kinbote ist überzeugt davon, „Fahles Feuer" sei ein kodiertes Geschichtswerk über Zembla. Ist Kinbote ein echter Herausgeber, ein „Stalker", ein Verrückter oder ein Akademiker? Oder ist er eine von Shade erfundene Figur, unter deren Maske er über sein eigenes Werk schreibt? Willkommen auf der Achterbahn! **DH**

> Nabokov 1958. Er war nicht nur ein schwer faßbarer Romancier, sondern auch ein bedeutender Schmetterlingssammler.

Clockwork Orange
Anthony Burgess

Die Bekanntheit von *Clockwork Orange* wuchs nach der vieldiskutierten Filmadaption von Stanley Kubrick kometenhaft an. Inspirationsquelle für den Roman war eine Horde brutaler Halbstarker, denen Burgess in St. Petersburg begegnete. Erzähler ist der Hooligan Alex, die Sprache der Protagonisten, das „Nadsat", mit aus dem Russischen entlehnten Slang-Ausdrücken durchsetzt. Alex und seine Freunde sind gewalttätig, das Zusammenschlagen eines alten Mannes und die Vergewaltigung seiner Frau gehören für sie zum normalen nächtlichen Ausgehprogramm. Als Alex hereingelegt, verhaftet und ins Gefängnis gesteckt wird, wählt man ihn für eine neue, an Pawlow orientierte Anti-Gewalt-Therapie. Die „Ludovico Technik" bewirkt, daß Alex übel wird, sobald er auch nur an Gewalt denkt – die Behandlung erweist sich als großer Erfolg. Als der nunmehr wehrlose Alex das Gefängnis verlassen darf, wird er verprügelt und scheinbar tot in einem Feld liegengelassen, bis ihn ein Mann rettet – es ist genau derjenige, den Alex mißhandelt hatte. Als Alex daraufhin einen Selbstmordversuch unternimmt, führen Psychologen eine Rekonditionierung durch. Alex wird für eine Weile rückfällig, aber am Ende des Romans denkt er daran, sich häuslich niederzulassen. In der US-Version des Buches wurde das letzte Kapitel gegen Burgess' Willen weggelassen, weil man es als zu sentimental empfand.

Der Roman nimmt Stellung zur Bereitschaft der Gesellschaft, die Freiheit des Individuums zu beschneiden, und er kommentiert die sich zu Beginn der 60er Jahre ausbreitende Massenkultur, die einen neuen rebellischen Konformismus mit sich brachte. Burgess verflucht die von ihm als abscheulich empfundenen Konditionierungstechniken jener Zeit. Alex' freiwillige Entsagung von der Gewalt steht auf einer moralisch unendlich viel höheren Stufe als die durch Konditionierung erzwungene Harmlosigkeit – er erlangt vollkommene Freiheit.   **EF**

Lebensdaten | *1917 (England), †1993
Erstausgabe | 1962 bei W. Heinemann (London)
Originalsprache | Englisch
Verfilmung | 1971

Der Pop-Art-Umschlag der Penguin-Ausgabe zeigt einen gesichtslosen Alex, den gewalttätigen Anführer der „Droogs".

Burgess war ein enorm produktiver Autor – von 1960 bis 1962 schrieb er noch vier weiter Romane.

Einer flog über das Kuckucksnest
Ken Kesey

Lebensdaten | *1935 (USA), †2001
Erstausgabe | 1962 bei Viking Press (New York)
Verfilmung | 1975 Miloš Forman
Originaltitel | *One Flew Over the Cuckoo's Nest*

„Jetzt wird's gleich aus mir herausdonnern …"

- Kesey, der Held der Hippies, führte die bekifften „Pranksters" auf ihren Trips mit dem Magic Bus.

Keseys Roman beschreibt eine Irrenanstalt, ein perfektes System der Unterdrückung und der totalen Manipulation, das in mehrfacher Hinsicht gesellschaftskritisch zu verstehen ist. Einerseits wird auf einer symbolischen Ebene der gesellschaftliche Anpassungsdruck in den USA der 60er-Jahre kritisiert. Andererseits wurde dies Buch über Manipulation und Widerstand, über geistige Gesundheit und Verrücktheit, zu einem Schlüsseltext der Antipsychiatrie-Bewegung der 60er-Jahre. Kesey hält die Spannung von Anfang bis Schluß aufrecht, so ist zum Beispiel nie klar, was sich hinter dem sogenannten „Kartell", als dessen Repräsentantin Big Nurse auftritt, verbirgt. Ist es eine allmächtige Behörde zur sozialen Kontrolle der ganzen Bevölkerung, oder entspringt es der paranoiden Imagination des Erzählers Chief Bromden? Auch wird die Frage, ob Geisteskrankheit „ein gesunder Zustand in einer verrückten Welt" (R. D. Laing) oder zumindest eine angemessene Form des sozialen Widerstandes sei, zwar aufgeworfen, aber nie beantwortet.

In die sterile, hermetische Welt der Anstalt dringt eines Tages McMurphy ein, ein moderner Cowboy, der nicht auf den Mund gefallen ist. Er bringt den gut geölten Betrieb durcheinander und fordert die fast allmächtige, eiskalte Schwester (Big Nurse) Ratched heraus. Was den Widerstand McMurphys betrifft, greift das politische Engagement des Romans etwas kurz, da dieser nur in eigener Sache betrieben wird. Auch die Behandlung der Rassen- und Geschlechterthematik läßt einen schalen Geschmack zurück: der „Cowboy" MacMurphy muß den „Indianer" Bromden retten, und die weißen Patienten werden (in einer Zeit der Bürgerrechtskämpfe und des Feminismus!) als Opfer eines „Matriarchats" dargestellt, einer Intrige schwarzer Krankenpfleger. Aber Keseys beachtliche Versuche, der amorphen Natur der modernen, meist anonymen Macht beizukommen, machen aus dem Buch ein vorausahnendes, hellsichtiges Werk. McMurphy verkörpert das Schicksal desjenigen, der sich dem System entgegenstellt, während Bromdens Gesundheit davon abhängt, daß man vor Ungerechtigkeit und Ausbeutung nicht die Augen verschließt. **AP**

Das Mädchen mit den grünen Augen
Edna O'Brien

Der Roman ist nach *Die Fünfzehnjährigen* das zweite Buch in Edna O'Briens Trilogie *Country Girls*, und auch hier tritt die naive Klosterschülerin Caithleen Brady als Erzählerin auf. Nachdem sie mit ihrer Kindheitsfreundin Baba nach Dublin gezogen ist, läßt sich Caithleen (die scheuere und weniger gewiefte der beiden) mit Eugene ein, einem älteren, verheirateten Filmemacher, der sich von seiner Frau entfremdet hat. Die Romanze ist (logischerweise, möchte man sagen) sehr unausgeglichen, und natürlich ist es Eugene, der in der Beziehung dominiert. Caithleens Familie verurteilt die Verbindung scharf, was Caithleen zum Opfer der Auseinandersetzung zwischen ihrer katholischen Erziehung und den sich verändernden kulturellen Werten der 60er Jahre macht. Ihr Wunsch nach einer sexuellen Beziehung steht im Widerspruch zu den restriktiven irischen Moralvorstellungen jener Zeit. Caithleens Konflikt ist um so schwieriger, als Eugene unfähig ist, religiösen Gehorsam irgendwelcher Art zu verstehen.

Für das freimütige, frische und ungekünstelte Porträt einer jungen Frau wurde das Buch nach dem Erscheinen von der Kritik gelobt, aber die Thematik des Romans wie auch die literarische Umsetzung waren in Irland mehr als umstritten: Alle drei Bücher der Trilogie standen auf dem Index der Kirche und in ihrem Heimatort fand sogar eine Verbrennung der Bücher O'Briens statt. Die Auseinandersetzung mit den heiklen gesellschaftlichen Themen jener Zeit verleiht ihrer schriftstellerischen Arbeit größte Bedeutung. Ihre sensiblen Beschreibungen individueller Erfahrungen innerhalb eines begrenzten Milieus machen den Roman unentbehrlich. **JW**

Lebensdaten | *1932 (Irland)
Erstausgabe | 1962
Erschienen bei | Jonathan Cape (London)
Originaltitel | *The Girl with Green Eyes*

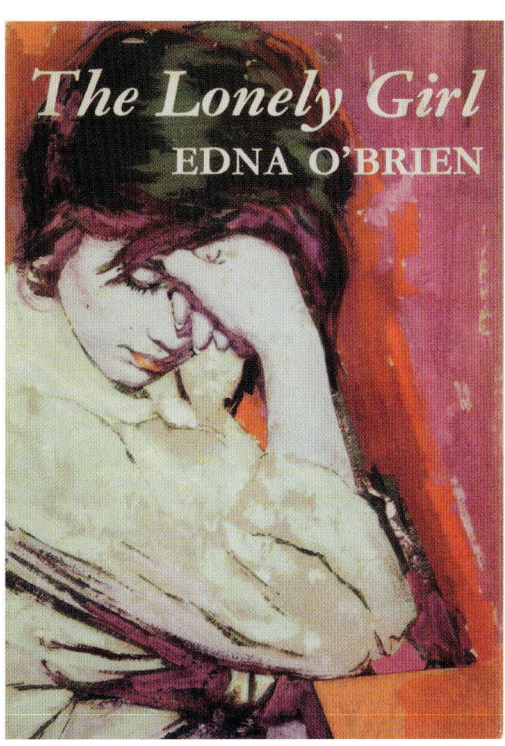

„Ich habe gelernt, trotz allem und nicht wegen allem zu schreiben."
Edna O'Brien, 2006

Das Mädchen mit den grünen Augen hieß im Original *The Lonely Girl*; in der Ausgabe von 1964 wurde der Titel geändert.

Nichts als das Leben: der Tod des Artemio Cruz

Carlos Fuentes

Lebensdaten | *1928 (Mexiko), †2012
Erstausgabe | 1962
Erschienen bei | FCE (Mexiko-Stadt)
Originaltitel | *La muerte de Artemio Cruz*

Artemio Cruz liegt im Sterben, und im Laufe dieses Prozesses vervielfacht er sich zu drei Stimmen, jede in einer anderen Zeitform: das „Ich" spricht in der Gegenwart über die Agonie seines Todes; das „Du" gibt die Erinnerungen in einer unmittelbaren oder vielleicht hinausgezögerten Zukunft wieder; das „Er" schließlich ist der Protagonist, der zwölf Phasen in Artemios Leben so erlebt, wie sie eigentlich hätten verlaufen sollen. In jeder der Manifestationen treten zudem viele andere Stimmen und Zeitformen auf.

In dieser komplexen Anordnung erzählt Fuentes das Leben eines mexikanischen Tycoons, der die Geschichte seines Landes zwischen 1889 und 1959 repräsentiert. Die Fabel beginnt mit der Revolution und folgt dann Cruz' Taten, dessen Liebe von der Revolution zerstört wurde. Er erlebt Feigheit, Verrat, Mißbrauch, Demütigung und Korruption, und am Ende erleidet er einen Herzinfarkt. Umgeben von seiner Familie, seiner Sekretärin, einem Priester und Ärzten, die alle ein eigenes Bild des Mannes zeichnen, wird der Tycoon mit einer Vergangenheit und einer Zukunft konfrontiert, in der sich Erinnerung und Imagination vermischen. Fuentes überraschte mit diesem Roman durch die komplexe, intarsienartige Struktur, einen überschwenglichen Stil und einer psychologischen Dichte. Wie jedes wahrhaft avantgardistische Werk fordert auch *Nichts als das Leben* dem Leser eine neue Lesart ab. **DMG**

„Das ist ein glänzender Gedanke:
an gestern zu denken.
du leidest nicht so sehr,
du kannst an gestern denken,
an gestern, gestern."

Fuentes bringt sein politisches Engagement mit stilistischen Experimenten und viel Phantasie in eine fiktionale Form.

Die Stadt und die Hunde

Mario Vargas Llosa

Lebensdaten | *1936 (Peru)
Erstausgabe | 1962
Erschienen bei | Seix-Barral (Barcelona)
Originaltitel | La ciudad y los perros

In seinem ersten Roman brilliert Vargas Llosa mit weitreichenden formalen Experimenten und viel Mut zum Risiko. Die Geschichte über die Kadetten einer peruanischen Militärschule lebt von Vargas' eigenen Erfahrungen, dank einer gründlichen Assimilation literarischer Modelle (Flaubert, Faulkner, Sartre) und einer rigorosen, auf der Fragmentierung und einer Vielzahl von Erzählstimmen basierenden Komposition geht sie aber weit über das Autobiographische hinaus. Anhand kleinerer und größerer Ereignisse beschreibt der Autor zunächst den äußeren Rahmen – die Akademie mit ihren verschiedenen Rassen und sozialen Klassen und einem gewalttätigen Klima. Die nachfolgende Untersuchung der moralischen Zersetzung und der Folgen einer pervertierten Erziehung unternimmt Vargas mit einer fast kriminalistischen Akribie.

Die Struktur dieser Erzählung über Eigeninitiative und Vorbestimmung wird getragen vom Spannungsfeld zwischen den Figuren in der Militärakademie und in der Stadt. Die Hauptfiguren leben in beiden Welten, in ihrer Position als Außenseiter werden sie von der dahinschwindenden Teresa, ihren Freunden und Familien ebenso angezogen wie abgestoßen. Diese Elemente werden im Schlußteil von Die Stadt und die Hunde zusammengeführt, womit Falschheit und trügerische Wahrheiten entlarvt werden. **DMG**

Die Gärten der Finzi-Contini

Georgio Bassani

Lebensdaten | *1916 (Italien), †2000
Erstausgabe | 1962 bei G. Einaudi (Turin)
Originaltitel | Il giardino dei Finzi-Contini
Verfilmung | 1970

Der Roman erzählt eine bewegende Geschichte aus dem Italien der 20er und 30er Jahre, als sich der Faschismus etablierte und in alle Lebensbereiche einzusickern begann. Die Erzählfigur ist ein häufiger Besucher der prächtigen Gärten der Finzi-Contini, einer reichen, kosmopolitischen und beliebten jüdischen Familie im florierenden Ferrara. Daß die Stadt auch eine wichtige Hochburg der Faschisten ist – was in großem Kontrast zur Idylle des Gartens steht – entgeht dem Erzähler. Er liebt und bewundert die elegante, exzentrische Familie und wird zunehmend von den Annehmlichkeiten des Gartens absorbiert, während die Welt außerhalb immer bedrohlicher wird; bald hat sich seine eigene Welt auf dieses kleine Areal reduziert. Er verliebt sich in die schöne, geheimnisvolle Micòl, beide müssen aber mit ansehen, wie ihr Bruder Alberto an einer mysteriösen Krankheit zugrunde geht. Micòl ist gezwungen, sich völlig aus dem öffentlichen Leben zurückzuziehen und muß die Hoffnung auf eine brillante Karriere aufgeben. Endlich begreift sogar der kurzsichtige Erzähler, was vor sich geht, und die Geschichte kommt zu einem traurigen, unvermeidlichen Schluß.

Bassanis Roman über die verdorbene Unschuld und das vereitelte Talent erhebt auch Anklage gegen den Normalbürger, der zu blind ist, die Gefahr des sich einschleichenden autoritären Regimes und der Intoleranz wahrzunehmen. Das Buch bejaht natürliche menschliche Werte wie Freundschaft und Menschenliebe, und es zeigt die fatalen Folgen des Bündnisses mit Nazideutschland – es entstand ein moralisches Vakuum, das die Schönheit und Intelligenz der italienischen Kultur verletzlich und heuchlerisch machte. **AH**

Ein Tag im Leben des Iwan Denissowitsch
Alexander Issajewitsch Solschenizyn

Lebensdaten | *1918 (Rußland), †2008
Erstausgabe | 1963 bei Sovetskii pisatel (Moskau)
Originaltitel | *Odin den' Ivana Denisovicha*
Nobelpreis für Literatur | 1970

Dieser moderne Klassiker beschreibt genau das, was der Titel verspricht: ein Tag im Leben eines Gefangenen eines stalinistischen Arbeitslagers im Jahr 1951. Iwan Denissowitsch Shukow bekommt drei Tage Einzelhaft aufgebrummt, weil er nicht aufstehen wollte. Die Strafe wird aber nicht vollzogen, er muß bloß einen Boden schrubben und darf dann zum Frühstück. In der Beschreibung des weiteren Tagesverlaufs lernt der Leser die Leiden der Arbeiter, ihre Kameradschaft und das gespannte Verhältnis zwischen Gefangenen und Aufsehern kennen. Am Abend freut sich Iwan über einen zusätzlichen Bissen, den er von einem Mitgefangenen geschenkt bekommt, und er dankt Gott, daß wieder ein Tag vorüber ist. Dieser Tag, so erkennen wir am Ende des Buches, ist nur einer von 3653, die Iwan in Gefangenschaft verbringt. Iwan ist kein typischer Protagonist der damaligen russischen Literatur; er ist ein kleiner Bauer, ein Durchschnittsbürger, vermutlich ist er sogar Analphabet. Er repräsentiert die ungebildete und unterdrückte sowjetische Mehrheit. Trotz seiner Herkunft entwickelt er auf der Suche nach dem Sinn seines geistlosen, entwürdigenden Lagerlebens eine innere Würde und transzendiert seine Umgebung mit spiritueller Intensität. Die ganze Geschichte zeugt von der trostlosen Unmenschlichkeit, von den ungerechten Strafen und der Willkür, mit denen die Männer zu bloßen Nummern degradiert wurden. Nur die Kameradschaft und der Glaube bilden das Bollwerk, das ein Überleben ermöglich.

Solschenizyn wurde 1945 inhaftiert, weil er Stalin in einem privaten Brief kritisierte. Er verbrachte acht Jahre in einem Arbeitslager, das dem hier beschriebenen gleicht. Dieser Roman, der ihn berühmt machte, war ein Ereignis, ein Meilenstein in der Geschichte der sowjetischen Literatur. Er führte zum ersten öffentlichen Eingeständnis der Existenz von Arbeitslagern und der abscheulichen Zustände, unter denen die Gefangenen litten. **EF**

„Besser, man fügte sich ...
Widerspenstige wurden gebrochen."

- Anfang der 60er Jahre durfte der Autor mit westlichen Journalisten sprechen, bald fiel er aber wieder in Ungnade.

- Eine seltene Aufnahme von Solschenizyn als namenloser Insasse während seiner achtjährigen Gefangenschaft im Arbeitslager.

Dreimal unter der Haube
Kÿstas Tachtsïs

Lebensdaten | *1927 (Griechenland), †1988
Erstausgabe | 1963
Erschienen | im Selbstverlag
Originaltitel | *To trito stefani*

Die Geschichte über die zwei Athenerinnen Nina und Enkavi aus der Mitte des letzten Jahrhunderts dreht sich vor allem um Ninas drei Hochzeiten. Wir erleben, wie die beiden zu Freundinnen werden, und wie sie auf die wichtigen Ereignisse in Griechenland vor und nach dem Zweiten Weltkrieg reagieren, darunter die deutsche Besetzung und den Bürgerkrieg. Der Roman endet Anfang der 60er Jahre mit Ninas dritter Heirat. Die Abenteuer und das Leiden der Protagonistinnen widerspiegelt die Erfahrungen „gewöhnlicher" Griechen mit dem Krieg, dem Verbrechen, der Untertänigkeit, dem Verrat und der Liebe, womit die Erzählung zu einer Allegorie für das wahre Leben selbst wird.

Tachtsïs' Sprache ist einfach, aber nicht einfältig, er bereichert die ausführlichen Monologe mit umgangssprachlichen Ausdrücken und erzielt so einen lebensechten und äußerst gut lesbaren Stil, der sich an das griechische Vaudeville- und Volkskino der 50er- und 60er Jahre anlehnt. Obwohl die Erzählung aus zahlreichen unentrinnbar miteinander verwobenen, aber scheinbar unstrukturierten Geschichten besteht, erscheint sie nahtlos und wie aus einem Guß.

Tachtsïs' Roman kommt leichtfüßig daher und erfaßt auch die kleinen Details des Alltags, die glücklichen wie die unglücklichen Momente, womit eine Ode an das Leben der kleinen Leute entsteht. Tachtsïs versteht es meisterhaft, sich selbst zurückzunehmen und das wahre Leben sprechen zu lassen. **SMy**

Hundejahre
Günter Grass

Lebensdaten | *1927 (Danzig)
Erstausgabe | 1963
Erschienen bei | Luchterhand (Neuwied)
Nobelpreis für Literatur | 1999

In diesem Roman, mit dem er die Danziger Trilogie nach *Die Blechtrommel* (1963) und *Katz und Maus* (1961) abschloß, führt Grass seine obsessiv-kritische Auseinandersetzung mit der jüngeren Vergangenheit Deutschlands fort. Einmal mehr verwendet er die irritierende Perspektive von Kindern, die unter ungewöhnlichen Umständen aufwachsen, um die Erwachsenenwelt aus einem subversiven Winkel zu beschreiben; allerdings bietet der Roman noch zahlreiche weitere Erzählperspektiven.

Basis des Romans ist die Freundschaft des Knaben Walter Matern mit dem Vogelscheuchen-Hersteller Eddie Amsel in Danzig vor dem Krieg. Ihre Beziehung bildet das Rückgrat des Romans, während die Geschehnisse in einer Fülle verschachtelter Geschichten ihren Lauf nehmen und andere Handlungsstränge in den Vordergrund treten. So berichtet zum Beispiel im zweiten Teil Harry Liebenau in den (fiktiven) *Liebesbriefen* von der Hitlerzeit; einen komischen Höhepunkt des Romans bietet die Geschichte vom Schäferhund Harras aus Danzig, der Hitlers Lieblingshund wird und aus dem Führerbunker flieht – sein Abkömmling Pluto ist Matern zugelaufen und dieser Hund gibt das Leitmotiv ab, dem der Roman den Titel verdankt.

Hundejahre ist in seiner Verflechtung von Mythos, Fakten und Phantasie noch gewagter als seine Vorgänger. Sprachexperimente, darunter eine Parodie auf Heideggers hölzerne Ausdrucksweise, wirken sehr erheiternd, enden aber oft damit, daß die Pointe von Grass' komplexer surrealer Vision vernebelt wird. Daraus resultiert ein gespreiztes, oft frustrierendes Buch, das trotzdem mit überschäumendem Humor und erzählerischen Überraschungen glänzt. **RegG**

Die Glasglocke
Sylvia Plath

Lebensdaten | *1932 (USA), †1963 (England)
Pseudonym | Victoria Lucas
Erstausgabe | 1963 bei W. Heinemann (London)
Originaltitel | The Bell Jar

Dieser Roman, von Sylvia Plath in einem Brief an ihre Mutter salopp als „literarische Lohnarbeit" bezeichnet, wurde zu einem der exemplarischsten Berichte über einen Nervenzusammenbruch. Das zuerst unter dem Pseudonym Victoria Lucas erschienene Buch ist eine kaum verhüllte autobiographische Schilderung von Plaths Teenagerjahren. Es erzählt die Geschichte der Protagonistin Esther – von ihrem Rauswurf als Redaktionsvolontärin bei einem Teenagermagazin bis zu ihrem Selbstmordversuch –, und es schildert die inhumane Betreuung in der amerikanischen Psychiatrie Mitte des letzten Jahrhunderts. Der Roman wurde zunächst wegen der kühlen Selbstverachtung und der rücksichtslosen Offenheit seiner Schilderungen gefeiert, später wurde er als vernichtende Kritik an der Sozialpolitik der 50er Jahre gelesen. Plath stellt deutliche Zusammenhänge her zwischen Esthers schrittweiser Bewußtwerdung über die begrenzten Möglichkeiten einer Frau einerseits, und ihrem zunehmenden Gefühl der Isolation und der Paranoia andererseits. Esthers Heilung hängt von ihrer Fähigkeit ab, die falschen weiblichen Rollenmodelle zu verwerfen, wie sie im Roman zuhauf vorgeführt werden. Plaths Beschäftigung mit der erstickenden Atmosphäre der USA in den 50er Jahren beschränkt sich aber nicht auf die Geschlechterthematik. Schon der erste Satz des Buches plaziert den Roman ganz klar in der Ära McCarthys und des kalten Krieges: „Der Sommer war drückend heiß, es war jener Sommer, in dem sie die Rosenbergs auf den elektrischen Stuhl brachten." Auch die Zusammenhänge zwischen Esthers Erfahrungen und den Wahnvorstellungen und Verlogenheiten dieses Jahrzehnts werden nicht ausgespart. **NM**

Enderby
Anthony Burgess

Lebensdaten | *1917 (England), †1993
Pseudonym | Joseph Kell
Erstausgabe | 1963 bei W. Heinemann (London)
Originaltitel | Inside Mr. Enderby

Mit *Enderby* etablierte sich Burgess als überragender Meister des Komödienromans der 60er- und 70er Jahre, als würdiger Nachfolger von Evelyn Waugh, der Kingsley Amis noch übertraf. Burgess' Substanz und Stehvermögen basierten auf seinem großen Interesse für die gesprochene und die geschriebene Sprache sowie auf seinem genialen Einfallsreichtum. So ermöglichen es seine Kenntnisse der Kneipensprache, daß simple verbale Mißverständnisse unabsehbare Folgen haben – natürlich immer zum Nachteil des verstörten, redseligen, aber auch nüchternen Poeten Enderby. Und in Mr. Enderbys Innerem sind die Eingeweide. Er furzt und rülpst ohne Unterlaß, und weil Burgess ein großer Kenner der Winde ist, beschreibt er die entstehenden Geräusche ganz exakt. Die Ekelhaftigkeit des Körpers wird in Rabelais'scher Manier beschrieben, ebenso wie der häusliche Dreck, in dem Enderby lebt. Sein anderes „Innen" ist die Dichtkunst, die er mit heruntergelassenen Hosen auf der Toilette betreibt. Eine Reihe von Zufällen bringt ihn von der Poesie in eine Ehe und von dort in ein Irrenhaus.

Enderby enthält in der deutschen Ausgabe die ersten beiden Bände (*Die Stiefmutter, Die Muse*) der Roman-Trilogie, die Burgess mit *Das Uhrwerk-Testament* (1974) vollendete. In dieser Trilogie schreibt Burgess durchweg aus der Perspektive eines Katholiken; Schuldgefühle gegenüber Sex und Masturbation sind ebenso präsent wie eine erfrischend unschuldige, vor-feministische Satire auf die Frauen. Und als Enderby dem Tod nahe ist, melden sich die körperliche Abgase samt einer adäquat ekeligen Sprache wieder: „Enderby erstickte an den Gerüchen: schweflige Wasserstoffe, ungewaschene Achselhöhlen, Mundgeruch, Fäkalien, abgestandener Urin, verfaulendes Fleisch – alles wurde ihm gequirlt und häppchenweise in Mund und Nase gestopft." **AM**

Mädchen mit begrenzten Möglichkeiten
Muriel Spark

Lebensdaten | *1918 (Schottland), †2006 (Italien)
Erstausgabe | 1963 bei Macmillan & Co. (London)
Originaltitel | *The Girls of Slender Means*
Originalsprache | Englisch

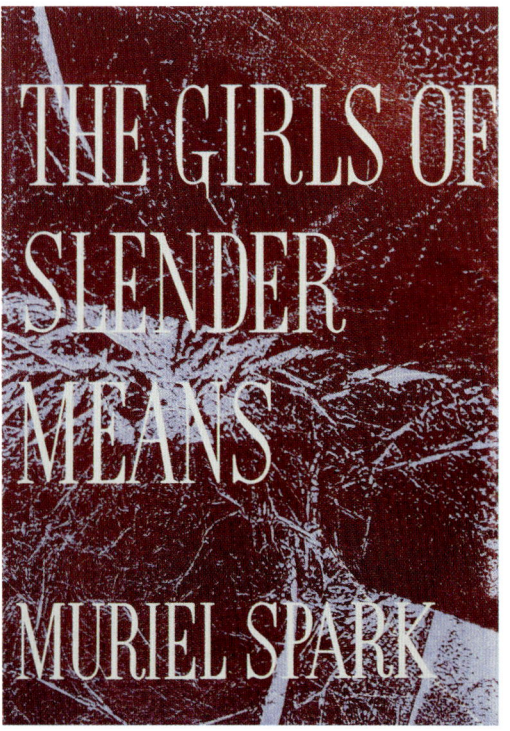

„Im Jahre 1945 waren alle netten Leute in England arm."

Sparks lebte in New York, als sie diesen im Nachkriegs-London spielenden Roman schrieb.

Der brillant konstruierte, schlanke Roman kombiniert einen ironischen Ton mit einer Reihe allegorischer Handlungsebenen zu einer gut komponierten Erzählung. Im Zentrum des Romans stehen die Abenteuer mehrerer junger Damen, die sich mit den Widrigkeiten im London der Nachkriegsjahre auseinandersetzen müssen. Es zeigt sich, daß ihre Möglichkeiten keineswegs so begrenzt sind, wie der Titel unterstellt. Spark gelingt es, komische und ernste Inhalte zu integrieren. Dabei können scheinbar triviale Details essentielle Themen illustrieren, ohne daß die verführerische Oberfläche der Handlung und der soziale Witz gemindert werden.

Die Handlung des Romans ist im letzten Kriegsjahr des Zweiten Weltkrieges in den Ruinen Londons angesiedelt. Beschrieben wird die Geschichte einiger Mädchen, die sorglos in einem Pensionat für ledige Frauen, dem „May of Teck Club", wohnen und auf diversen Wegen versuchen, sich etwas Geld zu beschaffen. Aus diesem geschlossenen Kontext heraus werden die größeren historischen Umstände beschrieben. Sparks satirischem Blick halten die romantischen Vorstellungen der Jugend beiderlei Geschlechts nicht lange Stand. Gleich mehrere Mädchen lassen sich mit einem gewissen Nicholas Farrington ein, so daß der Leser in den Genuß zahlreicher rabiater Keifereien und Eifersuchtsszenen kommt. Inmitten der Rivalitäten und des sich entwickelnden Schwarzhandels nähert sich die Handlung ihrem apokalyptischen Ende. Die Umstände, unter denen sich der Tod nähert, mahnen uns an die Tugend der Bescheidenheit und an den Umstand, daß wir auch mitten im Leben dem Tod nahe sind. Weniger grüblerische Leser können sich am formalen Einfallsreichtum erfreuen, mit dem Sparks eine metaphysische Parabel schuf, die perfekt gemacht ist und leicht und unterhaltsam daherkommt. Ein Leckerbissen für gelangweilte Leser. **DM**

Der Spion, der aus der Kälte kam
John Le Carré

Vor Le Carré wurde der britische Spionageroman vom schneidigen Spion dominiert, einem Mann der Tat im Stil von Richard Hannay oder James Bond, der – ob Amateur oder Profi – das Vertrauen in die Zivilisation spiegelte. In *Der Spion, der aus der Kälte kam* präsentierte Le Carré einen grimmigeren Typus, einen Antihelden, der in einer Welt agiert, in der die moralische Überlegenheit des demokratischen Westens über den kommunistischen Osten nicht einmal die Nebenrolle spielt.

Der Roman, der während des Kalten Krieges in Deutschland angesiedelt ist, ist eine Geschichte voller Bluffs auf allen Ebenen. Der Spion Alec Leamas, der von Berlin aus eine britische Operation leitet, erfährt mit Bestürzung von der Gefangennahme seiner Leute durch den DDR-Geheimdienst. Er kündigt und gibt sich dem Alkohol hin – und weckt so das Interesse der „anderen Seite". Leamas hat den britischen Geheimdienst MI6 allerdings nur zum Schein verlassen, um sich von den Ostdeutschen anwerben zu lassen. Er soll im gegnerischen Lager Verwirrung stiften, indem er den DDR-Leuten weismacht, ihr Chef stehe im Sold der Briten. Le Carrés Fähigkeit, die schäbige, glanzlose Welt der Geheimdienste zu vermitteln und dabei gleichzeitig ein wunderbares Gefühl der Spannung und der Neugier aufrechtzuerhalten, trägt zweifellos zur Qualität dieses Buches bei. Bei ihm ist die Spionage ein ausgeklügeltes Spiel, ein komplexer Vorgang, mit dem der Gegner überlistet werden soll. Es bleibt unklar, was wahr und was ausgedacht ist, und auch Leamas muß erkennen, daß er nur ein Bauernopfer in einem viel größeren Spiel ist.

Was dieses Buch über den gehobenen Thriller heraushebt, ist seine Kritik an der zynischen Behandlung der eigenen Bürger durch die Geheimdienste. Sie spielen ihre eigenen Spiele und bringen diejenigen in Gefahr, die sie beschützen sollten. Dabei nehmen sie Verluste in Kauf, obwohl nie ganz klar wird, welche Erkenntnisse eigentlich gewonnen werden. Letztlich bringt das Eingeständnis dieser Tatsache und seine Weigerung, ein unschuldiges Mädchen im Stich zu lassen, Leamas den Tod. **TH**

Lebensdaten | *1931 (England)
Richtiger Name | David John Moore Cornwell
Erstausgabe | 1963 bei V. Gollancz (London)
Originaltitel | *The Spy Who came in From the Cold*

„Glaubst du, Spione seien Priester, Heilige oder Märtyrer?"

Der ernste, mißtrauische Blick von David Cornwell alias John Le Carré im Jahr 1967 paßt zu seinem Werk.

Jean Florette
Marcel Pagnol

Jean Florette vereinigt zwei Romane in einem Band – *Jean de Florette* und *Manon des Sources* (dt. *Manons Rache*) – die das tragische Epos dreier Generationen einer provenzalischen Bauernfamilie erzählen. Cesar Soubeyran und sein Neffe Ugolin sind die einzigen Nachkommen einer vom Unglück verfolgten Familie. Somit ist der etwas einfältige Ugolin für Cesar (alias Papet) die einzige Hoffnung auf einen Fortbestand der Soubeyrans. Papets außergewöhnliches Talent für „glückliche Zufälle" und Schwindeleien aller Art kommt ins Spiel, als ein Buckliger aus der Stadt einen nahegelegenen Hof erbt. Onkel und Neffe sehen in der Aneignung dieses Hofs eine Chance, den Namen Soubeyran wieder mit Wohlstand und Ansehen zu schmücken, und so schmieden sie geduldig einen Plan, um den Eindringling zu Fall zu bringen. Manon, die Tochter des Buckligen, wächst in der Zwischenzeit heran. Ugolin ist hoffnungslos in sie verliebt, aber Manon ist leidenschaftlich mit der Rache für die schlechte Behandlung ihres Vaters beschäftigt. Die Folgen der unerwiderten Liebe lassen nicht auf sich warten, aber es ist nicht nur Ugolin, der an seinem Schicksal leidet.

Pagnol selbst wurde in den Hügeln in der Nähe Marseilles geboren, wo die Geschichte spielt, und er verbrachte als Kind lange Sommerferien unter den Leuten, die als Vorlage für seine Romanfiguren dienten. Die in die Geschichte eingestreuten, unterhaltsamen Abschweifungen widmen sich den seit Generationen in der Region verwurzelten Menschen. Pagnol ist auch als Filmregisseur sehr bekannt, und vielleicht war es sein Sinn fürs Visuelle, der es Claude Berri seinerseits ermöglichte, die einfache Prosa in zwei erfolgreichen Filmen so schön umzusetzen. Die mit französischen Stars besetzten Filme sind eine gute Ergänzung zum Buch, aber wenn es um die eindrückliche Schilderung des reichhaltigen französischen Landlebens geht, hat Pagnols Text die Nase vorn. **PMB**

Lebensdaten | *1895 (Frankreich), †1974
Erstausgabe | 1963 bei Éditions de Provence (Paris)
Originaltitel | *Jean de Florette* (Bd. 1), *Manon des Sources* (Bd. 2)

„Die Quelle fließt nicht mehr."

▲ Pagnol, der vor allem als Drehbuchautor und Regisseur bekannt war, mit seiner Frau, der Schauspielerin Jacqueline Bouvier.

◀ Die bezaubernde Emmanuelle Béart als Manon in Claude Berris Verfilmung des Pagnol-Romans aus dem Jahr 1986.

Die Reifeprüfung
Charles Webb

Lebensdaten | *1939 (USA)
Erstausgabe | 1963 bei New American Library (New York)
Originaltitel | *The Graduate*
Verfilmung | 1967

Der Film mit Anne Bancroft und Dustin Hoffman ist viel bekannter als der Roman, deshalb sei darauf hingewiesen, daß die kultigsten Momente des Films auch in Webbs Roman enthalten sind – mit Ausnahme des onkelhaften Ratschlags, „in Plastik" zu machen. Sonst ist alles da: die Szene mit dem Taucheranzug im Schwimmbecken, Benjamins Verlegenheit beim Buchen des Hotelzimmers fürs Schäferstündchen, Mrs. Robinson, die nie beim Vornamen genannt wird, und die Szene, in der sich Benjamin Elaines Eltern und Freunde mit einem Kruzifix vom Leib hält. Die in beiden Versionen äußerst populäre Satire ist eine sanfte Attacke auf die weiße amerikanische Mittelklasse.

Mrs. Robinsons Alkoholproblem und ihre schweigsame Art könnten auf eine Psychose hindeuten, tun es aber nicht; Benjamins nach-universitäre Ratlosigkeit hat kaum etwas mit Existenzangst zu tun, und die Bosheit seiner Eltern und deren Umgebung wird angesichts einer großen Liebe harmlos. Webbs Satire lieferte das notwendige sozialkritische Fundament, auf dem die handfesteren Stellungnahmen der späten 60er Jahre aufbauten. Handwerklich zeichnet sich der Roman durch eine glatte und unaufgeregte, aber ausdrucksstarke Prosa aus. Vieles dreht sich um den Unterschied zwischen „Was?" und „Was": das Fragezeichen signalisiert Angst oder Empörung und kündet von zwischenmenschlichen Reibereien. „Was" ohne Fragezeichen ist eine ernstgemeinte Frage und kündet von einem positiven Ausgang. Als Benjamin und Elaine in einem Bus entfliehen, sagt sie „Benjamin?", und er antwortet „Was", woraufhin sie die Busfahrt schweigend fortsetzen. **AM**

Katzenwiege
Kurt Vonnegut, Jr.

Lebensdaten | *1922 (USA), †2007
Erstausgabe | 1963
Erschienen bei | Holt, Rinehart & Winston (New York)
Originaltitel | *Cat's Cradle*

Felix Hoenikker ist der Vater der Atombombe, und er ist sich keiner Schuld bewußt. Seine Rationalität läßt Begriffe wie „Moral" nicht zu, sein Ding sind die schwierigeren wissenschaftlichen Fragen. Ob über Nuklearwaffen oder über Wasserschildkröten – sein surrendes Gehirn ist ständig beschäftigt. Er weiß, wie man das mit Hiroshima macht. Hoenikkers „genialste" Schöpfung ist „Ice-nine", ein Wasserisotop, das bei Raumtemperatur gefriert und eine Kettenreaktion auslöst wie eine Atombombe (oder wie das Fadenspiel „Cat's Cradle") – elegant, nie endend und letztendlich zwecklos. John, die Erzählfigur des Romans, stößt bei der Recherche über Hiroshima auf Bücher von Bokonon. Der Bokonismus beschreibt sich selbst ungeschminkt als einen „Haufen schamloser Lügen", Wahrheit gibt es in der Religion keine, höchstens etwas Trost.

Vonnegut schuf eine Religion, um sich über Religionen lustig zu machen, und er nimmt auch deren Ersatz aufs Korn: die Technologie, diese große, destruktive Lüge des 20. Jahrhunderts. Das Ende der Welt kommt mit Heulen und Klagen, als Resultat von Gleichgültigkeit und Faulheit – Technik und Dummheit geben in der Tat eine sehr explosive Mischung. In *Katzenwiege* enthüllt Vonnegut den Sinn des Lebens: es gibt keinen. Aber er ist ein Könner, deshalb ist bei ihm sogar das Ende der Welt lustig. Die ernsten Zusammenhänge realisieren wir erst später, wenn wir wieder zu Atem gekommen sind. **GT**

> Er schrieb mit ironischer Gelassenheit über die Destruktivität des Krieges: Kurt Vonnegut 1969.

V.
Thomas Pynchon

Lebensdaten | *1937 (USA)
Erstausgabe | 1963 bei Lippincott (Philadelphia)
Originaltitel | *V.*
Originalsprache | Englisch

Der Umschlag der Erstausgabe des Romans, der Pynchon zum Kultautor machte.

Mit diesem Roman betrat eines der originellsten und herausforderndsten Talente die US-amerikanische Literaturszene. Pynchons *V.* besteht aus zwei miteinander verwobenen Handlungssträngen. Der erste erzählt vom Ex-Matrosen Benny Profane, der Mitte der 50er Jahre auf der Suche nach Gelegenheitsjobs, etwas Spaß und seiner Identität an der Ostküste herumstromert und dabei auf einen seltsamen Charakter namens Herbert Stencil trifft. Dieser ist Historiker aus Leidenschaft und von dem mysteriösen Kürzel V. besessen, mit dem der Vorname einer Frau bezeichnet wird, die sich in immer anderen Maskierungen bei gewalttätigen Ereignissen des 20. Jahrhundert manifestierte. Stencils paranoide Versuche, die Inkarnationen und Abstraktionen der V. – die ihre Körperlichkeit im Laufe des Romans allmählich verliert – zu enträtseln, setzt eine ausgeklügelte zweite Geschichte in Gang, die zwischen 1880 und 1943 spielt. Ihr Panorama umfaßt die ägyptische Faschoda-Krise, randalierende venezolanische Auswanderer in Florenz, die deutsche Besetzung Südwest-Afrikas und vieles mehr. Stencil sucht nach dem gemeinsamen Nenner hinter all der Gewalt und den Kämpfen, nach dem, was Pynchon als „die Meisterkabale des Jahrhunderts" oder als „die namenlose Verschwörung" bezeichnet. Aber vielleicht lauert die wahre Gefahr in der zeitlichen Gegenwart des Romans, in den modernen USA, die durch den Zweiten Weltkrieg tiefgreifend verändert wurden und die sich mit den sozialen und kulturellen Revolutionen der 60er Jahre dem Siedepunkt nähern. *V.* berührt viele Themen, die Pynchon nicht mehr loslassen: Gebrauch und Mißbrauch von Macht, die Muster der Geschichtsschreibung, der Status von Randgruppen und Zustände veränderter Wahrnehmung. Der Roman ist grandios konstruiert, ein großer Wurf, nicht ohne intime, menschliche Momente. Er erinnert an Joyce, Beckett, Kafka und den Surrealismus, verkörpert letztendlich aber eine bemerkenswerte, rundum neue Form der amerikanischen Gegenwartsliteratur. **SamT**

Herzog
Saul Bellow

Der Roman, mit dem Saul Bellow zum Bestsellerautor wurde, ist eine Sittenkomödie und ein Ideenroman, es geht um Verlust und Wiedergutmachung. Der Held dieses Buches, Professor Moses Elkanah Herzog, steckt in einer privaten und intellektuellen Krise und ist von neurotischer Rastlosigkeit. Der pathologische Zustand äußert sich darin, daß er Briefe an die Größen dieser Welt schreibt („Sehr geehrter Doktor Professor Heidegger, ich hätte gern gewußt, was Sie mit dem Ausdruck ‚Absturz' sagen wollen. Wann hat sich dieser Absturz in die Alltäglichkeit zugetragen? Wo haben wir gestanden, als er sich ereignete?"), die er selten vollendet und nie abschickt. Wir folgen Herzogs Grübeleien über die Ereignisse, die zu seinem jetzigen Zustand geführt haben, besonders dem Liebesverrat seiner früheren Freundin Valentine Gersbach, und wir folgen ihm nach Chicago, wo er Blutrache nehmen will und statt dessen wegen illegalem Waffenbesitz verhaftet wird. Immerhin zeigt sich uns im weiteren Verlauf, daß sich etwas in seinem Leben zurechtzurücken beginnt („Zu diesem Zeitpunkt hatte er keine Nachricht für niemanden").

Dieses „Keine Nachricht" könnte als Herzogs Epigraph stehen, und auch das Buch selbst bietet keine fertigen Weisheitshäppchen. Der Roman funktioniert als Ganzes, Herzogs verdrießliches Innenleben und seine komische Irrfahrt sind nur Teil einer umfassenderen Erkundung unserer Möglichkeiten. Die Kraft des Romans beruht nicht nur auf Bellows famoser Erfindungsgabe, sondern auch auf dem, was seine Geistesübungen offenlegen. Es spricht für *Herzog*, wenn viele Leser eher darüber nachdenken, was die Romanfiguren tun, als darüber, was sie „repräsentieren". Herzog erkennt, daß das Leben immer größer ist als die Vorstellungen, die wir uns darüber machen, und indem wir ihm folgen, ergeht es uns vermutlich ähnlich. **BT**

Lebensdaten | *1915 (Kanada), †2005 (USA)
Erstausgabe | 1964
Originaltitel | *Herzog*
Originalsprache | Englisch

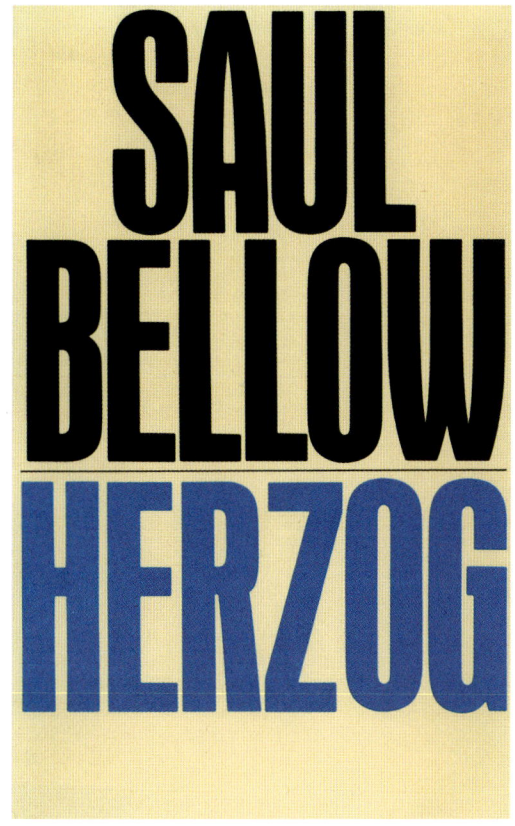

Eine US-amerikanische Ausgabe des Romans, dessen Titel in Deutsch auch ein Adelstitel ist.

Die Verzückung der Lol V. Stein
Marguerite Duras

Lebensdaten | *1914 (Vietnam), †1996 (Frankreich)
Erstausgabe | 1964 bei Gallimard (Paris)
Originaltitel | *Le Ravissement de Lol V. Stein*
Originalsprache | Französisch

„Lol war lustig, von unverbesserlichem Witz, und sehr gescheit."

○ Duras schrieb auch das Drehbuch für Alain Resnais Filmklassiker *Hiroshima mon amour* (1959).

Lol Stein ist neunzehn und, so informiert uns der anonyme Erzähler, mit Michael Richardson verlobt. Zwei umwerfend schöne Frauen, Anne-Marie Stretter und ihre Tochter, betreten den Ballsaal. Richardson ist wie vom Blitz getroffen, er tanzt den Rest des Abends mit Anne-Marie Stretter, während Lol das Nachsehen hat. Als die Paare im Morgengrauen den Saal verlassen, stößt Lol einen Schrei aus. Die Frage, ob die Ereignisse für Lol eine Verzückung, oder nicht doch eher einen Riß in ihrem Leben darstellten, durchzieht den ganzen Roman.

Der Roman beginnt erst lange nachdem sich Lol vom (vermuteten) Trauma erholt hat; sie ist verheiratet, hat drei Kinder und ist kürzlich in ihren Geburtsort zurückgekehrt. Sie erinnert sich an den Tanzabend und inszeniert eine Wiederholung der damaligen Ereignisse. Diesmal ist sie die Velockende, das Paar sind ihre alten Freunde Tatiana Karl und ihr Liebhaber Jack Hold (der sich erst jetzt als Erzähler zu erkennen gibt). Jack verliebt sich hoffnungslos in Lol, die ihn aber nicht dazu drängt, Tatiana zu verlassen. Vielmehr überredet sie ihn dazu, sie weiter zu lieben, was das Verlangen aller drei maßlos steigert.

Für die Psychoanalyse besteht eine Dreiecksbeziehung immer aus Rivalen, und das Problem kann nur gelöst werden, wenn der Dritte ausgeschlossen wird. Duras selbst erlebte eine „Ménage à trois" mit ihrem Mann, dem Dichter Robert Antelme, und Dionys Mascolo; als Duras von Mascolo ein Kind bekam, wurde sie von Antelme (der ebenfalls ein, zwei Freundinnen hatte) verlassen, aber auch die neue Beziehung hielt nicht lange. Duras' Roman stellt die Frage, ob man über das übliche Verhalten hinausgehen könne, ob es möglich sei, das Begehren ohne Rivalität aufrecht zu erhalten. Damit zählt er zu den stärksten anti-ödipalen Mythen der jüngeren Zeit. **PT**

Der Pfeil Gottes
Chinua Achebe

Der 1921 in Nigeria angesiedelte Roman erzählt vom betagten Ezeulu, dem polygamen Hohepriester eines Igbo-Stammes, der bemüht ist, sich den mächtigen Kolonialherren anzupassen. In einer bitter-komischen Episode voller Mißverständnisse will ihn ein gutmeinender englischer Distriktsbeamter zum offiziellen Häuptling ernennen, was aber in der Erniedrigung Ezeulus durch einen weißen Abgeordneten endet. Darauf versucht Ezeulu seine eigenen Leute zu ärgern, indem er einen geplanten Erntetag verschiebt. Diese wenden sich von ihm ab und hören auf die christliche Mission, die sie zu einer zeitgerechten Ernte ermutigt. Ezeulu zieht sich in „die stolze Erhabenheit eines dementen Hohepriesters" zurück.

Der subtile Aufbau macht einen Teil der Qualität dieses Romans aus, gewichtiger ist jedoch die lebhafte Wiedergabe der Komplexität, mit der sich die Veränderungen unter den Eingeborenen vollziehen. Wir erleben, wie unterschiedlich die Leute auf die Kolonisation reagieren. Ezeulus Gemeinschaft hält an traditionellen Festen und vertrauten Ritualen fest, sanktioniert aber die allgegenwärtige Ausbeutung der Frauen. Die Igbos bewegen sich zwischen tief empfundener Religiosität und albernem Aberglauben. Achebes überlegte Objektivität gilt auch für die Briten, es gibt sowohl den dümmlich-arroganten wie auch den gerechten Beamten. Die Kolonialherren zerstören eine Kultur, andererseits schlichten sie Stammesfehden und bauen eine Infrastruktur auf. *Der Pfeil Gottes* zeigt, daß der britische Imperialismus trotz all seiner Fehler weit konstruktiver war als derjenige der afrikanischen Benin-Dynastie im 19. Jahrhundert.

Achebe schreibt mit Verstand, Humor, großer Detailtreue und viel Einfühlungsvermögen. Seine Prosa ist erfrischend originell und scharf mit Sprüchen der Igbos gewürzt („Bei dir hat alles, was ich sage, so wenig Wirkung wie der Furz eines Hundes beim Feuerlöschen."), und sie ist von gelassener Ironie. **CW**

Lebensdaten | *1930 (Nigeria)
Erstausgabe | 1964 bei W. Heinemann (London)
Originaltitel | *Arrow of God*
Friedenspreis des deutschen Buchhandels | 2002

„Was war das für eine Macht, die nie angewendet werden würde?"

● Der „Pfeil" im Titel bezieht sich auf Ezeulus Selbstverständnis als Pfeil im Bogen seines Gottes.

Drei traurige Tiger

Guillermo Cabrera Infante

Lebensdaten | *1929 (Kuba), †2005 (England)
Erstausgabe | 1964
Erschienen bei | Seix-Barral (Barcelona)
Originaltitel | *Tres tristes tigres*

Cabreras erster Roman hat eine komplizierte Editionsgeschichte: bereits 1964 wurde das Werk mit einem Literaturpreis ausgezeichnet, konnte aber erst 1967 zensuriert erscheinen; eine vollständige Ausgabe wurde 1987 veröffentlicht. Dieser Roman des kubanischen Autors, der seit 1965 in Madrid, später in London im Exil lebte, fängt die nächtliche Atmosphäre in Havanna kurz vor der kommunistischen Revolution im Jahr 1959 ein. Protagonisten sind nicht die zahlreichen Leute, die durch die Nacht irren, sondern ihre vielfältigen Stimmen. Eine einheitliche Geschichte entsteht nicht aus den mal dialogisch, mal in der Ich-Form erzählten Abenteuern von fünf Freunden im Nachtleben von Havanna. Thema, aber auch Methode des Romans ist die Veränderung – die echte wie die trügerische.

Den roten Faden des Romans bildet eine psychoanalytische Sitzung (bei der die Geschichten eines Bolero-Sängers und zweier weiterer Figuren ins Spiel kommen). Der Roman ist ein barockes, literarisches Schaufenster: erfinderische Wortspiele, auf historische Ereignisse (wie etwa Trotzkis Tod) angewendete stilistische Parodien und typographische Experimente (schwarze, weiße oder spiegelbildlich gedruckte Seiten mit Zeichnungen). Mit diesem Roman erweiterte Cabrera das Genre um komplexere Muster, womit er zur Avantgarde der Erneuerung des Erzählromans in den 60er Jahren vorstieß. **DMG**

Manchmal ein großes Verlangen

Ken Kesey

Lebensdaten | *1935 (USA), †2001
Erstausgabe | 1964 bei Viking Press (New York)
Verfilmung | 1971
Originaltitel | *Sometimes a Great Notion*

Gekonnt, leidenschaftlich und originell beleuchtet Kesey in seinem zweiten Roman einen Zeitabschnitt der USA im 20. Jahrhundert. Die Handlung spielt in einem Holzfäller-Camp in Oregon, in einer Gegend also, die vom amerikanischen Pioniergeist durchdrungen ist. Sie schildert die Konflikte der Familie Stamper, die mit der Stadt, mit der Gewerkschaft und meistens auch mit sich selbst im Streit liegt. Im Zentrum stehen die Brüder Hank und Leland, die zwei total unterschiedliche Männer-Typen verkörpern. Hank ist groß, schnodderig und hat immer das Sagen. Die Handlung setzt ein, als gerade ein Streit mit der Gewerkschaft im Gange ist und Hanks jüngerer Halbbruder Leland, ein kiffender College-Absolvent, von der Ostküste eintrifft. Dieser will sich weder Hanks rauhbeinigem Männerbild noch den Erwartungen der Familie anpassen. Lebensecht beschreibt Kesey die Dynamik ihrer Beziehung, ihre Ähnlichkeiten, ihren gegenseitigen Respekt und ihre destruktive Zwietracht, die sich besonders in Liebesangelegenheiten zeigt. Eine besondere Stärke des Romans besteht darin, daß Kesey beide Brüder erzählen läßt. Anfänglich wächst die Sympathie für Leland, da aus seiner Perspektive erzählt wird, dann aber berichtet Hank, der von seinem Kampf für die Familie und für den eigenen Seelenfrieden erzählt. Der Roman ist eine ungeschminkte Geschichte über das Streben nach dem amerikanischen Traum, eine fast mythische Fabel über die Konfrontation des Menschen mit der Natur, mit der Gemeinschaft und dem „Big Business", und als solcher ist er ein zu Unrecht vernachlässigter amerikanischer Klassiker. **MD**

Die Passion nach G. H.

Clarice Lispector

Lebensdaten | *1920 (Ukraine), †1977 (Brasilien)
Erstausgabe | 1964 bei Editôra do Autor (Rio)
Originaltitel | *A paixão segundo G. H.*
Originalsprache | Portugiesisch

Die aus der Ukraine stammende Schriftstellerin lebte in Brasilien und schrieb ihre eigenwilligen Erzählungen und Romane auf Portugiesisch. *Die Passion nach G. H.* liegt erst seit 1984 in deutscher Üersetzung vor und ist keineswegs ein konventioneller Roman; es würde wenig Sinn machen, ihn über seine Handlung und seine Figuren zu beschreiben. Eigentlich handelt es sich um eine existentielle Befragung und weniger um eine Erzählung. Der Text verlangt eine aufmerksame Lektüre, er fordert heraus und macht neugierig, er stellt grundsätzliche Fragen, wie man sie eher in einer trockenen philosophischen Abhandlung erwartet.

Die uns nur durch ihre Initialen bekannte Protagonistin wird in einen Wirbel von Gedanken und Emotionen gestürzt, als sie das Zimmer ihres ehemaligen Dienstmädchens betritt, das eine seltsame Zeichnung an der Wand zurückgelassen hat. Darüber hinaus wird die Begegnung von G. H. mit einer sterbenden Kakerlake zu einem zentralen, symbolischen Bild, um das sich die Erzählung wirbelnd dreht. Jedes Kapitel ist mit dem vorhergehenden vernetzt, indem dessen letzte Zeile wiederholt wird. Lispectors Schreibstil vermittelt das Gefühl eines ernsthaften inneren Monologs über die Liebe und das Leben, über die Bedeutung von Vergangenheit und Zukunft. Der an ein geheimnisvoll unbestimmtes „Du" gerichtete Text bietet eine sehr intime Leseerfahrung. **JC**

Zurück nach Oegstgeest

Jan Wolkers

Lebensdaten | *1925 (Niederlande), †2007
Erstausgabe | 1965
Erschienen bei | Meulenhoff (Amsterdam)
Originaltitel | *Terug naar Oegstgeest*

Ein wichtiges Thema in Wolkers' Werken ist Sex, seine expliziten Darstellungen wurden oft kritisiert. Andere wichtige Themen sind die Liebe zur Natur und Religionskritik.

All diese Themen sind in *Zurück nach Oegstgeest* vereinigt, einem autobiographischen Roman, der Jugend und erste Schritte in das Erwachsenenleben des Protagonisten beschreibt. Der Erzähler wächst zusammen mit neun Geschwistern auf, der Vater, der im Dorf Oegstgeest einen Laden betreibt, ist ein strenger Protestant, der seiner Familie dreimal täglich aus der Bibel vorliest. Als junger Mann hat der Erzähler verschiedene Jobs, so arbeitete er als Tierwärter in einem Labor, wo er Studenten bei ihren Tierversuchen beobachtet. Später stirbt sein Bruder, und er erlebt den Zweiten Weltkrieg; seine Erlebnisse mit dem Sterben fallen mit dem Erwachen seiner Sexualität und dem Verlust seines Glaubens zusammen.

Trotz der zahlreichen Rückschläge, die der Protagonist erlebt, und der schrecklichen Szenen ist *Zurück nach Oegstgeest* kein lebensverachtender Roman. Was ihn so fesselnd macht, sind die fast verbissenen Versuche des Erzählers, eine vergangene Welt zurückzuholen. Das Resultat ist ein eindrückliches Porträt der Vorkriegszeit mit ihren Teekesseln, Dampfzügen, Schwimmanzügen für Männer und Tante-Emma-Läden, verabreicht mit einem tüchtigen Schuß Calvinismus. **JaM**

Zuglauf überwacht
Bohumil Hrabal

Lebensdaten | *1914 (Mähren), †1997 (Tschechien)
Erstausgabe | 1965 bei Šeskoslovenský spisovatel (Prag)
Vollst. dt. Titel | Reise nach Sondervorschrift. Zuglauf überwacht
Originaltitel | Ostre sledované vlaky

Hrabal erzählt die Geschichte des linkischen, jungen Miloš Hrma. Miloš hatte sich die Handgelenke aufgeschlitzt, nachdem er bei seinem ersten Zusammensein mit einem Mädchen versagt hatte, und kehrt nun aus diesem erzwungenen Urlaub zurück, um auf einem böhmischen Bahnhof seinen Dienst anzutreten.

Langeweile beherrscht die kleine Bahnstation, lustlos werden die immer gleichen Arbeitsgänge verrichtet und der Wintermief ist aufgeladen mit aufgestauter Erotik. Eine unverhofft eintreffende Artistin, die im Widerstand arbeitet, bringt eine Bombe mit dem Auftrag, einen Zug in die Luft zu sprengen. Außerdem verhilft sie Miloš zu seinem langersehnten erfüllten Liebeserlebnis. Plötzlich ist die Kraft und der Mut da, den verwegenen Plan auszuführen. Trotz Miloš' Abneigung gegen die deutschen Soldaten, betont Hrabal ihren menschlichen Charakter. So erlebt Miloš einen verwundeten deutschen Soldaten, der nach seiner Frau ruft, und erkennt daran die gemeinsamen Bande der Menschen, ob sie nun Tschechen oder Deutsche seien.

Dieser mit viel Humor und voller Menschlichkeit erzählte Roman ist einer der besten Beweise des Könnens von Bohumil Hrabal, der seinen literarischen Durchbruch erst im Alter von 49 Jahren hatte. Jirí Menzel machte aus dem Roman 1967 einen Oscar-gekrönten Film mit dem Titel *Scharf beobachtete Züge*. **OR**

Der Fluss dazwischen
Ngugi wa Thiong'o

Lebensdaten | *1938 (Kenia)
Erstausgabe | 1965 bei Heinemann Education (London)
Originaltitel | The River Between
Originalsprache | Englisch

Seit diesem zweiten Roman zählt Ngugi zu den besten Autoren Afrikas. Oberflächlich erzählt das Buch eine Romeo-und-Julia-Geschichte während der Kolonisation. Zwei Jugendliche verlieben sich und versuchen, die uralte Kluft zwischen ihren verfeindeten Gikuyu-Dörfern zu überwinden – mit tragischen Folgen. Auf einer etwas tieferen Ebene befaßt sich *Der Fluss dazwischen* mit der Geschichte Kenias vor und während der Kolonisation, mit dem langsamen, aber stetigen Vordringen der Briten, mit der Entfremdung der Einheimischen von ihrem Land, mit den negativen Folgen der christlichen Mission für die Machtstrukturen, Rituale und Beziehungen, und mit der großen Uneinigkeit zwischen den verschiedenen afrikanischen Interessengruppen, die dem Befreiungskampf der 50er Jahre vorausging.

Im Zentrum des Romans steht die Debatte über die weibliche Beschneidung und der Widerspruch dieser Praxis zu christlichen und europäischen Vorstellungen. Die Beschneidung wird in einem solchen Ausmaß zum Symbol der Reinheit der Gikuyu-Kultur und des Befreiungskampfs, daß die junge Heldin Nyambura das Schicksal der Liebenden besiegelt, weil sie „unrein" ist. Ungeachtet ihrer unsäglichen Folgen gilt die Beschneidung als ein unverzichtbares Sinnbild der kenianischen Identität, als ein lebendiges Ritual, das den Eroberern und ihrem christlichen Erziehungssystem trotzt. Ngugi beschreibt den mythologischen Ursprung des Gikuyu-Volks und siedelt die Handlung in den von den Europäern noch unberührten Hügeln an. Damit schafft er es, daß sich die Kultur der Afrikaner in dem auf Englisch geschriebenen Roman behaupten kann. **SN**

◉ 1992 fotografierte der Tscheche Miroslav Zajic den Autor Hrabal mit allerlei Tand als Kaiser verkleidet auf einer Prager Parkbank.

Garten, Asche
Danilo Kis

Lebensdaten | *1935 (Serbien), †1989 (Frankreich)
Erstausgabe | 1965
Erschienen bei | Prosveta (Belgrad)
Originaltitel | *Basta, pepeo*

„Durch ihr Rendezvous mit dem Tod lernte sie das Geheimnis des ewigen Lebens kennen."

Dies ist die bemerkenswerte Geschichte einer mittelständischen ungarischen Familie im Zweiten Weltkrieg. Der Roman wird aus der Perspektive von Andi erzählt, dem jüngsten Sohn der jüdischen Familie Scham, die vor der Verfolgung durch die Nazis quer durch Europa flüchtet. Im Zentrum steht der exzentrische, flamboyante Vater Eduard, der ein Alkoholproblem hat und unter depressiven Schüben leidet. Er beschäftigt sich geradezu obsessiv mit der dritten Auflage seines Buches, eines Führers für Bus-, Schiffs-, Bahn- und Flugzeugreisende; er wird immer launischer, und es ist unklar, ob dies auf den Krieg, die belastenden, bizarren und stets provisorischen Lebensumstände oder eine Geisteskrankheit zurückzuführen ist.

In der Schilderung von Andis Kindheit ist Danilo Kis' dichte und poetische Prosa von großem Detailreichtum. Die Evokationen der Kindheit in der Erzählung sind oft so intensiv und kraftvoll, daß sie einer lyrischen Dichtung gleichen. Aber irgendwann verschwindet Andis Vater Eduard, man nimmt an, er sei in ein Konzentrationslager verschleppt worden.

Garten, Asche ist Kis' erster, stark autobiographisch geprägter Roman. Sein eigener Vater, ein ungarischer Jude, wurde 1944 in Auschwitz umgebracht, als Kis noch ein Kind war. Allerdings ist das Buch kein Kriegsroman und keine Erzählung über den Holocaust; Auschwitz und der Holocaust, für Andi damals noch unverständlich, werden im Roman nie erwähnt. Trotz der Armut und des Krieges sind ihm die Heiterkeit und die Wunder der Kindheit viel lebendiger in Erinnerung geblieben. *Garten, Asche* ist die ergreifende Geschichte über eine Familie an der Peripherie des Krieges und über den Versuch eines Kindes, die Welt zu begreifen und den Verlust des Vaters zu verarbeiten. **RA**

Sophie Bassouls fotografierte Danilo Kis 1985 in Paris; er verbrachte die letzten zehn Jahre seines Lebens in Frankreich.

Die Lahmen werden die Ersten sein
Flannery O'Connor

Wie der süßlich-modrige Geruch gefallener Magnolienblüten durchwabern diese Erzählungen gestrige Ansichten über Klassen und Hautfarben, den Generationenkonflikt und religiöse Überzeugungen, aus einer Zeit, als sich der vornehme Süden der USA noch an überholte Konventionen und Vorurteile klammerte. Es ist eine manichäische Welt, grotesk und voll unerwarteter Gewaltausbrüche. Kraft der Bürgerrechte und der Reinheit des Glaubens gelingt es den Figuren, sich aus dem Sumpf des Gestrigen zu erheben und sich einander anzunähern. So wächst das Wissen, aber durch die Annäherung entstehen auch Konflikte: alte Ideen, nicht hinterfragte Selbstbilder geraten ins Wanken, das grelle Licht der Wahrheit ist schwer auszuhalten. O'Connors Erzählungen berichten von beunruhigenden Offenbarungen. Und manchmal findet man Gott nur, wenn man eine Kugel in der Brust hat, mit einem Besen verdroschen wird oder sich das Herz von einem Stier durchbohren läßt.

In einer der Erzählungen begleitet der gebildete Julian seine Mutter bei der Fahrt mit einem neu eingerichteten Bus, in dem die Rassenschranken aufgehoben sind. Seine Mutter ist den alten Traditionen verhaftet und voller Vorurteile. Daher wächst die Spannung, als eine schwarze Frau mit ihrem Sohn den Bus besteigt. Sie trägt denselben Hut wie Julians Mutter. Julian ist außer sich vor Wut, als seine Mutter dem schwarzen Jungen einen Penny schenkt, und er ist unfähig, ihre tragische Konditionierung zu verstehen. O'Connor ist lustig, energisch und brutal. Die Ignoranten werden bestraft, die Gutmeinenden noch mehr, weil sie passiv bleiben. Die große Kunst der Autorin besteht darin, tiefsinnig-moralische Geschichten zu erzählen, bei denen der Leser selbst zwischen Gut und Böse unterscheiden muß.

GT

Lebensdaten | *1925 (USA), †1964
Vollständiger Name | Mary Flannery O'Connor
Erstausgabe | 1965 bei Farrar, Straus & Giroud (New York)
Originaltitel | *Everything That Rises Must Converge*

„Die Tür schloß sich und er sah die plumpe Gestalt auf sich zukommen."

In diesem – ihrem letzten – Buch vereinigte O'Connor viele religiöse und soziale Themen aus früheren Erzählungen.

Die Dinge
Georges Perec

Lebensdaten | *1936 (Frankreich), †1982
Erstausgabe | 1965 bei Julliard (Paris)
Originaltitel | *Les Choses: Une histoire des années soixante*
Originalsprache | Französisch

Perec hatte schon vier Romane geschrieben, die unvollendet und unveröffentlicht blieben, als er mit dieser Erzählung 1965 die literarische Szene betrat und sofort reüssierte – er erhielt für sein erstes Werk den Prix-Renaudot. *Die Dinge* beschreibt den Niedergang des sympathischen Soziologen-Ehepaars Jérôme und Sylvie. Ihr Studium haben sie abgebrochen, um ihr Glück zu suchen. Auf dem Weg zu materiellem Wohlstand, gefördert und stimuliert durch die Überflußgesellschaft, mutieren sie allmählich zu einem frustrierten, resignierten Mittelstands-Ehepaar. Die Leser waren vom Roman geschockt, weil sie darin eine rein soziologische Abhandlung über die sogenannte Konsumgesellschaft sahen – kein geeignetes Thema für ein literarisches Werk. Wie Perec selbst sagte, ging es ihm um die Beschreibung der Vorgänge in seiner eigenen Umgebung – dem Milieu der Studenten, die den Algerienkrieg Frankreichs zunächst aufs Schärfste bekämpften und sich gegen Ende des Krieges desillusioniert von der Politik abwandten. Wichtigen Einfluß auf Perecs Erzählung hatte Roland Barthes semiologische Untersuchung der *Mythen des Alltags* (1957), eine kritische Befragung scheinbar natürlicher Gewohnheiten und Leitbilder gesellschaftlichen Zusammenlebens. Die ungewohnte Ausstrahlung von *Die Dinge* basiert vor allem auf der kühlen Art des erzählenden „Zeugen", der sich weigert, zu kritisieren, zu urteilen oder die Haltung einzelner Protagonisten zu interpretieren. Er registriert nur die Dinge, die sie begehren oder die sie in ihren Wohnungen herumstehen haben, und bezeichnet diese im Jargon der Werbeindustrie als „Zeichen" oder „Images". **JD**

Kaltblütig
Truman Capote

Lebensdaten | *1924 (USA), †1984
Erstausgabe | 1966 bei Random House (New York)
Originaltitel | *In Cold Blood*
Originalsprache | Englisch

Capotes berühmtestes Werk ist eine Pionierleistung im Genre des „Non-Fiction-Romans", war aber auch als „True crime story" innovativ. Der Roman erzählt von der Ermordung der Familie Clutter 1959 in Kansas durch die zwei Herumtreibender Dick Hickock und Perry Smith, vom anschließenden Prozeß und der Hinrichtung der Mörder. Capote nimmt den Fall auch zum Anlaß für eine eingehende Betrachtung des amerikanischen Wertesystems in den 50er- und den frühen 60er Jahren. Die ehrbaren Clutters sind so typisch amerikanisch, daß man meinen könnte, sie seien erfunden. Smith und Hickock hingegen erscheinen als brutale, fleischgewordene Version des Rebellen vom Typ eines James Dean. Die Welt der Opfer wird minutiös und einfühlsam beschrieben, aber Capotes wahres Interesse gilt dem Gefühlsleben der Täter und dem, was sie zur unfaßbaren Bluttat getrieben hat. Viele vermuten, Capote habe sich so für Smith interessiert, weil er in ihm eine Art Alter Ego gesehen habe. Capote berichtete während des ganzen Gerichtsverfahrens als Journalist über den Fall, deshalb kam der Verdacht auf, die Urteile seien von seiner Beschreibung der Mörder beeinflußt worden. Damit lieferte der Roman eine zusätzliche beunruhigende Einsicht und initiierte – wie Mailers *Gnadenlos* (1979) – eine Debatte über die moralische Verantwortung, die sich aus den Differenzen und Gemeinsamkeiten zwischen Fakten und Fiktionen ergibt. **BT**

> Als *Kaltblütig* 1966 erschien, wurde der Roman reißerisch vermarktet – und weckte ein ungeheures Medieninteresse.

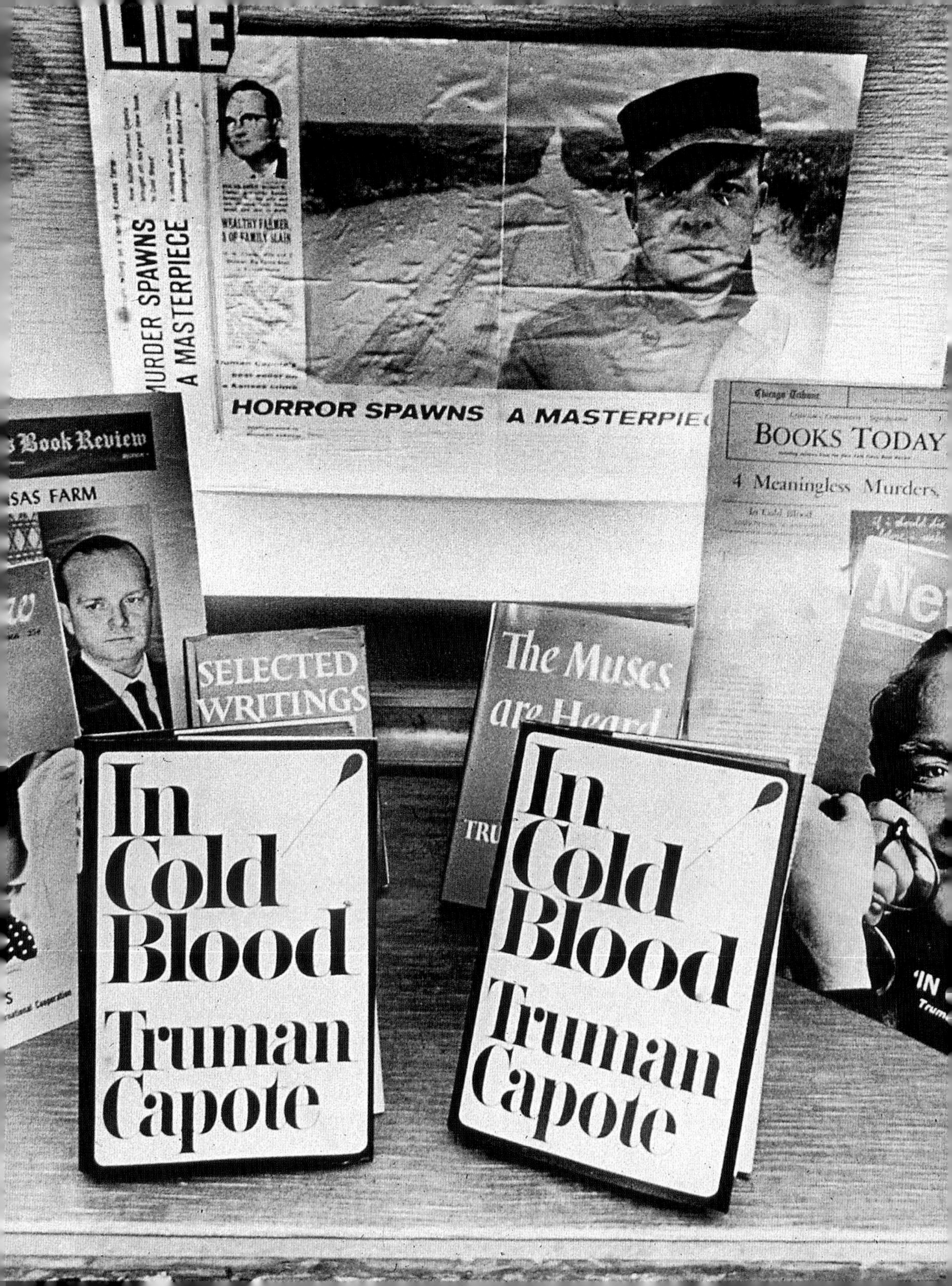

LIFE
MURDER SPAWNS A MASTERPIECE
WEALTHY FARMER, 3 OF FAMILY SLAIN
HORROR SPAWNS A MASTERPIEC
Book Review
SAS FARM
BOOKS TODAY
4 Meaningless Murders,
In Cold Blood
SELECTED WRITINGS
The Muses are Heard
In Cold Blood
Truman Capote
In Cold Blood
Truman Capote

Der Derwisch
Měsa Selimović

Lebensdaten | *1910 (Bosnien), †1982 (Serbien)
Erstausgabe | 1966 bei Svjetlost (Sarajewo)
Vollst. dt. Titel | Der Derwisch und der Tod
Originaltitel | *Dervis i smrt*

Scheich Ahmed Nurudin ist ein Derwisch, ein islamischer Asket, der zur Zeit der osmanischen Okkupation in Bosnien lebt. Er hat den größten Teil seines Lebens als Eremit verbracht, und sein innerer Monolog macht weite Teile von Selimovićs epischem Roman aus. Ahmeds selbst gewählte Isolation vor dem Trubel der Welt endet, als sein Bruder verhaftet wird und bald darauf stirbt. Dies bringt Ahmed dazu, bisherige Gewißheiten zu hinterfragen, er gerät selbst in Konflikt mit der Obrigkeit, und weil er nicht entschlossen handeln kann, nimmt er ein unglückliches Ende.

Der Derwisch und der Tod enthält wenig Dialoge, denn die nur scheinbar „dünne" Geschichte wird von der Stimme des weltabgewandten Ahmed erzählt. Dieser wird dankbarerweise von einer Anzahl exzentrischer Nebendarsteller unterstützt, darunter seinem Freund Hasan, dem schwarzen Schaf der Familie, der sich in eine dalmatinische Christin verliebt.

Selimović, dessen Serbokroatisch die heute in Bosnien benutzte Standardsprache stark beeinflußte, ließ die Erschütterung über den Tod seines eigenen Bruders in diesen Roman einfließen. Obwohl er darin auch Bezug nimmt auf die Ereignisse seiner Zeit, wird in *Der Derwisch und der Tod* eine andere Epoche heraufbeschworen. In dieser kafkaesken Erzählung über einen Mann, der von einem repressiven System zerstört wird, werden universelle Themen angesprochen, die nicht nur Selimovićs Heimat betreffen. **OR**

Schweigen
Shusaku Endo

Lebensdaten | *1923 (Japan), †1996
Erstausgabe | 1966
Erschienen bei | Kodansha (Tokio)
Originaltitel | *Chinmoku*

Shusaku Endo war ein japanischer Katholik, und als solcher von europäischen Romanciers wie Graham Greene oder Georges Bernanos beeinflußt. Seine Werke sind geprägt von einer zweifelnden Religiosität und dem Entsetzen über die blutige Spur, die sich durch die japanische Geschichte zieht.

Schweigen spielt im frühen 17. Jahrhundert und gilt allgemein als Endos Meisterwerk. Der japanische Shogun macht sich daran, das Christentum durch Folterungen und Massaker auszurotten. Im Vatikan wird bekannt, der hochangesehene jesuitische Missionar Ferreira habe dem Glauben unter der Folter abgeschworen, worauf der portugiesische Priester Rodrigo, ein spiritueller Schüler Ferreiras, nach Japan geschickt wird, um mit Ferreira Kontakt aufzunehmen. Das riskante Unternehmen läuft jedoch schief, Rodrigo wird vom „Judas" Kichijiro an die Obrigkeit verraten und gefoltert. Um sich zu retten, muß er seinem Glauben zum Schein abschwören, indem er auf ein Bild von Christus tritt. Weigerte er sich, müßte er die Torturen anderer Christen mit ansehen. Als Rodrigo Ferreira endlich trifft, fleht ihn dieser an, von seinem Glauben pro forma abzuschwören.

Die sparsame Erzählung schildert die Schrecken der Verfolgung und das bittere Dilemma der Priester mit großer Eindringlichkeit. Mit Rodrigo gelang Endo eine positive, glaubwürdige Identifikationsfigur, die seine Vision eines Christentums verkörpert, das sich nicht auf Jesu Glorienschein konzentriert, sondern auf seine Leiden. **RegG**

Tote auf Bestellung
Leonardo Sciascia

Lebensdaten | *1921 (Italien), †1989
Erstausgabe | 1966
Erschienen bei | Adelphi Edizioni (Mailand)
Originaltitel | *A ciascuno il suo*

Sciascia wuchs in Sizilien zur Zeit des Faschismus auf, arbeitete zunächst als Lehrer und war seit 1979 Mitglied des italienischen und später des europäischen Parlaments. Seine Arbeit als Schriftsteller wurde von der Liebe zu seinem Land getragen und der Empörung über das organisierte Verbrechen und die Korruption in der Politik.

In *Tote auf Bestellung* erhält der Apotheker Manno einen anonymen Brief mit einer Todesdrohung. Er faßt das als schlechten Scherz auf, wird in der Folge aber tatsächlich zusammen mit seinem Jagdgefährten Dr. Roscio ermordet aufgefunden. Die polizeilichen Ermittlungen konzentrieren sich auf Manno, Dr. Roscio betrachtet man als zufälliges Opfer. Laurana, ein Lehrer aus dem Dorf, stellt eigene Nachforschungen an und macht eine interessante Entdeckung. Was er herausfindet, erweist sich als problematisch, denn der Mordanschlag galt Dr. Roscio, die Ermordung Mannos war nur ein Ablenkungsmanöver. Mit geübtem Auge und einiger Schlauheit entlarvt Laurana beharrlich und systematisch ein Geflecht aus erotischen Enttäuschungen und durchtriebenem politischem Kalkül.

Dieser Kriminalroman, der die Psychologie und die Vorgehensweise der nie erwähnten, aber implizierten Mafia zu ergründen versucht, enthält eine eindringliche Kritik an einer Gesellschaft, die von einer Tradition des Schweigens, der Lügen und des Blutvergießens durchdrungen ist. **SMu**

„Sich mit Politik abzugeben war im übrigen verlorene Zeit. Wer das nicht einsah, der hatte entweder seinen Vorteil davon oder war mit Blindheit geschlagen."

Leonardo Sciascia verwendete in vielen seiner Werke das Genre Kriminalroman, um die Strukturen des organisierten Verbrechens in seiner Heimat Sizilien kritisch zu analysieren.

Die Versteigerung von No. 49
Thomas Pynchon

Lebensdaten | *1937 (USA)
Erstausgabe | 1966 bei Lippincott (Philadelphia)
Originaltitel | *The Crying of Lot 49*
Originalsprache | Englisch

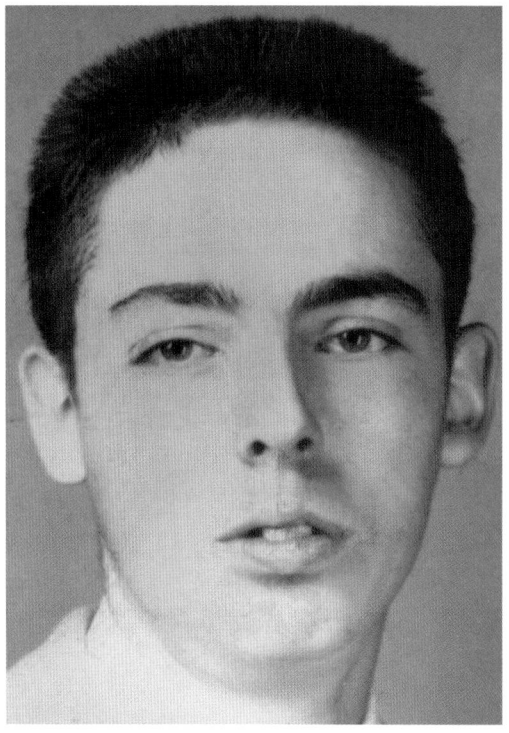

„*Die Wirklichkeit ist in diesem Kopf. In meinem.*"

Thomas Pynchon 1955. Er verweigert sich hartnäckig der Öffentlichkeit, deshalb existieren kaum Aufnahmen von ihm.

Verglichen mit den eher bombastischen literarischen Feuerwerken, die Pynchon in seinen anderen Romanen zündet, ist dieser von erfrischender Knappheit. *Die Versteigerung von No. 49* ist ein perfekter postmoderner Thriller, der buchstabengläubige Detektive im Netzwerk möglicher Interpretationen in die Irre führt. Während sich bei anderen raffiniert gestrickten Romanen eine Inhaltsangabe häufig erübrigt, weil die Handlung eher sekundär ist, wartet dieser Roman mit einer überbordenden Fülle von Handlungssträngen auf, die zu einem wahren Bildteppich verwoben sind. Die Protagonistin des Puzzles heißt Oedipa Maas, dementsprechend werden die Rätsel mit einem sphinxhaften Lächeln präsentiert. Oedipa ist auf der Suche: sie versucht herauszufinden, wer ihr Ex-Liebhaber Pierce Inverarity war, der sie nach seinem Tod als Testamentsvollstreckerin eingesetzt hat. Von diesem Job hat sie zwar keine Ahnung, aber sie reist durch Kalifornien, dabei auch auf der Suche nach sich selbst und der Erbschaft, die auch die Erbschaft Amerikas ist. Sie trifft eine Menge Leute, darunter Ausgestoßene, Einsame wie sie selbst, und entdeckt ein geheimes Kommunikationssystem, das diese eigentlich Kommunikationslosen verbindet. Es hat den Codenamen W.A.S.T.E. Waste bedeutet „Abfall", vielleicht ist es aber auch das Akronym einer geheimnisvollen Organisation – „We await silent Tristero's Empire"? Pynchon spannt den Bogen der literarischen Einfälle bis zum Zerspringen. In seinem erzählerischen Multiversum gibt es Verschwörungstheorien, Sozialkritik, Slapsticks und literarische Anspielungen von der jakobinischen Rachetragödie bis zu Nabokov. Pynchons Schwindeleien sind allerdings bis auf den Millimeter genau recherchiert. So entsteht im Grenzgebiet zwischen wahnhaften Ideen und dem Wahn der Wirklichkeit ein wild wucherndes Reich voller Zeichen, die gedeutet werden wollen, sich aber der Deutung stets entziehen. Die Suche wird auf Dauer gestellt – dem Finden verweigert sich der Roman ganz konsequent. *Die Versteigerung von No. 49* ist ein gescheiter Roman, der hochintellektuelle Themen mit den Allüren der Pop-Kultur kombiniert – unbedingt lesenswert! **DM**

Giles Goat-Boy *
John Barth

Gleich zu Beginn des Buches äußern verschiedene Herausgeber ihre Bedenken gegenüber diesem Roman (was einige Rückschlüsse auf ihre schlimme geistige Verfassung zuläßt), darauf folgt ein fingiertes Begleitschreiben, das dem verwaisten Manuskript beigefügt war. Die Verleger sind nur eine der vielen Zielscheiben für Barths genial-beißenden Witz. Andere sind die Technik, die Sexualmoral, der Hurra-Patriotismus und der Begriff des edlen Wilden. Der Roman ist albern und profan, ein derbes Panoptikum voller Scherze, die so trocken sind wie die akademische Engstirnigkeit, über die er sich lustig macht.

Die Geschichte erzählt von Billy Bockfuß, der als Baby aus dem Bauch eines Supercomputers gerettet und an den Zitzen einer Ziege aufgezogen wird. In der turbulenten Adoleszenz angelangt, wird Billy schwierig. Er will seine Ziegen-Amme nicht verlassen, bloß um ein unsicheres, an allen unmöglichen Stellen behaartes Menschenwesen zu werden. Aber die Mutterziegen sind gnadenlos, und er beginnt als Mensch zu leben. Zunächst als „George, der Student ohne Abschluß", später als „Der messianische George, der heroische, große Tutor, Heiland des New Tammany College".

In einer mit skurrilen Ausdrücken und Wortschöpfungen gespickten Neuerzählung der großen Legenden und Mythen der Menschheit – vom neuen Testament bis zum Kalten Krieg – wird die ganze Sprache korrumpiert und verwandelt, das geschwätzige Kauderwelsch der Akademiker wird zur Lingua franca, und der Campus wird zum Mikrokosmos der ganzen Welt: der Ost-Campus ist die UdSSR, der Uni-Gründer wird zum allmächtigen Gott, die Kopulation wird zur Einübung der Promotionsfeier und Enos Enoch ist Jesus Christus. Unter Barths Händen wird die Geschichte zu einem Lebewesen, ähnlich der Elektrizität. Der Roman ist gleichzeitig eine Satire und ein Fest der Sprache, manche Sätze sind wie kräftige Karamellbonbons: aromatisch, lecker – einfach himmlisch. Kaum möglich, daß Sie so etwas schon mal gelesen haben. **GT**

Lebensdaten | *1930 (USA)
Erstausgabe | 1966 bei Doubleday (New York)
Vollständiger Titel | *Giles Goat-Boy; or, The Revised New Syllabus*

„George ist mein Name; meine Taten sind weit herum bekannt ..."

- Barth wollte, daß der Name „Giles" mit einem harten „G" ausgesprochen wird, weil ihm die Alliteration mit „Goat" gefiel.

Identitätszeichen
Juan Goytisolo

„… Stein sind wir und Stein bleiben wir warum suchst du blind das Unheil vergiß uns und wir werden dich vergessen deine Geburt war ein Irrtum mach ihn wieder gut."

Lebensdaten | *1931 (Spanien)
Erstausgabe | 1966
Erschienen bei | Joaquín Mortiz (Mexiko-Stadt)
Originaltitel | Señas de identidad

Goytisolo stellt seinem Roman die verzweifelten Gedanken dreier Dichter voran: „Gestern ist vergangen, Morgen noch nicht gekommen." (Francisco de Quevedo), „… Madrid ist der Friedhof." (Mariano José de Larra) und „Besser die Zerstörung, das Feuer." (Luis Cernuda) – wobei das letzte Zitat beinahe zum Titel dieses Romans wurde. Hauptfigur ist der bürgerliche Spanier Álvaro Mendiola, ein Gegner Francos. Es ist Sommer, Álvaro sitzt im Garten seines Hauses und erzählt bei einer Flasche Wein aus seinem Leben. Er erinnert sich an die Kindheit während des Bürgerkriegs, an die Zeit als militanter Franco-Gegner, an die spanischen Widerstandskämpfer, die er im französischen Exil traf, an die kubanische Revolution (diese Passagen wurden stark gekürzt, nachdem Goytisolo mit Castro gebrochen hatte), an seine zahlreichen Romanzen und die vielen Trennungen, und an die Entdeckung seiner Homosexualität.

Mit Mendiolas innerem Monolog und seinen sarkastischen Ausbrüchen, mit Passagen, in denen eine weitere Erzählstimme das moralische Selbstverständnis objektiviert, und sogar mit freien Gedichtversen gestaltete Goytisolo die Geschichte zu einem vielschichtigen Puzzle. Identitätszeichen ist der erste Roman einer Trilogie, die 1970 mit Die Rückforderung des Conde Don Julián und 1975 mit Johann ohne Land fortgesetzt wurde. Identitätszeichen war in Spanien verboten, trotzdem wurde der Roman zur Bibel einer ganzen Generation, zur Absage an die spanische Tradition, an Kirche und Repression, und der Buchtitel wurde zum Emblem des politischen Übergangs nach Francos Tod.
JCM

◉ Goytisolo lebt in Marokko; er widmet sich in seinem Werk häufig den moslemischen und jüdischen Wurzeln der spanischen Kultur.

Der Vize-Konsul
Marguerite Duras

Lebensdaten | *1914 (Vietnam), †1996 (Frankreich)
Erstausgabe | 1966 bei Gallimard (Paris)
Originaltitel | *Le Vice-Consul*
Originalsprache | Französisch

Dieses Werk Duras', das man zum *Nouveau roman* zählen kann, lehnt die moralischen und psychologischen Elemente des realistischen Romans zugunsten einer visuellen, fast filmischen Handlungsbeschreibung ab. Zwei Geschichten machen das Buch aus: die erste beschreibt den einsamen Weg eines jungen vietnamesischen Bauernmädchens, das von ihrer Mutter aus dem Haus vertrieben wird, weil es schwanger ist. Die zweite dreht sich um mehrere Personen, die der französischen Botschaft in Kolkata angehören, besonders um den Vize-Konsul von Lahore. Dieser proviziert unter den Diplomaten einen Skandal, indem er mit dem Gewehr wahllos auf Leprakranke und Hunde feuert, die in den Shalimar-Gärten leben. Zudem verliebt er sich in Anne-Marie Stretter, die rätselhafte, promiskuitive Frau des Botschafters. Themen wie die Liebe, die sexuelle Begierde, die Eifersucht, Hunger oder Gewalt behandelt Duras in ihrem minimalistischen Stil mit einer außerordentlicher Raffinesse. Anhand der Schießerei des Vize-Konsuls beschreibt sie die Konfrontation mit dem menschlichen Elend, mit der Krankheit und der Armut in einer Art, daß die rationale Reaktion darauf als höchst suspekt, wenn nicht sogar als betrügerisch entlarvt wird. Zu den faszinierendsten Aspekten des Romans gehören seine Textur und die Schichtung seiner Erzählstimme. Die Erzählstruktur versetzt den Leser in eine ungemütliche Situation, es drängt sich die Frage auf „Wer ist es, der da erzählt, und wessen Geschichte ist es?" Duras läßt uns nicht vergessen, daß wir hier ein literarisches Konstrukt erleben, und keinen Tatsachenbericht. **PMB**

Der Magus
John Fowles

Lebensdaten | *1926 (England), †2005
Erstausgabe | 1966 bei Little, Brown & Co. (Boston)
Originaltitel | *The Magus*
Revidierte Version | 1977

Obwohl *Der Magus* nicht Fowles erstes publiziertes Werk war, ist es doch sein erster Roman, denn entstanden ist er schon in den 50er Jahren. *Der Magus* ist ein packendes Buch, es riecht nach dem grauen, verwesenden London und dem strahlenden Griechenland. Es beschreibt das Maskenspiel des Romanhelden Nicholas Urfe, das dieser erträgt und manchmal auch genießt. Er ist ein in vielerlei Hinsicht unangenehmer Typ, ein Durchschnittsmensch der englischen Mittelklasse nach dem Krieg; er ist selbstverliebt, naiv und ein Sexprotz. Dennoch ist es unmöglich, für ihn und seinen außergewöhnlichen Leidensweg kein Mitgefühl zu empfinden, und seine Begegnungen mit Maurice Conchis und den wunderschönen Zwillingen sind für den Leser ebenso atemberaubend wie für Nicholas selbst. Der Roman ist von der Jungschen Psychologie durchdrungen; der Gesamteindruck ist stark, aber zweideutig, das Buch hinterfragt Begriffe wie Frieden, absolute Macht und Wissen ebenso wie die Liebe in Theorie und Praxis. Fowles versucht nicht, die aufgeworfenen Fragen zu beantworten, deshalb ist *Der Magus* berauschend und beunruhigend zugleich, zuweilen auch frustrierend. Dennoch: die Beschäftigung mit der menschlichen Sehnsucht nach dem Erhabenen ist faszinierend. Fowles sagt in seinem Vorwort zur revidierten Ausgabe von 1977, er fühle sich mit dem Text nicht wohl, er habe schwere Mängel. Tatsache ist, daß *Der Magus* eine anhaltende Popularität genießt, und es ist ebenso schwierig, ihn aus der Hand zu geben, wie ihn zu vergessen. **DR**

Der Meister und Margarita
Michail Bulgakow

Lebensdaten | *1891 (Ukraine), †1940 (UdSSR)
Erstausgabe | 1966 im Moskwa-Journal
Erste Buchausgabe | YMCA Press (Paris)
Originaltitel | *Master i Margarita*

- Bulgakows Margarita – hier auf einem Gemälde der serbischen Künstlerin Gordana Jerosimić – ist gespenstisch und erotisch.

- Das Plakat für eine auf dem Roman basierende Theateraufführung zum 60. Todestag von Bulgakow im Jahr 2000 in Moskau.

1966, fast dreißig Jahre nach dem Tod des Autors, veröffentlichte das Monatsmagazin *Moskwa* den ersten Teil dieses Romans. Bis dahin zirkulierte das Manuskript nur im Untergrund, und wäre es zu Bulgakows Lebzeiten entdeckt worden, hätte man ihn zweifellos verschwinden lassen – wie viele andere auch. Daran hätte auch Bulgakows zweifelhafte Ehre nichts geändert, daß er für kurze Zeit als Stalins beliebtester Stückeschreiber galt. *Der Meister und Margarita* hat überlebt und wird heute als einer der besten russischen Romane des 20. Jahrhunderts anerkannt. Einzelne Sätze sind im Russischen sogar sprichwörtlich geworden: „Manuskripte brennen nicht" oder „Feigheit ist eines der größten Laster" haben für die Generationen, die die schlimmen Exzesse des sowjetischen Totalitarismus überlebt haben, eine besondere Bedeutung. Bulgakows Einfluß reicht weit über Rußland hinaus – vom lateinamerikanischen Magischen Realismus über Salman Rushdie und Pynchon bis zu den Rolling Stones („Sympathy for the Devil").

Der Roman besteht aus zwei verschiedenen, miteinander verwobenen Erzählungen, von denen die eine in Moskau, die andere im antiken Jerusalem spielt. Sie werden von seltsamen Gestalten aus einer anderen Welt bevölkert, darunter ein gewisser Woland (Satan) samt Entourage und ein unbekannter, „Meister" genannter Schriftsteller und seine verheiratete Geliebte Margarita. Sie alle sind komplexe, moralisch zwiespältige Charaktere, deren Motive mal hier, mal dort zu suchen sind, während sich die Handlung in immer neue Richtungen windet und dreht. Der Roman ist voller unberechenbarer Einfälle, mal ist er eine gepfefferte Satire auf die Sowjets, mal eine religiöse Allegorie auf seinen Rivalen *Faust* oder eine ungezähmte burleske Phantasie. Das Buch ist zum Lachen und zum Fürchten, es handelt von Freiheit und von Knechtschaft, und es läßt die „offizielle Wahrheit" explodieren wie ein außer Rand und Band geratener Karneval.
SamT

Sargassomeer
Jean Rhys

Lebensdaten | *1890 (Dominica), †1979 (England)
Erstausgabe | 1966 bei Deutsch (London)
Originaltitel | *Wide Sargasso Sea*
Originalsprache | Englisch

Sargassomeer ist Jean Rhys' Antwort auf den Roman *Jane Eyre* von Charlotte Brontë aus dem Jahr 1847. Rhys geht von der animalischen, sexualisierten Beschreibung der Bertha Manson aus, Edward Rochesters gefährlich-verrückter erster Frau. In dieser Neufassung des Brontë-Klassikers darf Antoinette sprechen (der Name Bertha, so erfährt man, wurde ihr von Rochester aufgezwungen), auch werden die unterschiedlichen Hoffnungen und Ängste angesprochen, von denen die karibisch-europäischen Beziehungen geprägt waren. Der Roman besteht aus drei Teilen: im ersten erzählt Anoinette von ihrer unglücklichen Kindheit, im zweiten beschreibt Rochester seine ungemütliche erste Ehe, und im dritten werden wir Zeuge der konfusen Träume und Gedanken von Antoinette, nachdem sie in England eingesperrt wurde. Mit dieser Strukturierung gelingt es Rhys, zwischen der Geschichte von *Jane Eyre* und ihrem Unterbau, der brutalen Kolonialgeschichte, einen eindeutigen Zusammenhang zu schaffen.

Sargassomeer spielt nach Abschaffung der Sklaverei in der Karibik, und Antoinette, deren Mutter aus Martinique stammte, steht zwischen den Schwarzen und den Europäern. Anhand ihrer unsicheren Situation zwischen karibischer und europäischer Kultur beschreibt Rhys die bei Brontë nur angedeuteten Konflikte zwischen Verlangen und Identität während der Kolonialzeit. Die arrangierte Heirat von Antoinette und Rochester ist höchst problematisch wegen des Unverständnisses und des Mißtrauens, das ihr beide entgegenbringen. In dieser Version der Geschichte ist Antoinette nicht nur eine irrsinnig rachsüchtige Ehefrau, sondern das tragische Opfer einer komplexen historischen Situation. **NM**

Der dritte Polizist
Flann O'Brien

Lebensdaten | *1911 (Irland), †1966
Richtiger Name | Brian O'Nolan
Erstausgabe | 1967 bei MacGibbon & Kee (London)
Originaltitel | *The Third Policeman*

In diesem irischen Experimentalroman geht die Faszination vom Fahrrad aus, ihm bringt Flann O'Brien in diesem humorvollen Meisterwerk ein geradezu obsessives philosophisches Interesse entgegen. Der 1940 geschriebene, aber erst 1967 publizierte Roman ist absurd und auf urkomische Art plausibel zugleich. Die Geschichte beginnt in der eintönigen Welt der Pubs, der Bauernhöfe und der Menschen mit den bescheidenen Ambitionen. Dem Ich-Erzähler folgend – einem brutalen Mörder –, entfernt sich die Erzählung vom realistischen Einstieg auf eine zweidimensionale, verwirrende und unfaßliche Welt zu. Der Erzähler taucht in einer bizarren Polizeiwache auf, wo er auf die beiden Polizisten MacCruiskeen und Pluck trifft, die ihm die „Atomsubstantiationstheorie" und deren Beziehung zu Fahrrädern näherbringen. Der dritte Polizist – er hat eine verblüffende Ähnlichkeit mit dem vom Mörder umgebrachten Mann – bedient eine Maschine, die „Ewigkeit" erzeugt, und diese, so erweist sich, befindet sich ein paar Häuser weiter. Der Protagonist hat nur eine Obsession, und die gilt dem fiktiven Gelehrten De Selby, der alle physikalischen Gesetze anzweifelt. De Selbys exzentrische Vorstellungen über die trügerische Natur von Raum und Zeit erscheinen wiederholt in Fußnoten als wunderbare Parodien auf akademische Gelehrsamkeit und intellektuelle Rechthaberei. Damit ist *Der dritte Polizist* ein typischer Vertreter des komischen irischen Romans, in dem – wie bei Jonathan Swift – eine grimmige Schulmeisterei und eine in sich stimmige Logik zu absonderlichen Schlußfolgerungen führen. Das überraschende Ende zeigt die Ereignisse dieses wunderbar ulkigen, aber äußerst intelligenten Romans in einem völlig neuen Licht. **RMcD**

Miramar
Nagib Machfus

Lebensdaten | *1911 (Ägypten), †2006
Erstausgabe | 1967 bei Maktabat Misr (Kairo)
Originalsprache | Arabisch
Nobelpreis für Literatur | 1988

Miramar beschreibt einen Ausschnitt der ägyptischen Wirklichkeit nach dem Militärputsch vom Juli 1952. Die damit ausgelöste „Revolution" ist eine der Hauptdarstellerinnen des Romans, sie entscheidet über Glück und Unglück der Menschen. Die Handlung spielt in und um die Pension „Miramar" an der Küste bei Alexandria, die Gäste stammen aus verschiedenen Gesellschaftsschichten und Generationen, und ihre unterschiedlichen Ideologien spiegeln die vielen ägyptischen Identitäten wider.

Die Handlung wird über die Monologe der Romanfiguren vermittelt, womit der Leser die Geschichten der Erzähler und ihres jeweiligen Umfelds erfährt. Die Summe ihrer erzählten Details löst auch das Rätsel um den Tod von Sarhan El-Beheiry, der die Hoffnungen der Revolution symbolisierte. Machfus' Bild weicht von der offiziellen Geschichtsschreibung ab, die das nachrevolutionäre Ägypten als ein Land der Freiheit, Gleichheit und Stabilität beschreibt. Er schildert Menschen, die in Angst leben vor Uniformen, vor willkürlichen Verhaftungen und eigenmächtigen Beschlagnahmungen.

Zu den größten Leistungen des Romans gehört die Schilderung des einsetzenden Wandels bezüglich der Geschlechterrollen, der sozialen Schichten, der Politik und der Religion in einer turbulenten Phase der ägyptischen Geschichte, eines Wandels, der das heutige Ägypten geformt hat. *Miramar* bietet eine durchdringende, wenn auch düstere Sicht auf ein vielfältiges, komplexes Land. **JH**

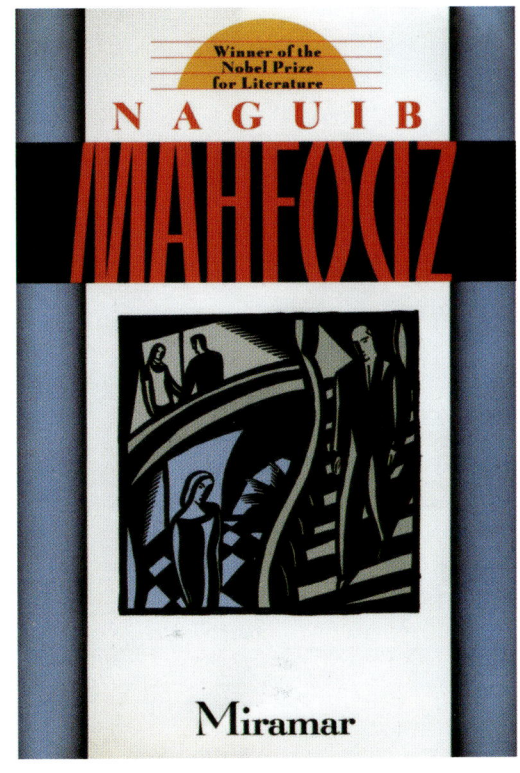

„Einige hat man ihres Vermögens beraubt. Alle hat man ihrer Freiheit beraubt."

◉ Diese Ausgabe weist auf den Nobelpreis hin, der die westliche Leserschaft, wenn auch spät, auf Machfus aufmerksam machte.

Z

Vassilis Vassilikos

Lebensdaten | *1934 (Griechenland)
Erstausgabe | 1967
Erschienen bei | Gallimard (Paris)
Filmadaption | 1969

Dieser dokumentarische Politthriller zeichnet ein unerbittliches Porträt der griechischen Militärdiktatur in den 1960er Jahren. Vassilikos nimmt kein Blatt vor den Mund und zeigt auf, wie das korrupte Regime die Ermordung des beliebten linken Politikers Gregoris Lambrakis arrangierte. Für die Menschen ohne Einfluß war er ein Held, für die Rechten war er ein kommunistischer, antiamerikanischer Unruhestifter. 1963 wurde Lambrakis in Thessaloniki ermordet, 400000 Menschen nutzten sein Begräbnis für einen stillen Protest, und danach sah man auf den Athener Fassaden überall den Buchstaben Z (für *zei*, „Er lebt").

In diesem Tatsachenroman (die Namen der Protagonisten wurden geändert) rekonstruiert Vassilikos minutiös die Umstände und die Hintergründe der Ermordung von Lambrakis, der, so die erste offizielle Version, angeblich von einem Motorradfahrer überfahren wurde. Dank des Studiums der Untersuchungsberichte und seiner Kenntnis des Tatortes (der Autor stammt aus Thessaloniki) gelingt es Vassilikos, die plumpe Verschwörung aufzudecken, in deren Folge Lambrakis von gedungenen Mördern unter den Augen von Polizei und Passanten zusammengeschlagen wurde. Der fesselnde Roman schildert den Mut gewöhnlicher Bürger, die es wagten, in einer brutalen Diktatur, die Abweichler regelmäßig mit verbrecherischer Gewalt mundtot machte, ihre Stimme zu erheben.

Der Roman berichtet aber auch, wie die Bemühungen um Aufklärung durch den Terror des Polizeistaates immer wieder behindert werden. Vassilikos war Co-Autor von Constatin Costa-Gavras' Filmadaption, die heute genauso beklemmend wirkt wie 1969. **JHa**

„In Z ging es mir nicht in erster Linie um einen Fall, ich wollte die Mechanismen des politischen Verbrechens in jener Zeit aufdecken."

Vassilis Vassilikos

● Der produktive Autor Vassilikos hat über 100 Bücher geschrieben, von denen der Roman *Z* das erfolgreichste ist.

Pilgrimage *
Dorothy Richardson

Lebensdaten | *1873 (England), †1957
Erste Gesamtausgabe | 1967 bei Dent & Sons (London)
Einzelbände | 1915–1938
Originalsprache | Englisch

Der Romanzyklus *Pilgrimage* (Pilgerreise) ist in vielerlei Hinsicht Richardsons Lebenswerk. Die dreizehn Bände enthalten ihre Erlebnisse aus den Jahren 1891 bis 1912, geschildert aus der Sicht ihrer halb autobiographischen, halb fiktiven Erzählerin Miriam Henderson. Die Geschichte beginnt mit der siebzehnjährigen Miriam am Vorabend ihrer Abreise nach Deutschland, wo sie als Lehrerin arbeiten wird. Die finanzielle Not ihrer Mittelstandsfamilie zwingt sie – ähnlich wie einst die Autorin selbst – eine Arbeit anzunehmen. Die mittleren Bände des Romanzyklus beschreiben Miriam in London, wo sie mit einem Pfund in der Woche auskommen muß, aber die persönlichen Freiheiten am Anfang des neuen Jahrhunderts genießt. Die späteren Bände zeigen Miriam fernab von London auf dem Land, wo sie das „Abenteuer" ihrer Suche nach sich selbst und das Schreiben weiter betreibt.

Richmond begann 1913 mit der Arbeit an *Pilgrimage*, und ihr war von Beginn an klar, daß die Romanheldin als alleinige Erzählerin im Zentrum ihrer Romane stehen sollte. Miriams Wahrnehmung ist unsere einzige Informationsquelle, obwohl manchmal auch in der dritten Person erzählt wird. So tauchen wir als Leser ganz in die Welt ein, die sie berührt, fühlt, hört und sieht. Mit der Publikation ihres Gesamtwerks bei Dent & Sons war *Pilgrimage* für Richardson nicht abgeschlossen, vielleicht konnte das Projekt auch nie abgeschlossen werden. Sie selbst schrieb: „Von der ersten Stunde an erkannte ich, daß ich nicht beschreiben, sondern immer weitersuchen mußte." **LM**

Das Landgut
Isaac Bashevis Singer

Lebensdaten | *1904 (Polen), †1991 (USA)
Erstausgabe | 1967 bei Farrar, Straus & Giroux (New York)
Originaltitel | The Manor
Nobelpreis für Literatur | 1978

Das Landgut und der Folgeroman *Das Erbe (1969)* beschreiben die Geschichte einer polnischen Händlerfamilie am Ende des 19. Jahrhunderts auf ihrem beschwerlichen „Weg nach oben". Wir lernen den gewitzten Juden Kalman Jacoby kennen, der mit Weizen handelt, und dem auch ein Landgut anvertraut ist. Dieses gehörte dem polnischen Grafen Jampolski und war nach der gescheiterten Revolution von 1863 vom Zar konfisziert worden. Jacobys Aufstieg fällt in eine Zeit, in der die Juden in Polens Industrie, Kunst und Gesellschaft eine aktive Rolle zu spielen begannen. Sein Dilemma besteht darin, den durch die industrielle Revolution und die Urbanisierung ermöglichten sozialen Aufstieg zu vollziehen, ohne die tief verwurzelte jüdische Tradition und Religion zu vernachlässigen.

Für Kalman verträgt sich die moderne Gesellschaft nicht sehr gut mit der Frömmigkeit, besonders wenn es um die gesellschaftlichen Ansprüche seiner Frau Zelda und die Verheiratung der vier Töchter geht. Die Heirat und die Mitgift bedeuten alles – „Die eigenen Kinder werden unter Schmerzen geboren, aber Enkel sind die reine Freude" –, die Verheiratung seiner Töchter ist für Jacoby nicht einfach, und er gerät in die Zwickmühle zwischen den Dogmen des Judentums und dem attraktiven Mammon.

Das Landgut erschien 1953–1955 unter dem Titel *Der Hoyf* auf jiddisch in der New Yorker Tageszeitung *Jewish Daily Forward*, wo Singer als Journalist arbeitete, nachdem er 1935 aus Warschau in die USA emigriert war. **JHa**

Hundert Jahre Einsamkeit
Gabriel García Márquez

Hundert Jahre Einsamkeit gilt als García Márquez' bestes Werk, es erzählt von der fiktiven kolumbianischen Stadt Macondo und vom Aufstieg und Fall ihrer Gründer. Die Romanfiguren erben mit dem Namen auch die Veranlagungen ihrer Vorfahren, und der Autor deckt über verblüffende Zeitsprünge hinweg die wiederkehrenden Muster hinter ihrem Handeln auf. Der mächtige José Arcadio Buendía entwickelt sich vom unerschrockenen, charismatischen Stadtgründer zum Wahnsinnigen, Macondo trotzt der Schlafkrankheit, dem Krieg und dem Regen, und Rätselhaftes taucht wie aus dem Nichts auf. Diese farbenprächtige Saga ist auch eine weitgefaßte soziale und politische Allegorie, oft unglaublich surreal, manchmal aber fast realistischer als die Wirklichkeit selbst. Als ein Exempel des Magischen Realismus vereinigt der Roman mit seinem allegorischen Geflecht Fremdartiges, Phantastisches und Wunderbares. Die sozialpolitische Schlüsselstelle des Romans ist ein ganz offensichtlich von der Armee verübtes Massaker, bei dem Tausende von streikenden Arbeitern umgebracht und ins Meer geworfen werden. Die Verschleierungstaktik der Machthaber macht das Ereignis zur albtraum- und schleierhaften Erinnerung. Die Geschichte der Verschwundenen nimmt ein Eigenleben an, das absonderlicher ist als jede herkömmliche Fiktion, aber sie braucht die Fiktion, um die Wahrheit zu erzählen. Der Roman kann als inoffizielle Geschichtsschreibung gelesen werden, doch der findige Autor stellt die Sinnlichkeit, die Liebe, die Intimität und die vielfältigen Entbehrungen in den Vordergrund. Man stelle sich vor, der Witz und die Rätsel aus *1001 Nacht* und *Don Quijote* würden von Hardy und Kafka gleichzeitig vermittelt – und all dies in einem einzigen Absatz. García Márquez mag imitieren, aber er tut es so geschickt, daß keine Langeweile aufkommt, zudem erzählt der Roman in erster Linie eine seltsam berührende Geschichte über die Einsamkeit. **DM**

Lebensdaten | *1928 (Kolumbien)
Erstausgabe | 1967 bei Ed. Sudamericana (Buenos Aires)
Originaltitel | *Cien años de soledad*
Nobelpreis für Literatur | 1982

„Die Dinge haben ihr Eigenleben…"

- Das Umschlagbild dieser Ausgabe bezieht sich auf eine Szene vom Anfang des Romans, auf die im Wald gefundene Galeone.

- García Márquez ‚behütet' von seinem Erfolgsroman; eine Aufnahme von Isabel Steva Hernández.

Kein Grund zum Lachen
Angus Wilson

Lebensdaten | *1913 (England), †1991
Erstausgabe | 1967
Erschienen bei | Secker & Warburg (London)
Originaltitel | *No Laughing Matter*

Kein Grund zum Lachen ist ein Roman in fünf Büchern; die Handlung des ersten Buches beginnt im Jahr 1912, die fünf weiteren Bücher folgen etwa im Zehnjahresrhythmus aufeinander. Erzählt wird die Geschichte der Familie Mathews. Neben persönlichen Belangen der Familienmitglieder spielen auch die politischen und sozialen Veränderungen in England zwischen 1912 und 1967 eine wichtige Rolle. Es handelt sich aber keineswegs um eine englische Familiensaga im Stile Galsworthys – im Gegenteil: Wilson selbst bezeichnete sein Werk als eine „Anti-Forsyte-Saga".

Besonders genüsslich zu lesen ist die Schilderung der Innigkeiten und Rivalitäten der Familie Matthews – der Vater ein gescheiterter Schriftsteller, die Mutter eine exzentrische Person mit einem Hang zur Promiskuität, und vor allem die sechs Kinder, die unter dem Familienleben leiden, denen es aber dennoch gelingt, sich abzunabeln und ihren eigenen Platz in der Gesellschaft zu finden. Wilson inszeniert in der Beschreibung des Familienlebens das Drama eines wechselvollen Jahrhunderts, mit scharfsinnigen Beobachtungen über Klassen, Geschlechter und das Geschlechtsleben. Das Lachen kann in diesem Wahnsinnskosmos entlastend wirken, aber nicht immer kann es das Unheil bannen.

Mit seiner Kombination aus Naturalismus, Hyperrealismus und Fantasy ist *Kein Grund zum Lachen* das „Missing link" der britischen Belletristik, das Alan Hollinghurst mit Jane Austen und E. M. Forster verbindet. **VQ**

Ein vernunftbegabtes Tier
Robert Merle

Lebensdaten | *1908 (Algerien), †2004 (Frankreich)
Erstausgabe | 1967
Erschienen bei | Gallimard (Paris)
Originaltitel | *Un animal doué de raison*

Die Handlung dieses Thrillers spielt in den USA in den frühen 70er Jahren, und die meisten seiner Figuren erscheinen ohne jede Moral, Gerechtigkeitsgefühl und Menschlichkeit. Der Vietnamkrieg, der technische Fortschritt und das unkontrollierte Wettrüsten machten aus der Regierung und den Abwehrdiensten eine zynische, abgekämpfte Elite.

Im Zentrum von Merles korruptem Personal steht der Meeresbiologe Sevilla, der die Möglichkeiten der Kommunikation zwischen Mensch und Delphin erforscht. In der Unschuld der Delphine erkennt Sevilla einen Hoffnungsschimmer für die erbärmliche, korrupte Welt. Während er mit den Delphinen Ivan und Bessie zu kommunizieren versucht, entdeckt er dank der „Menschlichkeit" dieser Tiere Altruismus, Hoffnung und Liebe. Natürlich wird die Idylle gestört, sobald die Kontrahenten des Kalten Krieges die Delphine als „unsichtbare Unterseeboote und intelligente Torpedos" entdecken.

Das Buch kombiniert eine kreative Science-Fiction-Geschichte mit einem äußerst spannenden Spionageroman, und es wirft tiefgreifende Fragen über die guten und schlechten Neigungen der Menschheit auf.

Merles faszinierender, manchmal beunruhigender und immer fesselnder Roman stellt politische Entscheidungsgrundlagen in Frage, ebenso wie die Konventionen des konventionellen Thrillers. **AB**

Unter Strom
Tom Wolfe

Lebensdaten | *1931 (USA)
Erstausgabe | 1968
Erschienen bei | Farrar, Straus & Giroux (New York)
Originaltitel | *The Electric Kool-Aid Acid Test*

Der Roman zählt zum Genre des „New American Journalism", dem Autoren wie H. S. Thompson, Norman Mailer oder Joan Didion verpflichtet waren, ein Genre, das die Grenzen zwischen Roman und Reportage verwischt. *Unter Strom* ist die legendäre Geschichte von Ken Kesey und seinen „Merry Pranksters"; Wolfe versuchte, „die mentale Atmosphäre oder subjektive Realität" des Erlebten nachzubilden. Während die Pranksters in ihrem Bus herumtuckern (eine Spur von LSD und improvisierten Happenings hinter sich lassend), entfaltet sich Wolfes Roman wie ein verbales Pop-Art-Gemälde. Das Buch ist eine aufsehenerregende literarische Collage, voller Hippie-Slang, impressionistischer Ausdrücke aus der Comic-Sprache und filmschnittartiger Sprünge. Wolfes Schreibe dreht und windet sich, um uns den Eindruck zu vermitteln, wir seien bei den Pranksters mit dabeigewesen, und damit schuf er ein wichtiges Dokument über Aufstieg und Fall einer bestimmten Ära und Mentalität. Der Roman ist stilistisch sehr geschickt gemacht, und es ist nicht immer klar, wo die Geschichte endet und wo Wolfes journalistische Feder ins Spiel kommt. Die Leseerfahrung ist ebenso berauschend wie erschöpfend, aber für Letzteres kann Wolfe nichts, denn wie beim Film über Woodstock konnte er den Takt nicht vorgeben, nur darauf reagieren. **BT**

„Die Leuchtschilder mit den Martinigläsern aus Neonröhren, die in San Franzisko die Bars markieren, hüpfen und strömen den Hügel herunter, eines nach dem andern …,"

Jack Robinson fotografierte Tom Wolfe im adretten Anzug – gegen Ende der 60ger Jahre, als Jeans, Ketten und Kaftans angesagt waren.

Seine einzige Tochter

Elizabeth Bowen

Lebensdaten | *1899 (Irland), †1973
Erstausgabe | 1968
Erschienen bei | A. Knopf (New York)
Originaltitel | *Eva Trout*

Dies ist Bowens letztes und in vieler Hinsicht anspruchsvollstes Meisterwerk. Es bietet den von ihr gewohnten brillanten Humor und messerscharfe Beschreibungen, eröffnet uns aber auch neue, aufregende Tiefen.

Der Roman ist im sozialen Umfeld und in der Sprache früherer Dekaden zu Hause, trotzdem ist er einer der beachtlichsten, unfaßbarsten und seltsamerweise auch repräsentativsten englischsprachigen Romane der 60er Jahre. Er erzählt von einer unglaublich großen Frau, Eva Trout, die so viel Geld erbt, daß ihr praktisch alles möglich wird. Zunächst beschafft sie sich in den USA ein Kind, den taubstummen Jeremy. Zurück in England, verliebt sie sich in den viel jüngeren Cambridge-Studenten Henry. In einem surrealen, überwältigenden Finale wird sie auf dem Weg zu ihrer fingierten Hochzeit in der Londoner Victoria Station von Jeremy erschossen. Das ganze Buch, inklusive Bowens Syntax, wird von einer anarchischen Ungewißheit in der Schwebe gehalten, man weiß oft nicht, wohin ein Satz schlußendlich führen wird. Es vermittelt einen starken Eindruck der Auflösung und der Suche nach neuen, vielfältigen Empfindungs- und Kommunikationskanälen.

Seine einzige Tochter eröffnet den Raum für bizarre, faszinierende und amüsante Überlegungen, die eine der Romanfiguren so auf den Punkt bringt: „Das Leben ist ein Anti-Roman." **NWor**

Dom von Satschipljanka

Olesj Honcar

Lebensdaten | *1918 (Ukraine), †1995
Erstausgabe | 1968
Erschienen bei | Dnipro (Kiew)
Originaltitel | *Sobor*

Honcars Roman ist ein Schlüsselwerk der ukrainischen Literaturbewegung der 1960er Jahre, die den „Sozialistischen Realismus" mit ihrem künstlerischen Anspruch und ihrem Fokus auf die ukrainische Tradition und Kultur herausforderte.

Die Erzählung ist in einer Stadt am Dnjepr angesiedelt, die von der sowjetischen Schwerindustrie lebt, in der die Geschichte der ukrainischen Kosaken aber noch sehr lebendig ist. Symbol dieser Vergangenheit ist der zerfallende, im 18. Jahrhundert von bekehrten Kosaken-Mönchen erbaute Dom. Nun wird dieser als Getreidespeicher genutzt, und die Regierung will ihn abreißen, um eine Markthalle zu errichten. Für den Titelhelden Mykola, der Metallurgie studiert, stellt der Dom die religiösen Werte dar, die von der Sowjetdoktrin kleingehalten werden. Der Streit für und wider den Abriß wird zur Allegorie für den Kampf zwischen der traditionellen Identität der Menschen und der ideologischen Vision des neuen „Sowjetmenschen".

Aber der Roman geht weit über diese Allegorie hinaus, er ist auch mehr als eine brillante Beschreibung einer Stadt in der trostlosen Sowjetzeit, einer Stadt, in der es fast keine jungen Männer gibt, in der eine junge Frau kämpfen muß, um ihre Kolchose verlassen zu können und zu studieren, und die unter der Verschmutzung durch die Industrie und unter der Bürokratie der Apparatschiks leidet. Der Roman erinnert uns an die Erkenntnis, daß „da, wo die Vision fehlt, die Menschen schlecht werden". **VR**

Patrick Hennessy malte dies Porträt von Elizabeth Bowen in den 50er Jahren auf ihrem irischen Landsitz Bowen's Court.

Und fing sich einen Falken
Barry Hines

Lebensdaten | *1939 (England)
Erstausgabe | 1968 bei Michael Joseph (London)
Originaltitel | A Kestrel for a Knave
Verfilmung | Kes (1969)

Barry Hines' Porträt eines Teenagers, der dank der Freundschaft mit einem Turmfalken überlebt, entzieht sich jeder geläufigen Kategorisierung. Das Buch ist eher eine lyrische Novelle als eine trockene Sozialstudie, und es ist impressionistischer, als es der Schauplatz der Handlung, eine monotone Minenarbeiterstadt in Yorkshire, vermuten ließe. Überraschende Erinnerungsblitze mit großer Sogwirkung unterbrechen das Kontinuum der erzählten Zeit der Geschichte, in der die Gegenwart mit all ihrer Mühsal beschrieben wird. Schritt für Schritt folgen wir Billy Casper beim täglichen Austragen der Zeitungen und beim anschließenden Schulbesuch – eingestreut in diese Abfolge der Ereignisse sind Rückblicke, mit denen die Handlung zurückgedreht wird. So erfahren wir, wie Billy den Turmfalken zum erstenmal entdeckt, wie es ihm gelingt, mit seiner Hilfe den Gemeinheiten und der Sinnlosigkeit der Welt zu trotzen. Hines führt uns in Billys karge Bergarbeitersiedlung und läßt uns an der Zärtlichkeit teilhaben, die er beim Umgang mit dem Falken entwickelt. Wir erleben die Entwicklung vom Küken über die Übungen an der Leine bis zum ausgewachsenen Raubvogel, der auf Billys Handschuh sitzt, mit. Der Leser erfährt, daß die Falknerei für Billy ein fragiler Freiraum ist, jenseits der Ansprüche der Alltagsroutine.

Bereits ein Jahr nach seinem Erscheinen wurde Hines' Roman von Ken Loach verfilmt (Kes, 1969). Loach war damals noch vom italienischen Neorealismus beeinflußt, daher fehlt dem Film die rhetorische Sparsamkeit, auf die Hines immer großen Wert legte. **DJ**

◀ David Bradley als jugendlicher Falkner Billy Casper in Ken Loachs vielbeachtetem Film Kes.

In Wassermelonen Zucker
Richard Brautigan

Lebensdaten | *1935 (USA), †1984
Erstausgabe | 1968 bei Four Seasons Foundation
Originaltitel | In Watermelon Sugar
Originalsprache | Englisch

In „Wassermelonen-Zucker" zu sein ist ein Geisteszustand; oder ein Zustand der Gnade; oder eine Halluzination. Nirgends leben so viele im Wassermelonen-Zucker wie in iDEATH, einem Dorf, das sich selbst ständig regeneriert. Der Ort ist voller Statuen (einer Kartoffel, zum Beispiel), die Sonne scheint täglich in einer anderen Farbe, und jeder hat Arbeit (indem er ein Buch über Wolken schreibt oder die Wassermelonenfelder pflegt oder Blumen pflanzt). Ganz iDEATH ist aus Wassermelonen-Zucker und aus Kiefern und Steinen gemacht. Oder Forellen. Früher gab es wundervoll sprechende Tiger, aber sie mußten Menschen fressen, sonst starben sie. Aber sie waren sehr nett, sie halfen dem jungen Erzähler sogar bei den Rechenaufgaben, während sie seine Eltern fraßen. Doch nun droht Ungemach, denn Margaret, die ihr Herz an den Erzähler verloren hat, ist unter den Einfluß von inBOIL geraten; der übellaunige Alkoholiker hatte iDEATH einst verlassen, um Whisky herzustellen. Er und seine Spießgesellen wollen denen in Wassermelonen-Zucker zeigen, was iDEATH wirklich ist. Sie gehen zur Forellenzucht und verstümmeln sich mit Klappmessern, bis sie verblutet sind und es denen in iDEATH gezeigt haben.

Was zunächst wie barer Unsinn erscheint, bekommt allmählich Sinn: von Brautigans Sprache geht ein Zauber aus. Seine unscheinbare, repetitiv-hypnotische Prosa ist ein Mantra, und der Leser findet sich bald selbst in Wassermelonen-Zucker wieder. Der Roman ist nicht nur ein beredter Zeuge der 60er Jahre, er ist eine Eintrittskarte für die Rückkehr in diese Zeit. **GT**

Deutschstunde
Siegfried Lenz

Lebensdaten | *1926 (Deutschland)
Erstausgabe | 1968
Erschienen bei | Hoffmann & Campe (Hamburg)
Verfilmung | 1971 (TV)

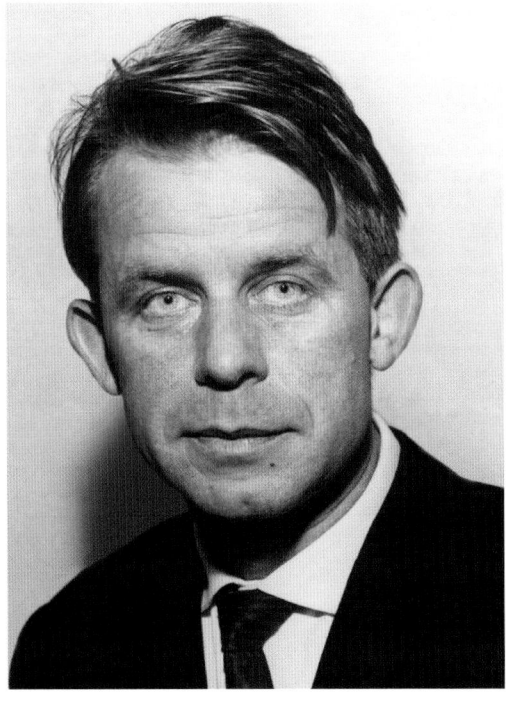

„*Er hatte einen Tick zuletzt, so wie alle einen Tick bekommen, die nichts tun wollen, als ihre Pflicht.*"

Siggi Jepsen sitzt in einer Anstalt für jugendliche Straftäter und muß einen Aufsatz zum Thema „Die Freuden der Pflicht" schreiben. Er schreibt über seinen Vater, der während des Zweiten Weltkriegs als Polizeichef in einem norddeutschen Dorf zuständig war für die Durchsetzung der Nazi-Gesetze gegen die „entartete Kunst". So mußte Jepsen ein Arbeitsverbot gegen den Kunstmaler Nansen (als Vorbild diente der Expressionist Emil Nolde) durchsetzen, mit dem er seit Jugendzeiten befreundet war. Jepsen waltet seines Amtes, er zerstört sogar einige von Nansens Werken. Siggi weigert sich, seinem Vater zu helfen und wird zum Verbündeten des Künstlers, er versteckt seine Bilder und warnt ihn, wenn Gefahr droht.

Als der Krieg vorüber ist, nehmen die Dinge einen seltsamen Lauf: Jepsen kann nicht aufhören, Nansen zu verfolgen, obwohl er nicht mehr Polizeichef ist, und Siggi kann seine Rolle als Beschützer auch nicht aufgeben. Als einige von Nansens Werken durch ein Feuer zerstört werden, verdächtigt Siggi seinen Vater. Er stiehlt Bilder aus einer Ausstellung, was ihn denn auch in die Strafanstalt bringt.

Was Siggi in seiner „Deutschstunde" macht – die Aufarbeitung der eigenen Geschichte – sieht Lenz als Aufgabe der gesamten deutschen Literatur: die Untersuchung der Vergangenheit, um die Gegenwart zu verstehen. Lenz interessiert sich in seinem Roman *Deutschstunde* insbesondere für den Begriff der Pflicht. Für Siggis Vater bedeutet Pflicht, Befehle auszuführen muß. Für Nansen bedeutet Pflicht, seinem Gewissen und seiner Berufung zu folgen – und Siggi steht zwischen diesen beiden Figuren und Konzepten. Lenz' Roman *Deutschstunde* ist ein Plädoyer für die Hinterfragung von Autorität. **MM**

Wie Grass und Böll beschäftigte sich Lenz mit dem Einfluß der totalitären Vergangenheit Deutschlands auf die Nachkriegszeit.

Nachdenken über Christa T.
Christa Wolf

Christa Wolf ist zweifellos die bedeutendste Autorin, die in der DDR gelebt und gearbeitet hat. Obwohl überzeugte Sozialistin und Mitglied der herrschenden Einheitspartei, war sie für gewisse Widersprüche im System sensibilisiert. Oft beschäftigte sie sich mit der Schwierigkeit, in der kollektivierten Gesellschaft eine eigene Identität aufrechterhalten zu können.

Nachdenken über Christa T. ist eine dichte, nichtlineare Erzählung; den roten Faden bildet der Versuch der Erzählerin, das Leben ihrer kürzlich an Leukämie verstorbenen Freundin Christa T. zu rekonstruieren. Dabei steht Christa T.'s Bemühung im Vordergrund, ihren exzentrischen Charakter mit dem von ihr erwarteten politischen Konformismus, und ihr starkes Verlangen nach einer eigenständigen Existenz mit dem Dienst an der Gemeinschaft abzustimmen. Die Erzählerin – offenkundig ein Alter Ego der Autorin – kombiniert ihre eigene fragmentarische Erinnerung mit Tagebuchaufzeichnungen, Briefen und anderen Quellen der Verstorbenen. Sie weiß, daß ihr Projekt nie abgeschlossen sein wird, weil man einen anderen Menschen nie vollständig „kennen" kann, und daß es ihr bei den Nachforschungen ebenso darum geht, etwas über sich selbst zu erfahren. Die Recherche der sehr selbst-bewußten Erzählerin wird zu einer Meditation über Themen, die für Wolf bezeichnend sind: Politik und Moral, Erinnerung und Identität, der Sinn des Schreibens. Es kann nicht erstaunen, daß der Roman in der DDR einige Kontroversen auslöste; die Obrigkeit wies die Buchhandlungen sogar an, das Buch nur an anerkannte Literaturkenner zu verkaufen. Trotz, vielleicht auch dank dieser Reaktionen etablierte sich Wolf mit dem Roman als eine wichtige Exponentin des osteuropäischen Kulturbetriebs. **JH**

Lebensdaten | *1929 (Deutschland), †2011
Erstausgabe | 1968
Erschienen bei | Mitteldeutscher Verlag (Halle)
Georg-Büchner-Preis | 1980

„*Die Farbe der Erinnerung trügt. So müssen wir sie verloren geben?*"

Christa Wolf stand dem Prozedere der Wiedervereinigung von 1990 ablehnend gegenüber.

Träumen Roboter von elektrischen Schafen?
Philip K. Dick

Lebensdaten | *1928 (USA), †1982
Erstausgabe | 1968 bei Doubleday (New York)
Originaltitel | *Do Androids dream of electronic Sheep?*
Verfilmung | 1982

Für die eher weltlichen Phantasien von Hollywood sind die Romane von Philip K. Dick eine reichlich sprudelnde und oft überraschende Inspirationsquelle, die schon manchen Kassenschlager abgaben, wie etwa *Total Recall – Die totale Erinnerung* (1990 nach der Kurzgeschichte *Erinnerungen en gros* von 1966 gedreht). Die verwickelte Story in *Träumen Roboter von elektrischen Schafen?* inspirierte Ridley Scotts Film *Blade Runner* (1982), der trotz seiner bahnbrechenden Qualitäten nur ein Schatten des Originals ist. Kern des Romans ist die Hinterfragung des menschlichen Wesens anhand des Protagonisten Rick Deckard, der „Replikanten" jagt, d. h. Androiden, die menschlicher als der Mensch selbst konstruiert sind. Beim Schaf im Titel handelt es sich um eine künstliche Schöpfung, die durch Deckards Leichtsinn stirbt, wofür er sich unendlich schämt. Das fehlende Mitgefühl – das wesentliche Unterscheidungsmerkmal zwischen Mensch und Androiden – läßt die Vermutung aufkommen, Deckard selbst könnte ein Adroide sein. Deckards wachsende moralische Skrupel bezüglich des „Terminierens" der Replikanten werden im Buch durch eine Erörterung der quasi-religiösen Begriffe des Glaubens und der stellvertretenden Empathie illustriert. Ein typisch Dick'scher Einfall ist die „Mercerism" genannte Religion (von der die Replikanten ausgeschlossen sind), deren Führer Mercer am Ende als falsches Idol entlarvt wird. Der Roman stellt nicht nur die Frage nach der Bedeutung des Menschseins, sondern auch nach der Überlebensfähigkeit der Realität selbst. **SS**

2001, Odyssee im Weltraum
Arthur C. Clarke

Lebensdaten | *1917 (England), †2008 (Sri Lanka)
Erstausgabe | 1968 bei Hutchinson (London)
Originaltitel | *2001: A Space Odyssey*
Verfilmung | 1968

Clarks *2001, Odyssee im Weltraum*, das Buch zum Film, ist ebenso brillant gemacht wie Stanley Kubricks Werk. Der Roman entstand als Tandem-Projekt mit dem Film, denn die Handlungen von Film und Buch wurden gleichzeitig entwickelt. Dabei gelang Clarke und Kubrick eines der langlebigsten und einflußreichsten Science-Fiction-Werke überhaupt. Clarkes Roman widmet sich manchmal allzusehr den technischen Details, besonders dort, wo seine futuristischen Ideen inzwischen von der Zeit überholt wurden. Wichtiger aber ist, wie viele von Clarkes bemerkenswerten Einfällen inzwischen von der Fiktion zum Fakt geworden sind, und welch hohes Ansehen er nicht nur als Autor, sondern auch als einer der maßgebendsten Enthusiasten und Visionäre des Raumfahrtzeitalters genießt.

Im Schlußteil des Romans erleben wir einen wahren Ausbruch seiner visionären Kraft: HAL, der allmächtige Computer, der das Forschungsraumschiff „Discovery" kontrolliert, wird zum furchterregenden Psychopathen und wendet die menschlichen Emotionen seiner Schöpfer gegen diese selbst. Der großartige Höhepunkt in Clarks Roman läßt kaum Zweifel daran, warum er als einer der besten seines Genres gilt, und warum er in unseren Vorstellungen über die Zukunft eine so wichtige Rolle spielt. **DR**

> Kubricks geheimnisvolle Filmversion hat Arthur C. Clarkes Science-Fiction-Roman leider etwas in den Schatten gestellt.

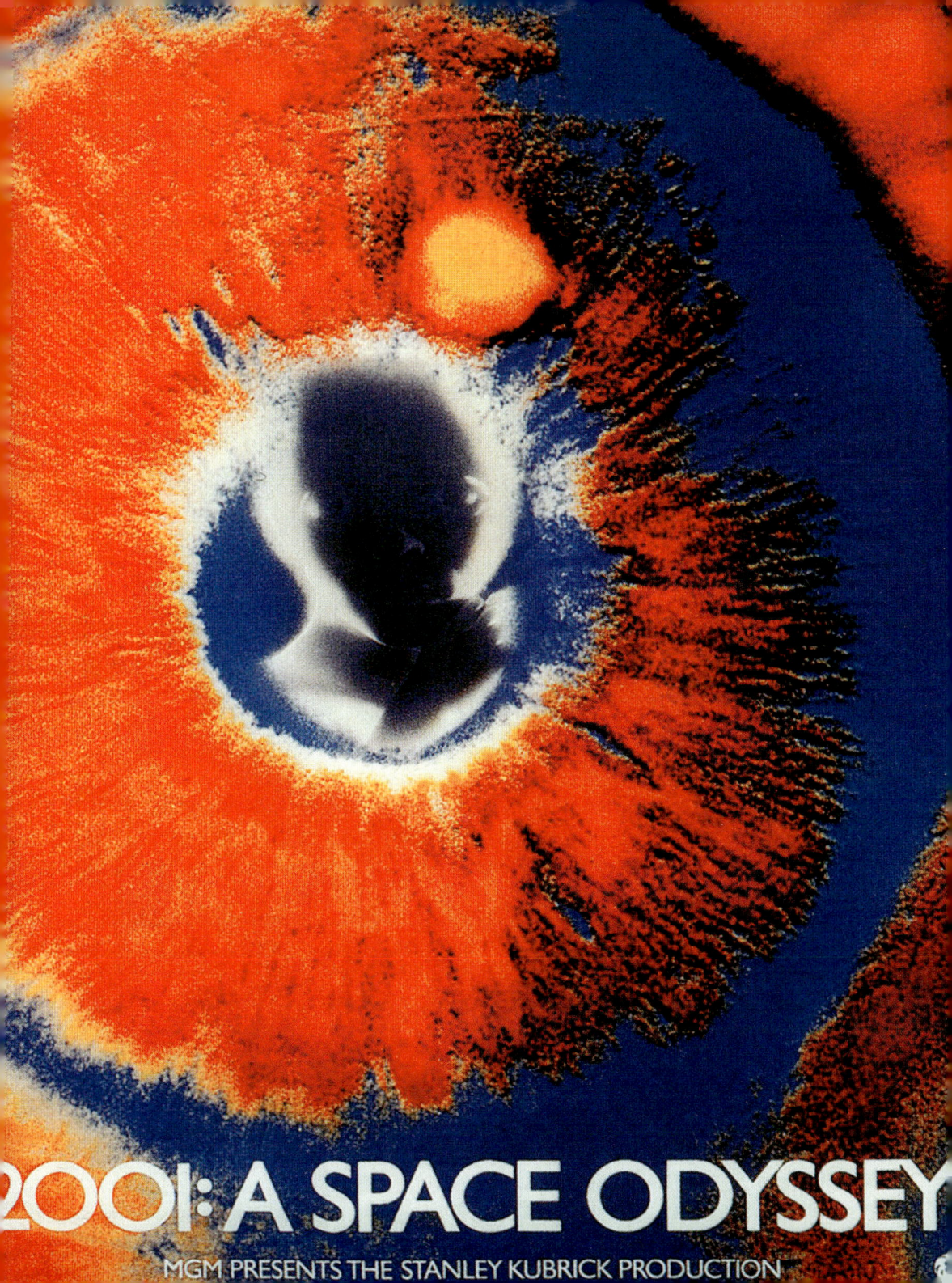

Die Schöne des Herrn
Albert Cohen

Lebensdaten | *1895 (Griechenland), †1981 (Schweiz)
Erstausgabe | 1968 bei Gallimard (Paris)
Originaltitel | *Belle du Seigneur*
Originalsprache | Französisch

Komisch und tragisch zugleich, ist *Die Schöne des Herrn* vor allem ein Liebesroman. Zu Beginn erleben wir den Protagonisten Solal, der soeben den festen Entschluß gefaßt hat, die Frau eines andern zu verführen – die unheilbar eingebildete Ariane d'Auble. Der andere ist Adrien Deume, ein schmeichlerischer Aufsteiger, der in Solals Diensten steht und von diesem unter Ausnutzung seiner hohen Stellung ausmanövriert wird. Nach der erfolgreichen Eroberung brennt Solal mit Ariane durch, um eine leidenschaftliche, wenn auch etwas gekünstelte Liebesaffäre auszuleben. Das anfängliche Glück schwindet, als eine gewisse Langeweile, gepaart mit der Last der Konsequenzen ihres Tuns, die Zerbrechlichkeit der Liebe bloßlegt, worauf die beiden einem unglücklichen Finale entgegenstraucheln. Die vor allem in der dritten Person erzählte Geschichte enthält reflexive, von anderen Romanfiguren in der Ich-Form erzählte Passagen, die dem Roman zusätzliche Konturen und oft auch Humor verleihen. Außerdem lauern hinter der glatten Fassade der weitschweifenden Geschichte autobiographisch gefärbte, genaue Beobachtungen gesellschaftlicher Gepflogenheiten sowie psychologische Bemerkungen über das Judentum, dazu werden Themen wie der Messianismus oder das Exil angesprochen.

Albert Cohen geriet leider etwas in Vergessenheit, was erstaunt, denn er wird in der frankophonen Welt geschätzt und ist als wichtiger Vertreter des jüdischen Romans anerkannt. **TW**

Cohen wurde auf der griechischen Insel Korfu geboren und nahm 1919 die Schweizer Staatsbürgerschaft an. Prägend für sein Selbstverständnis war sein Judentum.

Krebsstation
Alexander Issajewitsch Solschenizyn

Lebensdaten | *1918 (Rußland), †2008
Erstausgabe | 1968 bei Il Saggiatore (Mailand)
Originaltitel | *Rakovyj korpus*
Originalsprache | Russisch

Nach unermüdlichen, aber erfolglosen Publikationsversuchen in der Literaturzeitschrift *Novyj Mir* wurde *Krebsstation* zuerst anonym in Italien publiziert. Der – wie die meisten Werke Solschenizyns – stark autobiographisch gefärbte Roman spielt in der nach-stalinistischen Ära der 60er Jahre in einem Provinzkrankenhaus im asiatischen Teil der Sowjetunion. Solschenizyn erschuf mit *Krebsstation* ein ganzes soziales Gefüge, indem er Erzählperspektive und Fokus unvermittelt von einer Figur zur nächsten verschob. Der Roman befaßt sich nicht direkt mit dem problematischen Thema der sowjetischen Arbeitslager und der Unterdrückung, er kümmert sich vielmehr darum, wie ein solches System das Leben des Einzelnen beeinflußt. Wie der Autor selbst ist Kostoglotow, die Hauptfigur des Romans, ein ehemaliger politischer Häftling. Er leidet an einer gefährlichen Krebserkrankung und muß sich einer Strahlentherapie unterziehen. Obwohl ihm der Gulag die Jugend und die frühen Erwachsenenjahre geraubt hatte, predigt er seinen Mitpatienten die „Physiologie des Optimismus". Kostoglotow geht eine aussichtslose Beziehung mit einer Ärztin ein, und der Haupterzählstrang des Romans schildert den vorsichtigen, letztendlich scheiternden Versuch der beiden, eine emotionale Intimität aufzubauen. Nachdem Kostoglotow als „geheilt" entlassen wird, zerschlagen sich jedoch alle Hoffnungen auf ein „normales" Leben, denn durch die Therapie ist er unfruchtbar geworden. *Krebsstation* erzählt von Selbstbetrug und Karriere, von jugendlichem Verlangen und Unschuld, von Wut, Glaube und Resignation, vor allem aber über gescheiterte Existenzen in einer immer noch vom Gulag überschatteten Welt. **DG**

Myra Breckinridge
Gore Vidal

Lebensdaten | *1925 (USA), †2012
Vollständiger Name | Eugene Luther Gore Vidal
Erstausgabe | 1968
Erschienen bei | Little, Brown & Co. (Boston)

Myra Breckinridge ist eine turbulente „Tour de force", ein unflätiger Frontalangriff auf Anstand und Moral, das Buch wirkte bei Erscheinen schockierend. Zumindest hätte man den Roman nicht von einem Autor erwartet, der nur acht Jahre zuvor für den US-Kongreß kandidiert hatte.

Myra ist ein raffiniertes Geschöpf, sie ist eine lüsterne Domina, eine schamlose Superheldin, eine große Nutte und eine unersättliche Allesfresserin: „Denkt dran, ihr Wichser, Myra ist eine Zuckerpuppe." Myra war einmal Myron, ein unscheinbarer Filmkritiker, aber nach einem radikalen Akt der Selbst-Schöpfung – Myron wechselt das Geschlecht – geht sie nach Hollywood. Sie ist femininer als eine echte Frau und maskuliner als ein gestandener Mann – sie ist so unglaublich befreit, daß sie fast wie die Verkörperung einer Persiflage auf den Feminismus wirkt. Im Zentrum von Myras fröhlichem Kreuzzug steht Onkel Buck Loner, ein echter Kerl, der eine Schauspielschule betreibt. Sie versucht ihm weiszumachen, sie sei Myrons Witwe – was ja irgendwie auch stimmt – und erhebt im Namen ihres „verstorbenen" Mannes Ansprüche auf Bucks Anwesen. Myra tritt zwar sehr überzeugend auf, dennoch glaubt Buck ihr nicht. Er hängt an seinem Geld und versucht eine Gerichtsverhandlung zu verhindern, indem er Myra mit einem Job als Lehrerin für „Empathie und Körperhaltung" zu besänftigen versucht. Sie nutzt diese Gelegenheit, um jedem Mann, wo immer möglich, seine Männlichkeit zu rauben – der Totalschaden, den sie dabei anrichtet, ist desaströser als der eines Elefanten im Porzellanladen. Leider läuft etwas schief, und aus Myra wird wieder Myron. Trotzdem kann sie – und Gore Vidal – zweifellos den Triumph feiern, die amerikanische Heuchlerei und Selbstverliebtheit für immer in die Knie gezwungen zu haben. **GT**

- Gore Vidal attackierte in seinen Büchern häufig die sexuelle Heuchelei und die korrumpierte Politik der USA.

- Raquel Welch als Myra in einer „Schlüsselszene" der katastrophalen Filmversion (1970) von Vidals Roman.

Im ersten Kreis

Alexander Issajewitsch Solschenizyn

Lebensdaten | *1918 (Rußland), †2008
Erstausgabe | 1968 bei Harper & Row (New York)
Originaltitel | *V kruge pervom*
Originalsprache | Russisch

In der Hoffnung, den Roman an der sowjetischen Zensur vorbeizubringen, veröffentlichte Solschenizyn ihn zunächst in einer gekürzten Version; auf Russisch erschien die Originalversion erst 1978. Das Buch ist gleichzeitig ein Porträt der spätstalinistischen UdSSR und eine philosophische Erörterung des Patriotismus. Ort der Handlung ist ein Spezialgefängnis für politische Häftlinge, in erster Linie Ingenieure und Wissenschaftler, die für Stalins Polizeiapparat technischen Schnickschnack entwickeln müssen. Die sowjetische Wirklichkeit wird nicht nur aus der Perspektive der Häftlinge erzählt, sondern auch aus derjenigen ihrer Familien, ihrer freien Kollegen und ihrer Aufseher. Solschenizyn gelingt es ausgezeichnet, jeder Figur eine glaubhafte Stimme zu geben, so daß wir in ihre Innenwelt eintauchen können.

Der „erste Kreis" im Buchtitel bezieht sich primär auf den privilegierten Status des Gefängnisses, das im infernalen Gulag-System den inneren Kern bildet. Der Ausdruck wird in einem anderen Zusammenhang auch von einer Romanfigur verwendet, die von ihrer Nation als dem „ersten Kreis" und vom Ausland als dem „äußeren Kreis" spricht. Die Beziehung zwischen diesem Innen und Außen sowie die mit ihnen verbundenen Verpflichtungen spielen im Handlungsgerüst des Romans eine wichtige Rolle. Es zeugt vom großartigen Können Solschenizyns, wenn er die sich mit diesen Fragen beschäftigten Charaktere nicht einfach zu seinem Sprachrohr macht, sondern sie als Menschen aus Fleisch und Blut beschreibt, die in einer eigenen Welt leben. **DG**

Anton Voyls Fortgang

Georges Perec

Lebensdaten | *1936 (Frankreich), †1982
Erstausgabe | 1969 bei Éditions Denoël (Paris)
Originaltitel | *La Disparition*
Originalsprache | Französisch

Dieser Roman ist ein großes Leipogramm, ein Text also, bei dem ein oder mehrere Buchstaben des Alphabets weggelassen werden. In diesem Roman fehlt der Buchstabe „e" – ohne e auszukommen ist keine leichte S(pr)ache und erfordert kunstvolle Vermeidungsstrategien – darin erweist sich Perec als wahrer Virtuose. Er mobilisiert oft vergessene Ressourcen des Französischen und benutzt diese zur Schöpfung eines neuen, e-losen Idioms – eine sehr gelungene, virtuose Übertragung ins Deutsche liegt vor. Der Roman ist allerdings weit mehr als nur eine ausgeklügelte linguistische Spielerei. Er tritt den Beweis an, daß die expressiven Möglichkeiten einer solchermaßen beschädigten Sprache äußerst spannend sein können.

Anton Voyls Fortgang weist eine Leere auf, es entsteht ein Vakuum, das alle anderen Buchstaben abzusaugen droht. Wenn sich ein Vokal – in Perecs Worten ein „Grundpfeiler" – als entbehrlich erweist, was alles könnte man denn sonst noch weglassen? Was wäre, wenn statt eines Vokals ein ganzes Volk ausgelöscht würde? Der fehlende Buchstabe ist nicht nur der Schlüssel zur Konstruktion des Romans, er findet seine inhaltliche Analogie in den Verschwundenen, die die Handlung durchziehen. Das verbotene „e" erweist sich als ein Fluch, als ein unsichtbares Zeichen auf den Körpern der Romanfiguren, die eine nach der andern umkommen. Die brillant ausgeführte Stilübung ist eine skurrile Detektivgeschichte, in der sich des Rätsels Lösung überall und nirgends zeigt. **KB**

Jene
Joyce Carol Oates

Lebensdaten | *1938 (USA)
Erstausgabe | 1969 bei Vanguard Press (New York)
Originaltitel | Them
Originalsprache | Englisch

Jene ist ein frühes Werk der überaus produktiven Autorin J. C. Oates, und er ist eine ihrer originellsten und besten Schöpfungen. Der Roman handelt von Loretta Wendall und ihren Kindern Maureen und Jules. Sie gehören der Arbeiterklasse an und leben in der Innenstadt von Detroit. Der Erzählzeitraum erstreckt sich auf die Jahre 1937 bis 1967. Der Roman beeindruckt unter anderem deshalb, weil Oates in ihren naturalistischen Schilderungen bis an die Grenzen geht. Sie griff auf die Lebensgeschichte einer ihrer Studentinnen, Maureen Wendall, an der Universität von Detroit zurück, wie Oates im Vorwort schreibt. Die nachfolgende Erzählung stellt die Protagonisten in aussagekräftigen, psychologischen Porträts samt ihrem brutalen Alltag einander gegenüber. Doch mitten im Buch bricht die Handlung abrupt ab: Maureen befragt Oates in mehreren Briefen über die Rolle der Literatur und über Oates Aussage, wonach die Literatur dem Leben eine Form gebe. Maureen, die sich prostituiert hatte und von einem Liebhaber ihrer Mutter geschlagen wurde, fragt vorwurfsvoll, was denn die Literatur einer wie ihr schon geben könne. Ihr Zorn richtet sich gegen jene Literatur, die nur in Oates' sicherer mittelständischer Umgebung verstanden und genossen werden kann. So verliert Oates im Laufe des eigentlichen Schreibprozesses die Zugehörigkeit zur Arbeiterklasse, die sie beschreibt – sie gehört zu den anderen, zu jenen anderen. **SA**

Ada
Vladimir Nabokov

Lebensdaten | *1899 (Rußland), †1977 (Schweiz)
Erstausgabe | 1969 bei MacGraw-Hill (New York)
Vollst. dt. Titel | Ada oder das Verlangen
Originaltitel | Ada or Ardor, A Family Chronicle

Diesen unwiderstehlichen, von Einfällen sprühenden Roman könnte man auch als Familienchronik bezeichnen. Nabokov benutzt Tolstoi als kulturellen Bezugs- und Ausgangspunkt und macht sich zu einem episch-prosaischen Abenteuer auf, das sich zu einem großen, diffusen Geflecht erweitert. Wie in Lolita geht es um eine heftige, tabuisierte sexuelle Beziehung. Das inzestuöse Verhältnis von Ada und Van, die als Cousins aufwuchsen, eigentlich aber Geschwister sind, wird so raffiniert geschildert, daß der Leser gar nicht erst auf die Idee kommt, moralische Bedenken anzumelden.

Zweifellos ist der Roman, der abwechselnd verstört und betört, einer von Nabokovs provokativsten. Abgesehen von der Komplexität und dem Einfallsreichtum Nabokovs verwirrt auch die zeitliche und räumliche Anordnung des Romans. Er spielt nicht auf der Erde, sondern in der überirdischen Geographie von „Antiterra", er läßt uns im Ungewissen, was real und was realistisch ist, und wenn die ins Alter gekommenen Ada und Van über ihre Beziehung nachdenken, kompliziert sich die Erzählung durch ständige, nicht angezeigte Zeitsprünge.

Der Roman beschreibt die verbotene Romanze über einen Zeitraum von mehr als achtzig Jahren. Die einmalige Kombination von Mythos und Märchen, Erotik und Romantik wird nur noch übertroffen von Nabokovs überragendem Erzählstil. **JW**

Der Pate
Mario Puzo

Lebensdaten | *1920 (USA), †1999
Erstausgabe | 1969 bei Putnam (New York)
Originaltitel | *The Godfather*
Film-Trilogie | 1972, 1974, 1990

○ Coppolas Filme bewahrten die düstere Atmosphäre und die starken moralischen Aspekte des Romans.

○ Die Aufnahme von B. Gotfryd (1969) zeigt Mario Puzo mit dem arroganten, bedrohlichen Blick eines Mafioso.

Nur wenige Romane haben sich mit einer solchen Brutalität im kulturellen Bewußtsein festgesetzt wie *Der Pate*. Das Buch kam in einer sehr turbulenten Phase der USA in die Bestsellerlisten. In dieser Zeit, als die amerikanischen Institutionen und die Sozialpolitik wie nie zuvor demontiert und hinterfragt wurden, goß *Der Pate* noch mehr Öl ins Feuer. Getreu der dem Roman vorangestellten Aussage von Balzac: „Hinter jedem großen Vermögen steht ein Verbrechen", stellt der Roman die Frage nach der Herkunft und der Legitimität von Macht. Das Buch will also zeigen, „wie der Hase wirklich läuft", gleichzeitig führt es den Leser auch an der Nase herum, indem es eine neue Definition des Gangsterromans liefert: die „Bösen Jungs" werden als die Guten präsentiert. Puzos Strategie der rhetorischen Umkehrung, die moralische Konventionen auf den Kopf stellt, wirft ein neues Licht auf die trügerischen Möglichkeiten der Sprache. Puzo benutzt die fesselnde Geschichte des „Familienunternehmens" Corleone und die Kultur der italienischen Immigranten dazu, den „Outlaw"-Charakter der USA im Allgemeinen bloßzustellen.

Der Pate ist vor allem dank der Filmtrilogie ins öffentliche Bewußtsein eingegangen, aber es ist der Roman, der legendäre Sprichworte geprägt hat wie „Ein Anwalt mit seiner Aktentasche kann mehr stehlen als hundert Männer mit Pistolen". Vor allem zeugt der Roman trotz – oder wegen – seiner klaren, zugänglichen Prosa vom mythenbildenden Potential der zeitgenössischen Literatur. Puzos Bild der Italo-Amerikaner wurde sowohl als Kompliment als auch als Diffamierung verstanden, so oder so bleibt *Der Pate* jedoch ein enorm einflußreiches, fesselndes und gut lesbares Buch.
JLSJ

Portnoys Beschwerden
Philip Roth

Lebensdaten | *1933 (USA)
Erstausgabe | 1969 bei Random House (New York)
Originaltitel | *Portnoy's Complaint*
Originalsprache | Englisch

Bei seinem erstmaligen Erscheinen wurde *Portnoys Beschwerden* als Skandalroman gefeiert, teils aufgrund seines expliziten sexuellen Inhalts, teils wegen seiner Diagnose des damaligen amerikanischen Männerbildes. Portnoy ist auf seine Mutter fixiert, er hat Probleme mit dem anderen Geschlecht und er ergeht sich zuweilen in weinerlichem Selbstmitleid. Diese Veranlagungen beschreiben ein Syndrom, das nur allzu vielen (männlichen) Lesern bestens vertraut war. Hinzu kommt Portnoys Zugehörigkeit zur jüdischen Gemeinde, die hier in Gestalt einer übertrieben repressiven Orthodoxie in Erscheinung tritt, gegen die das Buch und Portnoy selbst erfolglos wettern. In einem gewissen Sinn geht es Roth nicht darum, eine Geschichte zu erzählen, sondern um die Beschreibung einer Befindlichkeit. Portnoy ist in einer Welt gefangen, die seine bizarren, extremen Phantasien nicht erfüllen kann. Für den Leser macht sich Portnoy dadurch nicht unsympathisch, denn wenigstens hat er gelegentlich aufblitzende Momente der Selbsterkenntnis, zudem schreibt Roth mit viel Witz und Schwung. *Portnoys Beschwerden* mag im Lichte heutiger sexueller Freizügigkeiten weniger extrem erscheinen, aber das Verlegenheitspotential, das der Roman für männliche Leser bietet, ist ungebrochen. Die größte Stärke des Buches liegt in der Figur des Portnoy selbst und in der Vertrautheit seiner Komplexe und Erniedrigungen. **DP**

Roth vor einer Aufnahme Franz Kafkas, den er als seine größte Inspirationsquelle bezeichnet.

Jakob der Lügner
Jurek Becker

Lebensdaten | *1937 (Polen), †1997 (Deutschland)
Erstausgabe | 1969
Erschienen bei | Aufbau-Verlag (Berlin)
Heinrich-Mann-Preis | 1971

Mit *Jakob der Lügner* gelang Becker das scheinbar Unmögliche – mit Humor über den Holocaust zu schreiben. Den stark autobiographisch geprägten Roman – Becker wuchs im polnischen Ghetto auf, er lernte erst nach 1945 deutsch und lebte bis zu seiner Ausreise 1977 in Ost-Berlin – schrieb er aus der Perspektive des einzigen Überlebenden eines Ghettos; dieser mag nicht über die Deportation seiner Familie und seiner Freunde sprechen, vielmehr erzählt er von den heiteren Momenten, die der Tragödie vorausgingen.

Im Zentrum steht Jacob Heym, der seine Freunde aufmuntern will, indem er ihnen vorgaukelt, einen Radioempfänger zu besitzen, mit dem man die Nachrichten der Alliierten abhören könne. Die Lüge bringt ihn in größte Schwierigkeiten – einmal muß Jacob eine ganze Rede von Churchill improvisieren –, aber Becker beschreibt auch die positive Wirkung, die Jacobs Aktion auf die Leute hat. Die (unwahren) Nachrichten animieren sie zum Weiterleben, sie verlieben sich, schließen Freundschaften – aus „einem Gramm Nachrichten" schuf Jacob „eine Tonne Hoffnung". Daß die Geschichte nicht gut enden kann, darüber ist sich der Leser stets bewußt, aber Becker mildert den drohenden Schrecken der leeren Güterwagen, die schon auf die Bewohner der Stadt warten, durch die einfühlsame Beschreibung des starken Bandes, das die Menschen zusammenhält.

Jakob der Lügner wurde in einer luziden, klaren und oft lustigen Sprache geschrieben und bietet Momente anrührender Schönheit. Becker entläßt den Leser ernüchtert und nachdenklich, aber auch mit der Erkenntnis, daß menschliche Freuden selbst unter den schlimmsten Umständen möglich sind. **AB**

Die Geliebte des französischen Leutnants
John Fowles

Lebensdaten | *1926 (England), †2005
Erstausgabe | 1969 bei Jonathan Cape (London)
Originaltitel | The French Lieutenant's Woman
Verfilmung | 1981

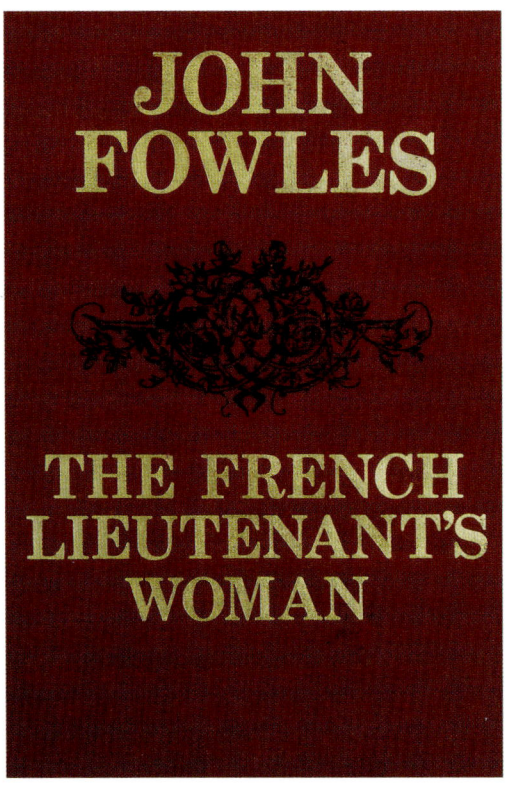

- Fletcher Sibthorp, der den Buchumschlag gestaltete, wurde später vor allem durch seine Gemälde von Tänzern bekannt.

- Meryl Streep spielte die Hauptrolle in Karel Reisz' Verfilmung von 1981, für die Harold Pinter das Drehbuch schrieb.

Mit diesem Roman gelang John Fowles, was zuvor unmöglich schien: eine Vermählung der Weite und der Leidenschaft des viktorianischen Realismus mit dem Zynismus und den Ungewißheiten einer selbstreflexiven, experimentellen Erzählung. Daß er dies in einem Roman erreichte, der Erzählung, Geschichte und literarische Kritik glänzend unter einen Hut bringt, zeugt von seinem Können als Schriftsteller und von seinem engagierten Humanismus. Der Roman ist ein Pasticcio des viktorianischen Realismus, das dessen formalen Anspruch auf Verständlichkeit und Echtheit untergräbt, indem es die Aufmerksamkeit auf das lenkt, was von einem selbstgefälligen Literaturverständnis unaussprechlich gemacht wurde. Fowles ist aber auch voller Respekt für (vielleicht auch neidisch auf) die grundlegenden Prämissen des Realismus des 19. Jahrhunderts: die menschliche Wirklichkeit läßt sich beschreiben, der Roman hat eine erläuternde Funktion und die moralische Pflicht, so wahrheitsgetreu zu sein, wie nur möglich.

In dieser Erzählung über den Gentleman Charles Smithson, der sich in die rätselhafte, verlassene Sara Woodruff verliebt, spielt der Autor mit den Erwartungen des Lesers. Insbesondere verhöhnt er die Illusion der Allwissenheit des Erzählenden, und er flirtet mit endlosen Interpretationsmöglichkeiten. Er verwendet auch die vor allem von Dickens bekannte Taktik, den Leser ins Vertrauen zu ziehen. Vom „lieben Leser" wird erwartet, daß er eine ganze Reihe von Hilfsmitteln akzeptiert oder sogar begrüßt. So gibt es Fußnoten mit wissenschaftlichem Anstrich, lange historische Exkurse und weitschweifige Zitate aus viktorianischen Klassikern. Aber so, wie die Leser von Dickens oder Eliot mit Wissen und Verständnis belohnt wurden, versteht es auch Fowles, uns die verbindenden Bande vor Augen zu führen. **PMcM**

Schlachthof 5 oder Der Kinderkreuzzug

Kurt Vonnegut, Jr.

„Jede Zeit ist jede Zeit. Sie ändert sich nicht. Sie eignet sich nicht zu Warnungen oder Erklärungen. Sie ist einfach da. Nimmt man sie Augenblick um Augenblick, so wird man finden, daß wir alle … Insekten im Bernstein sind."

Wie sein Romanheld Billy Pilgrim führte Vonnegut 1969 „ein lockeres Leben" in Cape Cod, wo diese Aufnahme entstand.

Lebensdaten | *1922 (USA), †2007
Erstausgabe | 1969 bei Delacourte Press (New York)
Originaltitel | *Slaughterhouse Five or The Children's Crusade: A Duty-Dance with Death*

Schlachthof 5 ist ein bedeutender Markstein der Literatur des 20. Jahrhunderts. Vielschichtige Inhalte – es geht unter anderem um die Bombardierung Dresdens im Februar 1944 – werden indirekt gestaltet, eingebunden in eine komplexe, metafiktionale Erzählstruktur. Der Roman kombiniert Autobiographisches mit einer unglaublich phantastischen Science-Fiction-Geschichte über zeitreisende Außerirdische, und dies absurde Nebeneinander verquickt Vonnegut so geschickt, daß keine Nahtstellen zurückgeblieben sind.

Der Held – oder Antiheld – dieses Klassikers des Absurden ist der Deutsch-Amerikaner Billy Pilgrim. Er hat den Zweiten Weltkrieg als Späher bei der Infanterie erlebt und ist, nachdem er von Aliens entführt wurde, „aus der Zeit" gefallen. Das Buch macht uns neugierig auf dieses Individuum, das sich weitreichende Entscheidungen anmaßt und uns mit seinen Taten Rätsel aufgibt. Vonnegut gelingt es, Fiktion und selbst erlebte Geschichte ohne aufgesetzte Kunstgriffe in einem Roman zu vereinigen. Billy Pilgrim erlebt die Absurdität des Krieges und die Erlebnisse mit den Außerirdischen wie aus einem Guß. Vonnegut selbst war Soldat, er geriet in deutsche Gefangenschaft, er wurde Zeuge der verheerenden Bombardierung Dresdens, er sah Tausende von Toten. Aus diesen Erfahrungen heraus hat Vonnegut die Grenzen dessen ausgelotet, was angesichts unendlichen Grauens noch erzählbar ist – und hat damit eines der wichtigsten Bücher der amerikanischen Literatur nach 1945 geschaffen. **SF**

Blind, mit einer Pistole
Chester Himes

Lebensdaten | *1909 (USA), †1984 (Spanien)
Erstausgabe | 1969 bei Morrow (New York)
Originaltitel | *Blind Man with a Pistol*
Alternativtitel | *Hot Day, Hot Night*

Dies ist der letzte einer ganzen Serie von Romanen über zwei schwarze Polizisten in Harlem, Coffin Ed Johnson und Grave Digger Jones, und hier ging Himes bis an die Grenzen des Detektivromans und sogar darüber hinaus. Es gelingt ihm, seinen rasenden Zorn über die nie endende Rassendiskriminierung und die Ungerechtigkeiten in den USA mit den Forderungen des Genres nach einer Story und der Auflösung eines Falles zu vereinigen. Wenn Himes in Paris über New York schrieb, entstand oft ein verführerischer Mix aus surrealer Gewalt, politischem Protest und Polizeiroutine. In *Blind, mit einer Pistole* vollführt Himes keinen solchen Seiltanz mehr, denn das Leben in einer rassistischen, von Weißen beherrschten Umgebung hat Coffin Ed und Grave Digger ausgelaugt. Sie können nicht mehr als Detektive arbeiten, weil sie aufgerieben werden zwischen den Schwarzen (die sie wegen ihres „weißen" Jobs mißachten) und den Weißen (deren Gesetze sie zwar widerwillig vertreten, für die sie aber einfach Schwarze sind).

Johnson und Jones tauchen unsichtbar und namenlos im Roman auf, am Ende verlassen sie ihn frustriert, und sie sind unfähig zu reagieren, als ein Schwarzer wahllos mit einer Pistole in einem vollbesetzten U-Bahn-Wagen um sich schießt. In der von Weißen kontrollierten Polizeistation, wo sie ihr ganzes Berufsleben verbracht hatten, wurden sie marginalisiert, am Ende des Romans schießen sie auf einer verlotterten Harlemer Baustelle Ratten ab. Das Buch ist eine düstere Antithese zu den Verheißungen der Bürgerrechtsbewegung. **AP**

Schräge Töne
Robert Coover

Lebensdaten | *1932 (USA)
Erstausgabe | 1969 bei E. P. Hutten (New York)
Originaltitel | *Pricksongs and Descants*
Originalsprache | Englisch

Coovers Inspiration sind die Fabeln und Mythen unseres kollektiven Unbewussten, die Volksmärchen, das Fernsehen und die Ängste, die uns nachts den Schlaf rauben. Fingerfertig spielt er mit dem Vertrauten und verdreht es, bis es abstruser ist als das grimmigste Märchen. In seinen Erzählungen gibt es Disney-Wälder und geheimnisvolle Pfade, wo die Vögel in den Gesang der Kinder einstimmen und die Liebe Gottes preisen. Singen sie, um den alten Mann zu trösten? Und worauf starrt dieser so traurig? Seine verpaßten Gelegenheiten? Sein Schicksal? Kleine Details verglühen mit aufkeimender sexueller Energie. Ein karnevalesker Nebenschauplatz entpuppt sich als ein eigenes Universum, dort wird die dicke Frau dünn und der dünne Mann nimmt zu, aus Eitelkeit, aus gegenseitiger Liebe. Ein Chaos aus vielen Stimmen und absurder Anarchie entsteht. Die Sprache wird prismatisch gebrochen – Sätze kommen uns bekannt vor oder nicht, je nach Facette, die uns Coover zeigt. Bedeutungen und chronologische Abläufe werden zu grundlegenden Elementen, die ineinander aufgehen. Manchmal ist es eine Farbcollage, manchmal ein verläßlicher Wink in einem leeren Rahmen. Bei Coover wird das Archetypische real und das Profane archetypisch. In Gutenachtgeschichten wimmelt es von echten Schatten, schwere Phobien werden offenbart, und biblische Gestalten sind verwirrt. Coover ist der Rädelsführer eines Universums, das nach dem dunklen, schweren Gesetz des Deltawellen-Schlafs funktioniert. **GT**

Die Geheimnisse des Mulatten Pedro
Jorge Amado

Lebensdaten | *1912 (Brasilien), †2001
Erstausgabe | 1969
Erschienen bei | Livaria Martins Editora (Rio de Janeiro)
Originaltitel | *Tenda dos milagres*

Amado ist der größte brasilianische Romancier unserer Zeit. Mit diesem Roman schrieb er seine ambitionierteste politische Satire und gleichzeitig seine größte Hommage an die reichhaltige afro-brasilianische Kultur. In den zerfallenden kolonialen Labyrinthen eines schwarzen Distrikts von Salvador de Bahia konfrontiert uns Amado mit dem Vermächtnis des Pedro Archanjo, der schillerndsten Figur, die er je erfunden hat. Archanjo, ein Mestize, war Kochbuchautor, Poet, Teilzeit-Ethnograph, Karnevalsprinz, Aktivist für die Rechte der Schwarzen und Kirchgänger, und er liebte die Frauen. Für die weiße brasilianische Elite war er darüber hinaus ein Säufer, ein Verführer, ein Wüstling, ein Halunke und ein intellektueller Scharlatan.

Der Roman beginnt damit, daß Archanjo betrunken und allein in einer Gosse stirbt, während der Zweite Weltkrieg tobt. Fünfzig Jahre später entdeckt der Nobelpreisträger James D. Levenson, ein Akademiker von der Ostküste der USA, die vergessenen Schriften Archanjos und begibt sich nach Bahia, um die literarische Goldmine in bare Münze zu verwandeln. Danach widmet sich Amado der Frage, wie und warum Nordamerikaner und Europäer das schwarze Brasilien nur stereotyp wahrnehmen können, parodistisch und gönnerhaft. Amado ist tolerant, und er ist begeistert von der Vermischung der Kulturen und der Geschlechter: „Schwarze und Weiße werden heranwachsen und sich vermischen und wieder Kinder machen, und kein Hurensohn wird sie dran hindern können!" Wer wollte da noch etwas einwenden? **MW**

Der Besucher
György Konrád

Lebensdaten | *1933 (Ungarn)
Erstausgabe | 1969
Erschienen bei | Magveto (Budapest)
Originaltitel | *A látogató*

Der Roman schildert einen arbeitsreichen Tag im Leben eines Sozialarbeiters, seinen unlösbaren Konflikt zwischen persönlichen Überzeugungen und öffentlichen Loyalitäten und seine Machtlosigkeit angesichts einer großen Misere. Konráds erster Roman wurde von der ungarischen Obrigkeit wegen seiner ungeschminkten Bloßstellung der dunklen Seiten des damaligen Systems augenblicklich verboten.

In *Der Besucher* bezieht sich Konrád stark auf seine eigenen Erfahrungen, denn er war jahrelang selbst Sozialarbeiter. Der Erzähler und Hauptprotagonist arbeitet als Betreuer von Kindern für die staatliche Wohlfahrt. In seinen Akten häufen sich Fälle verwahrloster, mißbrauchter, verlassener, krimineller und zurückgebliebener Kinder, aber auch Selbstmorde von Eltern. Angesichts seiner Arbeit ist es ihm schier unmöglich, die eigene Menschlichkeit zu bewahren. Je mehr der Protagonist erzählt, um so eindringlicher und beunruhigender wird das Bild nicht nur der Budapester Unterschicht, sondern der globalen Metropolis.

Der Roman verschmilzt soziologische und literarische Belange. Konráds lyrische Sprache liefert eine sehr realistische Beschreibung der physischen, moralischen und intellektuellen Degeneration in den Städten. Als Fürsprecher der individuellen Freiheit durfte Konrád in Ungarn bis zum Zusammenbruch des Kommunismus im Jahr 1989 jahrelang nicht publizieren, mit diesem Roman sicherte er sich allerdings schon lange zuvor einen prominenten Platz in der Weltliteratur. **AGu**

Moskau – Petuski
Venedikt Erofeev

Lebensdaten | *1938 (UdSSR), †1990
Erstausgabe | 1969
Erschienen im | Samisdat
Originaltitel | *Moskva–Petushki*

In der ehemaligen Sowjetunion war guter Schnaps schwer aufzutreiben, aber Erofeevs Kultroman beweist, daß man sich zu helfen wußte. Das Buch wimmelt nicht nur von Rezepten für tödliche alkoholische Mixturen, es enthält auch Diagramme, die den durchschnittlichen Alkoholkonsum pro Arbeitstag – ganz im Stil der sowjetischen Planwirtschaft – darstellen, dazu kommen lyrische Spruchweisheiten, schicksalhafte Liebesaffären zwischen Komsomol-Funktionären und ehrbaren Arbeitermädchen sowie Erörterungen über die russische Literatur, die Homosexualität und andere brennende Themen aus dem sowjetischen Alltagsleben. *Moskau – Petuski* ist ein Trinkerroman, und Erofeev ist der alleinige Begründer des Genres.

Wie ein Roadmovie beschreibt dieser Roman eine Reise, parallel dazu spielen sich die inneren Reisen der Protagonisten ab, die von einer melancholischen, im Nirgendwo verlaufenden Grübelei zur nächsten führen. Sozusagen „Unterwegs" begegnet man einer Unzahl von Individuen, die ihre oft wilden und grotesken Lebensgeschichten, die gar nicht den Idealen der Sowjetdoktrin entsprechen, so gerne zum besten geben. Erofeev, der wegen „ideologischer Unzuverlässigkeit" von fünf Universitäten verwiesen wurde, schrieb mit *Moskau – Petuski* einen enorm unterhaltsamen, letztlich aber traurigen Roman, der einer allwissenden Ideologie diametral entgegenläuft. Die Wahrheitssuche des Erzählers beruht auf einer endlosen Reihe immer neuer Fragen und nimmt zum Schluß sogar die Form eines christusähnlichen Leidens an. **IJ**

Der schönste Tango der Welt
Manuel Puig

Lebensdaten | *1932 (Argentinien), †1990 (Mexiko)
Erstausgabe | 1969
Erschienen bei | Sudameiricana (Buenos Aires)
Originaltitel | *Boquitas pintadas*

Aus dem Nachruf auf den 1947 verstorbenen Juan Carlos Etchepare entfaltet sich eine komplexe Geschichte über Eifersucht und Gemeinheiten, deren Hauptepisoden Ende der 30er Jahre im fiktiven argentinischen Provinznest Coronel Vallejos zum Höhepunkt gelangen. Den Plot komponierte Puig aus perfekt choreographierten Dreiecken: Nélida und Mabel umwerben Juan Carlos, bis sie entdecken, daß er Tuberkulose hat und arm ist; Pancho, ein Freund von Juan Carlos, verliebt sich in Raba und läßt sie schwanger zurück, um Mabel zu verführen, wofür er mit dem Leben bezahlt. Die Geometrie der Leidenschaften wird erweitert um die Mutter und die heimtückische Schwester Juan Carlos', Celina, und um eine Witwe, mit der der kränkelnde Juan Carlos seine letzten Tage verbringt. Der Roman endet 1968 mit dem Tod Nélidas, die das Geheimnis mit sich nimmt, das die Protagonisten verband.

Durch den Einbezug von populärem Material aus Comicstrips und Tango-Texten schuf Puig eine neue Form der Volksliteratur. Er arbeitet mit einer schillernden Palette von – vor allem weiblichen – Stimmen, die sich in Briefen, Tagebüchern, Krankengeschichten, Polizeiberichten, Werbeslogans, Beichten, doppeldeutigen Konversationen und Selbstgesprächen mit abwesenden Personen zu Gehör bringen. Puig spielt virtuos mit der atavistischen Klatschlust der Leser, und er versteht es, die abgründige Scheinheiligkeit bissig zu demontieren, die an der Welt der kleinen Leute nagt und die meist diejenigen betrifft, die ihnen am nächsten stehen. **DMG**

Zeit der Nordwanderung
Tayeb Salih

Lebensdaten | *1929 (Sudan), †2009
Erstausgabe | 1969
Erschienen bei | Heinemann (London)
Originaltitel | *Mawsim al-hijrah ila'l-shamal*

Mustafa Saids Studienaufenthalt in England war erfolgreich, hat ihm aber auch einen Gefängnisaufenthalt eingebracht, weil er seine Frau Jean Morris umbrachte. Er kehrt zurück in den Sudan, wo er heiratet und ein nützliches Mitglied der Gemeinschaft wird; am Ende stirbt er plötzlich, offenbar beging er Selbstmord. Die fragmentarische Rekonstruktion von Saids Leben zeigt ihn als eine entwurzelte Figur, er unterdrückte einen Hang zur Gewalt, der von den einstigen Kolonisatoren stammte und sich während vieler Generationen auf die Kinder des einst kolonisierten Landes übertrug.

Auch der Ich-Erzähler, der ebenfalls aus Europa in das kleine Dorf am Nil zurückgekehrt ist, versteckt offenbar unbewußt die Spuren kolonialer Gewalt. Darauf deutet auch hin, daß Saids Witwe später ihren neuen Ehemann und sich selbst umbringt, wobei der Ich-Erzähler andeutet, er hätte die Tragödie verhindern können. Die Komplizenschaft des Erzählers in einer Situation, an der er nicht beteiligt ist, führt schließlich zu seinem Versuch, die Spirale der Gewalt zu beenden.

Die Darstellung der kolonialen Gewalttätigkeit anhand der sexuellen Gewalt von Einheimischen macht die Lektüre des Romans nicht leicht, aber diese Verwandtschaft verhilft zur äußerst beunruhigenden Erkenntnis, wie verschiedene Formen der Gewalt im postkolonialen Sudan zusammenfließen können. Obwohl Salichs Roman 1989 im Sudan verboten wurde, preist ihn die Arabische Akademie für Literatur in Syrien als „den wichtigsten arabischen Roman des 20. Jahrhunderts". **ABi**

Jesusa: ein Leben allem zum Trotz
Elena Poniatowska

Lebensdaten | *1933 (Frankreich)
Erstausgabe | 1969 bei Ediciones Era (Mexiko)
Originaltitel | *Hasta no verte, Jesús mío*
Originalsprache | Spanisch

Alle Aussagen der Ich-Erzählerin Jesusa Palancares sind dokumentarisch, sie basieren auf Interviews, die Elena Poniatowska mit der Landarbeiterin geführt hat. Ihre Lebensgeschichte wird im Spiegel des Romans zu einer Synthese der mexikanischen Geschichte im 20. Jahrhundert. Jesusa Palancares spricht im Namen all der Frauen, die von den harten Zeiten genug haben und die es endlich besser haben wollen. Die Autorin selbst ist die stumme Fragestellerin, die Jesusas kontinuierlichen Monolog wiedergibt, und diese erzählt, wie sie ihr Schicksal selbst in die Hand genommen hat. Von der Mutter im Stich gelassen, zog sie mit ihrem Vater umher und schloß sich später der Revolutionsarmee an. Sie überlebt den Krieg und arbeitet auf dem Land und in der Hauptstadt als Serviererin, Möbelmacherin und Waschfrau, wobei sie die historischen Ereignisse immer hautnah mitbekommt, die Cristero-Revolte (1926–1929) und die Enteignungen in den 1940er Jahren eingeschlossen.

Jesusa ist unbezähmbar, sie läßt sich nicht unterkriegen, weder von den Männern noch vom Elend um sie herum. Ihr Charakter spiegelt die Härte der oft desolaten Realität wider. Als sie die „Obra Espiritual" entdeckt, eine sektenartige Gemeinschaft, kommt sie mit der Esoterik in Kontakt. Fatalistisch und rebellisch wie Jesusa ist, kann sie nichts zurückhalten, erst das Alter und die Müdigkeit beenden ihren Lebensweg und ihren Diskurs. Durch den geschickten Umgang mit dem gesprochenen Wort und der erfindungsreichen Kombination von nicht immer linearen Sequenzen schildert das Buch die Entstehung des modernen Mexiko, es ist ein perfektes Beispiel für eine Autobiographie in Interviewform. **DMG**

Der Fünfte im Spiel
Robertson Davies

Lebensdaten | *1913 (Kanada), †1995
Erstausgabe | 1970 bei MacMillan (Toronto)
Deptford-Trilogie | *Der Fünfte im Spiel, Das Fabelwesen* (1972), *Welt der Wunder* (1975)

Mit diesem Roman verschaffte sich Davies internationale Anerkennung als Erzähler. *Der Fünfte im Spiel* zeichnet sich besonders durch die gelungene Adaption des Gedankenguts des Psychoanalytikers Carl Gustav Jung aus. Dieser entwickelte eine Theorie der Archetypen, wonach wir alle unsere Schurken und Heiligen haben, mittels derer wir unsere Rolle in der Welt verstehen.

Der Titelheld Dunstan Ramsay versteht sich selbst als „der Fünfte im Spiel", in der Welt der Oper ist das derjenige, der die Verwicklungen zwischen zwei Paaren herbeiführt, er ist „weder Held noch Heldin, weder Schurke noch Vertrauter". Als Zehnjähriger war er einem mit Schnee umhüllten Stein ausgewichen, der dann die schwangere Frau des Baptistenpredigers traf. Sie erlitt eine Hirnverletzung und die Wehen setzen zu früh ein. Von den Folgen des Unfalls erholt sie sich nicht, sie bleibt schwachsinnig und wird später von ihrem Mann verlassen. Der Prahlhans Percy Boyd Staunton, der den Schneeball geworfen hatte, darf sein Geheimnis und seine Mitschuld für sich behalten, bis er Jahre später davon eingeholt wird. Dunstan hingegen trägt die Last der Schuld bis in seine Lebensmitte hinein. Auf diesem Weg, mit Jung könnte man von den Stationen seiner Individuation sprechen, macht er Bekanntschaft mit Weisheiten aus diversen Quellen – einer Heiligenerscheinung, einem jesuitischen Hedonisten und dem Magier Magnus Eisengrim. Er gelangt zu einem Jungschen Verständnis von Gott als einem essentiellen psychologischen Konzept, das die hellen wie die dunklen Aspekte des Unbewußten umfaßt, die aufzudecken sind, wenn man ein schuldfreies Leben führen will. **MaM**

Spiel dein Spiel
Joan Didion

Lebensdaten | *1934 (USA)
Erstausgabe | 1970 bei Farrar, Straus & Giroux
Originaltitel | *Play It As It Lays*
National Book Award | 2005

Joan Didions Roman über die gesellschaftlichen Auflösungserscheinungen der 1960er Jahre kreist um Maria Wyeth, eine Schauspielerin, die in einem Nebel von flüchtiger Berühmtheit und Beruhigungsmitteln durch das Leben taumelt. Stilistisch an Autoren wie Hemingway orientiert, verzichtet Didion auf Abstrahierungen und konzentriert sich ganz auf Marthas chaotisches Leben am Rand der scheinbar nutzbringenden sozialen Netzwerke.

Spiel dein Spiel, so lautet der Ratschlag aus einer vergangenen Welt, der Welt von Marias Eltern, die so altmodisch sind wie ihre Heimatstadt, die einer Raketenbasis weichen mußte. Maria ist eine entgrenzte, hilflose Figur, deren Absturz sich durch eine lieblose Ehe, den Suizid einer Freundin und eine traumatische Abtreibung beschleunigt. Am Ende wird die Progatonistin in dieselbe Anstalt eingewiesen, in der schon ihre Tochter lebt, Marias einziges Bindeglied zu einer Welt unverfälschter Gefühle.

Didions Vorfahren kamen um die Mitte des 19. Jahrhunderts ins Sacramento Valley, und eine Variante ihres Pioniergeists beseelt paradoxerweise auch Maria, wenn sie ziellos im Auto über die Schnellstraßen Kaliforniens fährt. Moralische Urteile fällt die Autorin nicht, ihr liegt daran, die Realität unverstellt ehrlich zu schildern, ohne zu behaupten, ihre Sicht der Wirklichkeit sei die einzig mögliche. Das gelingt ihr dank ihrer brillanten Beobachtungsgabe in Verbindung mit großer stilistischer Kunst. **DTu**

Jahrestage
Uwe Johnson

Lebensdaten | *1934 (Deutschland), †1984 (England)
Erstausgabe | 1970 bei Suhrkamp (Frankfurt)
Vollständiger Titel | *Jahrestage. Aus dem Leben von Gesine Cresspahl*

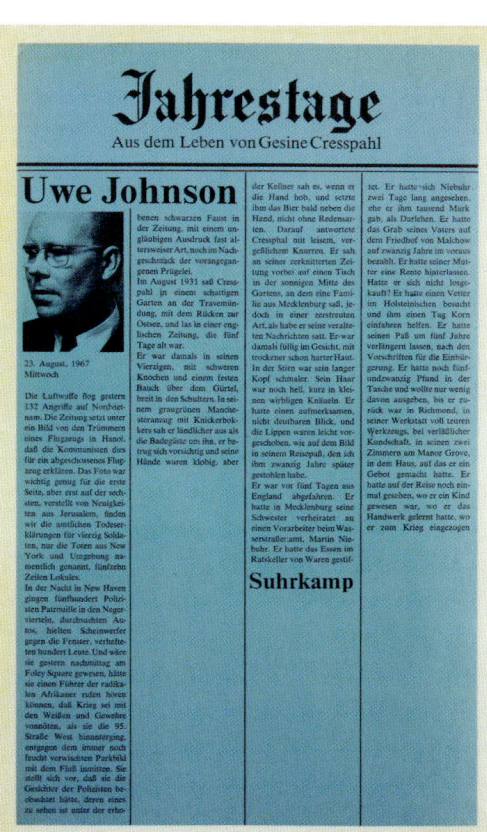

Dies ist Uwe Johnsons Meisterwerk, eine kundige Führung durch einen Abschnitt der deutschen Geschichte von der Kaiserzeit bis in die 60er Jahre. Der Autor wurde in Cammin im Osten Deutschlands geboren, das später Polen zugeschlagen wurde. 1959 verließ er die DDR und ging zunächst nach Westdeutschland, bevor er sich schließlich 1974 auf der Themse-Insel Sheppey in England niederließ. Dort erholte er sich zunächst vom Zusammenbruch, den er erlitten hatte, als er herausfand, daß ihn seine Frau für den DDR-Geheimdienst ausspionierte. In dieser Zeit beendete er die *Jahrestage*.

Der vierbändige Roman schildert dreihundertfünfundsechzig Tage im Leben der Gesine Cresspahl. Gesine lebt in New York, zusammen mit ihrer Tochter Marie, deren leiblicher Vater Jakob Abs in Johnsons früherem Roman *Mutmaßungen über Jakob* die Hauptrolle spielt. Die Fragen der zehnjährigen Marie sind für Gesine Anlaß, innerhalb eines Jahres in New York ihre Geschichte, die auch die Geschichte Deutschlands ist, aufzurollen. Sie beginnt mit der Zeit, die sie als Kind mit ihrer Familie in einem kleinen mecklenburgerischen Dorf verbrachte. Gesines Geschichte ist verwoben mit derjenigen vom Aufstieg und Fall des Dritten Reichs und Rückblenden auf die Zeit Kaiser Wilhelms II., um schließlich in das damalige geteilte Deutschland zurückzukehren. Marie nimmt das Gehörte gelassen auf, Gesine wird sich im Laufe ihres Erzählens bewußt, daß sie in den USA immer eine Fremde bleiben wird, trotzdem zieht sie das Exil einer Rückkehr vor.

Der beachtliche Umfang des *Jahrestage*-Vierteilers schreckt viele Leser von einer Lektüre ab, glücklicherweise hat die Verfilmung von Margarethe von Trotta aus dem Jahr 2000 dafür gesorgt, daß Uwe Johnsons Platz unter den ganz großen Autoren der deutschen Literatur seit 1945 gesichert bleibt. **MM**

1966 bis 1968 arbeitete Uwe Johnson als Schulbuchlektor in New York – hier entstand die Idee zu den Jahrestagen.

Eine Welt für Julius
Alfredo Bryce Echenique

Eine Welt für Julius kann man im Wesentlichen als einen Bildungsroman bezeichnen. Julius, dessen Vater kurz nach seiner Geburt starb, ist das jüngste Kind einer Familie der Oberschicht in Lima. Im Alter zwischen fünf und zwölf entdeckt er die Welt – die abgetakelten alten Paläste der Nachfahren der Vizekönige, die schillernden neuen Paläste der Spekulanten, die ihre Zeit auf Partys und beim Golfspiel verbringen, die teuren Schulen, wo er die Freuden der Musik und der Zärtlichkeit, aber auch den Schmerz der Hiebe und der Erniedrigung kennenlernt, und die Kemenaten des Dienstpersonals des heruntergekommenen und desorientierten Mittelstandes. Aber die Welt hält noch mehr für Julius bereit: den Tod seines Vaters, seiner Lieblingsschwester und des geliebten Kindermädchens, dazu die Freundschaft und die Liebe, die von Seiten der Mutter und des Stiefvaters eher mager ausfällt, dafür etwas reichlicher von Seiten der Dienstmädchen.

Der Roman endet, ohne zu verraten, welche dieser Welten in Julius' Leben dominieren wird, welche von ihnen den Jugendlichen vereinnahmen wird, und ob er deren Last wird tragen können.

Alfredo Bryce Echenique zeichnet sich aus durch einen sehr freien Sprachgebrauch, gewagte Perspektivenwechsel und einen mal ironischen, mal sentimentalen autobiographischen Erzählton. Dank dieser Eigenschaften gelang es ihm, sich in der in den 70er Jahren boomenden lateinamerikanischen Literatur einen festen Platz zu sichern. **DMG**

Lebensdaten | *1939 (Peru)
Erstausgabe | 1970
Erschienen bei | Barral Editores (Barcelona)
Originaltitel | *Un mundo para Julius*

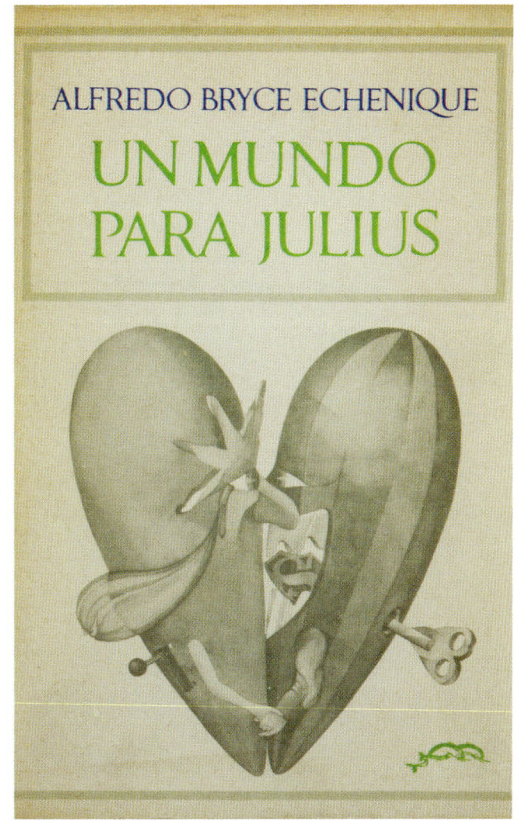

Der Peruaner Bryce Echenique wirft einen ironischen Blick auf eine Kindheit in einer reichen südamerikanischen Familie.

Ich weiß, warum der gefangene Vogel singt
Maya Angelou

Ich weiß, warum der gefangene Vogel singt ist der erste Band der fünfbändigen Autobiographie von Maya Angelou, und er ist ein Meilenstein der gesamten afro-amerikanischen Literatur der USA. In ihrer unverwechselbaren, ausgeprägten Prosa schreibt Angelou über ihre unruhige Kindheit im Amerika der 30er Jahre und über ihre wechselnden Beziehungen.

Ihre früheste Kindheit verbrachte sie in Kalifornien. Als sich ihre Eltern scheiden lassen, wird die damals dreijährige Maya mit ihrem vierjährigen Bruder Bailey zur Großmutter („Momma") in den Süden geschickt, ins ländliche Arkansas, wo damals noch die Rassentrennung herrschte. Momma führte ein moralisch strenges Regime. Im Alter von acht Jahren kam Maya zu ihrer Mutter nach St. Louis, wo sie von deren Lebenspartner belästigt und sogar vergewaltigt wurde. Danach kehrte sie zusammen mit dem Bruder vorübergehend wieder zu Momma zurück, um dann wieder bei ihrer Mutter und deren neuem Ehemann in Kalifornien zu leben. Dieser erste Band des Fünfteilers endet mit der Geburt von Guy, Mayas erstem Kind.

Maya Angelou setzt sich vor dem Hintergrund der von der Rassendiskriminierung ausgelösten Unruhen mit den traumatischen Ereignissen ihrer Kindheit auseinander, und sie zeigt auf, wie sie es geschafft hat, eine eigene, starke Identität als afro-amerikanische Frau aufzubauen. Die Autorin hat zeitlebens unter einer durch ihre Hautfarbe bedingten Entfremdung gelitten, die sie als Individuum betraf, aber auch als Angehörige einer diskriminierten Kultur. Nur ihrer Passion für die Literatur verdankt sie es, eigenen Angaben zufolge, daß sie überlebt hat und sich zu einer starken Persönlichkeit entwickeln konnte. **JW**

Lebensdaten | *1928 (USA)
Richtiger Name | Marguerite Ann Johnson
Erstausgabe | 1970 bei Random House, New York
Originaltitel | *I Know Why the Caged Bird Sings*

◢ Maya Angelou ist Dichterin, Professorin für American Studies, Bestsellerautorin, Bürgerrechtlerin – in den 60er Jahren war sie auch als Sängerin tätig. Hier das Cover ihrer ersten LP.

◣ Maya Angelou am Strand in der Nähe von San Francisco.

Sehr blaue Augen
Toni Morrison

Lebensdaten | *1931 (USA)
Erstausgabe | 1970 bei Holt, Rinehart & Winston (New York)
Originaltitel | The Bluest Eye
Nobelpreis für Literatur | 1993

In ihrem ersten Roman Sehr blaue Augen erzählt Morrison von der Familie Breedlove, die vom Land nach Lorain (Ohio) gezogen ist (wo die Autorin geboren wurde). Der Umzug der Breedloves und die Geisteskrankheit ihrer Tochter Pecola wird zur hervorragenden Metapher für die Schwierigkeiten, die mit der Aneignung einer schwarzen Identität verbunden sind, die noch nicht Teil einer rassistischen Konditionierung ist.

Im Schicksal der elfjährigen tragischen Romanheldin spielen Geschlecht, Rasse und finanzielle Situation eine große Rolle. Pecolas obsessiver Wunsch, die blauesten Augen zu haben, ist ein Symptom für die weiße, männliche Dominanz über den Körper der schwarzen Frau. Morrison kritisiert die Art und Weise heftig, wie schwarze Subjektivität in der modernen Konsumgesellschaft weiterhin unterdrückt wird. Die komplexe zeitliche Struktur des Romans und die stets wechselnden Erzählperspektiven sind Teil des Versuchs, ein gängiges Modell der Subjektivität zu schaffen, das als eine Art Schutzwall gegen die Kultur der Weißen dient. Die Erzählerinnen – die Geschwister Claudia und Frieda – bilden einen Kontrast zu den unterdrückten Breedloves, indem sie als Vermittler und Autoritäten agieren.

Dank ihrer Schreibkunst fängt Morrison den verdeckten Rhythmus der Sprache ein, und sie hat einen großen Sinn für die wechselnde Bedeutung von Wörtern. Ihre Poesie enthält das Versprechen auf bessere Formen des Daseins. **VA**

Meer der Fruchtbarkeit
Yukio Mishima

Lebensdaten | *1925 (Japan), †1970
Erstausgabe | 1965–1970 bei Shinchosha (Tokio)
Originaltitel | Hôjô no umi
Originalsprache | Japanisch

Mishimas letztes Werk Das Meer der Fruchtbarkeit umfaßt vier Bände (Schnee im Frühling, Unter dem Sturmgott, Der Tempel der Morgendämmerung, Die Todesmale des Engels), die zuerst in Fortsetzungen im Literaturmagazin Shincho abgedruckt wurden. Der erste Band spielt etwa 1910 am abgeschotteten japanischen Kaiserhof und erzählt von der schwierigen Liebe zwischen dem jungen Adligen Kiyoaki Matsugae und seiner Geliebten Satoko. Er bleibt auf Distanz zu ihr, bis Satokos Verlobung mit einem Kaisersohn bekannt wird, worauf sie eine verzweifelte, leidenschaftliche Affäre beginnen, beobachtet von Kiyoakis bestem Freund Shigekuni Honda. Als Kiyoaki stirbt, macht sich Honda auf die Suche nach seiner Reinkarnation.

Die Protagonisten der Folgebände tragen die Züge von Kiyoaki, man erlebt ihn als politischen Fanatiker in den 30er Jahren, als Thaiprinzessin vor und nach dem Zweiten Weltkrieg und als bösen Waisen in den 60er Jahren. Die Idee der Reinkarnation treibt Honda bis zum Ende des letzten Bandes an. Am Schluß bleibt die Erkenntnis, daß das Leben eines Menschen unwiederbringlich und sein Ende unvermeidlich ist. In einem eindrücklichen Finale sieht Honda die Unmöglichkeit einer Wiederholung der Vergangenheit und einer Wiedererweckung der Toten ein. Der Roman, den viele als eine japanische Version von Prousts Auf der Suche nach der verlorenen Zeit betrachten, vermittelt eine tiefe Einsicht in das Wesen des Lebens und der Erinnerung. **KK**

> Yukio Mishima in der Pose eines Samurai vor dem rituellen Selbstmord – den er im November 1970 tatsächlich beging.

Unter dem Astronautenmond
John Updike

Lebensdaten | *1932 (USA), †2009
Erstausgabe | 1971 bei Knopf (New York)
Originaltitel | *Rabbit Redux*
Pulitzerpreis | 1982 und 1991

Dieser zweite Roman in Updikes vierteiliger „Rabbit"-Reihe spielt 1969, zehn Jahre nach dem Ende des Vorgängers *Hasenherz*. Schauplatz der Rabbit-Bücher ist die Kleinstadt Brewer in den USA, erzählt wird die Geschichte von Harry „Rabbit" Angstrom – von seiner Zeit als Basketball-Star an der High-School über den jungen Familienvater und den Mann mittleren Alters bis zur Pensionierung.

Updikes Dutzendmensch Angstrom entstammt der Arbeiterklasse des Mittleren Westens. Hier treffen wir ihn im Alter von 36 Jahren, und er macht sich Sorgen, weil er sich der Lebensmitte nähert. Vor dem surrealen Hintergrund der Apollo-Mondlandung zeichnet das Buch Rabbits chaotisches Leben nach. Von den positiven und negativen Veränderungen, die sich in der Kleinstadt Brewer durch den Aufeinanderprall der traditionellen Werte mit der unaufhaltsamen Gegenkultur der 60er Jahre vollziehen, wird auch Rabbit betroffen. Als seine konventionelle Ehe zu wackeln beginnt, wird sich Rabbit der Veränderungen bewußt, denen die Leute in seiner weiteren Umgebung unterworfen sind. Dadurch beginnt nicht nur sein Weltbild zu bröckeln, sondern auch die Beziehungen zu Familie und Freunden. Völlig unerwartet hat er jedoch ein kathartisches Erlebnis, das eine Art spirituelles Wachstum möglich macht.

Das Lebensgefühl der 60er Jahre wird von Updike nicht nur beschrieben, er taucht den Leser förmlich ein in eine Welt voller konfuser Sinnlichkeit und politischem Chaos, die aber getragen wird von einem ergreifenden, nicht zu bremsenden Glauben an die Zukunft. **AB**

Bel'mo
Mychajlo Osadcyj

Lebensdaten | *1936 (UdSSR), †1994 (Ukraine)
Erstausgabe | 1971
Erschienen bei | Smoloskyp (Paris/Baltimore)
Originalsprache | Ukrainisch

Dieser autobiographische Text nimmt in der sowjetischen Untergrundliteratur der 60er Jahre eine Pionierstellung ein. Das Buch beschreibt die Festnahme und den Gefängnisaufenthalt des Autors, eines ukrainischen Journalisten und Dichters, der verschiedener anti-sowjetischer und anti-ukrainischer „Verbrechen" angeklagt war, wobei er sich dieser erst bewußt wurde, als man ihn verhaftete.

Die ukrainische Untergrundliteratur erregte international weit weniger Aufsehen als die russische. Dies hatte mit den Schwierigkeiten zu tun, Manuskripte außer Landes zu schmuggeln, aber auch mit der Tatsache, daß Menschenrechtsorganisationen und Sowjetologen den Fokus auf das „Zentrum" richten wollten – auf Moskau und Leningrad. Dadurch wurde der starke Wille zur eigenen kulturellen Identität in den nicht-russischen Republiken weitgehend vernachlässigt.

Osadcyj schrieb mehr als nur einen Tatsachenbericht seiner Verurteilung und seiner Gefängniszeit, er schildert auch seine Träume und Phantasien im Gefängnis, Träume, in denen manche Leser Symptome einer beginnenden Verrücktheit sahen, die man aber eher als Allegorie auf die Degradierung und Verleumdung der menschlichen Psyche durch das Sowjetsystem sehen sollte, die in Gefängnissen und Gulags ebenso grassierte wie im Alltag.

Das brillant geschriebene Buch dokumentiert eine spezifische historische Situation und ist darüber hinaus ein nachhaltiges Zeugnis für das Überleben unter widrigen Umständen. **VR**

Gruppenbild mit Dame
Heinrich Böll

Lebensdaten | *1917 (Deutschland), †1985
Erstausgabe | 1971
Erschienen bei | Kiepenheuer & Witsch (Köln)
Nobelpreis für Literatur | 1972

Böll, der für diesen Roman den Nobelpreis erhielt, präsentiert ein Ensemble vergänglicher Identitäten. Die Palette der Romanfiguren reicht vom jungen Intellektuellen über eine jüdische Nonne und einen Emporkömmling bis zu entlarvten Nazis. Die Einblicke in die verschiedenen Figuren sind heterogen und überzeugend, über einen der Charaktere läßt sich allerdings nur spekulieren: Helene Maria Pfeiffer. Sie steht im Zentrum des Porträts, das aus einer Reihe von Interviews, Briefen und persönlichen Berichten erzählt wird. Helene, kurz „Leni" genannt, wird aus der Sicht des Erzählers geschildert. Er neigt dazu, seine blonde und angeblich naive Protagonistin zu mystifizieren. Allerdings läßt sie sich nicht einordnen, zumindest ihr selbstverständliches Engagement gegen jede Form von Unterdrückung und soziale Ungerechtigkeit scheint auf einen subversiven, intelligenten Charakter hinzuweisen.

Bölls Schreibstil deckt sich mit den Zielen der 1947 von Alfred Andersch und Walter Richter gegründeten „Gruppe 47". Die Gründung war eine Reaktion auf die Kluft, die zwischen den in Deutschland verbliebenen und den vor den Nazis geflüchteten Intellektuellen entstanden war. Anfänglich hatten die Gründer der Gruppe 47 das Bedürfnis, die deutsche Sprache von derjenigen der Nazi-Propaganda zu befreien, indem sie sich einem knappen Realismus verpflichteten. In *Gruppenbild mit Dame* weist die naturalistische Prosa auf die Vielfältigkeit des Lebens hin, besonders gegen Ende des Romans, wenn der Erzähler seine Beobachterposition aufgibt und aktiv an den Ereignissen teilnimmt. **MC**

„Es ist alles, aber auch alles getan worden, um über Leni das zu bekommen, was man sachliche Information nennt."

● Der Umschlag der deutschen Ausgabe zeigt die Männer als blasse, gesichtslose Gruppe und lenkt die Aufmerksamkeit auf die dunkle Gestalt der Leni.

Angst und Schrecken in Las Vegas
Hunter S. Thompson

„Wir waren irgendwo bei Barstow am Rande der Wüste, als die Drogen zu wirken begannen. Ich weiß noch, daß ich so was sagte wie: ‚Mir hebt sich die Schädeldecke; …'" Mit diesem markanten Satz beginnt ein Roman, der eine ganze Generation geprägt hat. Er beschreibt „eine wilde Reise ins Herz des amerikanischen Traumes", wie es im Untertitel der deutschen Ausgabe heißt, die drogenschwangere Irrfahrt eines Reporters in und um Las Vegas. Er ist in Begleitung seines durchgeknallten samoanischen Anwalts und hat den Auftrag, für ein Sportmagazin über ein Dünenbuggy-Rennen zu berichten. Das Abenteuer der beiden fängt wild an, denn Duke hat seinen Vorschuß in eine Unmenge verschiedenster Drogen investiert, womit auch sein Pflichtbewußtsein ziemlich schnell abhanden kommt. Der Wahnsinn steigert sich, als sie in die Stadt kommen und sich dort in einem Hotel einnisten, wo die Bezirksstaatsanwälte des Landes gerade einen Kongreß über „Betäubungsmittel und gefährliche Drogen" abhalten.

Die unersättliche Genußsucht des Romanhelden ist eine überdrehte Parodie auf das konsumgeile Amerika. Gleichzeitig ist das Abenteuer ein überzeichneter, aber auch herrlicher Lobgesang auf die traditionellen Freiheiten des Landes – und dies in einer Zeit, in der Nixon gerade seine erste Amtszeit absolviert, in Vietnam der Krieg tobt und einige Leute zu skandalös hohen Gefängnisstrafen verurteilt werden, weil sie Gras geraucht und ihren Einberufungsbefehl verbrannt haben. Die Pforten der Wahrnehmung hängen in Thompsons Story so phantastisch schief in den Angeln, daß niemand genau weiß, was eigentlich abgeht und was noch geschehen könnte. Das Buch liefert eine starke und erheiternde Demontage der ultimativ postmodernen Stadt. Dem geldgierigen Las Vegas scheint man am besten zu begegnen, indem man sich rechtzeitig dermaßen zurichtet, daß man den besitzergreifenden Erwartungen der Stadt gar nicht mehr nachkommen kann. **RP**

Lebensdaten | *1939 (USA), †2005
Erstausgabe | 1971 bei Random House (New York)
Originaltitel | *Fear and Loathing in Las Vegas*
Originalsprache | Englisch

„Wie wär's mit etwas Äther?"

● Thompson genießt eine Zigarre; 2005, zwei Jahre nach dieser Aufnahme, beging er Selbstmord.

● Eine Karikatur von Johnny Depp, der in Terry Gilliams Verfilmung von 1998 die Hauptrolle spielt.

Das Buch Daniel
E. L. Doctorow

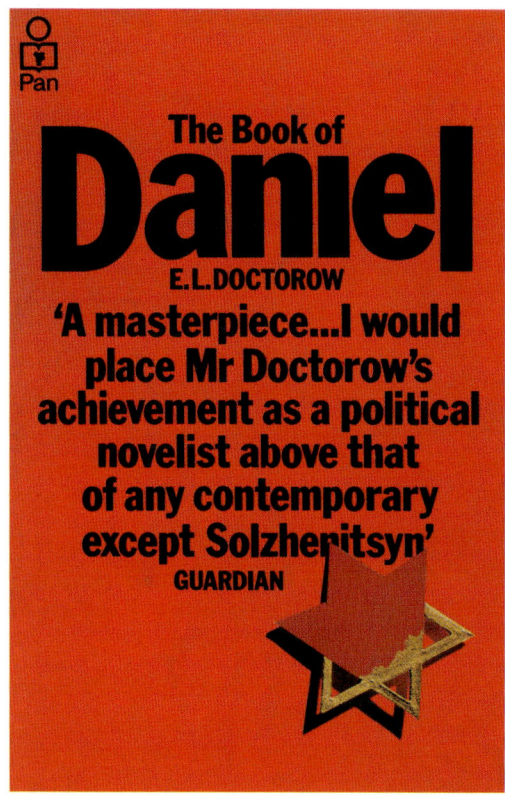

„Wenige Bücher des Alten Testaments sind so rätselhaft wie das Buch Daniel."

⚫ Auf dieser Taschenbuchausgabe (London 1973) ist eine Collage aus dem roten Stern der Kommunisten und dem gelben der Juden abgebildet.

Lebensdaten | *1931 (USA)
Vollständiger Name | Edgar Lawrence Doctorow
Erstausgabe | 1971 bei Random House (New York)
Originaltitel | *The Book of Daniel*

Das Buch Daniel befaßt sich mit verschiedenen Formen des politischen Protests in den USA und untersucht diese im Hinblick auf ihre Effizienz. Zudem beschreibt es den Übergang der „Alten Linken" der 40er- und 50er Jahre zur „Neuen Linken" der 60er Jahre.

Für den Erzähler Daniel Isaacson geht es darum, mit dem politischen und familiären Erbe seiner Eltern klarzukommen. Diese gleichen – bis auf die Namen – Ethel und Julius Rosenberg, die 1953 wegen angeblicher Spionage für die UdSSR hingerichtet wurden. Im Roman stellt Doctorow die Frage, wie sich politische Macht bei Individuen und Institutionen manifestiert, und wie man Machtkonzentration und -mißbrauch durch politische und wirtschaftliche Machthaber verhindern kann. Sowohl der mutig-pathetische Radikalismus seines Vaters, als auch die zahmen, anmaßenden Parolen von Artie Sternlicht, der „die USA mit Bildern umstürzen" will, sind für David desillusionierend und perspektivlos. Ersterer sei naiv und könne vom Staat leicht niedergeschlagen werden, letzteres sei in Disneyland zur Perfektion gebracht worden, wo „mit technischen Mittel eine Schmalspur-Kultur für die Massen" geboten werde. David muß sein fragmentiertes Leben zusammenraffen, um das politische Erbe seiner Eltern mit seiner eigenen desillusionierten Weltsicht aussöhnen zu können.

Doctorows bewegende Erzählung erliegt weder der optimistischen Illusion, mit Aktivismus lasse sich alles erreichen, noch dem pessimistischen Glauben, politischer Kampf lohne sich nicht. **AP**

Kleine Aussichten
Alice Munro

Lebensdaten | *1931 (Kanada)
Erstausgabe | 1971 bei McGraw-Hill Ryerson (New York)
Originaltitel | *Lives of Girls and Women*
Fernsehadaption | 1994

Kleine Aussichten war Alice Munros erster Romanversuch nach ihrer preisgekrönten Kurzgeschichtensammlung *Dance of the Happy Shades*. Trotz des in den meisten Ausgaben abgedruckten Dementis ist das Material sehr wohl autobiographisch und geht zurück auf Munros Jugend im ländlichen Ontario. Die heranwachsende Del Jordan ist hin- und hergerissen zwischen ihrer Liebe zu Büchern und ihrem Hunger nach körperlichen, sinnlichen Erfahrungen; die Einstellung ihrer Mutter, die Unterdrückung der eigenen Sexualität führe zur Befreiung der Frau, lehnt sie ab.

Das Buch besteht aus einer Reihe in sich abgeschlossener Kapitel und ist somit eine Mischform aus traditionellem Roman und einer Sammlung von Kurzgeschichten. Für die Absicht der Autorin bietet sich diese episodische Form an, denn sie spürt dem menschlichen Impuls nach, das eigene Leben und das der anderen in Geschichten zu verwandeln, die mit unserem Selbstbild, unseren Phantasien und den simplen Lösungen, die wir von fiktionalen Werken erwarten, übereinstimmen. Am Ende des Romans beginnt Del im „Epilog: Der Fotograf" einen Roman, in dem sie das Leben der Nachbarn zu einer düsteren Tragödie verarbeitet. Eine spätere Begegnung mit einem ihrer Protagonisten, in Wirklichkeit ein liebenswürdiger, vernünftiger Mann, führt dazu, daß sie ihre Haltung grundsätzlich überdenkt. Sie erfährt, daß das Leben gewöhnlicher Menschen „langweilig, einfach, erstaunlich und unergründlich" ist. Del lernt, Mitgefühl zu empfinden, anstatt andere Menschen als beliebiges Rohmaterial für ihre Fiktionen zu betrachten. **ACo**

Lebensabend
B. S. Johnson

Lebensdaten | *1933 (England), †1973
Erstausgabe | 1971 bei Collins (London)
Vollst. dt. Titel | *Lebensabend: eine geriatrische Komödie*
Originaltitel | *House Mother Normal: A Geriatric Comedy*

Johnsons „Komödie" ist eine messerscharfe Parodie auf die staatliche Altenpflege. Als Folge der spärlichen Geldmittel werden die Grausamkeiten des Pflegepersonals als Teil der Heimroutine in Kauf genommen. Das Buch besteht aus einer Reihe von „Interviews" mit den Insassen, die absteigend nach dem geistigen und moralischen Zustand der Personen angeordnet sind. Am Anfang steht Sarah Lamson, deren Behinderung sich auf rheumatische Beschwerden beschränkt. Am Schluß steht die 94jährige Rosetta Stanton, deren körperliche und geistige Defizite hier gar nicht alle aufgelistet werden können. Sie wurde von den Behörden als ein Fall beschrieben, der kein Mitleid verdiene, weil „sie ja alles hat, was die andern auch haben", und ihre unverständlichen Äußerungen muten an, als seien sie völlig willkürlich auf der Seite plaziert worden.

Als Leser ist man herausgefordert, wenn nicht sogar in einer ungemütlichen Lage. *Lebensabend* offeriert einen vertraulichen, fast klinischen Blick auf die Patienten. In diesem anarchischen Pflegeheim ist kaum etwas unmöglich, und während man sich durch die vagen Erinnerungen jedes Falles liest, wird die Heimroutine nur von einem grotesken Spiel der Hausmutter unterbrochen, das sie zur Befriedigung ihrer sadistischen Ader organisiert. Johnson zwingt uns zu einer Bewußtwerdung unserer Freiheit als bloße Beobachter, während die Erzähler zwischen Schmerzen und dämmrigem Schlaf dahinsiechen. **DJ**

In einem freien Land
V. S. Naipaul

Lebensdaten | *1932 (Trinidad)
Erstausgabe | 1971
Erschienen bei | Deutsch (London)
Originaltitel | *In a Free State*

Dieses Buch, für das Naipaul 1971 den Booker-Preis bekam, enthält zwei Kurzgeschichten und eine Novelle. Es bietet eine tiefgründige Thematisierung der Entwurzelung und der Auswirkungen, die diese auf die Freiheit der Betroffenen hat.

Die erste Geschichte handelt vom indischen Diener eines Diplomaten, der seinem Boss nach Washington folgt. Er endet als illegaler Einwanderer und muß heiraten, um eingebürgert zu werden. In der zweiten Geschichte folgt ein Inder von den Westindischen Inseln seinem Bruder nach England, wo er sich allein durchschlagen muß. In beiden Fällen kann die Freiheit nur durch den Verlust der Wurzeln erkauft werden, die in der Heimat Identität und Sicherheit boten.

Die längste Erzählung des Buches spielt in einem anonymen, seit kurzem unabhängigen Land in Afrika. Bobby, ein schwuler Kolonialbeamter mit einer Schwäche für junge schwarze Männer, und Linda, deren Mann eine Radiostation betreibt, fahren zusammen im Wagen in eine autonome Region im Süden, die noch immer vom König regiert wird. Auf der Reise erleben sie Feindseligkeiten der Einheimischen, die sich im Lauf der Reise von Beschimpfungen und Sachschäden zu handgreiflichen Auseinandersetzungen ausweiten. So erleben die beiden das allmähliche Erodieren der bei Reiseantritt noch intakten kolonialen Sicherheit, die zunehmend der brutalen Realität weicht, die für die Auswanderer mit dem neuen, befreiten Staat verbunden ist. **ABi**

Der lange Traum
Margaret Atwood

Lebensdaten | *1939 (Kanada)
Erstausgabe | 1972 bei McClelland & Stewart (Toronto)
Originaltitel | *Surfacing*
Originalsprache | Englisch

In ihrem zweiten Roman verwendete Atwood Elemente des Thrillers, der Geistergeschichte, des Reise- und des Pionierromans, und es gelang ihr, zwischen Gruselgeschichte und intellektuellem Erkenntnisroman eine gute Balance herzustellen. Das Buch handelt von einer anonymen Erzählerin, die an ihren Geburtsort auf einer entlegenen Insel in Quebec zurückkehrt, nachdem ihr Vater unter mysteriösen Umständen verschwunden ist. Sie wird begleitet von drei eingefleischten Stadtmenschen: ihrem Partner Joe und dem unausstehlichen Paar Anna und David. Auf der Insel angekommen, tauchen „dunkle Geheimnisse" wie versunkene Gegenstände aus dem umliegenden See auf, weil die isolierte Situation Schwächen, Eitelkeiten und Vorurteile der Protagonisten zutage treten läßt. Der Druck von Vergangenheit und Gegenwart wird so stark, daß die Erzählerin in einen paranoiden, animalischen Zustand abgleitet und sich selbst in einer schamanischen Umarmung mit der Natur wähnt, nachdem sie unter dem Wasserspiegel eine Höhle mit indianischen Bildzeichen entdeckt hat.

Der lange Traum wird von der Frage nach Grenzen beherrscht – Grenzen der Sprache, der nationalen Identität, der Heimat, des Geschlechts und des Körpers. Stark ist aber auch die Beschreibung der kanadischen Landschaft und deren Veränderung durch Ausbeutung und Tourismus. Atwood zeigt auf, daß Grenzen nicht nur von Flüchtlingen und Armeen überschritten werden, sondern auch von einer gigantischen Geldmaschinerie und den Massenmedien. Dieser Roman über Zugehörigkeit und Vertreibung wird bemerkenswert präzise und sparsam erzählt. **SamT**

G.

John Berger

Lebensdaten | *1926 (England)
Erstausgabe | 1972
Erschienen bei | Weidenfeld & Nicolson (London)
Originalsprache | Englisch

Bergers Roman, für den er 1972 den Booker-Preis erhielt, ist eine Chronik der sexuellen Großtaten eines namenlosen Protagonisten zur Zeit der vorletzten Jahrhundertwende. Den äußeren Rahmen bilden Garibaldi und der gescheiterte Mailänder Arbeiteraufstand im Jahr 1898, geboten wird die intime Schilderung des intensiven Liebeslebens eines aufsteigenden Don Juan, der gegen die Turbulenzen außerhalb seines Schlafgemachs offenbar immun ist. Der Roman geht der Frage nach, ob und wie sich persönliche Erfahrungen auch auf die Wahrnehmung einer breiteren sozialen Zugehörigkeit auswirken können.

Was am Roman sofort beeindruckt, ist sein experimenteller Erzählstil. Die Geschichte wird weitgehend aus der Sicht des Erzählers und der von ihm umworbenen Frau geschildert, wobei vom Protagonisten eher vielfältige und vielschichtige Beobachtungen angesammelt werden, als daß von ihm ein abgerundetes Bild entstünde. Bemerkenswert ist nicht nur die Aufmerksamkeit für die sexuellen Intimitäten selbst, sondern auch die intersubjektive Wahrnehmung, mit der das Geschehen strukturiert ist. Das erotische Erlebnis entsteht durch die Art, wie die Charaktere ihre Erfahrung durch die Wahrnehmung gestalten, die sie vom Erlebnis haben, während sie damit beschäftigt sind. Diese erzählerische Inanspruchnahme durch das Reich der Sinne isoliert den abgekapselten Helden keineswegs zusätzlich von der Außenwelt, sondern weckt eine gesteigerte Aufmerksamkeit gegenüber der Unterdrückung und der Ungerechtigkeit um ihn herum. **VA**

Sommerbuch

Tove Jansson

Lebensdaten | *1914 (Finnland), †2001
Erstausgabe | 1972 bei A. Bonnier (Stockholm)
Originaltitel | *Sommarboken*
Originalsprache | Schwedisch

Die Schriftstellerin und Malerin Tove Jansson ist als Schöpferin der beliebten Mumins-Kinderbücher bestens bekannt, das *Sommerbuch* ist einer ihrer zehn Erwachsenenromane. Der Roman ist in Skandinavien ein Klassiker und wird immer neu aufgelegt.

Die Geschichte, die auch von den eigenen Erlebnissen der Autorin lebt, beschreibt einen Sommer der sechsjährigen Sophia und ihrer Großmutter, einer Künstlerin, die die langen Tage auf einer winzigen Insel in Finnland verbringen. Das magische, zuweilen wehmütige und von stillem Humor erfüllte Buch läßt uns nach und nach am Leben von Sophia (die kürzlich ihre Mutter verloren hat), der Großmutter und dem kaum in Erscheinung tretenden „Papa" teilhaben. Eigentlich geschieht nicht viel, die Geschichte wird vor allem von der Farbigkeit und der Tiefe der Schilderungen vorwärtsgetragen. Die alte Frau und das kleine Mädchen werkeln um ihr winziges, idyllisches Sommerhäuschen herum, sie sammeln Treibholz, diskutieren über den Tod und gehen sich auf die Nerven. Jansson schreibt unsentimental, aber die Details – wie etwa die Textur von Moos, über das man dreimal geschritten ist – werden exakt und bedächtig beschrieben, und durch diese Beschreibungen erhält der Leser allmählich Einblick in die besondere Beziehung der beiden. Während der Sommer fortschreitet, lernen die Großmutter und Sophie, mit den Ängsten und Eigenheiten des andern umzugehen, so daß eine tiefe, fast geheime Liebe entsteht, die sich über die Familie hinaus auch auf die Insel und die Jahreszeit ausdehnt. **LE**

Kokotsu no hito *
Sawako Ariyoshi

„Wenn ein alter Mensch versorgt werden muß, hat jemand ein Opfer zu bringen."

Lebensdaten | *1931 (Japan), †1984
Erstausgabe | 1972
Erschienen bei | Shinchôsha (Tokio)
Engl. Übersetzung | The Twilight Years

Mit der Frage nach dem Umgang mit alten Menschen in der Familie greift Ariyoshis ergreifend-menschlicher Roman ein Thema auf, das in Gesellschaften mit einer immer höheren Lebenserwartung von brennender Aktualität ist.

Gekonnt führt Ariyoshi den Leser in das Leben von Akiko ein, einer berufstätigen Mutter im Japan der 70er Jahre. Als Akikos Schwiegermutter unerwartet stirbt, bleibt ihr pflegebedürftiger, dementer Schwiegervater zurück, was ihren eh schon ausgefüllten Tagesablauf auf den Kopf gestellt. Als Frau ist sie verpflichtet, sich um den mürrischen Egoisten Shigezo zu kümmern.

Wir erfahren so einiges über die Beziehungen zwischen den Geschlechtern und Generationen in dem sich rapide verändernden Land, vor allem führt uns Ariyoshi aber immer wieder den fast unerträglichen geistigen und körperlichen Verfall alter Menschen vor Augen. Und fast wie mit Zauberhand gelingt es ihr, selbst dieser Erfahrung positive Gefühle abzugewinnen. Die absolute Hingabe, mit der Akiko den alten Mann am Leben erhält, erfüllt sie mit Stolz, während der senile Shigezo an der Schwelle zum Tod einen Glückszustand erlebt, der dem Choleriker ein Leben lang versagt war. *Kokotsu no hito* (auf dt. *Die Entrückten*) ist eines jener ungemein hilfreichen Bücher, die uns mit den dunkelsten Seiten des Lebens konfrontieren und uns gleichzeitig beweisen, daß dieses Leben lebenswert ist. **RegG**

* Ariyoshis Roman erreichte nach seinem Erscheinen in Japan eine Millionenaufgabe und regte eine Diskussion über die Probleme an, die in einer überalterten Gesellschaft entstehen.

Die Tochter des Optimisten
Eudora Welty

Lebensdaten | *1909 (USA), †2001 (USA)
Erstausgabe | 1972 bei Random House (New York)
Originaltitel | The Optimist's Daughter
Pulitzer-Preis | 1973

Eurora Weltys kunstvoller Roman, für den sie 1973 mit dem Pulitzer-Preis ausgezeichnet wurde, schildert die Ereignisse um den Tod des 71jährigen Richters McKelva nach einer Augenoperation. Gleich zu Beginn werden die Gegensätze angedeutet, die sich verschärfen, sobald der Richter, der „Optimist" des Titels, sie nicht mehr ausgleichen kann. Seine junge zweite Frau Fay will sich als die wahre „Mrs. McKelva" behaupten; Laurel, die erwachsene Tochter, müht sich mit den Beerdigungsformalitäten ab und erinnert sich an die Vergangenheit der Familie; die Frauen aus der Stadt umrahmen das Geschehen mit Andeutungen und Spekulationen. Temperamentsunterschiede und der Kampf um die Position innerhalb der Familie führen dazu, daß die Rivalität zwischen Laurel und Fay sich immer wieder neu entlädt. Am Ende zeigt sich, daß Laurel auf Grund ihrer langen Abwesenheit schon längst nicht mehr weiß, wer ihr Vater ist und was ihn in seinen späteren Jahren innerlich bewegt hat. Sie ist zur Außenseiterin geworden, ohne es zu merken.

Laurel verkörpert die vornehme Südstaatenlady, Fay dagegen tritt als gierige, vulgäre Person in Erscheinung. Beide Frauen sind jedoch am Ende des Romans Witwen, und für die Kleinstädterinnen ist Laurels Entscheidung, nach dem Tod ihres Mannes in Chicago zu bleiben, nicht weniger selbstsüchtig als Fays krasser Egoismus. Die beiden Protagonistinnen, so scheint Eudora Welty anzudeuten, sind sich ähnlicher, als sie gerne glauben möchten. **AF**

Die unsichtbaren Städte
Italo Calvino

Lebensdaten | *1923 (Kuba), †1985 (Italien)
Erstausgabe | 1972
Erschienen bei | G. Einaudi (Turin)
Originaltitel | Le città invisibili

In fünfundfünfzig Prosastücken schildert der Venezianer Marco Polo dem Tartarenherrscher Kublai Khan jeweils eine andere, sagenhafte Stadt. Die Stadt Zemrude zum Beispiel verändert sich je nach der Stimmung des Betrachters. Sie ist in obere und untere Teile aufgeteilt, zu den oberen gehören Fenstersimse und Springbrunnen, zu den unteren Rinnsteine und Papierabfälle. Die obere Welt lernt man hauptsächlich aus den Erinnerungen derjenigen kennen, die jetzt in der unteren verweilen. In Diomira ist man neidisch auf die anderen Besucher, bei denen die Stadt Melancholie auslöst. Zoe, eine „Stadt der unsichtbaren Existenz", in der jede Aktivität an jedem beliebigen Ort möglich ist, macht einen vagen Eindruck: „Warum gibt es die Stadt überhaupt? Wo ist die Grenze zwischen innen und außen, zwischen dem Rumpeln der Räder und dem Heulen der Wölfe?"

Versteckt zwischen den Beschreibungen findet man kurze, aber aufschlußreiche Hinweise und so bietet Calvinos Roman, neben phantasievollen Beschreibungen geträumter Städte, auch theoretische Reflexionen über Wahrnehmung und Erfahrung, das Verhältnis von Fiktion und Realität – und immer wieder geht es um die Bedingungen des Erzählens selbst. „Keiner, weiser Kublai, weiß besser als du selbst, daß man eine Stadt niemals mit der Rede verwechseln darf, die sie beschreibt. Die Lüge ist nicht in der Rede, sie ist in den Dingen." **DH**

Die Enden der Parabel
Thomas Pynchon

Lebensdaten | *1937 (USA)
Erstausgabe | 1973 bei Viking Press (New York)
Originaltitel | *Gravity's Rainbow*
Originalsprache | Englisch

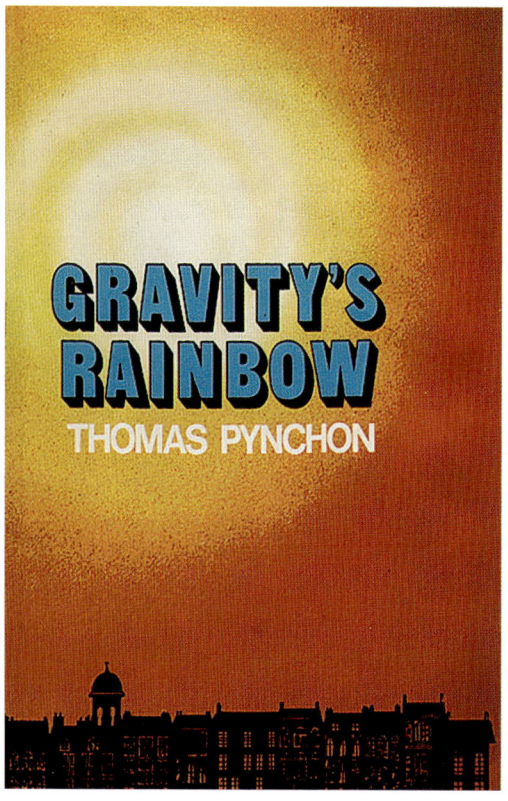

Pynchons gewaltiger Roman beginnt mit der Beschreibung der Angriffe der deutschen V-2-Raketen auf London in der Schlußphase des Zweiten Weltkriegs.

Eine Inhaltsangabe dieses Buchs wäre so unsinnig, als würde man über Joyce's *Ulysses* sagen, er handle von zwei Männern, die einen Tag lang in Dublin unterwegs sind. Pynchons Roman ist längst berühmt (oder berüchtigt) für seine sprachlichen Experimente, sein esoterisches Weisheitssystem und die unverhüllte Demontage seines eigenen Verständnisses von Raum und Zeit. Große Teile des Romans lassen sich in Europa lokalisieren, kurz vor Ende des Zweiten Weltkriegs und während der Jahre des fragilen Friedens danach. Das zentrale, verbindende Motiv der Geschichte ist die deutsche Bombenrakete V-2, die so schnell flog, daß man sie erst nach dem Einschlag wahrnahm. Die V-2 ist mystisch, kabbalistisch, ein apokalyptischer Phallus, ein Sinnbild für den globalen Selbstmord. Hinter den Kulissen läßt sich schemenhaft eine weitere Kriegsmacht ausmachen: real existierende Firmen wie die IG Farben und Shell Oil machen im Krieg ihren Reibach.

Den Themenbereich dieses Buches kann man kaum auf einigen Zeilen umreißen, *Die Enden der Parabel* ist ein üppiges, enzyklopädisches Werk mit vielen Ein- und Ausgängen. Es gibt buchstäblich Tausende von Anspielungen und Rätseln, in denen man sich verlieren kann: Bezüge zu Comic-Geschichten, B-Movies, populärer und klassischer Musik, Drogen, Magie und Okkultismus, Technik, Physik, Pavlowsche Psychologie und Ökonomie – um nur einige zu nennen. Das Buch ist ein Meilenstein der amerikanischen Belletristik, ein karnevaleskes Epos, das die Neuausrichtung der globalen Macht anhand eines Kriegsschauspiels illustriert. Darüber hinaus ist es auch Pynchons Tribut an die zum Schweigen gebrachten Stimmen, an die Gerechtigkeit, an die Freundschaft und an die Gemeinschaft. **SamT**

Der Honorarkonsul
Graham Greene

Charley Fortnum, Alkoholiker und britischer Honorarkonsul im abgelegenen Norden Argentiniens, wird irrtümlich entführt – eigentlich wollten die Rebellen aus Paraguay den amerikanischen Botschafter kidnappen. Aber auch wenn sie den Falschen erwischt haben, drohen sie ihn innerhalb von vier Tagen umzubringen, wenn Paraguay nicht eine Anzahl politischer Gefangener freiläßt. Der General (gemeint ist Alfredo Stroessner, Paraguays Diktator von 1954 bis 1989) kann sich nur Dank der Protektion der USA an der Macht halten. Für die Briten ist Fortnum eher ein Ärgernis, und ihr Einfluß ist ohnehin klein.

Der einzige Freund der Geisel ist Dr. Plarr, der mit seiner Mutter vor zwanzig Jahren ohne den englischen Vater aus Paraguay nach Argentinien flüchtete. Als Kind hatte Plarr die gleiche Schule besucht wie zwei der Entführer. Diese haben Fortnum ein Beruhigungsmittel verabreicht, das sich schlecht mit dem Alkohol in seiner Blutbahn verträgt, deshalb holen sie Dr. Plarr. Die Motive des Doktors sind sogar ihm selbst suspekt: unter den Häftlingen, die freigepreßt werden sollen, befindet sich auch sein Vater, zudem schläft er mit Fortnums Frau.

Wie viele von Greenes Romanen, beschäftigt sich auch dieser mit den Schnittstellen von Politik, Religion und Sex, allerdings wird die Last der katholischen Sünde hier nicht von der Hauptfigur getragen, sondern vom Anführer der Kidnapper, einem verstoßenen Priester. Auch erscheint der nur wenig mehr als dreißigjährige Fortnum reichlich weltmüde, sein Zynismus paßt eher zum Alter des damals fast siebzigjährigen Greene. Das Buch wurde im selben Jahr veröffentlicht, in dem der chilenische Präsident Allende von Pinochet und der CIA gestürzt wurde. **TEJ**

Lebensdaten | *1904 (England), †1991 (Schweiz)
Erstausgabe | 1973 bei Bodley Head (London)
Originaltitel | *The Honorary Consul*
Originalsprache | Englisch

Der Titel ist ironisch zu verstehen, denn die im Roman beschriebene Welt hat mit „Honor" (Ehre) nicht viel zu tun.

Crash
J. G. Ballard

Lebensdaten | *1930 (China), †2009 (England)
Erstausgabe | 1973 bei Jonathan Cape (London)
Originaltitel | Crash
Filmversion | 1996 (David Cronenberg)

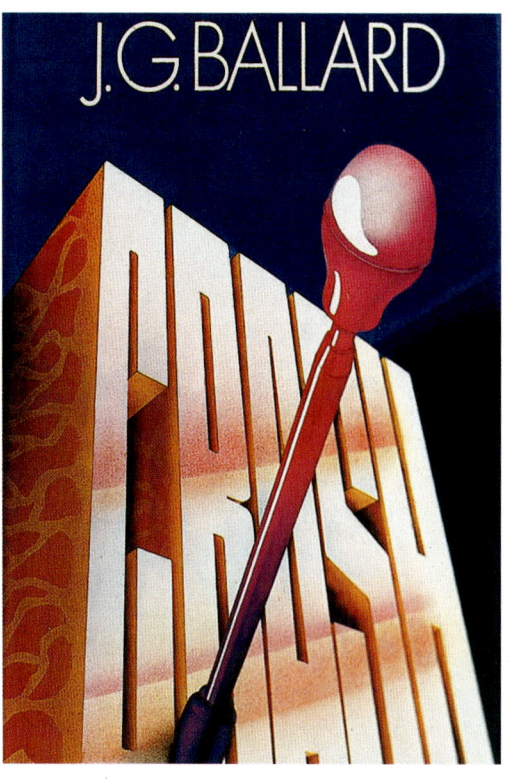

- Der reißerische Umschlag der Erstausgabe von Ballards *Crash* zeigt einen unmißverständlich phallischen Schalthebel.

- 1970 organisierte Ballard in London die Ausstellung „Crashed Cars", wo unter anderem dieser zerbeulte Pontiac zu sehen war.

Crash erzählt von der Beziehung des Protagonisten zu Vaughan und von Vaughans Obsession mit der Schauspielerin Elizabeth Taylor. Die Sehnsucht der Stunde, der scharfe „Look" hat ein neues Vehikel: das Automobil. Schöne Körper überall – Sex, Chassis, Metall, Haut. Überall manifestieren sich Wachträume, auf Fotos, im Rundfunk, in Kameras und bei Autoausstellungen. Beunruhigend ist, daß die Charaktere kein Innenleben im traditionellen literarischen Sinn haben, jeder Exzeß wird auf Film gebannt. Scheinbar intime Gebärden erweisen sich als eine Suche nach neuen Wunden, Schranken fallen, und der Schaden wird geheiligt.

Maxim Jakubowsi nannte das Buch „den ersten von der modernen Technik beherrschten pornographischen Roman". Es ist der einmaligste Roman in Ballards einmaligem Werk; von den weltweiten Katastrophen seiner früheren Romane ist nichts zu lesen. *Crash* ist ein Störfall, mit dem wir uns identifizieren können, weil wir ihn schon in uns selbst erlebt haben. Da der Erzähler im Buch Jim Ballard heißt, läßt sich eine Verbindung zu den späteren, leicht fiktiven Autobiographien des Autors herstellen; besonders in *Das große Herz der Frauen* lassen sich bestimmte Figuren aus *Crash* identifizieren.

Trotz allem ist auch dieser Roman ein klassischer Ballard, denn die schockierenden Einsichten treffen ins Schwarze, die Perversionen sind ausgesprochen überlegt und persönlich, und alles erscheint erschreckend logisch. Aber nicht alle sind davon angetan, ein Lektor meinte einmal: „Der Autor dieses Buches ist jenseits aller psychiatrischen Heilmöglichkeiten." Dieser ungewollt scharfsinnige Kommentar ruft nach der Frage, wo denn dies „jenseits" sei. Ballard hielt die Einschätzung für „… das größte Kompliment, das man mir machen kann". **JS**

Das Schloß, darin sich Schicksale kreuzen
Italo Calvino

Lebensdaten | *1923 (Kuba), †1985 (Italien)
Erstausgabe | 1973 bei G. Enaudi (Turin)
Originaltitel | *Il castello die destini incrociati*
Originalsprache | Italienisch

An anderer Stelle setzte sich Italo Calvino vehement für die Qualitäten ein, die von künftigen Schriftstellern hochgehalten werden sollten: Leichtigkeit, Schnelligkeit, Exaktheit, Anschaulichkeit und Mannigfaltigkeit. *Das Schloß, darin sich Schicksale kreuzen* ist in dieser Beziehung beispielhaft, vor allem bezüglich der Anschaulichkeit. Calvino selbst sagte: „Das Buch besteht erstens aus Bildern – den Tarotkarten – und erst an zweiter Stelle aus Wörtern."

Das Buch enthält zwei Geschichten, die beide auf dem gleichen Muster basieren: Ein Reisender erreicht sein Ziel (einmal ein Schloß, das andere Mal ein Gasthaus) und entdeckt dort, daß er – wie alle andern Gäste auch – mit Stummheit geschlagen wurde. Die Gäste erzählen sich ihre Geschichte anhand von Tarotkarten, und die so entstehenden Erzählungen muten wie ein Destillat aller Geschichten der Welt an. Da gibt es den Alchemisten, der seine Seele verkauft, und den liebesverrückten Roland sowie die Legenden von St. Georg, St. Hieronymus, Faust, Ödipus und Hamlet. Calvinos eigene Geschichte erzählt von einem Mann, der nicht wählen kann, weil ihn die Welt stets mit neuen Wahlen quält. Das Marseiller Tarot und die Karten von Bonifacio Bembo sind für Calvino eine (Wieder)entdeckung der ältesten aller Geschichten-Maschinen. **PT**

The Siege of Krishnapur
James G. Farrell

Lebensdaten | *1935 (England), †1979 (Irland)
Erstausgabe | 1973
Erschienen bei | Weidenfeld & Nicolson (London)
Booker-Preis | 1973

Der Roman, dessen Handlung in der Zeit des indischen Aufstandes von 1857 spielt, verfügt über ein umfangreiches Personal; er könnte sogar als eine Art Sittengemälde des 19. Jahrhunderts betrachtet werden, ist aber skurriler und amüsanter. Ein anderer Bezugspunkt ist die erste Weltausstellung 1851 in London, wo die technischen Errungenschaften des viktorianischen Zeitalters gezeigt wurden. Mr. Hopkins, der Finanzvorsteher von Krishnapur, war ein Enthusiast, der die neue Technik nach Indien brachte, wobei das meiste bei den Angriffen der Sepoys zerstört wurde.

Die Kämpfe führen zu Debatten zwischen einem Priester, der die Existenz Gottes auch beim Abfeuern einer Kanone verteidigt, einem rationalen Beamten, der an die Phrenologie glaubt, und Ärzten, die widersprüchliche medizinische Ansichten vertreten. Dr. MacNab zum Beispiel kann Cholera heilen, sein Rivale verweigert aber die Behandlung und stirbt. So bietet der Roman ein Mosaik unterschiedlicher Stimmen: die Stimmen des Glaubens, des rationalen Skeptizismus' tragen alte und neue Ansichten vor. Die Belagerung trägt zur Modernisierung und Liberalisierung der Frauen bei; Lucy wird Expertin in der Herstellung von Patronen, die nach der Aufhebung der Belagerung nicht mehr gebraucht werden, was sie zu Tränen rührt. Der antiimperialistische Aufstand regt zur Diskussion über die Unterwerfung von Ländern an, die heute ebenso wichtig sind wie damals. **AM**

Italo Calvino in souveräner Pose in seinem Haus, fotografiert von der Französin Sophie Bassouls im Jahr 1974.

Die Farbe der Macht
Bessie Head

Lebensdaten | *1937 (Südafrika), †1986 (Botswana)
Erstausgabe | 1973
Erschienen bei | Davis-Poynter (London)
Originaltitel | A Question of Power

Die Farbe der Macht ist eine faszinierende Gratwanderung zwischen Fiktion und Autobiographie. Wie einst die Autorin selbst flieht die Hauptfigur Elizabeth vor der südafrikanischen Apartheid nach Botswana. Als Tochter eines Afrikaners und einer weißen Mutter, die verrückt erklärt und eingesperrt wurde, wuchs sie bei einer Stiefmutter auf, von der sie bis ins Jugendalter annahm, sie sei ihre leibliche Mutter. Was Elizabeth (und zuvor auch Bessie Head) zunächst in Botswana erleben, kann man je nach Standpunkt als spirituelle Reise oder als Geisteskrankheit bezeichnen.

Der Roman erzählt abwechselnd zwei verschiedene Geschichten. Den einen Erzählstrang bildet Elizabeth' Leben in einem botswanischen Dorf, der andere schildert Elizabeth' entkräftende Visionen, in denen ihr die mönchsähnliche Gestalt Sello und der sadistische Verführer Dan erscheinen. Head läßt die Leser im Ungewissen darüber, ob diese Gestalten Erscheinungen von Ahnenseelen oder die Symptome einer Geisteskrankheit sind. Zu den quälendsten Erscheinungen gehört auch Südafrika selbst. Am eindringlichsten befaßt sich der Roman mit dem, was Head „das Problem des Bösen" nennt; Elizabeth' Ringen mit den Erscheinungen führt denn auch zu einer Betrachtung über die Natur des Bösen. Am Ende ihrer Odyssee steht die Erkenntnis, daß das Leben geheiligt werden müsse. Die größte Errungenschaft des gelungenen Buches besteht darin, daß wir das Gefühl bekommen, wir würden beim Lesen ein kleines bißchen verrückt – wir verlieren den Boden unter den Füßen, weil sich die Grenzen zwischen Fiktion und Autobiographie, zwischen Realem und Irrealem und zwischen Verrücktheit und Heilung verwischen. **VM**

Angst vorm Fliegen
Erica Jong

Lebensdaten | *1942 (USA)
Erstausgabe | 1973
Erschienen bei | Holt, Rinehart & Winston (New York)
Originaltitel | Fear of Flying

Angst vorm Fliegen ist eine ungezügelte Fabel über sexuelle Befreiung und Selbsterfahrung, aber auch ein selbstbewußter feministischer Text. Erzählt wird die Geschichte der zweimal verheirateten, über-psychologisierten Schriftstellerin Isadora Wing, die sich an Vorbildern wie Mary Wollstonecraft und Virginia Woolf orientiert und die ihren Mann bei einer internationalen Konferenz zugunsten eines völlig unpassenden Liebhabers verläßt. Die beiden reisen liebestrunken durch Europa, machen Sex und fühlen sich beide schuldig, bis der neue Freund sie wieder verläßt. Isadora erlebt vierundzwanzig Stunden der Einsamkeit, in denen sie lernt, auf eigenen Füßen zu stehen, dann kehrt sie wieder zu ihrem Ehemann zurück.

Die unvollkommene, gut zu verstehende Romanheldin ist nicht imstande, die feministischen Maximen voll in ihr Leben zu integrieren, und ihre häufigen Fluchtphantasien betrachtet sie als einen Teil ihres Frauenschicksals. Der Roman ist gepfeffert mit freizügigen sexuellen Rückblenden und verziert mit feministischem Gedankengut. Die Kombination funktioniert nicht immer, so wird der Versuch Jongs, die Untreue als eine Befreiung darzustellen, durch Isadoras Abhängigkeit von den Männern hintertrieben. *Angst vorm Fliegen* hat manches Tabu gebrochen, aber die Institution Ehe blieb letztendlich intakt. Diese Ambivalenz in der Darstellung des Feminismus macht den Roman zu einem Schlüsseltext in der Geschichte der Frauenbefreiung. **HM**

> Die junge, lebensfrohe Erica Jong interpretierte den Feminismus als das Recht der Frau auf ungezügelte heterosexuelle Erfahrungen.

Planet der Habenichtse
Ursula K. Le Guin

Lebensdaten | geb. 1929 (USA)
Erstausgabe | 1974 bei Harper & Row (New York)
Originaltitel | *The Dispossessed: An Ambiguous Utopia*
Originalsprache | Englisch

Der Planet der Habenichtse ist der fünfte Teil aus Le Guins Hainish-Zyklus, behandelt aber, chronologisch gesehen, die frühesten Ereignisse. Auf den ersten Blick glaubt man, einen SF-Roman vor sich zu haben, aber Le Guin verzichtet auf die üblichen Versatzstücke des Genres wie Reisen mit Lichtgeschwindigkeit oder intergalaktische Kriege und hält sich an eine „realistischere" Darstellungsweise und einen von einer komplexen Zeitstruktur geprägten Plot.

Der Roman berichtet von den Erfahrungen des Physikers Shevek auf zwei verschiedenen Planeten, denen alternierende Kapitel gewidmet sind. Er macht Erfahrungen in zwei Gesellschaftssystemen mit ihren Vor- und Nachteilen: zunächst lebt er auf Anarres, wo Gleichberechtigung und Gerechtigkeit angestrebt werden, seine wissenschaftliche Arbeit allerdings nicht anerkannt wird. Dann reist er zum kapitalistischen Planeten Urras, wo er sich ungehindert der Vollendung seiner Allgemeinen Temporaltheorie widmen kann.

In Le Guins Gestaltung der beiden Planeten drängen sich natürlich Parallelen zum Kalten Krieg auf, aber die positiven und negativen Merkmale der beiden Gesellschaften sind so vielschichtig wie die Zeitstruktur, die der Roman einführt. *Der Planet der Habenichtse* ist ein komplexes SF-Werk und ein komplexer politischer Text, in dem die beiden Staaten ohne jede Schwarzweißmalerei vorgestellt werden. Le Guin benutzt ihre Geschichte, um Ähnlichkeiten und Unterschiede herauszufiltern, die dem Zeitkonzept im Kern der Handlung entsprechen. Die Pluspunkte und Schwächen der beiden Systeme ergeben so ein erhellendes Gesamtbild.
SF

The Diviners *
Margaret Laurence

Lebensdaten | *1926 (Kanada), †1987
Richtiger Name | Jean Margaret Wemyss
Erstausgabe | 1974
Erschienen bei | McClelland & Stewart (Toronto)

The Diviners (dt. etwa *Die Wahrsager*) wurde mit Kanadas höchstem Literaturpreis ausgezeichnet, dessen ungeachtet wurde der Roman jahrelang von den Kanzeln herab als blasphemisch und pornographisch angeprangert und aus den Schulen verbannt. Unterdessen gehört das Buch an kanadischen Schulen zur Pflichtlektüre; es war Margaret Laurences letzter Roman, der fünfte in ihrem Manakawa-Zyklus, der im ländlichen Manitoba spielt.

Die Titelheldin Morag Gunn ist eine starke und unabhängige Frau, die die Sitten ihrer Zeit in Frage stellt. *The Diviners* ist einerseits ein zeittypischer Roman, andererseits aber seiner Zeit voraus in bezug auf die Behandlung des Themas „Identität". Morag ist eine Waise, die anhand der fragmentarischen Erinnerungen ihrer Eltern und der – von ihrem Stiefvater erzählten – Legenden ihrer unverwüstlichen schottischen Vorfahren nach ihrer Vergangenheit sucht. Sie findet Halt und eine seltsame Liebe bei einem jungen Mestizen, dessen Vorfahren von den ihren verdrängt wurden. Im Laufe der Jahre trennen sich ihre Wege mehrmals und führen wieder zusammen; sie wird Schriftstellerin, er Sänger, und gemeinsam suchen sie die Spuren ihrer Zugehörigkeit in der Vergangenheit. Schließlich haben sie auch ein gemeinsames Kind, das später eine ebenso schmerzliche Identitätssuche unternehmen wird. Die geradlinige Prosa, die authentische Wiedergabe des Kleinstadtlebens und die gewitzte, mitreißende Titelheldin dieses Romans bleiben dem Leser für immer in Erinnerung. **MaM**

Die verlorene Ehre der Katharina Blum
Heinrich Böll

Lebensdaten | *1917 (Deutschland), †1985
Erstausgabe | 1974
Erschienen bei | Kiepenheuer & Witsch (Köln)
Nobelpreis für Literatur | 1972

Heute ist dieser Roman mit dem Untertitel *Wie Gewalt entstehen und wohin sie führen kann* vor allem als Grundlage des gleichnamigen Erfolgsfilms von Volker Schlöndorff und Margarethe von Trotta aus dem Jahr 1975 bekannt. Oberflächlich betrachtet erscheint *Die verlorene Ehre der Katharina Blum* als eine moralische Fabel über die skrupellose Sensationsgier der Massenmedien. Heinrich Böll selbst war das Opfer einer giftigen Hetzkampagne der *Bild* Zeitung, nachdem er diese im liberalen Wochenmagazin *Der Spiegel* kritisiert hatte.

Katharina Blum ist eine normale junge Frau, die zurückgezogen als Haushälterin lebt. Dann lernt sie auf einer Party den von der Polizei gesuchten Ludwig Gotten kennen und verliebt sich in ihn. Die beiden verbringen die Nacht in ihrer Wohnung, am nächsten Morgen stürmt die Polizei das Gebäude, aber Ludwig ist weg. Während der folgenden vier Tage wird Katharinas Leben von der Polizei auf den Kopf gestellt, und ihr Name wird von einem Massenblatt (das die Züge von *Bild* trägt) durch den Schmutz gezogen. Als sie von einem Redakteur des Blattes interviewt wird und dieser sexuelle Annäherungsversuche macht, erschießt sie ihn.

Bölls Roman ist mehr als eine aufgebrachte Abrechnung mit einer Boulevardzeitung. Er ist vom Wissen um die Macht der Sprache erfüllt und warnt vor dem Unheil, das Worte anrichten können, wenn es am Respekt vor den Fakten und den Menschen mangelt. **DG**

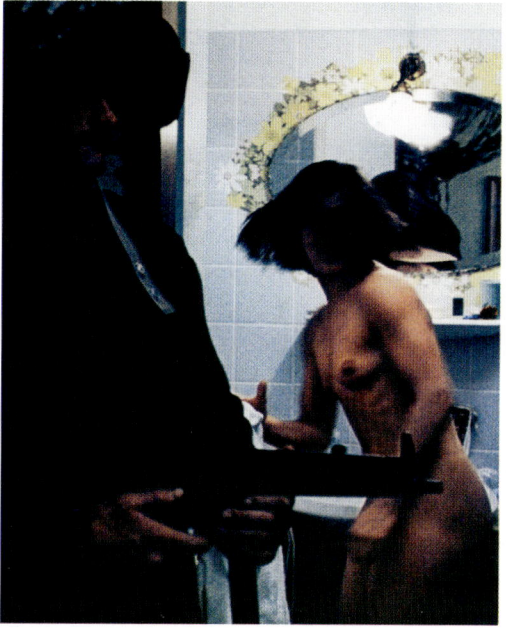

„Am Sonntagabend ... klingelt sie an der Wohnungstür des Kriminaloberkommissars Walter Moeding ... und gibt ... zu Protokoll, sie habe mittags gegen 12.15 in ihrer Wohnung den Journalisten Werner Tötges erschossen ..."

Ein Filmplakat der erfolgreichen Romanverfilmung von Schlöndorff und von Trotta aus dem Jahr 1975.

Dusklands *
J. M. Coetzee

Lebensdaten | *1940 (Südafrika)
Erstausgabe | 1974
Originaltitel | Ravan Press (Johannesburg)
Nobelpreis für Literatur | 2003

Unter dem Titel *Dusklands* erschienen zwei Erzählungen von J. M. Coetzee: *The Vietnam project* und *The Narrative of Jacobus Coetzee*. Die erste handelt von Eugene Dawns Arbeit an seinem „Vietnam-Projekt" und den Mythologisierungen, die dazu beitrugen, den Einsatz der USA im Vietnamkrieg zu rechtfertigen. Die zweite Geschichte besteht aus den selbst erzählten, gefährlichen Erlebnissen von Jacobus Coetzee, „einem Helden, der sich als einer der ersten ins Innere Südafrikas vorwagte und davon berichtete, welch ein reiches Erbe uns da zugefallen war".

Die beiden Erzählungen zeigen beunruhigende Parallelen. Zwischen den physischen, mentalen und kulturellen Methoden der Unterwerfung lassen sich kaum Unterschiede erkennen. Die Psychologie der Imperialisten wird entblößt, und zwischen den Zeilen der fesselnden Analyse kann man auch eine eindringliche Infragestellung der Geschichtskonstruktion selbst ausmachen. Man denke aber nicht, Coetzees Texte böten aufgrund ihres theoretischen Hintergrundes kein Lesevergnügen. Seine Prosa ist wie immer direkt und lebhaft, und es genügen wenige Passagen, um Visionen des Horrors und des Mitgefühls, der Falschheit und der Aufrichtigkeit heraufzubeschwören. Von den vierundzwanzig Bildern über den Vietnamkrieg, die Dawn in seiner Proviantdose herumträgt, bis zum entsetzlichen Kraftakt von Jacobus Coetzee vermag *Dusklands* zu fesseln. Das Buch attackiert seine Ziele mit atemberaubender Direktheit, es zeigt uns aber auch die irritierenden Tentakel der Mitschuld und all die Dinge in uns, die wir lieber verdrängen. **DR**

Fan Man
William Kotzwinkle

Lebensdaten | *1938 (USA)
Erstausgabe | 1974
Erschienen bei | Avon (New York)
Originaltitel | The Fan Man

Bücher entführen uns oft an seltsame und exotische Orte, aber nirgends geht es seltsamer zu als im Oberstübchen von Horse Badorties, dem „Fan Man". Kotzwinkle entführt uns auf die psychedelische Achterbahn in Horses schmutzigem, drogenverwirrtem Gehirn. Mit Horse schreiten wir durch den abscheulichen Dreck seiner Wohnung an der Lower East Side; die Bude ist so mit Abfall und Kakerlaken verseucht, daß er daneben eine zweite Wohnung mieten muß.

Es gibt kaum einen Abschnitt im Buch, in dem sich Horse nicht abrupt etwas Neuem zuwendet, wir werden mitgeschwemmt in seinem unbändigen Gedankenstrom, und wir begleiten ihn, wenn er in seinen ukrainischen Karton-Latschen und der Rotgardisten-Jacke sein großartigstes Projekt angeht: der Rekrutierung von ausgerissenen Teenager-Gören für seinen apokalyptischen „Chor der Liebe". Er wird ständig aufgehalten vom rasenden Verlangen nach einem Hot-Dog, der Beschaffung einer Luftangriffssirene auf einem Schrottplatz oder dem unglaublichen „Dorky Day" (einer Art Gehirnputzer-Ritual, bei dem Horse in einem einzigen Kapitel 1382 Mal „Dorky" von sich gibt). Diese mit einer Wundertüte östlicher Philosophie angereicherte Marihuana-Rhapsodie feiert die Hippies zu einer Zeit, als sie vorbehaltlos als schmutzige, faule und irregeführte Wesen galten. Um im Jargon zu bleiben: Du wirst nach der Lektüre nie mehr derselbe sein, Mann – zumindest nicht auf legale Weise. **GT**

Luka *
Antun Soljan

Lebensdaten | *1932 (Jugoslawien), †1993 (Kroatien)
Erstausgabe | 1974 bei Znanje (Zagreb)
Originaltitel | Luka
Originalsprache | Serbokroatisch

In diesem Roman von Soljan geht es um Politik, genauer gesagt um das Verhältnis zwischen Macht und Individuum: wie kann ein Regime die Träume der Menschen kontrollieren und zerstören, ohne daß jemand etwas davon merkt? Wenn eine Regierung eine Möglichkeit zum Profit sieht (in diesem Fall mit Erdöl), kann sie nichts aufhalten. Aber dieselbe Regierung kann auch rücksichtslos werden, wenn die Aussicht auf Reichtum verschwindet.

Soljans Erzählung spielt in der Kleinstadt Murvice an der kroatischen Adriaküste, ihr Protagonist ist der Ingenieur Slobodan Despot. Dessen einzige Verbindung zur Stadt besteht darin, daß sein Vater dort geboren wurde, aber er hofft, im „Hafen" dereinst seine Rente zu verdringen. Der „Hafen" ist ein Regierungsprojekt, für das Despot verantwortlich ist; ihn zu bauen ist sein Lebenstraum – endlich, so denkt er, kann er etwas Großartiges bauen und damit der ganzen Region helfen.

Im Lauf der Geschichte wird das Leben des einfachen, eher gelangweilten Despot nach und nach zerstört. Seine Frau unterstützt seinen Traum nicht, Beamte mißbrauchen ihn für ihre fiesen Tricks, und der Stress frißt ihn innerlich auf. Statt eine völkerverbindende Brücke zu bauen, verliert er sich in seiner Phantasie und verbringt seine Tage mit Alkohol und Sex, und als die Regierung das Projekt annulliert, verliert der arme Ingenieur den Verstand. Die Botschaft des Romans ist düster, aber es fehlt ihm nicht an Situationskomik, und er vermittelt einen Eindruck davon, was es bedeutete, in Jugoslawien zu leben. **MCi**

Ragtime
E. L. Doctorow

Lebensdaten | *1931 (USA)
Erstausgabe | 1975 bei Random House (New York)
Originaltitel | Ragtime
Musicalversion | 1998

Der erste Absatz in *Ragtime* erstreckt sich über mehr als zwei Seiten, und die Sätze kommen wie ein Sturzbach daher. Vergessen Sie nicht zu atmen! Die Passage besteht aus einer Fülle knapper Aussagen, kurze Sätze, einfache Satzkonstruktion, es geht Schlag auf Schlag. Wie Mosaiksteine lassen sich die einzelnen Sätze aneinanderfügen und es entsteht das Bild vom Leben in den USA zu Beginn des 20. Jahrhunderts. Aus den so geknüpften Fäden des Einstiegs verweben sich die Geschichten vieler realer Figuren (wie etwa Henry Ford, Theodore Roosevelt, Emma Goldmann, Sigmund Freud oder der Entfesselungskünstler Harry Houdini) mit dem Schicksal dreier fiktiver Familien, die stellvertretend für die Struktur der amerikanischen Gesellschaft jener Zeit stehen: die weiße Mittelschicht, die neuen (jüdischen) Einwanderer und die Schwarzen. Die einzelnen Mitglieder der Familien haben keine individualisierenden Namen, sondern werden mit ihrer Funktion bezeichnet, also etwa „Mutter", „Vater" etc. Die Ereignisse kristallisieren sich um die Hauptfigur Coalhouse Walker, ein erfolgreicher Ragtime-Pianist. Er besitzt einen Ford-T, der von rassistischen Feuerwehrleuten übel zugerichtet wird. Walker läßt das Auto demonstrativ an Ort und Stelle verrosten, der Protest eskaliert und endet in einer wüsten Schießerei vor dem Haus des Milliardärs Pierpont Morgan. Lebendige und mitreißende Geschichten machen das Buch absolut lesenswert, in Erinnerung bleibt aber vor allem der Stil – der quirlige Jazz in Doctorows Prosa. **PMB**

The Commandant *
Jessica Anderson

Lebensdaten | *1916 (Australien), †2010
Erstausgabe | 1975
Erschienen bei | Macmillan (London)
Miles Franklin Literary Award | 1978, 1980

Patrick Logan, der Kommandant, fordert unbedingten Gehorsam, denn nur so glaubt er, seine abgelegene Strafkolonie in Australien führen zu können. Innerhalb weniger Monate des Jahres 1830 werden seine Werte in Frage gestellt, denn das Land steht an der Schwelle zu gesellschaftlichen und politischen Veränderungen, die von der freien Presse vorangetrieben werden. Da die Strafkolonie nur per Schiff erreichbar ist, treffen Nachrichten dort immer spät ein, und wenn sie es tun, bedeuten sie für Logan nichts Gutes. Entflohene Sträflinge haben den Zeitungen in Sydney von einem barbarischen Kommandanten erzählt. Am Geplänkel zwischen der Presse, dem Gouverneur und den britischen Interessen ist Logan nicht beteiligt, als aber Captain Clunie, der die Gerüchte für den Gouverneur klären soll, zusammen mit seiner freiheitlich gesinnten Schwägerin Frances O'Briene (aus deren Perspektive der Roman größtenteils erzählt wird) in der Kolonie eintreffen, beginnt die Situation für Logan ernst zu werden.

Für Anderson sind beide Protagonisten Außenseiter – Francis paßt mit ihren mäßig radikalen Ansichten nicht zur Oberschicht der Kolonialisten, und der Kommandant hat die Tuchfühlung mit der politischen Kaste in London und Sydney verloren. Er ist der falsche Mann am falschen Ort zur falschen Zeit, was schließlich zu seinem Tod führt. Aber in Andersons komplexer Geschichte ist nichts einfach, und dem Leser obliegt es, die Motive und die Moral aller Beteiligten, die von Australien so gut wie nichts verstehen, zu hinterfragen. **JHa**

Das Jahr des Hasen
Arto Paasilinna

Lebensdaten | *1942 (Finnland)
Erstausgabe | 1975
Erschienen bei | Weilin & Göös (Helsinki)
Originaltitel | *Jäniksen vuosi*

Der Redakteur Kaarlo Vatanen, ein zynischer, unglücklicher Mann mittleren Alters, ist wie gelähmt von seiner geisttötenden Alltagsroutine. Auf dem Nachhauseweg von einer Reportage überfährt er einen Hasen. Vatanen folgt dem Tier in den Wald, wo er es mit einem gebrochenen Bein findet. Ergriffen vor Mitleid beschließt er, sich um den Hasen zu kümmern, woraufhin für das seltsame Paar ein außergewöhnliches Abenteuer auf dem Land beginnt.

Vatanen streift im Wald umher und erlebt das einfache Leben als Befreiung, er vergißt seine Misere, und Paasilinnas unbeschwerter Schreibstil scheint ihm allfällige Hindernisse aus dem Weg zu räumen. Auf seiner Odyssee durch Finnland gewinnt Vatanen seine Lebensfreude zurück, dazu eine Freundschaft, die ohne Worte auskommt. Die Landschaft wird für ihn zur Zuflucht vor der Blödheit der Stadt und dem erstickenden Papierkram im Büro. Zum Ergötzen des Lesers beschreibt Paasilinna ausführlich die absurden Situationen, die entstehen, wenn die Norm dem Unnormalen beizukommen versucht. Dabei verwendet er seinen burlesken Humor auch, um über heikle Angelegenheiten wie den Tod, Geisteskrankheit, Arbeitslosigkeit, Rebellion oder Alkoholsucht zu schreiben – und dies, ohne je ins Banale abzugleiten. Diese Kunst machte ihn weltweit zu einem äußerst beliebten Autor. **TSe**

> Paasilinna im Jahr 1965. Er wuchs in Lappland auf, und seine Vertrautheit mit dem Land läßt er in seine Romane einfließen.

Humboldts Vermächtnis

Saul Bellow

Lebensdaten | *1915 (Kanada), †2005 (USA)
Erstausgabe | 1975 bei Viking Press (New York)
Originaltitel | *Humboldt's Gift*
Pulitzerpreis | 1976

Der in der Ich-Form erzählte Roman ist im Wesentlichen das Porträt von Charlie Citrine, einem erfolgreichen Schriftsteller, der durch den Tod seines Freundes Humboldt zum Nachdenken über seine dürftigen Begabungen veranlaßt wird. Citrines Kampf wird nicht sequentiell erzählt, sondern episodisch; wir erfahren, wie er von einem Chicagoer Gangster geknechtet, von seiner Scheidung gepeinigt und schließlich sogar von seiner Mätresse verlassen wird.

Es ist Citrines Bewunderung für Humboldt zu verdanken, daß hier ein großes Klagelied auf den gefühlvollen Mann entsteht, der von der testosterongesteuerten, typisch amerikanischen Habgier und Selbstverherrlichung aufgerieben wird. Als der desillusionierte Citrine entdeckt, wie sehr er selbst von diesen Unsitten geformt wurde, scheut sich Bellow nicht, die Quellen der Dekadenz zu nennen. Der Sex-Guru Kinsey, die Konzerne, der bankrotte philosophische Diskurs und der Feminismus – sie alle werden als ungeeignete Bettgenossen identifiziert.

Bellow schrieb den Roman in der Absicht, „der urbanen Gesellschaft den Lärm, die Unsicherheit, die Krisenstimmung, die Verzweiflung und die Plattheit der Vergnügungsindustrie vor Augen zu führen". Diese Aufgabe hat Bellow überzeugend und intelligent gelöst – dank einer schillernden Prosa und seiner Begabung für die Gesellschaftssatire. **VA**

Eine Frau am Punkt Null

Nawal El Saadawi

Lebensdaten | *1931 (Ägypten)
Erstausgabe | 1975
Erschienen bei | Dar al-Adab, Beirut
Originaltitel | *Emra'a 'inda nuqtat al-sifr*

Eine Frau am Punkt Null ist ein hervorragend geschriebener Roman, der die empörende Stellung der Frau in Ägypten thematisiert. Erzählt wird die Geschichte von Firdaus, die in der Kindheit in ihrem Dorf von einem Onkel sexuell mißbraucht wurde. Später zwingt man sie, einen gewalttätigen Mann zu heiraten, sie wird zur Prostitution gezwungen, und schließlich wird sie des Mordes an einem Zuhälter angeklagt und zum Tode verurteilt.

Auf wenig mehr als hundert Seiten vermittelt dieser Roman einen umfassenden Eindruck von der Härte und Verzweiflung in Firdaus' Leben, die ihre Geschichte im Gefängnis erzählt, wobei ihre Haft und die dazu führenden Ereignisse weniger beklemmend und brutal erscheinen als ihre Kindheit. Die äußeren Umstände ihrer Pein mögen sich ändern, aber sie bleibt immer in einem System gefangen, das sie bloß als austauschbares Sexualobjekt betrachtet. Diesen Umstand unterstreicht Saadawi durch die Wiederholung von Schlüsselpassagen mit immer anderen Peinigern. Außerordentlich beunruhigend ist auch, daß Firdaus den Tod, mit dem die Geschichte endet, einer Befreiung aus dem Gefängnis vorzieht.

Durch den immer wiederkehrenden Fokus auf die Augen wird der klaustrophobische Eindruck im ganzen Buch verstärkt. Firdaus ist dauernd den bedrohlich gaffenden Blicken der Männer ausgesetzt, die ihren Körper begehren. Es gibt zwar Hinweise auf die Möglichkeit sexueller Beziehungen jenseits der Gewalt, aber diese tauchen nur flüchtig aus einer unzugänglichen Vergangenheit auf. **ABi**

Bellow im Alter von 61 Jahren bei einer Signierstunde in seiner Geburtsstadt Chicago.

Willard und seine Bowlingtrophäen
Richard Brautigan

Lebensdaten | *1935 (USA), †1984
Erstausgabe | 1975 bei Simon & Schuster (New York)
Originaltitel | *Willard and His Bowling Trophies: A Perverse Mystery*

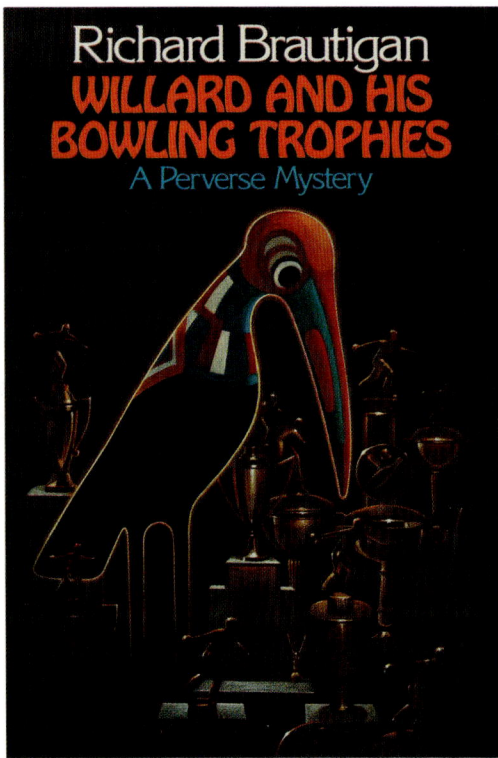

Mit diesem Werk, das in der deutschen Ausgabe den Untertitel *Ein perverser Kriminalroman* trägt, wagte sich Brautigan an einen Genre-Roman. Als Krimi ist das Buch von marginaler Bedeutung, pervers ist es aber allemal.

Bob hat sich auf Amateur-Sadismus eingelassen, um seine Beziehung zu Constance zu retten, und seitdem werden seine Existenz und Psyche von chronischen Warzen an seinem besten Stück gepeinigt (wir sind in den Siebzigern in San Francisco). Constance trauert um ihren Ehemann Bob, von dem nur mehr ein Schatten übriggeblieben ist. Willard ist ein großer, exotisch bemalter Vogel aus Pappmaché. Die Bowlingtrophäen (sie sind alle gestohlen), über denen er thront, stehen eine Etage tiefer in der Wohnung von Pat und John. Ihr Sexleben ist in Ordnung. Beide Paare haben keine Ahnung von der immer brutaleren Gewaltwelle, die sich über die USA ausbreitet; sie geht von den Logan-Brüdern aus, die nach ihren Trophäen suchen. Die einst mustergültigen Exemplare amerikanischer Männlichkeit – gesund, gesetzestreu, gute Bowler – werden von einer rasenden Wut getrieben, die sie von kleinen Diebereien über bewaffnete Raubüberfälle bis zum Mord anstachelt. Sie brauchen drei Jahre, bis sie vor dem Haus an der Chestnut Street stehen – „Amerika ist riesig, die Trophäen sind im Vergleich dazu sehr klein."

Der Roman über eine schicksalhafte, willkürliche Zerstörung, über die Zersetzung von Sinn und Zweck auf dem Höhepunkt der amerikanischen 70er Jahre hat dank Brautigans einmaligem Stil einen hypnotischen Sog. Seine knappen, sterilen Erklärungen, die einfachen, fast kindlichen Sätze fesseln wie ein Metronom und bringen uns außer Atem – und zum Lachen. **GT**

 Brautigans Romane spiegeln die Ängste, Sehnsüchte und den Humor des amerikanischen Westküsten-Underground.

 Roger Ressmeyer nahm 1981 diesen Schnappschuß in Brautigans Büro in San Francisco auf.

Roman eines Schicksallosen
Imre Kertész

Lebensdaten | *1929 (Ungarn)
Erstausgabe | 1975 bei Szépirodalmi Kiadó (Budapest)
Originaltitel | *Sorstalanság*
Nobelpreis für Literatur | 2002

Erst 1975 konnte Kertész im kommunistischen Ungarn seinen Roman veröffentlichen – die Geschichte der Zurückweisung hat er 2000 in *Fiasko* geschildert –, der dann allerdings mit Schweigen bedacht wurde. Ähnliche Situationen tauchen als Kernthema in seinen Werken immer wieder auf: der Kampf eines Menschen gegen die anonyme Brutalität der Geschichte. *Roman eines Schicksallosen* baut auf den KZ-Erfahrungen von Kertész auf, allerdings betonte Kertész, daß er keinen autobiographischen Roman geschrieben habe, sondern einen Roman in autobiographischer Form.

Der fünfzehnjährige Jude György Köves wird zuerst nach Auschwitz verschleppt und kommt dann nach Buchenwald. Bei der Ankunft gibt er ein falsches Alter an und entgeht so – unwissentlich – der Gaskammer. Der Ich-Erzähler schildert die Mechanismen, die ihm das Überleben sicherten. Die Ich-Form, die lineare Erzählweise und das häufig verwendete Präsens lassen den Leser am Alltag im KZ teilhaben, inklusive der Eintönigkeit und der körperlichen Schmerzen – und dem „Glück", das es, wie Köves nach der Befreiung beteuert, auch gegeben habe. Auf diese Weise vermeidet Kertész jeden Anspruch auf Objektivität und verhindert einfache Urteile.

Roman eines Schicksallosen stellt Fragen zu Auschwitz, Fragen, die heute beantwortet werden müssen, denn – und darauf besteht Kertész – der Holocaust darf nicht als bewältigte Vergangenheit betrachtet werden: Was bedeutet es, Jude zu sein? Wie werden wir frei? Der Holocaust ist der Nullpunkt der europäischen Kultur, er markiert den Tod Gottes und den Beginn der Einsamkeit, und er hat überraschenderweise auch das Potential zur Erfüllung eines Freiheitsversprechens. **IJ**

„Auch ich habe ein gegebenes Schicksal durchlebt. Es war nicht mein Schicksal, aber ich habe es durchlebt – und ich begriff nicht, warum es ihnen nicht in den Kopf ging, daß ich nun eben etwas damit anfangen mußte ..."

Der Holocaustüberlebende Imre Kertész 2005 in Berlin, wo es nun eine Gedenkstädte für die Opfer der Todeslager gibt.

Der tote Vater
Donald Barthelme

Lebensdaten | *1931 (USA), †1989
Erstausgabe | 1975
Erschienen bei | Farrar, Straus & Giroux (New York)
Originaltitel | *The Dead Father*

Das für den postmodernen Roman wegweisende Buch gibt vor, die Geschichte von der Suche eines „nur in gewissem Sinn" toten Vaters nach einem „Goldenen Vlies" zu erzählen. Der monumentale, aufgeblähte Vaterkoloß wird von seinem Podest gestürzt und dann von einer neunzehnköpfigen Mannschaft durch einen mythisch anmutenden Raum gezogen. Das Goldene Vlies wird den „Toten Vater" verjüngen und, so wird ihm versichert, seine frühere Autorität als Vater aller Kulturen wieder herstellen. Der unberechenbar tyrannische Vater verbringt die Zeit mit dem Verführen von Frauen und dem Lamentieren über seine verlorene Jugend, und wenn ihm danach ist, bringt er unterschiedslos jeden um, der ihm in die Nähe kommt. Das Ziel der Suche wird jedoch verfehlt, denn es stellt sich heraus, daß er nicht an einen Ort der Verjüngung geführt wird, sondern zu seinem Begräbnis.

In seinem gnadenlosen Angriff auf die „Autorität" schlachtet Barthelme alle heiligen Kühe der westlichen Kultur. Die Freudianer werden verspottet, Hohepriester der Moderne wie Eliot oder Joyce werden parodiert, und jeder Anflug objektiver Wahrheit wird verbannt. Die lockere Erzählung beinhaltet scheinbar belanglose Abschweifungen, die sich nur notdürftig zu einer kohärenten Handlung verbinden. Die radikale Abkehr von der Vernunft, die Abwendung vom Naturalismus und die Textur der Sprache sorgen für eine aufregende Mischung. Wer sich wundert, warum die postmoderne Belletristik immer wieder heftige Kontroversen auslöst, der sollte sich den Herausforderungen dieses fulminanten Romans stellen. **VA**

Korrektur
Thomas Bernhard

Lebensdaten | *1931 (Niederlande), †1989 (Österreich)
Erstausgabe | 1975
Erschienen bei | Suhrkamp (Frankfurt)
Georg-Büchner-Preis | 1970

In diesem anspruchsvollen Meisterwerk zeichnet Thomas Bernhard die Selbstzerstörung des exzentrischen und brillanten Wissenschaftlers Roithamer nach, der besessen ist von der Idee, für seine Schwester einen perfekten, gigantischen Wohnkegel zu bauen. Der Roman besteht aus zwei Teilen. Im ersten berichtet Roithamers Freund, ein Mathematiker, der nach Roithamers Selbstmord aus England nach Österreich zurückgekehrt ist, um dessen Papiere zu sichten. Der zweite Teil ist eine Auswahl aus eben diesen Papieren. Sie geben einen Einblick in die Entwicklung von Roithamers Werk und behandeln seinen Solipsismus und Nihilismus, sein kulturelles Exil und seine leidenschaftliche Haßliebe zu Österreich.

In *Korrektur* offenbart sich Bernhards Begeisterung für Wittgenstein in ihrer reinsten Form. Roithamer und Wittgenstein haben viele biographische Details gemeinsam, aufschlußreicher sind aber Wittgensteins Distanzierung von seiner Herkunft, seine intellektuelle Askese und die Strenge seines Denkens und seiner philosophischen Methode. Roithamer verursacht durch seine Zwanghaftigkeit den Tod der geliebten Schwester und tötet sich selbst damit. Sie steht für eine umfassendere emotionale und künstlerische Ganzheit, die dem hyperintellektuellen Roithamer verwehrt ist.

Die Stärke des Romans liegt in der energiegeladenen, pulsierenden Prosa. In dieser perfekt komponierten Analyse der Gefahren intellektueller Obsessionen behandelt Bernhard eines seiner Hauptthemen so ernsthaft wie noch nie. **AL**

Ein Tanz zur Musik der Zeit

Anthony Powell

Die zwölf Romane (von denen nur vier in deutscher Übersetzung vorliegen), die auch einzeln und jeweils in einem Tag gelesen werden können, gelten als englische Version von Prousts *Auf der Suche nach der verlorenen Zeit*. Nick Jenkins, der sanfte Titelheld in Powells Opus magnum, beobachtet – dem Proustschen Erzähler ähnlich – das komische und erstaunliche Gebaren seiner Zeitgenossen, und zwar von seinen Tagen als Eton-Schüler in den 20er- bis ins hohe Alter in den 70er Jahren. Die ersten drei Bände (in englischen Ausgaben manchmal unter dem Titel *Spring* zusammengefaßt) behandeln Schule, Universität und erste Berufsjahre in London. Die nächsten drei Bände (*Summer*) handeln vom Krieg, aber es geht auch um die Liebe. Die Bände sieben bis neun (*Autumn*) enthalten die grotesken und faszinierenden Ereignisse von 1939 bis 1945 aus der Perspektive eines jungen Offiziers. Die letzten drei Bände (*Winter*) zeigen Jenkins in seinen mittleren und späten Jahre auf einem Literaturkongreß in Venedig und mitten im englischen Landleben.

Wie bei Proust liegt der Reiz dieser Romane mit Suchtpotential weniger in ihren Plots oder in der Schilderung eines halben Jahrhunderts in der oberen englischen Mittelklasse. Powells Erfolg basiert auf dem Komödienhaften, auf seinen Personenbeschreibungen und seinem davon nicht zu trennenden Stil. Die wunderbar formulierten Einschätzunen der Erlebnisse seines Titelhelden sind eine Wohltat und machen uns die Welt des Romans plausibel. Seine stille, elegante Prosa macht alles zum Gegenstand eines Lust- und Verwirrspiels. Der monströse Egoist Kenneth Widmerpool, eine von Powells besten Figuren, erscheint in allen zwölf Büchern in immer abstoßenderen Inkarnationen, bis ihn im letzten die wohlverdiente Strafe ereilt. Widmerpool ist das perfekte Sinnbild eines verrückten Jahrhunderts; Nick Jenkins, der still seine Pflichten erfüllt, wirkt da etwas ausgleichend. **PMB**

Lebensdaten | *1905 (England), †2000
Erstausgabe | 1951–1975 (12 Bände)
Erschienen bei | Heinemann (London)
Originaltitel | *A Dance to the Music of Time*

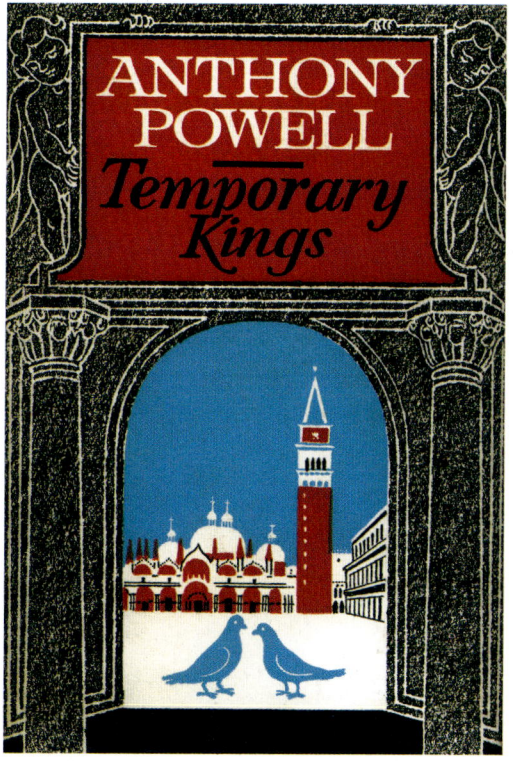

Der Umschlag der Erstausgabe des elften Bandes von *A Dance to the Music of Time*.

Anthony Powell schrieb nicht nur Romane, sondern verfasste auch Drehbücher, Theaterstücke, Gedichte und Tagebücher.

W oder die Kindheitserinnerung
Georges Perec

Lebensdaten | *1936 (Frankreich), †1982
Erstausgabe | 1975
Erschienen bei | Éditions Denoël (Paris)
Originaltitel | *W, ou le souvenir d'enfance*

George Perecs fesselnde, fiktive Autobiographie erzählt abwechselnd zwei völlig verschiedene, scheinbar nicht miteinander verwandte Geschichten. In der ersten vernimmt der Erzähler eine skurrile Geschichte über einen auf See vermißten Knaben und die Insel „W", wo ein Volk lebt, bei dem sich alles um den Sport dreht. Die zweite ist autobiographisch, Ich-Erzähler ist der als polnischer Jude geborene Perec selbst, er schildert Episoden aus seiner Kindheit und der Internatszeit in Südfrankreich. Die Sitten und Bräuche des fiktiven „olympischen" Inselvolks werden mit der Genauigkeit eines Tatsachenberichts beschrieben; die Fakten aus Perecs Leben hingegen erscheinen so vage und anfechtbar, als wären sie erdichtet. Er gibt vor, keine Kindheitserinnerungen zu haben, er könne sich täuschen und er zweifle an der Zuverlässigkeit seines Gedächtnisses. Daten, Maße, Statistiken, Diplome, wie genau auch immer, könnten das unbeschreibliche Grauen von Auschwitz, wohin Perecs Mutter 1943 verschleppt wurde, ohnehin nicht beschreiben. Dies wird teilweise kompensiert durch die Schilderung des Lebens auf der fiktiven Insel W, wo die Athleten ein aufgesticktes Zeichen an den Hemden tragen, wo Versager mit Nahrungsentzug bestraft werden und wo die Utopie immer deutlicher die Züge eines Konzentrationslagers annimmt. Mit diesem Roman hat Perec gewissermaßen die Autobiographie für das 20. Jahrhundert neu erfunden. **KB**

Der Herbst des Patriarchen
Gabriel García Márquez

Lebensdaten | *1928 (Kolumbien)
Erstausgabe | 1975
Erschienen bei | Plaza & Janés (Barcelona)
Originaltitel | *El otoño del patriarca*

Dies ist García Márquez' anspruchsvollster und experimentellster Roman. Es ist auch der am meisten unterschätzte, denn er wird von den Bestsellern des Autors überschattet; bei der Kritik sorgte er für einige Verwirrung. Der Autor selbst bezeichnet das Buch als „ein Gedicht über die Einsamkeit der Macht". Im Zentrum des Romans steht ein namenloser südamerikanischer Diktator, dessen politischem Genie eine abgrundtiefe Einsamkeit und Paranoia gegenüberstehen. Dieser „Patriarch" steht für alle Autokraten und Wahnsinnigen, die im 20. Jahrhundert ihr Unwesen trieben, er ist eine Figur der puren Grausamkeit und der puren Verzweiflung, ein Herr über ein leidendes Volk, und er herrscht Kraft einer mythischen Aura, die er sich selbst gezimmert hat. Nachdem Revolutionäre den verwesenden Leichnam des Patriarchen im Palast – einem Hort unvorstellbarer Reichtümer – entdeckt haben, rekonstruiert García Márquez das öffentliche und private Leben des verstorbenen Tyrannen anhand dessen Hinterlassenschaft.

Dies geschieht in einer kaum von Satzzeichen unterbrochenen, sturzflutartigen Prosa, die sich über sechs Abschnitte ergießt, womit der Roman an Molly Blooms Selbstgespräch im Schlußkapitel von Joyces *Ulysses* erinnert. Die Erzählung ist voller räumlicher und zeitlicher Sprünge, abrupter Abschweifungen in reale historische Ereignisse und wilder Ausflüge in die Phantasie. *Der Herbst des Patriarchen* ist eine erstaunliche Studie über Charisma, Korruption, Gewalt und politische Machtapparate. **SamT**

Kindheitsmuster
Christa Wolf

Lebensdaten | *1929 (Deutschland), †2011
Erstausgabe | 1976
Erschienen bei | Aufbau Verlag (Berlin)
Georg-Büchner-Preis | 1980

Im Zentrum von *Kindheitsmuster* steht die Beziehung zwischen dem Erwachsenen und dem Kind, das man einst war. Kann man die Kindheit einfach so hinter sich lassen? Kann jemand, der seine früheste Kindheit unter den Nazis erlebte, je ganz frei sein von den damaligen Einflüssen?

Nelly Jordan, die Ich-Erzählerin des Romans, denkt über diese Fragen nach, während sie ihre – nunmehr polnische – Heimatstadt L. besucht. Nelly war seit ihren Kindertagen nicht mehr in L., sie flüchtete auf dem Höhepunkt des Zweiten Weltkriegs vor dem sowjetischen Vormarsch. Als sie auf der Reise ihre Nazi-Kindheit mit den Augen einer erwachsenen DDR-Bürgerin betrachtet, steigen Bilder auf, die sie verdrängt hatte. Sie zieht das schockierende Fazit, daß die Feigheit und Scheinheiligkeit im neuen sozialistischen Deutschland nicht allzuweit entfernt ist vom alltäglichen Faschismus, den sie in ihrer Familie und deren Umgebung als Kind erlebte, und daß ein von Nazis beherrschtes Land nicht über Nacht in ein von sozialistischen Helden regiertes verwandelt werden kann. Veränderungen können, wenn überhaupt, nur schrittweise erfolgen. Bemerkenswert am Roman ist vor allem die Erkenntnis der Notwendigkeit einer völlig aufrichtigen Betrachtung der deutschen Vergangenheit, ungeachtet des dabei aufkommenden Unbehagens. Christa Wolfs mutige Hinterfragung der DDR-Ideologie trug ihr nicht nur in der Bundesrepublik Respekt und Bewunderung ein. **MM**

„Schreibend zwischen der Gegenwart und der Vergangenheit vermitteln, sich ins Mittel legen. Heißt das: versöhnen? Mildern? Glätten? Oder: eins dem anderen näherbringen?"

Christa Wolf zählte zu den bedeutendsten deutschen Schriftstellern ihrer Zeit, ihr Werk wurde in zahlreiche Sprachen übersetzt.

Blaming
Elizabeth Taylor

Lebensdaten | *1912 (England), †1975 (England)
Erstausgabe | 1976
Erschienen bei | Chatto & Windus (London)
Originalsprache | Englisch

Elizabeth Taylors letzter Roman *Blaming* ist eine distanzierte Darstellung emotionaler Erstarrung, ein sympathisches, aber unerbittliches Porträt der oberen Mittelschicht Englands. Zu Beginn der Geschichte muß Amy den Tod ihres Mannes auf einer Mittelmeer-Kreuzfahrt verkraften. Eine Zufallsbekanntschaft, die junge amerikanische Schriftstellerin Martha, begleitet sie nach London zurück. Die zurückhaltende Engländerin und die extrovertierte Amerikanerin passen eigentlich nicht zueinander, doch Taylor blickt hinter die kulturellen Stereotype und erinnert uns daran, daß auch nette Menschen engherzig sein können. Das zeigt sich oft in Kleinigkeiten, wie dem Streit über die Taxigebühr oder die Frage, wer das Licht hat brennen lassen. Die Autorin zeigt, welch katastrophale Folgen Gedankenlosigkeit haben kann und läßt den Leser intensiv teilhaben, wenn ihre Figuren Scham, Verlegenheit oder Reue empfinden.

Das Wort „Tragödie" ist für ein Buch, das so fest im Alltäglichen verwurzelt ist, eigentlich zu hoch gegriffen, und tatsächlich bieten die letzten Seiten auch eine Art Happy End. Dennoch handelt es sich um eine Tragödie im eigentlichen Sinn – eine faszinierende Spirale ungewollter Konsequenzen. Amys verknöcherter Sohn James und die beiden cleveren Enkelinnen Isobel und Dora sorgen dabei immer wieder für die nötige Portion Humor.

Elizabeth Taylor ist eine scharfsinnige Beobachterin der frühen 1970er Jahre, doch ihr Roman hat eine zeitlose Qualität, die ihn über eine Milieustudie hinaushebt. **ACo**

Geh zur Hölle, Welt!
Newton Thornburg

Lebensdaten | *1929 (USA), †2011
Erstausgabe | 1976
Erschienen bei | Little, Brown & Co. (Boston)
Originaltitel | *Cutter and Bone*

Thornburgs vergessenes Meisterwerk begibt sich auf die Spuren der amerikanischen Proteste zur Zeit des Vietnamkriegs, die soziale und politische Umwälzungen versprachen, letztendlich aber nichts veränderten. Die Geschichte dreht sich um Alex Cutter, einen trinkenden, desillusionierten und invaliden Vietnamveteranen, und Bone, einen selbstverliebten Gigolo. Bone beobachtet, wie jemand eine Frauenleiche entsorgt, und er glaubt, im Killer J. J. Wolfe erkannt zu haben, einen Tycoon des organisierten Verbrechens. Bone und Cutter wollen Wolfe nachstellen, um von ihm zu profitieren und ihn der Justiz auszuliefern.

Thornburg versteht es, den Leser so ziemlich über alles im Ungewissen zu lassen: verfolgt Cutter wirklich nur eigene Interessen oder steckt hinter seiner Abneigung gegen Wolfe ein politisches Motiv? Kommen Cutters Frau und das Baby durch seine Schuld um oder hat es mit seiner Jagd auf Wolfe zu tun? Cutter grämt sich um sein Land, das seine Seele den Konzernen verkauft und seinen Stolz in den Sümpfen Südostasiens verloren hat. Ist seine Hatz auf Wolfe der letzte verzweifelte Akt eines Helden, der nichts mehr zu verlieren hat, oder das Ergebnis seines verwirrten Geistes? Das Buch liest sich wie der Abschiedsbrief eines Selbstmörders, und Cutters Nihilismus wird nur durch die Einsicht gelindert, daß die Welt so verloren ist, wie er es zu sein glaubt. **AP**

> Ivan Passer verfilmte den Roman 1981 unter dem Titel *Cutter's Way – Keine Gnade*. John Heard spielte den verwundeten Vietnamkämpfer Alex Cutter.

Gespräch mit einem Vampir

Anne Rice

In ihren zahlreichen Büchern hat Anne Rice die alten Vampirgeschichten aufgefrischt und in eine moderne Form gegossen. Ihre Vampire haben nach wie vor Draculas Qualitäten, aber ihre Welt ist weitaus erotischer und gewalttätiger als bei Bram Stoker, sie verpflanzt den Vampir in unsere Zeit, in ihre Heimatstadt New Orleans.

Titelfigur der Geschichte ist Louis, er ist seit zweihundert Jahren Vampir und damit – wohl oder übel – unsterblich. Während er seine Geschichte erzählt, beginnen wir zu begreifen, was so ein Leben bedeutet. Vampire sehen die Welt mit anderen Sinnen, sie ist brutaler, zugleich aber auch von so verblüffender Lebendigkeit, wie sie Normalsterbliche niemals erleben können. Doch Louis wird von Fragen gequält: Er fragt sich, wie er zum Vampir wurde, und welchen Göttern und Teufeln er seine Misere zu verdanken hat. Louis ist ein Vampir mit einem Gewissen, deshalb will er sich nicht von menschlichem Blut ernähren und versucht, seinen unkontrollierbaren Appetit anderweitig zu befriedigen. Es spricht für Anne Rice, daß diese unwahrscheinliche Konstellation nie in Gefühlsduselei abgleitet. Dem Leser werden sowohl die Schrecken, wie die Freuden des Außenseiters nahe gebracht, der nicht nur von den Menschen, sondern auch von seinen Mit-Vampiren gemieden wird.

Durchdrungen wird Louis' Geschichte von den hellen Lichtern und dunklen Schatten von New Orleans, einer Stadt, die sowohl den alten heidnischen Bräuchen wie auch der glitzernden Moderne huldigt. *Gespräch mit einem Vampir* ist ein brillanter Roman, der uns in das Reich der Nacht führt, das manchmal wie ein Negativfilm der Welt anmutet, wie wir sie mit unseren bescheidenen Sinnen sehen. **DP**

Lebensdaten | *1941 (USA)
Richtiger Name | Howard Allen O'Brien
Erstausgabe | 1976 bei Knopf (New York)
Originaltitel | *Interview With the Vampire*

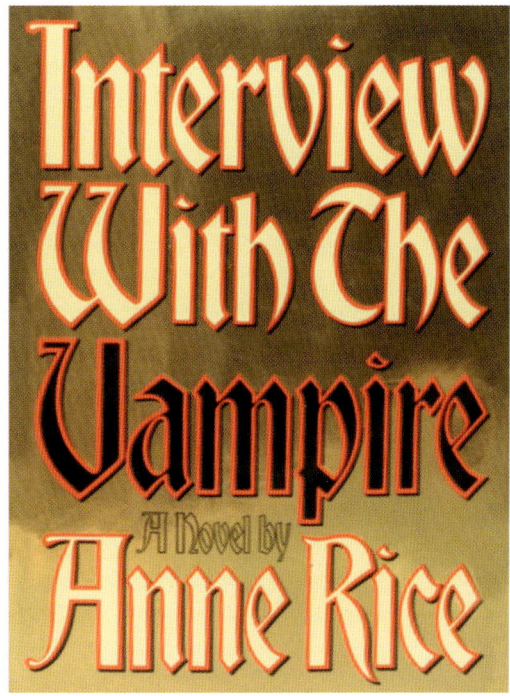

„Der Vampir lächelte."

- Anne Rices Markenzeichen sind erotische Phantasy-Romane, die meist in ihrer Heimatstadt New Orleans angesiedelt sind.

- Das Drehbuch zu Neil Jordans üppig-dekadenter Verfilmung (1994) ihres Romans schrieb Anne Rice selbst.

Die linkshändige Frau
Peter Handke

Lebensdaten | *1942 (Österreich)
Erstausgabe | 1976
Erschienen bei | Suhrkamp (Frankfurt)
Siegfried-Unseld-Preis | 2004

Ende der 60ger-, Anfang der 70er Jahre war Peter Handke das *enfant terrible* der deutschsprachigen Literatur – legendär sein Auftritt bei der Tagung der Gruppe 47 in Princeton 1966, wo er seinen Kollegen „Beschreibungsimpotenz" vorwarf; auch seine Theaterstücke, unter anderem die *Publikumsbeschimpfung* (1966), provozierten. Die Erzählung *Die linkshändige Frau* ist aus dem Drehbuch zum gleichnamigen Film (1977) hervorgegangen. In knapper, kühler Prosa wird die Geschichte einer Existenzkrise erzählt. Die unzufriedene Hausfrau Marianne beschließt in einem spontanen Anflug von Selbstvertrauen, sich von ihrem Mann, dem Vater ihres achtjährigen Sohnes, zu trennen. Marianne entzieht sich eine zeitlang allen Kontakten und versucht, jenseits ihrer Frauen- und Mutterrolle das Gefühl für Freiheit und Identität wiederzufinden.

Handke verstellt dem Leser die Möglichkeit der Identifikation mit den Romanfiguren: Marianne zum Beispiel wird vom Erzähler nur als „die Frau", ihr Sohn als „das Kind" bezeichnet. Er vermeidet erklärende Details und innere Monologe – das verwirrte Innenleben der Figuren wird übersetzt in eine Erzählsprache, die mit unzusammenhängenden Dialogen und verlegenen Sprechpausen Konflikte allenfalls andeutet. Immer wieder betrachtet sich Marianne im Spiegel, Ort der Selbstversicherung und der Selbstreflexion – aber auch Metapher für die Zerbrechlichkeit der persönlichen Identität, die sogar durch eine Namensnennung oder eine Beschreibung gefährdet sein kann. Die Linkshändigkeit steht symbolisch für dieses Verlangen nach (unbeschreiblicher) Individualität, für das Recht, anders zu sein. Der Text schließt mit verhaltenem Optimismus: Marianne versichert sich selbst, sie habe sich nicht verraten, und fortan werde sie niemand erniedrigen können. **JH**

Der Kuß der Spinnenfrau
Manuel Puig

Lebensdaten | *1932 (Argentinien), †1990 (Mexiko)
Erstausgabe | 1976
Erschienen bei | Seix-Barral (Barcelona)
Originaltitel | *El beso de la mujer araña*

Der Kuß der Spinnenfrau ist Puigs erfolgreichster Roman, sein politischster und auch sein originellster, obwohl die Handlung vordergründig einfach scheint. Es geht um zwei Gefangene, die sich in der Zeit der argentinischen Militärdiktatur eine Zelle teilen: Molina, ein schwuler Dekorateur, egozentrisch und frivol, sitzt wegen Verführung Minderjähriger; Valentín, wegen „Subversion" inhaftiert, ist besessen von der Frau, die er verlassen hatte, um sich den revolutionären Kämpfern anzuschließen. Immer wieder werden die beiden in die Folterkeller der Militärpolizei geführt – um von diesen regelmäßigen und erwartbaren Torturen abzulenken, erzählt Molina seinem Zellengenossen die Geschichten alter, romantischer Filme. Valentín zeigt sich anfänglich abweisend, ist aber aber bald von Molinas sentimentaler Glitzerwelt gefangen und freut sich ungeduldig auf die nächste Geschichte. Molina seinerseits begeistert sich für Valentíns Sache.

Das Medium Film wird in diesem Roman zu einer starken Metapher, denn in Molinas bunten Filmgeschichten tauchen Figuren und Situationen auf, die Parallelen zum Verhältnis der beiden Männer aufweisen, das sich von der Gleichgültigkeit bis zur Freundschaft, vom Mitleid bis zur Liebe entwickelt. Deutlich zeigt Puig in diesem Roman, daß Klassenkampf und Kampf um sexuelle Befreiung nicht voneinander zu trennen sind, und er plädiert auch für die Macht der Phantasie und der Wunschträume. **SR**

> William Hurt bekam für seine Darstellung des Molina in Hector Babencos Filmadaption (1985) von Puigs *Kuß der Spinnenfrau* einen Oscar.

Blaue Lilien auf transparenter Haut
Ryu Murakami

Lebensdaten | *1952 (Japan)
Erstausgabe | 1976
Erschienen bei | Kodansha (Tokio)
Originaltitel | *Kagirinaku tomei ni chikai buru*

Mit oft geradezu abstoßender Genauigkeit beschreibt Murakami den Alltag einer Gruppe nihilistischer Jugendlicher, die in der Nähe einer amerikanischen Militärbasis in Japan leben. Der Erzähler – er heißt Ryu, wie der Autor – und seine Freunde lehnen den einengenden Lebensstil der „Spießer" mit ihren sicheren Arbeitsplätzen, der Familie und – vor allem – der strikten Moral ab. Lieber geben sie sich Drogen, Sexorgien und der Musik hin. Scheinbar ohne roten Faden umreißt Murakami die Langeweile, die Entfremdung und die Verdorbenheit einer Generation ohne Lebensziel.

Der damals erst 23jährige Autor nimmt keine Rücksicht auf die Empfindlichkeiten des Lesers, er zwingt uns, einer ganzen Reihe von sexuellen Gewalttaten und Drogenexzessen beizuwohnen. Aber hinter den akribisch genau beschriebenen Szenen verbirgt sich das ungeschminkte Porträt einer universellen Einsamkeit, die an Camus oder Kafka erinnert.

Murakami, das Enfant terrible der japanischen Literatur, erteilte dem beschaulichen Nachkriegsroman mit *Blaue Lilien auf transparenter Haut* eine Absage, er zerstört das Japan-Bild der schneebedeckten Bergkuppen und der Kirschblüten und legt die Schattenseite einer bewegten Gesellschaft frei. Der Roman, der die Leserschaft und die Kritik gleichermaßen spaltete, gewann 1976 den prestigeträchtigen Akutagawa-Literaturpreis. **BJ**

Im Herzen des Landes
J. M. Coetzee

Lebensdaten | *1940 (Südafrika)
Erstausgabe | 1977
Erschienen bei | Secker & Warburg (London)
Originaltitel | *In the Heart of the country*

In seinem zweiten Roman erzählt Coetzee eine Geschichte voller Wahnsinn, Wollust und Einbildung inmitten des südafrikanischen Busches. Magda ist die unverheiratete Tochter eines verwitweten weißen Farmers auf einer einsamen Ranch. Als ihr Vater die Braut des afrikanischen Knechts Hendrik verführt, fällt Magda der Eifersucht, der Entfremdung und einer Begierde nach Liebe und Sex anheim. Sie fühlt sich unfruchtbar, asexuell und unnütz, und sie glaubt, sie werde von allen andern mit ihrem isolierten Leben in Gesellschaft ihres abweisenden Vaters „belohnt" – eine „Belohnung", die sich in ihrer Einbildung zur Vergewaltigung durch den Vater steigert.

Wenn Magda die Leere ihres Lebens mit Worten auszufüllen versucht, wird Coetzees sachliche, dichte Prosa zu einer Art düsterer Poesie. Von den äußeren Ereignissen ausgesperrt, knüpft Magda unablässig an ihren Geschichten, um ihrem Leben irgendeinen Sinn zu geben. Aber die Sprache versagt, und ihr Verstand beginnt sich selbst zu verzehren. *Im Herzen des Landes* erzählt vom Schicksal einer Frau, die von der Geschichte vergessen wurde, aber das Buch selbst verlässt die Geschichte auf seiner Reise in die Seele nicht. Schockierend, herausfordernd und beunruhigend erforschte Coetzee hier schon früh das Netzwerk der sexuellen und rassistischen Unterdrückung, das die Kolonialherren den Südafrikanern vererbten. **VM**

Der Seeleningenieur
Josef Skvorecky

Lebensdaten | [1924 (Tschechoslowakei), †2012 (Kanada)
Erstausgabe | 1977 bei Sixty-eight (Toronto)
Originaltitel | *Príbeh inzenyra lidskych dusí*
Originalsprache | Tschechisch

Skvoreckys Titelheld ist Danny Smiricky, ein tschechischer Schriftsteller, der im kanadischen Exil lebt. Er hat zwei Diktaturen erlebt, die der Nazis und die der der Kommunisten. Die Handlung springt zwischen Gegenwart und Vergangenheit hin und her – kleine Ereignisse in seinem Alltag rufen die Erinnerung an die Zeit der Nazi-Okkupation der Tschechoslowakei wach. Von den Tschechischen Behörden wurde er als „staatszersetzender Oppositioneller" durch die geheime Staatspolizei bespitzelt. In immer neuen Verkleidungen entgeht er den Häschern und flüchtet schließlich ins Ausland, um der Verfolgung zu entgehen.

Der Seeleningenieur ist eine urkomische schwarze Komödie, aber auch das nüchterne Porträt eines tschechischen Emigranten in Kanada. Die sieben Kapitel des Buches stehen in engem Bezug zu Autoren, über die Danny an der Universität von Toronto Vorlesungen hält: Poe, Hawthorne, Twain, Crane, Fitzgerald, Conrad und Lovecraft.

Skvorecky wurde 1924 in Böhmen geboren; seinen ersten Roman *Feiglinge*, der von den Kommunisten verboten wurde, schrieb er 1958. Nach dem Einmarsch der Sowjetarmee 1968 ging Skvorecky mit seiner Frau nach Kanada, wo er als Dozent arbeitete und den Verlag Sixty-Eight gründete, der verbotene tschechische Bücher publizierte. Skvorecky wurde mit zahlreichen Preisen geehrt, und 1992 wurde er mit dem „Order of Canada" ausgezeichnet. **RA**

Quartett im Herbst
Barbara Pym

Lebensdaten | *1913 (England), †1980 (England)
Erstausgabe | 1977 bei Macmillan (London)
Originaltitel | *Quartet in Autumn*
Booker-Preis Nominierung | 1977

Barbara Pym, deren Romane in den 1950er Jahren sehr erfolgreich waren, wurde im Jahrzehnt darauf von den Verlegern fallengelassen, da ihre kultivierten, dezent ironischen Werke im neuen, forscheren kulturellen Klima als unverkäuflich galten. 1977 gelang es ihren Bewunderern, allen voran dem Dichter Philip Larkin, der Schriftstellerin wieder zu Ehren zu verhelfen, und so erschien sechzehn Jahre nach ihrer letzten Publikation Quartett im Herbst und erhielt den Beifall der Kritik.

Quartett im Herbst beschreibt das Leben von vier Büroangestellten kurz vor der Pensionierung. Marcia, Lettie, Norman und Edwin sind Kollegen, die allesamt allein leben. Marcias Labilität grenzt ans Wahnhafte, sie ist vollkommen fixiert auf den Chirurgen, der ihr die Brust abgenommen hat. Sie hört auf zu essen und verhungert allmählich, während sich um sie herum volle Konservendosen stapeln. Lettie ist zwar vernünftig und sensibel, dafür aber quälend isoliert und wird von ihrer Umgebung nicht ernst genommen. Der reizbare Norman geht wie ein aggressiver kleiner Hund auf Menschen und Autos los, während Edwin selbstzufrieden Gottesdienste besucht, um den besten Weihrauchgeruch aufzuspüren.

Der Plot ist ein dicht gewebtes Netz verpaßter Chancen. Nur Marcia und Norman kommen in die Nähe dessen, was man eine Gefühlsbindung nennen könnte. *Quartett im Herbst* ist durchdrungen von Einsamkeit und Todesgedanken; eine Lektüre für all jene, die bereit sind, sich den dunkleren Seiten des Lebens zu stellen. **RegG**

Die Sternstunde
Clarice Lispector

Lebensdaten | *1920 (Ukraine), †1977 (Brasilien)
Erstausgabe | 1977 bei Olympio Editora
Originaltitel | *A Hora da Estrela*
Originalsprache | Portugiesisch

Clarice Lispector ist international als Meisterin der Kurzgeschichte bekannt, ihre Texte sind zu delikat, zu flüchtig und zu intensiv, als daß sie in ein größeres literarisches Format übertragen werden könnten. Mit der Erzählung *Die Sternstunde* bewegt sie sich auf ihrem vertrauten Terrain. Die Geschichte handelt vom tragischen Leben und plötzlichen Tod der jungen Macabéa, einer armen schwarzen Brasilianerin aus dem Hinterland, die sich in Rio eine unsichere Stelle als (ziemlich ungeeignete) Sekretärin ergattert. Lispectors einmalige Fähigkeit, den Leser am Innenleben der unterdrückten, ungebildeten und unartikulierten Frau teilhaben zu lassen, zeigt sich hervorragend. Um den Sprachlosen eine Stimme zu geben, setzt sie konstant auf Humor, der manchmal lakonisch, manchmal aber auch von wilder Verzweiflung durchzogen ist. Die Erzählung evoziert ein Spiel über das Leben und den Tod, die Autorin betrachtet es als ihre heilige Pflicht, die Protagonistinnen vor dem Vergessenwerden zu bewahren. Lispector selbst spricht als Erzählerin über ihre Beziehung zu Macabéa, und sie gibt einen Eindruck von der Hingabe, mit der sie ihre Aufgabe als Autorin angeht: „Was ich schreibe, ist mehr als Erfindung, es ist meine Verpflichtung, von diesem Mädchen zu erzählen. Es ist meine Pflicht, ihr Leben kunstlos zu offenbaren. Denn es gibt das Recht auf den Schrei. Daher schreie ich." Lispector widmete das Buch einer ganzen Reihe großer Komponisten, denn ihre Arbeit ist ebenso unübersetzbar wie schöne Musik. Lispector muß man lesen, man sollte nicht über sie schreiben. **MW**

Solomons Lied
Toni Morrison

Lebensdaten | *1931 (USA)
Richtiger Name | Chloë Anthony Wofford
Erstausgabe | 1977 bei Knopf (New York)
Originaltitel | *Song of Solomon*

Ein einsamer, verzweifelter Mann will sich von einem Dach stürzen. Er wird von einer Frau beobachtet, deren Wehen soeben eingesetzt haben – so beginnt *Solomons Lied*. Im weiteren Verlauf erzählt der Roman die Geschichte des Babys, das die Frau zur Welt bringt. Es ist die erste Geburt eines schwarzen Kindes in diesem Krankenhaus. Ihre Aufnahme in das Krankenhaus hat die Frau dem Aufruhr um den Mann auf dem Dach zu verdanken. Die Hoffnungen, Enttäuschungen und Entbehrungen, von denen die Geburt begleitet werden, sind die Fragen, zu deren Beantwortung der neugeborene Junge im Lauf seines Lebens berufen ist.

Er heißt Macon Dead jr. und ist das Kind der reichsten schwarzen Familie in einer Stadt des mittleren Westens, wo er eine privilegierte, aber ziemlich lieblose Kindheit verbringt; seine Eltern haben sich längst auseinandergelebt. Erst bei einer Tante lernt Macon eine Familie kennen, die reich an Geheimnissen und Geschichten ist. Er begibt sich auf eine Art Initiationsreise und entdeckt schließlich seine Familiengeschichte, die ihm klarmacht, wer er ist. Aber erst, als er nach Hause zurückkehrt und die Schäden entdeckt, die die Gleichgültigkeit seiner privilegierten Herkunft angerichtet haben, begreift er, welche Verpflichtungen mit seinem Wissen verbunden sind. **NM**

> Toni Morrison war immer eine politisch engagierte Autorin, sie ist der Meinung, daß „ein wahrer Künstler nie unpolitisch sein kann."

Der Krieg und die Kröte
Timothy Findley

Lebensdaten | *1930 (Kanada), †2002 (Frankreich)
Erstausgabe | 1977
Erschienen bei | Clarke, Irwin & Co. (Toronto)
Originaltitel | *The Wars*

Dieser dritte von insgesamt elf Romanen Findleys wurde ein Bestseller. Kindheit und Jugend des Autors waren geprägt von familiären Konflikten, dem Zweiten Weltkrieg und seiner ihm schon früh bewußten Homosexualität. Diese Erfahrungen prägten die wiederkehrenden Themen seiner Werke; er schrieb über Geisteskrankheiten, die Sexualität, den Krieg und die Leiden der Verletzlichen.

Seine postmoderne Erzählung besteht aus einer Reihe von persönlichen Aussagen, Briefen und Tagebüchern, durchmischt mit Reflexionen des Protagonisten, der diese zusammenträgt. Er erforscht die Geschichte des Kanadiers Robert Ross, der mit neunzehn Jahren als Offizier am Ersten Weltkrieg teilnahm; herausgekommen ist ein überzeugender, dokumentarischer Text.

Der Krieg und die Kröte schildert einen empfindsamen Burschen aus der Mittelschicht, der seine Unschuld durch eine Reihe traumatischer Erlebnisse auf brutale Weise verliert. Inmitten des Kriegsgemetzels entsteht Liebe – nicht nur zu einem Offizierskameraden und einem zauberhaften Mädchen in der Heimat, sondern auch zu den unschuldigsten aller Geschöpfe – den Tieren. Roberts Vergewaltigung durch seine Kameraden ist kennzeichnend für den Krieg im allgemeinen, für die Vergewaltigung der Menschheit. Robert zerbricht am Irrsinn, der ihn umgibt, und er begeht die letzte verzweifelte und mehrdeutige Tat, auf die sich die Erzählung hektisch zubewegt. Ist es ein feiger, wahnsinniger Akt oder eiskaltes Heldentum? Eine Absage an das Leben oder seine wunderbare Umarmung? **GMi**

An die Hölle verraten
Michael Herr

Lebensdaten | *1940 (USA)
Erstausgabe | 1977
Erschienen bei | Knopf (New York)
Originaltitel | *Dispatches*

An die Hölle verraten ist der Bericht eines Journalisten, vor allem jedoch ist das Buch ein Stück großartiger Literatur. Michael Herr wurde 1967 und 1968 Zeuge der blutigsten Kriegsereignisse in Vietnam, darunter der Tet-Offensive und der Belagerung von Khe Sanh. *An die Hölle verraten,* im Original *Dispatches* (dt. Meldungen), ist gut gegliedert und intelligent geschrieben, es liest sich wie ein Tagebuch und ist packend wie eine Reportage. Der Autor schildert freimütig und ungeschminkt wie es dort war, im Vietnamkrieg.

Über die „Grunts", die gemeinen Soldaten, schreibt Herr unsentimental, aber nicht ohne Mitgefühl; den Schwung und den Witz ihres Slangs fängt er ebenso brillant ein wie ihre Ängste, ihre Langeweile und den drogenschwangeren Irrsinn des Krieges. Sein erstaunlicher Stil reicht vom rohen soldatischen Zynismus („Das ist nur ein Auftrag hier, Mann, wir sind hier, um Kanaken abzuknallen, Punkt.") bis zu lyrischen Passagen. Das Buch dokumentiert den offenbar kaum zu bändigenden Drang nach Nervenkitzel, der im Krieg schockiererweise seine höchste Erfüllung findet.

Herr scheut sich nicht, den absoluten Horror zu zeigen, sagt aber auch, daß kaum etwas das Gefühl aufwiege, so „auf Draht" zu sein wie im Krieg. Allein die Tatsache, daß wir sein Buch völlig gefesselt verschlingen, beweist dies nur allzu deutlich. **AL**

> Michael Herr, hier in Begleitung des Fotografen L. Burrows, unterwegs für eine Reportage in Saigon im Mai 1968.

Shining
Stephen King

Stanley Kubricks Verfilmung von *Shining* mit Jack Nicholson ist längst ein Klassiker, der Film hat Kings Leistung als Autor des einzigartigen, fesselnden Meisterwerks aber etwas verdrängt. Der Titelheld Jack Torrance übernimmt mit Frau und Kind über den Winter eine Stelle als Hausmeister im unbewohnten „Overlook Hotel", er hofft, dort die ins Stocken geratene Beziehung zu seiner Familie wiederzubeleben, zudem möchte er ein Theaterstück endlich fertigschreiben. Er hat sich geirrt: Spannungen in der Ehe, Alkohol, destruktive Schuldgefühle, Schreibblockade, Telepathie – alles verbündet sich gegen Torrance, was in Kings Roman noch subtiler und beängstigender rüberkommt als in Kubricks Film. Am beeindruckendsten ist die Art, wie King die Erlebnisse des fünfjährigen telepathisch veranlagten Danny schildert, der zum fortschreitenden Wahnsinn seines Vaters einen direkten Draht hat. Als Romanfigur wirkt Danny weder klischeehaft noch überzeichnet.

Faszinierend ist auch die Fähigkeit Kings, zwischen interner und externer Welt eine Balance zu schaffen. Er hält auch die Frage in der Schwebe, ob sich die Verrücktheit von innen nach außen bewegt, oder umgekehrt. Ein anderes Thema des Romans sind Stimmen, sowohl die von Danny gehörten und ausgesandten als auch diejenigen, die in Gestalt von Geschichten daherkommen: der Geschichte von Jacks und Wendy's Ehe, der persönlichen Geschichte jedes Einzelnen und der unheimlichen Geschichte des Hotels, die Jack in einem Notizbuch im Keller findet.

Mit *Shining* schrieb Stephen King zweifellos einen seiner raffiniertesten Romane, und er hat sich dafür die beängstigendsten und erstaunlichsten Charaktere ausgedacht. **PM**

Lebensdaten | *1947 (USA)
Erstausgabe | 1977 bei Doubleday (New York)
Originaltitel | *The Shining*
Verfilmung | 1980

„Ein Grund dafür, daß das Overlook soviel Geld verloren hat, ist die jeden Winter einsetzende Wertminderung. Sie verringert den Profit sehr viel mehr, als Sie vielleicht glauben, Mr. Torrance. Es gibt hier ungeheuer harte Winter."

- Kubricks Adaption des Romans (1980) wurde zunächst nicht gut aufgenommen, gilt heute aber als Horror-Klassiker.

- Auf dieser Aufnahme von Alex Gotfryd aus den 70ger Jahren umgibt sich Stephen King mit dem Habitus eines Akademikers.

Das Delta der Venus
Anaïs Nin

Lebensdaten | *1903 (Frankreich), †1977 (USA)
Erstausgabe | 1977
Erschienen bei | Harcourt Brace Jovanovich (New York)
Originaltitel | *Delta of Venus*

Das Buch besteht aus einer Reihe freizügiger erotischer Episoden, die zum Ergötzen eines älteren, wohlhabenden Sammlers für einen Dollar pro Stück geschrieben wurden. Jede der erotischen Geschichten ist in sich abgeschlossen, trotzdem erscheint das Buch wie ein Roman, weil verschiedene Charaktere – vor allem die Prostituierte Bijou – mehrmals auftreten. Paris und seine Vororte, wo die Handlung jeweils spielt, erscheinen unverwechselbar und chaotisch wie in Baudelaires *Le Spleen de Paris*. Die Abende in den kalten Ateliers erfolgloser Künstler, die Drogen, die seichte Musik und der Regen in den Pfützen machen die sexuellen Begegnungen zu Nins eigenem, eindrücklichem Prosa-Gedicht, zu ihrem *Le Cul de Paris*.

Herkömmlicher Pornographie abhold, schrieb Anaïs Nin über Homosexuelle und Hermaphroditen, über Verkehr zwischen verschiedenen Rassen, über Fetischisten, Inzest und Pädophilie, und auch ihre Wiedergabe des heterosexuellen Liebesakts ist für das Genre einmalig. Alle, die am erotischen Zyklus von Spannung und Entspannung teilhaben, aber auch die Prüden, die sich davon zu lösen versuchen, bewegen sich auf ein pathologisches Leiden zu oder sind daran, dieses loszuwerden. Die Figuren sind Opfer von Verblendungen, Repressionen und tiefsitzendem Haß, und nur im Orgasmus erfahren sie eine kurze Linderung. Nins erstaunlichstes Geschöpf ist Bijou, ein Sinnbild der Lüsternheit und im Besitz eines Körpers, den sie ständig zur Schau stellt, um Männer und Frauen gleichermaßen anzulocken. Ihre totale Hingabe an die Sexualität läßt kein nennenswertes Innenleben zu, aber die Beschreibung ihrer totalen sexuellen Verfügbarkeit erweist sich als sehr viel faszinierender als die unglaublich langweiligen Selbstbespiegelungen der anderen Protagonisten. **RP**

- Der Grafikdesigner Milton Glaser verwendete für den Umschlag der ersten US-Ausgabe eine historische Erotik-Fotografie.

- Zalman King verfilmte *Delta der Venus* 1995 mit Audie England in der Hauptrolle – ein ästhetisch zweifelhaftes Werk.

Das Bettlermädchen
Alice Munro

Lebensdaten | *1931 (Kanada)
Erstausgabe | 1978
Erschienen bei | Macmillan of Canada (Toronto)
Originaltitel | Who Do You Think You Are

Rose, die bei ihrer Stiefmutter Flo in relativer Armut aufgewachsen ist, entfernt sich durch ihre Bildung von ihrer Herkunft. Sie wird von Patrick, dem Sproß reicher Eltern, verehrt und umworben, der in ihr das Bettlermädchen in einem präraffaelitischen Gemälde zu erkennen glaubt. Rose ist innerlich gespalten: ihr Eheleben in Vancouver ist letztlich nicht vereinbar mit den rigorosen Wertvorstellungen, die sie zwar geographisch hinter sich gelassen, aber nicht wirklich abgelegt hat.

Alice Munro ist bekannt für ihre Kurzgeschichten, und Das Bettlermädchen entstand auf dem Hintergrund von Konflikten mit ihrem Verlag, der von ihr am Beginn ihrer internationalen Karriere eine Hinwendung zur Romanform erwartete. Für das Bettlermädchen fand sie eine erfolgreiche Mischform, eine Folge romanhaft ineinander verschränkter Kurzgeschichten, in denen Roses Leben als lückenhaftes Kontinuum erzählt wird. Die Ehe bricht auseinander und Rose beginnt ein Nomadenleben als Schauspielerin und Lehrerin. Ihre Berufswahl spiegelt die Überzeugung der Autorin, daß wir alle verschiedene Rollen im Leben spielen.

In späteren Episoden erforscht Munro die Verwirrungen und Probleme, die die sexuelle Revolution der 1960er Jahre mit sich brachte. Niemand kann Begehren oder die Scham enttäuschter Hoffnungen so eindringlich schildern wie Alice Munro. Ihre nuancenreiche Erzählkunst bietet uns keine einfachen Lösungen, keine Helden und Bösewichte, sondern weckt Verständnis für die launischen Wendungen des Schicksals. **ACo**

Requiem für einen Traum
Hubert Selby Jr.

Lebensdaten | *1928 (USA), †2004 (USA)
Erstausgabe | 1978
Erschienen bei | Playboy Press (Chicago)
Originaltitel | Requiem for a Dream

Die Abwärtsspirale der Charaktere in Hubert Selbys Requiem für einen Traum ist um so tragischer, als sie von ihnen selbst herbeigeführt wird. Der Roman berichtet von den Versuchen der vier Protagonisten, ihrem normalen Leben zu entkommen – Harry, Tyrone und Marion durch Drogenhandel, Harrys Mutter Sara durch einen Auftritt bei einer TV-Spielshow. Beide Arten von Flucht wurzeln in der Sucht. Die Jüngeren nehmen Heroin, Sara hält sich an Schlankheitspillen, mit denen sie sich auf den ersehnten Fernsehauftritt vorbereitet. Alle vier sind süchtig nach Fernsehen und Träumen, die sich in ihrer Wahrnehmung unentwirrbar vermischen.

Am schwersten erträglich ist das Ausmaß, in dem die Charaktere ihre körperlichen Reaktionen ausblenden, um weiter ihren selbstgeschaffenen Träumen nachjagen zu können. Am deutlichsten wird dies an Saras physischem und psychischem Verfall durch den Mißbrauch von Schlankheitspillen und Amphetaminen. Harry negiert die Probleme, die er in seiner Doppelrolle als Süchtiger und Dealer hat. Er zieht sich eine schwere Infektion zu, durch die er einen Arm verliert. Alle Protagonisten suchen unablässig nach Betäubung und nehmen sich dadurch die Chance, den Folgen ihres Handelns irgendwann einmal zu entkommen. Im Lauf des Romans wird deutlich, daß es sich nicht nur um einen inneren Prozeß handelt; Selbys Figuren sind Produkte einer Gesellschaft, die sich die unbedingte Jagd nach Träumen um jeden Preis auf ihre Fahnen geschrieben hat. **SF**

The Singapore Grip *
James G. Farrell

Lebensdaten | *1935 (England), †1979 (Irland)
Vollständiger Name | James Gordon Farrell
Erstausgabe | 1978
Erschienen bei | Weidenfeld & Nicolson (London)

Der Roman spielt im Zweiten Weltkrieg in Singapur, kurz vor der japanischen Invasion, er ist der dritte der *Empire Trilogy*, in der Farrell einen kritischen Abgesang auf das versunkene „British Empire" anstimmt. Den Zerfall des Imperiums illustriert er anhand historischer und fiktiver Figuren, deren Schicksal unentrinnbar mit den Ereignissen verbunden ist. Der Booker-Preis für *The Siege of Krishnapur*, dem zweiten Buch der Trilogie, ermöglichte Farrell 1975 einen Aufenthalt in Singapur, wo er für diesen Roman minuziöse Recherchen anstellte.

Für die Familie Blackett besteht das Leben in Singapur vor allem aus Tennis und Cocktailparties. Erste Wolken ziehen auf, als Walter Blackett, der Patron der ältesten und größten Gummifabrik vor Ort, mit Streiks konfrontiert wird. Während Blackett die Streiks zu brechen versucht und gleichzeitig einen nicht genehmen Verehrer seiner Tochter loswerden muß, geraten die Grenzen zwischen den Klassen und Völkern ins Wanken. Farrells Darstellung der japanischen Eroberung Singapurs und des britischen Machtverlusts in der Region bietet ein lebendiges Porträt der Stadt an einem historischen Wendepunkt. Der Roman ist langatmig und breitgefächert, aber spannungsgeladen und voller Humor. Mit seiner ruhigen Art und seiner humorvoll-kritischen Einstellung gegenüber dem „Empire" nimmt Farrell den postkolonialen Stil vorweg, den spätere Autoren wie Timothy Mo oder Salman Rushdie populär machten. **LE**

„Singapur entstand nicht nach und nach wie die meisten Städte… Es wurde eines schönen Morgens im 19. Jahrhundert auf einem Reißbrett entworfen."

◆ Der Titel greift eine Slang-Bezeichnung für eine erotische Technik auf, die von manchen Prostituierten verwendet wird.

Das Meer, das Meer
Iris Murdoch

Lebensdaten | *1919 (Irland), †1999 (England)
Erstausgabe | 1978 bei Chatto & Windhus (London)
Originaltitel | The Sea, The Sea
Booker-Preis | 1978

Charles Arrowby, ein erfolgloser Schauspieler, zieht sich in ein baufälliges Haus am Meer zurück, um seine Memoiren zu schreiben. Die Besuche ehemaliger Berufskollegen und Liebhaberinnen wirbeln unliebsame Erinnerungen auf, aber erst der Auftritt von Mary Hartley, mit der Charles vor vielen Jahren ein kurzes amouröses Abenteuer genoß, droht der Geschichte eine tragischere Wendung zu geben. In mal pathetischen, mal absurden Parodien macht sich Murdoch über die Abkapselung Arrowbys lustig. Seine Flucht vor der Vergangenheit ist zum Scheitern verurteilt, und es braucht eine gewisse schmerzliche Selbsterkenntnis, bevor man für Arrowby Sympathien entwickeln kann.

Das „Meer" im Buchtitel dient nicht nur als Quelle einer poetischen Metaphorik, es ist einer der Hauptdarsteller. Als Sinnbild der Ungewißheit und des ewigen Flusses stellt das Meer einen Kontrapunkt zu den trügerischen und narzißtischen Bemühungen Arrowbys dar, die Vergangenheit in einem selbstdachten Mythengebilde zu bannen. Arrowbys Prospero-ähnliche Vorstellung, das Leben aller Besucher seiner Einsiedelei orchestrieren zu müssen, ist ebenfalls ein tyrannischer Akt seines Geltungsdrangs, den er schließlich aufgeben muß.

Murdochs Gabe, auch den scheinbar banalsten Vorfall zum Gegenstand philosophischer und ethischer Überlegungen zu machen, zeigt sich nirgends überzeugender als in diesem Roman – hier ist sie auf dem Höhepunkt ihrer Kunst angelangt. **VA**

Das Leben Gebrauchsanweisung
Georges Perec

Lebensdaten | *1936 (Frankreich), †1982
Erstausgabe | 1978
Erschienen bei | Hachette (Paris)
Originaltitel | La Vie, mode d'emploi

Das Leben: Gebrauchsanweisung, ein titanischer Roman, für den Perec 1978 den Prix Médicis bekam, versucht die klitzekleinen Details des Alltags zu erfassen und bietet fesselnden Lesestoff. Das Buch hat eine erstaunliche Struktur, denn es beschreibt die neunundneunzig Zimmer eines Pariser Wohnblocks, wobei jedem Zimmer ein Kapitel gewidmet ist. Als Liebhaber von Puzzles und Brettspielen erstellte Perec eine mathematisch genaue Liste der Objekte, die jedes der Zimmer/Kapitel enthalten sollte; die Route, die der Erzähler einschlägt, wird von einem verzwickten Schachproblem bestimmt.

Der rote Faden des Romans ist ebenso rätselhaft. Es geht um den reichen Engländer Percival Bartlebooth, der sein Leben nach einem 50 Jahre währenden Plan gestalten will: „Das Programm ist willkürlich, es hat keinen Zweck außer sich selbst." Im Rahmen seiner Mission produziert und zerstört der Ästhet eine Anzahl Bilder, ohne irgendeine Absicht. Es wäre verfehlt, in diesem Unternehmen eine Parallele zu Perecs eigener Ästhetik zu sehen, denn seine Schreibe ist nicht existentiell, sondern experimentell. Perec war seit 1967 Mitglied der Gruppe *Oulipo* („Ouvroir de Littérature Potentielle") und hält sich an deren Maximen, indem er versucht, die Literatur mit den verschiedensten Disziplinen – Mathematik, Spieltheorien etc. – zu verbinden, von denen sie einst getrennt wurde. **DH**

> Georges Perec war ein Genius, der das experimentelle Schreiben für den Leser zum unterhaltenden Erlebnis machen konnte.

El cuarto de atrás *
Carmen Martín Gaite

Lebensdaten | *1925 (Spanien), †2000
Erstausgabe | 1978
Erschienen bei | Destino (Barcelona)
Spanischer Literaturpreis | 1978

In Carmen Martíns Werk markiert dieser Roman den Beginn einer intimen Reise mit autobiographischem Hintergrund, sie vollzieht zwar keinen Bruch mit früheren Romanen, bewegt sich aber von diesen weg. Innovativ und einfallsreich kombiniert sie Fakten und Fiktion, einen teils phantastischen, teils dämonischen „Mann in schwarz" mit persönlichen Erinnerungen, und eine formalistische Erzählstruktur mit vielen Dialogen. Den in der Ich-Form erzählten, Lewis Carroll gewidmeten Roman eröffnet die Autorin mit einer Lobpreisung der „Welt der Träume". Aber es wird nicht verraten, ob es wahr ist oder erfunden, wenn die Autorin in einer stürmischen, schlaflosen Nacht, in der sie an einem Roman schreiben möchte, die Ankunft einer geheimnisvollen Figur erlebt, mit der sie über die Vergangenheit, das Schreiben, die Ängste und die Liebe spricht.

Carmen Martín gibt die irrationale Ungenauigkeit des wirklichen Lebens in verschlungenen Erzählungen wieder, oft ohne dabei verstanden zu werden. Bei Tagesanbruch wird sie von ihrer Tochter geweckt; sie ist nicht mehr auf dem Sofa, sondern in ihrem Bett … wer hat angerufen, was ist geschehen? Der Besucher hat eine vergoldete Schachtel zurückgelassen und einen Stapel Papier – es ist der vollendete Roman, betitelt *Das Hinterzimmer*. Der Kreis schließt sich, der Roman beginnt mit denselben Worten wie die Geschichte, die wir soeben gelesen haben. Eine wahre Fiktion? Eine geträumte Wirklichkeit? Ein Buch voller ungelöster Rätsel! **M-DAB**

Die Jungfrau im Garten
Antonia S. Byatt

Lebensdaten | *1936 (England)
Richtiger Name | Antonia Susan Drabble
Erstausgabe | 1978 bei Chatto & Windus (London)
Originaltitel | *The Virgin in the Garden*

Der Roman bildet den ersten Teil der 2002 abgeschlossenen Tetralogie *Das Frederica-Quartett*. Die Handlung der vier Romane umfaßt den Zeitraum der 50er- bis 70er Jahre, im Zentrum steht Frederica Potter, ihre Familie und deren Freunde. *Die Jungfrau im Garten* beginnt 1953, als Elizabeth II. gekrönt wurde, erzählt wird Fredericas Weg vom Mädchen zur Erwachsenen. Die Geschichte dreht sich um eine Aufführung von Alexander Wedderburns Versdrama *Astraea*, das er zu Ehren der Königin geschrieben hat. Für die ehrgeizige Frederica kommt nur die Hauptrolle in Frage. Ihre Schwester Stephanie, ebenso intelligent wie Frederica, wählt den häuslichen Herd und heiratet den örtlichen Vikar. Fredericas burleske Versuche, die Jungfräulichkeit zu verlieren, werden gewitzt und amüsant beschrieben. Die Leichtigkeit der Gesellschaftskomödie wird mit einer eher düsteren Nebenhandlung kontrastiert, die von Marcus erzählt wird, dem zunehmend geistig verwirrten Bruder Fredericas.

Viele Kritiker sehen in Frederica und Stephanie Parallelen zur Autorin und deren Schwester, der Schriftstellerin Margaret Drabble. In den weiteren Romanen der Tetralogie trat das Geschichtliche und Komödienhafte in den Hintergrund, der dritte Roman *Der Turm zu Babel* liest sich eher wie ein Thriller. Mit *Besessen* hat Byatt 1990 ein raffinierteres Modell eines Historienromans vorgelegt. **VC-R**

Der Zementgarten
Ian McEwan

Lebensdaten | *1948 (England)
Erstausgabe | 1978
Erschienen bei | Jonathan Cape (London)
Originaltitel | *The Cement Garden*

Wie viele seiner Romane hat McEwan auch diesen aus seinen früheren Kurzgeschichten entwickelt. Sowohl die Kurzgeschichten wie der Roman beschäftigen sich mit der Pubertät und der Initiation, mit Inzest und Mißbrauch, aber sie sind weniger aufgrund der Thematik als durch ihre Struktur verwandt. Mit seinen genau dosierten Hinweisen, der knisternden Spannung und der klaustrophobischen Prosa verfügt *Der Zementgarten* über die Ökonomie einer Kurzgeschichte.

Der Roman beschreibt das unerklärliche Tun von vier Geschwistern in einem brütend heißen Sommer, nachdem deren Eltern gestorben sind. In einer Atmosphäre beklemmender Intimität fangen die Kinder an, ihre Sexualität zu erforschen. Die Geschichte ist eine Art Musterfall eines Familienromans, führt diesen aber zugleich kaltblütig ins Absurde. Die entsetzliche Thematik erscheint durch den bizarr-verlockenden Plot verführerisch. McEwan begründet oder erläutert nicht, er arbeitet mit Gegenüberstellungen. Dort, wo man eine beruhigende Erklärung erwartet, öffnet sich ein beunruhigender Abgrund. In dieser Welt wird die Moral nicht nur unterdrückt, sie ist ein Dialekt, der nicht zur Sprache des Romans paßt. Statt dessen folgen die Ereignisse einer eigenen Logik, die wir Außenstehenden übersetzen müssen. Der finale, inzestuöse Sexualakt wird zur abartigen Feier, die nicht nur die Erlebnisse der Kinder wachruft, sondern auch die Vergangenheit der Familie. Was immer im Laufe der Ereignisse verdeckt wurde – endgültig begraben läßt es sich nicht. **DT**

„Ich habe meinen Vater nicht umgebracht, aber manchmal kam es mir vor, als hätte ich ihm nachgeholfen."

McEwan war einer der ersten Absolventen von Malcolm Bradburys „Creative writing"-Kursen an der University of East Anglia (Norwich).

Per Anhalter durch die Galaxis

Douglas Adams

Lebensdaten | *1952 (England), †2001 (USA)
Erstausgabe | 1979 bei Pan (London)
Serie publiziert | 1980–1992
Originaltitel | *Hitchhiker's Guide to the Galaxy*

Adams' „Trilogie in vier Teilen" begann 1978 als BBC-Hörspiel. In diesem ersten Buch verknüpft Adams das Genre der Science-Fiction mit markigem Humor und hinterhältiger Satire, die sich von der Bürokratie und der Politik über die schlechte Poesie bis zu den gebeutelten Büromenschen so ziemlich gegen alles richtet. Nachdem die Erde einem neuen galaktischen Highway weichen mußte, ist der glücklose Normalverbraucher Arthur Dent mit seinem Freund Ford Perfect in der Galaxis unterwegs. Ford schreibt für den *Hitchhiker's Guide to the Galaxy*, einer gelungenen Mischung aus Reiseführer und Elektronikmagazin. Die eingestreuten Erkenntnisse aus dem *Guide* sorgen für urkomische Erklärungen über das Funktionieren des Universums. Die genau gezeichneten, exzentrischen Figuren und der orientierungslose Arthur bilden in dem gut erzählten, gut getakteten und überraschend anspruchsvollen Roman eine sonst eher selten erlebte Alchemie.

Adams kombiniert einen äußerst intensiven Stil mit einem schamlos spöttischen Wissenschaftsverständnis und sorgt damit beim Leser für lautstarkes Gelächter. Er verhöhnt den Planeten liebevoll, während er ihn gleichzeitig mit fester Hand ins Zentrum des Universums stellt. **AC**

Wenn ein Reisender in einer Winternacht

Italo Calvino

Lebensdaten | *1923 (Kuba), †1985 (Italien)
Erstausgabe | 1979
Erschienen bei | G. Einaudi (Turin)
Originaltitel | *Se una notte d'inverno un viaggiatore*

Hier geht es ums Lesefieber, um die Hoffnungen und Frustrationen, die mit der Lektüre eines Romans verbunden sind. Calvino hat sich eine Erzählung ausgedacht, die ein ganzes Bücherbrett voller unfertiger Romane enthält – verlockende Fragmente imaginierter Bücher, die wegen ihrer schludrigen Bindung oder sonstwie fehlenden Seiten brutal abbrechen. Es geht auch darum, was auf dem gefährlichen Weg eines Buches vom Schriftsteller bis zum Leser alles schiefgehen kann. Dieser Leser sind wir, aber auch der „Leser" genannte Romanheld. Sein Wunsch, an ein unbeschädigtes Exemplar von Calvinos neuestem Werk (das natürlich *Wenn ein Reisender in einer Winternacht* heißt) zu gelangen, vermischt sich schon bald mit seinem Verlangen nach Ludmilla, einer anderen Leserin. Die beiden bilden den Erzählrahmen, in dem die anderen von ihnen – und uns – gelesenen Romanfragmente erscheinen, die jeweils an das soeben gelesene Fragment anknüpfen. Dieser komplexe Aufbau erlaubte es Calvino, zehn Auszüge von zehn Romanen zu schreiben – über viele Genres, Perioden, Sprachen und Kulturen hinweg.

Vor allem ist dieser Roman ein Manifest für das vergnügliche Abenteuer des Lesens, aber auch ein Hohelied auf den Reiz, der davon ausgeht, wenn zwei Leser entdecken, daß sie dasselbe Buch lieben. **KB**

Douglas Adams (links) und der Comic-Verleger Nick Landau mit Adams Buch und einer LP der Hörspielserie.

Ein so langer Brief
Mariama Bâ

Lebensdaten | *1929 (Senegal), †1981
Erstausgabe | 1979
Erschienen bei | Les Nouvelles Ed. Africaines (Dakar)
Originaltitel | *Une si longe lettre*

In der abendländischen Romantradition ist die Untreue ein alltägliches Thema, aber dies ist kein alltäglicher Roman. Hier ist der Betrug keine private Tragödie, sondern eine öffentlich sanktionierte Methode zur Regelung der Familienangelegenheiten. Die leidenschaftliche, melancholische und etwas spöttische Geschichte ist eine Anklage gegen die Polygamie. Sie besteht aus einem einzigen langen Brief, den die Muslimin Ramatoulaye aus Senegal einer nahen Freundin schreibt. Darin erzählt sie von ihrer langen, glücklichen Ehe, die zerstört wurde, weil ihr Mann sie verließ und dann starb, und sie schreibt über die senegalesische Gesellschaft im Umbruch, in der die Ausbildung und die Rechte der Frauen von der traditionellen Kultur und Religion behindert werden.

Mariama Bâ war die Tochter eines Politikers, der sich trotz des Widerstands der Großeltern, bei denen sie nach dem Tod der Mutter lebte, sehr für ihre Ausbildung einsetzte. So machte Bâ schon als Kind Bekanntschaft mit dem Widerstreit zwischen Tradition und Moderne, ein Thema, das sie auch im späteren Leben beschäftigte, als sie sich dem Unterrichten, dem Schreiben und dem Kampf für die Rechte der Frauen widmete.

Das Buch stellt eine sehr drastische Schilderung der Lebensbedingungen afrikanischer Frauen dar, es bietet somit einen grundlegenden Einblick in die feministischen Anliegen in einem sich rasch verändernden afrikanischen postkolonialen Kontext. Der Roman wurde 1980 mit dem ersten „Noma Award for Publishing" ausgezeichnet. **RMa**

Burgers Tochter
Nadine Gordimer

Lebensdaten | *1923 (Südafrika)
Erstausgabe | 1979 bei Jonathan Cape (London)
Originaltitel | *Burger's Daughter*
Nobelpreis für Literatur | 1991

In diesem Roman erkundet Gordimer die Unentbehrlichkeit (und Unmöglichkeit) des Privatlebens – in den 60er- und 70er Jahren war die Privatsphäre in Südafrika ein Luxus, den nur jene Weißen sich leisten konnten, die gegenüber dem Leiden derjenigen, die ihnen diesen Luxus ermöglichten, blind waren. Rosa Burger, Tochter eines linken weißen Arztes, einem marxistischen Freiheitskämpfer, und einer ebenfalls engagierten Mutter, erlebt, daß das Privatleben dem bedingungslosen Einsatz für die Sache untergordnet wird. Nach dem Tod ihrer Eltern versucht sie, sich zu finden, eine eigene Privatsphäre zu entdecken, dazu reist sie sogar nach Europa. Sie stellt allerdings fest, daß die Solidarität mit den unterdrückten Schwarzen ein Teil ihrer Identität ist. Am Ende des Romans ist auch Rosa im Gefängnis, doch im schmerzhaften Kampf um das Recht, ihr Leben selbst zu gestalten, hat eine seltsame Befreiung stattgefunden.

Die Erzählung von Rosas Kampf ist mit den anonymen Schicksalen von wandernden Minen- und Fabrikarbeitern, obdachlosen Bediensteten und Landlosen verflochten. Als Leser muß man einfach immer weiterlesen, man ist froh, daß der Roman geschrieben wurde, und bedauert gleichzeitig dessen Notwendigkeit. **PMcM**

> Gordimer 1981 in ihrem Haus in Johannesburg. Ihr Roman erzählt vom Dilemma einer Weißen im südafrikanischen Apartheid-Regime.

An der Biegung des großen Flusses
V. S. Naipaul

Lebensdaten | *1932 (Trinidad)
Erstausgabe | 1979 bei Deutsch (London)
Originaltitel | *A Bend in the River*
Nobelpreis für Literatur | 2001

An der Biegung des großen Flusses handelt in einem ungenannten zentralafrikanischen Staat, der eine gewisse Ähnlichkeit mit Mobutus früherem Zaire hat. Erzählt wird die Geschichte von Salim, einem Muslim indischer Herkunft, der an der ostafrikanischen Küste aufwuchs und nun in einer verlotterten Stadt „an der Biegung des großen Flusses" eine Gemischtwarenhandlung führt. Die meisten Europäer haben das Land bereits verlassen, die Umgebung ist deshalb für Salim nicht nur neu, sondern auch gefährlich.

Er trifft allerlei Leute: eine Eingeborene, die mit Amuletten und Elixieren handelt; einen alten belgischen Priester, der afrikanische Masken und Schnitzereien sammelt; einen indischen Landsmann, der in der Stadt eine Hamburgerbude aufmacht. Salims Protegé ist der junge Afrikaner Ferdinand. Er finanziert Ferdinands Schulbesuch und erlebt, wie sich der „Junge vom Land" zum politisch engagierten Verwaltungsbeamten hocharbeitet. In der Erzählung allgegenwärtig, aber nie im Vordergrund, sind die Wirren des Bürgerkriegs – Guerillakämpfe, Korruption und Morde. Der „Big Man" genannte Staatspräsident umgibt sich mit einem afrikanisch-dunklen Mythos, den er sich selbst zurechtlegt; mit der Frau des weißen Historikers, der ihn dabei unterstützt, hat Salim eine heftige Affäre.

Die Figuren des Romans sind alle durch ein Machtgeflecht verbunden, und sie alle unterliegen noch größeren Mächten – dem Zusammenprall der Kulturen und der Last der Geschichte. Wie die anderen Romane Naipauls teilt auch *An der Biegung des großen Flusses* eine tiefe Skepsis über die Zukunft der nichteuropäischen Völker; was aber am längsten nachklingt, sind die menschliche Misere und die damit verbundenen Einzelschicksale. **DSoa**

Auf dem hier abgebildeten Umschlag der englischen Ausgabe fährt ein kleines Schiff durch die riesigen, unerforschten Gewässer des „großen Flusses".

Weiße Zeit der Dürre
André Brink

Der Lehrer Ben Du Toit ist einer jener adretten, unbedarften Mittelklasse-Afrikaner, die das privilegierte Leben mit Dienerschaft und Swimmingpool genießen können, das die Apartheid den Weißen in den 1970er Jahren ermöglichte. Bens Welt bekommt allerdings gefährliche Risse, als er nichtsahnend der Bitte seines Gärtners nachkommt, ihm bei der Suche nach seinem Sohn zu helfen; dieser ist seit einer Protestaktion in Soweto verschwunden.

Die zunehmend beängstigender werdenden Nachforschungen ziehen Ben in eine Welt der Korruption, der Verschleierungen, der Bigotterie und in einen Mord hinein, deren Verwicklungen bis in die Vorzimmer der Macht reichen. Auf seiner Wahrheitssuche muß Ben damit klarkommen, daß er Freunde und Familie befremdet, weil er „die Sache nicht losläßt", gleichzeitig mißtrauen ihm die Schwarzen, denen er helfen will. André Brink beschreibt die ewig sich drehenden Mühlen der staatlichen Repression, die schließlich auch den Romanhelden zermalmen, auf einer menschlichen und persönlichen Ebene, und damit denunziert er auch die Ungerechtigkeit der südafrikanischen Apartheid.

Brink hatte schon vor diesem Roman Kontroversen ausgelöst, er hatte bereits in früheren, in seiner Muttersprache Afrikaans verfaßten Büchern damit begonnen, auf die Mißachtung der Menschenrechte unter der Apartheid hinzuweisen. Damit machte er sich unter seinen Mitbürgern und bei der Regierung nicht nur Freunde, und seine Bücher wurden sogar verboten, worauf er sie übersetzen oder in Englisch schreiben mußte, um eine größere Leserschaft zu erreichen. Dieses Ziel hat er mit *Weiße Zeit der Dürre* zweifellos erreicht, nicht zuletzt dank der Verfilmung mit Donald Sutherland, Jürgen Prochnow und Marlon Brando aus dem Jahr 1989. **JHa**

Lebensdaten | *1935 (Südafrika)
Erstausgabe | 1979
Erschienen bei | W. H. Allen (London)
Verfilmung | 1989

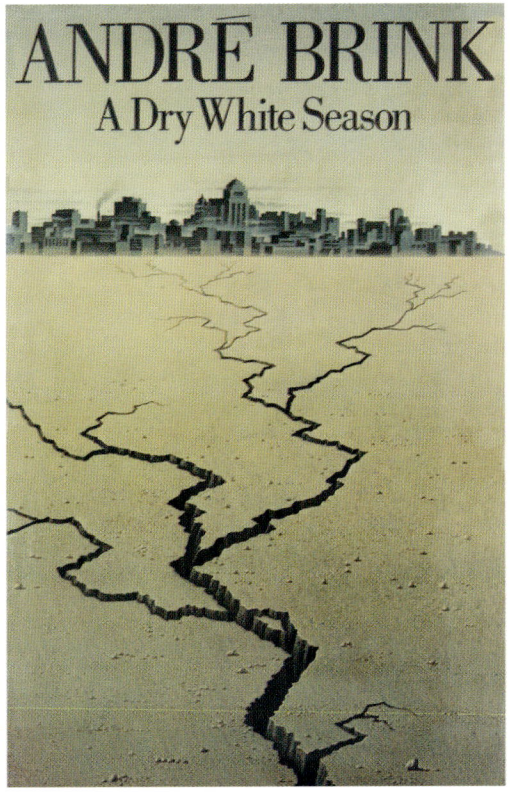

André Brink schrieb in Afrikaans, eigentlich die Sprache des südafrikanischen Arpartheid-Regimes, um ebendieses zu kritisieren.

Das Buch vom Lachen und Vergessen
Milan Kundera

Lebensdaten | *1929 (Tschechoslowakei)
Erstausgabe | 1979
Erschienen bei | Gallimard (Paris)
Originaltitel | *Kniha smíchu a zapomnění*

- Nachdem seine Werke in der CSSR auf den Index kamen, floh Kundera 1975 nach Frankreich, wo der Roman zuerst in französischer Übersetzung erschien.

- Kundera wurde 1981 französischer Staatsbürger.

Das Buch vom Lachen und Vergessen erschien 1979 zuerst in französischer Übersetzung, die tschechische Originalausgabe wurde 1981 im Exilverlag Sixty-Eight-Publishers in Toronto veröffentlicht. Kundera vergleicht den Aufbau seines Romans mit den Variationen eines musikalischen Themas. Die Analogie ist treffend – der Aufbau des Buch widerspricht gängigen Leseerfahrungen. *Das Buch vom Lachen und Vergessen* ist in sieben Abschnitte aufgeteilt, die keine lineare, abgeschlossene Handlung erzählen, sondern durchmischt sind mit Informationen aus der Geschichte Europas und autobiographischen Erinnerungen des Autors.

Tamina, die Hauptfigur des Romans, und ihr Mann verlassen die Tschechoslowakei, um dem kommunistischen Leben den Rücken zu kehren. Als Taminas Ehemann bald darauf stirbt, wird sie von der Angst gelähmt, sie könnte ihn vergessen. Das Erinnern, bei Kundera ein Hauptthema, spielt auch hier eine große Rolle. Im Auslöschen und Vergessen erkennt Kundera politische Werkzeuge, derer sich der kommunistische Staat bedient – manchmal sogar im wörtlichen Sinn, etwa wenn unliebsame Parteimitglieder aus Fotos wegretuschiert werden. Der Roman spielt in der Tschechoslowakei der Nachkriegsjahre. Unter Alexander Dubček versuchte man damals, den Sozialismus „menschlicher" zu machen. Die Sowjets vereitelten die Pläne, indem sie das Land 1968 besetzten, was viele Menschen desillusionierte.

Das Buch vom Lachen und Vergessen ist ein typisches Werk Kunderas, aber keines seiner anderen Werke wird von einer so starken, unaussprechlichen Fremdartigkeit durchzogen, die gleichzeitig provoziert und abstößt. Auch dieser Roman wirft die Frage auf, ob Kundera in der Darstellung seiner Frauengestalten frauenfeindliche Züge an den Tag legt. Aber diese berechtigten Bedenken stellen die Bedeutung des Romans als historisches Dokument und hervorragendes Beispiel des experimentellen Romans nicht grundsätzlich in Frage. **JW**

E Archaia Skoura *
Maro Douka

Lebensdaten | *1947 (Griechenland)
Erstausgabe | 1979
Erschienen bei | Kedros (Athen)
Engl. Übersetzung | *Fool's Gold*

Die Handlung von Doukas' erstem Roman beginnt mit dem Putsch der griechischen Militärs im Jahr 1967. Die brutale Diktatur der Obristen dient als Hintergrund der Geschichte von Myrsini Panayotou, einer jungen Athener Studentin. Auch sie bekommt die Diktatur zu spüren und engagiert sich deshalb zunehmend im oppositionellen Untergrund. Anhand dieses Szenarios macht uns Douka mit zahlreichen anderen Romanfiguren bekannt, die alle aus verschiedenen Gesellschaftsschichten kommen. Myrsini stammt aus einer bourgeoisen, weltgewandten Familie, die mit einflußreichen Leuten verkehrt und deren Mitglieder sich in immer neue Affären verstricken, während sie jede noch so ausgefallene Schickimicki-Mode mitmachen.

Wie nicht anders zu erwarten, ist Doukas Roman hochpolitisch, ihr scharfer Witz richtet sich gegen linke Selbstdarsteller und spießige Mittelständler ebenso wie gegen die Militärjunta. Sie schreibt aus Myrsinis Perspektive, wechselt aber in der Wiedergabe anderer Charaktere abrupt zur Ich-Form, um deren innere Monologe sprechen zu lassen. So erhält der Leser ein interessantes, wenn auch etwas grobes Bild der damaligen griechischen Gesellschaftsstrukturen und ihrer prägnantesten Vertreter.

Darüber hinaus ist Doukas Buch auch ein Bildungsroman, der Myrsinis spirituelle und politische Entwicklung beschreibt. Myrsinis Gefühle für ihren Verlobten sind es schließlich, die eine Aussöhnung ihrer menschlichen Instinkte mit ihrer idealistischen Weltanschauung erschweren. **OR**

Agent in eigener Sache
John Le Carré

Lebensdaten | *1931 (England)
Richtiger Name | David John Moore Cornwell
Erstausgabe | 1979 bei Knopf (New York)
Originaltitel | *Smiley's People*

Agent in eigener Sache fängt die düstere, glanzlose Welt der Spione am Ende des Kalten Krieges ein. Le Carrés Markenzeichen, das feine Gespür für den Plot und den Rhythmus, zeichnet auch diesen Thriller aus. George Smiley, ein ehemaliger britischer Geheimagent, wird aus dem Ruhestand geholt, um den Mord an einem sowjetischen Überläufer zu klären. Der Roman schildert die Jagd auf Carla, einen rücksichtslosen und gerissenen Großmeister der sowjetischen Spionage, den man bereits aus *Dame, König, As, Spion* kennt. Indem Smiley nach und nach ein komplexes Netzwerk entwirrt, entdeckt er bei Carla eine (familiäre) Schwachstelle: dieser hat eine geisteskranke Tochter. In vielerlei Hinsicht zeichnet dieser Roman Le Carrés das bisher trostloseste Bild einer Welt, der die Ideale abhanden gekommen sind. Der ideologische Zweikampf zwischen Ost und West hat sich in nichts aufgelöst, die Spionage wird aus persönlichen Motiven betrieben. Gleichzeitig beschreibt Le Carré politisch heimatlose, gedemütigte Menschen, die Gerechtigkeit verlangen, und der Roman besteht darauf, daß integre Persönlichkeiten auch in einer moralisch verwirrten Welt etwas ausrichten können.

Was den Autor fasziniert, ist der menschliche Preis des Kalten Krieges; beide Seiten schufen ein Umfeld, das offenbar psychisch instabil macht. Smiley kommt im Buch gut weg, sehnt er doch den Mißerfolg beinahe herbei: er begreift, daß die Erpressung Carlas etwas Widerliches hat, und daß er eigentlich Methoden benutzt, die den westlichen Werten komplett widersprechen. **TH**

Die Meere des Südens
Manuel Vásquez Montalbán

Lebensdaten | *1939 (Spanien), †2003 (Thailand)
Erstausgabe | 1979
Erschienen bei | Planeta, Barcelona
Originaltitel | *Los mares del sur*

Schauplatz des Verbrechens ist Barcelona am Tag vor den ersten demokratischen Wahlen der Stadtregierung. Die Oberen Zehntausend versuchen ihr Gesicht zu wahren in einer Zeit, in der – wie es einer der ihren formulierte – man sich schämen mußte, Geschäftsmann zu sein. Vázquez Montalbans berühmter Detektiv Pepe Carvalho, ein sentimentaler Kommunist, absoluter Hedonist, passionierter Gourmet und unersättlicher, aber schuldbeladener Leser (er verbrennt die gelesenen Bücher), seinerseits meint: „Wir Privatdetektive sind Barometer der öffentlichen Moral, Biscuter, Und ich sage dir, diese Gesellschaft ist verfault. Sie glaubt an nichts." Immerhin hatte der Geschäftsmann Carlos Stuart Pedrell, dessen Tod Carvalho untersuchen muß, an ein Ziel geglaubt: Er wollte sich auf Gaugins Spuren in die Südsee absetzen.

Carvalhos Nachforschungen über die Hindergründe von Pedrells Tod führen ihn nicht nur in die mondäne Welt der gehobenen Bourgeoisie, sondern auch in die der eingewanderten Arbeiter, denn der Schlüssel zur Auflösung des Falles liegt in San Magin, einer Schlafstadt der Immigranten, die – Ironie des Schicksals – von einer Firma des toten Pedrell gebaut wurde.

Die Meere des Südens ist einer der besten Pepe-Carvalho-Romane (wenn nicht der beste), er enthält Elemente in bester Film-Noir-Manier, zudem bietet er ein Porträt von Barcelona in den Jahren nach der Franco-Diktatur, das nur schwer zu übertreffen ist. **JCM**

„Bocanegra stieß den Polizisten beiseite. In der dunklen Nacht öffnete sich ein Korridor vor ihm, er warf sich hinein und rannte los …"

◆ Auf dem Buchumschlag sieht man ein Detail von Gauguins Tahiti-Bild *Woher kommen wir? Wer sind wir? Wohin gehen wir?*

Der Name der Rose
Umberto Eco

Lebensdaten | *1932 (Italien)
Erstausgabe | 1980 bei Bompiani (Mailand)
Originaltitel | *Il nome della rosa*
Verfilmung | 1986

Mit diesem Roman, der ebenso komplex ist wie schön, schuf Eco nicht nur eine verzwickte Detektivgeschichte, sondern auch ein Plädoyer für das Studium der Zeichen. Beide Facetten finden sich bereits in der dem Roman vorangestellten (fiktiven) Geschichte, die die Anfänge seines Entstehens schildert; der Gelehrte, der 1968 ein Manuskript aus dem 14. Jahrhundert entdeckt, seine Spuren verfolgt und, obwohl von Zweifeln geplagt, beschließt, „den Bericht des Adson von Melk der geneigten Öffentlichkeit vorzulegen, als ob er authentisch wäre".

Dann taucht der Leser ein in die Welt des Benediktiners Adson von Melk, der als Novize mit dem gebildeten Franziskaner William von Baskerville eine Reise unternahm, die die beiden in eine problembeladene Benediktinerabtei führt. Das Kloster ist ein Hort der Grausamkeiten und Geheimnisse, dessen Bewohner nur für die Bücher leben. Nachdem sechs von ihnen der Reihe nach ermordet wurden, versucht Baskerville die Wahrheit zu ergründen, indem er die Zeichen der Eifersucht, der Begierde und der Angst sucht und interpretiert.

Der Name der Rose lädt den Leser ein, sich an Baskervilles Interpretationsaufgabe zu beteiligen, die Polyphonie der Zeichen zu achten, keine voreiligen Schlüsse zu ziehen und an allem zu zweifeln, was ein Ende der Sinnsuche verheißt. Auf diese Weise erschließt Eco das eigentliche Wunder der Interpretation. **PMcM**

Im hellen Licht des Tages
Anita Desai

Lebensdaten | *1937 (Indien)
Erstausgabe | 1980
Erschienen bei | Heinemann (London)
Originaltitel | *Clear Light of Day*

Anita Desai, die Tochter eines Inders und einer Deutschen, sagte einmal: „Meine Gefühle gegenüber Indien sind die einer Inderin, aber ich denke über Indien wie eine Außenstehende." Ihr faszinierender, feinziselierter Roman spielt in einem maroden Landhaus in Old Delhi und handelt von den angespannten Verhältnissen in einer zerstrittenen Familie. Den Hintergrund bilden die tiefgreifenden politischen Ereignisse um die Teilung Indiens, Gandhis Tod und der nachfolgende Machtkampf.

Hauptfiguren sind die voneinander entfremdeten Schwestern Bim und Tara, die durch die Hochzeit einer Nichte zusammenführt werden. Bim, die ältere, lebt noch immer zu Hause und kümmert sich um einen jüngeren autistischen Bruder und eine alte alkoholkranke Tante. Tara entkam dem Haus und der dort herrschenden Tradition, indem sie einen Diplomaten heiratete, mit dem sie im Ausland lebt. Die beiden Frauen kramen in ihren Kindheitserinnerungen und versuchen, sich zu versöhnen. Bim zeigt sich aber verbittert und defensiv, sie kann Tara nicht verzeihen, und wirft ihr einen Verrat an der Familie vor.

Für Anita Desai sind historische Ereignisse „ein Moloch", in ihren Romanen werden die Protagonisten oft von historischen und gesellschaftlichen Kräften mitgerissen, die sie nicht kontrollieren können. In diesem Buch untersucht sie die Einflüsse einschneidender historischer Umwälzungen auf die indische Gesellschaft anhand von zwei Frauen, die sehr unterschiedlichen Vorstellungen über ein erfülltes Leben haben. **TS**

Umberto Eco gibt sich alle Mühe, in der vom Fotografen arrangierten Pose mit der obligaten Rose nicht lächerlich zu wirken.

Ignaz
John Kennedy Toole

Lebensdaten | *1937 (USA), †1969
Erstausgabe | 1980 bei Louisiana State University Press
Vollst. dt. Titel | *Ignaz oder die Verschwörung der Idioten*
Originaltitel | *Confederacy of Dunces*

Der beleibte Ignaz J. Reilly, ein Mann mit unersättlichem Appetit und von außerordentlicher Belesenheit, ist der ziemlich unmögliche Held dieser grotesken Komödie. Er möchte sein Leben am liebsten im Schlafzimmer verbringen, Freßgelage veranstalten, große Reden schwingen und seine Weisheiten auf Stapeln von Schreibblocks festhalten. Widrige Umstände nötigen ihn aber dazu, sich in die garstige Welt der Arbeit hinauszuwagen. Sein Kampf gegen den Horror des modernen Lebens führt zu zahlreichen Mißverständnissen und Mißgeschicken. Reilly wird von Idioten umschwirrt, den exzentrischen Bewohnern des von Toole herrlich geschilderten zwielichtigen New Orleans'. Mit dem Geruch des Zerfalls mischen sich schräge Töne in die Komödie, und hinter der grinsenden Karnevalsmaske lauern beunruhigend die Scheinheiligkeiten und Ungerechtigkeiten der Stadt.

John Kennedy Toole suchte jahrelang vergeblich nach einem Verleger für sein Buch. Erst Jahre nach seinem Selbstmord konnte seine Mutter den Schriftsteller Walter Percy dazu bewegen, das Manuskript zu lesen. Dieser war begeistert und sorgte dafür, daß das Buch endlich gedruckt wurde. *Ignaz oder die Verschwörung der Idioten* wurde ein Bestseller. Der zeitlose Roman ist amüsant, die Handlung schlängelt sich durch eine einmalige, aus den Fugen geratene Welt, in der die Menschen laut Ignaz unter die Fuchtel „der Götter des Chaos, des Wahnsinns und des schlechten Geschmacks" geraten sind. **TS**

Rituale
Cees Nooteboom

Lebensdaten | *1933 (Holland)
Erstausgabe | 1980
Erschienen bei | Arbeiderspers (Amsterdam)
Originaltitel | *Rituelen*

Nooteboom, den Kritiker schon mit Nabokov und Borges verglichen haben, schrieb mit *Rituale* ein Buch, das weder sehr postmodern noch besonders magisch-realistisch, dafür ganz sicher nicht linear oder leicht zu durchschauen ist.

Um Inni Wintrop, einen privilegierten Denker mit zuviel Freizeit, baut der Roman eine impressionistische Literaturlandschaft auf, in der sich die Ereignisse und die Menschen gegenseitig widerspiegeln, ohne je ganz erklärt zu werden; dies mag an Wintrops überzeugtem Dilettantismus liegen, der keine Antworten bietet, sondern Unmengen neuer Fragen aufwirft. Eigentlicher Mittelpunkt des Romans ist aber die Geschichte von Vater Arnold und Sohn Philip Taad, die beide Selbstmord begehen. Anhand der ungleichen Lebens- und Todesumstände der beiden untersucht Nooteboom, wie die Generationen mit vergleichbaren geistigen und spirituellen Krisen umgehen.

Der Autor nähert sich dem Thema weder erdrückend philosophisch noch anthropologisch; Erörterungen über Gottes Natur und Existenz werden mit der launisch-makabren Schilderung einer Beschneidung oder mit satirischen Erwägungen über die Welt der Kunst gepfeffert. Die Sprache ist in vielen Teilen lebendig und poetisch präzis, sei es in der Schilderung existentieller Zweifel oder in einer Hommage an das faszinierende Amsterdam. Mit *Rituale*, seinem dritten Roman, gelang Nooteboom der Durchbruch als Erzähler – bis dahin war er vor allem als Reiseschriftsteller und Lyriker bekannt. **AB**

Geur der droefenis *
Alfred Kossmann

Lebensdaten | *1922 (Niederlande), †1998
Erstausgabe | 1980
Erschienen bei | Querido, Amsterdam
Engl. Übersetzung | *Smell of Sadness*

Dies ist das Opus Magnus des niederländischen Autors Alfred Kossmann; er schrieb es, nachdem er die Grenzen der Literatur und des Journalismus erkundet hatte. Schon in frühen Jahren faszinierte ihn die Beobachtung des Lebens – seines eigenen und das anderer. Seine Erkenntnisse verarbeitete er in unterschiedlichen literarischen Formen. Sein Debüt als Dichter hatte Kossmann 1948 mit *Het vuurwerk*, danach schrieb er Romane und arbeitete als Journalist. Er veröffentlichte auch zahlreiche Reisegeschichten, in denen er Beobachtungen aus erster Hand mit Lebenserinnerungen kombinierte.

Dieses Buch, das viel Autobiographisches enthält, ist ein Amalgam aus allen literarischen Formen, die Kossmann bis dato verwendet hatte. Es beschreibt vierzig Jahre im Leben des Schriftstellers Thomas Rozendal, der als Teenager davon überzeugt war, daß das Leben „nicht hart, aber extrem eintönig" sei. Jahrzehnte später muß er akzeptieren, daß das Leben zwecklos ist. Es herrscht eine sinnlos-tödliche Stimmung – einer der Protagonisten begeht Selbstmord, ein anderer wird verrückt, ein weiterer wird von einem Laster überfahren. Thomas ist unfähig, das Leben auszukosten und läßt es resigniert an sich vorüberziehen. Alle Personen des Romans wuchsen während des Krieges auf, ihre Leben verliefen aufgrund unfaßbarer Ereignisse tragisch. Kossmanns Erzählung verwebt Erinnerungen, Fakten, Fabuliertes und Träume, und die Wirklichkeit wird durch einen eindrücklichen literarischen Mix verzerrt, der einen „Geruch von Traurigkeit" verströmt. **JaM**

Der zerrissene April
Ismail Kadare

Lebensdaten | *1936 (Albanien)
Erstausgabe | 1980 in Gjakftohtësia
Erschienen bei | Naim Frashëri (Tirana)
Originaltitel | *Prilli y thyer*

Die Handlung des Romans ist zwischen den Weltkriegen in Albanien angesiedelt, einem Land an der Schwelle zur Moderne. Im Mittelpunkt steht Gjorg Berisha, der in eine blutige Vendetta verwickelt ist. Diese läuft nach den strikten Regeln des Kanun ab, eines uralten Ehrenkodex', der die albanische Kultur seit Generationen beherrscht. Gjörgs Familie liefert sich mit ihrer Nachbarfamilie, den Kryeqyqes, seit siebzig Jahren eine blutige Fehde. Der Roman beginnt damit, daß Gjörg seinen ermordeten Bruder rächt, indem er einen der Kryeqyqes umbringt. Durch diese Tat wird Gjörg automatisch das nächste Opfer der hin- und hergehenden Blutrache sein.

Der Kanun schreibt nach einem Rachemord einen dreißigtägigen Waffenstillstand vor, und genau in dieser Zeit spielt Kadares Roman – von Gjörgs Mord Mitte April bis zu seiner Auslieferung an das unerbittliche Gesetz des Kanun Mitte Mai. Während dieser Periode ist Gjörg weder lebendig noch tot, er ist gefangen in einer leeren Zeit.

Kadare schrieb die bewegte und bewegende Geschichte in einer sehr einfachen, dennoch eleganten Sprache. Sie verleiht den dreißig Tagen zwischen Leben und Tod eine traumartige Atmosphäre, die vom Geist Homers, Dantes und Kafkas durchzogen ist. Erstaunlich ist auch Kadares Originalität, die ihn eine neu-alte Sprache erfinden ließ, dank derer die Widersprüche im Leben der heutigen Südost-Europäer sichtbar werden. **PB**

Mitternachtskinder
Salman Rushdie

Saleem Sinai kam um Mitternacht am 15. August 1947 zur Welt, der historischen Stunde, in der das moderne Indien geboren wurde. Saleem verkörpert also die junge Nation. Aber Rushdie nutzt weder die Romanhandlung noch dessen Hauptfigur zur Repräsentation des Landes, sondern widmet sich den komplexen Hoffnungen und Enttäuschungen, die der Mythos des Nationalismus birgt.

Alle in der besagten Nacht geborenen Kinder haben einmalige Gaben; je näher ihre Geburt der Mitternacht lag, um so stärker die Gabe. Es gibt Kinder, die durch die Zeit reisen, Fische vermehren oder sich unsichtbar machen können. Das fantastisch-surreale Konglomerat ist ein Sinnbild für das große Potential Indiens. Zwei Kinder kamen Schlag Mitternacht zur Welt, sie sind die Anführer ihrer Generation: Saleem, der in die Herzen und Seelen anderer blicken kann, und sein Gegenpart Shiva, der die „Gabe" zum barbarischen Krieger hat. Das gegensätzliche Paar spielt in der gewaltigen, weitläufigen Erzählung die Hauptrolle. Saleem kommt aus einer privilegierten, einflußreichen Familie, Shiva ist ein armes, mutterloses Straßenkind. Mitten im Buch erfahren wir freilich, daß die beiden kurz nach der Geburt vertauscht wurden. Die mit der Vaterschaft, dem Verlust der Authentizität und dem Vertrauen verbundenen Ängste, die dieses Wissen schürt, durchziehen die ganze Erzählung, und sie werden ständig mit der Geschichte des geteilten Indiens abgeglichen. Dieser meisterliche Roman, der den Leser mit einer Fülle von Einfällen, mit Humor, schwindelerregenden Wortspielen und einem herzzerreißenden Pathos fesselt, ist eine aufregende Mischung aus magischem Realismus und Realpolitik, er ist Rushdies innige Hymne auf sein Geburtsland. **NM**

Lebensdaten | *1947 (Indien)
Erstausgabe | 1980 bei Jonathan Cape (London)
Originaltitel | *Midnight's Children*
Booker-Preis | 1981

Salman Rushide, hier im Jahr 1988, wurde dank des Erfolgs von *Mitternachtskinder* ein international bekannter Autor.

Inder feiern am 15. August 1947 die Unabhängigkeit von Großbritannien – dem Geburtstag von Saleem in *Mitternachtskinder*.

Warten auf die Barbaren
J. M. Coetzee

Lebensdaten | *1940 (Südafrika)
Erstausgabe | 1980 bei Secker & Warburg (London)
Originaltitel | *Waiting for the Barbarians*
Nobelpreis für Literatur | 2003

Literaturkritiker vermuten hinter Coetzees straff und lakonisch erzählten Geschichten oft Allegorien auf das Südafrika vor und nach der Apartheid, und bei *Warten auf die Barbaren* haben sie damit sicher recht.

Die Fabel ist in einem namenlosen Reich, an einem namenlosen Ort und in einer unbekannten Zeit angesiedelt. Das Geschehen wird von einem Richter erzählt, der den Staatsapparat gegen sich aufbringt, weil er den bescheidenen Versuch unternimmt, eine junge Frau zu pflegen, die auf Anweisung des finsteren Oberst Joll brutal gefoltert wurde. Der Richter sammelt Holzschnitze aus der Wüste, die unbekannte Schriftzeichen tragen. Er geht davon aus, daß die Fragmente eine Allegorie darstellen, die sich nicht aus den einzelnen Schriftzeichen selbst ergibt, sondern aus der Reihenfolge und der Art, in der sie gelesen werden. So gesehen ist der Roman vor allem eine generelle Betrachtung über das Schreiben, aber auch des möglichen Scheiterns dieses Kommunikationsmittels. Den „Barbaren" kommt die Rolle von Zeugen eines nicht artikulierbaren Leidens zu. Die vom Richter gerettete Frau spricht wenig, er versucht sie zu ergründen und aus ihren Wunden eine Geschichte des Reichs herauszulesen. Analog stellt Coetzee das politische Engagement anhand der Degradierung des Richters als etwas dar, das gleichzeitig völlig ideologisch und bar jeder Ideologie sein kann. **LC**

Sommer in Baden-Baden
Leonid Zypkin

Lebensdaten | *1926 (Weißrußland), †1982 (UdSSR)
Erstausgabe | 1981 in Novyy Amerikanets (New York)
Originaltitel | *Leto v Badene*
Originalsprache | Russisch

Dieses außergewöhnliche, kurz vor Zypkins Tod erschienene Buch dramatisiert die stürmische Beziehung zwischen Anna und Fjodor Dostojewski, mit dem Fokus auf deren Reise nach Baden-Baden im Jahr 1867. Anna und Fjodors Geschichte ist eingebettet in Zypkins eigene Reiseerlebnisse, die wiederum eingebettet sind in Szenen aus den Werken Dostojewskis und anderer großer Russen.

Als Leser werden wir getragen von einem Geflecht aus Realem und Fiktivem, aus Schönem und aus Häßlichem, und wir werden überwältigt von einer ungezähmten Prosa, mit der Zypkin seine vielschichtige Wirklichkeit evoziert; diese Prosa ist eine unvergleichliche, neue und lebendige Schöpfung. Durch den Rhythmus des Textes, und indem er sich sein eigenes Bild von Fjodors glühender Liebe zu Anna erschreibt, ergründet Zypkin Dostojewskis Gedankengänge, seine Paranoia, Verzweiflung und Größe.

Zypkin schenkt uns einen neuen Dostojewski, und indem er dies tut, entwirft er auch einen neuen Kanon des heutigen Romans. Die amerikanische Autorin Susan Sontag hat das Buch kurz vor ihrem Tod dem Vergessen entrissen (der deutschen Übersetzung sind ihre Bemerkungen als Vorwort vorangestellt) – ein schon fast unheimlicher Liebesbeweis gegenüber Zypkin und seinem grandiosen Roman. **PB**

Das Haus mit der blinden Glasveranda

Herbjørg Wassmo

Lebensdaten | *1942 (Norwegen)
Erstausgabe | 1981
Erschienen bei | Gyldendal (Oslo)
Originaltitel | *Huset met den blinde glassveranda*

In diesem ersten Band ihrer *Tora*-Trilogie erzählt Wassmo die Geschichte der elfjährigen Tora. Ort der Handlung ist ein norwegisches Fischerdorf, wo man sich immer noch mit den Nachwirkungen der Nazi-Okkupation abmüht. Tora ist die Tocher eines toten deutschen Soldaten, sie wohnt mit ihrer Mutter und ihrem stets alkoholisierten Stiefvater in einer verlotterten Mietskaserne. Von den Leuten wegen ihrer unehelichen Geburt geächtet, leidet Tora auch unter dem ständigen sexuellen und psychischen Mißbrauch durch den Stiefvater.

Wassmo schildert die wachsende Verzweiflung Toras in einem fragmentierten Schreibstil. Obwohl äußerst schutzbedürftig, scheut sich Tora, ihre Mutter mit ihrem Problem zusätzlich zu belasten. Sie flüchtet sich in eine phantastische, sichere Welt und träumt davon, sie werde von ihrem richtigen Vater gerettet.

Die brutalen Passagen schildert Wassmo in einer sanften, melodischen Prosa, wie der Roman überhaupt nicht nur die Schattenseiten zeigt, denn die Unterstützung einiger Nachbarsfrauen gibt Tora die Kraft zum Überleben. Der Roman befaßt sich mit der Art und Weise, wie Frauen zu Opfern gemacht werden, er feiert aber auch Toras Triumph. Damit liefert er eine starke Geschichte über die Solidarität unter den Frauen, die gegen Unterdrückung, Armut und Nachkriegsdepression ankämpfen. **RA**

Schwere Flügel

Zhang Jie

Lebensdaten | [1937 (China)
Erstausgabe | 1981
Erschienen bei | People's Literature Publishing House
Originaltitel | *Chenzhong de chibang*

Schwere Flügel erzählt von Menschen, die alle im chinesischen Industriekonzern „Dawn Motor Works" arbeiten. Zhang Jies hautnahe Schilderungen des chinesischen Alltags legen die Auswirkungen bloß, die die radikale wirtschaftliche und politische Modernisierung auf die Menschen in der neuen Industriegesellschaft hat. Damit verschafft sie uns einen einmaligen Einblick in das Leben der Arbeiterfamilien.

Durch den extensiven Gebrauch der direkten Rede und eine fast peinigende Knappheit in den erklärenden Passagen gewähren uns Zhang Jies kurze, offen endende Geschichten Einblicke in eine Welt im Umbruch. Trotz allem Fortschritt herrschen noch viele aus der Feudalzeit stammende Vorurteile; Reformer sehen sich mit enormen Hindernissen konfrontiert, insbesondere in der Gestalt von Funktionären, die unter dem alten System groß geworden sind, und Frauen gelten nach wie vor als Menschen zweiter Klasse. Über das weitere Schicksal der Romanfiguren läßt uns Zhing Jie leider ebenso im Ungewissen wie über die größeren Zusammenhänge ihres sozialen und politischen Unbehagens.

Zhang Jie mußte während der Kulturrevolution ein Umerziehungslager in Peking absolvieren. Danach arbeitete sie fast zwanzig Jahren lang im Ministerium für Industrie. Mit dem Schreiben begann sie erst nach der Kulturrevolution. Dieser Roman war zu seiner Zeit einer der ersten, der in eine westliche Sprache übersetzt wurde. **RA**

Der Krieg am Ende der Welt

Mario Vargas Llosa

Lebensdaten | *1936 (Peru)
Erstausgabe | 1981
Erschienen bei | Seix-Barral (Barcelona)
Originaltitel | La guerra del fin del mundo

In seinem achten Roman erzählt Vargas Llosa eine apokalyptische Geschichte, die einen Wendepunkt in seinem Werk markiert: Zum ersten Mal verlegte der Peruaner den Ort des Geschehens außerhalb seiner Heimat und seiner Zeit.

Der Krieg am Ende der Welt ist ein historischer Roman, der Ende des 19. Jahrhunderts in Brasilien spielt. Im Mittelpunkt steht Antonio Consejero, ein visionärer heiliger Mann, der gegen die Republik und die Modernisierungen und für die Enteigneten im Nordosten Brasiliens predigte, womit er der brasilianischen Regierung ein Dorn im Auge war. Die Armee zerstörte die Stadt Canudos, wo Consejero und seine Getreuen ein tausendjähriges Königreich errichten wollten.

Inspiriert von dem fundamentalen Werk Os Sertões von Euclides da Cunha schuf Vargas einen erstaunlich authentischen Roman. Dieser ist straff erzählt, parallele Handlungsstränge wechseln sich ab. Damit gelingt dem Autor eine akribisch genaue Erzählung über den Aufstieg, den Erfolg und die Zerstörung einer faszinierenden, monströsen Figur. Vargas Llosa, ein vehementer Gegner aller Fanatiker und Utopisten, griff hier seine Ambitionen aus den 60er Jahren wieder auf. In einer Zeit, in der der historische Roman in Lateinamerika allmählich akzeptiert wurde, verschaffte er diesem mit einem neuen Ansatz einen enormen Auftrieb. **DMG**

Lanark: ein Leben in vier Büchern

Alasdair Gray

Lebensdaten | *1934 (Schottland)
Erstausgabe | 1981
Erschienen bei | Canongate (Edinburgh)
Originaltitel | Lanark: A Life in Four Books

Mit seinem Debutroman Lanark setzte Gray in punkto Erfindungsreichtum in der schottischen Belletristik neue Maßstäbe. Er knüpfte gleichzeitig an zwei Vermächtnisse an: von Swift und Joyce übernahm er den Impuls für typographische Innovationen, von Blake die Vision eines dem Alltagsleben Glasgows innewohnenden radikalen sozialen Potentials.

Der Roman beschreibt die Unterwelten der Städte Unthank und Glasgow, wo wir auf Lanark und Duncan Thaw treffen, die versuchen, mit der alltäglichen Plackerei klarzukommen.

Für den Leser unübersehbar ist der Wert des Buches als Kunstobjekt, den es durch Grays eigene Gestaltung erhält: jedes Kapitel ist von phantasievollen Typo-Graphien begleitet, die den Zynismus des Texts als eine Reaktion auf die Leiden der schottischen Jugend definieren. Die in Worte gefaßte Unzufriedenheit der Städter rief nach Illustrationen, die die Suche nach einer Erneuerung Schottlands dokumentieren. Die Beschreibung der beiden Städte als ständige Transitzonen, die zwischen Stagnation und Wiederaufbau pendeln, ermutigt den Leser, sich mit Grays Typo-Graphien auseinanderzusetzen. In diesem Dialog sind die graphisch gestalteten Seiten unentbehrlich. **DJ**

> Diese Illustration des Autors ist exemplarisch für das Zusammenspiel von Phantasie und Typographie in seinem Werk.

Bessere Verhältnisse
John Updike

Lebensdaten | *1932 (USA), †2009
Erstausgabe | 1981 bei Knopf (New York)
Originaltitel | *Rabbit is Rich*
Pulitzerpreis | 1982

Der dritte Roman in Updikes „Rabbit"-Vierteiler rückt zeitlich eine weitere Dekade vor, ins Jahr 1979. Er spielt wieder in der fiktiven Kleinstadt Brewer in Pennsylvania und führt die Geschichte von Harry „Rabbit" Angstrom fort. Harry ist jetzt in den Vierzigern, er genießt sein Dasein als erfolgreicher Gebrauchtwagenverkäufer, lebt in einer glücklichen Ehe und überdenkt seine schwierigen Beziehungen, als sein Sohn erwachsen wird und heiratet. Er hat sich zu einem „ehrbaren Bürger" gemausert, wie er in Sinclair Lewis' *Babbitt* verspottet wird – man beachte den Gleichklang der Namen. Der Roman ironisiert Harrys beruflichen Aufstieg vom Zauberschälerverkäufer zum Autoverkäufer im Geschäftsanzug zur Zeit der Ölkrise Ende der 70er Jahre. Der Verkauf von Toyotas an die neuerdings auf den Spritverbrauch achtenden Mittelständler ebnet Harry den Weg zu deren Country Clubs und Cocktailparties. Seine Freude über die Vorzüge seines neuen Status begleitet Updike mit einer feinsinnigen Betrachtung über den Verlust von Jobs und der amerikanischen Arbeiterklasse, wie das Buch überhaupt Harrys gefühlsmäßigen Höhenflug mit der damaligen Befindlichkeit der USA kontrastiert, die an der Schwelle zu einer beängstigenden Rezession standen.

Updikes lyrische Prosa und die Zeichnung seiner Charaktere ist so gut wie eh und je, und während Rabbit älter wird, erreicht die Schilderung der Gefühlsbindungen, die den Unterbau des Alltagslebens bilden, eine einmalige Schärfe. **AB**

Paare, Passanten
Botho Strauss

Lebensdaten | *1944 (Deutschland)
Erstausgabe | 1981
Erschienen bei | Hanser (München)
Georg-Büchner-Preis | 1989

Paare, Passanten besteht aus sechs Vignetten über Paare, die sich, frustriert über die erfolglose Suche nach einem Lebenssinn und einer Erwiderung ihrer Gefühle, aneinanderklammern, was ihre Einsamkeit und Verzweiflung aber nur noch vergrößert.

In seinen Werken beschäftigt sich Strauss oft mit dem Verlust der Menschlichkeit, mit der Ich-Bezogenheit und dem Egoismus, verursacht durch historische Zwänge und die Modernisierung. Er hat eine entschieden sozial-konservative Weltsicht und ist ungehalten über das, was er als ein kulturelles Abgleiten und als ein Desinteresse am Lebensstil im neuen Deutschland bezeichnet. Seine entfremdeten Romanfiguren geraten rasch und oft grundlos in – manchmal gewalttätige – Streitereien.

Die Geschichten dieses Erzählbandes zeigen Menschen, die wie Roboter agieren und die da, wo ihre Seele sein sollte, eine Leerstelle haben. Alltägliche Tätigkeiten – arbeiten, reden, sündigen – absolvieren sie in spiritueller Leere und einer geistig trostlosen Umgebung. Strauss zeigt die Leblosigkeit seines modernen Deutschlands und versucht, auf ein echteres, authentischeres Leben hinzuweisen. Daß er aus dem Schatten der deutschen Geschichte im 20. Jahrhundert schreibt, verleiht seinen Texten eine noch eindeutigere Note und lenkt die Aufmerksamkeit des Lesers auf seine ästhetische Vision. Die Mini-Porträts und Schnappschüsse reichen von den anonym Schuldigen des Dritten Reichs bis zu den Individuen des Kalten Krieges und darüber hinaus. **LB**

July's Leute
Nadine Gordimer

Lebensdaten | *1923 (Südafrika)
Erstausgabe | 1981 bei Jonathan Cape (London)
Originaltitel | *July's People*
Nobelpreis für Literatur | 1991

Der apokalyptische Roman spielt während eines fiktiven Bürgerkriegs, der ausbrach, nachdem Mozambique 1980 in Südafrika einmarschierte. Die Häuser der Stadt stehen in Flammen, als Maureen und Bam Smale mit den Kindern im Pickup-Laster ins entlegene Heimatdorf ihres Hausdieners July flüchten.

Die einfachen Verhältnisse im Dorf lassen Maureen aufleben, während sich Bam ohne seine Flinte verloren vorkommt. Die Abhängigkeit von den Einheimischen stellt das Selbstverständnis der Smales täglich mehr in Frage, und ihr Verhältnis zu July verschlechtert sich zusehends. Einmal räkelt sich Maureen wie ein Model auf dem Kleinlaster, aber July erfaßt die Bedeutung dieser Geste nicht. Die neue Umgebung stellt die gewohnten Rechte und Pflichten auf den Kopf, und die Idee der Weißen, wonach die Natur allen gehört, wird in Frage gestellt. Gordimers komplexe Prosa vollbringt einzigartige Kunststücke, wenn sie die früheren Gewißheiten der Städter direkt und indirekt mit den neuen Unsicherheiten konfrontiert. Es gibt kaum einen Absatz, der ausschließlich im Präsens gehalten ist, und die implizierten Fragen sind kaum zu beantworten. Als ein Hubschrauber landet, rennt Maureen drauflos, ohne zu wissen, welcher Kriegspartei er angehört, und damit endet der Roman, auch diese Frage offen lassend. Obwohl kein Tatsachenroman, zeigt das Buch hervorragend, an welch dünnem Faden der Liberalismus der weißen Südafrikaner hängt. **AM**

„*Der scharze Mann sah hinüber zu den drei schlafenden Kindern, die auf Sitzen im Wagen gebettet waren. Er lächelte bestätigend: ‚Sie in Ordnung.'*"

In ihren Romanen und Kurzgeschichten stellt Nadine Gordimer häufig die Rassenkonflikte in ihrem Geburtsland Südafrika ins Zentrum.

Auf dem schwarzen Berg
Bruce Chatwin

Lebensdaten | *1940 (England), †1989 (Frankreich)
Erstausgabe | 1982 bei Jonathan Cape, London
Originaltitel | On the Black Hill
Whitbread Literary Award | 1982

Für einen wie Bruce Chatwin, der sein kurzes Leben vor allem mit Reisen verbracht hat, mutet dieses Buch seltsam an, denn es beschreibt achtzig Jahre im Leben der Zwillinge Benjamin und Lewis, die diese fast ausschließlich auf ihrem entlegenen Bauernhof an der walisischen Grenze verbringen. Abgesehen davon, daß Benjamin nach einer kurzen Dienstzeit unehrenhaft aus der Armee entlassen wird, bleiben sie vom Ersten Weltkrieg unbehelligt; sie heiraten nie, und nach dem Tod der Eltern schlafen sie vierzig Jahre lang in deren Ehebett.

Chatwin verwendet einen ausgeprägt realistischen Prosastil, er zieht die kurzen, summarischen Sätze den langen, komplex strukturierten vor. Er vermeidet auch weitverzweigte Handlungsstränge zugunsten detaillierter Personenbeschreibungen, die ohne grobe Vereinfachungen oder rührselige Exzesse auskommen.

Eine der Erzählebenen enthält alles, was zum Ambiente des typischen Heimatromans gehört: einen Hitzkopf, der seine gebildete Frau mißhandelt und sie davon abhält, die Zwillinge zu unterrichten; blutige Familienfehden; einen Selbstmord; Mißhandlungen durch die Armee; den Niedergang einer korrupten Adelsfamilie. Auf einer anderen Ebene bietet der Roman eine Studie über die Landbevölkerung und die Spannungen, die im traditionellen Leben entstehen können, sei es durch Lewis' Interesse an der Fliegerei und am anderen Geschlecht, sei es durch die kurze, schwierige Zeit der Trennung. **AB**

Das Geisterhaus
Isabel Allende

Lebensdaten | *1942 (Peru)
Erstausgabe | 1982 bei Plaza & Janés (Barcelona)
Originaltitel | La casa de los espíritus
Originalsprache | Spanisch

Die Intensität dieses phantastischen Romans kann man wirklich nur als magisch bezeichnen. Spielerisch überschreitet er die Grenze zwischen dem Wirklichen und dem Unfaßbaren, ohne je den Kontakt zum Boden der historischen und politischen Realität Chiles zu verlieren.

Mit einem Brief an ihren sterbenden Großvater beginnend, erzählt der sehr persönliche Roman die Geschichte der Familie Trueba. Diese spielt vor dem Hintergrund der tragischen Ereignisse um Salvador Allende, der Onkel der Autorin, von dessen Aufstieg bis zur Ermordung durch die Militärs 1973. Die packende Schilderung dieses blutigen Abschnitts der chilenischen Geschichte macht aus dem Familienmärchen eine buchstäblich todernste Geschichte. Die Chronik dieser Ereignisse macht den markantesten Aspekt des Buches aus und hat viel zum verdienten Erfolg des Buches beigetragen. Vor allem andern ist es aber die überschäumende Beschreibung des Trueba-Klans, die für den ergreifenden Kern des Romans sorgt. Allendes einfühlsame, zuweilen auch bissige Porträts der kaum verhüllten Figuren aus ihrem Umfeld sind von brillanter Lebendigkeit, und die Autorin versteht es, den Leser so tief in die Geschichte hineinzuziehen, daß einem das entsetzlich tragische Ende noch lange nachgeht. **DR**

> Isabel Allende ist die Nichte von Salvador Allende, dem Präsidenten Chiles, der 1973 bei Pinochets Staatsstreich ermordet wurde.

KL Groß - Rosen - AL Brünnlitz / Häftl.-Liste (Männer) 18.4.45-Blatt 7

Lfd. Nr.	H.Art u.Nam.	H.Nr.	Name und Vorname	Geburts-datum	Beruf
361	Ju.Po.	69208	Hahn Dawid	20.10.97	Werkzeugschlosse
362	" "	9	Immerglück Zygmunt	13. 6. 24	Stanzer
363	" "	10	Katz Isaak Josef	3.12.08	Klempnergehilfe
364	" "	1	Wiener Samuel	11. 5.07	Tischlergehilfe
365	" "	2	Rosner Leopold	26. 6.08	Maler
366	" "	3	Gewelbe Jakob	22. 9.97	Photografmeister
367	" "	4	Korn Edmund	7. 4.12	Metallarbeiter
368	" "	5	Penner Jonas	2. 2.15	Stanzer
369	" "	6	Wachtel Roman	5.11.05	Industriediamant
370	" "	7	Immerglück Mendel	24.9.03	Eisendrehergesel.
371	" "	8	Wichter Feiwel	25. 7.26	ang.Metallverarb.
372	" "	9	Landschaft Aron	7. 7.09	" "
373	" "	69220	Wandersmann Markus	14. 9.06	Stanzer
374	" "	1	Rosenthal Izrael	24.10.09	Schreibkraft
375	" "	2	Silberschlag Hersch	7. 4.12	Ang.Metallverarb
376	" "	3	Liban Jan	29. 4.24	Wasserinst.Gehil
377	" "	4	Kohane Chiel	15. 9. 25	Zimmerer
378	" "	5	Senftmann Dawid	6. 9.09	Ang.Metallverarb
379	" "	6	Kupferberg Izrael	4. 9.98	Schlossermeister
380	" "	7	Buchführer Norbert	12. 6.22	Lackierer Geselle
381	" "	8	Horowitz Schachne	3.12.88	Schriftsetzermei
382	" "	9	Segal Richard	9.11.23	Steinbruchmineur
383	" "	69230	Jakubowicz Dawid	15. 4.26	"
384	" "	1	Sommer Josef	21.12.14	ang.Metallverarb.
385	" "	2	Smolarz Szymon	15. 4.04	"
386	" "	3	Rechem Ryszard	30. 5.21	Automechank.Gs.
387	" "	4	Szlamowicz Chaim	16. 5.24	Stanzer
388	" "	5	Kleinberg Szaija	1. 4.20	Steinbruchmineur
389	" "	6	Miedziuch Michael	3.11.16	Fleischergeselle
390	+ "	7	Millmann Bernhard	24.12.15	Stanzer
391	" "	8	Königl Marek	2.11.11.	Ang.Mettallverarb.
392	" "	9	Jakubowicz Chaim	10. 1.19	Steinbruchmineur
393	" "	69240	Domb Izrael	23. 1.08	Schreibkraft
394	" "	1	Klimburt Abram	1.11.13	Koch
395	" "	2	Wisniak Abram	30	Lehrling
396	" "	3	Schreiber Leopold	15.10.25	Schlossergeselle
397	" "	4	Silberstein Kacob	1. 1.00	Galvaniseurmeister
398	" "	5	Eidner Pinkus	20.12.14	Dampfkesselheizer
399	" "	6	Goldberg Perisch	17. 5.13	ang.Metallverarb.
400	" "	7	Feiner Josef	16. 5.15	Automechanikcer
401	" "	8	Feiner Wilhelm	21.10.17	Stanzer
402	" "	9	Löw Zcycze	28. 6.97	Kesselschmied Meis
403	" "	69250	Löw Jacob	3. 3.00	" "
404	" "	1	Pozniak Szloma	15. 9.16	Bäcker
405	" "	2	Ratz Wolf	20. 6.09	Metallverarb.
406	" "	3	Lewkowicz Ferdinand	12. 3.09	Arzt Chirurg
407	" "	4	Lax Ryszard	9. 7.24	Automechaniker Ge
408	" "	5	Semmel Berek	5. 1.05	Tischler Gehilfe
409	" "	6	Horowitz Isidor	25. 9.95	ang.Installateur
410	" "	7	Meisels Szlama	2.2.16	Fleischergeselle
411	" "	8	Kormann Abraham	15. 1. 09	Buchhalter
412	" "	9	Joachimsmann Abraham	19.12.95	Stanzer
413	" "	69260	Sawicki Samuel	9. 4.17	Koch
414	" "	1	Rosner Wilhelm	14. 9.25	Schlossergehilfe
415	" "	2	Hirschberg Symon	23. 7.08	Stanzer
416	" "	3	Goldberg Bernhard	10.10.16	Koch

Schindlers Liste
Thomas Keneally

Das Buch beginnt mit einer Notiz Keneallys, in der er seine zufällige Begegnung mit Leopold Pfefferberg schildert, einem „Schindler-Juden", die ihn dazu ihn anregte, die Geschichte des „Bonvivants, Spekulanten und Charmeurs" Oskar Schindler aufzuschreiben. Obwohl Mitglied der NSDAP, riskierte dieser Industrielle sein Leben, um Juden in dem von den Deutschen besetzten Polen zu retten.

Der 1982 mit dem Booker-Preis ausgezeichnete „Roman" ist eng verknüpft mit dem größten Trauma der jüngsten europäischen Geschichte, wobei Keneally versichert, er habe sich streng an die historischen Fakten gehalten. Getrieben vom Versuch, Schindlers „Helfertrieb" zu verstehen und sein Geheimnis, das die „Schindler-Juden" immer noch verfolge, zu lüften, kombiniert der Autor historische Nachforschungen mit hypothetischen Rekonstruktionen, um das Phänomen „Schindler" zu ergründen. So lernt der Leser die Welt derjenigen kennen, deren Leben von den Nazis als „unwert" betrachtet wurde. Keneally beschreibt die unberechenbare Mischung aus politischer Gewalt und Sadismus und wirft damit die brennendste Frage auf: „Schämt sich die SS für überhaupt nichts?" Keneally wollte auch den Holocaust darstellen, und er war sich bewußt, welch brisanten Fragen er sich damit aussetzen würde: Wie „echt" ist Schindlers Porträt, und wer ist überhaupt berechtigt, vom Holocaust Zeugnis abzulegen? Welche literarische Form wird der Erinnerung an die Opfer gerecht? Diese Fragen wurden erneut aufgeworfen, als Steven Spielberg den Roman 1993 verfilmte. Spielbergs Film fokussiert das realistisch geschilderte und aufwühlender Zentrum von Keneallys Erzählung: die literarische Abbildung von Geschichte anhand eines einzelnen Menschen. **VL**

Lebensdaten | *1935 (Australien)
Erstausgabe | 1982
Erschienen bei | *Hodder & Stoughton (London)*
Verfilmung | 1992

◉ Wie so oft wurde auch Keneallys Roman von der Filmadaption in den Schatten gestellt. Spielberg verfilmte *Schindlers Liste* 1993.

◉ Eine der Namenslisten, mit denen Oskar Schindler 12000 polnische Juden vor dem Tod in den Konzentrationslagern rettete.

Damals in Nagasaki
Kazuo Ishiguro

Lebensdaten | *1954 (Japan)
Erstausgabe | 1982 bei Faber & Faber (London)
Originaltitel | *A Pale View of Hills*
Originalsprache | Englisch

Etsuko, die Erzählerin in Kazuo Ishiguros Debütroman, ist eine kriegsversehrte Witwe aus Nagasaki, die nun in England lebt. Die Ankunft ihrer Tochter Niki weckt in ihr schmerzliche Erinnerungen an die Vergangenheit und an ihre erste Tochter Keiko, die sich umbrachte. Etsuko versucht vergeblich, mit dem Tod ihrer Tochter umzugehen, der Leser seinerseits ist sich über die Ereignisse jenes heißen Sommers in Nagasaki, wohin Etsuko immer wieder erzählend zurückkehrt, nie ganz im Klaren. Ishiguro stellt hier nicht das Trauma der Protagonistin in den Vordergrund, er will aufzeigen, daß der eigentliche Akt des Erzählens nie nur einer einzigen klaren Linie folgt.

Während sich Vergangenheit und Gegenwart immer geheimnisvoller verflechten, wirft der Roman ebenso viele Fragen auf, wie er beantwortet. Ishiguros Erzählstil fordert dem Leser die Erkenntnis ab, daß Subjektivität provisorisch und improvisiert ist, und daß Identität – im Unterschied zu den vorgefertigten Bildern, die wir von uns selbst liefern – etwas sein kann, das immer im Fluß ist. So, wie das Grauen von Nagasaki ständig als Subtext präsent ist, ohne je direkt erwähnt zu werden, fordert die Wechselwirkung zwischen Gedächtnis, Identität und Trauma jede naive Auffassung von der Sprache als einem Schaufenster zur Welt der absoluten Wahrheit heraus. **VA**

Wittgensteins Neffe
Thomas Bernhard

Lebensdaten | *1931 (Holland), †1989 (Österreich)
Erstausgabe | 1982
Erschienen bei | Suhrkamp (Frankfurt)
Vollständiger Titel | *Wittgensteins Neffe. Eine Freundschaft*

Hier denkt ein intellektueller, kranker, obsessiver Erzähler über seinen verstorbenen Freund nach, der ebenso veranlagt war. Erzähler ist Bernhard selbst, er zeigt in diesem Buch eine Menschlichkeit, die seinen Werken sonst völlig abgeht.

Der Roman ist eine Denkschrift auf Bernhards Freund Paul Wittgenstein, dem Neffen des berühmten österreichischen Philosophen Ludwig Wittgenstein. Paul Wittgenstein und Thomas Bernhard liegen im selben Krankenhaus, wenn auch in separaten Zimmern. Ersterer leidet an einer Geisteskrankheit, Bernhard an einem Lungenleiden. Davon ausgehend setzt der Autor zu einer unerbittlich ehrlichen und ungewohnt ergreifenden Schilderung von Pauls Leben, seines graduellen Abbaus und Bernhards Reaktion darauf an. Er schreibt über Krankheit, geistige und künstlerische Leidenschaft und die Verachtung der beiden Freunde für die Selbstgefälligkeit ihrer Landsleute. Bernhard sieht Paul als Opfer des erdrückenden Konformismus seiner patrizischen Familie und der provinziellen Engstirnigkeit der österreichischen Gesellschaft. Er findet, Paul sei seinem Onkel geistig ebenbürtig, und er glaubt, diesem wäre es ebenso ergangen wie Paul, wäre er nicht nach England geflüchtet.

Wittgensteins Neffe ist eine gefühlvolle Erzählung über den Wert der Freundschaft und über die gefährliche Verwandtschaft zwischen geistigem Potential und Geisteskrankheit; Themen wie die Isolation, die Krankheit und der Tod werden von Bernhard weder sentimental noch verbissen behandelt. **AL**

Ishiguro wurde in Nagasaki geboren und kam im Alter von fünf Jahren nach England; lange war er der einzige in der Familie, der fließend Englisch sprach.

Die Farbe Lila
Alice Walker

Lebensdaten | *1944 (England)
Erstausgabe | 1982
Erschienen bei | Harcourt Brace Jovanovich (New York)
Originaltitel | *The Color Purple*

„Erzähl' es ja niemandem …"

- Alice Walker ist eine Feministin und Bürgerrechtskämpferin, bei der die afroamerikanischen Männer nicht immer gut wegkommen.

- Spielbergs Filmadaption von *Die Farbe Lila* aus dem Jahr 1985 wurde der starken Wirkung des Romans nicht gerecht.

Der 1983 mit dem Pulitzer-Preis ausgezeichnete Roman beschreibt die Geschichte der jungen Afroamerikanerin Celie. Aufgewachsen in der ländlichen Abgeschiedenheit Georgias, gelingt es ihr nach und nach, sich von dem starren Selbstkonzept zu befreien, das ihr von außen, von Menschen, die Macht über sie hatten, aufgezwungen wurde. Celies Vater mißbrauchte sie wiederholt, sie bringt zwei Kinder zur Welt, von denen sie annimmt, daß sie vom Vater umgebracht wurden. Als ein Mann um die Hand ihrer Schwester Nettie anhält, bringt ihn der Vater dazu, Celie zu heiraten. Doch diese Ehe wird für Celie ebenso schrecklich wie die Kindheit. Wenig später flieht Nettie aus dem Elternhaus, zuerst zu Celie und ihrem Mann, dann in die weite Welt hinaus. Bis es zu einer Wiederbegegnung kommt, vergehen fast dreißig Jahre. Indessen reist Nettie mit einem missionierenden afroamerikanischen Ehepaar nach Afrika, dort stellt sich heraus, daß die beiden Celies Kinder adoptiert haben. In Afrika lebt Nettie unter den Olinka, und anhand dieser patriarchalen Gesellschaft und ihrer Ignoranz gegenüber der traurigen Rolle vieler Afrikaner im Sklavenhandel zeigt die Autorin die Ursprünge der Ausbeutung auf.

Als Celie von ihrem Vater mit vierzehn zum zweiten Mal geschwängert wurde, schärfte er ihr ein, „niemandem außer Gott" davon zu erzählen. Sie beginnt deshalb, ihr Leben in Briefen an Gott festzuhalten, die mit der Unbefangenheit einer sich unbeobachtet fühlenden Person abgefaßt sind. Von schwarzen Frauen, mit denen sich Celie anfreundet, besonders von denen, die sich gegen die Unterdrückung wehren, gewinnt sie Kraft, und sie wird sich ihres Rechts auf eine eigene Meinung bewußt. Dank dieser neuen Erfahrungen aus erster und zweiter Hand wächst ihre Unabhängigkeit, bis sie schließlich imstande ist, ihre Beziehungen zu anderen nach ihren eigenen Vorstellungen zu gestalten. **AF**

A Boy's Own Story
Edmund White

Lebensdaten | *1940 (USA)
Erstausgabe | 1982 bei E. P. Dutton (New York)
Dt. Titel | *Selbstbildnis eines Jünglings*
Originalsprache | Englisch

Dieser Coming-out-Roman war einer der ersten seiner Art, er zeichnet das freimütige Porträt eines schwulen, verängstigten Teenagers in den USA der 50er Jahre. Das Buch basiert zum Teil auf Whites eigenen Erlebnissen, und die Geschichte des frühreifen Jungen, der sich vor seinem Körper ekelt und der die Sexualität als etwas sehr Zwiespältiges erlebt, macht den Roman zu einem wichtigen Zeugnis der Lebensängste und der Selbstfindung eines Teenagers.

Sein Weg vom Knaben zum Jugendlichen in einer Welt, in der die Homosexualität pathologisiert wird, ist von oberflächlichen, schäbigen Erfahrungen geprägt. Obwohl er an seiner Neigung nie zweifelt, unterzieht sich der Junge einer Psychoanalyse, um das nicht auslebbare Verlangen nach Männern zu „kurieren". Das „unmögliche Verlangen" erfüllt sich erst am Ende des Romans durch den gemeinen Verrat an einem Lehrer, den er zu einer sexuellen Liaison verführt. Das dramatische Ereignis markiert den Eintritt des Jungen in die von Sex und Macht geprägte Welt der Erwachsenen.

Whites Roman ist eine lyrische Ode an die Sehnsucht nach Liebe. Indem der Roman unbeirrt eigene Phantasien erzeugt, artikuliert und untergräbt, liefert er ein postmodernes Märchen über ein brutal unterdrücktes Begehren.

Als das Buch erstmals erschien, bedeutete es für die Homosexuellen eine wichtige Bestätigung ihrer Geschichte und psychischen Präsenz, angesichts der beginnenden AIDS-Krise. **CJ**

Wann, wenn nicht jetzt?
Primo Levi

Lebensdaten | *1919 (Italien), †1987
Erstausgabe | 1982 bei G. Einaudi (Turin)
Originaltitel | *Se non ora, quando?*
Originalsprache | Italienisch

Als Zeuge und Überlebender des Horrors von Auschwitz hat sich Primo Levi in seinen späten Jahren vor allem als Holocaust-Schriftsteller einen Namen gemacht, vielleicht deshalb wird ein Großteil seines breiten Werks kaum beachtet, das auch Gedichte, Dramen und Science-Fiction-Romane umfaßt.

Wann, wenn nicht jetzt? gilt als Levis konventionellster Roman, er handelt von einer jüdischen Partisanengruppe, die den Deutschen zwischen 1943 und 1945 Widerstand leistet, während sie von Osteuropa Richtung Italien zieht. „Die meisten von mir geschilderten Ereignisse haben sich wirklich zugetragen", schreibt Levi, „und die jüdischen Partisanen sind keine Erfindung." Er schreibt auch hier als Zeuge, diesmal aber in Romanform mit fiktiven Personen, einer allwissenden Erzählerfigur sowie zeitlichen und topographischen Beschreibungen. Obwohl der Roman vor dem Hintergrund eines Massakers spielt, erzählt das Buch für Levi „eine Geschichte der Hoffnung". In Schlüsselmomenten weigert er sich sogar, Tod und Ausrottung zu beschreiben, die Figuren verschwinden einfach, auch werden dem Leser Ereignisse vorenthalten („Was im Hof des Novoselki-Klosters geschah, soll hier nicht erzählt werden"). Den Roman, den Philip Roth als weniger inspiriert bezeichnete als Levis andere Bücher, wird vom Autor als ein Bericht über die Kultur der Aschkenasim verteidigt: „Ich bin stolz darauf, als erster (vielleicht als einziger) italienischer Autor über die jiddische Welt zu berichten." **VL**

Das Buch der Unruhe
Fernando Pessoa

Lebensdaten | *1888 (Portugal), †1935
Erstausgabe | 1982
Erschienen bei | Ática (Lissabon)
Originaltitel | *Livro de Desassossego*

Das Buch der Unruhe des Hilfsbuchhalters Bernoardo Soares, so lautet der vollständige Titel in der deutschen Übersetzung, ist die „Autobiographie ohne Ereignisse" von Bernardo Soares, Hilfsbuchhalter, den Pessoa in einem Restaurant in Lissabon traf. In Hunderten von kleinen Abschnitten, von denen die meisten keinen Titel tragen, reflektiert Soares über die Kunst, das Leben und die Träume, er beobachtet das Wetter und die Straßen in der Altstadt von Lissabon, er meditiert über die Sinnlosigkeit des Daseins und empfiehlt Methoden für ein zweckloses Leben.

Pessoa ist heute vor allem als moderner Dichter bekannt, der seine Texte unter zahlreichen „Heteronymen" schrieb, Figuren mit eigenen Biographien und unterschiedlichen Schreibstilen. Soares kommt dem Autor selbst so nahe wie keine andere seiner Figuren; wie Pessoa selbst hat auch er das Gefühl, er sei „eine leere Bühne, auf der verschiedene Schauspieler verschiedene Stücke aufführen". Das Buch besteht aus Prosafragmenten, die Pessoa auf Papierschnipsel oder Briefumschläge gekritzelt hatte und die man nach seinem Tod in einer Truhe fand. Vom *Buch der Unruhe* gibt es diverse Versionen, die auf verschiedenen Zusammenstellungen beruhen; der Leser hat die Wahl, sich sein eigenes Buch zu machen, indem er die Abschnitte in einer selbst gewählten Reihenfolge liest. Da Soares die Träume und Empfindungen dem „wahren Leben" vorzog, ist das Buch arm an äußeren Ereignissen, um so heftiger, aphoristischer und paradoxer wird dafür das Leben des Geistes zelebriert. **RegG**

Das Memorial
José Saramago

Lebensdaten | *1922 (Portugal), †2010 (Lanzarote)
Erstausgabe | 1982 bei Caminho (Lissabon)
Erschienen bei | Memorial do Convento
Nobelpreis für Literatur | 1998

Viele Romane können dem ihnen angehängten Etikett des „Magischen Realismus" kaum gerecht werden – im Gegensatz zu diesem Roman, mit dem Saramago eine imaginäre Welt schuf, in der die wildesten Phantasien alltäglich erscheinen, während historische Ereignisse ins märchen- oder albtraumhafte überhöht werden.

Das Memorial spielt im frühen 18. Jahrhundert in Portugal, als die verarmte Bevölkerung von der absoluten Monarchie und der Inquisition gnadenlos ausgebeutet und terrorisiert wurde. Der Soldat Baltasar hat im Krieg für den König eine Hand verloren, Blimunda ist eine Frau mit magischen Zauberkräften, deren Lebensfreude und Unabhängigkeit mit der schrecklichen Enge des Königshofs kontrastiert. Mit der Liebesgeschichte zwischen Baltasar und Blimunda gelang Saramago ein erotisches Meisterstück.

Hintergrund des Romans bilden zwei historische Projekte. Das erste betrifft das für den König errichtete, riesige Frauenkloster von Mafra – heute eine große Touristenattraktion. Den Bau des Konvents, an dem Tausende von Arbeiter unter unwürdigen Bedingungen arbeiteten, schildert Saramago als einen Akt der Unterdrückung epischen Ausmaßes. Beim zweiten Projekt geht es um den ebenfalls historischen Versuch des Jesuitenpriesters Gusmão, eigenständig zu fliegen. Den Zwängen ihrer Epoche können sich die Hauptfiguren nicht entziehen, und das Liebespaar geht an den Lebensumständen zugrunde. Der linke Humanist Saramago läßt jedoch keine Zweifel daran, daß ihr Leben trotzdem lebenswert war. **RegG**

Der Kummer von Flandern
Hugo Claus

Lebensdaten | *1929 (Belgien), †2008
Erstausgabe | 1983 bei De Bezige Bij (Amsterdam)
Originaltitel | Het verdriet van België
Originalsprache | Niederländisch

Der Kummer von Flandern, ein intensiver und lebhafter Roman, spielt zwischen 1939 und 1947 im antisemitisch geprägten Westflandern, wo Louis inmitten von Entbehrungen und moralischen Konflikten heranwächst.

Die Geschichte beginnt in einer Klosterschule, wo Louis mit einem Freund einen „Geheimbund" gründet, um sich gegen das strenge Regiment der Nonnen zu wehren. Louis brennt darauf, mehr über die Welt zu erfahren, über die Abhängigkeiten, die Kriegsgerüchte und die drohende Invasion durch die Deutschen. Der erste Teil des Romans („Kummer") wird aus der Sicht eines Kindes erzählt, dessen Verwirrung über die Ereignisse für unfreiwillige, zuweilen erschreckende Komik sorgt. Im zweiten Teil („Über Belgien") schreibt Claus die Saga der Seynaeves unter der neuen Naziherrschaft fort. Viele aus Louis' Umfeld kollaborieren, auch Louis' Eltern machen mit: der Vater verbreitet Propagandamaterial, die Mutter wird Sekretärin und Mätresse eines Offiziers. Für eine Chronik aus der Kriegszeit hat Claus seinen dichten Roman mit ungewöhnlich exzentrischen Figuren und lebendigen Dialogen ausgestattet, parallel dazu gelingt es ihm, einen Künstler zu porträtieren, denn Louis bringt es dank seiner brillanten Erfindungsgabe am Ende des Romans zum Schriftsteller.

Claus gilt als bedeutendster belgischer Schriftsteller der Nachkriegszeit. Er verfaßte über hundert literarische Werke, u. a. Gedichte, Erzählungen, Romane, Theaterstücke, Libretti und Drehbücher. 1992 war er für den Literaturnobelpreis nominiert und galt auch später mehrfach als aussichtsreicher Anwärter. Er erhielt zahlreiche Auszeichnungen, darunter 2002 den „Leipziger Buchpreis zur Europäischen Verständigung". **ES**

Die Klavierspielerin
Elfriede Jelinek

Lebensdaten | *1946 (Österreich)
Erstausgabe | 1983
Erschienen bei | Rowohlt (Reinbek)
Nobelpreis für Literatur | 2004

Jelineks Oeuvre ist geprägt von der Kritik an der kapitalistischen und patriarchalen Gesellschaft. Häufig thematisiert sie die (oft vergebliche) Suche nach menschlicher Nähe. In der Erkundung der ungelebten Sexualität des Voyeurs ist ihre Prosa unerbittlich, wobei sie für sich das Recht des „männlichen" Blicks beansprucht.

Die Klavierspielerin ist eine irritierende, schmerzvolle Beschreibung der Sexualität von Erika Kohut, die dem zweifelhaften Vergnügen des Voyeurismus ausgeliefert ist, den sie in Peep-Shows und beim Beobachten von Liebespaaren im Wiener Prater befriedigt. Jelinek verbindet den Voyeurismus mit dem heterosexuellen Sadomasochismus in seiner härtesten Form: „Erika sucht einen Schmerz, der mit dem Tod endet." Als Erika mit ihrem Schüler und Liebhaber Walter Klemmer die Regeln ihrer Folterung festlegt, wird ihre Sexualität auch in Beziehung zu ihrer beunruhigenden Liebe zur Mutter gestellt, die ihr vor allem eine unterwürfige Haltung abverlangte: „Nachdem sie sich ihrer Mutter während so vieler Jahre unterworfen hat, könnte sie sich niemals einem Mann unterwerfen."

Jelinek konfrontiert den Leser auch mit der Beunruhigung, die der weibliche Sadomasochismus bei Feministinnen auslöst. Jelinek wertet Erikas Veranlagung nicht, aber sie wendet ihren kritischen Blick nie ab, auch nicht von so alltäglichen Vergnügungen wie dem Lesen und dem Schreiben: „Da, wo meine Romanfiguren waren, wächst kein Gras mehr." **VL**

Leben und Zeit des Michael K.

J. M. Coetzee

Lebensdaten | *1940 (Südafrika)
Erstausgabe | 1983
Erschienen bei | Secker & Warburg (London)
Originaltitel | *The Life and Times of Michael K*

Dieser Roman fordert die Mythen des südafrikanischen Apartheid-Regimes mit einem südafrikanischen Hirtenideal heraus. Michael K. ist ein farbiger Südafrikaner mit einer Hasenscharte; er ist Gärtner im Sea-Point-Distrikt von Kapstadt, wo seine Mutter als Hausangestellte arbeitet. Als es mit ihr zu Ende geht, will Michael sie auf die Farm in ihrer Heimat Karoo bringen, aber die Mutter stirbt schon auf dem Weg dorthin. Michael setzt die Reise allein fort, um ihre Asche auf der verlassenen Farm verstreuen zu können. Er bleibt dort, baut Erdnüsse an und lebt von dem, was das Land abwirft. Bald darauf tobt ein Bürgerkrieg, und Michael wird unter dem Vorwand festgenommen, er habe die Aufständischen unterstützt. Im Arbeitslager, wo man ihn interniert, verweigert er die Nahrung. Er kann dem Lager entkommen und kehrt nach Sea Point zurück, wo er als Obdachloser lebt.

Den zweiten Teil des Romans gestaltete Coetzee in Form eines Tagebuchs, das der Arzt des Lagers schrieb, in dem Michael interniert war. Der Beamte schildert seine Versuche, Michael dazu zu bewegen, etwas Brauchbares von sich zu geben. Aber dieser läßt nur wenig über seine mißgestalteten Lippen – er ißt kaum, und Worte dringen nur selten nach außen. Michaels Weigerung, Teil des Systems zu sein, untergräbt die Selbstsicherheit des Beamten, und genau darin liegt die größte Gabe dieses Romans: im Rätsel und im Widerstand, mit dem der Titelheld seinen Bewachern, aber auch dem Leser zu schaffen macht. AB

„Er ist ein Mensch mit schwachem Verstand, der zufällig in eine Kriegszone geriet und nicht helle genug war, um da rauszukommen."

◉ Coetzee sagte einmal, er schreibe für die Menschen, die mit den Ketten rasseln und ihr Gesicht dem Licht zuwenden.

Wasserland
Graham Swift

Lebensdaten | *1949 (England)
Erstausgabe | 1983
Erschienen bei | Heinemann (London)
Originaltitel | *Waterland*

Der Erzähler Tom Crick, bis vor kurzem Geschichtslehrer, klopft seine eigene Geschichte daraufhin ab, wo die Dinge aus dem Ruder liefen – seine Frau hatte soeben im Supermarkt ein Kind gekidnappt. Er denkt an seinen rätselhaften, geistig behinderten Bruder, der Selbstmord beging, und an den frühen Tod eines Nachbarjungen, an dem er sich mitschuldig fühlt. Er erinnert sich auch an die Ängste, die er und Mary als Teenager ausstehen mußten, als Mary nach einem sexuellen Abenteuer das Kind in einer quasi-religiösen Zeremonie von der als Hexe verschrieenen Martha Clay abtreiben ließ, wodurch Mary für immer unfruchtbar und traumatisiert wurde. Sogar über der anheimelnden Romanze seiner Eltern schwebt für Crick der Schatten eines stillen Verbrechens mit tragischem Ausgang.

Crick betrachtet Geschichte nicht als einen linearen Ablauf, sondern als einen zyklisch wiederkehrenden Kampf gegen die anschwellenden Wasser eines Moores, und deshalb wird ihm eine Landrückgewinnung zur wichtigen Metapher für die Beruhigung, die mit dem Geschichtenerzählen und der Aufarbeitung der Vergangenheit verbunden ist. Als Crick mit einem hartnäckigen Studenten über die Geschichtsschreibung diskutiert, führt er an, diese könne nicht mit dem Hinweis auf ihre Nützlichkeit erklärt werden, vielmehr entfalte sie unvermeidlich eine ihr innewohnende Kraft, um das Nichts in Schach zu halten, und sie sei das einzige Mittel des Menschen gegen die Verzweiflung. **AF**

LaBrava
Elmore Leonard

Lebensdaten | *1925 (USA)
Erstausgabe | 1983 bei Arbor House, New York
Originaltitel | *LaBrava*
Originalsprache | Englisch

Mit seinen messerscharfen Beobachtungen der urbanen Niederungen der USA hat sich Leonard einen hervorragenden Namen als einer der scharfsinnigsten und unterhaltsamsten modernen Autoren seines Landes gemacht. *LaBrava* ist sicher das beste Beispiel für Leonards eigenen Stil, der Elemente des Mystery- und des Kriminalromans, des Thrillers und der Stadtgeschichte kombiniert.

Titelheld ist der frühere Geheimagent Joe LaBrava, der jetzt fotografiert, allerdings ohne künstlerische Ambitionen. Er befreundet sich mit Jean Shaw, einer Schauspielerin, die in den 50er Jahren für ihre Femme-fatale-Rollen berühmt war und die ihrerseits mit dem grinsenden, psychopathischen Proleten Richie Nobles angebändelt hat, um Maurice, einen ihrer Freunde, um 600000 Dollar zu erleichtern. Nobles hat sich in ein kubanisches Go-Go-Girl verliebt, das auf Suspensorien im Leoparden-Look steht, was einiges über seine Ambitionen aussagen dürfte. Das Lesevergnügen bei *LaBrava* verdankt sich vor allem Leonards Gespür für die Dialoge und der Art und Weise, wie er die Figuren aufeinandertreffen läßt und dabei durch wechselnde Erzählperspektiven Spannung erzeugt. Während die Protagonisten versuchen, den Fluß der Ereignisse auf ihre eigenen Mühlen zu lenken, gewinnen sie an Eigenleben. Dabei nimmt Leonard von postmodernen Tricks vehement Abstand, wie das Buch überhaupt keine Zurschaustellung literarischer Fingerfertigkeiten sein will, sondern einfach eine verdammt gute Lektüre. **AP**

Solveigs Vermächtnis
Göran Tunström

Lebensdaten | *1937 (Schweden), †2000
Erstausgabe | 1983
Erschienen bei | Bonniers (Stockholm)
Originaltitel | *Juloratoriet*

Dieses in Schweden nach seiner Verfilmung von 1996 noch populärer gewordene Buch erzählt ein fein gesponnenes, mitreißendes Drama. Wie in vielen seiner Romane – besonders in *Der Dieb* – schreibt Tunström hier in einem lyrischen, sparsamen Stil über eine verlorene Kindheit und die Identitätssuche in der Dynamik einer Familie.

Solveigs Vermächtnis besteht in der Tat aus einer Abfolge von Tragödien, die Tunström als Variationen zum Thema der Trauer komponierte und die drei Generationen der Familie Nordenssons auf drei verschiedenen Kontinenten erleben. Alle Mitglieder der Familie stehen unter dem Einfluß der sich langsam ausbreitenden seismischen Wellen eines einzigen, tragischen Ereignisses. Dieses geht auf die 1930er Jahre zurück, als Sidner zusehen mußte, wie seine eigene Mutter Solveig von wildgewordenen Kühen zu Tode getrampelt wurde. Sie war mit dem Fahrrad zu einer abgelegenen Kirche unterwegs, um in Bachs „Weihnachtsoratorium" mitzusingen. Dieser Teil der Geschichte spielt in der ländlichen Gegend von Värmland, die man auch aus anderen Erzählungen Tunströms kennt, der dort geboren wurde. Sidners Vater Aron riß ohne ihn nach Neuseeland aus, wo er eine neue, vom Tode Solveigs überschattete Beziehung einging, während Sidner eine ältere Frau heiratete. Und dies sind nur zwei der ergreifend-tragischen und verblüffenden Liebesgeschichten, die von Tunström wunderbar erzählt werden und die eine größere Leserschaft verdienten. **JHa**

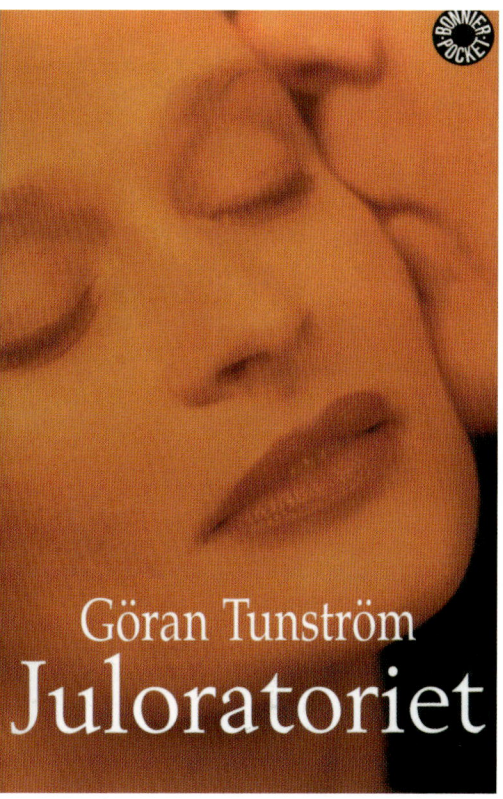

„Jede Handlung in der Vergangenheit zeugte tausend andere Möglichkeiten, lief wie ein Rinnsal weiter auf die Möglichkeiten der Zukunft zu."

Der Umschlag der schwedischen Ausgabe deutet die Hauptthemen des Buches an: Liebe, Verlust und Erinnerung.

Fado Alexandrino

António Lobo Antunes

Lebensdaten | *1924 (Portugal)
Erstausgabe | 1983 bei Publicações D. Quixote (Lissabon)
Originaltitel | *Fado Alexandrino*
Originalsprache | Portugiesisch

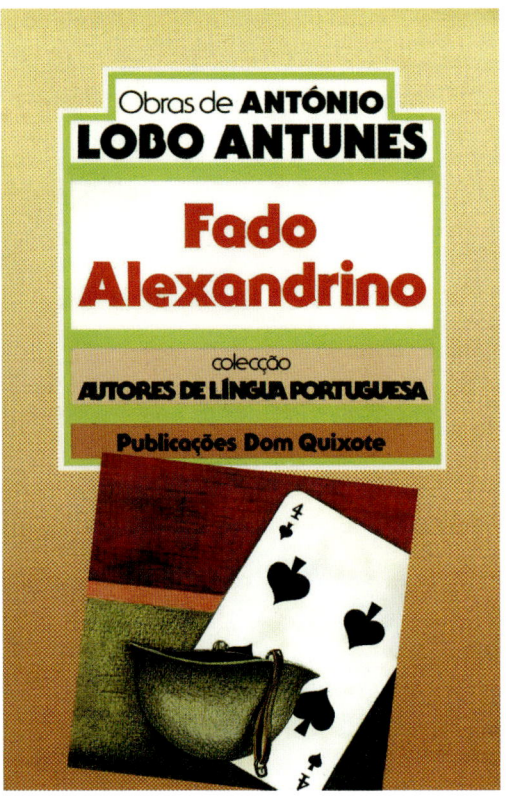

Fado bezeichnet im Portugiesischen ein traditionelles Lied, aber auch das Schicksal eines Menschen. *Fado Alexandrino* umfaßt beide Bedeutungen des Begriffs in der Form von sechsunddreißig Versen, die sich mit dem Schicksal Angolas vor, während und nach der portugiesischen Nelkenrevolution von 1974 beschäftigen.

Lobo Antunes, der eigentlich Psychiater war, wurde 1971 nach Angola in den Krieg geschickt, wo er zwei Jahr als Feldarzt diente. Dabei beobachtete er insbesondere den Einfluß des Krieges auf seine Kameraden. Dieser Roman beschreibt den Krieg als einen Prozeß der Entfremdung von der eigenen Person und von anderen Personen. Alle versuchen ununterbrochen, dem Erlebten eine Bedeutung zu verleihen, indem sie die Entfremdung auf einer äußerst banalen, alltäglichen Ebene zu kompensieren versuchen.

Fado Alexandrina beschreibt gnadenlos das Szenario eines Unvermögens, wobei die sexuelle Impotenz eine Metapher für die politische darstellt. Der Autor führt uns in einer einfallsreichen, treffenden Sprache durch die tiefsten Niederungen einer Nation, die vor, während und nach einem der einschneidensten Ereignisse ihrer jüngsten Geschichte um ihre Identität rang. Vordergründig beschäftigt sich der Roman mit fünf Kriegsveteranen, die sich 1982 zu einem Abendessen treffen und dabei über ihre beruflichen, gesellschaftlichen und privaten Erlebnisse der letzten zehn Jahre sprechen. Indem der Autor Raum und Zeit – oft innerhalb eines einzelnen Dialogs – verflechtet, macht er weit umfassendere Zusammenhänge sichtbar, die auch die Rasse, das Geld und die Gesellschaftsschichten einschließen. Vor allem aber entglorifiziert er den Krieg, indem er über Einzelschicksale schreibt. **ML**

Antunes' Fresko von Portugal basiert auf seinen persönlichen Erlebnissen im Kolonialkrieg und während der Nelkenrevolution.

Der Vorfahre
Juan José Saer

Was äußerlich wie ein historischer Roman daherkommt, ist in Wahrheit eine existentialistische Fabel über die Wahrnehmung des Lebens.

In *Der Vorfahre* erzählt Juan José Saer die Geschichte eines Waisen, der im frühen 16. Jahrhundert zehn Jahre Gefangener eines Kannibalen-Stammes war. Nachdem er sich befreien konnte, machte er die in diesen zehn Jahren durchlebten Erfahrungen zum Mittelpunkt seiner Existenz. Die Geschichte ist eine Allegorie auf die tiefgreifende Fremdheit des Menschen und auf seine Verantwortung gegenüber der Welt. Kannibalismus erscheint nicht mehr als ein monströses Symbol der Entfremdung, sondern als Metapher für die Bindung indigener Völker an das Universum, dessen Gleichgewicht sie bewahren müssen. Der Erlebnisbericht endet wie eine anthropologische Studie, und das Grauen weicht der Erkenntnis: Das Wesen des Menschen ist zweifelhaft, nur die subjektive Erfahrung vermag dem Dasein eine Bedeutung zu geben.

Es liegt in der Verantwortung des namenlosen Erzählers, das Gedächtnis dieser Indianer zu bewahren. Obwohl sie von ihm grundlegend verschieden sind, gleichen sie ihm doch in seiner Eigenschaft als Waise, als Menschen, die seine Herkunft nicht kennen, die zufälligen Ereignissen unterworfen sind und die, kurz gesagt, sich selbst nur mittels ihrer Erfahrungen erkennen können. Auch die Erinnerung an die Mondfinsternis, mit der das Buch endet, wird als Allegorie einer völligen Ungewißheit vermittelt. Die Balance zwischen dem Objektiven und dem Lyrischen, die Freiheit im Umgang mit der sprachlichen Begrifflichkeit und der Standpunkte, sowie das wechselnde Erzähltempo machen *Der Vorfahre* zu einem Musterbeispiel eines neuen Ansatzes im Genre des historischen Romans. **DMG**

Lebensdaten | *1937 (Argentinien), †2005
Erstausgabe | 1983
Erschienen bei | Folios (Buenos Aires)
Originaltitel | *El entenado*

Juan José Saer, der in Frankreich lebte, gilt als einer der hervorragendsten argentinischen Romanautoren der jüngsten Zeit.

Scham und Schande

Salman Rushdie

Lebensdaten | *1947 (Indien)
Erstausgabe | 1983
Erschienen bei | Jonathan Cape (London)
Originaltitel | *Shame*

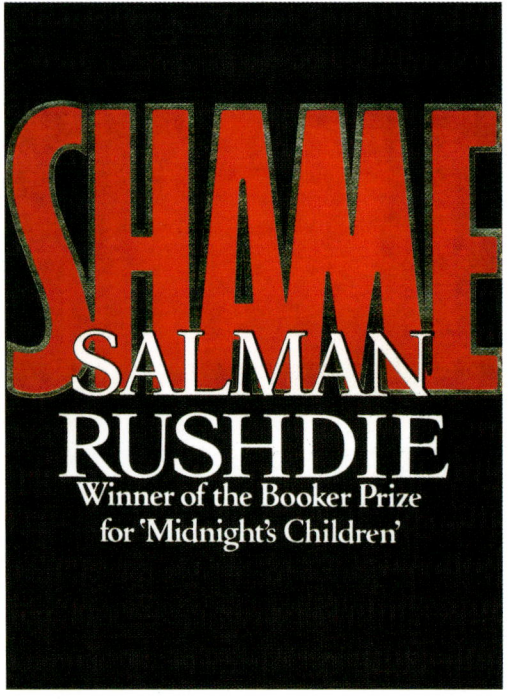

„*Komm rasch,
Väterchen will zur Hölle fahren!*"

Dreh- und Angelpunkt dieses Romans ist die Teilung Indiens und Pakistans, deshalb ist *Scham und Schande* auch ein Buch über Grenzen. Titelheld ist der verrufene Omar Shakil, eine „periphere" Figur, die aus sicherer Distanz erzählt. Seine Mutter ist eine von drei Schwestern, die sich seine Mutterschaft gegenseitig streitig machen. Der Roman handelt in der entlegenen Grenzstadt „Q" in einem an Pakistan erinnernden Land „etwas abseits der Wirklichkeit". Die vielen Nebenhandlungen und Zeitungsartikel, von denen die Erzählung unterbrochen wird, überschreiten die Grenze zwischen Fiktion und geschichtlichen Fakten, es entsteht eine Satire auf das Pakistan von Zulfikar Ali Bhutto und Zia al Haq, die von Iksander Harappa und Raza Hyder repräsentiert werden.

Geschildert wird die Fehde zwischen dem Premierminister Harappa, einem Spieler und Frauenheld, und Hyder, der durch einen Staatsstreich an die Macht kommt. Hinter den Kulissen der Macht sind die beiden Familien hoffnungslos in eine Serie von Sex- und Heiratsskandalen verwickelt, an denen vor allem die Frauen teilhaben, besonders Harappas Tochter Zinobia, die irgendwann Omar Shalik heiratet. Zinobia ist *die* Verkörperung des Urdu-Begriffs „Sharam", der sich nur sehr ungenau als Schande übersetzen läßt. Die verrückte Tochter, in der man eigentlich den erhofften Sohn erwartete, symbolisiert Pakistan als ein schiefgelaufenes Wunder. Am Ende tritt die tief in Zinobia verborgene Bestie der Schande auf den Plan, um an sämtlichen Figuren Gerechtigkeit zu üben.

Rushdies gewagte Mischung aus historischem Kommentar und politischer Allegorie, geschrieben in einem fantastischen, an García Márquez angelehnten Erzählstil, ist ein würdiger Nachfolger seines Publikumserfolgs *Mitternachtskinder*. **AB**

Der Umschlag der englischen Erstausgabe.

Gierig

Martin Amis

John Self, der hohle Jedermann in *Gierig*, ist sicher eine von Amis' gelungensten und unvergeßlichsten Schöpfungen. Die Geschichte beginnt damit, daß Self im Sommer 1981 nicht nur vor der Hochzeit von Charles und Diana, sondern auch aus seiner eigenen heftigen und soeben gescheiterten Liebesaffäre nach New York entflieht. Dort gibt er sich auf Kosten seiner Firma einem üblen Exzeß aus Drogen, Alkohol, Pornographie, Gewalt und Sex hin.

Der Roman ist eine beißende Satire auf die gesellschaftlich sanktionierte, unersättliche Gier und Lüsternheit in der Ära von Thatcher und Reagan. John Self gibt einen rundum widerlichen, dennoch seltsam liebenswürdigen Helden ab. Er schmeißt seine erfolgreiche – für die Achtziger typische – Karriere in der britischen Werbebranche hin, um auf ein verlockendes Angebot aus Hollywood einzugehen. Das Geld, mit dem er in der ganzen Geschichte sorglos um sich wirft, wird ihm von Investoren aus der Filmbranche zugesteckt. Bald zeichnet sich jedoch ab, daß Self zunehmend die Kontrolle verliert. Im Lauf der Geschichte wird er Opfer eines ausgeklügelten Firmenbetrugs, der ihn ruinieren wird. Am Ende hat er nicht nur Ehrgeiz, Existenz, Vater und Freunde verloren, sondern auch – noch schlimmer – seine unpassende, aber hilfsbereite Geliebte, von der er sich die Rettung versprach. Gipfel der Ironie ist, daß Self den riesigen Betrug versehentlich vereitelt – ohne allerdings davon zu profitieren. Seine Mitarbeit am Film, der nie gedreht werden sollte, besteht darin, einen unbegabten Schriftsteller anzuheuern – Martin Amis –, der das aberwitzige Drehbuch umschreibt, womit die Ereignisse in Gang gesetzt werden, die zur Entwirrung des Plots führen. **NM**

Lebensdaten | *1949 (England)
Erstausgabe | 1984
Erschienen bei | Jonathan Cape (London)
Originaltitel | *Money: A Suicide Note*

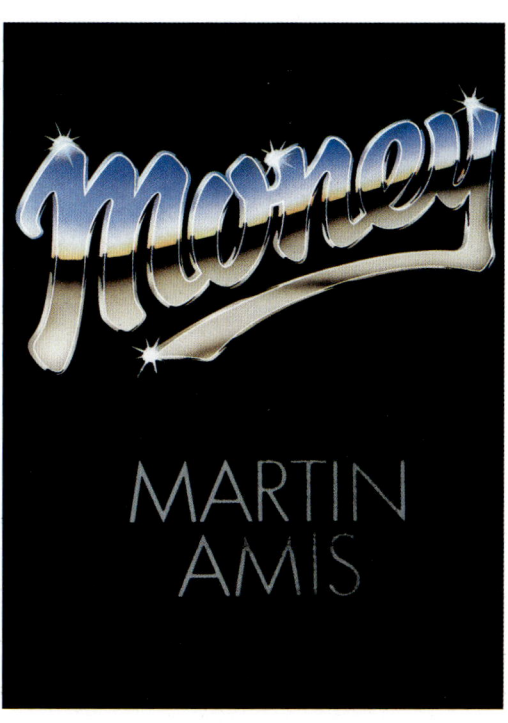

„Ich trinke zollfreien Whisky aus einem Zahnputzbecher ..."

Der Umschlag der Erstausgabe von Mon Mohan und Dick Jones erinnert an den materiellen Reichtum der Achtziger in Großbritannien.

Flauberts Papagei
Julian Barnes

Lebensdaten | *1946 (England)
Pseudonym | Dan Kavanagh
Erstausgabe | 1984 bei Jonathan Cape (London)
Originaltitel | *Flaubert's Parrot*

Hier geht es um die unerwiderte Liebe eines einsamen, passionierten Gelehrten zu Gustave Flaubert und um eine Kriminalgeschichte, die eher an Borges denn an Chandler erinnert.

Geoffrey Braithewaite glaubt, auf ein großes, ungelöstes Rätsel der Weltliteratur gestoßen zu sein: Welcher von zwei ausgestopften Papageien, von denen einer in *Ein schlichtes Herz* erwähnt wird, saß auf Flauberts Schreibpult? Mit dieser nutzlosen Frage parodiert Barnes die Belanglosigkeit des akademischen Betriebs und die Boshaftigkeit seines Expertentums. Der Roman dreht sich weniger um Flaubert oder seinen Papagei als um Braithewaite und die Gefahr, daß man, kommt man seinen Helden zu nahe, auch sich selbst ungemütlich nahe kommt. „Kunst ist immer autobiographisch", behauptete Lucien Freud, und dies gilt auch für die Kunst der Biographie. Braithewaite ist eine tragische Figur – vom Leben ignoriert, bleiben seine Erinnerungen und Gefühle unbeachtet; unfähig, sich einem anderen Menschen zu widmen, sucht er sich etwas weit sicheres.

Trotz dieses trockenen Doktors im Ruhestand, der sich einem toten französischen Schriftsteller hingibt, ist der Roman unerwartet witzig und geistreich. Er vibriert voller Details, enthält drei Biographien über Flaubert (eine salbungsvolle, eine kritische und eine objektive) und einem Auftritt des Flaubert-Experten Enid Starkie. Er enthält auch skurriles Material, wie etwa Braithewaite's *Verzeichnis der anerkannten Ideen*. Das Buch ist ein Puzzle, und ein faszinierendes obendrein. **GT**

◉ Die Idee zu *Flauberts Papagei* entstand 1981 mit der Entdeckung zweier ausgestopfter Papageien in der Normandie.

◉ Julian Barnes im Jahr 1990. Er bewundert Flaubert, seit er mit fünfzehn Jahren *Madame Bovary* gelesen hat.

Professor Martens' Abreise
Jaan Kross

Lebensdaten | *1920 (Estland), †2007
Erstausgabe | 1984
Erschienen bei | Eesti Ramat (Tallinn)
Originaltitel | *Professor Martensi ärasõit*

Im Jahr 1907 reist F. Martens, Juraprofessor und Beamter des russischen Außenministeriums, von seinem estnischen Sommersitz nach St. Petersburg zurück. Während dieser Reise entsteht aus seinen Erinnerungen, Tagträumen und Gesprächen mit realen und imaginierten Mitreisenden ein Bild seines Lebenswegs, der ihn aus einem provinziellen Waisenhaus zu internationalem Ansehen geführt hat. Sein Leben ist in seltsamer Weise mit einem zweiten Martens verknüpft, einem ebenfalls berühmten Juristen, der fast hundert Jahre vor ihm in Deutschland lebte. Was Martens ausmacht, ist eine Kombination aus Lernen, Ehrgeiz und verletzter Selbstachtung eines Menschen, der seinen Weg unter Menschen gemacht hat, die ihn nie akzeptiert haben.

Die Verbitterung, den verletzten Stolz, die Verachtung oder die Reaktion darauf, daß er den Friedensnobelpreis nie bekam, brauchte Kross für seinen Martens nicht zu erfinden, sie gehören zur Biographie des realen Martens. Aber es ist Kross' Idee, wenn Martens am Ende seines Lebens mit seiner Frau einen imaginären „Vertrag der Ehre" schließt und seine Eitelkeit einer fortgesetzten Selbstprüfung unterzieht – und wenn er zeigt, daß Selbstbewußtheit nichts bewirkt, daß Eitelkeit, Ehrgeiz und kompromittierte Ideale miteinander auskommen und sogar dabei helfen können, Selbsttäuschungen zu ertragen. Diese profunde Erkenntnis verleiht dem Buch eine universelle Bedeutung. **DG**

Harte Mädchen weinen nicht
Kathy Acker

Lebensdaten | *1947 (USA), †1997 (Mexiko)
Erstausgabe | 1984
Originaltitel | Grove Press (New York)
Originaltitel | *Blood and Guts in Highschool*

Mit diesem Buch lieferte Kathy Acker eine Neuinterpretation des Rite-de-passage-Romans. Die Erzählung, in die Profanes, Schockierendes und Surreales einfließt, handelt vom amerikanischen Teenager Janey, die ihre Schule und ihren Teilzeitjob haßt und Probleme mit der Polizei hat. Im Tonfall einer nachmittäglichen Quasselshow im Fernsehen eröffnet das Buch mit einem Dialog zwischen Janey und ihrem Vater, in dem es um eine Sexaffäre des Vaters geht, um Schuldgefühle und Schuldzuweisungen. Der Leser bleibt anfänglich im Unklaren darüber, wie alt Janey ist, auch darüber, ob ihre Äußerungen metaphorisch sind oder als schockierende Anspielung auf einen Inzest zu verstehen sind. Diese Eingangspassage ist symptomatisch für das ganze Buch, das durchweg ambivalent und tief beunruhigend ist.

Im Lauf der Geschichte wird Janeys Leben zunehmend grotesker und beängstigender, aber auch komischer. Die Darstellung ihrer sexuellen Befreiung und der nachfolgenden Versklavung wird mit Handzeichnungen ihrer Träume, Beispielen ihrer Schularbeiten und kindisch-rudimentären Übersetzungen aus dem Arabischen ergänzt. Das unbändige, provozierende Buch widerspricht der Vorstellung einer netten, abgeschlossenen und irgendwie „wahren" Geschichte diametral. Dies gelingt Acker, indem sie Janeys triebhafte, anarchische Energie mit der steifen patriarchalen Ordnung, die vom Buch handfest karikiert wird, in starken Kontrast setzt. **NM**

Larva: Babel de una noche de San Juan *

Julían Ríos

Lebensdaten | *1941 (Spanien)
Erstausgabe | 1984
Erschienen bei | Libres del Mall (Barcelona)
Originalsprache | Spanisch

In *Larva* kulminiert die von den französischen Strukturalisten inspirierte neo-avantgardistische Bewegung der 1970er Jahre, hier trägt sie ihre besten Früchte, stößt aber auch an ihre Grenzen. Ríos' unbändiges, undurchsichtiges Werk ist ein Fest der Sprache für eine kleine Lesergemeinde, ein Tribut an Cortázars *Rayuela*. Die Verwerfungen betreffen sowohl den Text wie auch die Typographie des Buches, deshalb ist die schmale Handlung im dichten Wirrwarr mehrsprachiger Wortspiele und ständiger prominenter Referenzen schwierig zu erfassen.

Vorlage von *Larva* ist *Finnegans Wake* von James Joyce. Ríos' grundlegende Technik besteht in der Kombination von einem oder mehreren Wörtern, die damit erzielten Effekte sind meist humoristisch. So ist „Herr Erzähler" eine „Bauchrednerei", will heißen: ein Stück über einen Bauchredner, und die Protagonisten Milalias und Babelle „schreibleben" ihre alkoholgetränkten erotischen Abenteuer in einer Londoner Sommernacht. Zu den Metamorphosen, den Wortverwebungen, den verborgenen Referenzen und den sich wie bei Cervantes abwechselnden Erzählern kommt die einzigartige Seitenaufteilung: die geraden Seiten enthalten die schleierhafte Erzählung, die ungeraden die Anmerkungen und Kommentare, wobei am Schluß die „Kopfkissen-Notizen" folgen – die Kommentare von Babelle zu Milalias Geschichte. **DRM**

Nächte im Zirkus

Angela Carter

Lebensdaten | *1940 (England), †1992
Richtiger Name | Angela Olive Stalker
Erstausgabe | 1984 bei Chatto & Windus, London
Originaltitel | *Nights at the Circus*

Die athletische und verführerische Fevvers, eine schillernde Seiltänzerin, die neben der Schwerkraft auch alle sexuellen Schranken überwindet, steht im Mittelpunkt dieser Geschichte über die exzentrischen Grenzen der Geschlechter und der Geographie. Der vergnügt-sarkastische Romanerzähler Jack Walser ist ein Journalist, der Fevvers kunterbunte Zirkustruppe begleitet, um über deren Tournee zu schreiben, die von London über St. Petersburg bis in die unendlichen Weiten Sibiriens führt.

Der Roman ist von burlesker Extravaganz, ein karnevaleskes Gewirr von Stimmen, Dialekten und Geschichten, mit denen Carter die Wirklichkeit der universellen Maskerade klug und souverän in Szene setzt. Die Zirkusdarsteller verlassen die Arena Nacht für Nacht verbraucht und müde ob der Anstrengung, die ihnen ihre Passion abverlangt. In Carters Geschichte mischt sich eine Spur Rationalität, eine gewisse Distanz, die es ihr erlaubt, die Energie des Magischen Realismus auszuschöpfen.

Carters Roman lädt zu einem Lesevergnügen ein, das uns schwanken läßt zwischen Komplizentum und Befremden, und das unsere Vorurteile gekonnt hintertreibt. **DJ**

Neuromancer
William Gibson

Lebensdaten | *1948
Erstausgabe | 1984
Erschienen bei | Ace Books (New York)
Adaption als Videospiel | 1988

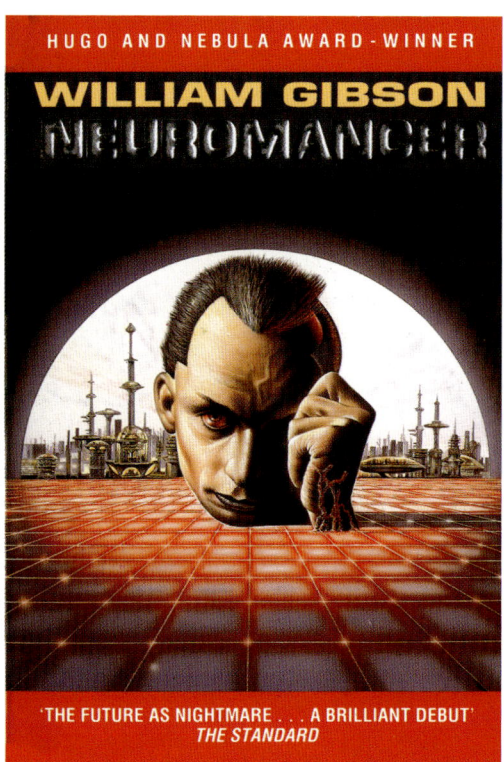

Neuromancer war ein Meilenstein, nicht nur für das Science-Fiction-Genre, sondern für die damalige Vorstellungswelt überhaupt. Der hellsichtige Gibson erfand das Konzept eines „Cyberspace" (eine 3-D-Darstellung von Computerdaten, mit denen man kommunizieren und Geschäfte abwickeln kann – nebst einer Unmenge anderer suspekter Tätigkeiten) lange bevor das Internet und andere „virtuelle" Technologien unseren Alltag eroberten. Die Geschichte dreht sich um Case, einen „Computer Cowboy" und Datendieb, der sein Nervensystem in die virtuelle Welt einklinkt, bis es von einem hereingelegten Kunden schlimm zugerichtet wird. Unfähig, an ein „Deck" anzudocken, erkämpft er sich eine prekäre Existenz in den gesetzlosen Zonen der japanischen Stadt Chiba. Der mysteriöse Armitage, ein Geschäftemacher, dessen Motive erst am Schluß enthüllt werden, gibt Case die Chance, die alten Fähigkeiten wiederzuerlangen. Gibson schuf hier eine Welt voller televisionärer Dämmerlichter und fiberoptischer Schocks, die mit üppigen Details und einem reichen – manchmal auch unverständlichen – Jargon ausgestattet ist. Das Buch beherbergt Techno-Stricher, ausgeflippte Junkies, bizarre Subkulturen, gesichtsoperierte Mörder und finstere „Megamultis", wir befinden uns in einer Welt, der sich die unsrige zusehends annähert.

Neuromancer ist zeitlos, weil Gibson das Tempo und die Beklemmung des Thrillers mit dem Erfindungsreichtum und der geistigen Schärfe eines Orwell oder Huxley vereinigt. Der fesselndste und beunruhigendste Aspekt besteht in der Absenz irgendwelcher moralisch-ethischer Abgrenzungen zwischen virtuellem und organischem Leben, zwischen Cyborg und Mensch. **SamT**

◉ *Neuromancer*, der erste Cyberpunk-Roman, verkaufte sich weltweit mehr als 6,5 Millionen Mal.

◉ William Gibson, hier 1991 in New Yorks Chinatown, hat keine besondere Beziehung zu Computern.

Die Wespenfabrik
Iain Banks

Lebensdaten | *1954 (Schottland)
Erstausgabe | 1984
Erschienen bei | Macmillan (London)
Originaltitel | *The Wasp Factory*

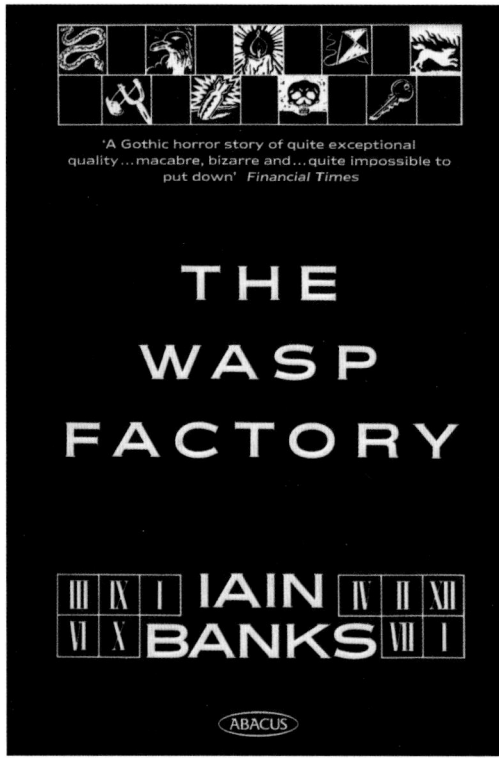

Wie oft bei Banks, basiert die Wirkung dieses Romans auf den überzeichneten Beschreibungen und dem überraschenden Ende. Die Geschichte handelt von Menschen und Tieren, die enormen Grausamkeiten ausgesetzt sind: Der Erzähler Frank Cauldhames praktiziert eigentümliche Rituale, für die er sich ausgeklügelte Tötungen von Tieren und bizarre Morde an den eigenen Geschwistern und anderen Verwandten ausdenkt. Die gesteigerte Zurschaustellung seiner Männlichkeit ist auf seine traumatisierende Kastration durch den Familienhund zurückzuführen, er phantasiert sich selbst als einen unversehrten, hünenhaften, dunkelhäutigen Jäger. Er verachtet die Frauen und scheut den Sex, dafür gibt er sich mit kindlicher Freude den Trinkritualen und Urinierspielen hin, die sein Freund Jamie erfindet. Franks Vater ist ein exzentrischer Individualist, der Frank nach der Geburt nicht behördlich registriert hat und ihn nahezu unbehelligt gewähren läßt. Erst am Ende des Buches erfahren wir, daß Frank und sein Halbbruder Eric Produkte der grausamen Experimente ihres Vaters sind. Eine weitere Überraschung erfährt man, als der verrückte Eric am verhängnisvollen Schluß mit einer Herde brennender Schafe zurückkehrt.

In *Wespenfabrik* benutzt Banks primitive, klischierte männliche Allmachtsphantasien. Diese werden in der Gewalt gegen Tiere ausgelebt, deren Leichen als mächtige Totems betrachtet werden. Der Reiz des Buches liegt jedoch nicht so sehr in den – zuweilen überbordenden – Einfällen, sondern in Banks' schöner und einnehmender Sprache. Die größte Stärke zeigt er in den Personenbeschreibungen und in der Figur des Frank als einer psychotischen, aber durchaus glaubwürdigen Kreatur. **LS**

- Die destruktive Wirkung des Thatcherismus auf die Briten durchzieht Banks' hochpolitischen Roman vom Anfang bis zum Schluß.

- Als Banks 2001 für eine Ausstellung in Aberdeen um einen Beitrag gebeten wurde, schickte er dieses Selbstporträt.

Demokratie
Joan Didion

Lebensdaten | *1934
Erstausgabe | 1984
Erschienen bei | Simon & Schuster (New York)
Originaltitel | *Democracy*

Demokratie beginnt mit einem Atomwaffentest im Pazifik und endet mit dem Rückzug der Amerikaner aus Vietnam. Zwischen diesen beiden geopolitischen Polen bewegt sich die Geschichte der Inez Victor, Ehefrau von Harry Victor, einem Politiker mit Ambitionen auf die Präsidentschaft. Im gleißenden Licht der Öffentlichkeit ist Inez mit den bitteren Vorwürfen und Mordgelüsten ihres Vaters konfrontiert, mit der Heroinsucht ihrer Tochter, und den Folgen ihrer Affäre mit dem CIA-Agenten Jack Lovett.

Eine fragmentierte Erzählstimme filtert diese Ereignisse, so daß sich der Text manchmal liest wie eine Abart des Gonzo-Journalismus. Durch Wiederholungen zeigt Joan Didion verschiedene Richtungen auf, die die Geschichte hätte nehmen können. Voller Ironie beschreibt sie, wie der Stil des Romans im Literaturunterricht analysiert werden könnte und gibt Tipps für Möchtegern-Schriftsteller. Diese Fragmente verschiedener Realitätsebenen funktionieren am besten bei der Darstellung politischer Intrigen oder wenn sich bei Inez die Grenzen zwischen der privaten und der öffentlichen Person verwischen. Doch bei aller kryptischen Verspieltheit hat Joan Didion mit Inez ein warmherziges Zentrum des Geschehens geschaffen.

Demokratie ist erklärtermaßen ein experimenteller Roman, und Joan Didions Verschmelzung von Genres und literarischen Kunstgriffen gibt einen faszinierenden Einblick in ihren kreativen Schaffensprozeß, aber auch in die Hinterzimmer der amerikanischen Politik und ihrer Machenschaften. **DTu**

Der Liebhaber
Marguerite Duras

Lebensdaten | *1914 (Indochina), †1996 (Frankreich)
Erstausgabe | 1984 bei Éditions de Minuit, Paris
Originaltitel | *L'Amant*
Prix Goncourt | 1984

Der angeblich autobiographische Roman spielt in den 1930er Jahren in Französisch Indochina (heute Vietnam) und schildert die sexuelle Beziehung der 15jährigen Hélène Langonelle zu einem reichen, zwölf Jahre älteren Chinesen. Hélène kommt aus einem unstabilen, unglücklichen Umfeld mit einer depressiven Mutter und zwei älteren Brüdern. Mit seiner Drogen- und Spielsucht sorgt der ältere der beiden Brüder für die Verarmung der Familie. Er quält seine Schwester, und er genießt deren Mißhandlung durch die Mutter. Dies verleiht dem Roman einen erschütternden Anstrich, der durch die erwachsene Erzählstimme etwas allzusehr heruntergespielt wird. Die Familie mißbilligt den Umgang des Mädchens mit einem Mann anderer Rasse, zieht daraus aber finanziellen Nutzen. Ihre heimlichen Treffen mit dem chinesischen Liebhaber lassen die vom französischen Kolonialregime ausgehenden Spannungen und die sozialen und kulturellen Unterschiede nur allzu deutlich werden. Hélène ist in ihrer Beziehung zum Chinesen souverän, sie kann Gefühle und Körper auseinanderhalten, und trotz ihres zarten Alters und der finanziellen Probleme ist sie eindeutig diejenige, die die Zügel in der Hand hält.

Duras wurde stark vom französischen *Nouveau roman* der 50er Jahre geprägt, die Wechsel zwischen erster und dritter Person, die Rückblenden und der impressionistische, gebrochene Rhythmus wirken denn auch sehr cineastisch; verfilmt wurde *Der Liebhaber* 1993 von Jean-Jacques Annaud. **JW**

Das Todesjahr des Ricardo Reis
José Saramago

Lebensdaten | *1922 (Portugal), †2010 (Lanzarote)
Erstausgabe | 1984
Erschienen bei | Editorial Caminho (Lissabon)
Originaltitel | *O ano da morte de Ricardo Reis*

Ricardo Reis ist eines der zahlreichen Heteronyme des großen portugiesischen Dichters Fernando Pessoa (1888–1935), das man zum Beispiel aus der Gedichtsammlung *Ricardo Reis, Poesia* – Poesie kennt. Bei Saramago ist Reis ein Arzt und Dichter, der nach vielen Jahren in Brasilien nach Lissabon zurückkehrt. Seit Pessoas Tod ist ein Jahr vergangen. Reis begegnet dessen Geist und diskutiert mit ihm über Gott und die Welt.

Vor dem Hintergrund des aufkommenden Faschismus in Europa und Salazars repressivem Regime in Portugal zieht Saramago geschickt alle Register seines Könnens, um verschiedene Themen unter die Lupe zu nehmen, allem voran die Frage nach dem Wesen der Identität und damit die Frage, wer Ricardo Reis eigentlich ist und welchen Bezug er zu Pessoa hat. Er äußert die zunächst vage, später kaum bezweifelte Vermutung, daß es zwischen Reis' Monarchismus, Sozialkonservatismus und Stoizismus einerseits und der Machtübernahme durch Salazar andererseits nur eine hauchdünne Trennlinie gibt.

Trotz dieser gewichtigen Überlegungen ist der Roman enorm gut lesbar. Saramago erzählt in einem vertraulichen, fast intimen Ton, und die Handlung enthält auch romanhafte Elemente. So hat Reis eine Affäre mit einem Zimmermädchen, und er verliebt sich in eine Aristokratin aus Coimbra. Große Teile der Handlung spielen sich auf Spaziergängen durch Lissabon ab, was dem gescheiten Roman ein Flair von Ulysses verleiht, und wie in Joyce' Meisterwerk profitiert man auch hier um so mehr, je mehr man mitbringt. **AB**

„... Lisboa, Lisbon, Lisbonne, Lissabon – vier verschiedene Arten der Benennung, ... so erfuhren die Kinder, was ihnen bisher unbekannt gewesen war, und doch wußten sie nun genausoviel wie zuvor, nichts."

◉ Diese Aufnahme Saramagos entstand 1998, dem Jahr, in dem ihm der Nobelpreis für Literatur verliehen wurde.

Das Reich der Sonne
J. G. Ballard

Lebensdaten | *1930 (China), †2009 (England)
Erstausgabe | 1984 bei V. Gollancz (London)
Originaltitel | *Empire of the Sun*
Verfilmung | 1987

J. G. Ballard hat in den vielen Jahren als Autor zahlreiche Science-Fiction-Geschichten und futuristische Romane geschrieben, aber in diesem Werk verarbeitete er – zumindest auf den ersten Blick – ganz andere Inhalte.

Ballard wurde während des Zweiten Weltkriegs als Kind in einem japanischen Konzentrationslager interniert. Im Roman ist es der Titelheld Jim, der nach der japanischen Eroberung Shanghais in das Lager von Lunghua gesteckt wird, das er nur dank zahlreicher Einfälle mühsam überlebt. Wir erleben das schreckliche Geschehen auch aus der Sicht anderer Gefangener, womit die in Jim tobenden Stürme erst zum Vorschein kommen. Der Roman erreicht seinen Höhepunkt, als die erste Atombombe über Japan explodiert und Jim fliehen kann.

Eine der großen Stärken des Buches besteht in der Art, wie uns der Autor in eine beängstigende Nähe zu Jim bringt, eines Jungen, der viel zu früh und unter erniedrigenden Umständen erwachsen werden muß, und den auch seine jugendliche Vitalität nicht vor einer Traumatisierung schützt. Interessant an der Geschichte ist auch, wie viele der Motive – von der plötzlich aufblitzenden Atombombe und dem einsamen Leben und Sterben der Piloten bis zu den verstümmelten Leichen – auch in den anderen Werken Ballards immer wieder auftauchen. So ist *Das Reich der Sonne* denn ein völlig gelungener, einzigartiger Roman, der einen Schlüssel zu Ballards anderen Werken liefert. **DP**

Busschaffner Hines
James Kelman

Lebensdaten | *1946 (Schottland)
Erstausgabe | 1984
Erschienen bei | Polygon (Edinburgh)
Originaltitel | *The Busconductor Hines*

Kelman, der schon für seine Kurzgeschichten großes Lob erntete, wechselte das Genre und schrieb mit *Busschaffner Hines* seinen ersten und vergnüglichsten Roman. Titelheld Hines ist Busschaffner und am Rand einer schweren Existenzkrise. Seine Erlebnisse werden episodenhaft und flüssig mal in der Ich-Form, mal in der dritten Person erzählt und sind im englischen Original mit einer gelungenen Mischung umgangssprachlicher Ausdrücke aus Glasgow durchsetzt, wo der Roman spielt. Hines' Welt dreht sich um den Knatsch in seiner nicht auf Rosen gebetteten Familie, die Belastungen am Arbeitsplatz und um seine gelegentlichen Träumereien, bei denen er immer mit beiden Beinen auf dem Teppich bleibt. Er hält nichts von kapitalistischen „Anlagestrategien" und macht statt dessen einen pragmatischen, aber auch amüsanten Gebrauch von den Möglichkeiten, die sich ihm eben bieten. Die Medien spielen in der Erzählung keine Rolle, Hines schaut offenbar ab und zu fern, der Fernseher wird jedoch nur als Möbelstück erwähnt.

Obwohl auf Hines' Privatleben fokussiert, weist der Roman anhand der Politik an Hines' Arbeitsplatz auch auf soziale Auseinandersetzungen in der Gesellschaft hin. In seinem Schreibstil belebt Kelman Joyce' Naturalismus neu, mit Anlehnungen an Kafka und Beckett, aber grundsätzlich ist er fest in der Tradition des realistischen Arbeiterromans verwurzelt. Das Buch sei allen Angestellten im Öffentlichen Dienst empfohlen! **DM**

Das Chasarische Wörterbuch
Milorad Pavić

Lebensdaten | *1929 (Jugoslawien), †2009
Erstausgabe | 1984
Erschienen bei | Prosveta (Belgrad)
Originaltitel | *Hazarski Recnik*

Teils Enzyklopädie, teils Puzzle, teils Mythos – dies alles und noch viel mehr ist dieses Buch, nur eines sicher nicht: ein konventioneller Roman. Zu den vielen Besonderheiten gehört, daß es in einer weiblichen und einer männlichen Ausgabe erschien, die sich aber nur in siebzehn Textzeilen unterscheiden. Laut Pavic braucht man sein Werk nicht chronologisch zu lesen. Aufgrund der wimmelnden Vielfalt des Textes ist eine Schilderung schier unmöglich. Es gibt allerdings so etwas wie einen roten Faden in Gestalt dreier moderner Gelehrter, die auf der Suche nach den letzten Exemplaren eines Lexikons sind. Dieses umfaßt das Schicksal der untergegangenen türkischen Chasaren, die auf dem Balkan lebten, sowie die Biographien derjenigen, die sich mit der „Polemik" befaßten, bei der es um die Interpretation eines mittelalterlichen Traumes geht. Alle Informationen sind in je einen christlichen, moslemischen und jüdischen Teil aufgeteilt, verbunden durch Querverweise. Die eigentliche Struktur – und allem voran das Lesevergnügen – besteht jedoch in den Wörterbucheinträgen selbst.

Man sollte das Buch mit derselben verspielten Gelehrsamkeit lesen, mit der es geschrieben wurde, um die erfindungsreiche Vorstellungswelt, die surrealistische Komplexität und die lustvolle, farbige Sprache einfach zu genießen. Und niemand soll Pavic vorwerfen, er sei damit knauserig umgegangen. **ES**

„*Der derzeitige Autor dieses Buches beteuert dem Leser, daß er, sollte er es zu Ende lesen, nicht zu sterben braucht.*"

Den Umschlag der Originalausgabe gestaltete Rita Mühlbauer.

Die unerträgliche Leichtigkeit des Seins
Milan Kundera

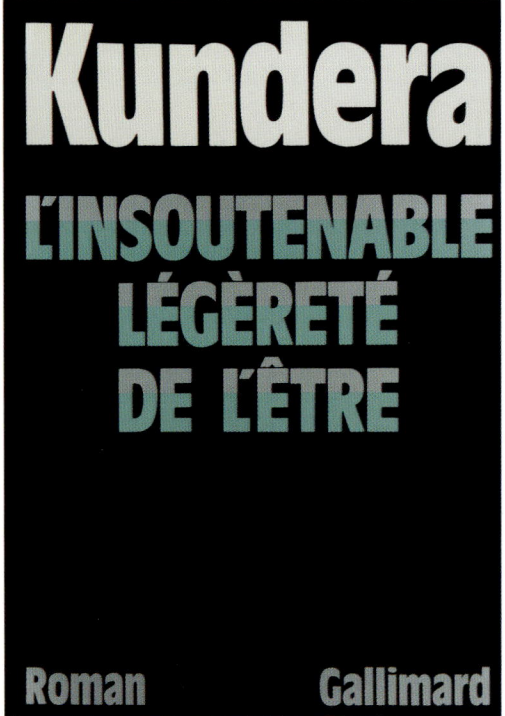

Lebensdaten | *1929 (Tschechoslowakei)
Erstausgabe | 1984
Erschienen bei | Gallimard (Paris)
Originaltitel | *Nesnesitelná lehkost bytí*

Exil und Verfolgung in der CSSR stehen im Zentrum dieses Romans, beides kennt Milan Kundera aus eigener Erfahrung. Er schreibt über eine Leichtigkeit, in der nichts mehr eine Bedeutung hat, und über die Schwere im Sinne von Nietzsches Lehre von der ewigen Wiederkehr.

Wir sind in Prag im Jahr 1968. Tomas ist Chirurg, er schwelgt in der Leichtigkeit, denn er hat sich aller Schwere, aller Klischees und Ideale entledigt. Sabina ist der Inbegriff der Leichtigkeit, eine Künstlerin, die an die totale Freiheit glaubt. Tereza ist die Schwere, sie ist der Provinz entflohen und glaubt an Tomas' romantisches Ideal. Ihre Liebe ist ein festes Band, nicht schlecht, aber schwer. Sie hegt glühende politische Ideen, Thomas nicht. Als sich die drei begegnen, gerät die Leichtigkeit ins Wanken, und sie stellen sich die Frage nach der Verantwortung gegenüber sich selbst und anderen.

Als sowjetische Panzer den Prager Frühling niederwalzen, fliehen Tomas und Tereza in die Schweiz, sie entschließt sich aber zur Rückkehr und stellt Tomas vor die Wahl. Er akzeptiert die Schwere und folgt ihr nach, verliert aber seine Stelle. Es ist unerträglich, jede Entscheidung nur einmal treffen zu können, und nie zu wissen, wohin eine andere Wahl geführt hätte. Der Roman, der sich nicht so sehr mit der Politik, sondern mit dem Primat der persönlichen Freiheit beschäftigt, ist eine bittersüße Verherrlichung des Individuums – dringend und notwendig. **GT**

„Wenn die Ewige Wiederkehr das schwerste Gewicht ist, kann unser Leben vor diesem Hintergrund in seiner ganzen herrlichen Leichtheit erscheinen. Ist aber das Schwere wirklich schrecklich und das Leichte herrlich?"

Mit diesem Roman schaffte Milan Kundera den internationalen Durchbruch.

Die Legende
David Gemmell

Lebensdaten | *1948 (England), †2006
Erstausgabe | 1984
Erschienen bei | Century (London)
Originaltitel | *Legend*

Der alternde Druss, Gemmells Titelheld, ist eine der prägnantesten Gestalten in der Fantasy-Literatur. Das Buch ist ebenso das Porträt eines Kriegers, der seinen Zenith längst überschritten hat, wie eine atemberaubende Fantasy-Geschichte. Die aus verschiedenen Blickwinkeln erzählten Rückblenden und die vielschichtig strukturierte Erzählung – in der Druss vor allem aus der Sicht derjenigen geschildert wird, die ihm in die letzte Schlacht folgen – machen Die Legende zu einem Fantasy-Klassiker.

Das Buch ist das erste in Gemmells „Drenai-Saga", und die Einflüsse von Vorbildern wie Robert E. Howard und Edgar Wallace sind unverkennbar. Doch mit seinem realistischeren Ton in der Darstellung der Ereignisse ist es auch ein Roman der 80er Jahre.

Die Handlung des Romans ist unkompliziert. Druss wirkt zuweilen teilnahmslos, aber immer heroisch, und seine Menschenliebe macht ihn sympathisch. An ihm zeigen sich die Schwierigkeiten eines Mannes, der nicht aus freiem Willen Krieger wurde, sondern weil es die Umstände von ihm verlangten. Druss hat eine eigene, nie verratene Losung, der er ein Leben lang folgt. Damit wird er zur mächtigen, oft väterlichen Gestalt, die ihre traditionelle Rolle als Held eher dem Schicksal als seinem Willen verdankt. Die Legende brachte frischen Wind in das Genre, vor allem weil Gemmell die Alltäglichkeit der Helden unterstreicht, statt sie ins Unglaubliche zu verklären. **EMcS**

Der junge Mann
Botho Strauss

Lebensdaten | *1944 (Deutschland)
Erstausgabe | 1984
Erschienen bei | Hanser (München)
Lessing-Preis | 2001

Der Verlust an Menschlichkeit unter dem Druck der Geschichte und der Technologie ist ein häufiges Thema bei Botho Strauss. Der deutlich sozial-konservativ eingestellte Autor stört sich am kulturellen Abdriften und am Desinteresse gegenüber Gesellschaftsfragen im neuen Deutschland. Die Hauptfigur Leon Pracht hat die Arbeit am Theater aufgegeben, um sich dem Schreiben zu widmen. Er ist ein nachdenklicher Typ, der sich von der Gesellschaft und seinen Nächsten entfremdet hat. Wie benommen erlebt er eine Anzahl von Begegnungen, deren Beteiligte in Räumen aufwachen, in denen sich das Gesetz der Zeit dauernd ändert und wo sie Opfer erotischer Metamorphosen oder Beobachter ihrer eigenen verdrängten Vergangenheit werden.

Der Roman zeichnet sich durch eine außerordentliche stilistische Raffinesse aus, er gilt sowohl als Bildungsroman wie auch als allegorische Geschichte und romantische Phantasie. Pracht ist ein Voyeur im Getümmel des Lebens, seine präzise Beobachtung des Alltäglichen und des Phantastischen geht mit einer zunehmenden Distanziertheit einher. Seine Reflexionen zeichnen ein eindringliches Bild der damaligen Gesellschaft und der Individuen, die sich in dieser Gesellschaft (oder außerhalb) um einen Platz bemühen. In *Der junge Mann*, der als einer der wenigen deutschen postmodernen Romane gilt, deckt Strauss die verborgenen Wahrheiten und das untergründige Elend einer technologisch und historisch belasteten Gesellschaft auf. **LB**

Liebeszauber
Louise Erdrich

Lebensdaten | *1954 (USA)
Erstausgabe | 1984
Erschienen bei | Holt, Rinehart & Winston (New York)
Originaltitel | *Love Medicine*

Erdrichs ausgeklügelte Erzählung spielt in und um eine Indianerreservation in North Dakota. Die Handlung setzt in den 30er Jahren ein, als die dort lebenden Chippewa unter der chronisch hohen Arbeitslosigkeit und Armut litten und Mühe hatten, ihre traditionelle Lebensweise aufrechtzuerhalten. Die Geschichte zweier Familien wird bis in die 80er Jahre verfolgt. Der Roman schildert die komplexen Verflechtungen im Leben der Menschen, die Ehen, die Untreue, die starken Beziehungen und die dauerhaften, ungewöhnlichen Allianzen, die in schwierigen Situationen entstehen.

Liebeszauber sollte nicht als eine Sammlung von Kurzgeschichten mit gemeinsamen Protagonisten verstanden werden, handelt es sich doch um metafiktionale Erzählungen, in denen das Erzählen selbst thematisiert wird. Erdrich bezieht sich mit ihren vorzüglich wiedergegebenen, einzigartigen und starken Stimmen auf eine lebhafte mündliche Erzähltradition.

Der Roman befaßt sich nicht direkt mit den Spannungen zwischen den eingeborenen Indianern und der Bundesregierung, vielmehr liefern die Erzählstimmen verschiedene Ansichten der Einflüsse aus beiden Kulturen, von denen die Chippewa geprägt wurden. Insbesondere wird auf das unterschiedliche katholische Selbstverständnis hingewiesen, indem die Erlebnisse weißer Nonnen denjenigen indianischer Katholiken gegenübergestellt werden, und so subtil auf das unterschiedliche Glaubensverständnis hinweisen wird. **JW**

Weißes Rauschen
Don DeLillo

Lebensdaten | *1936 (USA)
Erstausgabe | 1985
Erschienen bei | Viking Press (New York)
Originaltitel | *White Noise*

Wie ein unheilschwangerer Adrenalinstoß fließt die (post)moderne amerikanische Konsumwelt durch diesen epochemachenden Roman. Don DeLillo präsentiert eine detailliert gezeichnete, völlig von den Massenmedien vereinnahmte Welt – der Fernseher wurde längst zum Familienmitglied. Die Protagonisten des Romans sind jedoch keine tumben Konsumfreaks, sondern Analysten des Systems. Zu ihnen gehört eine Patchwork-Familie: Jack Gladney (er ist Professor für Hitler-Studien), seine Ehefrau Babette und vier Kinder aus früheren Ehen. Kinder, stellt DeLillo fest, sind klüger und angepaßter, aber der modernen Gesellschaft gegenüber desillusionierter als Erwachsene; der 14jährige Heinrich zum Beispiel spielt mit einem inhaftierten Massenmörder Briefschach.

Weite Strecken des Romans, erzählt aus Jacks Blickwinkel, spielen im häuslichen Bereich und liefern fragmentierte Informationen und Gespräche, die gleichzeitig befremdend und vertraut wirken. Es ist unklar, ob DeLillo die menschliche Fähigkeit affirmiert, auch unter den unvorteilhaftesten Umständen sinnvolle, intime Beziehungen aufzubauen, oder ob er den Ausverkauf der „Authentizität" beklagt. Der Roman bewegt sich gewitzt und warmherzig im Hyperrealen, gleichzeitig beschäftigt er sich mit einer düsteren Wirklichkeit, die man auch mit überquellenden Warenkörben und viel Geschwätz nicht los wird. **DH**

Die Hälfte des Mannes ist Frau
Zhang Xianliang

Lebensdaten | *1936 (China)
Erstausgabe | 1985
Erschienen bei | Wenlian Chuban (Peking)
Originaltitel | *Nan-ren-di-yi-ban-shi-nü-ren*

Dieser Roman gehört zu den wenigen Werken aus China, die in den 80er Jahren auch außerhalb des Landes wahrgenommen wurden und sich gut verkauften. Er führt eine, zum Teil autobiographische, Geschichte fort, die Xianliang in einem früheren Roman begonnen hatte.

Wie der Autor selbst wird der Titelheld Zhang Yonglin im Jahr 1955 Opfer einer gegen „die Rechten" gerichteten Kampagne und wird in ein Arbeitslager gesteckt. Als er ein Reisfeld bewachen muß, beobachtet er eine Gefangene beim Baden in einem gefluteten Feld. Er versteckt sich im Uferschilf und betrachtet wie versteinert den nackten Körper der Frau. Als sich die beiden acht Jahre später in einem landwirtschaftlichen Kollektiv wieder treffen, heiraten sie. In der Hochzeitsnacht muß Zhang allerdings feststellen, daß ihn die langen Jahre der Entsagung impotent gemacht haben. Später muß er auch noch mitansehen, wie seine Frau mit dem Parteisekretär fremdgeht. Als er während einer Flut allein einen Damm repariert, wird er für seine Tapferkeit ausgezeichnet, und als seine Frau wieder zärtlich zu ihm ist, erlangt er schließlich auch seine Manneskraft wieder.

Der Roman wurde in der politischen Tauwetter-Periode Mitte der 80er Jahre veröffentlicht. Er klagt ein politisches System an, das Teile seiner Bevölkerung mental und körperlich impotent machte. Gespräche der Protagonisten mit Philosophen, mythischen Gestalten und sogar mit Tieren verraten den Einfluß des lateinamerikanischen Magischen Realismus, aber auch den Wunsch nach einer Rückbesinnung auf die chinesischen Wurzeln. **FG**

Reasons to Live *
Amy Hempel

Lebensdaten | *1951 (USA)
Erstausgabe | 1985
Erschienen bei | Knopf, New York
Originalsprache | Englisch

In diesen Kurzgeschichten spielen sich die Tragödien hinter den Kulissen ab, und wie in der Realität geht das Leben danach weiter. In „Nashville gone to Ashes" verliert eine Frau, die einen ganzen Zoo von Haustieren hat, ihren Mann, der Tierarzt war. „Ashes" (dt. Asche) bezieht sich auch auf die Farbe des geliebten Windhundes ihres Mannes; der Hund sollte einen ägyptischen Namen bekommen, man wählte „Memphis", der Tierarzt verwechselte etwas und nannte ihn „Nashville". Nachdem die Erzählerin Witwe geworden war, schlief sie im Bett ihres Mannes, damit sie ihr eigenes sah, wenn sie aufwachte.

In „Tonight is a Favor for Holly" hat der Erzähler ein Rendezvous mit einer Unbekannten. Die Geschichte endet, bevor diese kommt, denn eigentlich geht es um die wackelige Beziehung des Erzählers zu seiner Freundin Holly. Orte der Handlung sind die flatterhaften, sonnigen Küstenvororte von Los Angeles, wo die Devise heißt: „Auch wenn du nicht mehr weiter sinkst, bist du immer noch unter Wasser."

Amy Hempel erzählt von Menschen, die im Rahmen ihrer Möglichkeiten mit den angenehmen und den grotesken Seiten des Alltags umgehen. Sie beschreibt die komplizierten Dämme, die wir gegen den Strom der Kümmernisse errichten, in denen wir untergingen, würden wir sie zur Kenntnis nehmen. Die Geschichten sind fragil wie die Oberflächenspannung von Wasser, sie sind so fesselnd und amüsant, daß man ihre köstliche Traurigkeit fast übersieht. Aber nur fast. **GT**

Der Report der Magd
Margaret Atwood

Für diesen Roman dachte sich Atwood eine ferne Zukunft aus, in der die Bevölkerung beängstigend unfruchtbar ist. Die Aufgabe der Frauen beschränkt sich auf die Fortpflanzung, es herrscht ein extremes Patriarchat, von dem die Bevölkerung unter dem Vorwand der Arterhaltung unterdrückt wird. In diesem Alptraum dürfen Frauen keinen Beruf und kein Geld haben, und sie sind in Kasten unterteilt: neben den kinderlosen Keuschen und den Haushälterinnen gibt es die Mägde, die Kinder austragen, um sie nach der Geburt den Frauen abzugeben. Wenn die Titelheldin Offred – der Name verweist auf den Herrn, dem sie gehört – über sich selbst spricht, schenkt sie ihrem Körper eine geradezu klinische Aufmerksamkeit, da sie nur noch eine reproduktive Funktion hat. Im Kontrast dazu stehen kurze, bewegende Einblicke in Offreds Vergangenheit, Erinnerungen an die Liebe, die sie für ihre verlorene Familie empfand.

Atwood orientierte sich zum Teil an den äußerst puritanischen Volksgruppen Neu Englands, als Ort der Handlung wählte sie die vertrauten Gebäude und Institutionen von Cambridge in Massachusetts, die sie in eine Republik mit dem Namen Gilead transponiert. Atwoods Prosa ist unheimlich konkret, sie vermittelt ein glaubhaftes Gefühl für eine Welt, in der die körperlichen und sinnlichen Freuden einer bloß noch mechanischen Tätigkeit weichen mußten, und in der die Begierde keinen Platz hat. Die sexuelle Unterdrückung wird nicht so sehr anhand physischer Gewalt dargestellt, sondern anhand der Absenz von Gefühlen in der Sexualität, was ebenso schlimm ist wie sexueller Mißbrauch. Atwood zeigt die verschiedenen Formen der Macht, und wie diese die Gefühle der Mägde verletzen wobei sie die unerträglichen, durch die Unterdrückung natürlicher Sehnsüchte hervorgerufenen Verletzungen meisterhaft beschreibt. **AC**

Lebensdaten | *1939 (Kanada)
Erstausgabe | 1985
Erschienen bei | McClelland & Stewart (Toronto)
Originaltitel | *The Handmaid's Tale*

◉ Das Umschlagbild zeigt „Mägde" in der ihnen von der totalitären Macht aufgezwungenen Uniformierung.

◉ Stephanie Marshall spielt die Offred in der Opernadaption des Romans von Poul Ruder, in einer Aufführung der English National Opera (2003).

Der Fall des Baumeisters
Peter Ackroyd

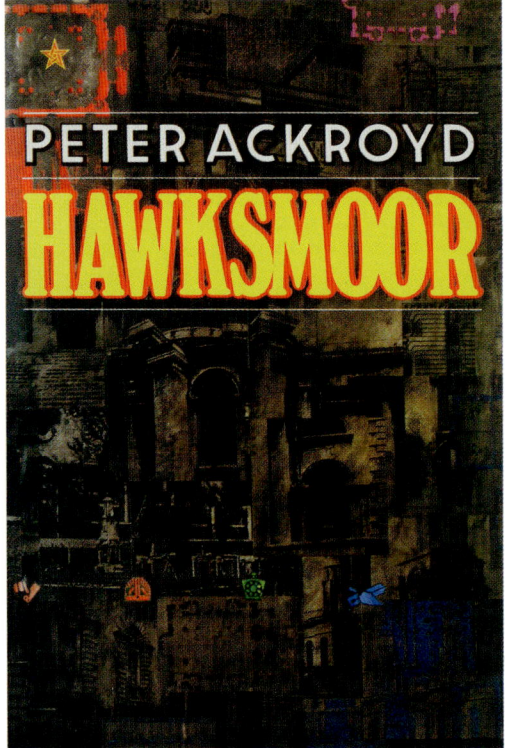

Lebensdaten | *1949 (England)
Erstausgabe | 1985 bei Hamish Hamilton, London
Originaltitel | *Hawksmoor*
Whitbread Award | 1985

Der Fall des Baumeisters, Peter Ackroyds Durchbruch als Romanautor, spielt in zwei verschiedenen Epochen in London – dem frühen 18. und dem späten 20. Jahrhundert. Die Detektivgeschichte übersteigt alle gewohnten Vorstellungen, die man sich gemeinhin von diesem Genre (und auch von der Geschichte) macht. Der Handlungsstrang aus dem 20. Jahrhundert dreht sich um sieben Stadtstreicher und Knaben, deren Leichen in sieben Kirchen der Stadt gefunden wurden; mit der Aufklärung der Morde wird Detektiv Nicholas Hawksmoor beauftragt. Im 18. Jahrhundert gab es tatsächlich einen Nicholas Hawksmoor, er war aber Architekt und baute sechs Londoner Kirchen; im Roman heißt er Nicholas Dyer. Eine der Höchstleistungen Ackroyds in diesem Buch ist die Art, wie er durch die Schilderung der Gebäude und ihres Baus die damalige Welt wiederauferstehen läßt, und auch, wie er eine Mordserie beschreibt, die Parallelen zu der in der Neuzeit aufweist. Die früheren Morde wurden von Dyer verübt, der seine Kirchen – so wird enthüllt – insgeheim dem Okkulten weihte.

Geschichte wird hier nicht als rein linearer Ablauf dargestellt, sondern mit einem ausgeprägten räumlichen Aspekt. Zeit und Geschichte treffen sich in den Stimmen der beiden Hauptfiguren des Romans, und jedes Kapitel beginnt mit den letzten Worten des vorhergehenden. Überhaupt dreht sich viel um das Prinzip der Wiederholung, das auch zu einem der spektakulärsten und sonderbarsten Enden führt, die ein Roman je hatte. **VC-R**

„Und somit wollen wir anfangen; und wenn das Gebäu vor Ihm Gestalt annimmt, so behalt Er beym Aufzeichnen die Structur gänzlich im Sinn."

In *Der Fall des Baumeisters* erkundet Ackroyd die Geschichte der Stadt London, der er später eine berühmte Biographie widmen wird.

Das Parfum
Patrick Süskind

Lebensdaten | *1949 (Deutschland)
Erstausgabe | 1985 bei Diogenes (Zürich)
Untertitel | Die Geschichte eines Mörders
Verfilmung | 2006

Süskinds Roman spielt im 18. Jahrhundert in Frankreich und erzählt die Geschichte von Jean-Baptiste Grenouille, der mit einem übermenschlichen Geruchssinn geboren wurde, selbst aber nach nichts riecht. Jede Szene in *Das Parfum* wird aus der detaillierten „Sicht" von Grenouilles Nase aufgrund der wahrgenommenen komplexen Duftnuancen wiedergegeben. So zeichnet Süskind eine Reihe wunderbarer Bilder alltäglicher Objekte und Stoffe (wie etwa der zahlreichen Geruchsnoten von Holz), und er beschreibt den Einfluß der Parfümerien des 18. Jahrhunderts auf den Geruchssinn.

Das Abgleiten in billige Spielerei weiß der Autor zu verhindern, indem er den Fokus auf die Psychologie der Charaktere richtet. Als echter Psychopath fühlt sich Grenouille Kraft seines immensen Geruchssinns den gewöhnlichen Sterblichen überlegen. Er phantasiert sich als kapriziösen Herrscher, der die Massen selbstlos mit den delikatesten Parfums beglückt. Da die Welt voller Gerüche ist, macht ihn sein fehlender Körpergeruch zur leeren Chiffre – daraus entsteht seine Obsession. Grenouille ist entschlossen, sich selbst einen Geruch zu verschaffen und macht sich auf eine mörderische Jagd nach den schönsten menschlichen Düften – denjenigen „reifer" junger Frauen. Doch selbst ein noch so exquisites Aroma vermag seine Geruchlosigkeit – und seine Bedeutungslosigkeit – im Universum der Düfte nur zu kaschieren. **LC**

Die Abendröte im Westen
Cormac McCarthy

Lebensdaten | *1933 (USA)
Erstausgabe | 1985 bei Random House (New York)
Originaltitel | *Blood Meridian, or the Evening Redness in the West*

„Seht das Kind", befiehlt der Erzähler zu Beginn des Romans. Damit ist der Fokus des Romans klar und die Reise beginnt: der namenlose Junge schließt sich einem verwahrlosten Trupp von Abenteurern an und begibt sich mit ihnen nach dem amerikanisch-mexikanischen Krieg von 1846 auf eine Odyssee durch Texas und Mexiko. Die Reise des Jungen ist von unvorstellbarer Gewalt gekennzeichnet, einer Gewalt, die keine Grenzen kennt und auf keine Rasse beschränkt ist, weder auf Weiße noch auf Indianer, Mexikaner oder Nordamerikaner.

Cormac McCarthy lernte für diesen Roman Spanisch, um die lakonisch-vulgären Dialoge der anonymen Skalpjäger und der anderen Gestalten, die wie Gespenster am Horizont auftauchen, besser nachempfinden zu können. Obwohl die Ereignisse nach Art alter Reiseberichte jeweils am Kapitelanfang stichwortartig zusammengefaßt werden, ist dies mehr als ein historischer Roman. McCarthy beherrscht eine Prosa, die mit dem „biblischen" Stil Herman Melvilles oder Faulkners verglichen wurde. Er führt außerdem eine Figur ein, die wie eine Inkarnation des Bösen erscheint: den namenlosen, ruchlosen Richter, eine Kreatur von ebenso grenzenloser Weisheit wie Bosheit, die in aller Ruhe Sprüche von sich gibt wie: „Jeder sucht seine Bestimmung und nur seine eigene" oder „Was geschehen ist, unterscheidet sich nur wenig von dem, was nicht geschehen ist". Der Richter ist eine Gestalt, die man nicht mehr vergessen kann, eine finstere Warnung, wie die Kehrseite der amerikanischen Doktrin vom „Göttlichen Auftrag zur Expansion" aussieht. **MPB**

Contact
Carl Sagan

Lebensdaten | *1934 (USA), †1996
Erstausgabe | 1985
Erschienen bei | Simon & Schuster (New York)
Originaltitel | *Contact*

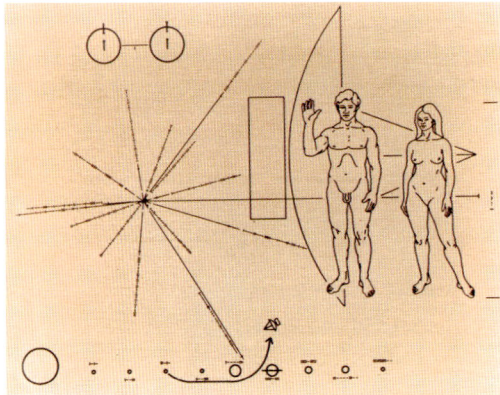

„Elli kehrte in den Himmelsinspektionsmodus von Argus zurück. Wieder kein Muster.
Sie kam sich vor wie ein Musiker, der dem Grollen eines fernen Gewitters zuhört."

◉ Die universell lesbare Plakette, die Carl Sagan für die Pioneer-Sonde der USA gestaltete.

◉ Sagan und seine Plakette (1972) mit dem damals noch verbreiteten Rollenbild: der Mann ist aktiv, die Frau passiv.

Der Astronom Carl Sagan, der sich ganz der Suche nach außerirdischen Lebensformen verschrieben hatte, war einer der berühmtesten Populärwissenschaftler des letzten Jahrhunderts, und er wurde von seinen akademischen Kollegen ebenso geschätzt wie vom breiten Publikum. Für eine Weltraumsonde der NASA, die auf eine Reise außerhalb unseres Sonnensystems geschickt wurde, gestaltete er eine Plakette mit Informationen über die Erde, von der er hoffte, sie könne von außerirdischen Intelligenzen verstanden werden. Sagan ging davon aus, daß es in unserer Galaxie über eine Million Zivilisationen gibt, und er war zusammen mit Frank Drake einer der ersten Wissenschaftler, die mit einem Radioteleskop nach intelligenten Botschaften aus benachbarten Galaxien suchten.

Mit *Contact* (in der deutschen Übersetzung mit dem Untertitel *Eine Reise ins Herz des Universums*), seinem erfolgreichsten Roman, der ein Jahr nach seinem Tod verfilmt wurde, brachte Sagan wissenschaftliche Themen einem breiten Publikum in unterhaltsamer Form nahe, und natürlich geht es dabei um Kontakte mit Außerirdischen. Die Titelheldin Ellie Arroway entziffert ein immer wiederkehrendes Signal von einem nahen Stern, das die ersten 261 Primzahlen beinhaltet, und sie kommt zum Schluß, die Botschaft müsse von einer intelligenten Zivilisation stammen. Die Botschaft ist komplexer als zuerst angenommen, offenbar handelt es sich dabei um den Bauplan für ein hochentwickeltes Raumschiff. Nach einem langen Streit zwischen religiösen Fundamentalisten, Forschern und Politikern wird das Raumschiff schließlich gebaut und mit einem multinationalen Team auf die Reise ins All geschickt. In *Contact* verbindet Sagan mathematische Formeln und Fiktion und stellt tiefgründige Fragen über die Bedeutung von Religion, Spiritualität, Menschheit und sozialem Bewußtsein. **EF**

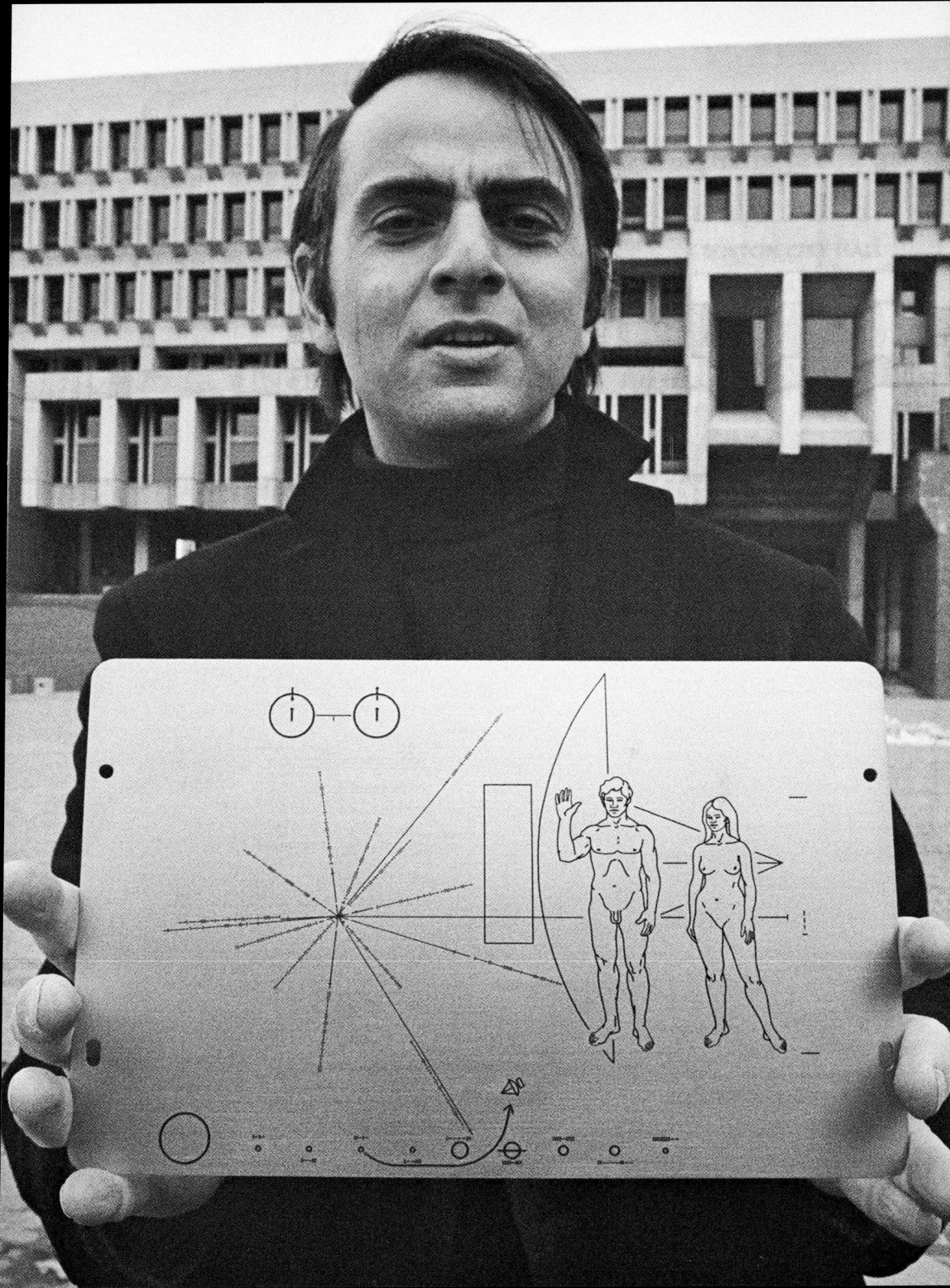

Simon

Marianne Fredriksson

Lebensdaten | *1927 (Schweden), †2007
Erstausgabe | 1985
Erschienen bei | Wahlström & Widstrand
Originaltitel | *Simon och ekarna*

Der Titelheld Simon Larsson, ein Halbjude mit unbekanntem Vater, wurde von seiner leiblichen Mutter weggegeben, als er drei Jahre alt war, er wächst in der Familie von Karin und Erik Larsson auf. Die Geschichte setzt ein, als Simon elf Jahre alt ist. Während des Krieges freundet er sich mit Isak an, einem jüdischen Jungen, der in Schweden vor den Nazis in Sicherheit gebracht wurde. Seine traumatische Vergangenheit stürzt Isak in eine Depression, aus der ihn Karin rettet. Simon und Karin flüchten sich oft in ein Eichenwäldchen, denn nur dort können sie ihren Ärger und ihre Ängste loswerden. Die Entdeckung, daß Karin und Erik eigentlich seine Tante und sein Onkel sind, bedeutet für Simon das Ende der Kindheit.

Fredriksson verleiht ihren Charakteren eine große Tiefe. Diese erleben widersprüchliche Gefühle – Schuld wird von Güte begleitet, Einsamkeit wird in Gesellschaft anderer erlebt, und Antworten sind nur schwer zu finden. In *Simon* macht Fredriksson die Mutter-Kind-Beziehung zum zentralen Thema, sie analysiert die Ursachen der Gefühle und des Handelns, und sie macht die verborgene Mystik und die inneren Kämpfe „gewöhnlicher" Leute sichtbar.

Fredriksson, eine erfolgreiche Journalistin und Chefredakteurin, gab ihr schriftstellerisches Debüt mit dreiundfünfzig Jahren. In Schweden schätzt man ihren Realismus und ihr sicheres Gespür so sehr, daß ihre Bücher noch bekannter sind als die von Strindberg; ihre Werke wurden in fünfzig Sprachen übersetzt. **TSe**

Gottes Werk und Teufels Beitrag

John Irving

Lebensdaten | *1942 (USA)
Erstausgabe | 1985 bei W. Morrow (New York)
Originaltitel | *The Cider House Rules*
Filmadaption | 1999

In einem seiner politischsten Bücher erzählt Irving vom äthersüchtigen und kinderlosen Dr. Wilburg Larch, der in den 1920er Jahren das St.-Clouds-Waisenhaus in Maine (USA) führt. Er hat langjährige Erfahrung mit verstoßenen Kindern und tödlichen Abtreibungen, deshalb richtet er im Waisenhaus eine illegale, aber sichere Abtreibungsklinik ein. Homer Wells ist einer der Waisen, ein gescheiter und lebhafter Junge, der sich nicht als Adoptivkind zu eignen scheint, obwohl es nicht an Adoptiveltern mangelt. Dr. Larch kommt zur Einsicht, Homer werde wohl sein ganzes Leben im Heim verbringen, und er beschließt, ihn zu seinem Nachfolger für die illegalen Abtreibungen auszubilden. Beim Anblick eines toten Fötus wird Homer zum Abtreibungsgegner, und als er im Heim ein junges Paar kennenlernt, reist er mit diesem an die Küste, wo sie eine Apfelplantage besitzen und wo Homer für immer bleibt. Während Dr. Larch mit Homers Ablehnung klarkommen muß, macht Homer Bekanntschaft mit neuen Erfahrungen wie der ersten Liebe und dem Zweiten Weltkrieg.

Mit dem Rassismus bekommt er es zu tun, als er auf der Obstfarm eine Liste mit Regeln anschlägt, die sich an die schwarzen Erntearbeiter richten. Homer ist sich nicht bewußt, daß er die Schwarzen damit kränkt, und er muß zur Kenntnis nehmen, daß sich die Regeln für die Obstfarm – wie für das Leben überhaupt – nicht auf einem Stück Papier festhalten lassen. **EF**

Annie John
Jamaica Kincaid

Lebensdaten | *1949 (Antigua)
Erstausgabe | 1985
Erschienen bei | New American Library (New York)
Originalsprache | Englisch

Annie John ist ein vor Energie sprühender Roman über das Erwachsenwerden auf der Karibikinsel Antigua. Die aufgeweckte Annie lebt in einem kleinen Küstendorf, umsorgt von ihrer liebenden Mutter. Sie erlebt eine glückliche Kindheit, bis sich kurz vor Beginn der High School Mißtöne einzuschleichen beginnen. Die darauffolgenden Schrecken einer Mutter-Tochter-Beziehung im freien Fall schildert Kincaid in einer prosaischen, knappen Sprache, ebenso Annies Ernüchterung über früher geschätzte Beschäftigungen und Freundinnen, und ihr Abdriften in die Delinquenz und eine psychosomatische Krise.

Wie bei vielen ihrer Bücher zehrt Kincaid von den eigenen Kindheitserfahrungen in Antigua, wo sie in einer Umgebung aufwuchs, in der die traditionelle Medizin, der Glaube an die Rastlosigkeit der Toten und die Macht der Träume noch respektiert wurden. Ebenso begehrte Kincaid gegen die vielfältigen Verpflichtungen gegenüber dem britischen Mutterland auf, gegen die restriktive Rollenverteilung zwischen den Geschlechtern und ein von Konventionen ersticktes Bildungssystem.

Der Roman funkelt in den reinen Farben des Magischen Realismus, er ist ein leuchtendes Beispiel für das Können karibischer Autorinnen, und er beschreibt Themen mit verblüffender Klarheit, die auch andere Autoren mehr oder weniger erfolgreich umzusetzen versuchen: die gestörte Mutter-Tochter-Beziehung, die Verzweiflung der benachteiligten Frauen und den Drang, dem Käfig durch die Emigration zu entfliehen. **RM**

Der Blindensturz
Gert Hofmann

Lebensdaten | *1931 (Deutschland), †1993
Erstausgabe | 1985
Erschienen bei | Luchterhand (Darmstadt)
Ingeborg-Bachmann-Preis | 1979

Auf Pieter Breughels Gemälde Der Blindensturz gehen blinde Männer im Gänsemarsch hintereinander her, der vorderste ist unglücklich in einen Teich gestürzt und liegt ausgestreckt auf dem Rücken. Gert Hofmann schrieb seinen Blindensturz in der ersten Person Plural – der Erzähler spricht im kollektiven „Wir" der Blinden. Der Roman schildert den großen Tag, an dem sie dem berühmten Maler endlich Modell stehen dürfen. Sie haben sich unterwegs mehrmals verirrt und sind nun endlich, wenn auch mitgenommen und konfus, am Teich angelangt, in dessen Nachbarschaft der Kunstmaler wohnt. Die gebrechlichen, schutzlosen Männer konfrontieren uns mit dem ungeschminkten Leben. Ein ergreifender Aspekt der Erzählung liegt darin, daß die Blinden, die sich vom Treffen mit dem Maler einiges versprachen, diesem nie persönlich begegnen. Zu allem Übel müssen sie unzählige Male in den Teich tapsen, bis die Auswegslosigkeit ihrer traurigen Situation in der gewünschten Dramatik festgehalten ist. Dank Hofmanns Schreibkunst wird Breughels Gemälde zur Parabel, nicht nur für die Blinden – die wir alle sind –, sondern auch für das einseitige Machtverhältnis zwischen dem Künstler und seinen Modellen. Indem er die Entstehungsgeschichte dieses ergreifenden Gemäldes erzählt, richtet Hofmann unseren Blick auf die einsame, unsichere Welt der Blinden, die in einer Welt leben, in der alles auf das Sehen ausgerichtet ist. **PT**

Die Liebe in den Zeiten der Cholera
Gabriel García Márquez

Lebensdaten | *1928 (Kolumbien)
Erstausgabe | 1985 bei Bruquera (Barcelona)
Originaltitel | *El amor en los tiempos del cólera*
Nobelpreis | 1982

Am Tag, als Fermina Daza ihren Ehemann beerdigt, schwört ihr Florentino Ariza – Dichter, formidabler Liebhaber und Chef einer Schiffahrtsgesellschaft – seine unsterbliche Liebe und Treue zum zweiten Mal. Sie weist ihn entsetzt ab und befiehlt ihm, sich ja nie wieder blicken zu lassen – wie schon einundfünfzig Jahre, neun Monate und vier Tage zuvor, als Florentino seiner Fermina den ersten, brutal zurückgewiesenen Antrag gemacht hatte. García Márquez katapultiert uns in diese Zeit zurück und erzählt von dort aus die Geschichten einer Vielzahl von Charakteren. Das letzte Kapitel kehrt in die Gegenwart zurück und berichtet von Florentinos zweitem, nach über fünfzig Jahren endlich erfolgreichem Werben um seine Geliebte.

García's Roman ist eine epische Liebesgeschichte, gleichzeitig demonstriert er uns ganz unsentimental die Überlegenheit der Tugenden der Geduld und der Ausdauer über die romantische Vorstellung von der ewigen Liebe, wenn es um die Überwindung großer Hindernisse geht. Mit einem Panoptikum von gespenstischen Figuren, verhexten Puppen und undurchschaubaren Papageien verteidigt García Márquez seinen Platz unter den besten Vertretern des Magischen Realismus mühelos. Düsterer als sein großer Vorgänger *Hundert Jahre Einsamkeit*, ist der Roman nicht weniger fesselnd, zudem ist er bewußter gegenüber der Geschichte und dem bitteren Leben in den Städten. **SJD**

Geisterberg
Etienne van Heerden

Lebensdaten | *1954 (Südafrika)
Erstausgabe | 1986
Erschienen bei | Tafelberg (Kapstadt)
Originaltitel | Toorberg

In diesem modernen südafrikanischen Klassiker suchen die Sünden der Väter deren Nachkommen in der ausgedörrten Landschaft von Karoo heim. Teils Thriller, teils Seifenoper schildert dieser packende Roman den Niedergang der Moolmans, einer Pionierfamilie, die hundert Jahre lang das weite Land am Toorberg (Geisterberg) bebaut hat. Als der illegitime, aber einzige Enkel des Patriarchen auf der erfolglosen Suche nach Wasser unter mysteriösen Umständen ums Leben kommt, macht sich ein Beamter aus der Stadt daran, den Fall zu untersuchen. Er realisiert, daß er es dabei nicht nur mit den Lebenden, sondern auch mit den Toten zu tun bekommt. Die Tragödie wurzelt in der Herrschsucht der Moolman-Männer, die stets jeden ausgestoßen haben, der ihren Weg verlassen wollte. Das erste Opfer war Floris, der die unverzeihliche Sünde beging, die Rassengrenze zu überschreiten und die „Schandfamilie" zu gründen. Ironischerweise kommt der einzige, der die Tatkraft des Gründervaters Abel geerbt hat, aus dieser Familie – Pastor Oneday Riet, der die enteigneten Farbigen anführt.

Der Fluch der Moolmans wird im Roman mit kraftvoller Symbolik beschrieben. Keiner ist vor der Schande gefeit, welche die am schwarzen Schaf verübten Untaten nach sich ziehen. Van Heerden verwebt die Vergangenheit mit der Gegenwart und liefert so einen klaren Eindruck vom Erbe der weißen Afrikaner am Abend der Apartheid. **LD**

Die schöne Frau Seidenman
Andrzej Szczypiorski

Lebensdaten | *1924 (Polen), †2000
Erstausgabe | 1986
Erschienen bei | Instytut Literacki (Paris)
Originaltitel | Poczatek

Unter den Nazis ist Warschau ein Ort des raschen Todes und der unerwarteten Rettung. Juden leben wie Ratten in Ghettos oder sind ständig auf der Flucht; viele haben eine neue Identität. Der junge Jude Henio ist in Sicherheit, gibt diese aber auf und kehrt zu seinen Leuten ins Ghetto zurück. Schwester Veronika tauft gerettete jüdische Kinder, um sie zu Katholiken zu machen. Irma Seidenman, die wunderschöne Witwe eines jüdischen Arztes, lebt mit gefälschten Papieren ruhig im arischen Teil der Stadt, bis sie an die Gestapo verraten wird, worauf sie auf die Loyalität von Fremden angewiesen ist.

Szczypiorski beleuchtet das Rätsel unserer Identität – wer bestimmt darüber, wer wir sind? Einige der konvertierten Kinder von Schwester Veronika gehen nach Israel, aus anderen werden rabiate, antisemitische, polnische Patrioten. Irma Seidenman, die ihren Glauben verleugnen mußte, um zu überleben, flüchtet 1968 vor der antijüdischen Säuberungswelle ins Ausland. Sie wollte als Polin in Polen leben, war aber nie Polin genug, um ihres Lebens sicher zu sein. Ob Henio, der im Ghetto den Freitod wählte, die bessere Wahl getroffen hat? Zwanzig Jahre nach dem Krieg sind jüdische Soldaten in den arabischen Siedlungen in Palästina dabei, das Rad des Todes und des Hasses weiterzudrehen. Vielleicht, so warnt der Autor in diesem bewegenden und herausfordernden Roman, zeigt die Maske der Gewalt die einzige unveränderliche Identität des Menschen. **MuM**

Die Untergegangenen und die Geretteten
Primo Levi

Lebensdaten | *1919 (Italien), †1987
Erstausgabe | 1986
Erschienen bei | G. Einaudi (Turin)
Originaltitel | I sommersi e i salvati

In seinem letzten Roman kehrte der Autor zur beunruhigenden Frage zurück, wie man über den Holocaust, diesen gerne verdrängten „Abgrund des Bösen", schreiben kann. Was ihn besonders beschäftigte, hatte er bereits 1947 in Ist das ein Mensch? formuliert: Wie kann man über die Konzentrationslager Zeugnis ablegen, wenn die einzig wahren Zeugen dort für immer ausgelöscht wurden? Die Überlebenden, so resümiert er im Kapitel „Die Scham", sind „… eine anormale Minderheit: wir sind die, die aufgrund von Pflichtverletzung, aufgrund ihrer Geschicklichkeit oder ihres Glücks den tiefsten Punkt des Abgrunds nicht berührt haben".

Levi verwendet eigene Erlebnisse, aber auch Anekdoten und Reflexionen, um die Fragen des Überlebens, der Mitteilung und der Schuld, die untrennbar mit dem Erbe der Todeslager verbunden sind, anzusprechen. Er thematisiert die beklemmenden (Selbst-) Beschuldigungen, die das Leiden der überlebenden Opfer über die Lager hinaus bis an ihr Lebensende andauern läßt. Levi sieht in der Last der Schuld das wesentliche Element eines totalitären Systems, das in den „Sonderkommandos" der Krematoriumsarbeiter ihr abscheulichstes Extrem fand. Seine größte Leistung ist es, den Leser an den Punkt der lähmenden Sprachlosigkeit heranzuführen, die auf die Nachricht über die unfaßbaren Greueltaten der Konzentrationslager eintritt und zu fragen: „Was kann jeder einzelne von uns tun, damit in dieser von vielen Gefahren bedrohten Welt zumindest diese eine gebannt wird?" **VL**

Die Wächter
Alan Moore & Dave Gibbons

Lebensdaten | *1953 rsp. *1949 (England)
Erstausgabe | 1986 bei DC Comics (New York)
Originaltitel | *Watchmen*
Hugo Award | 1987

Die 1986 erschienene Saga über das harte Leben der Superhelden war für das ganze Comic-Genre ein Wendepunkt. Man schreibt das Jahr 1985, Nixon ist zum dritten Mal Präsident, und die Draufgänger in den bunten Kostümen waren mit dem Keene-Gesetz bereits 1977 kaltgestellt worden – bis auf zwei: den „Comedian", ein teuflisch harter Soldat mit einer dunklen Vergangenheit, und Dr. Manhattan, das Opfer eines nuklearen Unfalls, der den USA im Kalten Krieg den entscheidenden Vorsprung verschafft. Die übrigen Superhelden scheinen sich im erzwungenen Ruhestand wohlzufühlen – mit Ausnahme des sozial gestörten Dr. Rorschach, der auf das Berufsverbot reagierte, indem er der New Yorker Polizei die Leiche eines mehrfachen Vergewaltigers lieferte – mit der Botschaft „Nie". Dann wird der Comedian ermordet, und jemand hat einen Plan. Der Kalte Krieg eskaliert. Wer kann ihn aufhalten? Und zu welchem Preis?

Dank des Großaufgebots an Protagonisten behält *Die Wächter* auch in der Endzeitschlacht einen humanen Anstrich. Moore kennt das Genre zu gut, als daß er sich auf das simple Schema mit guten Helden und bösen Schurken einließe. Neben Moores multiplen Geschichten sorgen Dave Gibbons brillante Zeichnungen dafür, daß man ab und zu sogar feuchte Augen bekommt. Das Buch ist auch heute noch ein Standardwerk, das weit über die „Bildchengeschichte" hinausgeht und an dem sich alle anderen Comics messen müssen. **JS**

Auslöschung
Thomas Bernhard

Lebensdaten | *1931 (Holland), †1989 (Österreich)
Erstausgabe | 1986
Erschienen bei | Suhrkamp (Frankfurt a. M.)
Untertitel | Ein Zerfall

Bernhards letzter großer Roman ist ein meisterhafter Monolog über die Institution Familie, das Land Österreich, das lästige Erbe der Nazis und die Unmöglichkeit, der eigenen Kultur zu entrinnen. *Auslöschung* ist die abschließende Betrachtung über die formalen und thematischen Belange, die Bernhard immer wieder beschäftigten.

Franz-Joseph Murau, ein österreichischer Intellektueller, hat sich vor seinem Land und seiner Familie nach Rom geflüchtet, wo er eines Tages in einem Fernschreiben über den Unfalltod seiner Eltern und seines Bruders informiert wird. Dies macht ihn zum Erben des Familienbesitzes „Wolfsegg", und während er sich zum Begräbnis aufmacht, sinniert er über seine Familie und seinen Haß ihr gegenüber, und über die bei ihm ausbleibende Trauer. Der zweite Teil des Romans spielt in Wolfsegg, wo Murau mit der individuellen und kollektiven Geschichte konfrontiert wird. Er wirft seiner Familie – wie einem Großteil der Österreicher überhaupt – Komplizenschaft bei den Naziverbrechen vor, und er verflucht sie wegen ihres bigotten Umgangs mit ihrer Geschichte. Seine eigenen Unzulänglichkeiten versucht er nicht zu beschönigen, seine bittern Schmähreden sind ein Versuch, die Amnesie Österreichs in bezug auf die eigene Geschichte zu beenden. Muraus glühender Zorn richtet sich gegen alle repressiven Dogmen, er fordert alle Kulturen auf, die eigenen Werte permanent zu überdenken. **AL**

Der Maler der fließenden Welt
Kazuo Ishiguro

Lebensdaten | *1954 (Japan)
Erstausgabe | 1986 bei Faber & Faber (London)
Originaltitel | An Artist of the Floating World
Whitbread Award | 1986

In seinem zweiten Roman schreibt Ishiguro über Japan als ein Land „im Fluß", das nach dem Zweiten Weltkrieg mit sozialen Unruhen und anderen Folgen der Moderne fertig werden muß. Die Erzählung beleuchtet Japans Geschichte vor dem Krieg und die Schwierigkeiten, die das Land im Umgang mit der historischen Schuld hat. Im Mittelpunkt steht Masuji Ono, ein Künstler, der sich im Krieg für die japanische Expansionspolitik stark machte.

Der Roman beginnt drei Jahre nach Kriegsende, Ono hat seine Frau und den Sohn im Krieg verloren und ist mit der Verheiratung seiner jüngeren Tochter beschäftigt. Ein Jahr zuvor hatten die Eltern des Bräutigams die Hochzeit mit der älteren Tochter unvermittelt abgesagt; Ono fragt sich, ob dies etwas mit seiner Sympathie für den Imperialismus zu tun habe, der Japan in die Katastrophe geführt hat. Er versucht, seine Vergangenheit zu verheimlichen, gleichzeitig sträubt er sich, die alten Überzeugungen gegen die unsicheren modernen Werte einzutauschen.

Ishiguro schildert Japan und seine Menschen in der Nachkriegszeit eindringlich, sein Stil imitiert die japanischen Klassiker, und seine rigide Prosa gibt die Sturheit des alternden Künstlers pointiert wieder. Wie im Folgeroman *Was vom Tage übrigblieb* schuf Ishiguro mit Ono einen ausgeprägten Charakter, der seine Gefühle aufgrund äußerer Umstände unterdrücken muß. Dem im Buchtitel erwähnten Künstler gleich, malt Ishiguro ein Bild, auf dem die Protagonisten von einer Fülle von beunruhigenden Details umgeben sind. **LE**

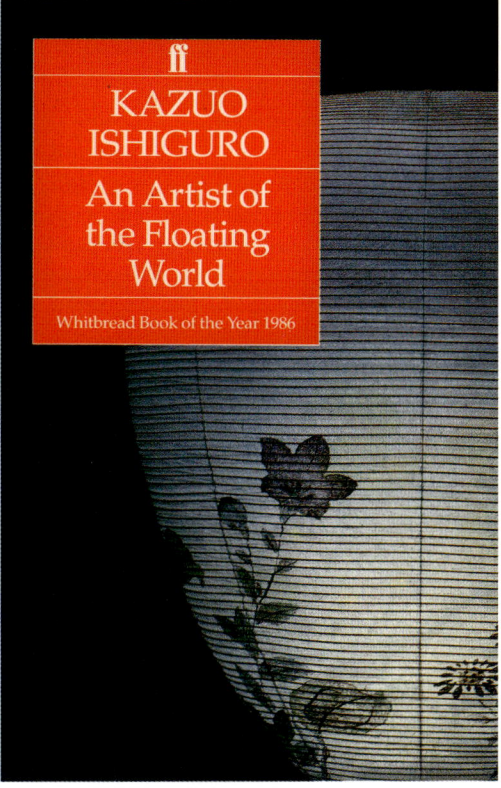

„‚Vater sagt, daß du früher ein berühmter Künstler warst. Aber du hast aufhören müssen.'"

Der Maler der fließenden Welt spielt in Ishiguros Geburtsstadt Nagasaki, nach dem Abwurf der Atombombe.

Erinnerung an das Feuer
Eduardo Galeano

Lebensdaten | *1940 (Uruguay)
Erstausgabe | 1982–1986
Erschienen bei | Siglo XXI (Mexiko-Stadt)
Originaltitel | *Memoria del fuego*

Neun Jahre arbeitete der uruguayische Journalist und Essayist Galeano an dieser Trilogie. Das Opus ist schwierig einzuordnen, es ist weder Gedicht, Chronik, Anthologie noch Roman, es steht für sich als eine höchst persönliche und prägnante historische Erzählung über die beiden amerikanischen Kontinente.

In kurzen, eindringlichen Kapiteln läßt Galeano die Geschichte wieder aufleben. Die Fülle der chronologisch aufgereihten Ereignisse und politischen Machtkämpfe ist atemberaubend, und jedes dieser Ereignisse erweitert das allumfassende, Jahrhunderte umspannende Mosaik um weitere aufschlußreiche Details. Dabei kommen die unterschiedlichsten historischen Figuren zu Wort: Kolumbus, Moctezuma, Charles V., Bolívar, Napoleon, Darwin, Washington, Voltaire, Lenin, Allende, Rockefeller, Rigoberta Menchú, Frida Kahlo, Chaplin, Evita Peron – um nur einige zu nennen.

Das Buch erhebt keinen Anspruch auf Objektivität, Galeano stellt sich unmißverständlich auf die Seite der Eroberten, und jedes Szenario, ganz gleich wie wichtig, wird in seiner ganzen Tragweite geschildert. Er versteht es meisterhaft, den Leser an die Ursprünge des heutigen Amerika zu erinnern, als das reiche Universum der Eingeborenen einer ungerechten, unterdrückten, verarmten und unterentwickelten Welt weichen mußte. *Erinnerung an das Feuer* wurde als Meisterwerk gefeiert, und 1989 wurde Galeano für die Trilogie mit dem „American Book Award" ausgezeichnet. **AK**

The Old Devils *
Kingsley Amis

Lebensdaten | *1922 (England), †1995
Erstausgabe | 1986
Erschienen bei | Hutchinson (London)
Booker-Preis | 1986

The Old Devils gilt als einer der besten Romane von Kingsley Amis, und er ist der einzige, der es mit *Glück für Jim* aufnehmen kann. Zielscheibe der Satire sind diesmal die „Alten Teufel" Peter, Charlie und Malcolm, drei alternde Waliser, die ihre Tage zusammen mit ihren Frauen mit Schwatzen und Trinken verbringen.

Als Alun Weaver, ein Waliser „von Stand", und seine verführerische Frau Rhiannon auf der Bildfläche erscheinen, geraten die Alten Teufel ins Grübeln über ihre Existenz und ihren Stellenwert in der Gemeinschaft. Amis' lockerer Umgang mit der Wirklichkeit und sein scharfer Blick für das Getue der Mittelständler sorgt wie immer für ein gewisses Unbehagen, denn jede Wichtigtuerei oder Affektiertheit wird sofort der Lächerlichkeit preisgegeben. Dennoch schafft es Amis, in uns eine – wenn auch heimliche – Sympathie für die griesgrämigen Alten Teufel zu wecken. Gerade darin liegt sein größtes Talent, denn das ungezügelte Lustspiel hat starke menschliche Züge, und man kommt nicht darum herum, sich mit den possenhaften Figuren anzufreunden.

Amis Kritiker warfen ihm in seinen letzten Werken notorischen Menschenhaß und verkappten Konservatismus vor. Diese Spötter straft er in *The Old Devils* Lügen, indem er die gekonnt balancierte Satire seiner frühen Werke mit einer vertraulichen Nähe zu den Figuren kombiniert und uns so ein köstliches Lesevergnügen bereitet. **AB**

Matigari *
Ngugi Wa Thiong'o

Lebensdaten | *1938 (Kenia)
Erstausgabe | 1986
Erschienen bei | Heinemann (Nairobi)
Originalsprache | Kikuyu

Matigari kehrt aus den Bergen zurück, nachdem er jahrelang gegen weiße Siedler gekämpft hat. Er freute sich auf seine würdige Rückkehr und eine Siegesfeier mit seinen Leuten, aber diese leben inzwischen unter einer repressiven, neokolonialistischen und still geduldeten Diktatur; sein Land und das Haus hatte man den Erben der Feinde zugeschanzt, die er besiegt hatte. Matigaris Kampf für Gerechtigkeit beginnt von neuem. Die Nachrichten über seine Taten verbreiten sich gerüchteweise, Matigari wird im Volk zum Mythos, und die Zungen der Armen lockern sich. Doch oft ist schwer zu erraten, was wahr ist und was nicht, auf jeden Fall beginnt man, die unablässig aus den Radios quäkende „Stimme der Wahrheit" der Regierung anzuzweifeln.

Matigari spielt „irgendwann in einem namenlosen Land", aber mit den Anspielungen auf die jüngste kenianische Geschichte und den Parallelen zu den mündlich überlieferten Freiheitsidealen des Gikuyu-Volkes scheint der Roman mit seiner scharfen Kritik an den nachkolonialen Machthabern auf Kenia hinzuweisen. Einige Monate nach Erscheinen des Buches berichtete der Geheimdienst, in Kenia treibe sich eine „Matigari" genannte Gestalt herum, die Frieden und Gerechtigkeit predige; es wurde ein Haftbefehl erlassen. Der Matigari des Romans kann auch im letzten Kapitel nicht verhaftet und gezähmt werden, weil man sich auf ihn keinen Reim machen und ihm nichts nachweisen kann. **AB**

Die Verrückung der Benna Carpenter
Lorrie Moore

Lebensdaten | *1957 (USA)
Erstausgabe | 1986
Erschienen bei | Knopf (New York)
Originaltitel | *Anagrams*

Dies ist der erste Roman von Lorrie Moore, die in den USA mit ihren Kurzgeschichten schon lange zur Elite der Schriftsteller gehört. Mit gewohnter Brillanz erzählt sie in diesem „Figurenspiel" eine Alltagsgeschichte über alltägliche Leute, die nicht damit klarkommen, daß sie nicht berühmt sind. *Die Verrückung* beginnt mit einem listigen literarischen Anagramm, das aus verschiedenen Versionen des ersten Kapitels besteht. Der Text erscheint in immer anderen Kombinationen, bis Moore schließlich mit der richtigen Variante herausrückt. Analog dazu versuchen die Protagonisten des Romans ihr Leben, ihr Aussehen und ihre Partner so umzustellen, daß alles einen Sinn ergibt. Benna ist abwechselnd Nachtclubsängerin, Aerobic-Trainerin oder Professorin für Kunstgeschichte. In einer ihrer Inkarnationen denkt sie: „Vielleicht gibt's auf der ganzen Welt nur wenige hundert Leute, die aber in den verschiedensten Jobs auftreten." Der Student Gerard ist ihr Freund, Nachbar und Ex-Geliebter. Moore wirft die Frage auf, wie die Charaktere zu ihrem Leben passen und wie sie sich und ihr Leben erfolgreicher gestalten könnten.

Die Verrückung ist raffiniert, trotzdem flüssig geschrieben und wird getragen von Moores beißendem Humor, der sich mit Mitgefühl paart. Die Figuren versuchen, auf die Dinge Einfluß zu nehmen, bringen aber zu wenig Mut und Beharrlichkeit auf. Das Böse bleibt draußen, man schlägt sich höchstens mit unbeabsichtigten Kränkungen herum, die mit einem Achselzucken quittiert werden. **GT**

Die verlorene Sprache der Kräne
David Leavitt

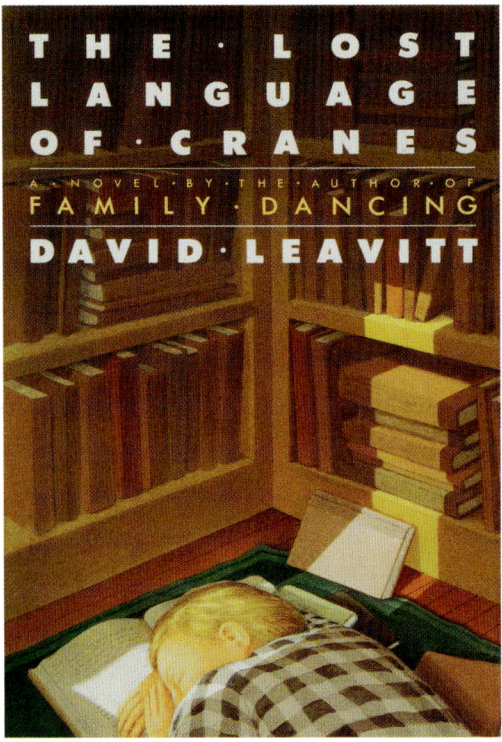

Lebensdaten | *1961 (USA)
Erstausgabe | 1986
Erschienen bei | Knopf (New York)
Originaltitel | *Lost Language of Cranes*

„Er war ein unbeschriebenes Blatt, in einem einzigen Augenblick war alles ausradiert worden. Mit wem hatte sie die ganzen Jahre zusammengelebt?"

Der Buchumschlag verweist auf einen Artikel über einen Jungen, der Kräne imitiert und dann von seinen Eltern abgelehnt wird.

Die verlorene Sprache der Kräne, David Leavitts beeindruckender Romanerstling, erforscht die schrecklichen Geheimnisse, die Familienmitglieder voreinander verbergen.

Die Handlung des Romans ist in New York angesiedelt, die Gefahren von AIDS sind bekannt, und vor diesem Hintergrund wird das Coming-out des homosexuellen Philip Benjamin gegenüber seinen Eltern Owen und Rose geschildert. Seine Enthüllung bringt das komfortable, ruhige Familienleben augenblicklich durcheinander. Angesichts der sexuellen Gefahr, der sich ihr Sohn als Schwuler aussetzt, empfindet die Mutter eine Art „bestürzter Bekümmernis", für den Vater Owen naht gar das Ende der Welt. Nachdem Owen die „Neuigkeit" erfahren hat, ist er völlig untröstlich, und er ist überwältigt von seiner Unfähigkeit, mit der eigenen verborgenen Homosexualität umzugehen, die er nur heimlich bei sonntagnachmittäglichen Besuchen in schwulen Pornokinos auslebt. David Leavitt beschreibt die sexuelle und emotionale Entwicklung von Philips Liebesbeziehung zu seinem Freund Eliot, den Philips nachlassende Leidenschaft frustriert. Der überragende Höhepunkt des Romans liegt in der Beschreibung der Veränderungen in der Ehe von Owen und Rose, nachdem Rose bewußt geworden ist, welche Lüge sie in den vergangenen drei Dekaden gelebt haben.

Wo sich andere Autoren in Klischees flüchten, macht Leavitt beharrlich und detailliert die Risse sichtbar, die sich nur allzugern zwischen Generationen und Familienmitgliedern bilden können. **VC-R**

Alle Seelen
Javier Marías

Lebensdaten | *1951 (Spanien)
Erstausgabe | 1987
Erschienen bei | Anagrama (Barcelona)
Originaltitel | *Todas las almas*

Drei Jahre, nachdem er mit *Der Gefühlsmensch* den „Herralde de Novela" gewann, legte Marías dieses Werk vor. Es ist ein origineller, starker Roman; *Alle Seelen* ist reflexiv und spekulativ, den mehr oder weniger autobiographischen Fakten gegenüber ist er aber auch nicht verschlossen.

Von Beginn an liegt das Spannungsfeld zwischen dem Erzähler, der die Geschichte erzählt, und einem ungleichen, eigenständigen Anderen, einem „Ich", das die Geschichte erlebt hat. Marías widmete das Buch seinen Vorläufern, darunter Vicente Molina Foix und Félix de Azúa, und er benutzt seine Beobachtungen in der Zeit als Dozent an der Universität von Oxford, um eine fast private Welt auferstehen zu lassen, die von Figuren mit einer verschwiegenen oder nur halb erzählten Vergangenheit bevölkert ist, aber auch mit Kulten und Abenteurern in extravaganter Kleidung (was damit zu tun haben mag, daß „in Oxford nie jemand etwas geradeheraus sagt"). Einige dieser Elemente tauchten in späteren Büchern wieder auf, aber die verläßlichen Regeln zur Konstruktion von Geschichten finden sich bereits hier, einschließlich der Gewichtung der Wörter und der Erinnerung, die der Konstruktion von Charakteren dient. Die Biegsamkeit der Sprache wird zur Offenlegung verschiedenartiger Wissensfragmente benutzt, während das Stöbern in einem Antiquariat, die reflexiven Gespräche und die theoretischen Diskussionen über Poesie oder Malerei scheinbar mühelos im Roman zusammenfinden. Das Buch kann den Leser aufs Glatteis führen, und es gibt ihm zweifellos Rätsel auf. **JGG**

Viola d'Amore
Viktor Paskov

Lebensdaten | *1949 (Bulgarien), †2009
Erstausgabe | 1987
Erschienen bei | Bŭlgarski pisatel (Sofia)
Originaltitel | *Balada za Georg Henich*

Paskovs Roman ist eine bittersüße Fabel über die Liebe und ihr Scheitern und über die Macht der Musik. Die Handlung des Romans spielt im Bulgarien der 50er Jahre. Die Geschichte wird vom zehnjährigen Viktor erzählt, einem verhinderten Wunderkind, das seine Violine über alles liebt. Diese wurde von Georg Henig gebaut, der nun, im hohen Alter, verarmt und von seinen ehemaligen Schülern und Kunden im Stich gelassen wird.

Viktors Eltern heirateten aus Liebe, aber das Leben mit einem kleinen Musikereinkommen hat ihnen die Illusionen genommen. Die Mutter leidet unter der Armut und träumt von einem Büfett, ein Büfett ist für sie der Inbegriff des häuslichen Glücks. Viktors Vater spielt am Opernhaus Trompete, er lebt für die Musik und hat für das Streben nach Besitz kein Verständnis. Trotzdem will er in Henigs Werkstatt ein Büfett bauen, um die Ehe und die Gesundheit seiner Frau zu retten. Der kleine Viktor mag den alten Geigenbauer und lernt, neue Fragen zu stellen: Wer ist Gott? Was bedeutet Armut? Wird das Büfett seine Eltern noch mehr entzweien?

Sentimentalitäten vermeidet Paskov, indem er das ganz alltägliche Böse beschreibt: den Alkoholiker, der seine Kinder mit der Axt bedroht, oder die widerwärtigen Nachbarn, deren Hund Henig auf die Nerven geht. Paskov zeigt, wie die künstlerische und moralische Integrität in einer zutiefst kulturlosen Umgebung überlebt, und Viktor stellt schließlich die zentrale Frage: Wenn ein Meister wie Henig es nicht schafft, in sechs Tagen ein gutes Instrument zu bauen, wie sollte Gott da erwarten können, seine Welt sei perfekt? **MuM**

Das Rätsel der Ankunft
V. S. Naipaul

Lebensdaten | *1932 (Trinidad)
Erstausgabe | 1987 bei Viking (London)
Originaltitel | *Engima of Arrival*
Nobelpreis für Literatur | 2001

Die Handlung von Naipauls Roman ist in einem Tal von Wiltshire in der Nähe von Stonehenge angesiedelt. Gleich zu Beginn ist der Blick auf die ländliche Idylle getrübt, woran nicht nur der Dauerregen schuld ist, sondern auch das England-Bild, das der Autor bei seinen Studien der englischen Literatur in Trinidad gewonnen hat. In den fünf Kapiteln, die zeitlich und räumlich ineinander verwoben sind, taucht allmählich ein Bild von England auf, das Naipauls Vorstellung einer intakten Kultur ernsthaft stört. Die alte Landschaft ist einer steten Veränderung unterworfen, die das saubere Bild trübt, der bleibende Eindruck ist ambivalent. Sogar der Grundbesitzer Jack, Hauptfigur des ersten Romanteils, ist in der altehrwürdigen Umgebung nicht so verwurzelt, wie er vorzugeben versucht, er ist – wie der Erzähler auch – ein Zuwanderer.

Mit der Mischung aus Autobiographie und Fiktion gehört *Das Rätsel der Ankunft* in die Romantradition von Proust und Joyce. Das Buch erzählt die Geschichte seines Erzählers, von der Ankunft in England über das Vertrautwerden mit dem Land bis zum Schreiben ebendieses Romans, alles gesehen durch die Brille eines Mannes, der aus Trinidad stammt. Die Veränderungen der englischen Landschaft und des Lebensstils durch die Einwanderer unterscheiden sich kaum von denjenigen, die der Erzähler für seine literarischen Zwecke vornimmt: die Kolonisierten haben im Kolonisator bereits Wurzeln geschlagen. **AB**

World's End
T. C. Boyle

Lebensdaten | *1948
Erstausgabe | 1987 bei Viking Press (New York)
Originaltitel | *World's End*
PEN/Faulkner Award | 1988

Dies ist Boyles großer Wurf, eine fabelhafte Symphonie der Themen, Motive und Variationen. Der Roman ist im Hudson Valley angesiedelt, erzählt wird die Geschichte der vom Schicksal gebeutelten Familie Van Brunt. 1670 segelte Harmanus Van Brunt nach New Amsterdam – doch statt sein gelobtes Land zu finden, wird er von Schicksalsschlägen und Mißernten verfolgt, die selbst den alttestamentarischen Gott erschaudern ließen. Damit beginnt der Fluch und das Unglück, zu dem auch die Van Brunts selbst das Ihrige beitragen: Sie betrügen ihre Söhne, Väter, Frauen, Vettern und Schwiegereltern, sie sind jähzornig und launenhaft, sie sind Menschen – und Amerikaner. So kommt es, daß die Zukunft stets von der Vergangenheit überschattet wird, daß die Vergangenheit die Zukunft verunmöglicht. Aber wo es Verlierer gibt, gibt es auch Gewinner – hier ist es die Familie der Van Warts, alteingesessene, privilegierte Großgrundbesitzer. Sie haben das Sagen, und dies wird sich nie ändern, dennoch endet alles hoffnungsvoll oder zumindest mit Aussicht auf ein Ende des Schreckens.

World's End umfaßt 300 Jahre des amerikanischen Mythos und seiner Geschichte, die Boyle mit geschickter Hand und subversivem Witz zu einem atemberaubenden Stück Literatur zusammengefaßt hat. **GT**

> T. C. Boyle auf den Stufen seines Hauses in Kalifornien, das vom Architekten Frank Lloyd Wright gebaut wurde.

Die Taube
Patrick Süskind

Lebensdaten | *1949 (Deutschland)
Erstausgabe | 1987
Erschienen bei | *Diogenes (Zürich)*

Süskind, der für die Auslotung psychologischer Themen bewundert wird, ist sehr geschickt in der Beschreibung von Außenseitern und ihren Eigenarten. In dieser dicht geschriebenen, von einer dunklen Intensität durchdrungenen Novelle heißt der Außenseiter Jonathan Noel. Er ist ein seltsamer Jedermann, um die fünfzig Jahre alt, der als Wachmann bei einer Bank arbeitet, ein monotones, fast automatisiertes Leben führt und seine sozialen Kontakte auf ein absolutes Minimum beschränkt. Statt anderen Menschen zu vertrauen – er wurde immer wieder im Stich gelassen und verlor Verwandte im Krieg –, verläßt er sich auf die simple, ereignislose Sicherheit vertrauter Routinen in einer vertrauten Umgebung. Die Novelle beschreibt einen Tag in Jonathans Leben, beginnend mit der frühmorgendlichen Begegnung mit einer Taube vor seiner kleinen Wohnung, in der er seit dreißig Jahren wohnt. Indem er dem offenbar leblosen Vogel in die Augen schaut, stürzt er in das, was man gemeinhin und vereinfachend als „Midlife-crisis" umschreibt. Das Ereignis sprengt nicht nur seine streng geregelte Routine, es stört auch sein sorgsam gehütetes inneres Gleichgewicht. Zum ersten Mal ist er bei der Arbeit unaufmerksam und kann am Abend nicht in sein Zimmer zurück, zum ersten Mal stellt er seine Existenz in Frage. Die Novelle bezieht ihre Wirkung aus ihrer potentiellen Allgemeingültigkeit, zugleich liefert sie ein überzeugendes Beispiel für den Einfluß eines scheinbar trivialen Vorfalls auf das Selbst. **JC**

Von Liebe und Schatten
Isabel Allende

Lebensdaten | *1942 (Peru)
Erstausgabe | 1987
Erschienen bei | Plaza & Janés (Barcelona)
Originaltitel | *De amor y de sombra*

Als General Pinochet 1973 Isabel Allendes Onkel, den chilenischen Präsidenten Allende, ermordete und die Militärdiktatur begann, die 11000 Chilenen in Foltergefängnissen verschwinden ließ, flohen die meisten ihrer Verwandten ins Ausland oder kamen ins Gefängnis. Sie selbst engagierte sich in humanitären Projekten, was ihr die Möglichkeit zu Gesprächen mit den überlebenden Opfern des Regimes gab, in der Hoffnung, die Zeugenaussagen würden eines Tages dazu beitragen, die Mörder und Folterknechte zu bestrafen.

Allendes zweiter Roman *Von Liebe und Schatten* bezieht sich auf ein reales Ereignis: 1978 entdeckte man in einem Minenschacht die Leichen von *Desaparecidos*, von Verschwundenen. Der Plot – eine junge Modejournalistin verliebt sich in einen Fotografen, mit dem sie die Opfer von Pinochets Terrorbrigaden aufspürt – hat große Ähnlichkeit mit Isabel Allendes eigener Entwicklung von der Journalistin zur ernsthaften Autorin und politischen Aktivistin.

Ebenso zentral wie die Politik ist in diesem Roman die Liebesgeschichte, denn diese verleiht ihm das entschieden sentimentale Gepräge einer *Novella rosa*, eines Genres, das von der Kritik ignoriert, von den Leuten aber gelesen wird. Die Kombination von Politik und Populismus funktioniert in diesem Fall gut – denn so werden einer breiteren Öffentlichkeit historische Tatsachen vermittelt, die in keinem Schulbuch auftauchen. **JSD**

Menschenkind
Toni Morrison

Lebensdaten | *1931 (USA)
Erstausgabe | 1987 bei Knopf (New York)
Originaltitel | *Beloved*
Pulitzer-Preis | 1988

Menschenkind hatte in den USA einen großen Einfluß auf die Bewußtmachung des grausamen Erbes der Sklaverei. Der Roman handelt von der ehemaligen Sklavin Sethe, die ihre Kinder lieber umbringt, als daß sie sich diese von Sklaventreibern wegnehmen läßt. Zu Beginn der Erzählung wohnt sie mit dem ihr verbliebenen Kind im Haus des Verbrechens, das vom traurigen Geist des toten Kindes heimgesucht wird. Die Anwesenheit von Paul D., der auf derselben Farm dieselben traumatischen Erfahrungen als Sklave gemacht hat wie Sethe, scheint den Geist des toten Kindes zu bannen, doch dieser taucht schon bald wieder auf – in Gestalt der Frau, die das Kind geworden wäre, hätte man es nicht umgebracht. Die bösartige Präsenz der Geisterfrau vertreibt Paul D. und beginnt Sethe zu bestrafen. Am Ende der Geschichte stellt sich die Gemeinde schützend vor die Familie, was Sethe befreit und schließlich auch die Rückkehr ihres Geliebten ermöglicht.

Der Roman wurde von der Kritik gelobt, weil es Morrison gelang, die mit der Sklaverei verbundenen Grausamkeiten in angemessener Form ins Bewußtsein der Öffentlichkeit zu rufen. Sethes langsamer, partieller Prozeß der Erinnerung an die in der Sklaverei erlittenen Erniedrigungen, an die psychischen und körperlichen Schmerzen, die sie zum Mittel des Kindsmordes greifen ließen, sind für ihre Genesung fundamental wichtig. Morrison kommt ohne sentimentales Beiwerk aus und vermeidet eine Identifikation mit den Romanfiguren, und dies macht *Menschenkind* zu einem der aufrüttelndsten Romane der modernen Literatur der USA. **NM**

Taebek Gebirge
Jo Jong-Rae

Lebensdaten | *1943 (Korea)
Erstausgabe | 1987
Erschienen bei | Chungang Ilbosa (Seoul)
Originaltitel | *Taebaek sanmaek*

Dieser zehnbändige epische Roman wurde von einem der angesehensten und erfolgreichsten Autoren Südkoreas geschrieben. *Taebaek Gebirge* umspannt die Periode der schweren ideologischen Konflikte zwischen der politischen Rechten und Linken, die auf die Einsetzung der südkoreanischen Regierung im Jahr 1948 folgten, Konflikte, die bis zum Ende des Koreakrieges andauerten.

Der Roman beschreibt das Leben in der Kleinstadt Beolgyo im Südwesten Koreas Ende der 40er Jahre. Die Fraktionen machen sich die Führung der Stadt dauernd streitig, wobei es auch zu gewalttätigen Auseinandersetzungen kommt, und bei jedem Machtwechsel sind die einfachen Leute die Leidtragenden. Die Saga folgt einer ganzen Anzahl ihrer fast 500 Protagonisten, zum Beispiel dem hitzigen Generalinspektor Yeom Sang-ku, der die Verfolgung von linken Kritikern anführt; seinem Bruder, einem linken Vorsitzenden der Militärpartei; einem gemäßigten Antikommunisten; einem Großgrundbesitzer, der sein Land mit den ehemaligen Pächtern teilt; einem Schamanen, der die traditionellen Werte des Landes repräsentiert.

Die persönlichen Dramen, die sich in diesem Klima der Verdächtigungen und des Terrors abspielen, werden von Jo Jung-rae hautnah und kunstvoll geschildert. Seine Saga hat sich mehr als sechs Millionen Mal verkauft, und auf die Frage, was in seinem Werk erfunden sei und welche Begebenheiten den Tatsachen entsprechen, antwortete der Autor verschmitzt: „In einem guten Roman gibt es keinen Unterschied zwischen Fakten und Fiktion." **HO**

Die New-York-Trilogie
Paul Auster

Lebensdaten | *1947 (USA)
Erstausgabe | 1987 bei Faber & Faber (London)
Trilogie | *Stadt aus Glas* (1985), *Schlagschatten* (1986), *Hinter verschlossenen Türen* (1986)

▶ *Stadt aus Glas*, der erste Teil von Austers New-York-Trilogie, erschien 1985 und wurde als Detektivgeschichte verkauft.

▶ Paul Auster 1990 in Paris, wo er nach seinem Abschluß an der Columbia University vier Jahre gelebt hatte.

In seinen drei Novellen, die man auch als Kriminalromane lesen kann, schreibt Auster über die potentiellen Möglichkeiten sinnvoller Koinzidenzen, Notwendigkeiten und Zufälle. *Stadt aus Glas* handelt vom Mystery-Autor Daniel Quinn, dem es vor allem die Künstlichkeit dieses Genres angetan hat. Nachdem er zwei Fehlanrufe erhalten hat, die einem „Detektivbüro Paul Auster" galten, beschließt er, sich als Paul Auster auszugeben und die Fälle zu übernehmen. Die aufreibende Verfolgung eines Mannes, der seinen Säugling mißhandelte, läßt Quinn bald zu einem verwahrlosten Herumtreiber verkommen. Inmitten seiner Verzweiflung und Mühsal entwickelt er jedoch auch eine Zen-artige, glasklare Bewußtheit, während seine Welt drastisch schrumpft. Die Figuren in *Schlagschatten*, die sich in einem sehr stilisierten, surrealistischen Spiel gegenseitig beobachten, tragen die Namen von Farben, was dem Geschehen ein quasi-allegorisches Flair verleiht. Blau wird durch die Untätigkeit von Schwarz, den er ausspionieren soll, nicht nur zur Leseratte, er verliert auch beinahe den Verstand. *Hinter verschlossenen Türen* schildert, wie der namenlose Ich-Erzähler nach und nach in die Rolle eines verschollenen Freundes aus der Kindheit schlüpft. Er heiratet dessen Frau und publiziert ein noch unbekanntes literarische Meisterwerk des Verschwundenen, nur um von diesem alsbald kontaktiert und darüber aufgeklärt zu werden, die ganze Sache sei von ihm selbst minuziös orchestriert worden.

Die New-York-Trilogie ist voller abgründiger Facetten, die alle auf eine potentielle Realität oder den Kollaps der Identität hinauslaufen können. In allen drei Novellen bildet der Effekt der Entfremdung einen faszinierenden Subtext, nicht zuletzt dank ihrer Sprache und Knappheit. **AF**

Black Box
Amos Oz

Lebensdaten | *1939 (Jerusalem)
Erstausgabe | 1987
Erschienen bei | Am Oved (Tel Aviv)
Originaltitel | *Kufsah Shorah*

„Aktivismus ist ein Lebensstil."

Die hebräische Originalausgabe von *Black Box*. Den Nachnamen „Oz" (dt. etwa Kraft, Stärke) hat der Autor 1954 nach dem Tod seiner Mutter angenommen.

Eine Reihe von Briefen, Notizen und Fernschreiben wird gewissermaßen zur „Black box" einer Eheanalyse. Es bleibt dem Leser überlassen, die Überbleibsel der Beziehung von Ilana und Axel und ihres Kampfs mit ihrem unberechenbaren Sohn Boaz zu entschlüsseln. Es ist ein verworrenes, disparates Ensemble aus Ehepaaren und Berufskollegen, in das Ilanas zweiter Ehemann Michael, ein abwechselnd lustiger und trauriger fanatischer Jude, sowie weitere Protagonisten hineingezogen werden. Die Korrespondenz ermöglicht Amos Oz das Spiel mit verschiedenen Stimmen, um die Schwächen, die Sexualität, die Absurdität und die Ambivalenz des menschlichen Daseins in einem sehr religiösen, politisierten und sozial belasteten Umfeld einzufangen. Der Ton ist mal verzweifelt und mal elend, zuweilen aber auch komisch und oder lyrisch.

Wie in seinen anderen Erzählungen über das moderne jüdische Leben – bekannt ist vor allem *Mein Michael* aus dem Jahr 1968 – nutzt Oz die Darstellung der Beziehungen seiner Figuren und deren Verwicklungen, Gewissensbisse und Verfolgungsängste, um einen Diskurs über das Land, seine jüngste Geschichte, Politik und religiösen Splittergruppen zu entfalten. Ohne ein Blatt vor den Mund zu nehmen, führen Oz' Charaktere seine ironische Einstellung gegenüber dem modernen Leben in Israel samt seinen Rissen und Flecken vor. In *Black Box* liefert Amos Oz, der auf Hebräisch schreibt, einen ehrlichen und oft spöttischen Bericht über die Konflikte, die das Leben als Israeli mit sich bringt. Den optimistischen Überzeugungen der Gründerväter steht Oz wie viele seiner Generation skeptisch gegenüber. Er diente in der israelischen Armee, er war Lehrer, er lebte in einem Kibbuz und studierte in Oxford und den USA, womit er für eine umfassendere Sicht der Dinge sichere Gewähr bietet. **JH**

Fegefeuer der Eitelkeiten
Tom Wolfe

Fegefeuer der Eitelkeiten ist eine feurige Anklage gegen die Exzesse des Wall-Street-Kapitalismus in den 80er Jahren. Der wohlhabende, karrieregeile Börsenmakler Sherman McCoy wird in einen Autounfall verwickelt; bei einer Spritztour mit seiner Geliebten Maria Ruskin hat diese in der South Bronx von New York den jungen Schwarzen Henry Lamb überfahren und lebensgefährlich verletzt. Der Roman protokolliert MacCoys Absturz und beschreibt die Interessen, die hinter seiner sozialen Demontage und seinen juristischen Problemen stecken. Obwohl einige Leute nach dem Hickhack triumphieren, ist kein moralischer Gewinn auszumachen. Der zynische Wolfe macht die politischen und juristischen Institutionen, aber auch die Medien, haftbar für die vertrackten Klassen- und Rassenkonflikte in der Stadt. Henry Lambs posthume Verwandlung in einen „Musterstudenten" zum Beispiel ist das Ergebnis der Ambitionen des zwielichtigen Journalisten Peter Fallow, der mit seinen Storys über den Unfall zu Berühmtheit, Reichtum und einem Pulitzer-Preis gelangt.

Sei es die minuziöse Beschreibung eines Appartements an der Park Avenue, des Straßenlabyrinths der Bronx (wo sich der verängstigte McCoy verirrt), der breite Südstaatenakzent Marias, der aufgeregte Slang eines Schwarzen Bürgerrechtsaktivisten aus Harlem – Wolfes bewundernswerte Prosa versieht alles mit der nötigen Würze. Sein New York ist ein brodelnder Topf voller ethnischer Feindseligkeiten und Klassenneid, angetrieben vom Wunsch nach dem schnellen Geld, vom Sex und dem Streben nach Macht. Wolfe wollte mit *Fegefeuer der Eitelkeiten* den Erfolgsromanen von Dickens und Thackery aus der viktorianischen Zeit einen Rivalen im 20. Jahrhundert schaffen – dies ist ihm bestens gelungen. **CC**

Lebensdaten | *1931 (USA)
Erstausgabe | 1987
Erschienen bei | Farrar, Straus & Giroux (New York)
Originaltitel | *The Bonfire of the Vanities*

„Kommt herunter aus euren stinkfeinen Wohnungen!"

◉ Der von Mark Holmes gestaltete Umschlag der britischen Ausgabe von Wolfes Roman, der zuerst im *Rolling Stone Magazine* erschien.

Die schwarze Dahlie
James Ellroy

Dies ist der erste von vier Romanen, in denen Ellroy am Lack der Glitzerwelt von Los Angeles kratzt. Das Buch spielt zwischen den späten 40er- und den frühen 50er Jahren, es ist sowohl ein geradliniger Kriminalroman wie eine detaillierte Studie über Voyeurismus und sexuelle Obsessionen. Im Zentrum steht der gräßliche Mord an Elizabeth Short – alias „Die schwarze Dahlie" –, die nach Hollywood kam, um berühmt und geliebt zu werden, dort aber nur die Prostitution, die Pornographie und den Tod kennenlernte. Um den Killer zu finden, versucht Polizeiinspektor Bucky Bleichert die letzten Tage des Opfers zu rekonstruieren, wobei er mit den Justizbehörden und der Geschäftswelt Bekanntschaft macht, aber auch mit seinen eigenen Dämonen.

Die Leiche wird in einem Gebäude entdeckt, auf dem Teile des berühmten Hollywood-Schriftzuges stehen – in dieser Szene tauchen bereits die für den Roman wichtigen Stichworte auf: Pornographie, Unterhaltungsindustrie und Bauwirtschaft. So, wie die Neugestaltung von Los Angeles nach dem Zweiten Weltkrieg eine von der Profitgier getriebene Verwundung der Landschaft mit sich brachte, ist die aufsehenerregende Verstümmelung von Elizabeth Short mit den kommerziellen Absichten eines sexuell abartigen Baulöwen verbunden. Im Unterschied zu Raymond Chandlers berühmtem Detektiv bleibt Bleichert weder in emotionaler noch in sexueller Hinsicht distanziert. Seine Besessenheit ruiniert seine Ehe und seine vielversprechende Karriere. Die Szene, in der er eine Dirne in ein Motelzimmer voller Fotos von Elizabeth Shorts scheußlich verstümmelter Leiche lockt und die verängstigte Frau dazu zwingt, sich wie die schwarze Dahlie zu kleiden, ist ebenso beunruhigend wie effizient. Der Mörder wird schließlich – im Roman anders als in der Wirklichkeit – entdeckt, aber es ist das Übermaß an Gewalt, sexueller Abartigkeit und Korruption, was am Ende einen bleibenden Eindruck hinterläßt. **AP**

Lebensdaten | *1948 (USA)
Erstausgabe | 1987
Erschienen bei | Mysterious Press, New York
Originaltitel | *The Black Dahlia*

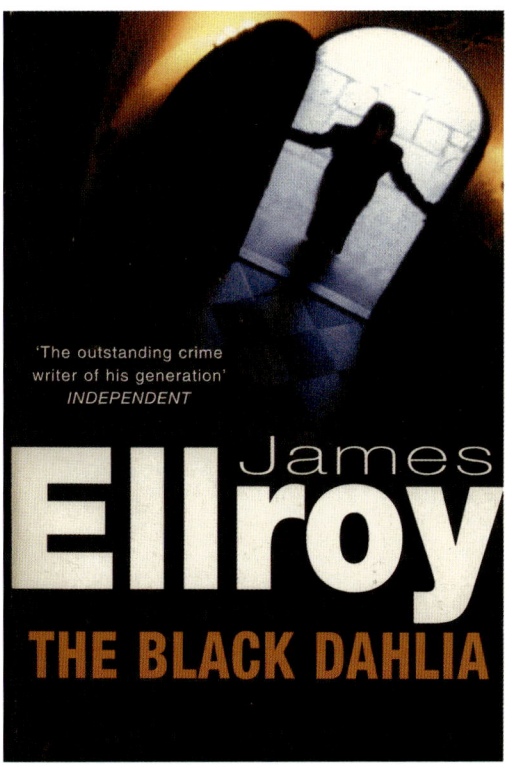

● Der nie aufgeklärte Mord an seiner Mutter prägte Ellroys Leben und brachte ihn dazu, Kriminalromane zu schreiben.

● Elizabeth Short war 22 Jahre alt, als ihre verstümmelte Leiche 1947 in Los Angeles gefunden wurde.

Nachmittag eines Schriftstellers
Peter Handke

Lebensdaten | *1942 (Österreich)
Erstausgabe | 1987
Erschienen bei | Residenz Verlag (Salzburg)
Großer Österreichischer Staatspreis | 1987

Der „Nachmittag" im Buchtitel ist einerseits eine exakte zeitliche Einheit – ein Schriftsteller beendet seine Arbeit, das Zimmer wird von der matten, melancholischen Wintersonne erhellt. Andererseits ist „Nachmittag" auch eine räumliche und sinnliche Arena, ein Raum für die Bewegungen des Körpers, die eher den Bedürfnissen des Körpers selbst entspringen als den Notwendigkeiten der Arbeit. In diesem Sinn ist „Nachmittag" das Nachspiel zur Arbeit, eine Zeit und eine Befindlichkeit, der eine gewisse Freiheit eigen ist, aber auch eine Müdigkeit, die diese Freiheit in etwas Halbbewußtes transformiert, eine wertvolle, nicht leicht zu ertragende Rückkehr zu einem Selbst, ohne äußerliche Zwecke und Motivationen.

Handkes Schriftsteller lebt, arbeitet, ißt und geht allein, aber seine körperliche Isolation schützt die von ihm gehegte und gepflegte Intimität nur notdürftig. Vom Gerede der Leute und den Szenen auf der Straße gleichzeitig angezogen und abgestoßen, macht sich der Schriftsteller zu einem Spaziergang auf; er zögert, dann taucht er in die Außenwelt ein und verschwindet.

Im unbehaglichen Bewußtsein, ein Schriftsteller zu sein, ist ihm die Kunst eine tägliche Plackerei, aber auch ein stolzes, alles überbrückendes Ziel. Angesichts seiner tiefen Einsamkeit und seines daraus resultierenden Sprach- und Beobachtungsreichtums kommt die Außenwelt nicht umhin, etwas zu verblassen. Handke verstärkt diesen Gegensatz, indem er die Stadt und die Straßen, in denen der Protagonist sich bewegt, unbenannt läßt; der Leser erfährt ebensowenig, was die Passanten und Kneipengäste, denen der Schriftsteller begegnet, zum ihm sagen. Aber auch dieser Gegensatz ist überwindbar, und es trägt zur Schönheit des schmalen Buches bei, daß es den Schriftsteller – und den Leser – neugierig macht auf die Welt. **PMcM**

Handke schrieb gemeinsam mit Wim Wenders das Drehbuch zum Film *Der Himmel über Berlin* (1987).

Die Elite nach dem Fest
Margaret Drabble

In *Die Elite nach dem Fest* schildert Drabble das Leben dreier Frauen, die – wie sie selbst – in den 50er Jahren in Cambridge studiert haben. Der Roman beginnt mit einer Silvesterparty im Jahr 1979 und beschreibt Liz Headland, die in den vergangenen zwanzig Jahren dank ihrer familiären, beruflichen und gesellschaftlichen Erfolge ein zufriedenes Leben führte. Anfang der 80er Jahre beginnt Liz' Lebensgebäude ernsthaft zu wackeln, sie denkt an ihre Kinder- und Jugendzeit in der nordenglischen Provinz zurück, aus der sie erst wegkam, als sie den Sprung nach Cambridge schaffte. Mit der Geschichte von Liz verwoben ist diejenige von Alix und Esther. Alix ist mit ihrer romantisch-naiven Weltanschauung den emotionalen und finanziellen Ansprüchen des Erwachsenenlebens erschreckend schlecht gewachsen. Über Esthers geheimnisvolle Reserviertheit hatte man sich in Cambridge noch amüsiert, inzwischen hat diese solche Ausmaße angenommen, daß sich die Freundinnen ernsthafte Sorgen machen. Alle drei Frauen sind selbstbewußt und glücklich, bis sie die tiefgreifenden Ereignisse der 80er Jahre, die auch ihre behagliche Existenz mit einer zuvor unvorstellbaren Heftigkeit gefährden, dazu zwingen, ihre Situation zu überdenken und die langjährige Freundschaft auf eine neue Grundlage zu stellen.

Drabble beleuchtet die Freiheiten, die Ambitionen und die Liebe von berufstätigen Frauen wie immer mit viel Scharfsinn und erheiternder Ironie. Die individuelle Welt der Charaktere zeichnet sie vor dem Hintergrund Londons in einer Zeit aufregender Umwälzungen und politischer Ungewißheiten. Als ironischer, feministischer Bildungsroman, verbunden mit einer exzellenten historischen Bestandsaufnahme, ist dieses Buch eines von Drabbles besten und mitreißendsten. AB

Lebensdaten | *1939 (England)
Erstausgabe | 1987
Erschienen bei | Weidenfeld & Nicolson (London)
Originaltitel | *The Radiant Way*

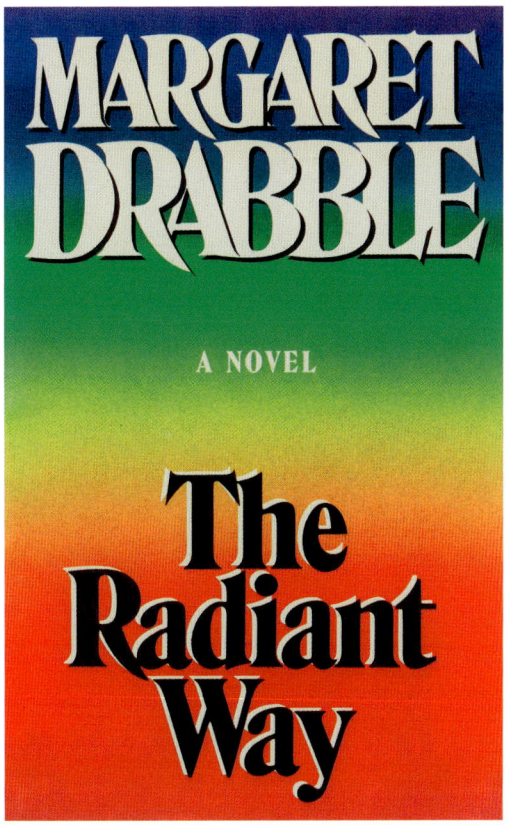

◉ Margaret Drabble erhielt 2008 den Order of the British Empire und wurde zur Dame Commander ernannt.

Kitchen
Banana Yoshimoto

Lebensdaten | *1964 (Japan)
Richtiger Name | Mahoko Yoshimoto
Erstausgabe | 1987 bei Fukutake (Tokio)
Originalsprache | Japanisch

„Ganz gleich, was sonst geschieht – in einer Küche (...), da geht's mir gut."

In den zwei Kurzromanen, die in diesem Band vereinigt sind, schreibt Yoshimoto über die unlösbare Verknüpfung von Sehnsucht und Trauer. In der Titelgeschichte *Kitchen* wird Mikage Sakurai durch den Tod ihrer Großmutter zur Waise. Ihre College-Mitschüler Yuichi Tanabe und deren „Mutter-Vater" Eriko (eine postoperative Transsexuelle) bieten Mikage an, vorübergehend bei ihnen zu wohnen, und sie nimmt an. Die drei versuchen, sich zu einer Patchwork-Familie zusammenzuraufen. Yuichis und Mikages neu gefundenes Lebensgefühl wird allerdings bedroht, als Eriko ermordet wird. Nun braucht Yuichi Mikages Hilfe.

Auch die zweite Geschichte *Moonlight Shadow* berührt die fragile Grenze zwischen Tod und Begehren. Überwältigt vom Tod ihres Geliebten, beginnt Satsuki zu joggen, um einer Verarbeitung ihres Verlusts aus dem Weg zu gehen. Dies läßt sich aber nicht mehr verhindern, als Satsuki auf einer Brücke eine geheimnisvolle Frau trifft. Diese will ihr zu einer Gelegenheit verhelfen, die Trauer zu überwinden. Wie Kitchen beschreibt diese in einfacher, elegischer Prosa gehaltene Erzählung Charaktere, die sich plötzlich in einer kalten, unvertrauten Umgebung wiederfinden, und die sich danach auf eine Sinnsuche begeben.

Banana Yoshimoto ist die Tochter des renommierten Ryumei (Takaaki Yoshimoto), eines Philosophen der Neuen Linken Japans, und die Schwester der beliebten Manga-Zeichnerin Haruno Yoiko. Yoshimoto war erst dreiundzwanzig und arbeitete als Serviererin, als sie *Kitchen* schrieb; von der in- und ausländischen Kritik erhielt sie viel Lob, und wurde mit zwei der angesehensten japanischen Literaturpreise ausgezeichnet. **BJ**

Kitchen erschien in Japan mit diesem schlichten Umschlag, trotzdem führte das Buch zu einer wahren „Banana-Manie".

Dirk Gently's holistische Detektei
Douglas Adams

Dirk Gently's holistische Detektei behandelt all die großen Fragen, die Adams' kultige Geschichten- und Hörspielreihe Per Anhalter durch die Galaxis beseelten. Allerdings verpackt er hier einen Strauß weit dunklerer und packenderer Themen mit einem spielerischen und ulkigen Gespinst aus den Genres Science-Fiction, Geistergeschichte und Detektivroman.

Der Privatdetektiv Dirk Gently macht sich auf, den Mörder des millionenschweren Gründers eines Computer-Konzerns zu finden, natürlich unter Einsatz seines Markenzeichens, der „holistischen Methode". Sein Glaube an die allumfassende Vernetzung aller Dinge zeitigt Erfolge, indes verkehren sich die Muster des Kriminalromans bei Adams in ihr Gegenteil: die Hinweise zur Aufklärung verfolgen den Detektiv, sie offenbaren sich ihm einer nach dem anderen. Gently hat trotzdem alle Hände voll zu tun, denn bei des Pudels Kern, den er hier verfolgt, handelt es sich um nichts geringeres als den Ursprung allen Lebens auf der Erde und um die Mächte, die den Lauf der Geschichte bestimmen. Obwohl Gently als eine absurde, leicht tragische Figur erscheint, weist Adams durch ihn auf einige der tiefschürfenden Strömungen im Denken der 80er Jahre hin. In der Tat ist dies einer der wenigen Romane, die sich mit der Chaos-Theorie befassen. Douglas Adams reduziert die intergalaktische Leinwand von *Per Anhalter durch die Galaxis* auf irdische Dimensionen und widmet sich dem in breiten Kreisen aufkommenden Gewahrwerden der zunehmenden Vernetztheit des Globus'. Während sich die Romanhelden mit einem üblen Gegner herumschlagen, werden ihnen die zwar unbeabsichtigten, aber weitreichenden Konsequenzen ihrer Entscheidungen bewußt. **AC**

Lebensdaten | *1952 (England), †2001 (USA)
Erstausgabe | 1987
Erschienen bei | Heinemann (London)
Originaltitel | *Dirk Gently's Holistic Detective Agency*

„Laßt uns das Undenkbare denken, laßt uns das Unmachbare machen."

● Adams beschrieb sein Buch als „verdammt gutes Geister-Horror-Whodunnit-Zeitmaschinen-Romanzen-Komödien-Musical-Epos".

Zigaretten
Harry Mathews

Lebensdaten | *1930 (USA)
Erstausgabe | 1987
Originalsprache | Weidenfeld & Nicolson (New York)
Originaltitel | *Cigarettes*

Harry Mathews war der erste US-amerikanische Schriftsteller in der Pariser Gruppe Oulipo, in der mit literarischer Kombinatorik und mathematisch abgeleiteten Satz-, Gedicht- und Romankonstruktionen experimentiert wurde. Mathews' bekanntester Beitrag in dieser Richtung ist ein Algorithmus, mit dem beliebige Teile eines Textes neu kombiniert werden, um zuvor nicht vorausssehbare Handlungsstränge zu erzeugen. Ob *Zigaretten* auch nach diesem Prinzip organisiert wurde, sei dahingestellt, auf jeden Fall schildert das Buch über einen Zeitraum von dreißig Jahren die reichen Müßiggänger von New York, unter denen der Autor aufgewachsen ist. Jedes Kapitel stellt eine subtile Verwandlung des vorhergehenden dar, ähnliche Ereignisse werden aus immer wieder neuen Blickwinkeln beschrieben. Dabei geht es stets um ein Kräftemessen zwischen zwei Protagonisten – Owen erpreßt Allen, dessen Tochter Priscilla hat eine Affäre mit Walter, dieser ist der Mentor von Phoebe, Phoebe fälscht ein Porträt von Elizabeth, und Elizabeth wird von allen geliebt. Zwischen Liebhabern, Geschäftspartnern, Eltern und Kindern gibt es immer neue Mißverständnisse und Betrügereien; ein Talisman, der durch die Hände aller Protagonisten geht, bildet eine Art roter Faden. Es ist typisch für Mathews, daß man beim Lesen immer das Gefühl hat, hinter den Kulissen spiele sich eine andere, verheimlichte Geschichte ab. Andererseits ist die Geschichte vor den Kulissen schon reichhaltig genug, und Mathews beherrscht die vielen Formen und Register mit makelloser Präzision. **DSoa**

Der Preis der Freiheit
Tsitsi Dangarembga

Lebensdaten | *1959 (Rhodesien)
Erstausgabe | 1988 bei Women's Press (London)
Originaltitel | *Nervous Conditions*
Autorenpreis des Commonwealth | 1988

Der Roman ist eine bilderreiche, persönliche Lebenserinnerung, gleichzeitig eine brillante Momentaufnahme von Rhodesien in den 60er Jahren. Tambu gehört zu einer Sippe von Kleinbauern, ihre Kindheit ist von harter Arbeit und einem Gefühl großer Ungerechtigkeit geprägt. Sie beobachtet das Patriarchat der Shona aufmerksam. Anders als ihre Mutter will sie sich nicht mit der „schwarzen Armut einerseits und der Last der Weiblichkeit andererseits" abfinden. Der Vater will sie nicht zur Schule schicken, denn „Bücher kannst du nicht kochen, wenn dein Mann etwas zu essen verlangt". Aber Tambu sieht in der Bildung schon früh eine Möglichkeit, der archaischen Welt zu entkommen. Sie ist begabt, muß sich ihr Wissen aber hartnäckig selbst erkämpfen. Der englische Originaltitel des Romans bezieht sich auf Sartres Vorwort zu Frantz Fanons *Die Verdammten dieser Erde*: „Der Eingeborenenstatus ist eine Neurose, die vom Kolonialherrn bei den Kolonisierten *mit ihrer Zustimmung* eingeführt und aufrechterhalten wird." Als sie auf die Missionsschule kommt, lernt Tambu eine neue Welt kennen – die ihres erfolgreichen Onkels und seiner Familie, die sich alle bereits in England aufgehalten haben. Anhand der Eßstörungen ihrer Kusine Nyasha und der Gereiztheit ihres Onkels lernt Tambu erstmals die Spannungen kennen, die durch den kolonialen Zustand, durch das Gefangensein zwischen zwei Welten entstehen können. Dies ist das Minenfeld, das sie zu überwinden hat, noch schwieriger allerdings ist das Problem ihrer Identität als Schwarze, das die faszinierende Geschichte anhand der Erfahrungen von vier Frauen schildert. **ST**

Le premier jardin *
Anne Hébert

Lebensdaten | *1916 (Kanada), †2000
Erstausgabe | 1988
Erschienen bei | Éditions du Seuil (Paris)
Prix Littéraire Canada | 1988

„Die Welt ist eine Bühne" – dieses Shakespeare-Zitat ist Héberts Roman vorangestellt, und die Titelheldin Flora Faranges, eine verblühende Schauspielerin, nimmt den Spruch nur allzu wörtlich, denn sie versucht sich in einer ganzen Reihe von Rollen auszuleben. Nachdem sie jahrelang in Frankreich gelebt hat, erhält sie ein Engagement in ihrer Geburtsstadt Quebec. Obwohl sie dort auf der Bühne Erfolg hat, wird sie bald von ihrer problematischen Vergangenheit und der schwierigen Beziehung zu ihrer Tochter eingeholt. Schon während der Theaterproben beginnt sie ein Verhältnis mit dem viel jüngeren Raphael, und dies löst eine Kettenreaktion aus, die Flora auf die schrecklichen Ereignisse ihrer frühen Kindheit zurückwirft.

Héberts kurze, traumähnliche Szenen vermitteln Floras schwierige Bewußtseinslage mit beunruhigender Direktheit, und die zeitlichen und räumlichen Sprünge enthüllen uns die Ereignisse der Vergangenheit nach und nach mittels psychologischer Assoziationen und Träumereien. *Le premier jardin* führt die schmerzlichen Details eines gescheiterten Familienlebens vor; Floras Versagen ihrer Tochter gegenüber widerspiegelt das problematische Verhältnis zu ihren Adoptiveltern, deren bourgeoise Fassade eine schreckliche Wahrheit über ihre Kindheit verbarg.

Der kurze, turbulente Roman beleuchtet schonungslos, wie sich Menschen auf Kosten anderer ausleben und welche Auswirkungen ein solches Verhalten haben kann. **AB**

Die letzte Welt
Christoph Ransmayr

Lebensdaten | *1954 (Österreich)
Erstausgabe | 1988
Erschienen bei | Fischer (Frankfurt)
Großer Österr. Staatspreis | 2004

Ausgangspunkt von Ransmayrs Roman ist Ovids Verbannung aus Rom an den fernen Hafenort Tomi am Schwarzen Meer und die Suche seines jugendlichen Freundes Cotta nach dem Dichter. Die Erzählung wird schon bald zur visionären Alternativgeschichte, denn die Landschaft wird zur Kulisse von Figuren und Ereignissen, wie sie Ovid in seinen *Metamorphosen* schilderte. Die Bewohner von Tomi entpuppen sich für Cotta als moderne Inkarnationen der mythischen Gestalten aus Ovids Epos. Die Dorfhure, die alles wiederholt, was sie hört, heißt Echo, aus den Hades-Göttern Dis und Prosperina werden Thies, ein geflüchteter deutscher Totengräber, und seine zänkische Verlobte, die taubstumme Weberin ist Arachne, und Fama gibt die Klatschtante im Dorfladen. Diese Figuren und seine Erlebnisse verflechtet Cotta zu einer dramatischen, bezaubernden Geschichte.

Die letzte Welt wurde als modernes Meisterwerk gefeiert, dies nicht zuletzt wegen der dichten, magischen Bilder, die mit García Márquez' Stil verglichen werden. Die aufregendlebendige Parabel erbringt den Beweis, daß große Autoren wie Ovid nicht totzukriegen sind, und es zeigt sich, wie unser Leben von Mythen durchdrungen wird. Ransmayr liefert mehr als eine Metamorphose der *Metamorphosen*, er schuf eine zeitlose, poetische Welt, eine politische Fabel, in der er subtil und indirekt Themen von universeller Bedeutung anspricht – sei es das Exil, die Zensur, die Diktatur oder das bedrohte ökologische Gleichgewicht. **LB**

Oscar und Lucinda
Pete Carey

Lebensdaten | *1943 (Australien)
Erstausgabe | 1988
Erschienen bei | University of Queenstown Press
Originaltitel | *Oscar and Lucinda*

In Australien gehört Carey zu den bekanntesten Autoren der nachkolonialen Zeit. Sein Roman spielt Mitte des 19. Jahrhunderts in England und in Australien.

Oscars Vater war Prediger, er ist ein verweichlichter, wasserscheuer Engländer. Lucinda Leplastrier ist eine australische Erbin, die sich gegen das einengende Frauenbild ihrer Klasse wehrt, indem sie von ihrem Erbe eine Glasfabrik kauft. Beide wurden in der Kindheit traumatisiert: Oscar durch seinen strengen, frömmelnden Vater, Lucinda durch eine Puppe, die ihr die Mutter schenkte. Als Erwachsene sind beide leidenschaftliche Glücksspieler, und so treffen sie sich eines Tages an Bord eines Schiffes nach New South Wales. Zwischen Oscar und Lucinda entwickelt sich eine ängstliche, unausgesprochene Zuneigung. Schließlich müssen sie eine gläserne Kirche durch eine gottverlassene Gegend transportieren – dabei blüht ihre Liebe nicht auf, sondern jeder zieht sich wieder in sich selbst zurück.

Der Roman spricht mehrere wichtige Themen an, nicht zuletzt die Idee von der Liebe als der ultimativen Lotterie, dem Spiel mit dem höchsten Einsatz, das Oscar und Lucinda ironischerweise nicht riskieren wollen. Carey beleuchtet den Rollenzwang der Geschlechter an einem Ort und in einer Zeit, wo die Gesellschaft streng festgelegte Verhaltensnormen erwartete. Lucinda macht wiederholt die Erfahrung, daß sie ausgeschlossen wird, wenn sie gewisse Grenzen überschreitet. Die Episode, als die beiden die gläserne Kirche heil durch das Land der Ureinwohner bringen wollen, wird zum bitterbösen Abgesang auf den Kolonialismus. Das dem von Oscar gefürchteten Wasser so ähnliche Glas bringt Lucinda schließlich ein Vermögen ein, aber es ist auch mitschuldig an Oscars Tod und an der Zerstörung der Wildnis.
EF

Peter Careys *Oscar und Lucinda* wurde 1988 mit dem Booker-Preis ausgezeichnet, 1997 wurde der Roman verfilmt.

Die Schwimmbad-Bibliothek
Alan Hollinghurst

Die Handlung des Romans ist im Jahr 1983 angesiedelt, erzählt wird eine überschwengliche Geschichte aus der Schwulenszene, das hedonistische Treiben im „allerletzten Sommer dieser Art" – danach war Aids das Thema Nummer eins. Abwechselnd von der Gegenwart hingerissen und wehmütig in die Vergangenheit zurückblickend, schwelgt der Roman in der Gesellschaft schwuler Männer und ihres allgegenwärtigen Sex, während der Leser in einem fein abgestimmten Rhythmus durch die Geschichte geführt wird.

Zwei sehr gegensätzliche Männer stehen im Zentrum: Lord Nantwich, ein ehemaliger Kolonialbeamter, und William Beckwith, ein junger, finanziell unabhängiger Schwuler. William rettet dem alternden Nantwich das Leben und läßt sich dazu überreden, dessen Biographie zu schreiben, was ihn in den Besitz seiner Tagebücher bringt. Ihr Inhalt bildet einen zweiten Handlungsstrang, der bald erkennen läßt, daß es im Leben der beiden beunruhigende Parallelen gibt, obwohl sie ganz anderen Generationen angehören. Rassismus und Schwulenfeindlichkeit sind auch fünfzehn Jahre nach der Legalisierung der Homosexualität weit verbreitet, und die Verhaftung von Williams bestem Freund durch einen verdeckten, ebenfalls schwulen Polizisten zeigt Parallelen zu Nantwitchs Gefängnisaufenthalt in den 50er Jahren. Trotz aller Zügellosigkeit schlägt der alte Repressionsapparat immer wieder zu, und das nostalgische Flair für die verführerische Erotik des Gesetzlosen unterstreicht, wie kompliziert die Begierde sein kann. Die Gegenüberstellung der liberalisierten Homosexualität unserer Tage mit den kriminalisierenden Verboten soll uns daran erinnern, was wir den Niederlagen der Vergangenheit und den Siegen der Gegenwart zu verdanken haben. **CJ**

Lebensdaten | *1954 (England)
Erstausgabe | 1988
Erschienen bei | Chatto & Windus (London)
Originaltitel | *The Swimming-Pool Library*

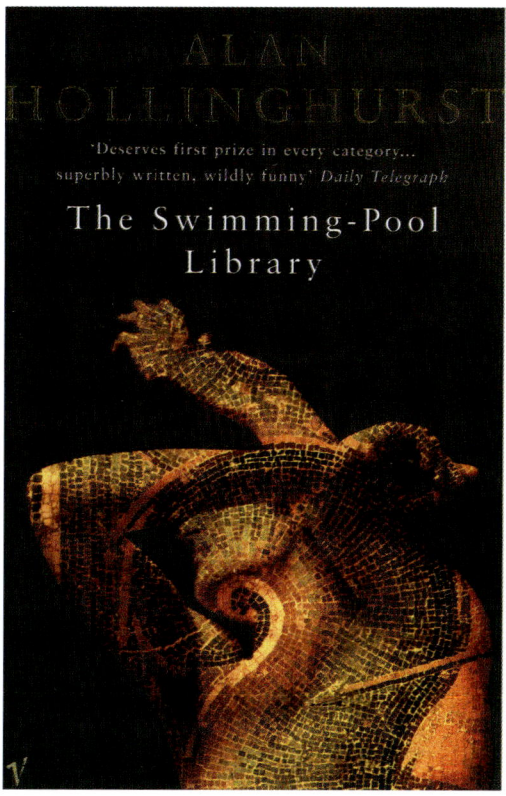

Edmund White lobte Hollinghursts Roman als „das beste Buch über das Leben von Schwulen, das je von einem englischen Autor geschrieben wurde".

Die satanischen Verse
Salman Rushdie

Lebensdaten | *1947 (Indien)
Erstausgabe | 1988
Erschienen bei | Viking, London
Originaltitel | *The Satanic Verses*

Khomeinis Aufruf zur Fatwa gegen Rushdie führte dazu, daß auch Übersetzer und Verleger des Werks bedroht und angegriffen wurden.

Ein Mädchen bei einer pro-iranischen Kundgebung 1989 in Beirut mit dem Aufruf, Rushdie zu töten; im Hintergrund ein Khomeini-Poster.

Dies ist das Buch, das Ende der 80er Jahre weltweit heftige Proteste auslöste und dem Autor eine Fatwa (in diesem Fall ein Aufruf zur Ermordung Rushdies) des iranischen Ayatollah Khomeini einbrachte; Rushdie mußte sich für über zehn Jahre versteckt halten. Die Affäre um den indischen Schriftsteller, der in Großbritannien studiert hat, löste einen ganzen Wust explosiver religiöser und politischer Spannungen aus.

Der spielerische, magisch-realistische Roman schildert die kulturübergreifende Existenz der zwei indischen Immigranten Saladin Chamcha und Gibreel Farishta. In einer Art Genesis fallen die beiden zu Beginn der Geschichte wie Engel vom Himmel herab auf Großbritannien – ihr Flugzeug wurde von Terroristen gesprengt. Auf die britische Fremdenfeindlichkeit reagieren die Protagonisten ganz unterschiedlich: Gibreel fällt in wahnwitzige, psychotische Traumzustände, in denen er als Erzengel Gabriel dem Propheten des Islam göttliche Offenbarungen überbringt. Saladin gibt sich unterwürfig-anglophil, wird durch eine unkontrollierbare körperliche Mutation aber plötzlich etwas „teuflischer". Neben diesen beiden Figuren beschreibt der Roman eine Vielzahl von Afrikanern und Asiaten mit britischem Paß, die Erfahrungen als postkoloniale Immigranten sammeln. Mit seinem Mix aus Worten, Welten, Geschichten, Fiktionen, Imaginationen und Prophezeiungen, führt uns Rushdie eine wahrhaft kosmopolitische Welt vor.

In einer von Gibreels Traumsequenzen, die in und um Mekka spielen, fragt Rushdie, was denn eine „neue Idee" ausmache. Eine Menge von Einfällen wird verworfen, schließlich obsiegt die stocksteife Überzeugung des Propheten, er habe die absolute und reinste Idee. Indem Rushdie den Propheten samt einem psychotischen Engel in einem Roman agieren ließ, beleidigte er Millionen von Muslimen – die Wogen haben sich nie mehr geglättet. **SN**

Wittgenstein's Mistress *
David Markson

Lebensdaten | *1927 (USA), †2010
Vollständiger Name | David Merrill Markson
Erstausgabe | 1988
Erschienen bei | Dalkey Archive Press (Illinois)

Die Phantasie kennt (fast) jeder: man ist der letzte auf der Erde verbliebene Mensch. Genau dies geschieht Kate, zumindest ist sie davon überzeugt. Der Roman beginnt mit dem Satz: „Anfänglich ließ ich manchmal Nachrichten auf der Straße zurück" – was vorher geschah, erfährt der Leser nur aus Kates innerem Monolog. Die Geschichte läßt zwei Schlüsse zu. Glaubt man Kate, dann hat sie bei einem vermutlich selbst verschuldeten Brand ein Kind verloren, und sie ist tatsächlich der letzte noch lebende Mensch. Glaubt man ihr nicht, dann hat sie bei einem vermutlich selbst verschuldeten Brand ein Kind verloren, ist deshalb verrückt geworden und bildet sich ein, der letzte noch lebende Mensch zu sein.

Die Frage des Vertrauens in sich selbst oder in andere und ihr Zusammenhang mit der Sprache rechtfertigt den Titel des Romans („Wittgensteins Mätresse"), denn er liefert eine romanhafte Interpretation von Wittgensteins Gedanken („Die Grenzen meiner Sprache sind die Grenzen meiner Welt"), und Kates aufgewühlte, gequälte Stimme klingt wie ein unheimliches Echo auf Wittgensteins philosophische Texte. Indem ihr Wissen über die Vergangenheit und ihre Erinnerung an sich selbst immer unzuverlässiger werden, realisiert der Leser, daß ohne diese kein Verständnis der Gegenwart und von sich selbst möglich ist. Der leider zu wenig beachtete Autor brilliert durch die Raffinesse, mit der er den Zweifel allmählich schürt, bis er schließlich auch den Leser erfaßt. **DS**

Bitterer Reis
Duong Thu Huong

Lebensdaten | *1947 (Vietnam)
Erstausgabe | 1988 bei Phu nu (Hanoi)
Originaltitel | Nhung thiên duong mú
Originalsprache | Vietnamesisch

Dieser sinnliche und bewegende Roman führt auf eine Reise in das zerrüttete Herz des kommunistischen Vietnam, wo der Roman aufgrund seiner Brisanz für die Regierung noch immer verboten ist. Die Geschichte wird aus der Perspektive der jungen Hang erzählt, die in einer russischen Textilfabrik arbeitet. Sie reist quer durch Rußland, um ihren kommunistischen Onkel zu besuchen. Obwohl die Familie durch seine Taten unendliches Leid erfahren mußte, gilt er aufgrund der in Vietnam sehr engen Familienbande noch immer als einer der ihren.

Duong Thu Huong schreibt mit Liebe zum Detail, spart aber nicht mit schier unerträglichen, ehrlich geschilderten Szenen. Den Alltag auf dem Land und das harte Leben in den Vororten schildert sie mit großer sinnlicher Intensität – das Räucherwerk auf dem Familienaltar kann man förmlich riechen, man schmeckt die Speisen und fühlt den Teppich aus Wasserlinsen, der den Dorfweiher überwuchert. Hangs verwitwete Mutter, ihre ledige Tante und der kommunistische Onkel versuchen – jeder auf seine Weise und unter Aufbietung aller Kräfte –, den widersprüchlichen Regeln ihrer Bauernwelt gerecht zu werden, die kopfüber in die Kulturrevolution katapultiert wird.

Jenseits der Postkartenidylle aus Reisfeldern, Bambushainen, Strohhüten und Fahrrädern zeigt Huong ein Land voller alter religiöser Traditionen und alten Hasses. Damit gewährt der wunderbare, kraftvolle Roman einen tiefen Einblick in ein Vietnam zur Zeit großer Umwälzungen. **TSu**

Das Foucaultsche Pendel
Umberto Eco

Lebensdaten | *1932 (Italien)
Erstausgabe | 1988
Erschienen bei | Bompiani (Mailand)
Originaltitel | *Il pendolo die Foucault*

In diesem Roman ist alles eine Frage der Interpretation, deshalb sollte man die Namensgleichheit seiner Erzählfigur mit Dorotheas Ehemann in Eliots *Middlemarch* nicht übersehen. Auch Ecos Causabon will Ordnung in die chaotische Weltgeschichte bringen und sie in einer einzigen kohärenten Erzählung niederschreiben; er ist sich aber bewußt, daß seine Version nur eine von vielen ist.

Das Foucaultsche Pendel ist ein weitverzweigter Roman über die Sehnsucht nach dem Sinn. Causabon, Belbo und Diotallevi arbeiten in einem Verlag, wo sie ein Buch über die Geschichte von Geheimbünden erforschen. Was zuerst nur als Spaß gedacht war – sie füttern Belbos Computer mit allen verfügbaren Erklärungen und Auslegungen –, führt schließlich zu einer Neufassung des „Plans" der Tempelritter. Dieser Plan ist die endgültige Verschwörungstheorie. Im Kontext des synthetischen Texts, in dem sich alles wechselseitig erklärt, bekommen selbst scheinbar nicht zusammenhängende historische Ereignisse eine neue Bedeutung. Das Spiel ist gefährlich, und es holt die drei Spieler schließlich ein. Abgesehen vom alles und nichts erklärenden Ende verfügt das Buch über alle Elemente eines Kriminalromans. In der mal fesselnden, mal frustrierenden Geschichte weist alles auf eine größere Wahrheit außerhalb seiner selbst hin – nur ist diese Wahrheit ausgerechnet die Fiktion selbst. **KB**

„Die Erde rotierte, doch der Ort, wo das Pendel verankert war, war der einzige Fixpunkt im Universum. ... Dort oben vollzog sich das Mysterium der absoluten Unbeweglichkeit."

Umberto Eco ist Professor für Semiotik an der Universität von Bologna. Sein Roman *Der Name der Rose* machte ihn weltberühmt.

Gimmick!*

Joost Zwagerman

„Wenn ich tot bin, könnt ihr mit meinen Büchern machen, was ihr wollt. Nehmt sie aus den Läden, verbrennt sie – fort ist fort."

Joost Zwagerman

⬤ Zwagerman, hier 1995 auf einem Foto von Maartje Geels, gehört zu den meistgelesenen Autoren seiner Generation in den Niederlanden.

Lebensdaten | *1963 (Niederlande)
Vollständiger Name | Johannes Jacobus Zwagerman
Erstausgabe | 1989
Erschienen bei | De Arbeiderspers (Amsterdam)

Mit dreiundzwanzig publizierte Zwagerman seinen ersten, vielgelobten Roman, drei Jahre später brachte ihm *Gimmick!* den endgültigen Durchbruch. Der Roman spielt 1989 in Amsterdam, und der Titelheld Walder „Raam" van Raamsdonk schildert sieben Monate seines Lebens, in denen er sich dem dekadenten Leben in der Konsumwelt hingibt. Mit seinen Freunden Groen und Eckhart gehört Raam zur Elite der jungen holländischen Künstler. Abends gehen sie in den Nachtclub „De Gimmick", und während Groen und Eckhart ihre Werke verkaufen, hat Raam nichts mehr zustande gebracht, seit ihn seine Freundin verlassen hat. Und weil er trotzdem in der Welt der Verwöhnten mithalten will, geht er zugrunde.

Zwagerman verhöhnt die Yuppie-Gesellschaft und versucht, dahinter das krude, wahre Leben auszumachen. Er kombiniert Spontaneität mit literarischer Raffinesse und feinen Zwischentönen, womit er die Figuren für sich selbst sprechen läßt. Raams Welt mit seinem Kokain, dem Geld, einem gebrochenen Herzen und den gescheiterten Affären kombiniert der Autor mit den Problemen der Authentizität in einer postmodernen Welt, mit der Furcht, sich selbst in der Liebe zu einer Person oder Sache zu verlieren, und mit dem unvermeidlichen Verlust der Unschuld. Ist das Erfundene weniger wert als die echte Erfahrung, gibt es überhaupt einen Unterschied? Wer bist du, und was willst du? Am Ende der Geschichte liegt Raam mit einer Frau im Bett, er blutet aus der Nase und sagt nur noch: „Ich brauche ein Taxi."
MvdV

Obabakoak
Bernardo Atxaga

Lebensdaten | *1951 (Spanien)
Richtiger Name | Joseba Irazu Garmendia
Erstausgabe | 1989 bei Erein (San Sebastián)
Originalsprache | Baskisch

Mit diesem Buch gewann Atxaga ein Jahr nach dem Erscheinen der baskischen Originalausgabe den „Spanischen Nationalpreis für erzählende Literatur". Getreu seinem Titel, der soviel bedeutet wie „Geschichten aus Obaba", besteht das Buch aus Kurzgeschichten, die den Erinnerungen und dem Einfallsreichtum der Menschen aus Obaba entspringen, einer mythischen Siedlung im Baskenland. Die einfühlsamen, lustigen und oft anrührenden Geschichten entführen den Leser auf eine phantasievolle äußere und innere Reise von Bayern bis nach Bagdad, in der man auf Eingeborene aus dem Amazonas, auf Bergsteiger in der Schweiz und auf einen fanatischen Mörder in China trifft, hinzu kommen die Kindheitserinnerungen der Erzähler und Protagonisten.

Der Reiz des Buches liegt nicht nur in seiner erzählerischen Vielfalt, sondern auch in der Gegenüberstellung persönlicher und universeller Inhalte. So steht die individuelle Misere des Autors der Literaturgeschichte gegenüber, oder das Baskenland mit seiner Minderheitensprache dem Rest der Welt mit ihrer Fülle von alten und weitverbreiteten Sprachen. Während der baskische Nationalismus und Separatismus immer neue Kontroversen auslöst, wirkt Atxagas Blick auf seine Heimat erfrischend unpolitisch. Er beschäftigt sich mit dem Verhältnis der Menschen zu ihrem Land, wobei er die Universalität der Vorstellungswelt seiner Figuren ebenso betont. **LBi**

Inland *
Gerald Murnane

Lebensdaten | *1939 (Australien)
Erstausgabe | 1989
Erschienen bei | Heinemann, Melbourne
Patrick White Award | 1999

Der Roman gehört ins Genre der „Metafiktion", einer Literaturgattung, die im 18. Jahrhundert von Laurence Sterne eingeführt und von Autoren wie Barth, Coover und Fowles weitergeführt wurde. Die Metafiktion ist ein selbstreflektiver Schreibstil, der sich mit seiner eigenen Entstehung befaßt; er traut sich, auf die unvermeidliche Haltlosigkeit der „Wahrheit" und den Einbezug von fremden Texten aufmerksam zu machen, denen er seine Existenz verdankt.

Anstelle einer linearen Erzählung und eines faßbaren Erzählers stellt *Inland* ein Fenster auf verschiedene Welten dar, die sich gelegentlich und vage als Amerika, Australien und Ungarn ausmachen lassen. Anhand entlehnter Rollen – vom öffentlichkeitsscheuen ungarischen Autor bis zum adoleszenten Australier – lotet der Erzähler Themen aus wie das Leben, den Tod, den Sexualtrieb, die Umwelt und ihre Beeinflussung durch den Menschen, oder die Notwendigkeit, dies alles schriftlich festzuhalten.

Der stellenweise stark autobiographische Roman zeigt auf, wie die Imagination und die Vergangenheit des Autors zusammenkommen, um einen Text entstehen zu lassen. Indem sich Murnane, der sein „Inland" Australien kaum je verlassen hat, an seine Lebensgeschichte hält, illustriert er, wie sich im Schreiben Grenzen und Meere überwinden lassen. Mit dem Erzählten wie mit dem Verschwiegenen bietet das Buch eine alternative Philosophie, und es betont vor allem die Macht der Literatur, parallele Leben erschaffen zu können. **LK**

Owen Meany
John Iriving

Lebensdaten | *1942 (USA)
Erstausgabe | 1989
Erschienen bei | W. Morrow (New York)
Originaltitel | A Prayer for Owen Meany

„Ich bin dazu verdammt, mit der Erinnerung an einen Jungen mit einer entsetzlichen Stimme zu leben."

Charakteristisch für Irving sind die komplexe Handlungsstruktur seiner Romane und die unvergeßlich komischen Charaktere. Seine Werke bewegen sich zwischen dem Unterhaltungs- und dem anspruchsvollen Roman. *Owen Meany* gilt als sein bestes Buch.

In diesem opulenten, äußerst lustigen und wahrscheinlich persönlichsten Roman Irvings geht es um Glauben und Zweifel, um Erinnerungen und um den Zustand der amerikanischen Gesellschaft. Man schreibt das Jahr 1988. Der bekümmerte, nostalgische John Wheelwright aus Toronto erzählt von den 60er- und 70er Jahren, die er mit seinem Freund Owen Meany verbracht hat. Er beschreibt Owen als einen grotesken, hellhäutigen Zwerg mit defekten Stimmbändern, was seiner Stimme einen schrillen Klang verlieh; das trug ihm manch grausamen Spott ein. John erinnert Owen auch als den Mann, der aus Versehen seine Mutter umbrachte.

Auf der ersten Seite erklärt John, Owen sei der Grund, warum er Christ geworden sei; der Rest des Romans handelt davon, wie und warum John zu seinem spirituellen Glauben fand. Hauptthema des Buches ist die Beziehung zwischen Glauben und Zweifel in einer Welt – oder zumindest in einer Welt, wie sie sich John vorstellt –, in der es keinen plausiblen Beweis für Gott gibt. Das wichtigste Symbol ist Owen selbst, er verkörpert das Verhältnis zwischen dem Natürlichen und dem Übersinnlichen, das im Mittelpunkt von Irvings Roman steht. Trotz seiner Fremdartigkeit steht Owen für den spirituellen Zustand der Menschheit; im Unterschied zur großen Masse weiß Owen, daß er das Instrument Gottes ist. Sein fatalistischer Glaube dreht sich um den von ihm prophetisch vorausgesehenen Heldentod, auf den er sich ein Leben lang vorbereitet. **EF**

Wie der Erzähler in *Owen Meany* wollte auch Irvings Mutter die Identität seines Vaters nie preisgeben.

Bittersüße Schockolade
Laura Esquivel

Jedes der zwölf Kapitel dieses wunderbaren Buches aus Mexiko trägt einen Monatsnamen und beginnt mit einem Rezept. Der Roman ist ebenso gehaltvoll und köstlich wie die beschriebenen Gerichte, und die Rezepte sind für das Buch genauso essentiell wie für uns das tägliche Brot. Erzählt wird die Geschichte von Tita, der jüngsten Tochter der Familie De La Garza, die ausschließlich aus Frauen besteht. Die Matrone Mama Elena verbietet Tita zu heiraten, denn gemäß der mexikanischen Tradition müsse die jüngste Tochter bis zum Tod der Mutter für diese sorgen.

Natürlich verliebt sich Tita trotzdem in Pedro, und da die beiden nicht heiraten dürfen, heiratet Pedro schließlich Titas ältere und häßliche Schwester Rosaura, um wenigstens in der Nähe seiner Geliebten bleiben zu können. Mit der Heirat beginnen zweiundzwanzig Jahre voller Streit, Leidenschaft, Betrug, Zorn und Liebe; die beiden Liebenden drehen sich im Kreis, ohne ihr Verlangen je stillen zu können. Die Gerichte, die Tita als Köchin zubereitet, sind mit ihrer Liebe und Sehnsucht durchtränkt, sie beeinflussen alle, die davon essen, und damit auch den Ausgang der Geschichte.

Die leckeren Rezepte, von denen die Liebesgeschichte umrahmt wird – Hochzeitstorten, Wachteln an Rosenblütensauce oder Chilischoten in Walnußsauce –, machen nicht nur Appetit, sie sind auch als metaphorische Anspielungen auf die Protagonisten zu verstehen. Indem Laura Esquivel ihren Roman mit Kochrezepten würzte, gelang ihr eine Liebesromanze mit einem außergewöhnlichen, eigenen Aroma, in dem lebhafte und sinnliche, drollige und leidenschaftliche, bittersüße und köstliche Geruchsnoten mitschwingen. Wer könnte da widerstehen? **LE**

Lebensdaten | *1950 (Mexiko)
Erstausgabe | 1989
Originalsprache | Editorila Planeta Mexicana
Originaltitel | *Como agua para chocolate*

„Von diesem Tag an war die Küche Titas Domäne …"

Laura Esquivels Roman wurde 1992 von ihrem Ehemann Alfonso Arau verfilmt, sie selbst schrieb das Drehbuch.

Geschichte der Belagerung von Lissabon
José Saramago

Lebensdaten | *1922 (Portugal), †2010 (Lanzarote)
Erstausgabe | 1989 bei Editorial Caminho (Lissabon)
Originaltitel | *História do cerco de Lisboa*
Nobelpreis | 1998

Wie alle seine exzellenten Romane, schrieb Saramago auch diesen mit einem Minimum an Satzzeichen. Damit erneuerte er den altbekannten historischen Roman – ähnlich innovativ wie Arnold Schönberg mit seiner seriellen Musik – sodaß ähnliche literarische Versuche schwerfällig und unbeholfen wirken. Wie mit Zauberhand führt uns Saramago geradewegs ins Zentrum einer anderen Welt.

Raimundo Silva, Korrektor in einem Lissabonner Verlag, fügt aus einer Laune heraus das Wörtchen „nicht" in einen historischen Text ein, und so kamen die Kreuzritter dem portugiesischen König während der Belagerung durch die Sarazenen im 12. Jahrhundert *nicht* zu Hilfe. Silva lenkt die Geschichte Portugals in neue Bahnen, aber seine Geschichtsklitterung führt keineswegs zu seiner Entlassung, vielmehr erregt er damit das Interesse seiner um fünfzehn Jahre jüngeren Vorgesetzten Dr. Maria Sara, die ihn dazu überredet, mit seiner Version der Geschichtsschreibung fortzufahren. Er macht sich ans Werk, und die beiden verlieben sich. Wie bei Saramago üblich, gewährt er uns flüchtige Blicke auf unbeholfene, humorvolle oder zärtliche Augenblicke dieser Liebe.

In der ganzen Literatur des 20. Jahrhunderts gibt es kein besseres – und vor allem kein amüsanteres – Beispiel einer „Palimpsest-Geschichte", eines Romans also, der die Geschichte umschreibt und unsere Welt damit neu erfindet. **PT**

Die Überlebenskünstlerin
Janice Galloway

Lebensdaten | *1956 (Schottland)
Erstausgabe | 1989
Erschienen bei | Polygon (Edinburgh)
Originaltitel | *The Trick is to Keep Breathing*

Galloways freimütige Erzählung über die psychische Krise einer Frau ist deprimierend und abgrundtief komisch. Nachdem Joy Stones' Liebhaber bei einem Autounfall ums Leben kam, erscheint er ihr in einer aromatischen Wolke – bis sie unter dem Bett ein umgestürztes Rasierwasserfläschchen entdeckt. Diese Selbsttäuschung ist exemplarisch für das stereotype Verhalten einer Frau, die auf der verzweifelten Suche nach Liebe und Intimität zur Komplizin ihrer eigenen Unterdrückung wird. Da Michael verheiratet war, wird sie nach seinem Tod zur unsichtbaren Geliebten, die von der öffentlichen Trauer ausgeschlossen bleibt und so einen eigenen, gesellschaftlichen Tod erleidet. Ihre Qual treibt sie in die Anorexie, womit sie buchstäblich fast verschwindet. Sie nimmt ihren Körper als etwas Entferntes, Fragmentiertes wahr und leidet unter einem psychischen Zerfall, der nach einem Klinkaufenthalt nur noch schlimmer wird.

Der Roman protokolliert Joys Zusammenbruch anhand unzähliger Fragmente, seien es Zeitungsausschnitte, Rezepte, Horoskope, Briefe oder Selbsthilfe-Bücher – kurz: all die Accessoires einer verunsicherten Frau. Indem wir durch diese beliebige Textlandschaft navigieren, beginnen wir das Destruktive in Joys mißlicher Lage und die absurde Außenseiterrolle der Frauen in dieser Welt zu verstehen. Joy findet erst zu einem stimmigen Selbst zurück, als sie lernt, daß es mit dem Leben ist wie mit dem Schwimmen: es ist ein Kniff, den man lernen muß. **CJ**

Der große Roman Indiens
Shashi Tharoor

Lebensdaten | *1956 (England)
Erstausgabe | 1989 bei Arcade Publishing (New York)
Originaltitel | *The Great Indian Novel*
Autorenpreis des Commonwealth | 1991

Mit diesem Roman, der seinen Anspruch auf den Status eines Monumentalwerks schon im Titel verkündet, stellt sich der Autor der respektablen Herausforderung, „die Geschichte einer ganzen Nation zu erzählen". Shashi Tharoor geht die Aufgabe mit Hilfe des indischen Epos *Mahabharata* an, indem er den Roman rund um den Kontrast zwischen diesen alten Mythen und dem modernen Indien aufbaut. Resultat ist ein schillernder, einfühlsamer und oft urkomischer Galopp durch ein halbimaginäres Indien im 20. Jahrhundert.

Erzählt wird der Roman durch die Memoiren von Ved Vayas, der diese seinem Schreiber diktiert; er folgt den politischen Machenschaften einer Familie, die offenbar die berühmtesten Politiker und mythologischen Gestalten Indiens in sich vereinigt – von Nehru über Indira Ghandi bis zu Krishna lernt man sie innerhalb weniger Buchseiten alle kennen. Gewitzt und selbstbewußt spielt Tharoor auch mit Versatzstücken aus auf Englisch verfaßten indischen Romanen, und so treffen wir die Figuren aus *Auf der Suche nach Indien* (E. M. Forster) oder aus Kiplings *Dschungelbuch*. Dem Klamauk und der Satire zum Trotz behandelt Tharoor seine Themen mit großer Sachkenntnis und kritischem Blick, und er betont sowohl die Wichtigkeit dieser Geschichte über die Geburt einer Nation wie auch den Sinn dafür, daß „in unserem Land das Weltliche ebenso wichtig ist wie das Mystische". **AB**

Melancholie des Widerstands
László Krasznahorkai

Lebensdaten | *1954 (Ungarn)
Erstausgabe | 1989
Erschienen bei | Magveto Kiadó (Budapest)
Originaltitel | *Az ellenállás menakóliája*

Der Roman spielt in einem namenlosen, verarmten Städtchen in Ungarn, das förmlich auf den Kopf gestellt wird, als ein Zirkus auftaucht, der einen riesigen toten Wal mit sich führt. Sofort machen paranoide Verdächtigungen die Runde, die sogar zu Gewalttätigkeiten ausarten. Der Wal ist ein trojanisches Pferd, denn hinter den Kulissen hat der „Prinz", ein schrecklich mißgestalteter Zwerg, den Befehl zur Zerstörung der Stadt erteilt, und er versetzt die Bewohner geschickt in einen angsterfüllten, nihilistischen Zustand. Gegen die unsinnige Welle der Gewalt kämpft der naive, junge Valuska, den man wie einen Dorftrottel behandelt, und sein Mentor, der seltsame Herr Eszter, der davon besessen ist, ein Klavier mit Hilfe mathematisch genauer Intervalle in seiner „ursprünglichen" Harmonik umzustimmen.

Krasznahorkais Werk ist ein zutiefst bizarres, beunruhigendes, detailreiches und atmosphärisch sehr dichtes Buch, es ist ein Roman der langen Schatten, der bitteren Kälte und der unheimlich raunenden Stimmen, geschrieben in einer honigsüßen Prosa. Das Buch könnte eine Allegorie auf den Ungarnaufstand sein, vielleicht ist es aber eine Beschreibung einer Volkskultur und der Entstehung eines kulturellen Bewußtseins, oder ein Versuch, den Schauerroman aus den Klauen des Kitsches zu befreien, und vielleicht ist es all dies und noch viel mehr. **SamT**

Was vom Tage übrigblieb
Kazuo Ishiguro

Lebensdaten | *1954 (Japan)
Erstausgabe | 1989 bei Faber & Faber (London)
Originaltitel | *The Remains of the Day*
Verfilmung | 1993

„*Welch schrecklicher Irrtum …*"

Der 43jährige Stevens lebt als Butler in Darlington Hall, quasi im Zentrum des untergehenden britischen Klassensystems. Er ist exakt, steif und diskret; sein Vater, ebenfalls Butler, sagte immer, Größe erreiche man durch Würde. Leidenschaften erstickt Stevens schon im Keim, und Nachlässigkeiten erledigt er mit derselben kalten Präzision, mit der er das Haus führt. Vier Jahre nach Darlingtons Tod reist Stevens zur früheren Haushälterin Miss Kenton, um diese dazu zu bewegen, für den neuen Herrn zu arbeiten, den vorwitzig-saloppen reichen Amerikaner Farraday. Stevens mag keine „Scherze". Miss Kenton war ebenso gewissenhaft wie er, aber ihre Wärme kontrastierte mit seinem Ernst. Allfällige Geplänkel zwischen den beiden waren immer harmlos. Als sie zugibt, sie wäre wohl glücklicher gewesen, wenn sie Stevens geheiratet hätte, ist er tief gerührt, bleibt aber still; eine verpaßte Gelegenheit wird nicht diskutiert.

Die Reise zu Miss Kenton läßt Stevens in Erinnerungen schwelgen, er denkt mit Wehmut an die Förmlichkeiten und den Anstand vergangener Zeiten, an eine Welt, in der er seinen Platz hatte. Nun verkörpert er einen Anachronismus, eine überlebte Tradition. Schließlich erinnert er sich auch daran, daß Lord Darlington, sonst ein perfekter Gentleman, die Nazis bewunderte. Es beschämt den stets gehorsamen Stevens, daß er erst jetzt wagt, sich mit solchen Tatsachen auseinanderzusetzen. Er muß sich eingestehen, den Falschen vertraut zu haben, und daß er niemandem seine Zuneigung schenken konnte. Zu spät ortet er die Würde dort, wo er sie nie gesucht hatte – bei Miss Kenton. Ishiguro brachte mit der Figur des Butlers Stevens und dessen Überlegungen ein atemberaubendes Kunstwerk zustande, das mal zum Schreien komisch, mal enorm rührend ist. Sein Blick auf die britische Gesellschaft ist unerbittlich, aber immer von Zuneigung getragen. **GT**

Das Umschlagbild der Erstausgabe von *Was vom Tage übrigblieb* mit der Uhr als Symbol für das unaufhaltsame Verstreichen der Zeit.

1999
Martin Amis

Dieser Roman von Martin Amis ist eine düster-ironische Umkehrung des klassischen Detektivromans. Nicola Six, die Titelheldin, konspiriert mit dem Erzähler, um zwei potentielle „Ermordungen" auszuhecken, womit die Möglichkeit eines Weltuntergangs ausgelotet werden soll.

Nicola Six nutzt die Schwächen von zwei Verehrern aus, die an ihr gescheitert waren – des boshaften, kriminell veranlagten Arbeiters Keith und des sanften, arglosen Guy aus der Oberschicht –, um sich einer ungehobelten, weiblichen Variante einer nuklearen Menschheitsvernichtung anzuschließen. Die Erzählung spielt in den letzten Wochen des 20. Jahrhunderts, während ominöse gelbe Wolken von einer Umweltkatastrophe künden und „Faith", die Frau des US-Präsidenten, um ihr Leben kämpft. Die objektiven Anzeichen für das Ende der Welt werden begleitet von einer ambivalenten Angst vor dem Sterben der Kultur, einer Angst, die durch die äußerst selbstbewußte Erzählform der Geschichte noch verstärkt wird. Keith' sklavische Abhängigkeit von der zur Armut führenden Massengesellschaft kontrastiert mit spöttischen Referenzen an die gehobene literarische Kultur, inklusive einer ausgedehnten Parodie auf eine Passage aus Lawrences *Der Regenbogen*. Samson Young, der Erzähler, befindet sich während des ganzen Romans in einem Sterbeprozeß, und am Ende ist er tatsächlich tot. Die abschließende bange Referenz an Samsons erfolgreicheren Doppelgänger Mark Asprey läßt den Romanautor unsicher erscheinen. Die Unsicherheit ist für den Roman überhaupt charakteristisch, denn dieser taucht unerschrocken in die dunklen Regionen des Stadtlebens ein, ohne je in eine kritische Abhandlung auszuarten, auch wenn diese noch so nahe läge. **NM**

Lebensdaten | *1949 (England)
Erstausgabe | 1989
Erschienen bei | Jonathan Cape (London)
Originaltitel | *London Fields*

„Keith war ein übler Kerl."

1999 gehört zu einer lockeren Trilogie, die Martin Amis 1984 mit *Gierig* begann und 1995 mit *Information* abschloß.

Mond über Manhattan

Paul Auster

Lebensdaten | *1947 (USA)
Erstausgabe | 1989
Originalsprache | Viking Press (New York)
Originaltitel | *Moon Palace*

In *Mond über Manhattan* geht es um die Hindernisse, die eine Vaterschaft vermiesen oder verunmöglichen können. Der Roman wimmelt von Männern, die eine bestehende oder eine geplante Vaterschaft ignorieren, eine solche übereifrig anstreben oder sich ihr gegenüber gleichgültig zeigen. Der Titelheld Marco Stanley Fogg hat seinen Vater nie gekannt, seine Mutter starb, als er elf war. Von da an wuchs er im emotional verarmten Haushalt seines Onkels Victor auf. Als auch Victor stirbt, erbt Fogg dessen riesige Büchersammlung, die er Stück für Stück verkaufen muß, um nicht obdachlos zu werden. Kitty Wu, die Tochter eines ältlichen, polygamen Vaters, rettet Fogg, und sie verlieben sich. Er findet ein Einkommen, indem er die Lebensgeschichte des bizarren, unzugänglichen Malers Thomas Effing aufschreibt, aber die guten Zeiten sind von kurzer Dauer. Effing wird zu Foggs geistigem Mentor, später findet Fogg heraus, daß der Maler sein Großvater väterlicherseits war. Dank Effings Testament lernt er schließlich seinen leiblichen Vater kennen, mit dem er eine intensive, aber kurze Beziehung erlebt. Kittys Schwangerschaft bekommt für Fogg eine symbolische Bedeutung, er sieht darin eine Entschädigung für seine bittere Kindheit, aber sein ständiges Mißtrauen schürt eine gegenseitige Eifersucht, die ihre Liebe scheitern läßt. Am Ende ist Fogg allein, immerhin dürfte ihm einiges klar geworden sein. **AF**

Geschlecht der Kirsche

Jeanette Winterson

Lebensdaten | *1959 (England)
Erstausgabe | 1989
Erschienen bei | Jonathan Cape, London
Originaltitel | *Sexing the Cherry*

Der zweite Roman von Winterson *Das Geschlecht der Kirsche* spielt im London des 17. Jahrhunderts, als Entdeckungen, Revolutionen und eine „pervers" geformte Tropenfrucht für stürmische Zeiten sorgten. Dog Woman, ein wahrer Fleischberg von einer Frau, regiert über ein Sammelsurium lärmender Nachbarn, eine Horde selbst gezüchteter Hunde und den Jungen Jonathan, den sie aus der Themse gefischt und adoptiert hat. Kraft ihrer extremen Größe und ihren tief verwurzelten ethischen Maximen hat sie die unumschränkte Hoheit über den gesetzlosen Klüngel, unter dem sie lebt, und was sie nicht mit gutem Zureden bekommt, nimmt sie sich mit Gewalt. Als Jordan auf einer Ausstellung Bananen sieht und dabei seine Liebe für die Seefahrt entdeckt, bereut Dog Woman, daß sie den Kleinen nach einem fließenden Gewässer benannt hat. Jordan schließt sich einer Expedition an, die ebenso metaphysisch wie geographisch ist. Im Schlußteil des Romans, der „einige Jahre später" spielt, begegnen sich Jordan und Dog Woman wieder, er hat sich als Matrose der Royal Navy reinkarniert, sie als eine akademische Aktivistin.

Wintersons Schreibkunst glitzert nirgends so schön wie in diesem Roman. Mit den Schilderungen der zwölf Tanz-Prinzessinen oder „Wortreinigerinnen", die entsandt wurden, um die Atmosphäre der Städte von der Logo-Manie ihrer Bewohner zu reinigen, verbindet die Erzählung Wirklichkeit und Phantasie, bis sich die Grenzen auflösen; Mythen, Fabeln, Märchen und Geschichte werden demontiert, bis daraus ein neues Genre entsteht. **AF**

Paul Auster, hier mit seiner Schreibmaschine, lebt seit 1980 in Brooklyn, New York, wo er die Nähe zu Manhattan schätzt.

Pepsi-Hotel
Lorrie Moore

Lebensdaten | *1957 (USA)
Erstausgabe | 1990
Erschienen bei | Knopf (New York)
Originaltitel | *Like Life*

„Ist dies eine Fernsehshow?"

Moores Kurzgeschichten spielen im Mittleren Westen der USA, wo man laut Autorin „Fitneßstudios hat, aber keine Ironie".

Es ist kein Wunder, daß die Kritik von diesem Buch begeistert war, denn Lorrie Moore schreibt ihre Geschichten mit der Kunstfertigkeit eines Edelsteinschleifers. Die acht Kurzgeschichten spielen größtenteils im Mittleren Westen der USA, wo man eher mit dem Motorschlitten herumkurvt oder auf die Hirschjagd geht, als daß man über sich selbst nachdenkt. „Es gibt Fitneßstudios, aber keine Selbstironie ... die Leute nehmen alles wörtlich." Moore erzählt von Menschen, die verwirrt zuschauen, wie leicht sich andere durchs Leben hangeln. „Zuweilen dachte sie, sie habe wirklich Spaß am Leben, aber manchmal war sie auch schrecklich verwirrt."

Mary trifft sich mit zwei Männern. Sie ist mutig und hypermodern – zumindest ist dies der Eindruck, den sie ihren neidischen Freundinnen auf Postkarten vermittelt. Eigentlich sitzt sie ganz in Weiß gekleidet in öffentlichen Parks herum und liest „Bibelpoesie". Harry schreibt Theaterstücke; seine Naivität, sein Geltungsdrang und ein paar Drinks verführen ihn dazu, seine Lebensgeschichte einem TV-Produzenten preiszugeben. Die dunkelhaarige Zoe ist Lehrerin an einer Universität im ländlichen Illinois, wo alle so blond sind, daß man sie für eine Spanierin hält. Sie will sich gemütlich einrichten, wie alle andern auch, und kauft sich einen kleinen Orientteppich. Die Piktogramme darauf, erklärt ihr die Verkäuferin, bedeuten „Frieden" und „Ewiges Leben". Ob das wahr ist? Könnten sie nicht einfach „Bruce Springsteen" bedeuten? Von Zweifeln geplagt, gibt Zoe den Teppich zurück.

Die Figuren sind fragil, erheiternd, herzzerreißend und lebensecht. Das Lachen bleibt beim Lesen im Hals stecken, so groß ist der Wiederkennungswert. **GT**

Der Buddha aus der Vorstadt
Hanif Kureishi

Der Roman ist eine respektlose Komödie, die sich über die „Political correctness" lustig macht. Erzähler ist der 17jährige Karim Amir, der Mitte der 1970er Jahre in einer Londoner Vorstadt aufwächst. Karims Vater Haroon ist Beamter, und er wird von seiner Geliebten Eva dazu ermuntert, seine eher unkonventionellen Neigungen auszuleben – er verwandelt sich in einen New-Age-Guru und wird zum „Buddha aus der Vorstadt". Für Margaret, seine englische Frau, hat dies verheerende Auswirkungen; sie wird marginalisiert und zunehmend depressiv. Die Unterstützung, die Margaret von ihrer Schwester erhält, erweist sich als ebenso nutzlos wie die Aufmerksamkeit ihres Schwagers, dafür offenbart sich deren herablassende Einstellung ihrer Familie gegenüber. Während die Ehe seiner Eltern in die Brüche geht, erfährt Karim die wohlwollende Unterstützung seiner Freunde. Jamilla, eine willensstarke, selbstsichere junge Frau, setzt sich über die Konventionen ihrer asiatischen Herkunft hinweg, sie setzt ihre sexuellen Experimente mit Karim auch dann noch fort, als sie bereits mit einem andern Mann verlobt ist. Auch Evas Sohn Charlie ist eine bemerkenswerte Figur; die sexuelle Beziehung zu ihm öffnet Karim die Augen für den zügellosen Zeitgeist, führt letztendlich aber nicht über die Freundschaft hinaus.

Der Roman beschäftigt sich mit den zahlreichen nebulösen Aspekten der Identität, mit denen man es während des Erwachsenwerdens zu tun bekommt. Karim probiert Drogen aus, erforscht seine Bisexualität und macht sich Gedanken über das Verhältnis zwischen den beiden Kulturen, die seine „Englishness" geprägt haben. Der Roman wurde von der BBC 1993 in einer erfolgreichen Fernsehserie verfilmt. **JW**

Lebensdaten | *1954 (England)
Erstausgabe | 1990
Erschienen bei | Faber & Faber (London)
Originaltitel | The Buddha of Suburbia

„Ein Engländer bin ich … "

Hanif Kureishi spottet gern über traditionelle Moralvorstellungen und eine allzu fromme „Political correctness".

Schattenlinien
Amitav Gosh

Lebensdaten | *1956 (Indien)
Erstausgabe | 1990
Erschienen bei | Ravi Dayal (Neu Delhi)
Originaltitel | *The Shadow Lines*

Schattenlinien erzählt die Geschichte dreier Generationen zwischen Kalkutta, Kairo, London und Dhaka. Der namenlose Erzähler springt in Raum und Zeit vor und zurück und schildert das Leben seiner bengalischen Familie und der britischen Familie Price, die sich seit der Kolonialzeit kennen. Der Plot im Zentrum des Romans dreht sich zwar um das Schicksal von Tridib, dem zweiten Vetter (und Mentor) des Erzählers, der 1964, im Jahr der Abtrennung Pakistans, in Dhaka lebt. Aber die Auswirkungen seiner Tragödie erstrecken sich über zwanzig Jahre und beeinflussen sämtliche Figuren des Romans. Indem er die Erinnerungen und Geschichten dieser Figuren verwebt, bildet Amitav Gosh den Mikrokosmos einer von der Politik gespaltenen Nation ab, und er zeigt die physischen und metaphorischen Grenzen (Schattenlinien) auf, von denen Menschen getrennt werden.

Der Autor hat sich bereits früher dem Exil, der Diaspora und der kulturellen Entwurzelung angenommen, aber *Schattenlinien* bietet eine äußerst durchdachte, vollendete Bearbeitung dieser Themen in einer sprachgewaltigen und dennoch subtilen Prosa. Der 1956 in Kalkutta geborene Gosh ist einer der angesehensten auf Englisch schreibenden Autoren Indiens, er wurde mit dem „Arthur C. Clarke Award", dem „Pushcart Prize" und dem französischen „Prix Médicis étranger" ausgezeichnet. Neben Romanen hat Amitav Gosh auch Essays und Reisebeschreibungen veröffentlicht. **BJ**

„Man war sich nie ganz sicher, woran man mit Tridib war. … Das hatte zur Folge, daß alle möglichen Gerüchte über ihn im Umlauf waren."

Amitav Gosh 1996 an der Columbia University; Er lebt in New York, seine Romane spielen jedoch zumeist in Indien, das er häufig bereist.

Mitternachtspost
William Kotzwinkle

Lebensdaten | *1938 (USA)
Erstausgabe | 1990
Erschienen bei | Houghton Mifflin (Boston)
Originaltitel | *The Midnight Examiner*

Howard Halliday ist Redakteur beim Verlagshaus „Chameleon", das unter anderem den *Midnight Examiner* herausgibt. Angetrieben von Pfefferminz-Koffein-Bonbons und seiner Liebe zur Kosmetik-Redakteurin Amber Adams steuert er sein Team durch das Brackwasser seiner Boulevardzeitung.

Howard und seine Mitarbeiter sehnen sich nach einem „richtigen" Job. Der zu katatonischen Anfällen neigende Layouter Fernando ist darauf versessen, seine „Big Womans" an Howards Küchenwand zu malen. Nathan schießt mit Luftgewehrpfeilen mit scharfer Sauce auf Tauben – und auf seine Kollegen. Forrest wird gegen seinen Willen zum Leiter des neuen Religions-Magazins gekürt. Hattie Flyer ist das Opfer der Schönheitsprodukte, die in der Zeitung angepriesen werden. Der alkoholdurchtränkte Hip O'Hopp war einst Reporter einer richtigen Zeitung, jetzt sucht er eine Chinesin, die ihn heiratet und vor der Gosse rettet. Das ganze Team verwurstet alles, was ihm in die Finger kommt, zu reißerischen Schlagzeilen („UFO in Uterus von Mädchen"; „Ich war eine Nutte, dann fand ich Jesus"). Als das Ex-Model Mitzi Mouse beim Drehen eines Pornos „aus Versehen" einen Unterweltboß erschießt, eilen ihr die Zeitungsleute zu Hilfe. Bewaffnet mit Bumerangs, Nathans Luftgewehr, einer Angelrute und dem unentbehrlichen Voodoo-Hokuspokus der Madame Veronique ziehen sie in die Schlacht. *Mitternachtspost* ist eine herzhafte Slapstick-Farce, hinterhältig und nicht kleinzukriegen. **GT**

Was sie trugen
Tim O'Brien

Lebensdaten | *1946 (USA)
Erstausgabe | 1990
Erschienen bei | Houghton Mifflin, Boston
Originaltitel | *The Things They Carried*

Obwohl diese Erzählung über den Vietnamkrieg fiktiv sein soll, gelingt es Autor Tim O'Brien und Ich-Erzähler Tim O'Brien (!) mit großer Detailtreue, den Eindruck eines Tatsachenberichts zu erwecken. O'Brien spielt selbstbewußt mit den Kriterien, die uns normalerweise zwischen Fiktion und Fakten unterscheiden lassen. Laut Impressum sind Handlung und Personen frei erfunden, aber gleich danach liest man, O'Brien (welcher O'Brien?) widme das Buch „den Leuten von der Kompanie Alpha". Dies löst eine gewisse Verwirrung aus, zumal man weiß, daß diese „Leute" die Hauptdarsteller des Romans sind. So liegt ein ständig nagender Zweifel über dem Text, während „Tim O'Brien" um die Frage ringt, wie er über die Erlebnisse in Vietnam berichten soll: muß eine Kriegserzählung wortwörtlich wahr sein, um die Wirklichkeit des Krieges realistisch wiederzugeben? O'Briens erzählerisches Wechselbad bewegt sich von tiefer Reue über Selbstironie bis zum schwarzen Humor, und von da wieder zurück. Das Gefühl der Unsicherheit über Fakten und Fiktion erzeugt im Leser genau dieselbe Beklemmung und das Mißtrauen, das die amerikanischen Vietnamkämpfer erlebten und das O'Brien vermitteln will. Er konfrontiert die Leser mit verschiedenen Unstimmigkeiten zwischen den tatsächlichen Erfahrungen und ihrer Beschreibung, so daß man sich schließlich so nach dem trügerischen, aber bequemen Luxus einer unkritischen Geschichte sehnt wie „O'Brien" und seine Mitkämpfer nach ihrer Heimat. **AF**

Die Kunst des Verschwindens
Jim Dodge

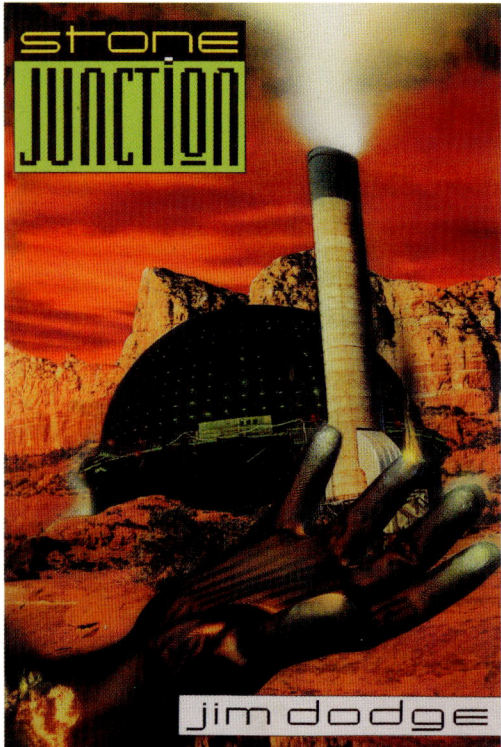

Lebensdaten | *1945 (USA)
Erstausgabe | 1990
Erschienen bei | Atlantic Monthly Press (New York)
Originaltitel | *Stone Junction*

Die Kunst des Verschwindens, eine elektrisierende Geschichte, läßt den Leser bis zur letzten Seite nicht los. Sie berichtet realistisch vom Leben am Rand der US-amerikanischen Gesellschaft.

Der Held des Romans, Daniel Pearce, wurde 1966 geboren, er ist der Sohn der damals sechzehnjährigen Ausreißerin Analee. Die beiden lebten abgeschieden in einem verlotterten Haus, bis sie sich der AMO anschließen, der „Allianz der Magier und Gesetzlosen". Daniel kommt in die Obhut einer Reihe herrlich exzentrischer Lehrer. Sein Lehrplan umfaßt Fächer wie Meditation, Überleben in der Wildnis, Sex, Drogen, Tresorknacken, Schauspielern und Pokern. Neben Daniels Geschichte erzählt Dodge in einem zweiten Handlungsstrang eine Kriminalgeschichte: Analee kommt bei einer AMO-Mission ums Leben, und alles deutet auf einen Mord hin. Die beiden Geschichten treffen sich, als Daniel von Great Volta die Kunst der Unsichtbarkeit lernt. Der Roman erreicht seinen Höhepunkt, als Daniel den Auftrag erhält, einen sechs Pfund schweren Diamanten aus einem Hochsicherheitsraum zu stehlen. Aber wie in jedem guten Mystery-Roman trügt auch hier der Schein.

In Dodges eigenen Worten ist sein Roman ein „alchemistisches Machwerk" – eine schrille Feier der Magie und der Tradition der Geächteten in einer Zeit, in der das Leben und die Verständigung am Rand der Gesellschaft zunehmend schwieriger werden. **SamT**

„*Die Kunst des Verschwindens zu lesen ist, als würde man eine endlose Party feiern, zu Ehren aller Dinge, auf die es wirklich ankommt.*"

Thomas Pynchon.

- Die Kunst des Verschwindens ist der dritte von Dodges drei Romanen.
- Dodge in einer für ihn typischen Blödel-Pose.

Unter Frauen
John McGahern

Lebensdaten | *1934 (Irland), †2006
Erstausgabe | 1990
Erschienen bei | Faber & Faber (London)
Originaltitel | *Amongst Women*

McGaherns feinsinnige Betrachtungen des irischen Landlebens haben eine lange Reifezeit, sie erscheinen nur alle zehn bis zwölf Jahre.

Unter Frauen schildert die Machtkämpfe in einer ländlichen Familie vor dem Hintergrund der irischen Unabhängigkeit. Der alte IRA-Soldat Michael Moran, der gegen England gekämpft hatte, fühlt sich vom neuen Irland zutiefst entfremdet und im Stich gelassen. Nicht bereit, in der neuen politischen oder sozialen Ordnung eine Rolle zu übernehmen, herrscht er als Patriarch über seinen großen Bauernhof. Luke, der älteste Sohn, flieht vor seiner Autorität nach England. Die übrigen Kinder, drei Töchter und der zweite Sohn, kommen regelmäßig nach Hause. Die Töchter und seine zweite Frau Rose sind Moran in Liebe ergeben, aber seine Launen und sein verletzlicher Stolz haben die Frauen längst abgestumpft. Er unterdrückt seine Töchter, um die Einheit der Familie zu bewahren. Deshalb bricht der Konflikt zwischen seiner Frau, den Töchtern und dem Patriarchen selbst offen aus, sobald dessen Macht schwindet und ihm die Dinge aus den Händen gleiten. Der herrschsüchtige, immer sauertöpfische Moran ist innerlich aufgewühlt, verwirrt und verletzt, und gerät in eine Existenzkrise. McGahern verwob seine Erzählung mit poetisch geschilderten Beispielen typisch menschlicher Schwächen, so beschreibt *Unter Frauen* nicht nur die sich wandelnden Geschlechterbeziehungen im katholischen Irland, er dokumentiert auch den Generationenkonflikt und den Zustand des Landes nach der Gründung der unabhängigen Republik. **RMcD**

Schnappt Shorty!
Elmore Leonard

Lebensdaten | *1925 (USA)
Erstausgabe | 1990 bei Delacorte Press (New York)
Originaltitel | *Get Shorty*
Verfilmung | 1995

Hollywood hat in Leonards Büchern eine große Präsenz, und dies nicht nur, weil er früher Drehbücher für Western schrieb. Es hat auch nichts damit zu tun, daß sich Leonards Romanfiguren (lange vor Tarantino) eifrig und humorvoll über Filme unterhalten. Das Kino ist in seinen Geschichten vor allem dadurch präsent, daß seine Charaktere sich selbst als Darsteller verstehen, und ihr Rollenspiel wird von ihrer Stellung in der Filmindustrie bestimmt.

Chili Palmer ist ein Geldeintreiber, der, wie bei Leonard üblich, nicht lange fackelt. Er ist im Auftrag einer Airline hinter dem Inhaber einer chemischen Reinigung her, der nach Hollywood türmte. Und da Palmer schon mal da ist, willigt er ein, auch gleich den Fall eines säumigen Filmproduzenten zu übernehmen. Rasch realisiert er, daß alle irgendeine Rolle spielen, und so schlüpft er in diejenige eines Produzenten. Der ganze Beschiß, bei dem auch Drogenhändler, Limousinenchauffeure und Filmschauspieler mitmischen, wird voller Witz, aber durchaus glaubhaft geschildert. Es entspricht einer bestens zu Leonard passenden Ironie, daß die Filmversion von *Schnappt Shorty!* – einer Geschichte über die Dummheit und Leere der Filmleute Hollywoods – zur besten und erfolgreichsten Adaption seiner Schriftstellerkarriere wurde. **AP**

> In Barry Sonnenfelds gefeierter Filmadaption spielt John Travolta den scheinheiligen Produzenten Chili Palmer.

Die Tochter der Hündin

Pavlos Matessis

Lebensdaten | *1933 (Griechenland)
Erstausgabe | 1990
Erschienen bei | Kastaniotis Editions (Athen)
Originaltitel | *I mitera tou skilou*

Die Geschichte des modernen Griechenland ist nicht sehr bekannt: der Zweite Weltkrieg, die Hungersnot, der Bürgerkrieg … Dieses Buch erzählt von zwei Frauen in dieser Zeit. Die Erzählerin Rarau ist eine Schauspielerin, die häufig unter geistigen Wahnvorstellungen leidet; sie schildert das Leben ihrer Familie unter der deutschen Besatzung, als ihre Mutter mit einem italienischen Offizier schlief, um die Kinder vor dem Hungertod zu bewahren. Nach der „sogenannten Befreiung" wurden solche Frauen als Kollaborateurinnen öffentlich gebrandmarkt und bestraft; Raraus Mutter hat danach nie mehr gesprochen. Rarau nimmt sie mit nach Athen, wo sie anfänglich vom Betteln leben. Rarau ist das Betteln egal, sie betrachtet es als Vorbereitung auf die Bühne. Später spielt sie erfolgreich in Nebenrollen an vielen Theatern in ganz Griechenland und behauptet, sie sei glücklich.

Der Roman ist einmalig, weil Matessis es wagt, in einem blasphemischen, unpatriotischen Ton über Griechenland zu schreiben. Sogar Gott wird kritisiert: „Wo war Er, als meine Kinder am Verhungern waren?", und Griechenland wird als „sogenannte Nation" bezeichnet. Die verrückte Rarau wäre eine unzuverlässige Erzählerin, gäbe es nicht ein Sprichwort, wonach nur Kinder und Verrückte die Wahrheit sagen. Sie schildert Griechenland mit entwaffnender Naivität und macht uns mit einem Kaleidoskop fast surrealer Figuren und Ereignisse bekannt. Matessis sieht keinen Anlaß, sein Land zu glorifizieren, aber er liebt es dennoch, auf seine eigene, aufrichtige Art. **CSe**

Schwindel, Gefühle

W. G. Sebald

Lebensdaten | *1944 (Deutschland), †2001 (England)
Erstausgabe | 1990
Erschienen bei | Eichborn (Frankfurt)
Heinrich-Heine-Preis | 2000

Dies war der erste Roman des inzwischen längst anerkannten W. G. Sebald. Ähnlich wie in seinen anderen Romanen vereinigt er ohne Rücksicht auf herkömmliche Konventionen Fiktion, Reportage, Reisebericht, Autobiographie und Essay zu einer einzigartigen literarischen Form. Der vierteilige Roman folgt dem Erzähler auf einer Art spiritueller Pilgerreise durch Italien und Süddeutschland, er ist unterwegs, um längst verstorbene, berühmte Geister über die Bedeutung des Lebens zu befragen.

In Sebalds weitschweifigem Roman schildert der Erzähler das Leben, die Liebschaften und die Entbehrungen von Leuten wie Marie Henri Beyle (Stendhal), Giacomo Casanova und Franz Kafka. Dabei werden verschiedene Fragen angesprochen, das eindeutige Schlüsselthema ist die schimärenhafte und unzuverlässige Natur des Gedächtnisses, seine Neigung, die Vergangenheit eher zu verfälschen und zu verschleiern, als sie zu vergegenwärtigen. *Schwindel. Gefühle* zeichnet sich aus durch eine gekonnte Verflechtung mehrerer Erzählstränge und die atemberaubende Enthüllung geheimnisvoller Koinzidenzien, die verschiedene Existenzen, Zeiten und Orte einbeziehen. Neben den düsteren Halluzinationen des Erzählers zeigt Sebald auch seine oft unterschätzten, verspielten und humorvollen Seiten.

Bereichert und noch geheimnisvoller wird der Roman durch zahlreiche Fotos von Gemälden, Dokumenten, Diagrammen und Illustrationen, die trotz ihrer Verschiedenheit mit einem unsichtbaren Bedeutungsfaden miteinander verbunden sind. **CG-G**

American Psycho

Bret Easton Ellis

Lebensdaten | *1964 (USA)
Erstausgabe | 1991
Erschienen bei | Vintage (New York)
Originaltitel | *American Psycho*

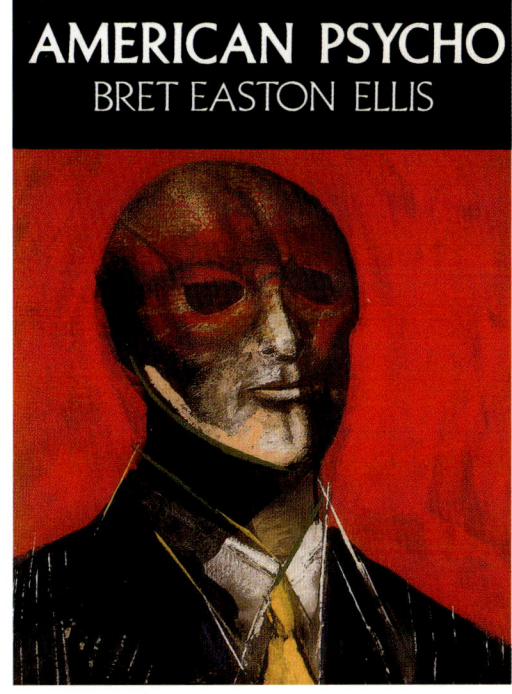

American Psycho ist vor allem ein häßliches Buch, eine abartige Schilderung obszöner Gewalt, gespickt mit Rezensionen über Phil Collins und Whitney Houston und mit endlosen, sich wiederholenden Beschreibungen der Mode der 80er Jahre. Der Titelheld Patrick Bateman (Bruder von Sean aus *Einfach unwiderstehlich*) ist ein Psychopath, der tagsüber an der New Yorker Wall Street Geschäfte macht und nachts vergewaltigt und mordet, wobei der Roman zwischen den verschiedenen Aktivitäten keinen Unterschied registriert. Die Barbarei, so hat man den Eindruck, ist so mit dem Alltag verwoben, daß sie nicht mehr als solche auszumachen ist, daß nicht mehr erkennbar ist, wo der Kapitalismus endet und wo die Verrohung beginnt. Schickimicki-Menüs und Armani-Anzüge erscheinen hier genauso pornographisch wie eine anale Vergewaltigung; Popmusik, Filme und Mode sind Komplizen einer mörderischen Kultur und deshalb ein Teil des Verbrechens.

Bateman und die Szene, der er angehört, werden moralisch nicht gewertet, aber die enorme Gewalt und ihre hemmungslose Schilderung verleihen der Geschichte eine seltsame, ätherische Dimension, die an so etwas wie eine Ethik – oder Ästhetik – nahe herankommt. Bateman ist außerstande, seine eigene Misere und Konfusion zu formulieren, und damit weckt Ellis beim Leser ein Verlangen nach moralischer Sicherheit, nach einer klaren Perspektive in einer undeutbaren und undenkbaren Umgebung. **PB**

„‚Ihr, die ihr hier eintretet, lasset alle Hoffnung fahren‘ ist in blutroten Lettern auf die Wand der Chemical Bank an der Ecke Eleventh und First geschmiert ...“

Die Figur im Geschäftsanzug mit dem entmenschlichten Gesicht – der Serienmörder in Ellis' *American Psycho*.

Die Gesetze
Connie Palmen

Lebensdaten | *1955 (Niederlande)
Erstausgabe | 1991
Erschienen bei | Prometheus (Amsterdam)
Originaltitel | *De wetten*

„Die Liebe hat mich zu Tode erschreckt."

Marie Deniet, ein katholisches Mädchen vom Lande, das seinen Glauben verloren hat und dafür die Sprache und den Verstand anbetet, unternimmt hier ein erzählerisches Inventar ihrer Beziehungen zu sieben Männern. Die Geschichte eines jeden – ob Astrologe, Epileptiker, Philosoph, Priester, Physiker, Künstler oder Psychiater – trägt zu ihrem Selbstverständnis bei. Marie vertraut den Worten und macht sich daran, ihr Leben zu ordnen und die chaotische Leere zu verscheuchen, die eine Menschheit bedroht, die ihr Paradies verloren hat. Aber Maries Vorhaben in einer Welt, die dem menschlichen Verstand verpflichtet ist, wird aufgehalten und sogar illusorisch durch die Verwicklungen, die hinter der Liebe eines Mannes lauern – es ist ein ähnlicher Vorgang wie der Reigen der sinnstiftenden Lieben in ihrer Adoleszenz, die ihr Selbstverständnis prägten. Als ihr Liebestraum mit dem Bildhauer Lucas Asbeek Schiffbruch erleidet, lernt Marie, daß das Leben kein Märchen ist, daß die Sprache keine allmächtige Gottheit ist und daß sich das wahre Leben nicht an einen vorbestimmten Handlungsrahmen hält.

In einer Zeit, in der viele meinen, sie könnten sich ihre eigene kleine Welt künstlich erschaffen, kommt die Hinterfragung der künstlerischen und sprachlichen Möglichkeiten der Frage nach dem wahren Sinn des Lebens gleich, und das Zurechtzimmern einer neuen Realität entspricht der Schaffung eines Kunstwerks. Maries Unfähigkeit, der verlockenden Bestätigung durch die Sprache zu widerstehen, und ihr wiederholter, schmerzlicher Entzug von den Gesetzen der Männer, die ihre Geschichte geformt hatten, fällt mit ihrer Erkenntnis zusammen, daß Sprache nur dann sinngebend ist, wenn sie eine gemeinsame Basis mit anderen Menschen hat, denn „das Individuelle, Alleinstehende hat keine Bedeutung". **MW**

Die Gesetze war Palmens erster Roman, er wurde in Holland ein Bestseller und brachte ihr internationale Anerkennung ein.

Mörder ohne Gesicht
Henning Mankell

Ein Ehepaar wird brutal ermordet. Es gibt weder ein erkennbares Motiv noch Zeugen, und die wenigen Spuren verlaufen im Sand. Aber irgendwie weiß Inspektor Kurt Wallander, daß er weitersuchen muß …

Dieser erste Roman mit dem später berühmt gewordenen Wallander läßt uns hinter die Kulissen einer Kleinstadt in Schwedens Südwesten blicken. Die Idylle trügt. Die Jagd nach dem Mörder verläuft in atemberaubendem Tempo. Die Nachforschungen führen Wallander schon bald in ein rassistisch angehauchtes Milieu.

Mörder ohne Gesicht wurde 1991 geschrieben, der Krimi zeigt uns ein Schweden in der ökonomischen Krise, mit hoher Arbeitslosigkeit, populistischen Politikern und einer eindeutig fremdenfeindlichen Partei, die nur kurz, aber unter großer Medienpräsenz im Parlament vertreten ist. Die düsteren gesellschaftlichen Tendenzen spiegeln sich im Buch in der tristen, verregneten Kleinstadt mit einer verhaßten Polizei und mehrheitlich passiven Einwohnern. Ein Klima des Mißtrauens herrscht nicht nur bei der Untersuchung des Mordfalls, sondern in der ganzen Bevölkerung, und das Umfeld, in dem Wallander ermitteln muß, wird zunehmend polarisiert. Obwohl es sich eigentlich nicht um einen politischen Roman handelt, nimmt er Stellung gegen die zunehmende Intoleranz, was den mitreißenden Krimi des begnadeten Autors um eine moralische Komponente erweitert.

Mörder ohne Gesicht war die erste von neun Wallander-Geschichten, das Buch brachte Mankell den internationalen Durchbruch. Abgesehen davon, daß man das Buch unbedingt gelesen haben muß, markiert es auch den Beginn des unaufhaltsamen Aufstiegs des modernen skandinavischen Kriminalromans, der von Mankell und Autoren wie der Norwegerin Karin Fossum angeführt wurde. **GW**

Lebensdaten | *1948 (Schweden)
Erstausgabe | 1991
Erschienen bei | Ordfront (Stockholm)
Originaltitel | *Mördare utan ansikte*

„Das müssen teuflische Subjekte gewesen sein, die zu so was fähig sind."

Mankell, der mit seinem Detektiv Kurt Wallander berühmt wurde, lebt oft in Mozambique, wo diese Aufnahme entstand.

Astradeni
Evjenia Fakinu

Lebensdaten | *1945 (Ägypten)
Erstausgabe | 1991
Erschienen bei | Kedros (Athen)
Originalsprache | Griechisch

Astradeni ist anders als viele moderne Romane aus Griechenland. Die Geschichte spielt 1978 und befaßt sich mit der Landflucht und deren Folgen für Land und Leute. Auch die Familie der elfjährigen Astradeni aus Symi, einer Insel des Dodekanes, kommt nach Athen, wo sie eigentlich nicht hinpaßt: sie sind arm, sprechen Dialekt und haben Angst vor Autos. Dementsprechend erfolglos ist ihr Leben: der Vater findet keine anständige Arbeit, die Mutter bleibt zuhause und weint, und Astradeni hat keine Freunde; sie kann nicht einmal draußen spielen, weil es keine Höfe gibt – Athen ist einfach zu klein. Das einzige Erfolgserlebnis, das ihr im Buch vergönnt ist, beruht auf ihrem Namen: ihr Lehrer findet ihn unchristlich und nennt sie statt dessen Urania. Aber Astradeni bedeutet „Verknüpferin der Sterne", und am Ende bringt das Mädchen den Schulvorsteher dazu, dem Lehrer den Gebrauch ihres richtigen Namens vorzuschreiben.

Mit Astradeni schuf Fakinou eine kindlich-naive Erzählerin von entwaffnender Offenheit. Ihre Geschichten über die unzähligen nach Athen strömenden armen Bauern und ihren grimmigen Widerstand gegen die Assimilierung sind packend: „Warum bezeichnen sie uns als Bauern? Wir sind Inselmenschen!" Astradeni verkörpert die Unbill des Emigrantenlebens, die Verzweiflung eines freiheitsliebenden Mädchens, das in einer Wohnung gefangen ist, in der es nicht spielen darf, und das eine Schule besuchen muß, in der man nicht einmal ihren Namen respektieren will. **CSe**

Niemandsland
Pat Barker

Lebensdaten | *1943 (England)
Erstausgabe | 1991
Erschienen bei | Viking (London)
Originaltitel | *Regeneration*

Dieser eindringliche Roman – der erste in Barkers „Regeneration Trilogy" – bietet eine revidierte Darstellung der Ereignisse im Kriegshospital Craiglockhart in Edinburgh im Jahr 1917; im Zentrum stehen der Neurologe Dr. Rivers und der traumatisierte Soldat und Dichter Siegfried Sassoon.

Die Autorin weist darauf hin, Fakten und Fiktion seien „so stark miteinander verwoben, daß es nützlich ist, wenn man weiß, was historisch ist und was nicht." Gerade diese Verflechtung ist es allerdings, die dem Leser bleibende Erkenntnisse ermöglicht. Barker zeigt auf, wie sich Sassoons Pazifismus entwickelt hat, und sie untersucht die entsetzlichen psychiatrischen Methoden, mit denen Dr. Yealland die sogenannten „hysterische Störungen" behandelte. Obwohl sich die Autorin in der Beschreibung von Gewaltszenen in sachlicher Zurückhaltung übt, lassen die mit inneren Monologen alternierenden, knappen Dialoge eine Sympathie für Dr. Rivers aufkommen, und es fällt zunehmend leichter, sich mit seinen Reformbemühungen in der klinischen Behandlung von „Kriegsneurosen" zu identifizieren. Die vielfältigen Auswirkungen dieser Störungen sind im unwirtlichen Umfeld der Klinik allgegenwärtig, und dies wirkt sich wiederum auf den leidenden Sassoon aus.

Niemandsland deckt die vielfältigen, irreparablen Schäden des „Großen Krieges" auf und ermutigt die Leser, die Meinung amtlicher Stellen anhand persönlicher Erinnerungen zu überprüfen. **DJ**

Typical
Padgett Powell

Lebensdaten | *1952 (USA)
Erstausgabe | 1991
Erschienen bei | Farrar, Straus & Giroux (New York)
Originalsprache | Englisch

Powell ist einer der innovativsten Vertreter des „New Southern Writing", sogar von Berufskollegen wie Donald Barthelme oder Saul Bellow wird er gelobt. In *Typical*, einem Band mit Erzählungen, unternimmt er eine stilistische Tour de force rund um die „Stimme der USA", insbesondere um die Sprache des Südens, wo man das Bier aus langhalsigen Flaschen trinkt und die Flinte im Pick-up-Laster griffbereit mitführt. Powell fängt die Musik der Sprache mit einer geradezu poetischen Farbigkeit ein.

Von den Selbstbeschimpfungen des Erzählers in „Typical", der sich damit abgefunden hat, „ein Miststück, ein Arschloch" zu sein, bis zu Tante Humpy aus dem „Brief der verstorbenen Tante eines Einzelkämpfers", die die Grammatik ihrer Schrott-Familie vom Friedhof aus korrigiert, beleuchtet Powell die Seele des Südens, die zu apathisch ist, um den Hintern nochmals hochzukriegen. In „Florida" und „Texas" erstellt er anhand von Listen eine ganze Landkarte der Gefühle. In „Mr. Irony" sucht der Autor und Erzähler Powell unter Führung eines „Therapeuten für Selbstentwertung" nach seiner eigenen Stimme; er scheitert schließlich an der Ironie und verabschiedet sich aus der Geschichte. In „Dr. Ordinary" beginnt jeder Satz mit „Er meinte …", in „General Rancidity" mit „Er rannte …" - bravouröse Kunststücke. Powells akrobatische Schreibtechnik verzichtet auf jede Form der Effekthascherei und er stellt in seinen großartigen Erkundungen sein Genie unter Beweis. **GT**

Mao II
Don DeLillo

Lebensdaten | *1936 (USA)
Erstausgabe | 1991 bei Viking (New York)
Originaltitel | *Mao II*
PEN/Faulkner Award | 1992

DeLillos Geschichte über den öffentlichkeitsscheuen Schriftsteller Bill Gray, der zunehmend in die Politik verstrickt wird, beginnt mit einer von Reverend Sun Myung Moon geleiteten Massenhochzeit. Die Erzählperspektive wechselt kontinuierlich zwischen den Bräuten, den geladenen Gästen und weiteren neugierigen Beobachtern. Nachdem sich Gray jahrelang auf einem umzäunten Gelände vor der Öffentlichkeit abgeschottet hat, wo er dieselbe Geschichte immer wieder neu schrieb und umarbeitete, willigt er ein, die Fotografin Brita zu treffen; später ist er sogar bereit, sich für einen in Beirut entführten Dichter einzusetzen. Die Beendigung seiner Isolation führt schließlich dazu, daß er direkt in den Kampf des Dichters verwickelt wird.

Mao II beschäftigt sich mit der Figur des Terroristen, besonders mit seiner Beziehung zum isolierten Schriftsteller, und mit der Dynamik der Masse. Wie das Beispiel Salman Rushdies gezeigt hat, ist der Schriftsteller nicht länger nur der künstlerische Widerpart des Terrorismus, sondern auch dessen potentieller Gegner oder sein Opfer. Bills strikte Isolation, die auch als Verweigerung gegenüber der eingeebneten, spätkapitalistischen Kultur der USA verstanden werden kann, erscheint in diesem Licht als eine Art terroristische Selbstentführung. Dabei zeigt sich auch, daß der Schriftsteller und der Terrorist den gemeinsamen, unrealisierbaren Traum von der totalen Autonomie hegen. **AF**

Wilde Schwäne
Jung Chang

Lebensdaten | *1952 (China)
Erstausgabe | 1991 bei Harper Collins (London)
Originaltitel | *Wild Swans. Three Daughters of China*
Originalsprache | Englisch

In ihrem Erfolgsroman, mit dem Untertitel *Geschichte einer Familie* erzählt Jung Chang die Erlebnisse dreier Frauengenerationen ihrer Familie im China des 20. Jahrhunderts. Ihre Großmutter, deren Füße nach chinesischer Tradition verkrüppelt wurden, war die Konkubine eines Kaisers. Ihre Eltern erkämpften sich vor der Machtergreifung Maos eine hohe Position im kommunistischen Parteiapparat, die sie aber während der Kulturrevolution wieder verloren. Auch Jung Chang war eine begeisterte Anhängerin Maos, bis die abscheulichen Exzesse seiner Politik und die Säuberungsaktionen, denen Millionen unschuldiger Chinesen – darunter auch ihre Eltern – zum Opfer fielen, in ihr Zweifel aufkommen ließen. Als Barfußärztin bekam Chang die üblen Folgen von Maos Herrschaft hautnah mit, 1978 floh sie schließlich nach Großbritannien.

Chang schreibt in einer starken, feinfühligen Prosa. *Wilde Schwäne* ist ein wichtiges Buch, weil es die Auswirkungen großer historischer Umwälzungen auf die menschliche Seele beschreibt, weil es ein lebhaftes Bild vom Leben in China während des letzten Jahrhunderts zeichnet, und weil es eine besonders dramatische Periode der chinesischen Geschichte schildert. Chang beschreibt den Untergang des letzten chinesischen Kaiserreichs, die Besetzung durch die Japaner, das Aufkommen der nationalistischen Kuomintang, den Bürgerkrieg zwischen Kuomintang und Kommunisten, die kommunistische Machtergreifung, Maos „Großer Sprung nach vorn" (der mehreren Dutzend Millionen Chinesen den Hungertod brachte) und die Kulturrevolution, die die Nation ihrer Identität und ihres Gemeinschaftsgeistes beraubte. *Wilde Schwäne* ist ein enthüllendes Buch, bei dem man sich ständig bewußt sein muß, daß es eher ein Tatsachenbericht ist als ein Roman, was zuweilen nicht leicht zu ertragen ist. **EF**

Wilde Schwäne ist in China immer noch verboten. Im Rest der Welt hat sich der Roman über 10 Millionen Mal verkauft.

In Arkadien
Jim Crace

Die Vision einer „Gartenstadt", einer ländlichen Idylle mitten in einem modernen Einkaufszentrum, läßt den alten Millionär Victor nicht mehr los. An seinem achtzigsten Geburtstag, den er trotz seines Reichtums allein verbringt, beschließt er, sich mit einer kuppelförmige Glaskonstruktion ein Denkmal zu setzen, die an Stelle des lebhaften, aber schäbigen Gemüsemarkts im Herzen der Stadt gebaut werden soll. Das ambitionierte Vorhaben wird von einem Reporter argwöhnisch begleitet, der mit Sympathie davon berichtet, wie Victors idyllisches Monument eines Tages von den Händlern, deren Welt es romantisiert, umgekippt wird – mit einigen Konsequenzen. Crace liefert einen gewitzten, aber einfühlsamen Kommentar auf den vom Wunschdenken getragenen Versuch, einer Stadtlandschaft Leben einzuhauchen, indem man sie mit nostalgischen Versatzstücken möbliert.

Wenn Crace gewisse ländliche Nostalgien ironisiert, dann tut er dies, um uns den altehrwürdigen Wettstreit, zwischen ländlicher Idylle und kommerzieller Modernität in Erinnerung zu rufen. Die Geschichte entwickelt sich ebenso sinnlich wie polemisch. Über die „verstopften Straßen, die den Verkehr und die Fußgänger liebenswürdigerweise auseinanderhalten" führt uns Crace auf einen geschäftigen Marktplatz, dessen Ästhetisierung er später hinterfragt. Er möbliert eine Örtlichkeit so, daß sie ihr physisches Terrain personifiziert: der fiktive Ort wird von Beginn an als Protagonist in die Romanhandlung einbezogen. Der Marktplatz überlebt die vergänglichen Auswirkungen der Handlung, allerdings nicht unversehrt. **DJ**

Lebensdaten | *1946 (England)
Erstausgabe | 1992
Erschienen bei | Jonathan Cape (London)
Originaltitel | *Arcadia*

Der Autor von *In Arkadien* wurde 1992 mit dem E. M. Foster Award der American Academy of Arts and Letters geehrt.

Marrakesch
Esther Freud

Freuds semi-autobiographischer Roman basiert auf den Reisen, die sie mit ihrer Mutter Bernadine Coverley im Alter zwischen vier und sechs Jahren in Nordafrika unternahm. Ihre lebhaften Schilderungen des Umherreisens, der Wüste und der exotischen Gestalten verwob sie in *Marrakesch* zu einer bewegenden Erzählung, die einen Eindruck davon gibt, wie es sich als Kind einer nonkonformistischen Familie lebt. Esther Freud ist die Tochter des Malers Lucien Freud und die Urenkelin des berühmten Sigmund Freud – ihre Kindheit war selten „normal". In ihrem Roman ruft sie sich das Leben als Bohémien in Erinnerung, das sie mit ihrer Schwester, der Modemacherin Bella Freud, führte, während sich die beiden nach soliden Verhältnissen sehnten.

Marrakesch erzählt die Geschichte von Julia, einer Hippie-Mutter, und ihren Töchtern Lucia und Bea, die zusammen nach Marokko reisen. Lucia, die fünfjährige Erzählerin, betrachtet ihre exotisch-fremde Umgebung mit gemischten Gefühlen. Mal ist sie hingerissen von der unendlichen Weite des Wüstenhorizonts und den geheimnisvollen, bunten Märkten, dann sehnt sie sich wieder nach einer normalen englischen Erziehung mit regelmäßigem Schulbesuch und geregelten Schlafenszeiten. Als sich die Mutter auf der Suche nach persönlicher Erfüllung und spiritueller Erleuchtung dem Sufismus hingibt, wächst die Sehnsucht der Mädchen nach Sicherheit inmitten ihres instabilen Sandmeeres noch mehr. Freud zeichnet in ihrem ersten Roman nicht nur ein lebendiges und mitreißendes Bild des Landes, das in den 70er Jahren zum Mekka der Hippies wurde, sie erzählt auch eine anrührende Kindheitsgeschichte, und dies mit einer Einfachheit und Leichtigkeit, die berührt, bewegt und bezaubert. **LE**

Lebensdaten | *1963 (England)
Erstausgabe | 1992 bei Hamish Hamilton (London)
Originaltitel | *Hideous Kinky*
Verfilmung | 1998

◉ Die Zeichnung auf dem Umschlag der Penguin-Edition stammt von Lucien Freud, dem Vater der Autorin.

◉ Esther Freud gilt als eine eine der besten britischen Autorinnen ihrer Generation (Foto 2004).

Memoirs of Rain *
Sunetra Gupta

Lebensdaten | *1965 (Indien)
Erstausgabe | 1992
Erschienen bei | Grove Press (New York)
Sahitya Akademi Award | 1996

Die geschmeidige, eindringliche Prosa in Guptas Erstling wurde von der begeisterten Kritik mit derjenigen von Virginia Woolf verglichen. Der Roman beschreibt ein Wochenende, in dessen Verlauf Moni, die bengalische Frau eines englischen Schriftstellers, sich daran macht, der still ertragenen Qual ihrer unglücklichen Ehe zu entfliehen und mit ihrer Tochter nach Indien zurückzukehren.

Wie Woolfs Mrs. Dalloway beschäftigt sich Moni vordergründig mit der Vorbereitung einer Party, aber ihre Gedanken kreisen ständig um die Anfänge ihrer Beziehung zu ihrem Mann Anthony und ihre Probleme mit der Assimilierung in London. Die jugendliche Leidenschaft kontrastiert dabei mit Anthonys abnehmender Verliebtheit, seiner späteren Gleichgültigkeit und seiner kaum verheimlichten Untreue. Obwohl die Erzählung vor allem aus Monis Perspektive erzählt wird, verschmilzt und verwirbelt der von Guptra erzeugte Bewußtseinsstrom (auch er erinnert an Woolf) Frau und Mätresse, Vergangenheit und Gegenwart, Reales und Imaginiertes, und der intensive lyrische Rhythmus der erzählerischen Passagen wird von Auszügen aus Gedichten des Bengalen Rabindranath Tagore akzentuiert.

Gupta verbindet die kritische Schilderung einer verblühenden Liebe und die Betrachtung über die Selbstverwirklichung einer Frau mit der Gegenüberstellung zweier Kulturen. Ihr eleganter, nachdenklich stimmender Debütroman hält einem Vergleich mit dem ständig steigenden literarischen Standard der indischen Exilliteratur auch heute noch Stand. **VB**

Asphodel *
H. D.

Lebensdaten | *1886 (USA), †1961 (Schweiz)
Vollständiger Name | Hilda Doolittle
Erstausgabe | 1992
Erschienen bei | Duke University Press

Asphodel ist ein komplexer, moderner Roman, der enorm unterschätzt wird. Er folgt der jungen Amerikanerin Hermione Gart, die vor dem Ersten Weltkrieg in Europa unterwegs ist und dabei eine künstlerische und sexuelle Befreiung erlebt. Themen wie die Heirat, die Untreue oder die uneheliche Geburt verbinden den Roman mit der Tradition eines Henry James. H. D. ist aber viel radikaler, wenn sie zum Beispiel eine gescheiterte sowie eine gelungene lesbische Beziehung beschreibt. Die Autorin versuchte die Publikation ihres autobiographischen, 1922 entstandenen Werks zu verhindern, indem sie das Manuskript mit dem Vermerk „Vernichten" versah. Dies mag mit der lesbischen Thematik zu tun haben, vielleicht führte aber auch die Todgeburt des ersten Kindes zu einem Trauma, das der Autorin eine Veröffentlichung dieser intimen Details verunmöglichte.

Asphodel handelt von der Emigration einer jungen Frau – eine Erfahrung, die sich von der Emigration eines Mannes fundamental unterscheidet. Der Roman reflektiert den Krieg auf einer psychologischen Ebene, und als solcher beschreibt er ein Erlebnis, bei dem innere und äußere Räume verletzt wurden. Wenn die Welt des Geistes der einzig sichere Rückzugsort war, wohin sollte man sich flüchten, als auch die Innenwelt vom Krieg oder von einer Totgeburt traumatisiert wurde? **VC-R**

> Hilda Doolittle, hier eine Aufnahme aus dem Jahr 1915, war in der Öffentlichkeit nur unter ihren Initialen H. D. bekannt.

Der Schlächterbursche

Patrick McCabe

Lebensdaten | *1955 (Irland)
Erstausgabe | 1992 bei Picador (London)
Originaltitel | The Butcher Boy
Verfilmung | 1997

Der Roman aus dem Nordirland der 60er Jahre ist ebenso aufregend wie erschreckend. Der Junge Francie Brady hat sich im Wald versteckt, er erzählt in knappen Rückblenden, warum die ganze Stadt hinter ihm her ist, „von wegen, was ich mit Mrs. Nugent angestellt hatte".

Seine Familie – Francie ist das einzige Kind eines Alkoholikers und einer suizidalen Mutter – unterscheidet sich gewaltig von derjenigen der adretten Mrs. Nugent und ihres Muttersöhnches Phillip. Francies Welt besteht aus Comics, Fernsehen und dem Unfug, den er mit seinem einzigen Freund anstellt, er ist ein liebesbedürftiges und emotional verwahrlostes Kind. Während Joe zum Jugendlichen heranwachsen kann, bleibt Francie kindlich. Daran ändern auch sein früher Schulabgang und die Stelle im Schlachthof nichts. Der Job scheint zu ihm zu passen, Mrs. Nugent jedenfalls meint, er komme ja aus einer „schweinischen" Familie.

Einem Kleinkind gleich, das die Erwachsenen imitiert, fängt Francie das Idiom der banalen Kleinstadt ein, um es verstärkt um die Energie seines verrohten Charakters wieder von sich zu geben. Die Ich-Erzählung bewegt sich mit umgangssprachlicher Behendigkeit, denn trotz Francies keineswegs inspirierenden Familienverhältnissen ist seine innere Vorstellungswelt explosiv und dynamisch. Je stärker er von der Außenwelt abgewiesen wird und je weniger diese seine Bedürfnisse befriedigt, um so mehr flüchtet er sich in seine Phantasiewelt. Deshalb steckt hinter seiner Entwicklung zum verrückten Mörder, so schockierend sie sein mag, eine eigene, kindliche Logik.

McCabe verlieh Francie eine mächtige, urtümliche Stimme, die er geschickt in die fesselnde und erschütternde, aber auch unterhaltsame Geschichte über ein versehrtes Kind einarbeitete. **RMcD**

◉ Der Schlächterbursche ist einer von fünf Romanen, die McCabe veröffentlich hat; daneben schreibt er Hörspiele und Kinderbücher.

Fräulein Smillas Gespür für Schnee
Peter Høeg

Der sechsjährige Isaiah liegt vor einem Mehrfamilienhaus in Kopenhagen mit dem Gesicht nach unten im Schnee. Die Behörden reden von einem Unfall, aber Smilla Jasperson, Isaiahs Nachbarin und Ersatzmutter, vermutet hinter der Tragödie eine etwas weniger plausible Ursache. Als Expertin im „Lesen" von Schnee und Eis stellt sie fest, daß Isaiah absichtlich sprang, und das konnte er nur getan haben, weil er verfolgt wurde. Ihre Nachforschungen führen sie als blinde Passagierin an Bord eines Schiffs in die Arktis, und dabei entdeckt sie eine Verschwörung dänischer Elite-Forscher, die ihr Geheimnis um jeden Preis verteidigen.

Der Roman wird in der Ich-Form erzählt, wir erleben die Geschichte aus der Perspektive einer hochintelligenten Frau, deren Mut und burschikoser Humor zunächst über ihre unermeßliche Trauer um Isaiah hinwegtäuschen. Im Laufe der Geschichte erfahren wir unter anderem, daß Isaiah und Smilla ausgewanderte Grönländer sind, denen das Leben im abgeschotteten Dänemark schwer gemacht wird. Das Buch ist eine erfrischende Kritik an der dänischen Kolonisation Grönlands und an den hartnäckigen Vorurteilen vieler Dänen gegenüber den Grönländern.

Die Sprachgewandtheit, mit der Høeg seine starken Charakterporträts geschickt mit philosophischen Grübeleien verwebt, macht den Krimi zu einem großartigen Roman. „Das Eis und das Leben haben ein große Ähnlichkeit", erklärt Fräulein Smilla gleich zu Beginn des Buches, und der weitere Verlauf der Geschichte führt uns diese Ähnlichkeit erfindungsreich vor Augen, indem sie die Abenteuer auf hoher See mit feinziselierten Überlegungen über die Liebe und den Verlust kombiniert. **CG-G**

Lebensdaten | *1957 (Dänemark)
Erstausgabe | 1992 bei Rosinante (Kopenhagen)
Originaltitel | *Frøken Smillas fornemmelse for sne*
Verfilmung | 1997

Fräulein Smillas Gespür für Schnee wurde 1997 vom Dänen Bille August verfilmt.

Der Club Dumas
Arturo Pérez-Reverte

Lebensdaten | *1951 (Spanien)
Erstausgabe | 1992
Erschienen bei | Alfaguara (Madrid)
Originaltitel | *El club Dumas*

Für diesen Roman bekam Pérez-Reverte bisher die besten Kritiken, sei es wegen des meta-literarischen Stils oder weil es darin um die Welt der antiquarischen Bücher geht. *Der Club Dumas* enthält, wie es sich für eine Hommage an Alexandre Dumas gehört, eine ausgewogene Mischung von Intrigen, Geheimnissen und „Action": der Anti-Held Lucas Corso, ein Buch-Antiquar, der in den Fußstapfen der mißtrauischen Figuren aus den traditionellen Detektivgeschichten wandelt, gibt einen glaubwürdigen Protagonisten ab, dazu gibt es Rätsel, die gelöst werden müssen (ein gefälschtes Kapitel aus *Die drei Musketiere*, die Nachforschungen über ein mittelalterliches Manuskript, das zusammen mit dem Buchdrucker 1667 verbrannt wurde). Überzeugende Nebendarsteller (darunter Irene Adler, eine junge Schönheit, die Corso zu Hilfe eilt) und würdige Gegenspieler (der böse, vielschichtige Balkan/Richelieu, Rochefort und Milady/Diana) komplettieren das Ensemble. Sie alle sind in eine Handlung involviert, die sich in einer exotischen, internationalen Umgebung abspielt.

Die Geschichte ist klug konstruiert, zudem erhöht Pérez-Reverte mit Auslassungen, versteckten Andeutungen, Fährten und Sackgassen die Spannung. Schließlich vermag auch das nicht minder geschickt eingewobene Wissen aus der abenteuerlichen Welt der antiquarischen Bücher den Leser zu entzücken, indem ihm damit die Möglichkeit geboten wird, die rätselhaften Knoten zu lösen. **JCA**

Auf den Körper geschrieben
Jeanette Winterson

Lebensdaten | *1959 (England)
Erstausgabe | 1992
Erschienen bei | Jonathan Cape (London)
Originaltitel | *Written on the Body*

Nachdem er eine verrückte, sex-orientierte Liaison hinter sich hat, schildert der Erzähler hier seine ernsthafte Liebe zur verheirateten Louise. Im Unterschied zu Wintersons erstem, berühmt-berüchtigten Roman *Orangen sind nicht die einzige Frucht* geht es in dieser Geschichte nicht explizit um den Sex und den Geschlechterkampf, allerdings sorgt die Unklarheit über das Geschlecht des Protagonisten auch für Diskussionen. Die offensichtliche Bisexualität des Erzählers und die Gelassenheit von Louises Ehemann angesichts ihres Umgangs mit „dem Erzähler" deuten darauf hin, daß „der Erzähler" eine Frau ist. Während der Roman also als kundige Studie zur weiblichen Sexualität gelesen werden kann, kann die Ungewißheit genausogut darauf angelegt sein, konventionelle Vorstellungen über Geschlecht und Sexualität radikal zu unterlaufen.

Wintersons Roman beginnt und endet mit allgemeinen, poetischen Betrachtungen über die Liebe, womit sie sich als eine der wenigen zeitgenössischen Prosaschriftstellerinnen erweist, die sowohl eine fesselnde Erzählung über die Flatterhaftigkeit der Liebe und den Sex schreiben können, als auch präzise und schöne poetische Texte. Der magische Realismus von *Auf den Körper geschrieben* steht auf einer Stufe mit den Werken von Angela Carter und Salman Rushdie. Der Roman wirft einen poetischen und philosophischen Blick auf den Körper, auf das komplexe, verwobene Palimpsest, das wir sind. **SJD**

Straße der Krähen
Iain Banks

Lebensdaten | *1954 (Schottland)
Erstausgabe | 1992
Erschienen bei | Scribner (London)
Originaltitel | *The Crow Road*

Straße der Krähen beginnt mit einem der unvergeßlichsten Abschnitte in der modernen Literatur: „Es war der Tag, an dem meine Großmutter explodierte. Ich saß im Krematorium, lauschte dem harmonischen Schnarchen meines Onkel Hamish zur H-moll-Messe von Bach und fragte mich, warum es immer der Tod war, der mich nach Gallach zurücktrieb." Der Erzähler ist Prentice McHoan, Sohn wohlhabender Schotten. Der Rest des Buches, eine Art Saga der Familien McHoan, Watt und Urvill, wird in der dritten Person erzählt. Prentice studiert an der Universität und ist nach Hause gekommen, genauer gesagt zu seinem Onkel Hamish, denn mit dem Vater gab es Streit wegen der Religion. Rory, ein weiterer Onkel, wurde seit acht Jahren nicht mehr gesehen. Die Frage nach seinem Schicksal nimmt im Roman zunehmend mehr Raum ein, denn Prentice schlüpft in die Rolle eines Detektivs, um das Leben vergangener Generationen zu erforschen und aus dem fragmentierten Wissen ein verläßliches Bild zusammenzufügen.

Straße der Krähen ist ein Roman über den Tod, über die Beziehung zwischen dem Verlangen und dem Tod, über den lebenden und den toten Körper, und über das Freilegen begrabener Geheimnisse. Die Erzählung beschreibt ausführlich eine kahle, trostlose schottische Landschaft, aber die wahre Landkarte entsteht erst nach und nach im Kopf von Prentice, der die verlorenen Wahrheiten einer Generation und die Unbeständigkeit der Erinnerung entdeckt. **EF**

Indigo
Marina Warner

Lebensdaten | *1946 (England)
Erstausgabe | 1992
Erschienen bei | Chatto & Windus (London)
Originaltitel | *Indigo*

Als Autorin, Literaturkritikerin und Historikerin ist Marina Warner ein wahres Chamäleon der Schreibfeder – in *Indigo* kommen alle ihre Fähigkeiten zum Zug. Der Roman stellt deutliche Bezüge her zu Shakespeares Drama *Der Sturm*. Allerdings springt die Handlung hin und her zwischen dem 15. Jahrhundert, als die Briten eine fiktive karibische Insel besetzten, und dem 20. Jahrhundert, in dem sich die Geschichte der Nachkommen einer Kolonistenfamilie abspielt. Warner beleuchtet all die dunklen Ereignisse hinter der Versklavung von Ariel und Caliban durch Prospero, und sie erweckt die Hexe Sycorax zu neuem Leben, die bei Shakespeare nur flüchtig als Calibans Mutter erwähnt wird. Sycorax ist die Weise der Insel, die Kräuterkundige, sie weiß, wie man Indigo gewinnt und Stoffe färbt. Nach einem fatalen Mißverständnis seitens der Briten rotten diese die Einheimischen aus, nur Sycorax' Tochter gelingt die Flucht.

Parallel dazu wird die Geschichte von Miranda erzählt, einer in London geborenen Nachfahrin des ehemaligen Gouverneurs der Kolonie. Sie macht sich zur Insel auf, die von ihren Ahnen so dramatisch verändert wurde. Mirandas mühsame Verständigung und Annäherung an ihre Verwandten wird von Warner ergreifend geschildert, aber die Botschaft des Romans greift weit über die Geschichte einer Familie hinaus: der Kolonialismus und seine Verbrechen sind nicht verschwunden, sie sind Teil des britischen Erbes, vor allem aber sind seine Auswirkungen bei denen, die sie betrafen, bis heute sehr real und präsent. **JC**

Der englische Patient
Michael Ondaatje

Ondaatje schreibt eine bemerkenswerte Prosa. Seine Sätze sind voller Dramatik, zugleich kommen sie unangestrengt daher und entfalten eine fast hypnotische Kraft.

Die Handlung des Romans spielt gegen Ende des Zweiten Weltkrieges. In einer zerbomten Villa in der Nähe von Florenz treffen vier Personen zusammen und es entsteht ein enges Beziehungsgeflecht. Der schwer verletzte „englische Patient", Ladislaus de Almásy, erinnert sich an seine Erlebnisse in der afrikanischen Wüste. Er liegt im Sterben. Betreut wird er von der jungen Krankenschwester Hana. Zu diesem seltsamen Paar gesellen sich der Inder Kip, Bombenentschärfer bei der britischen Armee, und Caravaggio, ein charmanter italo-kanadischer Ex-Dieb. Die Geschichte von Almásys unmöglicher Liebe zu einer verheirateten Frau verwebt sich mit den Existenzen von Hana, Caravaggio und Kip. Der Horror des Krieges ist weit weg, aber nicht vergessen, und zwischen Hana und Kip entwickelt sich eine vorsichtige Beziehung. Die Romanfiguren erscheinen herzlich, menschlich und liebenswert, wenn auch moralisch zwiespältig und verletzt.

In einer der stärksten Szenen des Romans wird geschildert, wie Kip die Nachricht vom Abwurf der Atombombe auf Hiroshima hört und die friedliche, aber trügerische Idylle der Villa völlig außer sich verläßt. Die Grenze zwischen Freund und Feind wird verwischt, sie zerrinnt wie der Sand in Almásys Erinnerungen. Ondaatjes Roman ist eine virtuose Meisterleistung und ein großartiges Lesevergnügen. **DR**

Lebensdaten | *1943 (Sri Lanka)
Erstausgabe | 1992 bei McClelland & Stewart
Originaltitel | *The Englisch Patient*
Booker-Preis | 1993

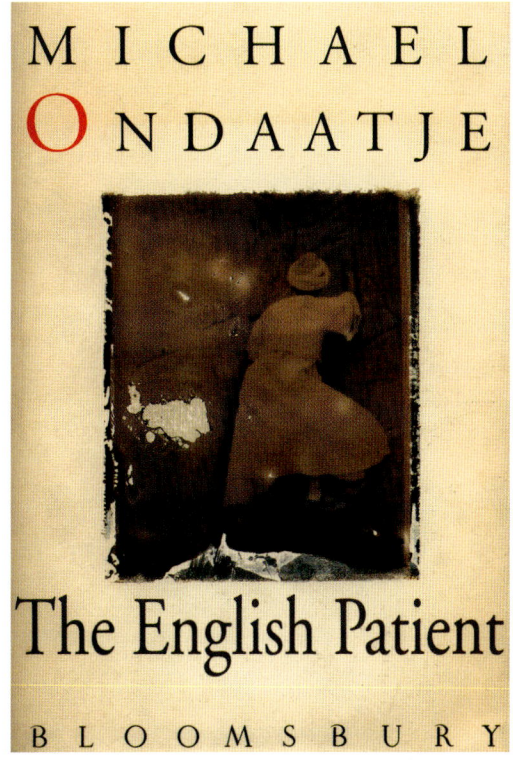

Das Bild des indischen Ingenieurs Kip auf dem Umschlag der britischen Ausgabe erinnert stark an Rudyard Kiplings Romanfigur Kim.

In der Filmadaption von Anthony Minghella aus dem Jahr 1996 spielt Ralph Fiennes den Grafen Ladislaus de Almásy.

Sie hüten das Geheimnis des Glücks

Alice Walker

Lebensdaten | *1944 (USA)
Erstausgabe | 1992
Erschienen bei | Harcourt Brace Jovanowich (New York)
Originaltitel | *Possessing the Secret of Joy*

Der Roman ist ein zorniges Plädoyer gegen die grauenhafte Verstümmelung der weiblichen Genitalien durch die Beschneidung. Tashi ist eine in den USA lebende Angehörige des fiktiven Olinka-Stammes. Sie entscheidet sich als Erwachsene für die Beschneidung, oder wie sie es nennt, das „Bad". In der Tradition der Olinka bedeutet dies die Entfernung der Klitoris und der Schamlippen sowie das Zunähen der Vagina.

Mit diesem Akt bezeugt Tashi ihre Loyalität gegenüber der gefährdeten Tradition der Olinka. Im Laufe der Zeit begreift sie ihre Verstümmelung jedoch als Ausdruck einer universellen, kulturenübergreifenden Unterdrückung der Frau durch den Mann. Walker dramatisiert hier eine extrem schwierige Entscheidung, indem sie Tashi zwischen der Olinka-Tradition und ihrer Sexualität wählen läßt; die vom afrikanischen Nationalismus mit Nachdruck geforderte Traditionstreue ist mit den ebenso mächtigen Forderungen des Feminismus nicht vereinbar. Der Roman versucht anhand einer brutalen patriarchalen Tradition und dem grenzenlosen Ausmaß, das dieses Leiden mittlerweile angenommen hat, eine universelle Annäherung an das Leiden der Frau. Das wahre Geheimnis des Glücks besteht in der Möglichkeit eines ebenso grenzenlosen Widerstands gegen die Unterdrückung. Walkers Buch ist eine Ode des Widerstands gegen die frauenfeindlichen Kulturen in Afrika und im Westen, und als solches könnte es nicht eindrücklicher sein. **PB**

All die schönen Pferde

Cormac McCarthy

Lebensdaten | *1933 (USA)
Erstausgabe | 1992 bei Alfred A. Knopf (New York)
Originaltitel | *All the Pretty Horses*
National Book Award | 1992

All die schönen Pferde, McCarthys erster Roman aus der „Border-Trilogie", handelt von John Grady Cole, einem 16jährigen Cowboy, der alt genug ist, um zu wissen, was er will, aber zu jung, um seine Wünsche angesichts der familiären und gesellschaftlichen Widerstände zu realisieren. Als Johns Mutter die Familienranch verkauft, gehen John und sein bester Freund Lacey Rawlins nach Mexiko. Unterwegs stößt der noch jüngere Blevins dazu, eine Begegnung, die das Leben aller drei Jungen drastisch verändern wird.

Schauplatz des Romans ist eine Landschaft im Übergang; das weite, offene Texas wird von elektrischen Zäunen in immer kleinere Teile zerschnitten. Man hat das Gefühl, die Fast-Food-Homogenität des restlichen Landes sei auch hier nicht mehr weit, fast schon zum Greifen nah.

Zu Beginn der Reise von John und Lacey spielt Mexiko in diesem Szenario noch die bekannte Rolle; die jungen Männer stellen sich ein unwirtliches Land vor, in dem sie ihre nostalgischen Phantasien vom Dasein als Cowboy ausleben können. Doch als sie auf einer großen Hacienda Arbeit finden, spüren sie schnell die Macht der mexikanischen Elite. Die Hacienda, eine Insel des Wohlstands inmitten mörderischer Armut, schützt John und Lacey nicht vor der Intrige, die ihre Verbindung mit Blevins auslöst, und Johns Liebe zu der Tochter des *haciendero* läßt künftige Schwierigkeiten erahnen. **AF**

The Triple Mirror of Self *
Zulfikar Ghose

Lebensdaten | *1935 (Pakistan)
Erstausgabe | 1992
Erschienen bei | Bloomsbury (London)
Originalsprache | Englisch

Das Problem der nationalen Zugehörigkeit hat in Ghoses Werken immer ein großes Gewicht. In diesem äußerst vollendeten Buch verwob er die Themen des Exils, der Migration und des Identitätsverlusts in einer ausgeklügelten, mythischen Reise durch Raum und Zeit. Der dreiteilige Roman beginnt im südamerikanischen Dschungel, wo sich eine Gruppe seltsamer Figuren zusammengefunden hat, um eine pseudo-primitive Kommune von Verbannten und Außenseitern zu bilden. Später wechselt der Roman auf ein nach Europa segelndes Schiff, in eine Universität der USA und in das Indien vor 1947, wo ein Junge seine schwierige Lektion über die Identität als Moslem in einem Kreis von Freunden lernt, die durch die Teilung des Landes schon bald getrennt sein werden.

The Triple Mirror of Self erkundet, wie Menschen über ihre nationale Identität denken, wenn ihnen die Nation abhanden kommt. Die zentrale Romanfigur läßt sich vom Leser nicht festmachen, seine Identität verwandelt sich im Lauf der Geschichte. Am Beispiel einer einzigen, außergewöhnlichen Biographie werden die Grenzen dank einer traumähnlichen, suggestiven Prosa und einer bewußt undeutlichen Chronologie verwischt. Der Roman legt nahe, daß eine kohärente Identität nichts anderes ist als eine unendliche Aneinanderreihung von Erinnerungen, aber für Ghose sorgt gerade diese Überlagerung von Reflexionen für die wertvollsten Inhalte des menschlichen Daseins. **AB**

Onkel Petros u. die Goldbach'sche Vermutung
Apostolos Doxiadis

Lebensdaten | *1953 (Australien)
Erstausgabe | 1992 bei Kastaniotis (Athen)
Originaltitel | O Theios Petros kai i Eikasia tou Goldbach

Der Onkel der Erzählfigur ist der begnadete griechische Mathematiker Petros Papachristou. Dieser ist versessen darauf, das Goldbach-Problem zu lösen, eine der großen Herausforderungen der Mathematik. Er gibt dafür sogar seine aussichtsreiche akademische Laufbahn auf, und am Ende des Romans steht nicht fest, ob ihm die Lösung des Problems gelungen ist. Der junge Erzähler erbt die Passion seines Onkels, braucht diese aber nur als Vorwand für die Konstruktion eines Romans. Gleichzeitig beschreibt er in der ihm eigenen bezaubernden Art etwas, das jedem zumindest einmal im Leben widerfährt: die persönliche Bekanntschaft mit einer wichtigen existentiellen Frage. Die Handlung entwickelt sich zu einer Fabel über das Leben, die Liebe und den Verlust, während Petros gegen die Unvernunft, die Isolation und den Niedergang der Ideale ankämpft.

Doxiadis ist ein begabter Geschichtenerzähler und Mathematiker. Er versteht es, dem Leser die Mathematik leichtfüßig und fesselnd näherzubringen. Sein Buch vereinigt Fiktion und Fakten, ergänzt durch eine Unzahl überraschender Ereignisse, eine farbige Sprache, einen intelligenten Handlungsaufbau und ein ironisches Augenzwinkern. Doxiadis' Verdienst ist es, die Mathematik und die Wissenschaft auch für die zugänglich zu machen, die bisher davor zurückschreckten, und er zeigt auf, daß jeder auch auf den unwahrscheinlichsten Gebieten interessante Herausforderungen finden kann. **PMy**

Die Entdeckung des Himmels
Harry Mulisch

Lebensdaten | *1927 (Niederlande), †2010
Erstausgabe | 1992 bei De Bezige Bij (Amsterdam)
Originaltitel | *De Ontdekking van de Hemel*
Verfilmung | 2001

Mulisch ist ein überaus produktiver Schriftsteller und gehört zu den prominentesten Protagonisten der niederländischen Literatur. Mit diesem Roman packt er ein großes Thema an: es geht ihm um nicht weniger als die Darstellung des Scheiterns der Menschheit in ihrem Vertrag mit Gott. Eine Prämisse des Romans sieht in der Wissenschaft nichts als einen unglaublich erfolgreichen Trick Luzifers. Max Delius, ein höchst talentierter Astronom, und Onno Quist, ein ebenso begabter Linguist, treffen sich zufällig eines Nachts und werden Freunde. Auf einer Reise nach Kuba schlafen beide mit der jungen Cellistin Ada Brons, die Delius und Quist schon von früher kennt. Sie wird schwanger, erleidet einen tödlichen Unfall –, aber das Baby überlebt. Sein Name ist Quinten Quint, und es hat den Auftrag, die Zehn Gebote aufzuspüren und sie in den Himmel zurückzubringen, weil die Menschheit in der Erfüllung von Gottes Willen auf Erden völlig versagt hat. Unterdessen macht Delius eine ungeheure astronomische Entdeckung, wird aber von einem Meteoriten getötet. Wenn die Handlung allzu phantastisch und ein wenig arg vom Zufall beeinflußt erscheint, dann ist dies der Einflußnahme von Engeln, genauer gesagt von Demiurgen, zuzuschreiben. Von ihnen stammt der Plan zur Erschaffung eines Menschen, der die Gesetzestafeln in den Himmel zurückbringen soll.

Das monumentale Unterfangen, kosmisch in der Tragweite und komisch im Ton, wurde international bejubelt und hat alles, was es zur Schöpfung eines modernen Mythos braucht. **ES**

„Genau um Mitternacht sorgte ich für einen Kurzschluß. Wer durch die stille Haager Allee ging ..., sah im freistehenden Patrizierhaus plötzlich alle Lichter ausgehen, als ob dort drinnen eine riesige Kerze ausgeblasen worden wäre."

Harry Mulisch, hier im Jahr 1993, wurde 1995 mit dem Niederländischen Literaturpreis ausgezeichnet.

Das Leben ist eine Karawanserei
Emine Sevgi Özdamar

Lebensdaten | *1946 (Türkei)
Erstausgabe | 1992
Erschienen bei | Kiepenheuer & Witsch (Köln)
Adelbert-von-Chamisso-Preis | 1999

Der vollständige Titel von Özdamars Roman *Das Leben ist eine Karawanserei hat zwei Türen aus einer kam ich rein aus der anderen ging ich raus* – ist überbordend, originell, ebenso wie der gesamte Roman. Es handelt sich nicht um einen konventionellen Erinnerungsroman, das unterstreichen auch die ersten punktlos ineinander übergehenden Sätze, die uns in ihren Bann ziehen: „Erst habe ich die Soldaten gesehen, ich stand da im Bauch meiner Mutter zwischen den Eisstangen …" *Karawanserei* ist die Beschreibung einer Kindheit in den turbulenten 50er- und 60er Jahren in der Türkei, aus ungewöhnlichen Perspektiven erzählt, und auch die Ausdrucksweise und die Sprachebenen wechseln ständig.

Die Verbindung von Stil und Inhalt ist absolut. Während das Ringen um eine neue Identität als Frau in einem belastenden politischen und sozialen Umfeld beschrieben wird, läßt sich die den verwirrenden stilistischen Experimenten innewohnende Logik erst nach und nach erkennen. Das Buch ist wundervoll anarchisch, sowohl in seinem sprachlichen Zauber (von der arabischen Fürbitte um Schutz und Vergebung bis zur Joyce'schen Beschreibung des Geräuschs beim Apfelessen), wie auch in der Direktheit der Sprache, die voller Fürze, körperlicher Ausscheidungen und einem köstlichen Katalog von Gerüchen ist.

Das „magische" Deutsch der Autorin, die zuerst mit 19 Jahren als Gastarbeiterin nach Berlin kam, und nach einer Ausbildung zur Schauspielerin an der Volksbühne in Berlin arbeitete, erregte großes Aufsehen. Sie hat inzwischen noch zwei weitere Romane veröffentlicht und wurde mit zahlreichen Preisen geehrt. **MS**

Bevor es Nacht wird
Reinaldo Arenas

Lebensdaten | *1943 (Kuba), †1990 (USA)
Erstausgabe | 1992
Erschienen bei | Tusquets (Barcelona)
Originaltitel | Antes que anochezca

Arenas' Autobiographie, die deutsche Ausgabe hat den Untertitel *Ein Leben in Havanna*, konnte erst nach seinem Tod veröffentlicht werden, die Fertigstellung war für Arenas ein Kampf gegen die Zeit. *Bevor es Nacht wird* schildert das Leben eines homosexuellen Intellektuellen in einem repressiven Umfeld – und es ist eine grimmige Anklage gegen das Castro-Regime. Sex, Politik und Schriftstellerei werden mit einer linearen, verblüffend offenen und dynamischen Geschichte verwoben. Von der Kindheit auf Kuba bis ins New Yorker Exil, wo er weiß, daß ihm nicht mehr viel Zeit bleibt, ist Arenas' Leben von der Homosexualität geprägt. Die Akzeptanz der Homosexualität erfolgt fast simultan mit dem Verlust der revolutionären Hoffnungen, und sie entlarvt die pervertierte Moral des politischen Systems. Das Schwulsein wird zum Antrieb einer kollektiven Rebellion, es bringt ihn ins Gefängnis, und ironischerweise ebnet es ihm auch den Weg, als „Unerwünschter" von Castros Insel wegzukommen.

Reinaldo Arenas erzählt von seinem Leben in einem Versteck im Park, seiner schrecklichen Gefängniszeit, dem Verbot seiner Bücher, der Bespitzelung und dem Leben im Exil. Seine Erlebnisse in Kuba waren umso schlimmer, weil das Schreiben für ihn mehr als lebenswichtig war – es war sein Leben. Seine Lebensreise führte Arenas von einer Kindheit ohne Bücher zu internationalen Konferenzen. Das Buch schildert seine frühen Erfolge in einem revolutionären Umfeld, die Bekanntschaft mit Virgilio Piñera, Lezama Lima und seinen Kollegen von der „verlorenen Generation", sowie die dauernden Bemühungen, seine Texte zu Papier zu bringen, bevor es zu spät war. **DMG**

Die geheime Geschichte
Donna Tartt

Lebensdaten | *1963 (USA)
Erstausgabe | 1992
Erschienen bei | Knopf, New York
Originaltitel | *The Secret History*

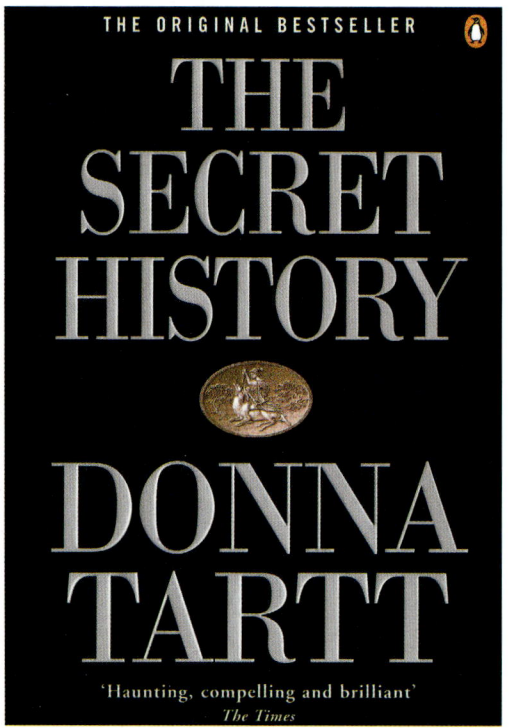

„... *wie gerne wäre ich als Kind eine Waise gewesen!*"

Die geheime Geschichte war ein Bestseller und ein enormer Publikumserfolg, aber die Kritik fand, das Buch sei überladen, aufgebläht und mit blassen Figuren besetzt. Damit nahm sie den Roman teils zu ernst, andererseits wohl auch nicht ernst genug.

Das spannende Buch hat mehr zu bieten als nur eine aufregende Handlung. Der Erzähler Richard Papen läßt den Frust seiner Teenagerjahre hinter sich und schreibt sich in einem exklusiven College in Vermont ein. Obwohl die Ereignisse Jahre zurückliegen, werden sie von Papen geschildert, als sei er mitten drin. Schon bald ist er fasziniert von einer fünfköpfigen Gruppe reicher, lebensfremder Studenten und ihrem launenhaften Dozenten Julian Morrow, denen er sich anschließt. Er erfährt von einer bacchantischen Orgie, die von der Gruppe um Henry, Francis, Bunny und den Zwillingen Charles und Camilla veranstaltet wurde, und bei der Bunny ums Leben kam. Danach schildert der Roman, wie die Freundschaften in der Gruppe unter dem Druck der Angst und der Gewissensbisse langsam zugrunde gehen.

Der Roman ist eine Studie über Existenzen, die von einer in der Jugend begangenen, frevelhaften Tat für immer gezeichnet sind. Daneben geht es auch um Charisma: genauso wie Richard wird auch der Leser verführt vom charmanten, lasterhaften Francis, von Julians vornehmer Sensibilität, von der ätherischen Besonnenheit der Zwillinge und vor allem von Henry, der wohlwollend und warmherzig, aber auch unnahbar und unerträglich sein kann, letztendlich aber immer undurchsichtig bleibt. Tartts kitschige Pralinenschachtel ist ein melancholischer Krimi für anspruchsvolle Intellektuelle, der den Leser bis zur letzten Seite zu fesseln vermag. **PM**

▸ Nach dem Sensationserfolg ihres ersten Romans bemühte sich Tartt, als Autorin nicht von der Öffentlichkeit vereinnahmt zu werden.

Die Abenteuer und Irrfahrten des Gaviero Maqroll

Álvaro Mutis

„Er befindet sich immer in halbtrunkenem Zustand, den er mit weiser Dosierung aufrechterhält."

Lebensdaten | *1923 (Kolumbien)
Erstausgabe | 1993 bei Siruela (Madrid)
Originaltitel | *Empresas y tribulaciones de Maqroll el Gaviero*

Dieses Buch, das seinem Titel mehr als nur gerecht wird, umfaßt sieben sagenhafte Geschichten, die alle derselben charismatischen Titelfigur widerfahren. Maqroll ist ein Held zu Wasser und zu Lande, eine Figur in der Tradition von Joseph Conrad, am Rande der uns bekannten Welt, jenseits von Raum und Zeit. Und er ist ein Tausendsassa: mal ist er Holzflößer, mal Barbesitzer in den Bergen, mal führt er ein Bordell, mal restauriert er einen alten Dampfer oder beteiligt sich am Waffenschmuggel und versucht, eine alte Mine flottzumachen. Maqrolls Abenteuer sind zahlreich, und fast unzählig sind die Figuren, die er dabei trifft, darunter die besonders eindrückliche Ilona aus Triest und den Libanesen Abdul Basur.

Auf Maqrolls epischer, fast magischer Reise bedeutet jede Begegnung eine Wiedervereinigung, der schon bald die Trennung droht, und alles (außer dem Tod) ist unabwendbar und vermeidbar zugleich. Maqroll ist ein mal ernüchterter, mal überschwenglicher Philosoph, ein unermüdlicher Leser und ein starker Tagebuch-, Briefe- und Gedichteschreiber, aber vor allem ist er ein literarischer Held. Er hinterläßt augenzwinkernde, fragmentarische Dokumente und Erklärungen, zusammengetragen von einem fiktionalisierten Álvaro Mutis. Die Geschichtensammlung ist ein schillernder Comicstrip, der, so meint man, jeden Moment mit einer neuen Folge überraschen könnte. **DMG**

Mutis pralle, gutgelaunte Geschichten spiegeln seine Liebe zur See und sein völliges Desinteresse an der Politik wider.

Jenseits von Babylon
David Malouf

Lebensdaten | *1934 (Australien)
Erstausgabe | 1993
Erschienen bei | Chatto & Windus (Sydney)
Originaltitel | *Remembering Babylon*

Der im 19. Jahrhundert im australischen Queensland angesiedelte Roman erzählt die Geschichte eines englischen Babys, das auf dem Schiff von England nach Autralien über Bord geworfen wird. Gemmy, der Ausgestoßene, wächst sechzehn Jahre lang bei einer Gruppe von Aborigines auf, bevor er über eine kleine Gemeinde schottischer Bauern in die Zivilisation zurückkehrt.

Gemmys erster Auftritt wurde von Malouf umsichtig inszeniert: er wird vom knüppelschwingenden Lachlan, einem elfjährigen Schotten, und dessen Cousins gegen einen Zaun gedrückt, und damit steht er symbolträchtig zwischen den europäischen Kolonisten und dem Land der Aborigines. Seine Rolle als „Zwischenwesen", als ein Brite, der das Leben der Aborigines kennt und sich mit diesen verbunden fühlt, bringt das Hauptthema des Romans auf den Punkt: das Identitätsproblem der Kolonisatoren.

Gemmys Auftauchen in der kleinen Gemeinde ist für die Siedler so bedrohlich, seine Kenntnis des „Anderen" so unmittelbar, daß diese sich gezwungen sehen, ihr verinnerlichtes Gefühl der Überlegenheit in Frage zu stellen. Wer sich mit Gemmy anfreundet, wird von den andern schnell geschnitten. Seine Vertreibung aus der Gemeinde erinnert den Leser an Babylon, die Wiege der Zivilisation, die die Motivation und Rechtfertigung für die Kolonisierung lieferte, deren Produkt er ist. **JSD**

Die Tränen des Großmoguls
Bharati Mukherjee

Lebensdaten | *1940 (Indien)
Erstausgabe | 1993
Erschienen bei | Alfred A. Knopf (New York)
Originaltitel | *The Holder of the World*

Die Geschichte dieses sechsten Romans der aus Indien stammenden amerikanischen Autorin wird von Beigh Masters erzählt, einer modernen Schatzjägerin, die hinter einem legendären Diamanten aus der Zeit der indischen Mogule her ist. Beigh stößt auf die Geschichte von Hannah Easton, der amerikanischen Liebhaberin eines indischen Moguls, die 1670 in Neuengland zur Welt kam. Nach einer streng puritanischen Erziehung heiratete sie einen Seefahrer und lebte in England. Später suchte sie das Abenteuer und landete hinter den verschlossenen Mauern von White Town in Indien, bevor sie von einem hinduistischen Mogul verschleppt wurde. In welcher Kultur sich Hannah auch wiederfindet – sie fühlt sich in beiden als Gefangene. Erst als sie die Liebhaberin des Moguls wird, erhält sie die Freiheit eines eigenen Willens.

In der Rahmenhandlung werden Beighs Nachforschungen über Hannah mithilfe von materialen Gegenständen wie Tagebüchern und Bildern, der Arbeit ihres Freundes Venn gegenübergestellt, der virtuell mit Computer und der nötigen Software einen Tag in unserer Zeit rekonstruiert. Daß Beighs Methode ein umfassenderes und gültigeres Bild der Vergangenheit liefert, wird unterstrichen, indem Beigh mittels einer Computeranimation physisch in Hannahs Welt eintaucht. Mukherjee erzählt eine oszillierende Geschichte über Migration und Entfremdung, in der die Grenzen zwischen den Epochen und Kulturen überschritten werden. **CIW**

Die Selbstmord-Schwestern
Jeffrey Eugenides

Lebensdaten | *1960 (USA)
Erstausgabe | 1993
Erschienen bei | Farrar, Straus & Giroux (New York)
Originaltitel | *The Virgin Suicides*

Jeffrey Eugenides wurde in Detroit als Sohn eines Griechen und einer Irin geboren. (Foto: Robert Maas, 1993)

Die Selbstmord-Schwestern ist teils Kriminalgeschichte, teils Bildungsroman, teils Tragödie – jedenfalls schockierend und schier unfaßbar, auch wenn der Roman in seinem Kern auf Tatsachen beruhen mag. Es geht um den Freitod der fünf Töchter der Familie Lisbon, die sich alle im „Jahr der Selbstmorde" umbrachten. Zu den „Indizien", die zur Erklärung des Dramas beitragen sollen, zählen die Tagebücher und Notizen der Schwestern, persönliche Erinnerungen des Erzählers und Befragungen, aber all dies trägt wenig zur Entwirrung der Tragödie bei.

Mehrere Aspekte im Leben der Mädchen scheinen sich in einer Art Mystifikation zu verlieren. Die Nachbarjungen verklärten sie zu einer monolithischen, unerreichbaren blonden Phantasie, den Erwachsenen lieferten sie Stoff für ihren überspannten Klatsch. Nach dem ersten Freitod werden die anderen vier Mädchen in der Schule durch das unbeholfene Mitleid von Lehrern und Mitschülern isoliert. Dem beharrlich nach der „Wahrheit" suchenden Erzähler gelingt es nicht, hinter das Geheimnis zu kommen, das die Mädchen und ihr unendliches Schweigen einhüllt. Er geht nie über die eigene Interpretation ihres mentalen Zustandes hinaus und kann nur auf die Rolle hinweisen, die er bei ihrem Tod spielte. Der Eindruck, ihr Freitod sei einfach der physische Vollzug einer völligen Auslöschung durch die Umgebung, wird von ihrer Mutter noch verstärkt, die eine paranoide Angst vor spiritueller Unreinheit und Umweltverschmutzung hat. Eine grassierende Hysterie über das Ulmensterben dient als Metapher für die hypochondrische Angst vor Epidemien, von der amerikanische Vorstadtmenschen befallen werden; diese schützen sich vor einer möglichen Ansteckung vorzugsweise damit, daß sie etwas Gesundes eliminieren. **AF**

Das Tagebuch der Daisy Goodwill
Carol Shields

Dieser Roman führt in einer meisterhaften Odyssee durch das fast hundertjährige Leben der Daisy Goodwill. Zehn Kapitel beschreiben jeweils ein Jahrzehnt. Die Geschichte beginnt 1905 mit Daisys tragisch verlaufener Geburt im ländlichen Manitoba, es folgen die Kindheit, die erste Heirat, die zweite Heirat, die Zeit als Mutter, die Unabhängigkeit, der Kummer, und schließlich das Alter und der Tod in Florida. Daisys Leben wird für uns zum Fenster, durch das wir auf das 20. Jahrhundert und die sich wandelnde Stellung der Frau in der Gesellschaft blicken können.

Das Tagebuch ist ein Buch über eine Frau und über die Krisen, die das Leben als Frau mit sich bringt, aber im wesentlichen ist es ein Buch über den Menschen an sich. Der Roman ist „autobiographisch" geschrieben, und er ist komplex, denn wir lernen Daisy aus den Perspektiven verschiedener Romanfiguren kennen, sowie anhand langer Abschnitte mit Briefen oder Zeitungsartikeln; ausgerechnet Daisy selbst kommt seltsamerweise selten zu Wort. Der Roman handelt von den Schwierigkeiten der Identitätssuche, die – besonders für Frauen – dadurch erschwert wird, daß wir meist durch andere definiert werden.

In Daisys Leben gibt es zwei Sinnbilder, die für die kleinen Triumphe und die alltäglichen Niederlagen in all den Jahrzehnten stehen: die absolute Unnachgiebigkeit von Stein und das Wachstum der Pflanzen. Wo Niederlagen, unermeßliches Leid oder das Alter jeder anderen Titelheldin den Tod bringen würden, setzt Carol Shields eins obendrauf und läßt Daisy weiterleben. Sie zeigt uns, auf welch überraschende Weise das Leben immer wieder aufblühen kann, und daß im Alltäglichen Würde liegt. Und Hoffnung. **GT**

Lebensdaten | *1935 (USA), †2003 (Kanada)
Erstausgabe | 1993 bei Random House (New York)
Originaltitel | *The Stone Diaries*
Pulitzer-Preis | 1995

Der Umschlag der kanadischen Erstausgabe zeigt die beiden wiederkehrenden Symbole des Buches: Blumen und Steine.

Eine gute Partie
Vikram Seth

„Auch du wirst den Jungen heiraten, den ich für dich aussuche", verkündet Mrs. Rupa Mehra ihrer jüngeren Tochter Lata zu Beginn der Geschichte. Lata selbst ist sich da nicht so sicher, und die daraus entstehenden Probleme stehen im Mittelpunkt dieses kolossalen Romans. Wird Lata ihrer Mutter gehorchen und Haresh Khanna heiraten? Er ist Manager einer Schuhfabrik und damit die beste Partie unter den dreien, die ihr den Hof machen. Oder wird sie den Dichter Amit vorziehen, den Schwager ihres Bruders? Er hatte ihr einen Antrag gemacht, nachdem sie sich während Latas Semesterferien kennengelernt hatten. Soll sie ihrer Mutter die Stirn bieten und den „unpassendsten" heiraten, den muslimischen Kommilitonen Kabir, in den sie verliebt ist? Die Geschichte über die Suche nach einem Bräutigam beschreibt das Geschick von vier indischen Familien im Jahr 1951, vier Jahre nach der Unabhängigkeit Indiens. Sie spielt vor dem Hintergrund der Landreform, religiöser Feste wie dem Pul Mela und den manchmal mit Gewalt ausgetragenen Konflikten zwischen Hindus und Moslems.

Warum sollte man ein Buch lesen, das fast so lang ist wie *Krieg und Frieden*? Im Gegensatz zu Tolstoi wälzt Vikram Seth keine schwergewichtigen Probleme, er hatte auch nicht im Sinn, ein Epos zu schreiben. Statt dessen versah er seine Prosa mit einer Leichtigkeit, die mühelos mit dem riesigen Aufgebot an Darstellern umgeht, und die die frivole Welt der anglisierten Elite und die Spannungen zwischen Wissenschaft und Politik ebenso treffend beschreibt wie die bittere Armut in den Slums. Trotz der großen Spannweite des Romans erzählt Seth mit exemplarischer Beherrschtheit, er vermeidet Exzesse und erweist den Figuren und der Handlung einen Respekt, wie er bei modernen Autoren selten geworden ist. **AB**

Lebensdaten | *1952 (Indien)
Erstausgabe | 1993 bei Phoenix House (London)
Originaltitel | *A Suitable Boy*
Autorenpreis des Commonwealth | 1994

Seths Roman spielt in Indien, seinem Geburtsland. Er lebt seit den Teenagerjahren vor allem in Großbritannien und den USA.

Der Autor posiert übermütig auf einem Stapel seiner Bücher; er schreibt ernsthafte, aber nie schwergewichtige Romane.

Allein mit Shirley
Jonathan Coe

Lebensdaten | *1961 (England)
Erstausgabe | 1993
Erschienen bei | Viking (London)
Originaltitel | *What a Carve Up!*

In diesem Roman, Coes viertem und erfolgreichstem, ist Michael Owen der unglückliche Biograph der Familie Winshaw, einer Sippe gieriger, skrupelloser Monster, die den Thatcherismus der 80er Jahre in Britannien erst möglich gemacht und von diesem auch ausgiebig profitierten haben. Nach einigen Episoden aus seinen Lehrjahren erzählt uns Michael vom Aufstieg der Winshaws zu Macht und Einfluß, von denen auch der Erzähler nicht verschont blieb. Zu guter Letzt wird der traumatisierte Michael zum Familiensitz der Winshaws gebracht, wo sie gemeinsam die TV-Seifenoper *What a Carve Up!* („Welch ein Schwindel!") nachspielen, in deren Verlauf sich Michaels Träume erfüllen und die Winshaws ihr Fett abkriegen.

Wenn Kritiker Coes schillernden Roman als „postmodern" bezeichneten, dann vermutlich aufgrund seiner Metatextuellen Verspieltheit, seiner unzuverlässigen Erzählfigur, der vermischten literarischen Stile und der scheinbar beliebigen Verkettung von Figuren und Handlungen. Genauso fest ist der Roman jedoch auch im viktorianischen sozialen Realismus verankert, der persönliche Schicksale und soziopolitische Kontexte miteinander verschränkt. Viele Romane von Coe sind verschleierte Detektivgeschichten, die mit lockeren Fäden beginnen und diese nach und nach zu eleganten Knoten verbinden. Das Ende von *Allein mit Shirley* ist befriedigend, und die literarischen Kniffe sind entzückend, aber man täusche sich nicht: in seinem Kern ist der Roman eine grimmige Sozialsatire. **PM**

Wiedergeburt am Ganges
Shusaku Endo

Lebensdaten | *1923 (Japan), †1996
Erstausgabe | 1993
Erschienen bei | Kodansha (Tokio)
Originaltitel | *Fukai Kawa*

Diesen Roman schrieb der katholische Schriftsteller in seinen letzten Lebensjahren, als er in seinem Land längst zur kulturellen Größe und für viele zum moralischen Gewissen der Nation geworden war. *Wiedergeburt am Ganges* faßt die persönlichen Konflikte und Ansichten eines ganzen Lebens zusammen. Der Roman erzählt von einer Gruppe japanischer Touristen, die in Nordindien den Ganges besuchen und dabei in verschiedene Lebenskrisen geraten. Ein Veteran des Zweiten Weltkriegs wird von den Schrecken des Burma-Feldzugs verfolgt; ein Geschäftsmann, der von Schuldgefühlen geplagt wird, sucht nach der Reinkarnation seiner Frau, die an Krebs starb. Endos religiöse Ader zeigt sich in der Gestalt von Otsu, einem von Rom abgelehnten japanischen Katholiken, der in Indien seine eigenen Vorstellungen der Religion lebt. Mit dabei ist auch Misuko, die Otsu einmal frivol verführt hat, um seinen Glauben auf die Probe zu stellen, und die nun auf Vergebung hofft.

Endo schildert Indien und seine Glaubenswelt aus einer japanischen Perspektive, im Zentrum des Romans steht jedoch ein Thema, das ihn ein Leben lang beschäftigte: der Katholizismus in Japan. Seine Kritik am Materialismus und an der mangelnden Spiritualität der Japaner ist ebenso unerbittlich wie seine Absage an den Anspruch der europäischen Kirchenführung, den Glauben zu definieren und zu kontrollieren. Endos religiöse Vision ist allumfassend und tolerant, und seine Protagonisten finden alle ihre Versöhnung, Selbstachtung oder Erfüllung. **RegG**

Die Zwillinge

Tessa de Loo

Lebensdaten | *1946 (Holland)
Erstausgabe | 1993
Erschienen bei | De Arbeiderspers (Amsterdam)
Originaltitel | *De tweeling*

Die Zwillinge Anna und Lotte wurden schon früh getrennt, zuerst durch den Tod der Eltern, dann infolge von Krankheiten, Familienfehden und schließlich durch den Zweiten Weltkrieg. Nun treffen sie sich mit 74 Jahren zufällig im belgischen Spa wieder, und beide reagieren auf die unerwartete Begegnung unterschiedlich. Die deutsche Schwester Anna hat in ihrer Adoptivfamilie gelitten, und der Krieg und die Zeit haben ihre alle genommen, die ihr früher ein Zugehörigkeitsgefühl gegeben hatten; sie begrüßt die wiedergefundene Schwester voller Begeisterung. Die in Holland aufgewachsene Lotte empfindet immer noch einen lange gehegten Haß auf ihre alte Heimat, und sie reagiert auf Annas freudige Begrüßung mißtrauisch und abweisend.

In *Die Zwillinge* verleiht Tessa de Loo den Millionen von Deutschen eine Stimme, die vom Tribunal der Geschichte der stillen Duldung des Genozids angeklagt sind. Mit Anna beschreibt sie eine durchschnittliche Frau, die stark vom historischen Klischee abweicht. Im Kontrast dazu stehen Fragen von größerer moralischer Tragweite: wie viel Energie und Ressourcen dürfen wir für uns selbst beanspruchen, wie viel davon müssen wir – auch in Situationen großer Bedürftigkeit – für andere aufsparen? Können Zuneigungen und Freundschaften aus Kindheitstagen erneuert werden, nachdem sie ein halbes Jahrhundert lang unterbrochen waren? Der Roman liefert keine Antworten, aber die aufgeworfenen Fragen bleiben noch lange im Gedächtnis haften. **MW**

„Was hatte eine Deutsche hier in Spa zu suchen, wo auf jedem Platz, in jeder Grünanlage ein Mahnmal stand, auf dem Namen von Gefallenen aus zwei Weltkriegen in Stein gemeißelt waren?"

Der Umschlag der Erstausgabe des Romans.

Einladung zum Tanz
A. L. Kennedy

Lebensdaten | *1965 (Schottland)
Erstausgabe | 1993
Erschienen bei | Secker & Warburg (London)
Originaltitel | *Looking for the Possible Dance*

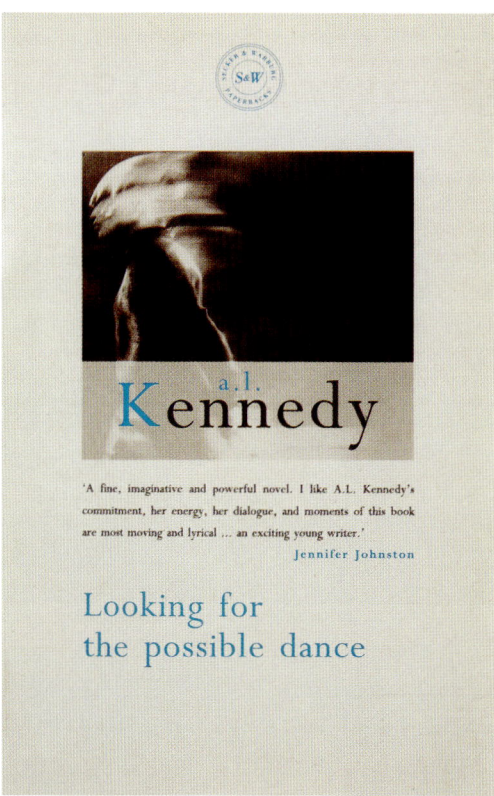

Kennedy erzählt eine fast alltägliche Geschichte über das Leben, über die Liebe und das Opfer, das in den Beziehungen zwischen den Geschlechtern oft erbracht werden muß. Anhand des Widerstands, den die Protagonistin Margaret ihrer einschränkenden Rollen als Tochter, Frau und Mätresse leistet, deckt Kennedy die Zerbrechlichkeit der Männer und ihre unvermeidliche und lästige Abhängigkeit von den Frauen auf, die neben Liebe auch Haß schürt.

Margaret sitzt im Zug von Glasgow nach London und erzählt von den Ereignissen, die sie in ebendiese Situation gebracht haben. Ihr geliebter, aber besitzergreifender Vater ist gestorben, und sie hat ihre Stelle bei der Stadtverwaltung verloren, weil sie das Liebeswerben ihres Chefs nicht erwiderte und er sie deshalb mobbte. Ihr Freund wurde von einer Gang grauenhaft zugerichtet, sie nagelten ihn wie einen Gekreuzigten auf den Boden eines Warenlagers, weil er Kredithaie aus der Gegend verpfiffen hatte. Nachdem sie seinen Heiratsantrag schon einmal ausgeschlagen hatte, muß sie sich nun erneut entscheiden, ob sie die Beziehung auffrischen und sein öffentlich erbrachtes Opfer mit ihrem privaten vergelten soll. In einem typisch vieldeutigen Entschluß schickt Kennedy die Titelheldin nach Hause, so daß die Entdeckungsreise dort endet, wo sie begonnen hat. Margaret ist erfüllt von besorgter Liebe und beklemmender Angst, die sie in dieser gekonnt ausbalancierten Erzählung zwischen Verpflichtung und Verlangen in der Schwebe halten. Nur das Tanzen gewährt ihr kurze Momente einer sozialen Zufriedenheit, aber die Hoffnung auf neue Bekanntschaften erfüllt sich schlußendlich nicht. Die seelenlose Realität der Gegenwart mündet in Gewalt – in die öffentliche Gewalt der Männer untereinander und in die private Gewalt der Männer gegenüber den Frauen. In diesem Roman bietet der Tanz des Lebens wenig Fluchtmöglichkeiten vor einer Routine, in der die Liebe immer mit Verbitterung einhergeht. **CJ**

Alison L. Kennedy zählt zu den meistbeachteten Autorinnen Großbritanniens.

Gesang vom großen Feuer
Sebastian Faulks

Dies ist „eine Geschichte über Liebe und Krieg", eine Mischung aus Fakten und Fiktion, mit der Faulks verhindern will, daß der Erste Weltkrieg aus dem Bewußtsein der Öffentlichkeit verschwindet. „Wir werden sie nicht vergessen" heißt das Versprechen, das in diesem Roman bekräftigt wird, indem er den Opfern des Krieges ein Gesicht gibt – sowohl den Toten als auch denen, „die man nie mehr fand". Faulks schreckt nicht davor zurück, den Leser zu emotionalisieren, um eine herzzerreißende Betroffenheit auszulösen. Er sieht das Heldentum nicht in blindem Draufgängertum, sondern in der Tapferkeit, mit der die Angst und das lähmende, sinnlose Leiden ertragen werden.

Im Jahr 1978 findet Elizabeth die Kriegstagebücher ihres Großvaters Stephen Wraysford. Als sie seine Geschichte liest, entdeckt sie seine Vergangenheit und findet zu einer eigenen Identität – sie „lernt mehr über sich selbst". Die explizite, intensive sexuelle Beziehung von Stephen zu seiner Geliebten Isabelle steht stellvertretend für all diejenigen, die – wie etwa sein Freund Weir – starben, ohne je Sex gehabt zu haben, und der Horror der Schützengräben wird den späteren Generationen, die nie im Kampf gewesen sind, tief ins Gedächtnis eingebrannt. Faulks gibt uns als Leser eine Ahnung davon, wie wir in extremen Kriegssituationen reagieren würden, und dadurch lernen wir – zusammen mit Elizabeth – mehr über uns selbst. Nationalistisch ist der Roman keineswegs, zumindest wird Stephen von einem Deutschen gerettet, mit dem er „über die befremdende Unergründlichkeit der menschlichen Existenz" weint. Faulks läßt durchblicken, daß sich der Krieg letztendlich nicht mit Worten beschreiben läßt, weil die Wahrheit zu schrecklich ist, um ausgesprochen und begriffen zu werden. Der „Birdsong" (dt. Vogelgesang) im englischen Originaltitel ist die Stimme einer verlorenen Generation. **AR**

Lebensdaten | *1953 (England)
Erstausgabe | 1993
Originalsprache | Hutchinson (London)
Originaltitel | *Birdsong*

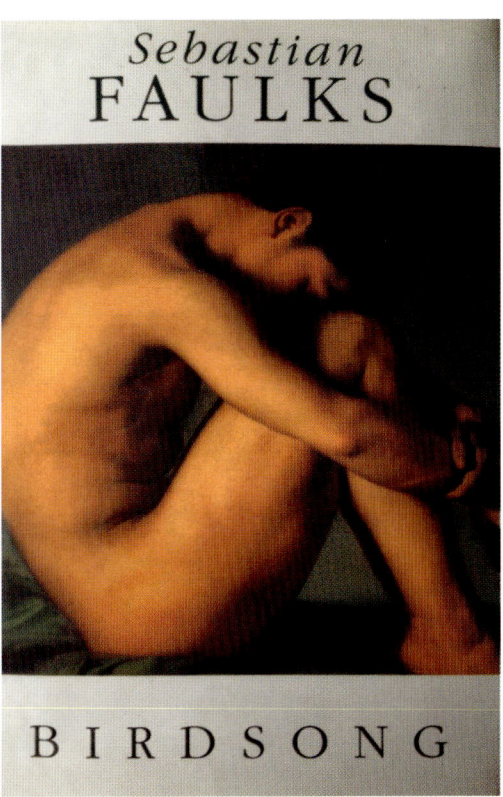

Sebastian Faulks ist ein beliebter Schriftsteller, der heutige Leser mit historischen Themen zu fesseln versucht.

Schiffsmeldungen

E. Annie Proulx

Lebensdaten | *1935 (USA)
Erstausgabe | 1993
Erschienen bei | Scribner (New York)
Originaltitel | *The Shipping News*

Quoyle ist ein 36jähriger Reporter aus New York mit einer betrüblichen Vergangenheit – seine Eltern begingen Selbstmord und seine Frau starb bei einem Autounfall. Seine Tante wollte schon immer in ihre Heimat zurück, und so überredet sie Quoyle, mit ihr nach Neufundland umzusiedeln. Er überwindet seine Wasserscheu und wird Redakteur für Schiffsmeldungen beim Lokalblatt. Schon bald wird er von einer Reihe von Ereignissen beunruhigt. In der Stadt fällt ihm eine graziöse Frau auf, sie hat ein Kind mit Down-Syndrom; sie schließen Freundschaft, und es kommt beinahe zu Intimitäten. Quoyles Vorfahren, die in der Nähe gelebt hatten, waren gefürchtete Piraten und Mörder. Er besucht ihre Gräber, und auf dem Heimweg findet er einen Koffer mit einem Kopf drin. Am Ende triumphiert das Leben über den Tod, indem Quoyle einen Schiffbruch überlebt und sein Freund Jack seinen Ertrinkungstod nur fingiert.

Nachdem Proulx zu hören bekommen hatte, ihr erster Roman sei etwas zu düster geraten, versuchte sie es in *Schiffsmeldungen* mit einem etwas weniger niederschmetternden Ausgang. Die Geschichte endet aber keineswegs euphorisch – man hat den Eindruck, das beste, was die Autorin ihren Helden angedeihen lassen könne, sei die Abwesenheit von Traumata und Schmerzen, und so ist die Auflösung dieses seltsam beunruhigenden Romans alles andere als behaglich. **EF**

„Seine Gedanken stampften wie das unförmige Ding, das die alten Seeleute, wenn sie ins Halblicht der Arktis trieben, Seelunge nannten."

Die Landschaft von Neufundland ist für die Romanhandlung und die Entwicklung der Charaktere von entscheidender Bedeutung.

Warten auf Dunkelheit, warten auf Licht

Ivan Klíma

Lebensdaten | *1931 (Tschechoslowakei)
Erstausgabe | 1993
Erschienen bei | Cesky spisovatel (Prag)
Originaltitel | Cekání na tmu, cekání na svetlo

Was bedeutet es, frei zu sein? Wie reagieren wir, wenn alte Grenzen verschwinden? Und welche der vielen Identitäten, die wir annehmen, entspricht unserem wahren Selbst? Klíma, der im Kalten Krieg streng zensuriert wurde, erforscht diese großen Fragen in seinem Roman verblüffend souverän, stilsicher und kenntnisreich, ohne Schlüsse zu ziehen oder zu moralisieren. In surrealistischer Manier mischt er Imagination, Satire und schwarzen Humor, und obwohl er mit der „samtenen Revolution" von 1989 ein spezifisch tschechisches Ereignis thematisiert, gehen Handlungsorte und Aussage des Romans weit über sein Land hinaus.

Das Buch erzählt vom eigensinnigen Pavel, der als Kameramann für ein restriktives, korruptes Regime arbeitet. Er biegt sich seine eigene Welt zurecht und träumt davon, seine wahre Persönlichkeit ausleben zu können. Als sich ihm diese unwahrscheinliche Möglichkeit tatsächlich bietet, ergründet der Roman, wie seine wahre Persönlichkeit aussieht und wie er mit dem verwirrenden Widerspruch zwischen Ideal und Aktion umgeht. Damit verwoben sind mehrere Erzählstränge, sie schildern einen Präsidenten in einem eingebildeten, senilen Labyrinth, ein Theaterstück, das Pavel einmal schreiben möchte, eine längst verflossenen Liebe, und sogar ein Geiseldrama. Im Zentrum aber steht der wankelmütige, mittelmäßige, unvollkommene und damit sehr menschliche Pavel. **TSu**

Die Entdeckung der Currywurst

Uwe Timm

Lebensdaten | *1940 (Deutschland)
Erstausgabe | 1993
Erschienen bei | Kiepenheuer & Witsch (Köln)
Jakob-Wassermann-Literaturpreis | 2006

Mit dem Erzählmaterial, das der produktive Erfolgsautor Uwe Timm in Die Entdeckung der Currywurst gepackt hat, könnte der Roman viermal so lang sein. Reizthemen wie das Ende des Zweiten Weltkriegs, Ehebruch oder die Nazis dampfte er auf ihre emotionale Essenz ein, auf das scheinbar inadäquate und dennoch potente Symbol der deutschen Nachkriegsgesellschaft – die allgegenwärtige Currywurst.

Timms Neugier über den Ursprung der Delikatesse fußt in seiner Kindheit, denn schon damals hatte er die Wurst an Lena Brückers Schnellimbiß gegessen. Lena behauptet, die Currywurst erfunden zu haben, aber bevor sie die Details ihrer kulinarischen Entdeckung verrät, erzählt sie, wie es überhaupt dazu kam. Timm gibt vor, sein Interesse an Lena gelte dem Rätsel der Currywurst, aber eigentlich geht es ihm um die Rätsel des Krieges, der Pflicht und der Liebe. Lena erzählt von ihrer Affäre mit Bremer, einem Soldaten, der sich vor den Nazis versteckte. Um die Beziehung intakt zu halten, hatte sie die ungeschriebenen Gesetze der Liebe verraten und ihn belogen.

Die geschickt gehandhabten großen Themen verleihen dem Roman einen betörenden Duft, während die Currywurst für die raffinierte Würze sorgt. **AB**

Disappearance *
David Dabydeen

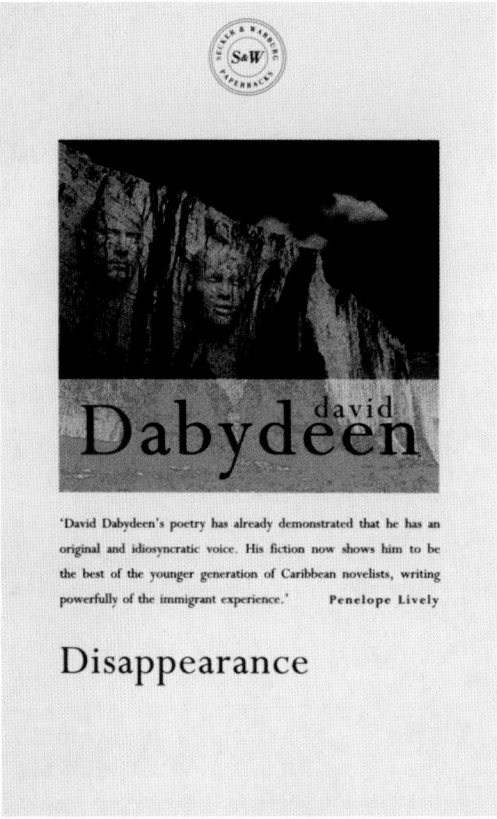

„Naipaul hat einmal gesagt, er würde sterben, wenn er nicht schreiben könnte. Als ich das hörte, war ich sehr jung, aber ich fühlte genau wie er." David Dabydeen

Mit seinem ersten Roman *Die Zukünftigen* gewann Dabydeen den angesehenen Guyana Prize for Literature.

Lebensdaten | *1956 (Guyana)
Erstausgabe | 1993
Erschienen bei | Secker & Warburg (London)
Originalsprache | Englisch

Der Erzähler, ein Ingenieur aus Guyana, wird nach Kent in England geschickt, um die Errichtung von Schutzbauten zu leiten, die ein Dorf auf den Klippen vor dem Absturz bewahren sollen. Der ernsthafte, stille Mann quartiert sich bei einer alten, quirligen Engländerin ein, die von Afrika, wo sie mehrere Jahre gelebt hat, fasziniert ist. Je mehr ihn die Frau über seine afrikanische Herkunft ausfragt, um so mehr beunruhigt ihn die Frage, die im Zentrum des Romans steht: Kann man seine Vergangenheit je loswerden? Der Erzähler entdeckt, daß hinter der englischen Freundlichkeit eine latente Gewalt lauert, die mit dem alten britischen Imperium zu tun hat. Dies bietet Anlaß zu einer beeindruckenden Betrachtung über England als einem Land der Monumente und Überlieferungen, die in letzter Konsequenz von dem zeugen, was man kaum je zur Kenntnis genommen hat: die großen zivilisatorischen Errungenschaften kamen durch Gewalt zustande, mit Toten und mit Sklaven. Als die Küstenverbauung fertiggestellt ist, fragt sich der Guyaner, ob man auch seinen Beitrag für das Land wieder vergessen werde. Dabei wird nicht verschwiegen, daß auch sein Selbstverständnis auf einer Verleugnung der eigenen Wurzeln beruht.

Trotz der Leichtigkeit seines Erzählstils verleiht Dabydeen seinem kurzen Roman Ernsthaftigkeit und Resonanz, indem er darauf hinweist, daß es eher das Abwesende als das Allgegenwärtige ist, von dem das moderne britische Selbstverständnis geprägt wurde. **AB**

Versuch über die Liebe
Alain de Botton

Lebensdaten | *1969 (Schweiz)
Erstausgabe | 1993
Erschienen bei | Macmillan (London)
Originaltitel | On Love

Wie der Titel vermuten läßt, gehört der Roman in das Genre der philosophischen Essays, wie es im Werk von Michel de Montaigne seinen höchsten Ausdruck fand. De Botton erzählt jedoch eine durchaus moderne Liebesgeschichte, und die gekonnte Verknüpfung von Intellekt und Gefühl, von Philosophie und Fiktion macht das Buch reizvoll und originell. Unverblümt intellektuell sind die Referenzen an Wilde, Heidegger, Hegel, Marx, Nietzsche, Kant, Wittgenstein, Platon, Mill, Heraklit, Freud und Flaubert – um nur einige zu nennen. Der belesene Erzähler reflektiert kenntnisreich und gewitzt über die universelle Erfahrung der Verliebtheit und deren Ende; über das Gefühl, füreinander bestimmt zu sein, wenn man sich zum ersten Mal verliebt; über die Idealisierung des Partners; über die Fallstricke der Verführung; über den Mangel an Echtheit im Bestreben, derjenige zu sein, von dem man vermutet, daß er vom Partner erwartet wird; über die Getrenntheit von Körper und Geist beim Liebesakt; über die Unsicherheit, wenn der Partner die Zuneigung plötzlich erwidert; über die Art, wie die Verliebtheit einem ein Spiegelbild seiner selbst vorhält. Die Betrachtungen über die Liebe sind verwoben mit der Liebe des Erzählers zu Chloë, die er auf dem Flug von Paris nach London getroffen hat. Der Roman wurde nicht für unsterblich Verliebte geschrieben, aber er ist eine genaue und geistreiche philosophische Auseinandersetzung mit dem Thema, gleichzeitig überzeugt er mit seiner unwiderstehlich gut erzählten Liebesgeschichte. **SJD**

„Es gehört zu den ironischen Begleitumständen der Liebe, daß es das Leichteste von der Welt ist, jene zu verführen, von denen wir uns am wenigsten angezogen fühlen."

Alain de Botton nähert sich in seinem Roman dem Thema „Liebe" in essayistischer Form.

Corellis Mandoline
Louis de Bernières

Lebensdaten | *1954 (England)
Erstausgabe | 1994
Erschienen bei | Secker & Warburg (London)
Originaltitel | Captain Corelli's Mandolin

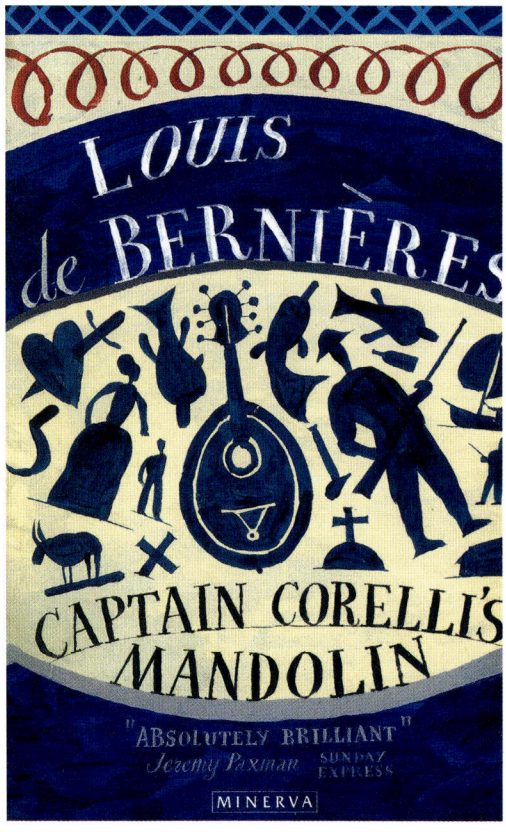

Louis de Bernières schreibt in der Tradition des großen Gabriel García Márquez. Seine kolossalen, weitläufigen Erzählungen umfassen jeweils ganze Welten und beschreiben das Leben und die Beziehungen der meist langlebigen Bewohner untereinander von der Wiege bis zur Bahre. Damit entstehen humorvolle Romane von ansehnlicher Breite und Tiefe.

Der Haupterzählstrang in *Corellis Mandoline* beschäftigt sich mit Pelagia und ihrem Vater Dr. Iannis, die auf der schönen griechischen Insel Kephalloniá leben. Vor dem schrecklichen Hintergrund der Besetzungen durch italienische und deutsche Truppen während des Zweiten Weltkrieges beschreibt de Bernières die sich zwischen Pelagia und dem musikbegabten italienischen Kapitän Corelli entwickelnde Liebesgeschichte. Der Roman, der mit einer Unmenge weiterer Figuren aufwartet, wird aus der Perspektive mehrerer Quellen erzählt, sei es die allwissende Erzählstimme, geheime Briefe, Dr. Iannis' historische Aufzeichnungen oder Mussolinis größenwahnsinniges Gebell aus dem Radio. Diese Vielfältigkeit – die schön, lustig, traurig, erschreckend und vor allem menschlich sein kann – mag auf den ersten Blick verwirren, ist man aber einmal in der Geschichte drin, wird man von der facettenreichen Erzählung gefesselt, die weise und humorvoll davon zeugt, daß die verzweifelte menschliche Existenz gleichzeitig unendlich einsam und mit allem und allen innigst verwoben sein kann. Trotz der Fülle der geschilderten Ereignisse ist der Roman kein historisches Lehrbuch, denn de Bernières vermeidet den Anspruch auf historische Objektivität. Dafür schildert er besser als jedes Geschichtsbuch den Schrecken, das Leid und die seltsamen Wunder, die den „kleinen Leuten" in einem Krieg widerfahren, mit dem sie eigentlich nichts zu tun haben. **SJD**

Corellis Mandoline wurde 2001 mit Starbesetzung (Pénélope Cruz, Nicholas Cage) von John Madden weit unter dem Niveau des Romas verfilmt.

Spät war es, so spät
James Kelman

Die Verleihung des Booker-Preises 1994 an James Kelman löste eine Kontroverse aus, in der Londoner *Times* kanzelte man das Werk als „literarischen Vandalismus" ab. In der Folge wurde der Roman eher für seine „üble" Sprache bekannt als für seine Innovationen in bezug auf Form und Stil.

Lebensdaten | *1946 (Schottland)
Erstausgabe | 1994
Erschienen bei | Secker & Warburg (London)
Originaltitel | *How Late It Was, How Late*

Spät war es, so spät ist ein Roman über eine existielle Entfremdung, erzählt aus der Sicht des arbeitslosen Sammy Samuels aus Glasgow, der von der Polizei verprügelt wurde und dabei das Augenlicht verlor. Er kämpft sich durch das Labyrinth der Stadt und der Sozialämter, um aus seiner „Dysfunktion" etwas Kapital zu schlagen. Gleichzeitig macht er sich Gedanken über seine mißliche Lage. Das kafkaeske Gespür Kelmans demaskiert die willkürliche, repressive Macht des Establishments, wobei er sich in der Beschreibung des Horrors der Sprache selbst bedient, indem er den traditionellen Rahmen des Englischen verläßt und Sammy in seiner Glasgower Umgangssprache sprechen läßt. In einem weiteren Befreiungsschlag bewegt sich die Erzählung zwischen der ersten und der dritten Person hin und her, womit die Grenze zwischen Erzähler und Protagonist und damit die traditionelle Hierarchie zwischen Subjekt und Objekt der Beschreibung verschwindet. Sammy ist Subjekt und Objekt zugleich, eine instabile Identität mit beschädigtem Selbstverständnis. Das Gefühl der Entfremdung wird durch die Wiederholung von Wörtern, Aktionen und Ereignissen verstärkt. So bleibt Sammy im jetzigen Moment gefangen, jeglicher Bedeutung, Richtung und Handlungsmöglichkeit beraubt. Im postindustriellen Schottland ist diese Zwickmühle kennzeichnend für Männer in der Krise. Immerhin wird die erniedrigende Macht des Establishments hier mit einem Großaufgebot an Gefühlen, intellektuellen Einsichten und entwaffnendem Humor bekämpft. **CJ**

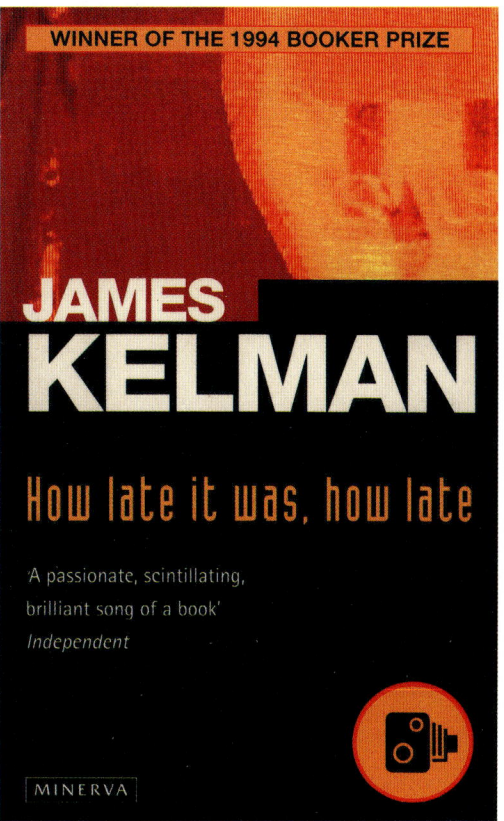

James Kelman zählt zu den bedeutendsten Vertretern der zeitgenössischen schottischen Literatur. 2005 hat er *Spät war es, so spät* als Hörspielproduktion für den WDR bearbeitet.

Die Schwester
Jáchym Topol

Lebensdaten | *1962 (Tschechoslowakei)
Erstausgabe | 1994
Originalsprache | Atlantis (Brno)
Originaltitel | Sestra

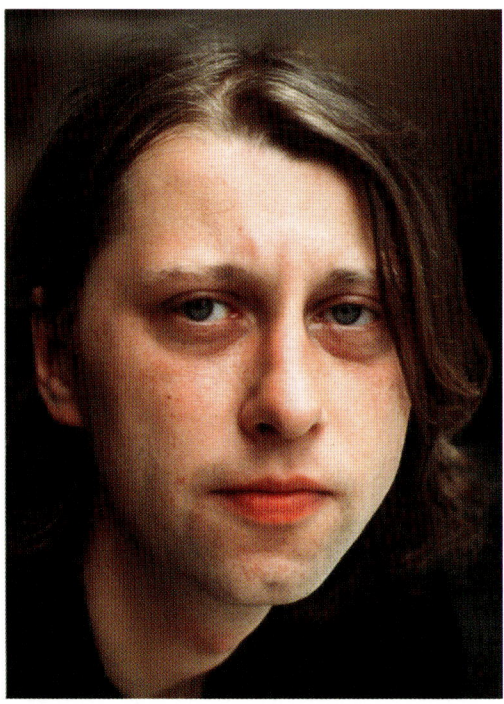

„Wir waren die Menschen des Geheimnisses. Wir warteten."

Jáchym Topol ist einer der mutigsten und dynamischsten tschechischen Autoren seit der Wende. Er ist der Sohn des Dramatikers Josef Topol und der Bruder von Filip, dem Frontmann der Rockband *Psí vojáci*. Er gehörte zum künstlerischen und politischen Untergrund und war der jüngste Unterzeichner der Charta 77. Topors *Die Schwester* ist die wohl nachhaltigste Aufarbeitung der Zeit nach dem Mauerfall, und Topor gehört zu den ersten, die in einem Roman so ausgiebig mit dem profanen Jargon der tschechischen Umgangssprache experimentierten, die in den Jahrzehnten der Okkupation oft unterdrückt wurde. Das Buch kann durchaus als Unabhängigkeitserklärung der neuen Republik Tschechien betrachtet werden.

Der Roman beginnt in der Frühphase der Revolution und beschreibt Ostdeutsche, die über Prag in den Westen flüchten. Dabei wird auch der Haupterzähler vorgestellt, eine entfremdete, poetische Figur namens Potok, der sich einer Truppe von Halbkriminellen anschließt, die inmitten des Chaos am Anbruch der neuen Zeit ein paar Geschäfte machen wollen. Danach explodiert die Zeit förmlich, und der Roman wird zu einer wunderlichen Reise durch die europäische Geschichte, die trunken umhersteuert zwischen sozialem Realismus, Nachrichten aus den Medien, Traumsequenzen und esoterischer Mythologie. Das Buch liest sich nicht leicht, wenn man mit Tschechien nicht vertraut ist. Aber damit erfährt der Leser genau die Unsicherheit, die für die Zeit und die Menschen nach 1989 charakteristisch ist. Nicht zu vergessen ist die parallel ablaufende, ergreifende Liebesgeschichte, in der Potok nach seiner „Schwester" oder Seelenverwandten sucht und diese schließlich auch findet. Topols Roman ist schön, verblüffend und voller bleibender Eindrücke. **SamT**

◉ Vor 1989 ein subversiver Poet und Songschreiber, gehört Topol heute zur Avantgarde der tschechischen Romanautoren.

Erklärt Pereira
Antonio Tabucchi

Jedes Kapitel dieses Romans beginnt mit den Worten „Pereira erklärt, …", denn die Geschichte wird dem Erzähler von Pereira erzählt, dem Kulturredakteur der Zeitung Lisboa. Tabucchis Liebe zu Lissabon spürt man, wenn er die Stadt unter der Sonne erglühen oder unter einer kühlen Meeresbrise frösteln läßt. Wir sind im Sommer 1938, überall in Europa sitzen Diktatoren fest im Sattel, und in Portugal beginnt man Salazars feste Hand zu spüren. *Erklärt Pereira* ist eine Geschichte über die Macht der Worte, und wie diese die Menschen dazu bringen können, politische und moralische Verantwortung zu übernehmen. Zu Beginn des Romans ist Pereira ein eher schwerfälliger, in sich gekehrter Witwer, der sich deprimiert mit einem Fotografen über seine verstorbene Frau unterhält. Unberührt vom Zerfall der Demokratie und der Gewalt, mit der Salazars Regime Protestierende zum Schweigen bringt, beschäftigt sich Pereira mit seinen Herzproblemen und intellektuellen Gedanken über den Tod. Die ganze Erzählung ist vom Geruch des Todes durchdrungen. Als Pereira auf einen philosophischen Essay des jungen, aufbegehrenden Monteiro Rossi über den Tod stößt, beginnt er die Judenvernichtung und die Niederschlagung der Arbeiterproteste zur Kenntnis zu nehmen. Schließlich wird Pereira durch die bestialische Ermordung von Monteiro durch die Schergen Salazars politisiert.

Der Tod ist eine politische Metapher für die Absenz von Freiheit. Symbolisch betrachtet, entsteht durch den Tod Leben – und Pereiras Entschluß, für das Leben zu kämpfen. Der Roman endet mit einem verwandelten Pereira, einem jüngeren und beschwingteren, der gegen die Unterdrückung anschreiben will. Vor der Flucht aus Portugal klagt er die Regierung in einem mutigen Artikel in *Lisboa* für die Ermordung seines Freundes Monteiro an. **RPi**

Lebensdaten | *1943 (Italien), †2012 (Portugal)
Erstausgabe | 1994
Erschienen bei | Feltrinelli (Mailand)
Originaltitel | *Sostiene Pereira. Una testimonianza*

„Und er, Pereira, dachte über den Tod nach."

Der italienische Autor Tabucchi war Professor für portugiesische Literatur. In der Verfilmung von *Erklärt Pereira* (1998) kann man Marcello Mastroianni in seiner letzten Rolle bewundern.

Mister Aufziehvogel
Haruki Murakami

Lebensdaten | *1949 (Japan)
Erstausgabe | 1994
Erschienen bei | Shinchosa (Tokio)
Originaltitel | *Nejimaki-dori kuronikuru*

Toru Okada, der Erzähler in Murakamis umfangreichstem Roman, hat seinen Job in einer Anwaltskanzlei aufgegeben. Er sitzt zu Hause in einer Vorstadt von Tokio, während seine Frau arbeiten geht. Schon bald wird Okada durch eine Reihe seltsamer Vorfälle irritiert: die Katze bleibt unauffindbar, er erhält erotische Anrufe von einer Unbekannten, und ein Wahrsager vererbt ihm eine leere Schachtel. Dann kommt eines Tages seine Frau nicht mehr nach Hause.

Der Roman wird zu einer vieldeutigen Suche mit vielen verblüffenden Hinweisen. Okada trifft ein Mädchen, das auch keine Arbeit hat, und die beiden gehen eine platonische Freundschaft ein. Sie weist ihm die Richtung zu einem Garten mit einem trockenen Brunnen. Ein alter Soldat erzählt ihm, wie er im Krieg mehrere Tage auf dem Grund eines trockenen Brunnens in der Mongolei zubrachte. Okada beginnt im Brunnen des Gartens zu meditieren, die Grenzen zwischen verschiedenen Realitäten werden porös.

„Die meisten japanischen Autoren", sagt Murakami, „sind der Schönheit der Sprache verfallen. Dies möchte ich ändern … Sprache ist … ein Kommunikationsmittel." Sein geradliniger Stil ist im Japanischen prägnanter, aber er bleibt in der Übersetzung beeindruckend genug. **TEJ**

Die Madonna der Mörder
Fernando Vallejo

Lebensdaten | *1942 (Kolumbien)
Erstausgabe | 1994
Erschienen bei | Alfaguara (Bogotá)
Originaltitel | *La virgen de los sicarios*

Der Schriftsteller Fernando kehrt nach 30 Jahren in die geschundene Stadt Medellín zurück. Dort verliebt er sich in Alexis, einen der jungen Auftragsmörder, die als riskante Sexspielzeuge auf den Partys der zynischen Spaßgesellschaft auftauchen. Der abgekämpfte, misanthropische Pygmalion ist von der verblüffenden Reinheit des mörderischen Geschöpfs fasziniert. Er streift mit ihm durch die Stadt, auf deren Straßen der Tod lauert, weil Alexis und seinesgleichen alle Probleme immer mit einer Kugel lösen.

Vallejos Stil ist brillant: von der katholischen Liturgie und dem kaltblütigen Slang der Drogenhändler und Killer bis zum grotesken Horror beherrscht er alle Register. Die Erschießung eines verwundeten Hundes ist allerdings das einzige Verbrechen und die einzige Gnade, die er toleriert. Gegen Ende der Geschichte stirbt Alexis, weil er sich schützend vor den verzweifelten Fernando stellt. Dieser hat in Wilmar schon bald einen Ersatz gefunden, ohne zu wissen, daß Wilmar Alexis' Mörder ist. Als Fernando dahinterkommt, wird auch Wilmar von anonymen Kugeln getroffen.

Dieser Monolog über die Liebe, den Tod und die Weltverachtung richtet sich ausdrücklich an einen ignoranten Fremden in der Hölle, einen notwendigen Kontrapunkt, der den ironisch-belehrenden Ton des Erzählers erklärt. Mit Vallejo spricht in *Die Madonna der Mörder* eine der stärksten Stimmen des spanischsprachigen Romans unserer Tage. **DMG**

In Murakamis Roman ist die Alltagswelt in der Großstadt durchdrungen von Geheimnissen und abgründigen Begierden.

Land
Park Kyong-ni

Lebensdaten | *1926 (Südkorea), †2008
Entstehungszeit | 1969–1994
Dt. Übersetzung | 2000 bei Secolo (Osnabrück)
Originaltitel | *Toji*

Die umfangreiche Saga erzählt die dramatische Geschichte von vier Generationen der reichen Großgrundbesitzer-Familie Choi von 1897 bis zur Befreiung von den Japanern 1945 und berührt viele, kaum verstandene Aspekte der koreanischen Lebensart und Geschichte.

Im ersten Band (1897–1908) schildert die Autorin den Niedergang der Familie Choi und die Übernahme ihrer Besitztümer durch den entfernten Verwandten Cho Joon-ku. Ebenfalls erzählt wird die Kindheit der Tochter Seo-hee, die mit anderen Dorfbewohnern nach China auswandert, weil sie Cho Joon-ku hassen. Teil 2 (1911–17) beschäftigt sich mit Seo-hees Leben und Erfolg in China. Sie heiratet Gilsang, einen früheren Bediensteten der Familie Choi, und kehrt nach Hause zurück. Geschildert wird auch die koreanische Unabhängigkeitsbewegung und die Konflikte unter den Exilkoreanern. In Teil 3 (1919–29) gelingt es Seo-hee, Cho Joon-ku zu vertreiben, im Vordergrund stehen aber die Schwierigkeiten der koreanischen Intellektuellen mit der japanischen Herrschaft.

In Teil 4 (1930–39), während die zwei Söhne Seo-hees aufwachsen, taucht die Autorin tiefer in die koreanische Geschichte, Lebensweise und Kunst ein. Man erfährt, wie die Koreaner mehr Selbstbewußtsein entwickelten, während die japanische Okkupation eine zunehmende Zersetzung der Gesellschaft zur Folge hatte. Teil 5 (1949–45) stellt die koreanischen Freiheitskämpfer ins Zentrum und findet seinen Höhepunkt mit der Kapitulation der Japaner. **Hoy**

Ausweitung der Kampfzone
Michel Houellebecq

Lebensdaten | *1958 (La Réunion)
Richtiger Name | Michel Thomas
Erstausgabe | 1994 bei M. Nadeau (Paris)
Originaltitel | *Extension du domaine de la lutte*

Dies ist eine Studie über die Entfremdung des heutigen Menschen. In einer geradlinigen, fast journalistischen Prosa protokolliert der Ich-Erzähler sein einsames Leben als Computerfachmann. Er verdient genug, aber seine Arbeit befriedigt ihn nicht, ebensowenig wie die Dinge, die er sich kaufen kann. Es gelingt ihm zwar, eine passable Imitation eines funktionierenden Individuums abzugeben, aber er ist außerstande, eine Beziehung zu Sachen oder Menschen aufzubauen.

Der Titel *Ausweitung der Kampfzone* weist, wie der französischen Originaltitel auch, auf das Hauptthema des Romans hin: der hinterlistige Vormarsch kapitalistischer Werte hat jeden Aspekt unseres Lebens unterwandert, selbst die Domänen der Liebe und des Sex unterliegen den Wettbewerbsmechanismen der Wirtschaft. Dadurch ist eine „sexuelle Unterschicht" entstanden, die im Roman durch den Erzähler und seinen häßlichen Kollegen Tisserand verkörpert wird, der mit achtundzwanzig immer noch Jungfrau ist. Betrunken, gelangweilt und am Rande eines Zusammenbruchs, versucht der Erzähler Tisserand dazu zu überreden, die letzte der zahlreichen Frauen, die ihn abgewiesen hat, zu ermorden – als könne er seinen sexuellen Frust damit kompensieren.

Houellebecqs Ansichten sind deterministisch, bei ihm ist der Mensch kaum mehr als die Summe seiner Gene und seines sozialen Rangs, und diese Einschätzung der heutigen europäischen Gesellschaft ist es wohl, die Houellebecq zu einem der populärsten und einflußreichsten Autor unserer Tage macht. **SS**

Lästige Liebe
Elena Ferrante

Lebensdaten | *1946 (Italien)
Erstausgabe | 1995
Erschienen bei | Edizioni e/o (Rom)
Originaltitel | *L'amore molesto*

Der scharf beobachtete und in einer fast schmerzlichen Direktheit erzählte Roman spielt im betörenden, aber oft lebensfeindlichen Neapel, dessen chaotisch überfüllte Straßen einen zentralen Handlungsschauplatz ausmachen. Delia, eine Illustratorin aus Neapel, die seit Jahren in Bologna lebt, kehrt in ihre Geburtsstadt zurück, weil ihre Mutter unter mysteriösen Umständen gestorben ist. Sie kann nicht glauben, daß die lebensbejahende, temperamentvolle Frau Selbstmord begangen haben soll. Delia sucht nach den wahren Gründen ihres Todes und befaßt sich dabei unvermeidlich auch mit der Wahrheit über ihre Familie und mit dem Lügengebilde und den Gefühlen, die sie zusammenhielt.

Die Rekonstruktion der letzten Tage ihrer Mutter werfen ein Licht auf verdrängte Vorfälle in Delias Leben. Atemlos und gepeinigt erzählt sie, wie die Beziehung zu ihrer Mutter in die Brüche ging, nachdem ihr der rabiate Vater vorgeworfen hatte, sie gehe fremd. Delia ist allerdings nicht bereit, der ganzen Wahrheit über ihre Mutter und sich selbst ins Auge zu blicken – sie geht nach Bologna zurück, als das Rätsel über die letzten Tage ihrer Mutter kurz vor der Auflösung steht, und läßt die Lügen und Wahrheiten Neapels hinter sich.

Ferrantes Debütroman *Lästige Liebe* wurde gefeiert, weil der Roman eine psychologisch einfühlsame, effiziente und einfache Prosa sowie die luzide Analyse einer Mutter-Tochter-Beziehung im heutigen Italien in sich vereinigt. **LB**

Hellas Channel
Petros Markaris

Lebensdaten | *1937 (Türkei)
Erstausgabe | 1995
Erschienen bei | Gabrielides (Athen)
Originaltitel | *Nychterino deltio*

In *Hellas Channel: ein Fall für Kostas Charitos* erzählt Markaris den ersten einer ganzen Reihe von Kriminalfällen, die sein Athener Inspektor Kostas Charitos zu lösen hat. Ein scheinbar simples Eifersuchtsdrama in der albanischen Emigrantenszene bekommt mehr Brisanz, als sich die prominente Fernsehjournalistin Karayoryi für den Fall interessiert. Kurz bevor ihre Enthüllungsstory über den Sender gehen kann, wird sie allerdings ermordet. Charitos macht sich an die schwierigen Ermittlungen, an deren Ende die Aufdeckung eines internationalen Kinderhändlerringes steht.

Obwohl Charitos keinen liebenswürdigen Erzähler abgibt, beginnt man als Leser mit dem aggressiven, pessimistischen Charakter zu sympathisieren. Er ist über fünfzig, und die dramatischen Ereignisse in seinem Leben machten ihn rastlos und zynisch. Während der Militärdiktatur wußte er, wohin er gehörte. Aufstiegschancen hat Charitos keine, weil er mit der komplizierten griechischen Demokratie Mühe hat. Das Verhältnis zu seiner Frau ist getrübt, der Weggang ihrer Tochter machte ihre Beziehung inhaltslos.

Mit seiner gewundenen, verzwickten Geschichte gewährt Markaris dem Leser einen tiefen Einblick in das moderne Griechenland. Dieser reicht vom männlichen Rollenverständnis Charitos über die notorischen Athener Verkehrsstaus und die korrupte Politik im alten wie im neuen Griechenland bis zu den Folgen des Zusammenbruchs der kommunistischen Staaten Osteuropas. **CIW**

Das Ende der Geschichte
Lydia Davis

Lebensdaten | *1947 (USA)
Erstausgabe | 1995
Erschienen bei | Farrar, Straus & Giroux (New York)
Originaltitel | *The End of the story*

Der Roman beginnt getreu seinem Titel mit dem Ende einer Liebesaffäre. Die Erzählerin, eine Schriftstellerin und Universitätsdozentin, greift um ein Jahr vor und schildert ihren vergeblichen Versuch, „ihn" in einer fremden Stadt zu finden. Sie hat eine Anschrift von ihm, findet an den Türschildern des Hauses aber nur unbekannte Namen. Mit mehr als nur einem flüchtigen Blick auf Proust (Davis ist eine angesehene Proust-Übersetzerin) läßt die Autorin ihre Protagonistin immer wieder an der Tür zur Vergangenheit klingeln – in der vergeblichen Hoffnung, auf der anderen Seite die Wahrheit zu erfahren. Ihr Wunsch ist um so dringender, als sie über ihre Erlebnisse einen Roman schreibt, und zwar genau den, den man gerade liest (oder etwa nicht?).

Wie viele Romane unserer Zeit, handelt auch dieser von seiner mühevollen Entstehung. Davis geht es nicht darum, gewohnte Erzählmethoden ironisch zu hintertreiben, ihr geht es um das seltsame Paradox, daß der Versuch einer Klärung von Ereignissen leicht auf deren Verschüttung hinauslaufen kann. Deshalb zweifelt auch diese Erzählerin an der Zuverlässigkeit ihrer Erinnerung.

Die Einfachheit und kristallklare Schärfe von Davis' Prosa verstärkt das Gefühl der Flüchtigkeit des Lebens und der Liebe, und wir kommen zur schmerzlichen Erkenntnis, daß wir unsere Geschichten nur erzählen können, wenn wir nicht mehr Teil von ihnen sind. **JC**

Die Arbeit der Liebe
Gillian Rose

Lebensdaten | *1947 (England), †1995
Erstausgabe | 1995
Erschienen bei | Chatto & Windus (London)
Originaltitel | *Love's Work: A Reckoning With Live*

Freud definierte die Liebe und die Arbeit als die Grundlagen des menschlichen Glücks. Die Philosophin und Sozialtheoretikerin Gillian Rose untersucht in ihrem autobiographischen Buch in dialektischer Verschränkung die Liebe zur Arbeit (Denkarbeit, philosophische Arbeit) und die Arbeit der Liebe. Sie erzählt von ihrer ersten Begegnung mit der über 90jährigen New Yorkerin Edna, die mit Krebs lebt, seit sie sechzehn war. Anhand der Geschichte Ednas beleuchtet Rose die Bedeutung des Überlebens und die Notwendigkeit, „skeptisch" zu leben. Widersprüche, Unterschiede, und wie wir mit diesen umgehen, stehen im Zentrum von *Die Arbeit der Liebe*. Für Rose kommen diese in der Beziehung zwischen Protestantismus und Judentum stark zum Ausdruck, im Ruf nach „Innerlichkeit" oder in einem Gebot, das Gehorsam verlangt, aber keinen Glauben. Das Buch handelt von der „Erziehung", wobei die Bedeutung dieses Begriffs dauernd hinterfragt wird.

Erst mitten in der Geschichte läßt uns die Autorin wissen, daß sie Krebs in einem fortgeschrittenen Stadium hat. Vorher hat sie bereits die vernichtende Wirkung einer unglücklichen Liebe geschildert, die sie annehmen muß, damit „ich eine Chance zum Überleben habe". Rose konfrontiert uns mit unseren Vorurteilen gegenüber der Krankheit und fordert uns auf, nachzudenken über das Leben und das Sterben, über die Komödie des Lebens und die Tragödie der Philosophie, und deren letztendliche Untrennbarkeit. **LM**

Das Gleichgewicht der Welt
Rohinton Mistry

Lebensdaten | *1952 (Indien)
Erstausgabe | 1995 bei McClelland & Stewart (Toronto)
Originaltitel | A Fine Balance
Autorenpreis des Commonwealth | 1996

Mistrys Roman spielt Mitte der 70er Jahre in Indien. Ishvar und sein Neffe Omprakash, zwei Schneider, verlassen ihr Dorf unter tragischen Umständen, um in der Stadt zu arbeiten. Bei ihrer Arbeitgeberin, der Witwe Dina Dalal, wohnt auch Manek, der studierende Sohn ihrer Freundin. Die wackelige Freundschaft der vier wird von Mistry vor dem Hintergrund des chaotischen Ausnahmezustandes beschrieben, der in Indien 1975 verhängt wurde.

Beschrieben wird die rücksichtslose Brutalität des Kastenwesens, das die Protagonisten schutzlos der Armut und der Diskriminierung ausliefert. Der historische Roman rekonstruiert akribisch das Indien zur Zeit Indira Ghandis, in dessen Kontext Mistry ein paradoxerweise menschliches Abbild der Unmenschlichkeit vorführt.

Äußerst unsentimental und voll schwarzem Humor führt uns der Roman durch eine boshafte, manchmal karnevaleske Welt bitterer Armut und größter Ohnmacht. Das schockierende und beklemmende Ende des Romans ist erschütternd wie sonst kaum eines in der Literatur des 20. Jahrhunderts. Mistrys größte Leistung liegt vermutlich in der klarsichtigen Abbildung der unerbittlichen, anonymen Brutalität. Sein Roman schildert Menschen, die zugrunde gehen – nicht an persönlichen Schwächen, sondern an der institutionalisierten Ungerechtigkeit und der Arroganz der korrupten Machthaber. Die Genialität des schaurig-schönen Buches liegt darin, daß es dem Leser eine Flucht ins Pathos oder in den Zynismus verunmöglicht. **PMcM**

„Jetzt war es nicht mehr nötig, ihren Bruder aufzusuchen und um die Miete für den nächsten Monat zu betteln. Sie atmete tief ein. Wieder einmal war ihre zerbrechliche Unabhängigkeit gerettet."

Rohinton Mistry lebt seit 1975 in Kanada, aber seine Romane und Kurzgeschichten spielen in seinem Geburtsland Indien.

Der Vorleser
Bernhard Schlink

Lebensdaten | *1944 (Deutschland)
Erstausgabe | 1995
Erschienen bei | Diogenes (Zürich)
Verfilmung | 2009

Der 15jährige Michael Berg fühlt sich auf dem Nachhauseweg von der Schule unwohl, und die Straßenbahnschaffnerin Hanna Schmitz kommt ihm zu Hilfe. Als er sich später bei ihr bedankt, beginnt für die beiden eine leidenschaftliche, aber kurze Beziehung, obwohl sie mehr als doppelt so alt ist wie er. Michael ist hin- und hergerissen zwischen seiner Jugendlichkeit und seiner Leidenschaft für Hanna, und als sie eines Tages auf geheimnisvolle Weise verschwindet, ist er am Boden zerstört. Obwohl die Affäre nur von kurzer Dauer war, hat sie einen fundamentalen Einfluß auf Michaels Persönlichkeitsbildung. Sein Selbstverständnis wird erschüttert, als er Hanna Jahre später bei den Nürnberger Prozessen auf der Anklagebank wiedersieht. Durch ihre Weigerung, sich zu verteidigen, kommt Michael langsam darauf, daß sie ein Verbrechen verheimlicht, das erniedrigender ist als Mord. Als Jurastudent und ehemaliger Liebhaber in einer Person versucht er, die abscheulichen Verbrechen, derer Hanna angeklagt ist, und seine eigenen Erlebnisse mit der einst von ihm geliebten Frau unter einen Hut bringen.

Bernhard Schlink, selbst Juraprofessor und Richter, setzt sich in *Der Vorleser* mit den komplexen moralischen Fragen auseinander, die in der Auseinandersetzung mit den Nazi-Verbrechen entstehen. Er konzentriert sich aber nicht auf die Opfer, sondern verschiebt den Fokus auf die Nachkommen der Naziverbrecher. Der Roman fordert den Leser zum Nachdenken darüber auf, inwiefern die Nachkriegsgeneration für die Sünden ihrer Eltern zur Rechenschaft gezogen werden kann, falls denn solche Abscheulichkeiten überhaupt gesühnt werden können. Dient die Dämonisierung der Nazis der Bestrafung ihrer Taten, oder ist sie eine eigennützige Maßnahme, mit der zwischen ihnen und uns eine verlogene Grenze geschaffen werden soll? **BJ**

Vor der Publikation von *Der Vorleser* hatte sich Schlink im deutschen Sprachraum bereits als Krimiautor einen Namen gemacht.

Santa Evita
Tomás Eloy Martínez

Der Roman handelt von den Nachforschungen über die Irrfahrt des Leichnams von Eva Perón (1919–52) in den Jahren nach ihrem Tod. Die sofort nach dem Tod einbalsamierte Reliquie verließ Argentinien, als der verwitwete Diktator 1955 ins Exil gehen mußte, und für das neue Regime wurde sie zum befremdenden und peinlichen Phänomen. Die Geschichte des einbalsamierten Körpers ist schwer zu fassen – er wurde gekidnappt, kopiert, nach Europa verfrachtet, später wieder hergestellt und nach Argentinien zurückgebracht. Die zur Legende verklärte Odyssee des Leichnams wird von einem Erzähler geschildert, der explizit mit dem Autor identifiziert wird – in Gestalt ihres Bewachers, der als ein Opfer des Fluchs geschildert wird, der von der Verstorbenen ausgeht.

Das Buch ist ein dokumentarischer Roman, eine Abenteuergeschichte und eine häretische Heiligendarstellung, und es ist das Werk eines Autors, der sich seine Obsession mit Evita vom Leib schrieb. Wie ein Einbalsamierer versucht er, den Zerfall einer Leiche und ihrer Geschichte zu verhindern. Kritisch gegenüber dem nekrophilen Einschlag Argentiniens, stellt Eloy Martínez die allegorische Reichweite schon auf den ersten Seiten klar, manchmal mit parodistischen Attacken, die auf die fragile Grenze zwischen Fakten und Fiktion hinweisen. Er verhehlt nicht, daß auch die authentischen, transkribierten Interviews, die Zitate und die Kommentare historischer Quellen zwangsläufig einer Manipulation unterlagen. Der Autor experimentiert mit verschiedenen Stilmitteln – Handschriften, Gesprächen, Briefen –, und er weist darauf hin, daß er das unmögliche Ende der Geschichte umschreiben und neu erfinden mußte, womit der Roman das Bildnis einer zukünftigen, reinen und endgültig erneuerten Evita liefert. **DMG**

Lebensdaten | *1934 (Argentinien), †2010
Erstausgabe | 1995
Erschienen bei | Planeta (Buenos Aires)
Originaltitel | *Santa Evita*

Der Journalist, Dozent und Romanautor Tomás Eloy Martínez ist ein Kenner der Politik und der Geschichte Argentiniens.

Hin und weg
Alan Warner

Lebensdaten | *1964 (Schottland)
Erstausgabe | 1995
Erschienen bei | Jonathan Cape (London)
Originaltitel | Morvern Callar

Es ist kurz vor Weihnachten und Morvern Callar entdeckt ihren Freund tot auf dem Küchenboden. Klar, daß sie zuerst an die Ambulanz denkt, aber sie raucht gerade eine Zigarette (die erste von vielen) und wendet sich vom toten Freund ab, um die Nacht mit Alkohol, Drogen und Sex zu verbringen. Dies, so stellt sich heraus, ist für Morvern typisch. Während Warner die Umstände des Selbstmords und Morverns konfuse Reaktion darauf schildert, lernen wir eine ganze Reihe apathischer, verkommener Käuze aus den schottischen West Highlands kennen, die in der fiktiven Stadt „The Port" festsitzen.

Hauptfigur aber ist Morvern, die den Roman mit ihrer abgeschlafften Stimme und ihrem eklektischen Musikgeschmack dominiert. Warner gibt nicht vor, man könnte aus Morverns Seele klug werden, aber sie hat durchaus ihre eigene Moral, und damit hat sie den Drogenschluckern, Stadteulen und Null-Bock-Typen, die sie unterwegs trifft, etwas voraus. Sie paßt sich jeder Situation optimal an, sie nutzt die Gunst der Umstände, und letztendlich gewinnt sie daraus eine neue Perspektive und eine neue Sicht auf ihr Leben und die Leute aus ihrem Umfeld. Mit der Beschreibung des ungezügelten Hedonismus der Rave-Szene der frühen 90er Jahre und des britischen Tourismus – inklusive Club-Med-Ferien –, zeichnet der Roman das Porträt einer ganzen Generation, und seine einmalige Stimme wirkt auch heute noch sehr lebendig. **MD**

Die Ungetrösteten
Kazuo Ishiguroo

Lebensdaten | *1954 (Japan)
Erstausgabe | 1995 bei Faber & Faber (London)
Originaltitel | *The Unconsoled*
Originalsprache | Englisch

Es gibt wohl kaum einen Roman, der auf die Leser so hypnotisch wirkt wie dieses einmalige Werk von Ishiguro. Wenn seine Geschichte überhaupt einen Angelpunkt hat, dann ist es das unheimliche Déjà-vu-Erlebnis des Lesers und des Erzählers Ryder. Der Roman beginnt mit der Ankunft Ryders im Hotel in einer mitteleuropäischen Stadt, wo er in der Stadthalle das wahrscheinlich wichtigste Konzert seines Lebens geben soll. Er ist davon überzeugt, der größte Pianist seiner Generation zu sein, aber er leidet an heftigen Amnesie-Anfällen.

Die musikbesessene Stadt, in der er sich befindet, ist sowohl eine Stadt der Imagination wie auch ein physischer Ort. Während Ryder durch die Straßen geht, trifft er auf vertraute Bekannte und auf Leute, die ihn ihrerseits erkennen. Seine Vergangenheit sickert fortwährend in die Gegenwart ein, und Ishiguro läßt die fiktionale Welt mit gewandten surrealen Pinselstrichen über ihre Ufer treten. Der Raum verdichtet sich und expandiert wieder, die Zeit verliert an Bedeutung, und Ryder verstrickt sich in eine Situation, auf die er keine Antwort findet. Die Erzählung spielt mit Ryder (und dem Leser), indem sie seine beschränkte Sicht auf die eigene Vergangenheit und die Ereignisse um ihn herum mit einer hellsichtigen Stimme in der dritten Person kombiniert, die ihm scheinbar unmögliche Erkenntnisse erschließt. *Die Ungetrösteten* ist eine virtuose Leistung, ein aufregender, einmaliger Text, der dem Leser einiges abverlangt, ihn dafür aber auch reich belohnt. **MD**

Alias Grace
Margaret Atwood

Lebensdaten | *1939 (Kanada)
Erstausgabe | 1996
Erschienen bei | McClelland & Stewart (Toronto)
Originaltitel | *Alias Grace*

Alias Grace ist ein lyrischer, historischer Roman um die Lebensgeschichte des Dienstmädchens Grace Marks, die zu den berühmt-berüchtigtsten Kriminellen Kanadas gehörte. Grace schildert ihr Leben mit verbitterter Stimme, von der Kindheit in Irland über das Leben in der Unterklasse im viktorianischen Kanada bis zu ihrer Überführung als Mörderin ihres Arbeitgebers im Jahr 1843, als sie gerade sechzehn war. Der Roman wird von Dr. Simon Jordan erzählt, einem Irrenarzt, der von einer Gruppe von Reformern und Spiritualisten engagiert wurde, um Grace' Begnadigung zu erreichen. Während Jordan Grace immer näher an den Tag heranführt, an den sie sich nicht erinnern kann, erfährt er vom gespannten Verhältnis ihres Herrn James Kinnear zu seiner Haushälterin und Mätresse Nancy und vom bedrohlichen Diener McDermott.

Der Roman enthält sozialkritische und feministische Elemente, die die Beziehung zwischen Sex und Gewalt in einer repressiven Gesellschaft betonen. Anhand der Reaktionen der Öffentlichkeit weist Atwood auch auf das ambivalente Frauenbild jener Zeit hin. Für die eine Fraktion war die Frau ein schwaches Wesen, dementsprechend war Grace ein Opfer, das zur Notwehr gezwungen wurde. Andere glaubten, Frauen seien von Natur aus boshafter als Männer. Der Widerspruch zwischen dem dämonischen und dem pathetischen Frauenbild spiegelt sich subtil in der Figur von Grace, die nach einem Aufenthalt im Irrenhaus behauptet, sie könne sich an keinen Mord erinnern. **EF**

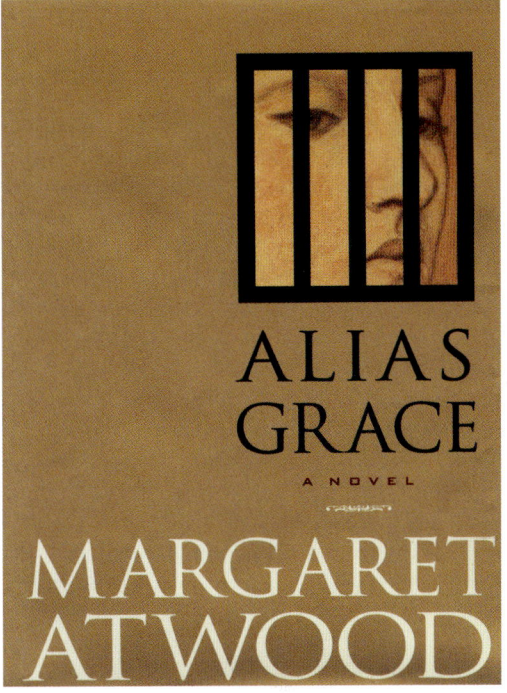

„An meinem nächsten Geburtstag werde ich vierundzwanzig Jahre alt werden. Ich bin hier eingesperrt, seit ich sechzehn war. Ich bin eine vorbildliche Gefangene und mache keine Unannehmlichkeiten."

Das Umschlagbild der Originalausgabe greift das im Roman behandelte Themen Gefangenschaft auf.

Buddhas kleiner Finger
Viktor Pelewin

Lebensdaten | *1962 (UdSSR)
Erstausgabe | 1996
Erschienen bei | Vagrius (Moskau)
Originaltitel | *Chapaev i Pustota*

Der Titelheld dieses Romans heißt Pjotr, er ist ein Genosse Chapajews, eines Helden des russischen Bürgerkrieges. Dieser wurde in den 1930er Jahren durch einen Propagandafilm berühmt, der eine ganze Flut respektloser Chapajew-Witze zur Folge hatte. In den turbulenten 1920er Jahren gibt sich Pjotr dem Alkohol und dem Kokain hin, die ihm Träume bescheren, die ihn in einer Art umgekehrter Rückblende in eine postsowjetische Irrenanstalt versetzen, wo drei Insassen während ihrer Therapie ihre Geschichte offenbaren. Über allem schwebt die buddhistische Vision des zum spirituellen Lehrer mutierten Chapajew, die sich mit dem Sinn und der Auflösung der Realität befaßt.

Die Verknüpfung der verschiedenen Handlungsstränge und Figuren ist rein zufällig. Die Sprache und die Motive – aus dem Alltag der postsowjetischen Zeit, aus überholten Ideologien, aus der Geschichte, der Literatur, der Zen-Philosophie und der Popkultur – mögen inkongruent erscheinen, aber sie sind Teil eines absurden Plots, bei dem all die fremdartigen, übertriebenen und wahnwitzigen Enden zu einem Bildteppich verknüpft sind, der die übergeordnete Bedeutung enthüllt. Der größte Reiz des Romans besteht in der spielerischen Art, wie er einen Sinn gleichzeitig verneint und sich daran erfreut. Das Buch hat etwas von einem ganz langen, komplexen und vor allem sehr guten Witz, und wie alle guten Witze sagt auch dieser einiges über die „Wirklichkeit" aus. **DG**

Unendlicher Spaß
David Foster Wallace

Lebensdaten | *1962 (USA), †2008 (USA)
Erstausgabe | 1996
Erschienen bei | Little, Brown & Co. (Boston)
Originaltitel | *Infinite Jest*

Wie soll man ein Buch beschreiben, das über tausend Seiten und fast vierhundert ausführliche (und urkomische) Anmerkungen hat? Eine Beschreibung muß da zwangsläufig unvollständig sein. Der Roman spielt in der nahen Zukunft, und *Unendlicher Spaß* ist der Titel eines Films des avantgardistischen Regisseurs James O. Incandenza, der so lustig ist, daß er jeden Zuschauer in eine unkontrollierbare Heiterkeit versetzt. Als der Filmemacher samt seinem Film verschwindet, versuchen ihn allerlei finstere Figuren sowie in- und ausländische Regierungsbeamte ausfindig zu machen. In das darauf folgende Chaos sind die Insassen einer Bostoner Suchtklinik ebenso involviert wie die „Enfield Tennis Academy". Diese zwei Schauplätze bilden die Brennpunkte des Romans. Anhand des ersten beleuchtet Wallace die zentrale Rolle der Sucht in der Konsumgesellschaft und den Stellenwert der Drogen. Der zweite ist ein sportliches Treibhaus, wo Kinder für eine Tennisindustrie gedrillt werden, die den allermeisten von ihnen die kalte Schulter zeigen wird.

Der satirische Roman schwelgt schamlos in den verblödeten Auswüchsen der amerikanischen „Kultur", um diese gleichzeitig gnadenlos zu attackieren. *Unendlicher Spaß* ist das vor Einfällen sprühende, sprachlich originelle, äußerst detailreiche und unterhaltsame Buch, das man auf eine einsame Insel mitnehmen würde. **MD**

> Der Debütroman von David Foster Wallace wurde in den USA begeistert aufgenommen und als „das Werk eines Genies" *(Seattle Times)* gefeiert.

Die Germanistin
Patricia Duncker

Lebensdaten | *1951 (Jamaika)
Erstausgabe | 1996
Erschienen bei | Serpent's Tail (London)
Originaltitel | *Hallucinating Foucault*

Die Germanistin ist ein düsterer, tragischer Roman, der aber auch ganz schön romantische und sogar lustige Seiten hat. Er ist ebenso beunruhigend wie betörend. Obwohl es im Roman auch um Tod, Sex, Verbrechen und Wahnsinn geht, dreht sich die Geschichte doch primär um die Liebe. Und es geht um die surreale Trennung eines Autors von seinem Werk und um den Wahnsinn des Lesers, der Autor und Werk liebt, aber auf verschiedene Art.

Dunckers retrospektive Ich-Erzählung handelt von einem jungen Studenten, der eine Doktorarbeit über das Werk des (fiktiven) französischen homosexuellen Romanciers Paul Michel schreibt. Der Doktorand verliebt sich in eine Germanistin, die in dazu bringt, in Frankreich nach Michel zu suchen. Der Schriftsteller wird in psychiatrischen Anstalten festgehalten, seit er in der Folge von Foucaults Tod im Jahr 1984 in einen Zustand des Wahnsinns verfiel. Indem sich der Erzähler auf die Suche macht, beginnt für ihn eine Liebesaffäre, die sein Leben und sein Werk für immer verändern wird.

Nach der Lektüre der letzten Zeilen von *Die Germanistin* bleibt das tiefe Gefühl, man sei aus einer Welt verstoßen worden, deren Teil man war und die einen gefangennahm. Mit ihrem ersten Roman schrieb Duncker eine Geschichte über die Liebe zwischen Leser und Autor, die für jeden Leser ihrerseits den Beginn einer Liebesaffäre mit dem Werk dieser Autorin bedeutet. **SJD**

„Die Liebe zwischen einem Schriftsteller und seinem Leser wird nie richtig gefeiert, ihre Existenz ist nicht zu beweisen."

In ihrem Debütroman erzählt Duncker die Geschichte eines französischen Romanciers, der am Tod Foucaults verzweifelt.

Fluchtstücke
Anne Michaels

Lebensdaten | *1958 (Kanada)
Erstausgabe | 1996
Erschienen bei | McClelland & Stewart (Toronto)
Originaltitel | *Fugitive Pieces*

Der Roman, für den Michaels mehrere Auszeichnungen und begeisterte Kritiken bekam, erzählt vom jüdischen Knaben Jakob, der während des Holocaust vom griechischen Archäologen Athos aus Polen gerettet und auf die griechische Insel Zakynthos geschmuggelt wird. An seinem Zufluchtsort in den Hügeln ist Jakob nicht nur von Pflanzen und steinernen Artefakten umgeben, sondern auch von der klassischen Dichtkunst. Er lernt soviel er kann, aber er trauert auch um seine ermordeten Eltern und seine Schwester.

Die zuvor schon für ihre Lyrik bekannte Autorin schrieb ihren ersten Roman in einer dichten, klangvollen und rhythmischen Sprache. Michaels verwendet das Vokabular der Archäologie, der Geologie und der Literatur, um eine einmalige persönliche und politische Geschichte und die sich zwischen Jakob und seinem Retter entwickelnde Beziehung zu schildern. Wir begleiten die beiden auf ihrer Reise nach Kanada, wo man gegenüber Immigranten eine neue Haltung einzunehmen beginnt. Während er immer noch unter dem Tod seiner Familie leidet, verfolgt Jakob eine literarische Laufbahn, zu der ihn Athos ermutigt hat. In der Dichtung und in der bei ihm spät erwachenden Sexualität findet er seine Erlösung. Im letzten Teil des Romans zeigt sich der Niederschlag seiner unterdrückten emotionalen Verletzungin der Reaktion eines Lesers seiner Gedichte. Damit beschreibt Michaels die kulturenübergreifende Verflechtung von Menschen durch die Weitergabe eines niedergeschriebenen Erfahrungswissens, dem eine heilende Kraft innewohnt. **AC**

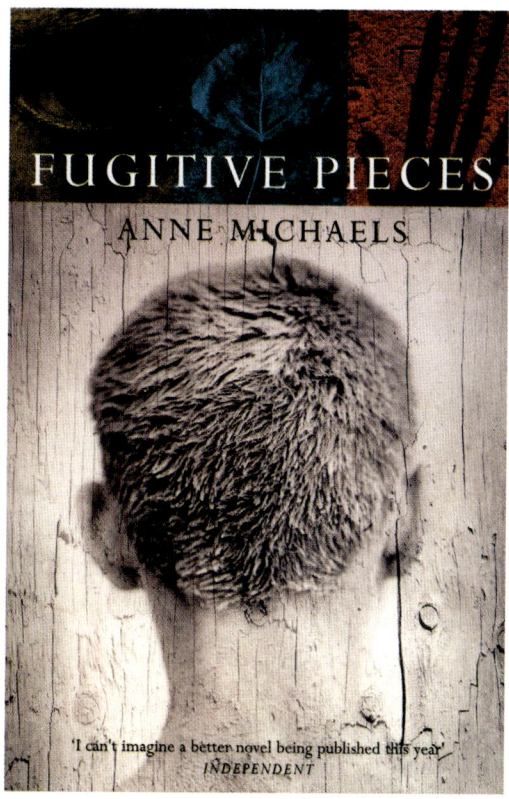

„Trauer braucht Zeit. Wenn ein Steinsplitter seine Existenz, seinen Atem so lange ausstrahlt, wie beharrlich wird die Seele sein."

Anne Michaels unterrichtet Creative Writing an der Universität ihrer Heimatstadt Toronto.

Eine leichte Komödie
Eduardo Mendoza

Lebensdaten | *1943 (Spanien)
Erstausgabe | 1996
Erschienen bei | Seix-Barral (Barcelona)
Originaltitel | *Una comedia ligera*

Zehn Jahre nach *Stadt der Wunder* kehrte Eduardo Mendoza mit *Eine leichte Komödie* zum großangelegten Roman mit vielschichtigem Personal zurück – wie gewohnt kompetent und mit einer großen Portion Ironie. Mendoza handelt, denkt und leidet mit seinen Figuren, durchlebt mit ihnen ein dramatisches Wirrwar, doch die leichte Kömödie endet schließlich mit einem Mord. Die thrillerartige Detektivgeschichte ist jedoch sekundär, sie dient vor allem der Hinterfragung scheinbarer Gewißheiten und der Vermittlung der Stimmung, die Mitte der 50er Jahre am Ende einer Ära herrschte. Während sich der Roman durch die Straßen und Plätze von Barcelona bewegt, beschreibt er die rauhe Atmosphäre und die raffinierten Freizeitvergnügungen der Bourgeoisie in einer ergiebigen Parodie auf die Stadt mitsamt ihrer Polizei, den Falange-Führern, den Schwarzhändlern und den Gecken aus gutem Hause.

Die feinsinnigen Komödien, die der Protagonist Carlos Prullàs schreibt, scheinen für ein anderes Publikum aus einer anderen Zeit bestimmt zu sein. Die neuen Zeiten – so Prullàs' enger Freund Gaudet – verlangen ein sozial realistisches, ein avantgardistisches Theater. Ohne sich dessen bewußt zu sein, nimmt die Theaterwelt die Umwälzungen der Zukunft vorweg, und sie weist auf das Ende einer Epoche und Prullàs' Unfähigkeit hin, sich den neuen Zeiten anzupassen. Schon bald wird sich der melancholische Schatten einer unumkehrbaren Veränderung über seine sorglosen und gemütlichen Sommertage legen. **JGG**

Vernimm mein Flehen
Ann-Marie MacDonald

Lebensdaten | *1958 (Kanada)
Erstausgabe | 1996
Erschienen bei | Knop, Toronto
Originaltitel | *Fall on Your Knees*

Der kanadische Dichter Earl Birney stellte in bezug auf Kanadas Geisterwelt einmal fest: „Das einzige, was uns hier verfolgt, ist der Mangel an Geistern."

Die kanadische Dramatikerin und Schauspielerin Ann-Marie MacDonald unternimmt in ihrem ersten Roman einiges, um diesen Mißstand zu beheben. *Vernimm mein Flehen* spielt auf Cape Breton Island in Nova Scotia und erzählt die Geschichte der Familie Piper. Die Geschichte beginnt damit, daß James Piper, ein Klavierstimmer gälischer Herkunft, mit Materia Mahmoud durchbrennt, einer Tochter reicher Libanesen. Die Wurzeln der Familie Mahmoud sind ebenso kunterbunt wie die vierzig Ethnien, die Cape Breton Island bevölkern.

Um die vier Piper-Töchter kreist der Roman, sie sind das Herzstück des familiären Zusammenhalts. Kathleen, die Erstgeborene, gibt sich den Bühnen der Welt als Operndiva hin und verkörpert die Familienliebe, aber auch Mord. Mercedes ist die Heilige, die sich für andere aufopfert. Frances, das selbsterklärte schwarze Schaf der Familie, wird getrieben von der Angst, sie könnte die Zuneigung der Familie verlieren, und Lilly ist das Produkt des rabenschwarzen Familiengeheimnisses, das im Roman herumgeistert.

Der Roman erzählt eine aufwühlende Fabel über Liebe, Sünde, Schuld und Erlösung einer Familie, gleichzeitig deckt er den großen weißen Fleck in Kanadas kulturellem Erbe auf, und zwar anhand einer freudschen Analyse des Verhältnisses von Vertrautem und Unvertrautem und der kontinuierlichen Erörterung von Geographie und Identität. **JSD**

Seide
Alessandro Baricco

Lebensdaten | *1958 (Italien)
Erstausgabe | 1996
Erschienen bei | Rizzoli (Mailand)
Originaltitel | *Seta*

Wir sind im Jahr 1861, Flaubert schreibt gerade an Salammbô, das elektrische Licht ist noch unbekannt, und auf der anderen Seite des Atlantiks tobt der amerikanische Bürgerkrieg. Der Franzose Hervé Joncour verläßt sein Städtchen Lavilledieu regelmäßig, um in Japan Eier von Seidenraupen zu kaufen; er bringt sie nach Europa, wo die Seidenindustrie zu florieren beginnt.

Joncours Reisen sind von geradezu ritueller Regelmäßigkeit. Der schweigend abgewickelte Handel, bei dem er Goldplättchen gegen Raupeneier eintauscht, findet immer in den gleichen Tagen des Jahres am gleichen Ort mit denselben anonymen Lieferanten statt. Der Franzose gewöhnt sich allmählich an das Schweigen seiner Handelspartner, er wird Zeuge des Krieges, den die Europäer gegen Japan führen, um Zugang zum Seidenhandel zu erhalten, und er beschreibt die Folgen dieses Krieges mit einfachen Worten. Dann trifft sich Joncours verstohlener Blick eines Tages mit dem einer mysteriösen Asiatin mit westlichen Gesichtszügen, und er verliebt sich unsterblich in sie. Sie gibt ihm eine geheime Liebesbotschaft mit, die er zusammen mit seiner kostbaren Fracht nach Lavilledieu bringt. Als seine Japanreisen enden, wird die Liebe für Joncour zu einem Traum, den er enträtseln möchte. Die Erinnerung an die ätherische Liebe und der Wunsch, die Botschaft zu entschlüsseln – das Einzige, was ihm von Asien bleibt – umspinnen ihn auch dann noch, als seine Frau stirbt. **RP**

Die Geisha
Arthur Golden

Lebensdaten | *1957 (USA)
Erstausgabe | 1997
Erschienen beai | Knopf (New York)
Originaltitel | *Memoirs of a Geisha*

Die Geisha von Arthur Golden, ein Roman in Ichform, erzählt die Geschichte des Mädchens Nitta Sayuri, das in einem einfachen japanischen Fischerdorf aufwächst und zu einer der berühmtesten Geishas des Landes aufsteigt. Chiyo ist das auffallend hübsche Kind verarmter Eltern. Im Alter von neun Jahren wird sie in ein Geisha-Haus im Gion-Bezirk von Kyoto verkauft. Dort erhält sie den Namen Sayuri und wird ausgebeutet und unter grausamen Umständen zur begehrenswertesten Geisha ausgebildet, die vollendet Sake servieren, tanzen, singen und Männern Vergnügen bereiten kann.

Durch Sayuris Augen erleben wir eine Welt der Geheimnisse, Schikanen und Intrigen, in der der Wert einer Frau von der Nachfrage der Männer abhängt und Jungfräulichkeit an den Meistbietenden verschachert wird. Liebe und Vertrauen gibt es nicht. Doch mit Beginn des Zweiten Weltkriegs stellt sich heraus, daß die alten japanischen Traditionen allmählich untergehen. Die inzwischen berühmte Geisha Sayuri ist gezwungen, sich ein neues Leben aufzubauen.

Das Buch gewährt einen faszinierenden Einblick in eine fast verschwundene Lebenswelt. Und es gibt Aufschluß über die Stellung der Frau in der japanischen Gesellschaft. Sayuri wird als Geisha, aber nicht als Frau respektiert, und kann sich nur durch Findigkeit und Schönheit aus ihrer Position befreien. Arthur Goldens Roman ist auch eine Geschichte über gesellschaftliche Normen, durch die Träume verloren gehen und Liebe unmöglich wird. **EF**

Der Gott der kleinen Dinge
Arundhati Roy

Lebensdaten | *1961 (Indien)
Erstausgabe | 1997 bei India Ink (Neu Delhi)
Originaltitel | The God of Small Things
Booker-Preis | 1997

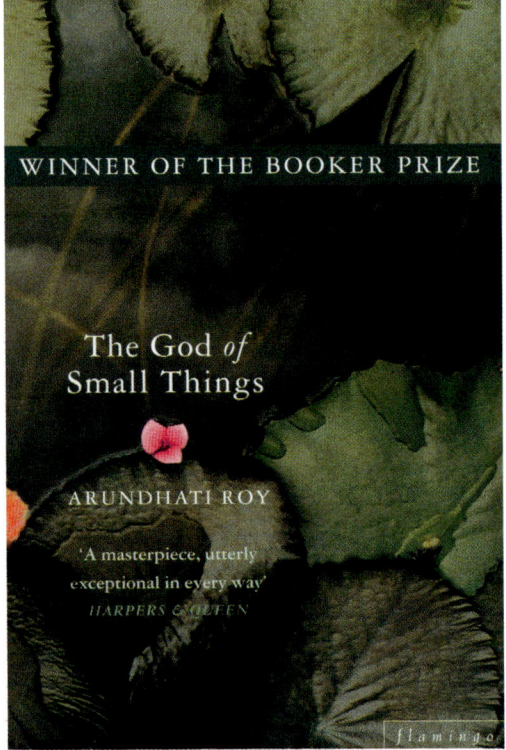

„Konfusion herrschte an einem tieferen, geheimeren Ort."

> Arundhati Roy (hier 1997 in Delhi) hat die Schriftstellerei aufgegeben und betätigt sich statt dessen als Polit-Aktivistin.

Dies ist der Roman, mit dem die Inderin Arundhati Roy 1997 den Booker-Literaturpreis gewann. Die für ihr politisches Engagement fast ebenso bekannte Roy lebt in Neu Delhi, seit sie sechzehn ist. Ihr Roman spielt im südindischen Bundesstaat Kerala und schildert alltägliche, aber auch tragische Ereignisse im Leben der Familie Ammu, wobei Estha und Rahel, die zweieiigen Zwillinge der Familie, im Mittelpunkt der Geschichte stehen. Ein Schlüsselerlebnis in ihrem jungen Leben ist der Tod der auf Besuch weilenden Kusine Sophie Mol aus England, die bei einem heimlichen Bootsausflug ertrinkt.

Roy erzählt die Geschichte nicht chronologisch, vielmehr bildet ihre exzellente Prosa eine Art Puzzle aus lebhaft geschilderten Begegnungen und Beschreibungen. So setzt sich für den Leser die Welt einer Kindheit zusammen, die von den Dramen der Erwachsenen und deren Folgen für Velutha durchbrochen wird. Velutha, ein Freund der Zwillinge, genialer Handwerker und Tüftler, gehört zur Kaste der „Unberührbaren". Roy schreibt ausgesprochen rhythmisch und poetisch, was ihre Geschichte zum sinnlichen Lesevergnügen macht.

Die politischen Aspekte des Romans drehen sich um die Frage, wer darüber entscheidet, „wer geliebt werden soll und wie stark", wobei Roy den Leser mit ihren einfallsreichen Grenzüberschreitungen eher bewegen als schockieren will. Als Anwältin der Rechtlosen beschäftigt sich Arundhati Roy mit der unzulänglichen Macht der Menschen, die allerdings ebenso vergeben wie bestrafen kann. Roy versteht es, ihre Überzeugung zu vermitteln, ohne an der Romanstruktur, der Komplexität oder an der wunderbaren Prosa Abstriche zu machen. Der Gott der kleinen Dinge ist exemplarisch für alle, die versuchen wollen, uns die Bedeutung des Begriffs „Liebe" zu erklären. **AC**

Das Lächeln der Engel
Kristien Hemmerechts

Lebensdaten | *1955 (Belgien)
Erstausgabe | 1997
Erschienen bei | Atlas (Amsterdam)
Originaltitel | *Margot en de engelen*

In einer Zeit, in der männliche Autoren gerne den Verlockungen des Magischen Realismus erlagen oder einem skurrilen Postmodernismus huldigten, haben hervorragende Autorinnen wiederholt an die Fähigkeit des Romans erinnert, die menschlichen Beziehungen und das Gefühlsleben im alltäglichen Kontext auszuloten. Hemmerechts Buch demonstriert, wie weit ein solcher – vordergründig traditioneller – Ansatz auf neues Terrain vorstoßen kann.

Die Handlung von Das Lächeln der Engel ist einfach: die Titelheldin Margot, ein holländischer Teenager, reißt von zu Hause aus. Sie bittet die Eltern, nicht nach ihr zu suchen und landet in der englischen Hafenstadt Hull. Der Roman beschreibt die unterschiedlichen Auswirkungen, die das Ereignis auf Margots Vater und Mutter hat. Während sich die Geschichte auf ihr unendlich hartes Ende zu bewegt, gerät Margot an die Sekte der „Engel".

In ihrem äußerst ökonomischen Stil entkleidet Hemmerechts die Figuren ihrer Romantik und Selbsttäuschungen. Margots Vater zum Beispiel pochte immer darauf, jeder solle nach seiner eigenen Fasson leben dürfen, trotzdem ist er von der „Unabhängigkeitserklärung" seiner Tochter völlig irritiert. Die körperlichen Begierden der Protagonistinnen werden erstaunlich nüchtern geschildert.

Hemmerechts' Prosa widmet sich traditionellen Tugenden wie der Ausgewogenheit, der Beherrschtheit und der Klarheit, und das Gerüst ihres Romans beweist solides Handwerk. Ihre Sicht des Lebens ist frei von Selbstgefälligkeit, und sie stellt unsere Vorstellungen über „gewöhnliche" Menschen gründlich in Frage. **RegG**

- Der Umschlag einer Ausgabe aus dem Jahr 2000 betont die düstere Welt in Kristien Hemmerechts' Ausreißer-Geschichte.

- Hemmerechts schreibt Romane voller Menschlichkeit über Gefühle und Begierden (Foto: Marco Okhuizen, 2004).

Unterwelt
Don DeLillo

Lebensdaten | *1936 (USA)
Erstausgabe | 1997
Erschienen bei | Scribner (New York)
Originaltitel | *Underworld*

Unterwelt ist ein umfangreicher, enzyklopädischer Roman, der von der Schwelle zum 21. Jahrhundert bis in die 50er Jahren zurückreicht. DeLillo schildert nicht nur die Geschichte der Hauptfigur Nick Shay, sondern auch die des Kalten Krieges, um die verborgenen Mächte ans Licht zu zerren, die die zweite Hälfte des 20. Jahrhunderts bestimmt haben. Der Roman arbeitet sich in einer flüssigen und gewandten Prosa durch die Jahrzehnte zurück, bis er auf Nicks persönliches Geheimnis stößt und an die unbekannten, erbärmlichen Orte gelangt, von denen die Nachkriegsgeschichte ihren Anfang nahm. Einer der beachtlichsten Aspekte des Romans liegt in der Suche nach einer universellen Stimme, mit der sich die historischen Geheimnisse offenbaren lassen, und die wiederholt an die historischen, politischen und persönlichen Momente und Geheimnisse rührt, für die es keine Worte gibt.

Unterwelt, am Ende eines Jahrtausends geschrieben, macht uns die Vergangenheit begreifbar, indem das obskure Tun der westlichen Zivilisation entlarvt und die Zusammenhänge zwischen den offiziellen und den verschwiegenen Mechanismen der politischen Macht aufgezeigt werden. Gleichzeitig geben uns die bedenklichen Erkenntnisse über die unsichtbaren Kräfte, die unser Schicksal nach wie vor bestimmen, eine Ahnung davon, was uns im neuen Jahrtausend erwarten kann. **PB**

„Wenn du so etwas siehst, ein Ereignis, das zu einer Nachrichtenmeldung wird, dann fühlst du dich als Vehikel eines feierlichen Stückchens Geschichte."

- DeLillo versteht sich nicht als Chronist von Ereignissen, sondern sieht seine Aufgabe als Schriftsteller darin, „Dinge zu sehen, bevor andere sie sehen".

Die wilden Detektive
Roberto Bolaño

Lebensdaten | *1953 (Chile), †2003 (Spanien)
Erstausgabe | 1998
Erschienen bei | Anagrama (Barcelona)
Originaltitel | Los detectives salvajes

Dieser Roman erschütterte die internationale Literaturszene, er wurde mit den größten lateinamerikanischen Romanen des letzten Jahrhunderts verglichen und erhielt 1999 den renommierten Rómulo-Gallegos-Preis. Die wilden Detektive erzählt von einer langen Reise, von einer homerischen Odyssee und über die Diaspora einer Generation und ein Beatnik-Delirium.

Die Geschichte beginnt 1976 in Mexiko: ein Teenager schildert in seinem Tagebuch, wie ihn seine Begeisterung für die Literatur in eine Gruppe von Avantgarde-Literaten führte. Arturo Belano und Ulises Lima, die Gründer der Gruppe, sind die wilden Detektive, die sich Silvester 1976 auf die verzweifelte Suche nach einer mexikanischen Schriftstellerin machen, die kurz nach der Revolution verschwunden ist. Damit beginnt für die beiden eine zwanzigjährige Reise durch alle fünf Kontinente. Die Geschichte wird durchgehend in der Ich-Form, aber aus verschiedenen Perspektiven erzählt, und in ihrem Verlauf lernt man eine umfangreiche Besetzung kennen, die einen wesentlichen Reiz des Buches ausmacht.

Bereits vor der Veröffentlichung dieses Romans, der ihm großen Ruhm brachte, war Bolaño für einen kleinen Kreis eine Kultfigur. Aber er wußte um seine tödliche Krankheit und schrieb in den fünf Jahren bis zu seinem Tod wie ein Besessener. Die wilden Detektive ist die perfekte Einführung in sein Werk. **CA**

„Ich bin siebzehn Jahre alt, heiße Juan García Madero und studiere im ersten Semester Jura. Eigentlich hätte ich lieber Literatur studiert …"

Die wilden Detektive wurde mit dem Premio Herralde und dem Premio Rómulo Gallegos, den wichtigsten Literaturpreisen Lateinamerikas, ausgezeichnet.

Kurosufaia *

Miyabe Miyuki

Lebensdaten | *1960 (Japan)
Erstausgabe | 1998
Erschienen bei | Kobunsha (Tokio)
Engl. Übersetzung | *Crossfire*

„*Sie streckte die Hand aus – das Wasser war kalt. Und schwarz wie die Nacht.*"

● Miyukis harter, urbaner Roman verknüpft das Übersinnliche mit den bekannten Mustern des Kriminalromans.

Miyabe Miyuki gehört zu den populärsten Krimiautorinnen in Japan. In diesem Roman enthüllt sie komplexe Innenwelten und eine dunkle, gnadenlose Metropolis – die Stadt Tokio vor und nach dem Cyperpunk. Sie verwendet Struktur und Sprache des Kriminalromans, um einen Moloch freizulegen, in dem es keine sicheren Werte gibt, wo Rationalität bedeutungslos ist und die Menschen dichtgedrängt zusammenleben, ohne einander wahrzunehmen.

Die nahegehende Geschichte von Juko Aoki, die bei der freiwilligen Feuerwehr ist und somit über die Macht verfügt, Feuer zu entfachen und zu löschen, steht der Geschichte von Chikako Ishizu gegenüber, einer Inspektorin mittleren Alters, die im Branddezernat arbeitet und die immer tiefer in Aokis Fall hineingezogen wird. Während die beiden Frauen und ihre angeschlagenen männlichen Kollegen den Großstadtdschungel durchkreuzen, befaßt sich Miyuki behutsam mit der Frage nach dem Richtigen und dem Falschen, dem Gerechten und dem Ungerechten und der gesetzlichen Strafe und der Rache. Sie beschreibt Leere und Isolation im Tokio vor der Jahrtausendwende und schlägt einen Bogen zurück in die Düsternis der Nachkriegszeit und voraus in den schmutzigen, kriminellen Alltag einer Stadt, in der die alten Sitten seit langem im Zerfall begriffen sind.

Der gut lesbare Roman konzentriert sich auf die konzise, straffe Darstellung der Handlung, es gibt keine stilistischen Feuerwerke. Aokis Brandstiftungen sind wunderbar und gut ausgedacht, ihre Einsamkeit schmerzt ebenso wie die tägliche Rackerei ihrer Jägerin, der verschwiegenen Ishizu. Crossfire ist ein wundervoll geschriebenes Buch voller Tiefe, das den Leser unwiderstehlich bis zum bitteren Ende mitreißt. **TSu**

Die Giftholzbibel

Barbara Kingsolver

Die Giftholzbibel spielt im Kongo und erzählt die Geschichte von Nathan Price, einem übereifrigen Baptistenpriester – aus der (mehrstimmigen) Perspektive seiner Ehefrau Orelanna und der vier Töchter. Als Kind lebte die Autorin selbst im Kongo, aber erst als Erwachsene erfuhr sie von den damaligen politischen Vorgängen im gebeutelten Land, als die USA die Unabhängigkeit des Landes sabotierten. Diesen Roman schrieb Kingsolver, um die Ereignisse nachzuzeichnen und einer breiten Öffentlichkeit bekannt zu machen.

Die vier Kinder des Missionars – Rachel, Ruth May, Leah und die behinderte Adah – reagieren unterschiedlich auf das Tun ihres Vaters. Als Giftschlangen im Haus auftauchen, die vom religiösen Oberhaupt des Dorfes dorthin gebracht wurden, flehen sie den Vater an, weggehen zu dürfen. Er lehnt ab, und als Ruth May umkommt, verläßt die Mutter mit den drei andern Kindern das Dorf. Rachel heiratet drei Mal und erbt ein Hotel im Kongo, Leah heiratet den Dorfschullehrer und widmet sich dem Kampf um die afrikanische Unabhängigkeit, Adah kehrt in die Vereinigten Staaten zurück. Das weitere Leben der Mutter ist von ihren Schuldgefühlen überschattet. Überhaupt hat jede der Erzählerinnen wegen Ruth Mays Tod mit Schuldgefühlen zu kämpfen, aber auch mit der Mitschuld am Ruin ihres Landes und im weiteren Sinn mit der Schuld, die westliche Länder mit dem Kolonialismus auf sich geladen haben.

Der Begriff „Giftholz" im Buchtitel stammt von einem afrikanischen Baum, den Nathan Price berührt, obwohl er davor gewarnt wurde. In der Folge wird er von schmerzhaften Geschwülsten gequält – eine klare Stellungnahme der Autorin gegen missionarische Eiferer. **EF**

Lebensdaten | *1955 (USA)
Erstausgabe | 1998
Erschienen bei | HarperFlamingo (New York)
Originaltitel | *The Poisonwood Bible*

„Stell dir eine Zerstörung vor, so unbegreiflich, daß sie nie geschehen sein kann."

● Das vehemente Eintreten für gesellschaftliche Veränderungen spiegelt sich in Kingsolvers antikolonialistischem Roman wider.

Veronika beschließt zu sterben
Paulo Coelho

Lebensdaten | *1947 (Brasilien)
Erstausgabe | 1998
Erschienen bei | Objetiva (Rio de Janeiro)
Originaltitel | *Veronika decide morrer*

- Coelhos Werke basieren auf seinem persönlichen Ringen um einen religiösen Glauben in einer repressiven Welt.

- Coehlos Bücher, die in viele Sprachen übersetzt wurden, verkauften sich weltweit bereits über siebzig Millionen Mal.

Veronika ist bei den Jungs begehrt, sie hat eine sichere Stelle in einer Bibliothek, ein eigenes Zimmer, gute Freunde und kommt aus einer liebevollen Familie – sie ist eine normale junge Frau, die ein normales Leben lebt. Dennoch versucht sie, sich umzubringen; in ihrem Abschiedsbrief beklagt sie die Ignoranz der Weltöffentlichkeit gegenüber dem Schicksal von Slowenien. Als sie in der psychiatrischen Klinik „Villete" in Ljubljana wieder zu sich kommt, wird ihr eröffnet, ihr Herz sei jetzt so geschädigt, daß sie nur noch eine Woche zu leben habe. Veronikas Todessehnsucht weicht, sie entdeckt Facetten in ihrer Welt, die das Leben lebenswert machen, sie blüht in Villete richtig auf. Als Verrückte genießt sie es, alles tun und lassen zu können, wie es ihr beliebt: sie schlägt einen Mann, der sie nervt, sie masturbiert vor einem apathischen Schizophrenen, sie spielt wieder Klavier wie früher und entdeckt schließlich ihre Liebe zu Eduard, den seine Eltern eingeliefert haben, weil er Künstler werden will.

Die Figur von Eduard ist eines der Elemente, die den Autor selbst mit dem Roman verbinden. Coelho berichtet im dritten Kapitel von seinen Aufenthalten in brasilianischen Irrenanstalten, wohin ihn die Eltern wegen seiner künstlerischen Ambitionen brachten. Seine eigenen Erfahrungen verleihen dem schlichten Roman seine Stärke. Coelhos detaillierte Schilderungen der Elektro- und Insulinschocks und anderer „Therapien" zwingen den Leser, den Begriff der Gesundheit zu überdenken.

Der Roman, der eine zunehmend uniformierte, gleichförmige Welt reflektiert, ist ein typisches Werk des ausgehenden 20. Jahrhunderts, er vereinigt globale religiöse Gefühle, spricht die Selbsthilfe an und weist darauf hin, daß das Leben Sinn machen kann, wenn man sich von den Fesseln einengender Konventionen befreit. **CK**

Die Stunden
Michael Cunningham

Lebensdaten | *1952 (USA)
Erstausgabe | 1998
Erschienen bei | Farrar, Straus & Giroux (New York)
Originaltitel | *The Hours*

„Ich beginne Stimmen zu hören …"

● Für *Die Stunden* erhielt Cunningham 1999 den Pulitzer Preis und den PEN/Faulkner Award.

Die Stunden ist eine komplexe Neubearbeitung von Virginia Woolfs *Mrs. Dalloway*. Cunningham teilte Clarissa Dalloways Monologe auf drei Frauenrollen auf, die in der dritten Person erzählt werden. Clarissa Vaughan ist eine lesbische Frau mittleren Alters, die im heutigen New York lebt; Richard, ein bekannter schwuler Dichter, mit dem sie eine ambivalente, sexuelle Beziehung hatte, nannte sie „Mrs. Dalloway". Laura Brown aus einem Vorort von Los Angeles liest Ende der 40er Jahre *Mrs. Dalloway* und andere Romane, um ihre Leere als Hausfrau und Mutter auszufüllen; als sie selbst einen Moment lesbischer Begierde erlebt, ist sie schockiert. Die dritte Protagonistin ist Virginia Woolf selbst, die sich über ihren Roman *Mrs. Dalloway* ärgert. Clarissa bereitet eine Party für Richard vor, dem ein angesehener Literaturpreis verliehen wurde, Laura will sich ihrem kleinen Sohn widmen und Woolf kämpft gegen ihre Krankheit an, um ihr Werk zu vollenden.

Cunningham reproduziert Woolfs Analyse der Trauer um verpaßte Gelegenheiten – ihre Clarissa wird von einer nie gelebten lesbischen Beziehung gequält. Clarissa Vaughans erfolgreiche, lange Beziehung und ihre gesellschaftliche Freiheit werden zum weltlichen Hintergrund, vor dem ihre mädchenhafte Verbindung zu Richard und ein einziger, ekstatischer Kuß um so heller erstrahlen. Die ungewisse Art, wie das Spektakuläre (Selbstmord, Kuß) das Alltägliche ergänzt, durchdringt den Roman, in dem Cunningham den alchemistischen Prozeß beleuchtet, der unsere Wirklichkeit entstehen läßt. **AF**

Allerseelen
Cees Nooteboom

Arthur Daane lebt in Berlin nach dem Fall der Mauer. Er ist ein Mann mit viel Zeit, dafür hat er selbst gesorgt. Er verbringt seine Tage auf Spaziergängen durch die Stadt und sinniert über die Vergangenheit nach – die der Stadt und seine eigene.

Seine Frau und sein kleiner Sohn kamen vor zehn Jahren bei einem Flugzeugabsturz ums Leben, seither versucht er, mit der Last seiner Freiheit zu leben. Als Dokumentarfilmer ist er ein geübter Beobachter; die Begegnung mit einer jungen Frau, der die Verletzungen der Vergangenheit förmlich ins Gesicht geschrieben stehen, ist für ihn Anlaß, aktiver am Leben teilzunehmen. Die Liebe – und letztendlich ein weiterer zufälliger Gewaltakt – reißt ihn aus der Anonymität und treibt ihn vorwärts. Nooteboom erzählt weiträumig, in gemächlichem Schritt, er beschreibt Szenen, die wie verbale Schnappschüsse wirken. Dazwischen folgen lange intellektuelle Gespräche, die Arthur mit einer Handvoll Freunden führt, die genauso gerne diskutieren wie er.

Allerseelen ist ebenso eine Romanze wie ein Dialog mit dem zur Neige gehenden 20. Jahrhundert; der ideenreiche Roman reflektiert einen ganzen Katalog von Schrecken, Verlusten und Zerstörungen aus der jüngsten Geschichte. Dank der weiterreichenden Betrachtungen aus dem Mund von Seelen, die bereits jenseits der Zeit leben, wirft Nootebooms Roman einen nüchternen Blick auf den Sinn des Lebens, die Kunst und die Geschichte – die persönliche ebenso wie die der Menschheit. **ES**

Lebensdaten | *1933 (Niederlande)
Erstausgabe | 1998
Erschienen bei | Atlas (Amsterdam)
Originaltitel | *Allerzielen*

„Und wir? Ach wir…"

Nooteboom erhielt zahlreiche internationale Preise, seine Bücher wurden in mehr als 15 Sprachen übersetzt.

Der Ketzer
Miguel Delibes

Lebensdaten | *1920 (Spanien), †2010
Erstausgabe | 1998
Erschienen bei | Destino (Barcelona)
Originaltitel | *El hereje*

Delibes' Roman beginnt am 13. Oktober 1517, als Martin Luther seine Thesen über die päpstlichen Machtmißbräuche und den Verkauf von Ablaßbriefen im deutschen Wittenberg an eine Kirchentür nagelte. Im spanischen Valladolid (woher auch Delibes stammt) kommt am selben Tag Cipriano Salcedo zur Welt.

Der historische Roman dreht sich um die Katholische Kirche, ihre Intoleranz und die Repression, mit der sie auf den aufkommenden Lutheranismus in Kastilien reagierte. Im Zentrum der mitreißenden Erzählung steht der erwähnte Salcedo, ein bourgeoiser Katholik, der von Gewissensbissen gequält wird. Weder das katholische Dogma noch die priesterlichen Lehrer liefern ihm überzeugende Antworten auf seine theologischen Fragen: Warum sollte er, Salcedo, seine Sünden einem Priester in der Beichte anvertrauen? Warum verwirrt ihn die Messe eher, als daß sie ihn erbaut? Wozu soll er seine Sünden im Fegefeuer sühnen, wenn doch Jesus für die ganze Menschheit gelitten hat? Salcedos Suche nach Gott wird von seiner zunehmend fanatisierten Umgebung mehrheitlich ignoriert, was ihn schließlich in die Arme einer neuen Glaubensbruderschaft treibt, die ihm ein Zugehörigkeitsgefühl bietet – allerdings mit verheerenden Folgen.

Der Ketzer überzeugt mit der gerade heute wieder aktuellen Postulierung unseres Rechts auf Glaubensfreiheit. 1999 wurde Delibes für diesen Roman mit dem spanischen Nationalpreis für Literatur ausgezeichnet. **AK**

Elementarteilchen
Michel Houellebecq

Lebensdaten | *1958 (La Rúnion)
Erstausgabe | 1998
Erschienen bei | Flammarion (Paris)
Originaltitel | *Les particules élémentaires*

Mit diesem Roman wurde Houellebecqs düstere Weltsicht erstmals einem internationalen Publikum bekannt. Die westliche Zivilisation hat in großem Maßstab versagt, die Leute fühlen sich elend und einsam und sind kaum imstande, sich mitzuteilen oder Gefühle zu zeigen. In einer überzeugenden Analyse protokolliert der Autor die Entstehung der modernen Spaßgesellschaft, und er kommt zum Schluß, daß das aufoktroyierte Streben nach persönlichem Vergnügen und Glück selbst auch repressiv und schmerzlich ist.

Hauptfiguren des Romans sind die Brüder Michel und Bruno. Michel ist ein brillanter, aber einsamer Wissenschaftler, Bruno ein unverbesserlicher Hedonist. Die Thematik des Romans wird in der Arena des Sex vorgeführt: während der liebesunfähige Michel die Zuneigung des wunderschönen Herzchens Annabelle, die er schon seit Kindertagen kennt, zurückweist, ist Bruno mit seinen Eskapaden in New-Age-Seminaren und Swingerclubs exemplarisch für die heutigen Utopien und Verwirrungen bezüglich des Geschlechtsakts. Die Überlegenheit des biologischen Imperativs führt zu einer Reihe von Schlußfolgerungen über Männer und Frauen – Frauen sind für den Autor opferbereite Hinweisschilder auf die Moral, die Männer gehorchen einfach dem Befehl ihrer drüsengesteuerten Triebe. Houellebecq will keinen Abgesang auf die Menschheit geschrieben haben. Wie ernst er es damit meint? **DH**

> „Stillschweigend hat hier ein literarisches Werk den gewohnten Blickwinkel auf das Menschenbild verschoben." (FAZ)

Schande
J. M. Coetzee

Lebensdaten | *1940 (Südafrika)
Erstausgabe | 1999 bei Secker & Warburg (London)
Originaltitel | *Disgrace*
Booker-Preis | 1999

„*Folge deinem Naturell.*"

- In Südafrika geboren, nahm Coetzee 2006 die australische Staatsbürgerschaft an. 2003 erhielt er den Literaturnobelpreis.

- Coetzee verursachte mit seiner pessimistischen Sicht auf die Lebensbedingungen im neuen Südafrika einigen Wirbel.

Das Ende der Apartheid in Südafrika brachte in dem Land Strukturen ins Wanken, die man einst für unverrückbar gehalten hatte. Viele der Weißen taten sich schwer mit der Tatsache, nicht mehr zur herrschenden Minderheit zu gehören. David Lurie, ein 52jähriger Professor an einer fiktiven Universität in Kapstadt, macht das Verschwinden des staatlich sanktionierten Rassismus weniger Mühe als die Öffnung des Landes gegenüber einer globalisierten Kultur, die an seiner lebenslangen Passion für die Literatur der Romantik kein Interesse zeigt. Als gegen ihn ein Disziplinarverfahren läuft, weil er eine Studentin verführt hat, kann er sich nicht zu einem öffentlichen Reuebekenntnis überwinden; statt dessen kündigt er seine Stelle und hat somit eine ungewisse Zukunft vor sich.

Coetzees Roman, der im Ton einer Campus-Satire beginnt, verdüstert sich, als Lurie seine Tochter Lucy im Osten des Landes besucht. Bei einem Überfall durch drei Schwarze wird Lucy mißbraucht und Lurie erleidet Verbrennungen. Sein Entsetzen über die neuen Zustände im Land wird noch größer dadurch, daß seine Tochter den Fall nicht an die Öffentlichkeit bringen will und nicht bereit ist, eine Abtreibung vorzunehmen, als sie feststellt, daß sie schwanger ist. Als Reaktion darauf widmet sich Lurie einem Heim für herrenlose Hunde und schreibt eine Oper, die sich kaum aufführen läßt. Seine Tochter hat den Kontakt zu ihm abgebrochen, trotzdem hofft er, bei ihr so etwas wie ein „Besuchsrecht" zu erhalten.

Die Darstellung der neuen sozialen und politischen Ordnung in *Schande* führte in Südafrika zu heftigen Debatten, aber die eigentliche Brisanz des Romans liegt in seiner moralischen Position. Bedeutet Luries Hingabe an das Hundeheim und an die Musik eine Art Genugtuung nach einem Leben als egozentrischer sexueller Räuber? **DA**

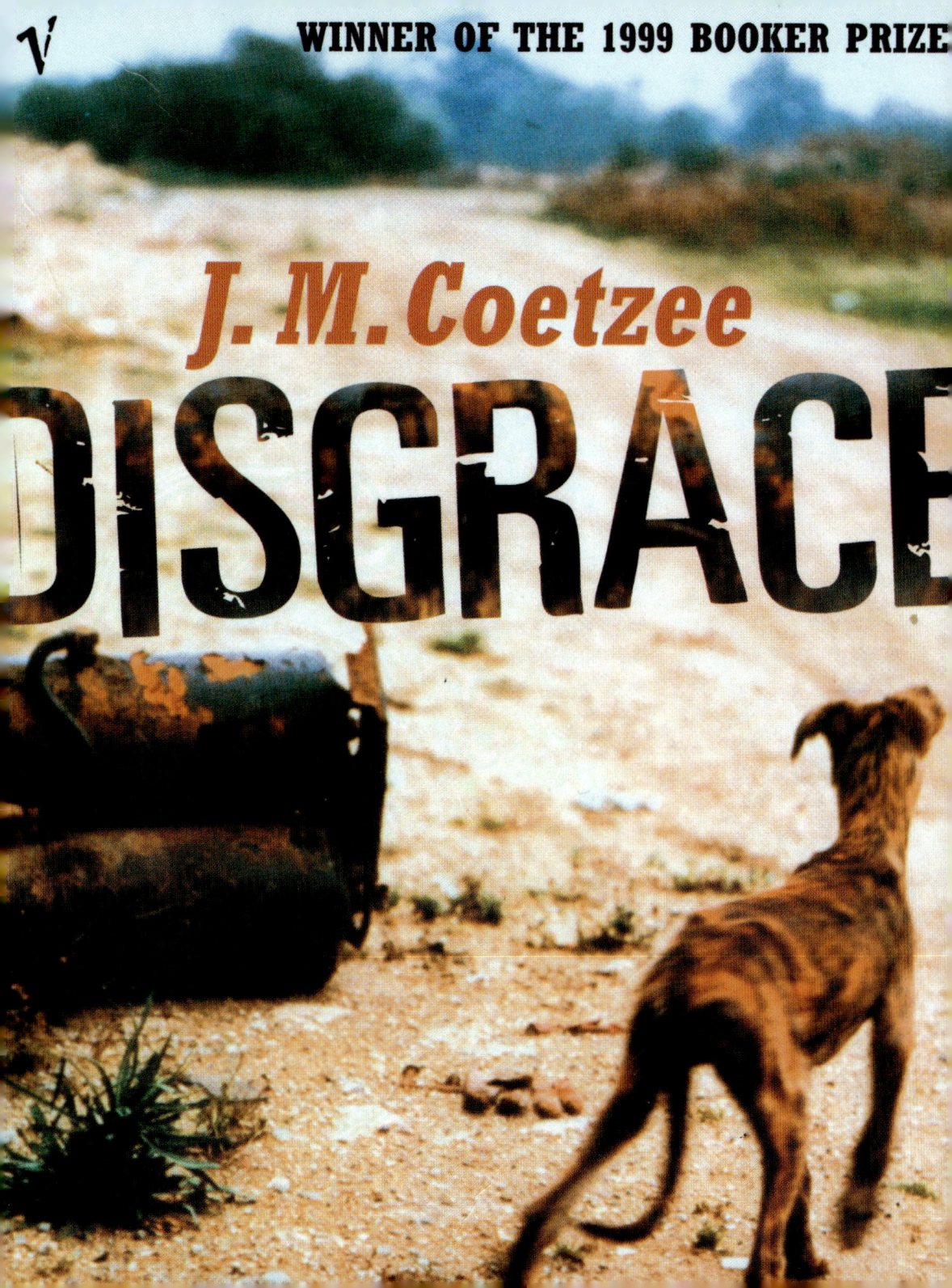

Als gäbe es mich nicht
Slavenka Drakulić

Lebensdaten | *1949 (Jugoslawien)
Erstausgabe | 1999
Erschienen in | Feral Tribune (Split)
Originaltitel | *Kao da me nema*

Die kroatische Journalistin Slavenka Drakulić ist eine der profundesten und unparteiischsten Beobachterinnen der Kriege in Ex-Jugoslawien. Ihr Roman spielt 1992 und 1993 in Bosnien und erzählt von den entsetzlichen Leiden der serbisch-bosnischen Lehrerin S., die mit dem Einmarsch serbischer Truppen in ihr Dorf begannen. S. verbringt Monate in einem serbischen Frauen-Konzentrationslager, wo sie immer wieder vergewaltigt und geschlagen wird. Das Buch gipfelt in der Flucht von S. nach Skandinavien, wo sie schwanger und obdachlos ankommt. Sie ist in einem Zwiespalt wegen ihres ungeborenen Sohnes, mit dem sie seit einer Massenvergewaltigung im Lager schwanger ist. Noch mehr leidet sie darunter, keinen Menschen, keine Gemeinschaft zu haben, die ihr vorurteilslos zuhören.

Drakulić erzählt in einer eindringlichen, weil knappen und detailgetreuen Sprache ohne literarische Kunstgriffe. Der einfach erzählte, aber moralisch komplexe Roman weist eindrücklich auf die Verbindungen zwischen Krieg, Männlichkeit, sexueller Gewalt und weiblichem Körper hin, ohne allzu simple Schlüsse zu ziehen. Am erstaunlichsten ist wohl die ausbleibende Dämonisierung Serbiens; daß die Protagonisten nur mit ihren Initialen genannt werden, beweist die große Umsicht, mit der die Autorin Fragen der Nationalität und der Religion angeht. Wir als Leser sind aufgefordert, jede Figur in ihrem eigenen Licht zu betrachten, als Vermittler und Träger einer Rolle – flexibel in ihrer Rationalität und erschreckend irreal zugleich. **SamT**

Pawels Briefe
Monika Maron

Lebensdaten | *1941 (Deutschland)
Erstausgabe | 1999
Erschienen bei | S. Fischer Verlag (Frankfurt)
Deutscher Nationalpreis | 2009

Pawels Briefe ist die Rekonstruktion einer Familiengeschichte, in der Monika Maron den Lebensläufen ihrer Eltern und Großeltern unter drei deutschen Regierungssystemen nachgeht, der Weimarer Republik, dem Nationalsozialismus und der SED-Diktatur. Monika Maron bedient sich einer inzwischen gängigen literarischen Form, die die deutsche Geschichte aus der Perspektive der Familiengeschichte beleuchtet; sie konzentriert sich hier auf die tragische Geschichte von Pawel, ihrem jüdischen Großvater, der 1942 von den Nazis umgebracht wurde. Ihre Wahrnehmung des Großvaters ist gefärbt durch ihre eigene Jugend in der DDR und die Wertvorstellungen der Mutter, die nicht versteht, warum ihre Tochter in den Westen emigriert ist und mit deren Erfolg als Schriftstellerin nicht fertig wird. Monika Maron bemüht sich um eine neue Sicht auf ihre Großeltern, indem sie verschiedene Quellen kombiniert: Gespräche mit der Mutter, alte Familienfotos und Reisen mit Mutter und Sohn nach Polen.

Das Ziel dieser Rekonstruktion ist einfach und ambitioniert zugleich. Die Autorin fährt nach Polen, „um dort nichts Bestimmtes zu finden, nur hinzufahren, mir vorzustellen, wie sie dort gelebt hatten und den Faden zu suchen, der mein Leben mit dem ihren verbindet." Zeitlich ist das Buch nach dem Mauerfall angesiedelt und ist somit nicht nur eine Auseinandersetzung mit dem Erbe des Naziregimes, sondern auch mit der Hinterlassenschaft der ehemaligen DDR. **KKr**

Das Klingsor-Paradox
Jorge Volpi

Lebensdaten | *1968 (Mexiko)
Erstausgabe | 1999
Erschienen bei | Seix Barral (Barcelona)
Originaltitel | *En busca de Klingsor*

Kurz nach dem Zweiten Weltkrieg wird der amerikanische Physiker Francis P. Bacon, der als Armeespion diente, mit der Enttarnung von „Klingsor" beauftragt; von diesem vermutet man, daß er unter den Nazis wissenschaftliche Forschungsprogramme leitete. Als Helfer engagiert Bacon den deutschen Mathematiker Gustav Links und die geheimnisvolle Irene, in die er sich prompt verliebt. Links ist der Erzähler der Geschichte, die auch Bacons und seine eigene Vergangenheit vor und während des Krieges umfaßt.

Anhand dieses Szenarios schildert Volpi das wissenschaftliche und politische Klima der 1930er- und 40er Jahre. Auf ihrer Suche nach Klingsor treffen Bacon und Links die bedeutendsten Physiker jener Zeit: Schrödinger und Bohr, sowie den Hauptverdächtigen Heisenberg. Während sich der Spionagethriller seinem entsetzlichen Höhepunkt nähert, erörtert Volpi gewichtige Themen wie die Relativität, die Gewißheit und die Wahrscheinlichkeit, indem er die Charaktere aus der Welt der Physik rekonstruiert, die sich am Wettstreit um die erste Atombombe beteiligten.

Im Unterschied zu Romanen mit ähnlicher Spannweite vermeidet *Das Klingsor-Paradox* jegliche akademische Feierlichkeit. Volpi erzählt die Geschichte im Tempo eines Mystery-Romans, bringt dem Leser aber gleichzeitig die wissenschaftlichen Ideen der Epoche nahe. Seine Auseinandersetzung mit den Machtspielen, dem Zufall und dem blinden Haß machen aus dem Thriller alles andere als eine entspannende Unterhaltung. **OR**

„Ich – ein Mensch aus Fleisch und Blut, ebenso wie Sie – bin der Autor dieser Seiten. Und wer bin ich? Wie Sie mit einem Blick auf das Titelblatt festgestellt haben werden …, ist mein Name Gustav Links."

Volpis eleganter Wissenschaftsthriller entzieht sich jeder Kategorisierung.

Das Museum der bedingungslosen Kapitulation
Dubravka Ugresic

Lebensdaten | *1949 (Jugoslavien)
Erstausgabe | 1999
Erschienen bei | Fabrika knjiga (Belgrad)
Originaltitel | *Muzej bezuvjetne predaje*

Als das Walroß Roland am 21. August 1961 starb, wurde sein gesamter Mageninhalt im Berliner Zoo ausgestellt. Die Romanerzählerin (und mit ihr der Leser) versucht, in diesem zufälligen Sammelsurium eine Struktur, eine innere Logik auszumachen. Damit ist eine zentrale Metapher in Ugresic' hervorragendem Exilroman über die Erinnerung und den Verlust gegeben. Die Flohmärkte von Berlin, der Inhalt einer alten Handtasche, Fotoalben, eine Reihe scheinbar zufälliger Begebenheiten – alles wird in einer melancholischen Prosa von stiller Schönheit beschrieben.

Anhand von Geschichten und Begegnungen mit Künstlern und Freunden bietet die Autorin eine mehrschichtige Collage, in der sie anhand realer wie fiktiver Charaktere die Beziehung zwischen Erinnerung und Identität auslotet, insbesondere aber auch die Methoden, mit denen das Fehlen der beiden bewältigt wird. Ugresic verließ ihr zerrissenes Land 1993 und ging ins Exil. Der blutige Krieg in den folgenden Jahren machte Freunde zu Feinden, alter Haß flammte neu auf, und Tausende wurden zur Flucht gezwungen.

Ugresic versucht, das konstante Gefühl des Verlusts und das Verschwinden jeglicher Heimat der Exilierten einzufangen. Ihr sprunghafter, postmoderner Stil bedient sich des Magischen Realismus', Tagebüchern, essayistischer Prosa und sogar Rezepten für Kümmelsuppe. Dies gibt der Autorin die Möglichkeit, sich selbst und alle andern, die eine nicht mehr existierende Heimat verließen, wie eine Art Museumsstücke darzustellen. Mehrmals erwähnt sie die zwei Arten des Exils – jenes mit Fotografien (als Verbindung zur Vergangenheit), und jenes ohne; Ugresic versucht, ihre eigenen Verbindungen zu knüpfen und zu deuten. **JM**

„Die Zusammenhänge werden sich allmählich von selbst ergeben."

● Die Kroatin Ugresic verwendet raffinierte literarische Techniken, um ihre einschneidenden Erfahrungen zu beschreiben.

Mit Staunen und Zittern
Amélie Nothomb

In diesem Roman mit autobiographischem Hintergrund geht es um eine Belgierin im Dienste eines japanischen Konzerns, der von kanadischen Glasfasern bis zur Limonade aus Singapur so ziemlich mit allem handelt. Die Anpassungsprobleme ans globale Dorf werden satirisch und vergnüglich vermittelt.

Mit Staunen und Zittern schildert Amélies Erlebnisse, die ihre Kindheit in Japan verbracht hat und nach Abschluß ihres Studiums dorthin zurückkehrt. Sie schließt einen einjährigen Arbeitsvertrag mit einem japanischen Großunternehmen ab und beginnt dort auf der untersten Sprosse der Karriereleiter zu arbeiten. Schnell stellt sie fest, daß sie gleichzeitig Einheimische und Fremde ist – ihre Vertrautheit mit dem Land macht sie ebenso zur Ausgeschlossenen wie ihre Fremdheit, sie wird sogar für ihre Kenntnis der japanischen Sprache bestraft. Eine entwürdigende Herabstufung folgt auf die andere, nach dem geisttötenden Einsatz als Fotokopiererin ernennt man sie zur Vollzeitputzfrau einer Toilette, die nur von ihr selbst und ihrer unmittelbaren Vorgesetzten Fubuki Mori benutzt wird. Zu Mori, einer ausnehmend schönen, gefährlichen und stolzen Frau, entwickelt Amélie eine selbstzerstörerische, närrische Zuneigung.

Nothombs Attacke auf das übergeschnappte Arbeitsklima in einem japanischen Großkonzern läuft nicht bloß auf eine Schmährede hinaus, sie bringt den auf ihr Ehrgefühl und die Tradition bedachten Angestellten auch Sympathien entgegen. Aber der Westen wie der Osten werden von Nothomb für die Marotten, die jedes Individuum an den Tag legt, in ihrem satirisch-nachdenklichen Roman mit zärtlichem Spott belegt. **JuS**

Lebensdaten | *1967 (Japan)
Erstausgabe | 1999
Erschienen bei | A. Michel (Paris)
Originaltitel | *Stupeur et tremblements*

„*Was mich anging, so war ich niemandes Vorgesetzte.*"

Nothomb hat ihre Kindheit und Jugend als Tochter eines belgischen Diplomaten in Japan und China verbracht.

Two days later Richard Brinsley Sheridan entered the little books[hop of] Ireland, having been alerted by a scrawled message an h[our before?] him. "My dear sir. An honour." Sheridan bowed. "We[...]

"Where is the young man of the hour?" Sherida[n...] found it difficult to turn as William descended the stairc[ase.]

"I am William Ireland, sir."

"May I shake your hand, sir? You have done u[s a ser...]" announced each word as if he were addressing others u[...] believe, who recommended Vortigern as a great subject

in Holborn Passage. Samuel

before, was waiting to greet

all ~~very~~ *immensely* proud."

is a large figure, and he

"Is it you?"

~~a great service~~ *a great purpose*." Sheridan

en. "It was Mr Dryden, I

a drama."

© Peter Ackroyd, The Lambs of London, 2004
(Wie es uns gefällt, 2007 erstmals auf Deutsch erschienen)

21. JH

Bartleby & Co.
Enrique Vila-Matas

Lebensdaten | *1948 (Spanien)
Erstausgabe | 2000
Erschienen bei | Anagrama (Barcelona)
Originaltitel | *Bartleby y compañía*

Mit *Dada aus dem Koffer* wurde Vila-Matas im Jahr 1985 zum Kultautor, mit diesem im Jahr 2000 in Frankreich preisgekrönten Roman fand er auch beim breiten Publikum Anklang. Er verwendet die mysteriöse Figur des Bartleby, Herman Melvilles Schreiber, als Sinnbild für die Autoren, die irgendwann „Nein" sagen und ihre Werke nicht mehr veröffentlichen wollen. Dieses rätselhafte „Bartleby-Syndrom" lotet Vila-Matas anhand seines Alter Ego Marcelo aus, einem von Kafka und Pessoa inspirierten, einsamen Büroangestellten. Im Sommer 1999 beginnt Marcelo mit dem Schreiben eines Tagebuchs, worin er in seinen „Fußnoten zu einem unsichtbaren Text" über Autoren schreibt, „die vom Übel des Schweigens betroffen sind".

Der Roman besteht aus Marcelos sechsundachtzig essayistischen Einträgen, in denen er ein faszinierendes Heer von verhinderten und heimlichen Schriftstellern auftreten läßt, Menschen, die es vorziehen, nicht zu schreiben oder zu publizieren – wie Sokrates, Rimbaud, Juan Rulfo, Salinger, Pynchon, Traven oder Robert Walser (letzterer wurde in Vila-Matas' späteren Werken zur Schlüsselfigur). Die Realität und die Fiktion durchdringen sich gegenseitig, genauso wie der Text und die Fußnoten oder die Erzählung und der Essay sich durchdringen, denn das Aufbrechen herkömmlicher literarischer Kategorien gehört zum stilistischen Konzept des Autors. Resultat dieser systematischen Subversion ist eine faszinierende Mischung aus Imagination, Schreiben und Lesen. **DRM**

Harmonia Caelestis
Péter Esterházy

Lebensdaten | *1950 (Ungarn), †2016 (Ungarn)
Erstausgabe | 2000
Erschienen bei | Magveto (Budapest)
Originaltitel | *Harmonia Caelestis*

Esterházy ist ein Nachkomme der prominentesten ungarischen Aristokratenfamilie – und er sorgt dafür, daß man dies nicht vergißt. Nachdem der europäische Kommunismus abgedankt hatte, schrieb Péter Esterházy mit *Harmonia Caelestis* eine neue, umfangreiche Familienchronik. Das Buch umfaßt mehr als neunhundert Seiten, vor kurzem erschien eine verbesserte Ausgabe. Es bietet eine Fülle von Anekdoten, Betrachtungen und Aperçus. Auch dort, wo bewußt gealbert und ausgewichen wird, ist der Leser über die Verflechtungen des Privaten mit dem Öffentlichen verblüfft, während Esterházy Kleinodien über Persönlichkeiten wie Haydn, Béla Bartók, Winston Churchill und Napoleon III. aus dem Ärmel zaubert.

Harmonia Caelestis besteht aus zwei sehr unterschiedlichen Teilen. Während das zweite Buch in den „Bekenntnissen einer Familie der Esterházys" in erzählerischer Form über die unmittelbaren Vorfahren des Autors berichtet, liefert das erste einen verspielten, kapriziösen und einigermaßen verrückten Katalog „numerierter Aussprüche aus dem Leben der Familie Esterházy", wobei der Protagonist die Identitäten unzähliger historischer Figuren annimmt, die mehrere hundert Jahre umspannen. Zweifellos ist *Harmonia Caelestis* ein äußerst skurriles Buch. Und wer sich vom Alte-Welt-Geruch, dem patriarchalen Alphatier-Gehabe, der hierarchischen Welt und der Distinguiertheit in Esterházys Werk manchmal etwas bedrängt fühlt, der wird durch seine anarchischen, brillanten Einfälle bestens entschädigt. **MS**

> Péter Esterházy, Nachkomme eines alten ungarischen Adelsgeschlechts, hat anhand seiner Familiengeschichte ein schillerndes Panorama Europas geschaffen.

Die Weltenwanderin
Michel Faber

Lebensdaten | *1960 (Niederlande)
Erstausgabe | 2000
Erschienen bei | Canongate Press (Edinburgh)
Originaltitel | *Under the Skin*

Faber beschreibt Leben und Arbeit von Isserley, die mit einem alten Toyota in den schottischen Highlands unterwegs ist, um nach muskulösen Autostoppern Ausschau zu halten. Die Motive ihres Tuns seien hier nicht verraten, dafür sei gesagt, daß der Roman seine schockierende Kraft vor allem aus der perfekten Kombination wunderbarer Beschreibungen, listiger Täuschungen und schauriger Enthüllungen bezieht. Der Leser sei gewarnt vor der willkürlich verschobenen Grenze zwischen Mensch und Tier und den oft verdrängten ethischen Aspekten der industriellen Großschlächtereien und des Fleischkonsums. Auch der hartgesottenste und gedankenloseste Fleischesser wird bei der Lektüre über so komplexe und oft widerwärtige Fragen wie das Animalische, das Menschliche, den Kapitalismus und die Moral gegenüber Tieren nachdenken müssen. Dabei liefert Faber eine fesselnde und originelle Geschichte, die allzu einfache Werturteile tunlichst vermeidet. *Die Weltenwanderin* ist ein Thriller, eine Sciencefiction-Geschichte und ein gefühlvolles Porträt einer Frau, die ihre Welt zu verstehen versucht.

Der Roman ist voller hinreißender Landschaftsbeschreibungen. Für Isserley ist die atemberaubende Schönheit der Natur eine Vergeltung für die Bekümmernisse ihres Lebens und ihrer Arbeit, eine Vergeltung, für die sie immense Opfer und Mühen auf sich nehmen mußte. Faber weckt die Sehnsucht nach der Natur und unsere Anerkennung des Privilegs, darin zu leben, und er läßt den Leser spüren, daß dieses Privileg durch die Verstädterung, den Konsum, den Abfall und den globalisierten Kapitalismus endgültig verloren gehen könnte. Der Roman ist ergreifend, wunderbar moralisch und absolut originell. **SJD**

Der menschliche Makel
Philip Roth

Lebensdaten | *1933 (USA)
Erstausgabe | 2000
Erschienen bei | Houghton Mifflin (New York)
Originaltitel | *The Human Stain*

Philip Roth bringt zwei Phänomene zusammen, die die Geister oft bewegen: einen Helden mit einem Geheimnis und die Affäre eines älteren Mannes mit einer jungen Frau; beide verkörpert er in Coleman Silk, einem Professor, der einst ein unbesiegter Boxer war. Erzählt wird Silks Lebensgeschichte von seinem Nachbarn Nathan Zuckerman. Silk wird von seiner Fakultät wegen einer ihm fälschlich unterstellten rassistischen Bemerkung gerügt, worauf er sich ins Privatleben zurückzieht. Er entdeckt Viagra und beginnt eine Affäre mit dem ungebildeten Dienstmädchen Faunia, die um den Tod ihrer Kinder trauert und von ihrem Ex-Mann, einem rabiaten Vietnam-Veteranen, verfolgt wird.

Silk wuchs in der New Yorker Bronx auf, und er verbirgt ein großes Geheimnis – er ist, obwohl hellhäutig, eigentlich ein Schwarzer und hat den Rassismus sowohl von schwarzer wie von weißer Seite erlebt. Durch seine Bekanntschaft mit Faunia erlebt er eine verblüffende persönliche und sexuelle Befreiung, und Zuckerman, zuerst nur ein neugieriger Beobachter, nimmt mit Silk Kontakt auf.

Außergewöhnlich für Roth' Repertoire ist die ausgeprägte Darstellung der weiblichen Protagonistin. Die Erkundung der Rolle des Erzählers und des Interpreten ist gerissen, und sie wirft Fragen betreffend der Objektivität in einer emotionalisierten Umgebung auf. Auf einer einfacheren Ebene behandelt das Buch Schuldgefühle, Unterstellungen und Probleme der Wahrnehmung. Silk mag als der Archetyp eines in Ungnade gefallenen Menschen erscheinen, aber Roth geht hier weit über eine Parabel hinaus. Er wirft einen listigen Blick auf die Sozialpolitik der USA, die vor Vorurteilen, Scham und Heuchelei strotzt, und den Makel, den die Menschen dem Leben selbst zufügen. **EF**

Zähne zeigen
Zadie Smith

Lebensdaten | *1975 (London)
Erstausgabe | 2000
Erschienen bei | Hamish Hamilton (London)
Originaltitel | *White Teeth*

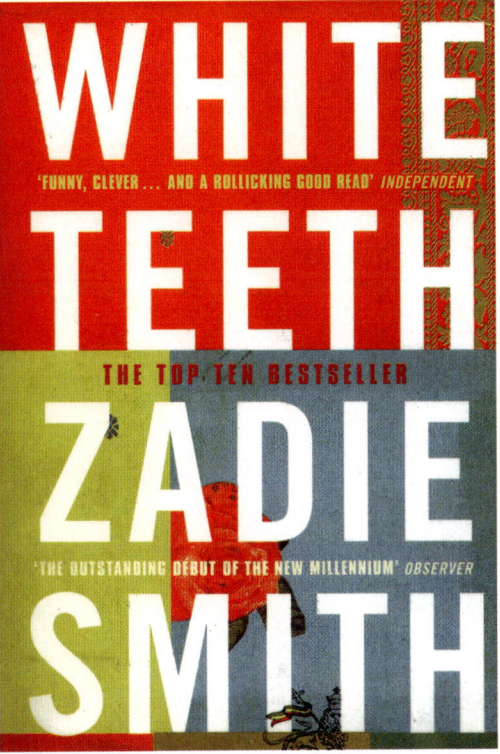

Die Geschichte beginnt mit Archie Jones' Selbstmordversuch. Archie ist ein Kriegsveteran, eine unwichtige Nummer in einer Kartei und das, was man als entscheidungsschwach bezeichnet. Nach seinem gescheiterten Selbstmord taumelt er, noch immer benommen vom Kohlenmonoxid, in eine ausklingende Neujahrsparty. Dort trifft er auf einen jamaikanischen Engel namens Clara. Sie ist eine Zeugin Jehovas und hilft Archie auf die Beine. Sie machen ein Kind, einen desillusionierten, entwurzelten und somit vollkommenen Briten der neuen Sorte, und nennen ihn Irie, was in Jamaika „kein Problem" bedeutet. Samad Iqbal, ein bengalischer Kellner in einem indischen Restaurant, lernte Archie im Krieg kennen. Er ist ein Traditionalist und versucht, im modernen England zurechtzukommen. Seine Zwillingssöhne machen es ihm nicht leicht; einen muß er kidnappen und nach Bangladesh verfrachten, weil er zu englisch wurde.

Die Parallelgeschichten von Archie und Iqbal bilden den Angelpunkt, um den sich Smith' episches Panorama über die Jahrzehnte nach dem Ende des englischen Kolonialismus dreht. Die Erzählung, die voller Mißgeschicke, Schicksale und Enttäuschungen ist, behandelt Themen wie die Immigration, die Assimilierung und die Entfremdung, aber auch die Religion, die Politik und das Ende der uns vertrauten Welt, und sie stellt die Frage nach der englischen Identität in einer immer unpersönlicheren Umgebung.

Zähne zeigen ist der virtuose Debütroman der 24jährigen Autorin, den sie mit einer Unmenge von Figuren bevölkerte, die alle mit einer eigenen Stimme sprechen; sie kennt ihre Helden aus eigener Anschauung und zeichnet sie mit Humor und großer Leidenschaft. Sie ist ein geradezu übernatürliches literarisches Talent. **GT**

„*Er hatte eine Münze geworfen und blieb nun standhaft bei ihrer Entscheidung. Der Selbstmord war beschlossene Sache. Tatsächlich war er ein Vorsatz zum neuen Jahr.*"

Zadie Smith' englischer Vater und ihre jamaikanische Mutter trafen sich auf einer Party – wie Archie Jones und Clara.

Lulet e ftohta të marsit *

Ismail Kadare

Lebensdaten | *1936 (Albanien)
Erstausgabe | 2000 bei Onufri (Tirana)
Engl. Übersetzung | Spring Flowers, Spring Frost
Originalsprache | Albanisch

Dieser Roman spielt im heutigen Albanien und erzählt von Mark Gurabardhi, einem Künstler, der nach dem Fall des kommunistischen Regimes zu arbeiten und zu überleben versucht. Kadare balanciert in der Geschichte mit Gegensätzen, mit der Bewegung und dem Stillstand, dem Schlaf und dem Wachzustand. Überall tauchen Zeichen der Wiedergeburt auf, und überall stehen diesen die unheilvollen Vorzeichen des Todes entgegen, am eindrucksvollsten in dem aus der Versenkung geholten Kanun, dem albanischen „Blutbuch" aus dem Mittelalter, in dem die Regeln der rituellen Rachemorde festgelegt sind.

Mit diesen Gegensätzen erzielt Kadare eine außerordentlich irritierende Wirkung. Das moderne Europa steht Seite an Seite mit Überlieferungen und Ritualen, die tief in der albanischen Vergangenheit wurzeln; damit entsteht der Eindruck einer Blockade, einer Pattsituation zwischen einer überlebten mythologisierten Vergangenheit und einer bankrotten Gegenwart. Mark fühlt sich weder in der Vergangenheit noch in der vom globalen Kapital dominierten Gegenwart zu Hause. In der ruhig fließenden Prosa des Romans lassen sich aber neue Möglichkeiten erahnen, eine neue Kunst, ein neues Albanien, für die es noch keine Sprache gibt. **PB**

* Ismail Kadare wurde 2005 mit dem erstmals verliehenen Internationalen Booker-Preis ausgezeichnet.

Der Dämon und Fräulein Prym

Paulo Coelho

Lebensdaten | *1947 (Brasilien)
Erstausgabe | 2000
Erschienen bei | Objetiva (Rio de Janeiro)
Originaltitel | O demônio e a Senhorita Prim

Jedes der Bücher in Coelhos Trilogie *Am siebten Tag*, die er mit diesem Roman abschließt, befaßt sich mit einer Woche im Leben gewöhnlicher Leute, die mit der Liebe, dem Tod und der Macht konfrontiert werden, und die sich ihren inneren Konflikten stellen und Entscheidungen treffen müssen.

In diesem Buch steigt ein Fremder im französischen Dörfchen Viscos ab, das sowohl als Paradies wie auch als tote Sackgasse beschrieben wird. Dieser Widerspruch illustriert Coelhos Überzeugung, wonach wir uns unsere Lebenseinstellung selbst aussuchen – entweder können wir uns in der Realität einrichten, oder wir können auch unter den idealsten Voraussetzungen nicht glücklich werden. Der Dämon, der nach Viscos kommt, hat innerhalb einer Woche herauszufinden, ob die Menschen grundsätzlich gut oder schlecht sind. In der Bardame Chantal Prym findet er seine Eva, die er zu einer bösen Tat verleiten will. Die Dorfbewohner akzeptieren den geheimnisvollen Fremden, womit sie Komplizen seines ausgeklügelten Plans werden. Der Roman zeigt, wie eine Entscheidung den Verlauf eines ganzen Lebens bestimmen kann, und er fordert uns dazu auf, solche unumkehrbaren Momente zu hinterfragen. In einer Zeit, wo wir mörderische Regimes oder die „Achse des Bösen" schnell verdammen, erinnert uns Coelho daran, daß alle Menschen fehlbar sind und daß in jedem von uns die Anlagen sowohl zum Guten wie zum Bösen stecken. **LE**

Fest des Ziegenbocks
Mario Vargas Llosa

Lebensdaten | *1936 (Peru)
Erstausgabe | 2000
Erschienen bei | Alfaguara, Madrid
Originaltitel | La Fiesta del Chivo

Romane über südamerikanische Diktatoren sind keine Neuheit. Im Unterschied zu anderen Werken, die mythologisch und allegorisch überhöht sind – García Márquez' *Herbst des Patriarchen* wäre ein Beispiel – zieht Vargas Llosa den Leser auf den Asphalt hinunter, auf dem sich die Verschwörer bewegen, und an die Tische ihrer Opfer, und er steckt sie in die besudelte Uniform von Rafael Trujillo, um den letzten Tag der 31jährigen Diktatur dieses Tyrannen der Dominikanischen Republik zu beschreiben.

In *Das Fest des Ziegenbocks* entwirft Vargas Llosa drei Handlungsstränge. Uranias Geschichte illustriert die politischen Beziehungen der Republik zum Rest der Welt, beschreibt aber auch das kollektive Gedächtnis der Dominikaner, ihr Leiden, ihren blinden Glauben und ihre Mitschuld am Regime. Die zweite Handlungsebene gehört den Verschwörern, den vormaligen Getreuen von Trujillo. Schließlich gibt es Trujillo selbst mit seinem Reinlichkeitswahn und seinem Blasenproblem, das seine öffentlichen Auftritte jederzeit zur Farce machen konnte.

Vargas Llosa sagte einmal, wenn er über einen Diktator schreibe, schreibe er über alle Diktatoren, aber seine akribischen Recherchen, für die er auch durch die dominikanischen Straßen ging und Zeitzeugen befragte, machen sein Buch zu einem fesselnden und aufwühlenden Roman. **JSD**

Vargas Llosa erhielt 2010 den Literaturnobelpreis für seine „Kartographie der Machtstrukturen".

Ich habe keine Angst
Niccolò Ammaniti

Niccolò Ammanitis *Ich habe keine Angst* handelt im Süditalien des Jahres 1978. Michele Amitrano, der inzwischen erwachsene Erzähler, versetzt sich zurück in diese Zeit, als er als Neunjähriger in Acqua Traverse lebte, einem Vier-Hütten-Dorf in einem öden Landstrich. Aus der Perspektive des neunjährigen Jungen erfahren wir, was damals geschehen ist.

Es ist Sommer und eine unerträgliche Hitze lähmt die Bewohner des Dorfes. Nur ein paar Jungen unternehmen mit ihren Fahrrädern Streifzüge in die Umgebung und stacheln sich gegenseitig zu Mutproben an. Michele, wie fast alle männlichen Protagonisten in Ammanitis Romanen, ist außergewöhnlich sensibel; er ist unschuldig, aber reif, und diese Qualitäten trennen ihn von der Gedankenlosigkeit der Masse. Während der Anführer der Bande, „Totenkopf", von den anderen blinden Respekt fordert, entzieht sich Michele dieser immer bedrohlicheren Tyrannei. Er erklärt sich bereit, einen verlassenen Bauernhof zu durchsuchen. Dort findet er etwas, das seine Welt für immer verändern wird und die Handlung aus der relativ harmlosen Welt der Kindheit in die düstere, unverständliche Welt der Erwachsenen katapultiert.

Ich habe keine Angst ist ein Entwicklungsroman im besten Sinne: Weder simplifiziert Ammaniti den Prozeß des Erwachsenwerdens als notwendigen Abschied von „kindischen Spielen" noch zelebriert er die Kindheit als Reich der Unschuld im Kontrast zur grausamen Welt der Erwachsenen. In seinem spannungsgeladenen Drama legt Ammaniti nahe, daß Erwachsene und Kinder mehr gemeinsam haben, als man landläufig annimmt, und er verpackt diese Einsicht in einem packenden Thriller. **FF**

Lebensdaten | *1966 (Italien)
Erstausgabe | 2001
Erschienen bei | Einaudi (Turin)
Originaltitel | *Io non ha paura*

◉ Der Roman basiert auf der wahren Geschichte eines entführten Jungen und wurde 2003 von Gabriele Salvatores verfilmt.

Abbitte
Ian McEwan

Der Roman beginnt im Sommer 1935, als die 13jährige Briony Tallis versucht, mit ihren drei Kusinen ein selbstverfaßtes Theaterstück einzustudieren, mit dem sie die Heimkehr ihres geliebten älteren Bruders Leon feiern will. Die Kinder leben mit ihrer Familie in der behüteten Umgebung der oberen Mittelklasse, aber der schöne Schein trügt. Briony beobachtet, wie sich ihre ältere Schwester Cecilia mit Robbie, dem Sohn der Haushälterin, sexuell vergnügt. Sie nimmt den Vorgang als eine Bedrohung für ihre Schwester wahr, und als sie einen Brief in die Hände bekommt, in dem Robbie Cecilia seine Begierde gesteht, sieht Briony in diesem nur noch ein ausgekochtes Ungeheuer. Als später ihre Kusine Lola geschändet wird, kommt für Briony nur ein Täter in Frage – Robbie wird verhaftet und eingesperrt. Dies bricht Cecilia, die Robbie noch immer liebt, das Herz; sie spricht nicht mehr mit Briony und geht nach London, um Krankenschwester zu werden.

Fünf Jahre später ist Robbie in der Armee, wo er die Leiden und Schrecken der Evakuierung aus Dünkirchen erlebt. Briony wird ebenfalls Krankenschwester und arbeitet in einem Londoner Kriegslazarett, um die Schuld zu sühnen, die sie sich durch den Verrat an Robbie und Cecilia, die wieder zusammengefunden haben, aufgeladen hat.

Im Epilog schildert McEwan Briony als ältere Schriftstellerin, die ehemalige Schauplätze besucht und darüber schreibt. Sie zweifelt am Wahrheitsgehalt ihrer Geschichten und wirft damit die Frage nach dem „Loslassen" des Schriftstellers, nach der Preisgabe seiner Geschichten an den Leser auf. *Abbitte* handelt nicht nur von Liebe, Vertrauen und Krieg, sondern auch von den Freuden und schmerzlichen Herausforderungen des Schreibens, der Last der Schuld und den Gefahren der Interpretation durch die Leser. **EF**

Lebensdaten | *1948 (England)
Erstausgabe | 2001 bei Jonathan Cape (London)
Originalsprache | Jonathan Cape (London)
Originaltitel | *Atonement*

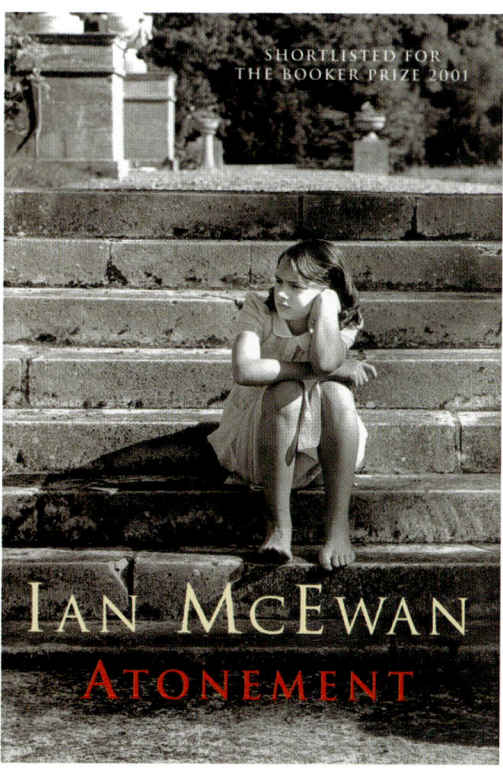

- Die Umschlagfotografie von Chris Fraser Smith reflektiert die innere Unruhe von McEwans Protagonistin Briony.

- Die Verfilmung von *Abbitte*, mit Keira Knightly in der Hauptrolle, kam 2007 in die Kinos.

Schiffbruch mit Tiger
Yann Martel

Lebensdaten | *1963 (Spanien)
Erstausgabe | 2001
Erschienen bei | Knopf Canada (Toronto)
Originaltitel | *Life of Pi*

Dieser Roman handelt von Pi Patel, dem 16jährigen Sohn eines Zoobesitzers aus Pondicherry in Indien. Pi ist ein religiöser Eiferer, weiß allerdings noch nicht, für welche Religion er sich entscheiden soll; mal ist er Christ, mal Moslem und mal Hindu, und manchmal alles zusammen. Eines Tages packt sein Vater die Habseligkeiten der Familie und die Menagerie zusammen, um in Kanada ein neues Leben zu beginnen. Der Frachter, auf dem sie reisen, erleidet mitten auf dem Pazifik Schiffbruch, Pi rettet sich mit einem verwundeten Zebra, einer Hyäne, einem seekranken Orang-Utan und einem Bengalischen Tiger namens Richard Parker auf ein acht Meter langes Rettungsboot. Nachdem der Tiger alle andern Tiere erledigt hat, wendet Pi sein ganzes zoologisches Wissen, alle Tricks und viel Gottvertrauen auf, um am Leben zu bleiben. Die beiden treiben 227 Tage lang allein im Meer. In der von Pi erzählten Geschichte versteckt sich eine Betrachtung über die Stärken und Schwächen der Religionen und des Schreibens, und über die Unterschiede zwischen Wahrheit und Fiktion. Pi realisiert, daß er zum Herrn des Tigers werden muß; die Wechselbeziehung zwischen den beiden ist eine tiefgründige Metapher für die Spiritualität und den Glauben. Die Botschaft der Geschichte liegt darin, daß Pi lernen muß, mit seiner dunklen Seite, seiner Angst und seiner Verzweiflung über den Verlust der Familie umzugehen. Nachdem Richard Parker am Ende im Dschungel verschwunden ist und Pi gerettet wurde, erzählt Pi den mißtrauischen Beamten eine glaubwürdigere Geschichte, eine, von der er annimmt, daß sie sie hören wollen – womit der Leser einmal mehr lernt, wie schwierig die Unterscheidung zwischen wahr und falsch ist. **EF**

„Das gefährlichste Tier im Zoo ist der Mensch."

Yann Martel erhielt 2002 den Man Booker-Preis für seinen zweiten Roman, der in über 50 Ländern zum Bestseller wurde.

Austerlitz
W. G. Sebald

Das Buch beginnt auf dem Bahnhof in Antwerpen, wo sich der namenlose Romanerzähler und Jacques Austerlitz zufällig begegnen. Die beiden kommen ins Gespräch und diskutieren in der Folge während mehrerer Stunden über das Verhältnis zwischen Architektur und Geschichte. In den folgenden Jahren führt der Zufall die Männer noch mehrmals zusammen, wobei sie die zuvor unterbrochene Diskussion jeweils fortsetzen. Ihr Verhältnis bleibt kühl und distanziert, bis sich Austerlitz eines Tages entschließt, dem Erzähler seine Lebensgeschichte zu erzählen. Austerlitz wurde von einem strengen walisischen Pfarrer und dessen Frau unter dem Namen Daffyd Elias großgezogen; sein richtiger Name und die Tatsache, daß er seine früheste Kindheit bei seinen leiblichen Eltern in Prag verbracht hatte, wurde ihm strikt verheimlicht. Er war vor dem Zweiten Weltkrieg nach Wales in Sicherheit gebracht worden, wo sein entfremdetes, ahnungsloses Leben als Daffyd Elias begann.

W. G. Sebald folgt in seinem Roman Austerlitz' Bestreben, in die Tiefen seiner Erinnerung vorzudringen und versucht – wie Austerlitz selbst –, Licht in die vom Zweiten Weltkrieg überschattete Zeit zu bringen, eine Zeit, die durch die unvorstellbaren Greueltaten der Nazis verschüttet wurde. Sebald unterstützt den Erinnerungsprozeß, das Abtauchen in die Dunkelheit des unterdrückten persönlichen und kulturellen Gedächtnisses mit einem unheimlich genauen Erzählstil. Seine langen Sätze sind wie feinfühlige Wortbrücken, die bis in die Düsternis hineinreichen. Damit bietet Sebald eine magische Einsicht ins dunkle Herz des 20. Jahrhunderts, und er fördert verborgenes historisches Material ans Tageslicht. Als Leser dieses Romans nimmt man an der Rückgewinnung einer verlorenen Zeit Teil. **PB**

Lebensdaten | *1944 (Deutschland), †2001 (England)
Erstausgabe | 2001
Erschienen bei | C. Hanser (München)
Heinrich-Heine-Preis | 2000

„... Schmerzensspuren..."

Sebald im Jahr 2001; das Foto wurde kurz vor seinem tödlichen Autounfall im Dezember des Jahres aufgenommen.

Plattform

Michel Houellebecq

Lebensdaten | *1958 (La Réunion)
Erstausgabe | 2001
Erschienen bei | Flammarion (Paris)
Originaltitel | *Plateforme*

Houellebecq verwebt seine Analyse der westlichen Dekadenz und ihrer globalen Auswirkungen mit dem Gedankengut von Baudrillard und Compte sowie mit einem wie gewohnt essayistisch anmutenden Text aus dem Mund des Protagonisten Michel. Das Buch, dem ein Balzac-Zitat vorangestellt ist („Je elender das Leben, desto stärker klammert sich der Mensch daran"), beschäftigt sich (auch) mit Michels Suche nach Erlösung durch die Liebe.

Zu Beginn des Romans erfährt Michel, ein Junggeselle mittleren Alters, daß sein Vater ermordet wurde, was ihm die Möglichkeit verschafft, seinen tristen Job beim Kultusministerium zu kündigen und ins Ausland zu reisen. Einmal dort, wird seine Lust auf thailändische Prostituierte nur von seinem Ekel vor „normalen" Touristen aufgewogen. Er lernt Valérie kennen, mit der er – nach Paris zurückgekehrt – eine Affäre beginnt. Sie ist Geschäftsführerin einer großen Reiseagentur, und zusammen mit ihrem Chef realisiert Michel die Idee der „Plattform", einer Reiseagentur, die Reisen für sexhungrige Touristen aus dem Katalog anbietet.

Die Europäer, so Houellebecqs These, haben ihre Rolle als „Zivilisationsstifter" und damit ihre Führungsrolle verloren, ihre einzige Funktion bestehe jetzt in der Rückerstattung des Reichtums, den ihre Vorfahren angehäuft haben. Am einfachsten sei dies zu realisieren, wenn Sex gegen Geld getauscht werde, ein Konzept, bei dem weder die Rasse, das Aussehen, das Alter, die Intelligenz, noch die Herkunft eine Rolle spielen sollen. Der mit ironischem Ernst geschriebene, skurrile und gefährliche Roman ist eine zeitgemäße Provokation für liberale Rechtsverfechter und die islamische Moral – wie sich spätestens im verheerenden Ende der Geschichte erweist. **DH**

„Mich stört nichts."

Der von Chipp Kidds gestaltete Schutzumschlag der englischen Ausgabe mit Anspielungen auf das Thema Prostitution in Thailand.

Die Korrekturen
Jonathan Franzen

Der Ehrgeiz ist es, der Franzens *Korrekturen* zum wichtigen Roman macht. Das Buch erklärt seine Bedeutung und betont unverfroren und oft grimmig, wichtig sei der Roman selbst, die Literatur in ihrer ganzen Pracht.

Es ist nicht die Möglichkeit, Geschichten zu erzählen, die für Franzen das Potential eines Romans ausmacht, sondern die Möglichkeit, jede nur erdenkliche Geschichte erzählen zu können und mit Hilfe der Möglichkeiten, die das Genre bietet, jene Dinge sichtbar zu machen, die ein Leben ausmachen – der Roman ist somit potenter als das Leben selbst: aufgrund des löchrigen Gedächtnisses geraten, anders als im Roman, neun Zehntel dessen, was ein Leben ausmacht, in Vergessenheit.

Die Korrekturen ist eine Herausforderung für die Leser. Der Aufwand, mit dem der Roman die verzahnten Beziehungen, Lebensläufe und Verrücktheiten einer mittelmäßigen Mittelklassefamilie im Mittleren Westen der USA zu entwirren versucht, wird auch dem Leser zugemutet; wenn er denn diese Erzählung von Anfang bis Ende lesen will, die ebenso niederschmetternd wie euphorisierend ist.

Die Gangart des Texts ist ungezügelt, und dies muß so sein – der Roman ist enzyklopädisch und widmet sich akribisch allen Bereichen des amerikanischen Lebens, die in sein Blickfeld geraten. Diese sind so zahlreich und ihre Bedeutungen so unterschiedlich, daß Franzen eine Art mehrfarbiger Polyphonie der Geschichte selbst entstehen läßt.

Die Erstausgabe des Romans erschien zufällig eine Woche vor den Attentaten des 11. September, die viele Menschenleben kosteten, und er enthält viele Elemente, die darauf hinweisen, daß die USA auf einen Tanz mit dem Tod geradezu erpicht sind. Die Reichweite und die Überschwenglichkeit des Romans machen ihn jedoch zu einem seltsam optimistischen Lesegenuß. **PMcM**

Lebensdaten | *1959 (USA)
Erstausgabe | 2001
Erschienen bei | Farrar, Straus & Giroux (New York)
Originaltitel | *The Corrections*

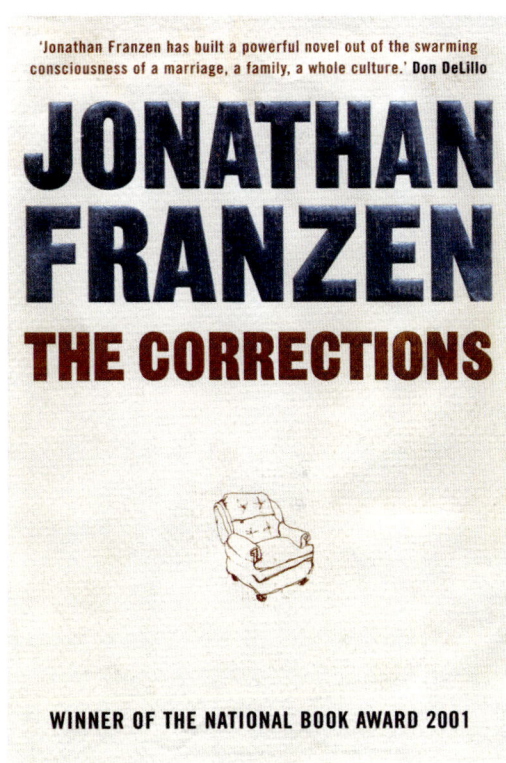

„*Solarstromzukunft, sehr günstig, sehr korrekt …*"

◉ Der Umschlag der Originalausgabe. Franzen erhielt für *Die Korrekturen* 2001 in den USA den National Book Award for Fiction.

Nowhere Man
Aleksandar Hemon

Lebensdaten | *1964 (Jugoslawien)
Erstausgabe | 2002
Erschienen bei | Nan A. Talese (New York)
Originaltitel | *Nowhere Man*

„… *allgegenwärtige Zwiebeligkeit.*"

Der schrullige Umschlag von *Nowhere Man* reflektiert Josef Proneks Emigration von Sarajewo in die Vereinigten Staaten.

Hemon kam 1992 aus Sarajewo in die USA, schon drei Jahre später begann er auf Englisch zu schreiben, und das Erstaunlichste an seinen Texten ist der innovative Gebrauch dieser Sprache. Wie andere Immigranten in anderen Ländern sprengt er die Grenzen der Sprache und stellt damit die herkömmliche Begrifflichkeit der Wörter in Frage.

Hemons *Nowhere Man* umfaßt sechs miteinander verbundene Geschichten, die in einem jeweils eigenen Erzählstil gehalten sind. Sie geben Episoden aus Josef Proneks Leben wieder, die er in Sarajewo vor dem Ausbruch des Krieges, in der Ukraine und in Chicago erlebt hat. Die Sprachstile reichen von einem selbstbewußten, schülerhaften und mit Shakespeare-Zitaten durchsetzten Idiom bis zum gebrochenen Englisch von Josef, der versucht, sich in seiner neuen Umgebung verständlich zu machen. Salman Rushdie bezeichnete das Übersetzen als eine körperliche Bewegung von einem Kulturraum in einen anderen. Welche Mühe diese körperliche Bewegung kostet, schildert Hemon anschaulich an Josefs Beispiel: Seine Worte kommen aus ihm hervor wie unausgegorene Ideen. Der Roman ist dort am besten, wo Hemon den Leser dazu zwingt, über die Sprache nachzudenken, wenn er Begriffe in einem Kontext verwendet, in dem sie normalerweise nicht verwendet werden. So spricht Josef etwa von einem Lichtschalter, der in der Dunkelheit „in der Schwebe sei", was zwar mit der wörtlichen Bedeutung von „schweben" (im Sinne von hängen oder warten) übereinstimmt, aber vom Sprachgebrauch her so erfrischend unüblich ist, daß es sprachkundige Leser aus dem Konzept bringt. Indem er uns so über den Gebrauch der Worte nachdenken läßt, zwingt uns Hemon dazu, über die Konturen der Sprache selbst nachzudenken. **LC**

Schnee
Orhan Pamuk

Als der Dichter Ka nach Jahren des politischen Exils in Deutschland in die Türkei zurückkehrt, wird er als Journalist in die entlegene Grenzstadt Kars geschickt, um über eine Wahl zu berichten, in der fundamentalistische Islamisten die besten Chancen haben, und um eine Serie von Selbstmorden unter jungen Frauen aufzuklären, die für das Recht auf Verschleierung kämpfen. Ein Schneesturm schneidet die Stadt von der Außenwelt ab, und die Spannungen zwischen säkularen Bewohnern und Fundamentalisten entladen sich in einem gewaltsamen Putsch. Ka betritt die Stadt als Sproß einer westlich orientierten türkischen Familie und kennt den Westen durch sein Exil sehr gut. Er hört allen geduldig zu, die Fundamentalisten aber lehnt er ab, denn er hält ihre Einstellung für veraltet. Als er wieder abreist, ist er ein anderer geworden, ein Mann mit gebrochenem Herzen.

Schnee ist ein politischer Thriller mit Elementen einer Farce. Ka trifft alle Seiten und Parteien, Fundamentalisten wie Liberale, Schriftsteller, Religionsführer und auch die kämpferischen jungen Frauen; er und der Leser entgehen ihrem ideologischen Bombardement nicht. Es entsteht das Bild eines kulturell und politisch gespaltenen Landes, die Kluft zwischen Ost und West kommt zur Sprache, die Frage der Religiosität überhaupt und die nach der Entstehung von Kunst.

Der türkische Autor Orhan Pamuk, der 2006 den Nobelpreis für Literatur erhielt, hat Schnee „meinen ersten und letzten politischen Roman" genannt. Nach seiner Veröffentlichung im Jahre 2002 kam es zu Kontroversen unter Pamuks türkischen Landsleuten, und manche Kritiker hielten den Autor für zu verwestlicht, um ein faires Bild seines Landes entwerfen zu können. International wurde dagegen seine ehrliche Darstellung einhellig gelobt. **CIW**

Lebensdaten | *1952 (Türkei)
Erstausgabe | 2002 bei İletişim (Istanbul)
Originaltitel | Kar
Literaturnobelpreis | 2006

„Die Stille des Schnees ..."

In der Begründung der schwedischen Akademie zur Verleihung des Nobelpreises heißt es, Orhan Pamuk habe „neue Sinnbilder für Streit und Verflechtung der Kulturen gefunden".

Der Namensvetter
Jhumpa Lahiri

Lebensdaten | *1967 (England)
Erstausgabe | 2003 bei Houghton Mifflin (New York)
Originaltitel | *The Namesake*
Pulitzer-Preis | 1999

Ashima und Ashoke Ganguli haben soeben geheiratet, nun lassen sie das traditionelle Kalkutta hinter sich und gehen in die USA, wo sie ihren eigenen amerikanischen Traum verwirklichen wollen. Vor allem Ashima will ihre bengalische Lebensweise allerdings nicht aufgeben, sie sträubt sich gegen die Assimilation und versucht, die Bande zu Indien aufrechtzuerhalten. Mit der Geburt ihres Sohnes Gogol und der Tochter Sonia, die vorwiegend amerikanisch und erst in zweiter Linie bengalisch erzogen werden, wird es für die Eltern immer schwieriger, die gewohnte Lebensweise beizubehalten. Während Ashima und Ashoke sich an die Vergangenheit klammern, versuchen die Kinder, ihren schizophrenen Zustand zu überwinden, der darin besteht, daß sie nur die amerikanische Realität aus eigener Erfahrung kennen, in dieser aber marginalisiert werden. In einer direkten, klangvollen Prosa schildert Jhumpa Lahiri die Erfahrungen der Emigration, und sie führt vor, wie sich der Zusammenprall der Kulturen zwischen den Generationen einer Familie abspielt, und daß das Heim letztendlich einen Mikrokosmos der Persönlichkeit darstellt.

Lahiris mit Spannung erwarteter erster Roman war in den USA sofort ein Bestseller, er wurde von der *New York Times* und dem *New York Magazine* als „Buch des Jahres" ausgezeichnet. Debütiert hatte die Autorin 1999 mit der Geschichtensammlung *Melancholie der Ankunft*, die ihr 2000 den Pulitzer- sowie den PEN/Hemingway-Preis einbrachte – eine seltene Ehre für einen Erstling. **BJ**

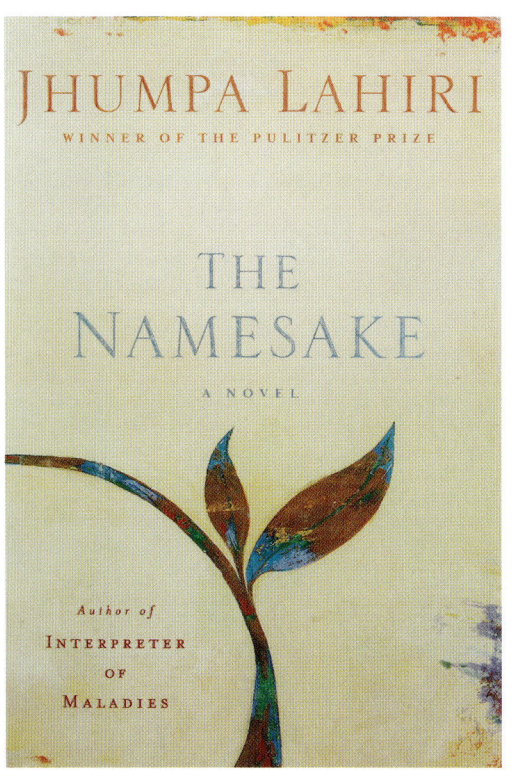

„Mutterschaft in einem fremden Land."

Die in England geborene und in den USA aufgewachsene Lahiri konnte sich ihre bengalisch-indische Identität bewahren.

Alles ist erleuchtet
Jonathan Safran Foer

Alles ist erleuchtet ist Foers erstaunlich ambitionierter Erstlingsroman, der, was selten geschieht, sowohl gut verkauft wie auch von der Kritik gelobt wurde. Titelheld ist der junge amerikanische Jude Jonathan, ein Schriftsteller, der sich mit einer verblaßten Fotografie in die Ukraine aufmacht, um dort nach Augustine zu suchen, von der er vermutet, daß sie seinen Großvater vor den Nazis rettete. Große Teile des Romans geben Briefe wieder, die Jonathan von Alex Perchov erhalten hat, einem nicht ganz 20jährigen Ukrainer, den er bei seiner Erkundungsreise als Übersetzer engagiert. Alex' mangelhafte Englischkenntnisse („In Russisch sind meine Ideen abnorm gut formuliert, aber meine zweite Sprache ist nicht so unerreicht") und sein unsachgemäßer Gebrauch des Wörterbuchs werden von Foer in einer verblüffend erfinderischen Sprache wiedergegeben. Alex ist beileibe kein Dummkopf, und er lernt im Laufe der Geschichte noch einiges dazu. Zwischen die Briefe mischen sich seltsame, surrealistische Episoden, in denen die Geschichte des Schtetls erzählt wird, in dem Jonathans Vorfahren lebten – vom Tag der Gründung im frühen 19. Jahrhundert bis zu den tragischen Ereignissen der „Endlösung".

Der Roman ist eine gekonnte Verschmelzung von Fakten und Fiktionen; Foer liefert anhand verzerrter Übersetzungen, Schicksalswendungen, undeutlich erinnerter Gespräche und fragiler Freundschaften eine kühne Darstellung des Holocaust und seiner Folgen. *Alles ist erleuchtet* beschäftigt sich tiefgründig mit der Frage, inwiefern unsere Sicht der Vergangenheit von der Gegenwart bestimmt wird. Die Geschichte handelt von alten Geheimnissen, vom Wissen und vom Unwissen, der Unschuld und der Erfahrung, von Schuld und Sühne. Sie ist gleichzeitig urkomisch und niederschmetternd, und sie kündet vom Auftauchen einer neuen, vielversprechenden Stimme in der Welt der Literatur. **SamT**

Lebensdaten | *1977 (USA)
Erstausgabe | 2002
Erschienen bei | Houghton Mifflin (Boston)
Originaltitel | *Everything is Illuminated*

„... *weil humorvoll die einzige wahrheitliche Art ist, eine traurige Geschichte zu erzählen.*"

◉ Jonathan Safran Foer selbst reiste mit 19 Jahren in die Ukraine.

21. Jahrhundert 907

Was ich liebte
Siri Hustvedt

Lebensdaten | *1955 (USA)
Erstausgabe | 2003
Erschienen bei | H. Holt & Co., New York
Originaltitel | What I Loved

In diesem Roman, bei dem schon der Titel einen Hauch von Vergangenheit verströmt, läßt der alternde Kunsthistoriker Leo Hertzberg die Bande Revue passieren, die er und sein bester Freund Bill Wechsler im Lauf der letzten fünfundzwanzig Jahre geknüpft und manchmal auch wieder gelöst haben.

Ein frühes Gemälde von Bill mit dem Titel *Selbstporträt*, das eine junge Frau zeigt, faszinierte Leo seinerzeit derart, daß er den ihm unbekannten Künstler kennenlernen wollte. Als es dazu kam, gipfelte das intellektuelle Gespräch der beiden in Bills „Ermächtigung" an Leo, den Schatten auf dem Gemälde als den seinen zu betrachten, und mit dieser intimen Geste war ihre brüderliche Zuneigung lanciert. Im Lauf der Jahre zeigten sich zwischen den Männern unwahrscheinliche, vieldeutige Parallelen. Zunächst zogen Bill und seine Frau Lucille in das Loft über der Wohnung von Leo und Erica, später kam noch Violet hinzu, Bills Modell und zweite Ehefrau. Im Abstand weniger Wochen bekamen beide Paare einen Jungen, und beide hatten den Verlust ihres Sohnes zu verschmerzen – der frühreife Matt Hertzberg starb bei einem Bootsunfall, während Mark Wechsler in eine unheilbare Gemütskrankheit abdriftete. In der Zeit, in der *Was ich liebte* spielt, ist Bill bereits der letzte Übriggebliebene einer einst soliden Welt, für deren Gelingen sich alle Beteiligten aktiv engagiert hatten.

Was ich liebte strotzt vor experimentierfreudiger Energie, wenn Siri Hustvedt die Tragödien ihrer Protagonisten nachzeichnet. Bills Kunst bewegt sich an der Peripherie des Verständlichen, und Leo versucht, sie mit seinen geduldigen Interpretationsversuchen zu lesen und verständlich zu machen, wobei er bis an die Grenzen des Artikulierbaren geht. **AF**

Die dreizehnte Dame
José Carlos Somoza

Lebensdaten | *1959 (Kuba)
Erstausgabe | 2003
Erschienen bei | Mondadori (Madrid)
Originaltitel | *La dama número trece*

In seinen Romanen bedient sich Somoza der unterschiedlichsten Genres, sei es der Mystery- oder Erotikroman, die futuristische Fantasy oder der Wissenschaftsthriller. Aber für ihn sind die Genres bloß Werkzeuge, mit denen er sein literarisches Spiel treibt. Mal widmet er sich der Philosophie (wie in *Das Rätsel des Philosophen*), mal der Kunst (wie in *Clara*). Im vorliegenden abgründig-spannenden Roman geht es ihm um die Macht der Worte.

Salomón Rulfo, ein Literaturprofessor, leidet unter einem wiederkehrenden Albtraum, in dem er in einem ihm vertrauten Haus Zeuge eines dreifachen Mordes wird, gleichzeitig fleht ihn eine Frau um Hilfe an. Trotz der Versicherungen seines Arztes glaubt Rulfo, die Frau würde tatsächlich umkommen. Um den Handlungsort seines Albtraums zu erkunden, geht er heimlich in das betreffende Haus. Dort betritt er eine andere Realität, in der „die Sprache nicht harmlos ist" und wo den Menschen nicht einfach alltägliche Mißgeschicke widerfahren – sie sind in einem Fluch gefangen, in einer „Kombination mächtiger Worte".

Somoza schreibt mit großer Überzeugungskraft, seine Geschichten voller böser Omen verleiten den Leser dazu, an schwindelerregenden Hexensabbaten in einem opulenten Ambiente teilzunehmen. Einmal mehr gelang ihm damit ein Roman, der ebenso aufregend wie intelligent ist. **SR**

Jesus von Texas
DBC Pierre

Jesus von Texas ist eine schwarze Komödie, eine Parabel auf die Mediengesellschaft und die amerikanische Provinz. Schauplatz des Romans ist die Stadt Martirio (das spanische Wort für ‚Martyrium'), die „Barbecuesaucen-Hauptstadt" von Texas, eine fiktive Kleinstadt voller gewöhnlicher Egozentriker. Der fünfzehnjährige Vernon ist Überlebender eines Schulmassakers, das sein bester Freund Jesus angerichtet hat. Da er sein peinliches Alibi nicht preisgeben will, stürzen sich Polizei und Medien auf ihn, und bald erscheint er nicht mehr als Beinahe-Opfer, sondern als Komplize, der womöglich an der Planung beteiligt war.

Vernon ist machtlos. Ihm fehlt die Reife, mit der Situation umzugehen. Er muß tun, was die Erwachsenen – Lehrer, seine Mutter, die Polizei – ihm sagen; mit kindlichem Vertrauen glaubt er diesen Menschen, und sie lassen ihn immer wieder im Stich. Der Einfluß der anderen ist stärker. Am Ende des Romans sagt in der Todeszelle der Axtmörder Vasalle zu ihm: „Du bist der Gott. Übernimm Verantwortung." Erst als Vernon die Verantwortung für das übernimmt, was mit ihm geschieht, kann er seinem Leben selbst wieder eine Richtung geben.

DBC Pierres flott geschriebener sozialkritischer Roman nimmt all die bekannten amerikanischen Übel aufs Korn – Waffen, orientierungslose Jugend, zerbrochene Familien, das Justizsystem, Habgier – und prangert nicht zuletzt die Medien an, die sich die Ereignisse nach Gutdünken zurechtbiegen. Gelegentlich verliert sich der rote Faden der Handlung in den vielen Themen und die Satire gleitet ins Kindische und Übertriebene ab, aber der Plot ist so tempo- und abwechslungsreich, daß diese kleinen Schwächen keine Rolle spielen. **CIW**

Lebensdaten | *1961 (Australien)
Erstausgabe | 2003 bei Faber and Faber (London)
Originaltitel | *Vernon God Little*
Booker-Preis | 2003

„*Es ist höllisch heiß in Martirio …*"

„DBC Pierre" ist das Pseudonym von Peter Warren Finlay. „DBC" steht für „Dirty But Clean" – dreckig, aber drogenfrei.

Der Wolkenatlas
David Mitchell

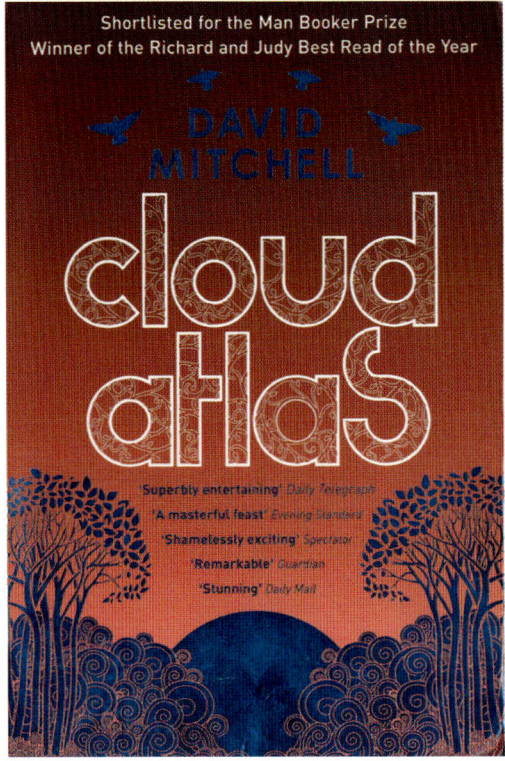

„Sollte es irgendwo ein so verlassenes Nest geben (…), daß man dort Zuflucht finden könnte, ohne einem Engländer in die Arme zu laufen, so ist dieser Ort auf keiner mir bekannten Landkarte verzeichnet."

◉ Der Umschlag weist auf eine fremdartige Welt nach dem Zusammenbruch von Wissenschaft und Zivilisation hin.

Lebensdaten | *1969 (England)
Erstausgabe | 2004
Erschienen bei | Sceptre (London)
Originaltitel | *Cloud Atlas*

Mitchells *Wolkenatlas* ist ein funkelndes Kompendium aus sechs miteinander verwobenen Parabeln, die sich über einen großen Zeitraum erstrecken – vom Journal eines Pazifikforschers im 19. Jahrhundert bis zu den post-apokalyptischen Lebenserinnerungen des Hirten Zachry. Jede Erzählung greift in eine andere über, so stößt der abgebrannte Musiker Robert Frobisher in der zweiten Episode auf das Journal aus dem Pazifik und erwähnt es in einem Brief an seinen Liebhaber Rufus Sixsmith. Dieser taucht in der dritten Erzählung als wissenschaftlicher Berater auf, der einen Enthüllungsbericht über einen Nuklear-Konzern veröffentlicht; der schonungslose Report des jungen Journalisten kommt in die Hände des bankrotten Verlegers Cavendish, der auf der Flucht vor seinen Kreditgebern aus der Unterwelt ist. Er versteckt sich in einem Seniorenheim, danach treibt uns Mitchell weiter in ein zukünftiges Zeitalter. Dort lesen wir das Vermächtnis der genmanipulierten „Fabrikantin" Somni-451, das ihre Lebensgeschichte als staatlich kontrollierter Automat protokolliert. Somni wird im zentralen, futuristischsten Kapitel des Buches posthum zur Göttin verklärt.

Laut Mitchell geht das Buch auf eine Idee zurück, „einen Roman zu schreiben, der verschachtelt ist wie jene ineinander steckenden russischen Matroschka-Puppen. Wie viele Geschichten kann ich miteinander verschachteln?" Italo Calvino habe zwölf Erzählschichten geschafft, habe aber die unterbrochenen Stränge nie fertig erzählt. Mitchell jedoch kommt auf die angefangenen Geschichten zurück wie ein Bumerang, der durch die Episoden zurückfliegt. Ebenso dynamisch ist die Sprache des Romans, womit Mitchell eine mitreißende Rhapsodie kontrastierender Dialekte gelingt.   **DJ**

Die Schönheitslinie
Allan Hollinghurst

Lebensdaten | *1954 (England
Erstausgabe | 2004
Erschienen bei | Picador (London)
Originaltitel | The Line of Beauty

Die Schönheitslinie ist der vierte Roman, den Hollinghurst aus der Perspektive eines Homosexuellen schrieb. Das Londoner Leben in den 1980er Jahren wird durch die unmoralischen Augen von Nick Guest betrachtet, der sich vom schwulen Sex und dem Glamour der Profiteure von Maggie Thatchers Politik verführen läßt.

Als Mitbewohner im Haus eines Politikers und Geliebter des Sohnes eines libanesischen Millionärs genießt Nick das viele Geld, den schnellen Sex und haufenweise Kokain. In einer der humorigsten Szenen des Romans hat sogar Thatcher einen Auftritt. Die schrankenlosen Schilderungen der Homosexualität finden ihren Höhepunkt in Nicks Faible für Henry James (der alte Meister mußte seine sexuelle Vorliebe geheimhalten, Hollinghurst darf sie offen zeigen). Aids verdüstert die letzten Phasen des Romans, in denen das Leiden und der Verrat ins Rampenlicht geraten. Die Stimmung ist aber keineswegs verzweifelt oder tragisch – Hollinghurst scheint sich mit Nicks „Liebe zu einer schockierend bedingungslosen Welt" zu identifizieren.

Abgesehen von den geschlechtlichen Vorlieben steht *Die Schönheitslinie* in der Tradition des englischen Romans. Hollinghurst schrieb das Buch in einer gehobenen, präzisen Prosa mit einem guten Auge für die Figuren und einem guten Gehör für die Sprache der verschiedenen sozialen Schichten. Der humorvolle, geschickte Plot bietet jedem ein Lesevergnügen, der bereit ist, sich auf die Darstellungen von ungeschminktem schwulen Sex einzulassen. **RegG**

„Heute Abend, acht Uhr, war er zu einem Blinddate verabredet, und der heiße Augusttag war bestimmt vom Flimmern der Nerven, unterbrochen von Schönwetterperioden lüsterner Träumereien."

Für Hogarth war die Schönheitslinie eine Wellenlinie von ästhetischer Vollkommenheit; Hollinghurst bezeichnet damit alles Mögliche, von Kokain bis zum Körper des Geliebten.

Eine Geschichte von Liebe und Finsternis
Amos Oz

Lebensdaten | *1939 (Jerusalem)
Erstausgabe | 2003
Erschienen bei | Keter (Jerusalem)
Originalsprache | Hebräisch

„Wenn du keine Tränen mehr zum Weinen hast, dann lache."

Eine Geschichte von Liebe und Finsternis ist Amos Oz' erster autobiographisch gefärbter Roman, der ihm zahlreiche Preise und eine Nominierung für den Nobelpreis einbrachte. Er beginnt mit der Geburt des Verfassers und endet mit dem Tod der Mutter drei Monate vor seiner Bar Mizwa. Oz beschreibt seine Kindheit und Jugend, das Leben seiner Eltern und seine familiären Wurzeln nicht in chronologischer Folge. Der vielschichtige Roman umspannt fünf Generationen; die persönlichen Lebensgeschichten sind meisterhaft in einen größeren historischen Kontext eingewoben – das Schicksal der osteuropäischen Juden vom 18. bis ins 20. Jahrhundert, die zionistische Bewegung, das britische Mandat in Palästina, der Unabhängigkeitskrieg und die Gründung Israels.

Das magnetische Zentrum der Familie, das die zahllosen Stränge zusammenhält, ist Oz' Mutter Fania. Ihrem Freitod nähert sich der Autor vorsichtig an. Oz ringt durchgängig mit dem Schweigegebot, das in seiner Familie herrschte, wenn es um Gefühle ging: „Über meine Mutter habe ich mein Leben lang fast nie gesprochen, bis jetzt, bis zum Schreiben dieser Seite." Erst auf den allerletzten Seiten seiner Erinnerungen kann Oz endlich die „tausend Jahre Finsternis zwischen jedem und jedem" überwinden und von den letzten Lebenstagen seiner Mutter erzählen. In diesem Moment ist seine literarische Kunst auf ihrem Höhepunkt. Sich auf die Berichte seiner Onkel und Tanten stützend, kann er sie zu einer quasi ewigen Gegenwart heraufbeschwören: „Immer hielt sie Wort: sie kam nach kurzer Zeit zurück, mit einem sanften Leuchten in den Augen und geröteten Wangen (…) Schön war sie bei ihrer Rückkehr, noch schöner als bei ihrem Weggang." *Die Geschichte von Liebe und Finsternis* ist manchmal bedrückend, aber immer feinfühlig, eloquent und bewegend. **IW**

Amos Oz, als Amos Klausner geboren, nahm als Nachnamen das hebräische Wort für „Stärke" an.

Porträt des Meisters in mittleren Jahren
Colm Tóibín

In diesem Roman beschreibt Tóibín die Jahre 1895 bis 1899 im Leben des Schriftstellers Henry James; 1895 war das Jahr, in dem James mit seinem Schauspiel *Guy Domville* einen katastrophalen Mißerfolg erlebte; 1899 wurde er von seinem Bruder William und dessen Familie in seinem geliebten „Lamb House" in Sussex (England) besucht. Die Zeit ist im Roman meist dem Raum untergeordnet, insbesondere den Zimmern und Häusern. Tóibín beschwört die Atmosphäre einer „Jamesschen" Welt herauf, ohne ihn nachzuahmen.

Der Roman wird episodisch in einer Reihe von lebendigen, detaillierten Szenen erzählt, so schildert er zum Beispiel James' Reise nach Irland, den mühsamen Umgang mit unfähigen Bediensteten oder das surreale Nachspiel zum Selbstmord von James' Freundin Constance Woolson. Durch die Wiedergabe von Träumen und Erinnerungen imaginiert sich Tóibín in James' Bewußtsein und führt den Roman damit zurück in die Kindheit und Jugend, aber auch zu einer Reihe von Todesfällen und Verlusten, die James in seinem Leben erlitt. Zudem versucht Tóibín aufzuzeigen, wie sich James' Erfahrungen – die gemachten ebenso wie die verhinderten – in seinen Werken niedergeschlagen haben. Subtil und nachdrücklich zugleich wirft der Roman die Frage auf, was der Schriftsteller preisgibt und was er verschweigt, und welcher Art James' Verlangen war – eine Frage, die von derjenigen nach seiner Homosexualität nicht getrennt werden, durch diese allein aber auch nicht befriedigend geklärt werden kann. In einer Zeit, in der sich viele Autoren auf die biographischen Quellen beschränken, gießt Tóibín Biographie und Fiktion in eine neue literarische Form, in der sie sich wechselseitig transformieren. **LM**

Lebensdaten | *1955 (Irland)
Erstausgabe | 2004
Erschienen bei | Picador (London)
Originaltitel | *The Master*

„Manchmal träumte er nachts von den Toten."

> Meisterhaft gelingt Tóibín die Annäherung an den Stil des von ihm porträtierten „Meisters" Henry James.

Der Schwarm
Frank Schätzing

Lebensdaten | *1957 (Deutschland)
Erstausgabe | 2004
Erschienen bei | Kiepenheuer & Witsch (Köln)
Medienpreis „Goldene Feder" | 2005

Frank Schätzings Ökothriller beginnt an der Küste von Peru, wo ein Fischer sich Gedanken über seine Zukunft angesichts der Trawlerflotten macht, die die Fischgründe leerfischen. Kurz darauf verschwindet er in den Tiefen des Meeres. Andere mysteriöse Vorfälle folgen – Walattacken, die Entdeckung eines Tiefseewurms und verheerende Seuchen. All das gehört, wie sich herausstellt, zu einem Angriff auf die Menschheit, durch den die Vernichtung des irdischen Ökosystems verhindert werden soll. Drahtzieher sind die Yrr, einzellige Meeresorganismen von überragender Intelligenz. Am Ende steht ein gewaltiger Tsunami, der ganz Europa überschwemmt.

Die Veröffentlichung des Romans traf mit einer Reihe von Naturkatastrophen zusammen, aber auch mit dem amerikanischen Krieg gegen den Terror, auf den das Buch anspielt: Unter der Leitung des amerikanischen Commanders Li bemüht sich eine Expedition aus Militärs und Wissenschaftlern um Kontakt zu den Yrr. Während europäische Wissenschaftler auf Diplomatie setzen, bereitet Li einen kriegerischen Angriff vor, der die Herrschaft der Menschen über die Erde sichern soll. In einem Showdown, bei dem Li stirbt, kommt es zu dem angestrebten Kontakt mit den Yrr und die Feindseligkeiten werden eingestellt. Der Epilog stellt diesen Waffenstillstand als letzte Chance der Menschheit dar, einer endgültigen Vernichtung zu entkommen.

Der Roman basiert auf einer gründlichen wissenschaftlichen Recherche; 2006 wurden die Filmrechte an Hollywood verkauft. **FG**

Suite Française
Irène Némirovsky

Lebensdaten | *1903 (Ukraine), †1942 (Auschwitz)
Erstausgabe | 2004 bei Éditions Denoël (Paris)
Originalsprache | Französisch
Prix Renaudet | 2004

Suite Française hat etwas mit den großen Werken der Literaturgeschichte gemeinsam: der Erfolg des Buches beruht auf dem Scharfblick und dem Einfühlungsvermögen, mit denen die Schwächen, Sehnsüchte und Triumphe des menschlichen Herzens geschildert werden. Das besiegte Frankreich im Zweiten Weltkrieg ist der aufwühlende historische Hintergrund, auf dem Irène Némirovsky ihre sympathischen, aber ganz und gar nicht vollkommenen Figuren agieren läßt.

Die Autorin richtet ihr Augenmerk auf das Außen- und Innenleben verschiedener Individuen und Familien, die der Krieg erschüttert hat. Hier und da kreuzen sich während der hektischen Flucht aus Paris im Jahr 1940 ihre Wege; das Überlegenheitsgefühl der Bourgeoisie wird brüchig, unter extremem Streß treten die niedrigsten menschlichen Triebe zutage. Der zweite Teil des Romans spielt nicht mehr in Paris, sondern in einem von den Deutschen besetzten Dorf. Hier kämpfen die Menschen um einen Rest Normalität in einer von Ungewißheit durchsetzten Existenz.

Das Interesse, das dem Buch entgegengebracht wurde, galt zunächst sicherlich der Autorin, deren Familie vor der Russischen Revolution aus Kiew geflohen war und die dann in Frankreich zur Starautorin avancierte. Im Oktober 1940 wurde sie als Jüdin mit einem Veröffentlichungsverbot belegt, 1942 verhaftet und wenig später in Auschwitz ermordet. Ihre Töchter retteten das Manuskript, das ein halbes Jahrhundert später publiziert wurde. *Suite Française* ist jedoch mehr als ein Vermächtnis; der Roman führt die Ereignisse jener Zeit so lebendig vor Augen, als wären sie gerade erst geschehen. **RMa**

Die Vermessung der Welt

Daniel Kehlmann

Lebensdaten | *1975 (Deutschland)
Erstausgabe | 2005
Erschienen bei | Rowohlt (Reinbek)
Candide-Preis | 2005

In diesem Roman geht es um zwei der größten deutschen Geister, den Mathematiker Carl Gauß (1777–1855) und den Forscher Alexander von Humboldt (1769–1859), deren Biographien gleich von Beginn an sowohl Ähnlichkeiten wie auch Kontraste aufweisen. Gauß kam aus ärmlichen Verhältnissen, sein Genius ließ sich aber schon früh erkennen; Humboldt wurde in eine adlige Familie geboren und zum Gelehrten erzogen. Gauß und Humboldt repräsentieren zwei unterschiedliche Methoden, die damalige Welt zu erforschen und zu verstehen. Gauß interessierte sich kaum für die äußere Beschaffenheit der Welt, er betrachtete diese mit seinem geistigen Auge (seine Beobachtung des irdischen Magnetfeldes war eine einzigartige Geduldsprobe); Humboldt hingegen reiste in die entlegensten Winkel der Erde, um von ihr so viel wie möglich zu erfassen.

Kehlmann schreibt beinahe skizzenhaft, liefert dabei aber vielsagende Details, was der Imagination des Lesers viel Raum läßt. Er schreibt sich nicht bedächtig und methodisch durch die Biographien, sondern verweilt mal bei einer Begebenheit, um viele andere zu überspringen; dabei widmet er sich auch den einengenden Auswirkungen, die der Ruhm auf die Männer hatte.

Kehlmann selbst ist fasziniert von der Besessenheit seiner zwei Protagonisten und davon, wie weit die großen Männer zu gehen bereit waren, um ihre Ziele zu erreichen. Jeder lebte in seiner eigenen Welt, Gauß war kein geselliger Zeitgenosse und Humboldt wurde von anderen kaum wahrgenommen. Die Vermessung der Welt porträtiert die historischen Gestalten mit großer Lebendigkeit, vor einem ausführlich recherchierten Hintergrund und, dank Kehlmanns klugem Witz, ohne je schwerfällig zu werden. **LB**

Die Geschichte der Liebe

Nicole Krauss

Lebensdaten | 1974 (USA)
Erstausgabe | 2005
Erschienen bei | W. W. Norton & Co. (New York)
Originaltitel | *The History of Love*

Dieses traurige und anrührend schöne Buch ist ein kunstfertig konstruiertes Panorama von Verlusten – der Liebsten, des Sohnes, Vaters, Freundes – und den Konsequenzen. Aus ständig wechselnder Perspektive erzählt, verwebt es nahtlos drei Handlungsstränge, die punktuell auf frappierende Weise aufeinandertreffen. Ihr Bindeglied ist das „verlorene" Manuskript „Die Geschichte der Liebe", vor sechzig Jahren verfaßt von dem polnischen Emigranten Leo Gursky, eine Hymne auf Alma, die einzige Frau, die er je geliebt hat.

Als alter Mann lebt Leo einsam in seinem New Yorker Apartment, ganz in die Vergangenheit versunken, in einer selbst geschaffenen, halb imaginären Welt, in der er seinen Kummer noch ein wenig länger ertragen kann. Trost findet er im Schreiben eines Manuskripts mit dem Titel „Wörter für alles", denn sein Leben in Worte zu fassen bedeutet, daß er gehört wird und noch nicht tot ist. Ohne sein Wissen wurde jedoch „Die Geschichte der Liebe" veröffentlicht und spielt eine Rolle in der Liebesgeschichte eines israelischen Paares, das seine erstgeborene Tochter Alma nennt, „nach jenem Mädchen in dem Buch". Alma will nach dem Tod des geliebten Vaters einen Weg in die Zukunft finden, was dazu führt, daß das Geheimnis des Buches, ihrer Namensschwester und des Autors gelüftet wird.

Mit ungeheurer Zartheit und unerwartet aufblitzendem Humor zeigt Nicole Krauss die Fähigkeit des menschlichen Geistes, auch scheinbar unerträglichen Verlust zu überleben – zum Beispiel durch Schreiben. **CN**

Das Buch von Blanche und Marie
Per Olov Enquist

Lebensdaten | *1934 (Schweden)
Erstausgabe | 2004
Erschienen bei | Norstedts (Stockholm)
Originaltitel | *Boken om Blanche och Marie*

Enquists Roman schildert das Leben von zwei berühmten Frauen: Blanche Wittman war die berüchtigte Hysterie-Patientin (und vermutete Geliebte) des Neurologen J. M. Charcot in der Pariser Salpêtrière, die Polin Marie Curie ist die Entdeckerin des Radiums und zweifache Nobelpreisträgerin. Nach ihrer Entlassung aus der Salpêtrière arbeitete Wittman im Labor von Curie, bei der sie auch wohnte. Blanche, der später beide Beine und ein Arm amputiert wurden, weil sie dem Radium zu lange ausgesetzt war, füllte drei Notizbücher mit der Frage „Was ist Liebe?" – die Frage bleibt bis zum Schluß unbeantwortet.

Enquist spricht mit den Stimmen seiner Protagonistinnen, ebensogut kann er aber auch seine eigene Präsenz markieren. Wenn er in der ersten Person schreibt, spricht er über seine Obsession mit dem vorliegenden Thema und seinen Umgang mit dem Quellenmaterial. Er liefert intime, fragmentarische Einblicke in das Leben seiner Figuren, indem er scheinbar zufällig auf ein Detail oder eine Zeit fokussiert, um sich gleich darauf wieder davon zu entfernen.

Das Buch ist fesselnd und undurchsichtig zugleich, der Unterschied zwischen historischen Fakten und Enquists eigenen Einfällen ist schwer auszumachen. Mit seinem feinfühligen, bewegenden Roman distanziert er sich vom Jahrmarktstreiben, das viele postmoderne Autoren in ihren historischen Romanen heraufbeschwören. Enquist ist ruhiger, einfühlsamer, aber dennoch offen für seine Themen. **LL**

„Die Liebe kann man nicht erklären."

- Per Olof Enquist hat zahlreiche Romane veröffentlicht, darüber hinaus Drehbücher und Dokumentationen geschrieben; er zählt zu den erfolgreichsten Gegenwartsautoren Skandinaviens.

2666
Roberto Bolaño

In diesem Buch, das Bolaño kurz vor seinem Tod verfaßte, keimt die Saat des Bösen, und seine fünf Teile verwandeln diese Saat in den flüchtigen Traum des Schriftstellers Benno von Archimboldi. Im ersten Teil versuchen vier Kritiker, Archimboldi ausfindig zu machen, wobei ihre Existenz in seinen Bann gerät; sie entdecken ihn schließlich in der mexikanischen Stadt Santa Teresa (Ciudad Juárez). Im zweiten Teil des Romans ist dieselbe Stadt Sitz eines Klosters, in dem der Philosoph Amalfitano unterrichtet, liest, sich seiner Frau erinnert und sich fragt, wie er von dort weg und zu seiner Tochter Rosa kommt. Im dritten Teil wird der Sportreporter Fate, der nach Santa Teresa kommt, um über einen Boxkampf zu berichten, in die Ermittlungen über Verbrechen an Frauen verwickelt, die dort geschahen. Dies führt zum vierten Teil, dem wahren schwarzen Zentrum des Romans, einer gnadenlosen, aufreibenden Abfolge von Morden und ergebnislosen Aufklärungsversuchen. Am Ende des Romans taucht Archimboldi wieder auf, hinter dem sich ein deutscher Schriftsteller verbirgt, der das ganze 20. Jahrhundert offenbar nur durchquert hat, um nach Santa Teresa zu kommen.

2666 ist Bolaños gelungener und dem flüchtigen Leser unzugänglicher Beweis, daß er schreiben kann wie kein anderer – und wie es ihm paßt. Er kombiniert die abstraktesten Reflektionen mit einer ungemein atemberaubenden Handlung und versieht alles mit seiner unverkennbaren, linkshändigen Unterschrift. **DMG**

Lebensdaten | *1953 (Chile), †2003 (Spanien)
Erstausgabe | 2004
Erschienen bei | Anagrama (Barcelona)
Originalsprache | Spanisch

„Lesen ist wie denken, wie beten …"

Bolaño wußte um seinen nahenden Tod und wollte die fünf Teile des unvollendeten Werkes zunächst zur Absicherung seiner Familie als eigenständige Bücher veröffentlichen.

21. Jahrhundert

Die See
John Banville

Lebensdaten | *1945 (Irland)
Erstausgabe | 2005
Erschienen bei | Picador (London)
Originaltitel | The Sea

„Sie sind gegangen, die Götter, am Tag dieser eigentlichen Flut."

„Das Gedächtnis verabscheut die Bewegung, es verharrt lieber im Stillstand." Diese Aussage steht im Zentrum von Banvilles Roman *Die See*, der von Max Mordens schmerzlichem Verlust und seiner Reise an den Schauplatz einer Jugendromanze erzählt. Morden ist Kunsthistoriker und ein ausgesprochener Augenmensch, und für ihn ist die Reise ein Versuch, die Vergangenheit als Kunstwerk wiederzugewinnen. Die Trauer über den Verlust seiner Frau zwingt ihn auf die Suche nach einem authentischen Schauplatz der Liebe und des Verlusts, nach irgend einem authentischen Drama, das dem Zahn der Zeit widerstanden hat.

Banvilles Prosa hat oft etwas Übernatürliches, und dieses Übernatürliche besteht hier in seiner Fähigkeit, mit Worten Bilder zu malen, hinter der unentwegt ablaufenden Alltäglichkeit einen Moment, einen Anblick oder eine Gestalt zu finden, die plötzlich wie von Zauberhand präsent ist. Banville liefert ein Abbild von der Häßlichkeit des Todes und der Hinfälligkeit des Körpers, indem er die Erfahrung des Verlusts mit unheimlicher Intensität heraufbeschwört. Der Roman handelt vom Tod und der ständigen Erniedrigung, die der Mensch durch seine Sterblichkeit erfährt, vor allem aber handelt er von der mächtigen Fähigkeit der Erinnerung und der Kunst, sich an etwas Unsterblichem festzuhalten. An etwas festzuhalten, das gegen den Tod ebenso immun ist wie die Unschuld. Der Roman ist förmlich durchtränkt mit Bildern und Sätzen aus der Welt der Kunst – von Bonnard und Whistler bis zu Shakespeare und Beckett. Mordens Reise in die frühe Kindheit ist in diese Hommage an die Kunst nahtlos und meisterhaft eingearbeitet. Die Lektüre vermittelt gleichzeitig das Gefühl, den Vorgang des Sterbens zu erleben, und dem Lauf der Zeit enthoben zu sein – als wäre man Teil eines in sich ruhenden Bildes. **PB**

Der irische Autor John Banville bekam 2005 für *Die See* den Man-Booker-Preis.

Die Eleganz des Igels
Muriel Barbery

Renée Michel ist nicht die, die sie zu sein scheint: Für die Bewohner der Rue de Grenelle 7 ist die Concierge, die sie seit Jahren kennen, eine anständige Frau, die archetypische Wächterin des Hauses. Die 54jährige, mal mürrisch, mal hilfsbereit, fällt nicht weiter auf. Doch hinter der rauhen Fassade verbirgt sich Erstaunliches. In Ihrem Kabuff frönt sie ihrer Leidenschaft für russische Literatur (ihre Katze heißt Leo, als Hommage an den Autor von Anna Karenina), begeistert sich für japanisches Kino und niederländische Malerei und grübelt über das Wesen der Phänomenologie nach. Sie ist fasziniert von den reinen Momenten der Gnade, in denen alles sich in einem perfekten, wenn auch flüchtigen Gleichgewicht befindet.

Paloma Josse versteckt sich auch. Sie ist zwölf und lebt mit ihren Eltern in einem der schicken Apartments im herrschaftlichen Stadthaus. Das außergewöhnlich begabte und rebellische Mädchen will sich an seinem dreizehnten Geburtstag umbringen und die Wohnung in Brand setzen. Mit Geist und Humor hält sie ihre „tiefgründigen Gedanken" in einem Tagebuch fest, in dem sie auch über die Bewegungen der Welt nachsinnt. Für Paloma ist das Leben der Erwachsenen wie ein Goldfischglas, ein leerer, absurder Ort, in dem falsche Eindrücke regieren.

Im Rest des Hauses leben im wesentlichen engherzige Spießer mit fest verankerten Vorurteilen. Die Ankunft eines reichen und kultivierten japanischen Witwers wird diese Welt der Täuschung und des Versteckspiels ins Wanken bringen. Erzählt aus der Perspektive der beiden Protagonistinnen, ist dieser elegant und charmant geschriebene Roman eine philosophische Reise, eine Reflexion über die Bedeutung des Lebens, die dem Leser zahlreiche unerwartete Einsichten beschert. **SL**

Lebensdaten | *1969 (Marokko)
Erstausgabe | 2006
Erschienen bei | Gallimard (Paris)
Originaltitel | *L'élégance du hérisson*

„*Conciergen lesen nicht* Die deutsche Ideologie…"

Muriel Barberys Roman war in Frankreich ein Kassenerfolg. Im ersten Jahr wurden über eine Million Exemplare verkauft.

Die Liste der Lügen
M. J. Hyland

Lebensdaten | *1968 (England)
Erstausgabe | 2006 bei Canongate (Edinburgh)
Originaltitel | *Carry Me Down*
Booker-Preis Nominierung | 2008

„*Ich bin jetzt wütend auf sie…*"

● John war als Mann mittleren Alters konzipiert, doch als Hyland einen Rückblick in seine Kindheit schrieb, änderte sie ihr Konzept.

Die Liste der Lügen wird von dem elfjährigen John Egan, der in den frühen 1970ern in Irland aufwächst, im Präsens erzählt. Diese immer beliebtere Perspektive erlaubt es M.J. Hyland, in London geborene Tochter irischer Eltern, mit einem begrenzten Vokabular zu arbeiten, was dem Buch zu stilistischer Klarheit verhilft. Der Autorin gelingt es auf diese Weise, die Probleme, Interessen und Ängste des Jungen und seine linkische präpubertäre Selbstbehauptung im Umfeld einer zerbrechenden Familie einzufangen.

Eines der Hauptthemen des Romans ist die „Wahrheit", wie sie durch den empfindsamen Autodidakten John verstanden wird, der ein wandelnder Lügendetektor zu sein glaubt und viel Zeit und Energie darauf verwendet, seine vermeintliche Fähigkeit unter Beweis zu stellen. Dazu produziert er ein eigenes Buch der Lügen, in dem er die Mißverständnisse und Kompromisse festhält, die er ständig umschiffen muß. Er beschreibt seine körperlichen Symptome, wenn man ihn anlügt, und treibt die Menschen mit seiner unermüdlichen Suche nach der Wahrhaftigkeit an die Grenzen ihrer Geduld.

Doch bei Lügen in der eigenen Familie nützt John die abstrakte Systematisierung nichts mehr. Da er den emotionalen Hintergrund nicht kennt, zwingt John die Betroffenen zu einem Geständnis und zu Racheaktionen und bemerkt nicht, wieviel er in seiner Selbsttäuschung mit jenen gemeinsam hat, die er angreift.

Hyland stellt John als einsamen, etwas verdrehten Sonderling kurz vor der Pubertät dar, der die Folgen seiner Handlungen nicht einschätzten kann. Zugleich macht ihn die Autorin aber auch zu einem Werkzeug, mit dem eine ganze Reihe von psychischen und sozialen Mechanismen erforscht werden, die außerhalb seines begrenzten Horizonts wirken. **DTu**

Gegen den Tag
Thomas Pynchon

Nach der engen Verflechtung von Fakten und Fiktion, die den Roman *Mason & Dixon* kennzeichnet, markiert *Gegen den Tag* den Übergang zu Pynchons „Spätstil", wenn man ihn so nennen kann. Das komplexe, vielschichtige, aber sehr lesbare und zugängliche Werk, das die formalen Experimente von *Die Enden der Parabel* hinter sich läßt, befaßt sich hauptsächlich mit den zwei Jahrzehnten geopolitischer Turbulenzen, die zum Ersten Weltkrieg führten. Turbulenzen sind auch ein passendes Bild für den zentralen Handlungsstrang, die verrückten Abenteuer der „Freunde der Fährnis", einer bunten Heldentruppe à la Jules Verne, die an Bord des Luftschiffs „Inconvenience" mit ihrem unermüdlichen Kapitän Randolph St. Cosmo die Welt bereist. Innerhalb dieses losen Erzählrahmens führt uns Pynchon auf wundersamen Umwegen in das Stummfilm-Hollywood, nach Island, in den Balkan, nach Göttingen, in die sibirische Tundra und zu den Spiritisten ins spätviktorianische London.

In vieler Hinsicht schließt *Gegen den Tag* an die früheren Werke Pynchons an; auch hier hat er ein Herz für die schrägen Vögel und Randfiguren der Gesellschaft, zeigt sich fasziniert von seltsamen Kosmologien, bedrohten Kulturen und Traditionen, wütet gegen betrügerische Unternehmen, stellt historische Zeit und Erzählzeit in eine komplizierte Relation, läßt seiner Vorliebe für sprechende Tiere und obszöne Lieder freien Lauf. Doch es gibt auch neue Entwicklungen, vor allem sichtbar in Pynchons Darstellung des Endzeit-Anarchismus und politisch motivierter Gewalt – eine Abrechnung mit einem alles verschlingenden Sog, der auch in der heutigen Gesellschaft noch nachwirkt. *Gegen den Tag* ist zweifellos das Werk eines der geheimnisvollsten und größten amerikanischen Schriftsteller. **SamT**

Lebensdaten | *1937 (USA)
Erstausgabe | 2006 bei Penguin (New York)
Originaltitel | *Against the Day*
National Book Award | 1974

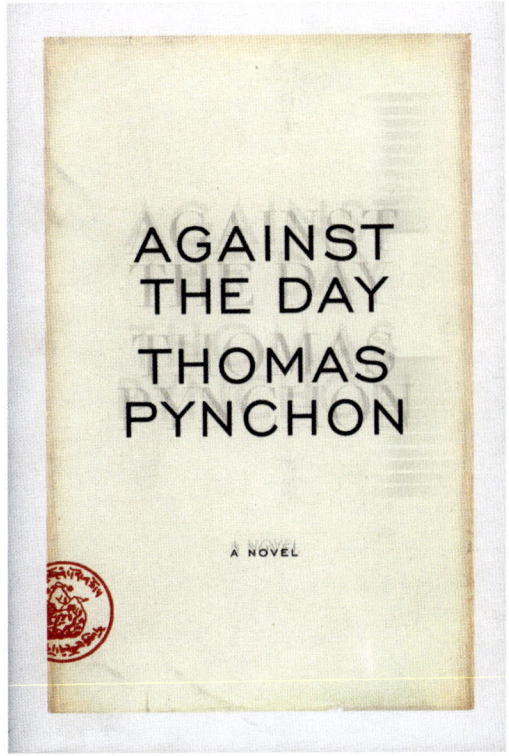

„Die Welt endete 1914."

● Pynchon sagte über *Gegen den Tag*: „Vielleicht ist es nicht die Welt, aber mit ein paar kleinen Korrekturen könnte die Welt so sein."

21. Jahrhundert

Erbin des verlorenen Landes
Kiran Desai

Kiran Desais Mehrgenerationen-Roman spielt in New York und Indien, während Großbritannien wie ein Gespenst der kolonialen Vergangenheit seine Schatten über die Gegenwart wirft. Die siebzehnjährige verwaiste Sai lebt in Kalimpong bei ihrem Großvater, einem ehemaligen Richter und Cambridge-Absolventen. Das Mädchen ist der Liebling des Kochs, dessen Sohn Biju sich als Immigrant in New York durchschlägt. Die Handlung bewegt sich zwischen diesen beiden Orten und verwebt menschliche Schicksale und politische Konflikte auf dem Hintergrund der neokolonialistischen Globalisierung. Multikulturelle Beziehungen sind für Desai ebenso ein Thema wie die Bedrohung durch den Terrorismus.

Der Richter und Biju sind Figuren, die auf ganz unterschiedliche Weise das Los der Migranten erleben; ihre soziale Herkunft führt dazu, daß ihre Erfahrungen kaum zu vergleichen sind, beiden jedoch ist der feste Glaube an die Überlegenheit des Westens eingepflanzt worden. Das innere Exil des Richters resultiert aus seinen demütigenden Erfahrungen während seines Studiums; Bijus kulturelle Desorientierung als Illegaler in New York ist weniger subtil und ebenso destruktiv wie der Haß des Richters. Die ethnischen Konflikte des Landes werden in der Liebesgeschichte zwischen Sai und ihrem Hauslehrer Gyan dramatisiert, der sich den nepalesischen Rebellen anschließt.

Die pessimistische Sicht des Romans ist mit geistreichem Humor durchsetzt. Mit Hilfe der unterhaltsamen, witzigen Dialoge nimmt Kiran Desai Kolonialgeschichte und postkoloniale Spannungen ins Visier. Sie hat einen Roman über die erfüllten und unerfüllten Wünsche und die Sehnsucht nach Zugehörigkeit geschrieben, in dem die Charaktere nuancenreich und mit Zärtlichkeit und Einfühlungsgabe gezeichnet sind. **KDS**

Lebensdaten | *1971 (Indien)
Erstausgabe | 2006 bei Hamish Hamilton (London)
Originaltitel | *The Inheritance of Loss*
Booker-Preis | 2006

◉ *Erbin des verlorenen Landes* ist Kiran Desais zweiter Roman.

◉ Kiran Desai ist die Tochter der indischen Autorin Anita Desai, die dreimal für den Booker-Preis nominiert wurde, ihn aber nie erhielt.

Die Hälfte der Sonne
Chimamanda Ngozi Adichie

Lebensdaten | *1977 (Nigeria)
Erstausgabe | 2006 bei Fourth Estate (London)
Originaltitel | *Half of a Yellow Sun*
Orange-Preis | 2007

Der Biafra-Krieg (1967–1970) – das Thema von Adichies zweitem Roman – begann damit, daß die nigerianischen Igbo ihren eigenen Staat ausriefen und endete mit der Verhängung einer Hungerblockade und einem dadurch verursachten Massensterben. Der Konflikt in Afrika beschäftigte damals die Welt und veranlaßte John Lennon dazu, aus Abscheu gegen die britische Beteiligung seinen Orden Member of the British Empire zurückzugeben.

Die Hälfte der Sonne, ein souveräner und schöner Roman, war für Adichie ein großer Schritt nach vorne. Ihr Debütroman *Blauer Hibiskus* wurde zwar sehr gelobt, aber sein Horizont war doch beschränkt, zum einen, weil es sich um eine Ich-Erzählung handelte und zum anderen auf Grund der Tatsache, daß die Erzählerin erst fünfzehn war.

Die Hälfte der Sonne entfaltet hingegen ein breit angelegtes Panorama, das sich über fast zehn Jahre erstreckt und aus der Sicht dreier ganz unterschiedlicher Charaktere erzählt wird: da ist der Hausboy Ugwu, die schöne Olanna und Richard, ein schüchterner, aber radikaler Engländer, der in Olannas Zwillingsschwester verliebt ist. Zu diesem Prisma kommt noch ein Buch im Buch, ein nachträglich verfaßter Bericht, der für eine weitere überraschende Wendung sorgt. Adichie schreibt zweifellos für einen internationalen Markt, wird aber bei ihrer Schilderung der nigerianischen Lebenswirklichkeit nie schwerfällig didaktisch. Auch die bedrängten Igbo erscheinen nicht nur im positiven Licht und sind nicht gegen Snobismus gefeit.

Sicher erhält die Autorin ihre Inspiration aus ähnlichen Quellen wie ihr Landsmann Ben Okri, doch sie verschmäht seinen magischen Realismus und setzt auf die naturalistischen Stilmittel ihres Vorbildes Chinua Achebe. **SE**

Das Familientreffen
Anne Enright

Lebensdaten | *1962 (Irland)
Erstausgabe | 2007 bei Jonathan Cape (London)
Originaltitel | *The Gathering*
Booker-Preis | 2007

Die aus Dublin stammende Anne Enright verfaßte drei Romane, *So fern Engel sehen* (1995), *What Are You Like?* (2000) und *Elisas Gelüste* (2002), bevor sie *Das Familientreffen* schrieb, den Roman, der ihr den renommierten Booker-Preis einbrachte.

Die Familie Hegarty ist eine verzweigte Familie. Im Mittelpunkt des Romans steht die 39jährige Veronica Hegarty, die nicht über den Tod ihres Bruders Liam hinwegkommt. Der Alkoholiker Liam hat sich in Brighton ertränkt, und der Großteil des Buches besteht aus Rückblenden, in denen Veronica nach Gründen für diese Tat forscht.

Ob sie die Gründe findet, ist ungewiß. Sie mögen in jenem Sommer liegen, den sie und ihre Geschwister bei der Großmutter verbrachten. Sie könnten auch in der Dreiecksgeschichte ihren Anfang haben, in die die Großmutter damals verwickelt war. Enrights Meisterschaft liegt gerade in der Ambiguität, die Veronica selbst spürt: „Alles, was ich habe, sind Geschichten, Nachtgedanken, die plötzlichen Gewißheiten, die die Unsicherheit hervortreibt." Enright besitzt die Fähigkeit, die Erzählperspektive fließend von einer Figur zur nächsten zu verschieben, und damit ihr Innenleben auszuloten.

Die innere Landschaft der Charaktere steht in krassem Gegensatz zu der kraftvollen, lakonischen Schilderung körperlicher Empfindungen. Veronicas Trauer um Liam ist ein physisches und emotionales Erleben: „Eine Empfindung, die mich verstört – irgendetwas zwischen Durchfall und Sex – diese Trauer, die fast schon etwas Geschlechtliches hat." Liebe und Tod sind körperliche Erfahrungen, die Narben hinterlassen, in denen sich die Erinnerungen an Verluste manifestieren. **JSD**

Das kurze wundersame Leben des Oscar Wao
Junot Díaz

Lebensdaten | *1968 (Dominikanische Republik)
Erstausgabe | 2007 bei Riverhead Books (New York)
Originaltitel | The Brief Wondrous Life of Oscar Wao
Pulitzer-Preis | 2008

Ursprünglich war die Geschichte des einsamen Sciencefiction-Nerd Oscar eine Short Story im *New Yorker*. Der lang erwartete Debütroman des karibisch-amerikanischen Schriftstellers Junot Díaz, der sieben Jahre später erschien, fügt der Hauptfigur wenig mehr hinzu. Oscar ist immer noch hoffnungslos verliebt in Frauen, die seine Gefühle nie erwidern. Doch nun erfahren wir mehr über Oscars Schwester und seine Mutter und den Großvater, der durch seinen Widerstand gegen den dominikanischen Diktator Trujillo schreckliches Leid über die Familie brachte.

Nach Ansicht des Erzählers Yunior – ein Latino, der mit Oscar und seiner Schwester zusammen aufwuchs – ist dieses Leid das Resultat eines *fukú*, eines uralten Fluchs, den man für alles verantwortlich macht, für eine Niederlage der Yankees im Baseball ebenso wie für die Unfähigkeit, männliche Kinder zu zeugen. In der Geschichte von Oscar Wao (eine Verballhornung des Namens Oscar Wilde und der Spitzname der Hauptfigur) ist der *fukú* verantwortlich für den Tod von Oscars Großvater Abelard und das Unglück seiner dritten Tochter, Oscars Mutter, die in die Sklaverei verkauft wird und ihr Leben lang unter der Liebe leiden wird. Derselbe *fukú* treibt Oscar, verrückt vor verschmähter Liebe, zuletzt dazu, sein kurzes, verzweifeltes Leben zu beenden.

Am spannungsreichsten ist der Handlungsstrang, der von Oscars Familie in der Dominikanischen Republik berichtet. Díaz gibt seinem Immigrantenepos viel Farbigkeit und liebt stilistische Spielereien, zu denen auch Anspielungen auf Fantasy-Serien gehören. Zuweilen fühlt man sich an Gabriel Garcia Marquez' Macondo erinnert, das hier als „McOndo" auftaucht: magischer Realismus für eine Diaspora-Generation. **PC**

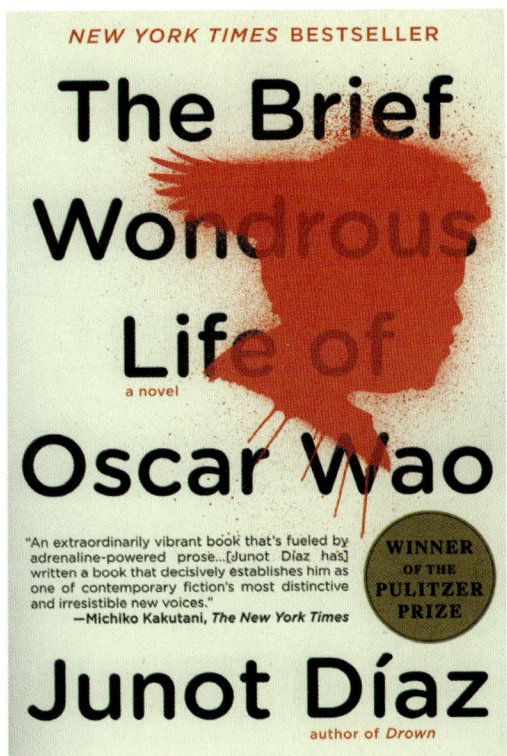

„In den Schreien der Sklaven sei es aus Afrika herübergereist, sagt man; es sei der Todesfluch der Taino (…), als Dämon in die Schöpfung geschlüpft…"

Junot Díaz' lange erwarteter Roman schildert die enttäuschte Liebessehnsucht von Oscar Wao und das bewegte Leben seiner Familie.

Home *
Marilynne Robinson

Home rollt die Ereignisse aus Marilynne Robinsons zweitem Roman *Gilead* noch einmal neu auf, diesmal aus der Perspektive der Familie Boughton. Mit diesem Buch etabliert Robinson sich als eine der außergewöhnlichsten zeitgenössischen Autorinnen, die durch intellektuelle Strenge ebenso besticht wie durch ihr Mitgefühl mit menschlichen Schwächen.

Der Plot ist schnell skizziert. Glory Boughton kehrt mit achtunddreißig nach einer geplatzten Verlobung ins Haus ihres kranken Vaters, des Reverend Boughton, zurück. Kurz darauf kündigt ihr Bruder Jack, das geliebte und schmerzlich vermißte schwarze Schaf der Familie, ebenfalls seine Rückkehr an. Die Ankunft des verloreren Sohnes macht den sterbenden Vater sehr glücklich, aber Jacks Sünden erweisen sich als zu zahlreich und schwerwiegend, als daß der Reverend sie vergeben könnte, und seine letzten Worte an den Lieblingssohn sind von Groll und Enttäuschung bestimmt. Jack reist ab und Glory erbt das Familienanwesen, das sie für Jacks gemischtrassigen Sohn instand halten will.

Schauplatz von *Home* ist eine amerikanische Kleinstadt im mittleren Westen, die Mitte der 1950er Jahre von Rassenunruhen heimgesucht wird. Gründlich und pointiert behandelt die Autorin Themen wie Macht und Grenzen des Glaubens und der Vergebung, spirituelle Sehnsüchte und Verluste und die geistige Isolation von Menschen, die sich überall fremd fühlen – vor allem dann, wenn sie von einer Heimkehr träumen. Robinsons knappe, poetische Prosa analysiert erbarmungslos die vom Leben beschädigten Individuen, die dennoch unverdrossen nach dem Zustand der Gnade streben. In Begegnungen und Gesten scheint denn auch immer wieder die Möglichkeit der Überwindung von Trennung auf. **JHu**

Lebensdaten | *1947 (USA)
Erstausgabe | 2008 bei Farrar, Straus & Giroux (New York)
Originalsprache | Englisch
Orange-Literaturpreis | 2009

- Marilynne Robinson zählt zu den wichtigsten zeitgenössischen Schriftstellerinnen.

- Marilynne Robinson in Paris, wo sie im Oktober 2007 ihren dritten Roman zu Ende schrieb.

Der weiße Tiger
Aravind Adiga

Lebensdaten | *1974 (Indien)
Erstausgabe | 2008 bei Atlantic Books (London)
Originaltitel | *The White Tiger*
Booker-Preis | 2008

„Ich bin aus dem Käfig ausgebrochen!"

Der weiße Tiger, Aravind Adigas Debütroman, erregte bei seiner Veröffentlichung großes Aufsehen und wurde mit vielen Lorbeeren bedacht. Avida war der zweitjüngste Autor, der je den Booker-Preis erhielt.

Das Kritikerlob galt vor allem der Geschichte, die das Buch erzählt, und der unverwechselbaren Stimme des Protagonisten und Ich-Erzählers Balram Halwai. Halwai sollte seinem Namen und seiner Kaste entsprechend Zuckerbäcker in seinem Heimatdorf im ländlichen Indien sein. Doch Balram ist kein gewöhnlicher Held. Er hat Unternehmungsgeist und Tatkraft und will sein Schicksal selbst in die Hand nehmen. Im Lauf der Geschichte erfahren wir, was es bedeutet, im heutigen Indien als Geschäftsmann Karriere zu machen. Erzählt wird Balrams Geschichte in sieben Briefen, die bei Nacht in einem winzigen, von Kerzen erleuchteten Büro in Bangalore entstehen und an den chinesischen Ministerpräsidenten Wen Jiabao adressiert sind.

Adiga zeigt uns nicht das schöne, exotische, magische Indien, das wir von Salman Rushdie kennen und das von westlichen Lesern so gerne idealisiert wird. Sein Indien ist dunkel, korrupt und dreckig, auch wenn es wie China gerade einen ökonomischen Aufschwung erlebt. Balram versucht, diesem Indien zu entkommen, in dem die Mehrzahl der Bevölkerung gefangen ist. In seinen Augen wurden die Inder von ihren Landsleuten verraten, und der einzige Weg, sich dagegen zu wehren, ist noch rücksichtsloser zu werden als sie.

Der Weiße Tiger legt die veraltete Denkweise und die tief verwurzelte Ungerechtigkeit bloß, die die indische Gesellschaft immer noch kennzeichnen, aber er zeigt auch, daß unter der Oberfläche der Druck zunimmt. *Der weiße Tiger* ist ein sehr zorniges Buch, das allerdings auch außerordentlich amüsant sein kann. **PC**

Aravind Adigas Erfolgsbuch zeigt Indien in einem vollkommen anderen Licht als westliche Leser es gewöhnlich kennen.

Cost *
Roxana Robinson

Roxana Robinson hatte schon drei Romane – *Der Sommer am See* (2003), *This is My Daughter* (1988) und *Summer Light* (1988) sowie Kurzgeschichten und eine Biographie von Georgia O'Keefe verfaßt, als sie mit der Niederschrift von *Cost* begann, einer Geschichte über die Sucht, in der das Gewebe von Familienbeziehungen und -gefühlen gekonnt analysiert wird.

Die Protagonistin Julia Lambert ist Professorin an der Columbia University in New York. Sie hat zwei erwachsene Söhne, Steven und Jack, und alte Eltern, Edward und Katherine, die zu Beginn der Handlung in ihrem Sommerhaus in Maine zu Besuch sind. Julia ärgert sich zunehmend über sich selbst, weil sie den Eltern gegenüber jedesmal wieder in die Kindrolle verfällt. In diese spannungsgeladene Situation platzt Steven, der gerade seinen jüngeren Bruder besucht hat. Dabei mußte er feststellen, daß Jack heroinsüchtig ist. Die Entdeckung der Sucht und die Intervention der Familie sind bestimmend für den Plot. Zwei Personen – eine aus jeder Generation – müssen sich ihren persönlichen Dämonen stellen.

Obwohl Jacks Heroinsucht die treibende Kraft der Handlung ist, gehen Dynamik und Spannung auch von den anderen Charakteren aus. Roxana Robinson hat einmal gesagt, daß sie sich vor dem Schreiben für jede Figur eine eigene Biographie ausdenkt. Diese Vorbereitungsarbeit zahlt sich in *Cost* aus, denn die subtil und eindringlich herausgearbeiteten inneren Prozesse jedes Individuums überzeugen ebenso wie Roxana Robinsons ausgezeichnetes Stilempfinden. *Cost* wird vermutlich als Suchtgeschichte vermarktet werden, aber das wird dem Buch nicht gerecht, denn es ist ein Roman über die Abgründe der menschlichen Verlustängste, über die Angst, die eigene Familie zu verlieren. **JSD**

Lebensdaten | *1946
Erstausgabe | 2008
Erschienen bei | Sarah Crichton Books (New York)
Originalsprache | Englisch

„Sie konnte sich nicht erinnern."

Roxana Robinsons vierter Roman handelt von den weitreichenden Konsequenzen der Heroinsucht eines jungen Mannes.

Rost
Philipp Meyer

Lebensdaten | *1974 (USA)
Erstausgabe | 2009
Erschienen bei | Spiegel & Grau (New York)
Originaltitel | *American Rust*

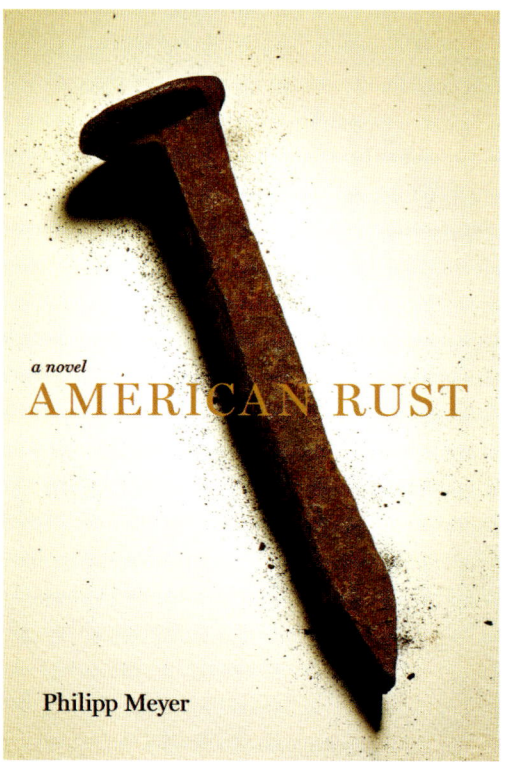

Der selbstbewußte Erstling des amerikanischen Autors Philipp Meyer beschreibt mittels einer Reihe von Ich-Erzählern das verrohte Leben in einer Stadt in Pennsylvania, die vom Verfall der Stahlindustrie gezeichnet ist. Isaac English, ein sonderbarer, aber intelligenter Zwanzigjähriger und sein Highschool-Freund Billy Poe sind nach der Schule geblieben, obwohl sie hätten weggehen können. Jetzt träumen sie davon, Isaac mit Hilfe der Eisenbahn und viertausend Dollar, die er seinem Vater gestohlen hat, nach Kalifornien zu befördern, damit er dort Astrophysik studieren kann. Doch auf dem Weg aus der Stadt begegnen ihnen drei Obdachlose; Poe läßt sich auf eine Schlägerei ein, und einer der Männer stirbt. Die Folgen dieses Zwischenfalls erleben wir aus der Sicht von Isaac und Poe, aber auch seiner Mutter Grace, deren Liebhaber Bud Harris, Isaacs Schwester Lee und des Polizeichefs. Immer tiefer gerät der Leser in eine Welt, in der der wirtschaftliche Niedergang das Konzept des freien Willens als Illusion entlarvt.

Seit der fiktiven Geburt der beiden jungen Protagonisten wurden im Gebiet des Mon Valley 150.000 Jobs abgebaut. *Rost* hat einen packenden Plot, aber die wahre Stärke des Romans liegt in der luziden Beschreibung der Auswirkungen dieser katastophalen Entwicklung auf die Bevölkerung: die wachsende Depression des Mannes, der arbeiten will und nicht kann; Familien, die seit Generationen in ungeheizten Trailern hausen; Gemeinden, in denen nicht einmal die Grundversorgung garantiert ist; eine Landschaft mit rostigen Industrieruinen, deren Abriß sich niemand leisten kann. Meyer hat einen verstörend prophetischen Roman geschrieben, der unsentimental die verheerenden Folgen des Spätkapitalismus vorführt. **JHu**

„*Eine kleine, magere Gestalt …*"

- Bevor er *American Rust* schrieb, war Meyer in verschiedenen Berufen tätig, unter anderem als Bankier und Rettungssanitäter.

Ein Tor zur Welt
Lorrie Moore

Lebensdaten | *1975 (USA)
Erstausgabe | 2009
Erschienen bei | Alfred A. Knopf (New York)
Originaltitel | A Gate at the Stairs

Tassie, Kind eines Gemüsefarmers, kommt als Studentin in ein Collegestädtchen. In den USA eine Identität – oder auch nur ein Leitbild – zu finden, war noch nie leicht und ist nach dem 11. September noch schwerer geworden.

Tassie jongliert mit Geologie-Seminaren, Sufismus, Weinverkostungen, Soundtracks von Kriegsfilmen, Familie und ihren sexuellen Bedürfnissen und legt sich auch mal „mit einer friedlichen Form von Depression" ins Bett. Als sie einen Job als Babysitterin bei der gestreßten Geschäftsfrau Sarah Brink an Land zieht, erkennt sie, wie diffizil Identität sein kann. Wann ist die Adoptivmutter eines „teilweise schwarzen" Babys nicht mehr die moderne Karrierefrau, sondern ein trauriges Häufchen Elend? Wann ist der eigene Lover nicht mehr der angehende brasilianische Fotograf, sondern ein Terrorist? Wann ist der jüngere Bruder nicht mehr der kleine Bruder, sondern Soldat in einem undefinierbaren Krieg? Obwohl die Handlung nicht über Wisconsin hinausgeht, ist ganz Amerika in diesem Buch versammelt: Rassenkonflikte, Klassenschranken, Klimawandel, Kindheit und Erwachsenwerden.

Lorrie Moores Kurzgeschichten gehören zu den besten der US-Literatur. Mit wenigen Worten erreicht sie Erstaunliches. Satire und schräger Humor sind unbestreitbar ihre Stärken, sie entlarvt die Selbstgerechtigkeit der Linken ebenso wie die Beschränktheit des Mittleren Westens. Doch erst wenn einem das Lachen im Halse stecken bleibt, zeigt sich ihre wahre Virtuosität. **GT**

„Tragödien waren, das erkannte ich nach und nach durch meine täglichen Studien des Menschen ... ein Luxus."

Lorrie Moores dritter Roman ist eine schwarzhumorige, packende Studie des amerikanischen Provinzlebens.

Der größere Teil der Welt
Jennifer Egan

„Die Zeit will einen fertigmachen, oder? Wirst du dich etwa so rumstoßen lassen?"

🔹 Der größere Teil der Welt gewann 2011 den Pulitzer-Preis, den National Book Critics Award for Fiction und den Los Angeles Times Book Prize.

Lebensdaten | *1962
Erstausgabe | 2010
Erschienen bei | Alfred A. Knopf (New York)
Originaltitel | A Visit from the Goon Squad

Jennifer Egans Roman ist ein gekonnter Mix aus ästhetischem Experiment und hinreißend erzählter Story. Man kann ihn als eine Reihe von in sich geschlossenen Kurzgeschichten lesen, mit wechselnden Perspektiven und Erzählern, aber unter der Oberfläche gehören all diese Geschichten zusammen und erzeugen vielschichtige formale und erzählerische Motivstränge, ein dichtes Geflecht an Bezügen, die bis ins Zentrum von Egans literarischer Welt führen.

Im flirrenden Zentrum des Romans stehen die amerikanische Musikszene und der Plattenproduzent Bennie Salazar. In jede Episode gibt es eine Verbindung zu Bennie, auch wenn sie nicht gleich ins Auge springt. Die Mitglieder einer Teenie-Punkband, ein unzufriedenes Hollywood-Starlet, ein selbstmordgefährdeter Fahrer, ein Möchtegern-Vergewaltiger, eine Kleptomanin – sie alle gehören zu einem komplexen geographischen und zeitlichen Netzwerk, sind sich unterschwellig nah und gleichzeitig fern. Manchmal kommt es zu fatalen Kollisionen, dann wieder verpassen sich Menschen um Haaresbreite. Das eigentliche Thema des Romans sind Zeit und Erinnerung.

Der größere Teil der Welt hinterläßt beim Leser das Gefühl, daß die Welt größer ist als angenommen und gleichzeitig dichter und realer. Inmitten dieses komplizierten Universums der Querverbindungen schafft Egan Momente, in denen die Zeit stehenbleibt – wenn zum Beispiel ein Junge seine Kindheit abschüttelt und in der Hitze der afrikanischen Nacht tanzen lernt. **HJ**

Nemesis
Philip Roth

Als der von seinem körperlich und seelisch starken Großvater erzogene 23jährige Eugene „Bucky" Cantor im 2. Weltkrieg von der US-Armee nicht akzeptiert wird, obwohl er sich freiwillig gemeldet hat, ist er am Boden zerstört. Der im College erfolgreiche Gewichtheber und Speerwerfer hat zwar einen Körperbau wie ein Marinesoldat, ist aber durch seine schlechten Augen gehandicapt und muß in New Jersey seine Ausbildung als Sportlehrer abschließen.

Er bekommt seine Chance, als eine Polio-Epidemie in der Stadt ausbricht: Jetzt kann er gegen das Böse kämpfen und seine Schwäche wieder gutmachen. Bei seinem Privatkrieg gegen die Krankheit hat er es mit anderen Problemen zu tun als seine Freunde an der Front. Wie attackiert man einen unsichtbaren Feind, über den man so gut wie nichts weiß?

In der brütenden Hitze des Sommers muß Bucky erleben, wie seine Schützlinge, die er auf dem Sportplatz betreut, an Polio erkranken und sterben, obwohl er alles tut, um ihre Ängste, aber auch die Panik und den Kummer der Eltern zu lindern. Dann wird ihm angeboten, in ein Sommercamp in den Bergen zu fahren, wo seine Freundin arbeitet, und er steht vor einer äußerst heiklen Entscheidung: Soll er der Liebe und der sauberen Luft wegen Newark verlassen oder weiter gegen eine Krankheit ankämpfen, gegen die er praktisch nichts ausrichten kann?

In diesem explosiven Roman über die Schrecken der Ansteckung kontaminiert Philip Roth die Stätten seiner Jugend mit der Radikalität, die für Gewalttakte im 21. Jahrhundert charakteristisch ist. In *Nemesis* konfrontiert er den amerikanischen Mann stärker denn je mit den Grundlagen seiner Existenz und den Grenzen des Machbaren. **MJo**

Lebensdaten | *1933 (USA)
Erstausgabe | 2010
Erschienen bei | Houghton Mifflin Harcourt (Boston, USA)
Originalsprache | Englisch

„Die Sommer waren schwül…"

Philip Roth untersucht die Frage, wie sich Menschen in Bedrohungssituationen verhalten.

Freiheit
Jonathan Franzen

Lebensdaten | *1959 (USA)
Erstausgabe | 2010
Erschienen bei | Farrar, Straus & Giroux
Originaltitel | *Freedom*

- Jonathan Franzens Analyse der amerikanischen Mittelschicht erinnert an Tolstois berühmten Roman *Krieg und Frieden*.

- 2010 war Franzen auf dem Cover des *Time Magazine* abgebildet, das ihn einen „großen amerikanischen Romancier" nannte.

Jonathan Franzens lang erwarteter Nachfolgeroman zu *Korrekturen* (2001) ist die Geschichte der Familie Berglund, bestehend aus Walter und Patty und den Kindern Joey und Jessica, und ihrer problematischen Freundschaft mit dem coolen Rockmusiker Richard Katz. Treue – unter Freunden, Eltern, Kindern, Liebenden – ist ein unbeständiges Gut, und so beschreibt der Roman mit verblüffender Präzision die Stationen, an denen die reifen Freuden der Treue gegen das Bedürfnis nach neuen Genüssen, ständiger Neuerfindung und Horizonterweiterung abgewogen werden.

Es geht also in diesem Roman um Freiheit und die Widersprüche, die das Streben nach ihr mit sich bringt. Freiheit ist einerseits ein Ziel, ein kostbarer Wert unserer Zivilisation, andererseits eine Art Einsamkeit oder Leere, wie Patty entdeckt, die sich an einer Stelle selbst bemitleidet, weil sie zu frei ist. Aber der Roman ist nicht nur eine quasi forensische Analyse des Freiheitsstrebens im häuslichen Umfeld. Der globale politische Kontext wird nicht ausgespart, denn die Erfahrung der Freiheit ist eng mit den Kriegen verknüpft, die in ihrem Namen am Anfang des 21. Jahrhunderts geführt werden.

Freiheit liest sich leicht, fast schwerelos. Franzen zeichnet seine Figuren mit einer solchen Transparenz und Schlüssigkeit, daß sich die Geschichte dem Leser nachhaltig einprägt und noch lange nachwirkt. Franzen erzählt uns von unserem eigenen Leben und schärft gleichzeitig den Blick für die öffentlichen Netzwerke und Raster, innerhalb derer wir denken.

Freiheit hilft uns zu erkennen, wie die Kraftfelder, die in diesem Jahrhundert die Weltpolitik formen, auch unsere höchst privaten Erfahrungen beeinflussen – unsere persönliche Freiheit, aber auch unsere Liebesbeziehungen zu anderen Menschen. **PB**

Die Liebeshandlung

Jeffrey Eugenides

Lebensdaten | *1960
Erstausgabe | 2011
Erschienen bei | Farrar, Straus & Giroux (New York)
Originaltitel | The Marriage Plot

Wie *Die Selbstmord-Schwestern* (1993) und *Middlesex* (2002), der Roman, mit dem Eugenides den Pulitzer-Preis gewann, ist auch sein drittes Werk eine Coming-of-Age-Story. Sein Thema ist die Dreiecksbeziehung zwischen drei jungen Leuten, die im Jahre 1982 ihr Studium an der Brown University abschließen. Mitchell Grammaticus liebt Madeleine Hanna, Madeleine liebt Leonard Bankhead, Leonard dagegen interessiert sich, passend zur Theorie des Poststrukturalismus, an der sich Madeleine abarbeitet, mehr für die Dekonstruktion des Liebesbegriffs. Damit bricht er Madeleine das Herz und landet selbst in der Psychiatrie.

Die zahlreichen literarischen Anspielungen sind unübersehbar. Das fängt schon bei Madeleines Regalen an, auf denen Bücher von Austen, Eliot und den Brontës stehen, die sie zu ihrer Abschlußarbeit inspirieren: „Ich dachte, du würdest nie fragen: Einige Gedanken zur ‚Liebeshandlung' des viktorianischen Romans." Eugenides gewinnt dem klassischen literarischen Topos des 19. Jahrhunderts eine aufregend neue Variante ab. Madeleine, aus deren Perspektive die Geschichte hauptsächlich erzählt wird, muß sich zwischen den beiden Männern in ihrem Leben entscheiden, aber bald wird klar, daß sich daraus bei Eugenides, wie bei David Foster Wallace oder Jonathan Franzen, durchaus nicht ein „glücklich bis ans Lebensende" ergeben muß.

Die Liebeshandlung ist ein noch wesentlich kunstvollerer Roman als seine Vorgänger. *Die Selbstmord-Schwestern* bot verträumte Innenschau, *Middlesex* eine ausladende Saga, die sich über mehrere Generationen und Kontinente erstreckt, *Die Liebeshandlung* dagegen beeindruckt durch Intertextualität und einen dicht gewebten Plot, mit dem sich Eugenides endgültig in der ersten Reihe der zeitgenössischen amerikanischen Prosaschriftsteller etabliert. **LSc**

„Das College war nicht wie die wirkliche Welt."

Jeffrey Eugenides' Roman über eine Dreiecksbeziehung spielt an der renommierten Brown University, an der er selbst studiert hat.

Vom Ende einer Geschichte
Julian Barnes

Lebensdaten | *1946 (England)
Erstausgabe | 2011
Erschienen bei | Jonathan Cape (London)
Originaltitel | *The Sense of an Ending*

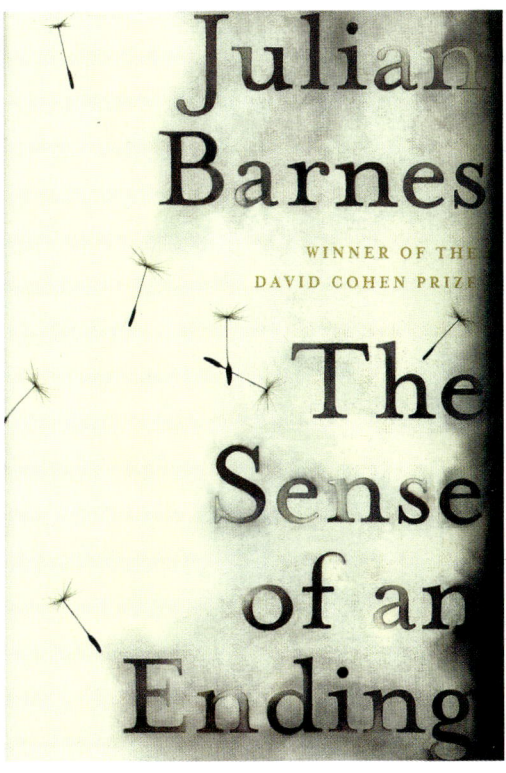

Auf den ersten Blick geht es in *Vom Ende einer Geschichte* um die Mitglieder einer intellektuellen Clique in einem Londoner Elite-Internat, die sich Zitate von Camus und Wittgenstein an den Kopf werfen und sich über ihre Mitschüler, die sie als minderwertiges Gemüse verachten, erhaben fühlen. Auch die Ankunft eines Neuen, Adrian Finn, ist ein bewährter literarischer Topos; Adrian schlägt die anderen mit ihren eigenen Waffen, denn er nimmt Literatur und Philosophie ernst, ohne sich um sein Image zu kümmern. „Das war auch so ein Unterschied zwischen uns dreien und unserem neuen Freund", schreibt Tony, der Erzähler des Romans. „Wir waren grundsätzlich auf Verarsche aus, außer wenn es uns ernst war. Ihm war es grundsätzlich ernst, außer wenn er auf Verarsche aus war." In einem Dialog mit dem Geschichtslehrer über den Selbstmord eines Schülers gibt Adrian zu, daß „nichts eine eigene Aussage ersetzen kann". Tony, mittlerweile älter geworden und im Ruhestand, will rückblickend Adrian, dem besseren Denker und mutigeren Mann, gerecht werden.

Barnes entlarvt durch diese Konstellation die ehemaligen Machtverhältnisse; Tony sieht am Ende nicht nur sich selbst und Adrian, sondern die Konstruktion von Biographien überhaupt und das Problem der Selbstbestimmung in einem neuen Licht. Der Roman umkreist die Frage, wie wir mit Zeit umgehen und uns selbst wahrnehmen. Trotz der intellektuell anspruchsvollen Einsprengsel ist das Buch keine trockene Lektüre, denn sein Grundmotiv sind die Werte, an denen wir uns orientieren. **MJo**

„Geschichte ist die Gewißheit, die dort entsteht, wo die Unvollkommenheit der Erinnerung auf die Unzulänglichkeiten der Dokumentation trifft."

Julian Barnes ist der einzige Schriftsteller, der in Frankreich sowohl den Prix Médicis als auch den Prix Fémina erhalten hat.

Die Kunst des Feldspiels
Chad Harbach

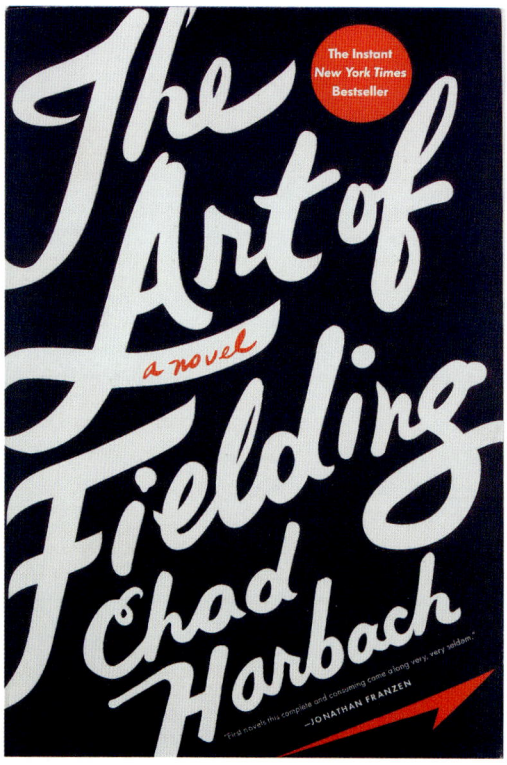

Lebensdaten | *1976 (USA)
Erstausgabe | 2011
Erschienen bei | Little, Brown and Company (New York u. a.)
Originaltitel | *The Art of Fielding*

Henry Skrimshander ist ein schmächtiger Teenager aus der amerikanischen Provinz, ein dürrer Sonderling, aber er hat ein Talent: Er ist das größte Baseball-Talent seit Jahrzehnten und macht keinen einzigen Fehler. Zu Beginn des Romans steht Henry am Ende seiner Highschool-Karriere, denn die College-Trainer sind nur an Körpergröße und physischer Stärke interessiert. Dann rettet ihn Mike Schwarz, der Catcher aus dem gegnerischen Team, der von Henrys Potential überzeugt ist und es sich zur Aufgabe macht, ihm zu Erfolg zu verhelfen.

Henrys erste drei Jahre am Westish College rasen im Zeitraffer vorbei. Er ist so gut, daß Scouts auftauchen und ihn für sechsstellige Summen abwerben wollen. Doch ein verpatzter Wurf, bei dem er seinen Freund und Zimmergenossen Owen schwer verletzt, setzt eine Kette von Ereignissen in Gang, durch die sich das Schicksal von fünf Personen auf schmerzliche Weise miteinander verknüpft. Während Henry in lähmende Selbstzweifel versinkt, die ihm beim Spiel alle Leichtigkeit rauben, kämpft sein Mentor Mike gegen die Eifersucht auf den Erfolg seines Teamkameraden. Owen wiederum wird zum Gegenstand einer gefährlichen Obsession, als sich der schneidige College-Präsident und Melville-Experte Guert Affenlight in ihn verliebt.

Trotz einiger vorhersehbarer, um nicht zu sagen verwegener, Handlungssprünge überzeugt Harbachs warmherziger Debütroman seine Leser mit seiner flüssigen, eingängigen Sprache und dem spannungsreichen Plot. **PC**

„Während des Spiels fiel Schwartz der Junge nicht auf. Beziehungsweise fiel ihm nur auf, was allen anderen auch auffiel – daß er der kleinste Spieler auf dem Feld war."

Chad Harbachs Roman befaßt sich mit zeitlosen Themen wie Liebe, Begehren und Verantwortung.

Der Distelfink
Donna Tartt

Lebensdaten | *1963 (USA)
Erstausgabe | 2013 bei Little, Brown (New York)
Originaltitel | The Goldfinch
Pulitzer-Preis | 2014

Als Terroristen im New Yorker Museum of Modern Art eine Bombe zünden, ist unter den Opfern eine alleinerziehende Mutter, die ihrem dreizehnjährigen Sohn Theo ihr Lieblingsbild zeigen wollte. Im Rauch und Chaos nach der Detonation greift sich Theo eines der Gemälde – *Der Distelfink* von Rembrandt-Schüler Carel Fabritius – und läuft damit weg.

Mit dem gestohlenen Gemälde bewahrt der Junge eine Erinnerung an seine tote Mutter und rettet gleichzeitig ein bedeutendes Werk vor den Flammen. Erst später, als er erfährt, daß man das Bild für verbrannt hält, und er beschließt, es dem Museum nicht zurückzugeben, wird er zum Dieb.

Der mutterlose Theo unternimmt alles Erdenkliche, um nicht als Waise in ein Heim gesteckt zu werden. Seine Jugend ist eine Folge von Abenteuern und Mißgeschicken, die er in großer Zahl zusammen mit seinem ukrainischen Freund Boris erlebt. Zwischendurch lebt er bei seinem bislang abwesenden und hoch verschuldeten Vater, der es auf das Erbe von Theos Mutter abgesehen hat. Theo selbst kommt zu Geld, indem er die von einem Schreinerfreund zum Vergnügen angefertigten „Antiquitäten" als echt ausgibt und verkauft.

Und immer wieder taucht im Verlauf der langen, raffinierten Geschichte – manche Kritiker fühlten sich an Dickens' Erzählkunst erinnert – das kleine niederländische Gemälde auf, als Symbol für Liebe, Verlust und Sünde. **JP**

„Wirklich eine der großartigsten Nächte meines Lebens, trotz allem, was später geschah."

Donna Tartt erhielt für ihren lang erwarteten dritten Roman 2014 den Pulitzer-Preis.

Der Circle
Dave Eggers

Lebensdaten | *1970 (USA)
Erstausgabe | 2013
Erschienen bei | McSweeney's (San Francisco)
Originaltitel | The Circle

Der Titel des Romans bezieht sich auf den Namen eines riesigen, global operierenden Internetkonzerns mit über einer Milliarde Usern, der von neunzig Prozent aller Computernutzer weltweit als Suchmaschine verwendet wird – eine Kombination aus Google und Facebook, die sich als gigantisches Datenarchiv anbietet.

Im Circle liebt man Slogans wie „Geheimnisse sind Lügen", „Teilen ist Heilen" und „Alles Private ist Diebstahl". Geleitet wird er von einem Triumvirat, den „drei Weisen", die jede Woche Hunderte neuer junger Mitarbeiter engagieren. Zu ihnen gehört die Protagonistin Mae, eine Uni-Absolventin, die so dankbar für ihren Job in der hippen Organisation ist, daß sie bewußt alles ausblendet, was sie nach und nach über die finsteren Seiten der allwissenden, manipulativen und omnipräsenten Computertechnologie erfährt. Sie ist so umfassend indoktriniert, daß sie die Firmenethik des Circle vollständig verinnerlicht. Besonders beeindruckt ist sie vom „TruYou"-Profil, durch das die Kunden unter dem Motto „Ein einziger Button für den Rest deines Online-Lebens" sämtliche Online-Aktivitäten und -Käufe abwickeln. Sie schlägt der Regierung sogar vor, Circle-Accounts obligatorisch für alle Bürger einzuführen, um die prozentuale Wahlbeteiligung zu erhöhen.

Die Ähnlichkeit zwischen dem Circle-Szenario und der Handlung von *1984* ist nicht zufällig – Dave Eggers ist der George Orwell des Internet-Zeitalters. **JP**

„*Du sitzt zwölf Stunden pro Tag an einem Schreibtisch, und dabei kommt nichts anderes rum als ein paar Zahlen, die in einer Woche nicht mehr existieren oder in Vergessenheit geraten sind.*"

Dave Eggers dystopischer Roman über einen mächtigen Internetkonzern wurde häufig mit George Orwells *1984* verglichen.

Flammenwerfer

Rachel Kushner

Lebensdaten | *1968 (USA)
Erstausgabe | 2013
Erschienen bei | Scribner (New York)
Originaltitel | *The Flamethrowers*

Reno zieht aus Nevada nach New York, weil sie glaubt, das sei der einzige Ort, an dem sie sich als „Künstlerin aus dem Westen" durchsetzen kann. Dort trifft sie den älteren Künstler Sandro Valera und verliebt sich in ihn. Sandro ist Erbe eines großen Motorradherstellers in seiner Heimat Italien, aber er hat kein gutes Verhältnis zu seinem Vater, dem Unternehmensgründer. Die Beziehung zwischen Reno und Sandro basiert auf der gemeinsamen Liebe zur Kunst und Kreativität, aber sie teilen auch die Liebe zur Geschwindigkeit – Reno war Skiläuferin und Rennfahrerin und Sandro ist ein großer Motorradfan. Vor allem verbindet sie jedoch letztlich ihre Unfähigkeit, die Seele des anderen zu erreichen. Wie Reno einmal sagt: „Verzauberung bedeutet, sich etwas zu wünschen und gleichzeitig irgendwo in seinem Innern … zu wissen, daß man es nicht bekommen wird."

Kushners Roman vergleicht und kontrastiert die korrupte Manhattan-Mafia mit dem Zustand Italiens in der 1970ern, einer Dekade politischer Entführungen und Bandenmorde. Daneben beschreibt die Autorin die Ausbeutung der Arbeiter auf der Farm in Brasilien, die den Gummi für die Reifen der Valera-Motorräder liefert. Einige Kritiker bemängelten die Glaubwürdigkeit des Liebespaares, priesen jedoch einmütig die Darstellung der anderen Charaktere, vor allem dem des Vaters, auf dessen Taten im Ersten Weltkrieg der Titel anspielt, und den gekonnten Umgang mit komplexen geopolitischen Themen. **JP**

„Eine Mischung aus Gut und Böse charakterisiert alle Menschen, und das auszublenden wäre eine Beleidigung der menschlichen Komplexität."

Rachel Kushners brillanter zweiter Roman kombiniert Kunst, Politik und den Kick von Motorradrennen.

Americanah

Chimamanda Ngozi Adichie

Lebensdaten | *1977 (Nigeria)
Erstausgabe | 2013
Erschienen bei | Alfred A. Knopf (New York)
National Book Critics Circle Award | 2013

- Das einfache, typographisch gestaltete Cover der Originalausgabe erinnert an einen Luftpostbrief.

- Chimamanda Ngozi Adichie liest im New Yorker *Schomburg Center for Reseach in Black Culture* aus ihrem dritten Roman.

Adichies dritter Roman schildert die Rassenvorurteile in den USA und Großbritannien durch die Augen zweier nigerianischer Immigranten. Der Kritiker der Washington Post nannte das Buch eine „Gesellschaftssatire, die sich als Liebeskomödie verkleidet".

Obinze und Ifemelu sind als Schüler und Studenten ein Liebespaar. Als Arbeiterunruhen ihre Bildungschancen bedrohen, gehen sie nach Übersee. Sie haben vor, im Ausland reich zu werden und dann nach Hause zurückzukehren und zu heiraten, aber wie zu erwarten, hat das Schicksal anderes mit ihnen vor.

Obinze geht nach London, wo er sein Leben als Klomann fristet. Er versucht, Geld für eine Scheinehe zu sparen, die ihm die britische Staatsbürgerschaft einbringen würde. Dabei gewinnt er reichlich Einblicke in den Rassismus der weißen Mittelklasse, die nur scheinbar vorurteilsfrei denkt und alles, was die Armen in den Entwicklungsländern herstellen, ipso facto für Kunst hält. Ifemelu erhält ein Teilstipendium an der Universität Philadelphia, aber auch sie muß arbeiten, findet nur mit Mühe einen Job, und ist sogar gezwungen, sich zu prostituieren. Die Einheimischen sprechen betont langsam mit ihr, weil sie davon ausgehen, daß sie kaum Englisch versteht. Ihre weiße Freundin findet unterschiedslos jeden Schwarzen „schön", um zu demonstrieren, daß sie nicht rassistisch denkt. Die USA wählen einen schwarzen Präsidenten und legen gleichzeitig ein Verhalten an den Tag, das sich seit dem Bürgerkrieg kaum geändert hat.

Obinze wird aus Großbritannien ausgewiesen, kommt in Nigeria durch windige Immobilien-Deals zu Geld und heiratet eine Frau, die ihn langweilt. Auch Ifemelu kehrt zurück und stellt fest, daß sie in ihrer Heimat nicht weniger Außenseiterin ist als in den USA. **JP**

Das Mädchen ein halbfertiges Ding
Eimear McBride

Lebensdaten | *1976 (USA)
Erstausgabe | 2013
Erschienen bei | Galley Beggar Press (Norwich)
Originaltitel | *A Girl is a Half-Formed Thing*

Eine fromme, gewalttätige Mutter, ein abwesender Vater, ein perverser Onkel, ein übergriffiger römisch-katholischer Priester, ein Todesfall in der Familie, viele unbeantwortete Gebete – ein Rezensent sah in dem Roman ein Beispiel für den „schmuddelig-düsteren Ton der irischen Literatur".

McBrides Prosa, die die Redeweise eines Mädchens zwischen dem zweiten und achtzehnten Lebensjahr zu imitieren versucht, legt Vergleiche zu James Joyce nahe. Wie der Autor des *Ulysses* nutzt auch McBride ausgiebig Neologismen, Wortumstellungen und Kleinkindsprache, kombiniert mit Begriffen, die man eher in einer Dissertation als im Kindergarten vermutet, und einem Privatjargon, der sich dem Leser erst allmählich erschließt. Schon der erste Abschnitt: „Für dich. Du wirst. Du wählst ihren Namen. In den Nähten ihrer Haut trägt sie dann dein Wort" gibt einen Eindruck davon.

Das „Du" ist der ältere Bruder der Erzählerin, dessen Gehirn durch eine Tumoroperation im Kleinkindalter beschädigt wurde. Sie liebt ihn und fühlt sich schuldig, daß ihr das Leid, das er ertragen mußte, erspart blieb. Die Pubertät gibt ihr die Macht, sich durch eine Reihe von Sex-Abenteuern zu bestrafen, die anfangs anonym und planlos verlaufen und später in einen entwürdigenden Masochismus abgleiten. McBrides Stil ist anstrengend und ihre Sujets nicht immer leicht zu ertragen, aber große Literatur war noch nie eine leichte Lektüre. **JP**

> „Am originellsten an McBrides Roman ist nicht der Stil an sich, sondern wie dieser Stil eingesetzt wird."

Eimear McBrides experimenteller Debütroman wurde von dem kleinen, unabhängigen Verlagshaus Galley Beggar publiziert.

Die Geschichte des verlorenen Kindes

Elena Ferrante

Lebensdaten | nicht bekannt
Erstausgabe | 2014
Erschienen bei | Edizioni E/O (Rom)
Originaltitel | Storia della bambina perduta

„Elena Ferrante" ist das Pseudonym einer italienischen Romanautorin, die die Öffentlichkeit scheut und von der man praktisch nichts weiß. Sie ist der Ansicht, das Werk spräche für sich und die Biographie des Autors sei deshalb irrelevant. Das ist eine Herausforderung und zahlt sich kommerziell aus: Die Suche nach Ferrantes wahrer Identität wurde zu einem regelrechten Sport, und Geheimnisse wirken nun mal verkaufsfördernd.

Die Geschichte des verlorenen Kindes ist der letzte Band von Ferrantes sogenannter „neapolitanischer" Tetralogie *L'Amica geniale*. Der Erzählfluß ist intensiv und die zentralen Charaktere bleiben im Wesentlichen unverändert. „Die Figuren", schrieb der *New Yorker*, „können praktisch um keine Ecke biegen, ohne jemanden zu treffen, mit dem sie geschlafen oder sich geprügelt haben."

Den Kern der Geschichte bildet die Freundschaft und Rivalität zwischen Elena und Lila, die sich seit ihrer Kindheit in den Slums von Neapel kennen. Elena wird eine erfolgreiche Autorin und heiratet in eine einflußreiche Familie ein. Lila ist ebenfalls talentiert, aber schwierig. Sie heiratet jung und bleibt in ihrer Heimatstadt, wo sie geschäftlich erfolgreich wird. Ihre literarischen Talente jedoch verkümmern.

In diesem letzten Band verläßt Elena ihren Mann und kehrt nach Neapel zurück, wo sie durch Lila wieder in die Gesellschaft hineingezogen wird, aus der sie sich mühevoll befreit hatte. **JP**

„Ich liebe diese geheimnisvollen Werke, alte ebenso wie moderne, die keinen erkennbaren Autor haben."

Die Autorin, die unter dem Pseudonym „Elena Ferrante" schreibt, weigert sich, ihre wahre Identität zu enthüllen.

H wie Habicht

Helen Macdonald

Lebensdaten | *1970
Erstausgabe | 2014
Erschienen bei | Jonathan Cape (London)
Originaltitel | *H is for Hawk*

In ihrer autobiographischen Erzählung beschreibt die Autorin, eine Universitätsdozentin aus Cambridge, wie sie eine Auszeit nahm, um den Tod ihres Vaters zu betrauern. Dessen freier Geist erinnerte sie an die Greifvögel, für die sie sich als Kind interessiert hatte. In ihrem Kummer reiste sie 1300 km quer durch Schottland, um einen zehn Wochen alten Habicht zu kaufen, der online zum Kauf angeboten wurde.

Habichte gelten gemeinhin als unzähmbar, aber Macdonald zeigt, daß ihr Vogel zahm wurde, ohne seine Raubvogelqualitäten zu verlieren. Sie nannte das Habichtweibchen Mabel, vom lateinischen amabilis – „liebenswert" oder „lieb gewonnen".

Im Lauf der Geschichte beschreibt Macdonald anschaulich, wie sie den Vogel abrichtet, und führt den Leser dabei in eine sehr spezielle Fachterminologie ein. Zu den Höhepunkten der dramatischen Handlung gehört der erste Flug Mabels von der Hand der Autorin – wird der Vogel zurückkehren oder für immer davonfliegen? – und der Moment, in der Macdonald einem Kaninchen, das Mabel ihr halbtot bringt, das Genick bricht. Je zahmer der Habicht wird, beobachtet Macdonald, desto animalischer wird der Mensch.

H wie Habicht ist außerdem eine Abhandlung über das Leben von T.H. White, Autor von *Das Schwert im Stein,* aber auch von *The Goshawk,* einem Bericht über seine eigenen, deutlich weniger erfolgreichen Versuche, ein Exemplar derselben Spezies zu zähmen. **JP**

„Verlust ... Jeden trifft es. Aber man fühlt es ganz allein. Einen erschütternden Verlust kann man nicht teilen, wie sehr man es auch versucht."

Helen Macdonalds Buch erhielt den Samuel Johnson-Preis und wurde 2014 Costa Book of the Year.

22:04
Ben Lerner

Lebensdaten | *1979 (USA)
Erstausgabe | 2014
Erschienen bei | Granta (London)
Originaltitel | *10:04*

Lerners Roman beginnt im New Yorker Metropolitan Museum vor einem Gemälde von Jeanne d'Arc. Zwei Freunde diskutieren über das Bild und nutzen die Kritik des jeweils anderen, um ihre eigenen Wahrnehmungen zu hinterfragen und zu schärfen. Einer der beiden, der Erzähler, vergleicht das Bild mit einer Szene aus dem Film *Zurück in die Zukunft*, in der ein Blitz ins Rathaus einschlägt und den Strom erzeugt, der den Helden Marty McFly ins Jahr 1985 katapultiert. Das geschieht um 22.04 Uhr, und daraus resultiert der Titel.

Eines der Themen von *22:04* ist, wie Menschen unbekannte Objekte und Ereignisse mit bekannten vergleichen. Das ist ein übliches Verhalten, aber es macht Menschen selbstbezogen statt wahrhaft neugierig. Und was für alle Menschen gilt, gilt in noch stärkerem Maß für Schriftsteller, denen es selten gelingt, einen Sachverhalt neutral darzustellen, ohne ihn zu erläutern. So läßt in *22:04* der Erzähler beispielsweise einen Occupy-Demonstranten bei sich duschen, und Lerner kann das nicht einfach als Akt der Freundlichkeit erzählen, sondern muß sämtliche mögliche Motive der Figur analysieren.

In Lerners Spiegelkabinett ironischer Brechungen, in dem kein Motiv eindeutig ist und alles das Gegenteil bedeuten kann, herrscht die Komik vor. Dennoch liegt ein unterschwelliger Ernst in der These, daß alle Schriftsteller wie Walt Whitman, auch wenn sie letztlich sich selbst besingen, mit ihrer Egozentrik ein Teil der Gesellschaft sind und etwas zu ihr beitragen. **JP**

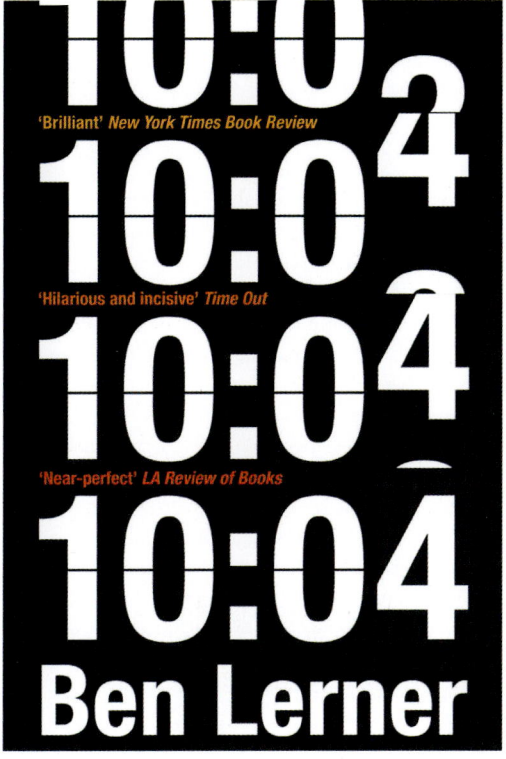

„Er hatte die Geschichte schon so oft erzählt, daß sich leichte Varianten einschlichen."

Ben Lerners zweiter Roman ist „am äußersten Rand der Fiktion" angesiedelt, als ein Werk der autobiographischen Metafiktion.

Winter
Ali Smith

Lebensdaten | *1962 (Schottland)
Erstausgabe | 2017
Erschienen bei | Hamish Hamilton
Weitere Titel des Quartetts | Herbst

Winter, der zweite Band des Jahreszeiten-Quartetts, das 2016 mit *Herbst* begann, ist im Grunde eine Weihnachtsgeschichte. Der Roman spielt am Heiligabend im Haus von Sophia Cleve, einer Geschäftsfrau im Ruhestand und chronischen Nörglerin. Im Lauf des Abends treffen Familienmitglieder ein – Sohn Art, dessen Freundin Lux und Sophias Schwester Iris. Iris und Sophia reißen zunächst die politischen Gräben auf, die zu ihrer Entfremdung geführt haben, doch unter dem Einfluss der unterschwellig wirkenden Weihnachtsstimmung entdecken die Schwestern ihre Liebe zueinander wieder, die alte Konflikte bedeutungslos erscheinen lässt, und die Brüche zwischen Sophia, Iris und Art beginnen zu heilen.

Mit seiner Erlösungsthematik befindet sich Ali Smith's Roman in ständigem Dialog mit Dickens' *Weihnachtsgeschichte*: Wie Dickens lässt Smith die Geister vergangener, gegenwärtiger und zukünftiger Weihnachtsfeste aufeinandertreffen. Ihr Romanzyklus ist darauf angelegt, das Vergehen der Zeit mit den jahreszeitlichen Rhythmen der Erde in Einklang zu bringen.

Dennoch ist *Winter* unbestreitbar ein Gegenwartsroman. Was die Autorin antreibt, ist die Erkenntnis, dass wir in einer Epoche leben, in der die Zukunft den Kontakt zur Vergangenheit verlieren könnte und wir – nach Trump und dem Brexit – in eine Zeit katapultiert werden, in der uns die Beziehung zu uns selbst und zu anderen abhanden kommt. Smith`s warmherziger Roman ist eine bewegende und philosophisch fundierte Wiederentdeckung der Bande, die Menschen zusammenhalten. **PB**

H(a)ppy
Nicola Barker

Lebensdaten | *1966 (England)
Erstausgabe | 2017
Erschienen bei | William Heinemann
Goldsmiths Prize | *2017*

H(a)ppy blickt in die Zukunft: In einer fiktiven Gesellschaft, in der „Die Jungen" das Sagen haben, herrscht das perfekte Glück. Die „Jungen" sind an ein künstliches Netz angeschlossen, das all ihre Bedürfnisse erfüllt. Sie sind „sauber und unbelastet", sie sind „von den engen Fesseln der Geschichte befreit", „alles ist bekannt", „nichts ist verborgen". Mit der Beschreibung des Lebens unter diesem Regime führt Barker eine lange Tradition dystopischer und anti-utopischer Werke fort, von Huxleys *Schöne Neue Welt* und Orwells *1984* mit seinem Überwachungsstaat bis zu neueren Werken wie Margaret Atwoods *Oryx und Crake* oder Dave Eggers' *Der Circle*. Doch trotz aller Rückbezüge ist Barkers Roman ein ganz eigenständiges Werk, das den Alptraum erzwungenen Glücks mit Energie und poetischem Witz darstellt. Am stärksten scheint *H(a)ppy* jedoch von Jevgenij Samjatin beeinflusst, dem Begründer der Tradition, dessen Roman *Wir* (1920) den Glückszwang und den Zusammenhang zwischen politischer Hoffnung und poetischer Fantasie am eindringlichsten schildert. *H(a)ppy* verlegt Samjatins Entwurf zum ersten Mal in unsere technologisch durchstrukturierte Welt. Poesie, Geschichte, Sehnsucht, Musik machen uns glücklich, meint Barker, doch in einer Atmosphäre zwanghaften Glücks können sie nicht überleben. Seine eigene poetische Qualität erhält ihr Roman durch die Erkenntnis, dass Glück uns niemals „gehört" – wir können lediglich einen flüchtigen Blick darauf werfen, wenn wir die „seltsamen Lücken" erkunden, die sich in unsere Sprache drängen". **PB**

Tyll
Daniel Kehlmann

Lebensdaten | *1975 (Deutschland)
Erstausgabe | 2017
Erschienen bei | Rowohlt Verlag
Originalsprache | *Deutsch*

Tyll Eulenspiegel, eine legendäre Figur der mittelalterlichen deutschen Volksdichtung, ist ein verschmitzter Schalk und Possenreißer. Abgesehen hat er es auf die Unehrlichen, die Aufgeblasenen, die Mächtigen und Eingebildeten, die er bloßstellt – manchmal amüsant, oft grausam. Zu seinen beliebtesten Opfern gehören Adelige, Geistliche und irdische Würdenträger. Neben historischen Figuren und Orten verwendet der Autor Elemente des magischen Realismus.

In Kehlmanns Roman taucht Tyll im Dreißigjährigen Krieg (1618–1648) auf, der sich von den deutschsprachigen Gegenden Europas bis nach Dänemark, Schweden, Holland, Frankreich, Spanien und Portugal ausbreitete. Zwischen vier und acht Millionen Menschen kamen dabei ums Leben.

Dass Tyll amoralisch und „anders" ist, wird schnell klar: Kurz nachdem der geliebte Vater als Ketzer angeklagt und von der Inquisition umgebracht wurde, tanzt der diabolische Sohn fröhlich zu einem Lied über den Verstorbenen.

Kehlmann nutzt Tylls beachtliche Fähigkeiten – er kann menschliche Dummheit entlarven und sie folgenlos bestrafen – für seine Kritik an Absolutheitsansprüchen. So stellt der Roman in seinem historischen Kontext die Frage, ob der christliche Glaube, durch den sich die Katholische Kirche zur Waffengewalt gegen die Reformation ermächtigt fühlt, weniger seelenlos ist als das Heidentum, das Katholiken wie Protestanten als barbarisch verurteilten. Man könnte in diesem Sittengemälde des 17. Jahrhunderts durchaus eine Parabel auf die religiösen Überzeugungen des 21. Jahrhunderts sehen. **GL**

Night Boat to Tangier
Kevin Barry

Lebensdaten | *1969 (Irland)
Erstausgabe | 2019
Erschienen bei | Canongate
Originalsprache | *Englisch*

Im südspanischen Algeciras lungern Charlie Redmond und Maurice Hearne am Fährhafen herum, weil sie einen Tipp bekommen haben, dass Maurices Tochter Dilly auf dem Weg von oder nach Tanger hier vorbeikommen könnte. Während die beiden Iren warten und Reisende ausfragen, die Dilly gesehen haben könnten, schwelgen sie in Erinnerungen. Durch Rückblenden erfährt der Leser, wie sie wurden, was sie sind. Sie haben mit Drogen viel Geld verdient und es durch Fehlinvestitionen verschleudert. Noch einmal werden sie nicht reich werden, denn ihre bewährten Schmuggelmethoden sind durch Internet und illegalen Hanfanbau überholt. Nur auf eins können sie noch stolz sein: „Sie haben uns nie geschnappt – und das war das Wichtigste!" Mit ihren Reminiszenzen strukturieren die abgehalfterten Kriminellen den ganzen Roman: die gemeinsamen Erlebnisse, die sie zusammenbrachten, warum Charlie hinkt, wie Maurice ein Auge verlor. Als Dilly schließlich auftaucht, versteht man, warum sie aus ihrer Heimatstadt Cork abhauen wollte. Gewalt und Drogenmissbrauch sind düstere Themen, und die Melancholie ist allgegenwärtig („… die tiefgreifendste Erfahrung, die die Welt zu bieten hat … ist ein gebrochenes Herz."), aber sie wird wettgemacht durch den kernigen Unterwelt-Slang der Charaktere und die poetische Bildsprache des Erzählers. Erinnerung ist unzuverlässig, lautet die Kernaussage: „Die Vergangenheit ist ungewiss. Sie verschiebt sich und setzt sich da hinten neu zusammen." **GL**

Autoren und Werke

Titel mit * sind bisher nicht in deutscher Übersetzung erschienen.

A

Achebe, Chinua
  Der Pfeil Gottes 585
  Okonkwo oder Das Alte stürzt 529
Acker, Kathy
  Harte Mädchen weinen nicht 740
Ackroyd, Peter
  Der Fall des Baumeisters 756
Adams, Douglas
  Per Anhalter durch die Galaxis 699
  Dirk Gently's holistische Detektei 783
Adichie, Chimamanda Ngozi
  Americanah 942
  Die Hälfte der Sonne 924
Adiga, Aravind
  Der weiße Tiger 928
Agnon, Samuel Josef
  Im Herzen der Meere 450
Akutagawa, Ryunosuke
  Rashomon 278
Alcott, Louisa May
  Kleine Frauen 165
Alegría, Ciro
  Die Welt ist groß und fremd 417
Algren, Nelson
  Der Mann mit dem goldenen Arm 454
Allende, Isabel
  Das Geisterhaus 720
  Von Liebe und Schatten 772
Amado, Jorge
  Gabriela wie Zimt und Nelken 526
  Die Geheimnisse des Mulatten Pedro 632
Ambler, Eric
  Anlaß zur Unruhe 398
Amis, Kingsley
  Glück für Jim 485
  The Old Devils * 766
Amis, Martin
  Gierig 737
  1999 799
Ammaniti, Niccolò
  Ich habe keine Angst 897
Anand, Mulk Raj
  Der Unberührbare 377
Anderson, Jessica
  The Commandant * 664
Andric, Ivo
  Die Brücke über die Drina 432
  Wesire und Konsuln 435
Andrzejewski, Jerzy
  Asche und Diamant 447
Angelou, Maya
  Ich weiß, warum der gefangene Vogel singt 639
Anonym
  Tausendundeine Nacht 22
Anonym
  Die Geschichte vom Bambussammler 24
Anonym
  Das Leben des Lazarillo von Tormes, seine Freuden und Leiden 31

Antunes, António Lobo
  Fado Alexandrino 734
Apuleius, Lucius
  Der goldene Esel 27
Aragon, Louis
  Die Glocken von Basel 372
Arenas, Reinaldo
  Bevor es Nacht wird 831
Arguedas, José María
  Die tiefen Flüsse 531
Ariyoshi, Sawako
  Kokotsu no hito * 650
Arlen, Michael
  Der grüne Hut 305
Asimov, Isaac
  Ich, der Robot 458
  Der Tausendjahresplan 471
Atwood, Margaret
  Der lange Traum 648
  Der Report der Magd 755
  Alias Grace 861
Atxaga, Bernardo
  Obabakoak 793
Austen, Jane
  Vernunft und Gefühl 86
  Stolz und Vorurteil 88
  Mansfield Park 90
  Emma 90
Auster, Paul
  Die New-York-Trilogie 774
  Mond über Manhattan 801
Azuela, Mariano
  Die Rotte 281

B

Bâ, Mariama
  Ein so langer Brief 700
Baldwin, James
  Gehe hin und verkünde es vom Berge 482
  Giovannis Zimmer 510
Ballard, J. G.
  Das Reich der Sonne 748
  Crash 654
Balzac, Honoré de
  Eugenie Grandet 106
  Vater Goriot 107
  Verlorene Illusionen 114
Banks, Iain 745
  Die Wespenfabrik 744
  Straße der Krähen 825
Banville, John
  Die See 918
Barbery, Muriel
  Die Eleganz des Igels 919
Barbusse, Henri
  Die Hölle 260
  Das Feuer 279
Baricco, Alessandro
  Seide 867
Barker, Nicola
  H(a)ppy 948
Barker, Pat
  Niemandsland 814
Barnes, Djuna 379
  Nachtgewächs 378
Barnes, Julian
  Flauberts Papagei 738
  Vom Ende einer Geschichte 937

Barry, Kevin
  Night Boat to Tangier 949
Barth, John
  Die schwimmende Oper 510
  Giles Goat-Boy * 597
Barthelme, Donald
  Der tote Vater 671
Bartol, Wladimir
  Alamut 398
Bassani, Giorgio
  Die Gärten der Finzi-Contini 571
Bataille, Georges
  Die Geschichte des Auges 335
  Abbé C. 465
  Das Blau des Himmels 519
Beauvoir, Simone de
  Die Mandarins von Paris 494
Becker, Jurek
  Jakob der Lügner 627
Beckett, Samuel
  Murphy 394
  Molloy 468
  Malone stirbt 473
Beckford, William
  Vathek 71
Behan, Brendan
  Borstal Boy 524
Behn, Aphra
  Oroonoko 39
Bellow, Saul
  Der Mann in der Schwebe 426
  Herzog 583
  Humboldts Vermächtnis 667
Bennett, Arnold
  Constance und Sophia 258
Berger, John
  G. 649
Bernanos, Georges
  Die Sonne Satans 316
Bernhard, Thomas
  Korrektur 671
  Wittgensteins Neffe 725
  Auslöschung. Ein Zerfall 764
Bernières, Louis de
  Corellis Mandoline 848
Blanchot, Maurice
  Das Todesurteil 451
Blixen, Karen
  Afrika, dunkel lockende Welt 388
Bolaño, Roberto 2666 917
  Die wilden Detektive 873
Böll, Heinrich
  Billard um halb zehn 534
  Die verlorene Ehre der Katharina Blum 661
  Gruppenbild mit Dame 643
Borges, Jorge Luis
  Im Labyrinth 562
Borowski, Tadeusz
  Bei uns in Auschwitz 451
Botton, Alan de
  Versuch über die Liebe 847
Bowen, Elizabeth
  Die Fahrt in den Norden 350
  In der Hitze des Tages 455
  Seine einzige Tochter 611

Boyle, T. C.
  World's End 770
Brautigan, Richard
  In Wassermelonen Zucker 613
  Willard und seine Bowlingtrophäen 668
Breton, André
  Nadja 326
  Arkanum 17 433
Brink, André
  Weiße Zeit der Dürre 703
Brittain, Vera
  Testament of Youth * 361
Broch, Hermann
  Der Tod des Vergil 437
  Die Schuldlosen 465
Brontë, Anne
  Die Herrin von Wildfell Hall 126
Brontë, Charlotte
  Jane Eyre. Eine Autobiographie 122
Brontë, Emily
  Sturmhöhe 126
Bryce Echenique, Alfredo
  Eine Welt für Julius 637
Buchan, John
  Die neunundreißig Stufen 275
Bulgakow, Michail
  Der Meister und Margarita 600
Burgess, Anthony
  Clockwork Orange 567
  Enderby 575
Burney, Fanny
  Evelina 66
  Camilla 79
Burroughs, William
  Junkie 484
  Naked Lunch 540
Butler, Samuel
  Erewhon 174
  Der Weg allen Fleisches 249
Buzzati, Dino
  Die Tartarenwüste 412
Byatt, A. S.
  Die Jungfrau im Garten 696

C

Cabrera Infante, Guillermo
  Drei traurige Tiger 586
Cain, James M.
  Wenn der Postmann zweimal klingelt 371
Caldwell, Erskine
  Ein Haus im Hügelland 439
Calvino, Italo
  Wo Spinnen ihre Nester bauen 440
  Die unsichtbaren Städte 651
  Das Schloß, darin sich Schicksale kreuzen 657
  Wenn ein Reisender in einer Winternacht 699
Camões, Luís Vaz de
  Die Lusiaden 32
Camus, Albert
  Der Fremde 420
  Die Pest 444
  Der Mensch in der Revolte 468

Canetti, Elias
  Die Blendung 374
Capek, Karel
  Der Krieg mit den Molchen 382
Capote, Truman
  Frühstück bei Tiffany 532
  Kaltblütig 592
Carey, Peter
  Oscar und Lucinda 786
Carpentier, Alejo
  Das Reich von dieser Welt 455
  Die verlorenen Spuren 486
Carrol, Lewis
  Alice im Wunderland 156
  Alice hinter den Spiegeln 170
Carter, Angela
  Nächte im Zirkus 741
Cassola, Carlo
  Mara 550
Català, Victor
  Sankt Pons 254
Cather, Willa
  Das Haus des Professors 306
Cela, Camillo Jose
  Der Bienenkorb 475
  Ein Vagabund im Dienste Spaniens 447
Céline, Louis-Ferdinand
  Reise ans Ende der Nacht 352
Cervantes Saavedra, Miguel de
  Don Quijote 35
  Persilus und Sigismunda 36
Chandler, Raymond
  Der große Schlaf 404
  Der lange Abschied 488
Chang, Jung
  Wilde Schwäne 816
Chatwin, Bruce
  Auf dem schwarzen Berg 720
Childers, Erskine
  Das Rätsel der Sandbank 246
Cholderlos de Laclos, Pierre
  Gefährliche Liebschaften 69
Chopin, Kate
  Das Erwachen 230
Christie, Agatha
  Alibi 315
Cioran, Émile M.
  Auf den Gipfeln der Verzweiflung 371
Clarín
  Die Präsidentin 194
Clarke, Arthur C.
  2001, Odyssee im Weltraum 616
Claus, Hugo
  Der Kummer von Flandern 730
Cleland, John
  Fanny Hill 52
Cocteau, Jean
  Kinder der Nacht 337
Coe, Jonathan
  Allein mit Shirley 840
Coelho, Paulo
  Veronika beschließt zu sterben 876
  Der Dämon und Fräulein Prym 895

Coetzee, J. M.
  Im Herzen des Landes 682
  Dusklands * 662
  Warten auf die Barbaren 714
  Leben und Zeit des Michael K. 731
  Schande 882
Cohen, Albert
  Die Schöne des Herrn 619
Colette
  Mein Elternhaus 292
Collins, Wilkie
  Die Frau in Weiß 144
Collins, Wilkie
  Der Monddiamant 163
Conrad, Joseph
  Herz der Finsternis 243
  Nostromo 251
  Der Geheimagent 256
Consience, Hendrik
  Der Löwe von Flandern 110
Cooper, James Fenimore
  Der letzte Mohikaner 99
Coover, Robert
  Schräge Töne 631
Couperus, Louis
  Eline Vere 206
Crace, Jim
  In Arkadien 817
Cummings, E E
  Der ungeheure Raum 296
Cunningham, Michael
  Die Stunden 878

D

Dabydeen, David
  Disappearance * 846
Dangarembga, Tsitsi
  Der Preis der Freiheit 784
Davies, Robertson
  Der Fünfte im Spiel 635
Davis, Lydia
  Das Ende der Geschichte 856
Defoe, Daniel
  Robinson Crusoe 41
  Moll Flanders 42
Delibes, Miguel
  Der Ketzer 880
DeLillo, Don
  Weißes Rauschen 752
  Mao II 815
  Unterwelt 872
Deloney, Thomas
  Thomas of Reading 34
DeRoberto, Federico
  Die Vizekönige 219
Desai, Anita
  Im hellen Licht des Tages 709
Desai, Kiran
  Erbin des verlorenen Landes 923
Desani, G. V.
  All About H. Hatterr * 449
Diaz, Junot
  Das kurze wundersame Leben des Oscar Wao 925
Díaz del Castillo, Bernal
  Wahrhafte Geschichte der Entdeckung und Eroberung von Mexiko 37

Dick, Philip K.
  Träumen Roboter von elektrischen Schafen? 616
Dickens, Charles
  Oliver Twist 109
  David Copperfield 129
  Bleakhaus 136
  Große Erwartungen 148
Diderot, Denis de
  Jacques der Fatalist und sein Herr 79
  Die Nonne 81
  Rameaus Neffe 85
Didion, Joan
  Spiel dein Spiel 635
  Demokratie 746
Dillon, Eilís
  The Bitter Glass * 529
Döblin, Alfred
  Berlin Alexanderplatz 338
Doctorow, E. L.
  Das Buch Daniel 646
  Ragtime 663
Dodge, Jim
  Die Kunst des Verschwindens 806
Dos Passos, John
  USA-Trilogie 395
Dostojewski, Fjodor M.
  Aufzeichnungen aus einem Kellerloch 154
  Schuld und Sühne 161
  Der Idiot 165
  Die Dämonen 175
Douka, Maro
  E Archaia Skoura * 706
Doxiadis, Apostolos
  Onkel Petros und die Goldbach'sche Vermutung 829
Doyle, Arthur Conan
  Die Abenteuer des Sherlock Holmes 217
  Der Hund der Baskervilles 241
Drabble, Margaret
  Die Elite nach dem Fest 781
Drakulić, Slavenka
  Als gäbe es mich nicht 884
Dreiser, Theodore
  Schwester Carrie 237
Du Maurier, Daphne
  Rebecca 399
Dumas, Alexandre
  Die drei Musketiere 119
  Der Graf von Monte Cristo 121
Duncker, Patricia
  Die Germanistin 864
Duong Thu Huong
  Bitterer Reis 790
Duras, Marguerite
  Die Verzückung der Lol V. Stein 584
  Der Vize-Konsul 599
  Der Liebhaber 746
Durrell, Lawrence
  Justine 513
Dürrenmatt, Friedrich
  Der Richter und sein Henker 480

E

Eco, Umberto
  Der Name der Rose 709
  Das Foucaultsche Pendel 791
Edgeworth, Maria
  Meine hochgeborene Herrschaft 84
Eeden, Frederik van
  Der kleine Johannes 199
Egan, Jennifer
  Der größere Teil der Welt 932
Eggers, Dave
  Der Circle 940
Eichendorff, Joseph von
  Aus dem Leben eines Taugenichts 97
Eliot, George
  Adam Bede 143
  Die Mühle am Floss 147
  Silas Marner 149
  Middlemarch 172
Ellis, Bret Easton
  American Psycho 811
Ellison, Ralph
  Der unsichtbare Mann 478
Ellroy, James
  Die schwarze Dahlie 779
Elsschot, Willem
  Käse 360
Endo, Shusaku
  Schweigen 594
  Wiedergeburt am Ganges 840
Enquist, Per Olov
  Das Buch von Blanche und Marie 916
Enright, Anne
  Das Familientreffen 924
Equiano, Olaudah
  Merkwürdige Lebensgeschichte des Sklaven Olaudah Equiano 75
Erdrich, Louise
  Liebeszauber 752
Erofeev, Venedikt
  Moskau – Petuski 633
Esquivel, Laura
  Bittersüße Schokolade 795
Esterházy, Péter
  Harmonia Caelestis 890
Eugenides, Jeffrey
  Die Selbstmord-Schwestern 836
  Die Liebeshandlung 936

F

Faber, Michael
  Die Weltenwanderin 892
Fakinu, Evjenia
  Astradeni 814
Farrell, James G.
  The Singapore Grip * 693
  The Siege of Krishnapur * 657
Faulkner, William
  Absalom, Absalom! 382
Faulks, Sebastian
  Gesang vom großen Feuer 843
Ferrante, Elena
  Lästige Liebe 855
  Die Geschichte des verlorenen Kindes 945

Fielding, Henry
  Joseph Andrews 46
  Tom Jones 50
Findley, Timothy
  Der Krieg und die Kröte 686
Fitzgerald, F. Scott
  Der große Gatsby 310
  Zärtlich ist die Nacht 367
Flaubert, Gustave
  Madame Bovary 141
  Lehrjahre Herzens 167
  Bouvard und Pécuchet 190
Fleming, Ian
  Casino Royale 483
Foer, Jonathan Safran
  Alles ist erleuchtet 907
Fontane, Theodor
  Effi Briest 220
  Der Stechlin 231
Ford, Ford Madox
  Die allertraurigste Geschichte 277
  Parade's End 330
Forster, E. M.
  Auf der Suche nach Indien 302
  Zimmer mit Aussicht 261
  Wiedersehen in Howards End 265
Foster Wallace, David
  Unendlicher Spaß 862
Fowles, John
  Der Magus 599
  Die Geliebte des französischen Leutnants 628
Frame, Janet
  Gesichter im Wasser 560
France, Anatole
  Thaïs 209
Franzen, Jonathan
  Die Korrekturen 903
  Freiheit 934
Frederiksson, Marianne
  Simon 760
Freud, Esther
  Marrakesch 819
Frisch, Max
  Stiller 497
  Homo Faber 519
Fuentes, Carlos
  Nichts als das Leben: der Tod des Artemio Cruz 570

G
Gaddis, William
  Die Fälschung der Welt 499
Galeano, Eduardo
  Erinnerung an das Feuer 766
Galloway, Janice
  Die Überlebenskünstlerin 796
Galsworthy, John
  Die Forsyte Saga 255
García Márquez, Gabriel
  Der Oberst hat niemand, der ihm schreibt 560
  Hundert Jahre Einsamkeit 607
  Der Herbst des Patriarchen 674
  Die Liebe in den Zeiten der Cholera 762
Gárdonyi, Géza
  Sterne von Eger 232

Gary, Romain
  Die Wurzeln des Himmels 509
  Erste Liebe – letzte Liebe 544
Gaskell, Elizabeth
  Cranford 135
  Margarethe 138
Gemmell, David
  Die Legende 751
Ghose, Zulfikar
  The Triple Mirror of Self 829
Ghosh, Amitav
  Schattenlinien 804
Gibbons, Stella
  Cold Comfort Farm 354
Gibson, William
  Neuromancer 742
Gide, André
  Uns nährt die Erde 226
  Der Immoralist 244
  Die enge Pforte 261
  Die Falschmünzer 310
Gissing, George
  Zeilengeld 214
Godwin, William
  Caleb Williams 74
Goethe, Johann Wolfgang von
  Die Wahlverwandtschaften 85
  Die Leiden des jungen Werthers 64
  Wilhelm Meisters Lehrjahre 76
Gogol, Nikolaj V.
  Die Nase 107
  Tote Seelen 114
Golden, Arthur
  Die Geisha 867
Golding, William
  Herr der Fliegen 492
Goldsmith, Oliver
  Der Landpfarrer von Wakefield 58
Gombrowicz, Witold
  Ferdydurke 390
Gontscharow, Iwan
  Oblomow 144
Gordimer, Nadine
  Burgers Tochter 700
  July's Leute 719
Gorki, Maxim
  Die Mutter 257
  Das Werk der Artamonovs 307
Goytisolo, Juan
  Identitätszeichen 598
Gracq, Julien
  Das Ufer der Syrten 471
Grass, Günter
  Die Blechtrommel 539
  Katz und Maus 555
  Hundejahre 574
Gray, Alisdair
  Lanark: ein Leben in vier Büchern 716
Green, Henry
  Blindsein 319
  Leben 341
  Lieben 430
  Back * 439
Greene, Graham
  Am Abgrund des Lebens 397
  Die Kraft und die Herrlichkeit 414

  Das Ende einer Affäre 466
  Der stille Amerikaner 500
  Der Honorarkonsul 653
Grimmelshausen, Hans Jakob Christoffel von
  Der abenteuerliche Simplicissimus 37
Grossmith, George & Weedan
  Tagebuch eines Niemands 218
Gupta, Sunetra
  Memoirs of Rain * 820

H
H. D.
  Asphodel * 820
Haggard, Henry Rider
  König Salomos Schatzkammer 199
Hall, Radcliffe
  Quell der Einsamkeit 330
Hammett, Dashiell
  Der Malteser Falke 345
  Der dünne Mann 350
Hamsun, Knut
  Hunger 207
  Segen der Erde 282
Handke, Peter
  Die linkshändige Frau 680
  Nachmittag eines Schriftstellers 780
Harbach, Chad
  Die Kunst des Feldspiels 938
Hardy, Thomas
  Am grünen Rand der Welt 178
  Tess von D'Urbervilles 212
  Im Dunkeln 219
Hartley L. P.
  Der Zoll des Glücks 489
Hašek, Jaroslav
  Die Abenteuer des braven Soldaten Schwejk 316
Hawthorne, Nathaniel
  Der scharlachrote Buchstabe 129
  Das Haus der sieben Giebel 132
Haywood, Eliza
  Love in Excess 42
Head, Bessie
  Die Farbe der Macht 658
Hébert, Anne
  Le premier jardin * 785
Hedayat, Sadeq
  Die blinde Eule 391
Heerden, Etienne van
  Geisterberg 762
Heinlein, Robert A.
  Fremder in einer fremden Welt 561
Heller, Joseph
  Catch 22 553
Hemmerechts, Kristien
  Das Lächeln der Engel 870
Hemingway, Ernest
  Fiesta 321
  In einem andern Land 343
  Wem die Stunde schlägt 414
  Der alte Mann und das Meer 477
Hemon, Aleksandar
  Nowhere Man 904

Hempel, Amy
  Reasons to Live * 753
Hernández, José
  Martín Fierro 185
Herr, Michael
  An die Hölle verraten 686
Hesse, Herman
  Siddhartha 296
  Der Steppenwolf 326
  Das Glasperlenspiel 423
Highsmith, Patricia
  Der talentierte Mr. Ripley 506
Hildebrand
  Die Familie Kegge 113
Himes, Chester
  Blind, mit einer Pistole 631
Hines, Barry
  Und fing sich einen Falken 613
Høeg, Peter
  Fräulein Smillas Gespür für Schnee 823
Hoffmann, E. T. A.
  Lebensansichten des Katers Murr 95
Hofmann, Gert
  Der Blindensturz 761
Hogg, James
  Die privaten Momoiren und Bekenntnisse eines gerechtfertigten Sünders 96
Hölderlin, Friedrich
  Hyperion 81
Hollinghurst, Alan
  Die Schwimmbad-Bibliothek 787
  Die Schönheitslinie 911
Honcar, Olesj
  Der Dom von Satschipljanka 611
Houellebecq, Michel
  Ausweitung der Kampfzone 854
  Elementarteilchen 880
  Plattform 902
Hrabal, Bohumil
  Reise nach Sondervorschrift, Zuglauf überwacht 589
Hugo, Victor
  Der Glöckner von Notre Dame 102
Hugo, Victor
  Die Elenden 150
Hurston, Zora Neale
  Und ihre Augen schauten Gott 392
Hustvedt, Siri
  Was ich liebte 908
Huxley, Aldous
  Eine Gesellschaft auf dem Lande 288
  Schöne neue Welt 357
  Geblendet in Gaza 387
Huysmans, Joris-Karl
  Gegen den Strich 194
  Tief unten 212
Hyland, M. J.
  Die Liste der Lügen 920

I
Irving, John
  Gottes Werk und Teufels Beitrag 760
  Owen Meany 794

952 Autoren und Werke

Isherwood, Christopher
　Mr Norris steigt um 377
　Leb' wohl, Berlin. Ein Roman in Episoden 407
Ishiguro, Kazuo
　Damals in Nagasaki 725
　Der Maler der fließenden Welt 765
　Was vom Tage übrigblieb 798
　Die Ungetrösteten 860

J

James, Henry
　Bildnis einer Dame 187
　Maisie 224
　Die Flügel der Taube 244
　Die Gesandten 245
Jameson, Storm
　A Day Off * 361
Jansson, Tove
　Sommerbuch 649
Jelinek, Elfriede
　Die Klavierspielerin 730
Jiménez, Juan Ramón
　Platero und ich 271
Jo, Jong-Rae
　Taebek Gebirge* 773
Johnson, B. S.
　Lebensabend: eine geriatrische Komödie 647
Johnson, Samuel
　Rasselas 56
Johnson, Uwe
　Jahrestage 636
Jones, David
　In Parenthesis 390
Jong, Erica
　Angst vorm Fliegen 658
Joyce, James
　Ein Porträt des Künstlers als junger Mann 280
　Ulysses 291
　Finnegans Wake 411
Jünger, Ernst
　Gläserne Bienen 513
　In Stahlgewittern 285

K

Kadare, Ismail
　Der zerrissene April 711
　Lulet e ftohta të marsit * 895
Kafka, Franz
　Der Prozeß 309
　Das Schloß 318
　Amerika 321
Kawabata, Yasunari
　Tausend Kraniche 481
Kazantzakis, Nikos
　Alexis Sorbas 438
　Die letzte Versuchung 503
Kehlmann, Daniel
　Tyll 949
　Die Vermessung der Welt 915
Keller, Gottfried
　Der grüne Heinrich 138
Kelman, James
　Busschaffner Hines 748
　Spät war es, so spät 849
Keneally, Thomas
　Schindlers Liste 723

Kennedy, A. L.
　Einladung zum Tanz 842
Kerouac, Jack
　Unterwegs 516
Kértesz, Imre
　Roman eines Schicksallosen 670
Kesey, Ken
　Einer flog über das Kuckucksnest 568
　Manchmal ein großes Verlangen 586
Kincaid, Jamaica
　Annie John 761
King, Stephen
　Shining 689
Kingsley, Charles
　Die Wasserkinder 152
Kingsolver, Barbara
　Die Giftholzbibel 875
Kipling, Rudyard
　Kim 238
Kis, Danilo
　Garten, Asche 590
Kleist, Heinrich von
　Michael Kohlhaas 86
Klíma, Ivan
　Warten auf Dunkelheit, warten auf Licht 845
Koeppen, Wolfgang
　Das Treibhaus 486
　Der Tod in Rom 496
Konrad, Gyorgy
　Der Besucher 632
Kosmac, Ciril
　Ein Frühlingstag 490
Kossmann, Alfred
　Geur der droefenis* 711
Kotzwinkle, William
　Fan Man 662
　Mitternachtspost 805
Krasznahorkai, László
　Melancholie des Widerstands 797
Krauss, Nicole
　Die Geschichte der Liebe 915
Krleža, Miroslav
　Ohne mich 403
　Die Rückkehr des Filip Latinovicz 353
Kross, Jaan
　Professor Martens' Abreise 740
Kundera, Milan
　Das Buch vom Lachen und Vergessen 704
　Die unerträgliche Leichtigkeit des Seins 750
Kureishi, Hanif
　Der Buddha aus der Vorstadt 803
Kushner, Rachel
　Flammenwerfer 941

L

La Fayette, Marie-Madeleine Pioche de La Vergne de
　Die Prinzessin von Clèves 38
Laforet, Carmen
　Nada 436

Lagerkvist, Pär
　Barabbas 466
Lagerlöf, Selma
　Gösta Berling 213
Lahiri, Jhumpa
　Der Namensvetter 906
Lao, She
　Rikscha-Kuli 388
Larsen, Nella
　Quicksand* 328
　Seitenwechsel 343
Laurence, Margaret
　The Diviners * 660
Lautréamont, Comte de
　Die Gesänge des Maldoror 166
Lawrence, D. H.
　Söhne und Liebhaber 269
　Der Regenbogen 275
　Liebende Frauen 285
　Lady Chatterley 333
Laxness, Halldór
　Unabhängige Menschen 378
Laye, Camara
　Einer aus Kurussa 489
Le Carré, John
　Der Spion, der aus der Kälte kam 577
　Agent in eigener Sache 706
Le Fanu, Sheridan
　Onkel Silas oder das verhängnisvolle Erbe 155
　Carmilla, der weibliche Vampir 175
Leavitt, David
　Die verlorene Sprache der Kräne 768
Lee, Harper
　Wer die Nachtigall stört … 546
Lee, Laurie
　Des Sommers ganze Fülle 536
LeGuin, Ursula
　Planet der Habenichtse 660
Lem, Stanislaw
　Solaris 554
Lennox, Charlotte
　Der weibliche Quichotte 54
Lenz, Siegfried
　Deutschstunde 614
Leonard, Elmore
　LaBrava 732
　Schnappt Shorty! 808
Lermontow, Michail
　Ein Held unserer Zeit 113
Lerner, Ben
　22:04 947
Lessing, Doris
　Afrikanische Tragödie 459
　Das goldene Notizbuch 562
Levi, Carlo
　Christus kam nur bis Eboli 433
Levi, Primo
　Ist das ein Mensch? 443
　Wann, wenn nicht jetzt? 728
　Die Untergegangenen und die Geretteten 763
Lewis, M. G.
　Der Mönch 78
Lewis, Saunders
　Monica* 348

Lewis, Sinclair
　Die Hauptstraße 286
　Babbitt 292
Lewis, Wyndham
　Tarr 284
　The Apes of God * 346
Lindgren, Astrid
　Pippi Langstrumpf 428
Linna, Väinö
　Der unbekannte Soldat 497
Lispector, Clarice
　Die Passion nach G. H. 587
　Die Sternstunde 684
London, Jack
　Der Ruf der Wildnis 246
Loo, Tessa de
　Die Zwillinge 841
Lovecraft, H. P.
　Berge des Wahnsinns: eine Horrorgeschichte 381
Lowry, Malcolm
　Unter dem Vulkan 441
Luo, Guanzhong
　Die drei Reiche 25

M

Macdonald, Helen
　H wie Habicht 946
MacDonald, Ann-Marie
　Vernimm mein Flehen 866
Machado de Assis, Joaquim Maria
　Die nachträglichen Memoiren des Bras Cubas 189
　Dom Casmurro 230
Machfus, Nagib
　Die Midaq-Gasse 446
　Miramar 603
MacInnes, Colin
　Absolute Beginners 543
Mackenzie, Henry
　Der Mann von Gefühl 62
Malouf, David
　Jenseits von Babylon 835
Malraux, André
　So lebt der Mensch 360
Mankell, Henning
　Mörder ohne Gesicht 813
Mann, Heinrich
　Professor Unrat 252
Mann, Thomas
　Buddenbrooks 240
　Der Tod in Venedig 268
　Der Zauberberg 304
　Joseph und seine Brüder 424
　Doktor Faustus 445
Manning, Frederic
　Soldat Nr. 19022 345
Manzoni, Alessandro
　Die Verlobten 99
Márai, Sándor
　Die Glut 422
Marías, Javier
　Alle Seelen 769
Markaris, Petros
　Hellas Channel: ein Fall für Kostas Charitos 855
Markson, David
　Wittgenstein's Mistress * 790

Maron, Monika
  Pawels Briefe 884
Martel, Yan
  Schiffbruch mit Tiger 900
Martín Gaite, Carmen
  El cuarto de atrás * 696
Martínez, Tomás Eloy
  Santa Evita 859
Martorell, Joanot
  Tirant lo Blanc 28
Matessis, Pavlos
  Die Tochter der Hündin 810
Matthews, Harry
  Zigaretten 784
Maturin, Charles Robert
  Melmoth der Wanderer 94
Maugham, W. Somerset
  Der Menschen Hörigkeit 276
  Auf Messers Schneide 427
Maupassant, Guy de
  Ein Leben 192
  Bel Ami 195
  Pierre und Jean 204
Mauriac, Francois
  Natterngezücht 358
McBride, Eimear
  Das Mädchen ein halbfertiges Ding 684
McCabe, Patrick
  Der Schlächterbursche 822
McCarthy, Cormac
  Die Abendröte im Westen 757
  All die schönen Pferde 828
McCoy, Horace
  Nur Pferden gibt man den Gnadenschuß 375
McEwan, Ian
  Der Zementgarten 697
  Abbitte 899
McGahern, John
  Unter Frauen 808
Melville, Herman
  Moby Dick 130
Mendoza, Eduardo
  Eine leichte Komödie 866
Meri, Veijo
  Das Manilaseil 518
Merle, Robert
  Ein vernunftbegabtes Tier 608
Meyer, Philipp
  Rost 930
Michaels, Ann
  Fluchtstücke 865
Miller, Henry
  Wendekreis des Krebses 368
Mishima, Yukio
  Die Brandung 496
  Das Meer der Fruchtbarkeit 640
Mistry, Rohinton
  Das Gleichgewicht der Welt 857
Mitchell, David
  Der Wolkenatlas 910
Mitchell, Margaret
  Vom Winde verweht 384
Mitford, Nancy
  Liebe unter kaltem Himmel 456
Miyuki, Miyabe
  Kurosufaia * 874

Mofolo, Thomas
  Chaka Zulu 314
Moore, Alan & Gibbons, Dave
  Die Wächter 764
Moore, Lorrie
  Die Verrückung der Benna Carpenter 767
  Pepsi-Hotel 802
  Ein Tor zur Welt 931
Moravia, Alberto
  Die Gleichgültigen 340
Moravia, Alberto
  Der Ungehorsam 449
  Die Verachtung 490
Moritz, Karl Philipp
  Anton Reiser 70
Morris, William
  Kunde von Nirgendwo 214
Morrison, Toni
  Sehr blaue Augen 640
  Solomons Lied 684
  Menschenkind 773
Mphahlele, Ezekiel
  Pretoria, Zweite Avenue 536
Mukherjee, Bharati
  Die Tränen des Großmoguls 835
Mulisch, Harry
  Die Entdeckung des Himmels 830
Multatuli
  Max Havelaar 147
Munro, Alice
  Kleine Aussichten 647
  Das Bettlermädchen 692
Murakami, Haruki
  Mister Aufziehvogel 853
Murakami, Ryu
  Blaue Lilien auf transparenter Haut 682
Murdoch, Iris
  Unter dem Netz 491
  Die Wasser der Sünde 524
  Maskenspiel 569
  Das Meer, das Meer 694
Murnane, Gerald
  Inland * 793
Musil, Robert
  Die Verwirrungen des Zöglings Törleß 254
  Der Mann ohne Eigenschaften 359
Mutis, Álvaro
  Die Abenteuer und Irrfahrten des Gaviero Maqroll 834

N
Nabokov, Vladimir
  Lolita 504
  Pnin 516
  Fahles Feuer 564
  Ada oder Das Verlangen 623
Naipaul, V. S.
  In einem freien Land 647
  An der Biegung des großen Flusses 702
  Das Rätsel der Ankunft 770
Narayan, R. K.
  Der Fremdenführer 530
Nashe, Thomas
  Der unglückliche Reisende 34

Natsume, Soseki
  Kokoro 272
Neira Vilas, Xosé
  Tagebuch einer Kindheit in Galicien 561
Némirovsky, Irène
  Suite Française 914
Ngugi wa Thiong'o
  Der Fluss dazwischen 589
  Matigari * 767
Nin, Anaïs
  Das Delta der Venus 690
Nooteboom, Cees
  Rituale 710
  Allerseelen 879
Nothomb, Amélie
  Mit Staunen und Zittern 887
Novalis
  Heinrich von Ofterdingen 84

O
Oates, Joyce Carol
  Jene 623
O'Brien, Edna
  Die Fünfzehnjährigen 550
  Das Mädchen mit den grünen Augen 569
O'Brien, Flann
  Auf Schwimmen-Zwei-Vögel 411
  Der dritte Polizist 602
O'Brien, Tim
  Was sie trugen 805
O'Connor, Flannery
  Die Weisheit des Blutes 476
  Die Lahmen werden die Ersten sein 591
Oe, Kenzaburo
  Reißt die Knospen ab ... 534
Onetti, Juan Carlos
  Die Werft 551
Oondaatje, Michael
  Der englische Patient 827
Orwell, George
  Die Wonnen der Aspidistra 383
  Die Farm der Tiere 430
  Neunzehnhundertvierundachtzig 452
Osadcyj, Mychajlo
  Bel'mo * 642
Oz, Amos
  Black Box 776
  Eine Geschichte von Liebe und Finsternis 912
Özdamar, Emine Sevgi
  Das Leben ist eine Karawanserei 831

P
Paasilinna, Arto
  Das Jahr des Hasen 664
Pagnol, Marcel
  Jean Florette 579
Pak, Kyongni
  Land 854
Palmen, Connie
  Die Gesetze 812
Pamuk, Orhan
  Schnee 905

Papini, Giovanni
  Das Leben des Herrn 289
Pardo Bazán, Emilia
  Das Gut von Ulloa 201
Paskov, Viktor
  Viola d'Amore 769
Pasolini, Pier Paulo
  Ragazzi di vita 499
Pasternak, Boris
  Doktor Schiwago 515
Pater, Walter
  Marius der Epikureer 195
Paton, Alan
  Denn sie sollen getröstet werden 450
Pavese, Cesare
  Unter Bauern 419
  Junger Mond 461
Pavic, Milorad
  Das Chasarische Wörterbuch 749
Paz, Octavio
  Das Labyrinth der Einsamkeit 464
Peake, Mervyn
  Der junge Titus 438
  Im Schloß 462
Pelevin, Victor
  Buddhas kleiner Finger 862
Perec, Georges
  Die Dinge 592
  Anton Voyls Fortgang 622
  W oder die Kindheitserinnerung 674
  Das Leben: Gebrauchsanweisung 694
Pérez Galdós, Benito
  Misericordia 224
Pérez-Reverte, Arturo
  Der Club Dumas 824
Pessoa, Fernando
  Das Buch der Unruhe 729
Pierre, DBC
  Jesus von Texas 909
Pirandello, Luigi
  Einer, keiner, hunderttausend 315
Plath, Silvia
  Die Glasglocke 575
Plunkett, James
  The Trusting and the Maimed * 501
Poe, Edgar Allen
  Der Untergang des Hauses Usher 111
  Grube und Pendel 117
Poniatowska, Elena
  Jesusa: ein Leben allem zum Trotz 634
Pope, Arbuthnot, et al
  Martinus Scriblerus 47
Powell, Anthony
  Ein Tanz zur Musik der Zeit 673
Powell, Padgett
  Typical 815
Proulx, E. Annie
  Schiffsmeldungen 844

Proust, Marcel
  Auf der Suche nach der verlorenen Zeit 325
Prus, Boleslaw
  Der Pharao 225
Puig, Manuel
  Der schönste Tango der Welt 633
  Der Kuß der Spinnenfrau 680
Puschkin, Alexander
  Eugen Onegin 105
Puzo, Mario
  Der Pate 624
Pym, Barbara
  Vortreffliche Frauen 481
  Quartett im Herbst 683
Pynchon, Thomas
  V. 582
  Die Versteigerung von No. 49 596
  Die Enden der Parabel 652
  Gegen den Tag 921

Q

Queirós, José Maria Eça de
  Das Verbrechen des Paters Amaro 180
Queneau, Raymond
  Stilübungen Autobus S 444

R

Rabelais, François
  Gargantua und Pantagruel 31
Radcliffe, Anne
  Die Geheimnisse von Udolpho 76
Radiguet, Raymond
  Den Teufel im Leib 301
Ransmayr, Christoph
  Die letzte Welt 785
Reage, Pauline
  Geschichte der O 491
Rebreanu, Liviu
  Der Wald der Gehenkten 295
Remarque, Erich Maria
  Im Westen nichts Neues 339
Rhys, Jean
  Guten Morgen, Mitternacht 410
  Sargassomeer 602
Ricardo Piglia
  Brennender Zaster 872
Rice Burroughs, Edgar
  Tarzan bei den Affen 271
Rice, Ann
  Gespräch mit einem Vampir 679
Richardson, Dorothy
  Pilgrimage * 605
Richardson, Samuel
  Pamela 48
  Clarissa 48
Rilke, Rainer Maria
  Die Aufzeichnungen des Malte Laurids Brigge 262
Ríos, Julián
  Larva: Babel de una noche de San Juan * 741
Robbe-Grillet, Alain
  Die Jalousie oder Die Eifersucht 522

Robinson, Marilynne
  Home * 927
Robinson, Roxana
  Cost * 929
Rodríguez de Montalvo, Garci
  Amadís von Gallien 29
Rojas, Fernando de
  La Celestina 28
Rolfe, Frederick
  Hadrian VII. 249
Rosa, João Guimarães
  Grande Sertão 503
Rose, Gillian
  Die Arbeit der Liebe 856
Roth, Henry
  Nenn es Schlaf 365
  Radetzkymarsch 353
Roth, Philip
  Portnoys Beschwerden 627
  Der menschliche Makel 892
  Nemesis 933
Rousseau, Jean-Jacques
  Emil oder Über die Erziehung 57
  Julie oder Die neue Héloïse 57
  Träumereien eines einsamen Spaziergängers 67
  Bekenntnisse 69
Roussel, Raymond
  Eindrücke aus Afrika 265
  Locus solus 272
Roy, Arundhati
  Der Gott der kleinen Dinge 868
Roy, Gabrielle
  Bonheur d'occasion * 436
Rulfo, Juan
  Der Llano in Flammen 500
Rushdie, Salman
  Mitternachtskinder 713
  Scham und Schande 736
  Die satanischen Verse 788
Ruyslinck, Ward
  Die Rabenschläfer 518

S

Sadaawi, Nawal El
  Eine Frau am Punkt Null 667
Sade, Marquis de
  Die hundertzwanzig Tage von Sodom 70
  Die neue Justine 72
Saer, Juan José
  Der Vorfahre 735
Sagan, Carl
  Contact 758
Sagan, Françoise
  Bonjour Tristesse 494
Saint-Exupéry, Antione de
  Der kleine Prinz 424
Salgari, Emilio
  Die Tiger von Mompracem 236
Salich, Tajjib
  Zeit der Nordwanderung 634
Salinger, J. D.
  Der Fänger im Roggen 470
  Franny und Zooey 559
Samjatin, Jewgeni
  Wir 302
Sand, George
  Das Teufelsmoor 120

Sandel, Cora
  Alberte und Jakob 318
Santos, Luis Martin
  Schweigen über Madrid 564
Saramago, José
  Geschichte der Belagerung von Lissabon 796
  Das Memorial 729
  Das Todesjahr des Ricardo Reis 747
Sarmiento, Domingo Faustino
  Barbarei und Zivilisation 119
Sartre, Jean-Paul
  Der Ekel 400
Sayers, Dorothy L.
  Mord braucht Reklame 364
  Die neun Schneider 374
Schätzing, Frank
  Der Schwarm 914
Schlink, Bernhard
  Der Vorleser 858
Schnitzler, Arthur
  Lieutenant Gustl 237
Schreber, Daniel Paul
  Denkwürdigkeiten eines Nervenkranken 248
Schulz, Bruno
  Die Zimtläden 365
Sciascia, Leonardo
  Tote auf Bestellung 595
Scott, Walter
  Rob Roy 91
  Ivanhoe 94
Sebald, W. G.
  Austerlitz 901
  Schwindel. Gefühle 810
Seghers, Anna
  Transit 428
Selby Jr., Hubert
  Requiem für einen Traum 692
Selimovic, Meša
  Der Derwisch und der Tod 594
Selvon, Sam
  The Lonely Londoners * 509
Sembène, Ousmane
  Gottes Holzstücke 551
Serge, Victor
  Die große Ernüchterung. Der Fall Tulajew 457
Seth, Vikram
  Eine gute Partie 839
Shahnour, Shahan
  Nahanje arhants ergi* 335
Shelley, Mary Wollstonecraft
  Frankenstein oder Der moderne Prometheus 93
Shi, Naian
  Die Räuber vom Liang-Schan-Moor 25
Shields, Carol
  Das Tagebuch der Daisy Goodwill 837
Shikibu, Murasaki
  Die Geschichte vom Prinzen Genji 24
Shute, Nevil
  Eine Stadt wie Alice 461
Sienkiewicz, Henry
  Quo Vadis 221

Sillitoe, Alan
  Samstagnacht und Sonntagmorgen 527
Sinclair, May
  Life and Death of Harriett Frean * 295
Sinclair, Upton
  Der Dschungel 256
Singer, Isaac Bashevis
  Der Zauberer von Lublin 548
  Das Landgut 605
Skvorecký, Josef
  Der Seeleningenieur 683
Slauerhoff, Jan Jacob
  Das verbotene Reich 354
Smith, Ali
  Winter 948
Smith, Zadie
  Zähne zeigen 893
Smollett, Tobias George
  Peregrine Pickle 53
Smollett, Tobias George
  Humphry Clinkers Reise 63
Soljan, Antun
  Luka * 663
Solschenizyn, Alexander Issajewitsch
  Ein Tag im Leben des Iwan Denissowitsch 572
  Krebsstation 619
  Im ersten Kreis 622
Somerville und Ross
  Some Experiences of an Irish R. M. * 232
Somoza, José Carlos
  Die dreizehnte Dame 908
Souvestre, Allain, Marcel und Pierre
  Fantomas 266
Spark, Muriel
  Die Blütezeit der Miss Jean Brodie 556
  Mädchen mit begrenzten Möglichkeiten 576
Stead, Christina
  Der Mann, der seine Kinder liebte 416
Stein, Gertrude
  The Making of Americans 314
  Autobiographie von Alice B. Toklas 362
Steinbeck, John
  Von Mäusen und Menschen 393
  Die Früchte des Zorns 409
Stendhal
  Rot und Schwarz 100
  Die Kartause von Parma 110
Stephens, James
  The Charwoman's Daughter* 268
Sterne, Laurence
  Tristram Shandy 61
  Eine empfindsame Reise durch Frankreich und Italien 62
Stevenson, Robert Louis
  Die Schatzinsel 190
  Dr. Jekyll und Mr. Hyde 201
Stifter, Adalbert
  Der Nachsommer 142

Stoker, Bram
  Dracula 222
Stowe, Harriet Beecher
  Onkel Toms Hütte 132
Strauss, Botho
  Paare, Passanten 718
  Der junge Mann 751
Strindberg, August
  Das rote Zimmer 186
  Die Leute auf Hemsö 202
  Am offenen Meer 208
Süskind, Patrick
  Das Parfum 757
  Die Taube 772
Svevo, Italo
  Ein Mann wird älter 229
  Zeno Cosini 301
Swift, Graham
  Wasserland 732
Swift, Jonathan
  Gullivers Reisen 45
  Bescheidener Vorschlag 46
Szczypiorski, Andrzej
  Die schöne Frau Seidenman 763

T
Tabucchi, Antonio
  Erklärt Pereira 851
Tachtses, Kostas
  Dreimal unter der Haube 574
Tagore, Rabindranath
  Das Heim und die Welt 282
Tanizaki, Junichiro
  Insel der Puppen 329
Tartt, Donna
  Die geheime Geschichte 832
  Der Distelfink 939
Taylor, Elizabeth
  Blaming * 676
Thackeray, William Makepeace
  Jahrmarkt der Eitelkeit 125
Tharoor, Shashi
  Der große Roman Indiens 797
Thomson, Hunter S.
  Angst und Schrecken in Las Vegas 645
Thoreau, Henry David
  Walden oder Leben in den Wäldern 137
Thornburg, Newton
  Geh zur Hölle, Welt! 676
Thurber, James
  Die dreizehn Uhren 463
Timm, Uwe
  Die Entdeckung der Currywurst 845
Timmermans, Felix
  Pallieter 281
Tode, Emil
  Im Grenzland 899
Tóibín, Colm
  Porträt des Meisters in mittleren Jahren 913
Tolkien, J. R. R.
  Der kleine Hobbit 391
  Der Herr der Ringe 507
Tolstoi, Lew N.
  Krieg und Frieden 168
  Anna Karenina 185
  Der Tod des Iwan Iljitsch 193
  Die Kreutzersonate 210
Tomasi di Lampedusa, Giuseppe
  Der Leopard 531
Toole, John Kennedy
  Ignaz oder die Verschwörung der Idioten 710
Topol, Jáchym
  Die Schwester 850
Tressell, Robert
  Die Menschenfreunde in zerlumpten Hosen 269
Trollope, Anthony
  The Last Chronicle of Barset* 161
  Phineas Finn 166
Ts'ao, Chan
  Der Traum der Roten Kammer 74
Tunström, Göran
  Solveigs Vermächtnis 733
Turgenjew, Iwan
  Väter und Söhne 149
  Ein König Lear der Steppe 170
  Frühlingswogen 173
Twain, Mark
  Die Abenteuer des Huckleberry Finn 197

U
Ugrešic, Dubravka
  Das Museum der bedingungslosen Kapitulation 886
Undset, Sigrid
  Kristin Lavranstochter 298
Updike, John
  Hasenherz 545
  Unter dem Astronautenmond 642
  Bessere Verhältnisse 718

V
Valera, Juan
  Pepita Jiménez 180
Vallejo, Fernando
  Die Madonna der Mörder 853
Vargas Llosa, Mario
  Das Fest des Ziegenbocks 896
  Die Stadt und die Hunde 571
  Der Krieg am Ende der Welt 716
Vassilikos, Vassilis
  Z 604
Vazov, Ivan
  Unter dem Joch 205
Vázquez Montalbán, Manuel
  Die Meere des Südens 707
Verga, Giovanni
  Die Malavoglia 188
Verne, Jules
  Die Reise zum Mittelpunkt der Erde 158
  Reise um die Welt in achtzig Tagen 177
Vesaas, Tarjei
  Die Vögel 522
Vestdijk, Simon
  Der kupferne Garten 457
Vian, Boris
  Der Schaum der Tage 446
Vidal, Gore
  Myra Breckinridge 620
Vila-Matas, Enrique
  Bartleby & Co. 890
Vittorini, Elio
  Gespräch in Sizilien 419
Volpi, Jorge
  Das Klingsor-Paradox 885
Voltaire
  Candide 54
Vonnegut, Kurt
  Katzenwiege 580
  Schlachthof 5 oder Der Kinderkreuzzug 630

W
Wäldä-Sellassé, Heruy
  Addis Aläm* 305
Walker, Alice
  Die Farbe Lila 726
  Sie hüten das Geheimnis des Glücks 828
Wallace, Lew
  Ben Hur 186
Walpole, Horace
  Schloß Otranto 58
Walser, Martin
  Halbzeit 549
Warner, Alan
  Hin und weg 860
Warner, Marina
  Indigo 825
Warner, Sylvia Townsend
  Summer Will Show 387
Wassmo, Herbjørg
  Das Haus mit der blinden Glasveranda 715
Waterhouse, Kieth
  Billy, der Lügner 543
Watson, Winnifred
  Miss Pettigrew Lives for a Day * 403
Waugh, Evelyn
  Auf der schiefen Ebene 329
  Wiedersehen mit Brideshead 434
Webb, Charles
  Die Reifeprüfung 580
Wells, H. G.
  Die Zeitmaschine 220
  Die Insel des Doktor Moreau 221
  Der Krieg der Welten 229
Welty, Eudora
  Die Tochter des Optimisten 651
West, Nathaniel
  Schreiben Sie Miss Lonelyhearts 364
West, Rebecca
  Return of the Soldier * 283
  The Thinking Reed * 386
Wharton, Edith
  Das Haus der Freude 251
  Die Schlittenfahrt 266
  Zeit der Unschuld 286
White, Edmund
  Selbstbildnis eines Jünglings 728
White, Patrick
  The Living and the Dead * 418
  Zur Ruhe kam der Baum des Menschen nie 501
  Voss 521
White, T. H.
  Der König auf Camelot 523
Wilde, Oscar
  Das Bildnis des Dorian Gray 211
Williamson, Henry
  Tarka, der Otter 323
Wilson, Angus
  Kein Grund zum Lachen 608
Wilson, Edmund
  I Thought of Daisy * 341
Winterson, Jeanette
  Das Geschlecht der Kirsche 801
  Auf den Körper geschrieben 824
Witkiewicz, Stanislaw Ignacy
  Unersättlichkeit 348
Wodehouse, P. G.
  Bertie in wilder Erwartung 366
Wolf, Christa
  Nachdenken über Christa T. 615
  Kindheitsmuster 675
Wolfe, Thomas
  Schau heimwärts, Engel 344
Wolfe, Tom
  Unter Strom 609
  Fegefeuer der Eitelkeiten 777
Wolkers, Jan
  Zurück nach Oegstgeest 587
Woolf, Viginia
  Die Fahrt zum Leuchtturm 323
  Mrs. Dalloway 313
  Orlando 334
  Die Wellen 349
Wright, Richard
  Sohn dieses Landes 412
Wu, Cheng'en
  Monkeys Pilgerfahrt 32
Wyndham, John
  Die Triffids 473
  Die Kuckuckskinder 520

Y
Yoshimoto, Banana
  Kitchen 782
Yourcenar, Marguerite
  Ich zähmte die Wölfin 475

Z
Zhang, Jie
  Schwere Flügel 715
Zhang, Xianliang
  Die Hälfte des Mannes ist Frau 753
Zola, Émile
  Thérèse Raquin 163
  Die Schnapsbude 183
  Nana 187
  Germinal 198
  Das Tier im Menschen 208
Zwagerman, Joost
  Gimmick! * 792
Zweig, Arnold
  Der Streit um den Sergeanten Grischa 322
  Der Amokläufer 299
  Schachnovelle 422
Zypkin, Leonid
  Sommer in Baden-Baden 714

Ausgezeichnete Autoren und Werke

Aufgeführt sind prämierte Werke und Autoren, zu denen Sie in diesem Band Kurzbesprechungen finden.

Nobelpreis für Literatur

1907 Rudyard Kipling (1865–1936)
  Kim 238
1909 Selma Lagerlöf (1858–1940)
  Gösta Berling 213
1913 Rabindranath Tagore (1861–1941)
  Das Heim und die Welt 282
1920 Knut Hamsun (1859–1952)
  Hunger 207
  Segen der Erde 282
1921 Anatole France (1844–1924)
  Thaïs 209
1928 Sigrid Undset (1882–1949)
  Kristin Lavranstochter 298
1929 Thomas Mann (1875–1955)
  Buddenbrooks 240
  Der Tod in Venedig 268
  Der Zauberberg 304
  Joseph und seine Brüder 424
  Doktor Faustus 445
1930 Sinclair Lewis (1885–1951)
  Die Hauptstraße 286
  Babbitt 292
1932 John Galsworthy (1867–1933)
  Die Forsyte Saga 255
1934 Luigi Pirandello (1867–1936)
  Einer, keiner, hunderttausend 315
1946 Hermann Hesse (1877–1962)
  Siddhartha 296
  Der Steppenwolf 326
  Das Glasperlenspiel 423
1947 André Gide (1869–1951)
  Uns nährt die Erde 226
  Der Immoralist 244
  Die enge Pforte 261
  Die Falschmünzer 310
1949 William Faulkner (1897–1962) (verliehen 1950)
  Absalom, Absalom! 382
1951 Pär Lagerkvist (1891–1974)
  Barabbas 466
1952 François Mauriac (1885–1970)
  Natterngezücht 358
1954 Ernest Hemingway (1899–1961)
  Fiesta 321
  In einem andern Land 343
  Wem die Stunde schlägt 414
  Der alte Mann und das Meer 477
1955 Halldór Laxness (1902–1998)
  Unabhängige Menschen 378
1956 Juan Ramón Jiménez (1881–1958)
  Platero und ich 271
1957 Albert Camus (1913–1960)
  Der Fremde 420
  Die Pest 444
  Der Mensch in der Revolte 468
1958 Boris Pasternak (1890–1960) (nicht angenommen)
  Doktor Schiwago 515
1961 Ivo Andrić (1892–1975)
  Die Brücke über die Drina 432
  Wesire und Konsuln 435
1962 John Steinbeck (1902–1968)
  Von Mäusen und Menschen 393
  Die Früchte des Zorns 409
1964 Jean-Paul Sartre (1905–1980) (nicht angenommen)
  Der Ekel 400
1966 Samuel Agnon (1888–1970)
  Im Herzen der Meere 450
1968 Yasunari Kawabata (1899–1972)
  Tausend Kraniche 481
1969 Samuel Beckett (1906–1989)
  Murphy 394
  Molloy 468
  Malone stirbt 473
1970 Alexander Solschenizyn (1918–2008)
  Ein Tag im Leben des Iwan Denissowitsch 572
  Krebsstation 619
  Im ersten Kreis 622
1972 Heinrich Böll (1917–1985)
  Billard um halb zehn 534
  Die verlorene Ehre der Katharina Blum 661
  Gruppenbild mit Dame 643
1973 Patrick White (1912–1990)
  The Living and the Dead * 418
  Zur Ruhe kam der Baum des Menschen nie 501
  Voss 521
1976 Saul Bellow (1915–2005)
  Der Mann in der Schwebe 426
  Herzog 583
  Humboldts Vermächtnis 667
1978 Isaac Bashevis Singer (1902–1991)
  Der Zauberer von Lublin 548
  Das Landgut 605
1981 Elias Canetti (1905–1994)
  Die Blendung 374
1982 Gabriel García Márquez (* 1927)
  Der Oberst hat niemand, der ihm schreibt 560
  Hundert Jahre Einsamkeit 607
  Der Herbst des Patriarchen 674
  Die Liebe in den Zeiten der Cholera 762
1983 William Golding (1911–1993)
  Herr der Fliegen 492
1989 Camilo José Cela (1916–2002)
  Der Bienenkorb 475
  Ein Vagabund im Dienste Spaniens 447
1990 Octavio Paz (1914–1998)
  Das Labyrinth der Einsamkeit 464
1991 Nadine Gordimer (* 1923)
  Burgers Tochter 700
  July's Leute 719
1993 Toni Morrison (1931–2019)
  Sehr blaue Augen 640
  Solomons Lied 684
  Menschenkind 773
1994 Kenzaburō Ōe (* 1935)
  Reißt die Knospen ab… 534
1998 José Saramago (1922–2010)
  Das Memorial 729
  Das Todesjahr des Ricardo Reis 747
  Kain
  Geschichte der Belagerung von Lissabon 796
1999 Günter Grass (1927–2015)
  Die Blechtrommel 539
  Katz und Maus 555
  Hundejahre 574

2001 V. S. Naipaul (1932–2018)
  In einem freien Land 647
  *An der Biegung des großen
  Flusses* 702
  Das Rätsel der Ankunft 770
2002 Imre Kertész (1929–2016)
  Roman eines Schicksallosen 670
2003 J. M. Coetzee (* 1940)
  Im Herzen des Landes 682
  Dusklands * 662
  Warten auf die Barbaren 714
  Leben und Zeit des Michael K. 731
  Schande 882
2004 Elfriede Jelinek (* 1946)
  Die Klavierspielerin 730
2006 Orhan Pamuk (* 1952)
  Schnee 905
2007 Doris Lessing (1919–2013)
  Afrikanische Tragödie 459
  Das goldene Notizbuch 562
2010 Mario Vargas Llosa (* 1936)
  Das Fest des Ziegenbocks 896
  Die Stadt und die Hunde 571
  Der Krieg am Ende der Welt 716
2017 Kazuo Ishiguro (*1954)
  Was vom Tage übrig blieb 798
2019 Peter Handke (*1942)
  Die linkshändige Frau 680
  Nachmittag eines Schriftstellers 780

Pulitzer-Preis für Belletristik

(Der bedeutendste Literaturpreis der USA wird seit 1948 für Romane von amerikanischen Autoren vergeben.)

1921 The Age of Innocence, Edith Wharton *Zeit der Unschuld* 286
1937 Gone With the Wind, Margaret Mitchell *Vom Winde verweht* 384
1940 The Grapes of Wrath, John Steinbeck *Die Früchte des Zorns* 409
1953 The Old Man and the Sea, Ernest Hemingway *Der alte Mann und das Meer* 477
1961 To Kill a Mockingbird, Harper Lee *Wer die Nachtigall stört…* 546
1973 The Optimist's Daughter, Eudora Welty *Die Tochter des Optimisten* 651
1976 Humboldt's Gift, Saul Bellow *Humboldts Vermächtnis* 667
1981 A Confederacy of Dunces, John Kennedy Toole *Ignaz oder die Verschwörung der Idioten* 710
1982 Rabbit is Rich, John Updike *Bessere Verhältnisse* 718
1983 The Color Purple, Alice Walker *Die Farbe Lila* 726
1988 Beloved, Toni Morrison *Menschenkind* 773
1994 The Shipping News, E. Annie Proulx *Schiffsmeldungen* 844
1995 The Stone Diaries, Carol Shields *Das Tagebuch der Daisy Goodwill* 837
1999 The Hours, Michael Cunningham *Die Stunden* 878
2008 The Brief Wondrous Life of Oscar Wao, Junot Diaz *Das kurze wundersame Leben des Oscar Wao* 925
2011 A Visit from the Goon Squad, Jennifer Egan *Der größere Teil der Welt* 932
2014 The Goldfinch, Donna Tartt *Der Distelfink* 939

Booker Prize

(Der wichtigste britische Literaturpreis wird seit 1969 jährlich für einen englischsprachigen Roman eines Schriftstellers aus dem Vereinigten Königreich, Irland oder dem Commonwealth vergeben.)

1971 In a Free State, V.S. Naipaul *In einem freien Land* 648
1972 G John Berger 649
1973 *The Siege of Krishnapur**
  J.G. Farrell 657
1978 The Sea, The Sea Iris Murdoch *Das Meer, das Meer* 694
1981 Midnight's Children, Salman Rushdie *Mitternachtskinder* 713
1982 Schindler's Ark, Thomas Keneally *Schindlers Liste* 723
1983 The Life & Times of Michael K, J.M. Coetzee *Leben und Zeit des Michael K.* 731
1986 *The Old Devils** Kingsley Amis 766
1988 *Oscar und Lucinda* Peter Carey 786
1989 The Remains of the Day, Kazuo Ishiguro *Was vom Tage übrigblieb* 798
1992 The English Patient, Michael Ondaatje *Der englische Patient* 827
1994 How Late It Was, How Late, James Kelman *Spät war es, so spät* 849
1997 The God of Small Things, Arundhati Roy *Der Gott der kleinen Dinge* 868
1999 Disgrace, J.M. Coetzee *Schande* 884
2002 Life of Pi, Yann Martel *Schiffbruch mit Tiger* 900
2003 Vernon God Little, DBC Pierre *Jesus von Texas* 909
2004 The Line of Beauty, Alan Hollinghurst *Die Schönheitslinie* 911
2005 The Sea, John Banville *Die See* 918
2006 The Inheritance of Loss, Kiran Desai *Erbin des verlorenen Landes* 923
2007 The Gathering, Anne Enright *Das Familientreffen* 924
2008 The White Tiger, Aravind Adiga *Der weiße Tiger* 928
2011 The Sense of an Ending, Julian Barnes *Vom Ende einer Geschichte* 937

Danksagung

Edition Olms und Quinted Publishing danken den Mitarbeitern, die bei der Entstehung dieses Buches geholfen haben:

Mark Abley, Bianca Jackson und Simon Doubt für die Suche nach Beiträgern; Martha Magor für die Auswahl der Zitate; Reg Grant für die Erstellung der Bildunterschriften; Sonia Land von Sheil Land Associates für die Herstellung der Verbindung zu Peter Ackroyd; Liz Wyse, Cathy Meeus und Shiobhan O'Connor für die redaktionelle Bearbeitung der Beiträge; Victoria Wiggins für die Redaktionsassistenz; Elaine Shatenstein fürs Korrekturlesen; Ann Barrett für die Erstellung der Indices; Maria Gibbs für die Bildredaktion und die Zusammenstellung der Bildnachweise; Simon Goggins für die Layout-Assistenz; Phil Wilkins und Robert Gillam für zusätzliche Fotos; Irene Scheimberg, Marcus Deyes, Lucy Holliday und Elisabeth de Lancey für die Ausleihe von Büchern.

Außerdem gilt der Dank folgenden Bildarchiven und ihren Mitarbeitern: Elbie Lebrecht (Lebrecht), Teresa Riley und Paul Jennings (Getty), Tessa Ademolu und Simon Pearson (Corbis), Jenny Page (Bridgeman), Lucy Brock (AKG), Angela Minshull (Christie's), Anna Barrett (Art Archive/Kobal) sowie Emma Doyle vom Antiquariat Peter Harrington und Simon Pask.

Prix Goncourt

(Mit dem bekanntesten französischen Literaturpreis wird seit 1903 das beste erzählerische Werk des Jahres in französischer Sprache ausgezeichnet.)

1916 Le Feu, Henri Barbusse *Das Feuer* 279
1919 À l'ombre des jeunes filles en fleurs, Marcel Proust *Auf der Suche nach der verlorenen Zeit (Band 2)* 325
1933 La condition humaine, André Malraux *So lebt der Mensch* 360
1951 Le Rivage des Syrtes, Louis Poirier (Julien Gracq) *Das Ufer der Syrten* 471
1954 Les Mandarins, Simone de Beauvoir *Die Mandarins von Paris* 494
1956 Les racines du ciel, Romain Gary *Die Wurzeln des Himmels* 509
1984 L'Amant, Marguerite Duras *Der Liebhaber* 746

Deutscher Buchpreis

(Seit 2005 wird mit diesem Preis der beste deutschsprachige Roman des Jahres ausgezeichnet.)

Aus Gründen der Vollständigkeit listen wir alle bisher ausgezeichneten Titel auf, diese sind nicht unter den 1001 beschriebenen.

2005 Es geht uns gut *Arno Geiger*
2006 Die Habenichtse *Katharina Hacker*
2007 Die Mittagsfrau *Julia Franck*
2008 Der Turm *Uwe Tellkamp*
2009 Du stirbst nicht *Kathrin Schmidt*
2010 Tauben fliegen auf *Melinda Nadj Abonji*
2011 In Zeiten des abnehmenden Lichts *Eugen Ruge*
2012 Landgericht *Ursula Krechel*
2013 Das Ungeheuer *Terézia Mora*
2014 Kruso *Lutz Seiler*
2015 Die Erfindung der Roten Armee Fraktion durch einen manisch-depressiven Teenager im Sommer 1969 *Frank Witzels*
2016 Widerfahrnis *Bodo Kirchhoff*
2017 Die Hauptstadt *Robert Menasse*
2018 Archipel *Inger-Maria Mahlke*
2019 Herkunft *Saša Stanišić*
2020 Annette, ein Heldinnenepos *Anne Weber*

Bildnachweise

Wir haben uns bemüht, alle Rechtsinhaber der in diesem Buch verwendeten Bilder zu ermitteln. Sollten dennoch unbeabsichtigt Fehler aufgetreten sein, bittet der Verlag um Benachrichtigung, damit entsprechende Hinweise in nachfolgenden Auflagen dieses Buches berücksichtigt werden können.

2 Private Collection, Lauros/Giraudon/Bridgeman 22 TopFoto.co.uk 23 Lebrecht 26 TopFoto.co.uk 27 Charles Walker/TopFoto.co.uk 29 Private Collection/Archives Charmet/Bridgeman 30 PrivateCollection, Giraudon/Bridgeman 33 Mary Evans Picture Library/Alamy 35 Archivo Iconografico/Corbis 36 Real academia de la Historia, Madrid/Bridgeman 38 Roger-Viollet/TopFoto.co.uk 39 GettyImages 40 Bodleian Library Oxford/The Art Archive 41 Getty Images 43 Getty Images 44 Getty Images 45 Lebrecht 47 TopFoto.co.uk 49 Hermitage, St Petersburg/Bridgeman 50 Lebrecht 51 Victoria and Albert Museum London/Eileen Tweedy/The Art Archive 52 Sheryl Straight/www.eroticabibliophile.com 53 Bettmann/Corbis 55 Lebrecht 56 Mary Evans Picture Library/Alamy 59 Lebrecht 60 Getty Images 61 Getty Images 63 TopFoto.co.uk 64 Museo di Goethe Rome/Dagli Orti/ The Art Archive 65 Private Collection Paris/Dagli Orti/ The Art Archive 66 Getty Images 67 Lebrecht 68 Getty Images 69 Private Collection, The Stapleton Collection/Bridgeman 71 Michael Nicholson/Corbis 72 AKG Images 73 AKG Images 75 The British Library/TopFoto.co.uk 77 Lebrecht 80 Lebrecht 87 The Art Archive 88 Time Life Pictures/Getty Images 91 Lebrecht 92 FIA RA/Lebrecht 93 Getty Images 95 Mary Evans Picture Library/Alamy 96 Getty Images 97 Getty Images 98 Getty Images 100 Lebrecht 101 Getty Images 102 Lebrecht 103 Victor Hugo House Paris/Dagli Orti/The Art Archive 104 Lebrecht 105 Interfoto/Lebrecht 106 Leonard de Selva/Corbis 108 Getty Images 109 British Museum/Eileen Tweedy/The Art Archive 111 Crawford Municipal Art Gallery, Cork/Bridgeman 112 Hollandse Hoogte/Lebrecht 115 Bibliothèque de l'Institut de France, Paris/Archives Charmet/Bridgeman 116 Getty Images 117 Getty Image 118 Stefano Bianchetti/Corbis 120 Lebrecht 121 Lebrecht 122 David Lyons/Alamy 123 Getty Images 124 Hulton-Deutsch Collection/Corbis 125 Getty Images 127 Brian Seed/Lebrecht 128 Getty Images 130 Bettmann/Corbis 131 The Art Archive 133 Culver Pictures/The Art Archive 134 The Art Archive 135 Lebrecht 136 TopFoto.co.uk 137 Culver Pictures/The Art Archive 139 TopFoto.co.uk 140 Bibliothèque des Arts Décoratifs Paris/Dagli Orti/The Art Archive 141 Lebrecht 142 Sammlung Rauch Interfoto/Lebrecht 143 Getty Images 145 Getty Images 146 Getty Images 148 Getty Images 150 Getty Images 151 Bibliothèque des Arts Décoratifs Paris/Dagli Orti/The Art Archive 152 Lebrecht 153 TopFoto.co.uk 154 Getty Images 155 Hulton-Deutsch Collection/Corbis 156 Lebrecht 157 Lebrecht 158 Time Life Pictures/Getty Images 159 Roger-Viollet/TopFoto.co.uk 160 Rex Features 162 Private Collection, Archives Charmet/Bridgeman 164 Bettmann/Corbis 167 Popperfoto/Alamy 168 Lebrecht 169 The Art Archive 171 The Art Archive 172 Getty Images 173 Lebrecht 174 Getty Images 176 The Art Archive 178 Getty Images 179 Private Collection/Bridgeman 181 Classic Image/Alamy 183 Musée Carnavalet Paris/Dagli Orti/The Art Archive 184 Rex Features 188 The Art Archive 190 Lebrecht 192 Lebrecht 193 Roger-Viollet/TopFoto.co.uk 196 Stapleton Collection/Corbis 197 Lebrecht 198 Archivo Iconografico/Corbis 200 Getty Images 202 The Art Archive/Strindberg Museum, Stockholm/Dagli Orti 204 Lebrecht 206 Hollandse Hoogte/Lebrecht 207 Lebrecht 209 Lebrecht 210 Lebrecht 211 Corbis 213 Lebrecht 215 Chris Hellier/Corbis 216 Eileen Tweedy/The Art Archive 217 Historical Picture Archive/Corbis 218 Lebrecht 222 The Art Archive 223 RA/Lebrecht 225 Artur Hojny Forum/Lebrecht 226 Lebrecht 227 AKG Images 228 Getty Images 231 Getty Images 233 Getty Images 236 Corbis 238 Private Collection/MD/The Art Archive 239 © Elizabeth Banks/The Art Archive 240 Private Collection/Marc Charmet/The Art Archive 241 Getty Images 242 Zoetrope/United Artists/The Kobal Collection 243 Getty Images 245 Getty Images 247 Getty Images 248 Lebrecht 250 Time Life Pictures/Getty Images 252 Getty Images 253 Getty Images 255 E.O. Hoppé/Corbis 257 Domenica del Corriere/Dagli Orti (A)/The Art Archive 259 Getty Images 260 Popperfoto/Alamy 262 PVDE RA/Lebrecht 263 Artur Friedrich Interfoto/Lebrecht 264 Private Collection, The Bloomsbury Workshop, London/Bridgeman 267 Associated Press/TopFoto.co.uk 270 The Art Archive 273 Asian Art & Archaeology/Corbis 274 Rex Features 276 Asian Art and Archeology, Inc/Corbis 277 E.O. Hoppé/Corbis 278 Asian Art & Archaeology/Corbis 280 Courtesy of Peter Harrington Antiquarian Bookseller. B. W. Huebsch 283 TopFoto.co.uk 284 Getty Images 287 Condé Nast Archive/Getty Images 289 David Lees/Corbis 290 Lorenzo Ciniglio/Corbis 291 Courtesy of Peter Harrington Antiquarian Bookseller. Shakespeare & Co. 293 Private Collection/Archives Charmet/Bridgeman 294 Condé Nast Archive/Getty Images 297 Getty Images 298 Mary Evans Picture Library/Alamy 299 Time Life Pictures/Getty Images 300 Burstein Collection/Corbis 303 Corbis 304 S. Fischer Verlag 306 Time Life Pictures/Getty Images 308 Paris Europa/FICIT/HISA/The Kobal Collection 309 Getty Images 311 Getty Images 312 The British Library/HIP/TopFoto.co.uk 313 HIP/Ann Ronan Picture Library/TopFoto.co.uk 317 Lebrecht 319 Courtesy of Peter Harrington Antiquarian Bookseller. J. M. Dent & Sons 320 Getty Images 322 Kiepenheuer 324 Harlinque/Roger-Viollet/TopFoto.co.uk 325 Getty Images 327 Getty Images 328 Bettmann/Corbis 331 Getty Images 332 Getty Images 333 Getty Images; Penguin 334 Courtesy of Peter Harrington Antiquarian Bookseller. Hogarth Press 336 Bettmann/Corbis 337 Jean-Pierre Muller/AFP/Getty Images 338 Allianz/Capital/The Kobal Collection 339 Universal/The Kobal Collection 340 Condé Nast Archive/Getty Images 343 Getty Images 344 Bettmann/Corbis 346 Courtesy of Peter Harrington Antiquarian Bookseller. Arthur Press 347 Ferens Art Gallery, Hull City Museums and Art Galleries/Bridgeman 349 © 1961 Estate of Vanessa Bell, courtesy Henrietta Garnett/The Stapleton Collection/Bridgeman 351 John Springer Collection/Corbis 352 Biblioteca Nationale. Paris/Archives Charmet/Bridgeman 355 Hulton-Deutsch Collection 356 Getty Images 357 Christie's Images 358 Lebrecht 359 Getty Images 362 Bettmann/Corbis 363 Andy Warhol Foundation for the Visual Arts/Corbis 366 Images.com/Corbis 367 Christie's Images 368 Getty Images 369 Content Mine International/Alamy 370 Time Life Pictures/Getty Images 372 Musée de Saint-Denis, Reims/Archives Charmet/Bridgeman 373 Leakey Collection 374 Lindwig Museum, Cologne. Giraudon/Bridgeman 375 Courtesy of Peter Harrington Antiquarian Bookseller. A. Barker 378 Bettmann/Corbis 379 Oscar White/Corbis 380 TopFoto.co.uk 381 TopFoto.co.uk 383 CSV Archiv, Everett/Rex Features 384 MGM/Album/ AKG Images 385 Getty Images 386 Time Life Pictures/Getty Images 389 Getty Images 392 Corbis 393 Getty Images 394 Courtesy of Peter Harrington Antiquarian Bookseller. G. Routledge & Sons 395 Constable & Co. 396 Associated British/The Kobal Collection 397 Courtesy of Peter Harrington Antiquarian Bookseller. W. Heinemann 399 Courtesy of Peter Harrington Antiquarian Bookseller. V. Gollancz 400 Private Collection/Archives Charmet/Bridgeman 401 Condé Nast Archive/Corbis 402 Persephone Books 404 Courtesy of Peter Harrington Antiquarian Bookseller. Hamish Hamilton 405 Warner Bros/The Kobal Collection 406 Viola Roehr v. Alvensleben, München/AKG Images 407 ABC/Allied Artists/The Kobal Collection 408 AKG Images 409 Time Life Pictures/Getty Images 410 Getty Images 413 AKG Images 415 Bettmann/Corbis 416 Simon & Schuster 417 Ediciones Ercilla, Santiago 418 Courtesy of Peter Harrington Antiquarian Bookseller. Routledge & Kegan Paul 420 Roger-Viollet 421 Collection Albert Camus/Archives Charmet/Bridgeman 423 Bettmann/Corbis 425 Condé Nast Archive/Corbis 426 Penguin/Christie's Images 427 Courtesy of Peter Harrington Antiquarian Bookseller. W. Heinemann 429 Patrik Sjöling IBL Bildbyra/Lebrecht 431 Random House/The British Library/HIP/TopFoto.co.uk 432 TopFoto.co.uk 434 Penguin/ Christie's Images 435 M. Peric/Lebrecht 437 Getty Images 440 Sophie Bassouls/Corbis 441 Getty Images 442 Getty Images 443 AGIP RA/Lebrecht 445 Courtesy of Peter Harrington Antiquarian Bookseller. Hamish Hamilton 448 Time Life Pictures/Getty Images 452 Random House/Lebrecht 453 Random House/Lebrecht 454 Rex Features 456 Courtesy of Peter Harrington Antiquarian Bookseller. Hamish Hamilton 458 Random House; Christie's Images 459 Random House/Lebrecht 460 Getty Images 462 Getty Images 463 Simon & Schuster 464 Cuadernos Americanos 467 Getty Images 469 Time Life Pictures/ Getty Images 470 Courtesy of Peter Harrington Antiquarian Bookseller. Little Brown & Co. 472 Private Collection/Bridgeman 474 Worldimage RA/Lebrecht 476 Harcourt/Christie's Images 477 Random House/ Lebrecht 478 Time Life Pictures/Getty Images 479 Time Life Pictures/Getty Images 480 Lipnitzki/Roger-Viollet/TopFoto.co.uk 482 Courtesy of Peter Harrington Antiquarian Bookseller. Knopf 483 Courtesy of Peter Harrington Antiquarian Bookseller. Jonathan Cape 484 Time Life Pictures/Getty Images 485 Orion Publishing Group/Christie's Images 487 Underwood & Underwood/Corbis 488 Penguin/Christie's Images 492 Faber & Faber/Christie's Images 493 Two Arts/CD/The Kobal Collection 495 Time Life Pictures/Getty Images 498 Getty Images 502 The Kobal Collection 504 Hulton-Deutsch Collection/Corbis 505 MGM/The Kobal Collection 515 Harper Collins/ Lebrecht 517 Rex Features 520 Penguin/ Christie's Images 521 Penguin/ Christie's Images 522 Lebrecht 525 Getty Images 526 Getty Images 527 Getty Images 528 Time Life Pictures/ Getty Images 530 Methuen 532 Getty Images 533 Paramount/The Kobal Collection 535 Corbis 536 Getty Images 538 Seitz/Bioskop/ Hallelujah/The Kobal Collection 539 Random House/AKG Images 540 Harper Collins/Christie's Images 541 Loomis Dean/Time Life Pictures/Getty Images 542 VIC/Waterhall/The Kobal Collection 544 Darlene Hammond/Hulton Archive/Getty Images 545 Hulton Archive/Getty Images 546 Harper Collins/Christie's Images 547 Donald Uhrbrock/Time Life Pictures/Getty Images 549 Lebrecht 552 Lebrecht 553 Condé Nast Archive/Corbis 553 Christie's Images 554 Courtesy of Peter Harrington Antiquarian Bookseller. Wydawnictwo 555 Bettmann/Corbis 556 20th Century Fox/The Kobal Collection 557 Hulton-Deutsch Collection/Corbis 558 Time Life Pictures/Getty Images 563 AGIP RA/Lebrecht 565 Time Life Pictures/Getty Images 566 Time Life Pictures/Getty Images 567 Penguin 568 Courtesy of Peter Harrington Antiquarian Bookseller. Viking Press 569 AKG Images 570 Getty Images 571 Jonathan Cape 572 Getty Images 573 Time Life Pictures/Getty Images 574 Lebrecht 576 Macmillan & Co. 577 Time Life Pictures/Getty Images 578 RENN/A2/RAI-2/The Kobal Collection 579 TopFoto.co.uk 581 Time Life Pictures/Getty Images 582 Harper Collins/Christie's Images 583 Random House/Lebrecht 584 Gallimard 585 W. Heinemann 588 Miroslav Zajc/Corbis 591 Getty Images 593 Getty Images 595 Lebrecht 596 Bettmann/Corbis 597 Doubleday 598 Lebrecht 600 Margarita from Bulgakov's "Master and Margarita". Jerosimic, Gordana (Contemporary Artist)/Private Collection/Bridgeman 601 Novosti/TopFoto.co.uk 603 Lebrecht 604 Gallimard 606 Colita/Corbis 607 Christie's Images 609 Getty Images 612 Crawford Municipal Art Gallery, Cork/Bridgeman 612 Woodfall/Kestrel/ Barnett, Michael/The Kobal Collection 614 Interfoto/Lebrecht 615 Interfoto/Lebrecht 617 MGM/The Kobal Collection 618 Getty Images 620 Little Brown & Co. 621 20th Century Fox/The Kobal Collection 624 Paramount/The Kobal Collection 625 Getty Images 628 Jonathan Cape 629 United Artists/The Kobal Collection 630 Getty Images 636 Suhrkamp 637 Barral Editores 638 Bettmann/Corbis 639 Getty Images 641 TopFoto.co.uk 643 Kiepenheuer & Witsch 644 Louis Monier/RA/Lebrecht 645 Lynn Goldsmith/Corbis 646 Pan Macmillan/Lebrecht 650 Getty Images 652 Penguin/Christie's Images 653 Random House/Lebrecht 654 Random House/Lebrecht 655 Getty Images 656 Sophie Bassouls/Corbis 659 Bettmann/Corbis 661 Bioskop/Paramount-Orion/WDR/The Kobal Collection 665 Lebrecht 666 Bettmann/ Corbis 668 Simon & Schuster © 1975 by Wendell Minor 669 Roger Ressmeyer/Corbis 670 Micheline Pelletier/Corbis 672 TopFoto.co.uk 673 Random House 675 Getty Images 677 United Artists/The Kobal Collection 678 Warner Bros/Everett/Rex Features 679 Alfred A. Knopf 681 HB Filmes/Sugarloaf Films/The Kobal Collection 685 Rex Features 687 Christian Simonpietri/Corbis 688 Alex Gotfryd/Corbis 689 Everett Collection/Rex Features 690 Harcourt Brace Jovanovich 691 Corbis 693 Weidenfeld & Nicolson 695 Michel Clement/AFP/Getty Images 697 Getty Images 698 Getty Images 701 William Campbell/Corbis 702 Deutsch 703 W. H. Allen 704 Gallimard/Lebrecht 705 Getty Images 707 Planeta 708 Time Life Pictures/Getty Images 712 Getty Images 713 Horst Tappe/Lebrecht 717 © 1981 Alisdair Gray. Reproduced by permission of the author c/o Rogers, Coleridge & White Ltd., 20 Powis Mews, London W11 1JN/Special Collections Dept, University of Glasgow 719 Jonathan Cape 721 Random House, Inc. 722 Reuters/Corbis 723 Ambllin/Universal/The Kobal Collection 724 Sophie Bassouls/Corbis 726 Getty Images 727 Warner Bros/The Kobal Collection 731 Secker & Warburg 733 Lebrecht 734 Publicacoes D. Quixote 735 Corbis 736 Random House/Lebrecht 737 Random House/Lebrecht 738 Random House 739 L. Birnbaum/Lebrecht 742 Harper Collins 743 Time Life Pictures/Getty Images 744 Time Warner Book Group UK 745 Rex Features 747 Horst Tappe/Lebrecht 749 Penguin/ Lebrecht 750 Gallimard 754 Getty Images 754 TopFoto.co.uk 755 Virago 756 Hamish Hamilton 758 Getty Images 759 Jeff Albertson/Corbis 762 Faber & Faber 768 Knopf 771 Macduff Everton/Corbis 774 Faber & Faber/Christie's Images 775 Sophie Bassouls/Corbis 776 Lebrecht 777 Random House 778 Bettmann/ Corbis 779 Random House 780 Residenz Verlag 781 Weidenfeld & Nicolson 782 Lebrecht 783 Heinemann 786 Faber & Faber 787 Random House 788 Penguin/Corbis 789 Reuters/Corbis 791 AGIP/RA/Lebrecht 792 Maartje Geels Hollandse Hoogte/Lebrecht 794 Bloomsbury 795 James Leynse/Corbis 798 Faber and Faber 799 Random House/Lebrecht 800 Arnold Newman/ Getty Images 802 Faber & Faber 803 Faber & Faber 804 Time Life Pictures/Getty Images 806 Atlantic Monthly Press 807 Roger Ressmeyer/Corbis 809 MGM/ Jersey Films/The Kobal Collection 811 Pan Macmillan 812 Corbis Hollandse Hoogte/Lebrecht 813 Gideon Mendel/Corbis 814 HarperCollins 817 Jonathan Cape. Jacket photograph: Jacket design © Kamil Vojnar 819 Zinatne 821 Bettmann/Corbis 822 Picador 823 Rosinante 826 Fotos International/Rex Features 827 Bloomsbury 830 Sophie Bassouls/Corbis 832 Penguin 833 Polfoto/Miriam Dalsgaard/TopFoto.co.uk 834 Louis Monier RA/Corbis 836 Robert Maass/Corbis 838 Random House 838 Times Newspapers/Rex Features 840 Orion Publishing Group 841 Hollandse Hoogte/Lebrecht 842 Secker & Warburg 843 Hutchinson 844 Scribner 846 Random House/Lebrecht 847 Macmillan 848 Random House 849 Random House 850 Getty Images 851 Sophie Bassouls/Corbis 852 Faber & Faber 857 McClelland & Stewart 858 Diogenes. Jacket illustration: Ernst Ludwig Kirchner, Nollendorfplatz, 1912 (Ausschnitt) Copyright © by Dr. Wolfgang & Ingeborg Henze-Ketterer, Wichtrach/Bern 859 Sophie Bassouls/Corbis 861 Random House/Lebrecht 863 Steve Liss/Time Life Pictures/Getty Images 864 Serpent's Tail 865 Bloomsbury 868 "Book Cover", copyright © 1997, from The God of Small Things by Arundhati Roy. Used by permission of Random House, Inc. 869 Karan Kapoor/Corbis 870 Hollandse Hoogte/Lebrecht 871 Marco Okhuizen Hollandse Hoogte/Lebrecht 872 Scribner. Jacket photograph © estate of André Kertész 873 Anagrama 874 Lebrecht 875 Faber & Faber 876 AFP/Getty Images 877 Paulo Fridman/Corbis 878 Farrar, Straus & Giroux 879 AFP/Getty Images 881 Ted Soqui/Corbis 882 Getty Images 883 Random House/Lebrecht 885 Seix Barral 886 Fabrika knjiga 887 Eric Fougère/VIP Images/Corbis 891 AFP/Getty Images 893 Penguin 894 Christopher Furlong/ Getty Images 896 Alfaguara. Cover: Ambrogio Lorenzetti, Alegoría del mal gobierno (fragmento) 897 Einaudi. Elaborazione grafica da foto Amit Bar/© Olympia 898 Focus/Everett /Rex Features 899 Random House 900 David Levenson/Getty Images 901 Horst Tappe/Lebrecht 902 Random House/Lebrecht 903 Harper Collins 904 Pan Macmillan/Lebrecht 905 Iletişim 906 Houghton Mifflin. Jacket illustration © Philippe Lardy 907 Penguin 909 Faber & Faber 912 Keter 910 Hodder Headline 911 Picador 913 AFP/Getty Images 916 Sophie Bassouls/Corbis 917 © Opale/Lebrecht Music & Arts 918 Picador 919 Gallimard 920 Cape 921 reproduced by permission of Penguin Books Ltd. 922 Nick Cunard/Rex Features 923 copyright © Kiran Desai, 2006; reproduced by permission of Penguin Books Ltd. 925 copyright © Rodrigo Corral, 2007; design by Rodrigo Corral Design, Inc. 926 Getty Images 926 Lebrecht 929 Atlantic Books 929 Jacket design by Jennifer Carrow from COST by Roxana Robinson. Jacket design copyright © 2008 by Jennifer Carrow, jacket painting copyright © Roxana Alger Geffen. Reprinted by permission of Farrar, Straus and Giroux, LLC. 930 Random House 931 Alfred A. Knopf. Front-of-jacket photograph © Kamil Vojnar 932 AKG Images 933 Houghton Mifflin Harcourt. Cover design © Robbin Schiff 934 Farrar, Straus & Giroux. Jacket art: cerulean warbler © Dave Maslowski; background © 2009 Heikki Salmi/Getty Images 935 Getty Images 936 Farrar, Straus and Giroux 937 Jonathan Cape 938 Little, Brown. Jacket © 2011 Hachette Book Group Inc 939 Hachette Book Group Inc 940 McSweeney's and Alfred A. Knopf 941 Simon & Schuster, Inc 942 Alfred A. Knopf 943 Terrence Jennings/Retna Ltd/Corbis 944 Coffee House Press 945 E/O Edizioni 946 Penguin Random House 947 Granta Books